Maroc

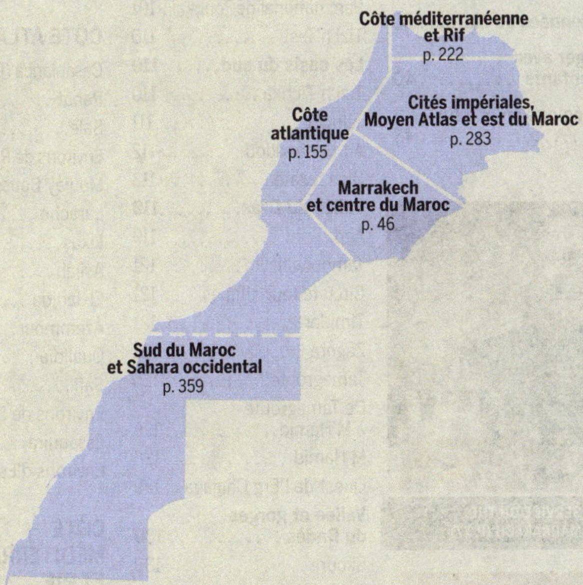

ÉDITION ÉCRITE ET ACTUALISÉE PAR

Paul Clammer,
James Bainbridge, Paula Hardy, Helen Ranger

PRÉPARER SON VOYAGE

SERVICE DU THÉ, MARRAKECH (P. 77)

COUSCOUS ET TAJINE (P. 438)

SUR LA ROUTE

MARRAKECH ET CENTRE DU MAROC 46

CÔTE ATLANTIQUE 155

CÔTE MÉDITERRANÉENNE ET RIF 222

Sommaire

CHAMELIER, AÏT BENHADDOU (P. 112)

DOUG PEARSON/GETTY IMAGES ©

Bienvenue au Maroc

Avec ses hautes montagnes, ses étendues désertiques, sa côte déchiquetée et ses souks et médinas labyrinthiques, le Maroc est l'un des pays d'Afrique offrant le plus de diversité.

Montagnes et désert

Des dunes du Sahara aux sommets du Haut Atlas, le Maroc semble avoir été tracé pour les voyageurs. De splendides paysages colorés se déroulent, tels les tapis chamarrés que vous découvrirez dans les coopératives locales. Les montagnes – dont le Haut Atlas, le Rif et les chaînes menant aux oasis du Sahara – offrent de simples et fabuleux plaisirs : des cieux nocturnes tapissés d'étoiles au col de Tizi n'Test habillé de bancs de nuages moutonneux. Plus bas, les côtes déchiquetées, les cascades et les grottes des collines boisées et le désert ne manqueront pas de vous émerveiller.

Vie traditionnelle

Si la diversité des paysages nourrit les rêves, elle façonne également la vie des Berbères, des Arabes et des Sahraouis. Malgré la progression de la modernité, le peuple marocain demeure étroitement lié à son environnement. Les nomades touaregs, les "hommes bleus", bravent le désert en gandoura et turban, un téléphone portable à la main. La tradition se perpétue également, avec des améliorations, dans les fabriques de tapis berbères, les coopératives de dattes, le négoce des épices dans les médinas et le mode de vie des villages de montagne ou des villes portuaires comme Essaouira.

Activités

Pour rencontrer des Marocains, il suffit de s'asseoir dans un café et d'attendre qu'infuse votre thé à la menthe. Prenez le temps de contempler l'animation en compagnie des habitants entre les multiples activités qu'offre le pays : grimper jusqu'au plus haut sommet d'Afrique du Nord, apprendre à rouler le couscous, un trek à dos de dromadaire, des achats dans les souks, se perdre dans la médina ou transpirer dans un hammam. Entre ces efforts, vous pourrez passer la nuit dans un riad, vous détendre sur une terrasse panoramique ou une place majestueuse et vous régaler de tajines parfumés au safran et à l'argan.

Médinas

Souvent exotiques, parfois étouffantes mais toujours surprenantes, ces anciennes cités à l'aura mystique fourmillent de vie et constituent un contrepoint idéal aux campagnes paisibles. En vous promenant parmi la foule, vous marcherez sur les traces ancestrales des nomades et des marchands. L'Unesco a classé au patrimoine mondial la médina de Fès, la plus grande cité médiévale islamique au monde, et la merveilleuse place Jemaa el-Fna de Marrakech, véritable théâtre en plein air.

Pourquoi j'aime le Maroc

par Paul Clammer, auteur

J'étais étudiant quand j'ai visité pour la première fois le Maroc, en 1993. J'y suis parti à l'improviste après qu'un autre voyage a tourné court et ce fut l'un des plus heureux imprévus de ma vie. Je me suis perdu dans la merveilleuse médina de Fès, je me suis fait des ampoules en gravissant le djebel Toubkal, j'ai été brûlé par le soleil dans le désert à Merzouga et j'ai été envoûté par la place Jemaa el-Fna à Marrakech. J'ai eu tellement envie d'y retourner que, les vingt années qui ont suivi, j'ai exploré cet incroyable pays plus que n'importe quel autre.

Pour en savoir plus sur nos auteurs, voir p. 520.

(ci-dessus) La médina de Fès (p. 286)

Maroc

ALTITUDE
10 000 m
3 000 m
2 500 m
2 000 m
1 500 m
1 000 m
0
ÎLES CANARIES (ESPAGNE)
OCÉAN ATLANTIQUE
Tarfaya
Frontière contestée
Tindouf
Erg Iguidi
Laâyoune
Al-Mahbas
Smara
Bou Craa
Boujdour
25°N
15°O
Galtat-Zemmour
Bir Mogrein
SAHARA OCCIDENTAL
Dakhla
Tropique du Cancer
Imlili
Bir Anzarane
Mijek
MAURITANIE
Zouérat
Aoussard
Aghoninit
Sahara
Bir-Gandouz
Tichla
Guegarat
Nouadhibou
La Gouéra
Atar
0
200 km
20°N
Sahara Occidental
35°N
Moulay Idriss
Site de pèlerinage perché sur une colline (p. 340)
Mohammedia
Casablanca
Azemmour
El-Jadida
Settat
Oued Oum er-Rbia
Oualidia
10°O
Marrakech
L'emblématique place Jemaa el-Fna (p. 46)
Safi
Ben Guéri
Marrakech
Tiz n'Tichka
Vallée de l'Ourika
Asni
Taroudant
Promenade autour des remparts de terre rouge (p. 371)
Essaouira
Djebel Toubkal
Tizi n'Test
Djebel Siroua
Taghazout
De belles vagues pour surfer (p. 370)
Taghazout
Agadir
Inezgane
Taroudant
Tioute
Taliouine
ANTI-ATLAS
30°N
Tafraoute
Bonne base pour explorer la vallée des Ammeln (p. 378)
Djebel L'Kest
Mirleft
Tiznit
Tafraoute
Tata
Plage de Legzira
Sidi Ifni
Akka
Sidi Ifni
Au bord de la mer, des trésors Art déco (p. 393)
Bouizakarne
Goulimime
ÎLES CANARIES (ESPAGNE)
Cap Drâa
Tadalt
Assa
Tan-Tan
Tiglite
Voir l'agrandissement Sahara occidental
Oued Drâa
Tarfaya
OCÉAN ATLANTIQUE
Frontière contestée
Tindouf
Erg Iguidi
Laâyoune
Al-Mahbas

N
0
400 km
ESPAGNE
Málaga
Cádiz
Mer Méditerranée
0° (Greenwich)
5°O
Asilah
Les murs colorés d'une cité balnéaire (p. 197)
Algeciras
Gibraltar
Mers el-Kebir
Mostaganem
Oran
Djebel Musa
Ceuta (Espagne)
Tanger
Tétouan
Martil
Asilah
Chefchaouen
Une médina bleue dans la chaîne du Rif (p. 254)
Melilla (Espagne)
Al-Hoceima
Ras el-Maa
Nador
Saïda
Larache
Chefchaouen
Berkane
Ahfir
Tlemcen
Saïda
Moulay Bousselham
Ketama
Targuist
Djebel Tidiquin
Oujda
Ouezzane
Souk el-Arba du Rharb
Taourirt
Volubilis
Mosaïques, arc de triomphe et pressoirs à olives (p. 337)
Kenitra
Sidi Kacem
Moulay Yacoub
Taza
Guercif
Aïn-Beni-Mathar
Salé
Volubilis
Moulay Idriss
Fès
Djebel Tazzeka
RABAT
Meknès
Sefrou
Fès
La médina et les tanneries d'une cité impériale (p. 285)
Khémisset
Ben Slimane
Ifrane
Azrou
Tendrara
Missour
Khouribga
Khenifra
Ain Sefra
Oued-Zem
Midelt
Bouarfa
Djebel Ayachi
ALGÉRIE
Kasba-Tadla
Beni Mellal
Imilchil
Figuig
Beni Ounif
Afourer
Bin el-Oudane
Azilal
HAUT ATLAS
Oued Ziz
Béchar
Demnate
Figuig
Ville oasis aux ksour de couleur ocre (p. 357)
Ighil M'Goun
Tinerhir
Erfoud
Tafilalt
Vallée des Roses
Boulmalne du Dadès
Rissani
Merzouga
Erg Chebbi
Taghith
Skoura
Taouz
Ouarzazate
Grand erg occidental
Tazzarine
Tazenakht
Agdz
Haut Atlas
Cimes majestueuses et villages berbères (p. 84)
Vallée du Drâa
Zagora
M'Hamid
Erg Chigaga
Erg Er-Raoui
Timimoun
Tabelbala
Gourara
Vallée du Drâa
Traversée d'une vallée sauvage, casbahs et oasis (p. 119)
Hamada du Drâa
Tinfouchy
Erg Chigaga
Balade dans les dunes au clair de lune (p. 127)
Adrar
Anti-Atlas
Un trek dans un paysage granitique (p. 378)

17 façons de voir le Maroc

1

Le théâtre de rue de Jemaa el-Fna

1 Nul spectacle n'est comparable à la *halka* (théâtre de rue), qui se déroule sur la grand-place de Marrakech (p. 50), inscrite au patrimoine culturel immatériel de l'Unesco en tant qu'"espace culturel". La journée, astrologues, charmeurs de serpents, acrobates et arracheurs de dents attirent les badauds, tandis qu'à la tombée du jour, d'innombrables stands de grillades entament une bruyante compétition. Après dîner, place aux concerts : les musiciens encouragent le public à participer et quelques dirhams les incitent à continuer.

La médina de Fès

2 La médina de Fès (p. 286) est un véritable labyrinthe, mais n'ayez crainte de vous y égarer : il vous suffira de suivre la foule pour rejoindre l'artère principale ou de demander votre chemin à un habitant. Partez à l'aventure dans ce dédale médiéval fait de places dérobées, d'immenses portes cloutées et de souks colorés. Si vous levez les yeux, vous découvrirez de magnifiques décors en plâtre ou bois de cèdre, des calligraphies arabes aux lignes sinueuses, tandis qu'à vos pieds s'étireront de sublimes mosaïques.

TIM BARKER/GETTY IMAGES ©

UGURHAN BETIN/GETTY IMAGES ©

Le chemin des casbahs dans la vallée du Drâa

3 Les routes permettent désormais un passage rapide des derniers tronçons des routes caravanières entre le Mali et Marrakech. La vallée du Drâa s'étend au-delà des gorges rocheuses aperçues par les vitres des voitures. Les palmiers et les forteresses en brique crue de Tamegroute (p. 124), Zagora (p. 122), Timidarte (p. 121), et Agdz. (p. 119), ressemblent à des mirages après deux mois dans le Sahara. Les casbahs, qui abritaient jadis les caravanes, accueillent aujourd'hui des hôtes. Au matin, vous vous régalerez de dattes fraîches et de pain cuit au four.

Le Haut Atlas

4 Dominée par le sommet fissuré du djebel Aroudane (3 359 m), la vallée de Zaouiat Ahansal (p. 88) se distingue par ses kilomètres de falaises, ses saillies rocheuses et ses canyons étroits. Depuis que la route est bitumée (2013), ce sublime cadre naturel commence à attirer l'attention. Ses eaux tumultueuses coincées entre des parois calcaires de 2,5 m de haut font le bonheur des amateurs de rafting et de kayak, tandis que sa topographie extrême et ses sentiers au panorama à couper le souffle comblent grimpeurs et randonneurs.

3

4

DOUG PEARSON/GETTY IMAGES ©

TIM E WHITE/GETTY IMAGES ©

La vie dans les palmeraies

5 Foisonnantes de palmiers et irriguées par un système de puits communaux et de *khettara* (canalisations), les palmeraies de Figuig (p. 357), de la vallée du Ziz (p. 144), de Tinejdad (p. 143), de Tinerhir (p. 139) et de Skoura (p. 130) constituent le cœur historique du sud du Maroc. Aujourd'hui encore, elles jouent un rôle essentiel dans la vie des oasis, les jardins où poussent tomates, orge, menthe, grenades, abricots, figues et amandes, prospérant depuis des générations à l'ombre de leurs canopées.

Tafraoute

6 Tafraoute (p. 378) est un fouillis de maisons roses et de rues commerçantes dans un cadre enchanteur. Villages berbères et palmeraies parsèment la vallée des Ammeln. Avec une industrie touristique relativement peu développée malgré les nombreux charmes de la région, c'est une base idéale pour de multiples activités, dont le VTT et la découverte de gravures rupestres préhistoriques (p. 382). Comme si les falaises de granit, les hautes montagnes ocre et les oasis ne suffisaient pas à la beauté du lieu, un artiste belge a peint plusieurs rochers (p. 383), créant un paysage surréaliste.

Surf

7 Si le surf se pratique tout le long de la côte atlantique, c'est Taghazout (p. 370) qui offre les meilleures vagues. Vous constaterez vite l'importance de ce sport pour le village : à côté des habituels cafés se tiennent des magasins de surf, où les surfeurs cirent leur planche et vantent les plages alentour. Sur la même portion de littoral, entre Agadir et Essaouira, Tamraght (p. 369) et Sidi Kaouki (p. 220) recèlent d'autres spots prisés. Plus au sud, Mirleft (p. 392), la nouvelle destination de surf du Maroc, accueille tous les ans une compétition de longboard.

Plage de Taghazout (p. 370)

ASILAH MOROCCO/ALAMY ©

SUSANNA WYATT/GETTY IMAGES ©

L'art de la médina d'Asilah

8 Inspirées des graffitis, des fresques colorées ornent de vastes pans de mur de la médina d'Asilah (p. 197). Chaque année, en juillet, des artistes marocains et étrangers sont invités à participer au Festival d'Asilah en peignant sur les murs. Certaines œuvres, notamment près de la tour El-Khamra ou du belvédère de la koubba de Sidi Mansour, sont immenses. Mais vous pouvez aussi découvrir un petit coin joliment décoré au détour d'une ruelle de la médina.

Festival de Fès des musiques sacrées du monde

9 Depuis vingt ans, ce festival (p. 313) enchante le public avec ses concerts intimes dans de superbes riads, ses après-midi musicaux au musée Batha, ses nuits soufies dans le jardin d'un palais et ses spectacles sur la place crénelée Bab al Makina. Violonistes mongols, derviches tourneurs, chanteurs de *qawwalî*, ensembles de *maqâm* iranien, bardes irlandais ou percussionnistes africains s'y retrouvent autour de de la musique, qui met en harmonie peuples et religions. Chanteurs de qawwalî faisant partie de la troupe de Faiz Ali Faiz

Randonnée dans l'Anti-Atlas

10 Chaîne granitique menant au Sahara, l'Anti-Atlas reste peu exploré comparé au Haut Atlas. Le djebel Lekst (p. 386), un massif quartzeux surnommé la "montagne d'améthyste", peut se rejoindre en traversant la verdoyante vallée des Ammeln. D'autres villages agricoles et casbahs délabrées se situent aux alentours du djebel Aklim (p.387), autre excellent but de trek. Des gorges remplies de palmiers à l'austère volcan du djebel Siroua (p. 387), la variété des paysages justifie de nombreuses randonnées.

Moulay Idriss

11 Du nom du saint le plus vénéré du Maroc, dont elle abrite le mausolée, cette petite ville (p. 340) est l'un des lieux de pèlerinage les plus importants du pays. Elle s'étend sur deux collines, depuis lesquelles la vue sur ses toits verts et la campagne vallonnée au loin est d'une beauté exceptionnelle, surtout à la tombée de la nuit. À son sommet se dresse le seul minaret cylindrique du Maroc, qui mérite les efforts pour le rejoindre, tandis qu'à ses pieds s'étirent des oliveraies produisant une huile parfumée savoureuse.

Sidi Ifni

12 Ne le dites à personne : cette ancienne ville espagnole en bord de mer (p. 393), à une méharée seulement du Sahara, a autant de charme qu'Essaouira, sans la foule. Vous pourrez marcher jusqu'aux arches en pierre de la plage de Legzira (p. 397), ou simplement flâner dans les ruelles bleu et blanc de l'une des cités les plus séduisantes du sud du Maroc. Le couchant est le meilleur moment pour admirer ses édifices Art déco, quand les vents de l'Atlantique bercent les palmiers. Plage de Legzira (p. 397)

Volubilis

13 Installé à Volubilis (p. 337) par les Romains, le roi berbère Juba II, époux de la fille de Marc Antoine et Cléopâtre, fit de la ville une communauté agricole florissante, produisant huile d'olive, blé et vin pour l'armée romaine. Du haut des marches de la basilique, on domine ce qui fut jadis son royaume. Le site, classé au patrimoine de l'Unesco, compte peu d'explications, mais on peut s'y promener assez librement et il y a un musée tout neuf. Ne manquez pas les superbes mosaïques et les cigognes nichant en haut des colonnes.

Une méharée dans le Sahara

14 Lorsque vous vous figuriez galopant au soleil couchant sur votre fidèle destrier, vous ne vous imaginiez sûrement pas que cela balancerait autant. Ne vous inquiétez pas : personne n'est vraiment gracieux du haut de sa bosse, et même si vous risquez d'être un peu endolori, vous serez en état de grimper en haut des dunes à la tombée de la nuit. Dans l'erg Chigaga (p. 127), les étoiles sembleront plus brillantes que jamais et pour cause : l'endroit est à plusieurs jours de dromadaire des réverbères les plus proches.

13

DON KLUMPP/GETTY IMAGES ©

14

DOUGLAS PEARSON/GETTY IMAGES ©

WALTER BIBIKOW/GETTY IMAGES ©

JULIAN LOVE/GETTY IMAGES ©

Médina de Chefchaouen

15 La médina de Chefchaouen (p. 255) s'étire à flanc de montagne en une cascade de toits rouges, de balcons en fer forgé et de géraniums. Avec ses ruelles pavées bleues envoûtantes, elle fait le bonheur des photographes. Dominée par une somptueuse casbah ocre, la place principale regorge de cafés en terrasse où boire un thé à la menthe. Vous pouvez aussi vous promener le long de la rivière, gagner la mosquée espagnole sur la colline ou vous aventurer dans le parc national de Talassemtane pour explorer les montagnes du Rif.

Taroudant

16 Avec des vues sur le Haut Atlas et l'Anti-Atlas, cette cité marchande de la vallée du Sous (p. 371), surnommée la “Petite Marrakech”, possède une médina et des souks plus paisibles que ceux de son aînée. Si vous venez pour la journée d'Agadir, vous tomberez certainement sous le charme des remparts de terre rouge, dont la couleur change selon le moment de la journée. Faites le tour des murailles (7,5 km) à pied, à vélo ou en calèche, puis entrez dans la médina par l'une des portes. Après les feux du couchant, dînez dans l'un des bons restaurants de cette ville tranquille.

Le patrimoine architectural de Casablanca

17 Quiconque vous affirmera qu'il n'y a rien à voir à Casablanca hormis la mosquée Hassan II ne connaît pas bien la ville. Datant du début du XXe siècle, de superbes bâtiments de styles mauresque et Art déco jalonnent le centre. Certains sont entretenus et d'autres malheureusement laissés à l'abandon, mais tous comportent des angles arrondis, des frises de fleurs et des balcons incurvés en fer forgé. La promenade à pied dans Casablanca (p. 166) vous fera découvrir la plupart d'entre eux.

L'essentiel

Pour plus d'informations, voir le chapitre *Maroc pratique* (p. 467).

Devise

Dirham (Dh)

Langues

Arabe marocain (darija)
Berbère
Français

Argent

Les DAB sont largement répandus. Les cartes de crédit internationales sont acceptées dans les principaux centres touristiques.

Visas

Non requis pour la plupart des nationalités pour un séjour jusqu'à 90 jours. Les passeports doivent être valides 6 mois au-delà de la date d'entrée dans le pays.

Téléphones portables

Les portables fonctionnent en itinérance. S'ils sont déverrouillés, il est plus avantageux d'utiliser une carte SIM locale prépayée (environ 20 Dh).

Heure locale

GMT/UTC

Quand partir

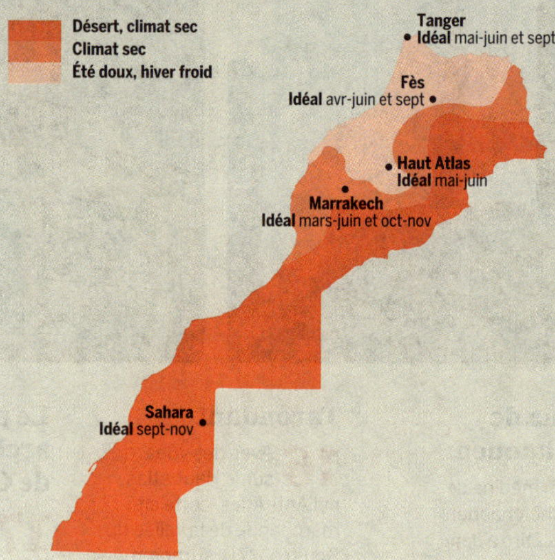

Haute saison

(nov-mars)

- Le printemps et l'automne sont très prisés des touristes.
- Le prix des hébergements est plus élevé.
- Marrakech et le Sud sont particulièrement courus à Noël et pour le Nouvel An. Il peut faire froid dans le Nord.

Saison intermédiaire

(avr et oct)

- Tempêtes de sable dans le Sahara au printemps et pluie dans le Nord.
- Saison appréciée partout ailleurs.
- La demande et le prix des hébergements augmentent à Pâques.

Basse saison

(mai-sept)

- Réductions dans les hébergements et les souks.
- Le tourisme marocain maintient des prix élevés sur la côte.
- Le ramadan tombera entre fin juin et fin mai durant la durée de vie de ce guide.

Sites Internet utiles

Office national du tourisme marocain (ONMT) (www.visitmorocco.com). Très complet.

Maghreb Arts (www.maghrebarts.ma). Manifestations artistiques et festivals.

Portail national du Maroc (www.maroc.ma). L'actualité au Maroc.

Lonely Planet (www.lonelyplanet.fr). Renseignements, réservations, forums.

Numéros utiles

Composez l'indicatif régional à 4 chiffres même si vous appelez de la même ville ou dans la région.

Ambulance	☎15
Pompiers	☎15
Police (ville)	☎19
Police (campagne)	☎177

Taux de change

Zone euro	1 €	11,19 Dh
Canada	1 $C	7,54 Dh
États-Unis	1 US$	8,19 Dh
Mauritanie	100 UM	2,80 Dh

Consultez le site www.xe.com pour connaître les taux de change actualisés.

Budget quotidien

Moins de 350 Dh

- Double sommaire (salle de bain commune) : à partir de 50 Dh
- Soupe ou sandwich : 4-30 Dh
- Trajet de 4 heures en bus local : 60 Dh

De 550 à 1 000 Dh

- Entrée des sites et monuments : 10-50 Dh
- Chambre d'hôtel : 400-800 Dh
- Dîner : 70-150 Dh

Plus de 1 400 Dh

- Location de voiture : 300 Dh
- Circuit d'une journée : 300 Dh
- Chambre double dans un riad urbain : à partir de 1 000 Dh

Heures d'ouverture

Bien que le Maroc soit un pays musulman, la semaine de travail va du lundi au vendredi. Toutefois, certains commerces ferment plus tôt ou n'ouvrent pas le vendredi, jour de la prière. Les horaires peuvent varier.

Banques 8h30-18h30 lun-ven

Restaurants 12h-15h et 19h-22h (les cafés ouvrent en général plus tôt et ferment plus tard)

Commerces 9h-12h30 et 14h30-20h lun-sam

Arriver au Maroc

Aéroport international Mohammed V (Casablanca ; p. 173). Trains pour la gare de Casa-Voyageurs (40 Dh, 35 min) toutes les heures de 6h à 22h, puis à minuit. Un taxi pour le centre de Casablanca (45 min) coûte 300-350 Dh.

Terminal des ferries de Tanger Med (p. 239). Navettes pour le centre de Tanger (25 Dh, 45 min) toutes les heures.

Aéroport de Ménara (Marrakech ; p. 81). Bus pour le centre de Marrakech (30 Dh) toutes les 20 min. En taxi, comptez 70/100 Dh jour/nuit. Transferts à l'hôtel (en ville) entre 170 et 200 Dh.

Comment circuler

Les transports au Maroc ont un coût raisonnable et sont, pour la plupart, rapides et efficaces.

Train Tarifs raisonnables, excellent réseau et départs fréquents entre les principales villes, mais pas de ligne dans le Sud ou le long de la côte méditerranéenne.

Voiture Pratique pour voyager à son rythme ou visiter des régions avec peu de transports publics. On en loue dans toutes les villes. Attention à la conduite imprévisible des automobilistes locaux.

Bus Moins chers, mais plus lents que le train, ils vont du car moderne au véhicule bringuebalant. Pratique pour les destinations non desservies par le train.

Taxi De "grands taxis" Mercedes (collectifs) relient les villes proches. Économiques, mais exigus.

Pour plus de détails sur **Comment circuler,** voir p. 492.

Envie de...

Médinas

Arrêtez-vous un moment dans une médina, à l'écart du flux des chalands, pour découvrir l'essence du Maroc. Ces anciens quartiers surpeuplés – avec leurs ruelles sinueuses, leurs impasses, leurs riads, leurs multiples épices, leurs marchands et leurs buveurs de thé – assaillent les sens à chaque tournant, distillant une ambiance typiquement maghrébine.

Fès La plus grande cité médiévale islamique au monde est le plus vaste habitat urbain sans voitures : repérez les ânes cheminant vers les tanneries dans le quartier du cuir (p. 286).

Marrakech Les Marrakchis courent entre les souks, les palais et la place Jemaa el-Fna à l'intérieur des remparts de la médina, longs de 19 km (p. 47).

Tanger Descendez du ferry et découvrez l'Afrique du Nord dans cette splendide médina, entourée par les murs d'une forteresse portugaise du XVe siècle (p. 225).

Chefchaouen Les médinas ne sont pas toujours des labyrinthes inextricables ; il en existe de plus petites et séduisantes, comme celle-ci, bleu andalou (p. 255).

Art et culture

Que vous souhaitiez écouter des musiciens gnaouas (musique des esclaves affranchis), admirer des œuvres d'art contemporain avant-gardistes ou acheter de l'artisanat, le Maroc vous offre de multiples possibilités.

Taroudant Dans les souks (p. 371), vous trouverez des bijoux chleuhs en argent, influencés par les tribus sahariennes et les orfèvres juifs.

Festival de Fès des musiques sacrées du monde En juin, ce festival majeur accueille des artistes internationaux et des concerts intimes de divers *turuk* (ordres soufis ; p. 313).

Marrakech En dehors des souks, dans le quartier industriel de Sidi Ghanem, côtoyez les amateurs de design et les collectionneurs dans les galeries d'art branchées de Guéliz (p. 47).

Tapis Contrairement aux grandes villes, des cités comme Ouarzazate et Tafraoute possèdent des coopératives et des boutiques où l'on ne vous poussera pas à acheter un souvenir à pompons (p. 118).

Tanger Le musée de la Légation américaine (p. 226) renferme la "Mona Lisa marocaine" et une aile consacrée à Paul Bowles, William Burroughs et d'autres écrivains de la Beat generation.

Hors des sentiers battus

Les bourgades et les villages pittoresques sont idéals pour se détendre et rencontrer les habitants devant un thé à la menthe.

Afella-Ighir La route qui dessert ces oasis est très peu fréquentée ; à Tiouadou, logez dans l'auberge qui abrite le musée local (p. 382).

Agdz Installez-vous confortablement dans la palmeraie, au milieu des casbahs en brique crue, et prenez le temps de regarder les touristes se presser à travers la vallée du Drâa (p. 120).

Imilchil Ce village du Moyen Atlas est réputé pour son *moussem* (fête) de mariage, mais le trajet jusqu'ici est superbe toute l'année (p. 140).

Midelt Entre le Moyen et le Haut Atlas, visitez les villages et casbahs, profitez de la vue sur les montagnes et repartez avec un tapis (p. 346).

Tarfaya Jouez au billard sous une tente près de l'épave d'un ferry et observez la vie sahraouie (p. 401).

Environs d'Essaouira Laissez la foule de la médina et suivez vers le sud la piste des surfeurs jusqu'à Sidi Kaouki (p. 220) et Taghazout (p. 370).

Ci-dessus Décoration de poteries, Fès (p. 285)

En bas L'heure de la prière, médina de Marrakech (p. 58)

Gastronomie

Rouler le couscous ou savourer un tajine : le Maroc vous réserve de belles expériences culinaires.

Fès Lors d'une excursion, procurez-vous les ingrédients d'un *tanjia* (ragoût mijoté), puis faites-les cuire dans le four à bois d'un hammam (p. 301).

Cuisine du désert Découvrez les recettes sahraouies et les secrets du couscous dans les retraites sahariennes de M'Hamid (p. 128).

Marrakech Apprenez à cuisiner comme un *dadas* (chef) et régalez-vous du résultat dans le confort d'un riad (p. 65).

Produits de la mer Achetez les prises du jour dans le port d'Al-Hoceima (p. 264), ou goûtez celles de l'Atlantique dans le marché au poisson d'Essaouira (p. 210).

Taliouine Faites le tour des producteurs de safran et d'argan et initiez-vous à la préparation d'un tajine au safran (p. 377).

Demnate Essayez les amandes, l'huile d'olive et le miel locaux, puis choisissez un restaurant de ce centre gastronomique berbère, proche de Marrakech (p. 84).

Architecture

La longue histoire du pays et ses multiples influences culturelles se reflètent dans les nombreux témoignages architecturaux qui jalonnent le Maroc.

Médersa Ali ben Youssef Cette splendide école coranique du XIVe siècle à Marrakech comporte des murs ornés de zelliges colorés et des arcades en stuc (p. 51).

Art déco La côte atlantique abrite de superbes édifices Art déco, pour la plupart à Casablanca (p. 166), avec des influences mauresques, et à Sidi Ifni, une ville bleu et blanc (p. 393).

Mosquée et université Karaouine L'une des plus grandes mosquées d'Afrique et la plus vieille université au monde, cet édifice vieux de 1 150 ans arbore un toit vert pyramidal (p. 287).

Essaouira Son nom signifie "bien conçu", et convient parfaitement à sa médina blanchie à la chaux, protégée par ses remparts du XVIIIe siècle (p. 210).

Rissani Une boucle de 21 km permet de voir une zaouïa, un comptoir marchand du Sahara en ruine, de nombreux ksour et un musée consacré à la vie dans les casbahs fortifiées (p. 147).

Culture berbère

Ce peuple fier laisse un souvenir impérissable aux voyageurs. Le caractère et les traditions amazighes sont mis en valeur à Marrakech et dans l'Atlas.

Costumes régionaux Les femmes affichent leur appartenance par leur habillement : les châles noirs et les robes colorées de Tata, les chapeaux du Rif ou les jupes rayées de Tanger (p. 349 ; p. 224).

Demnate La ville offre une immersion dans la culture locale, avec la meilleure huile d'olive du pays et un *Roméo et Juliette* berbère (p. 84).

Moussem de mariage d'Imilchil Les Berbères cherchent à convoler lors du *moussem* de ce village du Moyen Atlas (p. 140).

Maison Tiskiwin Pour comprendre le lien entre les Berbères et l'Afrique du Nord, visitez le musée de la Culture transsaharienne (p. 55).

Al-Hoceima Cette ville de la côte méditerranéenne est la capitale officieuse des Berbères du nord du pays (p. 264).

Plages

Avec un littoral qui s'étend de la Méditerranée au Sahara, le Maroc offre des plages aptes à satisfaire tous les goûts. Certaines conviennent aux familles, d'autres sont en voie d'aménagement, mais beaucoup restent sauvages, uniquement connues des surfeurs et des oiseaux migrateurs.

Plage du Marabout Abritant la tombe d'un saint et des rochers déchiquetés, c'est la plus spectaculaire de la demi-douzaine de plages que compte Mirleft (p. 392), au bord de l'Atlantique.

Agadir Si la ville n'est qu'un damier de béton, sa longue plage incurvée, propre et éclairée la nuit, séduit particulièrement les familles (p. 361).

Yellich Face à une petite île de la Méditerranée, les plages de Cala Iris sont à visiter avant que le village de pêcheurs ne devienne une station balnéaire (p. 268).

Tanger Sortez de la ville pour une journée à la plage Robinson (p. 240) ou au ksar es-Seghir, près du détroit de Gibraltar (p. 241).

Déserts

La partie saharienne du Maroc compte parmi les plus sûres et les plus belles régions du monde pour apprécier l'immensité du désert. Outre les dunes et la hamada (désert de pierres), vous rencontrerez des Berbères en robe bleue et vous initierez à la vie nomade.

Erg Chebbi Ce paysage saharien aux dunes hautes de 160 m peut s'explorer en méharée, en 4x4 ou en sandboard. Passez la nuit sous une tente berbère (p. 150).

Figuig À l'est du Maroc, un trek dans cette oasis idyllique vous fera découvrir les palmeraies, les ksour et la vue sur l'Algérie (p. 357).

Erg Chigaga Engagez un "homme bleu" à M'Hamid pour qu'il vous guide jusqu'à ces montagnes de sable de 300 m qui s'étirent sur 40 km (p. 127).

Vallée du Drâa Les caravanes à destination de Tombouctou passaient jadis par cette vallée ; aujourd'hui, vous pouvez rejoindre les oasis ombragées de palmiers (p. 119), juché sur un "vaisseau du désert" (ou dromadaire).

Montagnes

Le Haut Atlas, parsemé de villages berbères, est l'un des plus beaux massifs montagneux au monde. Les autres montagnes du pays se prêtent également à l'escalade, la randonnée, ou l'expérience de la vie rurale loin de l'agitation urbaine.

Djebel Toubkal Escaladez le point culminant de l'Afrique du Nord pour un bol d'air pur et la vue sur le Haut Atlas (p. 103).

Vallée des Ammeln Séjournez dans une maison villageoise traditionnelle parmi les palmeraies et l'Anti-Atlas rose doré (p. 383).

Moyen Atlas Aux alentours d'Azrou et de Midelt (p. 344), la chaîne nord de l'Atlas est idéale pour des randonnées d'une journée à travers les collines et les forêts (p. 346).

Djebel el-Kelaâ Le Rif ne se résume pas à la culture du kif, comme vous le constaterez depuis ce sommet, accessible en une journée de marche de Chefchaouen (p. 259).

Atlas oriental Des montagnes rouges et arides surplombent les gorges du Ziz (p. 144) et le *moussem* d'Imilchil (p. 140).

Mois par mois

LE TOP 5

Festival de Fès des musiques sacrées du monde, juin

Festival des arts populaires, juillet

Moussem de mariage, septembre

Marathon des Sables, mars

Trek dans le Rif, avril

Janvier

Le Nord est pluvieux et la neige rend nombre de montagnes impraticables pour les randonneurs et même pour les automobilistes. Marrakech et le Sud accueillent la plupart des touristes, en particulier autour du Nouvel An.

Moussem de Sidi ben Aïssa

L'un des plus grands *moussem* (fête) du pays se tient au mausolée du saint soufi, hors des remparts de la médina de Meknès. Ingestion de verre, morsures de serpent et scarifications rituelles ne sont plus autorisées, mais les fantasias (charges de cavaliers tirant au mousquet), les foires, les chants et les danses perdurent.

Marathon de Marrakech

L'animation de la place Jemaa el-Fna prend une tournure sportive quand près de 5 000 marathoniens franchissent la ligne d'arrivée de cette course annuelle. L'itinéraire suit les remparts de la ville et les allées bordées de palmiers, d'orangers et d'oliviers (p. 66).

Février

Le temps est assez maussade, mais certains endroits restent agréables, comme Marrakech et Agadir, plutôt secs et doux. Hormis les voyageurs au long cours et les citadins en week-end, les touristes se font rares.

Mars

C'est le dégel dans les montagnes qui se couvrent de fleurs sauvages, les amandiers et les cerisiers fleurissent. Les vents commencent à souffler dans le désert et la vallée du Sous, et cela jusqu'en avril.

Fête des Amandiers en fleur

Cette très belle fête se déroule au printemps dans l'Anti-Atlas, quand les fleurs s'épanouissent dans la région de Tafraoute. Traditionnellement organisée pour la cueillette dans la capitale marocaine des amandes, cette fête célèbre aussi le folklore local avec des chants, des danses, du théâtre et des contes (p. 380).

Marathon des Sables

Commençant et s'achevant à Ouarzazate, la ville du cinéma, ce marathon saharien est aussi épique que les films tournés à "Ouallywood". Course éprouvante de 6 jours, elle a lieu en mars ou avril et traverse 243 km de désert. L'eau est fournie (p. 116).

Avril

La campagne est verdoyante et il fait bon partout. Les touristes sont nombreux, surtout vers Pâques, même si les prix grimpent.

Festival de la culture soufie

Ce festival culturel de Fès accueille divers événements, dont des films, des conférences et des concerts de musiciens soufis du monde entier. Il se déroule dans le jardin andalou du musée Batha, aménagé dans un palais d'été du XIXe siècle (p. 303).

Trekking dans le Rif

Entre l'hiver humide du Nord et l'été torride, le printemps est idéal pour parcourir les chemins de randonnée du Rif. Vous découvrirez de somptueux paysages dans le parc national de Talassemtane (p. 268), (formation rocheuse du pont de Dieu) et dans le parc national d'Al-Hoceima (p. 268), plus près de la Méditerranée.

Mai

Avec la fin de la saison touristique, les prix baissent dans les hôtels et les souks, mais le plus fort de la chaleur estivale reste à venir. La température moyenne s'élève à 28°C à Marrakech, idéale pour le trek en montagne.

Fêtes rurales

Durant le Festival du désert, Er-Rachidia accueille des artistes de tout le Sahara, dont le groupe local de musiciens gnaouas Les Pigeons du Sable. Dans la vallée du Dadès, des guirlandes ornent Kelaâ M'Gouna lors de la fête de la Rose (p. 145).

Juin

L'été s'annonce, bien que les sommets du Haut Atlas soient encore enneigés. Le nord du Maroc et la côte sont très agréables. Pendant le Festival de Fès des musiques sacrées du monde, les hébergements sont pris d'assaut.

Festival gnaoua et des musiques du monde

Cette célébration passionnée a lieu à Essaouira le troisième week-end de juin, avec des concerts d'artistes marocains et étrangers et des expositions d'art. L'occasion rêvée d'écouter la musique gnaoua, inventée par des esclaves affranchis (p. 214).

Fête des Cerises

Ville assoupie, Sefrou s'éveille mi-juin pour la plus ancienne fête urbaine du pays. Musique folklorique, expositions artistiques, défilés, fantasias et compétitions sportives marquent la cueillette des cerises ; la fête culmine avec le couronnement de la reine des cerises (p. 326).

Festival de Fès des musiques sacrées du monde

Achetez les billets longtemps à l'avance pour ce festival de renommée internationale, qui a accueilli des artistes comme Ravi Shankar et Youssou N'Dour. Les concerts des *turuk* (ordres soufis ; *tarika* au singulier) marocains sont tout aussi impressionnants. Également au programme : expositions, films et débats (p. 313).

Festival Marrakech du rire

Énorme succès populaire, en France comme au Maroc, le Marrakech du rire (ou MDR), initié par Jamel Debbouze en 2011, "retourne" la ville pendant 6 jours, sous le signe de l'humour et de la comédie (p. 66).

Juillet

La neige fond dans les montagnes et la chaleur règne dans le Haut Atlas. Le ramadan ajoute encore à l'intensité des températures stationnant autour des 30°C. Les plages sont venteuses, mais bondées de touristes marocains et européens dans le Nord.

Festival des arts populaires

L'Unesco a classé cette fête de théâtre de rue, événement typiquement marrakchi, comme "chef-d'œuvre du patrimoine culturel". La place Jemaa el-Fna est encore plus turbulente qu'à l'accoutumée le soir du défilé d'ouverture, avec plus de 500 artistes (p. 67).

Festival d'Asilah

Cette grande manifestation culturelle attire près de 200 000 spectateurs pour trois semaines de spectacles, ateliers, concerts et expositions à Asilah. Par ailleurs, une fête équestre de 3 jours se déroule, comprenant une fantasia (p. 199).

Août

Un mois caniculaire, avec une moyenne de 40°C à Marrakech et davantage à l'intérieur des terres. Rejoignez les plages du sud de l'Atlantique pour éviter les foules.

Moussem

Au cours du plus grand *moussem* du pays, la pittoresque bourgade de Moulay Idriss, aux maisons blanchies à la chaux, s'anime de fantasias, de marchés et de musique. Cinq pèlerinages à ce *moussem* équivaudraient à un pèlerinage à La Mecque. Des *moussem* ont également lieu à Setti Fatma, au sud-est de Marrakech, et à Ouarzazate (p. 340).

Septembre

Avec l'automne, le Maroc redevient une destination prisée des étrangers. Le prix des hébergements grimpe, mais les plages se vident et même le désert est plaisant avec ses brises légères et ses dattes fraîches.

TANJAzz

Attirant toujours plus de musiciens locaux et internationaux, le festival annuel de jazz de Tanger est une bonne occasion de découvrir le côté cosmopolite de la scène musicale marocaine (p. 230).

Moussem de mariage

Dans le village d'Imilchil (p. 140) au Moyen Atlas, les jeunes Berbères cherchent un parti durant cette fête de mariage de trois jours. Tout le monde se met sur son 31, revêtant des capes en laine, des djellabas blanches et des bijoux travaillés.

Autres Moussem

Lors du *moussem* des Hamdouchi (p. 84), les confréries religieuses de deux zaouïas (sanctuaires) proches de Demnate, dansent toute la journée dans la ville. Au cours du *moussem* de Moulay Idriss à Fès, une procession aspergée d'eau de rose traverse la médina en musique. Des milliers de pèlerins se rendent au *moussem* de l'oasis de Sidi Ben Younes (p. 355), à l'est, qui s'accompagne d'une fantasia (p. 304).

Octobre

Autre mois prisé des touristes, bien que la pluie commence à s'installer au nord du Moyen Atlas. L'Aïd el-Adha (fête du Sacrifice ; en octobre ou novembre) est marqué par trois jours de fêtes pendant lesquels tout tourne au ralenti (notamment les transports).

Rallye Toulouse Saint-Louis

Fin septembre-début octobre, Tarfaya commémore l'Aéropostale, qui y faisait escale à l'époque coloniale, et son fameux pilote, l'écrivain Antoine de Saint-Exupéry. Des avions volant entre Toulouse et Saint-Louis du Sénégal s'y arrêtent alors (p. 401).

Novembre

Un mois animé à Marrakech et plus au sud, avec davantage de touristes partant dans le désert ou en randonnée aux alentours. Les passionnés d'oiseaux se rendent dans les marais et l'on voit passer les voyageurs qui se dirigent vers la Mauritanie.

Récoltes

Aux alentours des cascades d'Immouzzer des Ida Outanane, dans les contreforts du Haut Atlas, les villageois grimpent dans les oliviers pour secouer les branches et faire tomber les fruits. À Taliouine, une fête célèbre la récolte du safran, et vous verrez les habitants cueillir les fleurs.

Décembre

À la fin du mois, les touristes affluent pour les vacances de Noël. La neige ferme les cols du Haut Atlas et fait le bonheur des skieurs.

Festival international du film de Marrakech

À Marrakech, ce festival voit défiler sur le tapis rouge des stars du monde entier, de Hollywood à Bollywood. La semaine s'achève avec la remise des prix (p. 67).

Itinéraires

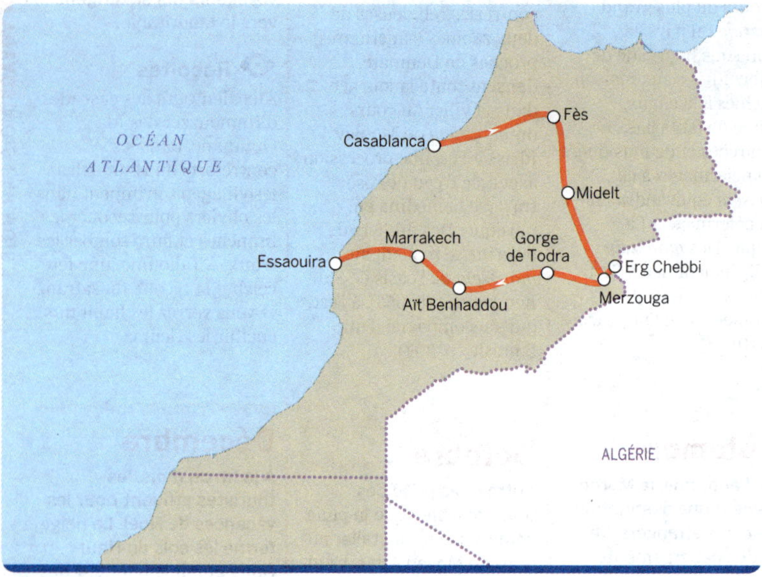

2 SEMAINES

L'essentiel du Maroc

Atterrissez à **Casablanca**, la capitale commerciale, et commencez par visiter la prodigieuse mosquée Hassan II. Prenez ensuite le train jusqu'à **Fès**, cité impériale et vénérable centre religieux et culturel du Maroc, avec sa médina ancienne mais florissante.

Descendez vers le sud, à travers le Moyen Atlas, via **Midelt**, pour voir vos premières casbahs marocaines et acheter un tapis berbère typique de la région. Continuez jusqu'à **Merzouga**, la porte du Sahara, et partez à dos de dromadaire passer une nuit à la belle étoile au pied des magnifiques dunes de l'**erg Chebbi**, la plus grande mer de sable du pays.

En longeant le Haut Atlas vers l'ouest, vous arriverez aux vertigineuses **gorges de Todra** pour une journée de randonnée entre canyons et palmeraies. De là, passez Ouarzazate pour arriver à **Aït Benhaddou**, qui abrite une merveilleuse casbah du XIe siècle.

Sur le chemin de la côte atlantique, faites halte dans un luxueux riad de **Marrakech**, où vous pourrez profiter quelques jours du spectacle qu'offre la place Jemaa el-Fna au couchant, puis faites route d'une traite jusqu'à **Essaouira**, sa médina de front de mer et son port de pêche.

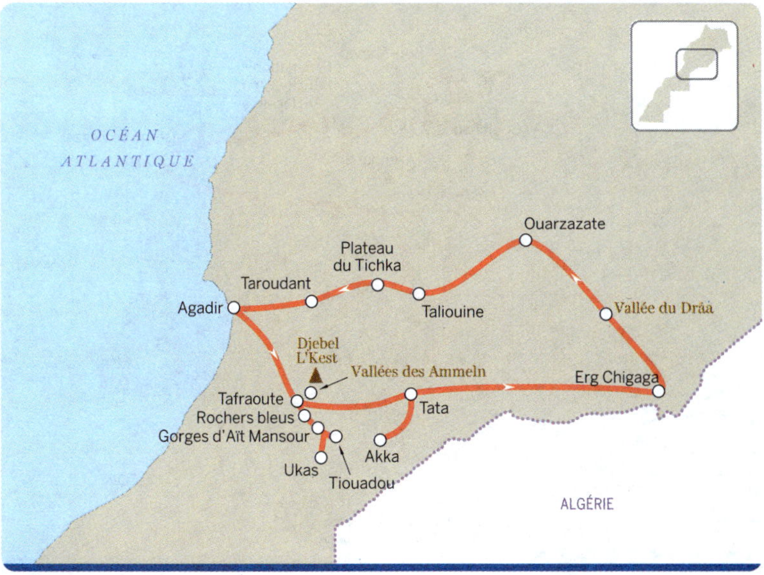

3 SEMAINES Cap au Sud

Cet itinéraire vous emmène loin des foules, à travers les montagnes sauvages et les paysages désertiques du Sud où nombre d'activités occupent le corps et l'esprit.

Agadir est un point de passage, que les plus aventureux s'empresseront de quitter pour la petite ville de **Tafraoute**, encerclée par les splendides paysages de l'Anti-Atlas, notamment la **vallée des Ammeln**, toute en luxuriantes palmeraies et en maisons roses. Passez quelques jours à randonner dans la vallée et sur le **djebel L'Kest**, promenez-vous à vélo parmi les formations rocheuses jusqu'aux extraordinaires **Rochers bleus** (rochers peints), et poursuivez vers le sud à travers les **gorges d'Aït Mansour**. Tout au bout des gorges, séjournez à l'oasis d'Afella-Ighir. Faites de **Tiouadou** votre base pour de nouvelles randonnées ou la découverte des sculptures rupestres d'**Ukas**.

Vous voilà sous le charme des coins isolés du sud du pays. De retour à Tafraoute, traversez l'Anti-Atlas vers l'est et descendez jusqu'aux paysages grandioses du Sahara. Dernière étape avant le djebel Bani et de vastes étendues de hamada (désert de pierre), **Tata** est une base pratique pour découvrir les oasis, les casbahs, les *agadir* (greniers fortifiés) et les magnifiques sculptures rupestres d'**Akka**. Situées à l'est, les dunes de sable doré de **l'erg Chigaga** sont plus reculées et moins visitées que celles de Merzouga. Dans la bourgade voisine de M'Hamid, dénichez un dromadaire pour gagner, au nord, la **vallée du Drâa** et ses innombrables casbahs.

Parvenu en haut de la vallée, rebroussez chemin en direction des montagnes. Louez un vélo (VTT ou vélomoteur), un cheval, une mule ou un dromadaire à **Ouarzazate**, dont les paysages désertiques ont servi de décor à des films se déroulant aussi bien au Tibet qu'à Rome, en Somalie ou en Égypte. Regagnez la côte via **Taliouine**, capitale africaine du safran, où vous pourrez faire emplette de l'épice la plus chère au monde. Faites étape à Taliouine ou à **Taroudant** pour randonner par exemple sur le **plateau du Tichka**. Avec ses murs rouges sur fond de monts enneigés, Taroudant évoque une petite Marrakech, en plus paisible. Musardez dans ses souks et sur ses places, avant de rejoindre l'aéroport Al-Massira d'Agadir, facilement accessible d'ici.

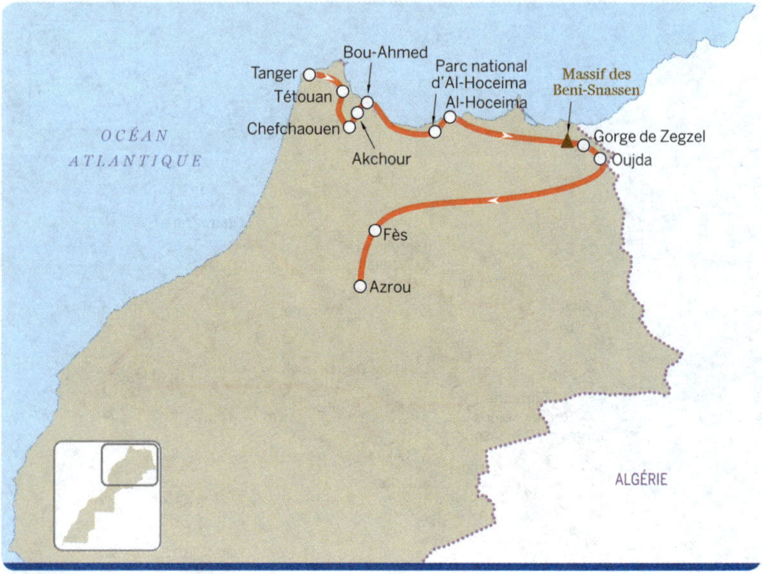

3 SEMAINES Méditerranée et montagnes

Les autorités ont investi massivement dans le littoral méditerranéen et les montagnes du Rif, au nord, et de grands projets de développement touristique sont en cours. C'est le moment de visiter, avant qu'il y ait foule.

Démarrez l'itinéraire par **Tanger,** que vous aborderez idéalement par la côte si vous avez choisi de traverser le détroit de Gibraltar en ferry. Au milieu du siècle dernier, cette ville mythique attirait une faune interlope, des marchands d'armes et des écrivains de la Beat Generation. Accordez-vous quelques jours pour bien profiter de son histoire, de ses restaurants et de sa vie nocturne, puis piquez vers l'intérieur jusqu'à **Tétouan**. L'ancienne capitale du Maroc espagnol allie avec bonheur l'architecture andalouse à celle de la médina arabe. Les Espagnols ont laissé une empreinte moins marquée à **Chefchaouen**, ville nichée dans les montagnes du Rif, dont la médina peinte en bleu est de toute beauté. L'appel à la prière est un moment magique, mais de superbes randonnées vous attendent aussi. Partez dans les montagnes pour un trek de cinq jours qui vous mènera via **Akchour** en bord de rivière, à **Bou Ahmed**, village de pêcheurs de la vallée de l'oued Bouchia.

Continuez le long de la côte vers l'est jusqu'à la station balnéaire moderne d'Al-Hoceima, porte d'entrée du **parc national d'Al-Hoceima** qui abrite gorges asséchées et falaises de calcaire. Vous pouvez suivre la côte à pied jusqu'au parc, ou participer à un circuit mémorable incluant une randonnée à pied ou en VTT et le logement chez l'habitant. Sur le chemin de la frontière algérienne, les **monts des Beni-Snassen** offrent un cadre enchanteur. Ponctuée de gorges, de grottes, de mesas et peuplée de mouflons à manchettes, cette région verdoyante est bien loin du cliché marocain. Dans les **gorges de Zegzel**, cueillez un kumquat : vous comprendrez très vite ce que les Romains trouvaient à ce petit agrume.

Rejoignez alors **Oujda** pour retrouver quelque confort citadin avant de prendre le train jusqu'à la plus grande des villes impériales, **Fès**. Plongez au cœur de la médina, et si la nature vous manque, faites un tour (d'une journée ou plus) dans le Moyen Atlas pour découvrir les forêts de cèdres et la ville berbère d'**Azrou**.

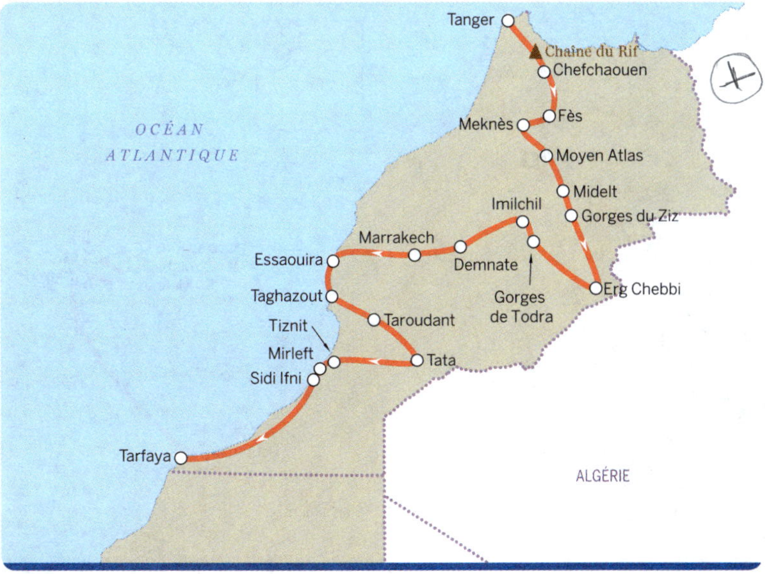

6 SEMAINES Incontournables et trésors cachés

Descendez du ferry à **Tanger**, dont la médina fait face à l'Europe, et enfoncez-vous dans les **montagnes du Rif**. L'influence européenne se fait sentir à **Chefchaouen**, dont la médina peinte en bleu arbore un style andalou. Plus au sud, celles des cités impériales de **Fès** et de **Meknès** sont plus authentiques.

Après quelques jours dans les dédales des ruelles étroites, vous serez prêt à partir à l'assaut des montagnes. Serpentez à travers le **Moyen Atlas** jusqu'au village berbère de **Midelt**, et poursuivez par les paysages lunaires des **gorges du Ziz**. Plus que quelques heures de trajet dans la poussière et vous rejoindrez l'**erg Chebbi**, superbe étendue de dunes ondoyantes, à découvrir à dos de dromadaire ou sur une planche de sandboard.

Détournez-vous du Sahara et retournez dans le Haut Atlas, vers les **gorges de Todra**. Randonnez entre de hautes parois rocheuses, puis grimpez à bord d'un camion, traversant au passage des petits villages. Plus loin dans les montagnes, le village d'**Imilchil**, entouré de roche rouge et de lacs turquoise, accueille en septembre un *moussem* (fête) de mariage.

Descendez par le Moyen Atlas et faites étape à **Demnate**, centre culturel et gastronomique berbère. Inutile de présenter les riads, les souks et la place Jemaa el-Fna de l'étape suivante, **Marrakech**. Faites ensuite connaissance avec le littoral atlantique à **Essaouira**, ancien repaire hippie devenu chic et tendance, puis allez au sud à **Taghazout**, le meilleur spot de surf du Maroc. Puis empruntez la N10 jusqu'à la jolie bourgade de **Taroudant**, avec sa casbah et sa médina entourée d'un mur en brique crue.

Parcourez les routes désertes menant à **Tata**, porte d'entrée du Sahara, où des “hommes bleus” pourront vous guider dans le désert. La route qui repart vers l'Atlantique passe devant des oasis, des palmeraies, des casbahs, des *agadir* et des sculptures rupestres. Près de la côte, faites un détour au nord par le souk aux bijoux de **Tiznit**.

En décrivant une boucle vers le sud-ouest, on rejoint **Mirleft**, avec ses arches bleu et rose, et **Sidi Ifni**, ensemble hétéroclite de vestiges Art déco. Achevez votre périple en lisière du Sahara occidental à **Tarfaya**, splendide ville des sables isolée de tout.

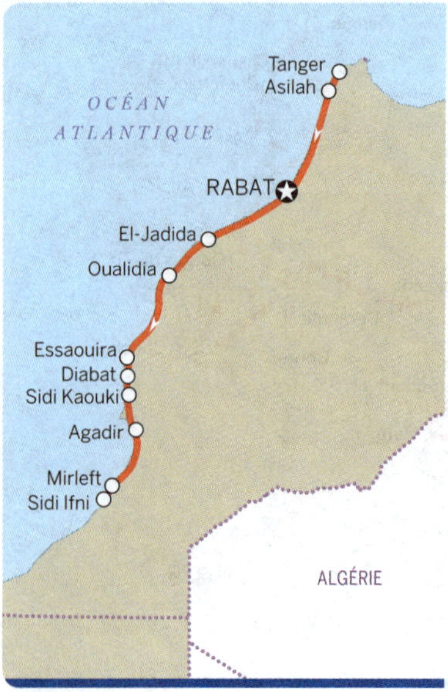

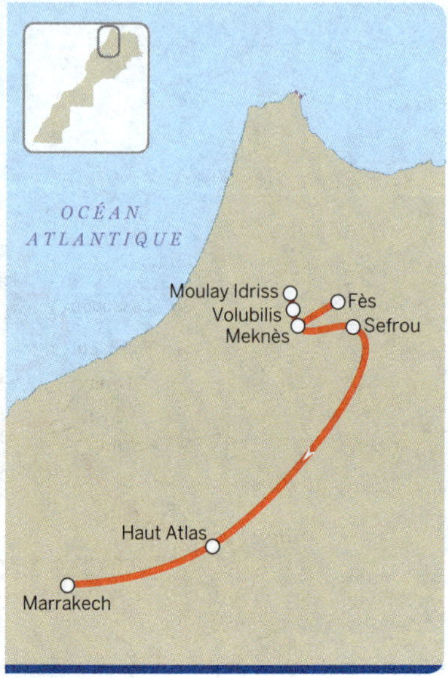

3 SEMAINES Périple atlantique

Faites le grand écart entre l'agitation des côtes au nord et la quiétude des rivages au sud.

Depuis l'Espagne, prenez un ferry pour **Tanger**. Grimpez ensuite dans un train en partance pour le Sud, direction **Asilah**, jolie ville aux murs blanchis à la chaux, puis rejoignez **Rabat**, son architecture coloniale et ses boulevards jalonnés de palmiers. Emboîtez le pas aux banlieusards jusqu'à **El-Jadida**, la "Cité portugaise", puis empruntez la spectaculaire route côtière qui mène à **Oualidia**, le Saint-Tropez africain, bordée d'une lagune en forme de croissant.

Plus au sud, **Essaouira** séduit toujours avec ses remparts blancs, ses riads, son ambiance bohème et son poisson grillé en plein air. Marchez sur les pas de Jimi Hendrix et des surfeurs jusqu'aux paisibles plages de **Diabat** et **Sidi Kaouki**.

Au-delà des spots de surf de l'Atlantique, voici **Agadir**, station balnéaire accueillante et familiale, qui ne possède toutefois pas les belles plages et hébergements de charme de **Mirleft**, ni la séduction Art déco de **Sidi Ifni**.

10 JOURS Empire et Atlas

Cet itinéraire commence dans deux cités gouvernées par d'anciennes dynasties. Dans l'extraordinaire médina de **Fès**, le Maroc moderne côtoie le riche passé de la ville. Rejoignez ensuite **Meknès**, située non loin. Sa beauté et son glorieux passé remontent à l'époque du sultan Moulay Ismaïl, mais elle est curieusement négligée par les voyageurs.

Un détour par le nord vous conduira à **Volubilis**, cité antique la mieux préservée du Maroc, et avant-poste de l'Empire romain. À proximité, **Moulay Idriss** abrite le mausolée du fondateur de la première dynastie impériale du Maroc. Le calme et la sérénité vous y attendent.

Ne vous attardez pas à Rabat et enfoncez-vous dans le Moyen Atlas. Ajoutons la bourgade berbère de **Sefrou**, dont la médina est traversée par l'oued Aggaï, à 30 km au sud de Fès. Descendez vers le sud via Beni Mellal et longez les contreforts du **Haut Atlas** jusqu'à l'incarnation du Maroc contemporain : **Marrakech**. Gageons que vous tomberez sous le charme de ses souks, de ses artistes de rue et de son architecture impériale.

Préparer son voyage

Activités

Si le Maroc est sans conteste l'une des meilleures destinations d'Afrique pour la randonnée, la variété de ses paysages permet bien d'autres activités. Les amateurs d'ornithologie, de vélo, d'escalade ou d'équitation auront de nombreuses occasions de s'adonner à leur passe-temps favori. Dernier plus, appréciable entre tous : que vous fassiez du ski, du surf ou une méharée, vous profiterez entre chaque activité de la culture et de l'hospitalité marocaines.

Observation des oiseaux

Le Maroc est un paradis pour les amateurs d'ornithologie. Quantité d'espèces étonnantes occupent les différents écosystèmes du pays, en particulier les marais côtiers.

Quelque 460 espèces ont été recensées dans le pays, parmi lesquelles de nombreux oiseaux migrateurs qui passent par le Maroc au printemps et à l'automne. Certains voyagent entre l'Afrique subsaharienne et la Scandinavie, le Groenland ou le nord de la Russie, d'autres s'arrêtent au Maroc en attendant la fin de l'hiver dans le nord de l'Europe. La lagune du parc national de Merja Zerga (p. 193), près de Larache, est le meilleur site du pays pour les observer.

L'époque la plus agréable pour l'observation des oiseaux se situe entre mars et mai, le climat est agréable et on trouve une grande variété d'espèces. En hiver, les marais et les lagunes sont aussi particulièrement peuplés d'oiseaux.

Guides et circuits organisés

Outre les guides ornithologues à engager sur place, vous pouvez aussi vous adresser à ces agences pour des circuits d'observation des oiseaux et de la vie sauvage :

Top des sites

Montagnes

Au programme : escalade, alpinisme, varappe, ski de piste et ski de fond, randonnée, VTT et descente en eaux vives. Les montagnes permettent aussi d'observer la vie sauvage, notamment des singes magots, des mouflons à manchettes et de rares léopards de Barbarie.

Désert

Cap sur le Sahara pour des méharées, des randonnées dans les dunes au clair de lune, une nuit sous une tente berbère, du sandboard et l'observation de la vie sauvage, notamment la fauvette du désert et l'otocyon.

Côtes

À la plage, on fait du surf, de la planche à voile, du kitesurf, du kayak et du canoë. La côte est également propice à l'observation des mammifères marins et des oiseaux comme l'ibis chauve, une espèce menacée.

Terres nomades (www.terresnomades.com)

Terres oubliées (www.terresoubliees.com)

Escursia (www.escursia.fr)

Méharées

Les randonnées à dos de dromadaire – avec nuit dans le désert ou lors d'un safari – font partie des activités les plus typiques et comptent souvent parmi les plus beaux souvenirs que l'on garde du Sahara.

Les régions les plus représentatives des sables sahariens sont l'erg Chebbi, près de Merzouga, l'erg Chigaga, près de M'Hamid et Zagora, et au-delà les dunes de Tinfou, plus accessibles.

Seuls l'automne (septembre-octobre) et l'hiver (novembre-début mars) se prêtent vraiment à ce type d'excursions. En dehors de ces périodes, la chaleur est écrasante. En outre, des tempêtes de sable se produisent souvent au printemps.

Une sortie d'une journée revient au minimum à 300 Dh par personne, mais tout dépend du nombre de participants, de la durée et de votre capacité à négocier.

L'agence organise le bivouac, parfois dans un campement permanent pour les excursions courtes, avec éventuellement de la musique berbère et un méchoui.

Organiser une méharée

Si vous avez le temps, cherchez un guide et des provisions sur place. Cette solution bénéficie à la communauté locale en évitant que les jeunes guides quittent leur foyer pour chercher du travail ailleurs.

Parmi les portes d'accès au désert, M'Hamid est probablement la plus tranquille pour faire votre choix, lequel reste cependant plus important à Zagora et Merzouga. Tâchez de vous faire conseiller.

Organiser une méharée à l'avance est plus rapide et plus simple, et vous évite d'avoir à négocier et à attendre. Adressez-vous à un tour-opérateur international ou à une agence de Ouarzazate ou de Marrakech.

Équitation

Le sud du Maroc est une destination prisée pour les promenades à cheval, que ce soit sur la plage, dans les collines, les montagnes, les gorges ou le désert.

Certaines agences spécialisées proposent des circuits équestres guidés :

Club Farah (www.clubfarah.com). Agence helvético-marocaine basée à Meknès, qui organise des circuits dans tout le pays, des cités impériales au sud de la côte atlantique.

Cavaliers du monde (www.cavaliers-du-monde.com). Cette agence française propose une multitude d'itinéraires, du Haut-Atlas à l'Atlantique.

VTT

Le cyclotourisme sur un vélo ordinaire est possible, mais un VTT augmente considérablement les possibilités.

Pour les plus sportifs, les pistes et les sentiers du Haut Atlas offrent sans doute les plus belles promenades. L'Anti-Atlas, les plateaux du djebel Saghro et la vallée du Drâa possèdent aussi d'excellents chemins de randonnée.

Des agences de voyages, des hôtels et des magasins de cycles louent des VTT, notamment à Tafraoute, mais la qualité laisse à désirer pour de longs parcours. Les cyclotouristes peuvent contacter les agences locales pour organiser un circuit.

Les agences suivantes proposent des circuits à VTT au Maroc :

VTT Maroc (www.vtt-maroc.com)

Said Mountain bike (www.saidmountainbike.com/)

Peritrek (www.peritrek.com/vtt-maroc.php)

Escalade et alpinisme

Le pays réserve quelques sites splendides aux amateurs d'escalade et d'alpinisme. Il est nécessaire d'avoir un très bon niveau et d'apporter son matériel personnel.

Les régions de l'Anti-Atlas et du Haut Atlas sont à même de satisfaire les sportifs les plus difficiles, mais il est fondamental de posséder une bonne expérience de ce type de terrain.

Les gorges du Dadès et de Todra offrent un cadre exceptionnel aux grimpeurs.

Le guide d'alpinisme de Des Clark, intitulé *Mountaineering in the Moroccan*

High Atlas (chez Cicerone), qui a pour sous-titre "Marches, ascensions et escalades à plus de 3 000 m", va sans doute devenir un classique du genre. Il détaille quelque 50 itinéraires et 30 sommets (format poche, couverture plastifiée, nombreuses cartes, photos et renseignements pratiques).

Voici quelques sources d'informations et de contact avec d'autres varappeurs :

Fédération royale marocaine de ski et montagne (www.frmsm.ma). Propose une liste d'itinéraires.

Nicolò Berzi (nicolobe@tiscalinet.it). Guide d'escalade italien qui organise des circuits dans les gorges de Todra.

Omar Ajaboud (www.guidemontagne-maroc.com). Une équipe de guides marocains certifiés.

Ski

Certes, les stations de ski marocaines ne valent pas celles des Alpes, mais il est quand même possible, pour les plus volontaires, de chausser des skis entre novembre et avril.

Ski de piste et snowboard

La populaire station d'Oukaïmeden, à 70 km au sud de Marrakech, possède les remontées mécaniques les plus élevées d'Afrique du Nord. On peut louer son équipement sur place. Il existe d'autres stations dans le Moyen Atlas, notamment Mischliffen, près de Fès, mais l'enneigement y est irrégulier. On trouve du matériel à louer, mais pas de remontées mécaniques.

Ski de randonnée

Le ski de randonnée est en plein essor. La meilleure saison s'étend de fin décembre à février. La vallée des Aït Bouguemez compte certains des meilleurs sites du pays.

Surf, planche à voile et kitesurf

Avec plusieurs milliers de kilomètres de côte atlantique, le Maroc est une destination propice (quoique sous-estimée) à la pratique du surf, de la planche à voile et du kitesurf. Sur place, vous pourrez prendre des cours, louer du matériel et opter pour des formules séjours spécialisées dans le surf.

Nord et centre du Maroc

Au nord de Rabat, la plage de Mehdiya est baignée de forts courants, mais les rouleaux sont au rendez-vous toute l'année. En allant vers le sud, la plage des Nations et de Témara Plage, toutes deux à 20 km de Rabat, sont également propices au surf. Sidi Bouzid et les plages aux alentours d'El-Jadida attirent elles aussi les surfeurs.

Oualidia est réputée pour le surf, la planche à voile et le kitesurf. Sur le chemin de Safi, les plus belles vagues sont dans le secteur de Lalla Fatna : ces gigantesques tubes, parmi les plus longs du monde, attirent de grands noms internationaux du sport.

Sud du Maroc

Essaouira est le spot de prédilection des surfeurs ; pourtant la "cité du vent" est bien plus propice à la planche à voile et au kitesurf, et ce, toute l'année. Non loin, Sidi Kaouki est en train de devenir une destination de choix pour ces trois sports.

Près d'Agadir, la région de Taghazout compte quelques-unes des meilleures plages de surf marocaines, et quantité de commerces et d'établissements ciblant une clientèle de surfeurs.

Agadir, la plage d'Aglou, Mirleft, et Sidi Ifni sont également de bons spots.

Descente en eaux vives et kayak

Si le rafting et le kayak restent peu développés au Maroc, les rivières du Haut Atlas, près de Bin el-Ouidane, offrent un paysage splendide et propice à ces activités.

Tawadatrekking (www.tawadatrekking.com/trekking-maroc/rafting-maroc/). Créée par Hafida Hdoubane, première femme guide marocaine, et Pascal Parron, guide de rafting, cette agence spécialisée dans les sports d'aventure propose des circuits de rafting et de kayak, tous niveaux confondus.

Préparer son voyage

Randonnées au Maroc

Recelant quelques-unes des plus belles montagnes du monde, le Maroc se prête à la randonnée toute l'année. L'été, on peut gravir le djebel Toubkal, point culminant d'Afrique du Nord, tandis que l'hiver, quand la neige rend le Haut Atlas impraticable, le djebel Sarhro reste accessible. La chaîne du Rif est, quant à elle, idéale à la mi-saison.

Régions de trek

Haut Atlas

Partez à l'assaut du djebel Toubkal et allez à la rencontre des Berbères en effectuant le circuit du Toubkal, un parcours plus long.

Fuyez la foule et laissez-vous envoûter par la beauté des vallées et des villages du lointain massif du M'Goun.

Djebel Sarhro (ou Saghro)

Cap au sud-est vers l'un des paysages les plus sauvages et accidentés du Maroc, idéal pour la randonnée en hiver.

Rif

Explorez tranquillement les forêts de cèdres peu visitées du parc national de Talassemtane, près de Chefchaouen.

Anti-Atlas

Sur le chemin du djebel L'Kest, surnommé la "montagne d'améthyste", visitez quelques-uns des 26 villages de la vallée des Ammeln.

Treks dignes de ce nom, paysages austères, villages isolés et immenses gorges vous attendent au pied du djebel Siroua, un sommet volcanique.

Mise en route

Où faire de la randonnée

Voici quelques-uns des meilleurs sites de randonnée du pays :

Ascension et circuit du Toubkal

L'ascension du djebel Toubkal (p. 103), plus haut sommet d'Afrique du Nord (4 167 m), est un trek phare offrant 2 jours de marche au départ d'Imlil, près de Marrakech. On peut aussi louer des mules et faire le circuit du Toubkal (7-10 jours).

Traversée du massif du M'Goun

Malgré sa redoutable réputation, ce trek de 4 jours (p. 93) s'adresse aux randonneurs de tous niveaux. Le paysage est d'une incroyable diversité, passant de gorges arides à des vallées luxuriantes. Préparez-vous à vous mouiller les pieds en franchissant quelques cours d'eau peu profonds.

Chaîne du Rif

Les montagnes les plus basses du Maroc sont idéales au printemps (p. 268), quand leurs forêts de chênes verdoient et que leurs pentes se couvrent de fleurs sauvages. Traversez le parc national de Talassemtane et ses villages berbères jusqu'à la spectaculaire formation rocheuse du pont de Dieu.

Djebel Sarhro

Ce trek (p. 133) de 5 à 6 jours se faufile entre le Haut Atlas et la vallée du Dadès, à travers des paysages arides, mais grandioses. C'est une randonnée de choix en hiver, quand la neige rend les autres montagnes impraticables.

Anti-Atlas

L'Anti-Atlas (p. 385) forme les dernières montagnes marocaines avant le Sahara. Dans ce massif peu fréquenté, les randonneurs aguerris peuvent prendre une semaine pour gravir le pic volcanique du djebel Siroua ou faire un trek de 5 jours à travers les villages de la vallée des Ammeln jusqu'au djebel L'Kest.

Cartes

Les cartes topographiques du Maroc sont généralement établies au 1/100 000 et au 1/50 000.

Celles au 1/50 000 ne sont pas toutes disponibles pour le grand public, aussi est-il préférable, pour les voyageurs visitant un vaste secteur géographique, de choisir parmi les cartes au 1/100 000.

La carte du Maroc au 1/100 000, établie par l'armée soviétique, est assez précise, mais elle a l'inconvénient d'être rédigée en caractères cyrilliques.

La Direction de la cartographie (p. 187) à Rabat, est la meilleure adresse où acheter des cartes au Maroc. On trouve sur le site de l'**ANFCC** (Agence nationale de la conservation foncière, du cadastre et de la cartographie) la liste des cartes en vente (http://www.ancfcc.gov.ma).

Cartes et photocopies sont également disponibles dans d'autres librairies du pays, ainsi que sur des stands de la place Jemaa el-Fna (p. 50) à Marrakech et, en dernier recours, aux abords des itinéraires de randonnée de l'Atlas.

Il est aussi possible de consulter en ligne le catalogue de la **Royal Geographical Society** (www.rgs.org), à Londres, qui possède l'une des plus grandes collections privées de cartes au monde.

Certains sites Internet dont **Amazon** (www.amazon.fr) vendent des cartes, par exemple les cartes du Toubkal et du massif du M'Goun éditées par West Col Productions.

Livres

L'**Office national marocain du tourisme** (ONMT) publie une brochure très utile intitulée *Maroc : tourisme en montagne et au désert* (2005) – on peut la télécharger sur le site www.scribd.com/doc/3085400/Tourisme-au-maroc-montagne-et-desert. Après une bonne introduction sur le trekking au Maroc, l'ouvrage donne la liste de tous les bureaux des guides, des offices du tourisme, des agences de location de voitures, des gîtes d'étape, mais aussi des abris, refuges et campings. Il recense également, entre autres informations utiles, les jours de marché dans les villages.

Les bureaux de l'ONMT à l'étranger, à Marrakech et dans d'autres grandes villes du Maroc, ainsi que le bureau des guides d'Imlil, délivrent ce petit livret.

L'éditeur Belvisi/Edisud publie *Gravures rupestres du Haut Atlas*, une approche de l'art pariétal du plateau du Yagour, au nord-est de Setti Fatima, et *Randonnées pédestres dans le massif du M'Goun*. Ces ouvrages ne sont pas toujours disponibles. Tentez votre chance sur Internet, ou sur place, dans les principaux offices du tourisme, dans les librairies de Rabat et de Marrakech ou au Club alpin français (CAF). Essayez également au refuge d'Oukaïmeden.

Clubs, renseignements et randonnées organisées

Club alpin français (CAF ; http://cafmaroc2011.ffcam.fr ; Casablanca). Gère des refuges dans le massif du Toubkal. Son site Internet est une bonne source d'informations.

Fédération royale marocaine de ski et montagne (FRMSM ; www.frmsm.ma ; Casablanca). Le site Internet fournit des informations de base.

Vêtements et équipement

Vêtements

Été ou hiver, vous aurez besoin de chaussures de randonnée solides déjà faites à vos pieds, et d'un coupe-vent imperméable. Le temps pouvant changer très rapidement, munissez-vous aussi d'un chapeau, de lunettes de soleil et d'un écran solaire à indice de protection élevé.

L'été (juin à août), des pantalons amples en coton léger et des chemises à manches

Circuits de randonnée

longues sont le mieux. Les nuits pouvant être fraîches même à basse altitude, une polaire ou un pull sont conseillés.

L'hiver (novembre à mars), vêtements chauds, bonnet de laine et gants sont de rigueur dans le Haut Atlas. Préparez-vous à affronter des températures très basses où que vous alliez randonner dans le pays.

Tentes

Au moment de planifier votre itinéraire, il importe de prévoir la nécessité ou non de bivouaquer. Une bonne tente vous donnera une grande liberté de parcours, et vous permettra d'échapper à la foule.

Vous pourrez en louer une auprès des tour-opérateurs, par l'intermédiaire des guides, et au départ des circuits.

Si vous préférez ne pas en emporter, il est possible de loger dans les villages de la plupart des régions.

Sacs de couchage

Que vous campiez ou non, il est impératif d'emporter un sac de couchage bien chaud si vous marchez dans le Haut Atlas et le djebel Saghro de septembre à début avril : il arrive que les températures descendent jusqu'à – 10°C.

Dans les chaînes moins hautes, emportez un duvet conçu pour des températures de l'ordre de 0°C, même en été. Comme le sol est très rocailleux, un bon matelas de sol, ou un fin tapis en mousse, vous apportera un peu de confort. Les guides peuvent généralement vous en fournir.

Réchauds

En général, les gîtes disposent d'équipement de cuisine, mais un réchaud se révèle utile en camping. Préférez ceux qui fonctionnent avec différents types de combustible : si l'alcool à brûler est presque introuvable, on s'approvisionne sans difficulté en kérosène. Pour des raisons écologiques, les petites bonbonnes de butane ne sont pas recommandées.

Votre guide saura vous conseiller.

Autres équipements

Joignez à votre trousse à pharmacie classique des comprimés stérilisants ou un filtre mécanique. L'eau doit impérativement être traitée, à moins d'être prise directement à la source.

Toute ascension de sommets supérieurs à 3 000 m entre novembre et mai nécessite une solide expérience d'alpinisme dans des conditions hivernales. Crampons, piolets, pelles à neige, etc. sont indispensables. Vous pourrez facilement en louer.

Si vous combinez randonnée et visite de zones urbaines, vous pourrez confier une partie de vos bagages à votre hôtel, moyennant une petite rétribution. Vous trouverez également des consignes à bagages dans les gares ferroviaires des grandes villes.

Guides

Il est indispensable de recourir aux services d'un guide. Même pour les randonneurs chevronnés habitués à lire des cartes, ce n'est jamais une bonne idée de se passer d'un accompagnateur, qui saura également être utile comme interprète et négociateur, et dissuadera les faux guides de vous importuner.

En outre, grâce à lui, des Berbères vous inviteront certainement à prendre le thé ou un repas, ce qui vous permettra d'approcher leur mode de vie authentique.

N'oubliez pas non plus que des randonneurs périssent chaque année dans les montagnes marocaines, et qu'être accompagné d'un guide réduira considérablement pour vous le risque de connaître leur sort. Quel que soit l'événement – orage brutal, dérapage malheureux, éboulement de rochers – la présence d'un guide augmente incontestablement les chances de survie. Bref, nous ne saurons que trop le recommander : quelle que soit votre expérience, ne partez jamais seul en randonnée dans la montagne.

Choisir un guide

Gardez à l'esprit qu'un pseudo-guide polyglotte rencontré à Marrakech n'aura pas la même compétence qu'un guide de la région, connaissant parfaitement le secteur de votre randonnée.

Les guides officiels sont détenteurs d'une carte officielle avec photo. Votre guide doit être agréé par la Fédération royale marocaine de ski et montagne ou l'Association nationale des guides

SPÉCIALISTES DES CARTES

France

Au Vieux Campeur (☎01 53 10 48 27 ; www.au-vieux-campeur.fr ; 2 rue de Latran, 75005 Paris)

Géothèque (☎02 40 47 40 68 ; 10 place du Pilori, 44000 Nantes)

Le Monde des Cartes (IGN) (☎01 43 98 85 10 ; www.ign.fr ; 50 rue de la Verrerie, 75004 Paris)

Raconte-moi la Terre (☎04 78 92 60 20 ; www.raconte-moi.com ; 14 rue du Plat, 69002 Lyon)

Ulysse (☎01 43 25 17 35 ; www.ulysse.fr ; 26 rue Saint-Louis-en-l'Île, 75004 Paris) ;

Belgique

Peuples et Continents (☎2-511 27 75 ; www.peuplesetcontinents.com ; 17/19 galerie Ravenstein, 1000 Bruxelles)

Canada

Librairie Pantoute (☎418-694 9748 ; www.librairiepantoute.com ; 1 100 rue Saint-Jean, Québec)

Ulysse (☎514-843 9447 ; www.guidesulysse.com ; 4176 rue Saint-Denis, Montréal)

et accompagnateurs en montagne du Maroc. Il doit avoir le statut de “guide de montagne”, obtenu après six mois d'apprentissage au Centre de formation aux métiers de montagne, une école installée à Tabant, dans la vallée des Aït Bouguemez.

Notez que les “accompagnateurs”, dont la formation se résume à une semaine, ne sont pas assurés pour les circuits en montagne. De même, les “guides touristiques” ne sont habituellement pas qualifiés pour conduire un trek.

Les guides de montagne officiels, qui peuvent toujours vous montrer une carte prouvant leur statut, sont formés au secourisme. Aussi, dans les cas de conditions climatiques défavorables ou en cas d'urgence, ils seront plus aptes à faire face à la situation qu'un guide local, engagé au hasard de vos rencontres. Si un guide rechigne à vous présenter sa carte officielle, cela signifie sans doute qu'il n'en a pas ou que celle-ci a expiré (elle est renouvelée tous les trois ans).

Certains ont une spécialité : canyoning, escalade ou alpinisme. Tous parlent français. Récemment, plusieurs jeunes Marocaines ont réussi à se faire une place dans le monde des guides de montagne, jusqu'ici exclusivement masculin, mais leurs services sont très demandés.

Engager un guide

On dénombre au Maroc plus de 400 guides de montagne accrédités, dont beaucoup peuvent être contactés aux bureaux des guides d'Imlil, Setti Fatma, Chefchaouen et dans la région reculée de Tabant (vallée des Aït Bouguemez).

Lors de notre passage, le tarif officiel des guides assermentés était de 300 Dh/jour (par groupe et non par personne). Ce tarif peut varier au gré des saisons et des secteurs et s'entend hors frais de nourriture et d'hébergement.

Les guides sont le plus souvent logés gratuitement dans les refuges et les gîtes, mais on peut vous demander de prendre en charge leurs repas. Si votre parcours ne vous ramène pas à votre point de départ, il vous faudra régler les frais de retour de votre guide.

Négociez tous les tarifs avant de partir, sans oublier les détails tels que le point de départ et d'arrivée pour chaque jour de randonnée, la répartition des tentes (la plupart des guides possèdent une tente et/ou un sac de couchage), la nourriture, les provisions d'eau, le nombre de mules et l'équipement au sein du groupe. Si vous êtes nombreux, le guide insistera peut-être pour s'assurer les services d'un cuisinier, moyennant quelque 100 Dh/jour.

Mules

Les mules et les baudets servent couramment au transport des charges à travers les montagnes, et peuvent servir d'animaux de bât.

Si vous comptez vous équiper lourdement ou si vous voyagez en groupe, il est conseillé de louer un mulet (qui peut, en principe, porter les bagages de quatre personnes). À titre indicatif, une mule peut transporter jusqu'à 120 kg mais, si l'itinéraire est escarpé ou éprouvant, le muletier insistera sans doute pour réduire le poids de la charge. Il en va de la santé de son gagne-pain, même si les Marocains se montrent rarement sentimentaux envers les animaux de bât.

Certains itinéraires sont toutefois impraticables pour des bêtes de somme qui, dans ce cas, font seules le détour. Si les cols élevés sont enneigés, il est préférable d'engager des porteurs, qui peuvent transporter 18 kg chacun.

GUIDES DE RANDONNÉE

- *Le Massif du Toubkal* (Belvisi/Edisud), de Jean Dresch et Jacques de Lépiney, est un répertoire des voies d'ascension réalisables dans le massif du Toubkal.
- *Le Haut Atlas central*, d'André Fougerolles, est édité par le Club alpin français. Un ouvrage très complet sur la région du M'Goun.
- *Great Atlas Traverse Morroco*, de Michael Peyron (en anglais). Ce guide en deux volumes, écrit par un Britannique installé au Maroc est une référence en matière de trekking. Il est moins utile pour les randonneurs occasionnels.

Comptez d'ordinaire 100 Dh/jour pour une mule et son propriétaire. Comme pour les guides, vous devrez payer le trajet de retour du muletier si votre itinéraire ne fait pas une boucle.

En randonnée

Hébergement

Si vous préférez ne pas transporter de tente, vous pourrez loger dans des refuges, dans les gîtes d'étape des villages ou bien chez l'habitant. Dans les zones les plus isolées, les chambres dans les villages disposent parfois de lits, comme à Imlil, mais il arrive aussi qu'il n'y ait même pas de matelas au sol.

Dans le Haut ou le Moyen Atlas, les randonneurs logent généralement dans des gîtes. Quand il y en a peu, comme dans le Rif et l'Anti-Atlas (moins fréquenté), il faut envisager de dormir sous la tente ou chez l'habitant.

Gîtes d'étape

Les gîtes sont des modes d'hébergement rudimentaires. Ils se composent généralement d'une pièce nue, d'une terrasse ou d'un balcon où sont disposés des matelas de mousse, et d'une sdb très sommaire munie de W-C et, parfois, d'une douche chaude. Si vous en faites la demande à l'avance, on vous préparera un tajine pour le dîner.

Au moment de la rédaction de ce guide, il fallait compter 50 Dh par personne la nuitée (ce prix varie suivant les saisons et les régions). Repas du soir (30-50 Dh/pers) et douche chaude (10-15 Dh) sont en supplément.

Les gîtes privés, moins spartiates, demandent en principe jusqu'à 200 Dh par personne pour la demi-pension, quand une chambre dans une luxueuse casbah d'Imlil peut coûter jusqu'à 2 780 Dh.

Refuges

Le Club alpin français possède des refuges à Imlil, Oukaïmeden, Tazaghart, Tacheddirt et dans le Toubkal. En principe, il faut réserver sa place bien à l'avance par l'intermédiaire du refuge d'Oukaïmeden. En pratique toutefois, on peut se renseigner à Oukaïmeden ou à Imlil sur les disponibilités dans les autres refuges de la région du Toubkal. Les refuges affichent souvent complet en juillet-août.

Les membres du CAF et de Hostelling International (HI) ont droit aux tarifs les plus avantageux. Les membres d'autres clubs alpins affiliés ou reconnus (par exemple l'Alpine Club britannique) et les enfants de moins de 16 ans ont également droit à des réductions.

Ravitaillement

Le choix d'aliments lyophilisés reste limité dans la campagne. Ne vous attendez pas à trouver grand-chose d'autre que du lait en poudre, des fruits secs, de la soupe en sachet, des biscuits et quelques conserves de poisson. Les supermarchés des villes sont beaucoup mieux approvisionnés, et si vous prenez une mule, vous pourrez prévoir une cuisine plus variée.

Avec un peu de chance, vous trouverez du pain, des œufs, des légumes, ainsi que des provisions de base (thon en boîte, thé...) dans certains villages, mais ne comptez pas trop sur les ressources locales. Vous pourrez obtenir un repas (environ 30-50 Dh/pers) dans les gîtes et les refuges, à la condition d'en avoir fait la demande à l'avance. Encore une fois, à moins d'avoir tout organisé, ne comptez pas uniquement sur les provisions que vous pourrez acheter en route.

Changez vos devises dans les grandes villes les plus proches et prévoyez de la monnaie. Si vous vous retrouvez à court d'argent local, sachez que les euros (billets) sont parfois acceptés.

Trekking responsable

Les routes de randonnée étant en plein développement au Maroc, les régions isolées sont extrêmement vulnérables aux effets du tourisme. De nombreux voyageurs rentrent chez eux enchantés par l'hospitalité berbère mais le nombre de touristes augmentant, la pression sur les habitants croît de même. En tant qu'étranger, veillez à vous conformer aux usages locaux.

Questions interculturelles

Habillement

Le code vestimentaire joue un rôle important, en particulier dans les sociétés

GLOSSAIRE POUR LA RANDONNÉE

La liste de termes qui suit peut vous être utile lors de vos randonnées au Maroc ; (A) indique un mot arabe, (B) désigne un terme berbère. Vous trouverez un glossaire berbère plus généraliste p. 509.

adfel (B) – neige

adrar (B) – montagne (pluriel : *idraren*)

afella (B) – sommet

agdal (B) – pâturage (variante : *aougdal*)

aghbalu (B) – source

'ain (A) – source

aman (B) – eau

anzar (B) – pluie

argaz (B) – homme

asserdoun (B) – mulet

assif (B) – cours d'eau, rivière

azaghar (B) – plaine, plateau (variante : *izwghar*)

azib (B) – estive

brhel (A) – mule

hâba (B) – ravin

djebel (A) – montagne ou colline

iferd (B) – lac

ifri (B) – grotte

kerkour (B) – cairn

taddart (B) – maison

talat (B) – ravin ou cours d'eau asséché

tamada (B) – lac

tigm (B) – maison

tizi (B) – col

profondément conservatrices des tribus montagnardes. Dans les villages, préférez une chemise boutonnée ou un T-shirt à un débardeur, considéré comme un sous-vêtement, et surtout un pantalon à un short (pour les femmes comme pour les hommes).

On n'insistera jamais assez sur le respect de ces principes. Quel que soit votre avis à ce sujet, le respect des traditions locales vous vaudra des contacts chaleureux avec la population.

Hospitalité

En montagne, on vous conviera souvent à prendre un thé ou à partager un repas. Un guide local a fréquemment des amis dans différents villages, ce qui présente un avantage considérable. Si vous êtes invité, c'est toujours gracieusement.

N'oubliez pas que l'économie de ces régions repose sur une agriculture de subsistance et que les villages peuvent manquer de nourriture. Aussi, le fait d'offrir à vos hôtes des cadeaux tels qu'une boîte de thé vert chinois, du sucre (de préférence un pain de sucre), des fruits secs ou d'autres denrées importées, ne manquera pas d'être apprécié. Prévoyez donc large en faisant votre stock de provisions.

Médecine

Dans les zones reculées, on vous demandera souvent certains articles : désinfectant, pansements, crème hydratante (de nombreux enfants ont la peau sèche), antalgiques et autres médicaments. Veillez toujours à ce que votre guide explique aux intéressés les conditions d'utilisation de ces produits.

Questions environnementales

Détritus

Transportez tous vos détritus, ne les enterrez pas et ne les brûlez pas (les emballages brûlent mal). Dissuadez votre guide de les jeter dans le ravin le plus proche, car de tels comportements nuisent à l'environnement, d'autant que le Maroc connaît un nombre croissant de randonneurs.

Limitez la quantité de déchets en n'emportant que les emballages indispensables et en choisissant, dans la mesure du possible, des récipients réutilisables. Faites aussi l'effort de ramasser les déchets laissés par les autres.

Évitez de prendre des bouteilles d'eau en plastique, source de pollution importante au Maroc. Prévoyez plutôt des comprimés stérilisants.

Déchets d'origine humaine

L'eau contaminée par les matières fécales humaines peut transmettre l'hépatite, la typhoïde et des parasites intestinaux. Ce problème est particulièrement grave dans les régions de randonnée les plus habitées.

Quand il y a des toilettes, il est préférable de les utiliser. S'il n'y en a pas, enterrez vos déchets. En pratique, creusez un trou d'environ 15 cm de profondeur, à au moins 100 m d'un éventuel point d'eau – il s'agit d'un point important dans la mesure où de nombreux itinéraires de trek suivent des cours d'eau. Pensez à emporter une truelle légère, surtout si vous devez creuser le sol aride de l'Atlas. Sur un terrain enneigé, pensez que la neige finira par fondre.

N'utilisez que le minimum de papier toilette, brûlez-le si possible ou enterrez-le aussi. Rebouchez le trou avec de la terre et une pierre.

Lavage

Ne jetez ni détergent ni dentifrice dans les rivières (ou à proximité), même s'ils sont biodégradables. Pour votre toilette, utilisez un savon biodégradable à 50 m au moins des cours d'eau. Dispersez bien l'eau sale, afin que le sol puisse la filtrer totalement avant qu'elle ne rejoigne un oued. Faites votre vaisselle avec un tampon abrasif, du sable, ou encore de la neige, plutôt qu'avec un détergent. Encore une fois, vérifiez que vous êtes à plus de 50 m de tout cours d'eau.

Érosion

Les flancs des collines et des montagnes, en particulier à haute altitude, sont soumis à l'érosion. Il est donc important de suivre les pistes existantes et d'éviter de couper les virages en empruntant des raccourcis. En effet, en créant un nouveau chemin dans la pente, vous ouvrez la voie à un ruissellement dès la première pluie un peu forte, ce qui favorisera l'érosion du sol et marquera la montagne de manière irrémédiable.

Cuisine

Évitez de couper du bois pour préparer votre repas. Comme vous le verrez, la déforestation est importante au Maroc. L'idéal est de préparer ses repas sur un réchaud léger fonctionnant au kérosène ou à différents combustibles. Évitez ceux qui utilisent des recharges de gaz jetables. Assurez-vous de bien éteindre le feu après usage. Éparpillez les braises et arrosez-les d'eau. Un foyer ne présente plus aucun danger à partir du moment où vous pouvez tranquillement poser la main dessus.

Camping

En altitude, la flore est très fragile. Lors d'un bivouac, si vous ne déplacez ni ne dérangez la végétation autour de votre camp, vous limiterez votre impact sur l'environnement. Les zones de pâturages se réduisent de plus en plus au Maroc. Ne lésinez pas sur la quantité de fourrage (orge) que vous achèterez pour chaque mulet et chaque âne. Renseignez-vous à ce sujet avant de partir.

Préparer son voyage

Voyager avec des enfants

Le Maroc ne manque pas d'atouts pour séduire les enfants. Les souks de Marrakech et de Fès offrent de fascinantes expériences sensorielles et une nuit autour d'un feu de camp ou une balade à dos de dromadaire laissent un souvenir inoubliable. Quoi de mieux pour conclure une chaude journée qu'un moment de détente dans la piscine de l'hôtel ?

Top des régions pour les enfants

Marrakech

La place Jemaa el-Fna est un carnaval ininterrompu : spectacles, théâtre de rue, balades en calèche ou à dos de dromadaire.

Côte atlantique

La côte atlantique est idéale pour les sports nautiques et de glisse. Après la longue plage d'Agadir, optez pour un site plus pittoresque, comme Essaouira, avec ses remparts et sa médina à explorer.

Vallée du Drâa

Visitez les studios de cinéma et la casbah de Ouarzazate, puis rejoignez la vallée pour les dunes et les promenades à dos de dromadaire.

Rabat

Avec ses souks, ses ruines et ses jardins, Rabat est une capitale détendue. Un zoo, un parc de loisirs et des balades à poney font partie des distractions.

Moyen Atlas

Montagnes, cascades et promenades en forêt : le Moyen Atlas s'explore facilement à partir d'Azrou et de Fès.

Le Maroc pour les enfants

Le Maroc est une destination idéale pour des parents qui ont jadis effectué des voyages aventureux, et ne souhaitent pas nécessairement passer leurs vacances au bord d'une piscine en compagnie de leurs petits. Le pays est facilement accessible d'Europe ; Marrakech n'est qu'à trois heures de vol de Paris. Dès votre arrivée, vous vous rendrez compte que les enfants ouvrent de nombreuses portes et vous rapprochent de l'essence d'une contrée qui privilégie la famille.

À la rencontre des habitants

Les Marocains aiment à ce point les enfants que ceux-ci peuvent se lasser d'être embrassés, choyés et adulés ; les plus petits seront parfois ravis de trouver refuge dans le porte-bébé ! Les enfants aident à briser la glace et les habitants, souvent issus de familles nombreuses, se montrent extrêmement gentils et protecteurs envers les familles.

À la campagne, il arrive que des femmes prennent leur propre enfant dans les bras et vous saluent du pas de leur porte. De tels moments laisseront à vos enfants le souvenir d'une population chaleureuse.

Cela ne signifie pas que les marchands des souks baissent leurs prix pour les parents, mais même le plus bourru des vendeurs accueille gentiment les femmes occidentales et leurs enfants. Leur présence donne l'image d'une boutique bienveillante envers les familles. Laisser votre enfant courir dans un magasin de tapis peut se révéler une excellente technique de marchandage !

Acclimatation

Les enfants mettent en général un ou deux jours à s'adapter à ce nouvel environnement, mais nombre de choses leur sembleront familières ou amusantes. Leur confusion initiale est vite dissipée par de fascinantes découvertes, comme les charmeurs de serpents de la place Jemaa el-Fna. À la campagne, des choses simples, telles que les ruches et les plantes diverses, ravissent les petits. Il y a rarement des aires de jeux dans les jardins publics.

Prendre son temps

L'une des clés du succès d'un voyage en famille au Maroc est de prévoir suffisamment de temps, pour s'acclimater au début, puis pour se détendre et se reposer. Essayer de tout voir, comme si vous étiez seul, ne fera que les fatiguer et les rendre irritables. Les distances sont trompeuses en raison des mauvaises routes, et il faut toujours prévoir une solution de rechange au cas où les enfants tomberaient malades. Ajuster son rythme à celui des enfants, par exemple en restant tranquille pendant les heures les plus chaudes entre 12h et 16h, est aussi le moyen de se rapprocher de la population et de son mode de vie.

Repas à l'extérieur

Les tajines contiennent de nombreux ingrédients familiers comme les pommes de terre et les carottes. Si vous souhaitez que vos enfants goûtent la cuisine marocaine, vous aurez peut-être du mal s'ils n'aiment ni les pommes de terre ni le pain. Dans ce cas, vous trouverez des plats occidentaux comme les pâtes, les pizzas et les frites. Si tous les restaurants n'ont pas de chaises hautes, le personnel est généralement accommodant avec les enfants.

Dans les restaurants, évitez les salades et privilégiez les tajines, les couscous, les omelettes et les soupes comme la *harira* (soupe de lentilles). Les marchés vendent de délicieux fruits et légumes, mais assurez-vous de les laver ou de les peler.

Pour éviter les problèmes intestinaux, faites-leur boire uniquement de l'eau purifiée ou en bouteille. Le lait – UHT, pasteurisé et en poudre – est disponible partout.

À ne pas manquer

Animaux

- Un trajet par la route jusqu'à un départ de randonnée dans le Haut Atlas comme Imlil (p. 101), puis une marche d'une journée dans les montagnes avec un guide et une mule.
- Une promenade à dos de dromadaire ou à cheval sur les plages aux alentours d'Essaouira (p. 210) ou dans le Sahara, vers les dunes accessibles de la vallée du Drâa (p. 119) et de Merzouga (p. 150).
- Une balade en calèche autour des remparts de Marrakech (p. 47) et de Taroudant (p. 371).

Baignade

- Sports nautiques et de glisse aux alentours d'Essaouira et sur la plage d'Agadir (p. 361), pour les jeunes enfants.
- La lagune d'Oualidia (p. 206), avec des eaux calmes et sûres et une large plage de sable.
- Le Parque Marítimo del Mediterráneo de Ceuta, ses bassins entourés de restaurants et de cafés.

Jeux et divertissements

- Le jardin Majorelle (p. 60) et la place Jemaa el-Fna (p. 50) à Marrakech ; sur la place, des stands proposent des jeux comme la "pêche à la ligne".
- Les studios d'Atlas Film Corporation (p. 114) à Ouarzazate : les décors et les accessoires de films célèbres tournés sur place.

Préparatifs

En cherchant bien, vous trouverez tout le nécessaire pour les enfants en bas âge au Maroc. Avant de partir, pensez à ce qu'il faut emporter en fonction des régions : des vêtements imperméables sont indispensables dans les montagnes, au cas où le temps se gâte.

Vous trouverez d'autres astuces et conseils dans le guide Lonely Planet *Voyager avec ses enfants* (2013).

Hébergement

Certains hôtels accueillent plus volontiers les familles que d'autres. Assurez-vous que les enfants sont bien reçus avant de réserver.

À l'instar des compagnies aériennes, nombre d'hôtels ne font pas payer pour les enfants de moins de 2 ans. Entre 2 et 12 ans, ils bénéficient souvent d'une réduction de 50% en partageant la chambre des parents. Choisissez des établissements de catégorie moyenne pour disposer d'une salle de bains et de toilettes correctes.

Transports

Le nord du Maroc possède une excellente infrastructure ferroviaire et voyager en train constitue la meilleure option : les enfants peuvent bouger et baisser les tablettes pour jouer ou dessiner. Les voyageurs et les enfants peuvent obtenir des tarifs préférentiels et des cartes de réduction.

Les grands taxis et les bus ne sont guère confortables avec de jeunes enfants, qui devront s'asseoir sur vos genoux. De plus, les accidents ne sont pas rares et les routes souvent en piètre état.

Louer un véhicule – un taxi à Marrakech ou un 4x4 vers les montagnes – se justifie amplement. Emportez un siège pour enfant car les compagnies de location de voitures n'en disposent pas habituellement et ils sont plus chers au Maroc qu'en Europe.

Santé et hygiène

Un gel antiseptique est indispensable car les enfants ont tendance à tout toucher. En dépit de leur impact sur l'environnement, les couches jetables sont pratiques en voyage ; vous trouverez les marques internationales. Les voyageurs accompagnés d'enfants doivent savoir soigner les problèmes mineurs et quand s'adresser à un médecin.

Assurez-vous que les enfants sont à jour de leurs vaccinations, et renseignez-vous sur les éventuels vaccins nécessaires longtemps avant le départ ; certains ne conviennent pas à des enfants de moins d'un an.

Les enfants étant particulièrement sujets aux problèmes gastriques pendant les voyages, faites attention à leur alimentation. En cas de vomissements ou de diarrhée, il faut compenser la perte de fluides et de sel. Les poudres de réhydratation à préparer avec de l'eau stérilisée peuvent être utiles ; renseignez-vous auprès de votre médecin. Notez que sur les aires en bord de route ou dans les hôtels économiques, les toilettes à la turque sont souvent la norme.

En cas de chaleur torride, méfiez-vous des coups de soleil, des insolations et de la déshydratation, même par temps couvert. Emportez de l'écran solaire à fort indice de protection, et évitez de voyager dans l'arrière-pays en plein été, quand les températures grimpent jusqu'à 40°C.

Veillez à ce que vos enfants ne touchent pas les chiens ou d'autres mammifères en raison des risques de rage et d'autres maladies. En revanche, les dromadaires dans le désert ou les ânes et les mules qui circulent dans les médinas ne présentent pas de danger.

Les régions en un clin d'œil

Marrakech et centre du Maroc

Aventure
Architecture
Gastronomie

Aventure

Avec ses dunes, ses montagnes, ses souks et ses casbahs, le centre du Maroc est une terre d'aventure. Ne quittez pas Marrakech sans voir la place Jemaa el-Fna : son ambiance magique, avec ses spectacles improvisés et ses étals de grillades, vous plonge dans une humeur festive.

Architecture

Marrakech compte plus de riads que toute autre cité, des casbahs émaillent la vallée du Drâa, et des ksour (forteresses) jalonnent la route de Rissani. Les cadres de fenêtre blancs et les portes bleues distinguent les villages en pierre, brique crue et chaume du Haut Atlas.

Gastronomie

La cuisine de rue, les repas dans les riads, des produits bio locaux... tout cela rien qu'à Marrakech ! Du sirop de dattes du Sahara au miel aux herbes médicinales, le mouvement Slow Food décolle. Goûtez aussi les vins locaux, notamment du rosé et du gris bien frais.

p. 46

Côte atlantique

Plages
Architecture
Observation des oiseaux

Plages

La plage du Paradis, bien nommée, se situe à un trajet en calèche d'Asilah, et Sidi Kaouki est l'un des meilleurs spots de surf et de planche à voile. Entre les deux : les plages de Temara et de Haouzia, proches de Rabat et Casablanca, et la chic Oualidia, plus au sud.

Architecture

Essaouira et El-Jadida, villes balnéaires fortifiées, sont de vrais joyaux. De style hispano-mauresque, Larache a subi la domination espagnole, et des peintures murales ornent la médina d'Asilah toute proche. Outre sa gigantesque mosquée, Casablanca possède des merveilles mauresques, de même que Rabat.

Oiseaux

Les plages et les marais côtiers attirent des milliers d'oiseaux, notamment aux alentours de Moulay Bousselham, à la Lagune bleue. Le lac de Sidi Bourhaba est l'un des derniers sites où se rassemblent les sarcelles marbrées.

p. 155

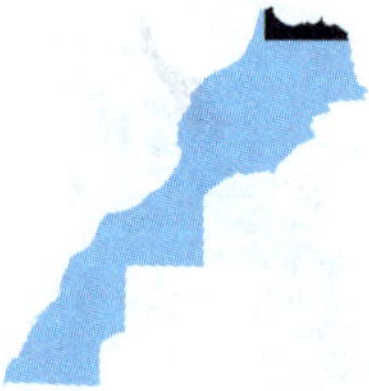

Côte méditerranéenne et Rif

Plages
Parcs nationaux
Trekking

Plages

La côte méditerranéenne s'étire vers l'est, depuis les plages proches de Tanger. Parmi les plus belles plages figurent Oued Laou, Cala Iris, Al-Hoceima et Saídia.

Parcs nationaux

Deux superbes parcs nationaux protègent les plus beaux paysages de la région. Le parc national de Talassemtane compte des montagnes verdoyantes, des villages et le rocher du pont de Dieu. Le parc national d'Al-Hoceima a de superbes mesas, des gorges asséchées et des forêts de thuyas qui conduisent à des falaises de calcaire.

Trekking

Dans le parc national de Talassemtane, les splendides itinéraires de trek de la chaîne du Rif sont souvent peu empruntés. De Chefchaouen, des sentiers que l'on peut arpenter durant plusieurs jours traversent des forêts de cèdres, de chênes-lièges et de conifères.

p. 222

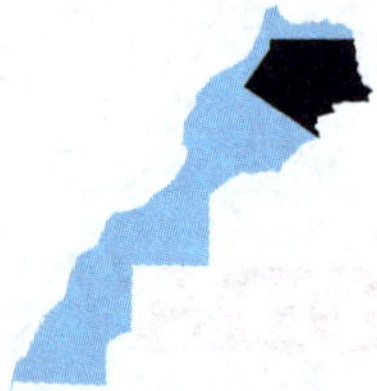

Cités impériales, Moyen Atlas et est du Maroc

Souks
Histoire
Gastronomie

Souks

La médina de Fès abrite un souk au henné et un souk des artisans du bois. Meknès a des souks de tissus, de bijoux, de tapis et de broderies. Des tapis berbères peuplent les souks de tout le Moyen Atlas.

Histoire

La médina de Fès est la plus grande cité médiévale islamique au monde. Le Festival de Fès des musiques sacrées du monde met à l'honneur la musique soufie. Non loin de Meknès, Volubilis était un avant-poste romain. Moulay Idriss porte le nom du sultan qui fonda la bourgade au VIIIe siècle ; un minaret du XIe siècle domine l'oasis de Figuig.

Gastronomie

Le ragoût de chardons et d'artichauts est une des spécialités de Fès ; un stand d'escargots se tient dans la médina. Le Moyen Atlas possède ses propres délices, tels ceux préparés lors de la fête des Cerises à Sefrou.

p. 283

Sud du Maroc et Sahara occidental

Balades côtières
Oasis
Sports et activités

Balades côtières

Sur la route du Sahara, des plages désertes ont un charme suranné. Mirleft est prisée pour ses cafés et ses hôtels de charme. De style Art déco, Sidi Ifni ressemble à une photo sépia. Les ruines espagnoles de Tarfaya s'écaillent entre les tourbillons de sable.

Oasis

Au pied de falaises ocre s'étendent les gorges d'Aït Mansour et la vallée des Ammeln, remplies de palmiers. Ceux-ci bordent également la route sinueuse qui traverse la vallée du Paradis, et rafraîchissent les voyageurs près de Tata et de Tighmert.

Sports et activités

Taghazout est le premier spot de surf du Maroc. Profitez de la plage et du soleil à Agadir. Les sports nautiques se pratiquent à Mirleft et Sidi Ifni. L'Anti-Atlas est idéal pour des randonnées à pied ou à VTT. À Tata, des excursions s'organisent dans le désert.

p. 359

Sur la route

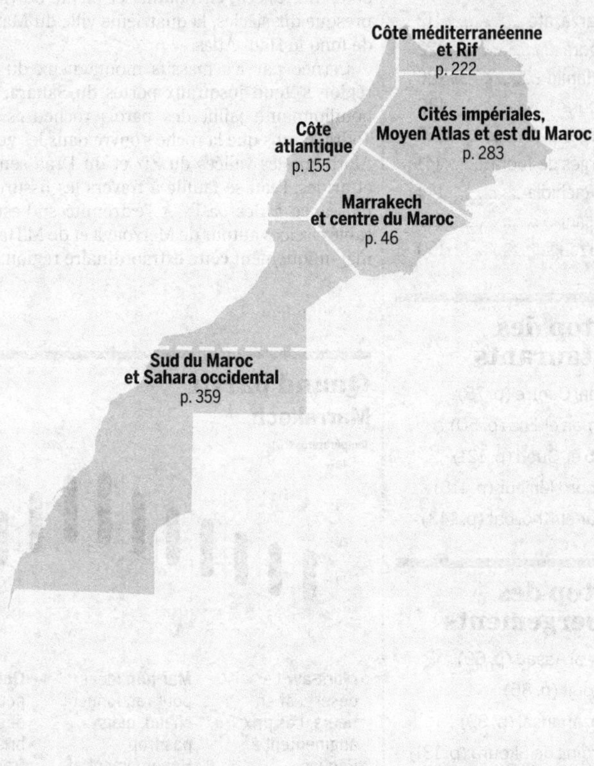

Côte méditerranéenne et Rif
p. 222
Cités impériales, Moyen Atlas et est du Maroc
p. 283
Côte atlantique
p. 155
Marrakech et centre du Maroc
p. 46
Sud du Maroc et Sahara occidental
p. 359

Marrakech et centre du Maroc

مراكش وسط المغرب

Dans ce chapitre ➡

Le top des restaurants

- Amal Centre (p. 75)
- Jemaa el-Fna (p. 50)
- Bab el-Oued (p. 121)
- Accord Majeur (p. 118)
- Ksar el-Khorbat (p. 143)

Le top des hébergements

- Dar al Assad (p. 69)
- Tizouit (p. 86)
- Dar Ahansal (p. 89)
- Jardins de Skoura (p. 131)
- La Dune Blanche (p. 126)

Pourquoi y aller

Le Centre du Maroc est sans conteste la région marocaine qui offre le plus de diversités et de possibilités de découvertes pour le voyageur. Son atout principal n'est autre que la ville ocre, Marrakech, envoûtante et pleine de vie. Fondée il y a presque dix siècles, la quatrième ville du Maroc a pour toile de fond le Haut Atlas.

Cernée par les massifs montagneux du Haut Atlas, la région s'étend jusqu'aux portes du Sahara. Ici une rivière bouillonnante jaillit des parois rocheuses des gorges de Todra, tandis que la roche s'ouvre dans les gorges du Dadès. Alors que les vallées du Ziz et du Drâa semblent austères et arides, l'eau se faufile à travers les fissures pour donner naissance à des oasis. À l'extrémité sud-est, les dunes de sable ciselées autour de Merzouga et de M'Hamid délimitent magnifiquement cette extraordinaire région.

Quand partir

Marrakech

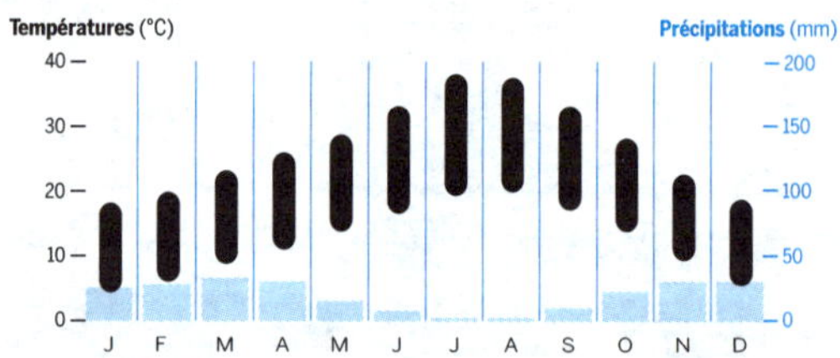

Mars-avr Le désert est en fleurs. Les prix augmentent à Pâques.

Mai-juin Idéal pour randonner : chaud, mais pas trop. Hébergement et souks à bons prix.

Oct-nov Idéal pour apprécier le désert : douces brises et dattes fraîches.

MARRAKECH مراكش

1 070 800 HABITANTS

En arrivant à Marrakech, attendez-vous à perdre tout sens de l'orientation et du prévisible. Après tout, à quoi bon s'encombrer de rationalité devant ce dédale de ruelles semblant échapper à toute logique ? Si vous avez une destination précise, vous en serez vite détourné. De la place animée de Jemaa el-Fna, perdez-vous au nord dans le labyrinthe de souks où les tribus berbères échangeaient autrefois esclaves, or, ivoire et cuir, et dont les allées bondées regorgent aujourd'hui de touristes déambulant en quête d'un tapis bon marché et de babouches. Ouvrez l'œil et vous découvrirez également des boutiques et des galeries plus créatives, symboles d'une médina qui évolue. Une nouvelle génération d'artisans et d'artistes tente d'ajouter un vernis de modernité à la tradition de l'artisanat marocain.

Passé les souks, la médina permet d'explorer les palais privés et les riads, dont beaucoup ont été réaménagés en hôtels de luxe. Enfin partez explorer les restaurants, bars et galeries d'art de la ville nouvelle ; à moins que vous ne préfériez rejoindre le désert d'Agafay et Ouirgane pour faire une retraite, du VTT ou de l'équitation.

Histoire

C'était un simple avant-poste pour les caravanes venues de l'immensité du Sahara : c'est le chef berbère almoravide Youssef Ibn Tachfin et son épouse Zeinab (ou Zaynab) qui réalisent le potentiel stratégique de ce qui deviendra Marrakech. En 1062, des remparts sont construits autour du campement. Plus tard, les Almoravides conçoivent la *khettara* (système d'irrigation souterrain) et érigent des bâtiments en brique de terre couleur ocre, qui donneront à la ville son identité. En 1147, les guerriers almohades prennent la cité, après un siège de plusieurs mois, et détruisent toutes les constructions à l'exception du réseau d'irrigation et de la Koubba Ba'adiyn. Le chef almohade, Abd el Moumen, puis ses successeurs, Abou Yacoub Youssef et Yacoub el-Mansour vont reconstruire Marrakech, la dotant d'une casbah fortifiée, de somptueux jardins et *kissaria* (marchés couverts), d'une mosquée, la Koutoubia, et d'une porte monumentale (Bab Agnaou). En 1269, après des années de luttes de succession, les Almohades abandonnent Marrakech aux Mérinides, qui lui préfèrent Meknès et Fès.

Plongée dans l'oubli pendant trois siècles, Marrakech revient sur le devant la scène au XVIe siècle, lorsque les Saadiens en font la capitale du commerce du sucre et fondent, en 1558, un centre de négoce pour les chrétiens et un mellah (quartier juif) protégé. Grâce aux richesses amassées, Ahmed el-Mansour Eddahbi (le Victorieux et le Doré) édifie les somptueux tombeaux saadiens et enrichit le palais el-Badi.

Plus tard, le chef alaouite Moulay Ismaïl préfère Meknès à Marrakech, non sans avoir au préalable pillé le palais el-Badi. Marrakech connaît alors une période trouble pendant laquelle le pouvoir est détenu par les chefs les mieux armés. Les plus puissants font construire d'extravagants riads, tandis que la majeure partie de la population survit tant bien que mal, entassée dans des fondouks (caravansérails). En 1912, le protectorat français offre au pacha el-Glaoui le gouvernement du sud du Maroc, tandis que les colons français et espagnols investissent et développent la ville nouvelle.

Lorsque sonne l'heure de l'indépendance, Marrakech retrouve sa fonction initiale de caravansérail qui fit son succès. Dans les années 1960 et 1970, les hippies en quête de spiritualité contribuent à bâtir le mythe de la cité, et les visites de stars à l'instar des Rolling Stones, des Beatles et de Led Zeppelin ajoutent à cette gloire nouvelle. Dans les années 1990, des dizaines de riads sont transformés en hôtels et maisons d'hôtes.

Malgré la crise financière, les tensions autour du Printemps arabe et l'attentat dans le Café Argana de la place Jemaa el-Fna qui tua 17 personnes en avril 2011, Marrakech n'a jamais vraiment vu les touristes déserter la médina. Les investisseurs n'ont pas quitté la ville non plus, en témoigne l'audacieux projet de création du plus grand musée d'art contemporain d'Afrique, Al Maaden, dont l'ouverture est prévue pour 2016 ou 2017.

À voir

Médina

La plupart des édifices remarquables se situent à l'intérieur des remparts de la médina (un circuit de 19 km). Si vous vous égarez en explorant les souks et les palais, demandez le chemin de la place Jemaa el-Fna (de préférence à un commerçant ; les enfants s'amusent parfois à perdre les touristes) ou repérez le minaret de la Koutoubia, le plus élevé de la ville.

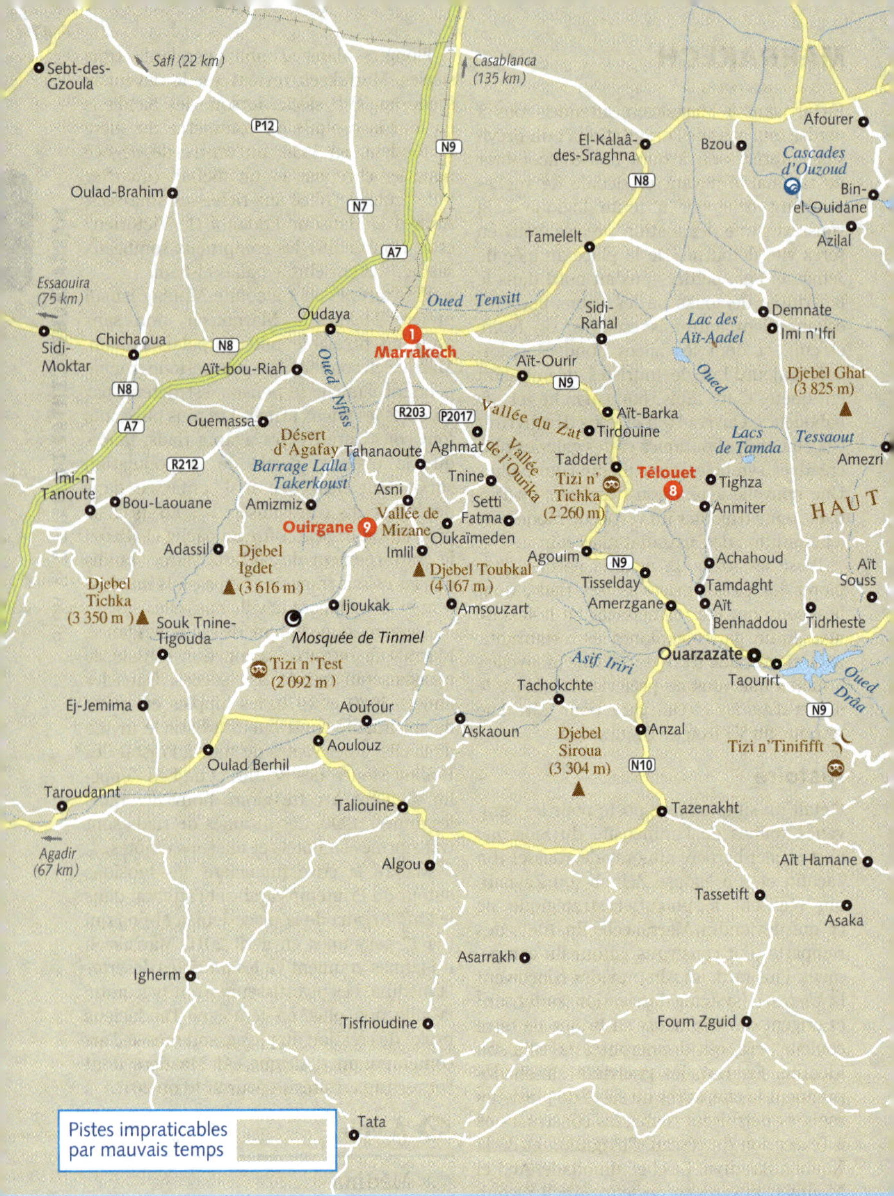

À ne pas manquer

1. Le contraste entre la tourbillonnante place **Jemaa el-Fna** (p. 50) et la sérénité des jardins derrières les murs des **riads marrakchis** (p. 67)
2. Une randonnée dans la **vallée des Aït Bouguemez** (p. 90), splendide et loin de tout
3. Un itinéraire de casbah en casbah sur les routes caravanières de la **vallée du Drâa** (p. 119)
4. La contemplation des étoiles, allongé dans les dunes de l'**erg Chigaga** (p. 127)
5. Les villages accrochés

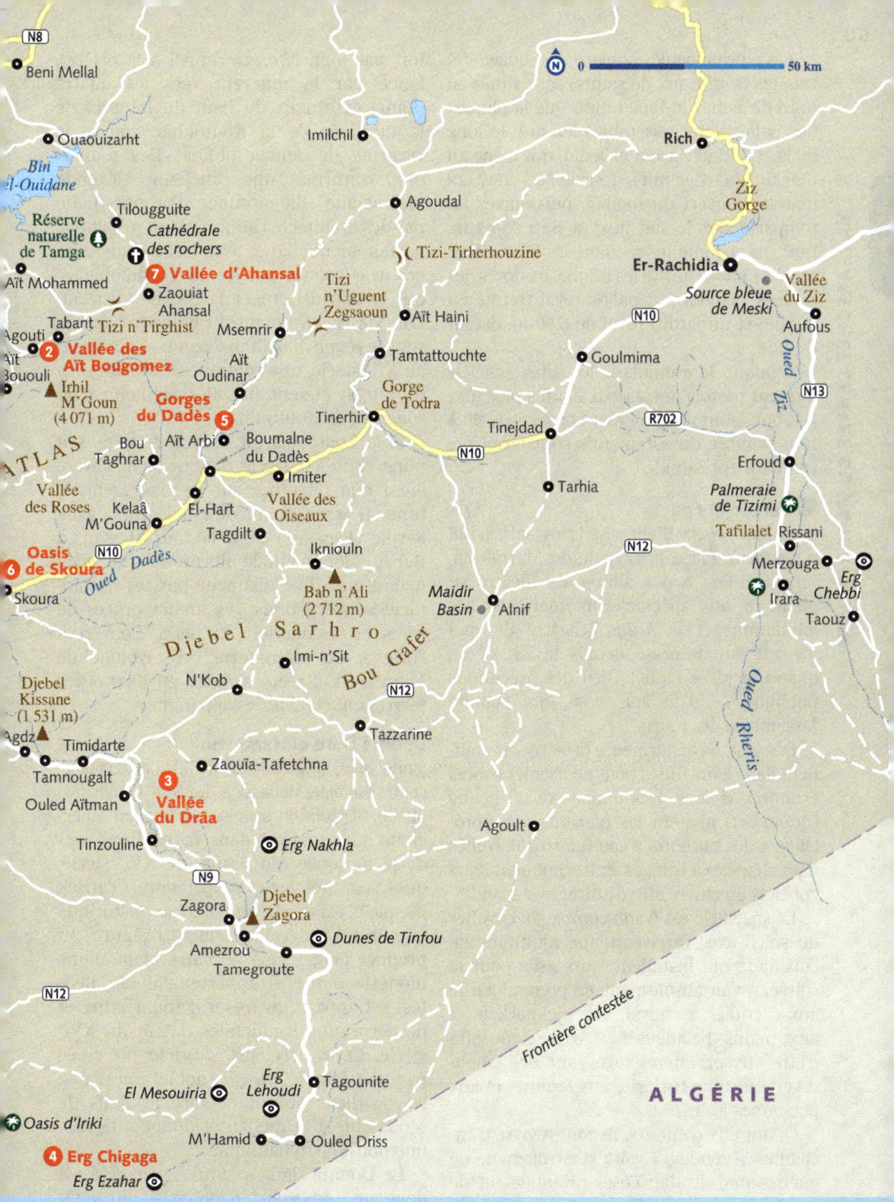

au sommet des falaises des **gorges du Dadès** (p. 137)

6 Une promenade au milieu des palmiers de l'oasis de **Skoura** (p. 130)

7 Une escapade hors des sentiers battus dans la **vallée d'Ahansal** (p. 88)

8 Un aperçu de l'histoire tourmentée et de l'art splendide de la **casbah du Glaoui** (p. 111) de Télouet

9 Un déjeuner et un après-midi de détente en compagnie des Marrakchis dans l'une des retraites rurales d'**Ouirgane** (p. 83)

Les principaux souks, mosquées et zaouïas (tombeaux de saints) sont situés au nord de Jemaa el-Fna, tandis que la plupart des palais sont rassemblés au sud, le long de la rue Riad Zitoun el-Jedid, qui mène au mellah (quartier juif). Tournez à l'ouest au marché couvert du mellah, puis suivez les remparts vers le sud jusqu'à **Bab Agnaou**, l'arc de triomphe menant à la **casbah** royale. Celle-ci abrite les tombeaux dorés des princes saadiens, le palais royal (fermé au public) et un jardin royal de 6,50 ha datant de 1166.

Pendant le ramadan, les sites officiels ferment parfois une à deux heures plus tôt ; les souks sont généralement ouverts de 9h à 19h. Nombre de commerces sont fermés le vendredi après-midi.

♥ Jemaa el-Fna — PLACE

(carte p. 52 ; ⏲ env. 9h-1h, ouvert plus tard pendant le ramadan). Place principale de Marrakech, Jemaa el-Fna a des allures de théâtre en plein air aux spectacles permanents. Les animations et le *halqa* (théâtre de rue) n'y ont jamais cessé depuis le XIe siècle, quand la place était le lieu des exécutions publiques – d'où son nom, qui signifie "assemblée des morts".

Dès 10h, des charmeurs de serpents soufflent dans leurs flûtes pour apaiser les cobras et autres vipères. Des tatoueuses au henné (*naqachat*) invitent les passants à s'approcher et des porteurs d'eau (*guerrab*), coiffés d'un chapeau à franges, entrechoquent leurs gobelets en cuivre afin d'attirer le chaland.

Le spectacle est à son comble au coucher du soleil avec l'arrivée d'une multitude de cuisiniers qui installent leurs grils pour la soirée. À voir absolument, en prenant garde aux carrioles à cheval, aux pickpockets et aux mains baladeuses… Arrivez tôt afin d'être aux premières loges, sur des tabourets de fortune (priorité aux femmes et aux personnes âgées).

Quant aux conteurs, ils font revivre d'anciennes légendes à côté d'astrologues, de guérisseurs, de danseuses orientales et de musiciens gnaouas. Pour cette renaissance quotidienne des légendes urbaines et de la tradition orale marocaine, l'Unesco a déclaré Jemaa el-Fna "chef-d'œuvre du patrimoine culturel immatériel mondial" en 2001.

Mosquée Koutoubia — MOSQUÉE

(carte p. 52 ; angle rue el-Koutoubia et av. Mohammed V ; ⏲ mosquée et minaret fermés aux non-musulmans, jardins ouverts 8h-20h). Cinq fois par jour, l'*adhan* (appel à la prière), lancé par le muezzin vers les quatre points cardinaux du haut du minaret de la mosquée de la Koutoubia, couvre le vacarme de Jemaa el-Fna. Des fouilles ont confirmé une ancienne légende marrakchie : la mosquée d'origine, bâtie par des architectes almoravides, n'était pas parfaitement alignée avec La Mecque – une erreur constatée par les pieux Almohades, qui la détruisirent et la reconstruisirent. Lors de l'achèvement du bâtiment actuel, sous le règne du sultan Yacoub el-Mansour, au XIIe siècle, une centaine de *kutubiyyin* (libraires) étaient installés alentour, d'où son nom de Koutoubia.

Si la Koutoubia est un lieu de culte, son minaret du XIIe siècle, haut de 70 m, s'avère aussi une référence sur le plan architectural. Il servit de modèle à la Giralda de Séville (Espagne) et à la tour Hassan, à Rabat. Monumentale illustration du style mauresque, il se distingue par ses harmonieuses proportions, ses arches ornées de frises et ses merlons crénelés. Couvert à l'origine du plâtre-terre ocre typique de Marrakech, il a été restauré en 1990 et les pierres ont été laissées apparentes.

Douiria Derb el Hammam — MUSÉE

(carte p. 56 ; ☎ 0524 38 57 21 ; www.douiria.com ; fontaine Mouassine, Derb el Hammam ; 30 Dh ; ⏲ 10h-18h sam-jeu). C'est en cherchant une maison dans la médina, près de la mosquée Mouassine du XVIe siècle, que son nouveau propriétaire, Patrick Menac'h, est tombé sur ce trésor historique et culturel, merveilleusement restauré. Au premier étage, sous le plâtre blanc d'une modeste *douiria* (appartement des invités) est apparu un trésor d'architecture et de décoration saadiennes datant du XVIe siècle. Cette précieuse *douiria* fut créée par une famille *chorfa* (noble) après que les Saadiens eurent déplacé les juifs de Mouassine à la mellah et donné à la ville une nouvelle dynamique.

La Douiria dans sa forme restaurée est donc un important témoignage du raffinement dans l'art de l'hospitalité. On ne peut qu'imaginer l'émerveillement des voyageurs épuisés découvrant la symphonie de couleurs du salon principal ; fleurs et oiseaux safran, vert-de-gris et abricot ornent les murs d'un jardin vertical, et les chambres rehaussées de plinthe rouge pompéi arborent des inscriptions coufiques dans un cadre bleu azur. Couleurs et décors sont d'origine, protégés pendant quatre siècles par d'épaisses couches de plâtre.

Une partie de la Douiria se visite (pas plus de 25 personnes à la fois) et permet de découvrir également les techniques modernes de restauration. Des photographies détaillent chaque étape du processus, qui a été réalisé en association avec l'École d'architecture de Marrakech. Ce lieu sera aussi utilisé pour des expositions temporaires d'art et d'artisanat musulmans. Un régal pour les yeux et les sens.

Fontaine Mouassine FONTAINE

(carte p. 56 ; rue Sidi el-Yamani). Au début du XXe siècle, la médina comptait 80 fontaines et chaque quartier possédait la sienne pour la cuisine, les bains publics, les vergers et les jardins. La fontaine Mouassine, près de la rue el-Mouassine, en est un exemple magnifique, avec ses ornements en bois sculpté, et reste un endroit où l'on fait sécher la laine et où les habitants viennent bavarder.

Fondouks MONUMENTS HISTORIQUES

(9h-19h). Ces caravansérails datant de l'époque médiévale abritent écuries, ateliers, entrepôts et, à l'étage, des chambres qui étaient destinées aux marchands, aux négociants, aux artisans et aux aventuriers. Des 140 fondouks toujours sur pied dans la médina, beaucoup sont devenus des entrepôts artisanaux. À l'origine lieux d'échange, de transit et de rencontre, certains sont souvent peu entretenus, mais on peut apercevoir des sculptures d'origine et leurs balcons en étage.

Les plus remarquables sont situés près de la place Bab Fteuh, rue Amesfah (Dar Bellarj) et au **carrefour** (carte p. 56) de la rue el-Mouassine et de la rue Dar el-Bacha, notamment celui qui sert de décor dans le film *Marrakech Express*.

Dar Bellarj GALERIE

(carte p. 56 ; 0524 44 45 55 ; www.darbellarj.org ; 9-7 Toualate Zaouiate Lahdar ; 9h30-12h30 et 14h-17h30 lun-sam). GRATUIT Ancien hôpital pour cigognes (*bellarj* signifie cigogne en arabe), Dar Bellarj est devenu le premier centre artistique de Marrakech. Chaque année, la fondation Dar Bellarj choisit un thème pour ses programmes (le tissage, les films, les contes...). Démonstrations de calligraphie arabe, vernissages et ateliers artistiques ou expositions d'artisanat attirent régulièrement habitants et touristes. Les événements sont généralement gratuits (à quelques exceptions près).

Pendant le ramadan, la fondation propose une série de concerts nocturnes dans sa cour centrale.

♥ **Médersa Ali ben Youssef** MÉDERSA

(carte p. 56 ; 0524 44 18 93 ; pl. ben Youssef ; adulte/enfant 50/30 Dh, avec le musée de Marrakech 60 Dh ; 9h-18h l'hiver, 9h-19h l'été). "À toi qui franchis ce seuil, que tes plus grands souhaits soient exaucés" : depuis près de six siècles, cette inscription accueille le visiteur à l'entrée de la médersa. Fondée au XIVe siècle sous les Mérinides, cette école coranique était autrefois la plus grande d'Afrique du Nord, et reste l'une des plus belles.

À l'entrée, les coupoles et les moucharabiehs en cèdre de l'Atlas sont finement ouvragés. La cour de la médersa est décorée de zelliges (carreaux de faïence) à cinq couleurs de style hispano-mauresque. Les fenêtres en bois de cèdre sculptées de vignes sont abîmées par le temps tandis qu'un mihrab (niche indiquant la direction de La Mecque) est habillé d'un marbre de Carrare d'un blanc laiteux.

La médersa est associée à la **mosquée Ali ben Youssef** (carte p. 56 ; fermée aux non-musulmans), qui se trouve juste à côté. Ses 132 dortoirs disposés autour de la cour accueillaient jadis quelque 900 étudiants venus apprendre les textes juridiques et religieux. Malgré une rénovation au XIXe siècle, l'école coranique a décliné et a perdu une grande part de ses étudiants au profit de sa rivale, la médersa Bou Inania à Fès. Elle continue néanmoins à dégager une impression de sérénité studieuse.

Musée de Marrakech MUSÉE

(carte p. 56 ; 0524 44 18 93 ; www.museedemarrakech.ma ; pl. ben Youssef ; 50 Dh, avec médersa Ali ben Youssef 60 Dh ; 9h-18h30). Le musée de Marrakech occupe les murs du magnifique palais Mnebhi construit à la fin du XIXe siècle. Il est organisé autour d'un grand patio à ciel ouvert. Construit par l'ancien ministre de la Guerre du sultan Moulay Abdelaziz, le palais a été la résidence, au milieu du XXe siècle, du pacha de Marrakech el-Glaoui avant d'être réquisitionné par l'État après l'indépendance. Il devint la première école de filles de Marrakech en 1965.

En 1997, le palais est racheté par un riche industriel marocain, Omar Benjelloun, et restauré pendant de nombreuses années. Il abrite aujourd'hui la fondation Omar Benjelloun et présente une collection

Marrakech

d'objets d'arts et d'artisanats marocains, notamment des broderies de Rabat, des poignards incrustés de joyaux et des poteries fassies mais également une galerie d'art contemporain, située dans les anciennes cuisines de la *douiria*.

Koubba Ba'adiyn ÉDIFICE HISTORIQUE

(carte p. 56). Les Almohades détruisirent tous les bâtiments édifiés par leurs prédécesseurs almoravides à Marrakech, mais épargnèrent ce délicat koubba (sanctuaire) du XIIe siècle. Situé en face de la mosquée Ali ben Youssef,

il servait probablement aux ablutions. Son architecture révèle l'influence almoravide dans le style hispano-mauresque : clés de voûte, voûtes à nervure, arabesques sculptées entrelacées et une coupole sur une base crénelée.

Maison de la Photographie GALERIE
(carte p. 56 ; ☎0524 38 57 21 ; maisondelaphotographie.ma ; 46 souk el-Fassi ; adulte/enfant 40 Dh/gratuit ; ⏲9h30-19h). Cette galerie, installée dans un ancien fondouk, est née de la rencontre entre le Breton Patrick Manac'h et

Marrakech

Les incontournables		17 Maison Mnabha	F6
1 Jardin Majorelle	C1	18 Riad Al Massarah	E3
2 Tombeaux saadiens	F6	19 Riad Helen	E3
À voir		**Où se restaurer**	
3 Palais el-Badi	F5	20 Aswak Assalam	D3
4 CyberPark	D4	21 Cafe Clock	F6
5 Mosquée Koutoubia	E4	22 Henna Cafe	E3
6 Jardin de la Ménara	A6	23 Kaowa	D1
7 Miaâra (cimetière juif)	G5	24 Kasbah Café	F6
		25 La Cuisine de Mona	A1
		26 La Maison Arabe	E3
Activités		27 Panna	A2
8 Action Sport Loisirs	D1		
9 Arterre	A1	**Où prendre un verre et faire la fête**	
10 Hammam Bab Doukkala	E3	28 Churchill Bar	E5
11 Hammam Dar el-Bacha	E4	29 Comptoir	D4
12 Kawkab Jeux	C3	30 Djellabar	C3
13 La Mamounia	D5	31 Theatro	C5
14 Le Jardin de la Médina	F6		
15 Sultana Spa	F6	**Achats**	
Où se loger		32 33 Rue Majorelle	D1
		33 Ensemble artisanal	E4
16 Dar Zaman	E2	34 L'Atelier du Vin	A2

le Marrakchi Hamid Mergani. Elle présente leurs collections respectives de photographies marocaines anciennes (1850-1950), soit près de 4 500 photos, 2 000 négatifs sur plaque de verre et 80 documents. La collection est exposée sur 3 niveaux et classée par région et par thème. On remarquera notamment un rare documentaire en couleurs tourné en 1957. La plupart des œuvres sont des tirages effectués à partir des négatifs originaux et sont disponibles à la vente.

Ne manquez pas de profiter de la terrasse panoramique (où prendre un café ou une formule déjeuner – tajine de poulet au citron confit pour 35 Dh). Si vous vous rendez dans la vallée de l'Ourika, les créateurs de ce lieu ont également ouvert l'Écomusée berbère (p. 98). Si vous n'êtes pas motorisé, participez à une excursion pour 150 Dh par personne.

Dar Si Said — MUSÉE

(carte p. 56 ; ☎0524 38 95 64 ; Derb Si Said ; adulte/enfant 10/3 Dh ; ⏲9h-16h45 mer-lun). Monument aux *mâalems* (maîtres artisans) marocains, la maison de Si Said, frère de Bou Ahmed, est une véritable vitrine de l'artisanat régional. Ce magnifique bâtiment abrite le **musée des Arts marocains**. Outre un bassin en marbre datant du XIe siècle, qui aurait appartenu à un chambellan du califat omeyyade d'Espagne, le visiteur découvre, lors d'un parcours fléché, d'anciens sacs pour Marrakchis, des tapis du Haut Atlas, de lourdes coiffes en soie portées par les berbères et des portes sculptées de talismans censés éloigner le mauvais œil.

À l'étage, encadrée par des balcons qui abritaient les musiciens, s'ouvre la salle de réception nuptiale peinte, œuvre d'artisans de Fès. Au deuxième, on peut admirer une collection d'instruments de musique. En redescendant vers la sortie, on passe devant un siège de balançoire en bois traditionnel pour enfant, doté de petits palanquins fixés sur un axe à actionner à la main.

Palais de la Bahia — MUSÉE

(carte p. 56 ; ☎0524 38 95 64 ; rue Riad Zitoun el-Jedid ; 10 Dh ; ⏲9h-16h30). Ce palais est le résultat d'une quinzaine d'années de restauration des meilleurs artisans du pays. Construite par le grand vizir Si Moussa dans les années 1860, puis embellie entre 1894 et 1900 par l'ancien esclave devenu vizir, Abou "Bou" Ahmed, la Bahia ("la splendide") est entièrement décorée du sol au plafond. En 1908, le pacha el-Glaoui décida de s'en servir pour accueillir ses hôtes français. Ceux-ci l'en chassèrent en 1911 pour y installer les résidents généraux du protectorat. Seule une partie de cet immense palais de 8 ha et de 150 pièces est ouverte au public. Vous découvrirez le

harem richement ornementé, qui abritait jadis les quatre épouses et les vingt-quatre concubines de Bou Ahmed. Les appartements de sa favorite, Lalla Zineb, sont ornés de splendides paravents en soie, de vitraux, de délicates marqueteries et de plafonds peints de bouquets de roses.

Maison Tiskiwin MUSÉE

(carte p. 56 ; ☎ 0524 38 91 92 ; www.tiskiwin.com ; 8 rue de la Bahia ; adulte/enfant 20/10 Dh ; 9h30-12h30 et 14h30-18h). La collection privée de l'anthropologue néerlandais Bert Flint, exposée dans la maison Tiskiwin, est l'occasion d'un voyage à travers l'art marocain. Chaque salle, dédiée à une étape caravanière de la route du Sahara à Marrakech, contient des objets artisanaux représentatifs d'une région, des selles touareg en cuir de chameau aux beaux tapis du Moyen Atlas. Les légendes offrent plus souvent des anecdotes insolites que de vraies informations mais tous ces objets offrent un aperçu envoûtant du passé de comptoir marchand de la ville.

♥ **Tombeaux saadiens** SITE HISTORIQUE

(carte p. 52 ; rue de la Kasbah ; 10 Dh ; 9h-16h45). Situés à proximité de la mosquée de la Casbah, les tombeaux saadiens font mentir l'adage selon lequel on n'emporte pas ses richesses dans la tombe ! Le sultan saadien Ahmed el-Mansour el-Dahbi ne lésina pas pour sa dernière demeure : il importa d'Italie du marbre de Carrare et fit couvrir d'or pur les *moukarna* (stucs) en nid-d'abeilles des voûtes de la salle des Douze Colonnes, où il repose pour l'éternité.

Ce sultan saadien pratiqua le favoritisme. Il fit enterrer les princes dans la **salle des Trois Niches** et relégua dans le jardin quelque 170 chanceliers et épouses. Toutefois, certains conseillers juifs de confiance ont acquis une place d'honneur, plus près du cœur du roi que ses épouses ou ses fils. Tous ces tombeaux sont situés sous le grand mausolée, qui abrite la mère du sultan, sculpté de textes poétiques et consciencieusement gardé par des chats errants.

El-Mansour mourut en 1603. Quelques décennies plus tard, le sultan alaouite Moulay Ismaïl fit murer les tombeaux saadiens afin que ses prédécesseurs sombrent dans l'oubli. Accessibles uniquement par un petit passage dans la mosquée de la Casbah, ils furent laissés à l'abandon jusqu'à ce qu'une photo aérienne en rappelle l'existence en 1917.

Mellah QUARTIER

(carte p. 56). C'est dans les étroites *derbs* (allées) du quartier juif historique que

MUSÉE DE LA PHOTOGRAPHIE ET DES ARTS VISUELS DE MARRAKECH (MMP+)

Le **musée de la Photographie et des Arts visuels** (www.mmpva.org ; palais el-Badi), qui ouvrira près des jardins de la Ménara en 2016, a été réalisé par l'architecte britannique David Chipperfield. En attendant l'ouverture, une partie du palais el-Badi a été aménagée en galerie et le dynamique Kamal Laftimi (à l'origine des adresses La Terrasse des Épices et Le Jardin) a été chargé de créer le café-librairie du site.

Le musée s'inscrit dans l'ambitieux projet de faire de Marrakech le cœur culturel de l'Afrique du Nord, en s'appuyant sur les succès de la Biennale et du Festival international du film, à l'instar de Venise. Il faut dire que les deux villes ont plusieurs points communs. Elles ont toutes deux joué un rôle commercial stratégique, ont bénéficié de siècles d'influence multiculturelle, sont à mi-chemin entre la ville médiévale et la métropole modernes et ont conservé une communauté artistique et artisanale dynamique.

C'est justement ce que ce musée qui s'étend sur 6 000 m² propose de promouvoir grâce à sa collection d'art photographique contemporain et à des expositions temporaires liées à l'architecture, au design, à la mode et à la culture. Le site du musée n'a pas été choisi par hasard. Aménagé à côté des jardins de la Ménara du XIIe siècle, ce bâtiment en grès vise à créer un lien entre la production historique de la médina et les talents artistiques, marocains en particulier et nord-africains en général, du XXIe siècle.

Disposant d'un théâtre, d'une librairie et de vastes espaces pédagogiques, les responsables du musée (dont son directeur David Knaus) espèrent attirer étudiants, chercheurs, designers et artistes du monde entier. "Fort d'un riche programme d'expositions, d'échanges pédagogiques et culturels, le musée sera la première institution de ce type sur le continent africain", souligne son directeur.

Marrakech - centre de la médina

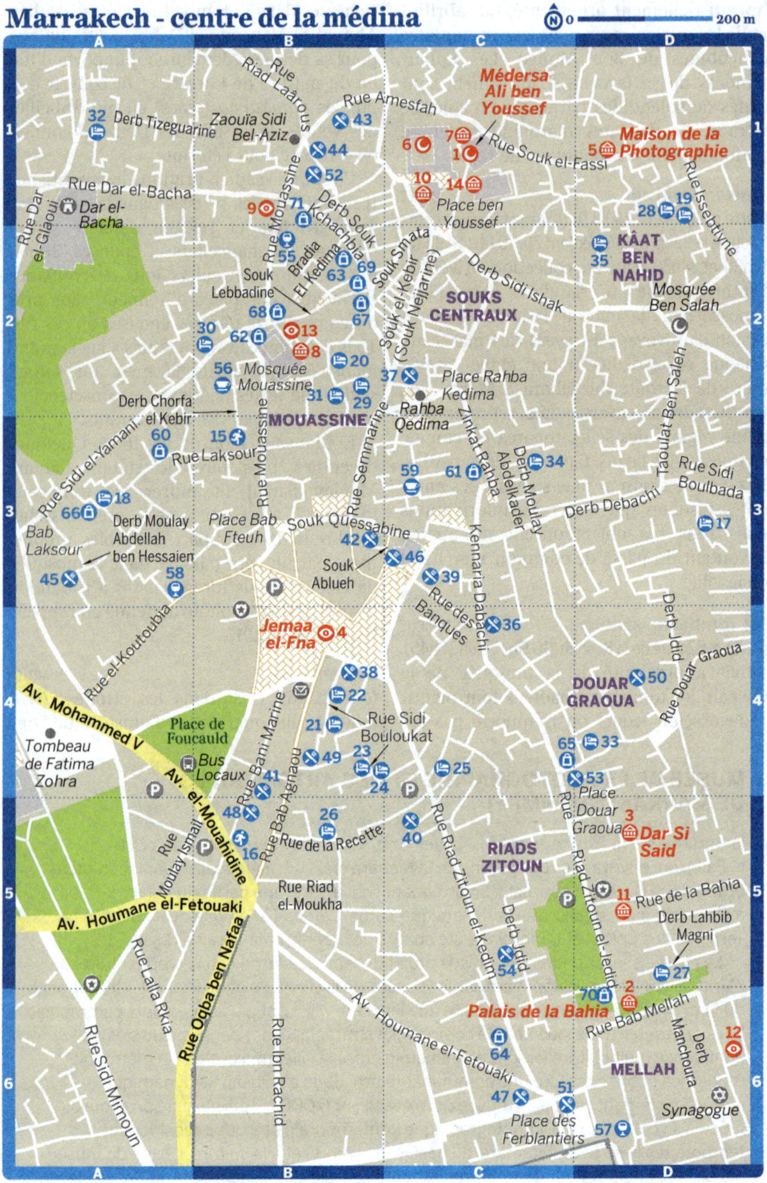

se dressent les plus hauts bâtiments de Marrakech. La plupart des familles juives l'ont quitté dans les années 1960, mais il se distingue toujours par ses hautes bâtisses en brique crue alignées le long des ruelles, où les habitants conversent depuis leurs balcons en fer forgé. Des guides locaux font visiter la synagogue, et le **miaâra** (carte p. 52), cimetière juif. Là, le gardien vous laissera entrer (prévoir un pourboire de 10 Dh) et déambuler parmi les tombes chaulées, surmontées de pierres.

Marrakech - centre de la médina

Les incontournables
1 Médersa Ali ben Youssef C1
2 Palais de la Bahia D6
3 Dar Si Said D5
4 Jemaa el-Fna B4
5 Maison de la Photographie D1

À voir
6 Mosquée Ali ben Youssef C1
7 Dar Bellarj C1
8 Douiria Derb el Hammam B2
9 Fondouks B1
10 Koubba Ba'adiyn C1
11 Maison Tiskiwin D5
12 Mellah D6
13 Fontaine Mouassine B2
14 Musée de Marrakech C1

Activités
15 Le Bain Bleu B3
16 Marrakech Roues B5

Où se loger
17 Dar Al Assad D3
18 Dar Attajmil A3
19 Dar Housnia D1
20 Equity Point Hostel B2
21 Hôtel Atlas B4
22 Hôtel Cecil B4
23 Hôtel du Trésor B4
24 Hôtel Essaouira B4
25 Hôtel Sherazade C4
26 Le Gallia B5
27 Marhbabikoum D5
28 Riad Hanane D1
29 Riad Le J B2
30 Riad L'Orangeraie B2
31 Riad Magellan B2
32 Riad Tizwa A1
33 Riad Wo D4
34 Riyad el Cadi C3
35 Tchaikana D2

Où se restaurer
36 Bakchich C4
37 Café des Épices C2
38 Café du Grand Balcon B4
39 Chez Chegrouni C3
40 Earth Café C5
41 El Bahja B4
42 Haj Mustapha B3
43 Kui-Zin B1
44 Le Jardin B1
45 Le Tobsil A3
46 Allée des méchouis C3
47 Marché du Mellah C6
48 Oscar Progrès B5
49 Pâtisserie des Princes B4
50 PepeNero D4
51 Restaurant Place des Ferblantiers C6
52 Souk Kafé B1
53 Un Dejeuner à Marrakech D4
54 Zourouni C5

Où prendre un verre et faire la fête
55 Café Arabe B2
56 Dar Cherifa B2
57 Kosybar D6
58 Piano Bar A3
59 Riad Yima C3

Achats
60 Al Nour A3
61 Art Ouarzazate C3
62 Coopérative d'argan Assouss B2
63 Coopérative artisanale des femmes de Marrakesh B2
64 Créations pneumatiques C6
65 Jamade C4
66 Kif-Kif A3
67 L'Art du Bain Savonnerie Artisanale B2
68 Maktoub B2
69 Michi B2
70 Naturom D6
Pop-Up Shop .... (voir 44)
71 Souk Cherifa B1

Pour découvrir l'héritage des artisans du mellah et des marchands d'épices, allez place des Ferblantiers, à la Grande Bijouterie et au marché du Mellah (p. 74).

Palais el-Badi SITE HISTORIQUE

(carte p. 52 ; près de la pl. des Ferblantiers ; palais/palais et minbar de la Koutoubia 10/20 Dh ; 9h-16h45). Lorsqu'au XVIe siècle le sultan Ahmed el-Mansour fit paver d'or, de turquoise et de cristal le palais el-Badi, son bouffon ironisa : “Cela fera une ruine splendide.” Il n'avait pas tort : 75 ans plus tard, le palais était pillé. Il faut tenter d'imaginer la gloire passée d'el-Badi (“l'incomparable”) à la vue de sa vaste cour. Les quatre jardins en contrebas et les bassins donnent un aperçu de la grandeur passée. Chaque année en juillet, le palais accueille des spectacles du Festival des arts populaires.

Depuis les remparts en pisé, la vue sur Marrakech est superbe. On peut admirer les expositions temporaires du nouveau musée de la Photographie et des Arts visuels de Marrakech (p. 55) qui sont aménagées dans le **pavillon Khaysuran**, côté sud de la cour.

L'autre attraction majeure d'el-Badi est le minbar (chaire) de la Koutoubia. Ses

Médina de Marrakech

VISITE DE LA MÉDINA EN UNE DEMI-JOURNÉE

Pour découvrir les trésors cachés de la médina, commencez par vous rendre au **Dar Si Said** ❶, la demeure de Si Said, homme de goût et modèle d'élégance discrète du XIXᵉ siècle. Ensuite, prenez au nord la rue Riad Zitoun el-Jedid pour émerger sur **Jemaa el-Fna** ❷, d'où vous pourrez contempler l'emblématique **minaret de la Koutoubia** ❸. Traversez la place pour arriver à la place Bab Fteuh, à l'angle nord-ouest. À votre droite s'étend le fondouk Bab Fteuh où bijoux et plateaux sont façonnés dans des ateliers bondés.

Poursuivez vers le nord dans la rue el-Mouassine, passez devant la mosquée Mouassine et descendez la petite *derb* longeant la monumentale **fontaine Mouassine** ❹ pour vous émerveiller devant la **Douiria Derb el Hammam** ❺, établissement du XVIᵉ siècle autrefois privilégié par les aristocrates saadiens de passage. Refaites surface et poursuivez vers le nord.

Au prochain carrefour voûté avec la rue Dar el-Bacha, ne manquez pas les grandioses **fondouks** ❻. Certains datent du XVIᵉ siècle et la plupart sont occupés par des ateliers d'artisans. Déjeunez un peu plus loin vers le nord dans la luxuriance du restaurant **Le Jardin** ❼.

Une fois rassasié, prenez à droite à la sortie du Jardin, puis de nouveau à droite après la petite arche pour atteindre la rue Amesfah, qui dessert d'autres fondouks et la mosquée Ben Youssef, jusqu'aux panneaux indiquant la **médersa Ali ben Youssef** ❽. Cette école coranique, qui fut autrefois la plus splendide d'Afrique du Nord, est ornée de zelliges aux merveilleux motifs hispano-mauresques, et de décorations en stuc élaborées. Finissez la promenade par la découverte des photographies vintage de la médina et par un magnifique coucher de soleil sur le toit-terrasse de la **maison de la Photographie** ❾.

PAULA HARDY ©

Fondouks
Ces caravansérails médiévaux fournissaient le gîte et le couvert aux voyageurs du désert et à leurs montures de passage au souk. Des 140 qui restent dans la médina, beaucoup ont été transformés en ateliers d'artisans.

Douiria Derb el Hammam
La pièce centrale de la *douiria* est couverte de stuc en *testir* coloré, entrelacs géométriques irradiant d'une étoile centrale appelée "toiles d'araignée du Prophète".

PAULA HARDY ©

PAULA HARDY ©

Minaret de la Koutoubia
Cette tour du XIIᵉ siècle, de 70 m de haut, prototype architectural de la Giralda de Séville, est un modèle d'ornementation mauresque avec ses arches festonnées, ses merlons crénelés et ses proportions harmonieuses.

Le Jardin
Ce lieu de détente populaire dans la médina est une véritable oasis urbaine. On retrouve son thème verdoyant dans la canopée de palmiers et de bananiers qui ombrage la cour de ce riad du XVIIe siècle, au milieu des trilles des oiseaux.

Médersa Ali ben Youssef
À son apogée, 900 étudiants vivaient dans les 132 dortoirs de cette médersa et partageaient une unique salle de bains. À l'étage, une cellule de 3m², équipée d'un matelas, de matériel d'écriture et d'un lutrin pour Coran vous donne un aperçu de leur mode de vie.

PAULA HARDY ©

Maison de la Photographie
Cette galerie aménagée dans un riad expose d'impressionnantes photographies prises entre 1870 et 1960, notamment une vue de Jemaa el-Fna datant de 1907, une photo de 1920 de la médersa Ali ben Youssef et de ses étudiants, et un documentaire rare de 1957 tourné au Maroc.

Fontaine Mouassine
Érigée au milieu du XVIe siècle par Abdallah el Ghalib, la fontaine Mouassine est l'une des 80 fontaines d'origine de la médina. Elle fut installée dans le cadre d'un acte de foi pour fournir de l'eau aux gens et aux animaux.

LONELY PLANET/GETTY IMAGES ©

Jemaa el-Fna
Théâtre d'un spectacle permanent : c'est sur cette place que se sont tenues les exécutions publiques, dès les années 1050.

SCOTT E BARBOUR/GETTY IMAGES ©

Dar Si Said
Les artisans se sont surpassés dans la chambre nuptiale de l'étage et ont couvert les murs, les balcons des musiciens et les plafonds d'une profusion de décorations florales.

PAULA HARDY ©

marches en cèdre délicatement marquetées, ornées de calligraphies en or et en argent ont été réalisées par des artisans cordouans et datent du XIIe siècle.

Pour rejoindre l'entrée du palais, franchissez la porte à l'arrière de la place des Ferblantiers et longer les remparts à droite.

Ville nouvelle

Besoin de vous reposer de l'effervescence d'une visite dans la médina ? Réfugiez-vous dans le Guéliz pour visiter les galeries d'art de la rue de Yougoslavie, les boutiques à prix fixes de la rue de la Liberté, sans oublier le ravissant jardin Majorelle.

Il faut compter 30 minutes à pied pour aller du centre de la ville nouvelle à la place Jemaa el-Fna. La balade à pied n'étant pas très intéressante, vous avez tout intérêt à prendre un bus ou un taxi.

Jardin Majorelle PARC HISTORIQUE

(carte p. 52 ; 0524 31 30 47 ; www.jardinmajorelle.com ; angle av. Yacoub el-Mansour et av. Moulay Abdullah ; jardin 50 Dh, musée 25 Dh ; 8h-18h l'été, 8h-17h30 l'hiver). Créé par le peintre Jacques Majorelle dans les années 1920, le jardin a été racheté en 1980 par le couturier Yves Saint Laurent et son compagnon Pierre Bergé. Au moment de son rachat, le jardin était à l'abandon depuis les années 1950 et la construction d'un hôtel était même prévue. Les deux hommes vont restaurer la maison et les jardins dans le style de son créateur. Grâce aux efforts de l'ethnobotaniste marrakchi Abderrazak Benchaâbane, le jardin Majorelle, planté en 1924, abrite aujourd'hui 300 espèces de plantes des cinq continents. À la mort du couturier, Pierre Bergé fait don de la propriété à la Fondation Pierre Bergé-Yves Saint Laurent (www.fondation-pb-ysl.net).

L'atelier Art déco du peintre Majorelle abrite aujourd'hui un **musée d'Art berbère** exposant quelque 600 objets en bois, cuir et métal, tapis, textiles, instruments de musique ainsi que des costumes traditionnels d'une immense créativité. L'une des salles les plus remarquables est une pièce noire octogonale présentant une somptueuse collection de bijoux ciselés, en filigrane et émaillés, se reflétant à l'infini sous le ciel étoilé du désert.

À la sortie du musée, une boutique propose des beaux livres et d'onéreux souvenirs : babouches bleu Majorelle, parfum et coussins griffés YSL. Le café Bousafsaf est

TOP 5 DES GALERIES D'ART

Les clichés orientalistes ont la vie dure (scène de harem ou hommes armés de mousquets). Pour renouveler le genre, rejoignez ces galeries du Guéliz qui exposent des talents plus originaux.

Galerie Rê (carte p. 61 ; 0524 43 22 58 ; www.galeriere.com ; résidence Al Andalous III, angle rue de la Mosquée et rue Ibn Toumert ; 10h-13h et 15h-20h lun-sam). La vitrine de la génération montante des artistes marocains. Ne manquez pas les vernissages de cette galerie : toujours bondés, toujours fabuleux.

Galerie Noir sur Blanc (carte p. 61 ; 0524 42 24 16 ; www.galerienoirsurblanc.com ; 1er ét., 48 rue de Yougoslavie ; 15h-19h lun, 10h-13h et 15h-19h mar-sam). Les œuvres de grands talents marocains et internationaux sont accrochées dans cette galerie dont le personnel prend plaisir à vous renseigner.

Matisse Art Gallery (carte p. 61 ; 0524 44 83 26 ; www.matisseartgallery.com ; 43 passage Ghandouri ; 9h30-12h et 15h-19h30 lun-sam). Galerie réputée exposant les œuvres de participants à la Biennale et d'orientalistes à l'instar du peintre Jacques Majorelle.

David Bloch Gallery (carte p. 61 ; 0524 45 75 95 ; www.davidblochgallery.com ; 8 bis rue des Vieux Marrakchis ; 10h30-13h30 et 15h30-19h30 mar-sam, 15h30-19h30 lun). Des artistes des deux rives de la Méditerranée travaillent l'épure des lignes, entre calligraphie traditionnelle et graffitis urbains.

Galerie 127 (carte p. 61 ; 0524 43 26 67 ; www.galerienathalielocatelli.com ; 2e ét., 127 av. Mohammed V ; 15h-19h mar-sam). Mur de brique nue, escalier mal éclairé, entrée peu avenante : tel est le décor qui sert d'écrin aux œuvres contemporaines et rétro de photographes du monde entier (prix raisonnables).

Marrakech - ville nouvelle

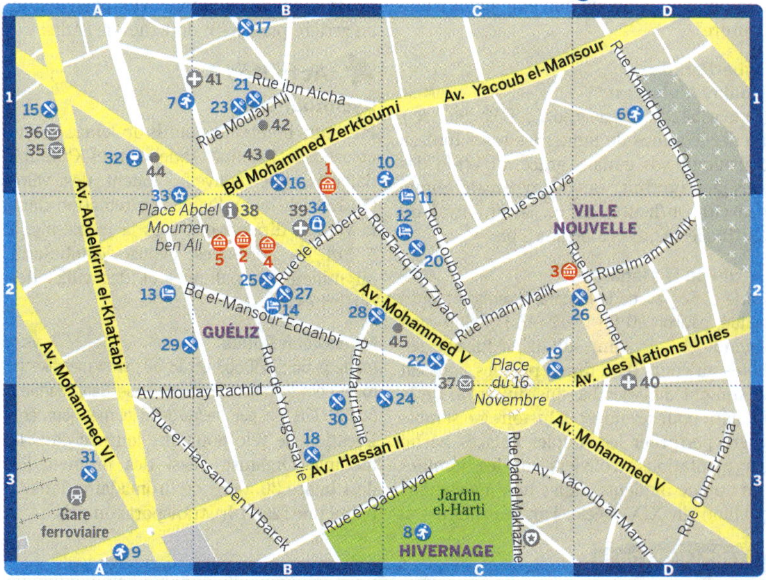

Marrakech - ville nouvelle

À voir
1 David Bloch Gallery B1
2 Galerie Noir sur Blanc B2
3 Galerie Rê C2
4 Gallery 127 .... B2
5 Matisse Art Gallery B2

Activités
6 Centre de langue et culture D1
7 Inside Morocco Travel A1
8 Jardin Harti C3
9 Le Kech A3
10 Les Secrets de Marrakech C1

Où se loger
11 Hôtel du Pacha C2
12 Hôtel Toulousain C2
13 Le Printemps A2
14 Villa Marguerite B2

Où se restaurer
15 Supermarché ACIMA A1
16 Al-Fassia B1
17 Amal Centre B1
18 Azar B3
19 Café 16 .... C2
Café du Livre .... (voir 12)
20 Catanzaro C2
21 Chez Mado B1
22 Grand Café de la Poste C2
23 L'Annexe B1
24 Le Studio C3
25 Mamma Mia B2
26 Marché municipal ibn Toumert D2
27 Pâtisserie al-Jawda B2
28 Patisserie al-Jawda B2
29 Pâtisserie Amandine A2
30 Samak al-Bahriya B3
31 Venezia Ice A3

Où prendre un verre
32 Sky Bar 23 .... A1

Où sortir
33 Le Colisée A2

Achats
34 Atika B2

Renseignements
35 DHL A1
36 FedEx A1
37 Poste principale C2
38 Office National Marocain du Tourisme B2
39 Pharmacie centrale B2
40 Pharmacie de l'Unité D2
41 Polyclinique du Sud B1
42 Voyages Schwartz B1

Transports
43 KAT B1
44 La Plaza Car A1
45 Royal Air Maroc C2

un endroit exquis pour commander une consommation ou un repas à prix "haute couture".

CyberPark Arsat Moulay Abdeslam JARDIN
(carte p. 52 ; av. Mohammed V ; ⏲9h-19h ; 📶). Prenez le temps de humer les roses tout en consultant vos e-mails grâce au Wi-Fi des kiosques (gratuit) ou du cybercafé climatisé (10 Dh/heure) de ce jardin royal du XVIIIe siècle qui s'étend sur 8 ha.

Jardin de la Ménara JARDIN
(carte p. 52 ; av. de la Ménara, Hivernage ; jardin gratuit, pavillon 20 Dh ; ⏲9h-17h). Selon une légende locale, un sultan séduisait ses hôtes au cours d'un dîner, puis les poussait gentiment dans les bassins du jardin de la Ménara pour les noyer. L'histoire ne semble guère perturber les couples enlacés parmi les plantations d'oliviers, ni les familles qui pique-niquent dans un majestueux pavillon du XIXe siècle. Par beau temps, il est agréable de venir y faire une balade à dos de dromadaire ou prendre des photos avec, en arrière-plan, les montagnes de l'Atlas.

Activités

Cyclotourisme

Plusieurs hôtels aux abords de Jemaa el-Fna et ceux de l'avenue Abdelkrim el-Khattabi, dans la ville nouvelle, louent des vélos (70-120 Dh/jour). Éviter la circulation dans la ville et dirigez-vous vers la Palmeraie, à 5 km au nord-ouest. Vous déambulerez au milieu des palmiers et des villas des célébrités.

Marrakech Roues VÉLO
(carte p. 56 ; ☎0663 06 18 92 ; www.marrakech-roues.com ; immeuble Roux, 3 rue Bani Marine ; 50/80/120 Dh par heure/demi-journée/journée). Location de vélo pour une journée dans la médina. Organise aussi des promenades de 1 heure 30 à dos de dromadaire dans la palmeraie (250 Dh), transport compris.

VAUT LE DÉTOUR

LE DÉSERT D'AGAFAY

Si vous manquez de temps pour explorer le Haut Atlas, partez deux jours à l'assaut du **désert d'Agafay,** étendue lunaire, sauvage et aride à 40 km au sud-ouest de Marrakech sur la route d'Amizmiz. Les Marrakchis apprécient d'y passer le week-end pour pratiquer l'équitation, admirer les dunes et faire du canoë sur **Lalla Takerkoust**, réservoir artificiel en bordure de l'Agafay. Au printemps, le désert se couvre de blé et de fleurs sauvages. Mais en été et en automne, le paysage devient désertique. Voici notre sélection des retraites et campements de la région :

♥ **Scarabeo** (☎0661 44 41 58 ; www.scarabeo-camp.com ; tente standard/ste/avec tente enfant demi-pension 2 020/2 580/1 240 Dh). Cet éco-campement nomade installe ses 12 élégantes tentes à différents endroits, selon la saison. Cependant, quel que soit le site, on profite toujours d'une vue sur le désert et le Haut Atlas. La journée, partez marcher, chevaucher un dromadaire, faire du parapente ou du cerf-volant, et la nuit, assistez à une projection en plein air ou contemplez les étoiles à la lueur de dizaines de lampes.

La Pause (☎0661 30 64 94 ; www.lapause-marrakech.com ; N 31°26.57, O 008°10.31, Douar Lmih Laroussiéne ; pension complète 1 685 Dh/pers ; 🏊). Évadez-vous dans ce morceau de désert où l'on peut jouer au golf (sans pelouse), au Frisbee ou paresser dans un hamac près de la piscine. Les enfants feront du VTT, du cheval ou du dromadaire jusqu'au crépuscule avant de revenir profiter de la veillée.

Jnane Tihihit (☎0668 46 55 45 ; www.riad-t.com/jnane-tihihit ; Douar Makhfamane ; d 500-850 Dh ; 🅿🏊). 🍃 Détendez-vous dans les bungalows en pisé chaulé au milieu des grenadiers. Les gastronomes s'occupent des jardins de safran et apprennent l'art du couscous (repas 80-160 Dh), tandis que les enfants font du VTT, s'amusent au bord du lac ou s'ébattent dans la piscine naturelle.

Dar Zitoune (☎0662 40 83 80 ; www.darzitoune.com ; Douar Zii ; s petit-déj compris 480-530 Dh, d 660-810 Dh ; 🅿❄🏊). Échappez à la frénésie urbaine et rejoignez cette maison rurale en pierre équipée d'une piscine. Anouar, votre hôte, organise des excursions comprenant canoë, promenades en dromadaire et trekking sur le plateau du Kik.

Action Sport Loisirs VÉLO

(carte p. 52 ; ☎0661 24 01 45 ; www.marrakech-bikeaction.com ; app 4, 2e ét., av. Yacoub el-Mansour, Guéliz ; 280-350 Dh/demi-journée, 750 Dh/journée). Organise des circuits dans la Palmeraie et les parcs de Marrakech. Également excursions dans la vallée de l'Ourika et au lac de Lalla Takerkoust, barbecue compris. Les circuits partent du Tikida Garden Resort, situé dans la Palmeraie.

Équitation

Les Cavaliers de L'Atlas ÉQUITATION

(☎0672 84 55 79 ; www.lescavaliersdelatlas.com ; rte de Casablanca ; demi-j 350-565 Dh, j complète 1000-1350 Dh). Géré par une cavalière passionnée, ce centre équestre héberge chevaux arabes, anglo-arabes et berbères, ainsi que des poneys Welsh et Shetland. Un hébergement en riad est proposé (1 010-1 690 Dh), ainsi que des formules vacances équestres tout compris, des cours pour les enfants et les débutants, et des randonnées allant d'une demi-journée à plusieurs jours dans l'Atlas.

Tout le matériel est fourni, y compris les bombes, les jambières et les protections pour les enfants. Le centre, clairement indiqué, est à 5 minutes au nord de Marrakech sur la route de Casablanca (N9).

Hammams publics

Les hammams de quartier permettent de vivre une expérience authentique à prix doux (entrée 10 Dh environ, gommage 15-30 Dh et massage 50-100 Dh). Les hammams publics ne sont pas mixtes et ont généralement trois salles : une fraîche, une chaude et une très chaude.

Prévoyez une natte en plastique, une serviette, des tongs et des sous-vêtements de rechange (vous devrez porter les vôtres).

Hammam Dar el-Bacha HAMMAM

(carte p. 52 ; 20 rue Fatima Zohra ; 10 Dh ; ⏲hommes 7h-13h, femmes 13h-21h). Plus grand hammam traditionnel de la ville, il abrite sous son vaste plafond à coupole des paravents en forme d'étoile. Adresse appréciée pour ces horaires d'ouverture l'après-midi et en soirée pour les femmes et le matin pour les hommes.

Hammam Bab Doukkala HAMMAM

(carte p. 52 ; rue Bab Doukkala ; 10 Dh ; ⏲femmes 12h-19h, hommes à partir de 20h). Situé dans l'angle sud-est de la mosquée de la Bab Doukkala, ce hammam date du XVIIe siècle. Les sols en tadelakt (enduit lissé) chauffés sont en bon état. Aux heures réservées aux hommes, l'atmosphère est décontractée.

Hammams privés

Les hammams privés sont une bonne option mais il faut sélectionner son établissement avec précaution. En effet, certaines adresses sont si fréquentées qu'il est difficile de s'y détendre.

Le Bain Bleu HAMMAM

(carte p. 56 ; ☎0524 42 69 99 ; www.lebainbleu.com ; 32 Derb Chorfa Lakbir ; ⏲sur rdv 10h-21h). Aménagé dans un riad, ce spa-hammam offre un service haut de gamme d'un excellent rapport qualité/prix. Suivez les panneaux indiquant Dar Cherifa près de la rue el-Mouassine jusqu'au Derb Chorfa. Petits patios intimes, élégantes étuves souterraines et prestations professionnelles (massage 350 Dh/h, hammam/gommage 150 Dh, hammam/massage en couple 600 Dh/pers).

La Sultana HAMMAM

(carte p. 52 ; ☎0524 38 80 08 ; www.lasultana-marrakech.com ; rue de la Casbah). Somptueux spa habillé de marbre, à deux pas des tombeaux saadiens. Prestations au forfait (200 Dh, gommage à la cannelle 350 Dh) ou soins "plaisir absolu" de 3 heures pour les couples : hammam/gommage, bain dans des eaux enrichies en minéraux, sauna et Jacuzzi (3 500 Dh).

Les Secrets de Marrakech HAMMAM

(carte p. 61 ; ☎0524 43 48 48 ; www.facebook.com/Lessecretshammamspamarrakech ; 62 rue de la Liberté ; ⏲10h-20h lun-sam). Soins haut de gamme pour cette adresse située dans une villa Art déco. Élégant hammam habillé de tadelakt gris. Au programme, gommage et massage (480 Dh), enveloppements corporels à l'huile d'argan et de cèdre de l'Atlas (350 à 500 Dh) et massages aux pétales de roses (220 Dh/30 minutes).

Baignade

À de très rares exceptions, vous ne trouverez pas de vraies piscines dans les riads de la médina, uniquement des petits bassins. Voici une sélection de piscines dans ou près de Marrakech pour se rafraîchir et nager.

♥ **Beldi Country Club** BAIGNADE, TENNIS

(☎0524 38 39 50 ; http://beldicountryclub.com ; rte du Barrage "Cherifa" ; adulte/enfant transat et déj compris 370/250 Dh). À 6 km au sud du centre-ville, le Beldi semble à des années-lumière de la poussière et du chaos de la médina. Humez les 15 000 roses du paradis éco-chic de Dominique Leymarie qui propose deux

MARRAKECH AVEC DES ENFANTS

Marrakech aime les enfants, qui le lui rendent bien. Les souks renferment des trésors : charmeurs de serpent, vendeurs d'herbes concoctant des potions dignes de Harry Potter et minuscules boutiques aux allures de cavernes d'Ali Baba.

Cela dit, la ville peut présenter quelques difficultés logistiques si vous voyagez avec des bébés. La médina ne se prête guère aux promenades en poussette. Changer un bébé dans les ruelles relève de l'exploit et les restaurants proposent rarement des menus spécifiques pour les petits. Pourtant, il est tout à fait possible de passer de bons moments à Marrakech. L'essentiel est d'avoir un peu d'organisation et un hébergement approprié.

La majorité des musées proposent des tarifs réduits pour les moins de 12 ans. Cependant, rien ne vaut le spectacle de la place Jemaa el-Fna et l'animation des souks. Pour tirer le meilleur parti de votre journée, rendez-vous dans les souks avant midi. Dans la matinée, il y a moins de monde dans les ruelles, les rabatteurs sont moins présents et on peut voir parfois les artisans au travail. En début de soirée (de 18h à 20h), allez écouter les conteurs de Jemaa aux côtés des familles marocaines qui se promènent à pied ou en carriole autour des remparts.

Si vous choisissez un riad, prenez garde aux zones glissantes autour des bassins ainsi qu'aux escaliers parfois raides. Certaines chambres qui donnent sur les patios peuvent se révéler bruyantes au moment de l'endormissement des enfants. Cependant, la plupart des propriétaires de riads et le personnel adorent les bébés et se décarcasseront pour fournir lit pour enfant, chaise haute et menus adaptés. Pour dénicher les meilleures adresses avec des enfants, repérez le symbole dans ce chapitre. Voici notre top 10 des sites et des activités pour les petits.

Arterre (carte p. 52 ; ☎0524 43 10 71 ; www.arterremarrakech.com ; 44 Lot Akioud, Semlalia). Situé au nord du Guéliz, ce centre artistique pour les familles propose ateliers et cours de céramique, dessin et peinture.

Beldi Country Club (p. 63). Cette propriété de 15 ha dans un environnement rural est adaptée aux familles. Elle dispose de deux piscines pour enfants et d'activités qui vont de la fabrication de pain aux ateliers de poterie en passant par le tennis, le vélo et le cinéma.

piscines, un spa, un hammam, des cours de tennis et moult autres plaisirs.

Le Jardin de la Médina BAIGNADE, SPA
(carte p. 52 ; ☎0524 38 18 51 ; http://lesjardinsdelamedina.com ; Derb Chtouka 21 ; formule déj et piscine 350 Dh). Cet hôtel-palais de charme datant du XIXe siècle est le plus beau site dans la médina pour un déjeuner léger et un après-midi paresseux au bord de sa piscine. L'immense jardin est parsemé de palmiers, d'orangers, d'oliviers et de jacarandas qui offrent une magnifique floraison bleue qui explose au début de l'été.

Ferme Berbère PISCINE, HAMMAM
(☎0524 38 56 85 ; www.lafermeberbere.com ; rte de l'Ourika ; à partir de 400 Dh/pers avec déj et hammam). Au milieu d'une oliveraie, cette agréable retraite rustique est idéale pour les familles. Parmi les formules proposées : hammam, gommage, massage, déjeuner et accès à une petite piscine. Les familles bénéficient des tarifs avantageux : le hammam et gommage pour 2 adultes, la balade à dos de mulet pour 2 enfants, le déjeuner et l'accès à la piscine reviennent à 730 Dh. À 9 km au sud de la route d'Ourika.

La Mamounia PISCINE
(carte p. 52 ; ☎0524 38 86 00 ; www.mamounia.com ; av. Bab Jedid ; forfait à la journée 500 Dh). Le forfait d'une journée à La Mamounia donne accès à la piscine chauffée à l'ozone, aux jardins, au centre de remise en forme, à 3 bars élégants et au spa orné de zelliges (soin de base hammam/gommage/gommage au miel d'oranger 900 Dh).

Riad Bledna PISCINE
(☎0661 18 20 90 ; www.riadbledna.com ; rte de Ouarzazate ; 250 Dh/pers avec déj et transport). Cet établissement à la gestion éco-responsable présente un excellent rapport qualité/prix. Le tarif à la journée donne l'accès à la piscine filtrée et aux transats, le déjeuner et le transport depuis/vers Jemaa el-Fna. Agréable pour les familles, ce riad est installé dans un jardin de près de 2 ha, dans un faubourg paisible à l'est du centre de Marrakech.

Balades en calèche Quand la fatigue se fait sentir, imitez les parents marrakchis : montez dans une calèche sur la place Jemaa el-Fna et profitez du spectacle.

Balades à dos de dromadaire Les circuits en calèche dans la Palmeraie débutent généralement au niveau du restaurant-salon de thé Le Palmier d'Or, où se trouve une petite aire de jeux et des dromadaires. En marchandant un peu, la balade de 15-30 minutes revient à 100 Dh.

Équitation et VTT Pour des cours et des randonnées équestres dans la Palmeraie et les montagnes de l'Atlas, direction les écuries Les Cavaliers de L'Atlas (p. 63). Pour le VTT, contactez Action Sport Loisirs (p. 63).

Jardin Harti (carte p. 61 ; rue Ouadi el-Makhazine ; 8h-18h). Outre des terrains de foot et deux dinosaures grandeur nature, ce parc du Guéliz propose un terrain de jeux et un amphithéâtre extérieur qui accueille des spectacles gratuits.

Kawkab Jeux (carte p. 52 ; 0524 43 89 29 ; www.kawkab-jeux.com ; 1 rue Imam Chafaï). Ce centre d'activités et de loisirs créatifs propose un mini train, des toboggans, un baby-foot et un snack-bar (100-200 Dh environ).

Le Kech (Opera Plaza Hotel ; carte p. 61 ; 0524 35 15 18 ; av. Hassan II ; 30/45 Dh ; 12h-24h). L'unique bowling de Marrakech compte six pistes, des billards et un baby-foot.

Oasiria (0524 38 04 38 ; www.oasiria.com ; rte d'Amizmiz ; adulte/enfant 0,80-1,50 m/enfant moins de 0,80 m 150/90 Dh/gratuit ; 10h-18h). Toboggans, piscines à vagues et lagons de pirates garantissent aux enfants une journée de détente et de rire. Massages, Jacuzzi, restaurants et infirmerie pour soigner les petits bobos.

Terres d'Amanar (0524 43 81 03 ; www.terresdamanar.com ; Douar Akli, Tahanaoute). Pour les enfants qui ont besoin de se dépenser physiquement : tyroliennes, rafting, motocross et polo à dos d'âne. À 36 km au sud de Marrakech, près du village de Tahanaoute. Réservation possible.

Cours

Beaucoup de riads dans la médina organisent des cours de cuisine avec leur propre cuisinier. Cafe Clock (p. 73) propose de nombreux cours, de la danse du ventre à la calligraphie en passant par l'arabe.

Ateliers d'Ailleurs ARTISANAT, CUISINE
(0672 81 20 46 ; www.ateliersdailleurs.com). Grâce à un réseau d'artisans qui travaillent différentes techniques (tadelakt, zelliges, chaudronnerie, menuiserie, vannerie et joaillerie), ces ateliers offrent une occasion unique de découvrir les techniques traditionnelles. Les ateliers se déroulent avec l'aide d'étudiants interprètes de l'université de Marrakech. Les séances de 3 à 5 heures (550-750 Dh) permettent de pratiquer plusieurs techniques et de réaliser vos propres objets. Les amateurs passionnés et les professionnels peuvent s'inscrire à des cours plus longs conçus sur mesure (à partir de 3 200 Dh pour trois jours). Les cours de cuisine qui ont lieu dans des maisons marrakchies connaissent aussi un franc succès (750 Dh).

La Maison Arabe CUISINE
(0524 38 70 10 ; www.lamaisonarabe.com ; 1 Derb Assehbé, Bab Doukkala ; atelier 3 heures, 600 Dh/groupe 4-10 pers). Ce restaurant de la médina propose des cours qui s'adressent aussi bien aux débutants qu'aux professionnels. Idéal pour comprendre les subtilités de la cuisine marocaine par ceux qui la composent au quotidien. À la fin de la séance, les participants dégustent leurs plats.

Institut Français LANGUES
(0524 44 69 30 ; if-maroc.org/marrakech ; 60 rte de Targa, Guéliz ; 9h-12h30 et 15h-19h lun-sam). Propose des cours privés d'arabe (adulte/moins de 26 ans 380/150 Dh/h), et des cours d'arabe marocain (1800 Dh). Le centre organise aussi des concerts, des projections de films et des spectacles.

Centre de langue et culture LANGUES
(carte p. 61 ; 0524 44 76 91 ; fr.clcmorocco.org ; rue Sourya, Guéliz). Des professeurs américains et marocains chevronnés proposent des cours de langue en été, avec hébergement dans des familles. Les cours sont immersifs

et l'école est la seule du Maroc à appliquer la technique Communicative Language Learning (CLL) pour l'enseignement de l'arabe.

Study Arabic in Marrakech LANGUES
(www.studyarabicmarrakech.com). Des professeurs privés enseignent les bases d'une conversation en arabe, en 5 leçons.

Circuits organisés

Une visite guidée de la médina vous permettra de découvrir ses principales attractions en une heure ou deux. N'oubliez pas que les guides touchent des commissions sur vos achats. Les hôtels, riads et agences de voyages peuvent vous trouver des guides, à moins d'en engager un directement via l'office du tourisme (250/400 Dh la demi-journée/journée complète).

Des agences de voyages situées au Guéliz organisent des circuits qui intègrent une sélection de villes, de zones montagneuses ou de désert. Certaines, spécialistes du désert, exercent à Ouarzazate, Zagora et M'Hamid. Demandez toujours à être accompagné d'un guide officiel, muni d'une licence et d'une assurance.

♥ Inside Morocco Travel CIRCUITS ORGANISÉS
(carte p. 61 ; ☎ 0524 43 00 20 ; www.insidemoroccotravel.com ; 4e ét., 29 rue de Yougoslavie, Guéliz ; 9h-12h et 15h-19h lun-sam). Découvrez le Maroc profond grâce aux circuits sur mesure de Mohamed Nour, spécialisé dans l'écotourisme, et de son équipe polyglotte : couché de soleil dans le Sahara, randonnées hors des sentiers battus dans les vallées du Zat et d'Ouirgane, découverte gastronomique dans des villages berbères de montagne, et ateliers d'artisanat dans des coopératives artisanales de femmes.

Morocco Adventure & Rafting RAFTING
(☎ 0614 97 23 16 ; www.rafting.ma ; rue Beni Marine, Guéliz). Cette agence organise des expéditions de rafting dans l'Atlas depuis plus de 12 ans. L'équipe est composée de guides locaux et internationaux, tous avec au moins 5 ans d'expérience dans la pratique du rafting. Les excursions proposées vont d'une demi-journée (Ourika) à une semaine (vallée d'Ahansal). Les groupes comptent de 12 à 16 personnes maximum. Elle gère également, pendant la saison, une école de kayak pour débutants à Bin el-Ouidane et des stages de kayak pour les plus expérimentés.

Morocco Exchange CULTUREL
(www.moroccoexchange.org). L'ONG Morocco Exchange (MoEx), membre de Crossing Borders Education, propose des programmes courts (4 à 7 jours) destinés aux étudiants qui veulent découvrir le Maroc autrement et qui vise à faciliter les échanges avec de jeunes Marocains qui apprennent l'anglais ou le français. Certains programmes sont thématisés, comme sur le système médical marocain ou le droit des femmes.

Tawada Trekking RANDONNÉE, CULTUREL
(☎ 0618 24 44 31 ; www.tawadatrekking.com). Les circuits trekking et immersion culturelle sont la spécialité de Hafida H'doubane, l'une des premières Marocaines à avoir obtenu sa licence de guide de montagne.

Désir du Maroc CULTUREL
(☎ 0661 16 35 85 ; www.desirdumaroc.com). Fort de 30 ans d'expérience, le Marrakchi Abdelhay Sadouk initie les visiteurs à la culture marocaine : circuits historiques et culturels dans les sites les moins touristiques de Marrakech mais également sur la côte, dans le désert et à la montagne. Stages de yoga et de tai-chi également proposés.

Fêtes et festivals

Marathon de Marrakech SPORT
(www.marathon-marrakech.com ; semi-marathon 30 €, marathon 50 € ; jan). Allez vous confronter aux meilleurs marathoniens du pays. Départ de la place Jemaa el-Fna et arrivée à la Palmeraie.

Marrakech Biennale CULTUREL, ART
(www.marrakechbiennale.org ; fév). Ce festival trilingue (arabe, français, anglais) promeut le débat et le dialogue par le biais de l'art. Artistes marocains et étrangers proposent leurs œuvres littéraires, artistiques, architecturales et numériques aux 4 coins de la ville.

MadJazz MUSIQUE
(www.madjazz-festival.com ; mars). La plupart des concerts de ce festival de musique se déroulent à l'Institut français. Belle programmation de groupes de jazz confirmés et de jeunes talents.

Festival Marrakech du rire HUMOUR
(marrakechdurire.com ; juin). Créé par Jamel Debbouze en 2011, ce festival international réunit pendant 6 jours les grands noms et les talents montants de l'humour et du stand-up francophones.

LES RIADS : UNE SPÉCIALITÉ DE MARRAKECH

Marrakech et ses riads sont indissociables. Ces demeures construites en brique crue sont des oasis de calme situées généralement au cœur de la médina. Il suffit de pousser les lourdes portes ornées de clous de cuivre pour être plongé dans une sensation apaisante.

Depuis plusieurs décennies, des centaines de ces demeures familiales ont été vendues et réaménagées en maisons d'hôtes, le plus souvent par des Européens. Les meilleures adresses ne sont pas seulement des merveilles d'artisanat marrakchi mais sont aussi des témoignages bien réels de l'hospitalité marocaine. Pour certaines, c'est l'occasion de découvrir la culture locale et ses coutumes. La sélection que nous proposons répond à des critères variés, tant sur le plan de l'aspect extérieur, que de leur emplacement, de la qualité de leur cuisine ou encore de l'accueil de l'équipe. Enfin, séjourner dans un riad est aussi l'occasion d'aborder la Marrakech cachée derrière les portes fermées.

Voici des agences spécialisées dans les riads :

Marrakech Riads (www.marrakech-riads.com)
Marrakech Medina (www.marrakech-medina.com)
Hip Marrakech (www.hipmarrakech.com)
Marrakech & Beyond (www.marrakechandbeyond.com)

Festival des arts populaires CARNAVAL
(www.marrakechfestival.com ; juil). En juillet, les rues de Marrakech s'embrasent au gré des spectacles populaires de musiciens berbères, de danseurs et d'artistes de rue venus de tout le pays. Un festival qui existe depuis près de 50 ans.

TEDx Marrakesh CULTUREL
(www.tedxmarrakesh.net ; semaine/week-end 700/800 Dh ; sept). Comme toute capitale culturelle qui se respecte Marrakech a ses conférences TEDx, où des personnalités marrakchies abordent différents thèmes comme "Oser remettre en question."

Festival international du film de Marrakech CINÉMA
(www.festivalmarrakech.info ; déc). Réalisateurs, actrices et acteurs se retrouvent en décembre pour ce festival d'une semaine. Projections pour le public, sur grand écran, sur la place Jemaa el-Fna.

Où se loger

Marrakech offre un éventail complet d'hébergements, des chambres les moins reluisantes aux plus somptueux palais. Le choix est immense : authentiques riads cachés au cœur de la médina, hôtels bon marché à deux pas de la place Jemaa el-Fna, hôtels de toutes catégories de la ville nouvelle ou villas de la Palmeraie avec piscines au milieu des palmiers. Les complexes hôteliers de luxe, comme Amanjena, Taj Hotels et Bulgari, installés dans les environs de Marrakech, proposent de grandes chambres à des prix stratosphériques. Toutefois, ils ne peuvent rivaliser avec le service que l'on trouve dans les riads de la médina et les maisons d'hôtes de la Palmeraie.

Quel que soit votre choix, sachez que les prix sont plus élevés à Marrakech qu'ailleurs au Maroc. La saison basse s'étend de mi-juin à août, de mi-janvier à mi-mars et de mi-novembre à début janvier. Réservez un mois à l'avance et attendez-vous à une augmentation des prix pendant les périodes de vacances françaises. Les hôtels les moins chers bordent la sinueuse rue Sidi Bouloukat juste au sud de la Jemaa, entre la rue Bab Agnaou et le Riad Zitoun el Kedim.

Médina

♥ **Equity Point Hostel** AUBERGE DE JEUNESSE €
(riad Amazigh ; carte p. 56 ; 0524 44 07 93 ; www.equity-point.com ; 80 Derb el-Hammam, Mouassine ; dort 100-180 Dh/pers, d 620 Dh ;). Cette chaîne internationale d'auberges de jeunesse a comblé un vide sur le marché de l'hébergement bon marché en s'installant au cœur de Mouassine. L'adresse propose tout le confort du riad (piscine, coins repos, décoration recherchée, portes de cèdre sculpté) dans une ambiance conviviale, partagée par la clientèle. Les dortoirs avec sdb accueillent de 6 à 8 personnes. Bar, restaurant et pas de couvre-feu.

Le Gallia HÔTEL €

(carte p. 56 ; ☎0524 44 59 13 ; www.ilove-marrakesh.com/hotelgallia ; 30 rue de la Recette ; s/d/tr 350/ 550/780 Dh ; ❄). Le calme et le charme rétro au cœur de la médina. Les 17 chambres confortables (clim et chauffage) se répartissent autour de deux patios verdoyants. On prend son petit-déjeuner (45 Dh) dans un cadre Art déco ou en profitant du soleil sur le toit-terrasse. Tenu par la même famille française depuis 1929, Le Gallia affiche très souvent complet. Réservez par fax.

Hôtel du Trésor RIAD €

(carte p. 56 ; ☎0524 37 51 13 ; www.hotel-du-tresor.com ; 77 Derb Sidi Bouloukat ; s avec petit-déj 400-470 Dh, d 410-580 Dh ; ❄📶🏊). Ce paisible riad ouvert dans les années 1950 a été entièrement rénové dans un esprit design. Quatorze chambres s'articulent autour d'une cour fraîche, agrémentée d'un immense oranger et d'une piscine. Élisez domicile dans la chambre aux murs tapissés de miroirs d'époque récupérés à La Mamounia (d'où son nom "Les Miroirs"), à moins de préférer la suite Bleue, qui donne sur la terrasse et possède une baignoire et une cheminée en mosaïques dorées.

Hôtel Cecil AUBERGE €

(carte p. 56 ; ☎0524 44 22 03 ; djemaaelfnahotelcecil.com ; rue Sidi Bouloukat ; petit-déj compris ch sans sdb 220 Dh, s/d/tr avec sdb 250/300/400 Dh ; ❄📶). Deux patios aux murs de couleur rose, bordés de zelliges vert et blanc donnent le ton de cet établissement chic et moderne à quelques minutes de Jemaa el-Fna. Les chambres avec sdb sont climatisées et équipées de lits en cèdre sculpté et de douches en tadelakt. Les autres chambres ont des toilettes et des douches communes à chaque étage. Petit-déjeuner servi sur le toit-terrasse, sous une tente berbère.

Hôtel Atlas AUBERGE €

(carte p. 56 ; ☎0524 39 10 51 ; www.hotel-atlas-marrakech.com ; 50 rue Sidi Bouloukat ; s/d/tr sans sdb 90/170/250 Dh, d/tr avec sdb 350/450 Dh ; ❄📶). Auberge étonnamment paisible et discrète. Ses 32 chambres (12 avec sdb) entourent deux patios ombragés, l'un orné d'une fontaine en mosaïques et l'autre de palmiers en pots et de plantes grimpantes. Couvre-lits, petits tapis, verres teintés, salon de TV confortable et lanternes colorées élèvent cet établissement petits budgets au-dessus de la moyenne.

Hôtel Sherazade AUBERGE €

(carte p. 56 ; ☎0524 42 93 05 ; www.hotelsherazade.com ; 3 Derb Jemaa ; s/d sans sdb 180/ 230 Dh, s 220-480 Dh, d 270-550 Dh, ste 690 Dh ; ❄📶). En retrait de la rue Riad Zitoun el-Kedim, cet hôtel, tenu par une famille germano-marocaine, respire la convivialité. Elle propose 23 chambres, dont 18 climatisées, ainsi que des terrasses ensoleillées et un patio agrémenté d'une fontaine. Les chambres de la terrasse sont une affaire, mais entre l'appel à la prière du muezzin et l'animation du petit-déjeuner (50 Dh en sus), les bouchons d'oreilles sont de rigueur. Sinon, choisissez une chambre donnant sur la cour arrière, drapée de lierre.

Hôtel Essaouira AUBERGE €

(carte p. 56 ; ☎0524 44 38 05 ; www.jnanemogador.com/hotelessaouira-marrakech.htm ; 3 Derb Sidi Bouloukat ; s/d sans sdb 70/100 Dh, ch avec sdb 380-480 Dh, matelas par terre 40 Dh). Pas de chichis pour l'hôtel le moins cher de la médina proposant 28 chambres avec petit-déjeuner (25-40 Dh) et vue sur la Koutoubia.

♥ **Riad Le J** RIAD €€

(carte p. 56 ; ☎0524 39 17 87 ; www.riadlej.com ; 67 Derb el-Hammam ; ch 850-1 450 Dh ; ❄📶). Ce riad magnifiquement meublé mélange les styles italien et marocain. Chaque chambre est décorée selon un thème (menthe, safran, poivre et cannelle). Ici ce sont les détails qui comptent : plafonds peints, caftans de soie, miroirs rétro de La Mamounia et babouches brodées. Au dîner, de délicieux tajines à la cardamome sont servis sur le balcon.

Riad Wo RIAD €€

(carte p. 56 ; ☎0665 36 79 36 ; www.riadw.com ; Derb Boutouil 41, Kennaria ;ch 1 000-1 350 Dh, ste 1 460 Dh ; ❄📶🏊). L'habile Elsa Bauza a supervisé la rénovation de ce petit paradis, empreint de chic minimaliste majorquin, dont la belle cour centrale a été préservée. Grande piscine dans le patio et cheminée en tadelakt dans le salon. Les chambres élégantes sont habillées de tissus, de linge et d'abat-jour en raphia. Cette adresse pourrait, sans problème, être présentée dans les meilleurs magazines de décoration.

Dar Attajmil RIAD €€

(carte p. 56 ; ☎0524 42 69 66 ; www.darat-tajmil.com ; 23 rue Laksour ; d avec petit-déj 1 000-1 230 Dh ; ❄📶). Après quelques jours passés dans ce riad niché au cœur des souks, vous serez aussi détendu que son ambiance. Accueil chaleureux de Lucrezia et de son personnel, hammam sur le toit-terrasse, repas italo-marocains, cours de cuisine, ateliers de fabrication de tadelakt, concerts, cours de calligraphie arabe et excursions à Essaouira.

Dar Zaman RIAD €€

(carte p. 52 ; ☎0524 37 66 12 ; www.darzaman.com ; 29 Derb Bouelilou, Sidi Ben Slimane ; ch 730-1 065 Dh ;). La petite taille du Dar Zaman est largement compensée par le soin que lui apportent Peter, Hassan et Karima. Les dîners se transforment en soirées conviviales où l'on échange ses meilleures adresses de cours de cuisine, hammams et autres idées d'excursions – retardant d'autant le moment de se retirer dans une chambre élégante et confortable. Recommandé pour les voyageuses.

Riad Magellan RIAD €€

(carte p. 56 ; ☎0661 08 20 42 ; www.riadmagellan.com ; 62 Derb el-Hammam ; ch 780-1 350 Dh ;). Un long *derb* sinueux mène au seuil de ce refuge tendance, situé derrière la fontaine Mouassine. Son propriétaire a tout prévu pour satisfaire le moindre désir de ses hôtes : spa en tadelakt sur la terrasse, bibliothèque avec cheminée dans le salon, et massages relaxants. Globes terrestres, malles de voyage et rocking-chairs donnent de la personnalité aux raffinées chambres jonchées de pétales de roses.

Maison Mnabha RIAD €€

(carte p. 52 ; ☎0524 38 13 25 ; www.maisonmnabha.com ; 32-33 Derb Mnabha, casbah ; d avec petit-déj 840-1 290 Dh, tr 1 750 Dh ; @). Les chasseurs de trésors dénicheront cette demeure du XVIIe siècle dans la casbah et seront récompensés par son authenticité et son ambiance. Des pétales de roses et des bougies indiquent le chemin des salons décorés de lustres et des toits-terrasses, où les voyageurs bavardent en sirotant des cocktails. Peter et Lawrence, les deux propriétaires anglais, et Aziz, le directeur, sont une mine d'informations sur les antiquités et sur la culture marocaine. Également séances de massage et organisation de circuits écoresponsables.

Marhbabikoum RIAD €€

(carte p. 56 ; ☎0524 37 52 04 ; www.marhbabikoum.com ; 43 Derb Lahbib Magni ; s 730-900 Dh, d 840-1010 Dh ; @). Comme son nom l'indique (*Marhbabikoum* signifie bienvenue), ce riad mise sur l'accueil de ses clients. Khalil et Véronique vous inviteront à boire un thé, papoter, jouer aux cartes ou écouter de la musique marocaine. Ils peuvent également organiser des excursions dans la montagne.

Riad Hanane RIAD €€

(carte p. 56 ; ☎0524 37 77 37 ; www.dar-hanane.com ; 9 Derb Lalla Azzouna, Kâat ben Nahid ; d avec petit-déj 1 120-1 570 Dh ;). Cet élégant riad au style marrakchi authentique invite à la détente. Les chambres d'hôtes, joliment décorées (lucarnes, niches pour les livres, sdb à coupole), offrent tout le confort moderne (clim, station d'iPod), sans oublier les petits détails (articles de toilette "Les Sens de Marrakech", café et eau minérale à disposition). Patio, terrasse panoramique, bar en libre service et concierge qui peut s'occuper de louer une voiture, engager un guide ou réserver une table. Si cette adresse affiche complet, les propriétaires possèdent trois autres riads dans la médina (www.pureriads.com).

Riad Tizwa RIAD €€

(carte p. 56 ; www.riadtizwa.com ; 26 Derb Gueraba, Dar el-Bacha ; ch petit-déj compris 680-1 060 Dh ;). Déjà présents à Fès et à Sidi Ifni, les frères Bee ont ouvert ce vaste riad de 6 chambres près de Dar el-Bacha. Stucs et carrelages anciens ont été préservés dans les chambres qui ont gardé leur patine d'origine. Transfert depuis l'aéroport, produits de toilette écologiques et petit-déjeuner royal servi sur demande.

Riad Helen RIAD €€

(carte p. 52 ; ☎0524 37 86 11 ; www.riadhelen.com ; 138 Derb Arset Aouzal ; ch 560-700 Dh ;). Ce *dar* pittoresque, situé à deux pas de Dar el-Bacha, est tenu par Maxime et Mario et propose 5 chambres à l'excellent rapport qualité/prix. L'adresse a du charme avec ses balcons et ses plafonds gris-vert, sa cour aux piliers roses, ses grandes portes-fenêtres à volets. La lumière inonde les chambres du 1er étage meublées de lits confortables aux épais couvre-lits de coton.

♥ **Dar Al Assad** RIAD €€€

(carte p. 56 ; ☎0524 42 70 65 ; daralasad@yahoo.fr ; Derb el Hajra 29 ; s/d 1 100/1 300 Dh ;). Ce magnifique riad fut pendant plus de dix ans la demeure du décorateur d'intérieur Daniel Bainvel. Aujourd'hui, il est possible de profiter de l'une des cinq suites somptueusement meublées et décorées (luxueux textiles, broderies de Rabat et tableaux). Dormez dans des lits façonnés de cuivre ou de cèdre, détendez-vous dans les salons ornés de bustes et de fauteuils baroques et, après une promenade au souk, relaxez-vous dans la gigantesque salle de bain.

Dar Housnia RIAD €€€

(carte p. 56 ; ☎0524 37 66 97 ; www.dar-housnia.com ; Derb Lalla Azzouna 2, Kâat Benahid ; ch 1 570-1 740 Dh, douiria 4 pers 3 480 Dh ;). Tradition et modernité se complètent avec harmonie dans ce *dar* à l'élégance discrète et à la conception originale. La propriétaire, Evelyne Donnez, mise sur le bien-être de ses clients plutôt que sur le clinquant. Tout est dans le détail : pompons des rideaux faits main, immenses sdb en tadelakt chauffées en hiver. On se sent bien dans le salon rempli d'œuvres d'art et la piscine du toit-terrasse.

Tchaikana RIAD €€€

(carte p. 56 ; ☎0524 38 51 50 ; www.tchaikana.com ; 25 Derb el Ferrane, Azbest ; d avec petit-déj 1 000-1 800 Dh ;). Un lit à baldaquin de style tente touareg, une coque de bateau suspendue au plafond : ici chaque chambre possède une ambiance particulière, dont le fil rouge est l'authenticité d'un caravansérail marrakchi. Le matin, les voyageurs préparent leur escapade dans les souks devant un somptueux petit-déjeuner en compagnie du propriétaire belge. En rentrant en fin d'après-midi, ils peuvent programmer des sorties écologiques dans le Sahara. L'arrivée par le *derb* sinueux peut dérouter, mais le personnel vient vous chercher à la nuit tombée si vous prévenez de votre arrivée.

Riyad el Cadi RIAD €€€

(carte p. 56 ; ☎0524 37 86 55 ; www.riyadelcadi.com ; 87 Derb Moulay Abdelkader ; s 1 235 Dh, d 1 560-2 020 Dh, ste à partir de 2 800 Dh ;). Véritable petite médina dans la médina, ce labyrinthe de cinq riads offre des surprises à chaque détour : balcons, alcôves secrètes, hammam marrakchi rouge et une magnifique collection de tissus berbères rares. Quinze personnes s'occupent des clients logés dans 12 chambres et suites impeccables, de la moderne Alep noire et blanche à la junior suite Douiriya composée de 2 chambres.

Riad Al Massarah RIAD €€€

(carte p. 52 ; ☎0524 38 32 06 ; www.riadalmassarah.com ; 26 Derb Jedid ; d avec petit-déj 1 000-2 000 Dh ;). Michel et Michael, duo franco-britannique, ont réaménagé ce riad en privilégiant confort et lumière naturelle, dans un souci de préserver les ressources naturelles et en particulier l'eau. Chaque chambre possède sa propre décoration faite avec des œuvres originales, des textiles faits main et des cheminées en tadelakt. L'engagement écologique et local du riad lui a valu la certification du label Clef Verte. Les enfants de moins de 12 ans ne sont pas admis.

Riad L'Orangeraie RIAD €€€

(carte p. 56 ; ☎0661 23 87 89 ; www.riadorangeraie.com ; 61 rue Sidi el-Yamani ; d avec petit-déj 1 450-1 900 Dh ;). À cette adresse, tout n'est que douceur et confort. Sept chambres spacieuses décorées de splendides murs en tadelakt et équipées de douches à hydro-massage attendent le voyageur. Le riad, qui fut précurseur en matière de recyclage, possède également une grande piscine à l'eau non chlorée et un hammam, ainsi qu'un service de baby-sitting. Cinq employés veillent au bien-être des hôtes et une voiture avec chauffeur est à leur disposition.

Ville nouvelle

Si votre séjour est court, les hôtels du Guéliz peuvent se révéler plus pratiques que ceux de la médina. De plus, l'accès est plus facile pour les personnes handicapées.

Hôtel Toulousain AUBERGE €

(carte p. 61 ; ☎0524 43 00 33 ; hoteltoulousain.com ; 44 rue Tariq ibn Ziyad ; s avec petit-déj 150-180 Dh, d 200-280 Dh ;). Cet hôtel bon marché et plaisant est situé au cœur du Guéliz et il est tenu par une famille américano-marocaine. À proximité : restaurants, boutiques, laverie, agence de voyages et café littéraire. Réservez tôt les chambres spacieuses du 1er étage. Elles peuvent être étouffantes en été et incitent à se réfugier dans les patios ombragés de bananiers.

Hôtel du Pacha HÔTEL €

(carte p. 61 ; ☎0524 43 13 27 ; www.hotelpacha.net ; 33 rue de la Liberté ; s/d 320/400 Dh ;). Avec ses balcons et ses portes-fenêtres, idéales pour laisser entrer un peu de fraîcheur et l'animation de la rue, cet hôtel colonial vieillissant semble sorti d'un décor de roman. Les chambres du rez-de-chaussée disposent de lavabos en marbre et sont habillées de boiseries sombres. À l'étage, elles ont conservé leur carrelage Art déco et leurs baignoires. Les stucs de l'entrée, le bar vieillot et la cour intérieure ajoutent au charme singulier de cette adresse.

VAUT LE DÉTOUR

ÉTHIQUE ET ESTHÉTIQUE : LE FELLAH HOTEL

À la fois ferme berbère, fondation d'art moderne, complexe thermal et programme communautaire, le **Fellah Hotel** (☎0525 06 50 00 ; www.fellah-hotel.com ; km 13 rte de l'Ourika, Tassoultante ; d à partir de 1 900 Dh ; P ❄ 📶 🏊) au sud-est de Marrakech, défie toute définition réductrice. Les fondateurs de ce lieu, posé face aux montagnes du Haut Atlas, espèrent qu'il permettra la rencontre entre artistes en résidence, voyageurs et communauté locale. Plus de renseignements sur les activités et les cours à la **Dar al Ma'mûm Foundation**.

La fondation, logée dans l'une des villas du complexe, collabore avec l'Unesco via le programme Aschberg, et accueille des jeunes artistes (musiciens, écrivains...) lors de résidences de un à trois mois. Les clients profitent de cette ambiance artistique mais aussi du jardin planté de cactus, de la piscine chauffée, du centre de massage Wat Po ou, encore s'initient à la boxe avec Freddy.

Il est possible de déjeuner au restaurant (brunch du dimanche 250 Dh) et de profiter de la fraîcheur de la piscine sans être client de l'hôtel .

Villa Marguerite PENSION €€

(carte p. 61 ; ☎0672 41 82 64 ; www.ilove-marrakech.com/villamarguerite ; 62 bd Mansour Eddahabi ; d 670-1 010 Dh, ste 1 235-1 680 Dh ; ❄ 📶 🏊). Cette villa coloniale classique est située à quelques pas de la rue de la Liberté, au cœur du Guéliz. Derrière ses hauts murs se dissimule un patio fleuri pourvu d'un bassin et de 7 chambres réparties dans la maison. Le salon avec piano est orné de stucs, tandis que les chambres sont contemporaines, avec des sols en terrazzo, de très grands lits et des sdb en béton ciré, le plus souvent avec baignoire.

Le petit-déjeuner est décevant, rabattez-vous plutôt sur l'une des meilleures boulangeries de la ville, **al-Jawda** (carte p. 61 ; ☎0525 433897 ; www.al-jawda.com ; 11 rue de la Liberté ; ⏲8h-19h30), au coin de la rue.

Le Printemps HÔTEL €€

(carte p. 61 ; ☎0524 43 96 04 ; 19 av. el-Mansour Eddahbi ; d 600-800 Dh, ste 1 500 Dh ; P ❄ 📶 🏊). Sa popularité vient de sa pizzeria au bord de la piscine. Ce succès a poussé Le Printemps a ouvrir un hôtel de 110 chambres luxueuses avec balcon, qui donnent sur le centre du Guéliz. Immenses chambres, literie confortable, jetés de lit en daim et sdb en marbre sont quelques-unes des caractéristiques de cette adresse.

Palmeraie et faubourgs

Loin de l'effervescence de la médina, les villas de la Palmeraie constituent des havres de paix. Si l'animation vous manque, 30 minutes de voiture suffiront pour rejoindre le centre de Marrakech. Le taxi est le meilleur moyen de gagner le centre, mais reste assez coûteux (150-250 Dh) car vous devrez souvent payer l'aller-retour.

Riad Bledna MAISON D'HÔTES €€

(☎0661 18 20 90 ; www.riadbledna.com ; km 19, rte de Ouarzazate ; d avec petit-déj 680 Dh ; P 🏊). Tenue par une famille anglo-marocaine soucieuse de votre confort et de l'environnement, cette maison d'hôtes compte 4 chambres lumineuses. L'eau est chauffée grâce à l'énergie solaire et on peut profiter d'un jardin bio de près de 2 ha, avec compost et recyclage des eaux usées. Outre de délicieux repas, l'établissement offre un choix de cours d'artisanat marocain. Service de baby-sitting, excursions dans le désert et en montagne et possibilité de venir vous chercher à l'aéroport.

Le riad Bledna se trouve à 19 km à l'est de Marrakech, à la sortie de la route de Ouarzazate. Poursuivre sur 2,5 km.

Casa Taos MAISON D'HÔTES €€€

(☎0661 20 04 14 ; www.casataos.net ; km 8, rte de Souihla ; petit-déj compris 1 595-2 035 Dh, ste 1 815-2 585 Dh ; P ❄ 📶 🏊). Face à la piscine et au milieu d'un verger, la Casa Taos a été sublimée par le talent de l'architecte primé Abderrahim Charaï. Les chambres sont décorées dans la tradition du savoirfaire des artisans locaux : finitions naturelles en tadelakt, terre cuite, cèdre et *talaouh* (mélange d'argile, chaux et paille). Elles donnent sur le jardin biodynamique qui s'étend sur 3 ha, véritable symphonie de verts, de jaunes, de rouges et de roses. Formule déjeuner-piscine sur réservation (300-450 Dh). Cette adresse est située à Souihla, à 9 km au nord-ouest de Marrakech.

Jnane Tamsna COMPLEXE HÔTELIER €€€
(☎0524 32 94 23 ; www.jnanetamsna.com ; Douar Abiad, Palmeraie ; d avec petit-déj à partir de 2 800-3 300 Dh, ste à partir de 4 000 Dh ;). Ce complexe créé par Meryanne Loum-Martin revendique fièrement son orientation naturelle : ici les plantes retiennent l'eau, les piscines sont filtrées, la cuisine est bio, la galerie inspirée du commerce équitable (www.inspired-by-marrakech.com) sans oublier les excursions organisées par Gary, le mari, ethnobotaniste et fondateur de la **Global Diversity Foundation** (www.global-diversity.org). Excursions, cours de cuisine, yoga et salon littéraire sur réservation.

Cette propriété bordée de palmiers se trouve à 15-20 minutes au nord-ouest de Marrakech dans le village de Douar Abiad, à l'écart du circuit de la Palmeraie. De la médina, comptez 200 Dh.

Où se restaurer

Agneau mijoté dans les braises d'un hammam, caviar d'aubergines grillées, soupe de haricots blancs..., les spécialités traditionnelles de Marrakech mettent l'eau à la bouche. Cela dit, les Marrakchis ne dînent pas souvent dehors et les restaurants sont rares dans la médina. Ceci s'explique par le fait qu'un maigre tajine de poulet coûte entre 65 et 80 Dh sur Jemaa et que les menus des restaurants des riads débutent à 300 Dh. Les repas préparés par les *dadas* des riads seront sans doute vos plus belles expériences gustatives dans la médina.

Des restaurants petits budgets, avec vue sur la place, comme **Chez Chegrouni** (carte p. 56 ; Jemaa el-Fna ; plats 25-70 Dh ; 8h-23h ;) et le **Café du Grand Balcon** (carte p. 56 ; Jemaa el-Fna ; plats 30-50 Dh ; 8h-23h), regroupés au sud de Jemaa, servent les classiques brochettes et tajines (30-45 Dh) accompagnés de boissons onéreuses.

Mieux vaut opter pour les restaurants un peu à l'écart, comme **El Bahja** (carte p. 56 ; ☎0524 44 13 51 ; 24 rue Bani Marine ; repas 60-70 Dh ; 12h-23h) et **Oscar Progrès** (carte p. 56 ; 20 Rue Bani Marine ; plats 30-40 Dh ; 12h-23h), ou encore les cafés de la rue Bab Agnaou et les petits restaurants comme **Bakchich** (carte p. 56 ; rue des Banques ; 9h30-22h30). Des stands de restauration rapide se trouvent rue Riad Zitoun el-Jedid.

L'ambiance culinaire dans la ville nouvelle, où se retrouve la classe moyenne de Marrakech, est différente. On y trouve sans peine de la bonne cuisine française, marocaine et, de plus en plus, internationale, ainsi que des restaurants haut de gamme et des cafés et bars branchés.

Médina

Henna Cafe CAFÉ, MAROCAIN €
(carte p. 52 ; www.hennacafemarrakech.com ; 93 Arset Aouzal ; salades et en-cas 30-80 Dh ; 11h-20h ;). Thé, café, salades, tatouages au henné, cours de darija... tout est possible dans ce café branché où une *nekacha* (tatoueuse au henné) trace des dessins de scorpions et de plantes sur des mains conciliantes tandis que des bénévoles dispensent des cours de langue. On peut consommer de savoureux sandwichs aux kefta (boulettes épicées) sur le toit-terrasse. Les bénéfices de cette adresse sont reversés à des Marrakchis dans le besoin. Les étrangers peuvent enseigner bénévolement les langues (français, espagnol et anglais) et aider à la rédaction de CV.

Les tarifs des tatouages varient de 50 Dh (petit dessin) à 500 Dh. Seul du henné marron bio est utilisé. Le catalogue des tatouages a été offert par les meilleurs artistes de tatouage au henné du monde entier.

Allée des méchouis MAROCAIN €
(carte p. 56 ; à l'est du souk Ablueh ; 250 g d'agneau avec du pain 30-50 Dh ; 11h-14h). Peu avant midi, les vendeurs de ces étals découpent les pièces d'un méchoui fumant. Désignez le morceau qui vous plaît et demandez un *nuss* (demi) ou *rubb* (quart) de kilo. Le cuisinier tranchera la viande et vous la servira avec du pain frais, du cumin, du sel et des olives, le tout dans un sac à emporter, ou sur du papier pour le consommer sur place.

Souk Kafé MAROCAIN €
(carte p. 56 ; ☎0662 61 02 29 ; 11 Derb souk Jedid, près de la rue Riad El-Arous ; plats 65-80 Dh ; 9h-21h). Atablez-vous sous les parasols de la terrasse pour déguster cette cuisine authentique. Les mezze composés de 6 plats de légumes cuits suffiront amplement pour deux personnes, tout comme le couscous berbère végétarien. Mais rien ne vaut la goûteuse *tanjia* marrakchie au bœuf mijoté.

Earth Café FUSION, VÉGÉTARIEN €
(carte p. 56 ; ☎0661 28 94 02 ; 2 Derb Zouak ; plats 60-80 Dh ; 11h-23h ;). L'Earth Café se tient dans une modeste cour jaune mais possède de grandes ambitions culinaires végétariennes : rouleau de printemps aux épinards, potiron, fromage bleu et carottes

JEMAA EL-FNA : L'EXTRAORDINAIRE BANQUET

À la tombée du jour, des cuisiniers investissent une bonne partie de la place Jemaa el-Fna, montent leurs étals de nourriture, puis invitent les passants à constater la propreté des grils, la fraîcheur de la viande et des légumes, et le parfum des épices. De fait, ces stands ont un débit plus important que la plupart des restaurants chics et sont très bon marché. Lavez-vous les mains avant de vous attabler, utilisez du pain plutôt que des couverts et buvez uniquement de l'eau en bouteille, et tout devrait se passer au mieux.

Vous profiterez de l'animation qui se poursuit jusqu'après minuit sur "la Place", tandis que des conteurs font le récit d'histoires anciennes à côté des dentistes et de leurs bocaux remplis de dents. Juste à côté, regardez le spectacle des clowns et des boxeurs amateurs. Certains métiers semblent sortis d'un livre d'histoire, à l'instar des astrologues, des vendeurs de potions et des danseuses orientales.

râpées, salade tiède de betteraves… le tout au cœur des souks, à deux pas de la rue Riad Zitoun el-Kedim. Les jus de fruits ou de légumes pressés donnent un coup de fouet après une escapade dans le souk.

Haj Mustapha MAROCAIN €
(carte p. 56 ; à l'est de souk Ablueh ; tanjia avec pain et olives 35-50 Dh ; ⌚18h-22h). À la fin de la journée, des stands proposent de la *tanjia* aux passants. Dans un décor vieillissant, Haj Mustapha propose ce "ragoût de célibataire" servi sur des tables propres. Utilisez le pain, saupoudrez votre *tanjia* de sel et de cumin et ajoutez quelques olives pour la manger.

Café des Épices CAFÉ, SANDWICHS €
(carte p. 56 ; ☎0254 39 17 70 ; pl. Rahba Kedima ; petit-déj 25 Dh, sandwich ou salade 25-50 Dh ; ⌚8h-21h). Observez les vendeurs de potions de la place Rahba Kedima tout en sirotant un jus d'orange fraîchement pressé. Salades et sandwichs sont confectionnés sur commande. Essayez le fameux sandwich au poulet assaisonné d'herbes, de noix de muscade et d'olives. Service efficace malgré la raideur des escaliers.

Un Déjeuner à Marrakech MÉDITERRANÉEN, SANDWICHS €
(carte p. 56 ; ☎0524 37 83 87 ; 2-4 rue Kennaria, angle rue Riad Zitoun el-Jedid ; plats à partir de 60 Dh ; ⌚9h-17h ; ✎). Tôt le matin, les végétariens se délecteront de la quiche aux asperges. Les carnivores, eux, raffoleront du croque-monsieur de dinde accompagné d'une salade amère. Vous déjeunerez sur le pouce ou sous la tente de la terrasse, confortablement installé sur des coussins, en profitant de la vue sur la Koutoubia.

Restaurant Place des Ferblantiers MAROCAIN €
(carte p. 56 ; entrée ouest pl. des Ferblantiers ; tajines 45-65 Dh ; ⌚déj). Attablez-vous dans la cour et commandez le plat qui mijote. La viande et les légumes proviennent du marché du mellah, situé face au restaurant. Le cuisinier prépare ses plats devant vous.

♥ **Cafe Clock** CAFÉ €€
(carte p. 52 ; ☎0655 21 01 72 ; www.cafeclock.com ; 224 Derb Chtouka, Kasbah ; plats 40-100 Dh ; ⌚9h-23h). Le petit frère marrakchi du très populaire Cafe Clock de Fès s'est installé dans une ancienne école qui dispose d'un cour lumineuse avec vue sur le soleil couchant sur la Casbah. Le célèbre chef Tariq Hadine propose un menu de saison composé de sandwichs et de salades et sert toute l'année sa spécialité, le burger de dromadaire.

Au-delà d'un bon moment culinaire, c'est aussi l'ambiance multiculturelle qui fidélise la clientèle. Rejoignez Beyaz pour un cours de danse du ventre ou admirez la plume de Abdelali virevolter pendant un cours de calligraphie, sans oublier les cours de culture et cuisine marrakchies (600 Dh). Le dimanche, en fin de journée, des concerts sont organisés (adulte/étudiant 20/10 Dh) et des conteurs de Jemaa se produisent accompagnés d'interprètes anglais et français.

♥ **Le Jardin** RIAD, FUSION €€
(carte p. 56 ; ☎0524 37 82 95 ; www.lejardin.ma ; 32 rue El Jeld, Sidi Abdelaziz ; repas 80-180 Dh ; 📶). Ce bâtiment du XVIIe siècle, situé au cœur de la médina, a été transformé en une paisible oasis verdoyante par son propriétaire, Kamal Laftimi. La clientèle cosmopolite installée sous une canopée de bananiers profite du chant des oiseaux, tandis que les tortues déambulent sur le sol en carrelage vert émeraude. Savourez un expresso le

FAIRE SON MARCHÉ

Un grand choix de produits frais, fruits secs et épices est proposé au **marché municipal ibn Toumert** (carte p. 61 ; rue ibn Toumert), près de l'avenue Mohammed V. Les souks débordent d'étals vendant olives, dattes et autres douceurs, sans oublier les charrettes chargées de fruits et de légumes ; le **souk alimentaire de Bab Doukkala,** très agréable, semble le plus avantageux, tout comme le **marché du Mellah** (carte p. 56 ; av. Houmane el-Fetouaki ; ⌚8h-13h et 15h-19h), qui permet aux habitants du sud de la ville de s'approvisionner.

Quelques supermarchés de la ville nouvelle vendent du fromage, des céréales et de l'alcool, produits souvent difficiles à trouver ailleurs. Des magasins de l'enseigne ACIMA sont situés au **Guéliz** (carte p. 61 ; ☎0525 43 04 53 ; angle av. Mohammed V et Mohammed Abdelkrim el-Khattabi, Guéliz ; ⌚9h-22h) et au **jardin Majorelle** (av. Yacoub el-Mansour, jardin Majorelle ; ⌚9h-22h). Autre choix possible, **Aswak Assalam** (carte p. 52 ; av. du 11 Janvier, Bab Doukkala ; ⌚9h-22h) ou **Carrefour** (Al-Mazar Mall, rte d'Ourika, Aguedal ; ⌚9h-23h).

matin, une salade le midi, un thé l'après-midi et un délicieux tajine le soir.

Kui-Zin MAROCAIN, MÉDITERRANÉEN €€
(carte p. 56 ; www.kui-zin.com ; 12 rue Amesfah ; repas 80-120 Dh ; ⌚11h-22h mar-dim). Kui-Zin associe cuisine gastronomique et cadre ravissant (*zin* signifie beau en arabe). Tout en grignotant pain frais et olives, choisissez parmi les plats : tajine d'agneau aux abricots et amandes, salade de poulet et mangue, lasagnes végétariennes ou tarte au citron meringuée. Préparées par le chef, Kenza, les assiettes sont servies avec le sourire par Hassan.

Kasbah Café MAROCAIN €€
(carte p. 52 ; ☎0524 38 26 25 ; kasbahcafe-marrakech.com ; 47 Boutouil, Casbah ; repas 100-200 Dh, pizza 85 Dh ; ⌚8h-22h ; 📶). Saluez les cigognes qui claquent du bec du haut des tombes saadiennes avant de savourer des brochettes accompagnées d'une assiette de salade et de frites. Le Kasbah Café est apprécié pour ses spécialités marocaines réalisées avec soin, mais également pour ses pizzas maroco-méditerranénnes et pour sa gamme de jus de fruits, de milk-shakes et de bières sans alcool. Arrivez entre 18h30 et 19h pour profiter du soleil couchant sur le mellah.

PepeNero ITALIEN, MAROCAIN €€€
(carte p. 56 ; ☎0524 38 90 67 ; www.pepenero-marrakech.com ; 12 Derb Cherkaoui, Douar Graoua ; repas 350 Dh ; ⌚12h30-14h30 et 19h30-22h30 mar-dim ; 📶). Les fontaines débordant de pétales de roses et les parfums d'agrumes voleraient presque la vedette à votre assiette de pâtes. Aménagé dans une partie du Riad al Moussika, palais autrefois dédié au plaisir du pacha Thami el Glaoui, ce restaurant est l'une des meilleures adresses de la médina. Menu marocain et italien. Essayez le carpaccio de saumon, le filet de bœuf et les pâtes fraîches. Réservation recommandée.

La Maison Arabe MAROCAIN €€€
(carte p. 52 ; ☎0524 38 70 10 ; www.lamaisonarabe.com ; 1 Derb Assehbi ; menus à partir de 330 Dh ; ⌚19h30-0h ; 📶✎). Cette adresse a été l'un des premiers riads à ajouter la gastronomie à son programme. Même le modeste menu à 330 Dh est un festin, sans parler des tajines. Les convives dégustent leurs plats au son de musiciens andalous, excellente alternative aux sempiternelles danseuses du ventre. Profitez de votre soirée et revenez le lendemain pour apprendre à réaliser les plats que vous avez aimés.

Le Tobsil MAROCAIN €€€
(carte p. 56 ; ☎0524 44 40 52 ; 22 Derb Abdellah ben Hessaien ; menu 5 plats avec vin 600 Dh ; ⌚19h30-23h mer-lun). Ce riad intimiste, proche de la Bab Laksour, ne peut accueillir que quelques dizaines de convives, qui viennent y savourer, en musique, le copieux menu de cinq plats, apéritifs et vin compris. Ici, pas de danseuses ni de paillettes pour vous distraire de la dizaine de salades, de la pastilla (feuilleté sucré salé), des tajines et du couscous, le tout suivi d'un thé à la menthe, de fruits frais et de pâtisseries marocaines. Réservation impérative.

Zourouni SUSHIS €€€
(carte p. 56 ; ☎0666 74 67 28 ; 14 Derb Jdid, Riad Zi-toun el-Kedim ; menu 3 plats 250 Dh ; ⌚19h-23h sam-dim et mar-jeu). Yumiko, qui a débuté en proposant des sushis aux touristes japonais en mal du pays, tient aujourd'hui l'un des restaurants les plus prisés de la ville. Son joli

riad accueille jusqu'à 50 convives, installés sur des canapés violets, attendant de savourer *nigiri*, soupes misos et sushis de poisson. Pas d'alcool, et réservation obligatoire.

Ville nouvelle

À l'heure du déjeuner, les salariés du quartier vont dans les restaurants bordant la **rue ibn Aicha** pour savourer viandes grillées et tajines délicatement caramélisés (35-70 Dh).

Kaowa VÉGÉTARIEN, CAFÉ €

(carte p. 52 ; 0524 33 00 72 ; 34 rue Yves Saint Laurent ; en-cas 40-80 Dh ; 9h-18h ;). Cet établissement apporte une touche moderniste aux jardins Majorelle en raison de son intérieur coloré et de son bar débordant de pastèques, oranges sanguines, citrons et pamplemousses. Savourez un jus vitaminé sur la terrasse ou des *briouat* (genre de samosas) à l'intérieur.

Samak al-Bahriya POISSON, MAROCAIN €

(carte p. 61 ; 75 av. Moulay Rachid, angle rue de Mauritanie ; 30-80 Dh ; 10h-24h). Le meilleur restaurant de rue du quartier. Poisson frais et calmars frits savoureux, servis avec des quartiers de citron, du sel, du cumin et de la sauce piquante.

Café du Livre CAFÉ €

(carte p. 61 ; 0524 43 21 49 ; 44 rue Tariq ibn Ziyad ; plats 55-90 Dh ; 9h30-21h lun-sam ;). Une petit coin de paradis habillé de bibliothèques de livres (français et anglais). Au programme : jeux, petits coins douillets, soirées quiz, lectures de poèmes, Wi-Fi gratuit et savoureuses salades.

Café 16 PÂTISSERIE €

(carte p. 61 ; 0524 33 96 70 ; 18 pl. du 16 Novembre ; desserts 20-50 Dh ; 9h-24h). Si le décor en bois blond et les prix semblent européens, l'accueil chaleureux est typiquement marrakchi, de même que les glaces au thé à la menthe et le *kaab el-gazelle* (corne de gazelle). Déjeuners légers, salades et gâteaux maison : n'oubliez pas de goûter celui au chocolat et au café avec sa feuille d'or ou celui à la mousse de framboise.

Centre Amal MAROCAIN €€

(carte p. 61 ; 0524 44 68 96 ; www.facebook.com/amalnonprofit ; angle rues Allal ben Ahmad et Ibn Sina ; repas 60-80 Dh ; 12h-15h30). La cuisine des Marrakchis est connue pour ses saveurs, la richesse et la variété de ses recettes et de ses ingrédients. C'est sur ce constat que le centre Amal a été créé avec pour objectif de soutenir et de former des Marocaines défavorisées (avec des cours d'alphabétisation, de management, de comptabilité et d'accueil) en échange de leurs talents de cuisinière. On peut donc y déguster une merveilleuse variété de plats comme des salades de lentilles, chou-fleur et poireau, des tajines de poisson, des *tanjia* épicées et le traditionnel couscous du vendredi.

Les tarifs sont modestes et la clientèle est un joyeux mélange de familles locales, d'expatriés et de touristes initiés. L'adresse héberge également une crèche et un guichet de vente à emporter.

La Cuisine de Mona LIBANAIS €€

(carte p. 52 ; 0618 13 79 59 ; lacuisinedemona.com ; 5 résidence Mamoune, 115B ; repas 70-120 Dh ; 10h-22h30 lun-sam ;). Ce petit restaurant, moderne et gai, sert des assiettes fraîches et savoureuses qui plairont aux végétariens. On peut s'installer sur l'une des trois tables extérieures et se faire servir un défilé de mezze

LE TOP 5 DES PALAIS SUCRÉS

Pâtisserie Amandine (carte p. 61 ; 0524 44 96 12 ; www.amandinemarrakech.com ; 177 rue Mohamed El Beqal ; 6h-23h). Délicieuses viennoiseries et macarons aux différents parfums.

Pâtisserie al-Jawda (carte p. 61 ; www.al-jawda.com ; 11 rue de la Liberté ; 8h-19h30 ;). Douceurs sucrées et salées à base de figues, d'eau de fleur d'oranger et de miel du désert.

Venezia Ice (carte p. 61 ; www.venezia-ice.com ; gare ferroviaire, av. Mohammed VI ; 9h-22h). Glaces à la crème et sorbets acidulés proposés par une fabrique implantée à Casablanca.

Pâtisserie des Princes (carte p. 56 ; 0524 44 30 33 ; 32 rue Bab Agnaou ; 9h-21h). La plus célèbre pâtisserie de la ville produit une infinité de plaisirs sucrés et salés.

Panna (carte p. 52 ; 0524 43 65 65 ; www.pannagustoitaliano.com ; angle rue du Capitaine Arrigui ; cône 20 Dh ; 7h30-22h). Ce maître glacier artisan d'origine italienne prépare ses propres produits avec des ingrédients de qualité. Le meilleur glacier du Maroc.

comprenant des ailes de poulet glacées aux agrumes, le classique *baba ganoush*, des foies de volaille, du houmous et des légumes frais avec du yaourt à la menthe. Propose du vin libanais en bouteille ou des cocktails sans alcool. Si vous vous y rendez en taxi, demandez au chauffeur de vous laisser à la Pizzeria Niagara, juste à côté.

Mamma Mia ITALIEN €€
(carte p. 61 ; ☎0524 43 44 54 ; www.mammamia-marrakech.com ; 18 rue de la Liberté ; repas 50-170 Dh ; 12h-23h). Cette nouvelle trattoria sert de grandes pizzas et de généreuses assiettes de pâtes, mais également de l'osso-buco, des escalopes et des charcuteries variées. Briques apparentes, nappes à carreaux et affiches des années 1950 participent à la convivialité de cette adresse. En famille, venez avant 21h afin de ne pas être dérangé par les fumeurs en terrasse.

Catanzaro ITALIEN €€
(carte p. 61 ; ☎0524 43 37 31 ; 42 rue Tariq ibn Ziyad ; pizzas 60-80 Dh, repas 100-150 Dh ; midi-14h30 et 19h15-23h lun-sam). Les croustillantes pizzas au feu de bois rappellent l'Italie, le balcon en bois et la climatisation sibérienne évoquent les Alpes, mais les condiments épicés et la clientèle ramènent indubitablement à Marrakech. Si les viandes grillées sont délicieuses, la pizza napolitaine avec câpres, olives et anchois est en tête de liste.

Chez Mado POISSON €€
(carte p. 61 ; ☎0524 42 14 94 ; 22 rue Moulay Ali ; menu du jour 100-120 Dh, repas 250-350 Dh ; 12h-15h et 19h30- 23h30 mar-dim). Amateurs d'huîtres d'Oualidia (entre Casablanca et Essaouira), réputées les meilleures du monde, rendez-vous Chez Mado ! Également, poisson et fruits de mer y sont livrés quotidiennement et cuisinés par le chef Alex Chaussetier. Au menu, sole meunière, crevettes grillées, saint-pierre au chorizo et plateau de fruits de mer.

♥ **Al-Fassia** MAROCAIN €€€
(carte p. 61 ; ☎0524 43 40 60 ; alfassia.com ; 55 bd Mohammed Zerktouni, Guéliz ; repas 180-250 Dh ; midi-14h30 et 19h30-23h mer-dim). Composés de 9 entrées, les mezze sont à eux seuls un festin, mais on peut difficilement résister aux classiques perfectionnés depuis plus de 10 ans par les sœurs qui tiennent cet établissement, en particulier le tajine d'agneau et de potiron. Réservez pour cette adresse du Guéliz, confortable et pratique d'accès. Tenu par les mêmes propriétaires, le **restaurant** d'Agdal (Al Fassia Aguedal ; ☎0524 38 38 39 ; www.alfassia-aguedal.com ; MH 9 bis rte de l'Ourika, zone touristique de l'Aguedal), situé au sud du quartier de la Casbah, propose des chambres (1 680-2 020 Dh) avec vue sur les jardins d'Agdal.

L'Annexe FRANÇAIS €€€
(carte p. 61 ; ☎0524 43 40 10 ; www.lannexemarrakech.com ; 14 rue Moulay Ali ; repas 200-250 Dh ; 12h-15h30 et 19h30-23h30 lun-sam ;). Miroirs aux murs et décor de bistrot pour cet établissement proche des boutiques de la ville nouvelle. L'Annexe sert une cuisine française aux saveurs subtiles : soupe de poisson à la provençale, confit de canard sur un lit de salade et succulente crème brûlée.

Azar MOYEN-ORIENTAL €€€
(carte p. 61 ; ☎0524 43 09 20 ; www.azarmarrakech.com ; angle av. Hassan II et rue de Yougoslavie ; plats 180-250 Dh ; 12h-15h et 19h-24h ;). Imaginez un *lounge* de Beyrouth téléporté à Marrakech via Mars, et vous aurez à peu près une idée de l'ambiance de cette adresse. Les sièges de navette spatiale et les étoiles en stuc évoquent un autre univers. Côté cuisine, l'inspiration est libanaise : les amateurs apprécieront le *chich taouk* (morceaux de poulet mariné grillés) et les végétariens seront ravis de partager des mezze, accompagnés de vin (verre 50 Dh). Une bonne adresse pour manger sans se ruiner.

Le Studio FRANÇAIS €€€
(carte p. 61 ; ☎0524 43 37 00 ; www.restaurant-lestudiomarrakech.com ; 85 av. Moulay Rachid ; repas 200-250 Dh ;). Ce bar à vins et restaurant haut de gamme sert une cuisine française impeccable, accompagnée d'une riche carte des vins. À l'apéritif, on sirote un verre de vin rouge (domaine de Sahari) en grignotant des olives épicées. Pour le dîner, rendez-vous sous le toit ouvrant pour déguster une fricassée de langoustines ou un filet de bœuf fourré aux truffes.

Grand Café de la Poste MÉDITERRANÉEN €€€
(carte p. 61 ; ☎0524 43 30 38 ; bd Mohamed Eddahbi, angle rue Imam Malik ; repas 180-300 Dh ; 8h-1h). Derrière la poste principale et récemment rénové, le Grand Café de la Poste a retrouvé la splendeur de ses débuts et accueille des stars en cuisine aussi bien qu'en salle. Les chefs français et marocain Cyril Lignac et Sana Gamas mélangent à la perfection leurs influences respectives. Le poulet rôti aux olives et au thym berbère ou

la salade de chèvre chaud en vinaigrette aux herbes et au citron sont inoubliables. Belle sélection d'amuse-gueules pendant l'happy hour (18h-20h). La carte des vins est l'une des meilleures de la ville.

Où prendre un verre et faire la fête

Comme ailleurs au Maroc, les bars traditionnels de Marrakech sont essentiellement fréquentés par des hommes. Les bars-*lounge* tendance sont plus accueillants pour la clientèle féminine, de même que les restaurants-bars qui se transforment en lieux festifs en seconde partie de soirée, tel le Grand Café de la Poste.

La vie nocturne débute aux alentours de minuit. La plupart des clubs les plus animés se trouvent dans l'Hivernage et dans la zone de l'Aguedal, secteur en plein essor le long du boulevard Mohammed VI. Les prix d'entrée, avec une consommation, s'échelonnent de 150 à 350 Dh. En semaine, tôt dans la soirée et si vous êtes bien habillé, vous pourrez parfois entrer gratuitement (les femmes en particulier). Pour revenir d'un club hors de la ville, comme le Pacha, sachez que la course en taxi peut être très chère.

♥ Riad Yima SALON DE THÉ, GALERIE

(carte p. 56 ; ☎0524 39 19 87 ; www.riadyima.com ; 52 Derb Aarjane, Rahba Kedima ; 9h-18h lun-sam ; wifi). Marrakech, son marché des 1001 nuits, ses riads, ses danseuses du ventre… parfois la ville peut montrer un visage un tantinet artificiel. C'est ce que l'artiste et photographe marrakchi Hassan Hajjaj a choisi de montrer en ouvrant ce salon de thé-galerie kitsch. Toutes vos idées reçues sur le Maroc y sont revisitées avec insolence et humour, thé à la menthe compris, bien sûr. Entre pop art et épicerie marocaine.

Djellabar BAR, RESTAURANT

(carte p. 52 ; ☎0524 42 12 42 ; 2 rue Abou Hanifa, Hivernage ; cocktails 100 Dh ; 19h-2h). Si vous êtes un habitué des Buddha Bar vous ne serez pas dépaysé par cette adresse, entre déco pop art, menu fusion et clientèle branchée. Le style Maroc n'Roll de la grande salle est un belle réussite, tout comme le bar orné de magnifiques zelliges, les fauteuils recouverts de tissu au motif de peau de serpent et les portraits de célébrités coiffées de fez, de Marilyn Monroe à Nelson Mandela. Programme des événements sur la page Facebook. Réservation recommandée.

Dar Cherifa CAFÉ

(carte p. 56 ; ☎0524 42 64 63 ; 8 Derb Chorfa Lakbir ; thé et café 20-25 Dh ; 12h-19h). Dans ce paisible riad saadien de la fin du XVe siècle situé près de la rue el-Mouassine, café et thé au safran sont servis au rez-de-chaussée, au milieu d'œuvres d'art contemporain et de livres, ou sur la terrasse avec vue, à l'étage.

Churchill Bar BAR D'HÔTEL

(carte p. 52 ; ☎0524 38 86 00 ; www.mamounia.com ; La Mamounia, av. Bab Jedid ; 18h-1h ; wifi). Tenant son nom de son plus célèbre client, ce bar a conservé son charme rétro avec ses murs capitonnés de cuir fuchsia, ses boiseries et ses motifs léopard. Réservez par téléphone, mettez-vous sur votre 31 (tenue correcte exigée) et plongez dans l'ambiance des années 1930 en dégustant un scotch 20 ans d'âge ou un Mamoune Lady (gin, citron et eau de fleur d'oranger). Cocktail environ 20 €.

Comptoir BAR, RESTAURANT

(carte p. 52 ; ☎0524 43 77 02 ; www.comptoir-darna.com ; av. Echouhada, Hivernage ; menus 400-700 Dh ; 16h-2h). Ne vous attardez pas dans le restaurant du rez-de-chaussée et grimpez à l'étage dans le rutilant salon-bar pour côtoyer le monde de la mode marocaine autour d'un cocktail ou d'un verre de vin. Les danseuses orientales viennent régulièrement interrompre les conversations.

Sky Bar 23 BAR D'HÔTEL

(carte p. 61 ; www.renaissance-hotel-marrakech.com ; angle 89 bd Zerktouni et Mohammed V ; 11h-1h ; wifi). Le bar du toit-terrasse du Renaissance Hôtel est la meilleure adresse de la ville nouvelle pour prendre un verre tout en profitant de la vue. Les amoureux s'offrent un verre en profitant d'un moment romantique, devant les lumières de la ville, dans la lueur rosée du néon rouge géant qui baigne la terrasse.

Kosybar BAR

(carte p. 56 ; ☎0524 38 03 24 ; kozibar.tripod.com ; 47 pl. des Ferblantiers ; 12h-1h). C'est la rencontre de Marrakech et de Kyoto dans ce bar aux recoins intimes. Grimpez jusqu'au toit-terrasse pour siroter un verre de vin (40-60 Dh), sous l'œil des cigognes nichées à proximité. Préférez les en-cas du bar à sushis.

Piano Bar BAR D'HÔTEL

(carte p. 56 ; ☎0524 38 88 00 ; www.lesjardinsdelakoutoubia.com ; Les Jardins de la Koutoubia, 26 rue el-Koutoubia ; 17h-1h). Cette adresse est l'un des bars les plus chics de

Marrakech pour siroter de remarquables cocktails (70-90 Dh), calé dans un fauteuil-club, tandis que les standards de jazz résonnent sous les plafonds en cèdre sculpté. Un second lieu luxueusement aménagé, derrière la piscine, permet aux non-fumeurs (et à ceux à qui le jazz déplairait) de trouver refuge au calme. Le restaurant sur la terrasse sert un curry indien jusque tard.

Café Arabe BAR, CAFÉ
(carte p. 56 ; ☎0524 42 97 28 ; www.cafearabe.com ; 184 rue Mouassine ; ⏲10h-24h). Après une balade dans le souk, il est reposant de siroter un cocktail sur le toit ou près de la fontaine ornée de zelliges dans la cour de ce bar. Ses prix modérés contrastent avec son standing. On peut y commander les meilleurs cépages marocains, comme le rouge poivré S de Siroua. La cuisine est plutôt quelconque, contrairement à la clientèle, composée d'artistes.

555 Famous Club CLUB
(☎0678 64 39 40 ; www.beachclub555.com ; bd Mohammed VI, Zone Aguedal ; 100-300 Dh ; ⏲23h30-4h). Après s'être implanté avec succès à Tanger, le club 555 s'est lancé à l'assaut de Marrakech fin 2012. Le site est impressionnant : discothèque de 1 600m², sécurité maximale (détecteurs de métaux à l'entrée), écrans au sol et au plafond, spectacles lumineux psychédéliques, robinets à oxygène et buzzer en LED pour commander ses consommations. Immense cabine pour les meilleurs DJ et talents house du pays.

Theatro CLUB
(carte p. 52 ; ☎0524 44 88 11 ; www.theatromarrakech.com ; Hôtel es Saadi, rue Ibrahim el Mazini, Hivernage ; 200 Dh ; ⏲23h30-5h). Aménagée dans un ancien théâtre, cette discothèque est la préférée des Marrakchis. Soirées à thème, spectacles avec acrobates et joyeux mélange de house, R&B et pop orientale attirent les amateurs. Le mercredi soir est consacré aux talents DJ, danseurs et performeurs de Marrakech.

Pacha CLUB
(☎0661 10 28 87 ; www.pachamarrakech.com ; bd Mohammed VI, zone de l'Aguedal ; 150-200 Dh ; ⏲20h-1h lun-jeu, 20h-2h ven et sam). Ce complexe consacré au clubbing, inspiré du Pacha d'Ibiza, est aujourd'hui le plus grand du continent africain. Des DJ mixent tubes maghrébins et internationaux pour des hipsters casablancais venus se défouler le week-end. La clientèle féminine préfère venir le jeudi pour bénéficier des consommations gratuites au Rose Bar.

☆ Où sortir

Pour une sélection de films français et marocains, consultez le programme de l'Institut français (p. 65), qui projette des films français ou en VO. Le cinéma le plus chic de la ville, **Le Colisée** (carte p. 61 ; ☎0524 44 88 93 ; bd Mohammed Zerktouni ; orchestre/balcon 25/35 Dh ; ⏲15h, 17h, 19h et 21h30) propose parfois des films en VO sous-titrés français.

Pour les concerts du dimanche soir, consultez le site Internet du Cafe Clock (p. 73).

Achats

Médina

Lorsque les Marrakchis parlent des souks, ils font référence au labyrinthe de rues commerçantes au nord de Jemaa el-Fna et au sud-ouest du musée de Marrakech. La principale artère partant de Jemaa el-Fna, le **Souk Semmarine** (souk du cuir), vend tout un assortiment d'artisanat local. Les prix sont les plus élevés, compte tenu du prix de l'immobilier du quartier, et les produits viennent souvent des souks spécialisés à quelques rues de là. Il vaut toujours mieux les acheter directement dans les souks dédiés, surtout lorsqu'il s'agit de babouches, de tapis et d'objets de cuir vendus dans les petits *kissaria* (marchés couverts) entre les **souks Smata** et **el-Kebir** (littéralement "le grand souk du cuir").

Souk Cherifa MARCHÉ
(carte p. 56 ; Derb Souq Kchachbia ; ⏲10h-19h). Pour vous épargner la fatigue d'une visite dans le souk, rejoignez directement ce mini-marché où sont regroupés les créateurs les plus innovants. Choisissez un bonnet berbère chez **Ipanema** (☎0676 04 67 67), des sacs et des chapeaux de paille personnalisés chez **Original Marrakech** (www.panier-marocain.com), des sacs de style parisien chez **Lalla** (www.lalla.fr), du linge brodé contemporain à **La Maison Bahira** (www.maison-bahira.com) et les dernières bottes en velours du couturier **Art/C** (art-c-fashion.com).

Maktoub MODE, ACCESSOIRES
(carte p. 56 ; ☎0524 37 55 70 ; 128 fontaine Mouassine ; ⏲10h-19h). Premier *concept store* installé dans la médina qui propose une collection de vêtements sexy et colorés. Si les articles mode sont discrets, les accessoires ethniques-chics sont très originaux.

Pop-Up Shop MODE

(carte p. 56 ; www.norya-ayron.com ; Le Jardin, 32 rue El Jeld, Sidi Abdelaziz ; 11h30-17h et 19h-22h mer-lun, 11h30-16h mar). Dans Le Jardin (p. 73), le Pop-Up Shop de Norya Nemiche compte quelques célébrités parmi ses fans qui apprécient ses caftans et abayas traditionnels conçus dans de magnifiques soies imprimées. Également choix de sacs en daim et cuir, sacs, bijoux et parfums.

Coopérative artisanale des femmes de Marrakech ARTISANAT

(carte p. 56 ; 0524 37 83 08 ; 67 souk Kchachbia ; 10h-13h et 15h30-19h sam-jeu). Cette coopérative, vitrine de la production des femmes *maâlem* (maîtres artisans), vend des objets magnifiques à des prix défiant toute concurrence, notamment des *kissa* (gants de hammam) et d'élégants caftans. Renseignez-vous auprès de la directrice, Souad Boudeiry, sur la possibilité de faire confectionner sur mesure des tuniques et des robes.

Art Ouarzazate MODE, ACCESSOIRES

(carte p. 56 ; 0648 58 48 33 ; 15 Zinkat Rahba ; 9h-20h). Tissage, travail du cuir et des broderies sont les bases des vestes de dandy, des manteaux style sari et des robes "papillon" du sympathique duo Samad et Malek. Leur créativité s'étend aux sacs, babouches et articles de la maison (poufs et coussins en daim bleu bordé de vert vif).

Naturom BEAUTÉ

(carte p. 56 ; 0673 46 02 09 ; www.naturom.fr ; 213 rue Riad Zitoun el-Jedid ; 9h30-20h sam-jeu, 9h30-12h ven). Cette boutique, certifiée 100% bio, utilise des essences pures et des huiles essentielles (provenant de son jardin ; argan, avocat et germe de blé) qui garantissent des produits de beauté hypoallergéniques. Formé en cosmétologie à Londres, Rachid Jaafari propose aussi de passionnants ateliers (km 17, route d'Ourika), où vous apprendrez à élaborer des parfums. Plus de détails sur le site Internet.

Al Nour ART ET ARTISANAT

(carte p. 56 ; 0524 39 03 23 ; www.alnour-textiles.com ; rue Laksour 57 ; 9h-14h et 15h-19h sam-mer). Cette petite coopérative, tenue par des femmes handicapées, propose du linge de maison finement ourlé, de fabuleuses tuniques marrakchies modernes cousues main, des robes et des chemises pour hommes, femmes et enfants. Retouches gratuites. Les recettes financent les formations des employés et une crèche.

Michi ARTISANAT

(carte p. 56 ; 0661 86 44 07 ; michi-morocco.com ; 21 souk Kchachbia ; 10h-19h lun-jeu et sam). Une enseigne née de la rencontre entre une intrépide voyageuse japonaise et un designer marrakchi, partageant le même amour de l'artisanat, des matériaux recyclés et du *wabi-sabi* (pureté des formes). Hicham et Michiko tiennent cette boutique originale, où l'on vend des babouches fabriquées avec d'anciens sacs de farine, des miroirs réalisés à partir de barils de pétrole et des cabas de hammam confectionnés avec des sacs en toile de jute.

L'Art du Bain Savonnerie Artisanale BEAUTÉ

(carte p. 56 ; 0668 44 59 42 ; savonnerielartdubain.com ; souk Lebbadine ; 10h-19h lun-sam). Faites du bien à votre peau et à la planète grâce aux savons biodégradables à base de plantes, fabriqués à Marrakech. Parfums à base d'herbes, de fleurs et d'épices, de figuier de Barbarie et de lait d'ânesse. L'artiste Martine Goron expose ses très beaux colliers odorants. Situé près du souk Sebbaghine.

Kif-Kif ARTISANAT

(carte p. 56 ; 0661 08 20 41 ; www.kifkifbystef.com ; 8 rue Laksour ; 9h-21h). Cette boutique branchée proche de la Bab Ksour présente les objets des artisans parmi les plus créatifs de la ville. Idéal pour ramener un cadeau original – sacs à main en T-shirts recyclés, bagues ornées d'éléments en feutre, djellabas pour bébés brodées d'un "Bonne nuit" en arabe. Sur les articles pour enfants, 10% du prix sont reversés à une association locale d'aide à l'enfance.

Coopérative d'argan Assouss ACCESSOIRES, ALIMENTATION

(carte p. 56 ; 0524 38 01 25 ; 94 rue Mouassine ; 9h-13h et 15h-19h sam-jeu, 9h-12h ven). Cette boutique vend des articles à base d'huile d'argan pour la cuisine et la beauté. Ils sont produits par une coopérative de femmes située près d'Essaouira. La coopérative se trouve près de la fontaine Mouassine.

Jamade ARTISANAT

(carte p. 56 ; 0524 42 90 42 ; 1 pl. Douar Graoua, angle rue Riad Zitoun el-Jedid ; 10h-12h et 15h-19h30). Belle collection d'objets artisanaux à prix fixes : burettes à huile d'olive en céramique, tuniques en lin bleu, colliers de perles colorées, sous-verre cousus main par les femmes de la coopérative de Tigmi.

Créations pneumatiques ARTISANAT
(carte p. 56 ; 066 09 17 46 ; 110 rue Riad Zitoun el-Kedim ; 10h-19h). Cette boutique présente de l'artisanat en matériaux recyclés. Parmi plusieurs adresses, celle-ci propose un bon choix de cadres de miroir en pneu, de boîtes à bijoux en chambre à air, de sacoches pour hommes (repérez l'affiche encadrée de Bob Marley).

Ville nouvelle

D'élégantes boutiques de cadeaux, de mode et de linge de maison à prix fixes sont regroupées dans la rue de la Liberté et la rue des Vieux Marrakchis, perpendiculaire à la première, tandis que d'autres sont installées autour du jardin Majorelle. Enfin, pour donner une touche marrakchie à votre intérieur, prenez, en taxi, la direction des magasins de design de Sidi Ghanem.

33 Rue Majorelle CONCEPT STORE
(carte p. 52 ; 0524 31 41 95 ; www.33ruemajorelle.com ; 33 rue Yves Saint Laurent ; 9h30-19h). Le calme de cet élégant *concept store* semble à l'opposé d'une visite dans les magasins du souk. Cependant ne vous fiez pas à cette première impression. Cette adresse représente plus de 60 créateurs, principalement marocains. Son copropriétaire, Yehia Abdelnour, consacre beaucoup de temps à dénicher les *mâalems* locaux. Vaste choix d'articles sur trois niveaux : pochettes tendance en tapisserie vintage fabriquées par les sœurs Harakat, pantalons de harem en soie signés Maroc n'Roll et bracelets pop art tressés de Zinab Chahine.

Atika CHAUSSURES
(carte p. 61 ; 0524 43 95 76 ; 34 rue de la Liberté ; 8h30-12h30 et 15h30-20h lun-sam). Plus colorée qu'une boutique de bonbons, Atika propose des mocassins devenus incontournables à Marrakech. Certains clients achètent leur modèle dans 10 teintes différentes. À 650-700 Dh, soit un quart du prix d'une paire de Tod's, pourquoi se priver ?

L'Atelier du Vin VIN
(carte p. 52 ; 0524 45 71 12 ; www.atelierduvin.ma ; 87 rue Mohamed el-Beqal ; 9h30-13h et 15h30-20h mar-jeu et sam, 14h30-20h lun, 9h30-12h30 et 15h30-20h ven). Volubilis et Meknès sont les grandes régions viticoles du Maroc où sont produits les rouges. Le vin gris, le rosé et les vins blancs sont produits sur la côte, près d'Essaouira. Pour des vins marocains à prix réalistes, ne manquez pas ce bar à vins, et consultez son site Internet pour connaître le programme des dégustations.

Ensemble artisanal ARTISANAT
(carte p. 52 ; av. Mohammed V ; 9h30-12h30 et 15h-19h lun-sam). Avant de vous lancer dans l'exploration des souks, faites un détour par cet espace d'exposition financé par le gouvernement, en face du CyberPark. Vous y verrez des artisans au travail. Les prix fixes sont plus élevés que dans les souks, mais le client n'est pas poussé à l'achat et les artisans reçoivent un salaire décent.

Renseignements

URGENCES

Ambulance (150)
Brigade touristique (carte p. 56 ; 0524 38 46 01 ; rue Sidi Mimoun ; 24h/24)
Police (carte p. 56 ; 19 ; rue Ouadi el- Makhazine)
Polyclinique du Sud (carte p. 61 ; 0524 44 79 99 ; angle rue de Yougoslavie et rue Ibn Aicha ; 24h/24). Clinique privée. En cas de problème sérieux et de soins dentaires urgents.

ACCÈS INTERNET

De nombreux hôtels, riads et cafés offrent l'accès Internet ou le Wi-Fi. Dans les cybercafés qui bordent Jemaa el-Fna, l'accès revient à 8-12 Dh l'heure. Repérez les panneaux indiquant "c@fe". Ils ouvrent pour la plupart de 10h à 22h.
Cyber Café du CyberPark (carte p. 52 ; www.arsatmoulayabdeslam.ma ; av. Mohammed V ; 10 Dh/h ; 9h-18h). Quinze terminaux proposent des connexions rapides parmi les oliviers du CyberPark, près de l'entrée en face de l'Ensemble artisanal.

QUARTIER INDUSTRIEL SIDI GHANEM

Les amateurs de design marocain contemporain louent un taxi le matin ou en fin d'après-midi pour explorer les magasins d'usine installés dans ce quartier d'entrepôts, à 4 km de Marrakech sur la route de Safi. La majorité des articles de créateurs sont destinés à l'exportation (tarifs en conséquence).

Négociez l'aller-retour en taxi depuis la médina (autour de 150-250 Dh), et procurez-vous un plan du quartier dans l'un des espaces d'expo-vente. Horaires très aléatoires mais beaucoup de magasins d'usine ouvrent de 9h à 18h du lundi au vendredi, et de 9h à 12h le samedi.

ARGENT

La plupart des banques changent les espèces ou les chèques de voyage, et les DAB (distributeurs automatiques de billets) sont nombreux dans la ville. Le dimanche, les DAB de la rue Bab Agnaou (près de Jemaa el-Fna) et de la place Rahba Kedima sont souvent vides ; repliez-vous sur ceux de la rue Fatima Zohra près de la Bab Ksour, ou ceux de la ville nouvelle. Les bureaux de change privés pratiquent les taux officiels mais prélèvent parfois une commission. L'Hotel Ali, sur Jemaa el-Fna, propose des taux plus intéressants qu'ailleurs.

Voyages Schwartz (carte p. 61 ; ☎0524 43 74 69 ; 22 rue Moulay Ali ; ⏲8h30-12h et 14h30-18h30 lun-ven, 8h30-12h sam)

PHARMACIES

La liste de pharmacies de garde (nuit et jours fériés) est affichée généralement sur la porte de toutes les officines, ou à proximité. Vous pouvez la retrouver sur www.syndicat-pharmaciens-marrakech.com.

Pharmacie centrale (carte p. 61 ; ☎0524 43 01 58 ; 166 bd Mohammed V ; ⏲9h-19h). Conseils et vente de médicaments.

Pharmacie de l'Unité (carte p. 61 ; ☎0524 43 59 82 ; av. des Nations Unies ; ⏲8h30-23h). Médicaments importés, dont produits homéopathiques et d'aromathérapie. Derrière la place de la Liberté.

POSTE ET TÉLÉPHONE

Les téléphones publics à carte sont nombreux, notamment près de la rue Bab Agnaou dans la médina et dans l'avenue Mohammed V au Guéliz. Les marchands de journaux et les "téléboutiques" vendent des cartes téléphoniques.

DHL (carte p. 61 ; ☎0524 43 76 47 ; www.dhl-ma.com ; 113 av. Abdelkrim el-Khattabi ; ⏲8h30-12h30 et 14h30-18h30 lun-ven, 8h30-12h30 sam). Service de courrier international.

FedEx (carte p. 61 ; ☎0524 44 82 57 ; 113 av. Abdelkrim el-Khattabi ; ⏲8h15-12h15 et 14h30-18h30 lun-ven, 8h15-12h30 sam).

Poste principale (carte p. 61 ; ☎0524 43 19 63 ; place du 16 Novembre ; ⏲8h-16h lun-ven, 8h30-12h sam). La poste restante se trouve au guichet n°3 et le bureau des colis est situé au coin, dans l'av. Hassan II. Vente de timbre et bureau de change ouverts jusqu'à 20h du lundi au vendredi et jusqu'à 18h le samedi.

Poste (carte p. 56 ; rue Bab Agnaou ; ⏲8h-12h et 15h-18h lun-ven). Bureau postal situé dans la médina.

TOILETTES

En cas d'envie pressante dans la médina, utilisez les toilettes des cafés bordant la place Jemaa el-Fna ou rendez-vous au Café des Épices. Le long de l'avenue Mohammed V au Guéliz, il existe de nombreux cafés chics où vous pourrez vous faufiler aux toilettes.

OFFICE DU TOURISME

Office national marocain du tourisme (ONMT ; carte p. 61 ; ☎0524 43 61 79 ; pl. Abdel Moumen ben Ali). Fournit brochures et numéros de téléphone des guides patentés.

SITES INTERNET

Pour des renseignements sur les événements, l'adresse des nouveaux restaurants et des informations pour les achats :

Marrakech Pocket (www.marrakechpocket.com). Guide mensuel sur l'actualité disponible dans la plupart des bars et des hôtels.

Best Restaurants Maroc (www.bestrestaurantsmaroc.com). Une application et un site Internet qui listent les restaurants haut de gamme.

Marrakech Train Tickets (www.marrakechtraintickets.com). Le seul service de réservation de billets de train et de bus Supratours (frais de 75 Dh).

ℹ Depuis/vers Marrakech

AVION

Aéroport de Ménara (RAK ; ☎0524 44 79 10 ; marrakech.airport-authority.com ; ⏲guichet informations 8h-18h). À 6 km au sud-ouest de la ville, cet aéroport accueille vols charters et réguliers (Air France, Easyjet...). Au terminal arrivée, on trouve bureaux de change, guichets d'informations et opérateurs téléphoniques vendant des cartes SIM.

Royal Air Maroc (RAM ; carte p.61 ; ☎0524 43 62 05, centre d'appels 0890 00 08 00 ; www.royalairmaroc.com ; 197 av. Mohammed V ; ⏲8h30-12h20 et 14h30-19h) propose plusieurs vols quotidiens depuis/vers Casablanca (aller-retour à partir de 525 Dh, 40 min), depuis/vers l'Europe (Madrid, Paris, Bruxelles...).

BUS

La gare routière CTM (carte p. 52 ; ☎0524 43 44 02 ; www.ctm.ma ; rue Abou Bakr Seddiq ; ⏲6h-22h), au sud-ouest de la gare ferroviaire (une quinzaine de minutes à pied) est la principale gare routière CTM, d'où partent et où arrivent la plupart des bus. Pour un départ tôt le matin, achetez vos billets la veille (en particulier à destination d'Essaouira), car les bus du matin sont rapidement complets les jours fériés et le week-end. Hormis un café enfumé à la connexion Wi-Fi assez aléatoire, il n'y a guère de services à cette gare routière.

Certains bus de la CTM s'arrêtent également à l'extérieur des remparts près de la **Bab Doukkala** (carte p. 52), soit 15 min à pied au nord-est de la place du 16 Novembre, ou 20 min à pied de Jemaa el-Fna. Plusieurs compagnies de transport locales assurent des liaisons pour Fès (à partir de 130 Dh, 8 heures 30, 6/j) et Meknès (à partir de 120 Dh, 6 heures, 3/j), au départ de la Bab Doukkala. Chaque jour, au moins un bus local part à 13h de Bab Gehmat, au mur sud-est de la médina, direction **Télouet** (carte p. 52 ; 50 Dh, 4 heures).

Supratours (carte p. 52 ; ☎0524 43 55 25 ; www.oncf.ma ; av. Hassan II) se trouve à l'ouest de la gare ferroviaire, dans l'ancienne gare. Ce transporteur propose un service régulier plus cher (confort plus) dans des bus plus compacts et plus agréables à destination d'Essaouira et d'Agadir par exemple.

Supratours assure également des correspondances avec les trains. La gare routière Supratours possède une consigne (10 Dh/j, 6h-22h).

Le parking devant le bureau de Supratours sert de point d'arrivée et de départ à la plupart des bus internationaux, y compris les bus de la CTM depuis/vers Paris (à partir de 1 780 Dh, 48 heures, mar et ven) et Madrid (à partir de 1 350 Dh, 36 heures, lun-sam).

VOITURE

Les agences locales de location de voitures proposent des offres plus intéressantes que les agences internationales, avec des tarifs débutant à environ 350 Dh la journée, climatisation et kilométrage illimité compris. Un 4x4 vous coûtera entre 950 et 1 300 Dh/j avec une assurance de base. Les plus chers et les plus grands peuvent accueillir jusqu'à 7 personnes. Vous devriez pouvoir obtenir une réduction de 10 à 20%, en basse saison (de fin octobre à mi-décembre et de mi-janvier à fin février).

Pour une voiture avec chauffeur, comptez au minimum 150 Dh de plus par jour dans Marrakech et 200 Dh par jour pour des excursions hors de la ville.

Les compagnies internationales Avis, Hertz, Europcar et Budget ont toutes une agence à l'aéroport. Voici quelques adresses d'agences locales :

KAT (carte p. 61 ; ☎0524 43 35 81 ; www.katcar-marrakech.com ; 68 bd Mohammed Zerktouni ; ⏲8h-21h). Aimable agence locale.

La Plaza Car (carte p. 61 ; ☎0524 42 18 01 ; www.laplazacar.com ; immeuble 141, 23 rue Mohammed el-Beqal ; ⏲8h30-12h et 14h30-18h30 lun-sam)

Lhasnaoui Rent (carte p. 52 ; ☎0524 31 24 15 ; www.lhasnaouirent.com ; angle bd Allal el-Fassi et av. Yacoub el-Mansour, 15 immeuble el-Omairi ; ⏲9h-17h lun-sam)

TAXI

De **grands taxis** (carte p. 52) partent de l'extérieur de la Bab er-Rob, près du palais royal, vers des destinations du Haut Atlas, notamment Asni (30 Dh), Ouirgane (40 Dh) et Setti Fatma

BUS AU DÉPART DE MARRAKECH

CTM

DESTINATION	PRIX	DURÉE	FRÉQUENCE
Agadir	105 Dh	3 heures 30	9/jour
Casablanca	85 Dh	3 heures 30	5/jour
Er-Rachidia	160 Dh	10 heures	1/jour
Essaouira	70 Dh	3 heures	3/jour
Fès	165 Dh	9 heures	3/jour
Laâyoune	325 Dh	15 heures 30	5/jour
Ouarzazate	85 Dh	4 heures	5/jour
Tan-Tan	200 Dh	10 heures	7/jour
Tiznit	130 Dh	5 heures 30	8/jour
Zagora	120 Dh	7 heures 30	1/jour

Supratours

DESTINATION	PRIX	DURÉE	FRÉQUENCE
Agadir	100/150 Dh normal/confort +	3 heures 30	7/jour
Dakhla	450 Dh	25 heures	1/jour
Essaouira	70/100 Dh normal/confort +	3 heures	5/jour
Laâyoune	320 Dh	15 à 17 heures	3/jour
Tan-Tan	180 Dh	10 heures 30	3/jour

(40 Dh). Ceux qui desservent des destinations plus lointaines se rassemblent sur un terrain vague proche de la **Bab Doukkala** (carte p. 52), y compris les grands taxis pour Agadir (150 Dh), Azilal (75 Dh), Beni Mellal (110 Dh), Demnate (70 Dh), Essaouira (130 Dh), Ouarzazate (120 Dh) et Taroudant (110 Dh). Les prix varient de 10 à 20 Dh selon le nombre de passagers.

TRAIN

La **gare ferroviaire** de Marrakech (☎ 0524 44 65 69, informations 0890 20 30 40 ; www.oncf.ma ; angle av. Hassan II et bd Mohammed VI), à côté de la gare Supratours, vaste, propre et pratique, est pourvue de DAB, de cafés et de restaurants. De la gare ferroviaire, on peut prendre un taxi ou les bus municipaux n°s 3, 8 ou 10 (3 Dh) à destination du centre.

Casablanca 1re/2e classe 140/90 Dh, 3 heures, 9/jour

Fès 295/195 Dh, 7 heures, 8/jour

Meknès 265/174 Dh, 6 heures 30, 8/jour

Rabat 120/185 Dh, 4 heures, 10/jour

Safi 62 Dh (2e classe), 3 heures, 1/jour

Tanger 310/205 Dh, 9 heures 30, 5/jour

Le dernier train pour Tanger est un train de nuit. Le billet coûte 350 Dh pour une place en wagon-couchettes ; réservez au moins 48 heures à l'avance.

Comment circuler

DEPUIS/VERS L'AÉROPORT

Un petit taxi de nuit de l'aéroport à Marrakech (trajet court, 6 km) ne devrait pas coûter plus de 100 Dh, mais vous aurez du mal à convaincre le chauffeur. Les transferts de l'aéroport à la Palmeraie ou ceux vers les hôtels et riads de la médina ou vers la ville nouvelle coûtent de 170 à 250 Dh. Autre solution, du parking de l'aéroport, le bus n°19 part toutes les 20 minutes pour se rendre aux abords de Jemaa el-Fna (30 Dh). Le bus local n°11 dessert irrégulièrement Jemaa el-Fna (3,50 Dh).

BUS

Les **bus locaux** (carte p. 56 ; billets 3,50 Dh) partent à intervalles irréguliers de la place de Foucauld, près de Jemaa el-Fna.

Parmi les lignes principales, citons :

N° 1 médina-Guéliz (le long de l'av. Mohammed V)

N°s 3 et 10 médina-gare routière

N°s 11 et 18 médina-jardins de la Ménara

N°s 4 et 12 jardin Majorelle-médina

CALÈCHES

Des calèches vertes tractées par des chevaux stationnent sur la place de Foucauld, à côté de Jemaa el-Fna. C'est un moyen agréable de se déplacer, à condition d'éviter les heures de pointe (8h, 12h et de 17h30 à 19h30). Le trajet vers la médina via la rue Debachi coûte officiellement 20 Dh/pers ; le tarif fixe horaire s'élève à 120 Dh/heure. Prévoyez 1 heure 30 pour faire le tour des remparts et 3 heures pour la Palmeraie.

VOITURE ET MOTO

Si vous êtes courageux et/ou téméraire, vous pouvez essayer de vous joindre à la cohorte des scooters et des motos. Vous pourrez louer des véhicules chez Action Sports Loisirs (p. 63).

Si vous louez une voiture ou une moto, il existe des parkings publics près de la mosquée de la Koutoubia et juste au sud de la place de Foucauld, dans l'avenue el-Mouahidine ; comptez 20/40 Dh durant la journée/24 heures. Si vous trouvez une place dans la rue, un gardien s'attendra à un pourboire de 10 Dh pour surveiller votre véhicule (payable à la sortie) ; vous le reconnaîtrez à sa blouse bleue.

TAXI

Les petits taxis beiges qui circulent en ville demandent 8-20 Dh la course (supplément de 10 Dh la nuit). Les chauffeurs sont supposés mettre le compteur en marche, mais il faut parfois insister, surtout si vous montez à l'aéroport. Toutefois, au cas où le compteur serait mystérieusement cassé, sachez qu'aucune course en ville ne doit dépasser 20 Dh en journée, ou 30 Dh la nuit. Si vous êtes plus de trois, vous devrez emprunter un grand taxi (longue distance) et négocier le prix au préalable.

ENVIRONS DE MARRAKECH

Ouirgane

Quand Marrakech est accablée de chaleur et tandis qu'à 60 km au nord-est, touristes et excursionnistes se déversent à Ourika, les Marrakchis préfèrent se rendre à Ouirgane pour profiter des brises du Haut Atlas, découvrir en randonnée des villages intouchés et des retraites rurales romantiques. Pour ceux qui traversent le Tizi n'Test de/vers Taroudant, Ouirgane est également une halte idéale.

Où se loger

♥ L'Oliveraie de Marigha HÔTEL DE CHARME €€€

(☎ 0524 48 42 81 ; www.oliveraie-de-marigha.com ; km 59 R203, Douar Marigha ; d/ste 900/1 300 Dh ;

). Certains viennent de Casablanca pour déguster les pizzas au feu de bois de cette oliveraie et pour profiter de sa piscine avec vue sur le Haut Atlas. Les bungalows chics aux tons ocre sont disséminés dans la végétation, décorés de meubles en noyer et équipés de portes-fenêtres à double vitrage et d'étincelantes sdb de marbre. Une piscine est réservée aux enfants, qui disposent d'une salle de jeux et d'un mini-golf.

Chez Momo AUBERGE €€€
(☎0524 48 57 04 ; www.aubergemomo.com ; km 61 R203, Ouirgane ; d/ste demi-pension 890/1 100 Dh ; P). Campagne et confort sont les caractéristiques de cette adresse où les bungalows sont équipés de baignoires en tadelakt, habillés de poutres apparentes, et meublés de fauteuils recouverts de kilim. Les patios donnent sur la piscine et le jardin coloré de fleurs sauvages. Les suites sont équipées de cheminées et de lits pour les enfants (360 Dh en demi-pension). L'auberge, très prisée le week-end, propose un couscous berbère (120-180 Dh) et un barbecue le samedi soir.

Domaine Malika MAISON D'HÔTES €€€
(☎0661 49 35 41 ; www.domaine-malika.com ; rte d'Amizmiz, Douar Marigha ; d 1 450 Dh, ste 1 700-2 000 Dh ; P). Magnifique villa moderne ouverte sur la nature et les grands espaces, ses larges portes donnent sur une piscine en forme de serrure, ombragée par des poivriers sauvages. L'adresse compte 7 chambres seulement et celles au 1er étage, avec terrasse et double exposition, profitent d'une belle vue sur les sommets du Haut Atlas. La décoration moderne est rehaussée de touches rétro et de couleurs gaies. Sept chambres seulement. Service impeccable et gastronomie de qualité.

HAUT ATLAS

Bienvenue dans la plus haute chaîne montagneuse d'Afrique du Nord, surnommée par les Berbères "Idraren Draren" ("montagnes des montagnes"), et paradis des randonneurs du printemps à l'automne. Le Haut Atlas s'étend du nord-est au sud-ouest sur près de 1 000 km. Ses pics jurassiques très découpés servent de barrière naturelle entre le climat méditerranéen doux du nord du pays et le Sahara au sud.

Les amateurs de sports d'hiver profiteront à Oukaïmeden des sommets enneigés de septembre à mai, tandis que les rivières et torrents alimentent en eau Marrakech et le réseau de vallées fertiles – Zat, Ourika, Mizane et Ouirgane. Les plus riantes d'entre elles sont celles isolées du Haut Atlas central : Zaouiat Ahansal, Aït Bouguemez, Aït Bououli et Aït Blel.

Dans le Haut Atlas, la langue prédominante est le dialecte berbère tachelhit (et, par endroits, le tamazight).

Haut Atlas central

Le Haut Atlas central s'étend au nord-est de Marrakech, par une route peu fréquentée qui rejoint la ville de Demnate. Constituée de montagnes calcaires, de canyons érodés et de gorges sculptées (paradis pour les amateurs d'alpinisme), la région abrite également des vallées fertiles qui sont accessibles en véhicule depuis quelques années seulement. Plusieurs sommets de la région dépassent les 4 000 m, dont l'Irhil M'Goun, point culminant qui s'élève à 4 071 m.

Demnate دمنات

23 400 HABITANTS

Comme dans d'autres cités autrefois dirigées par le pacha el-Glaoui, la casbah du Glaoui, jadis grandiose, et les remparts de brique crue tombent en ruine. Cependant, le fascinant héritage interculturel de Demnate mérite une visite. Le cœur de la ville abrite un **mellah** (quartier juif), dont l'entrée se situe à 150 m à droite après la porte principale de la ville. Des centaines de familles juives du Maroc, de France, d'Israël, du Canada et des États-Unis y viennent chaque année en juillet pour le **moussem juif**, une fête religieuse d'une semaine à laquelle on attribue des guérisons miraculeuses. La ville possède également deux zaouïas (sanctuaires), autour desquelles s'organise en septembre le **moussem Hamdouchi**. Les pèlerins dansent lors d'un festival de musique qui dure une journée entière dans le centre-ville, avant de se diriger chacun vers sa zaouïa lors d'un défilé de trois heures. Le *moussem* s'accompagne parfois de purification par le sang, les danseurs s'entaillant le cuir chevelu.

Les oliveraies centenaires qui poussent à flanc de colline autour de Demnate produisent la meilleure huile d'olive du pays. Des traces de sels minéraux lui donnent une couleur dorée et de subtiles variétés de saveurs boisées. Les amandes constituent un autre produit de la région. Au mois de mars, les arbres en fleurs des vergers égaient la campagne. Les repas servis au café-restaurant Shems Al Jazeera et à la Kasbah Timdaf vous donneront l'occasion de goûter à ces produits locaux.

Où se loger et se restaurer

Kasbah Timdaf MAISON D'HÔTES €€€

(☎0523 50 71 78 ; www.kasbah-timdaf.com ; coordonnées GPS N 31°46,50 O 007°01 ; s B&B/demi-pension 605/790 Dh, d B&B/demi-pension 770/1 140 Dh, adulte/enfant supp 275/165 Dh ; P). Ce douillet écolodge, situé à 15 minutes de Demnate sur la route d'Azilal, dispose de chambres habilement agencées, réchauffées par des poêles à bois rétro et de belles sdb en tadelakt. Cette grande casbah de pierre et de brique crue est une ferme en activité entourée d'oliveraies et d'amanderaies. On peut y déguster des repas d'inspiration méditerranéo-berbère (110-185 Dh) sur une terrasse couverte de vigne bénéficiant d'une très belle vue.

Les propriétaires, Jacqueline et Yannick, organisent des excursions à vélo ou à pied, ainsi que des sorties de pêche, près de Demnate. Le transfert depuis Marrakech coûte 500 Dh.

Café-Restaurant Al Jazeera BERBÈRE €€

(☎0524 45 82 39 ; près de la gare routière, Demnate ; menus 3 plats à partir de 130 Dh ; ⏲8h-20h). N'hésitez pas à réserver une table pour savourer les délicieuses salades ainsi que la spécialité de Demnate, un couscous de fine semoule avec un filet d'huile d'olive locale, saupoudré d'amandes grillées. On peut piquer une tête dans la piscine (ouverte l'été) et terminer le repas par un café dans le jardin.

Snak Itrane MAROCAIN €

(¼ de poulet/poulet entier avec frites ou pain 20/65 Dh). À 300 m après la porte de la ville sur la gauche, restaurant ouvert sur la rue, où l'on déguste un délicieux poulet rôti.

Achats

Chaque semaine, le **marché du dimanche**, à 10 minutes au sud de la ville, est l'occasion de goûter les produits locaux – olives, huile d'olive et amandes –, et de découvrir l'artisanat local : objets en bois et poteries jaunes vernissées au henné. Les autres jours, pour découvrir les **poteries** du village de Boughlou. À 2 km de la ville, prenez à droite à la mosquée puis parcourez 4 km de piste.

Les collines aux alentours de Demnate sont réputées pour leur production de miel. Prenez la direction d'Imi n'Ifri, à droite sur la route principale à la sortie de la ville, vous remarquerez le panneau arborant une abeille au *hanout* (épicerie). Dans le magasin, demandez à l'épicier de vous faire goûter les différents miels (100 Dh/500 g). Le miel de fleurs sauvages et d'herbes des montagnes, particulièrement délicieux, a des arômes de poivre et de thym, alors que le miel de *zriga* (une fleur sauvage bleue) a un goût fruité évoquant la goyave.

Depuis/vers Demnate

Les grands taxis pour Marrakech (50 Dh) et Azilal (35 Dh) partent de la porte principale de Demnate.

Les bus pour Marrakech (35 Dh, 2 heures) circulent de 6h à 21h, et ceux pour Azilal (25 Dh, 1 heure) de 7h à 12h ; partez de la gare routière (prenez la route à droite avant la porte de la ville puis à gauche au rond-point). Pour vous rendre à Imi n'Ifri, prenez un taxi (35 Dh pour le véhicule entier).

Imi n'Ifri

À 6 km à l'est de Demnate sur la R307, Imi n'Ifri ("la bouche de la grotte" en berbère) abrite un **pont naturel** en travertin (tuf calcaire) formé au-dessus d'une gorge il y a 1,8 million d'années. On peut descendre à pied seul dans la **gorge** et traverser l'arche ou se faire accompagner par un guide qui aide à franchir les rochers et ajoute quelques anecdotes locales (20 Dh). Les sentiers sont indiqués près du pont et de la poste (30 marches environ pour descendre).

Selon la légende locale, les deux extrémités du pont représenteraient deux amoureux, dont les familles refusaient l'union ; désespérés, ils joignirent leurs mains et se transformèrent en pierre. À l'extrémité sud de la gorge jaillit une **source** riche en sels minéraux. Des rites prénuptiaux berbères s'y déroulent, comme en été, où l'on peut entendre des femmes chanter et jouer du tambourin pour une future mariée. De l'autre côté de la gorge, une autre source censée guérir l'acné attire les adolescents. Il suffit de passer sous le pont pour se retrouver dans un univers digne du *Seigneur des anneaux*, avec des nuées de corbeaux au milieu d'imposantes stalactites.

Où se loger et se restaurer

Tizouit MAISON D'HÔTES €€

(☎0658 34 61 48 ; www.tizouit.ma ; Aït Oumghar ; ch 600-660 Dh, tr 825 Dh ; P). Situé sur les collines de Demnate et ombragé par des jardins de bananiers, de grenadiers et d'oliviers, Tizouit est un lieu aménagé avec amour. Henri et Nadja, qui a des liens familiaux avec le village voisin d'Aït Oumghar, ont mis tout leur talent au service de ce projet qui propose 8 chambres situées dans des maisonnettes (chacune avec terrasse individuelle), une mare naturelle et de luxuriantes plantations.

L'ambiance invite à la détente dans un décor qui associe tapis en raphia, antiquités, textiles marocains et canapés moelleux dans les espaces communs. Les chambres s'ouvrent sur les anciennes oliveraies de Demnate. On peut profiter de longues promenades tranquilles le long des anciens canaux d'irrigation jusqu'à l'impressionnante grotte d'Imi n'Ifri ainsi qu'une escapade sur les traces des dinosaures à Aït Blel. Projet de retraite yoga.

Kasbah Illy BERBÈRE €€

(☎0523 50 89 53 ; formule déj 130 Dh). Luxueux hôtel-casbah, à 5 km de Demnate sur la route d'Imi n'Ifri. Le déjeuner se prend au bord d'une piscine avec vue imprenable sur la vallée. Réservation indispensable.

Aït Blel

À Imi n'Ifri, la route vers l'est dessert la splendide vallée des Aït Blel, puis la vallée des Aït Bouguemez via la vallée des Aït Bououli. Au printemps, les champs de blé doré ponctués de coquelicots rouges ondulent sous la brise.

La route étant récente, la vallée semble être restée hors du temps. Les montagnes striées d'or, d'orange et de pourpre, accueillent des cultures en terrasses ceintes de murets de pierre, qui les teintent çà et là de vert. En suivant cette route sur 6 km à partir d'Imi n'Ifri, on découvre le site préhistorique du village d'**Iouaridene**. Des dinosaures quadrupèdes et carnivores vivaient autrefois dans la région. Des panneaux indiquent la présence d'**empreintes de dinosaures** que des géologues datent du milieu du jurassique, il y a quelque 170 millions d'années.

Cascades d'Ouzoud شالا لد ت أزوض

Au nord-est de Demnate, à quelque 167 km de Marrakech, les impressionnantes cascades d'Ouzoud attirent touristes et Marrakchis. C'est l'oued Ouzoud qui se jette de 110 m de haut dans le canyon de l'oued el-Abid, formant des chutes sur trois paliers. On peut descendre au pied des chutes, dans la fraîcheur du canyon, jusqu'aux bassins. Les cascades sont plus spectaculaires de mars à juin, quand le niveau de la rivière atteint son maximum. En été, de jeunes Marocains campent souvent sur les terrasses face aux chutes. Pour rejoindre les cascades, poursuivez après les panneaux indiquant le riad Cascades d'Ouzoud en direction de l'escarpement, où des sentiers sinueux descendent vers les bassins.

Revers de la médaille de ce petit coin de paradis : vous n'en profiterez pas en solitaire. Les week-ends d'été en particulier, le

D'AÏT BLEL À LA VALLÉE DES AÏT BOUGUEMEZ

D'Aït Blel, la route poursuit vers l'est, puis franchit le **col de Tizi-n-Oubadou** (2 173 m) en direction d'Aït Bououli (p. 93), Aït Bouguemez (p. 90) et au-delà. La route traverse des **forêts de chênes** et longe des **formations rocheuses** aux couches verticales datant de la période triasique (230 millions d'années). Il vous faudra un 4x4 et un temps sec (orages et crues détruisent souvent les ponts) entre avril et novembre.

La route se réduit parfois à une seule voie, mais elle est goudronnée ou nivelée sur toute sa longueur. Les villages accrochées aux parois rocheuses et le style de vie multiséculaire des bourgades que vous traverserez méritent amplement les deux heures supplémentaires pour rejoindre Aït Bouguemez par rapport à l'itinéraire qui passe par Aït Mohammed. Avant de prendre la route, faites le plein. La plus grande localité, Khemis Aït Blel, accueille un marché le mardi, ainsi que des stands vendant des objets divers et, parfois, de l'essence.

Près du col, le **Gîte Tizi-n-Oubadou** (☎0661 44 36 02) offre un panorama dégagé sur des terrasses cultivées, bordées de caroubiers et d'amandiers. En prévenant le matin de votre arrivée, on pourra peut-être vous préparer à déjeuner (60-80 Dh).

sentier qui mène aux chutes est bordé de cafés et d'échoppes d'articles de souvenirs.

À voir et à faire

Des habitants vous mèneront peut-être dans la gorge moyennant quelques dirhams. Cependant les sentiers sont clairement tracés jusqu'aux points de vue et aux bassins. En chemin, des **macaques berbères** se laissent observer – un panneau demande de ne pas les nourrir.

En bas des cascades, on peut longer à pied le lit de la rivière jusqu'à quelques points d'eau paisibles où il est possible de se baigner. La promenade peut se poursuivre en traversant la rivière, d'où part un autre sentier. Un itinéraire permet de rejoindre le joli village berbère de **Tanaghmelt**, à partir des bassins inférieurs, passe par une ferme et continue de grimper sur 1,5 km environ. Une randonnée plus longue en suivant la rivière conduit également aux **grottes de Gramaa Nakrouine** (2 heures), puis aux **gorges de l'oued el-Abid** (2 heures de plus).

Où se loger et se restaurer

La plupart des cafés qui bordent le sentiers menant aux chutes proposent des repas composés de salade, tajine, poulet et frites pour 60-80 Dh. Plusieurs disposent de campings rudimentaires pour 15 Dh. Cependant, tant que des mesures ne seront pas prises pour contrôler l'hygiène et le ramassage des déchets, l'environnement sera la principale victime de ses établissements. Contribuez à l'entretien des cascades en remportant vos déchets et en utilisant les toilettes portables.

♥ **Camping Zebra** CAMPING, MAISON D'HÔTES €
(☎0666 32 85 76 ; www.campingzebra.com ; coordonnées GPS N 32°00,351 O 006°42,177 ; empl 2 pers sans/avec électricité 75/95 Dh ; ch sans avec sdb 200/400 Dh ; P wifi). Après avoir baroudé quatre ans dans un 4x4 rayé (qui a donné son nom au camping), Renata et Paul se sont arrêtés à Ouzoud pour créer ce site qui possède 25 emplacements, dont 20 équipés pour les camping-cars, ainsi que 5 chambres dans le jardin et 4 chambres avec sdb dans une petite casbah. La décoration est aussi gaie que les propriétaires. Les chambres arborent couleurs vives, lustres en bouteilles de coca recyclées et la *khaïma* (tente) commune est parée de textiles marocains chaleureux.

Le camping est équipé d'un hammam, de lave-linge et d'une cuisine. Pour vos activités, Paul et Renata vous mettrons en relation avec des guides basés à Ouzoud.

Riad Cascades d'Ouzoud MAISON D'HÔTES €€
(☎0662 14 38 04 ; www.ouzoud.com ; s avec petit-déj 570 Dh, d 710-810 Dh, tr 950 Dh, ste 1050 Dh ; ❄). Située à une trentaine de mètres des chutes, cette élégante pension construite en brique crue propose le meilleur hébergement d'Ouzoud ainsi qu'un éventail d'activités dans les environs. Les chambres sont meublées dans le style local et les douches fonctionnent à l'énergie solaire. Réservation nécessaire pour les visites du souk et la pratique du kayak, ainsi que pour le déjeuner (130 Dh le menu de 3 plats) si vous n'êtes pas client de la maison.

Depuis/vers les cascades d'Ouzoud

De Marrakech, il est préférable de prendre un véhicule direct pour Azilal. De là, de grands taxis rejoignent Ouzoud (par pers/taxi 25/300 Dh aller-retour). Pour le retour, passé 16h à Azilal, les taxis sont plus rares et le marchandage plus serré.

Azilal أزيلال

27 700 HABITANTS

Cette ville est un utile lieu de passage entre Demnate, les cascades d'Ouzoud et le Zaouiat Ahansal et les vallées des Aït Bouguemez. C'est aussi le dernier endroit où vous pourrez vous procurer des espèces et consulter Internet. Le **marché** a lieu le jeudi et le **complexe artisanal** (⌚lun-sam) est à droite en face de la mairie.

Où se loger et se restaurer

Hôtel Souss HÔTEL €
(☎0672 32 84 95 ; av. Hassan II ; s/d avec sdb commune 40/80 Dh). Situé à droite au coin de la rue, juste après l'Hôtel France, cet établissement décontracté et accueillant possède des chambres basiques dotées d'épaisses couvertures et de douches partagées. On y accède par le café du coin de la rue, sur l'avenue Hassan II, l'artère principale.

Ibnou Ziad Restaurant MAROCAIN €
(av. Hassan II ; plats 40 Dh). Bonne adresse pour un déjeuner composé de poulet rôti et de frites, à déguster en regardant un match de football à la télévision.

VAUT LE DÉTOUR

KAYAK À BIN EL-OUIDANE

Depuis Azilal, pourquoi ne pas faire un détour par le barrage et le lac de Bin el-Ouidane ? Cet équipement fournit la majeure partie de l'électricité de la région. C'est aussi le site d'une école de kayak et de rafting de plus en plus populaire, Morocco Adventure & Rafting (p. 66). Chaque année, entre avril et mai, 10 jours durant, cette école explique les bases du kayak (aucune expérience n'est requise) qui permettront aux amateurs de se lancer ensuite dans la gorge de l'oued Ahansal. Au programme, sept jours de descentes spectaculaires dans des rapides au milieu de gorges étroites, avec camping au bord de l'eau et observation des tortues.

Outre le plaisir de pratiquer une activité sportive et conviviale, c'est un moyen merveilleux de profiter de l'impressionnante "cathédrale des rochers" (voir p. 90) et de la vallée de l'Ahansal, tout en parcourant les gorges rocheuses depuis le fond de la vallée. Les groupes, limités à 12 participants, sont accompagnés par un kayakiste assurant la sécurité et par un photographe. Vous pouvez louer un sac de couchage si vous ne voulez pas transporter le vôtre. Des excursions exclusives peuvent être organisées pour 6 personnes.

Une excursion de 3 jours en rafting sur l'Ahansal est également possible, ainsi que de la spéléologie, à condition d'être en bonne forme physique.

Renseignements

Plusieurs banques bordent l'avenue Hassan II, notamment Attijariwafa, à côté du commissariat.

Cyber Espace Bleu (av. Hassan II ; 8 Dh/h ; 9h -12h30 et 16h-22h lun-sam). L'un des derniers endroits connectés à Internet avant de rejoindre la vallée des Aït Bouguemez. À côté de l'Hôtel Assounfou.

Depuis/vers Azilal

Des bus circulent entre Azilal et Marrakech (60 Dh, 3 heures 30, 3/jour) et Azilal et Demnate (20 Dh, 1 heure 30, 3/jour). En arrivant à Azilal, le bus laisse ses passagers avenue Hassan II et repart de la gare routière derrière la mosquée principale. De nombreux grands taxis circulent entre Marrakech et Azilal (90 Dh) et, moins fréquemment, entre Azilal et Demnate (35 Dh). L'après-midi, une fois complets, des minibus partent d'Azilal en direction de Zaouiat Ahansal (50 Dh, 3 heures 30-4 heures) et de Tabant (40 Dh, 3 heures), la principale ville des Aït Bouguemez.

Zaouiat Ahansal زأحنصال

Isolé et farouchement indépendant, le village de Zaouiat Ahansal fut érigé au XIIIe siècle par un saint musulman nommé Sidi Said Ahansal qui, selon la légende, avait pour mission de fonder une école coranique partout où son chat sautait de sa mule. Par chance pour Sidi Ahansal, ce site, au croisement du Haut Atlas central et des plaines de Marrakech, riche en eau et en pâturages, attira également des tribus nomades puissantes, les Aït Abdi et les Aït Atta.

Malgré son isolement, cette région a connu une prospérité tant matérielle qu'intellectuelle. Bibliothèques, écoles religieuses, maisons de saints et *ighirmin* (greniers collectifs) richement ornés témoignent de cet héritage culturel. Aujourd'hui, de nombreux pèlerins continuent de visiter la région pendant le mois du *chawaal*, apportant vêtements et nourriture en offrande à saint Sidi Said Ahansal et à ses descendants.

En arrivant à Zaouiat Ahansal, traversez le pont vers le douar (village) en pisé juché sur une colline escarpée, qui abritait jadis les 300 villageois. On peut y séjourner, ou opter pour les villages voisins d'Amezrai ou d'Agoudim (indiquez au chauffeur de bus le village que vous avez retenu). Le village de Taghia, à deux heures de marche en amont de la rivière, est situé au pied d'un impressionnant cirque de calcaire. Il vous faudra louer une mule pour y accéder (120 Dh muletier compris).

À voir et à faire

C'est en 2013 seulement que Zaouiat Ahansal a été relié à Azilal par une route goudronnée. Cependant, la région est connue depuis longtemps pour son potentiel de randonnées et d'escalade. Il est recommandé de louer les services d'un guide de montagne local certifié (300-400 Dh/jour). Notez que ces guides ne pratiquent pas l'escalade mais uniquement la randonnée et le trekking.

Pour les amateurs d'escalade, la plupart des voies varient entre 200 m et 800 m de long, tandis que des voies plus faciles à suivre sont en cours d'élaboration. Le guide d'escalade Kristoffer Erickson, résident à mi-temps et athlète renommé, organise des ascensions des parois rocheuses de la région (350 €/jour). En hiver, le sportif guide des excursions de un à plusieurs jours, pour la pratique du ski hors piste. Contactez-le via Atlas Cultural Adventures (voir ci-dessous)

Atlas Cultural Adventures ESCALADE, CULTUREL
(atlasculturaladventures.com). Cet organisme propose des programmes pour artistes, étudiants et lycéens ainsi que pour les voyageurs indépendants, en partenariat avec l'ONG Atlas Cultural Foundation (ACF ; p. 90), qui touche une partie des bénéfices.

Promenades historiques PROMENADES
Les sites historiques et naturels sont nombreux à Zaouiat Ahansal : anciennes maisons de saints, lieux de pèlerinage et jardins communautaires. Pour faciliter l'exploration, une carte des itinéraires est disponible dans les pensions en échange d'une petite donation. L'ACF peut organiser des excursions d'une demi-journée (250 Dh) et des expéditions de plusieurs jours pour découvrir la région et les projets communautaires de l'association.

Tagoujimt n'Tsouiannt TREKKING
À 853 m d'altitude, le Tagoujimt n'Tsouiannt est un pic d'escalade que l'on peut également rejoindre à pied via le bien nommé **col du Tire-Bouchon** qui oblige les marcheurs à contourner plusieurs tas de bois et de pierres pour arriver au sommet. Autre itinéraire intéressant, le tour de l'**Oujdad,** formation rocheuse qui domine la vallée, sans oublier une courte marche en amont de la rivière jusqu'à **la Source,** impressionnante cascade et point de départ de la rivière Ahansal.

Où se loger

En haute saison (mars-juin et septembre-octobre), la réservation est recommandée.

Gîte Ahmed El Hansali GÎTE D'ÉTAPE €
(0678 53 88 82 ; amahdar.ahmed@gmail.com ; Agoudim ; demi-pension 120 DH/pers). On apprécie le gîte de Sidi Ahmed Amahdar pour ses douches chaudes, ses sdb communes propres et l'accueil chaleureux des femmes qui le gèrent. Comptez 50 Dh de plus avec le déjeuner.

Gîte Tawajdat GÎTE D'ÉTAPE €
(0523 45 92 90 ; gitesaid@yahoo.fr ; Taghia ; pension complète 120 Dh/personne). Un hébergement rudimentaire est proposé chez le guide Said Massaoudi et son fils Mohammad : matelas sur des palettes et repas simples et savoureux. Déjeuner 50 Dh.

Dar Ahansal MAISON D'HÔTES €€
(0678 96 25 84 ; www.darahansal.net ; Amezrai ; s/d demi-pension 380/560 Dh, enfant demi-pension 145 Dh ; P). Situé à l'entrée d'Amezrai, cet impressionnant *dar*, tenu par Naïma et Youssef Oulcadi dispose de terrasses entourées de pins d'Alep et agrémentées de roses et de lauriers-roses. Les chambres élégantes, au sol carrelé, sont équipées de sdb décorées de zelliges et des lits aux cadres de raphia recouverts d'épaisses couvertures.

La vaste et confortable salle à manger et la grande terrasse donnent sur le grenier en pisé d'Amezrai (récemment restauré par l'Atlas Cultural Foundation), tout comme le camping qui abrite des douches, un hammam traditionnel et un espace laverie.

Renseignements

Natif de la région, Youssef Oulcadi est également guide de montagne certifié. Pour le contacter, connectez-vous sur le site www.randomaroc.net, le site de Dar Ahansal.

Le centre de santé d'Agoudim est mal équipé, il est recommandé aux randonneurs et aux grimpeurs de ne pas oublier leur trousse médicale. En cas d'urgence, une ambulance publique peut faire la liaison entre Agoudim et l'hôpital d'Azilal.

TOURISME RESPONSABLE

Les habitants de Zaouiat Ahansal, conscients de la richesse naturelle et culturelle de leur région, encouragent les visiteurs à pratiquer un tourisme responsable et durable, et leur rappellent quelques règles de base :

- Ramasser ses déchets et les récipients vides.
- Apporter des moyens de purifier l'eau plutôt que de l'acheter en bouteille.
- Avoir une tenue sobre et éviter shorts et débardeurs.
- Éviter de boire de l'alcool devant ou avec des habitants.

ATLAS CULTURAL FOUNDATION

L'**Atlas Cultural Foundation** (ACF ; www.atlasculturalfoundation.org) est une ONG américaine visant à aider les Marocains défavorisés, essentiellement les femmes et les enfants. L'objectif est d'aider au développement grâce à des projets sur la préservation du patrimoine culturel, l'hygiène publique dans la communauté et l'éducation. En partenariat avec l'association marocaine Amezray SMNID, les participants sont chargés de la restauration de trois maisons historiques de saints ainsi que des greniers collectifs, bâtiments remarquables.

Autre facette du travail de l'ACF, les programmes de bénévolat et d'apprentissage, gérés par Atlas Cultural Adventures (p. 89). Les participants étrangers aident aux projets de développement communautaires d'ACF, travaillent avec les habitants et participent à la vie rurale des villages. Les programmes misent aussi sur la formation des leaders de la communauté, la protection du patrimoine, la construction de petits projets communautaires, des ateliers de santé publique et sur l'agriculture durable. Ils sont ouverts aux étudiants et aux voyageurs indépendants et durent de 3 jours à 5 semaines.

Pour plus de renseignements, contactez la présidente de l'ACF, Cloe Medina Erickson (medinamorocco@gmail.com).

Depuis/vers Zaouiat Ahansal

Zaouiat Ahansal est situé à 84 km au sud-est d'Azilal. D'Azilal, passez par Aït Mohammed et suivez la vieille route sur 25 km en direction de Aït Bouguemez. En arrivant au carrefour sous l'Azourki enneigé, prenez la route au nord-est qui traverse le Tizi n'Tselli-n-Imanain (2 763 m) jusqu'à la bourgade d'Assemsouk. Au-delà d'Assemsouk, la route s'élève de nouveau jusqu'à Tizi n'Illissi (2 606 m) et redescend en lacets jusqu'à Zaouiat Ahansal par la vallée d'Illissi.

Des petits bus collectifs effectuent la liaison entre Zaouiat Ahansal et Azilal (50 Dh, 3 heures 30-4 heures, 2/j, départ le matin et retour l'après-midi). Les grands taxis viennent d'Azilal et coûtent 600 Dh (pour 6 personnes). Ils sont assez réticents à prolonger jusqu'à Aït Mohammed.

Cathédrale des rochers et réserve naturelle de Tamga

De Zaouiat Ahansal, une route cahoteuse part vers le nord jusqu'à la "cathédrale des rochers" et la réserve naturelle de Tamga, regroupant 8 parcs distincts. Les amoureux des oiseaux pourront observer une centaine d'espèces, dont certaines sont rares. À 3 km de l'entrée de la réserve, un **jardin botanique** offre un microcosme des diverses plantes du parc, dont certaines apaisent les rhumatismes.

Il est possible de séjourner, camper et se restaurer (50 Dh) au **gîte La Cathédrale** (☎0523 44 20 23 ; dort avec/sans petit-déj 50/30 Dh, demi pension/pension complète 150/200 Dh), à 2 km du panneau indiquant la cathédrale.

Vallée des Aït Bouguemez وادي عيت بو غومز

Si certaines pistes ne sont accessibles qu'en mule ou en voiture 4x4, les routes goudronnées font lentement la conquête de la "vallée heureuse". Disséminés dans la vallée, 25 douars se fondent dans des paysages magnifiques. La vallée est jalonnée de tours de brique crue et d'*ighremt* (maisons renforcées en pierre) rouges et de champs de blé et d'orge cultivés sur des terrasses bordées de murets de pierre. Dans les hauteurs, les villageoises cueillent des plantes sauvages afin d'élaborer remèdes et teintures naturelles pour les tapis. Dans la vallée alluviale, des vergers de pommiers, d'amandiers et d'abricotiers s'étendent près des caroubiers, des cognassiers, des grenadiers et des cerisiers qui nécessitent plus de soins.

Au centre de la vallée, en forme de fourche, se dresse la zaouïa de Sidi Moussa, posée sur une montagne conique. Les villages d'Imelgas et Ikhf n'Ighir sont au nord-est, Tabant à l'est et Tiknioulne et Agouti au sud-ouest. Tabant, avec son **souk dominical**, son école et son centre officiel de formation de guides de montagne, est le cœur de cette vallée et le principal centre de transports.

À voir et à faire

Les possibilités de randonnées abondent dans la région et si les grimpeurs les plus chevronnés attaquent directement l'**Irhil M'Goun** (4 068 m, 3e sommet du pays), il est tout aussi agréable de se promener de village en village. Dans la vallée, une quarantaine d'associations et de coopératives développent un tourisme responsable et solidaire qui permet aux communautés montagnardes et aux voyageurs de s'aider mutuellement. Un exemple, l'association à but non lucratif **École vivante** (www.ecolevivante.com) est une école élémentaire gratuite qui s'inscrit dans un projet global d'éducation des jeunes.

Au nord-est de la vallée, à Ifrane, un sentier part en direction de l'est vers Zaouiat Oulmzi. De là, on peut descendre à pied jusqu'au **lac Izoughar,** très fréquenté par la tribu nomade Aït Atta.

♥ Zaouïa de Sidi Moussa — MONUMENT, POINT DE VUE

Cette zaouïa du marabout Sidi Moussa, classée par l'Unesco et réputée guérir la stérilité, se rejoint après une montée de 20 minutes environ. L'édifice circulaire qui servait de grenier à grains collectif a été restauré par la communauté. Du sommet, une vue magnifique s'étend vers la vallée en contrebas.

♥ Coopérative Tiknioiune — ÉDIFICE CULTUREL

(☎0678 52 08 80 ; Tiknioiune ; ⌚9h-16h lun-jeu et sam). À 5 km à l'est d'Agouti, la coopérative de Tiknioiune est une étape idéale pour s'offrir quelques douceurs et une immersion culturelle. Fondée en 2005 par de courageuses jeunes femmes, et financée par l'Union européenne, elle vise à produire des noix, du miel de montagne et du fromage. On peut goûter et acheter ces produits à la coopérative, qui emploie une vingtaine de femmes à plein temps. Elle est indiquée au bord de la grande route, à 50 m au bout d'une piste défoncée.

Si vous ne pouvez pas transporter des bocaux de miel et d'huiles de noix, achetez-les sur www.maroc-terroir.com.

Souk — MARCHÉ

(Tabant ; ⌚8h-14h dim). Le principal marché se tient le dimanche et offre un aperçu authentique de la vie de la vallée. Clients et commerçants arrivent à Tabant dès le samedi soir et "garent" leurs ânes en amont de la ville. Étals de bouchers, de légumes et d'objets aussi divers que des vêtements d'occasion, des théières et des plats à tajine.

Pétroglyphes — PÉTROGLYPHES

Au nord de la vallée, à 5 km au nord-est d'Ifrane, direction Azilal, on franchit le spectaculaire **col de Tizi n'Tirghist** (2 626 m). On trouve dans cette région des pétroglyphes (dessins symboliques gravés sur une pierre), que certains géologues datent de 4 000 ans ; demandez à un guide de vous montrer ces énigmatiques symboles que la légende locale relie à des cérémonies vouées à faire tomber la pluie.

Association Ighrem Atelier de sculpture — ARTS, CENTRE ASSOCIATIF

(☎0673 75 31 63 ; www.theanou.com ; Agouti ; ⌚8h-18h). Ce centre, situé à Agouti, à 500 m de Filou sur la gauche, propose des articles en bois sculptés par des artisans : cuillères et saladiers dans du bois parfumé de noyer, de genévrier, et dans du buis. Le bois provient d'arbres morts. Avec les bénéfices des ventes, l'association aide au reboisement de la vallée, le plus souvent avec du buis, qui a le mérite de pousser vite, et de vétiver, qui servira ensuite à tresser des paniers.

INTERVIEW

ARTISANS EN LIGNE

Les habitants d'Aït Bouguemez ne manquent pas de ressources. Ils disposent d'une plateforme de vente sur Internet, **Anou** (www.theanou.com).

Contrairement à Etsy ou eBay, le dispositif est limité à des artisans locaux qui se cooptent et dirigent la structure. Les critères de choix sont la qualité des produits et la motivation des artisans.

Anou les aide à créer une page qui comprend une biographie de l'artisan, des photos de leur atelier et de leurs outils, et leurs coordonnées GPS. Chaque objet présenté doit être approuvé par les responsables. Cela assure normalement que l'objet qui est expédié est exactement celui présenté sur le site. En quelques semaines, votre nouveau tapis, sac ou sculpture arrive dans votre boîte aux lettres.

Lors de notre passage, on recensait 200 artisans sur le site et 35 coopératives et associations impliquées dans ce projet.

Où se loger et se restaurer

La vallée propose un réseau bien fourni de gîtes d'étape. De nombreux hébergements se trouvent à 30 minutes à pied à l'ouest de Tabant, dans les villages d'Imelgas et d'Ikhf n'Ighir. Agouti, plus proche du départ du sentier du M'Goun, est une bonne base pour le départ des randonneurs.

La plupart des établissements proposent la demi-pension et quelques cafés et restaurants modestes sont installés à Tabant.

Flilou GÎTE D'ÉTAPE €

(0524 34 37 98 ; tamsilt@menara.ma ; Agouti ; dort/d en demi-pension 130/180 Dh, d avec sdb en demi-pension 460 Dh ; P). Premier gîte sur la gauche, il abrite des dortoirs bien tenus, des doubles donnant sur une arrière-cour, ainsi que des sdb propres et modernes. Savoureux repas. Agréable toit-terrasse où sont installées d'accueillantes tentes berbères et des couvertures de mariage brodées. Douches chaudes 10 Dh.

Chez ben Ali GÎTE D'ÉTAPE €

(0523 45 87 26 ; Agouti ; s/d/tr/qua avec sdb commune 90/160/230/290 Dh ; @). Grand gîte à la façade colorée, situé à l'extrémité nord-est d'Agouti. Les chambres partagent des sdb propres, une machine à laver, une terrasse, trois cuisines en accès libre et un ordinateur avec connexion (lente) à Internet. Demandez une chambre avec vue sur le jardin ; si vous craignez la dureté des sommiers, optez pour les matelas en mousse à même le sol. Petit-déjeuner : 20 Dh, déjeuner ou dîner : 60 Dh, boissons en sus.

Gîte Intimou GÎTE D'ÉTAPE €

(0670 71 47 12 ; Ikhf-n-Ighir ; demi-pension comprise 250 Dh/pers). Ce tout récent gîte aux murs jaune et rose loue 5 chambres doubles et triples lumineuses ainsi qu'un vaste dortoir. Elles partagent une sdb impeccable habillée de carreaux noir et blanc et comprenant 2 douches et 2 toilettes. Le gîte se trouve sur le versant gauche vers le nord, en face du panneau de l'association Ikhf n'Ighir.

Gîte Timit-La Maison Imazighne CHEZ L'HABITANT €

(0641 53 34 80 ; www.highatlashome.com ; Timit ; dort/d avec petit-déj 70/200 Dh). Cette maison berbère, synonyme de bol d'air pur dans la montagne, propose des dortoirs familiaux et des doubles aux couleurs vives. La famille qui tient le gîte peut organiser des excursions pour observer les oiseaux et des randonnées pour découvrir les plantes médicinales. On mange assis sur des coussins dans le salon, sous un plafond décoré.

Touda Ecolodge MAISON D'HÔTES €€

(0662 14 42 85 ; www.touda.fr ; Zaouiat Oulmzi ; adulte/enfant demi-pension 395/195 Dh). Hors des sentiers battus, Touda est situé au bout d'une piste cahoteuse que l'on prend du village de Zaouiat Oulmzi, à 5 km à l'est d'Ifrane et du col de Tizi n'Tirghist, et à 4 km à l'ouest du lac saisonnier D'Izoughar. Ici, l'hospitalité berbère n'est pas un vain mot. Au programme : copieux repas, musique au coin du feu et magnifiques randonnées sur les contreforts du djebel Azourki (3 677 m).

Dar Si Hamou RIAD €€

(0667 64 48 62 ; www.nuancesmarocaines.com ; Tabant ; B&B/demi-pension 200/250 Dh/pers). Aménagée autour d'une jolie cour fleurie, cette pension chic profite d'une vue sur les champs émeraude jusqu'au sommet enneigé du M'Goun. Les couettes douillettes recouvertes de housses blanches tranchent avec la décoration berbère-chic minimaliste toute en pochoirs safran, coussins de laine rayés ocre et rouge et coffres peints. Les randonneurs se retrouvent autour de la cheminée.

Écolodge Dar Itrane ÉCOLODGE €€€

(0610 08 69 30 ; www.origins-lodge.com ; Imelghas ; 350-500 Dh/pers en demi-pension). Cet écolodge rural aménagé dans le village d'Imelghas (à 30 minutes de marche facile à l'ouest de Tabant) appartient à l'agence française de trekking Atalante. Elle compte 18 chambres refaites à la chaux, meublées dans le style berbère, aux sdb en tadelakt. Elles sont équipées de douches dont l'eau est chauffée à l'énergie solaire. Pique-niques (50 DH), guides (300 Dh/jour) et ânes (120 Dh/jour) sont disponibles, de même que de nombreuses excursions et activités.

Café des Amis CAFÉ €

(repas 20-30 Dh). Face à la poste de Tabant, à 50 m dans la rue principale, ce café sert ses tajines, préparés en 30 minutes pour 20 Dh.

Depuis/vers Aït Bouguemez

On accède à Aït Bouguemez depuis Azilal en suivant la R301 vers le sud. À Aït Mohammed, la route bifurque vers le sud-est (par d'anciennes forêts de genévriers et de chênes jusqu'à Aghbalou) et au sud-ouest. De là, une route goudronnée conduit à Agout. Près de la mosquée d'Azilal, des minibus partent irrégulièrement le matin, lorsqu'ils sont pleins, pour Tabant (40 Dh, 3 heures). Un grand taxi effectue parfois le trajet (35 Dh/pers). On peut aussi monter dans les camions qui vont à Azilal le jeudi pour le marché.

Vallée de l'Aït Bououli

En partant d'Aït Mohammed vers le sud-ouest, vous traverserez des collines marquées par des couches géologiques minérales rouges, violettes et blanches. Cinq kilomètres avant d'atteindre Agouti, les conducteurs de 4x4 qui maîtrisent parfaitement leur véhicule feront un détour au sud dans une gorge escarpée d'argile jusqu'à la vallée de l'Aït Bououli. Celle-ci était encore inaccessible, même à dos de mulet, il y a quelques années à peine.

À voir

Sebt Aït Bououli VILLAGE

Dans l'avant-poste isolé de Sebt Aït Bououli, à 14 km de la grand-route, les randonneurs achètent des victuailles au **marché du samedi** en prévision de leur expédition dans le massif du M'Goun.

À 2,5 km après Sebt Aït Bououli, trois villages pittoresques sont creusés dans la falaise pourpre et ocre. Sur les terrasses verdoyantes gambadent les moutons et les agneaux qui font la renommée de la vallée : en effet, Bououli signifie "ceux qui gardent les moutons".

Achats

Coopérative féminine de tissage des Aït Bououli ARTISANAT

(0671 41 91 06 ; 8h-17h). En contrebas des trois villages des Aït Bououli se trouvent les locaux d'une association (entourés d'un mur de pierres). À cet endroit, un panneau indique la direction de la coopérative de tissage de tapis. Composée de 40 membres, la coopérative s'occupe de l'élevage et la tonte des moutons, le cardage et le filage de la laine, et de la cueillette des plantes qui serviront à la teinture. Les femmes tiennent à tour de rôle la boutique, de sorte que l'on achète son tapis directement aux personnes qui l'ont fabriqué.

Si vous trouvez porte close, appelez la directrice, Fatima, qui descendra du village pour ouvrir le petit entrepôt.

Randonnée : traversée du massif du M'Goun عبر المكون

Si nombre de touristes affluent au djebel Toubkal, les amoureux de la nature optent pour le massif du M'Goun où les paysages magnifiques récompensent les efforts des trekkeurs.

Au printemps, prenez des bottes et habillez-vous chaudement : marcher dans les gorges où coulent les rivières est l'un des grands plaisirs qu'offre le M'Goun. La traversée du M'Goun décrite ici remonte le lit d'une rivière jusqu'à sa source, franchit le massif, puis suit une autre rivière pour redescendre dans la vallée.

Le massif du M'Goun compte certains des sommets les plus hauts et les plus abrupts du Maroc. Ce circuit s'adresse pourtant aux randonneurs de tous niveaux, y compris aux familles.

JOUR D'ARRIVÉE

Pour vous mettre en jambes, vous pouvez descendre dans la vallée jusqu'à Agerssif. Il y a un site de camping en bord de rivière où vous pourrez passer la nuit. Vous pouvez sinon séjourner à Tabant ou tout près du début de piste à Agouti.

1er JOUR : D'AGOUTI À ROUGOULT

DURÉE 6-7 HEURES / DISTANCE 17 KM / DÉNIVELÉ 326 M

Après une marche facile de 1 heure 30 vers le sud sur la route sortant d'Agouti, vous verrez une piste partir vers la gauche. Continuez sur cette route ou empruntez un chemin

PRÉSENTATION DE LA RANDONNÉE

Durée : 4 jours

Distance : 57 km

Niveau : moyen

Départ : Agouti

Arrivée : Aït Alla

Point Culminant : Tizi n'Rougoult (2 860 m)

Hébergement : camping et gîtes

Transports publics : oui

Résumé : Cette randonnée, qui traverse les versants nord-est du massif du M'Goun avant de descendre dans la vallée de la rivière Tessaout, convient même aux plus jeunes randonneurs. Elle inclut une longue journée de marche, mais traverse de superbes paysages montagneux, est franchit des gorges pour rejoindre des vallées isolées.

PRÉPARATION DE LA TRAVERSÉE DU M'GOUN

Cartes et guides Les cartes au 1/100 000 *Azilal*, *Zawyat Ahannsal*, *Qalat M 'Gouna* et *Skoura* couvrent les principales zones de trekking. *Mgoun Massif* (1/100 000), de West Col Productions, parfois en vente au Maroc, est disponible sur le site Internet **Omnimap** (www.omnimap.cpm). Malgré l'absence de courbes de niveaux, cette carte constitue une bonne référence en matière d'itinéraires. La carte *Kultur Trekking im Zentralen Hohen Atlas*, en allemand, détaille la randonnée des Aït Bouguemez à Kelaâ M'Gouna ; elle indique et classe également les gîtes. Vous pourrez vous procurer assez aisément au Maroc le guide *Randonnées pédestres dans le massif du M'Goun*. Enfin, *Montagnes du Maroc* (éd. Olizane, 2007), d'Hervé Galley, décrit 22 treks de tous niveaux, dont plusieurs réalisables en famille, dans les massifs montagneux marocains. L'éditeur espagnol Piolet édite la carte *Ighil Mgouin Altos Atlas* au 1/60 000, en vente en ligne sur www.editorialpiolet.com.

Guide Conséquence de la présence à Tabant du principal centre de formation des guides de montagne, on trouve de nombreux guides licenciés connaissant parfaitement le massif du M'Goun. Il y a aussi des guides d'Imlil, de Marrakech et du Dadès entraînés à conduire des circuits dans le Haut Atlas. Ils possèdent en principe les connaissances pour conduire des randonnées dans le massif.

Ravitaillement Vous trouverez les denrées de base à Tabant et parfois à Abachkou.

Eau L'option la plus responsable consiste à purifier l'eau locale.

Carburant Le mieux est d'acheter vos bombonnes de gaz dans un supermarché de Marrakech. Pétrole, gazole et kérosène sont en vente à Azilal.

Matériel Au printemps, ou après de fortes pluies, un bâton de marche vous sera utile pour franchir les ruisseaux. Quand les eaux sont hautes, des sandales en plastique sont bienvenues pour franchir le lit des rivières.

Tente À défaut de gîte, on trouve à Rougoult un excellent camping au bord de la rivière. Le guide devrait pouvoir se procurer des tentes, si besoin. Si vous n'avez pas de tente et ne voulez pas dormir à la belle étoile, il faudra passer la nuit à Sebt Aït Bououli, ce qui rallongera le parcours du lendemain.

Mules Les guides se chargent de recruter des muletiers et leurs animaux.

plus court mais plus escarpé qui zigzague jusqu'au fond de la vallée, rejoignant la route goudronnée à **Agerssif** (1 469 m). Le trajet d'Agouti à Agerssif prend normalement moins de 3 heures. Agerssif se situe au confluent des rivières Lakhdar et Bouguemez, enjambé par un pont. Ce site au bord de l'eau se prête bien au repos et au bivouac.

La vallée du Lakhdar se rétrécit considérablement tandis que la route grimpe son flanc sud. Une demi-heure en amont, le pittoresque village de **Taghoulit** (1 519 m), entouré de genévriers, abrite un **gîte** (50 Dh/pers) sommaire. La route continue à remonter et débouche sur la vallée supérieure, fertile et évasée, jusqu'à atteindre **Sebt Aït Bououli**, où se trouve le **gîte Hassan Benkoum** (100 Dh/pers) – nous conseillons toutefois de poursuivre jusqu'à Rougoult pour un départ très matinal le lendemain. Plusieurs vallées se rencontrent à Sebt Aït Bououli : après le village d'Abachkou, vous verrez le **djebel Rat** (3 781 m).

Une piste balisée part sur la gauche, vers le sud, et traverse une vallée couverte de champs. Le village de **Tazouggart**, de l'autre côté de la vallée, marque plus que la mi-parcours entre Sebt Aït Bououli et **Rougoult** (1850 m). À Rougoult, un site de camping se tient au bord de la Tifra. Il est aussi possible de loger chez l'habitant (30 Dh/pers) – renseignez-vous alentour.

2e JOUR : DE ROUGOULT À AMEZRI

DURÉE 6-7 HEURES / DISTANCE 14 KM / DESCENTE 600 M / MONTÉE 970 M

Pendant 2 heures, le parcours emprunte un chemin pierreux au bord de la Tifra. Au fur et à mesure de l'ascension, le paysage se fait plus désolé et le sentier muletier, toujours bien repérable, grimpe par moments au-dessus des gorges. Il suit le cours de la rivière en direction du sud.

Traversée du massif du M'Goun

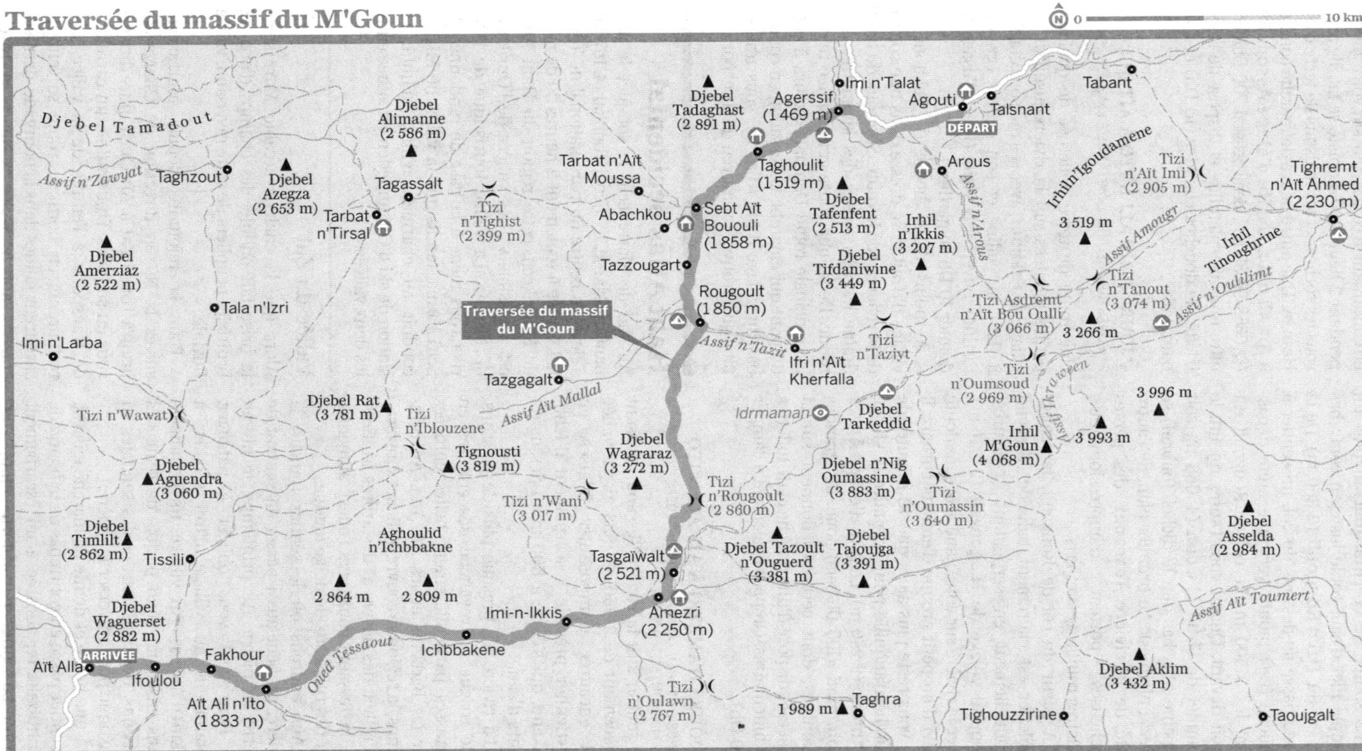

La source de la Tifra, tout au plus un simple filet d'eau, coule juste en contrebas du col du **Tizi n'Rougoult** (2 860 m). De la large passe au-dessous du col, un sentier à gauche (est) monte vers une crête dépassant les 3 500 m. Le col de Rougoult est droit devant. Quand vous l'aurez rejoint, le sommet de l'**Irhil M'Goun** (4 068 m, soit à peine plus bas que le djebel Toubkal) se dresse plein est. Au premier plan, de l'autre côté de la **rivière Tessaout**, des pentes rocheuses portent d'impressionnantes balafres rouille, vert et gris.

À partir du col de Rougoult, le sentier muletier est clairement balisé et descend graduellement en serpentant (2 heures) jusqu'au village de **Tasgaïwalt** (2 521 m). Avec la rivière sur votre gauche et sans doute suivi d'un petit groupe d'enfants curieux, il ne vous reste plus alors que 40 minutes de marche tranquille pour rejoindre le village d'**Amezri** (2 250 m). Le **gîte d'étape Agnid Mohamed** (100 Dh/pers) loue de grandes chambres, dont certaines donnent sur la vallée, et dispose d'une douche et de toilettes rudimentaires. On peut également y camper (20 Dh).

3ᵉ JOUR : D'AMEZRI À AÏT ALI N'ITO

DURÉE 6 HEURES / DISTANCE 18 KM / DESCENTE 427 M / MONTÉE 150 M

Le sentier suit la rivière Tessaout, passant doucement de 2 250 à 1 833 m. La vallée est encadrée d'imposantes falaises, en particulier près de l'escarpement d'Ichbbakene, qui s'élève à 600 m au-dessus du cours d'eau.

La rivière n'a presque plus de poissons. Elle irrigue en revanche des cultures en terrasses particulièrement belles cultivées par les Berbères et les Aït Atta. Au printemps, la région se couvre de fleurs sauvages, au milieu des noyers et des arbres fruitiers. Là, la Tessaout coule vers l'ouest, alimentée par des ruisseaux de neige fondue.

Aux endroits où le sentier franchit la rivière, on peut aussi passer en sautant de pierre en pierre. Au printemps, le niveau de l'eau peut vous obliger à patauger, notamment au village d'**Imi n'Ikkis**, à 5 km d'Amezri. Au village, un commerce (sans enseigne) vend parfois de l'eau, des boissons, des conserves et des sandales en plastique pour traverser la rivière.

À une heure et demie de marche en aval, le sentier passe en contrebas de la bourgade d'**Ichbbakene**, adossée à un escarpement abrupt. Le sentier se transforme en piste et, en continuant avec la rivière sur votre gauche pendant 2 heures 30, la piste se faufile alors sous les rochers et les maisons de terre d'**Aït Hamza**. Une autre heure de marche conduit à **Aït Ali n'Ito**. Le **gîte d'étape Assounfou** (☎0668 96 82 63 ; demi-pension 200 Dh/pers) offre une vue splendide et dispose de l'électricité, de douches chaudes (10 Dh) et d'un hammam.

4ᵉ JOUR : D'AÏT ALI N'ITO À AÏT ALLA

2 HEURES 30-3 HEURES / DISTANCE 8 KM / DESCENTE 150 M

Une route de terre ponctuée de quelques petites montées suit la rivière jusqu'au joli village de **Fakhour**, avec ses maisons étagées à flanc de colline et son *agadir* (grenier fortifié), ouvert à la visite (il est d'usage de donner 10 Dh au gardien).

À moins d'une heure de Fakhour, le village d'**Ifoulou** se dresse dans une courbe de la rivière et de la route. Son souk du lundi draine les villageois à des kilomètres à la ronde. De là, une route goudronnée rejoint la principale route Demnate-Skoura à côté du pont qui enjambe la Tessaout, en contrebas du village d'**Aït Alla**. Là, vous n'aurez plus qu'à trouver un moyen de transport.

Haut Atlas occidental

Au sud de Marrakech, le sommet le plus haut du Maroc, le djebel Toubkal (4 167 m), s'élève au centre du parc national de Toubkal. Située à seulement 2 heures 30 de route de Marrakech, cette région du Haut Atlas est accessible via les vallées de l'Ourika et de Mizane. La vallée touristique de l'Ourika vous mène à la base de randonnée de Setti Fatma, tandis que la vallée de Mizane conduit au charmant village d'Imlil. La station de ski d'Oukaïmeden est située entre les deux vallées.

Vallée du Zat

Alors que la chaleur accable Marrakech, la brise fait onduler les champs d'orge et bruire les peupliers de cette ravissante vallée fluviale.

Pour la rejoindre depuis Marrakech, suivez la N9 en direction de Ouarzazate jusqu'à l'oued Zat à Aït Ourir, puis dirigez-vous au sud vers **Tighdouine**, un carrefour de transports à l'entrée de la vallée. Des restaurants en bord de route servent de savoureux tajines dans la bourgade, dernière étape avant la vallée. Celle-ci se révèle féerique : jardins creusés dans les falaises, maisons de pierre aux portes bleu vif et aux fenêtres encadrées de blanc, familles souriantes se penchant pour saluer les voyageurs. Vous apprécierez mieux le paysage à pied ou à dos de mulet.

Des randonnées de trois à cinq jours sont organisées par Inside Morocco Tours (p. 66). Elles traversent la vallée luxuriante, qui produit la plupart des pommes de terre, navets, olives, figues et tomates vendus à Marrakech, jusqu'au village de **Talatassat,** où vous visiterez les ateliers de poterie avant de continuer jusqu'au grès rouge du **plateau du Yaggour**, qui recèle une grande concentration de gravures rupestres préhistoriques. Non loin, **Tizi N'Rhellis** mène à la vallée voisine de l'Ourika.

À voir et à faire

Collectif d'apiculteurs d'Isafarne ALIMENTATION

(0677 78 75 48 ; Ighalen ; 9h-13h et 14h30-18h jeu-mar). Sur la gauche, 13 km après l'embranchement qui part de la route de Ouarzazate (2 km avant Tighdouine), remarquez un bâtiment à la façade rose avec une enseigne représentant une abeille. Là, 120 habitants de la région produisent un miel sombre au goût épicé. Il est issu de plantes dont certaines sont utilisées en médecine. Vous pourrez en déguster (250 Dh /kg) en compagnie du président de la coopérative, M. Ahmed Zaki.

Il vous aidera aussi à identifier les saveurs de ce miel complexe qui, selon l'époque de l'année, peut avoir un goût de verveine, de lavande, de fleur de caroubier, de menthe, de noix et de thym. Des bocaux de miel de fleur d'oranger sont également proposés à la vente. Issus des nombreux vergers de la vallée, ils sont moins chers (80 Dh).

Vallée de l'Ourika واد اوريكة

À mesure que l'on s'approche des cimes enneigées du Haut Atlas, les températures se rafraîchissent. Cette vallée florissante, à 45 minutes de voiture au sud de Marrakech, permet aux Marrakchis de fuir les grandes chaleurs. La vallée est particulièrement séduisante de février à avril, quand elle se couvre de fleurs sauvages et que les vergers d'amandiers et de cerisiers fleurissent.

Cependant, la facilité d'accès de la belle vallée de l'Ourika compromet son charme. À Oulmes, cafés de fortune et restaurants de grillades bordent la rivière traversée de passerelles de corde destinées aux excursionnistes (il semble que la crue-éclair de 1995 ait totalement disparu des mémoires), tandis qu'au bout de la vallée s'étendent le complexe estival et la base pour le trekking, quelque peu fatiguée, de Setti Fatma.

Les vallées de Mizane et du Zat offrent également de beaux paysages du Haut Atlas, avec moins de cars de touristes et de vendeurs en mobylette.

Depuis/vers la vallée de l'Ourika

Des grands taxis partent fréquemment de Bab er-Rob, à Marrakech, pour Setti Fatma (35 Dh). Des minibus, moins fréquents, desservent aussi les destinations de la vallée de l'Ourika (15-25 Dh). La plupart des grands taxis vous déposeront où vous voudrez sur la route de l'Ourika. Au retour, il est plus facile de trouver taxis et minibus à Setti Fatma, Tnine et Aghbalou. Les transports retour partent une fois au complet.

AGHMAT أغمات

Les conducteurs qui passent sans s'arrêter à Aghmat (aussi appelée Rhmat, Ghmat ou Jemaa Rhmat), à 31 km de Marrakech, manquent un site majeur de l'histoire marocaine. Cette ville fut la capitale de la dynastie idrisside, de 828 à 1058. C'était une étape importante pour les caravanes de dromadaires venues d'Afrique subsaharienne et passant par Sijilmassa, dont les ruines s'étendent près de Rissani.

En 1058, pendant la conquête de la ville par les Almoravides, la femme d'un riche notable tué pendant la bataille, Zaynab Nefzaouia, épousa le chef almoravide Abou Bakr. Lorsque ce dernier fut rappelé au Sahara pour régler des conflits internes, il divorça de Zaynab afin qu'elle puisse se remarier avec Youssef Ibn Tachfin, lui-même cousin d'Abou Bakr. C'est grâce aux conseils stratégiques de sa riche épouse que Youssef ibn Tachfin fonda la nouvelle capitale à Marrakech et étendit l'Empire almoravide jusqu'à l'orée de Barcelone.

Délaissée par les Almoravides, Aghmat déclina et devint un lieu d'exil politique pour les dissidents, notamment le prince et poète andalou Al-Mouatamid ibn Abbad. Les arts sont aujourd'hui encore à l'honneur à Aghmat : en avril la ville accueille **Awaln'art** (www.awalnart.com), un festival international consacré aux arts de la rue.

À voir et à faire

Les visiteurs auront un aperçu de la splendeur passée d'Aghmat juste derrière la principale place du marché, où se tient le **marché du vendredi**.

Site archéologique SITE HISTORIQUE
(aghmatarchaeology.org). Le site se trouve à 200 m sur la gauche de la rue principale. Les fouilles ont commencé en 2010, cofinancées par l'État, et ont permis de mettre au jour d'anciennes fondations, ainsi que les ruines d'un hammam, d'une mosquée, d'une place du marché et d'un système d'irrigation. Plus de 7 000 objets y ont été découverts et l'ouverture d'un musée est envisagée.

Mausolée SITE HISTORIQUE
Le mausolée d'Al-Mouatamid ibn Abbad se distingue par sa coupole de style almoravide. Indiqué juste à côté de la route principale, après le bâtiment commun, il se trouve 200 m plus loin, dans un jardin. En 1950, la tombe du prince exilé fut le lieu d'une manifestation contre l'occupation française, qui fut violemment réprimée par le pacha el-Glaoui – un événement déclencheur, parmi d'autres, du mouvement d'indépendance marocain.

TNINE

Après l'embranchement pour Aghmat et à 33 km de Marrakech sur la route de l'Ourika se trouve la localité de Tnine (aussi appelée Tnine-de-l'Ourika), où un **marché** a lieu le lundi.

À voir et à faire

Nectarôme JARDINS
(0524 48 21 49 ; www.nectarome.com ; km 34, rte de l'Ourika, Tnine ; visites des jardins 15 Dh ; 9h-19h sept-juil). À Tnine, passé le pont, des panneaux sur la route principale signalent une piste conduisant aux jardins botaniques biologiques. Cette jeune entreprise franco-marocaine de produits de bien-être associe remèdes berbères et aromathérapie moderne. Le jardin sent délicieusement bon. Un bain et un massage des pieds aux huiles essentielles (250 Dh) sont un bonheur après une longue marche.

Si vous êtes à Tnine pour le souk du lundi, profitez-en pour y déjeuner (60-80 Dh).

Safranière de l'Ourika JARDINS
(0522 48 44 76 ; www.safran-ourika.com ; km 34, rte de l'Ourika, Tnine ; visites du jardin adulte/- de 16 ans 20 Dh /gratuit ; 7h-17h30). Grâce aux riches sols de l'Ourika, le safran (*Crocus sativus*) bio est cultivé ici. Les crocus réclament des soins de tous les instants, et les fleurs sont cueillies juste avant l'aube pour que le safran dégage ses plus puissants arômes. On peut assister à la récolte pendant les trois premières semaines de novembre, entre 4h et 5h du matin. Le reste de l'année, des visites sont proposées par des guides qui ne font que répéter les explications données sur les pancartes.

La visite s'achève par un thé à la menthe et une vente de safran (13 Dh/g) et de tisanes du domaine (20-40 Dh).

Écomusée berbère MUSÉE
(0524 38 57 21 ; www.museeberbere.com ; Douar Tafza, km 37, rte de l'Ourika, Tafza ; adulte/- de 16 ans 20 Dh/gratuit ; 9h30-19h). À 4 km de Tnine, un discret panneau indique la direction du village berbère de Tafza, dont le ksar de trois étages en brique crue, où résidait jadis le caïd local, a été transformé en musée. Les visites guidées permettent de découvrir une collection d'objets de la vie quotidienne, des symboles sculptés sur les encadrements des portes aux bijoux en argent constituant la dot des femmes. Téléphonez pour réserver un repas sur la terrasse (60 Dh) ou visiter les ateliers de poterie de Tafza.

Où se loger et se restaurer

Kasbah Bab Ourika ÉCOLODGE €€€
(0668 74 95 47 ; kasbahbabourika.com ; Tnine Ourika ; d 1 695-2 825 Dh ; P). Idéalement située dans la vallée de l'Ourika, cette casbah en pisé permet de profiter d'une vue inoubliables sur les pics enneigés de l'Atlas. La décoration intérieure donne un sentiment de bien-être et le restaurant permet de savourer de délicieux plats sur la terrasse. Cette kasbah mise également sur l'énergie solaire pour produire son eau chaude et l'eau est recyclée pour ne pas prélever dans les ressources locales.

Renseignements

De novembre à mars, les crues soudaines peuvent constituer un danger pour les randonneurs et rendent inaccessible certaines parties de la vallée de l'Ourika. En 1995, les inondations hivernales ont pratiquement effacé de la carte le village d'Oulmes.

Centre d'information touristique de l'Ourika
(0668 46 55 45 ; 8h30-19h lun-sam, 8h30-13h dim). Au sortir de Tnine, ce centre d'information, géré par une ONG locale, fournit les cartes des principaux sites

de la vallée ainsi que des renseignements sur les conditions de trekking.

AGHBALOU

Aghbalou, le plus grand village de la vallée de l'Ourika, situé à 47 km au sud-ouest de Marrakech, est connu pour sa **mosquée de pierre rouge** et son **minaret.** La plupart des bus s'y arrêtent. D'Aghbalou à Oulmes, la rivière est bordée de cafés et de restaurants.

Où se loger et se restaurer

Des cafés installés sur les berges de la rivière servent des kebabs et de la salade (50 Dh) ou des tajines assez copieux pour deux (60 Dh). Quand il fait beau, des tapis sont étendus à l'ombre des arbres.

Auberge le Maquis AUBERGE €€
(☎0524 48 45 31 ; www.le-maquis.com ; km 45, rte de l'Ourika ; s demi-pension 320-440 Dh, d 480-680 Dh ;). Cette accueillante auberge de 8 chambres sert de point de départ ou d'arrivée pour des randonnées à pied ou à vélo. Elle est tenue par une famille qui sert des repas conviviaux (80-150 Dh) et organise nombre de treks et d'excursions, notamment aux pétroglyphes du plateau du Yaggour (d'où l'on peut descendre dans la vallée du Zat), et des randonnées à dos de mule pour les petits. Aire de jeux pour les enfants.

Ourika Garden HÔTEL €€
(☎0524 48 44 41 ; www.ourika-garden.com ; km 49,5, rte de l'Ourika ; en dehors d'Aghbalou ; s 600 Dh, d 660-880 Dh ;). Une charmante demeure aux murs de pierre, entourée de chemins dallés et de passerelles sinuant à travers les plantations d'herbes aromatiques et de légumes. Les chambres ont une cheminée, des coins repos, du mobilier en bois sculpté, et des sdb (eau chaude aléatoire). On prend le petit-déjeuner sur la terrasse, on se régale de miel et d'huile d'olive produits sur place, et l'on profite de la connexion Wi-Fi dans le bar-patio.

SETTI FATMA امنة ي تسد

Village très touristique depuis une dizaine d'années, Setti Fatma est un endroit plaisant pour déjeuner au bord de la rivière ou pour une randonnée vers les **sept cascades**. Le village est blotti au fond d'une gorge au pied des montagnes du Haut Atlas, à l'extrémité sud de la vallée de l'Ourika, à 24 km au sud de l'embranchement pour Oukaïmeden à Aghbalou. Les randonnées jusqu'aux chutes vont de la promenade facile de 20 minutes aux marches ardues dans les cours d'eau. Ignorez les faux guides et adressez-vous au bureau des guides pour trouver un professionnel qui vous accompagnera à pied ou à dos de mulet.

Venez début mars, quand les amandiers et les cerisiers sont en fleurs, ou en août pour le **moussem de 4 jours**, avec une foire et un marché à la koubba (sanctuaire, mausolée) de Setti Fatma. L'été, les Marrakchis y déferlent en masse ; mieux vaut opter pour les vallées voisines du Zat et d'Ouirgane, moins fréquentées.

Activités

Desservie par des bus fréquents et des grands taxis, Setti Fatma est la base la plus accessible pour les randonneurs qui veulent explorer le Haut Atlas. Les randonnées les plus impressionnantes partent de l'autre côté du col de **Tizi n'Tacheddirt** (3 230 m) à Imlil. Les randonneurs apprécient la traversée du col et les villages de **Tadrart, Timichi, Tacheddirt** et **Ouaneskra**. Cependant, aujourd'hui une route goudronnée recouvre les deux tiers de l'itinéraire, obligeant les marcheurs à suivre un itinéraire plus raide pendant deux jours pour éviter de suivre la route.

D'autres randonnées partent de Setti Fatma en direction de Tourcht (est), de Imi-n-Taddert (nord), de Anammer et Tiz n'Oucheg dans la vallée d'Aït Oucheg. L'itinéraire du plateau du Yaggour à la vallée du Zat (p. 96) est considéré par les amateurs comme le plus impressionnant. Le bureau des guides (p. 100) peut vous mettre en contact avec des guides certifiés.

LES JOURS DE MARCHÉ

Dans les vallées autour du djebel Toubkal, les jours de marché, où se côtoient artisanat et produits frais, sont les plus animés :

Lundi : Tnine

Mardi : Tahanaoute, Aït-Ourir

Mercredi : Tighdouine

Jeudi : El-Khemis Ouirgane

Vendredi : Aghmat

Samedi : Asni

Dimanche : Setti Fatma

Où se loger et se restaurer

D'Oulmes à Setti Fatma, les deux rives de la rivière sont bordées de cafés-restaurants rustiques proposant des tajines à prix doux. Les meilleures adresses sont le **café-restaurant Imlil** (près du parking, à la sortie du village), et le **café-restaurant Azrrabzou** (en face de la rivière), de l'autre côté d'un pont fragile en bois, au milieu des amandiers. Tous deux servent des menus – salade, tajine/kebab et bouteille d'eau (50-60 Dh).

Au Bord de l'Eau MAISON D'HÔTES €
(0661 22 97 55 ; www.obordelo.com ; d 250 Dh, ste 450-525 Dh ;). Cette petite maison d'hôtes nichée au pied d'un abrupt escalier en galets est située en contrebas des rues animées de Setti Fatma. Isolée et bercée par le doux bruit de la rivière, la maison est tenue avec décontraction et gaîté par Martine et Poulou. Les chambres sont dotées de jolis édredons et décorées de tapis berbères et d'objets. Apportez une lampe de poche pour vous repérer le soir et prévoyez des conversations autour de la cheminée.

Hôtel Asgaour HÔTEL, RESTAURANT €
(0524 48 52 94 ; tr sans/avec sdb 150/ 200 Dh). Quelques chambres basiques mais propres et équipées d'oreillers moelleux et de douches chaudes à l'étage. En bas, le restaurant sert des tajines savoureux (50-60 Dh).

Renseignements

Bureau des guides (0524 42 61 13). À 200 m de l'Hôtel Asgaour.

Pharmacie Asgaour (10h-20h). Articles de premiers secours, médicaments et articles de toilette et d'hygiène pour femmes.

Oukaïmeden أوكايمدن

Principale station de ski alpin du Maroc, Oukaïmeden (2 650 m), à 75 km de Marrakech, constitue également une bonne base de randonnée pour découvrir les paysages lunaires, d'antiques pétroglyphes, et des **fleurs sauvages de montagne** au printemps. Adressez-vous au Club alpin français (CAF) pour connaître les sentiers.

En hiver, les skieurs profitent de **7 pistes**, de verte à noire, de 6 remonte-pentes et du plus haut télésiège d'Afrique (3 243 m). Équipement, forfaits et leçons sont proposés à des prix bas, comparés à l'Europe. La saison s'étendait autrefois de fin janvier à mars, mais ces dernières années, la neige devient rare en mars. Quand les pentes ne sont pas assez enneigées, les skieurs peuvent pratiquer le **ski de fond** alentour.

Où se loger et se restaurer

Refuge du CAF GÎTE D'ÉTAPE €
(0524 31 90 36 ; tinyurl.com/lzvgx2k ; dort membres/non-membres CAF ou HI 80/130 Dh ;).

BOTANIQUE BERBÈRE DANS LE HAUT ATLAS

Malgré des hivers très froids et des étés torrides, les montagnes du Haut Atlas sont très fertiles. Cependant le surpâturage, l'agriculture et la collecte de bois de chauffage ont un impact puisque l'essentiel de la végétation endémique a disparu. Heureusement, grâce à un reboisement minutieux et aux cultures en terrasses irriguées par des systèmes de *targa* (canaux), ces montagnes ont une flore variée.

Voici ce que vous pourrez voir lors de vos randonnées dans l'Atlas :

Vallées Les vallées s'égaient au printemps lorsque fleurissent amandiers, cerisiers et abricotiers. En été, on profite de l'ombre des arbres : caroubiers, cognassiers, grenadiers, pommiers et figuiers. Les fermiers cultivent des céréales et des légumes sur les parcelles en terrasses : orge d'octobre à mai, et pommes de terre, carottes, navets, oignons, lentilles et haricots du printemps à l'automne. La récolte des noix, une culture majeure pour les villages, a lieu fin septembre.

Zone subalpine (2 400 m à 3 200 m). Le vent donne des formes extraordinaires aux bosquets de genévriers thurifères (*Juniperus thurifera*), dont les racines visibles semblent s'accrocher à la roche, pareilles à des doigts noueux. Les pins d'Alep sont plantés pour prévenir l'érosion des sols et remplacent de plus en plus l'odorant cèdre de l'Atlas utilisé par les sculpteurs sur bois.

Haute altitude La plante la plus facile à repérer est le "cactus hérisson", buisson épineux dont la brève floraison se produit au printemps. Même sans reconnaître les plantes, vous repérerez leur parfum : lavande, romarin et thym en particulier.

Le refuge a des dortoirs chauffés, un bar-restaurant (petit-déj/repas 25/110 Dh), une cuisine équipée, une bibliothèque, et offre une connexion Wi-Fi. Vous devrez apporter un sac de couchage. Les sdb sont au 1er étage, mais les couchettes les plus agréables sont dans des chambres habillées de pins dans les étages. Réductions pour les enfants en dessous de 16 ans (dortoirs/non dortoirs 42/65 Dh). On vient au besoin chercher les groupes à Marrakech (400 Dh/1-4 pers en grand taxi, ou 700-900 Dh/9-12 pers en minibus ou en 4x4).

Hôtel Chez Juju HÔTEL €€€

(☎0524 31 90 05 ; www.hotelchezjuju.com ; d en demi-pension 1 100-1 580 Dh ; 📶). Cet établissement ouvert en 1946 propose des chambres modestes de style alpin, avec sdb. Les chambres doubles rénovées sont lambrissées de pin et ont vue sur la montagne. Certaines chambres, plus sombres, ont une sdb en angle, séparée par un simple rideau. Également un restaurant de qualité, avec bar (whisky et vin de 60 à 120 Dh).

Le Courchevel FRANÇAIS €€

(☎0524 31 90 95 ; www.lecourchevelouka.com ; repas 80-200 Dh). Grande terrasse et agréable bar avec coin cheminée, c'est le lieu idéal pour déjeuner et se détendre après le ski.

Depuis/vers Oukaïmeden

Si vous n'avez pas de voiture, vous avez tout intérêt à opter pour les transports du Club alpin français. Sinon, louez un grand taxi au départ de la Bab er-Rob à Marrakech (400-600 Dh).

Parc national de Toubkal

Si vous appréciez l'air vivifiant de la montagne, ne manquez pas de vous rapprocher du plus haut sommet d'Afrique du Nord, le **djebel Toubkal** (4 167 m), aux cimes enneigées, au cœur du parc national de Toubkal. Les sentiers de montagne sillonnant le djebel Toubkal partent d'Imlil, à la limite de la **vallée de Mizane**. En route vers Imlil, il est possible de faire étape à **Asni**, à 47 km au sud de Marrakech, pour manger un tajine au bord de la route et flâner dans le souk du samedi.

Depuis/vers Toubkal

De Bab er-Rob à Marrakech, des bus locaux (18 Dh, 1 heure 30) et des grands taxis (20 Dh, 1 heure) partent fréquemment pour Asni. Des minibus locaux et de rares taxis relient Asni et Imlil (17 km, 10 Dh, 1 heure). En voiture, comptez au moins 2 heures 30 entre Marrakech et Imlil.

Imlil إمليل

Destination favorite des randonneurs, Imlil (1 740 m) se trouve à 5 heures de marche des bases du djebel Toubkal. Au printemps, il serait sacrilège de ne pas passer la nuit sur place pour se réveiller dans les contreforts couverts de fleurs du Haut Atlas.

Activités

Imlil est la principale base pour rejoindre le djebel Toubkal, et la ville se consacre à la randonnée qui attire nombre de pratiquants. Des ascensions jusqu'au **sommet** partent tous les jours, et, en pleine saison, le nombre de randonneurs est impressionnant. Pour échapper aux sentiers les plus empruntés, randonnez au sud-ouest en traversant Tizi n'Mzik (2 489 m) jusqu'aux merveilleuses **cascades d'Irhoulidene** près d'Azib Tamsoult. De là, grimpez jusqu'au sommet du Toubkal de l'ouest (les 6e et 7e jours du trek Toubkal Circuit), ou descendez à l'est dans la belle **vallée d'Azzadan**.

Si vous manquez de temps, vous pouvez facilement faire l'aller-retour jusqu'au village d'**Aroumd** en deux heures. Suivez le sentier des muletiers qui longe la rive ouest de la rivière Mizane.

Bike Adventures in Morocco VTT

(☎0666 23 82 00 ; www.bikeadventuresinmorocco.com ; Imlil). Gérée par le guide de montagne et expert en VTT Lahcen Jellah, cette agence propose tout un éventail d'itinéraires dans l'Atlas. Les balades vont d'un circuit facile de 4 jours à Toubkal à la traversée en 10 jours de l'Atlas, d'Imlil au M'Goun.

Imlil Mountain Bike VTT

(☎0661 82 02 65 ; Imlil ; ⌚9h-19h). Sur votre gauche après l'Hôtel Étoile de Toubkal, cette nouvelle agence loue 16 bons VTT (200-400 Dh/j). Le prix comprend le casque, les gants et la pompe. Un guide vous coûtera 500 Dh supplémentaires par jour.

Mountain Travel Morocco TREKKING

(☎0524 48 57 84 ; www.mountain-travel-morocco.com ; Imlil ; ⌚9h-18h lun-sam). Créée par quatre guides parmi les plus expérimentés d'Imlil, cette agence privée et certifiée propose des treks pour tous niveaux. Les guides savent dispenser les premiers soins et gérer le mal des montagnes. Réservation recommandée.

Où se loger

Imlil compte de nombreux gîtes d'étape et petits hôtels. En haute saison (avril et octobre), la réservation est recommandée. Certaines adresses sont fermées de novembre à février. On trouve également d'autres hébergements à Aroumd, village moins bien équipé pour les touristes.

Riad Atlas Toubkal MAISON D'HÔTES €
(0524 48 57 82 ; www.riadatlastoubkal.com ; Imlil ; d 250-400 Dh, ste 600 Dh ; P ❄ wifi). Cette maison d'hôtes récente est située juste derrière la clinique de la ville. Ses 8 vastes chambres aux grandes fenêtres sont aérées et offrent une vue splendide. L'affable Iman, à la réception, met à la disposition de la clientèle une foule de jeux de société et des livres pour les veillées. Les douches à la disposition des randonneurs, la vue panoramique du restaurant et le parking (20 Dh/nuit) complètent l'excellent service.

Imlil Lodge MAISON D'HÔTES €
(0671 15 76 36 ; www.imlil-lodge.com ; Tamatert ; d 300-380 Dh, dort 6 pers 550 Dh ; ❄ wifi). Accueillante maison d'hôtes à la façade de pierre, gérée par Jamal Imrehane, cofondateur de l'agence Mountain Travel Morocco. Elle bénéficie d'une belle vue de Tamatert à Imlil, jusqu'à la vallée de Mizane. Autour d'une cour intérieure, 4 chambres arborent plafonds ornés de stuc, lanternes de cuivre et couvertures rayées d'Ani. Un dortoir accueille également 6 personnes dans des lits superposés. Votre hôte étant parmi les guides les plus expérimentés, vous aurez l'embarras du choix pour les randonnées.

Riad Ouassaggou RIAD €
(0667 49 13 52 ; www.guesthouseouassaggou.com ; Douar Aït Soukka ; d avec petit-déj 320-400 Dh ; ❄ @). Un verger planté de noyers profile son ombre sur le sentier de vallée, à l'est d'Imlil, qui mène à cette maison d'hôtes de 8 chambres, où vous serez reçu par Houssein, guide de montagne. Les confortables chambres possèdent une sdb (douches), dont une avec baignoire en tadelakt. Terrasse ensoleillée, Internet et machines à laver (10 Dh).

Dar Adrar RIAD €
(0668 76 01 65 ; www.daradrar.com ; Achayn ; petit-déj compris s/d sans sdb 130/200 Dh, ch 300-370 Dh). Dans un coin ombragé du village d'Achayn, à 5-10 minutes à pied en amont de l'Atlas Trek Shop d'Imlil, Dar Adrar loue des chambres simples et confortables jouxtant une cour fleurie et un hammam (50 Dh). Le propriétaire, également guide de montagne, Mohamed Aztat, est l'un des fondateurs de l'agence Mountain Travel Morocco et propriétaire de la boutique d'équipement de trekking d'Imlil.

Refuge du CAF GÎTE D'ÉTAPE €
(0524 48 56 12 ; https://tinyurl.com/n5mxdhs ; dort membres/non-membres CAF et HI 60/80 Dh, camping douche comprise 25/15 Dh par pers/tente). Ce refuge propose des lits en dortoir, un camping, une cuisine, des douches chaudes, des pique-niques (50 Dh), des repas chauds (80 Dh) et une consigne (10 Dh/jour).

Douar Samra RIAD €€
(0524 37 86 05 ; www.douar-samra.com ; Tamatert ; demi-pension/pers 450-660 Dh ; wifi). À la sortie est de la vallée, à Tamatert, un sentier zigzague au milieu des maisons basses en pisé et mène au Douar Samra, bâtiment sur trois niveaux. Empruntez les escaliers taillés dans la pierre pour y accéder. Les chambres sont ornées de poutres et éclairées aux chandelles. Des ânes transportent vos bagages, mais il y a le Wi-Fi dans le jardin bio et des apéritifs sont servis au coucher du soleil sur la terrasse.

Riad Dar Imlil MAISON D'HÔTES €€€
(0524 48 49 17 ; www.darimlil.com ; d 1 300-1 600 Dh ; ❄ wifi). Maison d'hôtes en pierre de style marrakchi qui abrite une vingtaine de chambres confortables et climatisées. Mobilier artisanal, fenêtres en fer forgé et sdb modernes avec babouches et djellabas bien chaudes fournies. Les moins onéreuses, celles donnant sur la cour, sont aussi plus tranquilles mais plus sombres. Wi-Fi dans les chambres et dîner sur la terrasse ou près de la cheminée du salon.

Kasbah du Toubkal CASBAH €€€
(0524 48 56 11 ; www.kasbahdutoubkal.com ; dort avec petit-déj 1 460-1 800 Dh, d 1 800-2 800 Dh, ste 3 800-4 950 Dh ; wifi). Cette ancienne casbah (1 800 m) au-dessus d'Imlil jouit d'une vue panoramique sur les pics enneigés et les vallées verdoyantes. Elle compte 11 chambres joliment décorées et des "salons berbères" où familles et groupes peuvent dormir dans des lits superposés. Hammam traditionnel, guides de montagne, jeux de société, Wi-Fi et savoureux repas (165-300 Dh). Séjour deux nuits minimum et contribution de 5% pour la construction d'écoles et l'achat d'ambulances.

Où se restaurer

Hôtel Étoile de Toubkal PIZZERIA, MAROCAIN €
(0524 48 56 18 ; www.hotel-etoile-toubkal.com ; repas 70-120 Dh). Il fait bon s'attabler pour le dîner dans le jardin de cet hôtel situé dans le centre-ville. Outre les tajines habituels, on peut y commander des pizzas (45-60 Dh).

Pâtisserie La Maison des Associations PÂTISSERIE €
(10h-19h). Suivez le délicieux parfum de cette minuscule pâtisserie située en face de l'agence Imlil Mountain Bike. On y déguste biscuits aux amandes fondants et douceurs au miel, préparés quotidiennement par les villageoises berbères de cette association locale. Soutenue par la Kasbah du Toubkal, l'association aide les villageois à acquérir et à perfectionner de nouveaux savoir-faire.

Renseignements

Bureau des guides (0524 48 56 26 ; bureau.guides@yahoo.fr ; 8h-19h). Ouvert tous les jours en saison. Si vous n'avez rien organisé, ils vous mettront en contact avec un guide selon un tarif fixe (300/400 Dh la demi-journée/journée). Les guides parlent différentes langues, dont le français, l'anglais et l'espagnol.

Aroumd

Pour profiter de l'hospitalité berbère tout en s'éloignant des sentiers pour randonneurs, il faut grimper sur 3 km jusqu'au village d'Aroumd (aussi appelé Armed, 1 960 m). Le sentier passe devant un joli cours d'eau, des maisons de pierre et des vergers ombragés. On peut aussi emprunter la piste carrossable qui part d'Imlil.

Où se loger et se restaurer

Les Roches Armed/Chez Lahcen RIAD €
(0667 64 49 15 ; dort 60 Dh, d demi-pension/pers 180 Dh). En haut d'Aroumd, les clients profitent ici d'une vue à 360° sur les montagnes et les petits jardins voisins. Le soir, on bavarde au coin du feu dans le salon, avant de se retirer dans une chambre aux plafonds en *tataoui* (palme tressée) ou dans les dortoirs. Les 5 sdb communes sont pourvues de douches chaudes. Copieuse cuisine et vaisselle à la décoration berbère.

Dar Warawt/ Chez Omar Jellah MAISON D'HÔTES €
(0667 41 46 23 ; omarjellah@yahoo.co.uk ; 50 Dh/pers). Idéale pour les familles ou les groupes qui randonnent, cette maison se compose d'un appartement tout équipé, aménagé au rez-de-chaussée de la maison d'Omar Jellah. Derrière les portes en forme d'arche se trouvent un salon, des chambres ornées de stucs, et une belle cuisine. Commande de repas possible (100 Dh/pers).

Camping-Auberge Atlas Toubkal/ Chez Omar le Rouge CAMPING, AUBERGE €
(0524 48 57 50 ; www.trekkingatlasmorocco.com ; demi-pension/pers 50 Dh, camping/pers 20 Dh ; P). Camping à flanc de montagne avec parking (10 Dh) ou chambres sommaires. Il y a des parties communes, notamment les douches chaudes (10 Dh) et la salle à manger (petit-déj/tajine 20/50 Dh).

Ascension du djebel Toubkal لاقبوت لبج قاسا

Point culminant de l'Afrique du Nord, le **djebel Toubkal** (4 167 m) ne nécessite pas d'être un alpiniste chevronné. En été, toute personne en bonne forme physique peut rejoindre le sommet. Début octobre, les participants au **marathon du Toubkal** (www.atlas-trail.com) parcourent 42 km (montée et descente) sur le djebel Toubkal. Pour les ultra-marathoniens, les organisateurs ont

PRÉSENTATION DE LA RANDONNÉE

Durée : 2 jours

Distance : 22 km

Niveau : moyen à difficile

Départ/arrivée : village d'Imlil

Point culminant : djebel Toubkal (4 167 m)

Hébergement : camping et refuges

Transports publics : oui

Résumé : C'est la randonnée la plus appréciée du Haut Atlas, avec une vue imprenable sur le sommet. L'itinéraire est assez facile, mais l'ascension par des pierriers n'a rien d'aisé et peut être éprouvante. Par ailleurs, certaines personnes peuvent souffrir du mal des montagnes. Mieux vaut effectuer cette randonnée en été ou en automne, et bien se renseigner sur les conditions météorologiques avant de partir : il peut y avoir de la neige, même en juin.

PRÉPARATION DE L'ASCENSION DU DJEBEL TOUBKAL

Cartes Nous recommandons les mêmes cartes que pour le circuit du Toubkal (p. 106).

Eau Purifier l'eau est une alternative responsable à l'achat de bouteilles. Cependant, ne vous attendez pas à trouver des sources entre juin et octobre.

Guides Bien que l'itinéraire soit indiqué, il est recommandé de faire l'ascension avec un guide (p. 103), notamment si l'on est un randonneur inexpérimenté ou lorsque les conditions météorologiques sont variables, d'octobre à juin.

Provisions Repas et en-cas sont disponibles au refuge du Toubkal et au refuge du Mouflon. Vous pourrez aussi trouver de quoi déjeuner à Imlil. Grand choix d'en-cas à emporter dans les supermarchés de Marrakech.

Mules Pour ce trek de deux jours requérant le strict minimum de matériel, la plupart des randonneurs expérimentés n'auront pas besoin de mule. Toutefois, les guides peuvent se charger de recruter des muletiers et leurs animaux.

Matériel Emportez un sac de couchage. Vous n'aurez pas besoin de tente, à moins de préférer camper plutôt que de loger dans les refuges. Le cas échéant, demandez à votre guide d'en prévoir une.

ajouté au marathon un itinéraire de 106 km dans le Haut Atlas, appelé l'**Ultra trail du Toubkal**.

Même si les 3 313 m de montée au départ d'Imlil ne présentent pas de difficultés techniques particulières, il faut savoir que le Toubkal est réputé pour son climat très changeant, ses pentes escarpées d'éboulis volcaniques, et le mal des montagnes engendré par l'altitude. Les randonneurs prévoiront suffisamment de temps pour monter à un rythme lent et régulier, afin de s'acclimater. Pour une ascension encore plus tranquille, vous pouvez camper en chemin à Sidi Chamharouch. L'ascension du Toubkal peut se combiner avec celle de sommets voisins. Les randonneurs en excellente condition physique profitent généralement de l'occasion pour gravir le **djebel Ouanoukrim** (4 088 m).

1er JOUR : D'IMLIL AU REFUGE DU TOUBKAL

DURÉE 5-6 HEURES / DISTANCE 10 KM / MONTÉE 1 467 M

Le mieux est de quitter **Imlil** tôt le matin car le sentier grimpe sur l'ensemble de l'itinéraire, et, après Aroumd, l'ombre se fait rare. Suivez le sentier en terre menant à **Aroumd** (Armed) après la **Kasbah du Toubkal**. Au-delà, l'ascension continue en lacets pour rejoindre la route à Aroumd, où d'impressionnantes pentes semblent se refermer sur vous.

Après Aroumd, traversez la plaine rocheuse et empruntez le sentier muletier bien tracé qui monte en direction d'un très gros rocher surplombant la rive est de l'Assif Reraya, et mène ensuite au hameau de **Sidi Chamharouch** (2 310 m). Après le sanctuaire du marabout, à gauche du sentier, se trouvent des cascades, des piscines naturelles et un superbe emplacement à l'ombre des rochers, idéal pour pique-niquer.

Après le pont de Sidi Chamharouch, le sentier en pierres s'éloigne de la rivière sur 2 kilomètres pour zigzaguer au-dessus de la vallée. Il s'aplanit ensuite et rejoint le cours d'eau. Lorsqu'on aperçoit le **refuge du Toubkal**, juste au pied du versant ouest du djebel Toubkal, on n'est plus qu'à une heure de marche de l'arrivée.

2e JOUR : LA MONTÉE

DURÉE 9 HEURES / DISTANCE 12 KM / DÉNIVELÉ 960 M

Mieux vaut partir tôt pour éviter le soleil ardent car l'itinéraire est sans ombre. Prévoyez de l'eau, des en-cas et des vêtements chauds. Si vous arrivez directement d'Imlil, et pour éviter le mal des montagnes, commencez votre ascension lentement. Les symptômes du mal de montagne se traduisent par de violents maux de tête ou des vomissements. Se reposer ne soulage pas le mal, il faut redescendre au plus vite.

Deux cirques glaciaires descendent le flanc ouest du Toubkal, séparés par la crête ouest/nord-ouest qui s'aligne sur le sommet. Le cirque du sud, itinéraire le plus emprunté, commence derrière le refuge, à gauche, où il faut franchir la rivière et prendre la direction de l'est vers la pente d'éboulis.

Commencez l'ascension en suivant le sentier, bien tracé, qui part à gauche.

Traversez un champ pierreux, puis grimpez le chemin qui monte en lacets jusqu'au **Tizi n'Toubkal** (3 940 m), situé à l'aplomb. Ensuite, le sentier tourne vers la gauche (direction nord-est) et suit la crête jusqu'au sommet (4 167 m). Comptez jusqu'à 4 heures (selon votre forme et la météo) pour rejoindre le sommet.

Redescendez par le même chemin, et obliquez à gauche quand le refuge est en vue. Cette descente ne devrait prendre que 2 heures 30, après quoi, vous pouvez regagner directement Aroumd ou Imlil. Si vous prévoyez de passer une deuxième nuit au refuge, vous pouvez descendre par l'itinéraire plus long, appelé Ihibi sud, ou circuit sud. C'est une marche facile qui permet de rejoindre le refuge en 4 heures. À l'arrivée, vous pourrez vous régaler d'un chocolat chaud.

Circuit du Toubkal لاقبوت لبج قلوج

Outre la découverte de majestueux sommets et de vues splendides sur le djebel Toubkal, ce circuit permet de se familiariser avec le mode de vie berbère, caractéristique des villages du Haut Atlas. Emportez du matériel de camping, même s'il est possible, au prix de petits détours, de passer de temps à autre la nuit dans des gîtes villageois rudimentaires ou des refuges de montagne.

Cet itinéraire étant assez éprouvant, prévoyez un jour supplémentaire pour vous reposer. L'ascension du djebel Toubkal se déroule le sixième jour, ce qui laisse du temps pour s'acclimater à l'altitude. Presque tout le parcours se déroule au-dessus de 2 000 m, avec plusieurs cols au-dessus de 3 000 m.

La période idéale s'étend de fin avril à fin juin : d'avril à mai, vous profiterez de la floraison, et en juin les journées sont chaudes sans excès. Les températures sont souvent négatives de novembre à mai. La neige tapisse alors les sommets et les cols les plus élevés en altitude. À cette saison, seules les vallées sont praticables. L'accès aux sommets nécessite cordes et crampons.

Au cœur de l'été, les journées sont longues et la neige inexistante (sauf vers le Toubkal). Au bas des vallées, la chaleur devient parfois insupportable et les réserves d'eau sont vite épuisées. C'est en juillet et août que le Haut Atlas connaît sa plus forte fréquentation. Pratiquer la randonnée à cette période peut être formidable, à condition de marcher très tôt le matin, puis de repartir tard l'après-midi.

En été, des crues soudaines peuvent se produire suite aux orages (point à ne pas oublier lorsque l'on choisit son emplacement pour camper). Le débit des rivières atteint son maximum en automne (novembre) et à la fin du printemps (avril et mai).

PRÉSENTATION DE LA RANDONNÉE

Durée : 7-10 jours

Distance : 60,2 km

Niveau : moyen à difficile

Départ/arrivée : village d'Imlil

Point culminant : djebel Toubkal (4 167 m)

Hébergement : camping, gîtes et refuges de montagne

Transports publics : oui

Résumé : Facilement accessible depuis Marrakech, ce circuit autour du djebel Toubkal (dont on peut entreprendre l'ascension) traverse des paysages variés alternant vallées verdoyantes, villages berbères, sommets impressionnants et cols désolés. Cette randonnée est éprouvante car les ascensions sont longues et pénibles, et le terrain rocailleux. À moins d'être très expérimenté, faites-vous accompagner par un guide. Une bonne condition physique est indispensable.

1er JOUR : D'IMLIL À TACHEDDIRT

DURÉE 3 HEURES 30-4 HEURES 30 / DISTANCE 9,5 KM / MONTÉE 560 M

Pour cette première étape, l'itinéraire débute en montant doucement par la route qui relie **Imlil** (1 740 m) au village d'**Ouaneskra,** à 2 km à l'ouest de Tacheddirt (2 300 m). Elle monte tranquillement en lacets vers l'est jusqu'à **Aït Souka**.

Au bout d'une heure, arrivé à un cours d'eau baptisé Talat n'Aït Souka, vous pouvez emprunter la route qui mène vers le nord en direction du col de **Tizi n'Tamatert** (2 279 m), ou suivre un sentier rocailleux assez bien tracé vers l'est en contournant le village de **Tamatert**. Ce sentier se poursuit vers l'est pendant 15 minutes, traversant une modeste pinède et une route, avant de grimper en pente raide vers le nord-est pour rejoindre le Tizi n'Tamatert. La montée dure 30 à 45 minutes.

PRÉPARATION DU CIRCUIT DU TOUBKAL

Cartes La carte au 1/50 000 intitulée *Djebel Toubkal* couvre l'ensemble du circuit du Toubkal et elle est parfois en vente au bureau des guides (p. 102) à Imlil. La carte topographique au 1/100 000 intitulée *Carte des randonnées dans le massif du Toubkal* couvre aussi ce circuit. Ces deux cartes sont éditées par la Direction de la cartographie et sont disponibles dans les bureaux de l'organisme à Rabat ou à l'Hôtel Ali, place Jemaa el-Fna à Marrakech (70 Dh/150 Dh).

Guides Engagez des guides certifiés au bureau des guides d'Imlil (p. 103). Comptez une journée au moins pour trouver un guide et organiser votre trek – sachant que si vous avez des besoins particuliers ou que vous voyagez en pleine saison, l'organisation peut prendre plus de temps.

Mules Les guides de montagne se chargent de recruter des muletiers et leurs animaux. Il faut savoir que les mules ont des difficultés à franchir le Tizi n'Ouanoums, à l'ouest du lac d'Ifni, et que de novembre à juin, certains secteurs sont impraticables. Si ceux-ci sont contraints à de longs détours, vous devrez peut-être porter l'équivalent d'une journée de provisions et de matériel. Mettez bien les choses au clair au préalable avec le guide et le muletier.

Provisions On peut se procurer des provisions de base à Imlil, ainsi que des en-cas, des soupes et autres aliments pour la randonnée dans les supermarchés de Marrakech.

Eau Purifier l'eau de source est une solution plus écologique que d'emporter de l'eau en bouteille, mais vous ne trouverez pas de sources en chemin. Vous devrez donc emporter suffisamment de réserve.

Matériel Un bâton est utile pour marcher. Vous pourrez acheter de l'essence, du gazole et du kérosène à Marrakech ou à Asni.

Tente Votre guide pourra vous trouver une tente. Le circuit décrit ici nécessite de camper en certains endroits, mais vous pouvez faire un détour jusqu'à un refuge, ou éventuellement vous passer de tente en été.

Au col, **Bivi Thé**, une petite cabane usée par les intempéries vend des sodas onéreux. Vers le nord-est, vous admirerez le **Tizi n'Eddi** (2 960 m), le col qui mène à Oukaïmeden, ainsi que le **Tizi n'Tacheddirt** (3 130 m).

La piste et la route goudronnée se rejoignent au Tizi n'Tamatert. De là, une marche facile de 45 minutes conduit à Ouaneskra. En chemin, vous profiterez de belles vues sur la vallée, les jolies maisons berbères et les terrasses luxuriantes de Talate n'Chaoute, de Tamguist et d'Ouaneskra.

Peu avant Ouaneskra, le chemin se sépare en deux. Le chemin muletier sur la droite traverse le côté sud de la vallée pour rejoindre un camping idyllique, proche de la piste et de l'**Irhzer n'Likemt**, un cours d'eau. C'est aussi le point de départ de l'étape du lendemain.

Plus long, l'itinéraire qui passe par Ouaneskra et **Tacheddirt** explore le côté nord de la vallée après avoir franchi le Tizi n'Tamatert. Ouaneskra compte trois gîtes et un agréable petit restaurant, mais l'étape suivante étant très longue, il est préférable d'y faire une pause-déjeuner seulement puis de poursuivre sa route. Le village de Tacheddirt est 2 km plus loin sur la route goudronnée. À Tacheddirt, **Tigmi n Tacheddirt** (☎0662 10 51 69 ; www.highatlaslodges.com ; demi-pension et sdb commune/privée 180/200 Dh/pers) peut accueillir jusqu'à 50 personnes. De Tacheddirt, la piste décrit une boucle vers le sud jusqu'au camping proche de l'Irhzer n'Likemt.

2e JOUR : DE TACHEDDIRT À AZIB LIKEMT

DURÉE 5-6 HEURES / DISTANCE 9 KM / MONTÉE 1 200 M / DESCENTE 900 M

Quittez Tacheddirt tôt pour entreprendre la marche de 2-3 heures jusqu'au **Tizi Likemt** (3 550 m). Le sentier sinueux monte doucement à l'extrémité de la vallée mais il est plus aisé à suivre que la descente pour franchir l'**Assif n'Imenane**, suivie d'une remontée après le camping. Bien qu'une grande partie du parcours soit ombragée le matin, la montée est rude, en particulier le champ pierreux sous le sommet.

Non loin du terrain de camping, un sentier bien visible remonte, au cœur du ravin, sur la rive est du lit de la rivière (que l'on traverse à deux reprises). Comptez environ 50 minutes. Ensuite, le sentier bifurque à gauche (vers le sud-est) pour atteindre le col. Depuis le sommet du Tizi Likemt, on jouit d'une vue superbe sur les vallées verdoyantes et les pics déchiquetés. Par beau temps, on aperçoit même Oukaïmeden et le djebel Toubkal au loin.

Le sentier qui redescend sur l'autre versant (vers le sud-est) rejoint en 30 minutes une source semi-permanente située sur la gauche. Environ une heure de marche et on atteint les pâturages irrigués au-dessus d'**Azib Likemt**. Un *azib* est une estive (pâturage d'été), et à Azib Likemt (2 650 m) de mai à octobre les fermiers cultivent des céréales sur les terrasses irriguées.

Vous trouverez peut-être à loger chez l'habitant ou à planter votre tente à Azib Likemt. Sinon, redescendez par les terrasses jusqu'à l'**Assif Tifni**. Franchissez-le, bifurquez à droite et remontez le courant jusqu'à de gros rochers ; là, un terrain plat près des rives vous permettra de planter votre tente.

3e JOUR : D'AZIB LIKEMT À AMSOUZERT

DURÉE 6 HEURES-6 HEURES 30 / DISTANCE 15,2 KM / MONTÉE 470 M / DESCENTE 1 380 M

Moins éprouvant, le parcours qui conduit directement à Amsouzert, au sud, donne l'occasion d'emprunter de beaux chemins de crête. À Azib Likemt, le sentier bien marqué débute derrière le terrain de camping vers le sud, gravit le flanc de la montagne et s'engage dans les impressionnantes gorges creusées par l'**Assif n'Tinzer**. Surplombant la berge orientée est de la rivière, il sinue au-dessus de la **cascade de Tombe Asmine** avant de redescendre vers la rive. Il faut ensuite longer la rivière pendant environ 2 heures entre d'étonnantes falaises et de vastes pâturages. Ensuite, un sentier bien visible remonte la vallée jusqu'au **Tizi n'Ououraïne** (3 120 m ; aussi appelé Tizi

Circuit du Toubkal

N 0 5 km

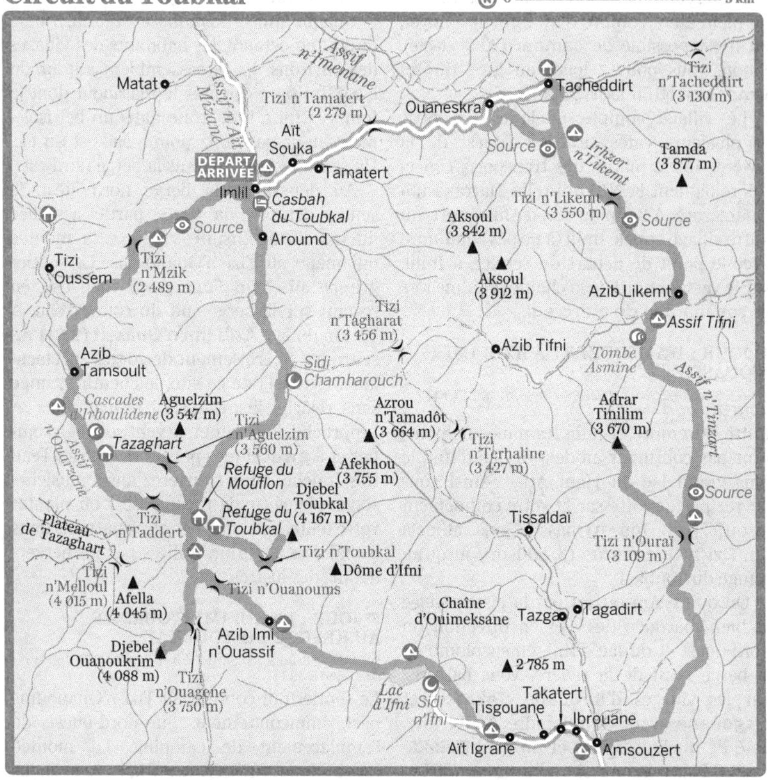

n'Ouaraï). Ce col offre une vue superbe sur la face est du Toubkal, le **dôme d'Ifni** (3 876 m) et le reste de ce massif.

Passé le col, le chemin traverse l'embouchure de la vallée pour atteindre un pic rocheux où se rejoignent plusieurs sentiers. L'un part au sud-ouest pour suivre la crête jusqu'à **Tagadirt** (après 50 m, belle vue sur le **djebel Siroua**), mais prenez à gauche (vers le sud-est) et suivez le chemin muletier en direction du sud. Traversez le début d'une autre vallée et longez un pointe rocheuse pour atteindre la crête après 1 heure 30 de marche. Le **lac d'Ifni** se dessine à l'ouest. Quinze minute plus tard, juste avant deux affleurements rocheux, le sentier se sépare en deux. Prenez à droite et descendez vers le sud jusqu'à un grand cairn. La descente se poursuit vers le sud-ouest, puis vers l'ouest jusqu'au bout du pic rocheux, et vous atteindrez **Amșouzert** (1 797 m) en 30 minutes.

Village prospère, Amsouzert s'étend des deux côtés de la rivière. Si vous envisagez une journée de repos, c'est l'endroit rêvé. Près de l'école, un salon de thé est aménagé en plein air, à l'ombre d'un immense noyer, où il est possible de **camper** (20 Dh/tente). Sinon, vous pouvez loger au **gîte Himmi Omar** (dort 50 Dh, tajine 30 Dh).

Le village compte quelques échoppes et plusieurs cafés situés à l'ouest de la rivière. Tôt le matin, des transports collectifs rejoignent la N10 qui relie Marrakech à Ouarzazate. À 3 km au sud d'Amsouzert, un autre village appelé Imlil (à ne pas confondre avec le point de départ du sentier, à Imlil, sur le versant nord de la chaîne) s'anime lors de son **marché du mercredi**.

4e JOUR : D'AMSOUZERT À AZIB IMI N'OUASSIF

DURÉE 5 HEURES 30-6 HEURES / DISTANCE 10,5 KM / MONTÉE 1 100 M

Entre novembre et juin, les mules ne pourront pas continuer au-delà du lac d'Ifni, le plus grand lac du Haut Atlas. Ainsi vous devrez porter votre sac et votre équipement jusqu'à Azib Imi n'Ouassif, puis au-delà du **Tizi n'Ouanoums** (3 600 m), jusqu'au refuge du Toubkal.

On quitte Amsouzert par la piste nivelée et bien marquée des 4x4 en direction du nord-ouest et du lac d'Ifni, en surplomb de la berge nord de la rivière. Vous passerez par les villages d'**Ibrouane**, **Takatert** et **Tisgouane** avant de rejoindre **Aït Igrane**, doté de quelques cafés et du **gîte Belaïde** (dort 50 Dh). Il y a aussi un **camping** (30 Dh) ombragé sur un terrain plat pierreux, juste après le Café Toubkal, qui dispose d'une douche froide et de toilettes.

En quittant Aït Igrane, poursuivez votre chemin sur la piste des 4x4 qui longe la rivière vers le nord-ouest, prenez l'étroit sentier muletier à l'endroit où la piste des 4x4 franchit la rivière, puis tournez à gauche toute. Le sentier muletier contourne la rive nord du **lac d'Ifni** (2 295 m), et traverse un paysage rocailleux, austère et inhospitalier. Le sentier, d'abord très escarpé, redescend ensuite jusqu'à la pointe nord-est du lac d'Ifni, vaste étendue verte (baignade possible). La marche jusqu'au lac prend 3 heures. Avant d'atteindre le rivage, vous passerez devant une sorte de **cabane** indiquée "café", qui vend de l'eau, des rafraîchissements et des tajines.

Sur la petite plage de la rive nord, des **abris en pierre** offrent ombre et repos. S'il pleut, camper à proximité du col suivant peut se révéler dangereux, et vous avez tout intérêt à dénicher un emplacement en surplomb du lac.

Chaque année, un *moussem* réunit, 3 jours durant en octobre, les habitants des villages des environs. Ils se rassemblent autour du lac d'Ifni pour célébrer le marabout dont la tombe, **Sidi n'Ifni**, trône dans un bel isolement au-dessus de la pointe sud-est du lac. Un sentier y mène depuis la berge nord-est.

Au départ de la berge nord-ouest, le sentier traverse la vaste partie asséchée du lac d'Ifni. Ensuite s'amorce la montée qui mène au Tizi n'Ouanoums. Le sentier grimpe au cœur d'une gorge rocheuse, en restant sur la berge sud du cours d'eau. À 3,5 km du lac, **Azib Imi n'Ouassif** (2 841 m) se trouve au croisement de gorges spectaculaires. Au-delà de ce site, le chemin grimpe sans relâche jusqu'au Tizi n'Ouanoums. À l'approche du sommet, le vent se met à souffler et il y a quelques petites cascades à l'eau très fraîche. Vous trouverez aussi plusieurs zones plates (mais rocailleuses) où planter votre tente, ainsi que des abris naturels dans les falaises alentour, utilisés par les bergers depuis des lustres.

5e JOUR : D'AZIB IMI N'OUASSIF AU REFUGE DU TOUBKAL

DURÉE 4 HEURES / DISTANCE 4 KM / MONTÉE 759 M / DESCENTE 393 M

Le sentier qui conduit au Tizi n'Ouanoums part immédiatement au nord-ouest de l'emplacement de camping. La montée est raide et éreintante, mais vous serez largement récompensé par la vue sur l'**Assif n'Moursaïne**, bordé par les crêtes dentelées de l'**Adrar bou Ouzzal** et de l'**Ouimeksane**. Le sentier traverse le cours d'eau à plusieurs reprises, pour atteindre le col en quelque 2 heures (on peut faire halte au bout d'une heure sous un abri en pierre proche d'une source). Même en plein été, il fait souvent très frais au sommet, avec parfois un vent violent. Sur l'autre versant du col, la descente est parsemée de rochers assez traîtres et de passages enneigés jusqu'en juillet. De là, le djebel Toubkal s'offre au regard. À l'ouest, un chemin conduit au **Tizi n'Melloul** (3 875 m). Une fois en bas, le parcours, plus facile, s'oriente vers le nord jusqu'au refuge du Toubkal (3 207 m), à environ 2 heures de marche du Tizi n'Ouanoums.

Le **refuge du Toubkal** du CAF (☎ 0661 69 54 63 ; www.refugedutoubkal.com ; dort membres CAF/membres HI /non-membres 60/80/130 Dh), parfois indiqué sur les cartes sous le nom de Neltner, est surpeuplé, humide et mal équipé. Le plus récent **refuge les Mouflons** (☎ 0661 21 33 45 ; www.refugetoubkal.com ; dort 140 Dh, demi-pension 319 Dh/pers) est mieux équipé. En outre il possède une petite épicerie avec plus de produits et il propose des repas (90 Dh) dans son salon agréable. Il est aussi possible de camper en aval du refuge, ou de planter sa tente sur un pâturage à 20 minutes au sud (20 Dh).

En partant du principe que vous atteindrez le refuge avant le déjeuner, plusieurs randonnées s'offrent à vous l'après-midi. Ainsi, si vous ne voulez pas faire l'ascension du djebel Toubkal, vous pourrez notamment rejoindre **Imlil**, votre point de départ (une descente de 3-4 heures en direction du nord). Vous pouvez aussi gravir le **djebel Ouanoukrim** (4 088 m, 5-6 heures aller-retour), deuxième plus haute montagne de la région. Toutefois, il est plus sage de consacrer cet après-midi au repos, surtout si vous prévoyez l'ascension du djebel Toubkal le lendemain.

6e JOUR : DU REFUGE DU TOUBKAL À AZIB TAMSOULT

DURÉE 5 HEURES / DISTANCE 8 KM / MONTÉE 493 M / DESCENTE 1 300 M

Un sentier muletier part du refuge du Toubkal en direction du nord-ouest, puis gravit tranquillement la pente vers le nord pendant une quinzaine de minutes. Une fois parvenu à la fourche proche d'un petit muret circulaire servant d'enclos à moutons, tournez à gauche vers l'ouest, et poursuivez sur le sentier qui monte en lacets jusqu'au **Tizi n'Aguelzim** (3 560 m), à 2 heures de marche. C'est un itinéraire plus long mais plus sûr que l'itinéraire sud, qui passe par le Tizi n'Taddert, souvent fermé sans avertissement pour des questions de sécurité.

Le Tizi n'Aguelzim offre une vue panoramique splendide : à l'est sur le sommet du Toubkal, au nord-est sur la vallée d'Imlil, au nord-ouest sur Azzadene et à l'ouest sur le plateau de Tazaghart. À partir de là, le chemin redescend en décrivant quelque 92 virages en épingle à cheveux, soit environ une heure. Arrivé en bas, il franchit un cours d'eau. Vingt minutes plus loin, prenez l'embranchement sur la gauche et tournez à nouveau à gauche au bout de 15 minutes. À partir de là, le sentier grimpe pendant 10 minutes pour rejoindre l'agréable **refuge du CAF de Tazaghart** (☎ 0667 85 27 54, Oukaïmeden 0524 31 90 36 ; dort membres CAF/HI/non-membres 60/80/130 Dh), installé à côté d'une belle cascade. Le refuge peut héberger 22 personnes et dispose de lampes à gaz et d'une cuisine sommaire.

Vous trouverez probablement porte close si vous n'avez pas réservé. Le gardien habitant à Tizi Oussem, il faut lui téléphoner au préalable, ou lui faire parvenir un message par l'intermédiaire d'un muletier ou d'un berger, qui fera peut-être tout le trajet jusqu'à Tizi Oussem pour aller le chercher. Il est possible de planter sa tente à côté du refuge ou sur les terrains plats au-dessus de la cascade.

Au sud-est du refuge de Tazaghart, le **Tizi n'Melloul** (3 875 m) est une voie d'accès plus difficile pour parvenir au refuge du Toubkal, mais il donne aussi accès à l'**Afella** (4 045 m), au sud-est, ainsi qu'au chemin de crête menant à Biginoussen, au nord.

La descente sur **Azib Tamsoult** (2 400 m) passe devant les impressionnantes **cascades d'Irhoulidene**, où la végétation s'épaissit. À 5 minutes à pied des chutes, une zone boisée très agréable fera le bonheur des campeurs. Le village se trouve à 10-15 minutes à pied au nord.

7e JOUR : D'AZIB TAMSOULT À IMLIL

DURÉE 4 HEURES-5 HEURES / DISTANCE 7 KM / MONTÉE 89 M / DESCENTE 749 M

Si vous êtes dans les temps et que vos jambes vous le permettent, vous pouvez entamer la descente vers Imlil à la fin de la sixième journée. En partant des potagers d'Azib Tamsoult, avec l'**Assif n'Ouarzane** en contrebas sur la gauche, vous verrez au nord un sentier muletier bien marqué qui parcourt la vallée boisée. Traversez le village et le cours d'eau pour le rejoindre. Ne prenez pas les chemins qui partent vers la gauche, en direction de la vallée.

Une montée douce et régulière, en direction du nord-est (avec la forêt de genévriers et le **Tizi Oussem** plein ouest), vous conduira au **Tizi n'Mzik** (2 489 m), où vous pourrez vous abriter dans une bergerie. Imlil est à 1 heure 30 de marche en descente par un sentier muletier bien tracé. Au bout de 40 minutes de marche, vous verrez une source à droite du sentier. Des lits confortables et de bons tajines bien chauds vous attendront à **Imlil**.

Tizi n'Test

Construite dans la montagne par les Français à la fin des années 1920, l'impressionnante route, vitale pour le contrôle du commerce, qui passe par le col de Tizi n'Test (2 092 m) fut la première route moderne reliant Marrakech à la plaine du Sous. Ses virages en épingle à cheveux procurent de bonnes poussées d'adrénaline. De brusques changements de temps ajoutent à la difficulté du parcours sur la route à une voie : d'épais nuages et du brouillard limitent la visibilité et la neige peut aussi compliquer l'affaire.

En quittant Marrakech vers le sud, vous verrez le village de Tin Mal sur votre droite. Datant de l'époque des Almohades, la **mosquée** (pourboire 10-20 Dh), bâtie en 1156 en l'honneur de l'austère chef spirituel de la dynastie, Mohammed Ibn Tumart, est une merveille architecturale. Elle est désaffectée, et le gardien vous fera franchir ses portes massives donnant sur la tranquille salle de prière aux plafonds de cèdre sculpté.

Après Tin Mal, à l'approche du col, on émerge parfois brusquement du brouillard dans un ciel azur. Sur le versant sud du col, la camionnette encastrée dans le flanc de la montagne vous indiquera qu'il est temps de faire une halte au **Café Dar Issouga** (☎0670 10 65 21 ; tajine 60-90 Dh). Le balcon jouit d'une vue époustouflante sur la vallée, les terrasses verdoyantes et les forêts de cyprès s'étageant à flanc de montagne jusqu'à Taroudant.

LES OASIS DU SUD

Après avoir passé la paroi de granit du Haut Atlas au col de Tizi n'Tichka, on dévale les versants boisés pour arriver dans une zone présaharienne, plate et rocailleuse. Cyprès, genévriers et fleurs de pommiers cèdent rapidement la place aux épineux acacias et aux palmiers. Ces oasis projettent de brusques taches de verdure sur une toile de fond de casbahs en pisé et de ksour (forteresses) isolés. Dans la grande hamada et jusqu'aux lisières ensablées du Sahara sinuent les oasis du Sud, Drâa, Dadès et Ziz -- longues vallées fluviales verdoyantes hérissées de palmiers dattiers. Il s'agit de l'ancienne route caravanière vers Tombouctou, le Niger et le Soudan.

Le cœur de la région est le centre administratif de Ouarzazate, point de départ d'excursions vers le sud jusqu'à M'Hamid et l'impressionnant champ de dunes de l'erg Chigaga, ou vers l'est via Skoura le long de la vallée du Dadès jusqu'à Merzouga et les petits champs de dunes de l'erg Chebbi.

Tizi n'Tichka

Le col de Tizi n'Tichka (2 260 m), plus élevé que celui de Tizi n'Test à l'ouest, est plus facile d'accès en voiture par la N9. Il relie Marrakech et les oasis du sud. Il fut creusé pour contourner l'ancienne route des caravanes vers le Drâa qui serpentait dans la vallée de l'Ounila et fut contrôlée pendant tout le XIXe siècle les puissants Glaoui.

Si vous êtes pressé de rejoindre le désert, vous pouvez partir de Marrakech et rejoindre le Tizi n'Tichka en 3 heures. Peu après **Aït Ourir**, la route s'élève dans un paysage magnifique constitué de chênes et de noyers, puis devient plus raide après le village de **Taddert** alors que disparaissent les couleurs, hormis quelques fleurs sauvages et les géodes teintes en rouge que vendent les enfants. L'hiver, vérifiez auprès de la **gendarmerie du col du Tichka** (☎0524 89 06 15) que celui-ci est bien ouvert.

Une fois le col franchi, deux itinéraires pour Ouarzazate s'offrent à vous : le plus rapide emprunte la N9, tandis que le plus panoramique passe par la splendide casbah Glaoui de Télouet et la luxuriante vallée de l'Ounila jusqu'à Aït Benhaddou. L'embranchement vers Télouet, côté sud de la route, est à 20 km du col. Malgré le mauvais état de la route, il est possible de parcourir les 36 km jusqu'à Aït Benhaddou sans 4x4. La section la plus dégradée se situe entre Télouet et Anmiter, sur 11 km environ.

Où se loger et se restaurer

I Rocha MAISON D'HÔTES €€

(0667 73 70 02 ; www.irocha.com ; Douar Tisselday ; d en demi-pension/pers 460 Dh ;). Cette maison d'hôtes en pierre, à flanc de falaise, sur la N9 entre Marrakech et Ouarzazate, est idéale pour se reposer en profitant d'une belle situation. Les 10 chambres lumineuses, au ton crème, sont décorées de poutres apparentes, d'épais tapis et dotées de sdb carrelées en *beldi*. Le tout dégage un charme berbère décontracté. Les propriétaires, Ahmed et Catherine, mitonnent de succulents plats franco-marocains, parfumés aux herbes du jardin.

Dar Isselday MAISON D'HÔTES €€

(0666 17 48 81 ; www.dar-isselday.com ; Douar Tisselday ; s/d 340/500 Dh). Najat prépare avec amour des plats traditionnels servis sur la terrasse panoramique, à l'ombre d'un faux poivrier rose. À l'intérieur, six chambres confortables sont assorties de sdb en tadelakt. Les frères Kamal et Lahcen vous feront visiter les vergers familiaux et les mines de quartz voisines. En aval d'I Rocha, sur la N9 Marrakech-Ouarzazate.

Télouet تلوات

Télouet, sur le chemin des caravanes entre Marrakech et Ouarzazate, est aussi la ville natale de l'autocrate pacha el-Glaoui, qui collabora avec les Français jusqu'à son éviction en 1953 par le mouvement d'indépendance marocain. Selon la légende, lorsque s'ouvrirent les portes imposantes de la casbah du Glaoui, des villageois qui avaient mystérieusement disparu depuis des années émergèrent éblouis des caves où ils dépérissaient.

Télouet comptait autrefois une communauté juive prospère, en charge pour le compte du Glaoui du commerce du sel, dont l'exploitation fit la richesse du pacha. Certaines mines sont encore en activité. Le très précieux sel rose des bords de l'**oued Mellah** (fleuve du sel) servait jadis de monnaie.

Près de la casbah du Glaoui se trouvent les ruines d'un ancien **village d'esclaves**. Cependant les sites de Télouet sont laissés à l'abandon par l'administration marocaine.

Au-delà de Télouet, au fil des oasis qui ponctuent l'étroite vallée, on peut apercevoir d'autres casbahs du Glaoui en ruine, des gorges et des grottes et d'anciens villages fortifiés, tel **Anmiter** (à 11 km à l'est de Télouet), qui compte deux casbahs rouges bien préservées, ainsi qu'un ancien **mellah**.

VAUT LE DÉTOUR

LA VALLÉE DE L'OUNILA

Les voyageurs équipés d'une voiture solide ou d'un 4x4, de VTT ou de bonnes chaussures de marche emprunteront l'ancienne route des caravanes du désert entre Télouet et Aït Benhaddou, qui passe par la splendide **vallée de l'Ounila**. Si les 12 premiers kilomètres sont cahoteux et lents à parcourir, les 25 km restant jusqu'à Tamdaght se déroulent sur une piste correcte. Ce fascinant itinéraire suit le cours de l'oued Mellah et traverse **Anmiter** (dont la casbah aux tours rouges préfigure l'architecture des origines d'Aït Benhaddou), Assaka, Tizgui et d'autres pittoresques villages s'étendent le long des **gorges d'Assaka**. En quittant la vallée de l'Ounila par le sud, vous apercevrez des **terrasses en calcaire servant au battage**, s'étageant au flanc d'une colline qui se dresse face à l'est. À la saison des récoltes, les villageois battent les céréales sur ces plateformes de pierre, comme ils le font depuis des siècles.

À voir et à faire

Casbah du Glaoui ÉDIFICE HISTORIQUE

(20 Dh). Autrefois grandiose, cette forteresse est à l'abandon et seule la **salle de réception** du 2e étage donne une idée de l'ancien prestige de Télouet, centre d'un empire marchand transsaharien. Pas moins de 300 artisans furent recrutés pour décorer les salons qui sont ornés de stuc, de zelliges et de plafonds en cèdre peint. Ce décor surpasse le palais royal de la Bahia à Marrakech. C'est ici que vécut, en exil, le pacha el-Glaoui, après avoir été chassé du palais de la Bahia au moment de l'indépendance. Il y mourut peu après d'un cancer.

Baraka Community Partnerships BÉNÉVOLAT

(www.barakacommunity.com). En coopération avec le village de Tighza, Baraka Partnerships est une association britannique proposant des séjours pour volontaires dans ce village isolé (à 16 km à l'est de Télouet). Le projet consiste à aider à l'amélioration du système d'irrigation et au reboisement de terrain. Les travaux sont financés par des dons (à partir de 350 Dh en fonction du projet), sur place ou via le site Internet.

Où se loger et se restaurer

Les restaurants autour de la place centrale de Télouet servent des tajines (40 Dh) et des omelettes berbères relevées avec tomates, olives et herbes aromatiques (30 Dh).

Dar Aissa MAISON D'HÔTES €
(☎0670 22 22 47 ; www.daraissatelouet.onlc.eu ; Télouet ; par pers avec petit-déj/demi-pension 120/200 Dh ; @). Dans le centre de Télouet, cette maison d'hôtes propose un hébergement propre sur des matelas au sol dans des chambres aux tons rose et jaune, avec sdb communes modernes.

♥ **Riad Kasbah Oliver** MAISON D'HÔTES €€
(☎0524 89 18 28 ; www.homestaysmorocco.net ; Tighza ; adulte/6-12 ans 300/100 Dh). Un établissement amoureusement tenu par Mohamed El Qasemy, natif de Tighza, et sa femme britannique Carolyn. Construit par des artisans du village, c'est un hébergement simple, conçu dans un esprit écolo-durable. Les portes ont été fabriquées à Télouet, les meubles recyclés et les douches sont chauffées à l'énergie solaire. Promenades à pied, visites d'une mine de sel, expéditions au souk et thé avec les villageois ne sont qu'un échantillon des activités proposées.

L'embranchement vers Tighza est situé à 11 km à l'est de Télouet. De là, il reste 5 km de piste à parcourir jusqu'au village.

Le Lion d'Or Atlas MAROCAIN €
(☎0524 88 85 07 ; repas 120 Dh). Sur la gauche, à 500 m de la casbah, on s'installe sur la terrasse ouverte sur la vallée pour commander un tajine aux figues de Télouet.

Depuis/vers Télouet

L'embranchement vers Télouet (signalé) part de la N9 Marrakech-Ouarzazate, à 20 km après le col. De Bab Gehmat à Marrakech, un bus quotidien dessert Télouet (50 Dh) et revient à 7h. De grands taxis rallient également Télouet (70 Dh/place), mais vous devrez peut-être louer les 6 places. Il n'y a aucun bus depuis Ouarzazate, uniquement des taxis.

Aït Benhaddou آيت بنحدو

Ce ksar, classé au patrimoine mondial de l'Unesco, conserve son allure de caravansérail almoravide du XIe siècle. Les cinéphiles reconnaîtront probablement ce site où les tons ocre rouge dominent, situé à 32 km de Ouarzazate, et qui a servi de décor naturel à de nombreux films, dont *Lawrence d'Arabie*, *Jésus de Nazareth* (pour lequel la majeure partie d'Aït Benhaddou a été reconstruite), *Le Diamant du Nil* (remarquez les tours d'entrée aux allures égyptiennes) et *Gladiator*.

Sur la route du désert, Aït Benhaddou vaut le détour pour flâner dans les ruelles de cette forteresse et savourer un déjeuner dans l'un de ses restaurants. De l'hôtel La Kasbah, descendez jusqu'à l'oued Ounila, asséché pour rejoindre la ruelle qui s'élève vers le ksar. Ces dernières années, la population d'Aït Benhaddou a beaucoup diminué. Les quelques habitants qui sont restés gagnent quelques dirhams en faisant traverser leur maison pour rejoindre la **casbah** (habituellement 10 Dh de pourboire). Grimpez jusqu'au sommet pour découvrir un **agadir** (grenier fortifié) en ruine et une vue superbe sur la palmeraie et l'implacable hamada.

À 6 km au nord d'Aït Benhaddou le long de la route goudronnée, la **casbah de Tamdaght** (10 Dh de pourboire au gardien), plus authentique pour certains, fut l'une des résidence du Glaoui. Ses tourelles sont coiffées de nids de cigognes.

Où se loger

Auberge Ayouze B&B €
(☎0524 88 37 57 ; www.auberge-ayouze.com ; coordonnées GPS N 31°04,066 O 007°08,526 ; s/d/qua 180/260/370 Dh ; P @). Dans le village d'Asfalou, à 3 km au nord d'Aït Benhaddou, le B&B de Zoé et Abderrahmane est un havre de paix à l'écart des flux de touristes. Les chambres sont décorées dans un style simple et rustique. Adresse idéale pour les familles, elles profiteront des balades dans la montagne, au bord de la rivière et des escapades à Aït Benhaddou et Tamdaght. Réservation recommandée.

Auberge Baghdad Cafe MAISON D'HÔTES €€
(☎0524 88 25 06 ; www.auberge-baghdad-cafe.com ; d avec petit-déj/demi-pension 430/610 Dh ; P). Établissement réputé pour la qualité de sa cuisine, cette auberge propose des chambres coquettes dotées de lits aux cadres de rotin, de tapis et de linge propre et récent. Sans doute l'hébergement le plus avantageux de Aït Benhaddou. À gauche sur la route principale après Riad Makhtoub.

Étoile Filante d'Or MAISON D'HÔTES €€
(☎0524 89 03 22 ; www.etoilefilantedor.com ; d avec petit-déj/demi-pension 440/605 Dh ; ❄@📶). Choisissez cette adresse pour admirer le désert au clair de lune depuis le toit-terrasse. Les 19 spacieuses chambres, qui disposent d'une superbe vue sur le Ksar, sont rehaussées de touches traditionnelles (plafonds en *tataoui*, couvertures berbères). Connexion Wi-Fi et déjeuner à la carte (repas 60-90 Dh). Les propriétaires franco-marocains, Hind et Aurélien, peuvent fournir des pique-niques, et organiser des circuits à dos de dromadaire et à vélo.

♥ **Kasbah Ellouze** CASBAH €€€
(☎0524 89 04 59 ; www.kasbahellouze.com ; Tamdaght ; en demi-pension s 765 Dh, d 965 Dh, ste 1400 Dh ; ❄@📶🏊). À 6 km au nord d'Aït Benhaddou dans le village de Tamdaght, cette maison en pisé se fond avec la casbah qu'elle jouxte. Les meilleures chambres donnent sur le verger (*luz* signifie amandes), notamment des doubles élégantes près de la piscine chauffée. Les hôtes se rassemblent dans la cuisine pour apprendre à faire du pain, dans le salon pour prendre l'apéritif et profiter de la connexion Wi-Fi, ou partent en excursion peindre des aquarelles dans les vallées d'Ouinilla et du Drâa.

Où se restaurer

Chez Brahim MAROCAIN €
(☎0671 81 63 12 ; repas 70 Dh ; ⏲10h-21h). Certes, il y a d'autres restaurants de tajines dans le coin, mais seul Brahim possède une lettre d'Hillary Clinton, à l'époque où celle-ci était première dame des États-Unis, dans laquelle elle le remercie pour le repas. La formule comprend salades, tajine et dessert, à savourer dans un salon aux murs en pisé avec vue sur le ksar.

Auberge Café-Restaurant Bilal MAROCAIN €
(☎0668 24 83 70 ; ⏲10h-21h). Pour déjeuner ou pour le thé, installez-vous dans le patio pour profiter de la vue sur Aït Benhaddou et commandez un plat à la carte : omelette (35 Dh), couscous (50 Dh) ou kebab (60 Dh).

Depuis/vers Aït Benhaddou

De Ouarzazate, suivez la grand-route vers Marrakech jusqu'à l'embranchement signalé, à 22 km ; Aït Benhaddou est située à 9 km par une route asphaltée. À vélo de Ouarzazate, comptez environ 3 heures.

Des grands taxis partent quand ils sont pleins devant la gare routière de Ouarzazate (15 Dh/pers) et de l'embranchement (90 Dh l'aller ou 250 Dh l'aller-retour). Des minibus relient Tamdaght à Ouarzazate le matin dès qu'ils sont pleins.

Ouarzazate ورزازت

270 300 HABITANTS

Position stratégique sur la route des vallées du Draa, du Dadès et du Sous, Ouarzazate a toujours plus séduit par son tempérament que par son aspect. Pendant des siècles, les habitants de l'Atlas, des vallées du Drâa et du Dadès ont convergé vers la vaste casbah de Taourirt pour des échanges commerciaux. Dans les années 1920, les Français construisent une ville de garnison sur le site actuel de Ouarzazate pour contrôler cette région. À la fin du protectorat, l'industrie cinématographique s'est progressivement développée et les studios de "Ouallywood" ont fourni le décor de films censés se dérouler au Tibet, dans la Rome antique, en Somalie ou encore en Égypte. Grâce à l'amélioration de son réseau routier (à chaque visite du roi Mohammed VI), Ouarzazate a pu se développer régulièrement. L'arrivée d'une classe moyenne (nouveaux quartiers et ouverture de supermarchés) et de touristes (complexes hôteliers) a changé la ville. Ses nombreuses agences proposent des expéditions à vélo, moto ou dromadaire vers les montagnes, les gorges et le désert. De novembre à mars, il faut s'attendre à des bourrasques glacées qui descendent des montagnes du Haut Atlas.

À voir

Ouarzazate constitue le plus souvent une étape sur la route du Sud. Si vous y séjournez un jour ou deux, on peut louer un taxi pour passer la journée à l'**oasis de Fint** ou au **barrage El Mansour Eddahbi,** lieu apprécié des ornithologues et des pêcheurs.

♥ **Casbah de Taourirt** CASBAH
(av. Mohammed V ; 20 Dh ; ⏲8h-18h30). Ancienne résidence du Glaoui et de sa famille, le bâtiment a évité la ruine en servant de décor à des films hollywoodiens (*Un thé au Sahara*, *Gladiator*, *Prince of Persia*). À la fin des années 1990, l'Unesco a lancé une opération de rénovation du sanctuaire. On emprunte le dédale de cages d'escalier jusqu'au dernier étage, pour voir des arches en trou de serrure ouvrant sur une salle de prière, des vestiges de stucs et un plafond d'origine en *tataoui*. Dans le village fortifié, quelques boutiques d'artisanat pour faire des achats.

Ouarzazate

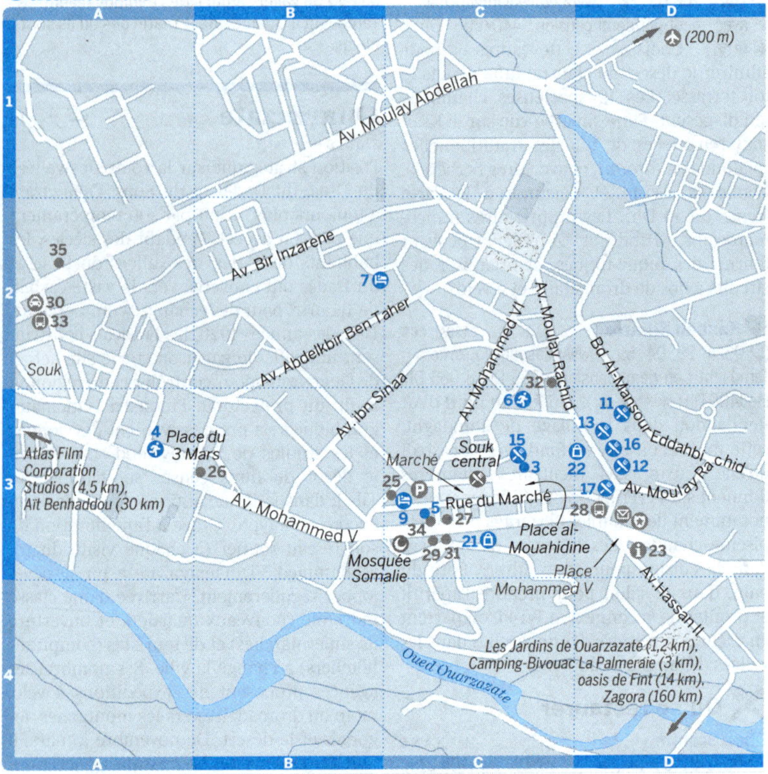

Atlas Film Corporation Studios STUDIOS DE CINÉMA

(☎0524 88 22 23, 0524 88 22 12 ; www.studiosatlas.com ; adulte/enfant 50/35 Dh ; ⏲8h15-17h15 oct-fév, 8h15-18h45 mars-sept). C'est l'occasion de découvrir les décors et les accessoires de films célèbres tournés dans le premier studio "Ouallywood", fondé par Mohammed Belghimi en 1983, tels *Le Diamant du Nil* et *Kundun*. Sur place, les metteurs en scène recrutent parfois des figurants, mais le salaire, de 40 à 100 Dh par jour, n'a rien de mirifique ! Des visites guidées (2 à 3 par heure) vous font découvrir les décors, plateaux et ateliers de ce site de 150 ha.

Les studios sont situés à 5 km à l'ouest de la ville sur la route de Marrakech et accessibles facilement avec le bus jaune STUDID. Vente de billets à l'Hôtel Oscars voisin.

Musée du Cinéma MUSÉE

(☎0524 89 03 46 ; av. Mohammed V ; tarif plein/réduit 30/15 Dh ; ⏲8h-18h). Ce petit musée du cinéma poussiéreux est aménagé dans un ancien studio, exposant de vieux décors, des accessoires et autres équipements cinématographiques. En face de Taourirt Kasbah, c'est une alternative pratique si vous n'avez pas l'occasion de visiter les plus grands studios hors de la ville.

Activités

Proposée par la plupart des hôtels et des prestataires, la pratique du quad (moto tout-terrain à 3 ou 4 roues) endommage gravement l'écosystème désertique et nous déconseillons son utilisation. Si vous choisissez d'explorer à moto ou à vélo cette zone, ne quittez pas les sentiers balisés.

Saïd Mountain Bike VÉLO

(☎0662 86 93 24 ; www.saidmountainbike.com ; av. Moulay Rachid). Outre la location de VTT (250 Dh/jour), cette agence locale propose des treks guidés (3 800 Dh/personne et par

Ouarzazate

Les incontournables
1 Casbah de Taourirt F3

À voir
2 Musée du Cinéma F3

Activités
3 Desert Majesty C3
4 Ksour Voyages A3
5 Ouarzazate Unlimited C3
Saïd Mountain Bike ..... (voir 17)
6 Wilderness Wheels C3

Où se loger
7 Dar Bergui B2
8 Dar Kamar E3
9 Hotel Amlal C3
10 Le Petit Riad F1

Où se restaurer
11 Accord Majeur D3
12 Aux Délices D3
13 Chez Nabil D3
14 Douyria F3
15 Pâtisserie des Habouss C3
16 Pizzeria Veneziano D3
17 Restaurant 3 Thés D3

Achats
18 Coopérative de Tissage F3
19 Ensemble artisanal F3
20 Horizon Artisanat E2
21 Supermarché C3
22 Supermarket D3

Renseignements
23 Délégation régionale du tourisme D3
24 Hôpital Bougafer E4
25 Lavanderie C3

Transports
26 Avis B3
27 Budget C3
28 Gare routière CTM D3
29 Desert évasion C3
ESON Maroc ..... (voir 27)
30 Station des grands taxis A2
31 Hertz C3
32 Ilana Car C2
33 Gare routière principale A2
National ..... (voir 4)
34 Royal Air Maroc C3
35 Supratours Al Hizam A2

semaine, mules et dromadaires compris) et des expéditions à VTT dans le désert (1 520-1 800 Dh).

Wilderness Wheels SPORTS D'AVENTURE
(☎0524 88 81 28 ; http://www.motorandomaroc.com ; 61 Hay al-Qods ; excursions 3 jours, 2 nuits à partir de 8 470 Dh). Pour des circuits à moto avec des guides professionnels, adressez-vous à cette agence britannique. Les prix comprennent l'hébergement, l'équipement de motard complet et une voiture-balai pour un maximum de 20 motos. Parmi les expéditions très prisées citons un campement dans le désert pour filles exclusivement et le classique circuit désert de 5 jours.

Circuits organisés

Désert et Montagne EXCURSIONS
(☎0524 85 49 49 ; www.desert-montagne.ma ; Dar Daïf, Douar Talmasla). Cette agence tenue par la première femme guide de montagne du pays organise des itinéraires à pied (ou en 4x4) dans le Haut Atlas et dans le désert. L'agence opère depuis Dar Daïf, à Douar Talmasla. Pour s'y rendre, prendre la N9 vers le sud et traverser l'oued Ouarzazate : elle est indiquée à gauche.

Desert Majesty EXCURSIONS
(☎0524 89 07 65 ; www.desertmajesty.com ; 18 pl. al-Mouahidine). Cette agence, tenue par une équipe locale, propose des expéditions dans le Haut Atlas et dans le désert. Transferts de l'aéroport, guides polyglottes natifs d'Erfoud, de Merzouga, de M'Hamid et de Taouz et chauffeurs prudents sont proposés à des tarifs compétitifs. Les réservations sont gérées par Felicity, installée au Maroc depuis 2004 et qui parle français, anglais, allemand et darija.

Ksour Voyages EXCURSIONS
(☎0524 88 28 40 ; www.ksour-voyages.com ; 11 pl. du 3 Mars). Billets d'avion, location de VTT, treks à pied en montagne ou dans le désert.

Ouarzazate Unlimited EXCURSIONS
(☎0524 89 06 41 ; www.ouarzazate-unlimited.com ; 6 rue du marché). Cette agence recommandée par nos lecteurs propose treks chameliers, excursions en 4x4 dans le désert et itinéraires couvrant plusieurs villes. Les hébergements se font dans des riads de catégorie moyenne à luxueux, des casbahs et des campements.

Fêtes et festivals

Le *moussem* de Sidi Daoud a lieu à Ouarzazate en août.

Marathon des Sables SPORT
(www.darbaroud.com). Six étapes et 250 kilomètres dans le désert pour cet ultra-marathon qui se tient depuis plus de trente ans en mars-avril. L'itinéraire, révélé juste avant le départ, change chaque année.

Où se loger

La rapide croissance de Ouarzazate s'accompagne d'une lente évolution de l'offre hôtelière qui comprend désormais des maisons et des chambres d'hôtes de catégorie moyenne ainsi que de grands hôtels de chaîne qui sont regroupés près de la casbah de Taourirt et sur la route de Zagora.

Camping-Bivouac La Palmeraie CAMPING €
(Douar Tajda ; empl pour 2 pers voiture/caravane comprises 70/75 Dh, tente berbère/d petit-déj compris 250/270 Dh ; P wifi). Ce camping propose 5 confortables tentes berbères mais on peut également planter la sienne sous les palmiers et les arbres fruitiers de la palmeraie de Ouarzazate. Le site peut aussi accueillir une quinzaine de camping-cars (électricité 20 Dh). Les repas sont servis dans le salon aux tons roses dont le toit a des allures de tente. Des excursions en canoë (250 Dh/pers) et des expéditions d'une demi-journée à l'oasis de Fint (550 Dh/pers) sont également proposées.

Hôtel Amlal HÔTEL €
(☎0524 88 40 30 ; www.hotelamlal.com ; 24-25 rue du marché ; s/d/tr/qua 200/250/300/400 Dh ; P clim). Hôtel familial à petits budgets doté d'un escalier vert, de carrelages aux motifs en zigzag et de sols en terrazzo. Les 28 chambres climatisées arborent des meubles en fer forgé, des lits étroits mais confortables et d'agréables sdb carrelées. Prévoyez des bouchons d'oreilles car la mosquée est proche.

♥ **Dar Bergui** MAISON D'HÔTES €€
(☎0524 88 77 74 ; www.darbergui.com ; Sidi Hussain Ben Nacer ; s/d petit-déj compris 500/660 Dh ;

VAUT LE DÉTOUR

LA KASBAH DES SABLES

La Kasbah des Sables (☎0524 88 54 28 ; www.lakasbahdessables.com ; 195 Hay Aït Kdif ; repas 200-320 Dh ; 12h-14h et 19h-23h) est un restaurant enchanteur tout droit sorti des *Mille et Une Nuits*. Il est situé dans le vieux quartier d'Al Kdif, à l'ouest de la ville, et il mérite amplement de parcourir les 5 km qui le séparent de Ouarzazate.

Aménagé dans une ancienne casbah des Glaoui, ce restaurant de 900 m² a été créé par Brigitte Babolat, qui imagina un ensemble extraordinaire de salons plein de recoins décorés d'œuvres d'art, disposés autour de patios surmontés de grandioses lustres en cuivre. Au centre, un grand bassin peu profond est éclairé par un mur de lumières aux couleurs enchanteresses. Les tables, éclairées aux chandelles, reçoivent les convives venus savourer un subtil mélange de cuisine marocaine et française, à l'instar de la lotte au safran ou du poulet aux morilles de l'Atlas. Des alcôves garnies de coussins et ornées d'objets d'art de Marrakech et Ouarzazate vous accueillent après le repas. Difficile, le matin venu, de se dire que tout cela n'était pas un rêve.

). Jean-Michel et Martine habitent cette élégante villa en pisé aux tourelles crénelées, accessible à pied de la place al-Mouahidine. Les 6 chambres aménagées autour de la piscine sont meublées avec goût et simplicité. Prix avantageux, notamment compte tenu du petit-déjeuner gargantuesque : crêpes, yaourts maison, fruits et gâteaux... Si vous ne logez pas à cette adresse, n'oubliez pas de réserver pour le dîner cuisiné par Souad (165 Dh).

Le Petit Riad MAISON D'HÔTES €€
(0524 88 59 50 ; petitriad.com ; bd Moulay Abdellah, Hay el Wahda ; ch petit-déj compris 700-780 Dh ;). Si vous avez besoin de lumière après l'ombre des casbahs de la vallée du Drâa, rejoignez cette maison familiale tenue par Fatima, guide de montagne. Située dans une villa moderne, elle compte 6 vastes chambres aux grandes fenêtres qui donnent sur un jardin fleuri et les sommets de l'Atlas. Confort douillet et repas savoureux.

Les Jardins de Ouarzazate HÔTEL €€
(0524 85 42 00 ; hotel-les-jardins-de-ouarzazate.com ; rte de Zagora, Tabounte ; s/d demi-pension comprise 300/500 Dh ;). Cet hôtel doté d'un grand jardin fleuri se dissimule derrière une impressionnante façade. Les chambres se trouvent dans des bungalows aménagés le long de sentiers sinueux parsemés de rosiers et de lauriers-roses. Elles sont équipées de très grands lits surmontés de majestueuses têtes de lit peintes. Adresse appréciée des groupes.

Dar Chamaa HÔTEL DE CHARME €€€
(0524 85 49 54 ; www.darchamaa.com ; Tajdar ; s/d demi-pension 570/875 Dh ;). En lisière de l'oasis de Ouarzazate, cet hôtel de charme abrite des chambres d'hôtes au style marocain minimaliste, aménagées autour d'une cour centrale qui accueille des exposition de photographies. Les chambres, décorées par un architecte, signalent un grand souci du détail, des lavabos en pierre fossilisée aux niches en tadelakt servant de garde-robe. Des chambres avec balcon donnent sur la piscine du jardin ombragé de palmiers. L'hôtel est situé sur la rive sud de l'oued Ouarzazate. Il est indiqué sur la gauche de la route de Zagora ; de là, il reste 3 km de piste à parcourir.

Dar Kamar MAISON D'HÔTES €€€
(0524 88 87 33 ; www.darkamar.com ; 45 casbah de Taourirt ; avec petit-déj s 1 020-1 275 Dh, d 1 200-1 500 Dh, ste 2 400-3 000 Dh ; fermé juil ;). Installée dans l'ancien tribunal glaoui édifié au XVIIe siècle, cette maison d'hôtes en pisé cultive l'humour jusque dans les moindres détails : des tajines renversés servent de lavabos et des bâtis de machines à coudre sont reconvertis en bureaux. Les ferronniers locaux ont laissé libre cours à leur imagination dans les sdb des chambres. Hammam et salle de massage. Les doubles en étage, aussi belles que les suites, en plus petit, coûtent moitié prix.

Où se restaurer

Les restaurants de qualité de Ouarzazate sont de plus en plus nombreux. Pour un repas sur le pouce, privilégiez les cafés bordant la place al-Mouahidine. Le souk quotidien, dans le centre, propose fromage, viandes et légumes frais.

Aux Délices PÂTISSERIE €
(0524 88 28 29 ; av. Moulay Rachid ; 6h-24h). Une pâtisserie célèbre pour son *chnek* (tortillon à la crème pâtissière et aux raisins secs parfumé à la cannelle) qui rivalise avec les meilleures adresses de Marrakech.

Pâtisserie des Habouss PÂTISSERIE, CAFÉ €
(pl. al-Mouahidine ; 6h-22h). En soirée, les promeneurs viennent se régaler d'un éclair (7 Dh), d'une pâtisserie marocaine ou d'une glace, l'été. Le matin, les habitants et les randonneurs font la queue pour une baguette fraîche (10 Dh), un croissant (2,5 Dh) et un café.

Pizzeria Veneziano ITALIEN €
(0524 88 76 76 ; av. Moulay Rachid ; pizzas 39-43 Dh ; 12h-21h30). Agréable établissement central aux prix corrects, qui sert des pizzas à pâte fine et croustillante avec garnitures aux herbes du désert et au fromage de chèvre local. Véritable expresso italien.

Restaurant 3 Thés MAROCAIN €
(0524 88 63 63 ; av. Moulay Rachid ; plats 25-55 Dh ; 8h-22h). Si les tables en terrasse et la salle cosy évoquent un café parisien, la carte propose de délicieux tajines accompagnés de figues, de pruneaux et d'amandes, et... des cheeseburgers.

Chez Nabil MAROCAIN €
(0524 88 45 45 ; av. Moulay Rachid ; plats 45-75 Dh ; 10h-24h). Tables à nappes à carreaux bleus et personnel efficace et aimable sont les garants du succès de cette adresse. Au menu : burgers servis rapidement, brochettes de poulet, merguez, tajine de foie et couscous.

Douyria MAROCAIN €€

(☎0524 88 42 62 ; www.restaurant-ouarzazate.net ; 72 av. Mohammed V ; repas 140-200 Dh ; ⊙8h-23h). Pour un dîner romantique, il suffit de s'installer dans l'un des recoins garnis de coussins de la terrasse qui surplombe la casbah de Taourirt. Osez la chèvre rôtie à l'huile d'argan, le savoureux tajine au lapin avec citron confit et olives, ou les classiques brochettes de bœuf au thym sauvage.

♥ **Accord Majeur** FRANÇAIS, ITALIEN €€€

(☎0524 88 24 73 ; av. Moulay Rachid ; repas 200-250 Dh ; ⊙11h-22h lun-sam). Après avoir supporté pendant quelques jours la frugalité du désert, vous serez forcément attiré par ce bistrot français situé face au Berbère Palace. Confortablement installé, vous pourrez tester la cuisine d'Aurélie et Charlie. Au menu, foie gras, saumon fumé, carpaccio de bœuf, confit de canard et glace menthe-réglisse maison. Très apprécié des people de passage à Ouarzazate.

Le Relais Saint-Exupéry FUSION €€€

(☎0524 88 77 79 ; www.relais-ouarzazate.com ; 13 bd Moulay Abdellah ; menu déj 270 Dh, plats dîner 80-150 Dh ; ⊙11h30-14h30 et 18h-22h). Le Relais propose des plats imaginatifs relevés avec des condiments et épices locaux, à l'instar du safran de Talouine ou du sel du Sahara. Délicieuse pastilla au poisson et spécialité de viande de dromadaire. L'auteur du *Petit Prince* connaissait bien le terrain d'aviation de Ouarzazate, proche de ce restaurant. À l'époque, effectuant la ligne Casablanca-Saint-Louis (Sénégal) pour le compte de l'Aéropostale, son avion était parfois détourné vers Ouarzazate lorsque les conditions météorologiques étaient mauvaises.

Achats

Coopérative de Tissage ART ET ARTISANAT

(☎0662 61 05 83 ; av. Mohammed V). Cette coopérative est située en face de la casbah. On voit des femmes tisser des *hanbels* (tapis de laine) ou broder des nattes ; les prix sont fixes, de 550 à 1 100 Dh le m².

Horizon Artisanat ARTISANAT

(☎0524 88 69 38 ; 181 av. Annasr ; ⊙9h-19h). Poteries peintes au henné, verres à thé décorés et bagues en filigrane d'argent sont vendus à des prix fixes raisonnables. Les profits aident à financer des programmes de formation et d'intégration des handicapés. L'association soutient quelque 2 500 personnes, notamment 53 employés en CDI.

Ensemble artisanal ARTISANAT

(av. Mohammed V ; ⊙9h-12h30 et 13h30-18h). Gérée par l'État, cette adresse propose sculptures, poteries, poignards ouvragés et tissus brodés.

Supermarché SUPERMARCHÉ

(av. Mohammed V). L'essentiel pour poursuivre son voyage : eau, dentifrice, baume à lèvres, soupes en sachets, biscuits, film plastique et lotion anticellulite à l'argan.

Supermarket SUPERMARCHÉ

(av. Moulay Rachid). Supermarché proposant des produits européens.

Renseignements

Des banques avec DAB bordent l'extrémité nord de l'avenue Mohammed V, à côté de cybercafés (1 heure/10 Dh). La plupart des hôtels et maisons d'hôtes offrent le Wi-Fi.

URGENCES

Police (☎19 ; av. Mohammed V)

LAVERIE

Lavanderie (rue du Marché ; ⊙9h-12h et 14h-20h). Machines et sèche-linge modernes (machine/séchage 30/18 Dh) ; propose aussi un service de pressing (par article lavage/séchage/repassage 4/2/3 Dh).

SERVICES MÉDICAUX

Les pharmacies ne manquent pas avenue Mohammed V. Vous trouverez la liste des officines de garde affichée sur leur vitrine.

Hôpital Bougafer (☎0524 88 24 44 ; av. Mohammed V). Hôpital public à l'est de l'office du tourisme.

POSTE ET TÉLÉPHONE

De nombreuses téléboutiques sont situées dans le centre.

Poste Principale (av. Mohammed V ; ⊙8h30-16h30 lun-ven). Services postaux et téléphoniques pour l'international.

OFFICE DU TOURISME

Délégation régionale du tourisme (ONMT ; ☎0524 88 24 85 ; av. Mohammed V ; ⊙8h30-16h30). Dispose de quelques brochures et dispense des conseils assez limités. Les hôtels vous renseigneront plus efficacement.

Depuis/vers Ouarzazate

AVION

L'**aéroport de Taourirt** (☎0524 88 23 83) est situé à 2 km au nord de la ville. **Royal Air Maroc** (RAM ; ☎0524 88 51 02 ; 1 av. Mohammed V) propose des vols quotidiens pour Casablanca, et des vols charters vers la Belgique, la France et l'Allemagne. Les avions en provenance de Casa atterrissent à 23h35, heure où les taxis appliquent des tarifs de nuit.

Pendant le pèlerinage annuel du hajj et les événements comme le marathon des Sables, des vols supplémentaires sont prévus.

BUS

Supratours dessert Marrakech (80 Dh, 4 heures 30, 3/jour) et assure un service quotidien pour Zagora (50 Dh, 2 heures), Er-Rachidia (80 Dh, 5 heures 30) et Merzouga (180 Dh, 8 heures). **Supratours Al Hizam** (☎ 0661 08 26 56 ; av. Moulay Abdellah ; ⏲7h30-23h) vend des billets. Ses bus s'arrêtent devant l'agence.

Les bus **CTM** (☎ 0524 88 24 27 ; av. Mohammed V ; ⏲7h-22h) desservent également Marrakech (85 Dh, 5/jour), Agadir (145 Dh, 7 heures 30, 1/jour), Er-Rachidia (95 Dh, 1/jour), Zagora (50 Dh, 2/jour) et M'Hamid (75 Dh, 5 heures, 1/jour). Pendant les congés et aux moments de forte fréquentation, il est préférable de réserver la veille.

La principale **gare routière** (Mahta) locale est située à 1 km au nord-ouest du centre-ville, à la sortie de l'avenue Moulay Abdellah. Plusieurs bus partent quotidiennement pour Marrakech (65 Dh, 4-5 heures), Boumalne du Dadès (30 Dh), Taroudant (75 Dh, 5 heures), Tazenakht (25 Dh, 3 heures), Foum Zguid (40 Dh, 4 heurs), Tata (80 Dh, 5 heures) et M'Hamid (70 Dh, 7 heures) via Zagora (45 Dh, 4 heures).

VOITURE

Louer une voiture permet de s'arrêter selon ses envies en route pour le désert (à partir de 350 Dh/j). Comptez de 900 Dh (voiture) à 1 250 Dh (4x4) pour une location avec chauffeur. Les agences sont nombreuses en ville, notamment **Avis** (☎ 0524 88 80 00 ; www.avis.com ; angle av. Mohammed V et place du 3 Mars), **Hertz** (☎ 0524 88 20 84 ; www.hertz.com ; 33 av. Mohammed V), **Budget** (☎ 0524 88 42 02 ; www.budget.com ; 28 av. Mohammed V) et **National** (☎ 0524 88 20 35 ; www.nationalcar.com ; place du 3 mars). Elles ont une agence également à l'aéroport et sont généralement plus chères que les agences locales, dont voici quelques coordonnées :

Désert Évasion (☎ 0524 88 86 82 ; www.desert-evasion.net ; Imm El Ghifari, av. Mohammed V). Paiement à la remise des clés.

ESON Maroc (☎ 0524 89 05 62 ; www.eson-maroc.com ; av. Mohammed VI). Fiable et meilleur marché que les compagnies internationales ; loue aussi des 4x4.

Ilana Car (☎ 0524 88 41 42 ; ilanarentcar@gmail.com). Voitures neuves et service professionnel. Derrière Accord Majeur.

TAXI

Devant la gare routière principale, des taxis partent pour Agdz (40 Dh), Boumalne du Dadès (30 Dh), Marrakech (90-110 Dh), Skoura (15 Dh), Tinerhir (60 Dh) et Zagora (80 Dh).

Comment circuler

Des petits taxis collectifs font la navette le long de l'avenue Mohammed V et demandent 5 Dh par personne (sur la base de 3 passagers). Le bus jaune STUDID (5 Dh) effectue le même trajet toutes les demi-heures. Pour/de l'aéroport, les taxis demandent 50 Dh en journée et 75 Dh la nuit.

VALLÉE DU DRÂA وادة درعة

De Ouarzazate, la N9 en direction du sud-est rejoint la vallée du Drâa. Le Drâa est l'étroit ruban d'eau descendu du Haut Atlas et qui émerge parfois dans les oasis luxuriantes, tout particulièrement sur les 95 km séparant Agdz de Zagora. Une route vers le sud conduit ensuite à M'Hamid. Cette ville à 40 km de la frontière algérienne marque la fin de la route et le début du désert.

Une alternative pour ne pas avoir à revenir sur ses pas jusqu'à Ouarzazate par la N9. Continuer dans le désert à l'ouest de M'Hamid jusqu'à Foum Zguid. De là, rejoindre la N10 au nord via Tazenakht. Autre solution, effectuer un très grand circuit vers l'est sur la N12 depuis Tansikht (à 29 km au sud-est d'Agdz) jusqu'au champ de dunes de l'erg Chebbi près de Merzouga, et retourner à Ouarzazate via les gorges de Todra et du Dadès.

Agdz اكدز

9 400 HABITANTS

Les voyageurs qui filent de Ouarzazate à Zagora manquent Agdz (prononcez ag-dèz), une oasis caravanière typique qui compte d'anciennes casbahs en brique crue, une palmeraie préservée, et une prison secrète dans le désert.

À l'approche d'Agdz se dessine à l'horizon la silhouette du **djebel Kissane**, en forme de plat à tajine. On voit parfois des cyclistes en VTT au départ d'Agdz partir à l'assaut du Tizi n'Tinififft (distance 20 km et 1 660 m d'altitude). La montagne semble scintiller à cause de la neige mais, en réalité, ce sont les dépôts de mica qui réfléchissent les rayons du soleil. La sculpture, la poterie et la vannerie font partie de l'artisanat traditionnel d'Agdz, dont vous verrez quelques beaux exemplaires devant les commerces, dans le centre du bourg, ou lors du **marché du jeudi** (en octobre et novembre).

Cela dit, aucune des curiosités d'Agdz n'est visible depuis la route, le centre historique du village se trouvant à l'est de la N9, au bout d'une piste poussiéreuse d'environ 1,5 km. Il a été épargné par les infrastructures destinées au tourisme de masse et possède un nombre inhabituel d'authentiques casbahs en brique. Si vous y séjournez, faites une promenade matinale dans la vaste **palmeraie** d'Agdz, juste au nord du village.

À voir

Casbah du caïd CASBAH
(adulte/enfant 40/20 Dh). Cette casbah vieille de près de deux siècles, propriété de l'ancien caïd d'Agdz, appartient toujours à la même famille. Il faut passer par la réception de la Casbah Caïd Ali pour pouvoir entrer dans cette structure en terre crue et explorer le labyrinthe de salles disséminées sur 3 étages où les jeux de lumière font le bonheur des photographes. Ne manquez pas la vue sur l'oasis voisine depuis le toit-terrasse.

Casbah du Glaoui CASBAH
Les habitants d'Agdz ont découvert avec effroi que la casbah fortifiée du Glaoui, à Agdz (porte marquée du n°307, du côté sud de la piste) servait de centre de détention. Les purges politiques menées par Hassan II ont conduit à la création de ce genre de prisons. Ces faits ont été dévoilés par l'instance Équité et Réconciliation en 2004.

Si vous croisez le voisin qui veille sur la casbah, vous pouvez lui demander de visiter le lieu (pourboire usuel de 20 Dh).

Où se loger

Casbah Caïd Ali HÔTEL-RIAD €
(☎0524 84 36 40 ; www.casbah-caidali.net ; rue Hassan II ; d avec/sans petit-déj 220/190 Dh, matelas sur le toit 35 Dh, tente 20 Dh ;). Les descendants de l'ancien caïd accueillent leurs hôtes dans ce riad restauré, unique casbah classée monument historique de la vallée. Les chambres sont moyennes, mais il fait bon camper sous les palmiers.

Dar Laurli MAISON D'HÔTES €€
(☎0524 84 39 34 ; www.laurli-location-sud-maroc.com ; s/d petit-déj compris 500/620 Dh ;). Nichée dans le centre d'Agdz, cette charmante maison tenue par Patrick et Agnès compte 4 petites chambres confortables. Lits surélevés, tapis du désert tissés colorés, éclairage romantique, moustiquaires vaporeuses, le tout donne sur les jardins et une piscine vert émeraude. Si le lieu invite au repos, on peut aussi en profiter pour aller faire un tour de vélo dans la palmeraie ou gravir le djebel Kissane.

Kasbah Azul CASBAH €€€
(☎0524 84 39 31 ; www.kasbahazul.com ; Agdz ; d avec petit-déj 880 Dh, qua et ste 1 375 Dh ;). Cachée dans un jardin, à l'extrémité est du centre historique, cette casbah abrite 7 chambres équipées de sdb en tadelakt. La propriétaire est aussi l'auteur

LA BONNE DATTE

Pour des dattes de premier choix, rendez-vous à **Tinzouline**, à 56 km au sud d'Agdz, à la saison des dattes, de septembre à novembre. Vous saurez que vous êtes tout près lorsque vous apercevrez au bord de la route de Zagora des vendeurs et leurs paniers en palmes tressées débordant de dattes. Le lundi, jour de souk, vous risquez de vous retrouver au coude à coude avec les femmes rivalisant pour dénicher les meilleures spécialités locales, les dattes boufeggous. Leur saveur est incomparable : délicieusement caramélisée par le soleil du désert, leur chair est tendre et sucrée.

Si vous visitez la vallée en dehors de l'automne, allez à Timidarte, où les dattes sont utilisées pour la réalisation d'excellents desserts chez **Timarine Tijara** (☎0661 91 32 25 ; sur rendez-vous), à 18 km au sud d'Agdz. Dépassez les anciennes casbahs en brique, traversez le jardin d'une maison traditionnelle, puis pénétrez dans une cuisine carrelée de blanc abritant un chaudron industriel et des douzaines de bocaux de confiture de dattes et de *tahalout* (sirop de dattes), les spécialités de la maison. "Essayez d'en mettre quelques gouttes sur du fromage de chèvre chaud – cela fait ressortir le goût de noix et les saveurs fruitées de nos dattes", conseille le propriétaire et gourmet inventif, Abderrahim Ouagarane.

des lampes et des tableaux qui décorent les espaces. Piscine. Copieux petits-déjeuners.

Où se restaurer

À l'entrée du village sur la gauche, une station-service avec épicerie, la **Kasbah Total** (8h-21h), sert un bon café et vend des en-cas sous emballage. Des cafés bordent la place du Marché Vert dans le centre d'Agdz, notamment le **Sables d'Or**, qui sert un poulet rôti-frites pour 35 Dh.

Depuis/vers Agdz

Les bus de Ouarzazate (35 Dh, 1 heure) et Zagora (35 Dh, 2 heures) font un arrêt sur la grand-place, à l'angle nord-est où est installée l'agence CTM. De là, on peut monter dans un grand taxi pour Ouarzazate (40 Dh), Zagora (40 Dh) ou N'Kob (25 Dh). La route de l'arrière-pays (la N12) menant à Rissani rejoint la N9 à 29 km à l'est d'Agdz.

Tamnougalt

Perché sur une colline à 6 km d'Agdz, Tamnougalt, village fortifié du XVIe siècle figurant parmi les plus anciens ksour de terre crue encore debout, est une attraction phare de la vallée du Drâa.

À voir

Ksar de Tamnougalt KSAR

(10 Dh ; guide obligatoire 50 Dh). Le dédale de salles de ce ksar (forteresse), ancienne capitale des Berbères mezguita passe par un vaste mellah, plonge sous terre avec des lucarnes et des niches à chandelles judicieusement disposées, puis émerge dans une cour d'écuries ensoleillée, bordée d'arcades. Tentez de discerner les motifs arabes, andalous et juifs berbères qui se confondent – ou de repérer le décor où ont été tournées des scènes des films *Babel* et *Le Patient anglais*.

Où se loger et se restaurer

Bab el-Oued MAISON D'HÔTES €€

(0524 88 53 95 ; www.babelouedmaroc.com ; d 825-935 Dh,tr 1 155 Dh, ste 935 Dh ; P). Installées à l'ombre de palmiers-dattiers dans un vaste jardin bio entouré d'un mur, ces charmantes chambres indépendantes s'ornent de portes en bois sculptées, de tapis de Tazenakht, de plafonds en bois de palmier et de sdb en tadelakt. Les propriétaires de l'établissement (labellisé écotourisme), qui parlent français et anglais, cultivent jardin et potager, dont des herbes aromatiques et des légumes servant à concocter les repas d'influences marocaine et méditerranéenne.

Les non-résidents peuvent profiter du restaurant (déjeuner bio, 165 Dh, sur réservation), puis faire la sieste dans un hamac à côté des bassins où nagent les poissons rouges. À 6 km au sud d'Agdz.

Chez Yacob CASBAH €€

(0524 84 33 94 ; www.lavalleedudraa.com ; 300 Dh/pers demi-pension ;). Cette casbah dispose de 8 chambres avec sdb agencées autour d'une cour. Située près de l'ancien mellah de Tamnougalt, elle offre une agréable terrasse qui domine la palmeraie. Menus fixes très copieux (90 Dh). À 2 km de la route de Zagora, au bout d'une piste de terre.

Depuis/vers Tamnougalt

Quatre km après Agdz, quittez la route principale en prenant à gauche vers l'est, puis grimpez une piste sur 2 km.

Circuits touristiques

Ceux qui circulent en 4x4 ne doivent pas manquer la piste, moins rapide mais magnifique, parallèle à la N9 entre Tamnougalt et le nord de Zagora, sur le côté nord de la vallée. Elle traverse quantité d'oasis, de villages, de champs et offre une vue splendide sur la rivière jusqu'à Zagora. Pour des excursions plus courtes sur la rive nord du Drâa, suivez les panneaux indiquant "circuits touristiques", au bord de la N9 (près de la station-service Afriquia) juste avant Ouled Aïtman. Cet itinéraire passe par la **casbah Said Arabi** et la **casbah de Tinzouline**. À Tansikht, environ 29 km avant Zagora, repérez l'ancienne **tour de guet** qui garde la palmeraie indiquée "Oasis du Drâa".

Timidarte

Pour voir de magnifiques casbahs, il faut quitter la N9 en direction de l'ouest et du village de Timidarte. La plus impressionnante, datant du XVIIe siècle, a récemment été reconvertie par l'association de tourisme de Timidarte en maison d'hôtes, la Kasbah Timidarte.

Où se loger et se restaurer

Kasbah Timidarte CASBAH €

(0668 68 00 47 ; www.kasbahtimidarte.com ; d en demi-pension avec/sans sdb 200/300 Dh). Le temps d'une nuit, vous pourrez vivre comme les habitants de la casbah : les 7 chambres traditionnelles sont disposées autour d'un puits de lumière, on bavarde le soir sur le toit-terrasse, à côté d'un four à pain. Certaines améliorations ont été apportées depuis l'ouverture, comme l'électricité et des sdb dans deux des chambres.

Les membres de l'association cuisinent pour les hôtes, avec un réel enthousiasme, des repas typiques berbères. À 1 km à l'est de la route de Zagora, et à 15 km au sud d'Agdz.

Zagora زاكورة

35 100 HABITANTS

Si l'emblématique panneau "Tombouctou, 52 jours" avec son nomade et son dromadaire souriant a disparu pour des raisons obscures, la réputation d'avant-poste du désert de Zagora n'est pas démentie pour autant. C'est d'ici que les Saadiens lancèrent leur conquête de Tombouctou en 1591, et c'est aux caravanes du désert qui la traversent que Zagora doit son caractère cosmopolite. Aujourd'hui, Zagora reste un lieu de commerce et de rencontres. Le **souk régional** se tient tous les mercredis et les dimanches, et la ville organise nombre de festivals toute l'année.

À voir

♥ Musée des Arts et Traditions de la vallée du Drâa MUSÉE

(☎0661 34 83 88 ; casbah de Tissergat ; 20 Dh ; ⏲8h30-19h). Il faut se rendre à 8 km au nord de la ville, en contrebas d'un spectaculaire point de vue donnant sur la palmeraie, et suivre les panneaux "musée" jusqu'à la maison de terre crue de trois étages qui abrite ce passionnant musée consacré à la culture du désert. Dans le salon de thé est rassemblé le matériel de la vie quotidienne que l'on utilisait dans le désert dans les années 1930 : un poste radio d'époque, un gramophone, et des verres à thé supposés se briser au contact du poison. Les objets sont accompagnés de commentaires en français et en anglais sur leur origine et leur utilisation. Parmi les curiosités, un instrument pour le tatouage, une curieuse chambre d'accouchement et les costumes de mariage de plusieurs tribus locales.

Amezrou VILLAGE

On peut retrouver la dimension multiculturelle de Zagora dans ce village situé au sud de la ville, de l'autre côté de l'oued Drâa. Dans son ancien **mellah**, des artisans fabriquent des porte-bonheur aux motifs africains, berbères, juifs et musulmans. Dans les années 1930, Amezrou comptait quelque 400 familles juives, qui sont parties dans les années 1960.

Demandez à un ancien de vous indiquer le chemin de la minuscule **synagogue**. La famille qui vit dans la maison en face vous fera entrer dans la salle de prière (pourboire d'usage 20 Dh).

Djebel Zagora MONTAGNE

Si vous avez assez d'énergie, suffisamment d'eau et de crème solaire, grimpez de bon matin au sommet de cette spectaculaire montagne, qui domine l'oued Drâa, pour y admirez la vue. À pied, comptez environ 3 heures aller-retour, ou 45 minutes en voiture par la piste qui part sur la droite après le Camping de la Montagne. À mi-chemin, vous verrez les ruines d'une **forteresse almoravide** du XIe siècle. Les installations militaires au sommet sont interdites au public.

Activités

Pratiquement tous les touristes transitent par Zagora pour se rendre dans le Sahara. Beaucoup profitent de cette étape pour y organiser leur voyage, même si M'Hamid, la porte du désert, est encore à trois heures de route vers le sud et les dunes de l'erg Chigaga, à 56 km au sud-ouest de M'Hamid. En organisant votre voyage avec une agence locale, assurez-vous de savoir exactement où vous allez et ce que vous voulez. Les dunes les plus proches de Zagora sont celles de l'erg Nakhla (à 12 km au nord-est de la ville), Tinfou (à 25 km au sud près de la N9), El Messouira et erg Lihoudi (les deux à environ 90 km au sud près de M'Hamid).

Pour des **promenades à dos de dromadaire**, les formules tout compris varient entre 350 Dh et 500 Dh, en fonction du campement et de la taille du groupe.

Circuits organisés

Pratiquement tous les hôtels et les campements peuvent organiser des promenades en dromadaire et des excursions dans le désert. Parfois, les tarifs sont plus intéressants lorsqu'ils sont associés avec l'hébergement. Nous indiquons quelques agences fiables, même si, comme toujours, il vaut mieux comparer les tarifs.

Wild Morocco CIRCUITS ORGANISÉS

(☎0655 77 81 73 ; www.wildmorocco.com). Ce duo britannico-berbère géré par Yahya, originaire de M'Hamid, et Emily, évadée du monde des affaires, se distingue par son professionnalisme et sa passion. Yahya a abandonné la vie nomade après la construction du barrage sur le Drâa et met ses immenses connaissances du désert au service d'excursions bien organisées. Plusieurs treks de 3 à 6 jours permettent d'explorer les routes de migration nomade. Musique improvisée dans le désert, partage du pain avec des familles de la vallée du Drâa ou discussions autour d'un thé avec les Haratins du vieux ksar de M'Hamid sont quelques-unes des scènes probables de ces itinéraires de découverte.

Des excursions plus longues associent randonnées dans les montagnes de l'Atlas, gorges et désert sont possibles, ainsi que des expéditions à Erg Chebbi.

Caravane Hamada Drâa SAFARI DANS LE DÉSERT

(☎0524 84 69 30 ; www.hamadadraa.com ; bd Mohammed V). Plusieurs randonnées dans des camps nomades, conduites par Youssef M'hidi, guide nomade certifié.

Caravane Désert et Montagne SAFARI DANS LE DÉSERT

(☎0524846898; www.caravanedesertetmontagne.com ; 112 bd Mohammed V). Cette petite agence locale, conçoit des circuits hors des sentiers battus pour voyageurs en solo ou en petits groupes, en partenariat avec des nomades.

Caravane du Sud SAFARI DANS LE DÉSERT

(☎0524 84 75 69 ; www.caravanedusud.com ; Amezrou). Treks à dos de dromadaire, circuits en 4x4 et allers-retours de 3 jours à l'erg Chigaga (1 900 Dh). Pour des prix plus compétitifs, prévoir un départ de M'Hami. L'agence est située au rond-point d'Amezrou.

Discovering South Morocco SAFARI DANS LE DÉSERT

(☎0524 84 61 15 ; www.zagora-desert.info). Randonnées pédestres et chamelières dans la vallée du Drâa et dans le désert. Agence gérée par Mohamad Sirirou, natif de Zagora.

Festivals

Moussem de Moulay Abdelkader Jilali FÊTE RELIGIEUSE

Ce *moussem*, qui a lieu en même temps que le Moulid an-Nabi, est la plus grande festivité dans la vallée du Drâa. Les membres de la confrérie soufie des Jilala viennent en

Zagora

Zagora

Activités
1 Caravane Désert et Montagne A2
2 Caravane du Sud B3
3 Caravane Hamada Drâa A2

Où se loger
4 Auberge Restaurant Chez Ali A2
5 Camping Oasis Palmier B2
6 Hotel la Fibule du Draa B3
7 La Petite Kasbah B3
8 Riad Dar Sofian B2
9 Villa Zagora B3

Où se restaurer
10 Souk A2

Où prendre un verre
11 African Bar B3

Renseignements
12 Banque Populaire A2
13 BMCE A1
14 Pharmacie Zagora A2

Transports
15 Gare routière A1
16 Gare routière CTM A2
Grands taxis ....(voir 15)
17 Supratours A2

pèlerinage à Zagora, une occasion unique d'écouter la musique religieuse accompagnée au *bendir* (tambourin).

Où se loger

Les meilleurs établissements sont situés dans la palmeraie, dans le charmant hameau d'Amezrou.

Auberge Restaurant Chez Ali AUBERGE €
(0524 84 62 58 ; chezali.net ; av. de l'Atlas Zaouiate El Baraka ; d avec petit-déj sans sdb 70 Dh, avec sdb 200-300 Dh ;). Si les paons sont d'une royale indifférence au bord de la piscine, le personnel, pour sa part, est extrêmement chaleureux. Les chambres lumineuses à l'étage, avec clim et sdb, sont ornées de meubles en pin, tandis que les chambres "traditionnelles," aux matelas posés sur des tapis, ont une sdb commune. Savourez d'excellents repas berbères (80 Dh) et profitez des excursions de 2 jours conduites par les guides Mohamed et Yousouf.

La Petite Kasbah MAISON D'HÔTES €
(0524 84 80 43 ; www.hotelzagora.com ; Amezrou ; B&B/demi-pension 150/250 Dh/pers). On est accueilli dans cette ancienne maison de famille de Brahim Badri avec un verre de thé. L'adresse compte 5 chambres aménagées autour d'une cour fleurie et d'un salon garni de coussins, et une terrasse ouverte sur la palmeraie d'Amezrou. Bons VTT à la location (100 Dh/jour), excursions en dromadaires (100 Dh/pers), et expéditions plus longues aux erg Nakhla et Lihoudi.

Camping Oasis Palmier CAMPING €
(0613 98 52 31 ; pixameharee@hotmail.com ; rte de Nakhla ; camping 20 Dh/pers, 20-30 Dh/tente, 15 Dh/voiture, 20 Dh/camping-car ; P). Ce camping proche de Dar Sofian propose des emplacements sous les palmiers et des tentes berbères. Café, Wi-Fi gratuit, douches chaudes (15 Dh) et prises électriques (20 Dh). Le matin, livraison du pain frais à la porte de votre tente !

Riad de Rêve MAISON D'HÔTES €€
(0677 19 13 37 ; 353 Hay Moulay Rachid ; s/d/ste demi-pension comprise 370/560/1 100 Dh ;). Ce riad intimiste tenu par Abdesalem permet de savourer des plats à déguster avec les pains maison. D'origine nomade, Abdesalem a travaillé plusieurs années en Suisse et est passé maître dans l'art de recevoir. C'est aussi un guide solide en matière d'histoire locale, de folklore et de désert.

Hôtel La Fibule du Drâa HÔTEL €€
(0524 84 73 18 ; www.casbah-fibule.ma ; s/d/tr avec petit-déj 560/680/780 Dh ; P). Au carrefour d'Amezrou, le calme règne dans cet établissement équipé d'une piscine à l'ombre des palmiers, d'un bar dans le jardin et d'un hammam (à partir de 100 Dh ; massages à partir de 330 Dh). Les 24 chambres sans prétention ont des murs en pisé, une sdb, un réfrigérateur et une clim plus ou moins fiable. Demandez une chambre sur le jardin car la piscine est parfois bruyante. À 50 m à droite de la route de M'Hamid, à Amezrou.

Riad Dar Sofian MAISON D'HÔTES €€€
(0524 84 73 19 ; www.riaddarsofian.com ; rte de Nakhla, Amezrou ; s/d/tr petit-déj compris 680/880/ 1 100 Dh, tente 220 Dh ; P). Dar Sofian, logé dans un magnifique édifice en pisé, a été construit par des artisans de Skoura et de Fès. Sa décoration allie avec bonheur style marocain contemporain, lits et sdb modernes, meubles anciens et touches traditionnelles. Massages, cours de cuisine et excursions sont au programme, ainsi qu'une piscine bordée de palmiers.

Sans y dormir, on peut profiter de la piscine et du restaurant, afin de goûter la spécialité de Zagora, le couscous au chou.

Villa Zagora MAISON D'HÔTES €€€
(0524 84 60 93 ; www.mavillaausahara.com ; rte de Nakhla, Amezrou ; d demi-pension avec/sans sdb 1010/1200 Dh, ste 1520 Dh ;). Lumineuse et aérée, cette charmante villa donnerait presque le sentiment que la vie dans le désert est facile. Les portes-fenêtres s'ouvrent sur de magnifiques tapis marocains, de hauts plafonds et une collection d'art éclectique. Le personnel s'attache à dorloter les clients, et les longs repas sont concoctés avec des produits frais de l'oasis. L'eau de la piscine est judicieusement utilisée pour arroser le jardin de plantes aromatiques. Faites une

BRÈVE ESCAPADE : LES DUNES DE TINFOU

Plus modestes que le grandiose erg Chigaga de M'Hamid ou la grande mer de dunes de Merzouga, ces quelques dunes ondulent à 8 km au sud de Tamegroute, sur la gauche de la route. Bien qu'elles ressemblent à un terrain de jeu les jours d'affluence, grimper au sommet et descendre en courant reste amusant.

croix sur les sorties en dromadaire et passez la journée à lire dans la véranda.

Où se restaurer et prendre un verre

Les restaurants des hôtels servent des menus (100-150 Dh) sur réservation aux résidents comme aux non-résidents. Qualité et fraîcheur sont les maîtres-mots à l'auberge-restaurant Chez Ali, et vous pouvez rejoindre les guides du désert qui se restaurent à **La Rose des Sables** (☎0524 84 72 74 ; av. Allal Ben Abdallah ; repas 40-60 Dh). Cafés et laiteries (vente de jus de fruits) jouxtent l'intersection du boulevard Mohammed V et de l'avenue Allal Ben Abdallah. On y sert poulets rôtis, tajines et pizzas (20 et 30 Dh). Lateria Younes et Lateria Ayoub servent des smoothies aux fruits (7 Dh).

Le **souk** quotidien (bd Mohammed V ; ⏲9h-19h) permet de s'approvisionner pour un pique-nique, tout comme le supermarché au nord de la ville (pas d'alcool) et la boulangerie sur le bd Mohammed V. Pour prendre un verre, optez pour le bar dans le jardin de l'hôtel La Fibule du Drâa, ou pour le **bar africain** (☎0524 84 83 88 ; www.riadlamane.com ; Amezrou) du Riad Lamane.

Renseignements

La plupart des hôtels disposent du Wi-Fi et plusieurs cybercafés bordent le bd Mohammed V et l'av. Allal Ben Abdallah (10 Dh/h).

Banque Populaire (bd Mohammed V). L'un des derniers DAB avant le Sahara.

BMCE (bd Mohammed V). DAB.

Pharmacie Zagora (☎0524 84 71 95 ; bd Mohammed V ; ⏲8h30-13h et 15h-20h lun-ven, 8h30-13h sam)

Depuis/vers Zagora

AVION

Le petit aéroport de Zagora, à la sortie de la N12, au sud-ouest de la ville, est utilisé par des vols charters seulement. Il accueille les hélicoptères de **Heliconia** (www.heliconia-aero.com) et les petits avions d'**Alfa Air** (www.alfaair.aero).

BUS

La **gare routière CTM** (☎0524 84 73 27) est à l'extrémité sud-ouest de l'av. Mohammed V, tandis que la **gare routière** locale (av. Moulay Abdellah) est située près de la mosquée, d'où partent aussi les grands taxis. **Supratours** (☎0524 84 76 88 ; bd Mohamed V), près de la Banque Populaire, propose un bus quotidien pour Marrakech à 6h (125 Dh, 8 heures) et pour Ouarzazate (50 Dh, 2 heures 30). Parmi les 3 bus CTM quotidiens desservant Ouarzazate (50 Dh, 4 heures), un seul continue jusqu'à Marrakech (120 Dh, 9 heures 30).

D'autres compagnies basées à la gare routière locale proposent au moins un bus quotidien pour Marrakech (110 Dh) et Ouarzazate (45 Dh, 3 heures). Certains bus vont à Rissani (90 Dh, 6 heures) via N'Kob (20 Dh, 2 heures) et Tazzarine (30 Dh, 2 heures 30) 3 fois par semaine. Un bus à destination de M'Hamid (20 Dh, 2 heures) fait escale à Zagora le matin. Des minibus plus fréquents partent pour M'Hamid (25 Dh) dans la journée, dès qu'ils sont pleins.

TAXI

Vous trouverez de grands taxis plus réguliers tôt le matin, dans le centre-ville, près de la nouvelle mosquée. Ils se rendent notamment à Tamegroute (8 Dh, 20 min) Agdz (35 Dh, 1 heure 30), Ouarzazate (80 Dh, 3 heures), M'Hamid (35 Dh, 1 heure 30) et N'Kob (60 Dh, 1 heure 30).

Tamegroute تامكروت

Le village de Tamegroute est le centre de la zaouïa Nassiriyya, confrérie religieuse fondée au XVIIe siècle par l'érudit Sidi Mohammed ben Nassir, qui voyagea en Algérie, en Syrie, en Iran et en Libye. Le centre fut un lieu de rencontres entre savants et étudiants qui s'intéressaient aux sciences et en particulier à la médecine. La zaouïa est restée depuis un lieu de pèlerinage pour les malades et une école coranique. Entre deux excursions dans le désert, les bibliophiles pourront visiter sa bibliothèque, qui recèle des milliers d'ouvrages, dont certains remontent au XIe siècle, et assister au **moussem** annuel, entre le 12 et le 22 novembre.

Outre ses guérisons miraculeuses, Tamegroute est réputée pour son labyrinthe de ksour à explorer avec un guide local ou seul pour éprouver votre sens de l'orientation. Un **marché** se tient à Tamegroute le samedi.

À voir

♥ **Zaouïa Nassiriyya** MÉDERSA
(contribution suggérée 20 Dh ; ⏲matin et fin d'après-midi sam-jeu). Si les non-musulmans ne peuvent pas visiter le mausolée au toit vert de Sidi ben Nassir, tout le monde a accès à la bibliothèque destinée aux étudiants de la médersa attenante. Parmi les 4 000 ouvrages conservés dans des rayonnages vitrés figurent d'anciens textes sur la

CONSEILS POUR UNE EXCURSION DANS L'ERG CHIGAGA

Réservez Étant donné la logistique nécessaire aux excursions dans le désert (et que les meilleurs guides sont souvent réservés par les agences de Marrakech), mieux vaut s'y prendre à l'avance pour fixer les détails de votre itinéraire et de vos bivouacs.

Si c'est une première, optez pour une excursion courte N'importe quel mystique soufi peut en témoigner : être seul avec ses pensées dans le désert est propre à des révélations ou expériences quasi hallucinatoires, mais ceux qui n'ont pas l'habitude d'un tel isolement peuvent aussi s'ennuyer ferme.

Promenade ou méharée Tous les dromadaires ne sont pas faits pour être montés. La plupart sont utilisés pour porter du matériel. Si vous voulez en monter un, il faut le préciser dès le début.

Pour une longue excursion, procurez-vous le nom du guide Votre guide (et ses capacités linguistiques) joue un rôle prépondérant dans la réussite de votre excursion. Renseignez-vous sur son nom, recherchez ses références sur Internet ou auprès des agences et demandez l'avis d'autres voyageurs sur **le forum Lonely Planet** (www.lonelyplanet.fr/forum).

médecine, les mathématiques, l'algèbre et les lois, ainsi que de splendides corans du XIIIe siècle, écrits sur des peaux de gazelle. Elle se situe après une arche à l'angle nord-ouest de la place principale.

Coopérative des Potiers GALERIE
(8h-18h lun-ven). C'est du cuivre oxydé que vient le "vert de Tamegroute" utilisé sur les poteries locales, datant de l'époque où la confrérie Nassiri invitait des artisans de Fès à s'installer dans le village. Deux familles fabriquent encore des poteries, en particulier des bols irisés, des carreaux peints et des plats. À voir sur votre gauche en quittant le village vers le sud.

Où se loger et se restaurer

Auberge-Restaurant-Camping-Jnane Dar Diafa PENSION €
(0524 84 06 22 ; www.jnanedar.ch ; s/d à partir de 280/340 Dh, avec sdb commune 170/200 Dh). Dans un pavillon aéré au milieu d'un jardin, attardez-vous devant un déjeuner concocté avec les légumes du potager. Des chambres en pisé un peu défraîchies mais charmantes surplombent le jardin. Certaines ont la clim, des lits avec moustiquaires et des murs décorés d'étoiles. Le petit-déjeuner est inclus dans le tarif des chambres.

De Tamegroute à M'Hamid

Au sud de Tamgroute, la route se rétrécit en une voie unique (en cours d'élargissement lors de notre passage) qui traverse un paysage de cailloux brûlés par le soleil, avant de s'élever jusqu'au col de Tizi Beni Selmane. À mi-chemin, le village de **Tagounite** groupe une station-service et plusieurs cafés. C'est aussi une base de départ pour explorer les dunes d'**El Mesouira** et de l'**erg Lihoudi**, au sud-ouest de Tagounite.

La Dune Blanche BIVOUAC €€
(0667 96 64 64 ; www.bivouac-laduneblanche-zagora.com ; coordonnées GPS N 29°56'05.53, O 05°41'28.13 ; demi-pension/pension complète 400/480 Dh/pers). Cette Dune Blanche s'avère une excellente alternative aux hébergements de M'Hamid. Entourée de dunes, à 22 km au sud de Tagounite, elle propose de jolies maisonnettes en pisé tapissées de toile, qui donne un effet tente. Chaque bâtiment a sa couleur et est doté de lits confortables, de couvertures de laine, de tapis et de lanternes en métal ajouré, projetant des motifs sur les murs. Toutes sortes d'excursions proposées..

Étant donné le lieu, les réservations sont obligatoires. Salah viendra vous chercher en 4x4 à la station-service de Tagounite.

M'Hamid المحاميد

3 000 HABITANTS

Autrefois carrefour culturel et étape commerciale sur la route transsaharienne, M'Hamid s'est reconverti pour répondre aux besoins du tourisme en devenant l'un des points de départ pour les expéditions dans les dunes. Si, de là, il ne faut guère de temps pour rejoindre les dunes – certaines viennent déjà se pelotonner contre les maison d'hôtes dans la partie ouest de la bourgade –, pour vous retrouver en plein milieu de grandes dunes, vous devrez randonner à travers le reg à dos de dromadaire ou en 4x4.

À voir

M'Hamid en elle-même désigne en fait deux localités où vivent cinq groupes ethniques, les Haratins, Berbères, Chorfas, Beni M'Hamid et les célèbres "hommes bleus" nomades. M'Hamid Jdid, la ville "nouvelle" prématurément vieillie, compte une mosquée, des cafés-restaurants en bord de route, de petits hôtels économiques et un **souk** qui se tient le lundi (à votre droite face au château d'eau, à l'entrée de la ville). Il règne ici une ambiance de ville frontière ; dans les cafés poussiéreux de M'Hamid Jdid, des hommes au visage buriné portent turban et lunettes noires.

La vieille **casbah** est située dans la palmeraie, à 3 km de l'autre côté de l'oued Drâa. Autre halte intéressante, le **ksar Ouled Driss,** à 5 km avant M'Hamid, qui recèle un petit **Musée ethnographique** (20 Dh ; horaires variables) exposant des objets ménagers traditionnels dans une charmante cour de brique crue.

Erg Chigaga — DUNES

Les dunes sculptées de l'erg Chigaga sont à plusieurs jours de marche ou à deux heures de voiture de M'Hamid. La plus grande mer de sable du Maroc, bordée au nord et au sud par des montagnes, s'étend sur 40 km. Cette mer de croissants dorés, qui culminent à 300 m, recèle dans ses creux de petits campements semi-permanents. On y vit une expérience du désert paisible et captivante, offrant de spectaculaires cieux nocturnes illuminés par l'immense arc de la Voie lactée.

Erg Ezahar — DUNES

Cette haute dune émet une étrange plainte lorsque le vent se lève. À 65 km au sud-ouest de M'Hamid, il faut trois jours pour l'atteindre en dromadaire, en passant par un ancien **sanctuaire de marabout** et la plaine plate de **Bousnaïna**, où l'on retrouve parfois des objets, vestiges d'un village depuis longtemps disparu. Il n'y a pas ici de campement permanent.

Erg Esmar — DUNES

Proche de l'erg Ezahar, cet ensemble de dunes plus petites qui culminent à 80 m est hors des sentiers battus et dépourvu de campements permanents. Formé de dunes rouges et blanches, le lieu est particulièrement photogénique au crépuscule.

Erg Lihoudi — DUNES

À 8 km au nord-est de M'Hamid, l'erg Lihoudi (les dunes des juifs) culmine à 100 m. Ces dunes caractérisées par leur sable blanc de rivière, dû à la proximité du Drâa, sont fréquentées par un nombre d'excursionnistes croissant et certains campements semi-permanents auraient besoin de quelques rénovations.

El Mesouiria — DUNES

À 8 km au nord-ouest de M'Hamid, El Mesouiria est une autre possibilité d'excursion facile en dromadaire sur 24 heures. Ces dunes de sable blanc qui s'élèvent entre 60 et 80 m sont parsemées de tamaris.

Activités

Nombre de randonnées chamelières de 24 heures (à partir de 350 Dh/personne) partent de M'Hamid et se dirigent vers l'**erg Lihoudi** ou vers les petites dunes d'**El Mesouiria,** à 8 km de M'Hamid. On y accède par une piste située à 18 km avant M'Hamid. Engagez un guide pour vous y rendre.

L'attraction phare est le mal nommé **erg Chigaga,** qui n'est pas une seule dune (erg) mais une magnifique mer de sable doré à 56 km au sud-ouest de M'Hamid. Le meilleur moyen est de s'y rendre en randonnée chamelière. Comptez de 5 à 7 jours (500-600 Dh/jour). On peut aussi y accéder en quelques heures en 4x4. Comptez 1 000 et 1 300 Dh/jour, assurance comprise, plus 350 à 500 Dh pour le campement. L'**erg Ezahar** et le mirage de l'**oasis Iriki** sont d'autres destinations du désert à explorer. Si vous aimez les dromadaires, tentez les 12 jours de chevauchée épique jusqu'à **Foum Zguid**.

Circuits organisés

Les excursions à pied, à dos de dromadaire ou en 4x4 à l'erg Chigaga peuvent être organisées depuis Marrakech, Zagora ou M'Hamid. Ne vous laissez pas berner par les stratagèmes de certains faux guides. Les prix sont à peu près les mêmes partout : environ 350 Dh par personne et par jour pour une excursion de 24h en dromadaire et entre 500 et 600 Dh par jour pour une excursion en dromadaire à l'erg Chigaga. De nombreux opérateurs de circuits du désert n'acceptent que les paiements en liquide.

Bivouac Sous les Étoiles SAFARI DANS LE DÉSERT (☎0644 77 74 05 ; www.bivouacsouslesetoiles.org). De sympathiques méharées et excursions en 4x4 conduites par l'affable et expert Hassan et toute l'équipe originaire de M'Hamid.

Caravane de Rêves SAFARI DANS LE DÉSERT (☎0670 02 00 33 ; www.caravane-de-reve.com). Petite entreprise tenue par des Sahraouis (habitants du Sahara occidental) parlant français et anglais, proposant des randonnées chamelières, du sandboard et du 4x4, notamment un forfait expédition de 24 heures à l'erg Chigaga, avec 4x4, 3 repas et hébergement pour 1 000 Dh.

Sahara Services SAFARI DANS LE DÉSERT (☎0661 77 67 66 ; www.saharaservices.info). Circuits dans le désert, avec dromadaires et 4x4, notamment jusqu'à un campement de tentes berbères aux murs en pisé dans l'erg Chigaga. Cette grande agence utilise beaucoup de guides de la ville et pratique des tarifs assez élevés.

Zbar Travel SAFARI DANS LE DÉSERT (☎0668 51 72 80 ; www.zbartravel.com). Propose des excursions dans l'erg Chigaga, avec nuit sous la tente ou à la belle étoile. Sandboard et randonnée chamelière.

Où se loger et se restaurer

La plupart des hôtels peuvent organiser des excursions avec hébergement dans le désert.

Auberge la Palmeraie AUBERGE € (☎0668 72 98 51 ; sable-voyage.com ; B&B/demi-pension 150/200 Dh/pers). De l'autre côté de l'oued Drâa, à l'ombre de la palmeraie, ce sympathique établissement petits budgets des frères Laghrissi mêle tentes berbères traditionnelles en poils de chèvre et modestes chambres en pisé avec matelas posés sur des tapis tissés. Les douches et toilettes à la turque sont rudimentaires. Les frères, guides chevronnés, proposent des excursions à des tarifs intéressants.

Prenez à gauche à la mosquée en entrant à M'Hamid, vous les trouverez juste après Hamada du Drâa.

Dar Sidi Bounou PENSION € (☎0524 84 63 30 ; www.darsidibounou.com ; par pers demi-pension en tente berbère/ch 340/450 Dh ; P). Une expérience de rêve : dunes en arrière-plan, hammams, concerts de musique sahraouie et méchouis sur les terrasses. Vous aurez le choix entre les tentes berbères et les huttes en brique crue (6-8 pers), le toit-terrasse, à moins de vous glisser entre les draps blancs et frais d'une chambre de la maison principale. Le Dar Sidi Bounou propose des expériences d'immersion dans la culture du désert : expéditions de peinture de paysage, cours de cuisine ou de danse orientale.

À 4 km d'Ouled Driss.

Le Drom'Blanc AUBERGE €€ (☎0524 84 68 52 ; www.ledromblanc.com ; coordonnées GPS N 29°49.054, O 005°40.681 ; petit-déj compris bivouac/s/d 190/430/585 Dh/pers ; P). À l'écart des sentiers battus, au bout d'une longue piste cahoteuse, Le Drom'Blanc est le lieu idéal pour les familles ou les groupes. Les chambres sont aménagées dans un riad climatisé ou dans des maisonnettes disposées dans le jardin. Maguy, l'hôtesse, est un fin cordon-bleu qui peut, sur réservation, vous concocter son célèbre agneau aux épices mijoté dans un four traditionnel en argile dans le jardin.

♥ **Erg Chigaga Luxury Desert Camp** CAMPEMENT DANS LE DÉSERT €€€ (www.desertcampmorocco.com ; tout compris campement principal/privé/sauvage 2 530/2 980/3 150 Dh/pers). À l'ombre de la plus haute dune de l'erg Chigaga s'étend le campement le plus luxueux de la région. Mohammed Boulfrifi (alias Bobo), né à M'Hamid, et le Britannique Nick Garsten proposent 13 somptueuses tentes caïdales (de 25 m²chacune). Luxe à l'intérieur avec tapis, lits de fabrication artisanale, couettes moelleuses, linge en percale et électricité solaire. Le campement propose randonnées chamelières, espaces détente avec hamacs, jeux de société et soirées musicales autour de ballades gnaouas accompagnées par des tambours. Une expérience inoubliable.

Pour davantage d'intimité, optez pour l'un des campements privés (de 2 tentes chacun), ou pour du camping sauvage dans le cadre d'excursions de 3 jours ou plus.

Jnan Lilou MAISON D'HÔTES €€€ (☎0671 51 74 77 ; www.jnanlilou.com ; ksar Bounou ; s/d demi-pension comprise 935/1 430 Dh ; P). Lorsque le sirocco balaie la ville, réfugiez-vous dans ces chambres climatisées aux couleurs vives, dotées de sdb en tadelakt aux lavabos de cuivre éclatants. Les menus du midi et du soir mêlent cuisine française et marocaine, à savourer l'hiver au coin du feu et l'été au bord de la piscine. La formule 3 étoiles pension complète avec randonnée chamelière et l'excursion de 24 heures à l'erg Chigaga sont avantageuses (2 360-3 100 Dh).

Depuis/vers M'Hamid

Un bus CTM quitte quotidiennement M'Hamid direction Zagora (30 Dh, 1 heure 30), Ouarzazate (75 Dh, 5 heures) et Marrakech (130 Dh, 10 heures). Des bus locaux et des taxis vont à Zagora (25 DH) toute la journée. Bus et taxis partent de la place principale de M'Hamid.

Ouest de l'Erg Chigaga

En quittant le désert en 4x4 à l'erg Chigaga, on peut rejoindre Ouarzazate ou Marrakech, via Foum Zguid. En traversant le sahel et le reg, on passe par l'**oasis Iriki**, au pied d'un imposant plateau sur la droite. De là, on croise un grand lac où viennent s'abreuver des oiseaux et des gazelles. Le lac Iriki est en réalité un bassin salin que la chaleur fait miroiter, bordé de bosquets de vénéneux pommiers de Sodome.

Après 30 km, on rejoint la route goudronnée (N12). De là, la route part au sud jusqu'à Tata puis au nord jusqu'à **Foum Zguid**. Cette bourgade est une base stratégique militaire, il se peut que votre passeport soit contrôlé. Le centre-ville dispose de la plupart des services : vente d'eau et d'essence, téléphone public, restaurants et café. À la sortie nord de la ville, après le poste de garde, une route vers l'est conduit aux deux hébergements de la ville. La route du nord n'est pas en bon état, abîmée par les camions des mines de titane voisines. Le paysage est d'une désolation spectaculaire.

À 85 km au nord de Foum Zguid s'étend **Tazenakht,** étape pratique pour se restaurer et faire le plein de café, d'essence et... de tapis. Les tapis locaux (mélange de tissage et de velours épais) aux extraordinaires motifs en zigzag et aux couleurs vives, rouge, orange et bleu, sont exposés dans toute la ville. Pour éviter les intermédiaires, on peut se rendre à l'**Agence de l'artisanat** (⏲7h-19h), organisme officiel, aménagée dans un complexe clos, sur la droite à l'entrée sud de la ville.

En poursuivant sur 26 km, on rejoint le village d'**Anzal** et la **Coopérative de tapis Jemaite Tifawin** (Association de la lumière ; ☎0642 59 29 80 ; ⏲salle d'exposition 9h-12h et 14h-18h lun-jeu, atelier 9h-17h dim). En appelant une semaine à l'avance, une visite de l'atelier peut être organisée pour voir la création de teintures naturelles et le travail de la laine. Du sud, prenez à gauche au panneau indiquant Khouzama, dans le centre d'Anzal.

Où se loger et se restaurer

Les deux hébergements de Foum Zguid sont indiqués vers l'est au niveau du poste de police, à l'entrée nord de la ville.

TOUT PALMIER A BESOIN D'ATTENTION

En se promenant dans l'oasis de Skoura, on est séduit par le rythme nonchalant des palmes qui se balancent au moindre souffle d'air. Outre leur allure majestueuse, les palmiers procurent de l'ombre, fournissent des dattes, et leurs frondaisons servent à tresser des revêtements pour les plafonds, les sols, et à fabriquer des barrières.

Pour autant, dans cette "oasis aux Mille Palmiers", les palmiers sont fragilisés en raison du *bayoud* (ou fusariose), maladie contagieuse provoquée par un champignon. L'Unesco travaille à la protection des oasis, d'Aït Benhaddou à Figuig, en classant les oasis du Sud marocain réserve de biosphère, tandis que le gouvernement marocain plante des espèces de palmiers qui seraient résistantes au *bayoud*.

"Les palmiers de Skoura doivent affronter une autre menace", explique le directeur du programme de conservation des palmiers lancé par le **centre culturel de Skoura** (☎0524 85 23 92). "Quand les récoltes viennent à manquer, pour faire vivre leur famille, des gens vendent illégalement du bois de palmier, qui sert à décorer les complexes hôteliers des grandes villes."'

Afin de traiter ce problème, le centre a récemment ouvert une **salle d'exposition** (⏲8h30-12h, 15h30-17h) sur la N10, en lisière de la ville, pour présenter l'artisanat de l'oasis. Les habitants de Skoura y vendent des objets fabriqués avec des feuilles de palmier, qui ont été cueillies sans porter atteinte aux arbres. Le voyageur qui a pu admirer les splendides palmeraies marocaines verra dans ces chapeaux, corbeilles à pain, nattes ou lanternes en feuilles de palmier des souvenirs particuliers. Leur achat permet aussi de soutenir les efforts du centre en faveur de la conservation des palmiers.

Maison d'Hôtes Hiba MAISON D'HÔTES €
(☎0615 72 72 82 ; www.maisondhoteshiba.com ; coordonnées GPS N° 30°07.549, W°006°52.411, Foum Zguid ; 220/250 Dh/pers demi-pension ; ❄✉). Cette maison d'hôtes qui fait aussi restaurant sert un excellent menu avec tajine, salade et fruits (80 Dh), à déguster sur une jolie terrasse ou dans le salon climatisé. Les chambres douillettes (sdb) font de cette adresse une étape bienvenue pour passer la nuit après une équipée dans le désert.

Bab Rimal HÔTEL €€
(☎0524 39 41 95 ; www.babrimal.com ; coordonnées GPS N 30°07.722, O 006°52.062, Foum Zguid ; s/d/ste demi-pension comprise 530/780/1 460 Dh ; P❄📶✉). Complexe de maisonnettes en faux pisé, aménagées autour d'une vaste piscine bordée de fleurs. Les chambres standards ont des lits surélevés, des carrelages en zelliges et des tapis de Tazenakht. Les suites plus luxueuses sont situées dans des petites villas à double exposition, aux terrasses fleuries. À midi, le lieu est souvent fréquenté par des groupes qui viennent déjeuner et se détendre dans la piscine après un long trajet.

Restaurant Chigaga MAROCAIN €
(Foum Zguid ; sandwichs 20-35 Dh, plats 35-60 Dh ; ⏲7h-21h). Restaurant populaire situé à l'est de la place principale de Foum Zguid. Terrasse extérieure, brochettes grillées et énormes sandwichs.

Bab Sahara MAROCAIN €
(☎0524 84 10 70 ; Tazenakht ; plats 60-80 Dh ; ⏲8h-23h ;📶). Un hôtel situé sur l'artère principale de Tazenakht, apprécié pour ses pizzas, ses brochettes et ses tajines. Son café *nous-nous* (moitié-moitié) ne déparerait pas un bar italien.

ℹ Depuis/vers Tazenakht

Entre Ouarzazate et Agadir, Tazenakht est un carrefour qui nécessite d'avoir son propre 4x4 pour poursuivre jusqu'à Foum Zguid et l'erg Chigaga. Si c'est le cas, faites le plein à Tazenakht car les deux stations-service plus au sud ne sont pas toujours approvisionnées. Si vous avez l'intention de poursuivre vers l'ouest sur la R108, il vous faut impérativement un 4x4 car la route est particulièrement mauvaise.

VALLÉE ET GORGES DU DADÈS سهول داداس وَ المضايق

Carrefours nomades, vallées de roses et casbahs bicolores : sur le papier, la vallée du Dadès semble irréelle. Du Haut Atlas, au nord, à la chaîne déchiquetée du djebel Saghro, au sud, la vallée est ponctuée d'oasis et de palais en brique crue qui lui valent son surnom de vallée aux Mille Casbahs. C'est à pied que l'on a les meilleurs points de vue, en suivant les petits sentiers empruntés par le bétail entre les gorges du Dadès et de Todra et sur les routes des nomades qui traversent le Saghro.

Des routes goudronnées allant de Tinerhir à Imilchil et à l'intersection de la N8 entre Beni Mellal et Khenifra, ainsi que d'Er-Rachidia au nord de la N13 à Meknès, permettent de rejoindre facilement des destinations du Moyen Atlas.

Skoura سكورة

2 800 HABITANTS

Les dromadaires et les chameaux des caravanes chargées d'or et d'épices devaient eux-mêmes s'émerveiller en arrivant à Skoura. Au terme d'une expédition de deux mois dans le Sahara, les nomades touaregs en djellaba bleue déchargeaient leurs marchandises à Skoura, immense oasis où les montagnards du Moyen Atlas vivaient du commerce. Ils chargeaient à leur tour les précieux colis sur des mules, puis prenaient la route de Fès. Ouarzazate, à 39 km à l'ouest, est aujourd'hui le centre marchand de la région. Pour autant, l'ancienne forteresse en brique crue de Skoura demeure et les marchands du désert convergent vers son **marché**, le lundi et le jeudi, pour vendre mille et un produits pleins de saveurs. Une fois le marché terminé, quand les ombres des palmiers se profilent sur la route, personne ne semble pressé de partir.

À voir et à faire

Le réseau de chemins de terre sillonnant la palmeraie est suffisamment compliqué pour justifier d'avoir recours à un guide (50 Dh/heure). La plupart des hôtels proposent leurs propres excursions.

♥ Palmeraie PALMERAIE
Skoura se distingue essentiellement par ses casbahs en brique crue et sa vaste palmeraie, classée au patrimoine de l'Unesco, qui lui valent le surnom d'"oasis aux Mille Palmiers". Sous cette verte canopée s'étend un patchwork long de près de 25 km composé de jardins soigneusement entretenus, irrigués par un ingénieux système

de *khettara*, ensemble de canalisations et d'écluses vieilles de plusieurs siècles. Plus d'une centaine d'espèces d'oiseaux prospèrent ici. Séjournez dans une maison d'hôtes en pisé et explorez la palmeraie à pied ou à vélo.

Casbah Amridil CASBAH

(visite sans/avec guide 10/50 Dh). C'est la casbah la plus courue du Maroc puisqu'elle est imprimée sur les billets de 50 dirhams. Cette merveille du XVIIe siècle est un musée ouvert. Outre le beau bâti, on peut admirer de belles serrures de portes façonnées à la main, un pressoir à olives et un four à pain. La casbah est indiquée à quelques centaines de mètres de la route principale. Des chèvres vivent en semi-liberté dans la cour.

Où se loger et se restaurer

Passer une nuit dans la palmeraie de Skoura, où le prix élevé de la plupart des hôtels est tout à fait justifié, est une expérience des plus agréables. Cette petite oasis étant dépourvue de vrais restaurants, les hôtels proposent la pension complète ou la demi-pension avec possibilité d'en-cas légers à midi. Si vous ne faites que passer, vous pourrez peut-être réserver pour le déjeuner (en fonction du nombre de convives).

Attention : il n'y a pas de DAB à Skoura, or la plupart des maisons d'hôtes n'acceptent pas les cartes de crédit. Vous devrez donc vous approvisionner en espèces à Ouarzazate.

Chez Slimani MAISON D'HÔTES €

(0524 85 23 59 ; www.chezslimani.com ; Douar Magramane ; ch demi-pension 120-160 Dh). C'est le maire de la bourgade qui tient cette maison d'hôtes de la palmeraie, dotée d'un jardin de grenadiers. Ici, les dattes sèchent dans la cour au milieu des chèvres et des moutons. Les chambres avec sdb communes sont simples et lumineuses et les petits-déjeuners et dîners servis à l'ombre de la terrasse.

La maison est indiquée sur la N10 à l'ouest du village. Suivez les cailloux peints en orange sur 1,5 km de piste.

Kasbah Aït Abou CASBAH €

(0524 85 22 34 ; www.kasbahaitabou.com ; palmeraie de Skoura ; par pers avec petit-déj/demi-pension 180/250 Dh ; P). Envie de dormir comme un pacha ? Rendez-vous dans cette casbah érigée en 1825 par le caïd local. Haute de 25 m, la tour en pisé est une prouesse architecturale. Les vastes chambres du rez-de-chaussée, fraîches et dépouillées, sont dotées de sdb de guingois, et les plus récentes sont aménagées autour du potager. Le partenariat avec l'UCPA permet de participer à des chevauchées dans la palmeraie (150/400 Dh par heure/jour).

Pour s'y rendre, suivre les flèches rouges depuis la route principale.

Dar Lorkam MAISON D'HÔTES €€

(0524 85 22 40 ; www.dar-lorkam.com ; coordonnées GPS N 31°05.57, O 06°35.03 ; d/ste demi-pension 800/1 000 Dh ; fermé jan et juil ; P). Un jardin coloré de roses, une vue sur le djebel M'Goun, une terrasse habillée de lierre, tout ici appelle à la détente. Les six chambres à la décoration discrète sont aménagées à l'ombre des oliviers, devant une petite piscine adaptée aux enfants. On visite la palmeraie et le souk le matin, avant de se détendre le soir dans le royal hammam violet.

Pour s'y rendre, suivre les triangles verts depuis la route principale.

Sawadi MAISON D'HÔTES €€

(0524 85 23 41 ; www.sawadi.ma ; Douar Tajanate ; s/d/ste avec petit-déj 660/780/930 Dh ; P). Oasis dans l'oasis, cette maison, située dans 4 ha d'un jardin entouré de murs, offre un cadre splendide aux bungalows en pisé. Après une visite chez les artisans, une excursion guidée pour découvrir l'architecture des casbahs, on se détend dans la vapeur du hammam, au bord de la piscine filtrée au sel, pour, enfin, conclure par un savoureux dîner. Depuis la route, suivre les triangles blancs qui mènent à la sortie nord de l'oasis.

Jardins de Skoura MAISON D'HÔTES €€€

(0524 85 23 24 ; www.lesjardinsdeskoura.com ; palmeraie de Skoura ; ch/ste avec petit-déj 880/1320 Dh ; fermé durant le ramadan ;). À la fois discrète et romantique, cette maison propose des chambres intimes aux murs en pisé. Déco composée de tapis et de tableaux. Salades légères et pizzas fraîches sont proposées au déjeuner dans le jardin fleuri, à déguster au bord de la piscine, coiffé d'un chapeau en feuilles de palmier. Balades à dos d'âne dans la palmeraie, apéritifs sur le toit et dîners franco-marocains (200 Dh) viennent couronner le tout.

De la route, suivre les triangles orange.

Kasbah Aït ben Moro CASBAH €€€

(0524 85 21 16 ; kasbahaitbenmoro.com ; s/d demi-pension 670/780-1000 Dh ; P). Élégamment restaurée, cette casbah du

XVIIIe siècle a conservé son charme d'origine : poutres en palmier au plafond, passages faiblement éclairés, et jardins de cactus pour absorber et stocker l'eau. Les 3 chambres de la tour (sdb commune), avec vue sur l'oasis, offrent le meilleur rapport qualité/prix. Sur la N10, à 2 km à l'ouest de Skoura.

Depuis/vers Skoura

Des bus rares mais réguliers vont de Ouarzazate (10 Dh, 45 minutes) et de Tinerhir (40 Dh, 2 heures) au centre de Skoura, tout près de la N10 à l'est de l'oasis. Achetez vos billets au restaurant La Kasbah, sur l'artère principale de Skoura. Les grands taxis de Ouarzazate (15 Dh) et Kelaâ M'Gouna (15 Dh) s'arrêtent juste après le carrefour.

Kelaâ M'Gouna قلعة مكونة

Si elle doit son nom au mont M'Goun proche, la petite ville de Kelaâ M'Gouna est renommée pour ses roses et ses poignards. À 50 km de Skoura, des fleurs commencent à poindre au-dessus des haies en bord de route et, dans la localité, tous les commerces vendent des bouteilles d'eau de rose. Durant la récolte des roses en mai, et plus encore lors de la **fête de la Rose** (le 1er week-end de mai), des guirlandes de roses ornent la ville. Au **marché**, le mercredi, vous pourrez acheter des roses séchées comestibles.

Pour une randonnée aux alentours parmi les roses, téléphonez au **bureau des guides** (☎0662 13 21 92, 0661 79 61 01) ou louez les services d'un guide officiel par l'intermédiaire des hôtels (300 Dh/jour). Au carrefour situé dans le centre de Kelaâ se trouvent rassemblés les services et équipements utiles : un DAB, des pharmacies et des cybercafés.

Où se loger et se restaurer

Kasbah Iswan MAISON D'HÔTES €€

(☎0658 96 28 89 ; www.kasbahiswan.com ; demi-pension comprise 350 Dh/pers). Vous n'aurez pas de mal à faire votre nid à la Kasbah Iswan, à l'image des cigognes qui nichent sur ses tourelles. Les soirées sont paisibles, pleines de conversations amicales, de délicieux plats de sardines frites et de couscous proposés par Azzedine. Passez vos journées à la lire dans la cour fleurie ou vous promener dans la roseraie bordant l'oued M'Goun.

La casbah est située à 7 km au nord de Kelaâ M'Gouna dans le village de Tazroute. Un taxi vous coûtera 10 Dh.

Kasbah Itran CASBAH €€

(☎0524 83 71 03 ; www.kasbahitran.com ; d demi-pension sans sdb 400 Dh, avec sdb 550-600 Dh ; 📶❄). Dans un labyrinthe de terrasses et de cheminées, des chambres simples qui auraient besoin d'un petit coup de neuf. La plupart ont des sdb (3 ont la clim), des lits durs et une vue en surplomb sur l'oued M'Goun. Organisation de treks. La casbah est située à 2 km au nord-ouest de Kelaâ M'Gouna. De là, des minibus vers le village de Torbis (5 Dh) passent devant la cabah.

Achats

Unité de distillation de rose SOUVENIRS

(☎0661 34 81 77 ; ⊙8h-17h30). À 500 m avant le centre-ville, sur votre droite, cette distillerie se fournit en boutons de roses auprès des agriculteurs de la vallée. La boutique propose toute une gamme de parfums, crèmes et produits pour le bain, notamment de l'eau de rose transparente et non-traitée utilisée localement en après-rasage.

Coopérative Azlag des artisans du poignard ARTISANAT

(⊙9h-18h). Cette coopérative, qui pratique des tarifs fixes (poignards de cérémonie 250-1 200 Dh), se trouve sur la route principale, à la sortie est de la ville. Le local présente une collection d'objets, du poignard touareg (manche gainé de cuir, lame droite) aux poignards des Aït Aitta (garde ciselée, lame incurvée). Le lieu ferme parfois au déjeuner.

Depuis/vers Kelaâ M'Gouna

Les bus qui circulent entre Ouarzazate et Tinerhir via Kelaâ sont souvent pleins. Bus et grands taxis partent du centre de Kelaâ, où ils s'arrêtent au bord de la route. Les taxis desservent Ouarzazate (30 Dh), Skoura (15 Dh), Boumalne du Dadès (7 Dh) et Tinerhir (30 Dh).

Boumalne du Dadès بومله داده

11 200 HABITANTS

De Kelaâ M'Gouna, il faut parcourir 24 km vers le nord-est jusqu'à une bifurcation. La route principale franchit alors la rivière et rejoint Boulmane du Dadès, construite à flanc de montagne. La route qui part sur la gauche mène aux splendides gorges du Dadès. La ville s'anime lors du **souk du mercredi et du dimanche**.

À voir et à faire

À quelques kilomètres à l'est de la ville, là où la piste traverse la hamada jusqu'au village de Tagdilt, on rejoint la **vallée des Oiseaux**. De nombreuses espèces se sont adaptées pour vivre dans cet environnement. Les amateurs reconnaîtront alouettes hausse col, traquets, lagopèdes des sables, buses et grands ducs, ainsi que de nombreux reptiles et des petits groupes de gazelles de Cuvier et d'addax. Pour explorer en détail ce milieu, rendez-vous au bureau des guides pour organiser votre excursion avec le guide chevronné Hamou Aït Lhou, ou louez des VTT (120 Dh/jour) pour pédaler jusqu'au djebel Saghro.

Bureau des guides TREKKING, VÉLO
(☎0667 59 32 92 ; hamou57@voila.fr ; av. Mohammed V). Sur la route principale, près du croisement vers la vallée du Dadès.

Où se loger

Hôtel Almanader HÔTEL €€
(☎0524 83 01 72 ; www.hotelmanader.com ; av. Mohammed V ; s/d demi-pension comprise 200/400 Dh). En surplomb de la vallée, l'Almanader impressionne par ses fresques murales et ses 12 chambres originales, aux plafonds en stuc aux couleurs acidulées. Le personnel aimable et décontracté sert café et cuisine berbère faite maison (repas 70-100 Dh).

Xaluca Dadés HÔTEL €€€
(☎0535 57 84 50 ; www.xaluca.com ; s/d petit-déj compris 850/1 120 Dh ; P❄@🛜🏊). Cet ancien palais des congrès, construit dans les années 1970, a été transformé en hôtel d'une centaine de chambres avec balcons. Elles sont équipées de chaises de Touaregs, de lits aux épais édredons et de couvre-lits en bogolan africain. Parmi les équipements : hammam (100 Dh), bar et tables de billard, terrasse panoramique avec piscine et Jacuzzi, salle de sport. Perché au sommet de la colline sur l'avenue Mohammed V.

Où se restaurer

Restaurant Oussikis MAROCAIN €
(Place du Souk ; plats 50-90 Dh). À gauche après l'entrée du souk, le chef Fadil Faska mitonne de savoureux tajines dans son impeccable cuisine ouverte : pastilla croquantes, salades (10 Dh) et poulet rôti (30 Dh).

Hôtel-Restaurant Adrar MAROCAIN €
(☎0524 83 07 65 ; av. Mohammed V ; plats 35-70 Dh). Pratique, à deux pas de la gare routière, l'Adrar sert de copieux repas à base de salades et de brochettes de viande, ainsi que la spécialité locale : le tajine au *gallia* (poulet).

Renseignements

Vous trouverez avenue Mohammed V une agence de la Banque Populaire, 4 pharmacies et des accès Internet.

Depuis/vers Boumalne du Dadès

BUS

Supratours propose un service quotidien pour Ouarzazate (40 Dh, 2 heures), Tinerhir (25 Dh, 45 minutes), Marrakech (115 Dh, 6 heures) et Merzouga (150 Dh, 6 heures). La billetterie est située près de la Banque Populaire et les bus stationnent près du marché couvert.

Des bus privés moins chers partent chaque jour pour Ouarzazate (30 Dh), Tinerhir (10 Dh) et Marrakech (100 Dh), et, plusieurs fois par jour, pour Er-Rachidia (40 Dh).

TAXI, CAMION ET MINIBUS

Vous devrez attendre un certain temps qu'un grand taxi ou un minibus se remplisse ; les tarifs s'élèvent à 40 Dh pour Ouarzazate, 20 Dh pour Tinerhir et 10 Dh pour Aït Oudinar (dans les gorges du Dadès).

Randonnée dans le djebel Sarhro

Les touristes s'aventurent rarement dans le magnifique et austère djebel Sarhro (ou djebel Saghro) car la plupart des mesas, des aiguilles volcaniques et des gorges encaissées émaillées de palmeraies ne sont accessibles qu'à pied. Cette contrée aride et isolée est le bastion des Aït Atta, guerriers semi-nomades célèbres pour avoir résisté aux Français en 1933 sur le **djebel Bou Gafer**.

Le djebel Saghro est accessible depuis trois centres de randonnée : Kelaâ M'Gouna et Boumalne du Dadès sur le versant nord, et le village de N'Kob, au sud. Les itinéraires les plus beaux passent par le cœur du massif, entre Igli et Bab n'Ali. Ce circuit présente un avantage de taille par rapport à la classique traversée nord-sud du Saghro : il commence et s'achève sur le versant nord des montagnes, permettant ainsi de poursuivre vers les gorges du Dadès, Merzouga et les dunes.

PRÉSENTATION DE LA RANDONNÉE

Durée : 5-7 jours

Distance : 56 km

Niveau : moyen

Départ : Tagdilt

Arrivée : Kelaâ M'Gouna

Point culminant : Tizi n'Ouarg (environ 2 300 m)

Hébergement : camping et gîtes/chez l'habitant

Transports publics : oui

Résumé : Cette excellente alternative à la traversée du Sarhro donne un aperçu de la beauté et de la diversité du massif. Elle comporte de longues journées de marche et quelques rudes montées, mais il est possible d'inclure une nuit supplémentaire dans le parcours.

Quand partir

Alors que de nombreux sentiers du Haut Atlas sont impraticables entre novembre et février, le djebel Sarhro est une destination phare de la randonnée en hiver. Les températures peuvent descendre au-dessous de 0°C, et il neige parfois dès 1 400 m, mais même avec la neige, la randonnée reste en principe faisable. En automne et au printemps, les températures nocturnes tombent rarement au-dessous de 0°C. L'été, quand la chaleur est intenable (au-dessus de 40°C), les sources se tarissent et même les scorpions se faufilent sous les rochers pour se mettre à l'ombre.

Depuis/vers le djebel Sarhro

Des minibus circulent entre Boumalne du Dadès et Iknioulne (25 Dh), au nord de la chaîne, vers midi, et effectuent le trajet en sens inverse tôt le lendemain matin. Il y a parfois des bus supplémentaires le mercredi, jour de marché à Iknioulne.

1er jour : de Tagdilt à la vallée d'Assif Ouarg

DURÉE 4 HEURES / DISTANCE 17 KM / MONTÉE 200 M

Avec ses trois gîtes et la camionnette qui le relie chaque jour à Boumalne, le village de **Tagdilt** constitue un point de départ très pratique. On peut suivre pendant au moins 2 heures 30 la piste empruntée par les camionnettes qui se rendent à N'Kob ou le sentier qui s'écarte par endroits de cette piste pour la rejoindre plus haut.

À **Imi n'Ouarg**, le troisième village en amont de Tagdilt, le sentier quitte la route (celle-ci continue le long des câbles électriques jusqu'aux mines voisines de Tiouit) et tourne à droite (au sud-ouest) près de l'école surmontée du drapeau marocain.

Le chemin suit le côté droit de la vallée d'Assif Ouarg, sous le sommet du **djebel Kouaouch** (2 592 m). Au bout d'une heure et à peine plus de 3 km, vous atteindrez une ferme coquette surplombant des cultures en terrasses. Il est possible de loger **chez l'habitant** (☎0661 08 23 21 ; 30-50 Dh/pers) et de prendre un repas. Les fils de la famille peuvent être engagés comme muletiers.

2e jour : de la vallée d'Assif Ouarg à Igli

DURÉE 6-7 HEURES / DISTANCE 19 KM / MONTÉE 620 M / DESCENTE 860 M

Après 30 minutes de marche, la portion ardue de cette journée, par ailleurs inoubliable, débute une montée vers ce qui semble être le haut de la vallée. De là, un sentier conduit sur la gauche (au sud). Le djebel Kouaouch est le point culminant d'une série de sommets. Serpentant au-dessus d'un ruisseau, le sentier monte vers Kouaouch et un genévrier solitaire (un bon endroit pour faire une pause). En fonction de votre forme physique et de la météo, il peut falloir encore une heure pour se hisser jusqu'au col. On aperçoit d'abord une belle échappée en direction de Tagdilt puis, une fois sur la crête, le Haut Atlas et le djebel Sarhro.

À partir de là, un chemin descend en pente abrupte, mais la piste que vous devez emprunter oblique à droite (au sud-ouest), franchit l'épaulement de la vallée puis une autre crête. La vue, magnifique en direction du sud, embrasse tout le massif jusqu'aux palmiers et à la casbah de **N'Kob**. **Igli** se trouve vers le sud, après une succession de pentes, et les impressionnantes falaises dénudées de la "**tête de chameau**" apparaissent à mesure que vous vous en rapprochez. Igli dispose d'un **gîte** (30 Dh/pers), composé de trois bâtiments bas renfermant dortoirs, toilettes et douches chauffées au bois (10 Dh). Ces abris spartiates ne

PRÉPARATION DE LA TRAVERSÉE DU DJEBEL SARHRO

Cartes Les cartes *Boumalne* et *Tazzarine* (1/100 000) couvrent la région, mais *Randonnée culturelle dans le Djebel Sarhro* (1/100 000), de Mohamed Aït Hamza et Herbert Popp (écrite en français, éditée en Allemagne et disponible au Maroc), se révélera beaucoup plus utile. Elle est plus détaillée, comporte des indications historiques et donne aussi des informations pratiques, dont des adresses d'hôtels à Boumalne et N'Kob. Elle coûte 150 Dh.

Guides Les grandes agences de randonnées (en France et ailleurs) organisent des circuits d'un bon rapport qualité/prix, mais toutes sous-traitent leurs programmes à des guides locaux. Vous pourrez engager directement un guide licencié au bureau des guides de n'importe laquelle des trois localités qui sont des centres de randonnée pour le Sarhro: Kelaâ M'Gouna, Boumalne et N'Kob. Comptez 300 Dh/jour pour un guide et 100 Dh pour une mule.

Eau La déshydratation peut survenir à tout moment, pas seulement en été. Emportez de l'eau en quantité suffisante.

Nourriture Faites vos provisions à Ouarzazate ou Boumalne du Dadès. Dans les trois villes de départ du Sarhro vous trouverez du thé, du poisson en boîte, des biscuits et du pain, et parfois des œufs, des dattes, des amandes, du pain et des sardines en boîte dans certains villages.

Mules Étant donné la quantité d'eau qu'il faut emporter pour randonner, la location d'une mule est recommandée. Votre guide peut se charger de recruter des muletiers et leurs animaux.

Matériel Emportez un sac de couchage. Vous n'aurez pas besoin de tente, à moins de préférer camper plutôt que de loger dans les refuges.

comportent ni électricité ni matelas, mais le sympathique gardien tient une boutique qui vend des articles de première nécessité, y compris des fers pour les mules. Si vous vous procurez de la farine, il vous fera du pain.

Ici, le panorama sur la montagne au coucher du soleil est à couper le souffle. Vous pouvez aussi effectuer l'aller-retour à **Bab n'Ali**, une des formations rocheuses les plus spectaculaires du Saghro, et passer une seconde nuit à Igli ou bien pousser jusqu'au **gîte d'Irhazzoun n'Imlas** (30 Dh/pers).

3e jour : d'Igli à Tajalajt

DURÉE 7 HEURES-7 HEURES 30 / DISTANCE 24 KM / MONTÉE 350 M / DESCENTE 400 M

Sur la droite s'élève le **djebel Amlal**, pic sacré de la puissante confédération de tribus berbères des Aït Atta qui s'y rassemble chaque mois d'août. La randonnée du matin, plus douce que celle de la veille, conduit à travers de larges vallées rocheuses. Au bout de 1 heure 30, en contrebas du village de **Taouginte**, le sentier contourne les tumulus de pierres du **cimetière des Aït Atta**. Vous avancerez ensuite sous les **aiguilles du Sarhro**. Cette longue falaise impressionnante que vous longerez encore pendant une heure et demie rejoint la rivière Amguis. Point de rencontre de plusieurs vallées, ce superbe site planté de palmiers et de lauriers-roses compose un cadre idéal pour camper. En descendant la vallée vers le sud pendant 30 minutes, vous arriverez à **Irhazzoun n'Imlas,** localité surplombant des champs entretenus et une aire pour déjeuner au bord de la rivière.

À Irhazzoun n'Imlas le sentier rejoint une piste qui se dirige à gauche vers N'Kob, à droite vers le Dadès. Prenez à droite (au nord-ouest) en direction de la falaise sur la gauche ; le sentier rocheux conduit en contrebas de celle-ci et grimpe jusqu'à une vallée qui s'évase. La piste contourne le versant nord du **djebel Tassigdelt Si el-Haj** (1 722 m) et part ensuite au sud vers **Tiguiza**, où vous attend un **gîte** (☎0671 72 80 06 ; 30 Dh / pers) sommaire. Avant Tiguiza, une autre piste mène à droite (à l'ouest) au village d'**Akerkour** et à une vallée qui va en se rétrécissant, puis gravit une pente raide jusqu'au village de **Tajalajt** où vous pourrez loger **chez l'habitant** (30 Dh/pers), et prendre peut-être un repas sommaire.

Randonnée dans le djebel Sarhro

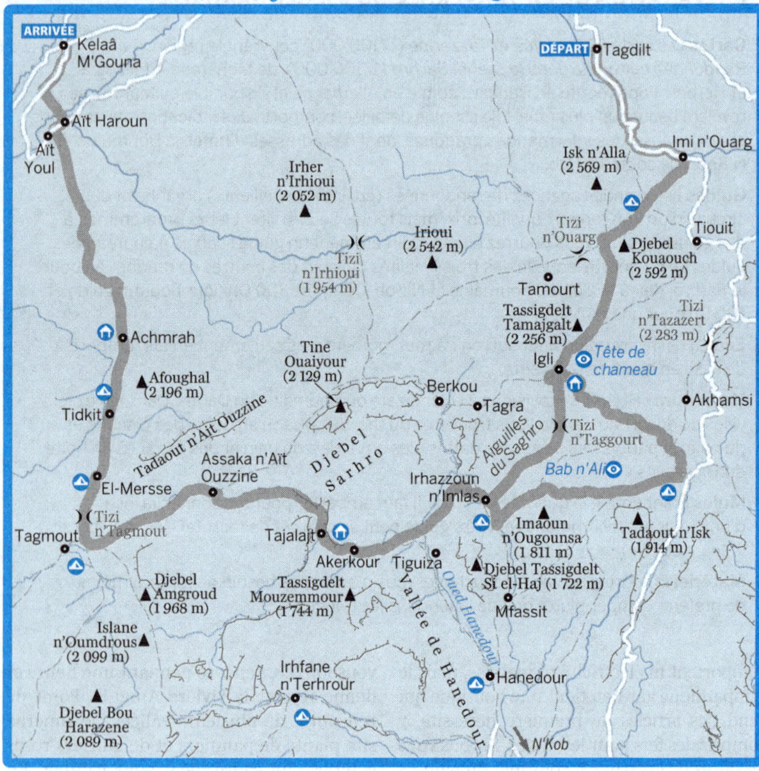

4e jour : de Tajalajt à Achmrah

DURÉE 8 HEURES-8 HEURES 30 / DISTANCE 26 KM / MONTÉE 200 M / DESCENTE 300 M

Empruntez la piste qui monte la vallée depuis Tajalajt, au-dessus de palmeraies et de vergers d'amandiers. À moins de 90 minutes, **Assaka n'Aït Ouzzine** (1 584 m) et sa grande casbah surplombent la splendide vallée. La piste quitte ensuite la vallée pour déboucher sur un paysage de steppe rocheuse.

À 1 heure 30 d'Assaka, en poursuivant entre des crêtes de 2 000 m, on rejoint **Tagmout**, parfois appelé Amgroud, du nom de la montagne qui domine le secteur. Son **gîte** (30 Dh/pers ; petit-déj 25 Dh), bien tenu, avec électricité, matelas et couvertures, propose parfois un déjeuner sans prétention (25-30 Dh).

De Tagmout, la piste mène au nord-ouest à Kelaâ M'Gouna et au sud à N'Kob ; des moyens de transport circulent pour se rendre au **marché du dimanche** de N'Kob. Le trek met alors le cap plein nord, grimpant en un peu plus d'une heure jusqu'au **Tizi n'Tagmout** (1 754 m), d'où la vue sur le massif du M'Goun est somptueuse. Au moins une heure plus loin, la piste rejoint **El-Mersse**, où l'ombre et une source alimentée toute l'année facilitent le camping.

La piste descend alors progressivement plein nord, avec une montée de temps à autre. Moins de 90 minutes après El-Mersse, une autre aire de bivouac s'offre à vous à **Tidkit**, au bord d'une rivière et à l'ombre des arbres. Il est possible de loger chez l'habitant ici ou à **Achmrah**, à 1 heure de marche en aval. Sachez cependant que les Berbères semi-nomades de ce côté du djebel Saghro s'absentent à l'occasion. Si les maisons sont désertées, les abris destinés aux animaux feront quand même l'affaire.

5e jour : d'Achmrah à Kelaâ M'Gouna

DURÉE QUATRE HEURES / DISTANCE 14 KM / MONTÉE 150 M / DESCENTE 450 M

Le début et la fin de cette matinée de randonnée en constituent les meilleurs moments. La piste au nord d'Achmrah monte brièvement, dévoilant soudain le M'Goun et le Siroua à vos yeux éblouis. Elle croise moins de 30 minutes plus tard une piste qui dessert une mine d'anthracite. Ignorez-la et poursuivez vers le nord, parfois le nord-ouest, sur une piste bien marquée qui descend un ravin en direction de la vallée du Dadès. À l'approche de celle-ci, vous apercevrez sur votre gauche le village d'**Aït Youl**, sur votre droite celui d'Aït Haroun. La vallée est émaillée de vieilles casbahs. Prenez le chemin d'**Aït Haroun**, où un pont enjambe le Dadès. La route Boumalne-Kelaâ M'Gouna se situe à proximité, mais même après avoir regagné depuis longtemps le monde moderne, le souvenir de votre périple dans le djebel Saghro continuera de vous accompagner.

Gorges du Dadès مخنف ا مفيق ا دادس

Une légende locale raconte que le vent a un fils qui vit à Boumalne, et qu'il vient lui rendre visite chaque hiver en passant par la vallée. À l'abri de l'ombre pluviométrique de l'Atlas central, la gorge du Dadès présente un impressionnant paysage de montagne rouille et mauve aux diverses strates apparentes et aux formations rocheuses noueuses. Au printemps particulièrement, un système d'irrigation permet de distribuer l'eau et de cultiver blé, figues, amandes et olives. Casbahs et ksour délabrés bordent la vallée dans les villages berbères d'Aït Youl, Aït Arbi, Aït Oudinar, Aït Ouffi et Aït Toukhsine.

Des nomades vivent encore dans les montagnes avec leurs troupeaux (on peut voir des **habitats troglodytiques** près du camping Berbère de la Montagne) entre les pâturages d'été du Haut Atlas et leur habitat d'hiver au djebel Saghro. Au printemps et à l'automne, avec un peu de chance, vous les verrez passer avec leurs mules et leurs dromadaires lourdement chargés.

La route est asphaltée jusqu'à **Msemrir** (à 63 km au nord de Boumalne du Dadès), au-delà, vous aurez besoin d'un 4x4, surtout pour la piste qui court au sud-est jusqu'aux gorges de Todra. Si l'aventure vous tente, vous pouvez partir de Msemrir en direction du nord, pour traverser le Haut Atlas jusqu'à Imilchil. Beaucoup de véhicules vont dans la vallée le samedi pour le **marché** de Msemrir. Un autre se tient le dimanche à Aït Oudinar.

À voir et à faire

Le **paysage** le plus impressionnant débute à 26 km en amont de la gorge, là où la route traverse la rivière et commence à grimper dans une extraordinaire série de virages en épingle à cheveux (voyez www.dangerous-roads.org). Quand la route redevient plate, vous pouvez faire demi-tour car vous aurez vu les plus beaux paysages que l'on peut découvrir sans conduire un 4x4.

Un bon **sentier de randonnée** allant vers le nord-ouest débute de l'autre côté de la rivière, à 28 km de Boumalne du Dadès. Les plus sportifs iront à pied du Dadès aux gorges de Todra (2 à 3 jours de marche). La plupart des hôtels des gorges et de Boumalne du Dadès peuvent vous trouver des guides de randonnée (200-300 Dh/

DES GORGES DE TODRA AUX GORGES DU DADÈS

Les 42 km de piste séparant les gorges du Dadès de Tamtattouchte, dans les gorges de Todra, représentent 5 heures de trajet éprouvant au milieu de reliefs sinueux et dans la vallée rocheuse de Tizgui n'Ouadda. Certains passages sont parfois inondés, il faut donc se renseigner sur l'état de la piste avant le départ. L'itinéraire débute par une ascension très cahoteuse à Tilmi, à 15 km au nord de Msemrir, puis franchit le col **Tizi n'Uguent Zegsaoun** (2 639 m) avant de descendre dans une vallée au nord de Tamtattouchte.

De mai à septembre, cet itinéraire n'est praticable qu'en 4x4 et il est recommandé de se faire accompagner par un guide. En mai, de nombreux nomades berbères qui possèdent une maison à Aït Haini viennent planter leurs tentes dans la vallée de Tizgui n'Ouadda pour y faire paître leurs moutons. Si vous vous arrêtez, ils vous inviteront sans doute à boire un thé sous la tente et à bavarder un peu.

jour) et organiser des excursions en 4x4 aux gorges de Todra (1 400 Dh/jour).

Aït Youl CASBAH

Les dépliants touristiques qui représentent une casbah rose et blanc dans une oasis rocheuse ne sont pas mensongers : à 6,5 km de l'entrée des gorges, l'ancienne **casbah** glaoui d'Aït Youl se dresse sur un fond verdoyant d'amandiers et de figuiers. À 2 km après Aït Youl, la route franchit un oued et cette vallée fluviale permet de revenir à pied à Kelaâ M'Gouna.

Gorge de Miguirne GORGES

Passé un petit col à 14 km de Boumalne se cache la gorge de Miguirne (ou de Sidi Boubar), qui rejoint la gorge du Dadès par le sud. Elle s'explore en une demi-journée, entre ruisseaux et flaques. Le propriétaire du Restaurant Meguirne, à 14 km de Boumalne, peut fournir des guides.

Vallée de Tamlalt VALLÉE

À 18 km de Boumalne se dressent d'extraordinaires formations de roches rouges, qui composent un décor saisissant avec le fond verdoyant de la palmeraie en contrebas d'**Aït Arbi**. Leur forme étrange leur vaut le surnom de "Doigts de singe". Un peu plus loin, dans la "vallée des corps humains", selon la légende, des voyageurs morts de faim auraient été changés en pierres.

Association Gorge du Dadès ART ET ARTISANAT

(☎0677 90 96 70, 0666 39 69 49 ; km 24 Aït Oudinar ; ⏲14h-17h lun-sam). Cette coopérative qui produit des tapis tuftés est également réputée pour ses couvertures en kilim à l'épaisse laine. Les femmes qui travaillent ici utilisent des teintures naturelles - coquilles de noix pour le marron, pelures d'oignon pour le jaune, et pavots pour le noir. Les articles sont vendus à prix fixe.

Au départ du panneau au bord de la route, suivre les flèches indiquant la berge occidentale. C'est l'ancienne écurie qui abrite la coopérative.

Où se loger

La majorité des hébergements ci-après se situent à moins de 28 km de Boumalne du Dadès ; l'indication kilométrique correspond à la distance depuis Boumalne. Presque tous vous laisseront passer la nuit dans le salon ou sur la terrasse (même en été, prévoyez un sac de couchage) moyennant 30 Dh environ, ou camper près de la rivière (15-30 Dh).

À Msemrir, le meilleur hébergement est l'**Hôtel Agdal** (☎0671 53 20 52 ; Msemrir ; s/d 40/80 Dh ; P), aussi accueillant que fatigué, qui propose des chambres simples avec sdb. En face du marché.

Chez l'Habitant Amazigh MAISON D'HÔTES €

(☎0670 71 45 51 ; zaid.azul@hotmail.fr ; km 20, Aït Arbi ; petit-déj compris s 180 Dh, d 200-300 Dh ; wifi). Passer la nuit dans la maison de la famille Tair c'est parfois être invité à un mariage, habillé en berbère, ou partir en promenade dans les vergers pour apprendre la botanique. Les chambres en pisé rose et les salons à la décoration exubérante ne sont rien comparées à la vue, de la terrasse, sur la rivière et les formations rocheuses de la vallée.

Auberge des Gorges du Dadès AUBERGE €

(☎0524 83 02 21 ; www.aubergeaitoudinar.com ; km 24, Aït Oudinar ; camping 20/30/10 Dh par pers/tente/voiture, s/d avec demi-pension 250/200 Dh/pers ; P ❄). Cette charmante auberge qui donne sur la rivière dispose de 30 chambres aux motifs marocains : pisé berbère et lavabos ornés de fossiles dans une aile, décorations en stuc et carreaux *beldi* dans l'autre. Certaines ont des balcons et toutes ont des sdb rudimentaires et des sols carrelés. Prévoyez chaussettes ou chaussons.

Le Berbère de la Montagne CAMPING, MAISON D'HÔTES €

(☎0524 83 02 28 ; www.berbere-montagne.com ; km 34 ; demi-pension comprise 250-300 Dh/pers,

SENTIER DE LA BOUCLE DE TODRA

Pour une marche sportive en matinée, tentez la boucle de 3 heures qui part du nord de la gorge et va jusqu'à Tizgui, au sud. À 30 minutes à pied de la gorge principale, la **Petite Gorge** est le point de départ d'un sentier, près de l'auberge Le Festival. Prenez le chemin qui grimpe sur la gauche (sud-ouest). Régulièrement emprunté par des ânes et des mules, il est bien tracé. Dirigez-vous vers le col, puis montez vers le sud-est jusqu'au col suivant, un endroit idéal pour sortir du chemin et contempler les gorges en contrebas – soyez prudent car le vent souffle en rafales. Du second col, descendez vers le village berbère de **Tizgui** et traversez les palmeraies pour revenir dans la gorge.

camping 15/12/15/30 Dh par pers/voiture/tente/caravane ; P). Des emplacements près d'une rivière pour planter sa tente et un hôtel à quelques mètres de la gorge étroite : voici une adresse parmi les plus paisibles. C'est aussi l'idéal pour les randonnées dans la Petite Gorge et dans les collines à la découverte des campements nomades et des grottes secrètes hérissées de stalactites. Les huit agréables chambres ont des plafonds en *tataoui*, des sols en carreaux de terre cuite et des lits en pin.

La blanchisserie et l'électricité coûtent 30/20 Dh supplémentaires, et des guides 200 Dh/jour.

Chez Pierre AUBERGE €€

(0524 83 02 67 ; www.chezpierre.org ; km 27, Aït Ouffi ; s/d/qua petit-déj compris 465/605/880 Dh ;). Cette auberge propose huit chambres lumineuses et un appartement à flanc de montagne. L'ensemble est joliment décoré et on profite des terrasses fleuries et d'une piscine. Après le magnifique coucher de soleil, on déguste un impressionnant dîner composé de 5 plats (220 Dh) comprenant amuse-gueules créatifs, canard au vin rouge et tarte Tatin, le tout servi à côté du poêle à bois en hiver ou sur la terrasse en été.

Les frères Ismael et Lahcen Sibiri gèrent cette auberge avec passion et fierté et proposent des excursions guidées d'une journée en anglais, français et espagnol.

Maison 4 Saisons MAISON D'HÔTES €€

(0524 83 17 55 ; www.chambresdhotesdades.com ; km 24, Aït Oudinar ; s/d demi-pension 330/500 Dh). Les 4 chambres de cette maison d'hôtes accueillante, récemment ouverte par Youssef Azrarag, donnent sur un charmant patio fleuri aux effluves de menthe et de verveine. Hospitalité berbère, meubles français rétro et décoration locale. Après votre randonnée dans le Haut Atlas, place à la détente sur les coussins marocains de la vaste cuisine ouverte, où vous pouvez mettre la main à la pâte. Adresse souvent complète, réservation nécessaire.

♥ **Kasbah de Mimi** MAISON D'HÔTES €€€

(0524 83 05 05, 0671 52 38 55 ; kasbah-mimi.webliberte.net ; km 12, Aït Ibrine ; demi-pension adulte/enfant 500/335 Dh ;). Accrochée à la paroi rocheuse, cette maison de 4 chambres a été soigneusement restaurée et décorée. Tout ici est parfait : barakas (bénédictions) berbères peintes sur les murs du salon, hors-d'œuvre, jardins de roses, piano à queue dans la bibliothèque bien fournie. La voie d'accès longue de 500 m est très escarpée mais vous serez accueilli joyeusement à l'arrivée par les enfants du village.

Où se restaurer

Chez Pierre est le meilleur restaurant de la vallée, où vous trouverez également une poignée d'établissements plus simples. Fidèle au cliché de carte postale, la vue offerte par le **Café Timzzillite** (0524 83 05 33 ; km 29 ; 6h-19h) se déguste avec un café ou un en-cas.

Le Jardin de Source MAROCAIN €

(0600 68 51 29 ; km 11, Aït Ibrirne ; plats 55-60 Dh ; 10h-18h). Les déjeuners rapides servis dans ce restaurant entouré d'un jardin, près de l'embouchure des gorges, comprennent de savoureux mets végétariens, des omelettes (30 Dh) et des kebabs à la dinde marinée.

Restaurant Isabelle MAROCAIN €

(km 15 ; menu 70 Dh ; 9h-21h30). Dégustez votre repas sur la terrasse en admirant les étonnantes formations rocheuses de l'autre côté de la vallée. Les grosses omelettes ou les tajines sont accompagnés d'une salade et d'une boisson.

Depuis/vers les gorges du Dadès

Des grands taxis et des minibus remontent les gorges à partir de Boumalne ; ils demandent 10 Dh par personne jusqu'aux hôtels à Aït Oudinar et Aït Ouffi et 30 Dh jusqu'à Msemrir (1 heure 30 à 2 heures). Au retour, faites signe au chauffeur. Louer un taxi pour une excursion d'une demi-journée dans les gorges coûte environ 200 Dh. Des minibus desservent fréquemment Msemrir. Le dernier repart pour Boulmane vers 16h.

Tinerhir تنرهير

36 000 HABITANTS

Cité minière poussiéreuse et carrefour routier très fréquenté, Tinerhir (aussi appelée Tinghir) ne présente guère d'intérêt au-delà de son nouveau statut de capitale provinciale. Cependant, on peut y faire étape, en venant depuis Boumalne du Dadès distante de 51 km, pour y découvrir quelques curiosités. À la sortie est de la ville, la palmeraie abrite des casbahs en ruine, la **médersa Ikelane**, école coranique abandonnée du XIXe siècle à la coupole en brique blanchie à la chaux. Au nord de la ville se dressent les ruines du **ksar Asfalou**, où musulmans et juifs étudiaient jadis sous le même toit. Un immense **marché** se tient le lundi à 2,5 km à l'ouest, et un **marché aux bestiaux** s'installe en ville le samedi.

On peut louer des vélos et engager un guide à l'hôtel Tomboctou.

Où se loger

Hôtel de l'Avenir HÔTEL €
(☎0672 52 13 89 ; 27 rue Zaid Ouhmed ; terrasse/ch 30/150 Dh). Situé sur la place du marché, cet hôtel propose des chambres économiques et propres équipées de douches chaudes et d'un toit-terrasse agréable. Demandez une chambre en retrait de la place ou prévoyez des bouchons d'oreilles.

Kasbah Petit Nomade CASBAH €
(☎0668 49 58 38 ; kasbah-petitnomade.com ; coordonnées GPS N 31°31.683, O 005°33.386, Douar Ichmarine ; demi-pension 300 Dh/pers). La casbah de construction récente de Cécile et Lahcen s'avère une véritable trouvaille au milieu des hôtels sans charme de Tinerhir. Trois chambres simples dans les tons rouge et mauve sont disposées autour d'une cour intérieure, tandis que les tables de la terrasse donnent sur la palmeraie. Les visites de l'ancien quartier juif et de la mosquée sont plus intéressantes que le centre-ville, et l'on peut facilement organiser des randonnées à pied ou à vélo et de l'escalade dans la gorge.

La casbah se trouve à 2 km au nord de Tinerhir, à l'entrée de la gorge dans le village d'Ichmarine.

Hôtel Tomboctou CASBAH €€
(☎0524 83 51 91 ; www.hoteltomboctou.com ; 126 av. Bir Anzarane ; s/d/tr avec petit-déj 470/550/

LE CÉLÈBRE MOUSSEM DES FIANÇAILLES D'IMILCHIL

Village berbère au cœur du Moyen Atlas (2 200 m d'altitude), Imilchil est envahi de visiteurs en septembre, durant les trois jours de son **moussem des fiançailles**. Lors de cette grande fête, doublée d'un grand marché, les habitants de la région (Haït Haddidou) se rencontrent et peuvent organiser leur future union. Les femmes portent des capes de laine rayées et des bijoux très travaillés, tandis que les hommes arborent des djellabas blanches.

La fête dure habituellement du vendredi au dimanche, la troisième ou la quatrième semaine de septembre ; les dates sont affichées dans les offices du tourisme du pays. Des circuits organisés partent alors des grandes villes du Maroc et les nouvelles routes goudronnées depuis Rich et Aït Haini jusqu'à Imilchil sont sillonnées de bus de touristes venus observer les futurs époux. Entre les filous, les faux guides et les marchands de souvenirs guettant le chaland, les curieux sont rapidement plus nombreux que les promis, mais l'événement vaut indéniablement le coup d'œil.

Hébergement

Pendant la fête, de multiples tentes sont dressées pour loger les visiteurs. À défaut, les hôtels suivants, sommaires, feront l'affaire :

Chez Bassou (☎0523 44 24 02 ; www.chezbassou.com ; s/d demi-pension 260/400 Dh). Une quarantaine de chambres parfois équipées de sdb.

Hôtel Izlane (☎0661 22 48 82 ; www.hotelizlane.com ; s/d demi-pension 195/360 Dh). Une quinzaine de chambres, dont 4 avec sdb.

Depuis/vers Imilchil

Pour rejoindre Imilchil à partir de Marrakech, il faut prendre un bus en direction du nord-est ou des grands taxis jusqu'à Kasba Tadla, puis un second grand taxi pour El-Ksiba. Là, un bus quotidien dessert Aghbala. L'embranchement pour Imilchil, une route goudronnée de 61 km partant vers le sud, se situe près de Tizi n'Isly, à 10 km environ avant Aghbala. On peut aussi trouver des grands taxis ou des camions ralliant Imilchil le **vendredi et le dimanche, jours de marché**.

Il est possible de se rendre à Imilchil (160 km environ à effectuer en 4x4 ou dans une camionnette partant pour le souk) depuis Boumalne du Dadès, ou plus aisément par une route goudronnée depuis Tinerhir. De grands taxis quittent quotidiennement Imilchil pour Tinerhir (40 Dh, 2 heures 30-3 heures).

730 Dh ; ❄≋). Cette casbah rénovée, construite en 1944 pour le caïd local, dispose de confortables chambres originales, avec sdb. Pour avoir plus d'espace, optez pour la chambre aménagée dans l'ancienne cuisine, aux hauts plafonds avec poutres en bois de palmier. Cour ensoleillée agrémentée d'une piscine et d'un bar. Promenades guidées à pied et excursions à vélo dans l'oasis.

Hôtel Saghro HÔTEL €€
(☎0524 83 41 81 ; s/d petit-déj inclus 560/720 Dh ; P❄📶≋). Ce grand hôtel appartenant à une chaîne est situé sur une colline au nord du centre et offre la meilleure vue sur la palmeraie depuis sa terrasse panoramique. Il dispose de vastes chambres avec balcon et propose une cuisine quelconque (menu 150 Dh). Les non-résidents peuvent profiter de la piscine (50 Dh).

Où se restaurer

Plusieurs restaurants de grillades bordent l'avenue Mohammed V et l'avenue Hassan II, dont le **Café des Amis** (av. Hassan II), le **Café Central** (av. Hassan II) et le **Restaurant Essaada** (av. Hassan II). Le restaurant sur le toit-terrasse de l'**Hôtel l'Oasis** (☎0524 83 36 70 ; av. Mohammed V ; repas 80-100 Dh) en face de la place Principale, est fort pratique (les toilettes sont propres).

Supermarché Chez Michelle SUPERMARCHÉ €
(☎0524 83 46 68 ; av. Mohammed V ; ⏲9h-21h sam-jeu). Idéal pour s'approvisionner avant une randonnée ; c'est le seul établissement vendant de l'alcool.

Renseignements

Les banques avec DAB, notamment la BMCE et le Crédit du Maroc, se trouvent sur l'avenue Mohammed V. Une agence de la Banque Populaire est installée en face de la place Principale.

Tichka Internet (rue Zaid Ouhmed ; 6 Dh/h ; ⏲7h-21h30). À côté de l'hôtel de l'Avenir.

Depuis/vers Tinerhir

BUS

Les bus partent de la place Principale, près de l'av. Mohammed V. Ceux de Supratours s'arrêtent à Tinerhir en poursuivant sur Boumalne du Dadès (25 Dh, 1 heure 15), Ouarzazate (50 Dh, 3 heures), Marrakech (125 Dh, 7 heures 30) et, dans l'autre sens, Er-Rachidia (30 Dh, 3 heures), Erfoud (55 Dh, 3 heures 30) et Merzouga (80 Dh, 4 heures 30). La billetterie est située à droite du parking des bus, devant la mosquée.

Sur les autres lignes, il y a de fréquentes liaisons entre Tinerhir et Marrakech (120 Dh) via Ouarzazate (40 Dh), Erfoud (40 Dh), Meknès (110 Dh) et Boumalne du Dadès (15 Dh).

TAXI ET MINIBUS

Les grands taxis pour Ouarzazate (60 Dh), Alnif (25 Dh) et Er-Rachidia (45-70 Dh) partent également de la place Principale, d'où des minivans ou des pick-up embarquent pour la gorge de Todra (7 Dh) et au-delà jusqu'à Tamtattouchte (15 Dh). Un minibus part à 8h pour Tamtattouchte (15 Dh), Aït Haini (20 Dh) et Imilchil (40 Dh).

Gorges de Todra مخنف ا مفيق ا تودرغة

Les gorges de Todra sont creusées par une faille de 300 m formant un profond ravin de calcaire orange, juste assez large par endroits pour laisser passer une rivière cristalline ou des randonneurs en file indienne. De Tinerhir, la route traverse des palmeraies verdoyantes et des villages berbères sur 15 km, puis de hautes parois rocheuses grises et roses l'enserrent, telles les portes d'un paradis perdu.

Le meilleur moment pour la visite est le matin, lorsque les gorges sont brièvement baignées de soleil. Vendeurs de souvenirs et bus touristiques envahissent le site l'après-midi, jusqu'à ce que la nuit et le froid mordant tombent brutalement. En traversant la gorge, après 18 km de route, se trouve le village berbère de Tamtattouchte. Imilchil se situe à environ 95 km.

Activités

Outre les randonnées dans les gorges et dans les environs, les parois verticales de Todra offrent de superbes voies d'escalade (de niveau 5 à 8), parfois pitonnées. Beaucoup font plus de 25 m de long, et certaines voies en plusieurs longueurs dépassent les 300 m. Le **pilier du Couchant**, près de l'entrée des gorges, offre de longues grimpées classiques ; la **Petite Gorge**, aux voies plus courtes, convient mieux aux débutants. Peu de voies sont cartographiées, mais souvent les hôtels ont des carnets les détaillant. Aventures Verticales loue du matériel fiable, et des guides certifiés peuvent accompagner le visiteur.

Du centre des gorges, on peut retourner à Tinerhir par les palmeraies (3 ou 4 heures de marche). Avec un 4x4 (ou 2 à 3 jours de marche), on peut parcourir la piste accidentée à l'ouest de Todra, jusqu'aux gorges du Dadès (p. 137).

Il n'y a pas d'agence bancaire dans les gorges, peu de connexions et de réseau ; prévoyez suffisamment d'espèces.

Aventures Verticales ESCALADE
(☎ 0524 89 57 27 ; www.escalade-au-maroc.com ; km 14, Tizgui ; 1 heure/demi-journée/journée complète pour 4 60/160/250 Dh/pers). Todra possède enfin une entreprise professionnelle, avec 4 guides certifiés, qui propose escalade, alpinisme et trekking pour tous niveaux. La petite boutique de Tizgui vend et loue du matériel, notamment des chaussons d'escalade, des casques, des cordages et des sacs à magnésie, ainsi que des tentes et des sacs de couchage.

Cette entreprise maroco-portugaise veut développer le secteur de l'escalade dans les gorges, mettre en place une école pour guides d'escalade et développer des vias ferratas (voies reliées par un câble de sécurité), pour faciliter la pratique indépendante.

Assettif Aventure ÉQUITATION
(☎ 0618 53 07 90 ; www.assettif.org ; km 14, Tizgui ; 150/500 Dh par heure/jour). Cette agence organise des treks et des randonnées équestres. Réservation recommandée, en particulier pour les randonnées équestres de 2 jours avec guide et provisions (800 Dh).

Randonnée dans les gorges de Todra

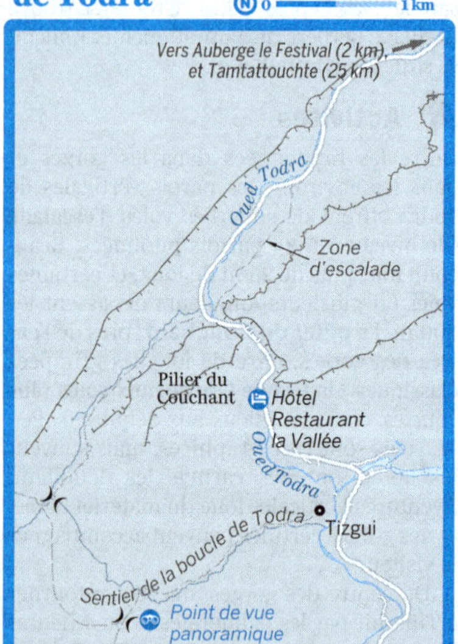

Où se loger et se restaurer

Le kilométrage indiqué pour les hébergements ci-après correspond à la distance entre l'hôtel et Tinerhir. Il dépasse rarement 20 km.

Camping Le Soleil CAMPING €
(☎ 0524 89 51 11 ; www.hotelcampinglesoleil.com ; km 8 ; camping 18 Dh/pers, plus 18/18/28/25 Dh par tente/voiture/camping-car/électricité, d demi-pension 220-250 Dh ; P❄📶🏊). Ce camping, parmi les meilleurs, comprend restaurant de qualité, douches propres et chaudes, emplacements ombragés et machine à laver (29 Dh/machine). Également chambres sommaires avec sdb.

Hôtel Restaurant La Vallée HÔTEL €
(☎ 0524 89 51 26 ; km 15,5 ; d sans sdb avec petit-déj 120 Dh, d avec sdb et petit-déj/demi-pension 150/300 Dh ; 🏊). En surplomb de la rivière et face à la gorge, cet hôtel sans prétention propose 12 chambres claires dont 9 disposent d'une sdb (avec la douche curieusement fixée au-dessus des toilettes). Les chambres à l'étage bénéficient d'une belle vue et le propriétaire fournit des renseignements utiles pour l'escalade.

Kasbah Taborihte HÔTEL €
(☎ 0524 89 52 23 ; www.kasbah-taborihte-todgha.com ; km 12 ; s/d demi-pension 300/500 Dh ; ❄📶🏊). On rejoint cette adresse en descendant au fond de la vallée et en enjambant la rivière tumultueuse. Les deux casbahs à la façade rose sont encadrées par les roches des gorges. Séparées par une grande et agréable piscine, les 40 chambres, ordinaires, sont décorées de carrelages aux effets en 3D, de stucs colorés et de plafonds peints.

Camping Poisson Sacré CAMPING €
(☎ 0607 87 05 95 ; km 9 ; 15/15/15 Dh par pers/tente/voiture). À 9 km en amont de la gorge, plusieurs campings sont aménagés dans une palmeraie. Ce petit camping offre un jardin ou l'on peut planter sa tente et dîner (70 Dh) près d'une piscine "sacrée" remplie de poissons d'eau douce, qui survivent miraculeusement dans l'eau salée.

Auberge Baddou AUBERGE, CAMPING €
(☎ 0672 52 13 89 ; www.aubergebaddou.com ; km 36, Tamtattouchte ; d sans/avec sdb et demi-pension 200/250 Dh, camping par pers/caravane 30/100 Dh ; ❄🏊). Les tentes berbères et les

bungalows aux murs colorés font le charme de cette adresse.

Auberge Les Amis AUBERGE, CAMPING €
(☎0670 23 43 74 ; www.amistamt.com ; km 34, Tamtattouchte ; s demi-pension 400 Dh, d demi-pension 460-600 Dh, camping par pers/voiture/tente/caravane 20/10/10/70 Dh). Dans cette auberge de style casbah on profitera de chambres décorées de tapis avec vastes sdb dont la plupart sont individuelles). Copieux repas fait maison. Emplacements de camping à l'arrière, alimentés en électricité (incluse) et laverie (15 Dh/machine).

Auberge Le Festival AUBERGE €€
(☎0661 26 72 51 ; www.aubergelefestival-todra-gorge.com; km 22 ; maison demi-pension s/d 350/500 Dh, ch troglodytique s/d 700/1000 Dh ; P ❄). C'est un retour à la nature qui est proposé par cette auberge aux chambres creusées dans la roche. Ambiance romantique, finitions en tadelakt, énergie solaire, le tout avec vue sur la Petite Gorge. Après un trek autoguidé et un peu d'escalade (250 Dh/heure) en compagnie du propriétaire polyglotte, détendez-vous dans le Jacuzzi ou en cueillant les légumes du potager bio qui seront cuisinés pour le dîner.

Dar Ayour PENSION €€
(☎0524 89 52 71 ; www.darayour.com ; km 13 ; s/d demi-pension 350/600 Dh ; P ❄). Tapis du Moyen Atlas, couvertures et coussins décorés de miroirs, peintures abstraites, cette adresse prouve que la mode du riad a atteint les gorges du Todra. Cette maison d'hôtes de 5 étages compte 14 chambres avec sdb, dont 8 ont des balcons avec vue imprenable sur la vallée. Parking 15 Dh/nuit.

Depuis/vers les gorges de Todra

La route d'Aït Haini partant au nord vers Imilchil et l'intersection de la route N8 Beni Mellal-Fès a été goudronnée en 2011, permettant l'accès aux véhicules normaux. De grands taxis circulent entre Tinerhir et Imilchil (40 Dh, 2 heures 30), et en général un minibus par jour remonte la gorge, davantage le mercredi à cause du marché du jeudi d'Aït Haini et le vendredi pour le marché du samedi d'Imilchil. Les hôtels vous indiqueront l'heure de passage des transports en commun.

Tinejdad

7 500 HABITANTS

À l'époque où les caravanes arrivaient chargées d'or, les tribus berbères et sahariennes étaient nombreuses à transiter par cette cité (Tinejdad signifie "nomade" en berbère). Elles trouvaient de l'eau aux sources de Lalla Mimouna, dormaient dans les ksour fortifiés de l'oasis de Ferkla et négociaient leurs marchandises au ksar Asir, souk vieux de 1 000 ans qui abritait une mosquée almoravide et une importante communauté juive. De l'eau, un abri, de quoi faire des affaires et obtenir la baraka : tout était réuni pour les besoins des nomades.

À voir

Le passé de carrefour culturel de Tinejdad reste étonnamment préservé. Dès la sortie de la N10, les sources de **Lalla Mimouna** sont indiquées sur la gauche (au nord) et la ligne verdoyante de l'**oasis de Ferkla** apparaît à sa lisière sud-ouest, où vous apercevrez l'imposant **ksar Asir**.

Pour voir les trésors des commerçants du désert, faites un tour sur les **marchés** du dimanche et du mercredi, dans la partie ouest de la ville.

Musée des Oasis MUSÉE
(www.elkhorbat.com/fr.musee.htm ; coordonnées GPS N 31°29.693, O 005°05.206 ; 20 Dh ; 9h-19h). Ce musée aménagé dans le **ksar el-Khorbat** restauré retrace les migrations tribales dans une vingtaine de salles à partir de nombreux objets de la vie semi-nomade : selles usées, contrats gravés sur des tablettes en bois, en arabe et en hébreu, jarres de Tinejdad pour garder l'eau et le beurre, bijoux en argent, mousquets marquetés et menottes.

Des commentaires en français, anglais et espagnol sont utiles pour comprendre les pratiques des tribus ou les spécificités architecturales entre un ksar et une casbah. Le ksar qui abrite le musée héberge aussi environ 80 familles qui occupent une cinquantaine de maisons.

Musée des Sources de Lalla Mimouna MUSÉE
(☎0535 78 67 98 ; 50 Dh ; 8h-18h ; P). Ce musée privé, chaotique création de Zaïd Abbou, originaire de Tinejdad, retrace l'histoire populaire des sources riches en magnésium de Lalla Mimouna. Les objets rassemblés depuis 30 ans – outils agricoles, textiles, poteries, tablettes de calligraphie et livres de prière peints – donnent un aperçu de la vie du désert. Ils sont disposés dans des espaces comprenant un jardin intérieur. La collection d'objets est parsemé de citations du *Petit Prince*.

Où se loger et se restaurer

Gîte-Restaurant el-Khorbat KSAR €€
(☎0535 88 03 55 ; www.elkhorbat.com ; Ksar el-Khorbat ; s/d avec petit-déj 475/550 Dh ;). Ce gîte-restaurant est situé dans le ksar construit en terre crue bâti au XIXe siècle, où les nomades Aït Merghad faisaient halte. À vous d'y passer la nuit avec votre petite tribu. Les 10 chambres, assez grandes, ont des sdb, la clim et des pots en terre de Tinejdad en guise d'abat-jour. Les repas, servis dans le jardin clos, sont préparés avec des légumes du jardin. Au menu, soupe de potiron et tajines au bœuf et aux dattes (80-100 Dh). D'excellents plans de la palmeraie permettent de s'y promener à vélo.

Achats

Galerie d'art Chez Zaid ARTISANAT
(☎0661 35 16 74 ; 9h-13h et 15h30-18h). Un petit tour dans l'ancienne maison d'un calligraphe local vous permettra de découvrir de la vaisselle de Tinejdad dans la cour, des bracelets rongés par le sable dans le salon, et de superbes théières en maillechort (ou alpaca) dans la cuisine. Dans le centre de Tinejdad, 200 m après la station-service Shell, sur la droite.

Renseignements

Vous trouverez un DAB Attijariwafa du côté gauche de la rue, en face du bâtiment de la municipalité de Tinejdad.

Depuis/vers Tinejdad

De grands taxis partent du marché principal dans le centre-ville à Goulmima (10 Dh, 45 minutes), Er-Rachidia (20-30 Dh, 1 heure 30) et Tinerhir (20 Dh, 1 heure).

Goulmima غولميما

16 600 HABITANTS

À mi-chemin entre Tinejdad et Er-Rachidia, Goulmima, ancien carrefour des tribus berbères, n'est dorénavant plus qu'une simple étape sur la route du désert. La plupart des voyageurs évitent même cette bourgade sans charme pour se rendre directement à Erfoud par la route panoramique R702 partant de Tinejdad.

Si vous faites halte dans cette ville, ne manquez pas le labyrinthique **ksar Aït Goulmima,** village fortifié à l'extrémité sud-est de l'oasis de Goulmima, qui compte plusieurs centaines d'habitants. Un guide vous conduira à travers ce dédale de ruelles jusqu'à la mosquée, vieille de 500 ans, au **mellah** et à la palmeraie. Pour rejoindre le ksar, traversez la majeure partie de la ville et tournez à droite au rond-point de la route d'Er-Rachidia. Le ksar est indiqué droit devant. Une **nécropole préislamique** (indiquée depuis la N10) s'étend au nord-est de la ville, et trois **souks** y sont organisés, les mardis, jeudis et samedis.

DAB et cybercafés bordent la rue principale et de grands taxis vont à Er-Rachidia (20 Dh) et Tinerhir via Tinejdad (10 Dh) une fois pleins.

VALLÉE DU ZIZ ET TAFILALET وادة زيز و تافلالت

Serpentant depuis Rich dans les spectaculaires gorges du Ziz, l'oued éponyme apporte la vie à la dernière vallée méridionale des oasis du Ziz et de Tafilalet, avant de flâner à travers les dunes rosées de Merzouga. Les immenses gorges du Ziz partent du sud de la ville de Rich, dans le Moyen Atlas, à 30 km au nord d'Er-Rachidia, et creusent un passage vers le sud par le tunnel du Légionnaire (construit en 1928 par l'armée française). Au sud, la vallée s'élargit sur une dense canopée de palmiers cernée de falaises striées datant de l'époque jurassique. Peu touristique, cette riche palmeraie mérite vraiment le détour.

Au sud d'Erfoud, l'âpre Tafilalet – ancien terminus des caravanes de la lucrative route du sel et terre natale de la dynastie régnante des Alaouites – fut l'une des dernières régions à tomber dans le giron du protectorat français, où des tribus harcelèrent l'armée jusqu'en 1932. Deux ans plus tard, le Maroc était officiellement "pacifié" et Erfoud devint un centre administratif et de garnison. Aujourd'hui la capitale de province se trouve à Er-Rachidia, halte utile pour les voyageurs engagés sur la N13 vers Midelt et Meknès.

Er-Rachidia الراشيدية

76 800 HABITANTS

Ancienne garnison française de la Légion étrangère, Er-Rachidia abrite toujours une importante communauté militaire, dont le rôle aujourd'hui est de surveiller la frontière avec l'Algérie. Comme Ouarzazate, c'est une ville moderne dont les faubourgs résidentiels ne cessent de croître, dopés par les investissements nationaux.

Les villes de garnison ne sont guère réputées pour leur hospitalité ou leur culture. Er-Rachidia tente de se distinguer grâce à son grand théâtre qui accueille, en mai, le **Festival des musiques du désert** (www.festivaldudesert.ma), rassemblant des artistes de tout le Sahara. Le marché a lieu les mardis, jeudis et dimanches.

Où se loger

Malgré son importance régionale, Er-Rachidia compte peu d'hôtels corrects. Vous préférerez peut-être camper à Meski ou tenter votre chance sur la route d'Aufous, au sud.

Hôtel Errachidia HÔTEL €
(☎0535 57 04 53 ; 31 rue Ibn Battuta ; s/d/tr avec petit-déj 250/320/410 Dh ; ❄). Situé derrière la gare routière (pratique pour une arrivée tardive ou un départ matinal), cet hôtel à l'aspect extérieur peu avenant possède 26 chambres très confortables, avec sdb. Café au rez-de-chaussée.

Hôtel Le Riad HÔTEL €€€
(☎0535 79 10 06 ; www.hotelleriad.com ; rte de Goulmima, Er-Rachidia ; s/d avec petit-déj 700/900 Dh ; P❄@🛜≋). Occupé par une clientèle d'affaires, cet hôtel compte une trentaine de vastes chambres avec sdb pourvues de baignoires. Vaste piscine, spa et salle de conférences. Des tarifs plutôt chers pour les prestations, en particulier le petit-déjeuner à 100 Dh. Cet établissement est situé à droite sur la N10, à l'entrée de la ville en venant de Goulmima.

Où se restaurer

Restaurant Imilchil MAROCAIN €
(☎0535 57 21 23 ; av. Moulay Ali Cherif ; menu 70 Dh). De bons tajines servis sur une grande terrasse. Retransmission de matchs de football pour les supporteurs.

Café-Restaurant Merzouga MAROCAIN €
(av. Moulay Ali Cherif ; plats 15-60 Dh ; ⏲7h-21h30). Ce vaste café populaire, dans une ambiance années 1950, orné de portes-fenêtres, est situé près de la principale gare routière et du marché. Bon choix de spécialités locales, notamment du poulet rôti, des brochettes et des omelettes.

Renseignements

La poste et des DAB Banque Populaire et Attijariwafa bordent l'avenue Mohammed V.

Depuis/vers Er-Rachidia

Lors de notre passage, aucun vol ne desservait l'aéroport Moulay Ali Cherif d'Er-Rachidia.

BUS

Les bus partent de la **gare routière** centrale (rue M'Daghra). **CTM** (☎0535 57 20 24) propose un service quotidien pour Marrakech (160 Dh, 10 heures 30) et Meknès (120 Dh, 6 heures) et un bus de nuit pour Fès (130 Dh, 7 heures 30).

Des bus privés desservent Ouarzazate (70 Dh, 6 heures, 3/jour), Marrakech (140 Dh, 11 heures, 3/jour), Fès (90-100 Dh, 5/jour) et Rissani (20 Dh, 2 heures, 9/jour) via Erfoud (15 Dh).

TAXI

Les grands taxis partent à trois rues au nord-est de la gare routière. Parmi les destinations figurent Erfoud (25 Dh, 1 heure), Meknès (120 Dh, 5 heures), Fès (120 Dh, 5 heures), Tinerhir (50 Dh, 1 heure 30), Rissani (25 Dh, 1 heure 30) et Merzouga via Rissani (30 Dh, 1 heure 30).

Environs d'Er-Rachidia

En direction d'Erfoud, la route du Sud passe par la source de l'oued Ziz à **Meski,** située à 17 km au sud d'Er-Rachidia. De là, la route grimpe jusqu'à un plateau désertique offrant un point de vue à couper le souffle sur la palmeraie de Ziz, avant de redescendre vers la ville d'**Aufous,** à 40 km au sud d' Er-Rachidia et à mi-chemin d'Erfoud. Tout au long de la route, de formidables ksour dépassent de la frondaison des palmiers. Aufous compte quelques superbes bâtiments en pisé et d'impressionnantes casbahs en ruine. La bourgade offre magasins et services (essence, café, téléphone...).

À voir

Source bleue de Meski SOURCE
L'oued Ziz trouve son origine à Meski, où des sources chaudes naturelles bouillonnent à la surface sous les pittoresques ruines du **ksar Meski**. Le bassin principal fut agrandi par la Légion étrangère qui y ajouta des marches pour former une piscine. La source est prisée des habitants le week-end. À côté s'étend un **camping** ombragé, et si vous longez puis traversez le cours d'eau, vous arriverez à un ksar désert, à parcourir au coucher du soleil, pour la lumière

La source est indiquée à 1 km à l'ouest de la route principale.

Coopérative Al Ouaha CENTRE ASSOCIATIF
(⏲10h-16h tlj oct-nov, mar, jeu et dim déc-sept). Vous pourrez goûter ici les 7 sortes de dattes

cultivées dans l'oasis d'Aufous. À la saison des dattes (octobre-novembre), les femmes de la coopérative d'Aufous vous emmènent en dégustation dans l'oasis (20 Dh). Sinon, les mardis, jeudis et dimanches, elles vous font goûter (20 Dh) du *tahalout* (sirop de dattes) et des barres énergétiques naturelles à base de dattes. La coopérative est indiquée sur la route principale, après la mosquée sur la gauche.

Où se loger et se restaurer

Camping Tissirt CAMPING €

(☎0661 35 82 19 ; campingtissirtziz.free.fr ; coordonnées GPS N 31°78.535, W 004°23.118 ; par pers/voiture/tente/caravane 15/15/15/30 Dh, demi-pension 150 Dh/pers). Au bord de la palmeraie, juste avant Aufous, ce camping ombragé de palmiers propose deux jolis bungalows en pisé. Le soir, on peut s'attabler devant un *kalia* (mouton haché épicé ; 40-80 Dh), une spécialité locale. Douches (10 Dh) et électricité (15 Dh) sont en supplément.

Maison Vallée de Ziz MAISON D'HÔTES €€

(☎0661 53 31 93 ; www.gite-detape.com ; coordonnées GPS N 31°45.835, O 004°12.220 ; s/d avec demi-pension 350/600 Dh ;). Ne vous fiez pas à la façade quelconque de ce petit hôtel de bord de route et installez-vous en terrasse pour admirer le panorama sur la vallée, au-dessus de la frondaison des palmiers. De là, on peut rejoindre aisément la palmeraie pour d'agréables promenades matin et soir. La nuit, on s'abandonne dans de grands lits sous des lanternes en métal ajouré et des tableaux poétiques. Les guides Mohammed et Saïd organisent des excursions dans le désert.

Depuis/vers la Source bleue de Meski

Des bus publics se rendent d'Er-Rachidia à un arrêt situé au-dessus de la Source bleue entre 7h et 21h (3,50 Dh). Sinon, n'importe quel bus ou grand taxi à destination d'Erfoud ou d'Aufous vous déposera à la bifurcation. Au retour, hélez un grand taxi sur la route principale.

Erfoud ارفود

24 000 HABITANTS

Depuis qu'une route goudronnée relie Rissani et Merzouga, Erfoud est laissée à l'abandon. Il est pourtant question d'asphalter la piste bien entretenue entre Erfoud et Merzouga. Pour l'instant, les voyageurs avisés voyageant vers le sud depuis Fès et Meknès y font halte pour déguster une *madfouna* (chausson berbère) au feu de bois, admirer des fossiles et l'ancien **ksar M'Aadid** (à 5 km au nord d'Erfoud).

Chaque année en octobre, la **fête des Dattes**, rencontre un succès croissant, et s'accompagne de musique et de danses dans la ville. Le souk, au sud de la ville, vend des produits frais et les fameuses dattes d'Erfoud.

À voir

Erfoud est située au cœur des **sites fossilifères** marocains. Au sud de la route, en direction de Alnif, les strates paléozoïques attirent les amateurs qui ont creusé à la main des kilomètres de tranchées peu profondes à la recherche de fossiles, en particulier de trilobites. Certains sont complets mais la plupart ne le sont pas et généralement sont "réparés" dans le plus grand atelier de la ville tenu par Brahim Tahiri, à Erfoud.

Le meilleur endroit pour se familiariser avec les fossiles est le **Museum Fossil's &**

POUR UNE MÉHARÉE RÉUSSIE

Les dunes de l'erg Chebbi recèlent plus de 70 camps, il est donc crucial de bien choisir. Avant de vous engager pour une méharée, posez les questions suivantes au guide :

Quelle est la taille du campement et combien de gens doivent y passer la nuit ? Les excursions les moins chères convergent souvent au même endroit. Si vous souhaitez passer une nuit solitaire dans les dunes, vous devrez trouver un prestataire possédant son propre campement, ou effectuer un trek plus long.

À quelle distance se trouve le campement ? Au cours d'un long trajet, le balancement des dromadaires peut donner le mal de mer et mettre les postérieurs à rude épreuve. Prévoyez des comprimés contre le mal des transports, du talc et des onguents.

Le guide parle-t-il français, ou une autre langue que je comprends ? Ceci est important en cas de problèmes dans le désert – et pour éviter le langage des signes quand vous avez besoin d'utiliser des toilettes.

Mineral's de Tahiri (☎0535 57 68 74 ; www.docfossil.com/brahim_tahiri.htm ; rte de Rissani ; ⊙8h-19h), unique musée de fossiles privé du pays, où des spécimens de grande importance scientifique côtoient des spécimens plus courants en vente à la boutique. Les efforts de Brahim pour mettre en valeur le riche patrimoine géologique du Maroc ont reçu une reconnaissance internationale. À tel point qu'un trilobite a été baptisé en son honneur, l'*Asteropyge tahiri*. Le musée se trouve à 6 km, sur la route de Rissani.

Les reproductions de trilobites en plâtre, plastique ou mastic sont parfois difficiles à distinguer des vrais fossiles.

Où se loger

Hôtel Cannes HÔTEL €€

(☎0535 57 86 95 ; www.hotelrestaurantcannes.com ; 85 av. Hassan II ; s/d/tr 160/210/270 Dh). Cet hôtel propose des chambres bon marché, propres et centrales. La décoration, véritable arc-en-ciel, rappelle les années 1970, entre les couloirs abricot, les chambres aubergine et les sdb turquoise. Le petit-déjeuner coûte 25 Dh, et le café sert des repas corrects. Il est accessible à pied du marché, des billetteries CTM et Supratours de l'av. Mohammed V et de l'arrêt de bus place des FAR.

Kasbah Tizimi HÔTEL €€

(☎0535 57 61 79 ; www.kasbahtizimi.com ; rte de Jorf ; s/d/ste 650/820/1 500 Dh ; P❄📶🏊). Ambiance décontractée pour cette kasbah dotée de cours fleuries et de jolies chambres. Glissez sur les sols en terre cuite et en zelliges, dormez dans des lits en fer forgé et détendez-vous sous les parasols. La vaste chambre familiale en bord de piscine est superbement située.

Kasbah Xaluca Maadid COMPLEXE HÔTELIER €€€

(☎0535 57 84 50 ; www.xaluca.com ; s/d 845/1120 Dh, ste 1620-2220 Dh ; P❄📶🏊). Cet établissement haut de gamme, à l'architecture traditionnelle en pisé a plus d'une centaine de chambres. Les suites junior, avec leurs beaux tissus, leurs têtes de lit en pierre fossilisée et leurs lampes minérales sont des plus agréables. Au retour d'un périple dans le désert, on apprécie le spa, et les enfants pourront jouer dans la piscine ou au minigolf. À 5 km avant Erfoud sur la droite.

Où se restaurer

Cafés et restaurants bordent l'avenue Mohammed V et sont nombreux autour de la place des FAR.

♥ **Pizzeria-Restaurant des Dunes** BERBÈRE, ITALIEN €

(☎0535 57 67 93 ; www.restaurantdesdunes.com ; av. Moulay Ismaïl ; pizza 40 Dh, menu 80-100 Dh ; ⊙9h-22h). Régalez-vous d'une pizza cuite au feu de bois ! La margherita, avec anchois, olives et origan, est délicieuse. Sinon, commandez la succulente *madfouna*, un chausson doré, farci d'oignons émincés et d'agneau aux herbes.

Hôtel-Restaurant Benhama CAFÉ, SANDWICHS €

(☎0661 82 64 57 ; av. Moulay Ismaïl ; sandwichs 20-25 Dh ; ⊙8h-21h). Poulet rôti, sandwichs au fromage, hamburgers, smoothies aux fruits et cafés sont servis aux jolies tables en terrasse donnant sur l'artère principale. Salle climatisée installée dans l'élégant hall.

Achats

Manar Marbre SOUVENIRS

(☎0535 57 81 26 ; www.manarmarble.com ; rte de Jorf ; ⊙8h-18h). On peut observer les artisans travailler le marbre et créer des objets (des boucles d'oreilles aux lavabos en passant par les serre-livres) qui sont en vente dans la boutique.

Renseignements

Vous trouverez des banques, des cybercafés, la poste et un petit supermarché sur l'av.Moulay Ismaïl.

Depuis/vers Erfoud

BUS

CTM (☎0535 57 68 86 ; av. Mohammed V) propose des bus de nuit pour Meknès (125 Dh, 7 heures 30) et Fès (140 Dh, 8 heures 30) via Er-Rachidia (30 Dh, 1 heure 15), ainsi qu'un bus matinal pour Rissani (15 Dh, 20 min).

Les bus Supratours et d'autres partent de la place des FAR direction Tinerhir (90 Dh, 3 heures 30, 2/jour), Ouarzazate (125 Dh, 6 heures 30, 3/jour), Marrakech (165 Dh, 11 heures), Meknès (130 Dh, 8 heures) et Fès (130 Dh, 9 heures, 3/jour).

TAXI

Des grands taxis et des minibus partent de la place des FAR, et en face de la poste, pour Merzouga (30 Dh, 1 heure), Rissani (8 Dh, 20 min), Er-Rachidia (25 Dh, 1 heure) et Tinerhir (60 Dh, 5 heures).

Rissani الريصاني

20 500 HABITANTS

Rissani, où l'oued Ziz perd de sa vigueur, fut entre les XIVe et XVIIIe siècles une

Rissani et Merzouga

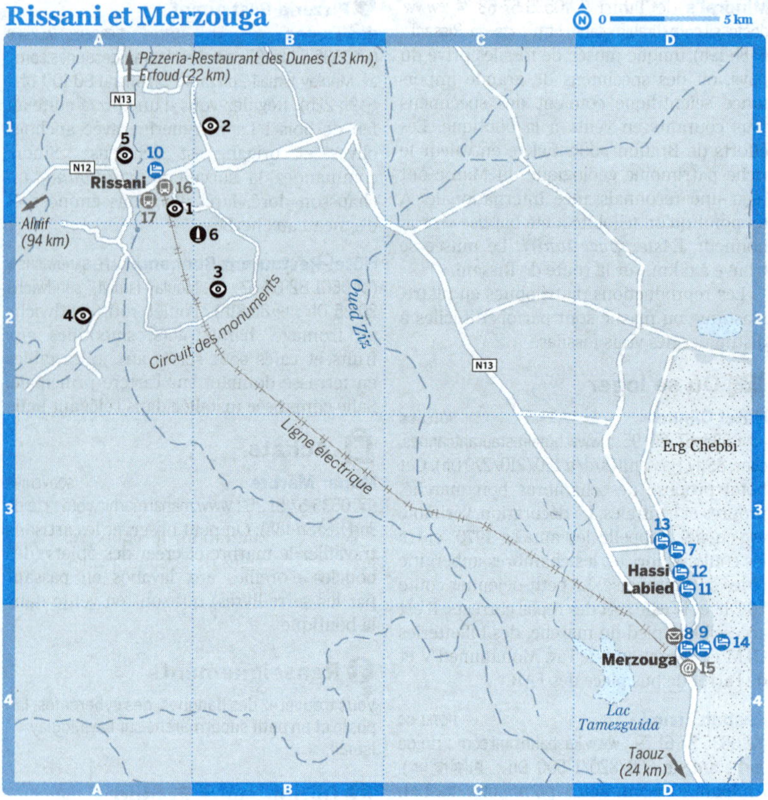

capitale du désert nommée Sijilmassa, où or et esclaves s'échangeaient via des caravanes traversant le Sahel. Elle avait une telle importance stratégique que les Filali (ancêtres de l'actuelle dynastie alaouite) y livrèrent un combat épique contre les Saadiens pour prendre le pouvoir.

Aujourd'hui, Rissani n'est que l'ombre de ce qu'elle fut. Un quart de la population vit dans le ksar du XVIIe siècle, tandis que la ville moderne est formée d'une rue et d'une place. Cependant, les échos du passé résonnent le dimanche, le mardi et le jeudi lorsque le **souk**, où s'échangent volailles, moutons et bijoux, anime la ville.

À voir et à faire

Les ruines de Sijilmassa et le circuit touristique sont indiqués sur la N13 à l'ouest du centre-ville. D'autres ksour de brique crue bordent la route de Merzouga : **Dar el-Beidha** et **ksar Haroun.** Ils sont indiqués à gauche en sortant de la ville.

Sijilmassa SITE HISTORIQUE

Avant d'arriver à Rissani s'étendent les ruines de Sijilmassa, capitale de la première principauté islamique indépendante du Sud. Si la fondation de Sijilmassa reste incertaine, on sait que la ville était un relais essentiel pour le commerce transsaharien à la fin du VIIIe siècle. Des caravanes pouvant compter jusqu'à 20 000 dromadaires traversaient les sables jusqu'aux lointaines mines de sel de Taodeni et de Tagahaza (dans l'actuel Mali), puis continuaient vers le Niger et le Ghana, où une livre de sel s'échangeait contre une once d'or.

Au XIIe siècle, l'or soudanais façonné à Sijilmassa partait pour l'Europe où il était transformé en pièces de monnaie. La qualité identique des pièces européennes et marocaines atteste de l'importance des échanges commerciaux. Comme toujours, le commerce de l'or suscita des luttes intestines puis l'effondrement de la cité au XIVe siècle.

Rissani et Merzouga

À voir
1 Ksar Abbar A1
2 Ksar El Fida B1
3 Ksar Oulad Abdelhalim B2
4 Ksar Tinheras A2
5 Sijilmassa A1
6 Zaouïa Moulay Ali Ach-Charif B2

Où se loger
7 Auberge Camping Sahara D3
8 Chez Julia D4
9 Chez Youssef D4
10 Hôtel Sijilmassa A1
11 Kasbah Kanz Erremal D3
12 Kasbah Mohayut D3
13 Maison Merzouga D3
14 Riad Ali Totmarroc D4

Renseignements
Banque .... (voir 16)
15 Cyber Shop Les Amis D4

Transports
16 CTM A1
Grands taxis .... (voir 8)
Grands taxis .... (voir 10)
17 Gare routière locale A1
Supratours .... (voir 8)

Reconstruite par le sultan alaouite Moulay Ismaïl au XVIIIe siècle, elle finit par être détruite par les guerriers nomades Aït Atta en 1818. Il ne reste à Sijilmassa que deux portes décorées et quelques structures peu consolidées.

Ksar El Fida KSAR
(donation suggérée 10 Dh ; 8h-19h). Cette immense casbah alaouite restaurée (1854-1872) fut le palais du caïd local jusqu'en 1965, avant d'abriter un musée archéologique. Aujourd'hui, il n'y a plus que son propriétaire septuagénaire qui vous fera volontiers visiter les lieux, en français et en arabe.

Circuit touristique CIRCUIT ORGANISÉ
Si les voyageurs à destination des dunes s'arrêtent rarement à Rissani, les photographes, amateurs d'histoire et autres férus d'architecture s'y attardent plusieurs jours pour explorer les ksour décrépits et les casbahs croulantes mais pleines de charme au km 21 du circuit circulaire. Le mieux est de partir dans le sens des aiguilles d'une montre depuis les ruines royales du **ksar Abbar** – résidence d'exil des Alaouites – en passant par une dizaine de ksour délabrés jusqu'au **ksar Tinheras** encore habité, juché sur un relief à la vue impressionnante sur le Tafilalet.

Vous apercevrez en chemin la **zaouïa de Moulay Ali Ach-Charif** (8h-18h), GRATUIT sanctuaire construit en l'honneur du fondateur de la dynastie alaouite, et le royal **ksar Oulad Abdelhalim**, ruine du XIXe siècle aux remparts immenses, autrefois surnommé "l'Alhambra du Tafilalet".

Le circuit est indiqué à 1,5 km à l'ouest de Rissani, sur la N13.

Où se loger et se restaurer

Les ruines n'étant qu'à 35 km des dunes du Sud, peu de voyageurs choisissent de séjourner à Rissani, préférant venir d'Erfoud ou de Merzouga. Les hôtels centraux, comme l'**Hôtel Sijilmassa** (fax 0535 57 50 42 ; pl. al-Massira al-Khadra ; s 80 Dh, d 140-160 Dh ;) près du grand parking de taxis, sont étriqués et peu reluisants et l'adresse est déconseillée aux femmes seules.

Pour la restauration, le choix se limite aux quelques cafés de la route principale et autour du souk.

Renseignements

Un bureau de poste et de téléphone est installé à l'extrémité nord des murs de la médina, et deux banques dotées de DAB sont situés place al-Massira (dernière occasion de retirer des espèces avant le désert).

Depuis/vers Rissani

CTM (pl. al-Massira), dont l'agence est située dans le centre-ville, près de l'Hôtel Filalia, propose un bus quotidien partant à 20h pour Meknès/Fès (140/150 Dh, 8-9 heures) via Erfoud (15 Dh, 20 minutes) et Er-Rachidia (30 Dh, 1 heure 30).

Supratours propose un service le soir pour Meknès (135 Dh) et Fès (135 Dh) via Er-Rachidia (50 Dh), le matin pour Marrakech (220 Dh, 12 heures) et un service matin et soir pour Merzouga (25 Dh, 30 min).

Des bus locaux quittent la gare routière centrale à 400 m au nord de la place sur la route d'Erfoud. Des bus desservent Fès (130 Dh, 13 heures) via Meknès (100 Dh, 9 heures) et Marrakech (180 Dh, 10 heures). Des bus se rendent irrégulièrement à Tinerhir (35 Dh, 6 heures) ; renseignez-vous sur les horaires à la gare. Chaque jour, 6 bus partent pour Er-Rachidia (20 Dh, 3 heures) via Erfoud.

En face de l'Hôtel Sijilmassa, des grands taxis partent fréquemment pour Erfoud (8 Dh), Er-Rachidia (30 Dh), Tinerhir (70 Dh), Merzouga (13 Dh), et de temps à autre Taouz (25 Dh).

LE BOUT DE LA ROUTE... OU PRESQUE

En 4x4, plutôt que de faire demi-tour à Taouz, on peut emprunter la piste pendant une heure environ (30 km), vers le sud-ouest jusqu'aux dunes d'**Ouzina** (2 km), destination connue des seuls initiés. Vous pourrez faire halte à la **Kasbah Ouzina** (☎0668 98 65 00 ; demi-pension 270 Dh/pers), petite auberge soignée. À Ouzina, la piste bifurque vers l'ouest et la vallée du Drâa, et parcourt 45 km jusqu'au village de **Mharje**. Là, vous pourrez prendre la direction du nord via une piste bien nivelée pour rejoindre **Alnif**, où la piste croise la route goudronnée qui part vers Zagora. Sinon, il est possible d'emprunter une piste accidentée au départ de Taouz vers l'ouest et la vallée du Drâa au sud de Zagora. Dans un cas comme dans l'autre, le trajet Taouz-Zagora, qui dure au moins 7 heures, nécessite une bonne préparation (beaucoup d'eau, du carburant, des provisions, une roue de secours, un téléphone portable) et l'aide d'un guide connaissant bien le Sahara.

Des camionnettes desservent également Merzouga (10 Dh) et partent toutes les heures devant Chez M'Barek.

Merzouga

Selon la légende, c'est parce qu'une riche famille refusa l'hospitalité à une femme pauvre et à son fils que Dieu décida d'ensevelir leur maison sous les dunes de sable. Aujourd'hui, le châtiment de Dieu s'appelle **erg Chebbi**, dunes majestueuses surplombant les villages jumeaux de Merzouga et **Hassi Labied,** destination de rêve du désert marocain.

La beauté des paysages de l'erg Chebbi et l'accès aisé à Merzouga par des routes goudronnées depuis Midelt et Ouarzazate ont fait exploser le tourisme du désert. En saison, cars et convois de 4x4 soulèvent d'épais nuages de poussière en traversant à vive allure la hamada pour ne pas manquer la promenade en dromadaire au clair de lune. On peut regretter aussi les constructions de nombreux hôtels sur le versant ouest des dunes qui offrent cependant une vue inoubliable depuis les chambres et les terrasses. Pour profiter au mieux de la beauté de l'erg Chebbi, organisez bien votre voyage et venez hors saison. La meilleure période pour ne pas subir la pression touristique s'étend de fin novembre à février.

À voir et à faire

La plupart des hôtels proposent des excursions dans les dunes ; les prix varient de 100 à 250 Dh pour une promenade de 2 heures à dos de dromadaire au lever ou au coucher du soleil. La nuit dans le désert, avec lit dans une tente berbère, dîner et petit-déjeuner, revient à 300-650 Dh par personne. Les circuits en 4x4 sont plus chers, jusqu'à 1 200 Dh par jour pour un véhicule pouvant transporter 5 passagers. Les quads, qui aplatissent les dunes et perturbent habitants, marcheurs et animaux, ne sont pas recommandés.

Si vous débarquez à Merzouga sans guide ni dromadaire, préparez-vous à être assailli par les propositions d'excursions. Choisissez votre guide selon vos besoins et si vous avez l'impression qu'on vous force la main, éloignez-vous. Sachez tout de même qu'il est difficile de se débrouiller seul dans le désert si vous souhaitez aller au-delà de la balade de deux heures.

♥ Erg Chebbi DUNES

Les dunes changeantes de l'erg Chebbi s'étendent sur 28 km du nord au sud et culminent à 160 m. Sans avoir l'ampleur des mers de sable d'Algérie, de Libye et de Namibie, elles n'en offrent pas moins un paysage spectaculaire. Les dunes, qui s'élèvent au-dessus de la hamada plate et noire, au soleil couchant, luisent de reflets orange, roses et violets. Le lever et le coucher de soleil sont les meilleurs moments pour en profiter.

Lac Tamezguida ORNITHOLOGIE

Tout au sud de l'erg Chebbi, entre novembre et mai, s'étend le lac de saison de Tamezguida (appelé également lac de Merzouga ou Dayet Sriji). C'est sans doute le meilleur endroit au Maroc pour observer les oiseaux du désert, tels l'engoulevent d'Égypte, la fauvette du désert, la pie fauve et le guêpier à joues bleues. Certaines années, on y voit même des flamants roses et autres oiseaux aquatiques.

Où se loger et se restaurer

Beaucoup d'hôtels sont desservis par des pistes qui partent de la route asphaltée N13 et continuent vers l'est sur 1 km ou plus. Ils s'étendent sur 5 km entre le village de Hassi Labied au nord et Merzouga au sud. Si vous avez réservé, repérez la position exacte de votre hébergement au préalable. La plupart proposent des matelas sur la terrasse ou sous une tente berbère (30-50 Dh par pers). Prévoyez des vêtements chauds car les nuits sont souvent froides dans le désert.

Hassi Labied

Auberge Camping Sahara AUBERGE, CAMPING €
(0535 57 70 39 ; www.aubergesahara.com ; coordonnées GPS N 31°08.100, W 004°01.122 ; d demi-pension 200-300 Dh/pers, camping sur la terrasse/caravane 50/70 Dh/pers ; P ❄ ≋). Tenue par des Touaregs, cette auberge sympathique est adossée aux dunes, au sud du village. Elle abrite 20 chambres spartiates mais impeccables avec sdb, dont 4 ont la clim et vue sur les dunes.

♥ **Corner of Repose** AUBERGE €€
(0641 99 48 28 ; www.corner-repose.com ; coordonnées GPS N 31°11.766, O 004°01.803 ; tente demi-pension 225 Dh/pers, s/d demi-pension 450/550 Dh ; P ❄). À l'ombre d'un bosquet de tamaris au pied de la plus haute dune, cette auberge de dimensions modestes vaut largement les grandes casbahs luxueuses de Merzouga. Discrète et accueillante, elle propose des chambres simples construites en torchis autour d'un jardin où poussent menthe et cactus.

Les promenades en dromadaire coûtent 225 Dh/personne, et les excursions de deux jours 550 Dh/personne, dîner et petit-déjeuner compris.

Kasbah Kanz Erremal HÔTEL €€
(0535 57 84 82 ; www.kanzerremal.com ; coordonnées GPS N 31°07.765, O 004°00.769 ; d/ste demi-pension 630/890 Dh ; P ❄ wifi ≋). Loin du côté rustique de nombreux hébergements de Merzouga, cette casbah privilégie discrétion et élégance. Des banquettes garnies de coussins bordent la vaste cour centrale et les chambres avec vue sur le désert sont rehaussées de linge blanc, rideaux vaporeux et couvre-lits bleu argenté. La grande terrasse avec piscine qui s'étend jusqu'au sable offre une vue incomparable sur les dunes.

Kasbah Mohayut AUBERGE €€
(0666 03 91 85 ; www.mohayut.com ; d/ste demi-pension par pers 350/450 Dh ; ≋). Installez-vous dans l'une des 24 chambres en tadelakt sculpté ou sur le toit dominant les dunes et profitez de la piscine. Les lits à baldaquin, les tapis berbères et les plafonds en *tataoui* ajoutent au charme du lieu. Finitions parfois un peu sommaires. Si possible demandez une chambre avec cheminée.

Maison Merzouga MAISON D'HÔTES €€
(0535 57 72 99 ; www.merzouga-guesthouse.com ; coordonnées GPS N 31°07.869, W 004° 01.034 ; demi-pension 350-500 Dh/pers ; ❄ ≋). Cette maison de famille propose 16 chambres associant hospitalité berbère et ambiance du désert. Piscine, hammam, fêtes locales, cuisson du pain, découverte de la palmeraie sont à votre portée. La chambre la plus plaisante est aussi la moins chère, logée dans la tour avec vue sur les dunes.

Merzouga

Chez Julia PENSION €
(0535 57 31 82 ; www.chez-julia.com ; s/d/tr 200/400/600 Dh ; ❄). Charmante adresse au cœur de Merzouga, derrière la mosquée. La pension propose sept chambres sans luxe (partageant 3 sdb) ainsi qu'un appartement familial (400-800 Dh). Décoration aux couleurs délavées par le soleil, murs de pisé, cheminées anciennes et sdb aux carreaux blancs. Organisation de circuits ornithologiques, concerts de musique saharienne et chasse aux fossiles.

Chez Youssef MAISON D'HÔTES €
(0535 57 89 04 ; www.chezyoussef.com ; Merzouga ; s/d demi-pension 255/510 Dh ; ❄ wifi). La maison en pisé très simple de Youssef propose quatre chambres autour d'une minuscule cour ombragée par un palmier. La décoration est simpliste mais la literie est de bonne qualité, le linge impeccable et la cuisine maison. Votre hôte peut vous aider à trouver des randonnées en dromadaire et des excursions en 4x4 à bon prix (400-500 Dh/personne).

Riad Ali Totmarroc MAISON D'HÔTES €€
(0670 62 41 36 ; www.totmarroc.com ; coordonnées GPS N 31°05.799, O 004°00.302 ; s/d demi-pension 400/600 Dh ; P ❄ wifi ≋). Cette casbah moderne est une véritable oasis dans le désert. Onze chambres bleu Majorelle et jaune sont disposées autour d'une cour avec piscine. Des excursions de 2 jours en dromadaire sont organisées par un guide local officiel et comprennent bivouac standard ou luxe (450/900 Dh/pers), ce dernier avec toilettes chimiques privées. À 600 m du centre de Merzouga, au terminus du bus.

Ali & Sara's Desert Palace CAMPING €€€
(☎ 0668 95 01 44 ; thedesertpalace@hotmail.com ; avec demi-pension 850 Dh/pers). Faites la connaissance d'Angel, Romeo et Casanova, vos gentils dromadaires, au départ de Merzouga pour une excursion inoubliable. En quelques années, Ali et Sara ont mis au point une expérience sur mesure qui fait l'unanimité. Ali, qui vient d'une fratrie nomade de 11 frères, connaît le désert comme sa poche et Sara n'a pas son pareil pour organiser un campement luxueux, faire une cuisine savoureuse et décorer les tentes.

Le camp (à 8 km à l'est de Merzouga) accueille un maximum de 12 personnes et les prix sont tout compris, les boissons sans alcool incluses. Réservation indispensable.

Renseignements

Merzouga compte des téléboutiques, un bureau de poste, des épiceries, un garage, quelques boutiques de tapis et le **Cyber Shop Les Amis** (internet 5 Dh/heure ; 9h-22h).

Depuis/vers Merzouga et l'erg Chebbi

La N13 va de Rissani à Merzouga, et la piste venant d'Erfoud doit être goudronnée sous peu. Cela dit, la plupart des hôtels sont éloignés de la route, sur des pistes signalisées par des panneaux. Si vous conduisez une voiture de location standard, ne sortez pas de la route car vous risquez d'être ensablé. Certains hôtels organisent des trajets en minibus qui vous prennent et vous déposent à Hassi Labied. Des minivans partent de Merzouga entre 7h30 et 9h30 en haute saison.

Les grands taxis partent du centre de Merzouga, en face du restaurant Dakar, en direction du nord et de Rissani (13 Dh) ; des minibus vont au sud à Taouz (15 Dh).

Il y a un bus **Supratours** chaque jour à 8h de Merzouga à Marrakech (250 Dh, 12 heures 30), et un bus à 19h pour Fès (180 Dh, 10 heures 30).

Taouz تاوز

Taouz, où le désert avale la route, est l'endroit idéal pour apercevoir des formations géologiques remarquables, voire peut-être des restes de dinosaures. Entre Merzouga et Taouz, le village de **Khamlia** serait peuplé de descendants d'esclaves venus du sud du Sahara. De cet endroit qui ressemble un peu à un bout du monde, sont originaires plusieurs musiciens gnaouas, dont Les Pigeons du Sable, connus en Europe. Ils jouent parfois dans le village et participent au Festival des musiques du désert (p. 145) d'Er-Rachidia. Renseignez-vous à leur maison, signalée par un drapeau.

Située un peu après le village, la **Casa Taouz** sert du thé et parfois à manger. Aux alentours de Taouz, plusieurs hébergements sont installés dans le désert et accessibles en 4x4. En bord de route, des panneaux indiquent leurs coordonnées GPS.

DE RISSANI À ZAGORA

Plutôt que de reprendre la N10 vers Marrakech via Tinerhir et Ouarzazate, les aventuriers du désert optent pour la N12, qui suit les contreforts sud du djebel Sarhro via Alnif, Tazzarine et N'Kob. Cette route peu fréquentée débouche dans la vallée du Drâa en traversant un territoire qui fait le bonheur des amateurs de fossiles, pour émerger à Tansikht, à 63 km au nord de Zagora et à 98 km au sud de Ouarzazate.

N'Kob, aux nombreuses casbahs, s'avère une bonne base pour explorer la région et randonner dans le djebel Sarhro.

Alnif النيف

La plus grande partie des montagnes de l'Anti-Atlas marocain est constituée de roches paléozoïques datant de –570 à –254 millions d'années. Pendant cette ère géologique, une mer peu profonde recouvrait la région. Des trilobites parcouraient les fonds marins, sous d'immenses bancs d'*orthoceras,* nautiloïdes aux allures de calmars et aux coquilles coniques. Ces derniers furent préservés dans la boue calcaire du **bassin de Maidir** entre Erfoud et Alnif. Ceux qui sont découverts finissent incrustés sur des meubles ou des sanitaires et vendus dans les boutiques au nord de la route d'Alnif.

Aujourd'hui, on estime à 50 000 le nombre de Marocains vivant de la recherche et de l'exportation de fossiles et minéraux. Le travail de recherche intense et difficile nécessite de creuser manuellement les filons et les terrils riches en fossiles avec des burins, des pioches et des houes. Les prix dépendent de la rareté du fossile, de son état et de la qualité du travail de préparation. Les prix peuvent varier d'une dizaine de dirhams à des dizaines de milliers pour les spécimens des musées. Le **Ihmadi Trilobites Centre** (☎ 0666 22 15 93 ; trilobites@caramail.com ; Alnif ;

⌚9h-17h), sur la route principale, vend de vrais fossiles à prix fixes. Son propriétaire, géologue, propose de courtes excursions à la découverte des sites de fossiles des environs (180 Dh l'après-midi).

Où se loger et se restaurer

Les voyageurs séjournent rarement à Alnif.

Kasbah Meteorites CASBAH €€
(☎0535 88 22 82 ; www.kasbahmeteorites.com ; Alnif ; demi-pension comprise 300 Dh/pers ; ❄📶🏊). Une halte agréable située à 13 km à l'ouest d'Alnif. Chambres climatisées confortables et grande piscine. Fréquenté par des groupes.

La Gazelle du Sud MAROCAIN €
(☎0670 23 39 42 ; repas 35-60 Dh ; ⌚8h-19h). Généreuses portions de tajines, brochettes et poulet-frites.

Hôtel-Restaurant Bougafer CAFÉ €
(☎0535 78 38 09 ; Alnif ; repas 30-60 Dh ; ⌚8h-22h). Tajine, brochettes, poulet rôti et frites. Portions copieuses. Très fréquenté à midi.

Tazzarine تزارين

La petite ville et oasis de Tazzarine est située au cœur de la zone tribale d'Aït Atta, à mi-chemin entre Alnif et N'Kob. Malgré des années de sécheresse, les palmeraies et champs de henné restent florissants. Si cette petite ville désordonnée n'a rien de particulièrement attrayant, à quelques kilomètres au sud-ouest s'étend le site préhistorique d'**Aït Ouazik** et ses magnifiques pétroglyphes où l'on distingue clairement éléphants, girafes, buffles et antilopes datant de 5000 av. J.-C. À cette époque, la région avait des airs de savane.

Également au sud de Tazzarine se trouve le petit mais pittoresque champ de dunes de **Foum Tizza,** où le sable contraste avec les rochers bleu-noir. Les dunes, rarement visitées, permettent de vivre une réelle expérience du désert.

Voyageurs du Monde (www.voyageurs-dumonde.fr) propose de camper dans le luxe au **Camp Nomades** (☎0524 43 48 08 ; www.camps-nomades.com ; Tazzarine ; tente 1 650-3 900 Dh ; ⌚fermé jan et mai-sept). Plus abordable, le **Camping Serdrar** (☎0667 23 80 22 ; camping.serdrar@yahoo.com ; coordonnées GPS N 30°43.318, O 005°28.547, Tazzarine ; tente berbère avec demi-pension 190 Dh/pers, tente/camping-car avec douche 60/60 Dh, électricité 20 Dh) est une palmeraie familiale dans un cadre merveilleux à 11 km au sud de Tazzarine et à 6 km de la route principale à l'ombre du djebel Rhart. Dormez dans des tentes berbères ou campez sous les palmiers, et demandez à Youssef de vous faire découvrir les champs de fossiles.

N'Kob نيكو ب

Méconnue, l'oasis berbère de N'Kob mérite une halte pour sa quarantaine de **ksour en pisé**. Sur la place principale, à la lisière est du village, vous apercevrez peut-être un membre des guerriers Aït Atta entrer dans la poste de N'Kob, un cimeterre à la main .

Face à la poste, le cordonnier **Aït Atta Chaussures** fabrique des sandales en cuir, avec corde et pneus usés – très confortables et élégantes (80-120 Dh). Parcourez 500 m dans la petite ruelle ponctuée de panneaux indiquant la Kasbah Baha Baha et franchissez la porte ornée de pots bosselés pour pénétrer chez le dinandier de N'Kob, très occupé le dimanche, jour de **marché**.

N'Kob, point de départ de randonnées dans le djebel Saghro (3 jours), est bien situé pour des treks plus courts jusqu'aux spectaculaires pics rocheux de **Bab n'Ali**. Il est aussi possible de rejoindre en hors-piste le **Tizi n'Tazazert** (2 283 m) et dans les formations rocheuses arrondies du **plateau de Taggourt** avant de redescendre à Ikniouln et dans la vallée du Dadès. Le **bureau des guides** (☎0667 48 75 09), sur la route principale organise des randonnées de découverte des casbahs de N'Kob, des formations rocheuses et des oasis.

Où se loger

Auberge-Camping Ouadjou CAMPING €
(☎0524 83 93 14 ; www.ouadjou.com ; N'Kob ; tente sans/avec demi-pension 50/150 Dh, ch demi-pension comprise 250 Dh ; 🅿🏊). Un confort bienvenu pour les voyageurs du désert, avec des chambres un peu sombres disposées autour d'une cour, pourvues de sdb et de douches avec eau chaude. Tentes berbères dans le jardin. Usage gratuit de la piscine pour les clients du restaurant (90-120 Dh pour les visiteurs). À 1 km à l'ouest de N'Kob.

Kasbah Baha Baha CASBAH €€
(☎0524 83 97 63 ; www.kasbahabaha.com ; N'Kob ; tentes berbères s/d/tr 200/300/390 Dh, d sans/avec sdb 370/500 Dh ; 🅿❄📶🏊).

Somptueusement restaurée, cette casbah possède un grand jardin, un four à pain, un Musée ethnographique (30 Dh) et offre une vue panoramique sur l'oasis et les ksour voisins. Délicieux repas berbères, à savourer en bord de piscine (petit-déj/dîner 40/120 Dh). Le personnel prend le temps de plaisanter et de bavarder avec les hôtes.

Kasbah Imdoukal CASBAH €€

(☎0524 83 97 98 ; www.kasbah-imdoukal.com ; N'Kob ; d/tr/ste 700/900/1000 Dh ; ❄🏊). Meubles berbères en bois sculpté et coussins luxueux, frises amazighes sur les murs en tadelakt des chambres, excursion dans le village avant de se détendre au bord de la piscine, puis dîner d'une *madfouna* (120-190 Dh) en sirotant un verre de vin, près de la cheminée du restaurant, au son d'un concert privé. La plupart des chambres sont climatisées.

♥ **Kasbah Hôtel Aït Omar** HÔTEL €€€

(☎0524 83 99 81 ; www.hotel-aitomar.de ; N'Kob ; s/d petit-déj compris 560/1 000 Dh ; P❄📶🏊). Le toit-terrasse en pisé crénelé de cette adresse offre une vue imprenable sur la forêt de casbahs de N'Kob. Des escaliers en zigzag révèlent des patios privés ornés d'agrumes en pot, un hammam de marbre surmonté d'un dôme et une douzaine de chambres individuellement décorées au carreaux de zellige turquoise, canapés élégants et miroirs en mosaïques.

Ksar Jenna MAISON D'HÔTES €€€

(☎0524 83 97 90 ; www.ksarjenna.com ; d demi-pension 700 Dh ; ❄📶🏊). Rivalisant avec les plus beaux riads de Marrakech, cet établissement italo-marocain loue des chambres lumineuses aux tons bleu pastel, jaune vif et mauve pâle ornées de meubles sculptés, de tapis de Tazenakht et de sdb magnifiques, toutes en zelliges et tadelakt. Le dîner est servi dans la salle au plafond peint, le petit-déjeuner dans le jardin fleuri et l'apéritif ou le café au bar du patio. À 2 km à l'ouest de N'Kob.

ℹ Depuis/vers N'Kob, Tazzarine et Alnif

Des bus locaux sillonnent la route entre Rissani et Zagora (6 heures), via Alnif, Tazzarine et N'Kob. Les grands taxis entre Rissani et Alnif (25 Dh), Alnif et Tazzarine (25 Dh), Alnif et Tinerhir (25 Dh) et Tazzarine et Ouarzazate (70 Dh) sont plus fiables.

Un bus CTM part dès 6h30 de Tazzarine direction Marrakech (125 Dh, 7 heures 30) via N'Kob (15 Dh, 30 min) et Ouarzazate (55 Dh, 3 heures).

Côte atlantique

شاطئ الأطلنطي

Dans ce chapitre ➡

Le top des restaurants

- Grils de poisson (p. 216)
- Restaurant du Port de Pêche (p. 168)
- Le Petit Beur-Dar Tajine (p. 184)

Le top des hébergements

- Dar el-Manar (p. 204)
- La Sultana (p. 207)
- Riad Oudaya (p. 183)

Pourquoi y aller

La côte atlantique est l'une des régions les plus prospères du pays. Définie comme le "Maroc utile" par Lyautey sous le protectorat français, elle abrite Rabat, la capitale, et Casablanca, le centre économique. Leur architecture mauresque, leurs élégants cafés et restaurants et un mode de vie libéral les différencient beaucoup du Maroc traditionnel.

En dehors de ces deux grandes villes modernes, ce littoral balayé par les vents est bordé de kilomètres de plages ponctuées de villages de pêcheurs, de ports historiques et de cités fortifiées. La campagne vallonnée descend doucement vers l'océan et les réserves marécageuses accueillent une riche avifaune.

Asilah et Essaouira, deux ports de pêche à la médina chaulée, marquent les extrémités de cette région riche en saveurs marines, mais aussi empreinte d'art et d'histoire. Une histoire largement inscrite dans le paysage, de l'antique époque phénicienne ou romaine à la présence portugaise, espagnole, puis française.

Quand partir

Casablanca

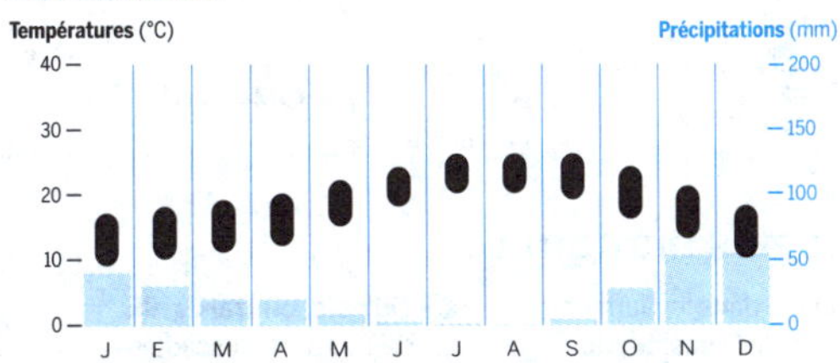

Mai et juin Le Festival Mawazine de musique a lieu à Rabat fin mai et le Festival gnaoua d'Essaouira en juin.

Sept Profitez des plages après le départ des touristes, quand le climat est encore agréable.

Déc-mars D'immenses volées d'oiseaux arrivent dans les marais et les lagunes.

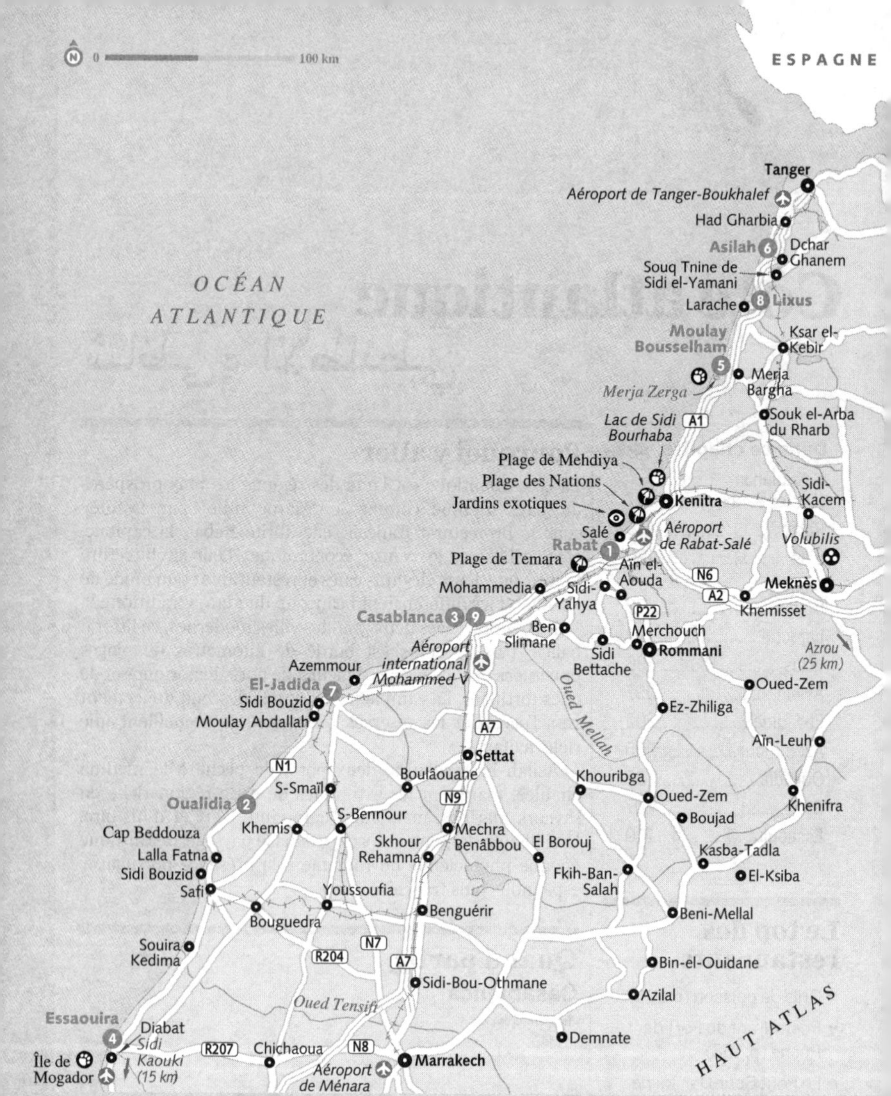

À ne pas manquer

1 Un thé dans les Jardins andalous de la **casbah des Oudaïas** (p. 179) à Rabat

2 Une plongée dans les eaux chaudes de la **lagune d'Oualidia** (p. 206), puis un déjeuner d'huîtres locales

3 Un tour de tram jusqu'aux élégants **cafés** (p. 170) en terrasse de Casablanca

4 Du **poisson frais grillé** (p. 216) au port d'Essaouira bercé par une légère brise de mer

5 Le ballet des oiseaux sur la lagune de **Moulay Bousselham** (p. 193)

6 Les fresques de la **médina** (p. 197) d'Asilah

7 La surprenante citerne de la **Cité portugaise** (p. 202) d'El-Jadida

8 Un retour à l'Antiquité sur le site carthaginois puis romain de **Lixus** (p. 196)

9 Les glorieux **édifices mauresques** (p. 166) de Casablanca

Casablanca (Dar el-Baïda) الدار البيضاء

4 MILLIONS D'HABITANTS

Nombre de voyageurs ne séjournent à Casablanca que le temps de changer d'avion ou de prendre un train, alors que cette métropole mérite que l'on s'y attarde. Certes moins exotique que d'autres villes du pays, la capitale économique incarne le dynamisme du Maroc d'aujourd'hui : c'est là que se font les affaires, se créent les richesses et se concentre l'industrie. Des galeries y exposent le meilleur de l'art contemporain et des stylistes y montrent leur talent au monde entier. L'ancien repaire de pirates regarde vers l'avenir, affichant prospérité et réussite.

Le premier résident général français, Louis Hubert Lyautey, engagea l'architecte français Henri Prost pour redessiner Casablanca au début du XXe siècle, afin d'en faire le centre économique du nouveau protectorat et le joyau des colonies françaises. Ses larges boulevards et sa planification moderne subsistent et donnent à la ville une allure plus européenne que marocaine. Toutefois, Lyautey sous-estima le succès de ses plans et la cité s'agrandit bien au-delà de ses prévisions. À la fin de la Seconde Guerre mondiale, Casablanca comptait 700 000 habitants et était entourée de bidonvilles tentaculaires.

Cosmopolites, les Casablancais sont plus ouverts au mode de vie occidental qu'ailleurs dans le pays. On le remarque à leurs tenues comme à leur habitude de fréquenter, hommes et femmes confondus, les restaurants, bars, plages et clubs branchés. Néanmoins, l'Europe ne constitue pas leur seule source d'inspiration et un nombre croissant de jeunes Casablancais redécouvrent avec passion la richesse de leurs racines historiques.

Ville de contradictions, Casablanca n'est pas exempte de problèmes sociaux latents. D'immenses bidonvilles en périphérie tranchent avec les belles avenues, les jardins publics soignés, les fontaines et la superbe architecture coloniale du centre. Les mornes façades des faubourgs offrent un contraste saisissant avec les joyaux d'architecture mauresque, Art déco et moderniste du centre-ville, et le monument emblématique de Casablanca : l'immense et somptueuse mosquée Hassan II.

Au nord, proche du port, s'étend la petite médina, plus vieux quartier de la ville bordé au sud par la place des Nations-Unies, qui forme le cœur de la cité. De ce vaste rond-point partent les principales artères : l'avenue des Forces Armées Royales (avenue des FAR), l'avenue Moulay Hassan Ier, le boulevard Mohammed V et le boulevard Houphouët-Boigny.

L'avenue Hassan II conduit à la place Mohammed V, reconnaissable à ses majestueux bâtiments administratifs Art déco. Les quartiers Gauthier et Maarif, à l'ouest et au sud-ouest du parc de la Ligue arabe, concentrent l'essentiel de l'animation, avec des boutiques, des bars et des restaurants.

Au sud-est s'étend le quartier des Habbous, ou nouvelle médina, et à l'ouest Aïn Diab, le faubourg en bordure de mer avec hôtels et discothèques haut de gamme.

Casablanca est actuellement en plein développement, dû cette fois au dynamisme marocain et non à la puissance coloniale française. Le nouveau tramway a soulagé quelque peu les embouteillages inextricables et a grandement amélioré l'environnement du centre-ville. Le long de la route côtière à Anfa, d'énormes projets sont en construction. Le nouveau Morocco Mall, un centre commercial respectueux de l'environnement et primé, le plus grand d'Afrique du Nord (200 000 m^2), abrite des boutiques, des bureaux, un vaste aquarium et un cinéma IMAX de 400 places. Sur la côte à l'est de la mosquée Hassan II, la marina sera achevée d'ici à quelques années, tout comme la gare ferroviaire de Casa-Port, en cours de reconstruction. Casablanca affiche désormais un visage assuré face au reste du Maroc et du monde.

Histoire

Dès le VIe siècle av. J.-C., les Phéniciens fondèrent un petit comptoir marchand sur le site de l'actuelle banlieue huppée d'Anfa. Devenue capitale régionale au VIIe siècle, sous les Berghouata, une confédération de tribus berbères, Anfa fut détruite par les Almohades en 1188 et tomba aux mains des Mérinides 70 ans plus tard.

Au début du XVe siècle, le port d'Anfa était un repaire sûr pour les pirates et les brigands. Au cours du siècle, les pirates d'Anfa constituaient une menace si sérieuse que les Portugais envoyèrent 50 navires et 10 000 hommes pour les soumettre. Ils laissèrent Anfa en ruine. Les tribus locales continuèrent cependant à semer la terreur sur les routes commerciales, provoquant l'envoi d'une seconde expédition portugaise en 1515. Soixante ans plus tard, les Portugais parvinrent à s'installer dans le port, qu'ils fortifièrent et renommèrent Casa Branca (Maison blanche).

Ils abandonnèrent la colonie en 1755, après le séisme qui détruisit Lisbonne et endommagea gravement les remparts de Casa Branca. Par la suite, le sultan Sidi Mohammed ben Abdallah repeupla et fortifia la cité, mais elle ne retrouva pas son importance passée, ne comptant en 1830 guère plus de 600 habitants.

Au milieu du XIXe siècle, l'Europe, en plein essor, se tourna vers le Maroc pour subvenir à ses besoins accrus en laine et en céréales. Alors que les plaines fertiles autour de Casablanca fournissaient les marchés européens, agents et marchands affluèrent dans la ville, que des négociants espagnols rebaptisèrent Casablanca. Au début du XXe siècle, les Français obtinrent l'autorisation d'y construire un port artificiel.

Si l'accroissement du commerce apporta la prospérité, les activités et l'influence des Européens suscitèrent des ressentiments. Des violences éclatèrent en 1907, quand des Européens profanèrent un cimetière musulman. Les Français envoyèrent l'armée réprimer les troubles : un navire de guerre et des artilleurs arrivèrent bientôt et bombardèrent la ville. En 1912, celle-ci faisait partie du nouveau protectorat français.

À voir

Carrefour commercial du pays, Casablanca est plus intéressée par les affaires internationales que par le tourisme. Cette ville active compte relativement peu de sites touristiques traditionnels, hormis la grandiose mosquée Hassan II. Le plus plaisant consiste à flâner dans ses quartiers pour en découvrir les charmes : la superbe architecture mauresque du centre-ville, le calme du parc de la Ligue arabe, l'animation bourgeoise du quartier des Habbous et les plages de la Corniche. Comme les Casablancais, profitez pleinement des plaisirs cosmopolites de la cité : dîner dehors, visiter les galeries d'art, faire du shopping au Morocco Mall d'Anfa ou du roller devant la mosquée Hassan II, et sortir le soir !

Centre-ville

Construit par les Français, le centre-ville réunit nombre de somptueux édifices coloniaux, en cours de restauration pour certains. Pour les découvrir, explorez les alentours du marché central (p. 168), ou effectuez la promenade à pied (p. 166). La fermeture à la circulation du boulevard Mohammed V pour faire place au nouveau tramway favorise une lente renaissance du quartier du marché central.

Place Mohammed V QUARTIER

(carte p. 162). C'est ici que l'architecte Henri Prost a laissé son empreinte la plus forte. La place est entourée de bâtiments publics, tels le palais de justice, la splendide wilaya (ancien siège de la police, aujourd'hui préfecture), la banque al-Maghrib, la poste et le ministère de la Défense, dont l'architecture a été par la suite copiée dans tout le pays. Plusieurs grands boulevards bordés

CASABLANCA EN...

Un jour

Prenez un taxi jusqu'à la **mosquée Hassan II** et suivez une visite guidée. Déjeunez ensuite dans le jardin du **Restaurant de la Skala**, niché dans les remparts. Explorez les boutiques d'artisanat du **quartier des Habbous** pour acheter des souvenirs, en faisant une halte pour un thé et des gâteaux. Contemplez l'océan en dînant dans l'un des **restaurants perchés sur la falaise** près du phare el-Hank, puis rejoignez la jeunesse dorée dans les bars et les discothèques du **boulevard de la Corniche**.

Deux jours

Le deuxième jour, offrez-vous un petit-déjeuner traditionnel à la **Pâtisserie Bennis Habous**. Effectuez la **promenade** (p. 166) pour découvrir les plus beaux édifices mauresques de Casablanca. Après le déjeuner, prenez le tramway jusqu'à **Aïn Diab** pour flâner dans ses boutiques branchées ou bien regardez un film IMAX au **Morocco Mall**, puis plongez dans un bain de vapeur suivi d'un massage au **Bain turc Gauthier**. Régalez-vous de poisson au **Restaurant du Port de Pêche** avant de prendre un dernier verre à **La Bodega**.

À NE PAS MANQUER

MOSQUÉE HASSAN II

Construite par feu le roi Hassan II pour son 60e anniversaire, cette gigantesque **mosquée** (carte p. 160 ; visites guidées tarif plein/enfant/étudiant 120/30/60 Dh ; visites guidées 9h, 10h, 11h et 14h sam-jeu, 9h, 10h et 14h ven) achevée en 1993 est l'un des principaux monuments de Casablanca. Elle abrite également une médiathèque-bibliothèque islamique (8h-18h lun-ven) GRATUIT.

Conçue par l'architecte français Michel Pinseau, la mosquée s'élève sur un promontoire rocheux artificiel construit sur l'océan – rappel d'un verset du Coran qui dit que le trône d'Allah repose sur les flots. Au sommet du plus haut minaret du monde (210 m) brille un rayon laser indiquant la direction de La Mecque. Troisième au monde par la taille, cette mosquée peut accueillir 25 000 fidèles à l'intérieur, plus 80 000 autres dans les cours et les places qui l'entourent. Les croyants prient sur un sol chauffé, peuvent admirer les vagues qui battent les rochers à travers le plancher vitré du sous-sol et profiter de la lumière du soleil qui passe par le toit ouvrant.

La taille et la décoration élaborée de la **salle de prière** constituent les éléments les plus impressionnants. Assez grande pour contenir Notre-Dame de Paris ou la basilique Saint-Pierre de Rome, elle est tapissée de boiseries sculptées, de zelliges (céramiques) et de stucs. Plus de 6 000 artisans talentueux ont travaillé au décor de la mosquée, sculptant de délicats motifs dans du cèdre du Moyen Atlas, du marbre d'Agadir et du granit de Tafraoute.

Pour voir l'intérieur, les visiteurs doivent être correctement vêtus et se déchausser. Des visites guidées de 1 heure (en français, anglais, allemand ou espagnol) permettent de découvrir la salle de prière, les salles d'ablutions et le hammam.

de superbes édifices partent de cette place. Au sud, le **parc de la Ligue arabe**, conçu en 1918, s'agrémente d'une majestueuse promenade ombragée de palmiers.

Villa des Arts GALERIE D'ART

(carte p. 165 ; 0522 29 50 87 ; www.fondationona.ma ; 30 bd Brahim Roudani ; 10h-19h mar-sam). GRATUIT Installée dans un bâtiment Art déco doté d'un agréable jardin, non loin du parc de la Ligue arabe, cette belle galerie des années 1930 accueille des expositions d'art contemporain marocain et international.

Ancienne médina

La petite médina délabrée donne une idée de la taille réduite de la cité avant le grand programme d'urbanisme lancé par les Français. La plupart des bâtiments datent du XIXe siècle et n'ont pas le cachet médiéval qui fait le charme des autres médinas. Des projets de restauration sont envisagés.

Entrez dans la médina par l'angle nord-est de la place des Nations-Unies, près du **clocher** (carte p. 162) restauré, et remarquez en face l'**Hôtel Excelsior** décrépit. Les ruelles étroites à l'est sont bordées d'échoppes bon marché de chaussures, de sous-vêtements et d'ustensiles ménagers. Le reste de la médina demeure surtout résidentiel. Principale mosquée du vendredi de la vieille ville, la **Jama Ech-Chleuh** se tient dans la rue Jama Ech-Chleuh Arsalane.

Du côté nord de la médina, face au port, subsistent les derniers vestiges des fortifications du XVIIIe siècle. Appelé la **skala** (forteresse), le bastion offre une vue panoramique sur l'océan.

Maarif

Au sud-ouest du parc de la Ligue arabe s'étendent le centre des affaires et le quartier des boutiques de créateurs internationaux.

Musée juif MUSÉE ETHNOGRAPHIQUE

(0522 99 49 40 ; www.casajewishmuseum.com ; 81 rue Chasseur Jules Gros, quartier Oasis ; 25 Dh ; 10h-17h lun-ven, 11h-17h dim). Au sud de Maarif, ce musée sis dans le faubourg d'Oasis occupe une belle villa entourée d'un jardin luxuriant. Unique musée juif du monde musulman, il retrace l'histoire de la communauté juive (dont les deux tiers vivent à Casablanca) jadis prospère et son influence sur la société marocaine contemporaine à travers plus de 1 500 objets anciens – documents, vêtements traditionnels, objets de culte, etc. –, et une vaste collection de photos. Oasis se situe à 15 minutes en taxi du centre-ville (30 Dh).

Casablanca

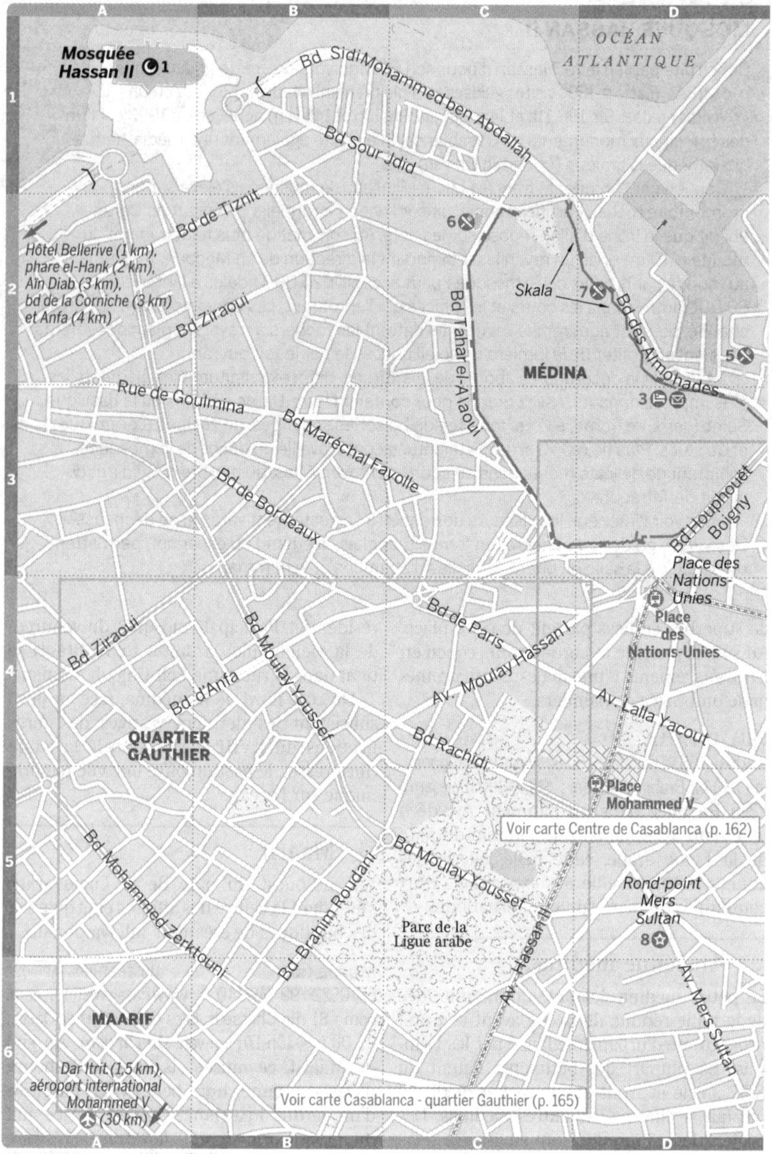

Quartier des Habbous (nouvelle médina)

Construit par les Français dans les années 1930, le quartier des Habbous, ou nouvelle médina, représentait à l'époque un projet expérimental unique : une médina bâtie selon les standards occidentaux afin de loger les arrivants du premier exode rural des années 1920, mêlant architecture marocaine et éléments de confort à la française. Il en résulte une version stéréotypée mais

Casablanca

Les incontournables
1 Mosquée Hassan II A1

Activités
2 Hammam Ziani E5

Où se loger
3 Auberge de jeunesse D3

Où se restaurer
4 Ostréa E2
5 Restaurant du Port de Pêche D2
6 Rick's Cafe C2
7 Restaurant de la Skala D2

Où prendre un verre et faire la fête
Blue Parrot .... (voir 6)
Café maure de la Skala .... (voir 7)

Où sortir
8 Cinéma Lynx D5

plaisante de la médina traditionnelle, avec des rues bien ordonnées et une mosquée agrémentée d'une pelouse verdoyante.

Bien qu'aseptisé et plus paisible que la plupart des souks, Habbous constitue un bon endroit pour des achats de dernière minute, avec une honnête sélection de bazars, de boutiques d'artisanat, de boulangeries et de cafés.

Au nord du quartier se dresse le **palais royal** (fermé au public). Au sud, l'ancienne **Mahakma du Pacha** (tribunal et salles de réception ; 8h-12h et 14h-18h lun-sam) GRATUIT compte plus de 60 salles dotées de plafonds en bois sculpté, de stucs, de sols en terre cuite et de grilles en fer forgé ; elle n'est pas toujours ouverte au public.

Le quartier des Habbous se situe à 1 km au sud-est du centre-ville. Prenez le bus n°81 sur le boulevard de Paris, en face de la poste principale.

Aïn Diab et Anfa

Dans ces banlieues huppées de l'ouest de Casablanca, le **boulevard de la Corniche** longe le littoral. Bordé de clubs de plage, d'hôtels, de restaurants, de bars et de discothèques haut de gamme, c'est le cœur de l'animation et le rendez-vous des jeunes cadres branchés.

Néanmoins, entre les clubs de plage animés qui jalonnent la promenade, la vue est gâchée par des terrains à l'abandon et des piscines en béton remplies de gravats. La plage reste extrêmement populaire et, pour dénicher un espace libre, mieux vaut aller dans l'un des clubs. Parmi les meilleurs, citons le **Miami Plage** (0522 79 71 33 ; 80-150 Dh/jour) et le **Tahiti** (80-150 Dh/jour), qui offrent des parasols, une piscine, un restaurant et un bar.

Centre de Casablanca

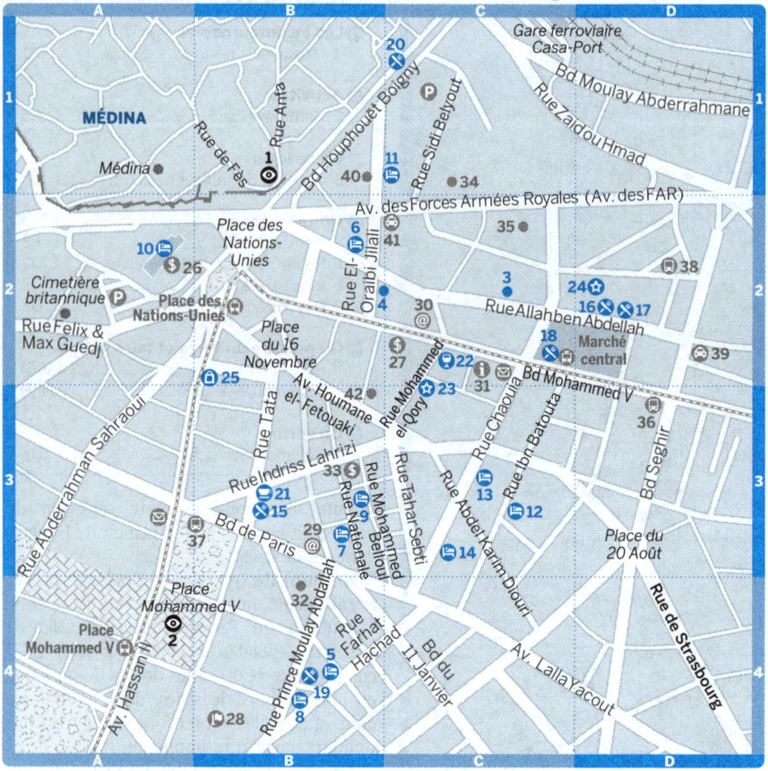

Le tramway dessert Aïn Diab, l'arrêt le plus à l'ouest de la ligne, en environ 30 minutes depuis la place Mohammed V. La course en taxi au départ du centre-ville est facturée 30 Dh le jour et 70 Dh la nuit.

Nouveau centre commercial à la Dubaï, le Morocco Mall d'Anfa, sis à 4 km du centre-ville, réunit un grand aquarium, trois niveaux de boutiques, des restaurants internationaux, un cinéma IMAX, sans oublier une fontaine lumineuse et musicale de 250 m de long.

Activités

Hammam Ziani HAMMAM

(carte p. 160 ; ✆0522 31 96 95 ; 59 rue Abou Rakrak ; 45 Dh ; ⏲7h-22h). D'une propreté étincelante et résolument moderne, ce hammam haut de gamme propose les traditionnels bains de vapeur et gommages pour 50 Dh, des massages, un Jacuzzi et une salle de gym. Il se situe à deux pas de la rue Verdin. Comme pour toute visite d'un hammam public, mieux vaut laisser vos objets de valeur à l'hôtel.

Bain turc Gauthier HAMMAM

(carte p. 165 ; ✆0661 14 59 26 ; 25 rue Jean Jaurès ; lun-ven 50 Dh, sam-dim 60 Dh ; ⏲7h-22h). Ce hammam ultramoderne possède un bain de vapeur, un Jacuzzi et une salle de gym. Il facture 15 Dh le gommage et 100 Dh le massage de 30 minutes.

Spa 5 Mondes HAMMAM

(✆0522 99 66 08 ; www.cinqmondes.com/spa-cinq-mondes.html ; 18 rue Ibrahim En-Nakhai, Maarif ; ⏲10h-20h). Pour un hammam traditionnel, un bain japonais, un massage balinais ou un traitement ayurvédique, rendez-vous dans ce spa branché.

Cours

Casablanca compte d'innombrables écoles de langues.

Centre de Casablanca

À voir
1 Tour de l'horloge B1
2 Place Mohammed V A4

Activités
3 École Assimil-Formation C2
4 Olive Branch Tours B2

Où se loger
5 Hôtel Astrid B4
6 Hotel de Foucauld B2
7 Hôtel de Paris B3
8 Hôtel du Palais B4
9 Hôtel Guynemer B3
10 Hôtel Hyatt Regency A2
11 Hôtel les Saisons C1
12 Hôtel Maamoura C3
13 Hôtel Mon Rêve C3
14 Hôtel Transatlantique C3

Où se restaurer
15 Ifrane B3
16 La Bodéga D2
17 La Brasserie la Bavaroise D2
18 Marché Central C2
19 Restaurant al-Mounia B4
20 Taverne du Dauphin C1

Où prendre un verre et faire la fête
21 Café Alba B3
Hôtel Transatlantique ..... (voir 14)
22 Petit Poucet C2

Où sortir
23 Cinéma Rialto C3
24 Complexe culturel Sidi Belyout D2

Achats
25 Exposition nationale d'artisanat B2

Renseignements
26 BMCE A2
27 Crédit du Maroc C2
EuroNet ..... (voir 15)
28 Consulat français B4
29 G@.net B3
30 LGnet C2
31 Syndicat d'initiative C2
32 Voyages Schwartz B4
33 Wafa Cash B3

Transports
34 Avis C1
35 Budget C2
36 Bus n°s 10 et 36 vers la gare routière Ouled Ziane D3
37 Bus n°81 vers la nouvelle médina B3
38 Gare routière CTM D2
39 Grands taxis pour Rabat et Fès D2
40 National B1
41 Petits taxis C2
42 President Car B3

Institut français LANGUES
(carte p. 165 ; ☎0522 77 98 70 ; www.amba-france-ma.org ; 121-123 bd Mohammed Zerktouni ; ⏲9h-14h30 mar-sam). Cours d'un semestre uniquement. Outre une bonne bibliothèque, vous y suivrez films, conférences et expositions, entre autres événements.

École Assimil-Formation LANGUES
(carte p. 162 ; ☎0522 31 25 67 ; 71 rue Allah ben Abdellah). Cours particuliers d'arabe.

Circuits organisés

Olive Branch Tours VISITES GUIDÉES
(carte p. 162 ; ☎0522 22 03 54 ; www.olive-branchtours.com ; 35 rue el-Oraïbi Jilali). Ce tour-opérateur organise à travers Casablanca une visite faisant découvrir les principales places du centre-ville, la médina, le quartier des Habbous, plus une promenade le long de la Corniche.

Festivals

Festival L'Boulevard de Casablanca MUSIQUE
(www.boulevard.ma ; ⏲juin). Trois jours de musiques urbaines – hip-hop, électro, rock, métal et fusion – jouées par des groupes marocains, français, américains et britanniques.

Jazzablanca JAZZ
(http://jazzablanca.com ; ⏲avr). Cinq jours de jazz festivalier.

Où se loger

La plupart des hôtels se regroupent dans le centre, à l'exception de l'auberge de jeunesse, située dans la médina, et des hôtels luxueux qui jalonnent le boulevard de la Corniche. Ils se remplissent vite en été, surtout en août, aussi vaut-il mieux réserver.

Les hôtels pour petits budgets sont plutôt rudimentaires, et ceux de la médina invariablement négligés et trop chers. Des établissements de catégorie moyenne s'éparpillent dans le centre-ville et le long du boulevard de la Corniche, avec vue sur la mer et accès facile à la plage. La ville compte de nombreux hôtels de catégorie supérieure, avec toutes les enseignes des chaînes internationales. Ils bordent pour la plupart l'avenue des FAR et le boulevard de la Corniche.

Hôtel Guynemer HÔTEL HISTORIQUE €

(carte p. 162 ; 0522 27 57 64 ; http://guynemerhotel.net ; 2 rue Mohammed Belloul ; s/d 350/480 Dh ;). Valeur sûre, ce superbe bâtiment Art déco tenu en famille bénéficie d'un service attentif. Bien équipées, ses 29 chambres s'agrémentent de couleurs plaisantes, de lits confortables, de TV à écran plat et de l'accès Wi-Fi, mais certaines sdb sont minuscules. Transferts de l'aéroport (400 Dh) et visites de la ville à la demande. Situés dans la même rue, ses deux appartements indépendants sont parfaits pour les familles ou les longs séjours.

Hôtel Astrid HÔTEL €

(carte p. 162 ; 0522 27 78 03 ; hotelastrid@hotmail.com ; 12 rue du 6 Novembre ; s/d 315/368 Dh ;). Niché dans une rue tranquille au sud du centre-ville, l'Astrid offre le plaisir - rare dans cette catégorie - d'une bonne nuit de sommeil. Les chambres spacieuses et bien tenues comportent toutes sdb, TV, téléphone et fanfreluches. Un café sympathique est installé au rez-de-chaussée. Accès Wi-Fi à la réception.

Hôtel de Paris HÔTEL €

(carte p. 162 ; 0522 27 42 75 ; fax 0522 29 80 69 ; angle rues Ech-Cherif Amziane et Prince Moulay Abdallah ; s/d/tr 350/450/550 Dh ;). Propres et relativement calmes, les vastes chambres de ce petit établissement central aux meubles en bois sombre disposent de TV sat et de sdb correctes, outre une bonne literie. L'élégant café du rez-de-chaussée donnant sur une agréable rue piétonne est parfait pour le petit-déjeuner.

Auberge de jeunesse AUBERGE DE JEUNESSE €

(carte p. 160 ; 0522 22 05 51 ; lesauberges@menara.ma ; 6 pl. Ahmed el-Bidaoui ; s/d/tr 80/150/190 Dh, tr avec sdb 200 Dh ; 8h-10h et 12h-24h ;). Groupées autour d'un lumineux salon central, les chambres sommaires mais tranquilles et bien tenues bénéficient d'une belle hauteur sous plafond mais sentent un peu l'humidité en hiver. Le personnel est aimable et les douches bien chaudes. L'auberge se tient sur une place arborée. Les cartes IYHF ou YHA ne sont pas requises.

Hôtel Maamoura HÔTEL €

(carte p. 162 ; 0522 45 29 67 ; www.hotel-maamoura.com ; 59 rue Ibn Batouta ; s/d/ste 440/580/900 Dh ;). Adresse prisée des lecteurs, cet établissement moderne au personnel serviable et chaleureux offre un excellent rapport qualité/prix. Ses vastes chambres soignées sont très calmes vu l'emplacement central, joliment décorées dans des tons sourds et dotées de sdb impeccables.

Hôtel du Palais HÔTEL €

(carte p. 162 ; 0522 27 61 91 ; 68 rue Farhat Hachad ; s/d sans sdb 90/130 Dh, d/tr avec sdb 140/240 Dh). En bas de l'échelle des prix, cet hôtel sommaire aux chambres propres et spacieuses dotées de grandes fenêtres constitue un bon choix pour les budgets modestes. La douche chaude est facturée 10 Dh. Confort spartiate et ambiance parfois bruyante.

Hôtel de Foucauld HÔTEL €

(carte p. 162 ; 0522 22 26 66 ; 52 rue el-Oraïbi Jilali ; s/d sans sdb 100/150 Dh, s/d/tr avec sdb 150/180/220 Dh). Une adresse centrale sans prétention qui se distingue par sa réception ornée de stucs. Moins impressionnantes, ses chambres au charme désuet ont l'avantage de la taille, supérieure à la moyenne. Évitez néanmoins celles donnant sur la rue en raison de l'animation.

Hôtel Mon Rêve HÔTEL €

(carte p. 162 ; 0522 41 14 39 ; 7 rue Chaouia ; s/d/tr 180/250/300 Dh, sans sdb 110/150/200 Dh). Prisé des baroudeurs depuis des années, cet hôtel à l'ancienne proche du marché central peut être bruyant. On préférera donc les étages supérieurs. Peintes en bleu, les chambres sont spartiates et propres. Si vous avez du mal à trouver la rue Chaouia, demandez la rue Colbert, son ancien nom.

East-West Hotel HÔTEL €€

(carte p. 165 ; 0522 20 02 10 ; www.eastwest-hotel.com ; 10 av. Hassan Souktani, angle rue Washington, quartier Gauthier ; s/d avec petit-déj 450/600 Dh ;). Des lecteurs recommandent ce trois-étoiles gai et lumineux, situé dans un quartier résidentiel en plein essor. Toutes les chambres disposent de sdb nettes et modernes, de l'accès Internet gratuit et d'un coffre-fort. Cet hôtel paisible abrite un bon restaurant et un pub irlandais.

Hôtel Ibis Casa Voyageurs HÔTEL €€

(0522 40 19 84 ; www.ibishotel.com ; pl. de la Gare ; ch 1 100 Dh ;). Proche de la gare ferroviaire Casa-Voyageurs et du nouveau tramway, cet établissement de catégorie moyenne constitue évidemment un choix sûr. Faute de charme, on y trouvera tout le

Casablanca - quartier Gauthier

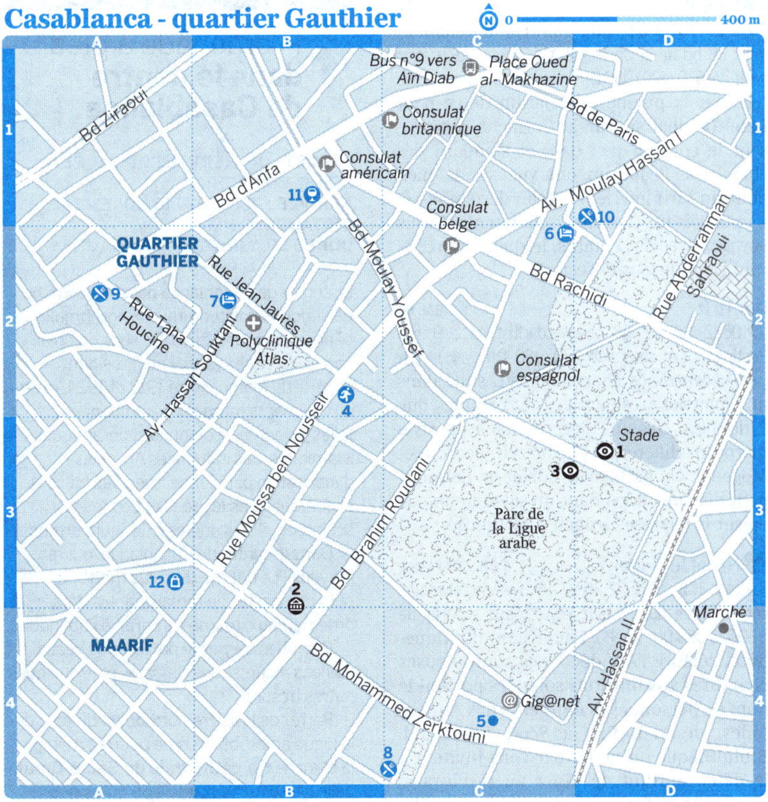

Casablanca - quartier Gauthier

À voir

1 Parc de la Ligue arabe D3
2 Villa des Arts B3
3 Parc d'attractions Yasmina C3

Activités

4 Bain turc Gauthier B2
5 Institut français C4

Où se loger

6 Hôtel le Doge C2
7 East-West Hotel B2

Où se restaurer

8 Chez Flavio C4
9 La Maison du Gourmet A2
10 Le Rouget de l'Isle D1

Où prendre un verre et faire la fête

11 Le Trica B1

Achats

12 Twin Center A3

confort moderne, un petit-déjeuner correct et le service de qualité d'une chaîne.

Hôtel Transatlantique HÔTEL HISTORIQUE €€
(carte p. 162 ; ☎0522 29 45 51 ; www.transatcasa.com ; 79 rue Chaouia ; s/d/tr 800/960/1 100 Dh ; ❄☎). Aménagé dans l'un des joyaux architecturaux de Casa, cet hôtel de 1922 au décor un peu chargé a la faveur des groupes. Outre un snack-bar et une confortable terrasse ombragée, on y trouve des chambres plutôt banales et plusieurs suites fraîchement rénovées. Évitez le 1er étage, qui souffre du bruit du piano-bar et de la discothèque. Le personnel ne manquera pas de vous rappeler qu'Édith Piaf a séjourné ici, de même que Telly Savalas (Kojak).

Hôtel Bellerive HÔTEL €€

(☎0522 79 75 04 ; http://bellerive.terredumaroc.net ; 38 bd de la Corniche, Aïn Diab ; s/d/tr avec petit-déj 570/720/950 Dh ;). La charmante terrasse, la piscine et le jardin de ce petit hôtel familial sis sur la Corniche compensent le côté un peu daté et standard des chambres. Beaucoup ont vue sur la mer, pour un tarif inférieur à celui des établissements voisins. Une adresse à retenir si vous voyagez avec des enfants, lesquels apprécieront l'aire de jeux et l'espace.

Dar Itrit B&B €€

(☎0522 36 02 58 ; www.daritrit.ma ; 9 rue Restinga ; s/d sans sdb 870/980 Dh ;). Un peu excentré, ce charmant B&B situé dans un quartier résidentiel ne compte que 3 doubles, chacune décorée dans un style marocain différent : Marrakech, berbère et Mogador. On partage les sdb et un délicieux petit-déjeuner servi dans un salon lumineux ou sur la terrasse. Accueil chaleureux.

♥ **Hôtel le Doge** HÔTEL ET SPA €€€

(carte p. 165 ; ☎0522 26 97 46 ; www.hotelledoge.com ; 9 rue du Docteur Veyre ; s/d à partir de 2 300/3 050 Dh ;). Cet élégant boutique-hôtel célèbre l'Art déco. Ses somptueuses chambres aux finitions soignées portent le nom de personnages éminents des Années folles, de Man Ray à Scott Fitzgerald. Bibliothèque ou piano-bar vous invitent à la détente avant de dîner au restaurant, à moins que vous ne préfériez le superbe spa.

Hôtel Hyatt Regency HÔTEL DE LUXE €€€

(carte p. 162 ; ☎0522 43 12 34 ; www.casablanca.hyatt.com ; pl. des Nations-Unies ; ch 2 200 Dh ;). Le meilleur et le plus central des cinq-étoiles, le Hyatt, a la faveur de nombreux Casablancais venus dîner dans l'un de ses nombreux restaurants ou prendre un verre au bar. De style contemporain et dotées du dernier confort moderne, ses vastes chambres bénéficient d'une vue splendide sur Casablanca, la vieille médina, l'océan et la mosquée Hassan II. Salle de gym, spa et discothèque sur place.

Hôtel les Saisons HÔTEL €€€

(carte p. 162 ; ☎0522 49 09 01 ; www.hotellessaisonsmaroc.ma ; 19 rue el-Oraïbi Jilali ; s/d 1 100/1 400 Dh ;). Son excellente situation et son bon rapport qualité/prix font de ce petit hôtel une alternative agréable aux grands hôtels internationaux peu chaleureux. Ses chambres offrent un très bon

Promenade à pied : **dans le centre de Casablanca**

DÉPART : CATHÉDRALE DU SACRÉ-CŒUR, BD RACHIDI
ARRIVÉE : PLACE DU 16 NOVEMBRE
DISTANCE : 3 KM
DURÉE : 50 MINUTES

Le centre de Casablanca possède un riche patrimoine architectural aux nombreux bâtiments mauresques. Ce style colonial, apparu lorsque Lyautey était résident général du Maroc, entre 1912 et 1924, mêle aux éléments marocains traditionnels, telles les arches, colonnes et céramiques islamiques, des influences Art déco d'inspiration parisienne, avec des balcons en fer forgé, des façades et des frises sculptées, et des angles extérieurs arrondis.

Dans le centre de Casablanca, ouvrez les yeux ! Le bâtiment le plus modeste peut comporter de remarquables détails ornementaux, même s'il paraît à l'abandon.

Cet itinéraire passe par les plus beaux édifices mauresques de Casa, plus quelques autres trésors.

Partez de la lisière nord-ouest du parc de la Ligue arabe, où vous ne pourrez manquer la blanche (1) **cathédrale du Sacré-Cœur,** belle église Art déco mêlé de notes néo-gothiques, une œuvre de Paul Tournon bâtie en 1930.

De là, parcourez deux pâtés de maisons vers l'est pour découvrir la place Mohammed V, le joyau du plan d'urbanisme français. Rendez-vous nocturne et dominical des Casablancais, cette vaste place est ceinte d'imposants bâtiments administratifs, majoritairement dessinés par Robert Marrast et Henri Prost. Coiffée d'un clocher moderniste, la (2) **wilaya** (ancien siège de la police et aujourd'hui préfecture) construite en 1930 domine le côté sud de la place.

Non loin, le (3) **palais de justice** date de 1925. Sa porte et son entrée monumentales s'inspirent de l'iwan iranien, salle voûtée ouvrant généralement sur la cour centrale de la médersa (école coranique) d'une mosquée. Traversez la place pour admirer la (4) **poste principale** (p. 172) de 1918 et sa façade rythmée d'arcades et de colonnes en pierre sur fond de mosaïques de couleurs vives. D'une architecture marocaine plus

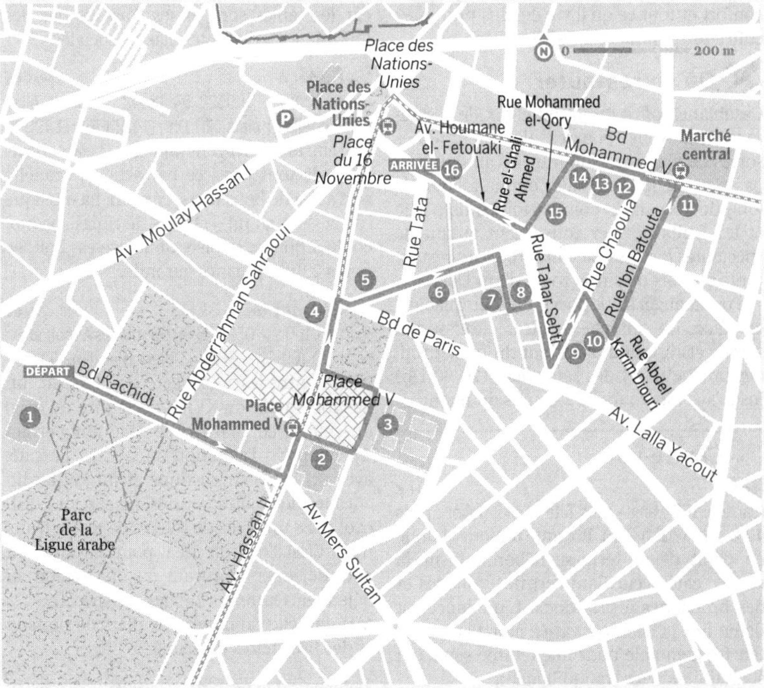

traditionnelle, la 5 **banque al-Maghrib** donnant sur le boulevard de Paris se distingue par sa maçonnerie décorative. Ce fut le dernier bâtiment édifié sur la place.

Obliquez ensuite vers l'est le long de la rue Driss Lahrizi, bordée de part et d'autre de façades remarquables, dont celle du 6 **salon de thé La Princière,** avec son énorme couronne en pierre sur le toit. Tournez à droite dans la rue Mohammed Belloul pour voir 7 l'**Hôtel Guynemer** (p. 164) et ses panneaux Art déco restaurés, sans oublier 8 l'**Hôtel Oued Dahab** qui lui fait presque face. Un pâté de maisons plus à l'est, prenez à droite la rue Tahar Sebti aux bâtiments coloniaux aujourd'hui transformés en appartements et en bureaux.

Tournez à gauche dans la rue Chaouia, dont 9 l'**Hôtel Transatlantique** (p. 165) de 1922 a fait l'objet d'une superbe restauration. À quelques pas, 10 l'**Hôtel Volubilis**, un autre joyau rénové, possède une façade splendide.

Remontez à gauche la rue Ibn Batouta jusqu'au boulevard Mohammed V. Sur votre droite se dresse la coquille vide de 11 l'**Hôtel Lincoln**, chef-d'œuvre mauresque de 1916 laissé à l'abandon faute de fonds suffisants pour le restaurer, mais inamovible de par la loi.

Obliquez à gauche dans le boulevard Mohammed V et ne manquez pas les merveilleuses façades du côté sud du boulevard, notamment celle de la 12 **poste du marché central** (p. 172), avec ses délicats motifs, et celle du journal 13 **Le Matin/Maroc Soir**, de style classique. Il est prévu de restaurer tout le quartier.

Au bout de ce pâté de maisons, au coin de la rue Mohammed el-Qory, Antoine de Saint-Exupéry, Édith Piaf et Albert Camus ont fréquenté le café-bar du 14 **Petit Poucet** (p. 171), qui a conservé son comptoir d'origine. Tournez à gauche dans la rue Mohammed el-Qory pour voir le 15 **Cinéma Rialto** (p. 172). Continuez vers le sud jusqu'à l'avenue Houmane el-Fetouaki que vous emprunterez sur la droite pour rejoindre la 16 **place du 16 Novembre**, entourée de bâtiments Art déco.

Pour mieux connaître le patrimoine architectural de Casablanca, plongez-vous dans la lecture de *Casablanca, mythes et figures d'une aventure urbaine*, de Jean-Louis Cohen et Monique Eleb (Hazan, 1998), ou de *Casablanca – Portrait d'une ville*, de Jean-Michel Zurfluh (Actes Sud, 2001).

confort et tout ce qu'il y a de plus pratique : coffre-fort, minibar, TV sat et téléphone.

Où se restaurer

Casablanca offre un grand choix de restaurants où vous pourrez déguster toutes sortes de plats, du pâté français au tajine en passant par le *pad* thaï. Comme ailleurs le long de l'océan, le poisson tout frais pêché et les fruits de mer constituent autant de spécialités locales à savourer dans les restaurants du port ou sur la route d'Aïn Diab.

Pour manger sur le pouce, filez rue Chaouia, en face du marché central. Rôtisseries, stands et restaurants servent du poulet rôti, des brochettes et des sandwichs (20-30 Dh) jusqu'aux alentours de 2 heures du matin.

Centre-ville

Ifrane CAFÉ €
(carte p. 162 ; angle rues Tata et Mouftakar ; plats 40-65 Dh ; 10h-22h). Presque toujours bondé en dépit de sa terrasse débordant sur la rue, ce café accueillant sert des grillades et des brochettes à prix doux. L'ambiance est détendue, la clientèle variée et le lieu tout à fait fréquentable pour une femme seule qui souhaite manger tranquillement.

Pâtisserie Bennis Habous DOUCEURS €
(0522 30 30 25 ; 2 rue Fkih el-Gabbas ; pâtisseries à partir de 10 Dh ; 9h-20h). L'une des pâtisseries les plus renommées de la ville se situe dans le quartier des Habbous. C'est le meilleur endroit pour des délices marocains traditionnels, dont les cornes de gazelle et les pastillas, préparées sur commande.

Marché central CUISINE LOCALE €
(carte p. 162 ; repas à partir de Dh40 ; 9h-18h). Avec sa demi-douzaine de restaurants bondés d'où s'élève une sourde rumeur, le marché central est un bon endroit pour déjeuner. Copieux plats de poisson, légumes grillés, pain, salades et soupe de poisson. Bon marché, nourrissant et idéal pour observer les passants.

Restaurant du Port de Pêche POISSON €€
(carte p. 160 ; 0522 31 85 61 ; port de pêche ; plats 150 Dh ; déj et dîner). Au milieu du port, cet authentique et rustique restaurant de poisson ne désemplit pas midi et soir. Vous y dégusterez du poisson fraîchement pêché et cuisiné à la perfection, ou une succulente paella relevée. Le décor évoque les années 1970, avec des nappes en papier, et le service est professionnel et rapide. Réservez car les tables sont prises d'assaut par des Casablancais de toutes classes sociales.

La Bodéga TAPAS €€
(carte p. 162 ; 0522 54 18 42 ; 129 rue Allah ben Abdellah ; plats 120 Dh ; 12h-16h et 19h-1h lun-sam, 19h-1h dim). Rempli de Casablancais aisés de tous âges, ce bar à tapas branché sert aussi de bons plats (carnés). La musique (de la salsa au raï) est forte, le rioja espagnol coule à flots et la piste de danse est bondée après 22h. Ambiance garantie.

Restaurant de la Skala MAROCAIN €€
(carte p. 160 ; 0522 26 09 60 ; bd des Almohades ; plats 90-160 Dh ; déj et dîner mar-dim, tlj l'été). Niché entre les murs ocre de la *skala*, un bastion fortifié du XVIIIe siècle situé au nord du centre, ce charmant restaurant permet d'échapper à l'agitation de la ville. Le café, avec un intérieur rustique et un joli jardin entouré de treilles fleuries, ne sert pas d'alcool mais un choix de thés et de jus de fruits frais. C'est l'endroit idéal pour savourer un petit-déjeuner marocain ou une salade au déjeuner. Outre les tajines, la spécialité, la carte affiche de nombreux plats de poisson et des brochettes de viande.

Taverne du Dauphin FRANÇAIS, POISSON €€
(carte p. 162 ; 0522 22 12 00 ; 115 bd Houphouët Boigny ; plats 70-90 Dh, formule déj 110 Dh ; 12h-23h lun-sam). Institution de Casablanca, ce bar-restaurant provençal ouvert en 1958 ne dément pas sa réputation de resto de poisson et fruits de mer. Sous ses dehors de modeste établissement familial, il concocte des poissons grillés, calamars frits et crevettes royales à se damner. Sert de l'alcool.

Ostréa POISSON €€
(carte p. 160 ; 0522 44 13 90 ; port de pêche ; plats 150 Dh ; déj et dîner). Face au Restaurant du Port de Pêche, cet établissement plus haut de gamme a pour spécialité les huîtres d'Oualidia, les homards et autres produits de la mer. À arroser d'un bon vin blanc.

Restaurant al-Mounia MAROCAIN €€
(carte p. 162 ; 0522 22 26 69 ; 95 rue Prince Moulay Abdallah ; plats 150 Dh ; dîner). Un merveilleux restaurant traditionnel du centre. Une exquise cuisine marocaine est servie dans l'élégant salon décoré de zelliges et de bois sculpté, ou sous les arbres du jardin verdoyant. Faites votre choix parmi les nombreuses salades (avis aux végétariens) ou des plats plus originaux, comme la pastilla au pigeon et le tajine à la tomate.

Chez Flavio ITALIEN €€

(carte p. 165 ; ☎0522 29 45 29 ; 3 bd Mohamed Abdou ; pizzas 80 Dh, plats 120 Dh ; ⊙déj et dîner). C'est l'un des restaurants italiens les plus appréciés, particulièrement pour ses pizzas.

♥ **Le Rouget de l'Isle** FRANÇAIS €€€

(carte p. 165 ; ☎0522 29 47 40 ; 16 rue Rouget de l'Isle, près bd Moulay Hassan I ; plats 200 Dh ; ⊙déj lun-ven, dîner lun-sam). Une superbe villa des années 1930 au cœur d'un jardin embaumant le jasmin en soirée abrite l'un des établissements vedettes de Casa. On se presse pour venir dans ce cadre chic, stylé et charmant, agrémenté d'œuvres d'art contemporain aux murs. Sert une cuisine française simple et délicieuse à des prix raisonnables. Réservation conseillée.

Rick's Cafe MÉDITERRANÉEN €€€

(carte p. 160 ; ☎0522 27 42 07 ; www.rickscafe.ma ; 248 bd Sour Jdid ; plats 160 Dh ; ⊙déj et dîner). Dans un décor semblant tout droit sorti du film *Casablanca* (projeté en boucle au 1er étage), cet établissement (bar, salon et restaurant), tenu par un ancien diplomate américain, n'a rien d'authentique mais est très amusant. La carte propose d'excellentes spécialités françaises et marocaines, essentiellement à base de poisson. À midi, vous pouvez commander un chili con carne. Ambiance musicale avec Issam, le pianiste, qui joue *As time goes by* et des jam-sessions le dimanche. Inévitables T-shirts souvenirs.

Brasserie la Bavaroise FRANÇAIS €€€

(carte p. 162 ; ☎0522 31 17 60 ; 129 rue Allah ben Abdellah ; plats 150-200 Dh ; ⊙dîner). Casablancais et expatriés aiment se retrouver dans cette brasserie chic située derrière le marché central, tant pour sa cuisine française que pour être vus. La maison offre un bon choix de poissons, de même que des classiques français très bien cuisinés (veau, bœuf et même faisan). La carte se renouvelle chaque mois en proposant des spécialités régionales. La viande est grillée au feu de bois, l'ambiance agréable et l'accueil chaleureux. Le bar voisin de La Bodéga est géré par la même direction.

La Maison du Gourmet FRANÇAIS, MAROCAIN €€€

(carte p. 165 ; ☎0522 48 48 46 ; rue Taha Houcine, Maarif ; repas 400-500 Dh ; ⊙déj lun-ven, dîner lun-sam). Passé par l'école Bocuse, ce couple franco-marocain a su créer une carte inventive, inspirée du meilleur des cuisines française et marocaine. Parmi les spécialités de ce rendez-vous gastronomique figure une divine pastilla au confit de canard et foie gras. Le cadre élégant, le service irréprochable et la cuisine exceptionnelle en font une adresse parfaite pour une occasion particulière. Réservation conseillée.

Aïn Diab et Anfa

Les meilleurs restaurants de ce quartier se regroupent au sommet d'une falaise qui domine l'océan, près du phare el-Hank.

Haute Pâtisserie Frédéric Cassel DOUCEURS €€

(8 bd Moulay Rachid, Anfa ; pâtisseries à partir de 12 Dh ; ⊙9h-22h). Le dernier café branché d'Anfa sert d'alléchants petits-déjeuners et repas légers, des glaces et des gâteaux qui sont de véritables œuvres d'art.

CASABLANCA AVEC DES ENFANTS

Dans cette grande cité peu amène, mieux vaut fuir le bruit et la circulation du centre-ville si vous voyagez avec des enfants. Préférez les plages et les clubs de plage d'**Aïn Diab**, où ils pourront profiter des piscines, des toboggans, des terrains de jeux et d'innombrables équipements. Si vous logez dans un hôtel le long du boulevard de la Corniche, vous disposerez sans doute d'une piscine et ne serez pas loin des distractions.

À l'ouest d'Aïn Diab, le quartier chic d'**Anfa** a vu pousser l'énorme **Morocco Mall**. Outre son gigantesque aquarium, son cinéma Imax et ses nombreuses boutiques, l'aventure est au rendez-vous au parc, entre patinoire, fanfares équestres et araignée géante, sans oublier la fontaine musicale.

En ville, le **parc de la Ligue arabe** (carte p. 165) est le plus grand espace vert. Bon endroit pour jouer et gambader, il compte quelques cafés et le **parc d'attractions Yasmina** (carte p. 165 ; 150 Dh ; ⊙10h-19h), avec des manèges et une ambiance de fête foraine.

LES BIDONVILLES

En mai 2003, 13 terroristes ont commis des attentats-suicides dans des lieux publics à Casablanca, tuant 32 autres personnes. Ils appartenaient au Salafia Jihadia, un groupe islamique radical dont les fondateurs ont été formés en Afghanistan. Les porteurs de bombes étaient tous de jeunes Marocains vivant dans les plus immondes bidonvilles de Casablanca, à moins d'une demi-heure du centre-ville.

En 2007, 24 islamistes ont été arrêtés alors qu'ils planifiaient une autre vague d'attentats, après que leur chef se fut fait sauter dans un cybercafé. Beaucoup venaient des mêmes bidonvilles.

La plupart des Casablancais condamnent ouvertement ces actes, et affirment que leur ville est la plus tolérante du pays. Cependant, un quart, voire un tiers, de la population vit dans des bidonvilles misérables aux baraques en carton et plastique, sans eau courante, ni tout-à-l'égout, ni électricité. Faute d'écoles ou de travail, nombre de jeunes n'ont aucun espoir et pensent qu'ils n'ont rien à perdre.

Après les attentats, des organisations caritatives ont été créées pour améliorer la vie dans ces quartiers, et le gouvernement s'est intéressé au problème. Le ministère de l'Habitat a lancé un programme d'éradication des bidonvilles à Casablanca et plusieurs ont été démolis, mais ils semblent repousser plus vite qu'ils ne sont détruits. Certes, il existe des dizaines de milliers de maisons en construction, mais leurs prix sont trop élevés pour les résidents des bidonvilles et elles sont trop exiguës pour des familles nombreuses. Si la situation s'améliore, beaucoup estiment que cela ne suffit pas. Rien ne sera résolu tant que le pouvoir ne s'attaquera pas aux problèmes sous-jacents. Reste à espérer qu'il le fera avant que la colère et la frustration ne s'expriment dans la violence.

Hédiard DOUCEURS €€

(☎0522 79 72 32 ; résidence jardin d'Anfa, bd Lido rte Côterie, Aïn Diab ; repas et sandwichs 50-90 Dh ; ⏲9h-22h). Repaire élégant de la jeunesse aisée, ce café propose une gamme de gâteaux somptueux, des repas légers et des sandwichs de traiteur.

La Fibule MAROCAIN, MÉDITERRANÉEN €€€

(☎0522 36 06 41 ; bd de la Corniche, phare el-Hank ; repas 300-500 Dh ; ⏲déj et dîner). L'éclairage subtil, les couleurs chaudes et le décor élégant confèrent à La Fibule une ambiance attrayante. La cuisine, mélange bien préparé de saveurs marocaines et libanaises, est servie sur des tables basses qui donnent sur l'océan à travers des baies vitrées.

La Mer POISSON €€€

(☎0522 36 33 15 ; bd de la Corniche, Phare el-Hank ; repas 400 Dh ; ⏲déj et dîner). Ce restaurant de poisson raffiné aux tables nappées de blanc et dressées de porcelaine propose une carte et un service très vieille France. La cuisine est somptueuse !

À ma Bretagne POISSON, FRANÇAIS €€€

(☎0522 36 21 12 ; Sidi Abderrahman, bd de la Corniche ; repas 500 Dh ; ⏲dîner). Localement promu comme le meilleur restaurant d'Afrique, cet établissement moderne et détendu, à 5 km de la ville, concocte des plats exceptionnels. Si les produits de la mer prédominent, vous pouvez choisir d'autres spécialités françaises, concoctées par le chef André Halbert.

Où prendre un verre et faire la fête

Les nombreux cafés à la française du centre-ville sont essentiellement fréquentés par des hommes. Les bars, souvent peu reluisants, accueillent également une clientèle masculine (et des prostituées). Ceux des grands hôtels sont des endroits plus raffinés, surtout pour les femmes.

Aïn Diab, la banlieue chic en bord de mer, est l'endroit où les Casablancais fortunés vont danser ou boire un dernier verre. Attendez-vous à payer au moins 150 Dh à l'entrée et autant pour les consommations. Des videurs filtrent l'accès et refoulent sans ménagement ceux qui n'ont pas le look voulu. Nombre de ces clubs accueillent de riches clients du Moyen-Orient (un prince saoudien possède un palais sur la Corniche), tout comme des artistes égyptiens ou libanais.

Les hommes sont toujours censés payer les consommations et les femmes y seront immanquablement importunées. Nous indiquons néanmoins quelques lieux parmi les plus accueillants pour la clientèle féminine.

Café Alba CAFÉ
(carte p. 162 ; ☎0522 22 71 54 ; 59-61 rue Driss Lahrizi). De hauts plafonds, un élégant mobilier moderne, un éclairage subtil et une touche de "chic colonial" le distinguent des autres cafés traditionnels enfumés. Les femmes n'y sont pas importunées et l'on s'y attarde pour mieux saisir le rythme de vie de Casa.

Café maure de la Skala CAFÉ
(carte p. 160 ; bd des Almohades ; 12h-15h et 19h-23h lun, 8h-23h mar-dim). Également fréquenté par les deux sexes, ce joli café se tient derrière la *skala*, dans l'enceinte de la médina. Paisible tout au long de l'après-midi, le jardin fleuri est idéal pour siroter un café ou un délicieux jus de fruits.

Blue Parrot BAR
(carte p. 160 ; 248 bd Sour Jdid ; 6h30h-23h30). À l'étage du Rick's Café, ce bar de style caribéen, avec terrasse, jouit d'une magnifique vue sur le port. Parfait pour un verre (et plaisant pour les femmes), il propose également des grillades de poisson et de viande (plats 75-160 Dh).

Petit Poucet BAR
(carte p. 162 ; angle bd Mohammed V et rue Mohammed el-Qory). Relique de la France des années 1920, ce bar discret, réservé aux hommes, constitue un legs authentique de la Casa coloniale, quand Saint-Exupéry venait y boire un verre entre deux vols à travers le Sahara. Vieilles réclames d'époque en prime.

Le Trica BAR
(carte p. 165 ; ☎0522 22 07 06 ; 5 rue el-Moutanabi, quartier Gauthier ; fermé déj sam-dim). Ce salon-bar aux murs en brique et au mobilier des années 1960, réparti sur deux niveaux, donne le pouls du Maroc d'aujourd'hui. Atmosphère turbulente et branchée en soirée, entretenue par la techno, les bières et les mojitos ; bien plus sage au déjeuner.

Balcon 33 CLUB
(33 bd de la Corniche). Bar-restaurant de style cabaret aux allures fellinesques.

Le Carré Rouge CLUB
(Hôtel Villa Blanca, bd de la Corniche ; 23h30-4h). Pop ultramoderne.

VIP Club CLUB
(rue des Dunes). Accueille volontiers les gays.

Le Village CLUB
(11 bd de la Corniche). Fait aussi preuve de tolérance envers les gays.

Armstrong Legend CLUB
(41 bd de la Corniche). Bondé à l'extrême et l'un des rares endroits à offrir de la musique funky live.

Hôtel Transatlantique CLUB
(carte p. 162 ; www.transatcasa.com ; 79 rue Chaouia). Le night-club un peu louche est intéressant pour une soirée "couleur locale", quand les danseuses orientales aguichent les hommes afin qu'ils leur lancent de l'argent.

Sky 28 CLUB
(Kenzi Tower Hotel, Twin Centre, Maarif). Cocktails et musique live sans originalité.

☆ Où sortir

Théâtre

Complexe culturel Sidi Belyout THÉÂTRE
(carte p. 162 ; 28 rue Léon l'Africain ; spectacles 21h). Ce théâtre de 200 places donne des pièces (généralement en arabe) et parfois des récitals ou des spectacles de danse.

Les Abattoirs de Casablanca SPECTACLE VIVANT
(☎0537 73 26 50 ; www.abattoirs-casablanca.net ; quartier Hay Mohammadi). Les abattoirs de la vieille ville, construits en 1922, ont été transformés en un imposant centre culturel surnommé "la Fabrique culturelle". Proche de la gare ferroviaire Casa-Voyageurs, le centre accueille expositions, spectacles, représentations théâtrales, concerts et ateliers divers, de la création de masques au roller, dont certains pour les enfants.

Cinémas

Mégarama CINÉMA
(☎0522 79 88 88 ; www.megarama.info ; bd de la Corniche ; après-midi/soir 40/50 Dh). Cinéma le plus luxueux de la ville, cet immense multiplexe d'Aïn Diab compte quatre salles confortables, généralement bondées.

Cinéma Lynx CINÉMA
(carte p. 160 ; ☎0522 22 02 29 ; 150 av. Mers Sultan ; orchestre/balcon/club 30/40/50 Dh). Spacieux, confortable et doté d'un excellent système de son, il constitue un bon choix près du centre-ville.

Cinéma Rialto CINÉMA
(carte p. 162 ; ☎0522 26 26 32 ; rue Mohammed el-Qory ; orchestre/balcon/club 30/40/50 Dh). Vaste cinéma Art déco classique, avec une seule salle.

Théâtre IMAX CINÉMA
(Morocco Mall, rte Azemmour, Anfa). Installé dans le Morocco Mall, ce cinéma est le plus luxueux du pays.

Achats

Casablanca offre un bon choix d'artisanat traditionnel de tout le pays. Le quartier des Habbous, au sud du centre, est l'endroit le plus plaisant pour faire ses emplettes, les marchands ne se montrant pas trop pressants. Vérifiez la qualité et marchandez fermement. Les boutiques d'artisanat de qualité variable du boulevard Houphouët Boigny visent une clientèle de touristes.

Exposition nationale d'artisanat ART ET ARTISANAT
(carte p. 162 ; ☎0522 26 70 64 ; 3 av. Hassan II ; ⏲8h30-12h30 et 14h30-20h). Un magasin d'artisanat de 3 étages, avec des prix fixes.

Morocco Mall CENTRE COMMERCIAL
(www.moroccomall.net ; Anfa ; ⏲10h-21h dim-jeu, 10h-22h ven-sam). Lieu de shopping chic, ce nouveau centre commercial à Aïn Diab compte quantité de boutiques de marques célèbres et un "souk" vendant de l'artisanat marocain. Faites une pause à l'aquarium sur deux niveaux et rechargez vos batteries dans l'un des restaurants internationaux.

Twin Center VÊTEMENTS
(carte p. 165 ; angle bd Mohammed Zerktouni et Al-Massira al-Khadra). Le Twin Center, temple du luxe, réunit une galerie marchande, un hôtel haut de gamme et des bureaux. Les petites boutiques des rues voisines et autour du marché Maarif sont plus attrayantes et moins chères.

Renseignements

ACCÈS INTERNET

EuroNet (carte p. 162 ; ☎0522 26 59 21 ; 51 rue Tata ; 10 Dh/h ; ⏲8h30-23h). Internet.

G@.net (carte p. 162 ; ☎0522 22 95 23 ; 29 rue Abdelkader al-Moftaker ; 8 Dh/h ; ⏲9h-24h). Très propre et moderne, avec des connexions rapides.

Gig@net (carte p. 165 ; ☎0522 48 48 10 ; 140 bd Mohammed Zerktouni ; 10 Dh/h ; ⏲24h/24). Internet.

LGnet (carte p. 162 ; ☎0522 27 46 13 ; 81 bd Mohammed V ; 8 Dh/h ; ⏲9h-24h). Internet.

ARGENT

Des banques – pour la plupart avec DAB et service de change – sont installées à chaque coin de rue dans le centre-ville.

BMCE (carte p. 162 ; Hôtel Hyatt Regency, pl. des Nations-Unies ; ⏲9h-21h). Pratique en soirée et le week-end.

Crédit du Maroc (carte p. 162 ; ☎0522 47 72 55 ; 48 bd Mohammed V ; ⏲8h30-18h30 lun-ven). Très central, ce bureau échange gratuitement les chèques de voyage American Express (Amex).

Voyages Schwartz (carte p. 162 ; ☎0522 37 63 30 ; rue Prince Moulay Abdallah ; ⏲9h-18h lun-sam). Représentant Amex. Ni vente ni change de chèques de voyage.

Wafa Cash (carte p. 162 ; ☎0522 20 80 80 ; 15 rue Driss Lahrizi ; ⏲8h-20h lun-sam). Dispose d'un DAB et honore les chèques de voyage.

OFFICES DU TOURISME

Malgré un personnel courtois, les offices du tourisme n'ont guère d'utilité. Consultez **Visit Casablanca** (www.visitcasablanca.ma) avant votre départ ou renseignez-vous auprès du réceptionniste de votre hôtel.

Syndicat d'initiative (carte p. 162 ; ☎0522 22 15 24 ; 98 bd Mohammed V ; ⏲8h30-18h30 lun-ven). Informations touristiques.

POSTE

Poste du marché central (carte p. 162 ; angle bd Mohammed V et rue Chaouia ; ⏲8h30-16h30 lun-ven)

FedEx (☎0522 54 12 12 ; 313 bd Mohammed V ; ⏲8h30-16h30 lun-ven)

Poste principale (carte p. 162 ; angle bd de Paris et av. Hassan II ; ⏲8h30-16h30 lun-ven)

Poste de la Médina (carte p. 160 ; pl. Ahmed el-Bidaoui ; ⏲8h30-16h30 lun-ven). Près de l'auberge de jeunesse.

SERVICES MÉDICAUX

Polyclinique Atlas (carte p. 165 ; ☎0522 27 40 39 ; 27 rue Mohammed ben Ali, quartier Gauthier ; ⏲24h/24). Près de la rue Jean-Jaurès.

SOS Médecins (☎0522 25 30 49, 0522 44 44 44 ; visite à domicile 400 Dh ; ⏲24h/24). Consultations à domicile.

URGENCES

Police (☎19 ; ⏲24h/24)

Pompiers/ambulances (☎15 ; ⏲24h/24)

Service d'aide médicale urgente (Samu ; ☎0522 25 25 25 ; ⏲24h/24). Service privé d'ambulances.

Depuis/vers Casablanca

AVION

L'**aéroport international Mohammed V** (☎ 0522 53 90 40 ; www.onda.ma) se situe à 30 km au sud-est de la ville sur la route de Marrakech. Des vols réguliers desservent la plupart des pays d'Europe occidentale, l'Afrique de l'Ouest, l'Algérie, la Tunisie, l'Égypte, le Moyen-Orient et l'Amérique du Nord.

La grande majorité des vols intérieurs de Royal Air Maroc (RAM) font escale à Casablanca et vous pourrez rejoindre directement toute autre destination dans le pays.

BUS

Moderne, bien organisée et dotée d'un café, la **gare routière CTM** (carte p. 162 ; ☎ 0522 54 10 10 ; www.ctm.ma ; 23 rue Léon l'Africain) avoisine l'avenue des FAR. Des bus de la CTM en partent quotidiennement. La CTM assure également des liaisons routières internationales au départ de Casablanca et à destination de l'Allemagne, la Belgique, l'Espagne, la France et l'Italie.

À 4 km au sud-est du centre et tout aussi moderne, la gare routière Ouled Ziane accueille les autres compagnies routières, dont certaines desservent des destinations non couvertes par CTM. Comptez environ 20 Dh de course en taxi pour la rejoindre ; vous pouvez aussi prendre le bus n°10 ou n°36 sur le boulevard Mohammed V, près du marché.

Sur cette route d'Ouled Ziane se trouve également, à 3 km du centre-ville, la gare routière SAT réunissant des services nationaux et internationaux d'un standard similaire à celui de la CTM, mais vers des destinations plus restreintes. En revanche, le tarif des parcours est un peu moins élevé.

LE NOM DES RUES

Les noms français des rues de Casablanca sont progressivement remplacés par des noms marocains. Tenez-en compte quand vous demandez votre chemin car de nombreux habitants, y compris des chauffeurs de taxi (et quelques plans de ville), utilisent toujours les anciens noms. D'ailleurs, une même rue porte souvent plusieurs noms.

TAXI

Les grands taxis collectifs pour Rabat (30 Dh) et Fès (120 Dh) partent du boulevard Mohammed V, en face du vieil Hôtel Lincoln. Toutefois, le train est plus pratique et confortable.

TRAIN

Si votre destination se trouve sur une ligne ferroviaire, le train est la meilleure manière de voyager. Sur les cinq gares ferroviaires de Casablanca, deux présentent un intérêt pour les voyageurs.

Tous les trains grande distance et ceux qui rallient l'aéroport international Mohammed V partent de la gare Casa-Voyageurs, située à 4 km à l'est du centre-ville. Prenez le bus n°30 sur le boulevard Mohammed V (4 Dh) ou un taxi (15 Dh).

Sise à quelques centaines de mètres au nord-est de la place des Nations-Unies, la gare ferroviaire Casa-Port est plus pratique mais ne dessert que Rabat (35 Dh, 1 heure, toutes les 30 min) et Kenitra (48 Dh, 1 heure 30, toutes les 30 min). Elle était en cours de reconstruction au moment des recherches.

BUS DE JOUR AU DÉPART DE CASABLANCA

DESTINATION	TARIF (EN DH)	DURÉE	FRÉQUENCE
Agadir	190	6 heures 30	9/jour
Chefchaouen	120	7 heures	1/jour
El-Jadida	40	2 heures	6/jour
Essaouira	130	6 heures	3/jour CTM ; 1/heure compagnies privées
Fès	85	4 heures	8/jour
Laâyoune	435	20 heures	4/jour
Marrakech	85	3 heures 30	15/jour
Meknès	80	3 heures 30	7/jour
Ouezzane	90	4 heures	1/jour
Tanger	130	5 heures 30	5/jour CTM ; départs réguliers compagnies privées
Taza	140	7 heures	5/jour
Tétouan	145	6 heures	6/jour

Quelques destinations au départ de Casa-Voyageurs :

Azemmour 31 Dh, 1 heure, 7/jour
El-Jadida 35 Dh, 1 heure 30, 8/jour
Fès 110 Dh, 3 heures 30 à 4 heures 30, 16/jour
Marrakech 90 Dh, 3 heures, 9/jour
Meknès 90 Dh, 3 heures 30, 18/jour
Nador 185 Dh, 11 heures, 5/jour
Oujda 205 Dh, 10 heures, 3/jour
Tanger 125 Dh, 5 heures, 8/jour

VOITURE

Parmi les nombreuses agences de location de voitures, beaucoup possèdent un bureau sur l'avenue des FAR, le boulevard Mohammed V et à l'aéroport.

Les parcmètres (2 Dh l'heure, 2 heures au maximum) fonctionnent de 8h à 12h et de 14h à 19h tous les jours, sauf le dimanche et les jours fériés. Ne pas payer expose à une amende ou à l'immobilisation du véhicule. Vous trouverez un parking surveillé à côté du cimetière britannique (20 Dh par jour/nuit) et un autre près de la rue Tata (5 Dh l'heure). Partout ailleurs, un "gardien" surveillera votre véhicule moyennant un pourboire (5 Dh habituellement).

Avis Aéroport (☎0522 53 90 72 ; aéroport international Mohammed V) ; centre-ville (carte p. 162 ; ☎0522 31 24 24 ; 19 av. des FAR)

Budget Aéroport (☎0522 33 91 57 ; aéroport international Mohammed V) ; centre-ville (carte p. 162 ; ☎0522 31 31 24 ; tour des Habbous, av. des FAR)

National Aéroport (☎0522 53 97 16 ; aéroport international Mohammed V) ; centre-ville (carte p. 162 ; ☎0522 27 71 41 ; 12 rue el-Oraïbi Jilali)

President Car (carte p. 162 ; ☎0661 21 03 94, 0522 26 07 90 ; presidentcar@menara.ma ; 27 rue el-Ghali Ahmed). Chaudement recommandée par les expatriés, une agence locale fiable avec des voitures bien entretenues et des tarifs très compétitifs. Les frères Bouayad, très serviables, peuvent livrer une voiture à l'aéroport ou à Marrakech sur demande. L'agence se tient près du boulevard Mohammed V.

Comment circuler

DEPUIS/VERS L'AÉROPORT

Le train constitue le moyen de transport le plus pratique entre l'aéroport international Mohammed V et Casablanca (2e classe 40 Dh, 35 min). Confortables et sûrs, les trains partent du sous-sol du terminal 1 de l'aéroport, à raison d'un toutes les heures de 6h à 22h et un à minuit. Vous pouvez aussi rejoindre ainsi Rabat (75 Dh) ou Kenitra (88 Dh) en changeant à Casa-Voyageurs ou à Aïn Sebaa.

Au départ de la gare Casa-Voyageurs, le premier service est à 4h40, suivi de trains toutes les heures de 6h07 à 22h07. On peut aussi partir de Casa-Port et changer de train à Aïn Sebaa.

En grand taxi, comptez 300 Dh entre l'aéroport et le centre-ville, voire 350 Dh à une heure indue ! Certains chauffeurs perçoivent des commissions en amenant des clients dans des hôtels.

BUS

Le réseau de bus a été amélioré, mais vous trouverez certainement plus pratiques le nouveau tramway ou les petits taxis. Le ticket coûte 4 Dh et les bus font halte à des arrêts précis.

Bus n°2 Du boulevard Mohammed V à la gare ferroviaire Casa-Voyageurs.
Bus n°4 Longe le boulevard de Paris puis l'avenue Lalla Yacout jusqu'à la nouvelle médina.
Bus n°9 Du boulevard d'Anfa à Aïn Diab et aux plages.
Bus n°10 De la place de la Concorde à la gare routière Ouled Ziane via le boulevard Mohammed V.
Bus n°11 De l'avenue des FAR à la gare routière.
Bus n°15 En direction du nord, de la place Oued al-Makhazine à la mosquée Hassan II.

TAXI

Peu chers, les petits taxis rouges de Casa sont plus rapides que les bus. Vous trouverez une station dans l'avenue des FAR et vous pouvez en héler un n'importe où. Le prix minimal s'élève à 7 Dh ; comptez 15 Dh pour une course dans le centre-ville. La plupart des chauffeurs utilisent le compteur ; en cas de refus, changez de voiture (notez toutefois que les chauffeurs à la gare Casa-Voyageurs ne l'utilisent jamais et appliquent des prix exorbitants, même pour les Marocains). Une majoration de 50% s'applique à partir de 20h. Prévoyez beaucoup de petites pièces et vérifiez la monnaie.

TRAMWAY

Le tant attendu **Casa Tramway** (www.casatramway.ma) est enfin en service et constitue un moyen facile et efficace de circuler en ville. Le tronçon de la ligne le plus utile aux voyageurs va de la place Mohammed V à la place des Nations-Unies en passant par le marché central. La ligne dessert aussi la plage d'Aïn Diab (à environ 30 min du centre). Les tramways passent toutes les 15 minutes, le premier et le dernier départ des terminus étant à 5h30 et 22h30. Le ticket coûte 7 Dh et s'achète sans problème aux billetteries automatiques sur les quais (tickets multi-trajets disponibles).

Rabat الرباط

2,5 MILLIONS D'HABITANTS

Capitale politique et administrative du Maroc depuis l'indépendance en 1956, Rabat ne se présente pas comme destination touristique, bien que la ville soit un vrai joyau. Elle possède une superbe architecture coloniale, d'élégantes avenues bordées de palmiers et une ambiance tout aussi cosmopolite que sa grande voisine, sans la circulation frénétique. Si, pour les Casablancais, Rabat et ses bureaucrates incarnent l'ennui, il s'agit plutôt d'une nonchalance provinciale, agréable et policée.

Dans les rues et les souks, nulle trace des incessantes sollicitations, ce qui laisse le visiteur libre de musarder dans la médina et la casbah aux ruelles étroites, de faire halte dans les galeries d'art, et de profiter de la vue sublime sur l'océan.

La longue et riche histoire de la ville se découvre au gré de monuments des époques phénicienne, romaine, almohade et mérinide. Le pouvoir a parfois fluctué entre Rabat et Salé, la cité aux bâtisses chaulées sur l'autre rive de l'oued Bou Regreg, où le temps semble avoir suspendu son vol.

La capitale se distingue également par ses nombreux restaurants excellents. Si la vie nocturne n'égale pas celle de Casablanca, une balade en début d'après-midi dans les principales avenues du faubourg d'Agdal, où se rassemble la jeunesse branchée, ne manquera pas de vous divertir. Enfin, les plages plus au nord permettent d'échapper facilement à l'environnement urbain.

Histoire

Les plaines fertiles de l'arrière-pays attirèrent des colons dans la région dès le VIIIe siècle av. J.-C. Les Phéniciens et les Romains établirent des comptoirs marchands dans l'estuaire du Bou Regreg à Sala, l'actuelle Chellah. La colonie romaine, Sala Colonia, perdura après la chute de l'Empire romain avant de devenir le siège d'un royaume berbère indépendant. Les Zénètes (ou Zenata, un groupe de populations berbères) édifièrent un ribat, un monastère fortifié auquel la ville doit son nom, sur le site de l'actuelle casbah de Rabat. Tandis que la nouvelle ville de Salé, fondée au Xe siècle, commençait à prospérer sur la rive nord du fleuve, la cité de Chellah entama son déclin.

Au XIIe siècle, les Almohades érigèrent une casbah sur le site du ribat pour en faire la base arrière de leurs campagnes en Espagne, visant à restaurer la domination musulmane sur l'Andalousie. Sous Yacoub el-Mansour (le Victorieux), Rabat connut un bref âge d'or en tant que capitale impériale, Ribat el-Fatah (forteresse de la Victoire). El-Mansour fit édifier de longues murailles, percer la porte Bab Oudaia dans les remparts de la casbah et entama la construction de

RABAT EN...

Un jour

Après un délicieux petit-déjeuner à la **Pâtisserie Majestic** sur l'avenue Mohammed V, parcourez la **médina** avant de vous offrir un excellent déjeuner au **Riad Oudaya**. Traversez le boulevard Tariq al-Marsa et passez sous la spectaculaire Bab Oudaïa pour pénétrer dans la **casbah des Oudaïas**. Grimpez jusqu'au sommet pour profiter de la vue magnifique, puis dirigez-vous vers la **galerie d'art Nouiga**. Faites halte au **Café Maure** le temps de prendre un thé en surplomb de l'oued Bou Regreg, puis filez en taxi jusqu'au **musée d'Archéologie** pour admirer les bronzes antiques de Volubilis. Détendez-vous devant un verre à la terrasse de l'**Hôtel Balima**, avant de dîner à l'élégant **Grand Comptoir**.

Deux jours

Prenez le tramway jusqu'à **Salé** et régalez-vous d'un petit-déjeuner marocain dans un café de la **place Bab Khebaz.** Pénétrez dans la médina pour découvrir la superbe **Grande Mosquée** et les **zaouïas** (sanctuaires). Rejoignez le fleuve pour regagner Rabat en bateau. Que diriez-vous d'un déjeuner de poisson chez **Borj Eddar**, face à l'océan ? Prenez ensuite un taxi pour visiter la **tour Hassan** et le **mausolée de Mohammed V**. Un autre court trajet en taxi vous conduira à **Chellah**, idéale pour une promenade dans l'après-midi. Dînez à **L'Entrecôte**, dans le quartier chic d'Agdal, puis dansez toute la nuit à l'**Amnesia**.

Rabat

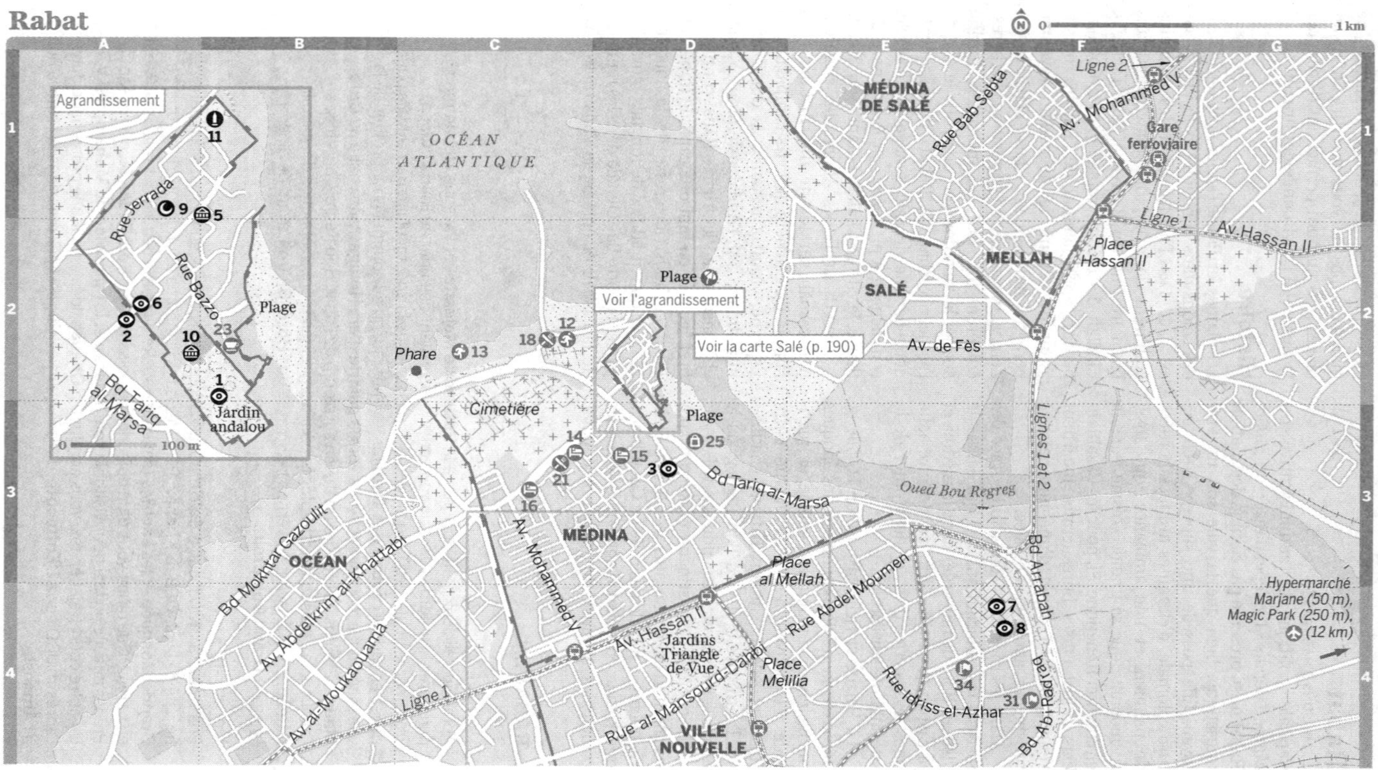
Agrandissement
Rue Jerrada
Rue Bazzo
Plage
Jardin andalou
Bd Tariq al-Marsa
0 100 m
11
9
5
6
2
10
23
1
0 1 km
OCÉAN ATLANTIQUE
Phare
13
18
12
Plage
Voir l'agrandissement
Voir la carte Salé (p. 190)
Cimetière
14
21
16
15
3
25
MÉDINA DE SALÉ
Rue Bab Sebta
Av. Mohammed V
Gare ferroviaire
Ligne 2
Ligne 1
Av. Hassan II
MELLAH
Place Hassan II
SALÉ
Av. de Fès
Lignes 1 et 2
Oued Bou Regreg
Bd Tariq al-Marsa
Bd Arrabah
MÉDINA
Av. Mohammed V
Place al Mellah
Av. Hassan II
Rue Abdel Moumen
Jardins Triangle de Vue
Place Melilia
Rue al-Mansour-Dahbi
VILLE NOUVELLE
Rue Idriss el-Azhar
Bd Abi Radrag
7
8
34
31
Hypermarché Marjane (50 m), Magic Park (250 m), (12 km)
OCÉAN
Bd Mokhtar Gazoulit
Av. Abdelkrim al-Khattabi
Av. al-Moukaouama
Ligne 1
A
B
C
D
E
F
G
1
2
3
4

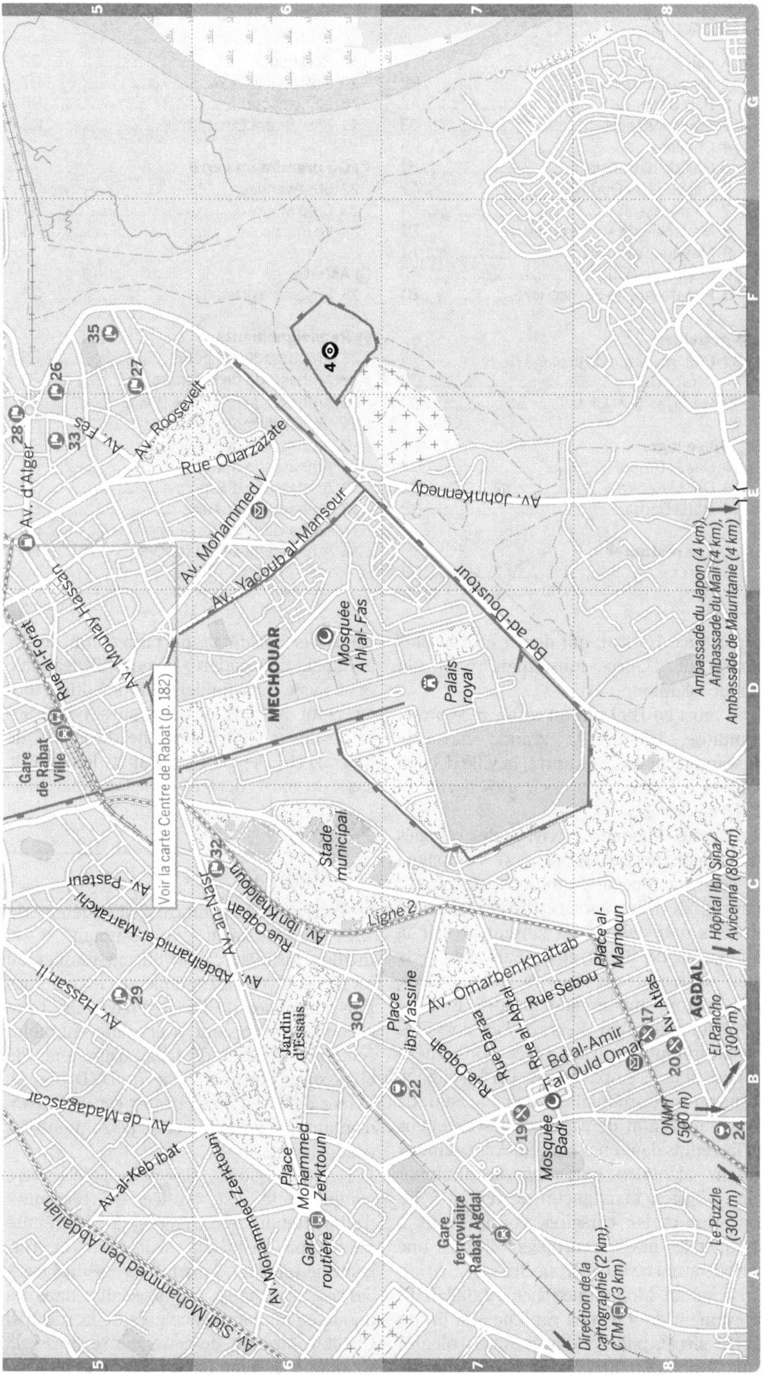
Av. d'Alger
Av. Fes
Av. Roosevelt
Rue Ouarzazate
Av. Mohammed V
Av. Yacoub al-Mansour
Av. John Kennedy
Bd ad-Doustour
Av. Moulay Hassan
Rue al-Forat
Gare de Rabat Ville
MECHOUAR
Mosquée Ahl al-Fas
Palais royal
Stade municipal
Voir la carte Centre de Rabat (p. 182)
Av. Pasteur
Av. Abdelhamid el-Marrakchi
Av. an-Nasr
Rue Oqbah
Av. Ibn Khaldoun
Ligne 2
Av. Hassan II
Av. de Madagascar
Av. al-Keb ibat
Av. Sidi Mohammed ben Abdallah
Av. Mohammed Zerktouni
Place Mohammed Zerktouni
Gare routière
Jardin d'Essais
Place Ibn Yassine
Av. Omar ben Khattab
Rue Oqbah
Rue Daraa
Rue al-Abtal
Rue Sebou
Place al-Mamoun
Bd al-Amir Fal Ould Omar
Av. Atlas
AGDAL
Mosquée Badr
Gare ferroviaire Rabat Agdal
Direction de la cartographie (2 km), CTM (3 km)
Le Puzzle (300 m)
ONMT (500 m)
El Rancho (100 m)
Hôpital Ibn Sina/Avicenna (800 m)
Ambassade du Japon (4 km), Ambassade du Mali (4 km), Ambassade de Mauritanie (4 km)
A
B
C
D
E
F
G
5
6
7
8
4
17
19
20
22
24
26
27
28
29
30
32
33
35

Rabat

À voir

1 Jardins andalous ... B2
2 Bab Oudaïa ... A2
3 Souk des tapis ... D3
4 Chellah ... F6
5 Galérie d'art Nouiga ... B1
6 Casbah des Oudaïas ... A2
7 Tour Hassan ... F4
8 Mausolée de Mohammed V ... F4
9 Mosquée el-Atika ... A1
10 Musée des Oudaïas ... A2
11 Plateforme du Sémaphore ... B1

Activités

12 Club nautique de la plage de Rabat ... C2
13 Oudayas Surf Club ... C2

Où se loger

14 Dar Al Batoul ... C3
15 Dar El Kebira ... D3
16 Hôtel Darna ... C3

Où se restaurer

17 Bert's ... B8
18 Borj Eddar ... C2
19 Galapagos Café ... B7
20 L'Entrecôte ... B8
21 Restaurant Dinarjat ... C3

Où prendre un verre

22 5th Avenue ... B7
23 Café Maure ... B2
24 Le Puzzle ... B8

Achats

25 Ensemble artisanal ... D3

Renseignements

26 Ambassade d'Algérie ... F5
27 Ambassade de Belgique ... F5
28 Ambassade des Pays-Bas ... E5
29 Consulat français ... B5
30 Ambassade de France ... B6
31 Ambassade d'Italie ... F4
32 Ambassade d'Espagne ... C6
33 Ambassade de Tunisie ... E5
34 Ambassade du Royaume-Uni ... E4
35 Ambassade des États-Unis ... F5

la mosquée Hassan, qui devait être la plus grande de l'Ouest musulman, voire du monde islamique.

Sa mort en 1199 mit un terme à ce projet grandiose, laissant la grande mosquée Hassan inachevée. Peu après, la ville déclina pour ne retrouver son essor qu'à partir du XVIIe siècle.

À cette époque, l'arrivée de réfugiés musulmans fuyant l'Espagne s'accompagna de celle de renégats chrétiens, de pirates maures, de flibustiers et d'aventuriers de diverses nationalités qui vinrent grossir la population de Rabat et de Salé. Les deux cités devinrent un repaire de corsaires, qui créèrent même leur propre État, la république de Bou Regreg. Les corsaires s'aventurèrent jusqu'aux côtes nord-américaines pour s'emparer de l'or espagnol, et jusqu'en Cornouailles, dans le sud de l'Angleterre, afin de capturer des chrétiens qu'ils réduisaient en esclavage. Les premiers sultans alaouites tentèrent de diminuer leurs pillages, mais aucun ne réussit à les contrôler et les corsaires continuèrent à attaquer les navires européens jusqu'à une période avancée du XIXe siècle.

Le sultan Mohammed ben Abdallah fit brièvement de Rabat sa capitale à la fin du XVIIIe siècle, puis la ville retomba bientôt dans l'oubli. En 1912, la France décida de transférer la capitale du protectorat de Fès à Rabat. Cité côtière, la nouvelle capitale était facile à ravitailler et à défendre, tout en étant à l'abri des intrigues politiques et de l'instabilité potentielle de Fès et de Marrakech. Depuis lors, Rabat demeure le siège du gouvernement et de la monarchie.

À voir

Médina

À l'arrivée des Français, au début du XXe siècle, Rabat se résumait à la médina fortifiée, construite en damier au XVIIe siècle. Moins exotique que les médinas plus anciennes de l'arrière-pays, elle reste cependant séduisante avec d'innombrables échoppes d'épices, de tapis, d'artisanat, de chaussures bon marché et de DVD piratés. Flâner dans ses rues étroites est un plaisir, d'autant que les marchands ne se montrent pas insistants.

La rue Souika, la principale artère commerçante, est bordée de boutiques d'alimentation et d'épices à l'extrémité ouest, puis de magasins de tissus et d'argenterie vers l'est. Le **souk as-Sebbat** (souk des bijoutiers ; carte p. 182), spécialisé dans les bijoux en or, commence près de la rue Bab Chellah. Au bout de cette rue se dresse la **Grande Mosquée** (carte p. 182 ; près de la rue

Bab Chellah) mérinide du XIVe siècle qui a été ensuite reconstruite.

Au-delà de la rue des Consuls (lieu de résidence des diplomates jusqu'en 1912) s'étend le mellah (quartier juif) dont l'intéressant **marché aux puces** s'étire jusqu'à Bab el-Bhar et au fleuve. En suivant la rue des Consuls vers le nord, vous rejoindrez l'un des secteurs les plus intéressants de la médina, avec des boutiques d'artisanat et quelques majestueuses résidences diplomatiques. Après le **souk des tapis** (carte p. 176), la rue débouche sur une esplanade bordée de boutiques d'artisanat, lieu du marché aux esclaves à l'époque des pirates barbaresques. De là, vous pouvez grimper la colline jusqu'à la casbah.

Est du centre

Tour Hassan SITE HISTORIQUE

(carte p. 176). Dominant l'oued Bou Regreg au cœur de jardins soignés, la tour Hassan est le monument le plus connu de Rabat. L'ambitieux projet des Almohades devait aboutir à l'édification de la deuxième plus grande mosquée du monde après celle de Samarra en Irak, mais le sultan Yacoub al-Mansour mourut avant son achèvement. Le minaret, qui devait culminer à 60 m, n'atteignit que 44 m. La mosquée fut détruite par un séisme en 1755 et, aujourd'hui, seule une forêt de piliers brisés témoigne du projet grandiose d'al-Mansour. La tour est construite selon le même plan que la Giralda de Séville et la Koutoubia de Marrakech.

Mausolée de Mohammed V MONUMENT

(carte p. 176 ; aube-crépuscule). GRATUIT Proche de la tour Hassan, ce mausolée en marbre de style marocain traditionnel abrite les dépouilles du père (Hassan II) et du grand-père (Mohammed V) du roi actuel. Malgré l'exubérance des zelliges et des stucs, il en émane une atmosphère de tranquillité. D'une galerie, les visiteurs peuvent voir les tombeaux en contrebas. Une tenue décente est exigée.

Chellah SITE HISTORIQUE

(carte p. 176 ; angle av. Yacoub al-Mansour et bd Moussa ibn Nassair ; 20 Dh ; 9h-17h30). Délaissées, délabrées et envahies par la végétation, l'ancienne cité romaine de **Sala Colonia** et la nécropole mérinide de Chellah constituent

À NE PAS MANQUER

LA CASBAH DES OUDAÏAS

Perchée sur une falaise qui domine l'oued Bou Regreg et l'Atlantique, la **casbah** (carte p. 176 ; rue Jamaa) occupe l'emplacement du ribat (monastère fortifié) d'origine, la partie la plus ancienne de Rabat. Essentiellement résidentielle avec ses ruelles paisibles et ses maisons chaulées – construites pour la plupart par des réfugiés musulmans venus d'Espagne –, la casbah invite à la promenade. De nombreux étrangers, séduits par l'endroit, y achètent des maisons. Des "guides" proposent leurs services, totalement inutiles.

Sa plus belle entrée est une porte almohade du XIIe siècle, **Bab Oudaïa** (carte p. 176), aux sublimes arches sculptées. Elle donne accès à la rue Jamaa, principale artère traversant la casbah. À quelque 200 m sur la gauche, la **mosquée el-Atika** (carte p. 176) construite au XIIe siècle et restaurée au XVIIIe siècle est la doyenne de celles élevées à Rabat. Quelques boutiques pour touristes et deux galeries d'art, dont la **galerie d'art Nouiga** (carte p. 176 ; rue Jamaa), jalonnent cette rue.

Au bout de la rue Jamaa, la **plateforme du Sémaphore** (carte p. 176 ; rue Jamaa) offre une vue imprenable sur l'estuaire et Salé. Cette position stratégique contribuait grandement à la défense contre les attaquants venus de la mer qui devaient louvoyer entre les bancs de sable.

Quittez la plateforme en prenant sur la gauche la rue Bazzo, ruelle sinueuse qui dégringole vers le populaire **Café Maure** (p. 184) et une entrée latérale des **Jardins andalous** (carte p. 176 ; aube-crépuscule). Création coloniale, ces jardins ombragés dessinés par les Français sur le terrain du palais incitent à s'attarder.

Somptueux édifice du XVIIe siècle érigé par Moulay Ismaïl, le palais accueille désormais les riches collections nationales de bijoux du **musée des Oudaïas** (carte p. 176 ; 0537 73 15 37 ; 20 Dh), autant de joyaux préhistoriques, romains et musulmans découverts dans diverses régions du Maroc.

l'un des sites les plus évocateurs de Rabat. Si les Phéniciens furent les premiers à s'établir sur les pentes herbeuses au-dessus du fleuve, la ville se développa quand les Romains la dominèrent vers l'an 40. Elle fut abandonnée en 1154 au profit de Salé, mais le sultan mérinide Abou el-Hassan Ali fit bâtir une nécropole sur le site romain au XIVe siècle et l'entoura de tours et de murailles, toujours debout. Envahi d'arbres fruitiers et de fleurs sauvages, c'est un endroit plaisant où flâner. De l'entrée principale, un chemin bordé de figuiers, d'oliviers et d'orangers conduit à une **plateforme** qui surplombe les ruines de la cité romaine. Un sentier passe par les vestiges de l'**arc de triomphe** et devant le **temple de Jupiter** (sur la gauche) avant d'arriver au **forum**, au bout de la rue principale. Un autre rejoint l'octogone formé par le **bassin des Nymphes**, qui faisait partie du système romain d'adduction d'eau.

Plus faciles à reconnaître, les vestiges du **complexe islamique** comptent un minaret coiffé d'un nid de cigognes. Une colonie s'est en effet emparée du site et le surveille du haut des arbres. Au printemps résonnent alentour les claquements de bec des oiseaux en pleine parade amoureuse.

À proximité du minaret se dresse le **tombeau d'Abou el-Hassan Ali** et de son épouse, orné de zelliges. Dans la petite médersa voisine, on distingue encore des piliers, des cellules d'étudiants, des bassins et le mihrab obstrué. En quittant la mosquée, le chemin passe par les **tombeaux** de plusieurs saints sur la droite. Sur la gauche, un "bassin aux anguilles" attire toujours des femmes qui jettent des œufs durs aux poissons, dans l'espoir d'enfanter.

Centre-ville

Musée d'Archéologie MUSÉE
(carte p. 182 ; 0537 70 19 19 ; 23 rue al-Brihi Parent ; 10 Dh ; 9h-16h30 mer-lun). Retraçant l'histoire du pays, cet intéressant musée (aux cartels arabo-français) conserve nombre d'objets préhistoriques, au nombre desquels une superbe sculpture rupestre néolithique représentant un homme entouré de cercles concentriques. Orgueil du lieu, la **salle des bronzes** présente céramiques, statues et objets exhumés des colonies romaines de Volubilis, Lixus et Chellah. Remarquez la superbe tête de Juba II et les petits acrobates, tous mis au jour à Volubilis. Le sort de la collection est incertain, car un nouveau musée ethnographique est prévu, de même qu'un musée, à Volubilis même.

Musée de la Monnaie MUSÉE, GALERIE
(carte p. 182 ; www.bkam.ma ; angle av. Mohammed V et rue al-Qahira ; 20 Dh ; 9h-17h30 mar-ven, 9h-12h et 15h-18h sam, 9h-13h dim). Installé dans l'ancien édifice mauresque de la banque al-Maghrib, ce singulier musée-galerie d'art présente l'histoire du Maroc à travers sa monnaie, de l'époque romaine à nos jours – ne manquez pas les ravissants billets qui introduisirent le dirham en 1961. À voir aussi, des œuvres de peintres orientalistes français comme Majorelle (celui du célèbre jardin à Marrakech) et une grande collection de peintures abstraites, naïves et figuratives marocaines.

Musée d'Art contemporain MUSÉE, GALERIE
(carte p. 182 ; av. Moulay Hassan). Toujours en construction lors de nos recherches, ce sera la première galerie publique d'art contemporain au Maroc.

Activités

Oudayas Surf Club SPORTS NAUTIQUES
(carte p. 176 ; 0537 26 06 83 ; www.surfmaroc.info/oscr ; plage des Oudaïas ; cours 1 heure 30 surf/bodyboard 150 Dh). Fondé entre autres par le roi Mohammed VI, ce club de surf, parmi les premiers du Maroc, propose cours et location de planches de surf. Son élégant club-house/café fait face à l'océan.

Club nautique de la plage de Rabat SPORTS NAUTIQUES
(carte p. 176 ; 0537 26 16 09 ; www.cnprabat.com ; plage des Oudaias). En dessous de la casbah, ce club donne des cours et loue du matériel de surf, bodyboard, planche à voile et kayak de mer.

Cours

De nombreuses écoles de langues proposent des sessions annuelles. Celle indiquée ci-dessous donne au contraire des cours de courte durée.

Center for Cross-Cultural Learning LANGUES
(CCCL ; carte p. 182 ; 0537 20 23 65 ; www.cccl.ma ; av. Hassan II, Bab el-Had). Cours intensifs de brève durée d'arabe moderne standard, de marocain (darija) et de tamazight.

Festivals

Rabat accueille chaque année plusieurs festivals et événements.

Festival Mawazine MUSIQUE
(www.festivalmawazine.ma ; ⏲ mai). Ce festival attire de grands noms de la pop internationale, ainsi que des artistes phares de la scène musicale arabe. Tête d'affiche de l'édition 2013, Rihanna a attiré 150 000 personnes à son concert, le record, dit-on, dans toute l'histoire du Maroc.

Festival international de Rabat MUSIQUE, CINÉMA
(www.rabatfilmfestival.org ; ⏲ juin-juil) Plus grand événement de l'année, ce festival se déroulant sur deux semaines fin juin et début juillet séduit d'innombrables amateurs de musique et passionnés de cinéma.

Où se loger

La ville nouvelle regroupe la majorité des bons hôtels de Rabat, entre les avenues Mohammed V et Abderrahman. Plus sommaires et bon marché sont les logements sans grand confort (voire sans douche) qu'on peut trouver dans la médina et la casbah, à l'exception de quelques riads (maisons de ville avec un jardin intérieur) haut de gamme appréciés pour leur couleur locale et leur service attentionné.

L'importance de la clientèle d'affaires explique la multiplicité d'hôtels de catégorie supérieure, notamment toutes les grandes chaînes internationales. Il existe néanmoins quelques options de catégorie moyenne, regroupées en majorité autour de l'avenue Mohammed V.

Ville nouvelle

Hôtel Splendid HÔTEL €
(carte p. 182 ; ☎ 0537 72 32 83 ; 8 rue Ghazza ; s/d sans sdb 125/160 Dh, avec sdb 190/250 Dh ; Wi-Fi). Des années 1930, le bâtiment a su garder un certain caractère avec des chambres vastes, claires, d'une belle hauteur sous plafond et donnant par de larges fenêtres sur une jolie cour (avec Wi-Fi). Le mobilier en bois est simple, les sdb modernes ; pour les chambres sans sdb, un lavabo fournit l'eau chaude.

Hôtel Majestic HÔTEL €
(carte p. 182 ; ☎ 0537 72 29 97 ; www.hotelmajestic.ma ; 121 av. Hassan II ; s/d 260/320 Dh). Autre valeur sûre recommandée par des lecteurs, cet établissement modeste réunit de petites chambres élégamment aménagées mais sans grand caractère. Elles peuvent être bruyantes malgré le double vitrage, aussi vaut-il mieux oublier la vue sur la médina et en choisir une à l'arrière.

Hôtel Central HÔTEL €
(carte p. 182 ; ☎ 0537 70 73 56 ; 2 rue Al-Basra ; s/d 170/250 Dh, sans sdb 120/200 Dh). Face à l'imposant Balima, en plein cœur de Rabat, voici un bon choix de chambres sans prétention. Cet établissement qui a vécu n'en demeure pas moins accueillant et pratique en raison de son emplacement. Lavabo pour les chambres sans sdb particulière et douche chaude facturée 10 Dh.

♥ **Le Piétri Urban Hotel** HÔTEL DE CHARME €€
(carte p. 182 ; ☎ 0537 70 78 20 ; www.lepietri.com ; 4 rue Tobrouk ; s/d 720/790 Dh ; ❄ Wi-Fi). À l'abri d'une rue tranquille d'un quartier central et résidentiel, cette adresse moderne et chic réunit 36 chambres spacieuses et bien équipées : parquet au sol, couleurs chaudes et style contemporain, avec en plus un immense balcon pour celles du 5e étage. L'excellent restaurant, Les Sessions du Piétri, accueille en outre plusieurs concerts de jazz par semaine.

Hôtel Royal HÔTEL €€
(carte p. 182 ; ☎ 0537 72 11 71 ; www.mtds.com/royalhotel ; 1 rue Ammane ; s/d 528/748 Dh). Très central, le Royal a su allier confort et goût dans sa rénovation : meubles en bois ciré, literie moderne et sdb étincelantes. Particulièrement calmes et dotées d'une grande terrasse, les chambres du 4e étage donnent sur le parc et la ville. Le restaurant, au rez-de-chaussée, sert un bon petit-déjeuner.

Hôtel Balima HÔTEL €€
(carte p. 182 ; ☎ 0537 70 77 55 ; www.hotel-balima.net ; av. Mohammed V ; s/d avec petit-déj 563/746 Dh ; ❄ Wi-Fi). Si la grande dame des hôtels de Rabat montre son âge, ses chambres avec sdb, récemment rénovées, sont parfaitement tenues et jouissent d'une belle vue sur la ville. Le Balima abrite un honnête restaurant et un night-club. La superbe terrasse ombragée, face à l'avenue Mohammed V, reste un lieu de rendez-vous prisé.

Hôtel Bélère HÔTEL €€
(carte p. 182 ; ☎ 0537 20 33 02, 0537 20 33 01 ; www.belere-hotels.com ; 33 av. Moulay Youssef ; s/d à partir de 650/980 Dh ; non-fumeurs ❄ Wi-Fi). Ce quatre-étoiles, un cran au-dessus de la concurrence, possède de petites chambres très confortables, non-fumeurs, agréablement décorées dans le style années 1970,

Centre de Rabat

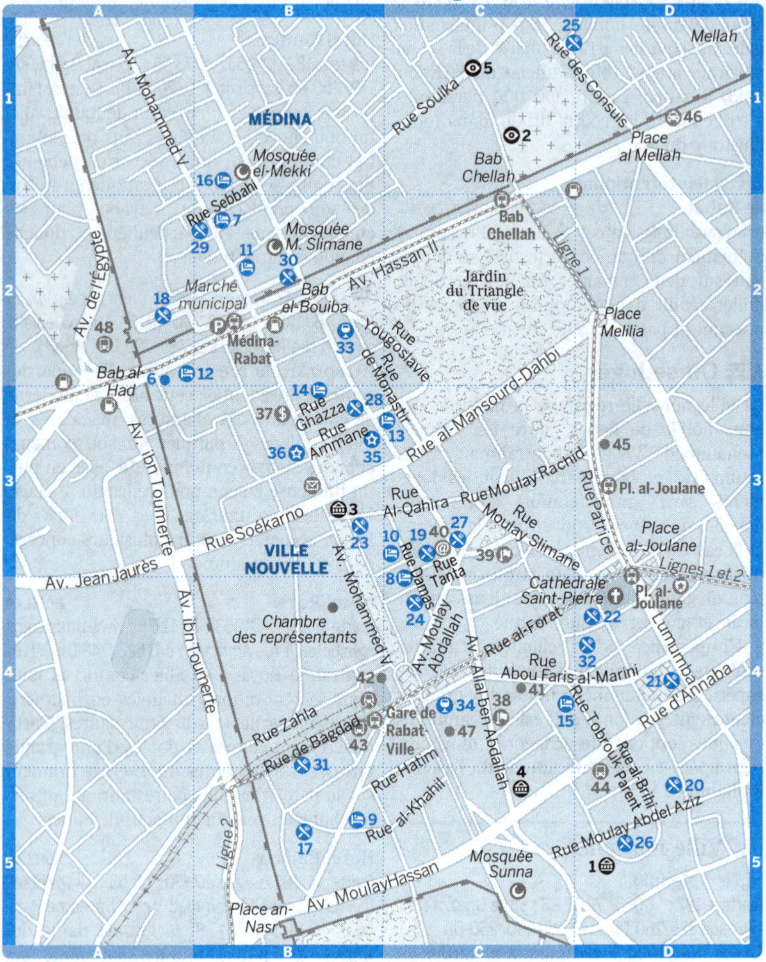

ainsi qu'un bar-restaurant. Il se situe non loin de la gare ferroviaire.

Médina et casbah

Hôtel Dorhmi HÔTEL €
(carte ci-dessus ; ☎ 0537 72 38 98 ; 313 av. Mohammed V ; s/d/tr 140/220/300 Dh). Établissement familial tenu avec soin, l'accueillant Dorhmi (prononcez Doghmi) reste le meilleur des établissements bon marché de la médina. Les chambres, simples et lumineuses, entourent une cour centrale au 1er étage, au-dessus de la Banque Populaire. Bien qu'au cœur de l'animation, l'hôtel ne souffre pas du bruit. Douche chaude : 10 Dh.

Hôtel Darna HÔTEL €
(carte p. 176 ; ☎ 0537 73 47 05 ; www.hoteldarna.ma ; bd el-Alou ; s/d 300/500 Dh ; wifi). Une bonne adresse aux chambres soignées, confortables et modernes, faute de charme. Situation pratique près de la casbah et de la médina.

Hôtel al-Maghrib al-Jadid HÔTEL €
(carte ci-dessus; ☎ 0537 73 22 07 ; 2 rue Sebbahi ; s/d 80/120 Dh). Petites et spartiates, les chambres sont d'une propreté irréprochable et bien éclairées par des fenêtres avec volets.

Centre de Rabat

À voir

1 Musée d'Archéologie ... D5
2 Grande Mosquée ... C1
3 Musée de la Monnaie ... B3
4 Musée d'Art contemporain ... C5
5 Souk as-Sebbat ... C1

Activités

6 Center for Cross-Cultural Learning ... A2

Où se loger

7 Hôtel al-Maghrib al-Jadid ... B2
8 Hôtel Balima ... C4
9 Hôtel Bélère ... B5
10 Hôtel Central ... C3
11 Hôtel Dorhmi ... B2
12 Hôtel Majestic ... A2
13 Hôtel Royal ... C3
14 Hôtel Splendid ... B3
15 Le Piétri Urban Hotel ... C4
16 Riad Oudaya ... B1

Où se restaurer

17 Café Weimar ... B5
18 Marché aux fruits et légumes ... A2
19 La Dolce Vita ... C3
20 La Koutoubia ... D5
21 La Rive ... D4
22 La Véranda ... D4
23 Le Grand Comptoir ... B3
24 Le Petit Beur-Dar Tajine ... C4
25 Le Ziryab ... C1
Les Sessions du Piétri ... (voir 15)
26 L'R du Gout ... D5
27 Mamma Italia ... C3
28 Pâtisserie Majestic ... B3
29 Restaurant de la Libération ... B2
30 Restaurant el-Bahia ... B2
Riad Oudaya ... (voir 16)
31 Tajine wa Tanja ... B4
32 Ty Potes ... D4

Où prendre un verre et faire la fête

33 Amnesia ... B2
Cafétéria du 7e Art ... (voir 35)
34 Henry's Bar ... C4
Hôtel Balima ... (voir 8)

Où sortir

35 Cinéma du 7e Art ... B3
36 Cinéma Renaissance ... B3

Renseignements

37 BMCE ... B3
38 Consulat général français ... C4
39 Ambassade d'Allemagne ... C3
40 Internet ... C3

Transports

41 Avis ... C4
42 Budget ... B4
43 Bus n°3 pour Agdal ... B4
44 Station de bus (nos 16 et 28) ... D5
45 Europcar ... D3
46 Grands taxis pour Fès, Meknès et Salé ... D1
47 Hertz ... C4
48 Bus Intercity ... A2

Les murs peints en rose vif ajoutent au pittoresque de l'hôtel. Douche chaude : 10 Dh.

Dar Al Batoul RIAD €€

(carte p. 176 ; ☎0537 72 72 50, 0661 40 11 81 ; www.riadbatoul.com ; 7 derb Jirari ; d/ste 870/1 400 Dh ; Wi-Fi). Cachée dans un *derb* non loin de la rue principale, cette grande demeure de négociant du XVIIIe siècle a été transformée en un somptueux hôtel de 8 chambres réparties autour d'une jolie cour à colonnade. Toutes de style marocain traditionnel, elles déclinent chacune une combinaison différente, mais toujours superbe, de tissus, vitraux et carreaux peints à la main.

♥ **Riad Oudaya** RIAD €€€

(carte p. 182 ; ☎0537 70 23 92 ; www.riadrabat.com ; 46 rue Sidi Fateh ; s/d/ste 1100/1300/1650 Dh). Niché dans une ruelle de la médina, près de la mosquée au minaret octogonal, ce riad peint dans des tons gais est un petit bijou dont les chambres s'organisent autour d'une cour splendide. De style marocain, elles font appel à tout le confort occidental. L'éclairage subtil, les cheminées, les balcons et le doux gargouillis de la fontaine dans la cour carrelée ajoutent au romantisme de l'endroit. Les repas, excellents, doivent se commander à l'avance.

Dar El Kebira RIAD €€€

(carte p. 176 ; ☎0537 72 49 06 ; www.darelkebira.com ; rue Ferrane Znaki, impasse Belghazi ; ch 1 350-1 600 Dh, ste 1 850 Dh ; Wi-Fi). Cher et luxueux, le Dar El Kebira aux vastes chambres bien équipées n'échappe pas au clinquant décor traditionnel des riads marocains. La terrasse donnant sur la médina est idéale pour le petit-déjeuner ou un verre au crépuscule et le hammam soulagera vos tensions du voyage. Réservation conseillée au restaurant.

Où se restaurer

Rabat propose une palette complète de restaurants, des petites gargotes bon marché

RABAT AVEC DES ENFANTS

Les souks détendus, la séduisante **casbah** et le vaste espace de Chellah (p 179) font de Rabat une destination plaisante avec des enfants. Cependant, la ville offre peu de distractions destinées aux plus jeunes. Mieux vaut en sortir pour rejoindre la plage ou les Jardins exotiques (p. 191).

Les 52 ha du **jardin zoologique de Rabat** (www.rabatzoo.ma) situé au nord-ouest de Temara subissaient un grand rajeunissement lors de notre visite. Longtemps négligé, avec des enclos en béton pour les animaux, le zoo a été récemment réhabilité. Il est divisé en cinq écosystèmes, dont celui de l'Atlas, abritant des lions de l'Atlas nés en captivité.

Le **Poney Club de Rabat** (☎0537 66 63 63 ; leçon individuelle 45 min 150 Dh), à l'ouest de la ville, propose des cours d'équitation et des animations pour les petits.

De l'autre côté de l'oued, à Salé, le **Magic Park** (☎0535 88 59 90 ; rte N6 ; 10 Dh ; ⏱12h30-23h lun-ven, 16h30-23h sam-dim) promet un après-midi de loisirs entre manèges et cafés.

aux tables hautement gastronomiques, où se rencontrent politiciens et diplomates de la capitale.

Dans l'avenue Mohammed V, juste après la porte de la médina, de nombreux petits restaurants servent tajines, brochettes, salades et frites à petits prix. Vous reconnaîtrez les meilleurs à la longueur de la file d'attente.

Autre bon endroit pour manger vite à prix doux, la rue Tanta, dans la ville nouvelle, réunit divers fast-foods confectionnant burgers, brochettes, pizzas ou paninis.

Ville nouvelle

La Rive MAROCAIN €
(carte p. 182 ; ☎0537 73 00 01 ; www.larive.com ; pl. Moulay Hassan ; plats à partir de 40 Dh). Moderne et spacieuse, c'est l'une des quatre plaisantes tables de cette place à l'abri de l'agitation et de la circulation. Bon choix de sandwichs et de salades, produits de la mer et tajines. Le couscous du vendredi présente un très bon rapport qualité/prix.

Pâtisserie Majestic DOUCEURS €
(carte p. 182 ; angle rue Ammane et av. Allal ben Abdallah ; pâtisseries à partir de 12 Dh). Excellente et très prisée, cette maison en plein centre-ville vous régale au petit-déjeuner comme à l'heure du café ou du thé, à accompagner d'un délicieux gâteau.

La Dolce Vita GLACIER €
(carte p. 182 ; 8 rue Tanta). À côté du restaurant La Mamma Italia, de délicieuses glaces italiennes maison dans une dizaine de parfums.

♥ **Le Petit Beur-Dar Tajine** MAROCAIN €€
(carte p. 182 ; ☎0537 73 13 22 ; 8 rue Damas ; plats 100 Dh ; ⏱déj et dîner lun-sam ; ⊖). Cet établissement modeste est réputé pour son excellente cuisine marocaine : sont servis de succulents tajines, des couscous divins ou encore une fine pastilla, et de l'alcool. Plus calme à midi, il s'anime en soirée quand les serveurs se transforment en musiciens et jouent de l'oud pour accompagner votre repas. Réservez ou arrivez tôt.

♥ **Ty Potes** FRANÇAIS €€
(carte p. 182 ; 11 rue Ghafsa ; plats à partir de 80 Dh ; ⏱12h-14h45 mar-sam, 11h-15h et 19h-23h dim). Ce plaisant restaurant-salon de thé affiche un incroyable choix de crêpes sucrées et salées, de salades, de sandwichs et de charcuterie. Le jardin verdoyant à l'arrière et l'ambiance européenne sont fort appréciés des habitants aisés et il fait le plein pour le brunch du dimanche (105-125 Dh). Sert de l'alcool.

Mamma Italia ITALIEN €€
(carte p. 182 ; ☎0537 70 73 29 ; 6 rue Tanta ; plats à partir de 70 Dh ; ⏱déj et dîner). Un peu sombre vu de l'extérieur, ce bistrot aux tables serrées éclairées à la bougie vous régale d'une des meilleures cuisines italiennes qui soit à Rabat. Les plats de pâtes ne suffisent pas toujours à combler une grosse faim, mais les pizzas au feu de bois et les viandes grillées invitent à revenir. Bonne carte des vins.

La Véranda MÉDITERRANÉEN €€
(carte p. 182 ; ☎0674 84 12 44 ; Institut français, 1 rue Abou Inane ; plats 80-130 Dh ; ⏱déj et dîner lun-sam). Appartenant au propriétaire du Grand Comptoir, ce restaurant de style loft est installé dans une villa moderniste

au beau jardin ombragé de palmiers, juste derrière l'église de l'Institut français. Le personnel jeune et branché sert une bonne cuisine de bistrot franco-méditerranéenne. La carte, inscrite sur un tableau noir, change régulièrement.

Tajine wa Tanja MAROCAIN €€
(carte p. 182 ; ☎0537 72 97 97 ; 9 rue de Bagdad ; plats 80 Dh ; ⌚déj et dîner lun-sam ; 📶). Des plats marocains simples constituent la spécialité de ce chaleureux petit restaurant proche de la gare routière. Faites votre choix parmi les diverses grillades cuites au feu de bois ou les tajines traditionnels, ou venez le vendredi pour le somptueux couscous. Paisible, l'établissement convient pour les femmes seules.

L'R du Goût FRANÇAIS €€
(carte p. 182 ; ☎0537 76 06 10 ; 8 rue Moulay Abdel Aziz ; formule déj 160 Dh ; ⌚déj et dîner). Tenue par de jeunes Français, cette vaste salle pittoresque, mélange de bistrot français et d'ambiance marocaine, propose des plats de brasserie traditionnels : rognons de veau, steak au poivre, foie gras...

Café Weimar CAFÉ €€
(carte p. 182 ; 7 rue Sana'a ; pizzas 80 Dh). La jeunesse branchée apprécie l'ambiance raffinée du café du Goethe Institut pour y savourer un gâteau et un café ou un déjeuner. Il propose un menu méditerranéen simple ainsi qu'un brunch le dimanche. Pas de réservation les vendredis et samedis, mais conseillée les autres jours.

La Koutoubia MAROCAIN €€
(carte p. 182 ; ☎0537 70 10 75 ; 10 rue Pierre Parent ; plats 80 Dh ; ⌚déj et dîner). Ce restaurant marocain à l'ancienne, orné de zelliges traditionnels et de panneaux peints, offre tous les classiques de la cuisine marocaine, dont le tajine et le couscous ; les spécialités longues à préparer, comme la pastilla au pigeon ou le méchoui, doivent se commander à l'avance. Bonne carte des vins.

Les Sessions du Piétri FUSION €€
(carte p. 182 ; ☎0537 70 91 30 ; Le Piétri Urban Hotel, 4 rue Tobrouk ; plats à partir de 80 Dh ; ⌚déj et dîner). Récemment rénové, ce rendez-vous des jeunes cadres, venus y prendre un verre en fin de journée et restant souvent dîner, programme des concerts les mardis, vendredis et samedis. La carte éclectique propose des saveurs variées, du curry de poulet au steak ou de la truite de l'Atlas aux moules, sans oublier la fondue au chocolat pour le dessert.

Le Grand Comptoir FRANÇAIS €€
(carte p. 182 ; ☎0537 20 15 14 ; www.legrandcomptoir.ma ; 279 av. Mohammed V ; plats 95-200 Dh ; ⌚9-1h). Doté de tout le charme d'une brasserie parisienne des années 1930, ce bar-restaurant affiche une carte typiquement française. Candélabres, palmiers géants et art contemporain ornent le grand salon, où un pianiste joue en sourdine. Une institution de Rabat où l'on peut venir prendre le petit-déjeuner ou un simple café.

Médina et casbah

Restaurant el-Bahia MAROCAIN €
(carte p. 182 ; ☎0537 73 45 04 ; av. Hassan II ; plats 60 Dh; ⌚déj et dîner). Au pied de l'enceinte de la médina (idéal pour observer les passants !), ce restaurant détendu est prisé des habitants pour ses plats copieux. Installez-vous en terrasse, dans la cour ombragée, ou à l'étage dans le salon traditionnel.

Restaurant de la Libération MAROCAIN €
(carte p. 182 ; 256 av. Mohammed V ; plats 60 Dh ; ⌚déj et dîner). Bon marché, chaleureuse et un peu plus élégante que la rangée de gargotes qui borde la rue, cette table sans prétention (avec menus plastifiés et nappes) propose un choix régulier de plats classiques, tel le couscous le vendredi.

Borj Eddar POISSON €€
(carte p. 176 ; ☎0537 70 15 00 ; plats 120 Dh ; ⌚déj et dîner). Juste à l'extérieur de la casbah du côté plage, ce restaurant qui surplombe la mer prépare d'excellents poissons et fruits de mer. Voisin, le Restaurant de la Plage affiche une carte similaire et jouit de la même vue. Tous deux disposent d'une terrasse vitrée face à l'océan.

Riad Oudaya MAROCAIN €€€
(carte p.182 ; ☎0537 70 23 92 ; 46 rue Sidi Fateh ; menu déj/dîner 220/330 Dh ; ⌚sur réservation). Ce charmant restaurant se cache derrière la porte en bois d'un somptueux riad, dans les profondeurs de la médina. Il propose des menus gastronomiques de 5 plats, comprenant notamment tajines, pastilla ou calamars farcis.

Restaurant Dinarjat MAROCAIN €€€
(carte p. 176 ; ☎0537 72 42 39 ; 6 rue Belgnaoui ; repas 300-400 Dh ; ⌚déj et dîner). Stylé et élégant, le Dinarjat séduit les habitants fortunés et les visiteurs. Il occupe une

superbe maison de style andalou du XVIIe siècle au cœur de la médina, soigneusement restaurée et décorée dans un style contemporain qui respecte néanmoins les traditions. Le restaurant est un hymne à l'art de vivre arabo-andalou, avec sa somptueuse architecture, sa cuisine traditionnelle raffinée et l'oud en fond sonore. Les tajines, les couscous et les salades, préparés avec des ingrédients très frais et peu de matière grasse, sont étonnamment légers. Réservation conseillée.

Le Ziryab MAROCAIN €€€
(carte p. 182 ; ☎ 0537 73 36 36 ; 10 Zankat Ennajar ; menu à partir de 400 Dh ; ⏲ déj et dîner). Un bâtiment splendide proche de la rue des Consuls accueille cette excellente table dressée dans un décor mélange de charme ancien et de design contemporain. Une originalité qui se reflète dans l'excellente carte proposant d'intéressantes variantes de tajine, couscous ou pastilla, ainsi que des viandes et des poissons grillés.

Agdal

Galapagos Café CAFÉ €
(carte p. 176 ; 14 bd al-Amir Fal Ould Omar). Boiseries sombres, meubles contemporains et baies vitrées, cet élégant café avec terrasse a la faveur des jeunes cadres attablés devant une glace, une pizza ou un panini en regardant les passants.

Bert's CAFÉ €€
(carte p. 176 ; ☎ 0802 00 07 07 ; angle av. de France et rue Melouya). Café très chic de ce quartier sélect, Bert's propose une carte saisonnière de salades et de sandwichs, des desserts exceptionnels et des jus de fruits frais. Livraison à domicile de 8h à 22h du lundi au samedi.

FAIRE SES COURSES

La médina est le meilleur endroit pour faire ses emplettes. Le **marché aux fruits et légumes** (carte p. 182 ; av. Hassan II) couvert regorge de produits frais et de fruits secs. Vous trouverez tout ce dont vous avez besoin (y compris de l'alcool) sur ses étals, ou dans la rue Souika et près de Bab el-Bouiba.

Sur la route de Salé, le grand **Hypermarché Marjane** (⏲ 7h-19h) vend des produits occidentaux.

L'Entrecôte FRANÇAIS €€€
(carte p. 176 ; ☎ 0537 67 11 08 ; 74 bd al-Amir Fal Ould Omar ; plats 180 Dh ; ⏲ déj et dîner). Si la cuisine et l'ambiance de ce restaurant haut de gamme sont très françaises, les boiseries sombres et le crépi évoquent plutôt la Bavière. Viandes grillées, gibier et poisson prédominent sur la carte classique. En soirée, jazz ou musique espagnole traditionnelle réchauffent l'ambiance.

Où prendre un verre et faire la fête

Plusieurs bars de Rabat sont peu engageants pour les femmes. Les plus modernes et les plus fréquentés sont souvent les plus sûrs.

Même si la vie nocturne est beaucoup plus limitée et sage qu'à Casablanca, Rabat ne manque pas de discothèques. Tous les grands hôtels en abritent une, généralement assez standard, mais quelques clubs font de louables efforts de décoration. Comptez environ 150-200 Dh pour l'entrée, autant pour les consommations, et soignez votre tenue si vous souhaitez être admis.

Hôtel Balima BAR
(carte p. 182 ; ☎ 0537 70 77 55 ; av. Mohammed V). Moins guindée que les bars huppés du centre-ville, la terrasse verdoyante du Balima vous installe aux premières loges pour observer l'animation nocturne. C'est un endroit détendu, plaisant pour les femmes et agréablement frais les soirs d'été, où l'on vient pour voir et être vu et, chose assez rare, où l'on peut boire une bière en public.

Café Maure CAFÉ
(carte p. 176 ; casbah les Oudaïas). Goûtez un moment de détente en contemplant l'estuaire jusqu'à Salé, dans ce café installé sur plusieurs terrasses dans les Jardins andalous. Sirotez un thé à la menthe, servi avec des biscuits aux amandes sur un plateau "d'argent", tout en écrivant vos cartes postales. Une adresse idéale pour les femmes.

Cafétéria du 7e Art CAFÉ
(carte p. 182 ; av. Allal ben Abdallah). À l'abri du jardin ombragé d'un cinéma, ce café en plein air séduit une clientèle d'étudiants et de cadres heureux de déguster un en-cas, tels pizzas et paninis, dans une ambiance détendue.

El Rancho BAR
(☎ 0667 33 00 30 ; 30 rue Mischliffen, Agdal). Dans ce bar-restaurant tex mex une clientèle aisée vient dîner et boire un verre avant de

sortir en boîte. L'atmosphère est survoltée le week-end, quand la world music passe à plein volume.

Le Puzzle BAR
(carte p. 176 ; ☎0537 67 00 30 ; 79 av. ibn Sina, Agdal ; ⏲fermé déj dim). Ce bar-restaurant branché d'Agdal, l'un des repaires favoris des citadins sophistiqués, marie curieusement style traditionnel et design contemporain. Le karaoké (mercredi et dimanche soir), la musique live (les autres soirs) et la bière à moitié prix lui valent une clientèle fidèle.

Henry's Bar BAR
(carte p. 182 ; pl. des Alaouites). Autour de la place des Alaouites, il existe un bon nombre de bars à l'ancienne typiquement marocains. Réservé aux hommes et prisé de longue date, Henry's est envahi d'un épais nuage de fumée et sert de l'alcool fort ; ouvert toute la journée, il ferme vers 22h.

Amnesia DISCOTHÈQUE
(carte p. 182 ; ☎0612 99 11 90 ; 18 rue de Monastir). Boîte la plus en vogue du centre de Rabat, ce club de style américain (avec une arrière-salle de style *diner*) est animé presque tous les soirs de la semaine et privilégie les succès internationaux qui séduisent la jeune clientèle.

5th Avenue DISCOTHÈQUE
(carte p. 174 ; 5 av. Bin al-Widane, Agdal). Cette autre boîte à l'américaine privilégie une vision marocaine de New York et offre un meilleur choix de musique, du hip-hop au raï en passant par la techno.

☆ Où sortir

La jeunesse, l'aisance et le niveau d'instruction d'une bonne partie de la population, ainsi que l'importante présence étrangère, expliquent l'ampleur du choix. Le programme des cinémas est disponible sur le site **Ocine.ma** (http://ocine.ma). La plupart des films sont doublés en français, sauf s'il est indiqué qu'ils passent en version originale.

Cinéma Renaissance CINÉMA
(carte p. 182 ; ☎0537 72 21 68 ; 266 av. Mohammed V ; orchestre/balcon 40/50 Dh). Ce grand multiplexe dans l'artère principale passe les succès hollywoodiens.

Cinéma du 7e Art CINÉMA
(carte p. 182 ; ☎0537 73 38 87 ; av. Allal ben Abdallah ; 20 Dh). Productions locales et cinéma d'art et d'essai passent ici en priorité : films marocains, moyen-orientaux et européens.

CARTES

Rabat est l'un des rares endroits au Maroc où vous trouverez des cartes topographiques du pays et des plans de villes. Néanmoins le personnel de la **Direction de la cartographie** (☎0537 23 08 30 ; www.ancfcc.gov.ma ; av. Hassan II km 4 ; ⏲9h-15h30) peut parfois se montrer réticent à en vendre certaines ; munissez-vous de votre passeport. Il faut en général les commander pour les récupérer 48 heures plus tard.

Achats

L'absence de pression de la part des commerçants constitue l'un des plaisirs de Rabat ; vous pouvez flâner paisiblement parmi les étals et vous n'avez pas besoin de marchander âprement. Les souks offrent toujours de l'artisanat de qualité, notamment rue des Consuls et alentour dans la médina, ainsi que sur le boulevard Tariq al-Marsa vers la casbah. Vous y trouverez de tout, bijoux, soieries, poteries, zelliges, meubles en bois sculpté, etc.

Au nombre des premières productions artisanales de Rabat, le tissage privilégie le style islamique le plus formel. Le mardi et le jeudi matin, des femmes viennent des villages pour vendre leurs tapis aux commerçants dans le souk des tapis, près de la rue des Consuls ; les touristes ne sont pas autorisés à assister aux enchères.

L'**Ensemble artisanal** (carte p. 176 ; ☎0537 73 05 05 ; bd Tariq al-Marsa) réunit une bonne sélection de produits artisanaux vendus à prix fixes. Si vous cherchez à acquérir des céramiques, avisez plutôt le Complexe des potiers (p. 191) à Salé.

Renseignements

ACCÈS INTERNET

Internet (carte p. 182 ; rue Tanta ; 8 Dh/h ; ⏲9h-19h30). Près du restaurant La Mamma Italia.

ARGENT

De nombreuses banques (avec DAB), dont la Banque Populaire, bordent les avenues parallèles Mohammed V et Allal ben Abdallah.

BMCE (carte p. 182 ; av. Mohammed V ; ⏲8h30-18h30 lun-ven). Banque avec DAB.

OFFICE DU TOURISME

Office national marocain du tourisme (ONMT ; ☎0537 67 40 13 ; visitmorocco@onmt.org.ma ; angle rues Oued el-Makhazine et Zalaka, Agdal ; ⏲8h30-18h30 lun-ven). Un accueil souriant, mais rien de plus. La brochure touristique *Clips Rabat*, trouvable dans de nombreux hôtels et restaurants haut de gamme, vous sera d'un plus grand secours.

POSTE

DHL (carte p. 176 ; ☎0537 77 99 34 ; av. de France, Agdal)

Poste principale (carte p. 182 ; angle rue Soékarno et av. Mohammed V ; ⏲8h30-16h30 lun-ven)

SERVICES MÉDICAUX

Les pharmacies de la ville observent un tour de garde la nuit et le week-end. Toutes les officines affichent cette liste rédigée en arabe et en français.

Hôpital Ibn Sina/Avicennes (☎0537 67 28 71, urgences 0537 67 44 50 ; pl. Ibn Sina, Agdal ; ⏲24h/24). Services médicaux.

URGENCES

Samu (☎0537 73 73 73 ; ⏲24h/24). Service privé d'ambulances.

SOS Médecins (☎0537 20 21 23 ; visite à domicile 400 Dh ; ⏲24h/24). Consultations à domicile.

ℹ Depuis/vers Rabat

AVION

Situé à 10 km au nord-est de la ville, le minuscule aéroport de Rabat-Salé n'assure que quelques vols pour Paris et Madrid. La course en grand taxi jusqu'à l'aéroport revient à 250 Dh. Aucun bus ne le dessert.

BUS

Rabat possède deux gares routières, la **gare routière** principale (carte p. 176), d'où partent la plupart des bus, et la gare CTM, moins chaotique, à 3 km au sud-ouest du centre, sur la route de Casablanca. Il existe une **consigne** (5 Dh/bagage/jour ; ⏲6h-23h) à la gare principale. Toutes deux sont reliées au centre par le bus n°30 (5 Dh), le tramway ou de petits taxis (30 Dh).

Si vous arrivez du nord, vous risquez de traverser le centre de Rabat ; demandez au chauffeur s'il peut vous y déposer. Sinon, vous gagnerez du temps en descendant à Salé et en prenant le tramway jusqu'au centre de Rabat. Les bus desservent, entre autres, les destinations suivantes :

Agadir 220 Dh, 10 heures, 3/jour

Casablanca 35 Dh, 1 heure 30, 1/heure

Er-Rachidia 155 Dh, 10 heures, 1/jour

Fès 70 Dh, 3 heures 30, 9/jour

Laâyoune 420 Dh, 22 heures 30, 1/jour

Marrakech 130 Dh, 5 heures, 10/jour

Nador 155 Dh, 9 heures 30, 1/jour

Oujda 155 Dh, 9 heures 30, 1/jour

Tanger 100 Dh, 4 heures 30, 5/jour

Tétouan 100 Dh, 5 heures, 1/jour

TAXI

Des grands taxis partent pour Casablanca (40 Dh, 1 heure) devant la gare routière interurbaine. Ceux pour Fès (60 Dh, 2 heures 30), Meknès (45 Dh, 1 heure 30) et Salé (5 Dh) stationnent derrière l'Hôtel Bou Regreg, près de l'avenue Hassan II.

TRAIN

Le train constitue le moyen le plus pratique pour gagner Rabat, car la gare ferroviaire de Rabat-Ville se situe dans le centre-ville (à ne pas confondre avec la gare ferroviaire de Rabat-Agdal, à l'ouest de la ville). On y trouve un espace de restauration, des agences Budget et Supratours, et un accès Wi-Fi.

De 6h à 22h30, il y a une liaison toutes les 30 minutes entre les gares de Rabat-Ville et de Casa-Port (35 Dh, 1 heure) et Kenitra (10 Dh, 30 min). Si vous prenez le train pour l'aéroport international Mohammed V (75 Dh, 1 heure 30) à Casablanca, vous devrez changer à Casa-Voyageurs ou à Aïn Sebaa.

Sur toutes les longues distances, il existe des services rapides et un train de nuit ordinaire (voir p. 494 les différentes classes proposées). Des services rapides de 2e classe desservent, entre autres, Fès (80 Dh, 3 heures, toutes les heures), Marrakech (120 Dh, 4 heures 30, 9/jour), Meknès (65 Dh, 2 heures, toutes les heures), Oujda (180 Dh, 9 heures, 3/jour) et Tanger (95 Dh, 4 heures, 8/jour).

VOITURE

Rabat compte de nombreuses agences locales de location de voitures, lesquelles pratiquent en majorité des tarifs moins élevés que les loueurs internationaux.

Avis (carte p. 182 ; ☎0537 72 18 18 ; 7 rue Abou Faris al-Marini)

Budget (carte p. 182 ; ☎0530 20 05 20 ; gare ferroviaire Rabat-Ville, av. Mohammed V)

Europcar (carte p. 182 ; ☎0537 72 23 28 ; 25 rue Patrice Lumumba)

Hertz (carte p. 182 ; ☎0537 70 73 66 ; 467 av. Mohammed V)

Les restrictions de stationnement dans le centre-ville s'appliquent du lundi au samedi, de 8h à 12h et de 14h à 19h. Les parcmètres facturent le stationnement 3 Dh l'heure. Un parking pratique se tient près du croisement des avenues Hassan II et Mohammed V.

Comment circuler

BUS

Quelques itinéraires de bus utiles (4 Dh) :

Bus nos 2 et 4 De l'avenue Moulay Hassan à Bab Zaer, pour Chellah.

Bus n°3 De la gare ferroviaire Rabat-Ville à Agdal.

Bus nos 12 et 13 De la place Melilla à Salé.

Bus nos 17 et 30 Des abords de Bab al-Had à la gare routière de Rabat, via la Direction de la cartographie ; le n°17 passe par le zoo et Témara Plage.

Bus n°33 De Bab al-Had à Témara Plage.

TAXI

Les petits taxis bleus de Rabat sont nombreux, rapides et bon marché. Une course dans le centre-ville coûte de 15 à 20 Dh. Il existe une station de petits taxis près de l'entrée de la médina, dans l'avenue Hassan II, et une autre à la gare ferroviaire. Notez que les petits taxis ne sont pas autorisés à rouler entre Rabat et Salé.

TRAMWAY

L'élégant et efficace **tramway Rabat-Salé** (www.tram-way.ma) est un excellent moyen de circuler dans Rabat. La ligne 1 longe l'avenue Hassan II, passe près de la tour Hassan pour rejoindre Salé. La ligne 2 relie Agdal à Salé via les gares ferroviaires de Rabat-Ville et Salé-Ville. Les tickets (6 Dh) s'achètent aux billetteries automatiques des quais (tickets multi-trajets disponibles). Tramways toutes les 20 minutes, de 6h à 22h.

Salé سلا

500 000 HABITANTS

Toujours éloignée de sa vieille rivale animée sur l'autre rive de l'oued Bou Regreg, Salé est une paisible ville traditionnelle où le temps semble s'être arrêté. Néanmoins, tout cela va sans doute changer avec l'achèvement du projet colossal qui doit propulser la cité dans le XXIe siècle : un nouveau tramway, un nouveau pont et un nouveau complexe immobilier d'appartements et de galeries marchandes.

Le centre de Salé ressemble plutôt à un village traditionnel, avec ses ruelles étroites, les vieilles maisons de la médina et de superbes monuments. Au-delà s'étend une vaste cité-dortoir aux immeubles sans charme, où vivent les banlieusards qui travaillent à Rabat. Les habitants sont nettement plus conservateurs que dans la capitale, et le code vestimentaire bien plus strict.

Habitée depuis le Xe siècle, Salé s'agrandit à mesure que les habitants de l'antique Sala Colonia traversèrent le fleuve pour s'installer dans cette nouvelle cité. Au XIIe siècle, les Almohades prirent le contrôle de la région en mettant fin aux conflits locaux, et firent de Rabat la base de leurs expéditions contre l'Espagne.

Après une attaque de flibustiers espagnols en 1260, les Mérinides fortifièrent Salé en l'entourant de remparts et creusèrent un canal jusqu'à Bab Mrisa pour sécuriser l'accès des navires. La ville commença alors à prospérer et noua de profitables liens commerciaux avec Venise, Gênes, Londres et les Pays-Bas.

L'essor du commerce s'accompagna de celui de la piraterie et, au XVIe siècle, les deux villes s'enrichirent grâce aux activités des corsaires.

Au XIXe siècle, les pirates étaient enfin sous contrôle, Rabat était devenue la capitale du pays et Salé sombrait dans l'oubli.

À voir

Salé mérite une excursion d'une journée depuis Rabat. Bab Bou Haja, la principale porte de la médina, se situe dans le mur sud-ouest et donne sur la place Bab Khebaz. De là, marchez vers le nord jusqu'aux souks, puis rejoignez la Grande Mosquée, à 500 m au nord-ouest dans la rue Ras ash-Shajara (ou rue de la Grande Mosquée). Sinon, pour une approche plus directe, suivez la rue qui longe l'intérieur des remparts en passant par Bab Bou Haja et Bab Malka.

Grande Mosquée et médersa — MOSQUÉE, MÉDERSA

(médersa 10 Dh). Cœur de Salé la pieuse, la Grande Mosquée et sa médersa comptent parmi les plus anciens édifices religieux marocains. Ces superbes exemples de l'art mérinide remontent à 1333, date à laquelle le sultan almohade Abou el-Hassan Ali les fit construire. Si les non-musulmans ne sont pas admis à la mosquée, ils peuvent en revanche visiter la splendide médersa devenue musée. Semblable à celles de Fès et de Meknès, elle s'organise autour d'une petite cour entourée d'une galerie. Les murs sont couverts de décorations élaborées, des zelliges à la base aux stucs et aux éléments en bois de cèdre finement ouvragés.

Au dernier étage, la galerie donne accès aux cellules d'étudiants entourant la galerie. De là, on gagnera le toit pour admirer la vue sur Salé et Rabat. Il est d'usage de laisser un petit pourboire au gardien qui vous accompagne.

Salé

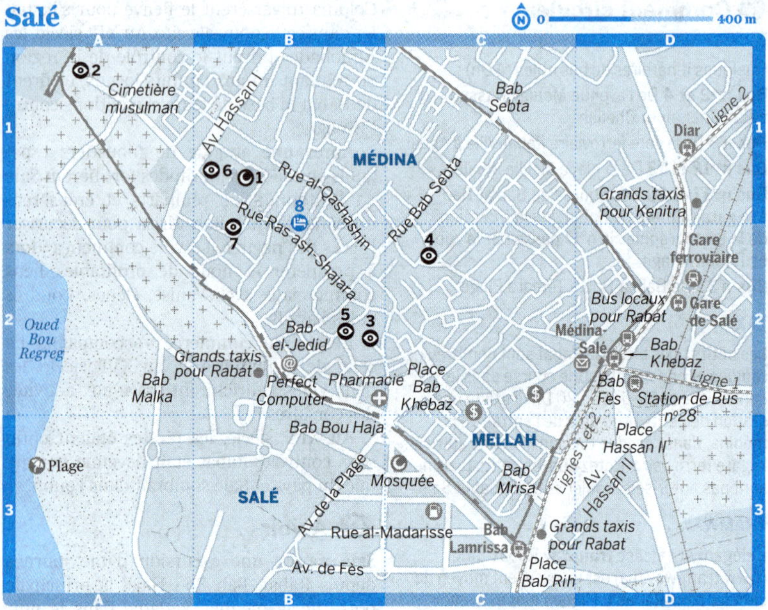

Salé

À voir

1	Grande Mosquée et médersa	B1
2	Koubba de Sidi ben Ashir at-Taleb	A1
3	Souk el-Ghezel	B2
4	Souk el-Kebir	C2
5	Souk el-Merzouk	B2
6	Zaouïa de Sidi Abdallah ibn Hassoun	B1
7	Zaouïa de Sidi Ahmed at-Tijani	B2

Où se loger

8	The Repose	B1

Sanctuaires — ÉDIFICES NOTABLES

La **zaouïa de Sidi Abdallah ibn Hassoun**, le saint patron de Salé, se dresse derrière la Grande Mosquée. Vénéré par les voyageurs (à l'instar de saint Christophe), ce soufi respecté mourut en 1604. Un pèlerinage a lieu chaque année en son honneur et une procession se déroule dans les rues de Salé la veille du Mouloud (anniversaire du Prophète). À cette occasion, des pêcheurs revêtent des costumes de corsaires, d'autres portent en procession des sculptures en cire à travers les rues jusqu'au tombeau du marabout (saint de l'islam).

Salé abrite deux autres sanctuaires : la **zaouïa de Sidi Ahmed at-Tijani**, dans la ruelle entre la mosquée et la médersa, et la blanche **koubba de Sidi ben Ashir at-Taleb**, dans le cimetière au nord-ouest de la mosquée.

Souks — SOUKS

De la Grande Mosquée, revenez vers les souks par la rue Ras ash-Shajara que prolonge la rue Mellah el-Kadim, bordée de maisons de marchands fortunés. Ombragé d'arbres et immuable depuis des siècles, le **souk el-Ghezel** (souk de la laine) mérite une halte pour voir la vieille balance suspendue à un grand trépied : on y pèse la laine brute tout en discutant de sa qualité et de son prix.

Non loin, le **souk el-Merzouk** produit et vend des tissus, des paniers et des bijoux, ainsi que ces nattes tissées pour la mosquée qui ont fait la réputation de Salé. Moins intéressant pour les voyageurs, le **souk el-Kebir** propose des vêtements d'occasion et des ustensiles ménagers.

Où se loger et se restaurer

Depuis que le tramway a rendu Salé plus accessible, des pensions ouvrent dans la médina. D'innombrables petits cafés parsèment les souks et les rues alentour, ainsi que le quartier au sud de la place Bab Khebaz.

The Repose RIAD €€

(☎0537 88 29 58 ; www.therepose.com ; 17 Zankat Talaa, Ras Chejra ; ste 650-850 Dh ;). Cette maison de médina traditionnelle a été soigneusement rénovée pour abriter 4 chambres charmantes et dissemblables. Le toit-terrasse constitue un havre de paix privé. Les propriétaires vous renseigneront sur les circuits et les cours de cuisine. Ils servent des repas exclusivement végétariens.

Renseignements

Quelques banques jalonnent la rue Fondouk Abd el-Handi.

Perfect Computer (Bab al-Jedid ; 4 Dh/heure ; 9h-22h). Accès Internet.

Pharmacie (pl. Bab Khebaz)

Depuis/vers Salé

BUS

La principale gare routière de Salé se situe à 1 km à l'est de la médina ; les bus en provenance de Rabat s'arrêtent aussi devant Bab Mrisa. À Rabat, les bus n[os]12, 13, 14, 16 ou 34 (5 Dh) partent de la place al-Mellah, près de l'avenue Hassan II. Au retour, prenez le bus à l'arrêt Bab Khebaz où vous serez descendu à l'aller.

TAXI

Prenez un taxi à Rabat près de l'Hôtel Bou Regreg, dans l'avenue Hassan II, et demandez au chauffeur de vous déposer à Bab Bou Haja ou Bab Mrisa. À Salé, des taxis partent de Bab el-Jedid et de Bab Mrisa (4 Dh l'aller). Sachez que les petits taxis ne sont pas autorisés à circuler entre Rabat et Salé. Les grands taxis pour Kenitra partent juste au nord de la gare ferroviaire (15 Dh).

TRAIN

Il existe un service ferroviaire entre Salé et Rabat, mais le tramway ou les grands taxis sont plus pratiques. Des trains desservent Kenitra au nord toutes les 30 minutes (15 Dh).

TRAMWAY

Le tramway constitue le moyen de transport le plus pratique entre Rabat et Salé (6 Dh).

Environs de Rabat et Salé

À voir

Complexe des potiers CENTRE ARTISTIQUE

(Coopérative de potiers ; aube-crépuscule). Le village d'Oulja, à 3 km au sud-est de Salé, accueille un Complexe des potiers où est produite une grande variété de céramiques. Les artisans travaillent à l'arrière du complexe, façonnant l'argile extraite des collines alentour (à gauche en arrivant) sur des tours actionnés au pied. Après avoir verni les pièces, ils les font cuire dans d'énormes fours, durant 15 heures, à une température de 900°C. Les poteries les plus rustiques sont cuites dans des fours alimentés avec des feuilles et des branches des forêts d'eucalyptus voisines, tandis que des fours à gaz sont utilisés pour les pièces plus fines afin de réduire l'impact sur l'environnement.

Le centre comprend un café et quelques ateliers de vanniers et de forgerons. Prenez un petit taxi à Salé (environ 18 Dh) ou bien le bus n°35 ou n°53 (4 Dh) à Bab Khebaz.

Jardins exotiques JARDINS

(www.jardinsexotiques ; adulte/enfant 10/5 Dh ; 9h-17h hiver, 9h-19h été). Créés en 1951 par l'horticulteur français Marcel François et classés au patrimoine naturel en 2003, ces jardins gérés par la fondation Mohammed VI pour la protection de l'environnement ont rouvert en 2005 après plusieurs années de réaménagement. Ils comportent trois secteurs : le **jardin Nature** rassemble des plantes exotiques rapportées par l'horticulteur de ses nombreux voyages ; le **jardin Culture** se rapporte à la philosophie du jardin dans différentes cultures ; le **jardin Didactique** abrite des volières, un aquarium et un vivarium. Des sentiers balisés de couleurs différentes serpentent à travers l'exubérante forêt tropicale brésilienne, la jungle polynésienne, le jardin d'agrément japonais et le jardin andalou.

Paisibles le week-end, rendez-vous des amoureux, les jardins séduiront les enfants. Ils se situent à 13 km au nord de Rabat sur la route de Kenitra. Prenez le bus n°28 dans l'avenue Moulay Hassan à Rabat, ou à Bab Fès, la porte principale de la médina de Salé.

Musée Belghazi MUSÉE ETHNOGRAPHIQUE

(☎0537 82 21 78 ; www.museebelghazi.com ; collection principale 50 Dh, salles privées sur réservation 100 Dh ; 9h-19h30). Le premier musée ethnographique privé du Maroc expose la vaste collection d'art et d'artisanat andalous, juifs marocains et islamiques rassemblée par la famille Belghazi.

Parmi les pièces présentées figurent des instruments de mesure (l'un des premiers ancêtres de la famille Belghazi était astrologue à la cour Karaouine à Fès), des tapis du XVIIe siècle, des minbars (chaires de mosquée) en bois délicatement sculpté, des portes et des plafonds du Xe siècle, des bijoux en or et en argent finement ouvragés, des poteries et des broderies exceptionnelles de Fès, et des copies miniatures du Coran. Le musée comporte une boutique de souvenirs et un restaurant.

Il se situe à 17 km de Salé sur la route de Kenitra. Prenez le bus n°28 dans l'avenue Moulay Hassan à Rabat ou à la porte principale de la médina de Salé.

Témara Plage PLAGE

De très belles plages s'étendent à proximité de Rabat, comme celle de Témara, à 13 km au sud-ouest de la ville. Sauvage et sablonneuse, elle a la faveur des surfeurs et des amateurs de soleil. Prenez le bus n°17 à Bab al-Had à Rabat.

Plage des Nations PLAGE

Belle bande de sable propre à 17 km au nord de Rabat, la plage des Nations est fréquentée par les citadins. Si la forte houle enchante les surfeurs, les courants rendent la baignade dangereuse.

Au-dessus de la plage, l'**Hôtel Firdaous** (☎0537 82 21 31 ; www.hotelfird.com ; ch 600 Dh ; ☒) se distingue par son décor des années 1970. La vue sur l'océan et les nouvelles sdb compensent à peine la peinture écaillée, les radiateurs rouillés et les tapis élimés. Réservez pour obtenir une chambre en été.

Pour gagner la plage, dirigez-vous vers le nord jusqu'au musée Belghazi puis tournez à gauche sur la route de Sidi Bouknadel. De Rabat ou Salé, le bus n°9 ou n°48 vous déposera à l'embranchement, à 2 km de marche de la plage en passant par les immenses résidences de vacances.

Plage de Mehdiya PLAGE

Sise à 50 km au nord de Rabat, entre résidences pour vacanciers et bars, la plage de Mehdiya est très fréquentée en été malgré des courants dangereux pour les baigneurs. Le reste de l'année, c'est un désert. Des trains circulent régulièrement de Rabat à Kenitra, où vous pouvez ensuite prendre le bus n°9 ou n°15 jusqu'à Mehdiya. Ces deux bus (6 Dh) et des grands taxis (10 Dh) partent de l'angle de la rue du Souk el-Baladia et de l'avenue Mohammed Diouri à Kenitra.

Lac de Sidi Bourhaba SITE NATUREL

À l'intérieur des terres en retrait de Mehdiya, le superbe lac d'eau douce de Sidi Bourhaba fait partie d'une réserve humide protégée. C'est dans ces marécages que font escale des milliers d'oiseaux migrateurs entre l'Europe et l'Afrique subsaharienne. Idéal pour la promenade, grâce à des chemins bien entretenus dans les collines boisées alentour, le lac est ainsi l'un des sites les plus propices à leur observation, particulièrement d'octobre à mars.

On y a répertorié plus de 200 espèces d'oiseaux, dont certaines rares ou en voie de disparition, venant y hiverner ou nidifier. C'est l'un des derniers sites au monde où l'on peut observer un grand nombre de sarcelles marbrées (reconnaissables à leurs taches sombres autour des yeux). Parmi les autres oiseaux figurent des hiboux du Cap (que l'on observe souvent au crépuscule), des foulques à crête, des élanions d'Australie et des flamants roses.

Sur la rive nord, le **centre d'information** (☎0537 74 72 09 ; ⏲12h-16h sam-dim) vous renseignera, mais il ouvre selon des horaires limités.

Pour rejoindre le lac, suivez les panneaux depuis la route de Mehdiya Plage, 300 m après le café-restaurant Belle Vue. À pied, le lac se situe à 3,3 km de l'embranchement.

Moulay Bousselham مولاي بوسلهام

Placé sous la protection des sanctuaires de ses deux saints locaux, le ravissant village de pêcheurs de Moulay Bousselham reste un lieu paisible qui se développe lentement avec l'arrivée progressive de retraités européens venus y élire domicile à l'année. Sa longue plage (déserte presque toute l'année), sa population chaleureuse, ses bons restaurants de poisson et sa réserve ornithologique de réputation internationale en font l'endroit idéal pour qui aime observer les oiseaux, pêcher ou se promener le long de la mer. Les vagues séduisent les surfeurs, mais les courants rendent la baignade dangereuse. Pendant les mois d'été, le village se transforme en station balnéaire et la population passe de 1 000 à 65 000 âmes.

Moulay Bousselham doit son nom à un saint égyptien du Xe siècle, commémoré dans l'une des koubbas (sanctuaires) sur la pente qui dévale vers la mer, et garde l'embouchure du fleuve. Des Marocains souffrant de problèmes psychologiques se font enfermer dans le tombeau pendant 24 heures pour se soigner. De l'autre côté du fleuve, le sanctuaire de Sidi Abd el-Galil est réputé guérir les femmes stériles. L'artère principale du village regroupe tous les services, dont une banque, une poste, une pharmacie et quelques cybercafés. Aucun établissement ne vend d'alcool.

À voir

Parc national de Merja Zerga PARC

L'un des grands plaisirs de la côte atlantique est de se promener en bateau sur la Merja Zerga (Lagune bleue), de préférence avec un guide ornithologique qui vous fera découvrir ses merveilles. Protégé par la convention de Ramsar, le parc national de Merja Zerga couvre une superficie de 73 km² (4 km² d'eau, le reste de marais) qui attire des milliers d'oiseaux migrateurs, dont d'innombrables oiseaux aquatiques, échassiers et flamants, ce qui en fait l'un des principaux sites d'observation ornithologique du pays. Selon la marée, la profondeur de la lagune varie de 50 cm à 4 m ; l'eau provient à 90% de l'océan et à 10% de l'oued Dredr, au sud de la lagune. Lors de nos recherches, le nouvel office du tourisme n'avait pas encore ouvert.

Si les plus grandes volées arrivent en décembre et janvier, vous verrez des hérons, des flamants, des ibis, des spatules blanches, des pluviers et des aigrettes jusqu'en mars ou avril, et une centaine d'espèces tout au long de l'année. La lagune accueille également des goélands railleurs et d'Audouin, ainsi que des hiboux du Cap. Le tadorne de Belon, la sarcelle d'hiver et l'hirondelle de mer font de fréquentes apparitions, de même que le busard des roseaux et le faucon pèlerin.

Des six villages qui entourent la lagune, quatre vivent de l'agriculture et deux de la pêche – les hommes pêchent dans la lagune et l'océan, tandis que les femmes ramassent des coquillages.

La plupart des pêcheurs promènent les touristes sur la lagune en complément de leur activité. Il est aisé de programmer une excursion avec les bateliers locaux, qui ont l'expérience des circuits guidés (100 Dh/heure pour le bateau) comme des sorties de pêche (100 Dh/heure, matériel compris). Leurs embarcations sont amarrées sur la petite plage. Le seul guide officiellement reconnu (et de loin le meilleur) est **Hassan Dalil** (☎0668 43 41 10 ; guide 200 Dh/demi-journée, plus bateau à moteur 100 Dh/h) à contacter par téléphone ou par l'intermédiaire des serveurs du Café Milano (sur la route principale menant au bourg), qui conserve le registre de l'observation des oiseaux. Évitez de demander à d'autres villageois, certains se faisant parfois passer pour Hassan. Le Villanora programme également des excursions.

Divers oiseaux aquatiques se regroupent également l'hiver sur **Merja Khaloufa**, un joli lac du parc national situé à environ 8 km à l'est de Moulay Bousselham.

Où se loger et se restaurer

Hôtel Le Lagon HÔTEL €

(☎0537 43 26 50 ; fax 0537 43 26 49 ; d 300 Dh ; 🏊). Le superbe emplacement en surplomb de la lagune constitue le principal atout de cet établissement des années 1970 quelque peu défraîchi. Claires, vastes et nettes, ses chambres n'en datent pas moins. La vaste terrasse est plaisante, mais le restaurant, médiocre. La piscine et la discothèque n'ouvrent qu'en juillet et août.

Camping Caravaning International CAMPING €

(☎0537 43 24 77 ; www.atlantisgatemb@yahoo.fr ; tente/camping/voiture 2 pers 60/70/30 Dh, 13 Dh/pers supp ; 🏊). Un excellent camping superbement situé et ouvert toute l'année.

Villanora B&B €€

(☎0537 43 20 71, 0664 87 20 08 ; http://villanoramorocco.ifrance.com ; s/d avec petit-déj 300/400 Dh, avec vue mer 400/500 Dh ; 📶). Maison de vacances d'une famille anglaise tombée amoureuse de ce coin paisible, ce B&B haut perché sur la dune face à l'océan est géré par Mohammed, un ami de la famille. Ses quelques chambres douillettes (certaines avec sdb commune) sont bercées par le bruit des vagues. Le petit-déjeuner est servi sur la terrasse et on peut dîner sur réservation : commandez du poisson. À l'extrémité nord de la ville, à environ 2 km de l'artère principale.

La Maison des Oiseaux B&B €€

(☎061 30 10 67, 0537 43 25 43 ; http://moulay.bousselham.free.fr ; demi-pension 350 Dh/pers). Nichée au cœur d'un charmant jardin, cette pension chaleureuse de 9 jolies chambres de style traditionnel, (plus une salle de séminaire à l'étage pour les groupes scolaires de passage) organise aussi des excursions ornithologiques de 2 heures 30 (200-300 Dh). Elle se cache dans un labyrinthe de sentiers sablonneux, sur la gauche en arrivant au village. Demandez votre chemin ou appelez pour qu'on vous l'indique.

Restaurant l'Océan POISSON, MAROCAIN €
(☎0678 31 09 54, 0669 43 42 45 ; plats 50 Dh ; ⊙déj et dîner). Le long de la route qui mène au front de mer, des cafés et des restaurants servent du poisson grillé et des tajines. Celui-ci, avec terrasse, compte parmi les meilleurs avec de succulents poissons, couscous, tajines et paellas.

ℹ Depuis/vers Moulay Bousselham

Moulay Bousselham se situe à environ 40 km au sud de Larache. En transports publics, rejoignez d'abord la bourgade de Souk el-Arba du Rharb (35 Dh, 45 min en grand taxi de Larache), où vous trouverez de fréquents grands taxis (20 Dh, 45 min) et de beaucoup plus rares bus (12 Dh, 45 min) pour Moulay Bousselham. Des grands taxis assurent également la liaison Kenitra (ou Rabat)-Souk el-Arba du Rharb (40 Dh, 1 heure 30). En grand taxi privé, le trajet de Larache à Moulay Bousselham coûte environ 200 Dh.

Larache العرائش

Comme les autres villes de cette partie de la côte, Larache somnole presque toute l'année et s'anime en été, avec l'afflux des vacanciers marocains. Cette ville charmante reste largement ignorée des touristes étrangers, malgré la belle architecture espagnole de la ville nouvelle, notamment autour de la place de la Libération (ancienne Plaza de España), et l'attrait de la petite médina décrépite. Au nord du fleuve Loukos, à la lisière de la ville, s'étendent les ruines envahies par la végétation de Lixus, le site légendaire du jardin des Hespérides.

Larache fut occupée par les Espagnols pendant la majeure partie du XVIIe siècle. Les activités portuaires étaient alors limitées en raison de dangereux bancs de sable au large, et les habitants construisaient des bateaux pour les corsaires, installés plus au sud. Larache devint cependant le principal port du protectorat espagnol en 1911. Les maisons chaulées aux portes bleues, l'église, le marché, les hôtels et les bars témoignent encore de la forte influence espagnole. Aussi pittoresque qu'Asilah, Larache demeure bien moins touristique et à l'abri de toute agitation.

Tous les habitants semblent sortir pour le *paseo* (promenade du soir) dans le centre-ville. Ils s'installent dans les cafés et les restaurants pour boire un café, jouer aux cartes ou parler des derniers événements, puis, vers 22h, les rues sont de nouveau désertes.

L'écrivain Jean Genet adorait la baie de Larache. Il est enterré ici.

Vieille ville SITE HISTORIQUE
Perchées sur une falaise qui domine l'océan, les **ruines de la casbah** (Qebibat), forteresse édifiée par les Portugais au XVIe siècle, sont en piteux état et fermées au public. De là, dirigez-vous vers le sud jusqu'à la vieille **médina** pavée en passant par **Bab al-Khemis**, une grande arche hispano-mauresque de la place de la Libération. Elle débouche sur une place à colonnades animée, le **Zoco de la Alcaiceria**, construit par les Espagnols durant leur première occupation de Larache au XVIIe siècle. Le Musée archéologique est fermé pour rénovation.

Casbah de la Cigogne MONUMENT
Au sud de la place en venant de la médina, cette forteresse espagnole du XVIIe siècle bâtie sous le règne de Philippe III d'Espagne n'est malheureusement pas ouverte au public.

Tombe de Jean Genet MONUMENT
Dans le vieux cimetière espagnol, à l'ouest de la ville, repose Jean Genet (1910-1986). Si le portail est fermé, sonnez à droite. Le gardien vous ouvrira et vous montrera la tombe contre un petit pourboire.

Galerie Afnar GALERIE D'ART
(☎0613 68 14 24 ; www.lafnargalerie.blogspot.com ; 58 Assadr Alaadam ; ⊙10h-14h et 16h-21h). Cet ancien fondouk à blé accueille désormais d'intéressantes œuvres d'art et photographies locales. À l'extérieur, une plaque indique que c'était la maison d'Averroès, le célèbre philosophe andalou du XIIe siècle.

Conservatoire de musique BÂTIMENT D'INTÉRÊT
Sur la place au nord-est de la casbah de la Cigogne et en face du Musée archéologique, un grand bâtiment superbement décoré possède son propre minaret. Il abrite aujourd'hui le conservatoire de musique et mérite le coup d'œil.

Plages PLAGE
Une petite bande de sable s'étend en contrebas de la ville, mais la plage la plus plaisante se situe à 7 km au nord, de l'autre côté de l'estuaire du Loukos ; elle abrite un immense complexe balnéaire, Port Lixus,

avec un golf, plusieurs hôtels, des villas et une luxueuse marina. En petit taxi, comptez environ 20 Dh ; sinon les bus n°s 4 et 5 qui partent en face de la casbah de la Cigogne vous déposent à l'embranchement de Lixus, à environ 3 km de la plage.

Où se loger

Larache offre un choix limité d'hébergements corrects, pour la plupart dans les rues au sud de la place de la Libération.

Pension Amal PENSION €
(☎0539 91 27 88 ; 10 rue Abdallah ben Yassine ; s/d sans sdb 55/80 Dh). Très bon marché, parfaitement tenue et accueillante, cette petite pension aux chambres carrelées avec sdb commune (douche chaude 10 Dh) et lits douillets au matelas renouvelé chaque année est une affaire. Sans compter l'accueil amical et serviable du propriétaire et de son fils.

Hôtel España HÔTEL €
(☎0539 91 31 95 ; http://hotelespanalarache.com ; 6 av. Hassan II ; s/d 260/380 Dh ; ❄📶). Institution de l'époque coloniale, cet hôtel est une excellente adresse où séjourner. Le décor est à l'ancienne, avec des meubles en bois sombre, mais les chambres sont impeccables, les lits confortables et les sdb modernisées. Préférez le dernier étage pour la jolie vue des balcons et vous préserver du bruit de la place. L'hôtel ne sert pas le petit-déjeuner, mais les cafés ne manquent pas à proximité.

Hôtel Somarían HÔTEL €
(☎0539 91 91 16 ; reservation@somarian.com ; 68 av. Mohammed Zerktouni ; s/d 300/400 Dh). Face au marché couvert, cet établissement aux chambres élégantes et confortables n'en a pas moins une structure un peu biscornue, d'où des angles bizarres. Le petit-déjeuner n'est pas proposé, mais le restaurant du rez-de-chaussée sert de l'alcool en fin de journée.

♥ **La Maison Haute** RIAD €€
(☎0665 34 48 88 ; http://lamaisonhaute.free.fr ; 6 Derb ben Thami ; ch 440-550 Dh, app 700-924 Dh). Hébergement le plus séduisant de Larache, cette maison hispano-mauresque superbement restaurée dans la médina compte 6 chambres charmantes aux sdb modernes. Le décor éclectique, les couleurs vives, les vitraux et les carrelages espagnols lui confèrent une ambiance simple et chaleureuse. Le toit-terrasse, idéal pour lire ou bronzer, offre une vue fabuleuse sur l'océan et la place du marché. Dîner sur demande.

Où se restaurer

Il existe une multitude de petites adresses autour de la place de la Libération et du Zoco de la Alcaiceria, où manger plaisamment sans se ruiner. La paella, proposée presque partout, et les *churros* (beignets)

Larache

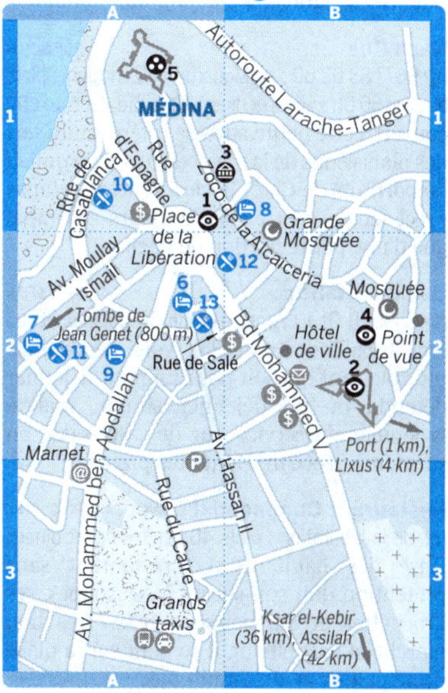

Larache

À voir

1 Bab al-Khemis A1
2 Casbah de la Cigogne B2
3 Galerie Afnar B1
4 Conservatoire de musique B2
5 Ruines de la casbah A1

Où se loger

6 Hôtel España A2
7 Hôtel Somarían A2
8 La Maison Haute B1
9 Pension Amal A2

Où se restaurer

10 Balcón Atlantico A1
11 Casa Che A2
12 Restaurant Commercial B2
13 Restaurant Puerta Del Sol A2

sur la place centrale témoignent de l'influence espagnole.

Casa Che POISSON €

(☎0677 83 02 00 ; av. Mohammed Zerktouni ; plats environ 50 Dh ; ⏲déj et dîner). Proche du marché couvert, cette petite adresse intéressante sert des plats venus de la mer à déguster au milieu de portraits de Che Guevara. Quelques tapas précèdent le plat choisi, toujours accompagné d'une petite portion de paella.

Balcón Atlantico CAFÉ €

(☎5395 91 01 10 ; angle rue de Casablanca et rue Tarik Ibnou Ziad ; ⏲9h-22h). Voici l'endroit le plus plaisant qui soit pour un petit-déjeuner détendu ou un déjeuner simple, malgré la lenteur du service, car de sa terrasse on surplombe l'océan. Honnêtes pizzas.

Restaurant Commercial MAROCAIN, POISSON €

(pl. de la Libération ; plats 40 Dh ; ⏲déj et dîner). Prisé des habitants, ce restaurant sans prétention doit son succès à ses soupes, ses brochettes et ses poissons frits. Très bon marché et accueillant, il se tient sur la place principale et ne désemplit pas.

Restaurant Puerta Del Sol MAROCAIN, POISSON €

(☎0539 91 36 41 ; 5 rue Ahmed Chaouki ; plats 40 Dh ; ⏲déj et dîner). Une adresse à retenir pour savourer poisson, fruits de mer et plats marocains.

Renseignements

Les banques, regroupées à l'extrémité nord du boulevard Mohammed V, changent pour la plupart les espèces et les chèques de voyage, tout en disposant de DAB.

Marnet (av. Mohammed ben Abdallah ; 6 Dh/h ; ⏲10h30-24h sam-jeu, 15h-24h ven). Accès Internet.

Depuis/vers Larache

De la gare routière, sise rue du Caire, au sud du centre-ville, partent des bus CTM desservant les principales destinations, notamment Agadir (280 Dh, 12 heures), Casablanca (110 Dh, 4 heures, 5/jour), Fès (85 Dh, 4 heures 30, 4/jour), Marrakech (180 Dh, 8 heures 30, tlj) et Tanger (35 Dh, 2 heures 30, 6/jour).

Il existe aussi des services routiers moins chers et généralement plus fréquents que les bus de la CTM, ralliant les mêmes destinations, ainsi que Ouezzane (30 Dh), Tétouan (25 Dh) et Kenitra (35 Dh).

Des grands taxis partent devant la gare routière pour Ksar el-Kebir (13 Dh), Asilah (20 Dh), Souk el-Arba (25 Dh) et Tanger (35 Dh).

Lixus الاوكوس

Perché sur une colline qui domine l'estuaire du Loukos, le site assez mystérieux et peu entretenu de **Lixus** GRATUIT constitue l'un des plus anciens sites de peuplement du pays. Ces ruines carthaginoises et romaines mises au jour ne représentent qu'un quart de l'ancienne cité. En dépit de leur mauvais état et de la végétation, les vestiges sont impressionnants. Moins vaste et moins exploré que Volubilis, Lixus séduit par son emplacement, ses dimensions et la sérénité qui y règne. Il suffit d'un peu d'imagination pour réaliser la taille et la splendeur de la cité.

Peu de visiteurs s'y rendent en dehors de l'été ; en hiver, seuls le vent et quelques chèvres vous tiendront compagnie. Un **centre d'information** est en construction à l'entrée du site. Si l'accès est pour l'instant gratuit, prévoyez un pourboire à donner au gardien après votre visite.

Histoire

Des vestiges mégalithiques découverts dans la région de Lixus suggèrent la présence d'une population protohistorique vénérant le soleil et possédant des notions d'astronomie et de mathématiques. On n'en sait guère plus sur ce qui précéda l'établissement de la colonie phénicienne de Liks vers 1000 av. J.-C. Selon Pline l'Ancien, Hercule aurait volé ici les pommes d'or du jardin des Hespérides, le onzième de ses 12 travaux.

Au VIe siècle av. J.-C., les Carthaginois s'emparèrent des colonies phéniciennes de l'Atlantique. Lixus demeura un comptoir de commerce, principalement pour l'or, l'ivoire et les esclaves et fut intégré à l'Empire romain dès 42. Ses exportations devinrent le sel, les olives, le vin et le *garum* (un condiment à base de poisson), et ses marchands s'enrichirent grâce aux animaux sauvages destinés aux arènes de l'Empire. Lixus déclina rapidement lorsque les Romains se retirèrent d'Afrique du Nord et fut complètement abandonnée au Ve siècle, après la chute de l'Empire romain. Plus tard, le site fut appelé Tuchummus par les musulmans.

À voir

Ruines SITE HISTORIQUE

L'entrée principale du site se fait par les grilles vertes qui bordent la route Larache-Tanger. À gauche se dressent les vestiges des fabriques de *garum*, où l'on salait le poisson pour produire ce condiment prisé à Rome (tout comme aujourd'hui la ville voisine d'Asilah fabrique de la pâte d'anchois). Un sentier gravillonné grimpe à flanc de coteau entre plusieurs vestiges avant de rejoindre les **thermes** et l'**amphithéâtre**, qui offre une vue splendide sur la campagne environnante.

La plupart des mosaïques de Lixus se trouvent désormais au Musée archéologique de Tétouan, notamment celles du Grand Temple représentant Hélios, Mars et Rhéa, les trois Grâces, Vénus et Adonis. Seule demeure sur le site celle d'**Océanos**, malheureusement très endommagée par les intempéries et les vandales.

Continuez jusqu'au principal ensemble de bâtiments qui coiffe la crête. De là, la vue s'étend sur l'estuaire du Loukos et les marais salants.

Les édifices publics, des thermes secondaires et les remparts de la cité se dressent à cet endroit, tandis qu'au sud s'élève la citadelle, un amas de ruines qui se détache contre le ciel. Malgré leur mauvais état, on parvient à discerner le temple principal et ses sanctuaires, un oratoire, d'autres bains publics et les vestiges des murailles.

Depuis/vers Lixus

Lixus se situe à quelque 4,5 km au nord de Larache sur la route de Tanger. Prenez le bus n°9 devant la casbah de la Cigogne (5 Dh) ou un petit taxi (25 Dh aller) ; les grands taxis reliant Larache à Asilah y passent aussi.

Asilah أصيلا

Ravissante cité balnéaire aux maisons chaulées, Asilah pourrait évoquer les îles grecques si les ferronneries des fenêtres, ainsi que les tapas et les paellas à la carte des restaurants, ne rappelaient la longue domination espagnole. Par son bon choix d'hôtels et de restaurants à petits prix, plus une scène artistique dynamique, la ville constitue une plaisante introduction au pays et est devenue une étape prisée des voyageurs sur la côte atlantique nord.

La médina s'est beaucoup embourgeoisée ces dernières années, depuis l'achat croissant de maisons par de riches Marocains et Européens, principalement espagnols. Somnolente la majeure partie de l'année, Asilah voit passer sa population de 12 000 à 110 000 âmes en été avec l'arrivée des vacanciers marocains. Comme ailleurs sur la côte, la cité est alors envahie, les plages bondées et les rabatteurs en pleine action. Pour bénéficier d'un climat agréable et éviter les foules, venez plutôt au printemps et en automne.

Histoire

Petit port stratégique, Asilah a connu une histoire tumultueuse depuis sa fondation par les Carthaginois sous le nom de Zilis. Ayant pris le parti de Carthage durant les guerres puniques, sa population fut déportée en Espagne après la victoire des Romains, et remplacée par des Ibères. Dès lors, Asilah fut indéfectiblement liée à l'Espagne et à ses nombreuses batailles territoriales.

Elle subit les contrecoups des victoires chrétiennes contre l'islam dans la péninsule Ibérique aux XIVe et XVe siècles. En 1471, les Portugais envoyèrent 477 vaisseaux et 30 000 hommes qui s'emparèrent du port, construisirent les murs entourant aujourd'hui la médina et établirent un comptoir marchand sur leur route de l'or à travers l'Afrique. En 1578, Sébastien, roi du Portugal, partit d'Asilah pour une croisade funeste. Il fut tué et le Portugal (et ses possessions marocaines) passa sous contrôle espagnol pour une longue période.

Asilah fut reprise par Moulay Ismaïl en 1691. Au XIXe siècle, les attaques permanentes des pirates poussèrent l'Autriche puis l'Espagne à envoyer leurs navires bombarder la ville. Au début du XXe siècle, elle servait de repaire au célèbre hors-la-loi er-Raissouli (voir l'encadré p. 200), l'un des plus redoutables bandits du Rif, qui devint la bête noire des puissances européennes. L'Espagne intégra Asilah dans son protectorat de 1911 à 1956.

À voir

Devenue cité des arts au fil du temps, Asilah réunit plus de 50 artistes résidents, 5 galeries d'art et plusieurs ateliers et espaces d'exposition. Tout a commencé en 1978, lorsque des artistes marocains furent invités à animer des ateliers pour les enfants de la ville et à peindre des murs de la médina à l'occasion du *moussem* (fête d'un saint). Plusieurs artistes zaïlachis (habitants d'Asilah) et quelques-uns de ces enfants se sont aujourd'hui fait un nom dans le monde de l'art contemporain, tels feu Abdelilah Bououd, Brahim Jbari, Elina Atencio, Mohamed Lhaloui et plusieurs membres de la famille Mesnani.

Asilah

Médina et remparts ÉDIFICE HISTORIQUE, MÉDINA

Largement résidentielle, la médina d'Asilah est entourée de puissants remparts en pierre construits par les Portugais au XVe siècle. Flanquées de palmiers, ces fortifications sont devenues l'emblème de la ville.

La médina et les remparts ont été restaurés ces dernières années et les paisibles ruelles, bordées de maisons chaulées, invitent à la promenade. Bien que les restaurations aient donné à l'ensemble une allure aseptisée, les ferronneries des fenêtres, les jalousies vert pâle et les peintures murales colorées (réalisées chaque année pendant le Festival d'Asilah) le rendent très photogénique. Des artisans et des artistes ont ouvert des ateliers dans les rues principales et invitent les passants à découvrir leurs œuvres.

L'accès aux remparts est limité. Fréquenté au coucher du soleil, le bastion sud-ouest offre la meilleure vue sur l'océan. Il surplombe également la **koubba de Sidi Mansour** (fermée aux non-musulmans) et le **cimetière moujaheddin**.

La porte sud de la médina, **Bab Homar** (av. Hassan II), est surmontée des armoiries royales portugaises, très érodées. Il subsiste sur le mur qui fait face à l'océan quelques vieux **canons** qu'on ne peut apercevoir que de loin par le chemin passant en contrebas. On accède par **Bab al-Kasaba** à la **Grande Mosquée** (fermée aux non-musulmans) et au Centre Hassan II des Rencontres internationales. L'activité bat son plein dans la médina le jeudi, jour du marché principal.

Palais de Raissouli BÂTIMENT HISTORIQUE

Également appelé palais de la Culture, cet édifice construit en 1909 par Er-Raissouli du côté océan témoigne de son opulence au faîte de sa puissance. Superbement restauré, il n'ouvre au public que pendant le Festival d'Asilah ou pour des expositions temporaires. Si vous trouvez le gardien, vous réussirez peut-être à le convaincre de vous

Asilah

À voir

1 Galerie Aplanos A3
2 Bab Homar B3
3 Canons A2
4 Centre Hassan II des Rencontres internationales B2
5 Église de San-Bartolome D2
6 Galerie Hakim A3
7 Mosquée A3
8 Palais de Raissouli A3
9 Médina et remparts B2

Où se loger

10 Christina's House B4
11 Dar Azaouia A3
12 Hôtel Belle Vue B3
13 Hôtel Patio de la Luna C2
14 Hôtel Sahara D2

Où se restaurer

15 Casa García C2
16 La Perle d'Asilah D1
17 La Symphonie II des Douceurs B2
18 Enceinte extérieure de la médina B2
19 Restaurant la Place C2
20 Restaurante Oceano Casa Pepe B2

Où prendre un verre

21 Al-Madina B2

Renseignements

22 Banque Populaire (DAB) C2
23 BMCE (DAB) C2
24 Cyber Haytam B4
25 Pharmacie l'Océan C2

laisser entrer. La grande salle de réception surplombe la mer. De sa terrasse vitrée, les assassins condamnés devaient se jeter sur les rochers, 30 m plus bas, sur ordre d'Er-Raissouli.

Centre Hassan II des Rencontres internationales GALERIE D'ART
(☎0539 41 70 65 ; foundationdassilah@yahoo.fr ; ⏰8h30-12h30 et 14h30-17h, jusqu'à 20h été). GRATUIT Une superbe maison de la médina accueille le principal espace d'exposition de peintures et de sculptures internationales présentées de façon cyclique dans sa galerie et, parfois, dans la proche tour El-Khamra, un bastion portugais rénové sur la place Abdellah Guennoun.

Galerie Aplanos GALERIE D'ART
(☎0661 99 80 30 ; rue Tijara). L'artiste peintre belge Anne-Judith Van Loock a créé cette galerie, où sont présentés artistes locaux et étrangers, avec son époux marocain Ahmed Benraadiya.

Galerie Hakim GALERIE D'ART
(☎0661 79 95 35, 0539 41 88 96 ; hakimghailan@yahoo.fr ; 14 pl. Sidi ben Issa). L'artiste zaïlachi Hakim Ghaïlan, créateur du lieu, accueille principalement de jeunes artistes marocains.

Église de San-Bartolome ÉGLISE
Au nord-ouest de la place Mohammed V (le centre de la petite ville nouvelle), ce sanctuaire bâti par des franciscains espagnols dans le style mauresque typique de l'époque coloniale est l'une des rares églises marocaines autorisées à sonner les cloches pour la messe dominicale. Le marché central se tient à proximité.

Plages PLAGE
Plaisante hors saison, mais bondée et bruyante en été, la principale plage d'Asilah, large bande de sable doré frangée de campings et d'hôtels, s'étire au nord de la ville. Pour plus de calme, gagnez Rmilat, à 3 km au sud d'Asilah, et sa superbe **plage du Paradis,** qui mérite bien son nom même si elle n'est guère entretenue hors saison. Une agréable promenade y mène à pied par la côte, à moins de préférer l'une des calèches qui sillonnent la route côtière en été. Un peu plus loin s'étend la **plage de Rada**, avec son agréable café et ses bungalows en bambou.

Festival

Festival d'Asilah CULTURE
(www.c-assilah.com ; ⏰août). Le Centre Hassan II des Rencontres internationales est au cœur de cet événement culturel plus que trentenaire. Artistes, musiciens, interprètes et quelque 200 000 spectateurs investissent alors la ville. Ateliers et représentations artistiques, concerts, expositions et manifestations réunissent trois semaines durant des participants venus du monde entier. Un festival équestre de trois jours, avec fantasia (charge de cavalerie et tirs de mousquets), clôt l'événement.

Où se loger

En pleine saison (la semaine de Pâques et de juillet à septembre), mieux vaut réserver

ER-RAISSOULI, LE BRIGAND

Bandit redouté et kidnappeur, Moulay Ahmed ben Mohammed er-Raissouli (ou Raisouni) fut l'un des personnages les plus légendaires d'Asilah. Il débuta sa carrière comme petit brigand du Rif, puis passa du vol au meurtre et sa réputation de criminel sanguinaire se répandit rapidement dans toute la région.

Er-Raissouli devint connu à l'étranger en enlevant des Occidentaux. Lui et ses acolytes kidnappèrent plusieurs personnalités, dont le milliardaire gréco-américain Ion Perdicaris, qui fut libéré contre une rançon de 70 000 dollars en 1904.

Pour tenter de contrôler ce fauteur de troubles, les sultans lui accordèrent diverses responsabilités politiques, le nommant gouverneur d'Asilah, puis de Tanger. Er-Raissouli ne s'assagit pas pour autant et amassa une immense fortune. Il avait une influence considérable sur les tribus du Rif et les Espagnols lui fournirent des armes dans l'espoir de rétablir l'ordre dans les montagnes. En fait, Er-Raissouli les utilisa souvent contre ses fournisseurs.

Les Espagnols réussirent à le chasser d'Asilah après la Première Guerre mondiale, mais il continua ses exactions dans le Rif jusqu'en 1925, date à laquelle le rebelle du Rif Abd el-Krim l'arrêta et l'accusa de liens trop étroits avec l'Espagne.

bien à l'avance. La ville compte peu d'hôtels pour petits budgets.

Christina's House PENSION €

(☎0539 41 77 88, 0677 27 64 63 ; christina.henshaw@btinternet.com ; 26 rue Ibn Khatib, près du bd du 16 Novembre ; s/d/tr/qua sans sdb 175/400/450/500 Dh, lits jum avec sdb 550 Dh ; 📶). Une pension accueillante avec un air de chez soi. Certaines chambres partagent une sdb commune, mais tous les équipements sont neufs et d'une propreté irréprochable. Le petit-déjeuner est pris en commun dans la cuisine/salle à manger ou sur le toit-terrasse.

Hôtel Belle Vue HÔTEL €

(☎0539 41 77 47 ; rue Hassan ben Tabit ; s/d sans sdb 100/150 Dh, avec sdb 150/250 Dh). Dans une ruelle calme, ce petit hôtel accueillant est peint dans des tons colorés. Tout y respire la propreté, sdb communes comprises. Quelques chambres bénéficient d'une sdb privative (50 Dh de plus), les autres ont un lavabo. On appréciera la fraîcheur du balcon pour celles en façade, les plus agréables. Le toit-terrasse est idéal pour prendre un verre en soirée ou se détendre.

Hôtel Sahara HÔTEL €

(☎0539 41 71 85 ; 9 rue Tarfaya ; s/d/tr sans sdb 100/150/240 Dh). Céramiques à motifs et plantes en pots donnent le ton de cette adresse économique aux chambres simples et nettes réparties autour d'une cour. C'est petit (surtout certaines fenêtres) mais bien organisé. Toilettes et sdb communes étincelantes (douche chaude 5 Dh).

♥ **Khanfous Retreat** PENSION €€

(☎0634 66 34 83 ; www.khanfousretreat.com ; Bni Meslem ; ch en demi-pension 500 Dh). Dans un minuscule village sis à 15 km d'Asilah, une maison au charme rustique pour échapper au monde : pas d'Internet ni de signal téléphonique. L'occasion de se détendre, de faire une balade de 40 minutes dans la campagne jusqu'à la plage, de partir en randonnée à dos d'âne, de suivre un cours de cuisine ou de tout simplement se couper du monde. Le propriétaire peut organiser votre transport.

Hôtel Al-Alba HÔTEL €€

(☎0649 18 28 84 ; www.hotelalalba.com ; 35 av. Khalid Ibn Oualid ; s 500-620 Dh, d 780-1 000 Dh ; ❄📶). L'entrée un peu étroite ne laisse guère deviner combien les chambres sont aérées et décorées avec bonne humeur. La présence d'un honnête restaurant ne gâte rien, mais le principal atout de cet établissement à l'accueil chaleureux est son sublime hammam, offrant une variété de soins (185-270 Dh, ouvert au public).

Hôtel Patio de la Luna HÔTEL €€

(☎0539 41 60 74 ; 12 pl. Zellaka ; s/d/tr 350/450/450 Dh ; 📶). Seul hôtel d'Asilah doté de caractère, cet établissement intime, tenu par des Espagnols, se cache derrière une porte quelconque dans l'artère principale. Donnant sur un patio verdoyant, les chambres, rustiques et simples, s'agrémentent de meubles en bois, de couvertures tissées et de sdb carrelées. Le personnel est sympathique et l'endroit très prisé. Réservez.

Dar Azaouia RIAD €€€
(☎0672 11 05 35 ; www.darazaouia-asilah.com ; 16 rue 6, près de Bab Homar ; d 840-950 Dh ;). Bercée par une brise marine, cette pension pleine de charme a su habilement et confortablement conjuguer dans son décor tradition marocaine et campagne française. Le mobilier est simple et joli, la propreté immaculée et le toit-terrasse exquis. (Il y a même une chambre avec cheminée pour les mois les plus froids.) Petit-déjeuner excellent et dîner sur demande (alcool servi). Réservation indispensable.

Où se restaurer et prendre un verre

Autour de Bab Kasaba se concentrent quelques restaurants, tout comme le long des murs de la médina dans l'avenue Hassan II. Quelques gargotes jalonnent la rue Ahmed M'dem, près des banques de la place Mohammed V.

Enceinte extérieure de la médina MAROCAINS €
(av. Hassan II ; plats à partir de 40 Dh ; déj et dîner). À peu de chose près équivalents, les établissements au pied des murs de la médina servent des repas rapides et bon marché. Poisson, fruits de mer, pizzas et plats marocains traditionnels sont au menu.

La Symphonie II des Douceurs CAFÉ €
(26 pl. Zellaka ; pâtisseries à partir de 12 Dh). Bonne adresse pour déguster un petit-déjeuner ou une douceur, ce café sert des pâtisseries et des glaces dans un cadre chic.

Casa García POISSON €€
(☎0539 41 74 65 ; 51 rue Moulay Hassan ben el-Mehdi ; plats à partir de 80 Dh ; déj et dîner). Plats ou tapas de poisson à l'espagnole font la renommée de cette adresse face à la plage. Sur la grande terrasse aérée, régalez-vous d'un succulent poisson grillé ou d'une assiette de poulpe, d'anguille, de crevettes et de bernacles, arrosée d'un verre de vin gris marocain. La paella est également délicieuse.

Restaurant la Place MAROCAIN, POISSON €€
(☎0539 41 73 26 ; 7 rue Moulay Hassan ben el-Mehdi ; plats 75 Dh ; déj et dîner). Accueillant et plus détendu que ses voisins, cet établissement disposant d'une licence affiche aussi une carte plus variée, avec un choix de plats marocains traditionnels et de fruits de mer et poissons. Un succulent tajine de poisson conjugue les deux tendances.

Restaurante Oceano Casa Pepe POISSON €€
(☎0539 41 73 95 ; 8 pl. Zellaka ; plats 80-120 Dh ; déj et dîner). Des serveurs avec cravate noire tentent d'attirer les passants dans ce restaurant un peu plus formel, où le poisson domine la carte. Vins marocains et espagnols, éclairage tamisé et musique douce signent une atmosphère raffinée.

La Perle d'Asilah FRANÇAIS €€€
(☎0539 41 87 58 ; angle rue Allal ben Abdallah et av. Melilla ; 2/3 plats 160/190 Dh ; 12h-15h et 19h-22h30). Avec ses airs de grande brasserie française, La Perle est la table la plus haut de gamme d'Asilah. Sur la carte, une majorité de plats français, comme le canard au Grand Marnier, côtoient quelques options espagnoles et asiatiques. Menus deux et trois plats d'un excellent rapport qualité/prix ou commande à la carte.

HORS DES SENTIERS BATTUS

LE CROMLECH DE M'SOURA

Surprenant but d'excursion d'une demi-journée au départ d'Asilah, le site protohistorique de M'Soura révèle 175 pierres dressées disposées en cercle (ou plutôt en ellipse), qui auraient à l'origine entouré un tumulus. Bien que la plupart aient été renversées ou brisées, le site reste impressionnant et l'emplacement désolé renforce son étrangeté. La plus haute pierre, appelée El-Uted (Celle qui pointe), atteint 5,50 m.

Situé à 25 km au sud-est d'Asilah, le site nécessite un véhicule robuste pour y parvenir. Rejoignez le village de Souq Tnine de Sidi el-Yamani par la R417, qui bifurque vers l'est de la grand-route Tanger-Rabat. Tournez à gauche dans le village, et suivez une piste cahoteuse sur 6 km en direction du nord jusqu'au site. Demandez votre chemin dans le village ou louez les services d'un guide.

Le marché du dimanche dans le village de **Had Gharbia**, à 16 km au nord-est d'Asilah, près de la route de Tanger, est une autre excursion intéressante.

Al-Madina CAFÉ
(pl. Abdellah Guennoun). Le principal attrait de ce petit café est sa terrasse ensoleillée devant la tour El-Khamra, idéale pour regarder les passants.

Renseignements

La place Mohammed V est bordée de nombreuses banques avec DAB et service de change. Le site Internet www.asilahinfo.com offre des informations touristiques sur la ville.

Cyber Haytam (197 av. Hassan II ; 6 Dh/h ; 9h-24h). Accès Internet.

Pharmacie l'Océan (pl. Zellaka). Pharmacie.

Depuis/vers Asilah

BUS

La gare routière est à l'angle de l'avenue Mohammed VI et de la route Tanger-Rabat. Les bus de la CTM ne s'arrêtent pas à Asilah, mais plusieurs compagnies desservent diverses destinations, dont Casablanca (80 Dh, 4 heures 30), Fès (60 Dh, 4 heures 30), Marrakech (120 Dh, 9 heures), Rabat (60 Dh, 3 heures 30) et Tanger (15 Dh, 1 heure). Des bus pour Tanger et Casablanca partent environ toutes les 30 minutes. Mieux vaut réserver sur les bus longue distance car ils arrivent souvent de Tanger.

TAXI

Les grands taxis pour Tanger (20 Dh) et Larache (20 Dh) partent quand ils sont pleins de la rue du 2 Mars, près de l'avenue Mohammed VI. Un taxi pour l'aéroport de Tanger (à seulement 26 km d'Asilah) coûte 250 Dh.

TRAIN

De la gare ferroviaire située à 3 km au nord d'Asilah (10 Dh en petit taxi vert) partent des trains pour Casablanca (109 Dh, 4 heures, 8/jour) via Rabat, Fès (87 Dh, 4 heures, 4/jour) et Tanger (16 Dh, 45 minutes, 12/jour). Il existe un train de nuit direct pour Marrakech (186 Dh, 9 heures 30), lequel part de Tanger ; mieux vaut donc acheter son billet à l'avance.

El-Jadida الجديدة

148 000 HABITANTS

Le passé historique d'El-Jadida explique qu'on la désigne couramment comme "la Cité portugaise". Sa séduisante médina à l'ambiance tranquille est d'ailleurs classée au patrimoine mondial de l'Unesco. L'absence d'investissement a contribué à préserver son dédale de ruelles et ses remparts. Paisible la majeure partie de l'année, El-Jadida s'anime en juillet et août, quand les vacanciers marocains affluent sur ses plages superbes et flânent dans ses boulevards.

En 1506, les Portugais bâtirent une forteresse à cet endroit pour protéger leurs bateaux et l'appelèrent Mazagan ; elle devint rapidement le comptoir marchand le plus important du pays. En 1769, le sultan Sidi Mohammed ben Abdallah assiégea Mazagan et la reprit aux Portugais, qui dynamitèrent la majeure partie du fort avant de partir. Les nouveaux arrivants préféraient vivre dans la ville nouvelle et la citadelle fut laissée en ruine jusqu'au début du XIXe siècle, quand le sultan Abd er-Rahman installa des juifs d'Azemmour dans la vieille Mazagan et la rebaptisa El-Jadida, "la Nouvelle" en arabe.

L'importante et influente communauté juive s'enrichit rapidement grâce au commerce avec l'arrière-pays. Contrairement à la plupart des autres villes marocaines, El-Jadida ne possédait pas de mellah (quartier juif) ; les juifs se mêlaient à la population et un climat de tolérance régnait dans la cité. Sous le protectorat français, elle devint un centre administratif et une station balnéaire, mais son port déclina progressivement au profit de Safi et de Casablanca. Au cours des dernières années, des Marocains et des étrangers ont commencé à acheter des propriétés dans la vieille ville fortifiée, y compris l'ancienne église coloniale. Juste au nord de la ville, le long d'une plage somptueuse, le tout nouveau complexe touristique de **Mazagan** comprend un parcours de golf, un casino, un spa et un grand hôtel. La Cité portugaise, en plein renouveau, offrira une atmosphère totalement différente d'ici à quelques années.

À voir

Cité portugaise SITE HISTORIQUE
Principal site d'El-Jadida, la Cité portugaise est un dédale de rues sinueuses, entouré de remparts ocre. L'entrée principale se situe près de la place Mohammed ben Abdallah et conduit à la rue Mohammed Ahchemi Bahbai. Immédiatement à gauche se dresse l'**église de l'Assomption**, bâtie par les Portugais et en cours de restauration lors de notre visite, en vue de devenir un hôtel haut de gamme. À deux pas, la **Grande Mosquée** se distingue par un minaret pentagonal unique en son genre qui servait autrefois de phare.

Citerne portugaise BÂTIMENT HISTORIQUE
(rue Mohammed Ahchemi Bahbai ; avec accès aux remparts 20 Dh ; 9h-13h et

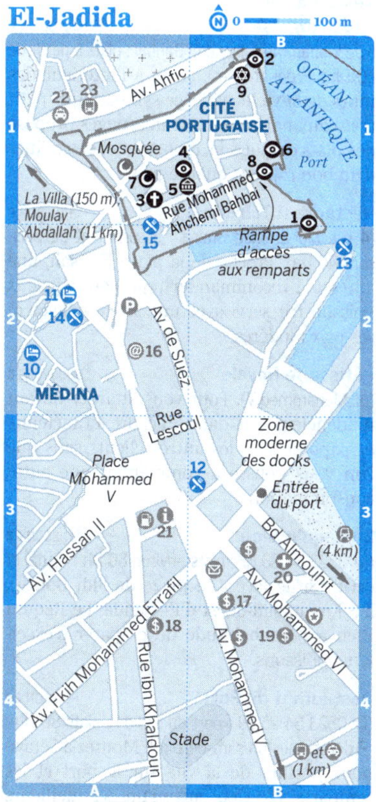

El-Jadida

À voir

1 Bastion de l'Ange B1
2 Bastion de Saint-Sébastien B1
3 Église de l'Assomption A1
4 Cité portugaise A1
5 Citerne portugaise A1
6 Fours à pain collectifs B1
7 Grande Mosquée A1
8 Porte de la Mer B1
9 Synagogue B1

Où se loger

10 Hôtel de Bordeaux A2
11 Riad Le Mazagao A2

Où se restaurer

12 Pâtisserie Royale B3
13 Restaurant du Port B2
14 Restaurant Tchikito A2
15 Restaurant La Portugaise A2

Renseignements

16 @Kiltec A2
17 Banque al-Maghrib B3
18 BMCE A4
19 BMCI B4
20 Pharmacie de nuit B3
21 Syndicat d'initiative A3

Transports

22 Grands taxis pour Sidi Bouzid et Moulay Abdallah A1
23 Bus locaux A1

15h-18h30). Dans l'artère principale, après les boutiques de souvenirs, une vaste citerne voûtée est éclairée par un seul puits de lumière. Dans cet endroit au calme souverain, le plafond voûté et les élégants piliers se reflètent sur la mince pellicule d'eau qui couvre le sol. La citerne a servi de cadre à la scène d'émeute du film *Othello* (1954) d'Orson Welles.

Porte de la Mer MONUMENT

(entrée libre ; remparts 9h-18h). Plus loin dans la même rue se dressent les remparts et la porte de la Mer, où les navires débarquaient jadis leur cargaison et par laquelle les Portugais quittèrent la ville. À gauche de la porte, de l'autre côté de l'arche, se trouve l'un des **fours à pain collectifs** où les femmes apportent leur pain à cuire.

À droite de la porte, une rampe conduit au sommet des remparts battus par le vent et au **bastion de l'Ange** (angle sud-est) d'où l'on surplombe la mer, la nouvelle ville et le port. Longez les remparts vers la gauche pour rejoindre le **bastion de Saint-Sébastien** (angle nord-est), d'où l'on peut voir le vieux cimetière juif. Voisine du bastion et désormais à l'abandon, la **synagogue** (ex-prison reconvertie) porte l'étoile de David.

Plages PLAGE

Propres et sûres, les plages au nord et au sud de la ville sont plaisantes hors saison mais bondées en juillet et août. Au nord-est, celle de **Haouzia** abrite le complexe balnéaire de Mazagan. **Sidi Bouzid**, à 5 km au sud-ouest d'El-Jadida, est prisé des amateurs de soleil et des surfeurs.

Où se loger

Il existe quelques hôtels agréables près de la Cité portugaise. Ceux de la ville nouvelle, plus modernes et confortables, ont moins de caractère.

Hôtel de Bordeaux HÔTEL €
(☎0523 37 39 21 ; 47 rue Moulay Ahmed Tahiri ; s/d sans sdb 100/160 Dh, avec sdb 180/230 Dh). Meilleure adresse dans la catégorie petits budgets, cette maison traditionnelle de la médina réunit autour d'une cour couverte de petites chambres confortables, avec sdb uniquement au 1er étage. Plus on monte, plus le tarif est bas, mais pour une douche chaude, vous devrez descendre à la sdb commune du rez-de-chaussée. L'hôtel est bien indiqué depuis la rue ben Tachfine.

♥ **Dar al-Manar** B&B €€
(☎0523 35 16 45, 0661 49 54 11 ; www.dar-al-manar.com ; ch 800-1 000 Dh ; ❄@). Ouverte sur l'océan, cette sublime maison en bordure d'El-Jadida loue 5 spacieuses chambres au sobre décor marocain contemporain. Le jardin et la lumineuse salle à manger vous sont ouverts. Les dîners, à commander à l'avance, sont préparés avec des légumes bio du potager. Appelez pour que l'on vous indique le chemin. Proche du phare de Sidi Mesbah, l'établissement est signalé sur la route d'El-Jadida à Azemmour au nord.

Riad Le Mazagao RIAD €€
(☎0523 35 01 37 ; www.lemazagao.com ; 6 derb el-Hajjar ; d sans sdb 550-825 Dh ; ❄). Dans cette charmante pension de la médina règne une chaleureuse atmosphère XIXe siècle. Les grandes chambres douillettes de style marocain, avec carreaux de faïence et textiles locaux, se répartissent autour de la cour et sur le toit-terrasse. Les sdb communes sont impeccables. En régime demi-pension pour un séjour de plus d'une semaine.

La Villa RIAD €€€
(☎0661 41 86 81, 0523 34 44 23 ; www.lavilla-david.com ; 4 av. Moulay Abdelhafid ; ch/ste 1 100/1 540 Dh ; ❄ ᯤ ≋). Tenu par deux Français, ce ravissant hôtel contemporain a été aménagé dans une villa ancienne aux portes de la vieille ville. Distribuées autour d'une cour blanche, les chambres sont dotées d'écrans plasma, de l'accès Wi-Fi et de sols et sdb en tadelakt (enduit à la chaux). Un petit bar avoisine la piscine sur le toit, et la terrasse comprend un solarium qui domine la vieille ville. Le restaurant, le meilleur de la ville, propose une cuisine franco-marocaine inventive (dîner 350 Dh).

✕ Où se restaurer

Quelques adresses pratiquent des tarifs abordables et le nombre de cafés va croissant.

Restaurante La Portugaise MAROCAIN €
(rue Mohammed Ahchemi Bahbai ; plats à partir de 40 Dh ; ⏲déj et dîner). Juste à l'intérieur des murs de la vieille ville, ce sympathique petit resto aux nappes à carreaux rouges propose des plats de poisson, de poulet et des tajines d'un bon rapport qualité/prix.

Restaurant Tchikito POISSON €
(4 rue Mohammed Smiha ; assortiment de poissons 40 Dh). Proche de la place Hansali, une adresse à recommander pour son délicieux poisson frit servi avec une sauce relevée et ses prix modérés.

Pâtisserie Royale DOUCEURS €
(pl. Mohammed V). Pour vous attarder devant un délicieux café dans un cadre à l'ancienne et papoter avec les autres clients sans que l'on vous pousse à commander une autre consommation.

Le Requin Bleu POISSON €€
(☎0523 34 80 67 ; plats environ 80 Dh ; ⏲déj et dîner). Situé face à la plage de Sidi Bouzid, à 5 km au sud-ouest d'El-Jadida, Le Requin Bleu a pour habitude de préparer d'excellents poissons.

Restaurant du Port POISSON €€
(☎0523 34 25 79 ; port du Jadida ; plats 80 Dh ; ⏲déj et dîner lun-sam, déj dim). Montez à l'étage pour profiter de la vue sur le port et les remparts. C'est en outre l'un des meilleurs restaurants d'El-Jadida, qui excelle principalement dans ses préparations simples de poisson et fruits de mer. L'ambiance détendue en fait un endroit plaisant pour les femmes. Sert de l'alcool.

ℹ Renseignements

Dans le centre-ville, de nombreuses banques disposent de DAB. Plusieurs cybercafés bordent l'avenue Mohammed VI.

@Kiltec (1er ét., 62 pl. Hansali ; 6 Dh/h ; ⏲9h-23h, fermé déj ven). Cybercafé.

Clinique Les Palmiers (☎0523 39 39 39 ; rte de Casablanca ; ⏲24h/24). Service d'urgences ouvert 24h/24.

Pharmacie de nuit (près de l'av. Mohammed VI ; ⏲21h-8h)

Poste principale (pl. Mohammed V ; ⏲8h30-16h30 lun-ven)

Syndicat d'initiative (pl. Mohammed V ; ⏲8h30-18h30 jeu-mar). Rareté au Maroc, cet office du tourisme est bien informé et serviable.

Depuis/vers El-Jadida

BUS

La **gare routière** (av. Mohammed V) se situe à 10 minutes de marche du centre. Des bus CTM desservent Casablanca (40 Dh, 2 heures, 4/jour), Essaouira (90 Dh, 4 heures 30, 1/jour) et Safi (60 Dh, 2 heures 30, 6/jour). Des bus locaux moins chers rallient les mêmes destinations ainsi qu'Azemmour (7 Dh), Rabat (40 Dh, 4 heures, 12/jour) et Marrakech (45 Dh, 4 heures, toutes les heures). Le bus n°2 pour Sidi Bouzid (5 Dh) et le n°6 pour Moulay Abdallah (5 Dh) partent d'un arrêt situé juste au nord de la Cité portugaise.

TAXI

Des grands taxis à destination d'Azemmour (10 Dh, 15 minutes) et de Casablanca (35 Dh, 1 heure) stationnent dans une rue proche de la gare routière longue distance. Des taxis pour Oualidia (25 Dh, 40 minutes) et Safi (55 Dh, 1 heure 30) partent d'un carrefour sur la route de Sidi Bouzid ; prenez un petit taxi (5 Dh) pour le rejoindre. La station des grands taxis pour Sidi Bouzid (5 Dh) et Moulay Abdallah (6 Dh) se trouve tout à côté de la gare routière locale, au nord de la Cité portugaise.

TRAIN

La gare ferroviaire se situe à 4 km au sud d'El-Jadida. Chaque jour, 8 trains circulent depuis/vers Casablanca (35 Dh, 1 heure 20). La course en petit taxi jusqu'au centre revient à 10 Dh environ.

Azemmour

El-Amine, l'un des peintres les plus connus d'Azemmour, a souvent représenté son sujet favori : la vue, depuis son toit-terrasse, sur la médina et ses remparts, nichés entre l'Oum er-Rbia ("mère du printemps") et l'océan, avec les champs au-delà.

Bourgade tranquille au charme languide, cette jolie ville a inspiré de nombreux artistes, qui sont venus s'y installer. Quoique proche du marché de l'art de Casablanca, la vie y reste simple ; les fermiers et les pêcheurs font toujours du porte-à-porte pour vendre leurs produits. Sa médina portugaise fortifiée et quelques superbes hébergements en font un endroit parfait pour se détendre quelques jours près de la rivière.

Les Portugais construisirent en 1513 la cité qui devint un de leurs comptoirs marchands le long de la côte. Capturé et réduit en esclavage, Estevanico le Noir (ou le Maure), son habitant le plus célèbre, devint l'un des quatre premiers explorateurs à traverser entièrement le continent nord-américain de la Floride au Pacifique.

À voir

Principal attrait d'Azemmour, la médina, avec ses remparts ocre, ses ruelles sinueuses et ses maisons chaulées, a conservé son authenticité. À la différence d'Asilah au nord, elle offre un aperçu de la vie réelle dans le Maroc moderne. Vous pouvez grimper sur les **remparts** près de la place du Souk ou par un escalier au coin nord-est de la médina. Marchez le long des murs pour découvrir **Dar el Baroud**, la poudrière portugaise dont ne subsiste que la tour. Au nord de la médina, le mellah précède de superbes points de vue sur le fleuve. Un peu partout dans la médina, vous verrez des murs peints par des artistes locaux, des ateliers d'artistes, dont celui d'**Ahmed el-Amine** (☎0523 35 89 02 ; 6 Derb el-Hantati), et quelques boutiques qui vendent des broderies d'Azemmour.

Où se loger et se restaurer

De nombreux petits restaurants longent le pied des remparts à l'extérieur, dans la ville nouvelle.

Riad Azama — RIAD €€

(☎0523 34 75 16, 0648 24 14 85 ; riadazama@menara.ma ; 17 impasse Ben Tahar; ch avec petit-déj 980 Dh ; wifi). Cette splendide demeure du XIXe siècle aux boiseries sculptées et aux magnifiques plafonds peints est coiffée d'un toit-terrasse qui domine la médina. Ses chambres, un peu sombres, se distribuent autour de la cour verdoyante. Dîner sur demande.

L'Oum Errebia — HÔTEL €€€

(☎0523 34 70 71 ; www.azemmour-hotel.com ; 25 impasse Chtouka ; s/d avec petit-déj 600/800 Dh, avec vue fleuve 900/1200 Dh ; wifi). Mêlant style marocain traditionnel et design contemporain chic, les chambres sans prétention sont charmantes, et le salon spacieux, avec cheminée et piano, fait office de galerie d'art moderne. Le hammam propose divers soins (gommage 150 Dh, massage 200 Dh). La vaste terrasse surplombe le fleuve, et les repas (250 Dh) sont servis à la grande table commune de la salle à manger.

Renseignements

Vous trouverez à Azemmour plusieurs banques, une pharmacie et un cybercafé, le **Capsys** (près de la pl. du Souk ; 7 Dh/h).

Depuis/vers Azemmour

Neuf trains par jour s'arrêtent désormais à Azemmour Halte, reliant la ville à El-Jadida (15 Dh, 15 min) et Casablanca (31 Dh, 1 heure).

Le trajet en grand taxi/bus d'Azemmour à El-Jadida coûte 10/7 Dh.

Oualidia الوالدية

4 200 HABITANTS

La route côtière entre El-Jadida et Oualidia longe les champs qui descendent vers le rivage découpé et offre une vue encore plus plaisante à l'arrivée : la délicieuse petite cité balnéaire d'Oualidia borde une splendide lagune en forme de croissant, frangée de sable doré et protégée de la houle de l'Atlantique par un brise-lames rocheux. Avec un bon choix d'hébergements et d'excellents restaurants de poisson (ses huîtres sont très réputées), Oualidia est une destination de week-end prisée des Marrakchis et des Casablancais.

Bondée en été, elle retrouve son calme hors saison, quand les distractions se résument à la détente, au surf, à la natation et aux bons repas.

À voir et à faire

La ville doit son nom au sultan saadien el-Oualid qui, en 1634, édifia la casbah, aujourd'hui en ruine, sur le promontoire dominant la lagune. L'emplacement séduisit également la famille royale marocaine : la belle villa qui se dresse au bord de l'eau était le palais d'été de Mohammed V. La plupart des hôtels et des restaurants jalonnent la route vers la plage (1 km) ; suivez les panneaux à côté de la poste. Aucun taxi ne circule sur cet itinéraire, mais les hôtels organisent le transport.

Lagune SPORTS NAUTIQUES

Les eaux calmes de la lagune sont idéales pour la **baignade**, la **voile** et la **pêche**. La large plage de sable, de part et d'autre du brise-lames, convient pour la **planche à voile** et le **surf**.

Surfland SPORTS NAUTIQUES

(☎0523 36 61 10 ; ⏲avr à mi-nov). Indiquée à gauche sur la route de la plage, cette école de surf bien organisée est dirigée par le champion de surf marocain Noureddine Joubir. Les cours de 1 heure 30 pour adulte/enfant coûtent 250/200 Dh.

Ostréa II HUÎTRES

(☎0523 36 63 24 ; http://ostrea.ma/oualidia). Oualidia est renommée pour son activité ostréicole qui produit 200 tonnes d'huîtres par an. La visite du parc à huîtres n°7 à l'Ostréa II vous fera découvrir le travail des ostréiculteurs. Son excellent restaurant sert des huîtres (180 Dh la douzaine) entre autres fruits de mer. L'Ostréa II loue également des chambres doubles à 700 Dh. Il se situe à l'entrée d'Oualidia, sur la route de Casablanca.

Où se loger et se restaurer

Tous les hôtels cités possèdent un restaurant. Quelques établissements un peu moins chers bordent la route de la plage, et les nombreuses agences de la ville louent des appartements et des villas. Plusieurs gargotes bon marché jalonnent l'artère principale.

Hôtel Thalassa HÔTEL €

(☎0523 36 60 50 ; s/d 150/200 Dh, basse saison 100/150 Dh). Seul hôtel de l'artère principale, le Thalassa loue de grandes chambres chaulées, dotées d'impeccables sdb à l'ancienne. Bon rapport qualité/prix, mais loin de la plage.

L'Araignée Gourmande HÔTEL €

(☎0523 36 64 47 ; www.araignee-gourmande.com ; s/d 240/280 Dh ; wifi). Une adresse accueillante aux chambres spacieuses, certes un peu vieillottes mais de bon confort. Les plus plaisantes bénéficient de balcons donnant sur le lagon, à la différence de celles du nouveau bâtiment. Elles se trouvent à l'étage du restaurant qui prépare de succulents poissons et fruits de mer (plats à partir de 80 Dh).

Hôtel-Restaurant L'Initiale B&B €€

(☎0523 36 62 46 ; initialhotel@menara.ma ; ch avec petit-déj 500 Dh). À l'abri d'une petite villa blanche décorée dans des tons orangés, cet établissement possède 6 jolies chambres confortables et bien équipées, avec des sdb immaculées et de minuscules balcons. C'est aussi ici que se trouve l'une des meilleures tables d'Oualidia (plats à partir de 80 Dh), très fréquentée, et où l'on peut accompagner de vin un beau choix de plats de poisson et de pizzas.

L'Hippocampe HÔTEL €€€

(☎0523 36 61 08 ; hotelhippocampe@hotmail.com ; d demi-pension 1 400 Dh, ste vue mer 2 600 Dh ; wifi). Donnant sur la lagune, cet établissement chaleureux aux tons rose saumon distille un air marin au milieu d'un jardin plein de fleurs. En outre, le restaurant de poisson (plats environ 120 Dh) est délicieux et il suffit de descendre les marches pour atteindre la plage. Familles bienvenues.

La Sultana HÔTEL €€€

(☎0523 38 80 08 ; http://lasultanahotels.com/oualidia ; parc à huîtres nº 3 ; ch 2 900-5 300 Dh ;). Particulièrement luxueux, cet établissement de 11 chambres avec cheminée, Jacuzzi et terrasse sur la lagune se niche dans un superbe jardin paysager. Il se complète de trois restaurants, une piscine couverte, une piscine à débordement et un spa. Matériaux locaux et technologie permettant d'économiser l'eau, tout a été mis en œuvre pour avoir un impact minimal sur l'environnement.

Dégustation en bord de plage FRUITS DE MER €

Dès la fin d'après-midi, sur le bord de plage, on peut directement acheter des fruits de mer aux pêcheurs depuis leurs bateaux ou dans des caisses à l'arrière de leurs scooters. Huîtres, palourdes, couteaux et oursins sont ouverts sous vos yeux et servis avec un filet de citron pour environ 6 Dh l'unité. Un vrai régal.

Renseignements

La ville possède une banque, un bureau de la CTM et un cybercafé dans la rue principale. Le samedi, les fermiers des villages alentour viennent vendre leurs produits au souk. Consultez le site www.oualidia.info pour des informations touristiques.

Depuis/vers Oualidia

De grands taxis desservent irrégulièrement El-Jadida (25 Dh, 40 min) et Safi (25 Dh, 45 min). Ils partent près de la poste dans l'artère principale. La CTM propose un bus quotidien (30 Dh) dans les deux sens. Depuis la route principale, la lagune et les hébergements sont à 10 minutes à pied en contrebas. Les grands taxis demandent un supplément pour vous y descendre.

Safi آسفي

285 000 HABITANTS

Port prospère et centre industriel, Safi est bien moins pittoresque que les villes voisines du littoral, mais offre un aperçu de la vie quotidienne d'une cité marocaine. La plupart des touristes s'y arrêtent sur la route d'Essaouira pour découvrir le quartier où sont produites les poteries colorées typiques de Safi.

Boulevards arborés et maisons blanchies à la chaux confèrent un certain charme à la ville nouvelle, mais les ruelles de la médina fortifiée ignorées des touristes ont bien plus de cachet. Quant aux plages, une forte houle y souffle.

Déjà connu des Phéniciens et des Romains, le port naturel de Safi a prospéré au XIe siècle grâce au commerce transsaharien – entre Marrakech et la Guinée – d'or, d'esclaves et d'ivoire. Avec l'édification d'un ribat par les Mérinides au XIVe siècle, la cité devint un important centre religieux et culturel. Les Portugais l'occupèrent brièvement de 1508 à 1541, l'agrandirent et construisirent l'imposante forteresse Qasr al-Bahr ainsi qu'une cathédrale. Autant de monuments détruits à leur départ, lorsqu'ils durent fuir les Saadiens qui les avaient assiégés.

Au XVIe siècle, Safi s'enrichit grâce au commerce du cuivre et du sucre, provoquant l'afflux de marchands et d'agents européens. Cependant, après la reconstruction du port d'Essaouira au XVIIIe siècle, la ville sombra dans l'oubli.

Elle dut attendre le XXe siècle pour connaître un véritable renouveau, quand sa flotte de pêche se développa et que d'immenses conserveries furent construites pour traiter les 30 000 tonnes de sardines pêchées chaque année. Une énorme usine de phosphate fut implantée au sud de la ville et contribua à sa croissance rapide. Aujourd'hui, Safi est l'un des plus grands ports du pays.

À voir

Colline des Potiers SITE D'INTÉRÊT

Au-delà de Bab Chaba, sur la colline qui fait face à la porte de la médina, se profilent les fours en terre et les cheminées de la colline des Potiers. Vous pouvez visiter les coopératives et découvrir les techniques traditionnelles des artisans. Si un potier vous invite dans son atelier pour une démonstration, il s'attend à ce que vous laissiez un pourboire ou achetiez un ou deux objets.

Qasr al-Bahr BÂTIMENT HISTORIQUE

(château de la Mer ; 10 Dh). L'imposant château domine les vagues de l'Atlantique qui s'écrasent sur le front rocheux. La forteresse fut érigée par les Portugais pour asseoir leur autorité, loger le gouverneur et protéger le port. Prenez la rampe dans la cour pour

Safi

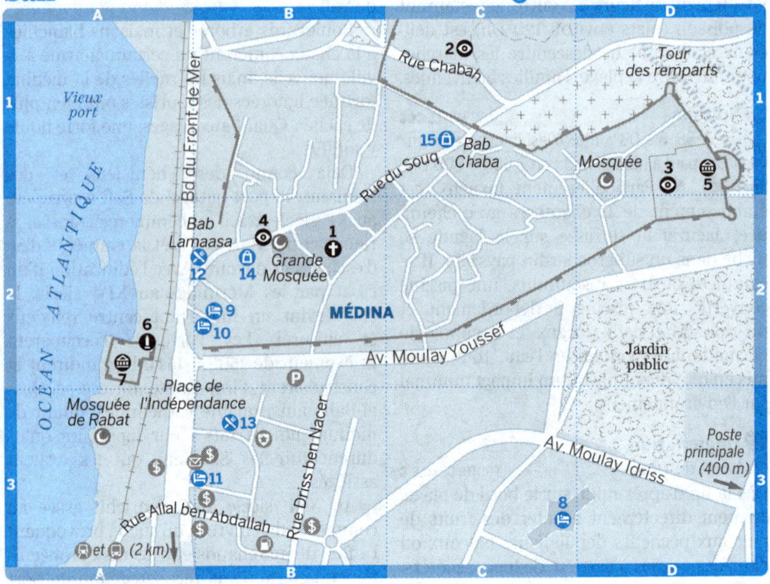

Safi

À voir

1 Cathédrale portugaise B2
2 Colline des Potiers C1
3 Kechla D1
4 Médina B2
5 Musée national de la Céramique D1
6 Tour de la prison A2
7 Qasr al-Bahr A2

Où se loger

8 Hôtel Farah C3
9 Hôtel Majestic B2
10 Hôtel de l'Avenir B2
11 Riad Asfi B3

Où se restaurer

12 Café les Remparts B2
13 Restaurant Gégène B3

Achats

14 Magasin de poteries à prix fixes B2
15 Souk des poteries C1

atteindre le bastion sud-ouest et son splendide point de vue. À droite de l'entrée, la **tour de la prison** rappelle le terrible sort des prisonniers enfermés au sous-sol avant d'être exécutés ou vendus comme esclaves. Grimpez au sommet pour le panorama sur la médina.

MÉDINA

Cernée de murs, la médina fait face au Qasr al-Bahr. Son artère principale, la rue du Souk, court au nord-est de Bab Lamaasa. C'est alentour que se tiennent la plupart des souks de bijoux, de vêtements et de produits alimentaires. Sur la droite, une ruelle sinueuse mène aux vestiges de la **cathédrale portugaise** (10 Dh) que les Lisutaniens ont dû laisser inachevée.

Musée national de la Céramique

MUSÉE

La **Kechla**, une construction défensive dotée de rampes, de plates-formes d'artillerie et de quartiers d'habitation, a été restaurée et transformée en musée. Poteries de Safi, de Fès et de Meknès y avoisinent quelques œuvres contemporaines d'artistes locaux.

Où se loger et se restaurer

Hôtel Majestic

HÔTEL

(☎0524 46 40 11 ; pl. de l'Indépendance ; s/d/tr 50/100/150 Dh). Les grandes chambres propres, dont certaines avec vue sur l'océan, et la propreté des sdb communes font du Majestic, parfois un peu bruyant, une option envisageable dans la médina. Douche chaude facturée 10 Dh.

Hôtel de l'Avenir HÔTEL €
(☎0524 13 14 46 ; pl. de l'Indépendance ; s/d 120/140 Dh, sans sdb 70/80 Dh). Spartiates mais propres, des chambres bon marché comme il en existe quelques-unes dans la médina. Café en terrasse pour le petit-déjeuner. Douche chaude facturée 10 Dh.

Hôtel Farah HÔTEL €€
(☎0524 46 42 99 ; www.goldentulipfarahsafi.com ; av. Zerktouni ; s/d/ste 545/600/1 850 Dh ; ❄📶🏊). Le meilleur hôtel de Safi vous reçoit dans de grandes chambres stylées aux tons neutres, avec des couettes hypoallergéniques, un minibar et une sdb rutilante. La terrasse de la piscine bénéficie d'une jolie vue et l'établissement comprend une salle de remise en forme, un hammam, un restaurant et une discothèque.

Riad Asfi HÔTEL €€
(☎0524 46 46 95 ; www.hotelriadasfi.com ; 11 pl. de l'Indépendance ; s/d 350/450 Dh ; 📶). Malgré son nom, cet établissement n'a d'un riad que les murs en tadelakt de ses chambres. Il reste néanmoins un hôtel moderne à la situation centrale pratique et aux chambres confortables (celles à balcon sont plus gaies que les chambres intérieures avec fenêtre).

Restaurants de poisson en plein air POISSON €
Safi a pour spécialités fruits de mer et poissons, notamment les sardines. L'endroit parfait pour les goûter se situe sur la colline dans l'un des restaurants autour du rond-point de Sidi Bouzid. Convenez du prix avant de commander, car le poisson est facturé au poids, ou commandez le plat du jour – une assiette de poisson servie avec du pain et une sauce tomate relevée. Prévoyez quelque 10 Dh pour gagner le rond-point par taxi.

Café les Remparts CAFÉ €
(rue du Socco ; sandwichs 20 Dh, plats 50-65 Dh ; 📶). Un endroit parfait pour observer les passants, sur la petite place menant à la médina. Oubliez l'intérieur un peu fade et faites votre choix parmi tajines, sandwichs et pâtes.

Restaurant Gégène MAROCAIN, MÉDITERRANÉEN €€
(☎0524 46 33 69 ; 11 rue de la Marne ; plats 80 Dh; ⏲dîner lun-sam). Un service à l'ancienne, un cadre plaisant et une carte excellente qui décline nombre de plats marocains et méditerranéens, tajine d'agneau, pizza et huîtres d'Oualidia, tous servis avec un verre de vin.

Restaurant La Trattoria ITALIEN €€€
(☎0524 62 09 59 ; 2 rue l'Aouinate ; repas 200 Dh ; ⏲19h-23h). Tenue par la même direction que Gégène mais plus élégante, La Trattoria est un endroit agréable à l'ambiance détendue où l'on sert une cuisine italienne sans surprise. Pizzas, pâtes, poissons et fruits de mer figurent à la carte. Près du boulevard du Front de Mer, à 400 m au nord de la médina.

Achats

Renommée pour sa poterie, Safi est l'endroit où l'on peut se faire plaisir avec de beaux exemplaires mais attention aux piètres attrape-touristes. Pour vous faire une idée des prix, visitez le **magasin de poteries à prix fixes** (⏲ 9h-20h), sur la rive droite de la rue du Souk en venant de Bab Lamaasa. C'est à l'extrémité de la rue, sur la gauche, que vous découvrirez le pittoresque **souk des poteries**.

Renseignements

De nombreux DAB et banques se regroupent autour de la place de l'Indépendance et de la place Driss Ben Nacer. Consultez le site www.safi-ville.com pour des informations touristiques.

Poste principale (av. Sidi Mohammed Abdallah ; ⏲8h30-16h30 lun-ven)

Poste (pl. de l'Indépendance ; ⏲8h30-16h30 lun-ven)

Depuis/vers Safi

BUS

La plupart des bus de la **CTM** qui font halte à Safi viennent d'une autre ville, aussi vaut-il mieux réserver au moins la veille. Parmi les destinations desservies figurent Agadir (115 Dh, 5 heures, 3/jour), Casablanca (95 Dh, 4 heures, 6/jour), El-Jadida (60 Dh, 2 heures, 4/jour) et Essaouira (50 Dh, 2 heures, 4/jour). D'autres compagnies offrent des départs quotidiens pour ces destinations, ainsi que pour Oualidia et Tiznit.

TAXI

Les grands taxis pour Marrakech (75 Dh) et Essaouira (60 Dh), entre autres destinations, partent du parking qui jouxte la gare routière. Ceux pour Oualidia (25 Dh, 45 minutes) et El-Jadida (55 Dh, 1 heure 30) stationnent à un bon kilomètre au nord de Safi, sur la route d'El-Jadida.

TRAIN

De la **gare ferroviaire** (rue de R'bat) de Safi partent chaque jour 2 trains à 5h50 et 15h50, avec changement à Benguérir, pour

Casablanca (75 Dh, 4 heures 30), Rabat (110 Dh, 5 heures 30) et Fès (185 Dh, 8 heures).

Comment circuler

La **gare routière** (av. du Président Kennedy) et la **gare ferroviaire** sont assez loin du centre, au sud de la ville. Du centre-ville, comptez environ 12 Dh en petit taxi pour l'une ou l'autre. Les bus locaux partent au nord de la place Driss ben Nacer.

Environs de Safi

Au nord de Safi, la route longe un superbe littoral sauvage, bordé de falaises abruptes et ponctué de somptueuses criques de sable. Première halte, le cap de Sidi Bouzid offre une belle vue sur la ville et un restaurant de poisson prisé, **Le Refuge** (0524 46 43 54 ; rte de Sidi Bouzid ; plats 100 Dh ; mar-dim).

Plus loin, des plages désertes deviennent des spots de surf courus, avec l'une des plus longues droites tubulaires au monde. À 12 km de Safi, **Lalla Fatna**, une plage abritée, est l'une des plus belles de cette portion de côte ; tournez à gauche au café Lalla Fatna, et descendez les marches jusqu'au sable, au pied des falaises. Plus loin, la route rejoint le **cap Beddouza** (23 km), son phare et sa large plage de sable.

En été (mai-septembre), le bus n°15 effectue ce trajet au départ de la rue Driss ben Nacer à Safi.

Essaouira الصويرة

70 000 HABITANTS

Avec ses remparts, son port de pêche et les mouettes qui tournoient dans le ciel, Essaouira semble d'emblée familière. De prime abord, on pourrait presque se croire en Bretagne, ce qui n'a rien d'étonnant puisque la cité a été conçue par l'architecte français qui a dessiné Saint-Malo. Pourtant, dès que l'on franchit les murs, on découvre une atmosphère typiquement marocaine : des ruelles étroites, un vent réputé rendre fou, des effluves de poisson et d'iode mélangés au parfum des épices et du bois de thuya, des femmes en *haik* (voile) blanc, l'ombre des palmiers sur les murailles rouges à la mi-journée, et le son des tambours et des chants gnaouas qui monte des échoppes et des maisons.

L'alizé (*taros* en berbère), un vent marin, souffle ici presque toute l'année et fait d'Essaouira – surnommée "la cité africaine du vent" – l'éden marocain des surfeurs. Grâce à lui, la ville a conservé son caractère car les touristes amateurs de plage la délaissent au profit d'Agadir, plus au sud, et de son climat tempéré. Le port de pêche conserve son animation, les menuisiers réalisent des merveilles et la médina demeure aussi importante pour les habitants que prisée des touristes.

Essaouira se situe à la croisée des chemins de deux tribus : les Chiadma arabes au nord et les Haha berbères au sud. Ajoutez les Gnaouas, venus d'Afrique subsaharienne, et les Européens pour obtenir un riche mélange culturel. La lumière et la beauté de la ville ont de tout temps séduit les artistes et Essaouira possède une scène artistique florissante. Le sculpteur Boujemâa Lakhdar a créé le musée local dans les années 1950, et inspiré une génération d'artistes. Depuis, les peintres naïfs autodidactes, qui représentent leurs rêves dans une palette de couleurs vives, ont obtenu une réputation internationale, principalement grâce aux efforts des galeries d'art.

L'hiver, quand le vent hurle et que les vagues s'écrasent sur les remparts, est la saison la plus propice pour découvrir la véritable Essaouira. En été, la cité est envahie de vacanciers marocains, la plage bondée et les hôtels affichent complet.

Histoire

Si l'essentiel de la vieille ville et des fortifications date du XVIIIe siècle, l'histoire d'Essaouira remonte bien plus loin, à l'époque des Phéniciens. Des siècles durant, la cité fut dominée par des étrangers et, bien qu'elle soit redevenue marocaine, leur influence se fait encore sentir dans son aspect et son ambiance. Vers la fin du XVe siècle, les Portugais, mesurant les avantages de la baie, y établirent un comptoir marchand et militaire qu'ils appelèrent Mogador. La communauté juive locale servait alors d'intermédiaire entre le sultan et les puissances étrangères ; elle avait par ailleurs le monopole de la vente du blé aux chrétiens. En 1541, les Portugais abandonnèrent le port aux Saadiens et il déclina, éclipsé par Agadir. Mogador reprit de l'importance lorsque le pouvoir politique passa aux mains des Alaouites, mais ne recouvra jamais son rayonnement d'antan.

En 1764, le sultan Sidi Mohammed ben Abdallah s'installa à Essaouira, d'où ses corsaires pouvaient attaquer les habitants d'Agadir en révolte contre son autorité. Il engagea l'architecte français Théodore Cornut afin de créer une cité au milieu du sable et du vent. La combinaison de styles marocain et européen plut au sultan, qui nomma la ville Essaouira ("la bien conçue"). Le port devint rapidement un carrefour marchand essentiel entre Tombouctou et l'Europe ; le commerce de l'or, du sel, de l'ivoire et des plumes d'autruche était contrôlé et taxé par une garnison de 2 000 soldats du sultanat.

Lorsque les Français instaurèrent leur protectorat en 1912, ils renommèrent la ville Mogador et firent de Casablanca, Tanger et Agadir les principaux ports de commerce. Ce n'est qu'à l'Indépendance, en 1956, que la bourgade somnolente redevint Essaouira. Orson Welles y filma *Othello*, puis, après une visite éclair de Jimi Hendrix, les hippies en firent l'un de leurs repaires. Depuis, Essaouira attire un flot régulier de visiteurs, des artistes, des écrivains et des surfeurs ou de simples touristes européens fuyant la foule de Marrakech.

À voir

Si Essaouira possède peu de sites à proprement parler, la médina, les souks, les remparts, le port et la plage invitent à flâner tout en s'accordant une pause pour un déjeuner, un café ou un jus de fruits.

Médina — MÉDINA

Inscrite au patrimoine mondial de l'Unesco depuis 2001, la médina d'Essaouira a conservé ses remparts de la fin du XVIIIe siècle, magnifique témoignage d'architecture militaire européenne en Afrique du Nord. L'ambiance détendue, les ruelles sinueuses bordées de boutiques pittoresques, les maisons chaulées et les portes en bois massif font de toute promenade un moment d'émerveillement.

Des remparts, battus par les vagues, la vue plonge sur le dédale des rues. Filmés en prélude de l'*Othello* d'Orson Welles, ils servent de cadre à la scène où Iago se trouve enfermé dans une cage suspendue au-dessus des rochers et de l'océan. Pour les rejoindre, le plus simple consiste à passer par la **skala de la ville**, l'impressionnant bastion édifié le long des falaises. Des canons européens en bronze des XVIIIe et XIXe siècles jalonnent le chemin de ronde, d'où l'on contemple les flots, sublimes au coucher du soleil.

Skala du port — BÂTIMENT HISTORIQUE

(adulte/enfant 10/5 Dh; 9h-17h30, criée 15h-17h lun-sam). Plus bas, tout près du port, d'autres canons assuraient la défense de la *skala*. La vue sur le port de pêche et l'île de Mogador est charmante, mais ne manquez pas de vous retourner pour avoir "en vrai" un point de vue sur la médina présent dans toutes les brochures touristiques : une volée de mouettes sur fond de remparts.

Le port connaît une activité incessante toute la journée : va-et-vient des bateaux, pêcheurs reprisant leurs filets ou déchargeant leurs prises, construction d'embarcations traditionnelles en bois, vendues sur toute la côte marocaine et jusqu'en France car réputées pour leur navigabilité. La **criée**, dans la halle à la sortie du port, mérite aussi le coup d'œil.

Île de Mogador — SITE D'INTÉRÊT

(bateaux partant du port de pêche). Au large, vers le sud-ouest, cette île, plus exactement ces îles (deux îles et plusieurs îlots) sont célèbres depuis l'Antiquité. On y produisait à partir de mollusques la pourpre, d'où leur nom d'îles Purpuraires. Quelques vestiges témoignent de cette époque prospère. Aujourd'hui inhabitées, elles sont devenues une réserve de faucons d'Éléonore, que l'on peut observer à la jumelle de la plage d'Essaouira.

Des excursions en bateau privé y sont possibles en dehors de la période de reproduction, mais vous devrez obtenir un permis (gratuit) au bureau du port avant d'aller négocier le trajet auprès des petits bateaux de pêche. Si vous voulez rester quelques heures sur place, fixez un horaire auquel le bateau viendra vous chercher.

Musée Sidi Mohammed Ben Abdallah — MUSÉE

(0524 47 53 00 ; rue Laâlouj ; adulte/enfant 10/5 Dh). Un vieux riad superbement rénové accueille cette intéressante collection de bijoux, de costumes, d'armes, d'instruments de musique et de tapis de la région. Une section du musée explique les signes et les symboles utilisés par les artisans locaux. Sont également exposées toute une série de photos de la ville prises au début du XXe siècle, ainsi que les trouvailles archéologiques romaines et phéniciennes faites dans la baie.

Activités

À quelques kilomètres au sud d'Essaouira, à Diabat (p. 220), sont proposées promenades à cheval ou à dos de chameau.

Essaouira

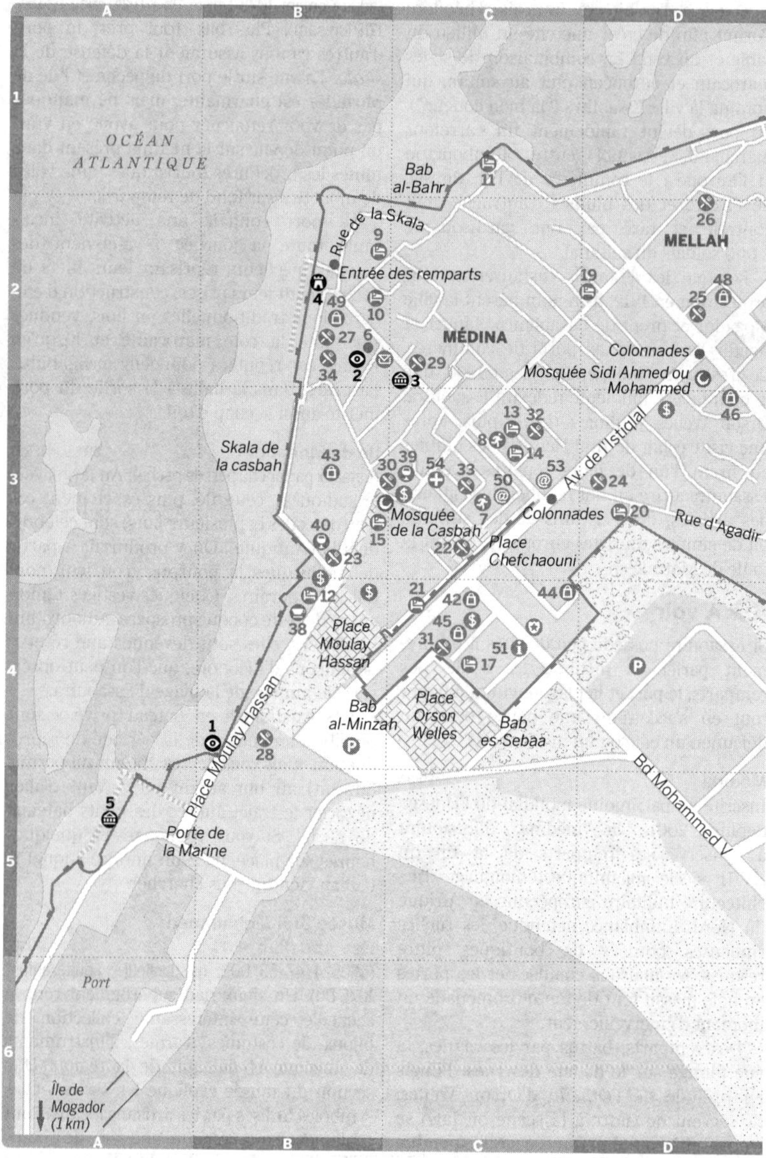

Plage

PLAGE

La large plage de sable d'Essaouira est idéale pour une promenade, mais les vents violents et les courants rendent la baignade dangereuse. Footballeurs, véli et amateurs de kitesurf en occupent l'extrémité côté ville, et laissent plus loin la place aux propriétaires de chevaux et de dromadaires. Ces derniers peuvent se montrer insistants ; refusez clairement leurs services (ou marchandez ferme si vous les utilisez).

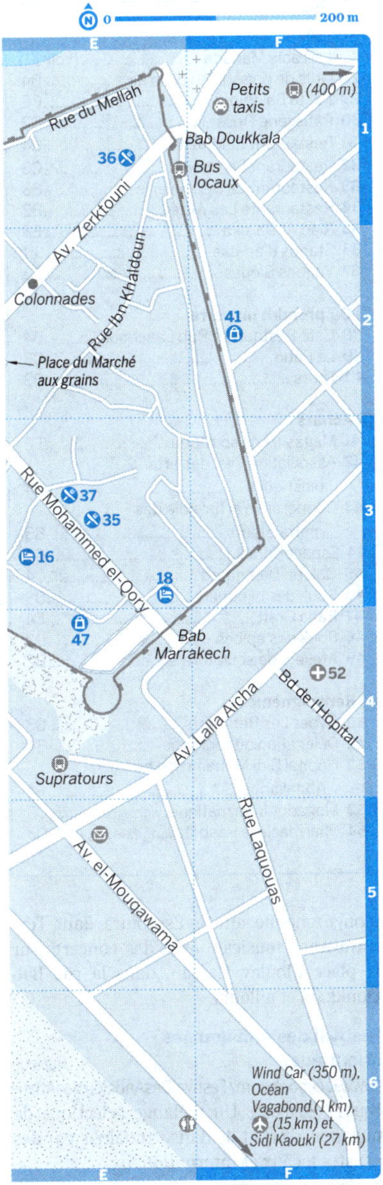

À pied, vous pouvez continuer vers le sud et traverser l'oued Ksob (impossible à marée haute) jusqu'aux ruines de **Borj el-Berod**, une forteresse et un pavillon partiellement ensablés. Selon la légende locale, l'endroit aurait inspiré la chanson *Castles Made of Sand* à Jimi Hendrix (voir p. 216). De là, vous pouvez marcher jusqu'au village de Diabat dans l'arrière-pays, ou continuer le long du rivage jusqu'aux dunes de sable du cap Sim.

Océan Vagabond SPORTS NAUTIQUES

(☎0524 78 39 34 ; www.oceanvagabond.com ; ⏲9h-18h). Cet établissement propose des leçons de surf de 2 heures (adulte/enfant 385/330 Dh), ainsi que des cours plus longs de kitesurf (6 heures, 2 310 Dh) et de planche à voile (4 heures, 1 000 Dh). Il loue également du matériel. Agréable café-restaurant avec terrasse sur la plage.

Hammam Lalla Mira HAMMAM

(☎0524 47 59 07 ; www.lallamira.net ; 14 rue d'Algérie ; hammam et gommage 75 Dh ; ⏲femmes 9h30-19h, hommes 19h-22h). Désormais chauffé à l'énergie solaire, c'est l'un des plus anciens hammams de la ville. Principalement tourné vers le tourisme, il propose dans un intérieur traditionnel des plus raffinés différents soins dont des massages à l'huile d'argan avantageux. Faute de séjourner dans la pension du même nom, il faut réserver.

Hammam de la Kasbah HAMMAM

(7 rue de Marrakech ; 10 Dh ; ⏲6h-20h30). Pour une expérience locale plus traditionnelle. Réservé aux femmes.

Hammam Riad el-Madina HAMMAM

(☎0524 47 59 07 ; 9 rue el-Attarine ; 70 Dh, massage à partir de 300 Dh ; ⏲femmes 9h-10h et 15-16h, mixte 10h-12h30 et 16h-19h). Une autre bonne adresse.

Cours

L'Atelier Madada CUISINE

(☎0524 47 55 12 ; www.lateliermadada.com ; 5 rue Youssef el-Fassi ; ⏲10h30-17h). Joliment aménagée dans un ancien entrepôt, cette école de cuisine organise des cours pour 8 élèves en français et en anglais. Vous apprendrez les secrets des tajines et du couscous le matin (450 Dh, déjeuner compris), et ceux de la pâtisserie marocaine l'après-midi (200 Dh).

Alliance franco-marocaine LANGUE

(☎0524 47 61 97 ; www.ambafrance-ma.org/institut/afm-essaouira/index.cfm ; Derb Lâalaouj, 9 rue Mohammed Diouri ; ⏲9h-12h30 et 14h30-18h30 lun-ven). Cours d'arabe de 8 semaines, films, expositions et événements culturels.

Essaouira

À voir

1 Criée B4
2 Médina B2
3 Musée Sidi Mohammed Ben Abdallah C2
4 Skala de la ville B2
5 Skala du port A5

Activités

6 Alliance franco-marocaine B2
Écotourisme et Randonnées .... (voir 33)
7 Hammam de la Kasbah C3
Hammam Lalla Mira .... (voir 16)
8 Hammam Riad el-Madina C3
L'Atelier Madada .... (voir 17)

Où se loger

9 Dar Adul B2
10 Dar Afram B2
11 Dar Al-Bahar C1
12 Hôtel Beau Rivage B4
13 Hôtel Les Matins Bleus C3
14 Hôtel Souiri C3
15 Jack's Apartments B3
16 Lalla Mira E3
17 Madada C4
18 Palais Heure Bleue E3
19 Riad Etoile d'Essaouira D2
20 Riad Nakhla D3
21 Villa Maroc C4

Où se restaurer

22 Café de l'Horloge C3
23 Café Faid B3
24 Elizir D3
25 Souk aux poissons D2
26 La Cantina D2
27 La Licorne B2
La Table Madada .... (voir 17)
28 Grils de poisson en plein air B4
29 Pasta Baladin C2
30 Pâtisserie Driss B3
31 Restaurant El-Minzah C4
32 Restaurant Ferdaous C3
33 Restaurant La Découverte C3
34 Restaurante Les Alizés B2
35 Riad Al-Baraka E3
36 Stands d'en-cas E1
37 Vagues Bleues E3

Où prendre un verre

38 Café Restaurant Bab Laachour B4
39 Le Patio C3
40 Taros B3

Achats

41 Magasins de spiritueux F2
42 Association Tilal des arts plastiques C4
43 Coopérative artisanale des marqueteurs B3
44 Espace Othello C4
45 Galerie Damgaard C4
46 Souk des bijoutiers D3
47 Rafia Craft E4
48 Souk des épices D2
49 Ateliers de sculpture sur bois B2

Renseignements

50 Cyber Les Remparts C3
51 Délégation du tourisme C4
52 Hôpital Sidi Mohammed ben Abdallah F4
53 Mogador Informatique C3
54 Pharmacie la Kasbah C3

Circuits organisés

Écotourisme et randonnées RANDONNÉE
(0615 76 21 31 ; www.essaouira-randonnees.com/ ; rue Houmman El Fatouaki, Restaurant La Découverte). Pour découvrir la campagne d'Essaouira (200/450 Dh demi-journée/journée), notamment ses arganeraies locales, la cascade Sidi M'Bark et l'oued Ksob. On apprécie les connaissances ornithologiques des guides.

Festivals

Essaouira organise deux festivals majeurs qui attirent d'innombrables artistes et spectateurs.

Festival gnaoua et des musiques du monde MUSIQUE
(www.festival-gnaoua.net ; 3e week-end de juin). Quatre jours durant, ce célèbre festival plonge chaque année Essaouira dans l'extravagance musicale avec des concerts sur la place Moulay Hassan, dans la rue Bab Doukkala et ailleurs.

Festival des Andalousies atlantiques MUSIQUE
(www.facebook.com/FestivalDesAndalousiesAtlantiques ; fin oct). Un mélange éclectique de musique, d'art et de danse andalous par des artistes locaux et internationaux.

Où se loger

Il existe à Essaouira des hébergements de toutes catégories, mais les prix sont relativement élevés. La plupart des hôtels et des riads se situent dans la médina. En été, réservez ou arrivez en début de journée pour trouver une chambre. Faute de place dans la médina, de nouveaux hôtels sont construits le long de la côte plus au sud et sur le front de mer.

À cela s'ajoutent de nombreux appartements et riads, pour la plupart superbement aménagés et tout à fait intéressants si l'on voyage à plusieurs. Comptez 600 Dh la nuit pour un appartement de deux chambres. **Jack's Apartments** (☎0524 47 55 38 ; www.jackapartments.com ; 1 pl. Moulay Hassan) propose un bon choix de locations.

♥ Dar Afram — B&B €

(☎0524 78 56 57 ; www.dar-afram.com ; 10 rue Sidi Magdoul ; s/d à partir 150/300 Dh, tr 500 Dh ; wi-fi). Cette pension chaleureuse à l'ambiance joyeuse loue des chambres sobres et nettes avec sdb privative. Les propriétaires australo-marocains sont musiciens et un bœuf impromptu suit souvent le dîner, servi à une table commune. Une adresse prisée, à juste titre.

♥ Hôtel Les Matins Bleus — RIAD €

(☎0524 78 53 63 ; www.les-matins-bleus.com ; 22 rue de Drâa ; s/d/tr avec petit-déj 315/490/670 Dh, ste 800 Dh). Cachée au fin fond d'une impasse, cette adresse de charme abrite des chambres traditionnelles, avec murs blancs et textiles locaux, réparties autour d'une cour peinte dans des tons bleu-gris et sauge apaisants. Le petit-déjeuner est servi sur la terrasse abritée, qui domine la médina. Il vous est gracieusement offert de vous initier à la cuisine marocaine.

Hôtel Beau Rivage — HÔTEL €

(☎0524 47 59 25 ; beaurivage@menara.ma ; 14 pl. Moulay Hassan ; s/d/tr avec petit-déj 270/390/510 Dh ; wi-fi). Idéalement situé sur la place principale, cet établissement chaleureux possède des chambres claires et gaies, aux meubles modernes et aux sdb impeccables. Côté place, le spectacle est formidable, mais forcément un peu bruyant. Servi sur le paisible toit-terrasse, le petit-déjeuner est l'occasion de contempler d'en haut le port et la ville.

Riad Nakhla — RIAD €

(☎tél/fax 0524 47 49 40 ; www.essaouiranet.com/riad-nakhla ; 2 rue d'Agadir ; s/d/ste avec petit-déj 230/360/500 Dh ; wi-fi). Derrière la façade quelconque d'un établissement pas cher se cache en fait une jolie cour à colonnade, agrémentée d'une fontaine. Bien équipées et confortables, les chambres, d'une propreté irréprochable, sont typiquement marocaines, avec de belles fenêtres traditionnelles. Le petit-déjeuner est servi sur le toit-terrasse avec vue sur l'océan et la ville. Curieusement, les propriétaires n'ont pas changé les prix depuis des années.

Riad Étoile d'Essaouira — PENSION €

(☎0524 47 20 07 ; www.riadetoiledessaouira.com ; 2 rue Kadissiya, av. Sidi Mohammed ben Abdallah ; s/d/tr/ste 385/495/660/990 Dh ; wi-fi). Cette pension récemment ouverte dans le mellah de la médina dispose de tout le confort, TV comprise. Les textiles locaux ajoutent une belle tonalité. Chambres familiales.

Dar Al-Bahar — PENSION €

(☎0524 47 68 31 ; www.daralbahar.com ; 1 rue Touahen ; d sans/avec vue mer 550/660 Dh, ste 880 Dh). Les chambres de cette charmante pension de la médina, d'une élégante simplicité avec leurs murs blancs, comportent des meubles en fer forgé, égayés par des jetés de lit et des rideaux colorés. Des œuvres d'art locales ornent les murs, et la terrasse surplombe l'océan.

Hôtel Souiri — HÔTEL €

(☎0524 47 53 59 ; www.hotelsouiri.com ; 37 rue el-Attarine ; s/d 250/360 Dh, sans sdb 150/300 Dh ; wi-fi). Un hôtel bon marché et bien situé, mais rien de plus. Un logement honnête mais un peu triste qu'affectionnent les groupes de touristes.

♥ Dar Adul — PENSION €€

(☎0524 47 39 10 ; www.dar-adul.com ; 63 rue Touahen ; d 660-880 Dh, ste 1 300 Dh ; wi-fi). Les meubles et l'attention portée aux détails dans ce lieu agréablement restauré évoquent plus une maison qu'un hôtel. Toiles du propriétaire et boiseries colorées habillent les simples murs blancs de ces quelques chambres douillettes à l'éclairage subtil. L'extrême gentillesse du personnel renforce l'ambiance chaleureuse. Dîner sur demande.

Lalla Mira — HÔTEL €€

(☎0524 47 50 46 ; www.lallamira.net ; 14 rue d'Algérie ; s/d/ste 436/692/920 Dh ; @). Cette pension séduisante propose des chambres sans prétention avec des murs en tadelakt ocre, des lits hypoallergéniques, des meubles en fer forgé, des tissus naturels et un chauffage solaire au sol. Elle abrite aussi un excellent hammam et un bon restaurant (plats 90-120 Dh) servant quelques options végétariennes.

JIMI HENDRIX : LA LÉGENDE MAROCAINE

À Essaouira, on vous racontera diverses histoires... Jimi Hendrix y a vécu dans les années 1960. Il y possédait un riad où vous pouvez séjourner, ou un restaurant où vous devriez déjeuner. Il aurait vécu dans d'autres riads, dans un camping-car, ou dans une tente. Il essaya d'acheter l'île de Mogador. Il composa ici *Castles Made of Sand*. Il dédicaça une photo qui orne aujourd'hui les murs d'un restaurant local. Il voulut adopter un garçon marocain. Il engendra de nombreux enfants. Il partagea une chambre avec Timothy Leary.

Toutes ces histoires ne sont que des balivernes. Hendrix ne passa qu'une semaine au Maroc, en juillet 1969, avec sa petite amie Colette Mimram, et séjourna deux ou trois jours à Essaouira, sans apporter sa guitare. L'album qui comprend *Castles Made of Sand* était sorti depuis 18 mois.

La photo signée *"À mon ami Sam, 63"* est tout simplement un faux !

♥ Madada PENSION €€€

(☎0524 47 55 12 ; www.madada.com ; 5 rue Youssef el-Fassi ; ch 1 250 Dh, ste 1 850 Dh ;). Les 5 chambres et 2 suites de cette élégante pension se parent de tons gris clair, bruns et rouges. Si certaines possèdent une terrasse où vous pourrez respirer la brise de l'Atlantique, d'autres, avec leur atypique sdb semi-décloisonnée, sont plutôt à partager avec quelqu'un que l'on connaît bien.

Palais Heure Bleue RIAD €€€

(☎0524 47 42 22 ; www.heure-bleue.com ; 2 rue Ibn Batouta ; d/ste 3 300/5 850 Dh ;). Meilleur hôtel d'Essaouira, cet élégant riad conjugue tous les atouts, de la piscine sur le toit au cinéma et à la salle de billard. Chic européen et charme colonial se mêlent dans le salon, où trône un grand piano sous des trophées de chasse, et dans les chambres avec imprimés zèbre, bois sombres et marbre.

Villa Maroc PENSION €€€

(☎0524 47 61 47 ; www.villa-maroc.com ; 10 rue Abdallah Ben Yassine ; ch 1 000-1 650 Dh). Occupant une maison de ville du XVIIIe siècle, cette pension d'un chic sobre loge ses hôtes dans de spacieuses chambres chaulées tout habillées de bois, d'osier et de tissus soigneusement choisis. Belle vue depuis la terrasse, soins de qualité au hammam et dîners intimes au restaurant du rez-de-chaussée.

Où se restaurer

Vous salivez à l'idée d'un croissant ou d'une pâtisserie ? Filez à la **Pâtisserie Driss** (proche de la pl. Moulay Hassan), où l'on peut prendre place dans la salle au fond, ou au **Café Faid** (proche de la pl. Moulay Hassan). De nombreux **stands d'en-cas** et gargotes jalonnent l'avenue Sidi Mohammed ben Abdallah, l'avenue Zerktouni et les alentours de Bab Doukkala.

Grils de poisson en plein air POISSON €

(pl. Moulay Hassan, côté port ; poisson, pain et salade à partir de 40 Dh). Ces stands culinaires tout simples constituent l'un des charmes d'Essaouira. Faites votre choix parmi les poissons et fruits de mer fraîchement pêchés présentés et attendez qu'ils soient grillés pour vous et servis avec du pain et de la salade.

Vagues Bleues ITALIEN €

(☎0611 28 37 91 ; 2 rue Sidi Ben Abdellah ; plats 40-50 Dh ; ⏲12h-15h30 et 18h30-21h). Ce petit bijou caché est une valeur sûre : hormis de succulentes pâtes (nous vous conseillons les lasagnes), il sert des plats créatifs, tels que l'escalope au beurre de thym et citron avec son écrasé de pommes de terre. Des salades et jus de fruits et de légumes frais sont proposés pour accompagner les plats.

Restaurant La Découverte MAROCAIN €

(☎0524 47 31 58 ; 8 bis rue Houmman El Fatouaki ; plats à partir de 50 Dh). Un petit restaurant accueillant tenu par des Français préparant une variété de plats franco-marocains. Mention spéciale pour les *briouates* (bricks farcis sucrés) et les desserts crémeux.

Pasta Baladin ITALIEN €

(48 rue Laalouj ; plats à partir de 65 Dh ; ⏲12h-14h et 19h-23h mar-dim). La convivialité est la marque de fabrique de cet italien chaleureux et sans chichis où l'on déguste au coude-à-coude, assis sur un banc, des plats de pâtes simples (4 ou 5 sortes de pâtes et de sauces), mais fort bien cuisinés et vite

servis, avec une portion de parmesan. Une adresse courue.

Souk aux poissons POISSON €
(près de l'av. de l'Istiqlal ; poisson, pain et salade 30 Dh). Pour changer des grills proches du port de la médina, achetez au souk aux poissons la pêche du jour et faites-la griller à l'un des stands du coin sud. On vous la servira avec du pain et de la salade.

Café de l'Horloge CAFÉ €
(pl. Chefchaouni ; amlou et crêpes/pain 25 Dh). Sur la jolie place au pied du clocher, voici une adresse courue pour faire un festin de crêpes ou de pain et d'*amlou* (pâte à tartiner à base d'huile d'argan, d'amandes et de miel) au petit-déjeuner.

♥ **Elizir** MÉDITERRANÉEN €€
(☎0524 47 21 03 ; 1 rue Agadir ; plats 130-160 Dh ; ⏲19h30-22h30). L'entrée peu engageante de cet établissement à licence d'alcool débouche sur une caverne d'Ali Baba foisonnant d'un charmant mélange d'objets, de vinyles et de livres des années 1970. Les plats sont délicieusement créatifs : goûtez notamment le tajine de poulet aux figues et gorgonzola ou les gnocchis au pesto d'amandes, avec une jolie salade marocaine en entrée. Réservation vivement conseillée.

♥ **Riad Al-Baraka** MAROCAIN €€
(☎0524 47 35 61 ; 113 rue Mohammed el-Qory ; plats 110 Dh ; ⏲déj et dîner). À l'abri d'une ancienne école juive, cet établissement branché réunit plusieurs salles et un bar autour d'une vaste cour ombragée par un énorme figuier. La cuisine est principalement marocaine, avec des influences moyen-orientales et juives, et le cadre détendu. Des musiciens locaux se produisent le week-end.

La Cantina INTERNATIONAL €€
(☎0524 47 45 17 ; 66 rue Noutouil ; ⏲11h-19h ; ✎). On y mangerait, dit la publicité, les "meilleurs burgers d'Afrique du Nord". Chili con carne, pommes de terre farcies et poêlées sont aussi inscrits au menu de cette "cantine" du mellah créée par d'amènes propriétaires britanniques. Mention spéciale pour les plats végétariens (notamment le burger et le chili). C'est aussi un bon endroit où boire un thé et manger une part de gâteau maison.

Restaurant El-Minzah MAROCAIN, POISSON €€
(☎0524 47 53 08 ; 3 av. Oqba ben Nafii ; plats 85-130 Dh, menus à partir de 95 Dh ; ⏲déj et dîner). Prenez place en terrasse ou dans la salle élégante de cet établissement couru, face aux remparts. La carte propose une bonne sélection de plats internationaux, avec des spécialités, comme le requin bleu, entre autres poissons. Musique gnaoua le samedi soir.

Restaurant Ferdaous MAROCAIN €€
(☎0524 47 36 55 ; 27 rue Abdesslam Lebadi ; plats 60-80 Dh, menu 105 Dh ; ⏲déj et dîner mar-dim). Rare établissement marocain à proposer une vraie cuisine maison, le Ferdaous accorde sa carte aux saisons et offre une interprétation créative des recettes traditionnelles. Les serveurs sont très sympathiques et les tables basses renforcent l'authenticité.

Restaurante Les Alizés MAROCAIN €€
(☎0524 47 68 19 ; 26 bis rue de la Skala ; plats 120 Dh ; ⏲déj et dîner). Tenue par un couple charmant dans une maison du XIXe siècle au-dessus de l'Hôtel Smara, cette table chaleureuse régale ses hôtes de délicieux plats marocains, comme le couscous de poisson ou le tajine aux boulettes de sardines. Réservation recommandée.

La Table Madada MÉDITERRANÉEN €€€
(☎0524 47 55 12 ; www.madada.com ; 5 rue Youssef el-Fassi ; plats à partir de 150 Dh ; 📶). Adresse réputée depuis des lustres pour le dîner, ce restaurant aux belles salles voûtées en pierre et aux gigantesques abat-jour sert dans ce cadre raffiné des plats marocains et méditerranéens originaux et bien cuisinés. L'école de cuisine "L'Atelier Madada" est attenante, si le dîner vous a inspiré.

La Licorne MAROCAIN €€€
(☎0524 47 36 26 ; 26 rue de la Skala ; menu 160 Dh ; ⏲dîner). Cet établissement douillet ressemble à un pavillon de chasse, avec ses poutres apparentes et ses sièges massifs. Le menu standard de tajine est servi par un personnel agréable.

Où prendre un verre

Essaouira ne se distingue pas par sa vie nocturne. Vous pourrez acheter de l'alcool dans les **magasins de spiritueux** (bd Moulay Youssef ; ⏲9h-12h30 et 15h-18h) à l'extérieur de la médina, près de Bab Doukkala, et boire un verre sur la terrasse de votre hôtel en admirant le coucher du soleil.

Le Patio BAR
(28 rue Moulay Rachid ; ⏲dîner mar-dim). Dans ce bar-restaurant branché éclairé aux

À NE PAS MANQUER

L'ART NAÏF D'ESSAOUIRA

Partout à Essaouira, vous verrez des artistes au travail, et presque toutes les boutiques vendent leurs œuvres. Influencés par l'afflux d'Occidentaux dans les années 1970, les artistes locaux ont développé leur propre style naïf teinté d'art moderne, en utilisant principalement des peintures acryliques. Autodidactes, ils produisent des toiles très colorées, souvent inspirées du mouvement gnaoua. Elles représentent fréquemment des musiciens ou des groupes de chanteurs.

chandelles, avec meubles rouge sang et boule à facettes, vous devrez commander des tapas (35 Dh) pour accompagner un verre, à moins de vous laisser tenter par les effluves de poisson grillé émanant du restaurant (plats à partir de 90 Dh).

Taros BAR
(2 rue de la Skala ; ⏲midi-23h). Sa terrasse donnant sur la place et le port est idéale au crépuscule. Des musiciens jouent souvent et des plats de poisson sont proposés si l'on veut manger. Agréable aussi pour un thé l'après-midi ou un verre au bar.

Café Restaurant Bab Laachour CAFÉ
(pl. Moulay Hassan ; ⏲12h-23h). Installez-vous pour boire un verre à sa terrasse (bière servie uniquement le soir).

Achats

Centre artistique réputé, Essaouira compte plusieurs galeries vendant des peintures d'artistes locaux. Divers talents se côtoient et vous devrez peut-être en visiter plusieurs avant de trouver une œuvre à votre goût.

Ateliers de sculpture sur bois ART ET ARTISANAT
Le travail du bois est renommé à Essaouira. Plusieurs boutiques sont regroupées près de la Skala de la ville. Les sculpteurs réalisent de minutieuses créations en marqueterie avec du bois de thuya (notamment les racines et la loupe), essence qui devient rare et dont l'utilisation est donc réglementée pour éviter l'abattage frauduleux des derniers bosquets qui subsistent.

Coopérative artisanale des marqueteurs ART ET ARTISANAT
(6 rue Khalid ibn Oualid). Une bonne adresse pour des achats à prix fixes.

Rafia Craft ART ET ARTISANAT
(82 rue d'Agadir). Des objets en bois et en raphia, autre artisanat d'Essaouira, fabriqué avec des fibres de palmier doum. La plupart des produits sont vendus à des magasins européens.

Souk des épices ALIMENTATION
Vous y trouverez du Viagra naturel, du rouge à lèvres berbère, des traitements contre la calvitie et des épices exotiques, ainsi que des produits à l'huile d'argan et de l'*amlou* traditionnel (environ 40 Dh la bouteille).

Souk des bijoutiers BIJOUX
Un petit groupe d'échoppes vendant toutes sortes de bijoux, des lourdes perles berbères aux parures en or.

Galerie Damgaard ART ET ARTISANAT
(www.galeriedamgaard.com ; av. Oqba ben Nafii). La plus ancienne et la meilleure, cette galerie expose les œuvres d'artistes locaux.

Association Tilal des arts plastiques ART ET ARTISANAT
(☎5247 47 54 24 ; 4 rue de Caire). Artistes en plein essor.

Espace Othello ART ET ARTISANAT
(☎5247 47 50 95 ; 9 rue Mohammed Layachi ; h 9h-13h et 15h-20h). Artistes prometteurs.

Renseignements

ACCÈS INTERNET

Les cybercafés installés dans toute la ville ouvrent pour la plupart de 9h à 23h et facturent de 8 à 10 Dh l'heure.

Cyber Les Remparts (12 rue du Rif)

Mogador Informatique (5 av. de l'Istiqlal)

ARGENT

Plusieurs banques à DAB entourent la place Moulay Hassan et jalonnent l'artère principale qui conduit à Bab Doukkala au nord-est. Elles pratiquent aussi le change.

DÉSAGRÉMENTS ET DANGERS

Si Essaouira demeure une ville touristique essentiellement sûre et détendue, restez prudent le soir dans les ruelles du mellah, où des problèmes liés à la drogue et à l'alcool perdurent dans les petites rues au nord de l'avenue Zerktouni et à l'est de l'avenue Sidi Mohammed ben Abdallah, faisant de ce quartier la partie la plus dangereuse de la ville.

OFFICE DU TOURISME

L'office du tourisme et de nombreux hôtels fournissent gratuitement un plan d'Essaouira, ainsi que le *Guide d'Essaouira* (trimestriel, en français et en anglais).

Délégation du tourisme (☎0524 78 35 32 ; www.essaouira.com ; 10 rue du Caire ; ⌚8h30-18h30)

POSTE

Poste principale (av. el-Mouqawama ; ⌚8h30-16h15 lun-ven, 8h-12h sam)

Poste (rue Laâlouj ; ⌚8h30-16h lun-ven)

SERVICES MÉDICAUX

Hôpital Sidi Mohammed Ben Abdallah (☎0524 47 57 16 ; bd de l'Hôpital). Urgences.

Pharmacie la Kasbah (☎0524 47 51 51 ; 12-14 rue Allal ben Abdellah). Pharmacie.

URGENCES

Urgences médicales (☎0524 47 57 16 ; ⌚24h/24)

Police (☎024 78 48 80, 19 ; rue du Caire). En face de l'office du tourisme.

Depuis/vers Essaouira

AVION

Des vols directs de RAM partent tous les jours pour Casablanca de l'**aéroport de Mogador** (☎0524 47 67 04 ; rte d'Agadir), à 15 km au sud de la ville. Plusieurs vols par semaine desservent aussi Paris et Bruxelles.

BUS

La **gare routière** (☎0524 78 52 41) se situe à 400 m au nord-est de la médina ; vous pouvez facilement la rejoindre à pied dans la journée, mais prenez plutôt un petit taxi en soirée (10 Dh). La **consigne** (7 Dh par bagage) ouvre 24h/24.

Les bus CTM partent d'un autre endroit, accessible pour 10 Dh en petit taxi depuis la médina. Ces derniers desservent entre autres destinations Agadir (60 Dh, 3 heures 30), Casablanca (150 Dh, 7 heures), El-Jadida (100 Dh, 5 heures) et Marrakech (70 Dh, 2 heures 30).

D'autres compagnies assurent les mêmes trajets avec une fréquence supérieure et pour un tarif moindre, desservant également Taroudant (80 Dh, 6 heures) et Tan-Tan (130 Dh, 6 heures).

Supratours, la compagnie de l'ONCF, assure la liaison routière pour la gare ferroviaire de Marrakech (75 Dh, 2 heures 30, 5/jour) en correspondance avec les trains à destination de Casablanca au départ de la gare proche de Bab Marrakech. Un service "confort plus" est également assuré une fois par jour (100 Dh) et un bus quotidien rallie Agadir (65 Dh, 2 heures 30). Réservez bien à l'avance, surtout en été.

Le bus local n°5 pour Diabat (5 Dh) et Sidi Kaouki (6 Dh) part du boulevard Moulay

L'HUILE D'ARGAN

De plus en plus utilisée dans les restaurants chics du monde entier pour assaisonner les salades, c'est la "nouvelle huile d'olive" ! Néanmoins, l'huile d'argan est précieuse car l'arganier ne pousse que dans cette partie du monde. Aussi les forêts d'arganiers de la vallée du Sous et de la côte Haha au sud d'Essaouira ont-elles été classées réserves de biosphère par l'Unesco.

L'*Argania spinosa* résiste à la chaleur et peut survivre jusqu'à une température de 50°C. Essentiel dans la lutte contre la désertification du sud du pays, il est devenu vital pour l'économie locale, fournissant du bois de chauffage, du fourrage pour les chèvres et de l'huile. Les femmes berbères récoltent les fruits au printemps. Les amandes récoltées sont fendues et légèrement grillées, puis pressées.

Produire un litre d'huile nécessite 30 kg de noix et 15 heures de travail, réservé aux femmes.

Les Berbères utilisent depuis longtemps l'huile d'argan pour se soigner. Des recherches récentes tendent à prouver qu'elle aide à réduire le taux de cholestérol et prévient l'artériosclérose. En cuisine, sa saveur de noix se marie parfaitement aux salades, légumes grillés et tajines. Les Berbères la mélangent avec des amandes pilées et du miel pour préparer l'*amlou*, une gourmandise qui aurait des propriétés aphrodisiaques.

L'huile pressée à froid à partir d'amandes non torréfiées est reconnue pour ses vertus cosmétiques, particulièrement pour les cheveux. Sa forte concentration en vitamine E en fait un complément prisé pour les crèmes antirides.

Youssef, devant Bab Doukkala, au rythme de 8 services quotidiens.

TAXI

Les grands taxis stationnent juste à l'ouest de la gare routière. Ils desservent Sidi Kaouki (10 Dh, 15 min), Marrakech (75 Dh, 2 heures 30) et Agadir (70 Dh, 2 heures).

Comment circuler

Pour rejoindre l'aéroport, prenez le bus n°2 qui s'arrête à l'embranchement vers l'aéroport (10 Dh, 15 min) ou un grand taxi (200 Dh). Les petits taxis bleus sont pratiques depuis/vers la gare routière (10 Dh), mais ne sont pas autorisés à circuler dans la médina. Des porteurs à carriole peuvent porter vos bagages jusqu'à votre hôtel (environ 20 Dh).

Wind Car (tél/fax 0524 47 28 04 ; rue Princesse Lalla Amina) loue des voitures pour environ 450 Dh par jour. **Avis** (0524 47 49 26) possède également un comptoir à l'aéroport.

Environs d'Essaouira

Si vous disposez d'un moyen de transport, ne manquez pas de visiter l'une des petites coopératives de femmes aux alentours d'Essaouira, qui vendent des produits à base d'argan, des cosmétiques et des aliments naturels. Citons l'**Assafar Imitaghant** (0661 55 35 86), à 8 km de la ville sur la route de Marrakech, et la **coopérative Tiguemine** (0524 79 01 10), 7 kilomètres plus loin. L'office du tourisme en possède une liste exhaustive. Mieux encore, rejoignez le village de Tamanar au sud pour découvrir la fabrication de l'huile d'argan à la coopérative Amal.

Diabat الديابات

Village berbère tranquille juste au sud d'Essaouira, Diabat fut jadis un repaire de hippies. Aujourd'hui y est construit un grand complexe touristique, le Golf Mogador, inachevé lors de notre passage. Outre trois hôtels de luxe et des villas, ce complexe possédera un parcours de golf conçu par Gary Player et dont les greens seront arrosées avec les eaux usées.

Activités

Plusieurs compagnies proposent des treks à travers champs et des randonnées à cheval de plusieurs jours dans la campagne autour d'Essaouira. Les tour-opérateurs suivants organisent aussi des sorties équestres sur mesure :

Zouina Cheval BALADES À CHEVAL, À DROMADAIRE
(0669 80 71 01 ; www.zouina-cheval.com ; 1 heure 160 Dh, journée avec pique-nique 600 Dh, sorties 2/5 jours 1900/6000 Dh). Cette agence est gérée par Najib et Sophie, des moniteurs qualifiés et expérimentés, et convient pour tous les niveaux, enfants et débutants compris. Randonnées équestres plus longues et balades avec bivouac à la demande.

La Maison du Chameau BALADES À DROMADAIRE
(0661 34 71 08 ; www.lamaisonduchameau.fr ; Douar Al Arab ; 140 Dh/h, 550 Dh /h pique-nique compris). À 7 km sur la route de Marrakech, cette pension isolée possède huit méharis (dromadaires de course soudanais blancs) et propose toute la semaine des balades à la journée, à la demi-journée ou de plus courte durée. Elle loue des chambres paisibles, aux couleurs fuchsia et bleu électrique.

Ranch de Diabat ÉQUITATION, DROMADAIRE, RANDONNÉE
(0662 29 72 03 ; www.ranchdediabat.com ; cours 1 heure 165 Dh, trek 8 jours hébergement compris 8 800 Dh). Cours d'équitation pour adultes et enfants, balades d'une heure et treks à la semaine. Promenades à dos de chameau également proposées.

Où se loger

Auberge Tangaro PENSION €€
(0524 78 47 84 ; www.aubergetangaro.com ; ch avec petit-déj 600-900 Dh, ste à partir de 1 100 Dh ;). Meilleure adresse de Diabat, cette vieille maison rustique se tient dans un endroit paisible, près du nouveau golf. Les chambres chics et magnifiquement rénovées disposent toutes d'une cheminée. La maison, entièrement éclairée à la bougie, possède un hammam et on y sert le dîner.

Depuis/vers Diabat

Pour rejoindre Diabat depuis Essaouira, suivez la route côtière vers le sud en direction d'Agadir et tournez à droite juste après le pont, à environ 7 km d'Essaouira. Vous pouvez aussi prendre le bus local n°5 devant Bab Marrakech (5 Dh, toutes les 2 heures).

Sidi Kaouki سيدي كاوكي

Le vent incessant, la plage sauvage et une hôtellerie correcte transforment rapidement

Sidi Kaouki en l'un des premiers spots de surf et de planche à voile du Maroc. Les plus timorés s'abstiendront, tout comme les débutants pour qui les eaux peuvent être dangereuses. Mais même en restant au sec, c'est un bon endroit pour une escapade tranquille à l'écart d'Essaouira.

Le grand bâtiment sur les rochers lavés par le ressac, est la sépulture du saint soufi Sidi Kaouki, guérisseur réputé et toujours vénéré. Vous pouvez louer un cheval (120 Dh l'heure) ou un dromadaire (100 Dh l'heure) pour une promenade sur la longue plage. Les surfeurs se rassemblent à la **Station Sidi Kaouki** (☎0672 04 40 16 ; www.sidi-kaouki.com), un café-restaurant détendu en bord de mer. On y donne des cours et loue des équipements de surf, planche à voile et kitesurf, tout comme chez **Mogasurf** (☎0618 91 04 31 ; www.mogasurf.com). Comptez un minimum de 55 Dh/jour pour un kitesurf et 220 Dh/jour pour un surf.

Quelques pensions sont installées en retrait de la plage. Toutes servent des repas.

Où se loger et se restaurer

Près de la place centrale qui fait office de parking, un petit nombre de cafés-restaurants se ressemblant tous servent tajines, poissons, fruits de mer, pâtes et omelettes.

Le Dauphin Hôtel HÔTEL €
(☎0524 47 67 32 ; hoteldauphin@gmail.com ; s/d sans sdb 150/200 Dh). Une option d'un bon rapport qualité/prix pour les voyageurs sac au dos. Chambres sommaires propres, sdb communes et café-restaurant.

La Pergola HÔTEL €
(☎0524 78 58 31 ; s/d/tr 200/300/500 Dh). Tout simple et pimpant, cet établissement bénéficie d'une terrasse et d'un jardin (avec restaurant) idéal pour se relaxer. Plusieurs chambres avec vue sur la mer.

Auberge de la Plage PENSION €€
(☎0524 47 66 00, 0661 10 26 64 ; www.kaouki.com ; s/d/tr avec sdb et petit-déj 350/450/500 Dh). Les chambres confortables de cette maison charmante ont vue sur la mer et sont en partie dotées d'une sdb privative. Le restaurant ajuste son menu en fonction des prises du jour et sert de l'alcool. Sur réservation le soir. Le jardin ombragé invite à la détente, et le toit-terrasse est idéal au coucher du soleil.

Hôtel Le Kaouki PENSION €€
(☎0524 78 32 06 ; www.sidikaouki.com ; s/d/tr demi pension 330/550/730 Dh). Joliment décorée de tissus locaux bleu vif, une autre adresse plaisante au personnel sympathique et accueillant. Électricité uniquement au rez-de-chaussée, mais l'éclairage à la bougie le soir ajoute un charme romantique.

Al-Vent MAROCAIN €
(☎0623 83 66 15). Les surfeurs apprécient ce cadre rustique et ses bons petits-déjeuners, déjeuners simples et dîners à base de poisson (ou végétariens). Ici, 0% de chichis, 100% de détente. Location de longue durée de chambres dans le village.

Depuis/vers Sidi Kaouki

Sidi Kaouki se situe à environ 25 km au sud d'Essaouira. Prenez le bus n°2 ou n°5 (6 Dh, toutes les 2 heures) devant Bab Marrakech ou un grand taxi (environ 10 Dh, 30 min).

Côte méditerranéenne et Rif

شاطىء البحر المتوسط و منطقة الرف

Dans ce chapitre ➡

Le top des restaurants

- Art et Gourmet (p. 234)
- Club Nautique (p. 266)
- Auberge Dardara (p. 261)

Le top des hébergements

- Dar Nour (p. 231)
- Casa Perleta (p. 258)
- El Reducto (p. 251)

Pourquoi y aller

Le nord du Maroc, c'est un littoral splendide en retrait duquel s'étire un arrière-pays montagneux peu exploré. Unique grande ville, Tanger, fascinante porte d'entrée de l'Afrique, déploie ses charmes enfouis si loin dans le passé. À l'est se déroulent entre hautes falaises et anses sablonneuses les dernières étendues intactes de littoral méditerranéen.

Visibles dans l'architecture et la gastronomie de Tétouan et d'Al-Hoceima, les traces de l'ancien protectorat espagnol apparaissent de manière plus flagrante encore dans les enclaves espagnoles de Ceuta et Melilla, avec leurs fortifications médiévales et leurs trésors architecturaux. Autres joyaux, de magnifiques parcs naturels couvrent les hauteurs de l'intérieur, en partie côtier comme Al-Hoceima ou continental comme celui des monts Beni-Snassen.

Ne tardez pas à y aller : l'autoroute côtière achevée, des développements touristiques font leur apparition à Martil, M'Diq et Saïdia, altérant à jamais la face du littoral.

Quand partir

Tanger

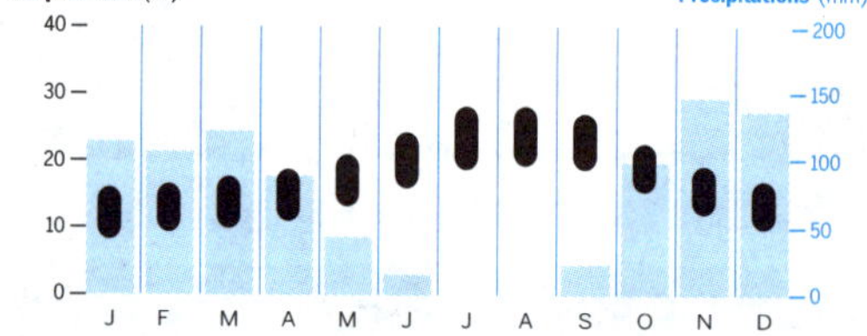

Avr Le printemps est la saison idéale pour randonner et explorer le Rif ou les parcs naturels.

Juil Direction Chefchaouen et son festival artistique.

Sept Les plages méditerranéennes seront à vous sans la foule de l'été.

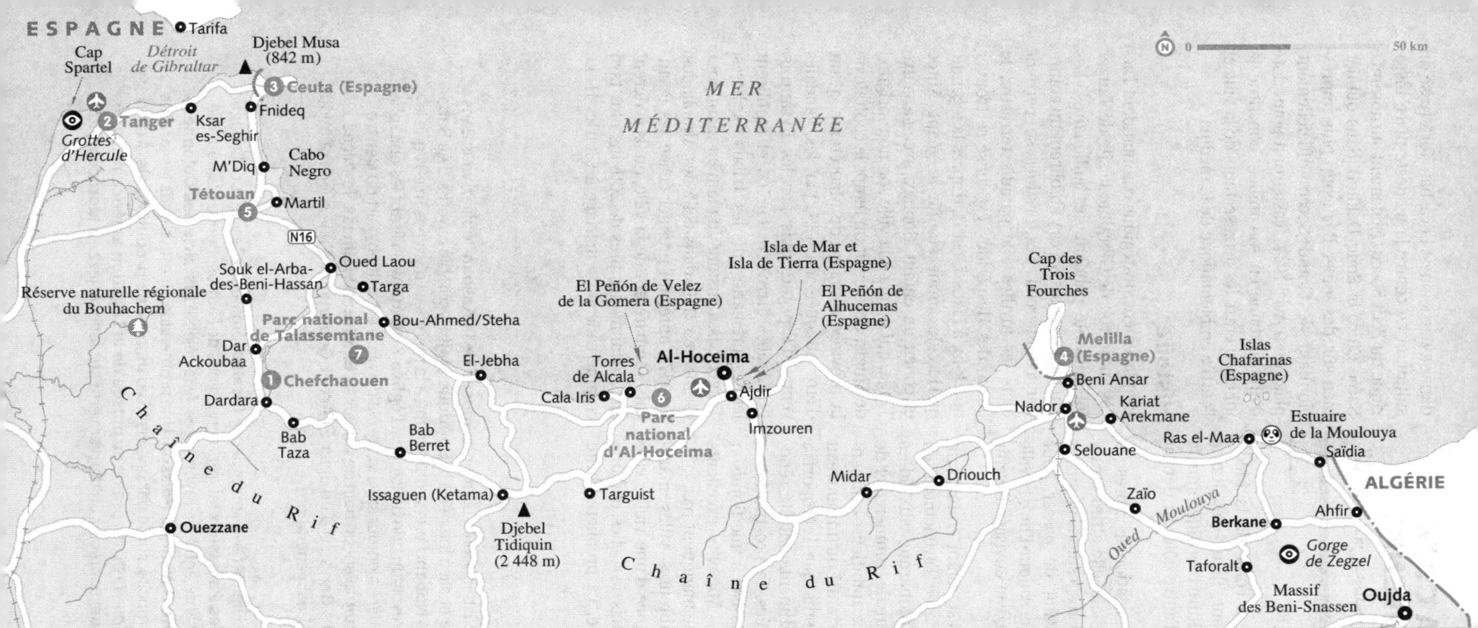

À ne pas manquer

1. Un café en terrasse derrière la casbah sur la **Plaza Uta el-Hammam de Chefchaouen** (p. 255)
2. La myriade de galeries d'art de Tanger et un café au **Petit Socco** (p. 225), repaire des poètes de la Beat generation
3. La magnificence de la Casa de los Dragones à **Ceuta** (p. 244)
4. Les rues de **Melilla** (p. 273), ses bâtiments modernistes et ses tapas
5. Les mosaïques romaines de Lixus au musée d'Archéologie de **Tétouan** (p. 250)
6. Les plages isolées du **parc national d'Al-Hoceima** (p. 268)
7. Les paysages traversés en randonnant dans le Rif, à travers les villages berbères du **parc national de Talassemtane** (p. 268)

OUEST DE LA CÔTE MÉDITERRANÉENNE

الشاطء الغرب للبحر الأبض المتوسط

Tanger طنجة

850 000 HABITANTS

Forte de sa situation à l'orée de la Méditerranée, Tanger tient lieu d'exaltante introduction à une culture très différente de celle qui prévaut de l'autre côté du détroit de Gibraltar.

Devenue zone internationale après la Seconde Guerre mondiale, elle attira étrangers excentriques, artistes, espions et autres hippies, ce qui lui valut de passer pour interlope et corrompue. Aujourd'hui, la ville blanche a tourné la page et envisage l'avenir avec optimisme.

La communauté s'est rendu compte du potentiel de la ville avec l'avènement en 1999 d'un nouveau monarque aux idées progressistes en matière de commerce et de tourisme. Un port aux ambitieuses dimensions y a été aménagé ainsi qu'un nouveau quartier d'affaires, tandis que l'aéroport a été réorganisé. Les bâtiments ont été rénovés, les plages nettoyées, la prostitution a quitté les rues et on assiste à une floraison d'activités culturelles. Mieux : excellents hôtels et restaurants ne manquent pas.

À l'instar de nombreuses villes marocaines, Tanger est formée d'une vieille ville ou médina, véritable lacis de ruelles, et d'une ville nouvelle moderne. La première abrite dans sa partie ouest la casbah, forteresse du sultan, et au centre la modeste place historique du Petit Socco (également surnommée Socco Chico et Souq Dakhel). Sans oublier, bien sûr, des souks. Beaucoup plus impressionnant, le Grand Socco (officiellement, place du 9 Avril 1947), vaste rond-point doté d'une fontaine en son milieu, constitue la jonction entre les deux secteurs de la ville et l'entrée emblématique de la médina.

Histoire

Emplacement stratégique commandant l'accès au détroit de Gibraltar, le site de Tanger fut convoité pendant des millénaires. Les Phéniciens et les Grecs y établirent un comptoir commercial. Ses origines se perdent dans les mythes : le paradis terrestre, le jardin des Hespérides, est censé se trouver non loin, à Lixus. C'est là, d'après la légende, qu'Hercule aurait étouffé le géant Antée et conçu un enfant, Sophax, avec sa veuve Tinga, qui donna à la ville son nom originel de Tingis. Celle-ci fut un temps la capitale de la province romaine de Maurétanie, avant d'être attaquée, en 429, par les Vandales venus d'Espagne, puis par les Byzantins. Les Arabes arrivèrent en 705 et établirent leur suprématie sur les tribus berbères. Tanger passa ensuite de main en main pour tomber, en 1149, dans celle des Almohades. En 1471, après un premier échec, les Portugais s'emparèrent de la ville, qu'ils cédèrent aux Britanniques près de 200 ans plus tard comme cadeau de mariage à Charles II. Le

TANGER EN...

Un jour

Commencez par la casbah. Après un tour au **musée de la Kasbah**, faufilez-vous dans les rues de la médina et allez fouiner à la **Boutique Majid**, véritable caverne d'Ali Baba, avant de déjeuner au **Nabab.** Pour siroter un thé à la menthe, il n'y a pas mieux que le **Grand Socco**. Allez revoir un brin d'histoire à l'**église St Andrew** en lisant les épitaphes des tombes du cimetière alentour, puis visitez la dernière exposition d'art du **Centre culturel Ibn Khaldoun**, avant un bain de vapeur à l'**El-Minzah Wellness**. Terminez par un verre au **Caid's Bar**, suivi d'un dîner à l'**Art et Gourmet** et d'une soirée poétique au **Tangerine**, façon Beat generation.

Deux jours

Le temps d'un petit-déjeuner à la somptueuse **Giralda**, profitez de la vue sur l'Espagne depuis la **terrasse des Paresseux**, et imprégnez-vous de l'atmosphère de la nouvelle ville. Après avoir musardé entre les rayonnages de la célèbre **Librairie des Colonnes**, déjeunez au **Populaire Saveur de Poisson**. Une promenade digestive dans les **jardins de la Mendoubia** s'impose, suivie par une visite au **marché de produits frais**. À deux pas vous attend la *Mona Lisa* marocaine du **musée de la Légation américaine**. Après un dîner à **La Fabrique**, appréciez un dernier verre sur fond de jazz au **Morocco Club**.

MATISSE À TANGER

Parmi les nombreux artistes qui sont passés à Tanger, Henri Matisse est l'un des plus célèbres. Pour ce peintre postimpressionniste français, précurseur du mouvement fauviste du début du XXe siècle, Tanger était un "paradis du peintre". Ses deux séjours dans la ville, au printemps 1912 et à l'hiver suivant, ont profondément influencé son œuvre.

Inspiré par l'intensité de la lumière d'Afrique du Nord, les couleurs et l'harmonie de l'art traditionnel marocain, Matisse réalise à Tanger une vingtaine de toiles et des dizaines de dessins. À travers eux, il développe les techniques qui définiront ses œuvres à venir : des lignes abstraites audacieuses, des formes en deux dimensions et des couleurs intenses et expressives, plutôt que naturelles.

Pour ses thèmes, Matisse s'est surtout inspiré de la vie quotidienne de la médina. Il a peint plusieurs remarquables portraits de la prostituée Zohra, ainsi que le superbe tableau d'un Rifain aux traits marqués, assis les jambes écartées sur fond de ciel azur et tentures contrastées.

Mais ce sont ses représentations de la ville qui bouleversent le plus, telles *Vue sur la baie de Tanger* et *La Porte de la casbah*. Assez contenues dans l'usage de la couleur, elles font place ensuite à une force artistique inouïe dans *Paysage vu d'une fenêtre*... du Grand Hôtel Villa de France (p. 229) où réside le peintre. Dominé par un bleu méditerranéen pur et éblouissant, le tableau projette littéralement le spectateur dans le paysage, l'église St Andrew et sa tour carrée au second plan, puis la casbah au loin.

sultan Moulay Ismaïl assiégea la cité en 1679 et la reprit aux Britanniques, non sans l'avoir au préalable en grande partie détruite. Les Marocains en gardèrent le contrôle jusqu'au milieu du XIXe siècle.

Tandis que la France et l'Espagne se partageaient le reste du Maroc, Tanger fut déclarée "zone internationale" et divisée en plusieurs secteurs, à l'image de Berlin Ouest durant la guerre froide. Officiellement gouvernée par un représentant du sultan du Maroc, la ville était en fait dirigée par des représentations diplomatiques de France, d'Espagne, d'Angleterre, du Portugal, de Suède, de Hollande, de Belgique, d'Italie et des États-Unis. Cette situation perdura de 1912 à 1956, un peu après l'indépendance du pays. Elle se traduisit par un afflux d'expatriés en tout genre, attirés par l'espoir d'une vie facile et par l'essor d'une vie culturelle interlope. Peuplée de nombreux étrangers – mondains, artistes, spéculateurs, espions, aventuriers ou exilés excentriques –, dont les motivations n'étaient pas toujours nobles, Tanger gagna alors une réputation sulfureuse.

La fin de la "période internationale" marqua le début d'un lent déclin sur le plan économique et culturel. Prenant en aversion ce port miné par la criminalité, le roi Mohammed V lui coupa les crédits. L'expansion de la prostitution découragea les touristes et les expatriés, dont le nombre se réduisit à quelques milliers.

Depuis 1999, Tanger a connu de nombreux grands chantiers, notamment celui de son nouveau port, Tanger Med. La région dont elle est le cœur bénéficie du reste d'une politique favorable au tourisme.

À voir

Médina

Site emblématique de Tanger, la médina présente un labyrinthe de ruelles commerciales et résidentielles contenues dans l'enceinte d'une forteresse portugaise du XVe siècle. Propre et bien éclairée, elle recèle des trésors du passé et des souks prompts à séduire le voyageur. Le mieux consiste à se perdre pendant plusieurs heures, tout en prenant soin de visiter les sites incontournables. Approchez-vous le plus possible de votre destination, puis demandez votre route en cas de difficulté. Des jeunes gens se feront un plaisir de vous conduire moyennant quelques dirhams.

Petit Socco PLACE

(Souk Dakhel ; carte p. 228). La place Souk ad-Dakhil, de son nom officiel, était jadis le carrefour le plus célèbre de Tanger, haut lieu du trafic de drogue et de la prostitution. Aujourd'hui, les façades sont fraîchement repeintes, les touristes abondent et c'est l'endroit idéal pour siroter un thé à la menthe.

Tanger

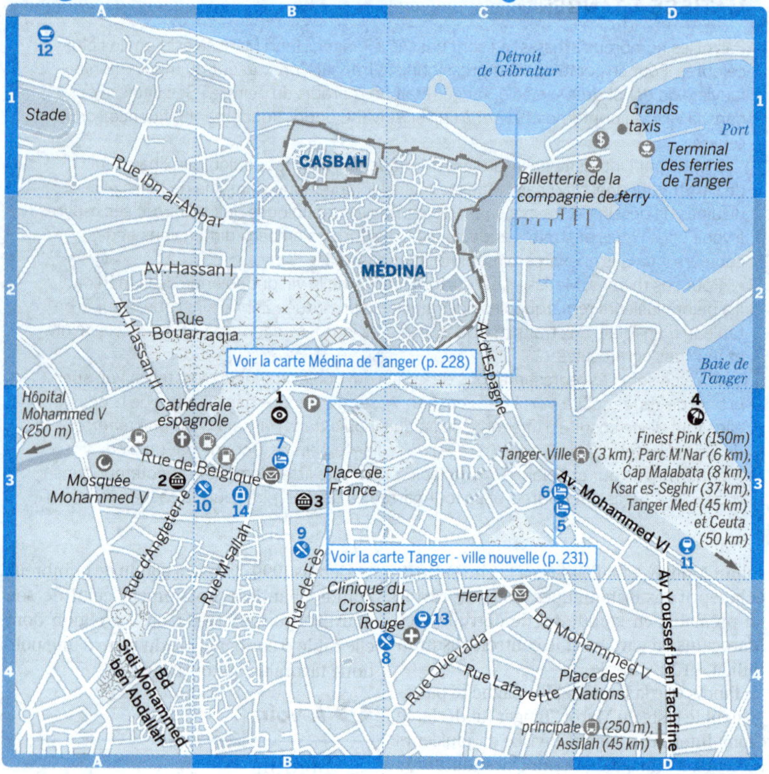

Grande Mosquée MOSQUÉE

(carte p. 228). Du Petit Socco, la rue Jemaa el-Kebir file vers l'est au-delà de cette mosquée qui fut jadis une église portugaise, pour atteindre le point de vue panoramique sur le port.

♥ Musée de la Légation américaine de Tanger MUSÉE

(carte p. 228 ; ☎ 0539 93 53 17 ; www.legation.org ; 8 rue d'Amérique ; don apprécié ; ⏲ 10h-13h30 et 15h-17h lun-jeu, 10h-12h et 15h-17h ven). GRATUIT Un musée incontournable. Le Maroc fut curieusement l'une des premières nations à reconnaître les États-Unis naissants et ce lieu est la première propriété immobilière de la Confédération à l'étranger (notez la lettre de remerciement de George Washington au sultan Moulay Suleyman). Il s'agit également du seul monument historique américain hors du territoire national. Cette élégante demeure de cinq étages contient une collection hétéroclite qui résiste à toute classification. Un ensemble impressionnant de peintures et de gravures illustre le passé de Tanger vu par ses artistes, en particulier l'Écossais James McBey. L'envoûtant portrait que celui-ci fit de sa servante Zohra a été surnommé la "Mona Lisa marocaine", car le regard de la jeune fille suit dans toute la pièce la personne qui la contemple. Une aile est également consacrée à Paul Bowles et la librairie est bien fournie.

Musée de la Fondation Lorin MUSÉE

(carte p. 228 ; ☎ 0539 93 03 06 ; fondationlorin@gmail.com ; 44 rue Touahine ; don apprécié ; ⏲ 11h-13h et 15h30-19h30 dim-ven). GRATUIT Ce musée éclectique occupe une ancienne synagogue. Y est exposée, dans une vaste galerie de deux étages réunis, une collection de photos en noir et blanc représentant la ville aux XIXe et XXe siècles. Une animation théâtrale se déroule souvent au centre car la fondation organise des activités culturelles pour les enfants défavorisés.

Tanger

Musée de la Kasbah — MUSÉE

(carte p. 228 ; ☎0539 93 20 97 ; pl. de la Kasbah ; adulte/enfant 10/3 Dh ; ⊙9-11h30 et 13h30-16h mer-lun). Installées dans l'ancien palais du sultan, le Dar el-Makhzen, où résidèrent aussi les gouverneurs portugais et britanniques, ces collections ressuscitent le passé de la région, de la préhistoire au XIXe siècle, avec des explications en français et en arabe. Notez les outils préromains, la sculpture présentant des scènes de bacchanales, une extraordinaire mosaïque provenant de Volubilis, des bijoux du XVIe siècle et une fascinante carte murale des routes commerciales passées et présentes. L'exotisme du **jardin du sultan** jouxtant la cour principale, en face de l'entrée, vous retiendra bien certainement. Le musée se trouve à l'extérieur de la médina. Longez les remparts jusqu'à l'extrémité ouest, point culminant de la ville, franchissez la porte de la Kasbah et continuez pour le rejoindre.

Ancienne église espagnole — ÉGLISE

(carte p. 228 ; 51 rue as-Siaghin). Les Missionnaires de la charité, la congrégation fondée par Mère Teresa qui réunit des sœurs indiennes, françaises et espagnoles, œuvrent dans cette église de la médina, accueillant enfants de la rue, mères célibataires défavorisées, enfants maltraités, victimes de violence conjugale, alcooliques et toxicomanes.

Ville nouvelle

Les environs de la place de France et du boulevard Pasteur reflètent encore le Tanger chic des années 1930. Vous pouvez vous y promener en début de soirée et admirer l'architecture Art déco, puis vous offrir un thé à la menthe à l'une des terrasses qui bordent la rue, telle celle du Café de Paris connu pour sa façade rétro.

Grand Socco — SITE D'INTÉRÊT

(carte p. 228). Au seuil de la médina se trouve l'esplanade circulaire du 9 Avril 1947, plus connue sous le nom de Grand Socco. Cernée de palmiers et légèrement en pente, cette ancienne place du marché bordée de palmiers s'orne d'une fontaine centrale. Elle conduit à la traditionnelle porte d'entrée de la médina, Bab Fass, en forme d'arc outrepassé. Non sans rappeler un trou de serrure, elle vous fait passer des larges avenues de la ville moderne parcourues de taxis – qui s'arrêtent là – aux étroites ruelles sans voitures du passé. Grimpez les escaliers au point le plus élevé de la place, à travers le grand bâtiment brun clair du commissariat de police, pour atteindre **la terrasse** et profiter d'une vue digne d'un décor de film.

Le Grand Socco recèle plusieurs sites d'intérêt, dont la Cinémathèque de Tanger appelée aussi Cinéma Rif (p. 237), fleuron de la scène culturelle tangéroise. Fréquentée par la jeunesse locale, qui y profite du Wi-Fi gratuit, elle regroupe une salle d'art et d'essai, un café et des archives.

DARNA, l'association des femmes de Tanger — CENTRE ARTISTIQUE

(carte p. 228). Situé en face de la "terrasse", ce bâtiment jaune abrite un restaurant économique et une boutique d'artisanat et de vêtements féminins. Il s'agrémente en outre d'une cour ensoleillée parfaite pour déjeuner ou se détendre. Depuis 2002 y est aussi installé un foyer destiné aux femmes en difficulté, notamment après un divorce.

Jardins de la Mendoubia — PARC

(carte p. 228). À l'opposé du Cinéma Rif s'étend un grand parc où se plaisent à venir promeneurs et footballeurs en herbe. Il est bordé d'une rangée de bâtiments coloniaux, sans doute parmi les plus beaux de Tanger. Au sommet de la butte centrale, le monument encadré de canons préserve le discours prononcé par Mohammed V pour demander l'indépendance du Maroc.

Médina de Tanger

Médina de Tanger

Les incontournables
1 Grand Socco B4
2 Musée de la Kasbah B1
3 Petit Socco C3
4 Musée de la Légation américaine de Tanger C4

À voir
5 DARNA, l'association des femmes de Tanger B4
6 Galerie Conil C3
7 Grande Mosquée D3
8 Jardin de la Mendoubia B3
9 Musée de la Fondation Lorin B4
10 Ancienne église espagnole C3
11 Église St Andrew A4

Où se loger
12 Dar Nour A2
13 Hôtel Continental D3
14 Hôtel Mamora C3
15 La Tangerina A1
16 Melting Pot Hostel C2
17 Nord Pinus Tanger B1

Où se restaurer
18 Art et Gourmet B4
19 El Morocco Club A1
20 Le Nabab C2
21 Le Salon Bleu B1

Où prendre un verre
22 Café Central C3
Nord Pinus Tanger .... (voir 17)
Piano-bar du Morocco Club .... (voir 19)

Où sortir
23 Cinéma Rif B4

Achats
24 Bazar des bijoux en argent C3
25 Bleu de Fès C3
26 Boutique Majid C3
27 Las Chicas A1
28 Laura Wefling B1

Église St Andrew ÉGLISE
(carte p. 228 ; rue d'Angleterre ; messe 8h30 et 11h dim). L'une des plus charmantes curiosités de Tanger, cette église anglicane au clocher immortalisé par Matisse dans *Paysage vu d'une fenêtre* fut bâtie en 1905 sur un terrain concédé par la reine Victoria. Elle cache un intérieur de style mauresque dépourvu d'images sculptées et comportant le Notre Père en arabe. Derrière l'autel, une niche indique la direction de La Mecque. Certaines inscriptions sont tirées du Coran.

Plusieurs pierres tombales du cimetière alentour rappellent les temps de la guerre, dont les stèles de tout un équipage dressées côte à côte. Le gardien, Yassine, toujours sur place, vous fera entrer.

Grand Hôtel Villa de France ÉDIFICE D'INTÉRÊT
(carte p. 226 ; rue de la Liberté). Aujourd'hui fermé (mais, après plusieurs reports, il devrait rouvrir ses portes courant 2014), le prestigieux hôtel qui hébergea Delacroix en 1832, puis Matisse dans les années 1910 se dresse au nord de la place de France, dans la ville nouvelle, au pied de la rue de la Liberté.

Plage municipale PLAGE
(carte p. 226). Plus soignée qu'elle ne fut mais assez négligée hors saison, la plage municipale n'est pas l'endroit rêvé pour la baignade de l'avis même de ses habitants, l'eau n'étant pas assez propre, surtout près du port. On peut en revanche se promener le long de la nouvelle corniche qui borde le rivage, de jour, mais pas le soir en raison des cas d'agressions recensés. Il existe de fait quantité de plages plus jolies sur la côte atlantique voisine.

Librairie des Colonnes SITE D'INTÉRÊT
(carte p. 231 ; 5399 93 69 55 ; 54 bd Pasteur ; 9h30-13h et 16h-19h lun-sam). Célèbre pour sa superbe architecture et la qualité de ses rayonnages, cette librairie organise de fréquentes lectures, entre autres événements et rencontres. Autrefois le repaire de Paul Bowles, Jean Genet, Samuel Beckett et William Burroughs, c'est une véritable institution de Tanger. Aujourd'hui, on peut y croiser Tahar Ben Jelloum, Tahir Shah ou Bernard-Henri Lévy.

Terrasse des Paresseux SITE D'INTÉRÊT
(carte p. 231). Avec sa vue plongeante sur le port, et au loin sur Gibraltar et l'Espagne par temps clair, cette bien nommée terrasse des Paresseux s'étire à l'est de la place de France. Une série de vieux canons postés face à la baie décourage symboliquement l'envahisseur.

Activités

El-Minzah Wellness SPA
(carte p. 231 ; 0539 93 58 85 ; www.elminzah.com ; 85 rue de la Liberté ; salle de sport 200 Dh). Une salle de sport tout équipée avec superbe vue sur la mer, un hammam, un sauna et un Jacuzzi vous invitent à vous faire plaisir et bichonner grâce à toute une gamme de massages et soins thérapeutiques. Le luxe.

Serenity Day Spa SPA
(0539 37 28 28 ; serenity@serenityspa.ma ; rue Adolfo Fessere, quartier California ; hammam et gommage 400 Dh). Ce lieu accorde aux femmes l'occasion d'échapper pendant quelques heures à l'univers masculin qui domine au Maroc en se faisant dorloter dans un cadre somptueux. Très prisé de la clientèle locale,

GALERIES D'ART

Galerie d'art contemporain Mohamed Drissi (carte p. 226 ; 52 rue d'Angleterre ; 9h-13h et 14h-18h mar-dim). GRATUIT Dans l'ancien consulat britannique.

Les Insolites (carte p. 231 ; 0534 59 29 83 ; http://lesinsolitestanger.com ; 28 rue Khalid Ibn Oualid ; 11h-20h lun-sam). GRATUIT Livres et photographies.

Galerie Conil (carte p. 228 ; 0534 37 20 54 ; conil.maroc@gmail.com ; 7 rue du Palmier, Petit Socco ; 11h-20h lun-sam). GRATUIT Art contemporain, livres et vêtements.

Galerie Delacroix (carte p. 231 ; 86 rue de la Liberté ; 11h-13h et 16h-20h mar-dim). GRATUIT La galerie de l'Institut français.

Centre culturel Ibn Khaldoun (carte p. 231 ; rue de la Liberté ; 10h-13h et 16h-20h). Art contemporain.

Galerie de l'Instituto Cervantes (carte p. 226 ; rue Belgique ; 10h-13h et 16h-20h mar-dim). GRATUIT Art contemporain.

ce hammam exclusivement féminin se situe à l'ouest de la place de Koweit, sur la route du terrain de golf. Prenez un taxi.

Royal Club Equestre ÉQUITATION
(☎0539 93 48 84 ; rte de Boubana ; 75 Dh les 30 min, 150 Dh/h ; ⏲8h-12h et 14h-18h, mar-dim). Domicilié sur la route menant au cap Spartel, le club s'étend au milieu de collines boisées qu'il fait bon explorer à cheval. Les cavaliers doivent tous être accompagnés d'un guide (service inclus dans le prix de location d'un cheval).

Circuits organisés

La réception de votre hébergement comme l'office du tourisme vous aideront à trouver un guide valable. Avant votre arrivée, vous pouvez aussi réserver les services d'un guide national réputé et rompu depuis plusieurs années aux petits groupes, tel **Saïd Nacir** (☎0671 04 57 06 ; www.d-destination.com ; 350 Dh/j), ou encore **Azeddine Berrada** (☎0671 41 06 23) pour des balades à pied (250 Dh/demi-journée) ou des circuits en véhicule (1 000 Dh/jour).

Six parcours de couleur différente ont par ailleurs été créés dans la médina avec l'aide d'une ONG italienne. Un plan est affiché à l'office du tourisme et à des endroits clés de la médina.

Marron Le circuit de la casbah.

Vert Le circuit Oued Aherdane, de la casbah au Petit Socco.

Violet Le circuit Dar Baroud, qui rallie l'Hôtel Continental et offre une vue sur la mer.

Jaune Le sud de la médina, du Petit Socco au musée de la Légation américaine.

Bleu Le circuit Souk Dakhel, qui fait une boucle vers l'est au départ du Petit Socco.

Orange Les remparts de la médina, du Grand Socco à la casbah.

Fêtes et festivals

Deux brochures en français répertorient les sorties et manifestations locales : l'une mensuelle, *Urbain Tanger* (www.urbain.ma), l'autre bimensuelle, *Tanger Pocket* (www.tangerpocket.com). À prendre à l'hôtel ou à télécharger en ligne.

Salon international de Tanger des livres et des arts CULTUREL
(☎0539 94 10 54 ; www.if-maroc.org/tanger/spip.php?rubrique59 ; Institut français, 41 rue Hassan ibn Ouazzane ; ⏲avr). Festival annuel d'une semaine sur des thèmes variés.

Festival international de théâtre amateur THÉÂTRE
(☎0539 93 03 06 ; fondationlorin@gmail.com ; 44 rue Touahine, Fondation Lorin ; ⏲mai). Une semaine de théâtre en langue arabe ou française organisée par la Fondation Lorin.

TANJAzz MUSIQUE
(www.tanjazz.org ; ⏲sept). Festival très populaire où se produisent des musiciens de jazz marocains et étrangers, dont quelques grandes pointures.

Festival du court métrage méditerranéen FILMS
(www.ccm.ma ; ⏲oct). Une semaine durant, honneur aux auteurs de courts métrages du pourtour méditerranéen.

Où se loger

Vous aurez l'embarras du choix. La plupart des établissements à petits prix sont regroupés autour de la médina et près de l'entrée du port. Visitez-en plusieurs avant de choisir car si tous sont peu chers, certains sont plus accueillants que d'autres. Outre les adresses mentionnées ci-après, vous en trouverez beaucoup d'autres autour de l'avenue Mokhtar Ahardan et de la rue Magellan. Hors saison, les hôtels pratiquent généralement des tarifs inférieurs négociables à la baisse. Avant d'accepter la chambre, assurez-vous qu'elle ne sent pas le moisi, du fait de l'humidité marine.

Médina

Melting Pot Hostel AUBERGE DE JEUNESSE €
(carte p. 228 ; ☎0539 33 15 08 ; www.meltingpothostels.com/tanger ; 3 rue Tsouli ; dort à partir de 120 Dh, d 360 Dh ;). Un nouvel hébergement bienvenu dans la médina : plaisant et lumineux, il offre une grande cuisine propre et de nombreux espaces de détente, dont un toit-terrasse à la vue splendide. Sdb communes nettes et personnel très amical et serviable. Pour le trouver, repérez-vous à l'Hôtel Continental ; il n'y avait pas encore de panneaux à notre passage.

Hôtel Mamora HÔTEL €
(carte p. 228 ; ☎0539 93 41 05 ; 19 av. Mokhtar Ahardan ; s/d avec douche 80/150 Dh, d avec toilettes 260 Dh). Apprécié des lecteurs pour sa proximité avec le Petit Socco et son bon rapport qualité/prix, cet établissement aux allures

Tanger - ville nouvelle

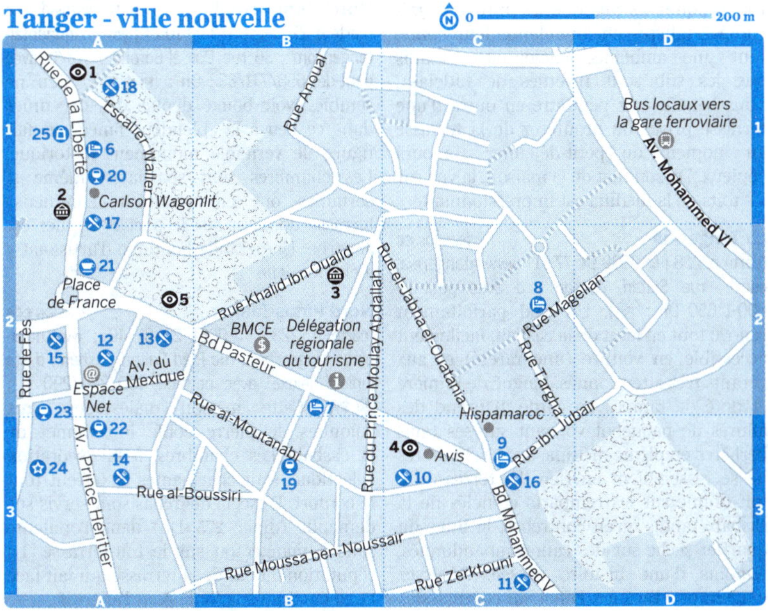

Tanger - ville nouvelle

À voir
- 1 Centre culturel Ibn Khaldoun ... A1
- 2 Galerie Delacroix ... A1
- 3 Les Insolites ... B2
- 4 Librairie des Colonnes ... C3
- 5 Terrasse des Paresseux ... A2

Activités
- El-Minzah Wellness ... (voir 6)

Où se loger
- 6 El-Minzah ... A1
- 7 Hôtel de Paris ... B2
- 8 Hôtel El-Muniria ... C2
- 9 Hôtel Rembrandt ... C3

Où se restaurer
- 10 Casa Pepe ... C3
- 11 Champs Élysées ... C3
- 12 Fast Food Brahim ... A2
- 13 La Giralda ... A2
- 14 La Pagode ... A3
- 15 Mix Max ... A2
- 16 Number One ... C3
- 17 Pâtisserie La Española ... A1
- 18 Populaire Saveur de Poisson ... A1
- Restaurant el-Korsan ... (voir 6)

Où prendre un verre
- 19 Americain's Pub ... B3
- 20 Caid's Bar ... A1
- 21 Grand Café de Paris ... A2
- 22 Hole in the Wall Bar ... A3
- Le Tangerine ... (voir 8)
- 23 Pilo ... A2

Où sortir
- 24 Cinéma Paris ... A3

Achats
- 25 Bazar Tindouf ... A1

d'internat dispose de toute une gamme de chambres à prix variés et bien tenues. Celles qui donnent sur le toit en tuiles vertes de la Grande Mosquée (la 39 par exemple, à partir de 220 Dh) sont les meilleures, pour peu que l'appel du muezzin ne vous dérange pas. Prix négociables.

Dar Nour PENSION €€
(carte p. 228 ; 0662 11 27 24 ; www.darnour.com ; 20 rue Gourna, casbah ; d/ste avec petit-déj à partir de 720/1 300 Dh ; wifi). En l'absence de cour centrale, l'espace s'organise ici autour de deux escaliers qui tournent, créant un labyrinthe de chambres et de salons plus

romantiques les uns que les autres. Objets chinés et livres en abondance leur confèrent une ambiance chaleureuse, tandis que les sdb sont revêtues de tadelakt. Vous bénéficierez peut-être en outre d'une terrasse privée ou profiterez de la terrasse au moment du petit-déjeuner, toujours copieux. Du sommet de la maison, la vue sur les toits de la médina est impressionnante.

La Tangerina PENSION €€

(carte p. 228 ; ☎0539 94 77 31 ; www.latangerina.com ; rue Sultan, casbah ; d avec petit-déj 600-1 650 Dh ; 📶). Un riad parfaitement rénové tout en haut de la casbah, facilement accessible en voiture (une rareté) et aux gérants très attentionnés. Baigné de lumière et doté de rampes en corde, il prend des allures de paquebot voguant sur ses tapis berbères en pleine médina. Ses 10 chambres ne se ressemblent en rien. La terrasse du toit donne sur les remparts crénelés de la casbah, tandis qu'en contrebas, le linge du quartier sèche sur des canons abandonnés, témoins d'une histoire passée. Réservez longtemps à l'avance. Dîner sur commande.

Hôtel Continental HÔTEL HISTORIQUE €€

(carte p. 228 ; ☎0539 93 10 24 ; www.continental-tanger.com ; 36 rue Dar el-Baroud ; s/d/tr avec petit-déj 650/771/832 Dh ; P ❄ 📶). Rien ne semble avoir bougé depuis des décennies dans ce lieu à la splendeur fanée qui fait figure de véritable monument historique. Les chambres sont spartiates, même si certaines ont été rénovées. L'immense terrasse donnant sur le port et la mer est superbe. Une grande boutique d'artisanat y a élu domicile.

Nord Pinus Tanger PENSION €€€

(carte p. 228 ; ☎0661 22 81 40 ; www.nord-pinus-tanger.com ; rue Riad Sultan, casbah ; d/ste junior/"deluxe" avec petit-déj 150/240/290 € ; ❄ 📶). Cette maison majestueuse aux colonnes de pierre coiffe le sommet de la casbah. Les chambres, à la décoration éclectique, sont charmantes et offrent tout le confort. D'excellents repas sont servis sur demande (dîner 275 Dh) dans l'opulente salle à manger ou sur le toit-terrasse. La réputation du bar de la terrasse qui fait face aux flots draine la foule pour l'apéritif.

PAUL BOWLES À TANGER

Paul Bowles est certainement le plus célèbre des auteurs étrangers à avoir habité le Maroc et à l'avoir décrit. Américain d'origine, cet écrivain, musicien, dandy et grand voyageur est mort à Tanger en 1999 à l'âge de 88 ans. Plus que quiconque, il a contribué à faire connaître la littérature marocaine aux lecteurs anglophones.

Né à New York en 1910, Bowles quitte l'école sans projet particulier. Il commence par voyager en Europe où il rencontre des artistes et des intellectuels influents. En 1931, il séjourne brièvement à Tanger – voyage dont l'impact s'avérera considérable par la suite. De retour au pays, Bowles consacre les quinze années suivantes à la composition musicale et à la critique. En 1938, il épouse Jane Sydney Auer, avec qui il ne formera jamais un couple conventionnel – lui bisexuel, elle, lesbienne militante. Après la Seconde Guerre mondiale, Paul retourne avec Jane à Tanger, qu'il appellera désormais sa maison. Peu à peu, il se retrouve au centre d'un cercle de créateurs actifs, dont Allen Ginsberg et William Burroughs.

Pendant les années 1950, Bowles entreprend d'enregistrer, de transcrire et de traduire des écrivains marocains, en particulier Driss ben Hamed Charhaki (également connu sous le pseudonyme de Larbi Layachi) et Mohammed Mrabet. Très tôt, il enregistre également de la musique traditionnelle marocaine.

Porté à l'écran par Bernardo Bertolucci en 1990, son roman le plus célèbre, *Un thé au Sahara* (1949), raconte l'histoire émouvante d'un couple d'Américains à la dérive qui débarque en Afrique du Nord à la fin de la Seconde Guerre mondiale et tente de se réconcilier. Parmi ses autres œuvres, *Après toi le déluge* (1952) prend Tanger pour décor et *La Maison de l'araignée* se déroule à Fès dans les années 1950. Ses récits *Leurs mains sont bleues* (1963) et *Des aires du temps* (1982) constituent d'intéressantes relations de voyage. L'écriture de Bowles prend souvent une tournure sombre, parfois même brutale, dans le courant nihiliste. Certains analystes ont tenté de lier des aspects de la vie de Bowles à son œuvre. Cependant, son autobiographie, *Mémoires d'un nomade* (1972), éclaire très peu le sujet.

Le site officiel de Paul Bowles peut être consulté sur www.paulbowles.org.

Ville nouvelle

Nombre des petits hôtels anonymes et des *pensiones* de la rue Salah Eddine el-Ayoubi et de l'avenue d'Espagne ne valent guère mieux que les moins chers de la médina. Ce quartier, Salah/Espagne, parfois mal fréquenté le soir, est peu recommandable pour les femmes seules. Voici quelques alternatives. Des hôtels plus agréables bordent l'avenue Mohammed VI, offrant une vue magnifique sur la baie de Tanger et une proximité avec les curiosités de la ville. En outre, quelques adresses se trouvent en plein centre.

Hôtel El-Muniria HÔTEL €
(carte p. 231 ; ✆ 0539 93 53 37 ; www.hotelelmuniria.com ; 1 rue Magellan ; s/d 200/250 Dh, terrasse 250/300 Dh ; wifi). Meilleure adresse de la ville nouvelle pour voyageurs à petits budgets, bien au-dessus de la moyenne dans cette catégorie, l'El-Muniria offre un aperçu de la Beat generation (voir l'encadré p. 235). Fenêtres à la française et tissus fleuris révèlent la touche soignée d'une entreprise familiale. La chambre 4 est un merveilleux repaire, tranquille et lumineux, tout comme la 8, sur la terrasse, une double paisible avec vue sur le port. Seul bémol : l'agitation due au bar Le Tangerine, en contrebas.

Hôtel de Paris HÔTEL €
(carte p. 231 ; ✆ 0539 93 18 77 ; 42 bd Pasteur ; s/d avec sdb et petit-déj 280/350 Dh). Une adresse fiable au cœur de la ville nouvelle. Si le hall est très chic, la salle de petit-déjeuner se révèle plutôt sombre. Les chambres et les tarifs varient en fonction des sdb et des balcons. Toutes sont propres et modernes, mais celles qui donnent sur le boulevard Pasteur sont parfois bruyantes. L'accueil serviable compense le manque d'assistance à l'office du tourisme d'en face.

Pension Hollande HÔTEL €
(carte p. 226 ; ✆ 0539 93 78 38 ; 139 rue de Hollande ; s/d 150/250 Dh, ch style loft sans sdb 100 Dh/pers). Niché dans une rue tranquille non loin de la place de France, cet ancien hôpital loue des chambres blanches à hauts plafonds, mais aux sdb parfois minuscules. Celles de style loft en haut de l'escalier en colimaçon sont une affaire. Toutes disposent d'une TV et d'un lavabo ; les doubles ont une douche. Eau chaude sur demande.

Hôtel El Djenina HÔTEL €
(carte p. 226 ; ✆ 0539 92 22 44 ; eldjenina@menara.ma ; 8 rue al-Antaki ; s/d avec petit-déj 374/490 Dh ; clim, wifi). Sans grand caractère, cet établissement proche du port propose des chambres claires et modernes, mais petites. On appréciera son confortable bar-restaurant avec terrasse et vue sur mer.

> **CHERCHEZ LA STAR**
>
> Glissez discrètement devant le portier de l'El-Minzah Hotel et descendez les marches jusqu'à la magnifique cour andalouse où sont affichées les photographies de dizaines de célébrités. La plupart datent des années 1950 et 1960. Un Rock Hudson tout sourires, Aristote Onassis dans une voiture blanche, sa femme Jackie, Winston Churchill et son cigare, et la somptueuse Rita Hayworth n'en sont que quelques exemples. Puis rendez-vous au Caid's Bar (p. 236) pour siroter un cocktail tout en décidant de l'emplacement de votre future photo.

Marco Polo HÔTEL €€
(carte p. 226 ; ✆ 0539 94 11 24 ; www.marco-polo.ma ; 2 rue al-Antaki ; s/d 462/616 Dh). Lumineux hôtel pavé de marbre et aux murs pastel, le Marco Polo vous situe au cœur de l'action entre ville nouvelle et médina, et en face de la plage. En travaux à notre passage, il restera sans nul doute un bon choix avec son restaurant prisé, son grand centre de fitness, son hammam et son bar. Attendez-vous à des prix un peu plus élevés. Petit-déjeuner facturé 40 Dh.

Hôtel Rembrandt HÔTEL €€
(carte p. 231 ; ✆ 0539 33 33 14 ; www.hotel-rembrandt.com ; av. Mohammed V ; s/d 750/780 Dh, vue sur mer 870/1 000 Dh ; clim, wifi, piscine). La réception élégante, l'ascenseur d'époque et l'escalier incurvé augureraient des chambres moins standards. Mais on se sent parfaitement bien au restaurant vitré (menu 150 Dh, alcool) et on se détend au café dans le jardin. L'épatant Blue Pub, avec ses drôles de canapés violets, est très apprécié le soir venu. Petit-déjeuner : 80 Dh.

El-Minzah HÔTEL DE LUXE €€€
(carte p. 231 ; ✆ 0539 93 58 85 ; www.elminzah.com ; 85 rue de la Liberté ; d/ste à partir de 2 300/3 000 Dh ; clim, wifi, piscine). Le cinq-étoiles le plus chic de Tanger, véritable institution locale, occupe un magnifique bâtiment des années 1930 à la très belle cour intérieure

TANGER AVEC DES ENFANTS

Paradis pour les enfants, le **parc M'Nar** (☎0539 343829 ; www.mnarparktanger.com ; cap Malabata ; parc aquatique adulte/enfant 100/50 Dh ; ⏲8h-18h, piscine 15 juin-15 sept) est installé à flanc de rocher au sud du cap Malabata, d'où l'on a une vue splendide sur la baie de Tanger. Le complexe comprend un parc aquatique, des jeux électroniques, un karting, un petit train, un mini-terrain de football, des restaurants, un café ainsi que 38 bungalows destinés aux familles.

En ville, près du Grand Socco, les jardins de la Mendoubia (p. 227) sont un parc où l'on peut jouer au foot sur l'herbe et faire de la balançoire.

hispano-mauresque. Impossible de ne pas sentir que ces murs ont une histoire ! Et une tradition d'accueil : trois excellents restaurants, trois bars de qualité, un centre de remise en forme, un spa, de beaux jardins et même un service de garde d'enfants. Les chambres côté port, à la vue splendide, peuvent se révéler bruyantes les jours de grand vent.

Où se restaurer

Tanger compte plus de 800 cafés qui sont un reflet de la culture locale. Les établissements anciens contrastent avec les plus récents. Les premiers sont presque exclusivement fréquentés par des hommes, et souvent peu reluisants, tandis que les seconds sont clairs et modernes, décorés avec goût, et proposent une cuisine légère.

La médina compte une pléthore de restaurants bon marché autour du Petit Socco (souk Dakhel) et de l'avenue Mokhtar Ahardan adjacente, lesquels vendent du poulet rôti, des sandwichs et des brochettes. Dans la ville nouvelle, tentez votre chance dans les rues immédiatement au sud de la place de France, où abondent fast-foods, sandwicheries-bars et autres étals de poisson.

Pour ceux qui aiment cuisiner, les marchés couverts près du Grand Socco leur fourniront des produits frais, surtout le jeudi et le dimanche, quand les Rifaines coiffées du traditionnel chapeau de paille à pompons et vêtues de la jupe rayée viennent vendre leurs produits. À l'ouest du centre-ville, le **marché de Fès** (carte p. 226) propose, entre autres, des fromages importés. **Casa Pepe** (carte p. 231 ; ☎0539 93 70 39 ; 39 rue ibn Rochd ; ⏲9h-22h30) est l'une des nombreuses épiceries du quartier vendant des produits traiteurs et importés, des conserves et de l'alcool.

Médina

Le Salon Bleu MAROCAIN €€
(carte p. 228 ; pl. de la Kasbah, entrée 71 rue Amrah ; plats 80-130 Dh ; ⏲déj et dîner). Clair, paisible et aéré, ce salon de thé-restaurant appartenant à la pension Dar Nour sert une cuisine simple et savoureuse dans un cadre magnifique dominant la casbah. Vue sublime sur les flots depuis le toit-terrasse.

Le Nabab MAROCAIN €€
(carte p. 228 ; ☎0661 44 22 20 ; 2 rue al Kadiria ; plats 110 Dh, menu 175 Dh ; ⏲déj et dîner lun-sam). Un fondouk magnifiquement restauré, tout en tadelakt gris, tissus légers et sièges confortables. On dîne autour de l'immense cheminée ou dans une alcôve privée. Menu marocain, accueil chaleureux et alcool à la carte.

♥ **Art et Gourmet** MÉDITERRANÉEN €€€
(carte p. 228 ; ☎0539 37 12 51 ; 9 pl. du 9 Avril 1947 ; formule déj 160 Dh, plats 180 Dh ; ⏲12h-24h ; wi-fi). On ne peut rêver meilleur emplacement sur le Grand Socco que cette terrasse. L'intérieur paraît par contraste, plus classique. Menu du jour inscrit au tableau noir et plats à la carte déclinés au dos de petites peintures fournissent l'embarras du choix entre divers poissons, légumes et viande bio produits par la ferme Boufalah à Asilah, plus des plats marocains aux accents japonais. Tout est joliment dressé sur des assiettes en ardoise. Bonne carte des vins et excellent service.

El Morocco Club MÉDITERRANÉEN, TAPAS €€€
(carte p. 228 ; contact@elmoroccoclub.ma ; 1 rue Kashla, casbah ; plats 140-195 Dh, tapas 40-90 Dh ; ⏲dîner ; wi-fi). La superbe rénovation de cet élégant bâtiment a donné naissance à un restaurant chic à l'étage et un piano-bar plus décontracté au rez-de-chaussée. L'intérieur est chaleureux et le bar, intime, affiche de belles photos aux murs. En journée, installez-vous sous les arbres du café en terrasse.

Ville nouvelle

La Giralda CAFÉ €
(carte p. 231 ; ☎0539 37 04 07 ; 1er ét., 5 bd Pasteur ; petit-déj à partir de 25 Dh ; ⏲7h-24h). La jeunesse dorée raffole de ce café très chic donnant sur

la terrasse des Paresseux, avec son somptueux décor d'inspiration égyptienne et son plafond superbement sculpté. Ses immenses fenêtres donnent sur la mer. Un menu léger à base de crêpes et de paninis en fait une bonne halte pour le déjeuner.

Populaire Saveur de Poisson POISSON €€€

(carte p. 231 ; 0539 33 63 26 ; 2 escalier Waller ; menu prix fixe 200 Dh ; déj et dîner, fermé ven ;). Cette charmante petite adresse au cadre rustique mitonne un copieux menu de 4 plats composé d'une soupe de poisson, suivie de la pêche du jour avec olives et divers pains frais, et, pour finir, d'amandes au miel. Le tout arrosé d'un cocktail maison élaboré à partir de 15 fruits différents. Plus qu'un repas, une expérience authentique.

Fast Food Brahim RESTAURATION RAPIDE €

(carte p. 231 ; 16 av. Mexique ; sandwichs à partir de 22 Dh ; 11h-24h). D'excellents sandwichs à la commande. La demi-baguette kefta (boulettes d'agneau) avec salade est recommandée.

Mix Max RESTAURATION RAPIDE €

(carte p. 231 ; 6 av. du Prince Héritier ; repas 25-50 Dh ; 12h-2h). Populaire et branché, ce fast-food concocte de très bons paninis et des kebabs entre autres délices à manger sur le pouce.

Pâtisserie La Española DOUCEURS €

(carte p. 231 ; 97 rue de la Liberté ; pâtisseries à partir de 8 Dh ; 7h-22h30 l'hiver, 7h-12h30 l'été). Un salon de thé largement tapissé de miroirs dont les gâteaux en vitrine en font saliver plus d'un, Tangérois comme touristes, hommes d'affaires et couples d'amoureux.

Champs Élysées CAFÉ €

(carte p. 231 ; 6 av. Mohammed V ; petit-déj à partir de 25 Dh ; 6h-22h). Éclairé d'un gigantesque lustre central et tapissé de velours rouge, un bon repaire pour qui aime les pâtisseries.

Number One MAROCAIN, FRANÇAIS €€

(carte p. 231 ; 0539 94 16 74 ; 1 av. Mohammed V ; plats à partir de 85 Dh ; déj et dîner). Les murs roses et les fenêtres blanches de cet appartement récemment rénové évoquent une maison de vacances, tandis que la lumière rouge, le jazz en fond sonore et les souvenirs exotiques favorisent l'intimité. La cuisine franco-marocaine est très appréciée des habitants, qui le fréquentent depuis près de 50 ans.

Eric Kayser FRANÇAIS, BOULANGERIE €€

(angle rue des Amoureux et rue Granada ; plats à partir de 140 Dh, plat du jour 120 Dh ; 7h-22h30). Cette boulangerie française renommée a récemment ouvert une enseigne de restauration à Tanger. Tendance et chic, c'est une adresse appréciée pour la qualité de sa cuisine.

TANGER ET LA BEAT GENERATION

La Beat generation, mouvement de contre-culture américain né dans l'après-guerre, s'épanouit en Californie mais aussi à Tanger. Si certains membres de ce mouvement, comme l'écrivain Jack Kerouac et les poètes Allen Ginsberg et Gregory Corso, se contentèrent d'y séjourner, d'autres auteurs, à l'instar de William Burroughs, Paul Bowles ou Brion Gysin, y passèrent une grande partie de leur vie, inspirant un cénacle d'artistes locaux. Certains lieux tangérois évoquent encore ce passé de grande créativité littéraire :

Hôtel el-Muniria (p. 233). William Burroughs y écrivit *Le Festin nu*, satire sociale caustique de l'Amérique moderne – décrivant l'*Interzone*, micro-nation sortie de son imagination, l'œuvre fut composée selon la technique du cut-up développée par Brion Gysin. Ginsberg et Kerouac logèrent également dans cet hôtel en 1957.

Le Tangerine (p. 236). Des photos de clients beatniks tapissent les murs de ce bar (ancien Tanger Inn) situé en bas de l'hôtel el-Muniria.

Café Central (p. 236). Le repaire de Burroughs sur le Petit Socco.

Musée de la Légation américaine (p. 226). Une aile est consacrée à Paul Bowles.

Hôtel Continental (p. 232). Des scènes du film *Un thé au Sahara*, d'après le roman homonyme de Paul Bowles, ont été tournées ici.

Café Hafa (p. 236). Bowles et les Rolling Stones venaient y fumer du haschisch.

Grand Café de Paris (p. 236) Le principal salon littéraire de cette époque, fréquenté aussi par Tennessee Williams et Truman Capote.

Ana e Paolo ITALIEN €€
(carte p. 226 ; ☎0539 94 46 17 ; 77 rue du Prince Héritier ; plats à partir de 85 Dh ; ⏲déj et dîner, fermé dim). Cet authentique bistrot italien tenu par des Vénitiens offre un cadre très chaleureux à une clientèle internationale. Les conversations se croisent d'une table à l'autre et l'on y sert des plats copieux, notamment une excellente charcuterie, des pizzas, des pâtes maison, de la viande et du poisson.

La Pagode CHINOIS €€
(carte p. 231 ; ☎0539 93 80 86 ; rue al-Boussiri ; plats à partir de 80 Dh ; ⏲12h-15h et 19h-23h mar-dim). Pour changer des tajines et des pâtes, un petit bout d'Asie. Salle à manger classique et intime, aux meubles laqués, nappes blanches et lumière tamisée. Menu chinois classique.

La Fabrique FRANÇAIS €€€
(carte p. 226 ; ☎0539 37 40 57 ; résidence Salima, 7 rue d'Angleterre ; repas 250-350 Dh ; ⏲déj et dîner lun-sam). Décor minimaliste et recettes françaises raffinées, c'est précisément l'endroit où l'on vient pour être vu. Le tournedos est divin, mais il y a peu d'options pour les végétariens. Service attentif et bonne carte des vins. Réservez.

Restaurant el-Korsan MAROCAIN €€€
(carte p. 231 ; ☎0539 93 58 85 ; El-Minzah Hotel, 85 rue de la Liberté ; plats env. 160 Dh ; ⏲déj et dîner). L'une des meilleures adresses de Tanger et aussi l'une des plus chics, dans l'hôtel El-Minzah, constitue une variante intimiste des "palais-restaurants". Des classiques marocains bien présentés y sont servis au son des musiciens, et souvent au gré des mouvements des danseuses traditionnelles. Réservation obligatoire, au moins la veille pour le déjeuner. Tenue correcte.

Où prendre un verre et faire la fête

Le statut international de Tanger a laissé des traces, que révèle la présence de nombreux bars. Ils servent une clientèle masculine, à l'exception de quelques établissements plus occidentalisés où les femmes sont les bienvenues. Beaucoup ne s'animent qu'après minuit. Les puristes du café y trouveront trois grandes adresses.

La vie nocturne à Tanger s'anime essentiellement pendant l'été, lorsque débarquent les touristes européens. Concentrées près de la place de France et le long de la plage, les discothèques s'adressent à une clientèle très diverse. Le tarif d'entrée, variable, peut être compris dans le prix (élevé) des boissons. Si vous partez tard, demandez au videur de vous appeler un taxi.

Grand Café de Paris CAFÉ
(carte p. 231 ; pl. de France ; ⏲6h-22h30). Véritable institution donnant sur la place de France depuis 1927, cet ancien lieu de rendez-vous des intellectuels tangérois est le plus célèbre des établissements du boulevard Pasteur. Il a récemment figuré dans le film de Paul Greengrass *La Vengeance dans la peau* (2007).

Café Hafa CAFÉ
(carte p. 226 ; av. Hadi Mohammed Tazi ; ⏲8h30-23h lun-ven, 8h30-2h sam-dim). Par beau temps, difficile de quitter les terrasses du Café Hafa dont la vue embrasse le détroit. Les Tangérois viennent jouer ici au jacquet (backgammon). Pas de menu, mais on y sert des œufs brouillés, du *b'sara* (soupe de haricots blancs à l'ail) et des olives.

Café Central CAFÉ
(carte p. 228 ; Petit Socco ; ⏲6h-23h30). Le meilleur endroit de la médina pour regarder l'animation de la rue, en sirotant un café à l'une des tables installées sur le trottoir.

Piano-bar du Morocco Club BAR
(carte p. 228 ; pl. du Tabor, casbah ; ⏲à partir de 20h mar-dim). Ce bar d'ambiance est un bon endroit où boire un verre. Il y a souvent des concerts le week-end.

Le Tangerine BAR
(carte p. 231 ; 1 rue Magellan, Hôtel el-Muniria ; ⏲22h30-1h, jusqu'à 3h ven-sam). Si Tanger a eu jadis la faveur des voyageurs gays, ils l'ont depuis longtemps délaissée pour Marrakech et les bars "homo" ont disparu. Le Tangerine et certains bars en bord de plage ont toutefois la réputation d'attirer une clientèle gay, surtout tard le week-end. Bière à 20 Dh.

Nord Pinus Tanger BAR
(carte p. 228 ; rue Riad Sultan, Casbah ; ⏲11h-24h). Le bar-terrasse aménagé au sommet de cette pension dans la casbah offre une vue magnifique sur l'Espagne. Sirotez un cocktail dans le salon rétro-chic aux chaises excentriques et coussins marocains, orné de photographies contemporaines.

Caid's Bar BAR
(El-Minzah ; carte p. 231 ; 85 rue de la Liberté ; ⏲10h-24h). Depuis longtemps le bar vedette de l'El-Minzah, cette relique classique des jours glorieux du Tanger international

affiche aux murs des photos de personnages célèbres. Les femmes sont plus que bienvenues, et le bar à vins voisin (vin à partir de 35 Dh) est tout aussi bon.

Pilo BAR

(carte p. 231 ; angle av. Mexique et rue de Fès ; ⌚11h-2h). Une ambiance de fête baigne les 2 étages de ce bar couleur locale, soulignée par de la musique et un éclairage énergiques. Les murs rouges arborent toute l'année des décorations de Noël. Les femmes peuvent s'y sentir à l'aise, même si des entraîneuses officient à l'étage.

Americain's Pub BAR

(carte p. 231 ; rue al-Moutanabi ; ⌚12h-2h). Ne vous laissez pas abuser par le nom de ce pub dont le décor reproduit en réalité celui du métro londonien : carreaux blancs, détails rouges et panneaux authentiques. Une retraite idéale : il n'y a pas de numéro de rue et le téléphone ne marche pas.

Hole in the Wall Bar BAR

(carte p. 231 ; rue du Prince Héritier ; ⌚11h-24h). Pour la plaisanterie, remontez la rue du Prince Héritier sur un pâté de maisons et demi depuis la terrasse des Paresseux et poussez la porte noire de type saloon du plus petit bar de Tanger, voire du monde, à ne servir que de la bière (à partir de 20 Dh).

Loft CLUB

(☎0673 28 09 27 ; www.loftclub-tanger.com ; rte de Boubana ; ⌚22h-4h, jeu et sam). C'est de loin le lieu le plus couru de Tanger par les noctambules. Cette boîte dernier cri, de classe internationale, peut accueillir jusqu'à 2 000 personnes. Elle évoque un imposant vaisseau de croisière argenté, avec des balcons à l'étage supérieur, des garde-fous en métal étincelants, des rideaux comme des voiles gonflées par le vent, sans oublier les spots qui percent le brouillard artificiel ! Entrée libre. DJ Spicy joue de la house et du R&B. À l'ouest de la ville, près du Tanger Royal Golf Club. Venez après minuit.

Beach Club 555 CLUB

(carte p. 226 ; av. Mohammed VI ; ⌚10h-3h ; wifi). Ce club de plage avec piscine, pizzeria, bar et un écran sportif (entrée 100 Dh) se transforme le soir venu en l'une des meilleures discothèques de la ville. Des DJ résidents et invités font vibrer les danseurs.

Regine Club CLUB

(carte p. 226 ; 8 rue al-Mansour Dahabi ; ⌚22h-3h lun-sam). Bienvenue dans les années 1980. Cette discothèque est figée dans le temps et arbore boule à facettes et canapés de velours violet. L'ambiance se met à chauffer vraiment à partir de 1h30, surtout le week-end.

Finest Pink CLUB

(av. Mohammed VI ; ⌚23h-tard). Ce restaurant-bar à tapas "gay-friendly", en face de l'Hôtel Sheherazade, possède une discothèque populaire arborant de jolis murs roses.

☆ Où sortir

Les films sont en arabe ou doublés en français.

Cinéma Rif CINÉMA

(cinémathèque de Tanger ; carte p. 228 ; ☎0539 93 46 83 ; Grand Socco). Dans ce joli bâtiment Art déco bien restauré sont projetés des films commerciaux et indépendants, principalement américains, marocains, espagnols ou français (les films espagnols et américains sont généralement doublés en arabe).

Cinéma Paris CINÉMA

(carte p. 231 ; rue de Fès). Programme des films français, américains ou indiens, doublés en français ou en arabe. Les places d'orchestre coûtent 25 Dh, celles au balcon, 35 Dh.

Achats

Médina

On pourrait passer des heures à parcourir les souks de la médina, même si de nombreuses boutiques vendent des articles de qualité douteuse. Voici quelques adresses sortant du lot :

Boutique Majid ANTIQUITÉS, BIJOUX

(carte p. 228 ; ☎0539 93 88 92 ; rue Les Almohades ; ⌚10h-19h). Dans ce pittoresque magasin d'antiquités, la véritable pièce maîtresse est Majid en personne. Coiffé d'un fez rouge, il vous raconte de sa voix rauque des histoires sur les Rolling Stones et autres célébrités en vous montrant son incroyable collection de portes marocaines, bijoux, créations artisanales, vêtements, tissus et autres tapis.

Bleu de Fès TAPIS, ANTIQUITÉS

(carte p. 228 ; ☎0539 33 60 67 ; www.bleudefes.com ; 16 rue Les Almohades, Petit Socco ; ⌚10h-19h). Des piles et des piles de magnifiques tapis berbères du Moyen et du Haut Atlas.

Bazar des bijoux en argent BIJOUX

(carte p. 228 ; ☎0539 33 62 31 ; 13 rue Jamaa Jadida). Deux étages de vitrines remplies de beaux bijoux en argent, anciens ou modernes, provenant de tout le pays. Dans une ruelle obscure proche du Café Centra, dans le Petit Socco.

Laura Wefling ART, ARTISANAT, VÊTEMENTS
(carte p. 228 ; pl. de la Kasbah ; 11h-18h). À côté du musée de la Kasbah, une magnifique boutique proposant des vêtements, sacs, objets décoratifs et céramiques uniques.

Ville nouvelle

Bazar Tindouf ANTIQUITÉS
(carte p. 231 ; 72 rue de la Liberté ; 10h-19h). Face à l'hôtel El-Minzah, un vaste ensemble d'antiquités, d'objets en verre, en cuivre, de céramiques, de lampes, de bijoux, de vêtements et bien plus de choix encore. Une boutique qui vaut véritablement le coup d'œil.

Las Chicas ART, ARTISANAT, VÊTEMENTS
(carte p. 228 ; 0539 37 45 10 ; 52 rue Kacem Guenoun, porte de la Kasbah ; 10h-19h lun-sam). À peine sorti de la casbah, on découvre cette boutique éclectique réunissant œuvres d'art, objets décoratifs, maquillage, jolis vêtements de créateurs, et un café. Massages également proposés.

La Casa Barata MARCHÉ AUX PUCES
(av. Abou Kacem Sebti ; 9h-20h jeu et dim). Une "maison économique" où trouver tout ce qu'on peut imaginer, des légumes à l'électronique en passant par les tapis. C'est une expérience en soi, et le meilleur endroit où dénicher de vrais trésors.

Ensemble artisanal ART, ARTISANAT
(carte p. 226 ; angle rue de Belgique et rue M'sallah ; 9h-13h et 15h-19h sam-jeu). Ce centre d'art et d'artisanat financé par l'État (en cours de rénovation à notre passage) expose la production des artisans locaux que l'on voit à l'œuvre. Les prix, fixes, se révèlent beaucoup plus élevés que dans les souks, et pas moyen de marchander.

El Tapisero TAPIS
(0539 94 56 81 ; www.eltapisero.com ; 61 bd Yacoub el Mansour, Charf ; 9h30-13h et 15h-19h lun-jeu, 9h30-12h ven-sam). Comme Madonna, commandez un tapis fait main à El Tapisero. L'équipe très créative de cet atelier de tissage travaille avec de grands décorateurs européens. Comptez de 50 à 250 € le m².

Renseignements

ACCÈS INTERNET

Le secteur du boulevard Pasteur réunit plusieurs cybercafés.

Espace Net (carte p. 231 ; 16 av. du Mexique ; 5 Dh/h ; 9h30-1h)

AGENCES DE VOYAGES

Ces agences vendent toutes deux des billets de ferry ou d'avion.

Carlson Wagonlit (carte p. 231 ; 0539 33 10 24 ; 91 rue de la Liberté ; 9h-13h et 15h-18h lun-ven)

Hispamaroc (carte p. 231 ; 0539 93 21 78 ; hispamaroc@mamnet.net.ma ; 2 rue el-Jabha el-Ouatania ; 9 h-13h et 15h-18h lun-ven)

ARGENT

Quantité de banques avec DAB et bureaux de change jalonnent les boulevards Pasteur et Mohammed V. En dehors des heures d'ouverture, essayez les bureaux de change des grands hôtels.

BMCE (carte p. 231 ; bd Pasteur ; 8h-16h lun-ven). Une parmi beaucoup d'autres sur cette partie du boulevard.

DÉSAGRÉMENTS ET DANGERS

Étant donné le nombre d'hommes jeunes qui arpentent les rues en groupe, mieux vaut ne pas sortir des sentiers battus, quelle que soit l'heure, et circuler en taxi le soir. Les femmes seules se font parfois importuner après 22h et doivent éviter le quartier du port après le coucher du soleil. En cas de problème, contactez la **brigade touristique** (carte p. 228 ; 177 ; av. Mohammed VI, port de Tanger).

OFFICES DU TOURISME

Délégation régionale du tourisme (carte p. 231 ; 0539 94 80 50 ; 29 bd Pasteur ; 9h-13h et 15h-18h lun-ven). Les investissements récents dans les infrastructures touristiques ne se font pas sentir ici. On vous renseignera oralement, mais il n'y a pas de brochures. L'Hôtel de Paris, en face, fournit de nombreux fascicules et emploie un personnel serviable.

POSTE

Bureau principal (carte p. 226 ; angle rue Quevada et av. Mohammed V ; 8h-16h lun-ven). Adressez-vous au guichet le plus à droite pour la poste restante. L'entrée du service des colis est située sur le côté sud du bâtiment.

SERVICES MÉDICAUX

Clinique du Croissant Rouge (carte p. 226 ; 0539 94 69 76, 0539 94 69 76 ; 6 rue al-Mansour Dahabi)

Hôpital Mohammed V (0539 93 08 56 ; rue du Val Fleuri). Sur la route de l'aéroport.

Pharmacie Anegay (carte p. 228 ; rue as-Siaghin ; 8h-18h lun-sam)

URGENCES

Service des urgences (150 ; 24h/24)

Depuis/vers Tanger

Essayez d'arriver tôt dans la journée à Tanger, car se retrouver dans un lieu inconnu après la nuit tombée est toujours plus déstabilisant. Pensez aussi à changer de l'argent pour payer le taxi.

AVION

L'aéroport international d'Ibn Batouta (TNG) s'étend à 15 km au sud-ouest du centre-ville. Plusieurs compagnies low cost y opèrent (notamment easyJet depuis Madrid et Paris, Jetairfly depuis Paris, Barcelone et Rotterdam et Ryanair depuis Londres Stansted, Paris, Marseille, Bruxelles, Madrid, Düsseldorf et Frankfort Hahn) ainsi qu'Iberia, British Airways et Royal Air Maroc. Consultez Internet pour connaître les horaires et les compagnies aériennes, qui changent souvent.

BATEAU

Deux choix s'offrent à qui souhaite traverser le détroit de Gibraltar : les ferries rapides de **FRS** (www.frs.es) et de **Balearia** (www.balearia.co.uk/), lesquels facturent 350 Dh les 35 minutes de traversée pour Tarifa ; ou les plus lents qui rallient Algésiras en 2 heures 30 (255 Dh,). Les premiers sont plus vulnérables aux intempéries qui peuvent faire fermer le port plusieurs jours, mais ils conviennent mieux aux voyageurs souffrant de mal de mer.

Les ferries desservant Tarifa partent du port de Tanger ; toutes les autres destinations sont desservies par Tanger Med, le grand terminal à 48 km au nord de la ville. Un service de navettes (25 Dh) quitte Tanger Med toutes les heures en direction de la gare routière de Tanger (45 min).

Les billets s'achètent aux guichets de la compagnie à l'extérieur du terminal du port de Tanger, dans le terminal lui-même ou dans n'importe quelle agence de voyages en ville. Veillez à prendre le formulaire de sortie afin d'éviter des tracasseries ultérieures. La principale destination est le port espagnol d'Algésiras, des bateaux moins fréquents desservant aussi Gibraltar. Le service pour Tarifa comprend un transfert gratuit en bus pour Algésiras (50 min) sur présentation de votre billet de ferry. Réservez bien à l'avance en période de pointe (particulièrement à Pâques, la dernière semaine d'août et la dernière semaine d'octobre), prévoyez un délai de 1 heure 30 avant le départ pour obtenir les billets et passer le contrôle des passeports, et rappelez-vous qu'il y a un décalage horaire avec l'Espagne (le Maroc a 1 heure de retard sur l'Espagne, 2 pendant le ramadan).

Faites tamponner votre passeport sur le ferry avant d'arriver au Maroc.

BUS

Des bus CTM partent de la **gare routière principale** (☎ 0539 94 69 28 ; pl. Jamaa el-Arabia), à quelque 2 km au sud du centre-ville, près de la mosquée syrienne, aisément repérable à ses minarets détonnant avec le style local. Quelques destinations :

DESTINATION	TARIF	DURÉE
Agadir	325 Dh	12 heures 30
Casablanca	140 Dh	5 heures 30
Chefchaouen	45 Dh	3 heures
Fès	115 Dh	6 heures
Marrakech	230 Dh	10 heures
Meknès	95 Dh	5 heures
Rabat	105 Dh	4 heures
Tétouan	20 Dh	1 heure

Bagages : 10 Dh de 4 à 10 kg.

Les autres compagnies pratiquent des tarifs moindres, avec départs réguliers pour les villes mentionnées ci-dessus ainsi que pour Al-Hoceima (100 Dh, 10 heures), quelques villes des environs et Fnideq (25 Dh, 1 heure 30), petite ville à 3 km de l'enclave de Ceuta. Du fait de la présence d'un bureau de police, on vous importunera rarement à la gare routière, plutôt animée. Elle possède une **consigne** (5-7 Dh/jour pour chaque bagage ; ⌚5h-1h). La course en petit taxi depuis/vers le centre-ville revient à environ 10 Dh.

TAXI

Les grands taxis, des Mercedes beiges, partent d'un parking jouxtant la grande gare routière. Ils desservent pour l'essentiel Tétouan (30 Dh, 1 heure), Asilah (20 Dh, 30 min) et Larache (35 Dh, 1 heure 30). Pour Ceuta, gagnez Fnideq (30 Dh, 1 heure), à 3 km de la frontière. Aucun taxi ne rejoint directement la frontière (Bab Sebta) depuis Tanger. Des grands taxis à destination de Tétouan attendent fréquemment à l'arrivée des trains à la gare Tanger-Ville. Pour les destinations à la périphérie de Tanger, comme les grottes d'Hercule ou le cap Malabata, rendez-vous à la station des grands taxis sur le Grand Socco.

TRAIN

La gare Tanger-Ville est très pratique. Dix trains rallient chaque jour Sidi Kacem, Meknès, Fès, Rabat (Ville), Casablanca (Casa Voyageurs) et Marrakech, dont un service de nuit avec couchettes, et le célèbre *Marrakech Express*, qu'il faut réserver tôt (s 650 Dh, d 450 Dh/pers, couchette 350 Dh). Si vous rentrez en Espagne, ce train arrive à temps pour le ferry du matin. De Sidi Kacem, des correspondances conduisent au sud jusqu'à Marrakech, à l'est jusqu'à Oujda. Vérifiez les horaires sur www.oncf.ma. Sachez que la **consigne** (10 Dh/bagage ; ⌚7h-13h et 14h-21h30) n'accepte que les bagages fermés avec un cadenas. Un petit taxi depuis/vers le centre de Tanger coûte autour de 10 Dh.

VOITURE

Les principales agences de location ont un bureau à l'aéroport et les suivantes une adresse également en ville :

Avis (carte p. 231 ; ☎0539 93 46 46 ; www.avis.com/car-rental/location/AFR/MA/Tanger ; 54 bd Pasteur ; aéroport Ibn Batouta ; ⏰8h-19h lun-sam, 8h-12h dim).

Budget (☎0531 06 09 51 ; gare Tanger-Ville ; aéroport Ibn Batouta ; ⏰8h30-12h et 14h30-19h lun-ven, 9h-12h et 15h-18h sam, 9h-12h dim).

Hertz (carte p. 226 ; ☎0539 32 21 65 ; fax 0539 94 58 30 ; 36 av. Mohammed V ; aéroport Ibn Batouta ; ⏰8h-12h et 14h30-18h30 lun-ven, 9h-12h et 15h-18h sam, 9h-12h dim).

Un **parking** (42 rue de Hollande ; 2 Dh/h, 15 Dh/nuit, 25 Dh/24h), relativement sûr et commode, se trouve près de l'Hôtel Dawliz.

Comment circuler

DEPUIS/VERS L'AÉROPORT

Les grands taxis au départ du port du centre-ville facturent 150 Dh (prix du taxi complet) le trajet de 25 minutes. On peut aussi rejoindre le centre par les bus n^os^17 et 70 ralliant le Grand Socco, mais il faut marcher 2 km pour rejoindre la route principale où ils passent.

DEPUIS/VERS TANGER MED

Une navette (25 Dh) fait toutes les heures la liaison entre Tanger Med et la gare routière (45 min). Le chauffeur vous dépose près de la gare ferroviaire sur demande.

BUS

Pour l'essentiel, il n'est pas nécessaire d'emprunter le bus dans Tanger, mais deux lignes peuvent se révéler utiles. Le bus n°13 part de la gare et rejoint l'entrée du port de Tanger via l'avenue Mohammed VI. Le bus n°17 relie la gare ferroviaire et la gare routière principale. Un ticket coûte 8 Dh.

TAXI

Les petits taxis se distinguent par leur couleur bleu marine et par leur bande latérale jaune. Un trajet moyen en ville coûte un minimum de 8 Dh. Les tarifs augmentent de 50% la nuit.

Cap Spartel كاب سبارتل

À 14 km à l'ouest de Tanger, le cap Spartel marque l'extrémité nord-ouest du littoral atlantique de l'Afrique. Cette excursion à la journée rencontre un égal succès auprès des Tangérois et des touristes. La route depuis Tanger, spectaculaire, traverse **La Montagne**, banlieue huppée ponctuée de palais royaux et de villas, puis surplombe les pinèdes qui couvrent le cap et mène au **phare du cap Spartel** (fermé). Les plages qui s'étirent au sud sont propres et calmes en dehors de la période estivale.

Au pied du cap Spartel, la **plage Robinson** qui s'étend vers le sud, offre l'occasion d'une promenade vivifiante. Cinq kilomètres plus loin apparaissent les **grottes d'Hercule** (5 Dh ; ⏰8h-crépuscule), séjour mythique du demi-dieu, tout proche de l'hôtel Le Mirage. Ces grottes furent exploitées dès les années 1920 comme carrière de pierres à meule. Elles furent aussi utilisées par les prostituées, puis par les célébrités de Tanger, qui y organisaient des soirées. De l'intérieur, impossible de ne pas noter que l'ouverture de la grotte a la forme d'une carte de l'Afrique, offrant de surcroît une très photogénique vue sur l'Atlantique. Des **promenades à dos de dromadaire**, notamment le long de la plage, sont proposées juste avant l'entrée des grottes, sur la droite.

Où se loger et se restaurer

Camping Achakkar CAMPING €

(☎0612 24 97 27 ; 25 Dh/pers, plus 25/20/45 Dh par tente/voiture/camping-car, bungalows 250-550 Dh). En retrait de la grotte, ce site ombragé dispose d'équipements propres avec eau chaude (électricité 30 Dh, douche chaude 20 Dh). La boutique vend des denrées de base et le café flambant neuf sert petit-déjeuner (35 Dh), paninis, *chawarmas* et pâtes. Une piscine était en construction à notre passage.

Le Mirage HÔTEL €€€

(☎0539 33 33 32 ; www.lemirage-tanger.com ; Cap Spartel ; d à partir de 2 400 Dh ; ❄📶🏊). L'un des meilleurs hôtels de la région de Tanger, fort d'un emplacement spectaculaire sur la falaise à côté de la grotte, avec vue sur des kilomètres de plage. Les bungalows sont exquis, mais leurs tarifs à l'avenant. Spa et parcours de golf. Les non-résidents peuvent accéder au restaurant (repas environ 500 Dh), impeccable, ou simplement s'arrêter pour prendre un verre sous la pergola. De la terrasse ensoleillée, on voit les ruines romaines de Cotta, où l'on fabriquait jadis de l'huile de poisson.

Café et restaurant Cap Spartel MAROCAIN €

(☎0539 93 37 22 ; rte Cap Spartel ; petit-déj 22 Dh, paninis 30 Dh). Un restaurant près du phare, très fréquenté le week-end, servant de bons jus de fruits, des crêpes sucrées et salées, des paninis et des pizzas dans un joli jardin avec vue sur mer.

Depuis/vers le cap Spartel

Les grands taxis constituent le meilleur moyen de se rendre au cap Spartel. Un trajet aller-retour coûte quelque 200 Dh, attente comprise. Les taxis stationnent devant l'église St Andrew (p. 229) à Tanger.

Route de Ceuta

L'itinéraire pittoresque qui relie Tanger à Ceuta dévoile un Maroc différent : de petites routes type montagne serpentent entre patchwork de champs verts, paysages vallonnés, caps rocheux et anses sablonneuses. Le trajet en taxi (au complet) pour Fnideq, la ville avant la frontière, coûte 250 Dh.

La route commence au **cap Malabata**, le promontoire en face de Tanger à 8 km de la ville. Vous y trouverez le grand parc M'nar (p. 234), un rêve pour les enfants avec ses toboggans, ses bateaux et un restaurant offrant une vue superbe sur Tanger.

Avant **Ksar es-Seghir**, 25 km plus loin, ne comptez pas voir autre chose que la nature. Ce petit port de pêche dominé par les vestiges d'un fort portugais est doté d'une marina récente et d'une plage prisée des habitants l'été. Un peu plus loin suit **Tanger Med**, immense port de ferries et de porte-conteneurs à 48 km de Tanger.

À une dizaine de kilomètres de là se dresse le site phare du parcours, le **djebel Moussa**, qui forme avec le rocher de Gibraltar les antiques colonnes d'Hercule. La vue depuis la petite route de montagne est grandiose, d'autant que l'endroit est dépourvu de développements touristiques.

Ceuta (Sebta) سبتة

84 000 HABITANTS

Ceuta fait partie des quelques possessions espagnoles ponctuant les côtes marocaines. Situé sur une presqu'île qui s'élance dans la Méditerranée, ce petit bijou possède bien des atouts : architecture et musées dignes d'intérêt, cuisine excellente, parc maritime reposant, promenades tonifiantes dans la nature et services touristiques de qualité. Avec ses monuments illuminés et ses palmiers touffus, la ville est encore plus belle de nuit.

Le site servit de base à l'Empire romain. Le nom arabe de la cité, Sebta, vient d'ailleurs du latin *Septem* (sept… éminences en l'occurrence). Après un bref épisode de domination byzantine, la cité fut conquise en 931 par les Arabes Omeyyades, qui régnaient alors sur l'Espagne musulmane – d'où la revendication par l'Espagne de droits historiques sur ce territoire. Pendant les cinq siècles qui suivirent, cette ville à l'extrémité de l'Afrique fut une possession convoitée, conquise et dominée successivement par des princes espagnols, des sultans marocains et des rois portugais. Les choses commencèrent à se calmer quand le Portugal et l'Espagne se réunirent sous la même Couronne, en 1580. Lors de la séparation des deux pays, en 1640, Ceuta resta espagnole et ce, jusqu'à aujourd'hui.

Si vous arrivez du Maroc, vous serez sans doute surpris par le contraste qu'offre Ceuta. Le visiteur franchit une zone frontalière sinistre, 400 m de no man's land hérissé d'un fouillis de barricades (l'UE a investi 30 millions d'euros pour empêcher l'immigration clandestine), pour se retrouver

MOTS D'ESPAGNOL

Bonjour/Au revoir	*¡Hola!/¡Adios!*
Oui/Non	*Sí/No*
S'il vous plaît/Merci	*Por favor/Gracias*
Où est...?	*¿Dónde está...?*
hôtel	*hotel*
pension	*pensión*
camping	*camping*
Avez-vous des chambres ?	*¿Tiene habitaciones libres?*
une chambre simple	*una habitación individual*
une chambre double	*una habitación doble*
Combien ça coûte ?	*¿Cuánto cuesta?*
À quelle heure part/arrive le prochain... ?	*¿A qué hora sale/llega el próximo...?*
bateau	*barco*
bus	*autobús*
J'aimerais...	*Quisiera un...*
un billet aller simple	*billete sencillo*
un billet aller-retour	*billete de ida y vuelta*
une bière	*cerveza*
un sandwich	*bocadillo*

Ceuta

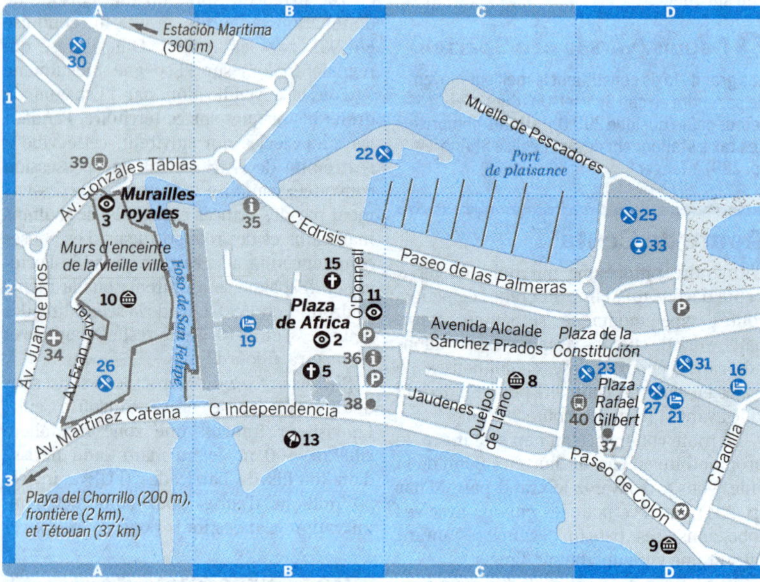

Ceuta

Les incontournables

1 Casa de los Dragones E3
2 Plaza de Africa B2
3 Murailles royales A2

À voir

4 Baños Arabes F2
5 Cathédrale Santa María de la Asunción B2
6 Iglesia de San Francisco E3
7 Museo de Ceuta E3
8 Museo de la Basílica Tardorromana C2
9 Museo de la Legión D3
10 Museo de las Murallas Reales A2
11 Palacio de la Asamblea B2
12 Parque Marítimo del Mediterráneo E2
13 Playa de la Ribera B3
14 Plaza de los Reyes E3
15 Santuario de Nuestra Señora de Africa B2

Où se loger

16 Hostal Central D2
17 Hostal Plaza Ruiz E3
18 Hotel Ulises E3
19 Parador Hotel La Muralla B2
20 Pensión Charito F2
21 Pensión La Bohemia D3

Où se restaurer

22 Cala Carlota B1
23 Marché central D2
24 Charlotte E3
25 El Refectorio D2
26 El Secreto de Yuste A2
27 Gran Muralla D3
28 Mesón el Bache E3
29 Mesón el Cortijo E3
30 Supermarché Supersol A1
31 Vincentino Pastelería D2

Où prendre un verre

32 Dublin E2
33 Poblado Marinero D2

Renseignements

34 Instituto de Gestión Sanitaria A2
35 Office du tourisme principal B2
36 Kiosque de la Plaza de Africa B2
37 Bureau de la Renfe D3
38 Viajes Flandria B3

Transports

39 Bus vers la frontière A1
Bus vers la frontière .... (voir 40)
40 Gare routière locale D3

plongé dans la culture espagnole : places soignées, jolis édifices et bars à tapas animés jusqu'au petit matin.

Le caractère enclavé de Ceuta explique la forte présence de l'armée espagnole, des immigrants marocains, des magasins duty free et des trafics transfrontaliers, ainsi que l'important tourisme. C'est un endroit plaisant pour une échappée le temps d'un week-end.

À voir et à faire

Pour découvrir l'histoire de Ceuta, repérez les explications de la *ruta monumenta*, série de panneaux d'information bien faits, en anglais et en espagnol, placés à l'extérieur des édifices et monuments.

Plaza de Africa SITE D'INTÉRÊT

Cette place à la végétation tropicale soignée et à la belle architecture, bordée de rues pavées, forme le charmant centre de Ceuta. En circulant dans le sens des aiguilles d'une montre depuis la longue **Commandancia General**, QG militaire interdit au public, on arrive d'abord devant le **Santuario de Nuestra Señora de Africa** (9h-13h et 17h-21h lun-sam, 9h-13h et 18h30-21h dim et fêtes), une église jaune de style andalou datant du XVIIIe siècle. Suivent le **Palacio de la Asamblea** (XIXe siècle), l'hôtel de ville doté d'une horloge et d'une belle coupole, puis la **cathédrale Santa Maria de la Asunción** (0956 51 77 71 ; 9h-13h et 18h-20h mar-dim, musée 10h-13h mar-sam) du XVIIe siècle, coiffée de deux flèches, et son **musée**. Au centre se dresse le mémorial en hommage aux soldats morts pendant la guerre d'Afrique de 1860 qui opposa l'Espagne au Maroc sur le tracé des frontières de Ceuta.

Murailles royales MONUMENT HISTORIQUE

(0956 51 17 70 ; av. González Tablas ; 10h-14h et 17h-20h). GRATUIT Superbement restauré, ce système défensif d'origine médiévale révèle une conception stratégique très complexe qu'éclairent des panneaux explicatifs en anglais. Le **Museo de las Murallas Reales** (av. González Tablas, à l'intérieur des murs), à la scénographie admirablement conçue, accueille des expositions temporaires d'art, mais il mérite à lui seul la visite. Vous aurez peut-être la chance d'y voir des œuvres de l'artiste local Diego Canca.

Plages PLAGE

Souvent négligées, les deux plages municipales – la **Playa del Chorillo** et la **Playa de la Ribera** – s'étendent au sud de l'isthme, sous l'Avenida Martinez Catena. Elles sont bien situées et correctement entretenues mais recouvertes d'un sable gris terne.

Museo de la Legión MUSÉE

(0956 52 64 58 ; Paseo de Colón ; dons bienvenus ; 10h-13h30 lun-sam). GRATUIT Ce musée singulier est consacré à la Légion espagnole, et administré par celle-ci. Cette unité créée en 1920 joua un rôle central dans l'armée de Franco, au début de la guerre civile espagnole, mais aussi dans la guerre du Rif qui opposa les Espagnols et les Français aux Berbères. Empli de souvenirs glorieux, d'armes et d'uniformes, l'endroit donne un aperçu de la culture et du faste militaires. Vous en apprendrez notamment davantage sur Millan Astray, le fondateur de la Légion espagnole, et sur la manière dont ce corps fut représenté au cinéma (notamment par Julien Duvivier, qui a mis en scène Jean Gabin dans *La Bandera*, en 1935). Pour en savoir plus, consulter le site http://lalegion.es. Contrôle des passeports à l'entrée et visites guidées en anglais.

Museo de Ceuta MUSÉE

(0956 51 73 98 ; 30 Paseo del Revellín ; 11h-14h et 18h-21h lun-sam juin-sept) GRATUIT Ce musée municipal vieillissant expose une petite collection sur l'histoire préhispanique de la péninsule (légendes en espagnol). Les expositions temporaires sont plus intéressantes.

Plaza de los Reyes SITE D'INTÉRÊT

Avec sa fontaine et son arc de triomphe vert portant l'inscription "monument à la coexistence", cette place borde la **Iglesia de San Francisco** reconnaissable à sa couleur jaune et à ses deux clochers.

♥ **Casa de los Dragones** ÉDIFICE HISTORIQUE

(maison des Dragons). Dressée sur la Plaza de los Reyes, la Casa de los Dragones semble tout droit sortie d'un conte fantastique. Restaurée à la perfection depuis peu, cette demeure présente une remarquable architecture composite associant arches mauresques, façades en brique polie, toitures mansardées, balcons superbes et, surtout, quatre énormes dragons sombres bondissant du toit. Elle n'est hélas pas ouverte au public. L'anagramme complexe des frères Cerni Gonzalez, les bâtisseurs de la maison, apparaît dans un blason à l'angle.

Museo de la Basilica Tardorromana MUSÉE

(10h-13h30 et 17h-19h30 lun-sam, 10h-13h30 dim). Ce musée souterrain, très bien fait, explore différents aspects de l'histoire locale. Il est intégré aux ruines d'une basilique antique découverte dans les années 1980 lors de travaux de voirie. Une passerelle enjambe tombeaux et vestiges osseux mis au jour. Les explications sont entièrement en espagnol. Entrée par c/Queipo de Llano.

Parque Marítimo del Mediterráneo PARC

(adulte/enfant haute saison 4,80/3,70 € ; 11h-20h juin-août, casino à partir de 22h). Ce parc maritime original fait partie d'une série imaginée par le brillant artiste et architecte des Canaries Cesar Manrique. Celui-ci s'est inspiré des remparts de Ceuta pour construire sur le front de mer un lac artificiel et deux piscines d'eau salée, entourés de dix bars, pubs, restaurants, cafés et d'une discothèque. Une île centrale abrite même un **casino**. Une exposition d'œuvres de Manrique se tient 50 m après l'entrée, sur la droite. Idéal en famille, l'endroit remporte un franc succès l'été.

Baños Arabes MONUMENT HISTORIQUE

(Calle Arrabal 16 ; 11h30-13h30 et 18h30-20h30). Mis au jour fortuitement lors de travaux, ces deux anciens hammams au toit voûté initialement recouvert de marbre offrent une image surprenante sur la route principale.

Monte Hacho PAYSAGE

Par beau temps, le Monte Hacho constitue un agréable but de promenade. Des cartes sont disponibles à l'office du tourisme, mais on peut se repérer seul en suivant la côte. Comme le trajet monte depuis la ville, le mieux consiste à rejoindre en taxi (15 €) le **Mirador de San Antonio**, aux deux tiers du parcours, qui offre une magnifique perspective sur Ceuta et sur Gibraltar au nord. La massive **Fortaleza de Hacho**, forteresse byzantine qui abrite toujours des installations militaires (accès interdit), couronne le sommet de la péninsule.

De retour sur la route principale, continuez dans le sens des aiguilles d'une montre jusqu'au **Castillo del Desnarigado** (0956 51 17 70 ; 11h-14h sam-dim) GRATUIT un petit fort à la pointe sud-est de la péninsule, qui renferme un musée militaire. Un phare se dresse au-dessus et une plage retirée, la **Playa Torrecilla**, se déploie en contrebas.

García Aldave PAYSAGE

S'il ne vous reste plus rien à voir, García Aldave peut être traversé d'une côte à l'autre en voiture ou à pied (procurez-vous une carte de randonnée à l'office du tourisme) via la N354. Une série de tours de guet rondes néomédiévales, fermées à la visite, bordent le parcours. Plusieurs d'entre elles sont visibles depuis le **Mirador d'Isabel II** dont la vue magnifique embrasse l'isthme jusqu'au Monte Hacho. Le 1er novembre, jour des Morts, un grand pèlerinage a lieu ici en l'honneur des défunts.

La route se termine à **Benzú**, une petite ville du littoral nord qui fait face au majestueux djebel Moussa de l'autre côté de la frontière. On surnomme cette montagne "la Femme morte" car elle évoque un corps allongé sur le dos. Vous pourrez l'admirer en sirotant un verre de thé à la menthe.

Où se loger

Les hôtels n'étant guère nombreux à Ceuta, mieux vaut avoir réservé si vous devez arriver tard. Les *pensiones*, en partie identifiables à leur grande plaque bleu et blanc marquée "CH", sont ce qu'il y a de moins cher.

♥ **Pensión La Bohemia** HÔTEL €

(0956 51 06 15 ; 16 Paseo del Revellín ; 30 €/pers sans sdb). À l'étage d'une galerie marchande, un bon ensemble de chambres claires et immaculées se répartissant autour d'une cour centrale. L'eau chaude abonde dans les sdb et douches communes. Petites TV et ventil dans les chambres.

Pensión Charito AUBERGE DE JEUNESSE €
(☎0956 51 39 82 ; pcharito@terra.es ; 1er ét., 5 Calle Arrabal ; 25 €/pers). Avec sa toute nouvelle plaque CH, cet endroit est plus facile à repérer qu'avant - c'est le bâtiment vert et blanc cassé à côté du bar Bocatos José. Propre et accueillante, cette auberge qui date un peu n'en dispose pas moins de douches chaudes et d'une petite cuisine bien équipée. Si elle affiche complet, vous risquez de ne trouver personne à la réception.

Hotel Ulises HÔTEL €€
(☎0956 51 45 40 ; www.hotelulises.com ; 5 Calle Camoens ; s/d avec petit-déj 70/75 € ;). Son excellente situation, la proximité d'un parking et des tarifs attractifs inscrivent cet établissement fraîchement rénové parmi les bons plans. Faute d'espace, certaines chambres bénéficient d'un balcon et toutes de la TV. Le café s'étend à l'extérieur, l'idéal pour observer la vie de la rue en grignotant quelques tapas.

Hostal Central HÔTEL €€
(☎0956 51 67 16 ; www.hostalesceuta.com ; Paseo del Revellín ; s/d/tr avec sdb 45/66/76 € ;). Un joli mobilier en pin habille les chambres claires de cet établissement à la situation charmante. Les meilleures ont des balcons en fer forgé donnant sur les cafés de la place. Sdb et réfrigérateurs dans les chambres.

Hostal Plaza Ruiz HÔTEL €€
(☎0956 51 67 33 ; www.hostalesceuta.com ; 3 Plaza Ruiz ; s/d/tr avec sdb 45/66/76 € ;). Bel emplacement, déco ultramoderne et tarifs avantageux caractérisent ce sympathique deux-étoiles. De petites chambres impeccables, avec sdb et réfrigérateur. Réductions hors saison.

Parador Hotel La Muralla HÔTEL €€€
(☎0956 51 49 40 ; ceuta@parador.es ; 15 Plaza de Africa ; s/d à partir de 101/127 € ;). Ce vaste quatre-étoiles jouit d'une situation idéale sur la Plaza de Africa. Portes de bois et céramiques signent un certain confort sans tomber dans le luxe. Les balcons donnent sur un agréable jardin planté de nombreux palmiers. Le bar-café est un plus.

Où se restaurer et prendre un verre

C'est derrière la poste et autour de la Calle Millán Astray au nord de la Calle Camoens que l'on déguste les meilleures tapas. Tous ces bars n'en servent pas moins de plus substantielles *raciones* et des *bocadillos* (sandwichs).

Mesón el Bache TAPAS €
(☎0956 51 66 42 ; Sargento Mena Algeciras ; tapas 2,50 €, raciones à partir de 10 € ; 9h-15h et 20h30-24h lun-sam). Les Ceutiens se donnent volontiers rendez-vous dans ce pavillon de chasse pour regarder ensemble les matchs. Chaque boisson vous donne droit à un exemplaire de tapas. En contrebas de la Plaza de los Reyes, en regardant le port.

Mesón el Cortijo TAPAS €
(☎0956 51 19 83 ; 14 Calle Cervantes ; tapas à partir de 2 € ; déj et dîner lun-sam). Une sympathique adresse de quartier pour pratiquer l'espagnol et parler football devant des tapas et de la *cerveza* (bière).

Vincentino Pastelería CAFÉ, PÂTISSERIE €
(Calle Alférez Bayton ; sandwichs 2 €, bocadillos 2,50 € ; 8h-23h). Cet endroit ne désemplit pas de la journée. Glaces, sandwichs, délicieuses pâtisseries et excellent café. Tables à l'intérieur et à l'extérieur.

Charlotte CAFÉ €
(Plaza de los Reyes ; petit-déj 4 € ; petit-déj, déj et dîner). Chez Charlotte, on peut manger et boire à tout moment de la journée : petit-déjeuner, sandwichs pour le déjeuner, bière, cocktails et tapas. Le service gracieux et efficace, et l'animation de la place en font un endroit couru.

El Secreto de Yuste ESPAGNOL €
(☎0659 67 18 14 ; 1 Muralles Reales ; menu 6 € ; déj et dîner lun-sam). Voici l'occasion de dîner à l'intérieur des murailles, dans un cadre unique. À la carte, viandes et saveurs marines locales. Prenez place dehors près des douves.

Gran Muralla CHINOIS €
(☎0956 51 76 25 ; plats à partir de 7 € ; déj et dîner). Pour s'offrir une petite incursion étrangère en terre marocaine, de copieuses portions de cuisine chinoise. Les tables près de la fenêtre donnent sur la place et sur la mer.

Cala Carlota POISSON €€
(☎0956 52 50 61 ; Real Club Nautico, Calle Edrisis ; plats à partir de 8 €, menu 14,50 € ; déj et dîner). Merveilleusement situé dans le Club Nautico donnant sur le port de plaisance, cet établissement sans façons sert dehors l'été. Si l'on

passe outre le service irrégulier, le *menú del día* est un bon choix et les poissons succulents. Le plus rapide pour y arriver est d'emprunter le souterrain débutant à l'office du tourisme principal pour traverser par en dessous l'avenue très fréquentée.

El Refectorio ESPAGNOL €€€
(☎0956 51 38 84 ; www.elrefectorio.com ; Poblado Marinero ; menu environ 40-55 € ; déj et dîner). Meilleur restaurant de Ceuta pour beaucoup, il dispose d'un bar agréable et de tables sur son balcon, offrant une superbe vue sur la mer. Excellents fruits de mer, poissons et viandes, et bonne carte des vins.

Dublin PUB
(Calle Delgado Serrano ; 16h-3h lun-sam). Un pub irlandais comme tous les autres, salvateur en cas de besoin urgent de Guinness (pinte 5 €). Si le son est trop fort, il y a des tables dehors. Descendez les marches à l'endroit où la Calle Delgado Serrano décrit un virage à angle droit.

Poblado Marinero BAR
(village des pêcheurs). Bars et fast-foods ont pour beaucoup élu domicile ici.

Faire ses courses

Le **supermarché Supersol** (Avenida Muelle Cañonero Dato) vend de l'alimentation de base et des friandises. Un autre, plus petit, se trouve dans le centre, le long de Dean Navarro Acuña.

Pour la viande et les produits frais, rendez-vous au vaste **marché central** (8h-15h lun-sam), très vivant.

Renseignements

Pour appeler Ceuta depuis un autre pays que l'Espagne, composez le ☎0034. N'oubliez pas que Ceuta a une heure d'avance sur le Maroc. La plupart des commerces ferment le dimanche.

AGENCES DE VOYAGES

L'Avenida Muelle Cañonero Dato et le début de l'*estación marítima* sont bordées d'agences qui vendent des billets de ferry pour Algésiras.

Viajes Flandria (☎0956 51 20 74 ; ventas@viajesflandria.com ; 1 Calle Independencia ; 9h30-13h et 15h30-19h lun-sam).

ARGENT

À Ceuta, la monnaie utilisée est l'euro. En dehors des heures d'ouverture des banques, beaucoup d'agences de voyages et d'hôtels haut de gamme changent de l'argent. De chaque côté de la frontière, les changeurs non officiels se révèlent utiles s'il vous reste quelques dirhams ou euros. Sinon, du côté marocain, la banque BMCE et la Banque Populaire acceptent uniquement les espèces. Sachez qu'il est interdit de faire sortir des dirhams du Maroc.

OFFICES DU TOURISME

Office du tourisme principal (☎0956 20 05 60 ; Baluarte de los Mallorquines ; 8h30-20h30 lun-ven, 9h-20h sam-dim). Accueillant et efficace, avec de bonnes cartes et brochures.

Kiosque de la Plaza de Africa (☎0956 52 81 46 ; 10h-13h et 17h-20h 15 sept-31 mai, 10h30-13h30 et 18h-21h 1er juin-14 sept). Une annexe de l'office du tourisme principal.

POSTE

Bureau principal (Plaza de España ; 8h30-20h30 lun-ven, 9h30-14h sam).

SERVICES MÉDICAUX

Instituto Gestión Sanitario (Ingesa ; ☎0956 52 84 00 ; 24h/24). Deux adresses, l'une à côté des murailles royales, l'autre à l'est du port de pêche.

Depuis/vers Ceuta

MAROC

Les bus et les grands taxis à destination de Ceuta achèvent souvent leur parcours à Fnideq plutôt qu'à la frontière (Bab Sebta). Cette dernière se situe à 1 km de marche, à moins de prendre un taxi (7 Dh). Bien qu'elle reste ouverte 24h/24, les transports publics se font rares entre 19h et 5h.

Du côté marocain de la frontière, il faut, pour les piétons, remplir une carte jaune au guichet des passeports. Si vous circulez en voiture, il faut présenter une carte verte au guichet de l'immatriculation, ce qui fait l'objet d'un trafic, des escrocs en vendant pour 1 ou 2 Dh. Pour une voiture de location, une autorisation de sortie du territoire est indispensable. Les 100 m de traversée sont le théâtre d'un singulier chaos, avec une noria de fonctionnaires visant votre passeport et des piétons parfois astreints à prendre les voies où circulent les voitures.

Dans le sens inverse, vous trouverez une station de grands taxis près du poste-frontière marocain. Il y a des départs réguliers pour Tétouan (30 Dh, 40 min), où des correspondances sont assurées. Rares sont ceux pour Chefchaouen (300 Dh, 90 min) ou Tanger (200 Dh, 1 heure) et il faut batailler ferme pour négocier les prix. Une meilleure solution consiste à emprunter un grand taxi pour Fnideq (7 Dh, 10 min), au sud après la frontière, d'où vous gagnerez plus facilement Tanger (30 Dh, 1 heure).

ESPAGNE CONTINENTALE

L'**estación Marítima** (gare maritime ; Calle Muelle Cañonero Dato), immanquable, se situe à l'ouest du centre-ville. De là, des ferries rapides desservent régulièrement Algésiras. Des guichets de vente de billets se trouvent au coin de la rue.

On peut acheter des billets de train pour des destinations européennes à l'**agence Renfe** (0956 51 13 17 ; 17 Plaza Rafael Gilbert ; 9h30-13h et 16h30-20h30 lun-ven, 9h30-13h sam) ou en agence de voyages. Certaines au sein de la gare maritime vendent également des billets de bus Enatcar (la principale compagnie de bus espagnole).

Comment circuler

Il y a toutes les 10 minutes environ un départ pour la frontière (*frontera*) depuis la Plaza de la Constitución (bus n°7 , 1 €). Si vous arrivez en ferry et souhaitez rallier directement la frontière, un arrêt de bus se tient sur l'Avenida González Tablas, en face de l'entrée des remparts. Vous verrez aussi une station de taxis devant le bâtiment du terminal.

Si vous êtes en voiture, n'oubliez pas que, dans la journée, vous ne pouvez vous garer dans la rue que deux heures (1 €) au maximum. Si vous restez plus longtemps, utilisez le commode **parking** (0,50 €/h, 4 €/12h) de la Calle O'Donnell ou celui proche du Poblado Marinero (p. 246).

CHAÎNE DU RIF جبال الر فّ

Tétouan تطوان

330 000 HABITANTS

Tétouan occupe un site d'une grande beauté au pied des montagnes du Rif, à quelques kilomètres seulement de la mer. Elle diffère de Tanger et des cités royales dans la mesure où elle ne reçoit pas beaucoup de touristes étrangers. Son authenticité ajoute donc un attrait supplémentaire à la visite. La vieille médina, classée au patrimoine mondial de l'Unesco, semble inchangée depuis des siècles. Une nouvelle gare routière, la restauration des remparts et la création de jardins publics ont fait souffler un petit vent de modernité mais rien à voir avec le développement des villes de la côte. Tétouan ne demande qu'à être explorée : une aubaine pour le voyageur.

De 1913 à 1956, elle a été la capitale du protectorat espagnol qui englobait presque tout le nord du Maroc. Cet épisode et sa longue relation avec l'Andalousie lui ont donné un caractère hispano-mauresque unique dans le pays. En témoigne le quartier espagnol appelé Ensanche ("extension"),

L'INDUSTRIE DU CANNABIS

Le Rif concentre la plus grande surface agricole dévolue au cannabis, soit quelque 134 000 hectares fournissant 42% de la production mondiale. La culture de cette plante a connu une augmentation rapide depuis les années 1980, en raison, notamment, de la demande européenne croissante. Devenu l'activité économique majeure de la région, ce commerce est estimé employer 800 000 personnes. Il s'agit probablement de la principale source de devises étrangères du Maroc, bien que les agriculteurs locaux en tirent eux-mêmes peu de bénéfices.

L'exploitation du cannabis a débuté au XVe siècle autour de Ketama. En 1912, l'Espagne accorda à quelques tribus du Rif le droit de le cultiver. À l'indépendance du Maroc (1956), le roi Mohammed V l'interdit avant de faire marche arrière face aux conflits qui en résultèrent dans la région.

La plupart des grosses cargaisons de haschisch marocain (une forme concentrée de marijuana) sont acheminées en Europe par bateau, notamment à bord de petites vedettes rapides qui peuvent effectuer l'aller-retour en Espagne en une heure. Martil, Oued Laou et Bou Ahmed constituent les principaux points de départ, les ports plus importants de Nador, Tétouan, Tanger et Larache étant également utilisés. Les trafiquants passent aussi la drogue dans des camions ou des voitures qui embarquent sur les ferries en partance de Ceuta, Melilla ou Tanger. Rien d'étonnant donc si la moitié des saisies est réalisée en Espagne. On estime que des groupes terroristes sont entrés sur le marché pour financer leurs opérations. Les trafiquants se sont aussi mis au trafic d'êtres humains, faisant entrer en même temps migrants et haschisch en Europe.

Pour combattre ce commerce illégal, le gouvernement, encouragé par l'UE, promeut activement le tourisme rural en soutenant la création de gîtes et de programmes de formation de guides. Reste à voir si cela constituera une source de revenus alternative suffisante pour les habitants.

Tétouan

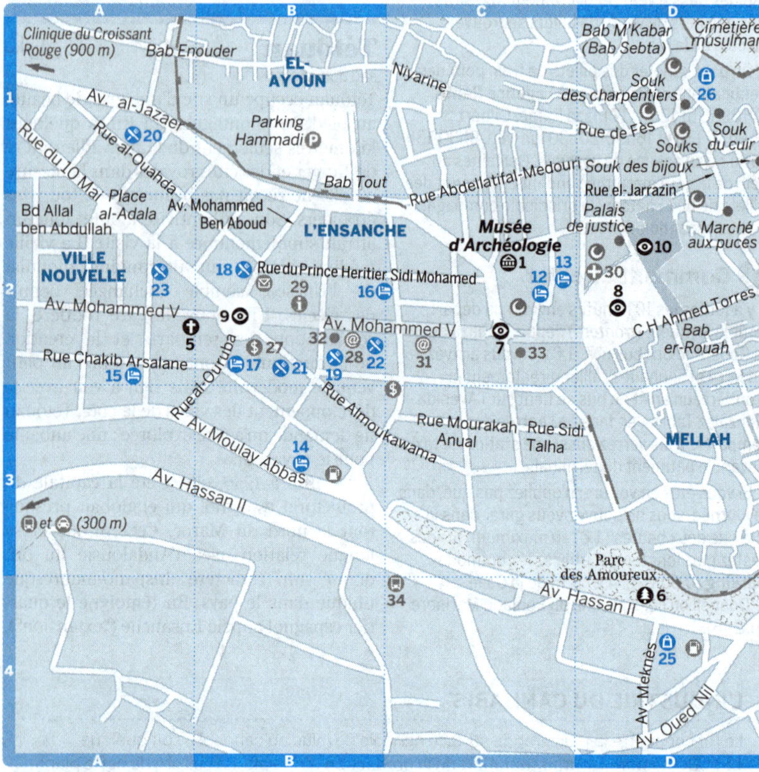

dont les bâtiments blancs et les larges boulevards ont retrouvé depuis peu leur aspect d'origine.

L'Ensanche s'étend autour de la place Moulay el-Mehdi et du tronçon piétonnier de l'avenue Mohammed V, menant vers l'est à la grande place al-Jala. Dans ce secteur, vous trouverez hôtels, banques et restaurants. On accède à la médina par la grande place Hassan II, flanquée du palais royal au nord. Le reste de la ville n'a guère à offrir au visiteur.

Histoire

L'histoire de Tétouan se confond en grande partie avec celle de ses longues relations avec l'Espagne. À partir du VIIIe siècle, la ville constitua le principal point de contact entre le Maroc et l'Andalousie. Au XIVe siècle, les Mérinides bâtirent la cité pour contrôler les tribus rebelles du Rif et attaquer Ceuta, mais elle fut détruite par Henri III de Castille en 1399. Après la Reconquista, achevée en 1492, des réfugiés musulmans et juifs andalous entreprirent sa reconstruction. Elle prospéra ensuite grâce aux techniques apportées par les nouveaux arrivants et à l'activité des pirates.

Protégée par les remparts édifiés par Moulay Ismaïl au XVIIe siècle, Tétouan renforça ses liens commerciaux avec l'Espagne. À la tête des troupes espagnoles, Leopoldo O'Donnell s'empara de la ville en 1860, mais celle-ci fut reprise deux ans plus tard par les Marocains qui la débarrassèrent de toute trace d'européanisation.

Au tournant du XXe siècle, les forces espagnoles occupèrent Tétouan pendant trois ans, lors d'une expédition punitive contre les tribus du Rif, visant, disait-on, à protéger Ceuta. En 1913, les Espagnols firent de Tétouan la capitale de leur protectorat, ce qu'elle resta jusqu'à l'indépendance du Maroc, en 1956. Plus récemment, le gouvernement de la province d'Andalousie

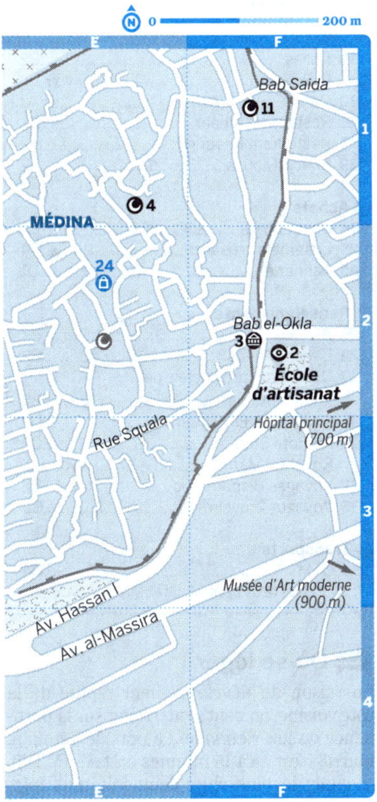

a contribué à l'essor culturel de la ville en participant à la restauration de l'Ensanche.

À voir

Médina

Véritable machine à remonter le temps, la blanche médina de Tétouan fait bon accueil aux voyageurs avec ses larges rues sans cyclomoteurs et son absence générale d'encombrements, surtout dans les vastes quartiers résidentiels. Qui plus est, sa population est très aimable. Dans les lieux commerçants, la vie traditionnelle bat son plein : les artisans travaillent l'or, les marchands de soieries déroulent des mètres de tissus multicolores et les boulangers s'activent dans les fours communaux. On dénombre quelque 35 mosquées, dont les plus impressionnantes sont la **Grande Mosquée** et la **mosquée Saïda** (interdites d'accès aux non-musulmans), au nord-est de la place Hassan II. Si vous vous égarez, quelques dirhams vous conduiront à destination.

Au sud de la médina, le plaisant **parc des Amoureux** invite à la détente.

Musée d'Ethnographie MUSÉE

(Bab el-Okla ; 10 Dh ; 9h-16h lun-sam). Sis à l'intérieur de la porte est, la pittoresque Bab el-Okla, ce musée mérite le détour pour sa terrasse avec vue sur le Rif (demandez au gardien de l'ouvrir pour vous si nécessaire), son agréable jardin parsemé de vieux canons et sa collection de robes de mariées en soie.

École d'artisanat ÉDIFICE D'INTÉRÊT

(0539 97 27 21 ; 10 Dh ; 8h30-14h30 sam-jeu, 8h30-11h30 ven). Juste à l'extérieur de Bab el-Okla, la meilleure école d'artisanat de tout le nord du Maroc offre l'occasion d'observer les enfants qui apprennent la sculpture sur bois, l'art du stuc et des zelliges, la confection de vêtements en soie ou la fabrication de fusils décoratifs. Une salle au centre, ouverte à la demande, expose les travaux les plus réussis ; ne manquez pas son superbe plafond. Organisé autour d'une grande cour et orné de belles portes à l'étage, le bâtiment lui-même présente un certain intérêt.

Place Hassan II SITE D'INTÉRÊT

La vaste place Hassan II assure la liaison entre l'Ensanche et la médina. Gardes postés devant la longue façade plate du **palais royal** et cordons de sécurité limitent les déplacements, et l'encombrement. L'ampleur du site, l'absence de foule et quatre colonnes surprenantes confèrent à cette place un caractère à la fois magique et intemporel. Ces colonnes ne sont autres que des lampadaires Art nouveau dessinés par un élève de Gaudí, Enrique Nieto, qui vivait à Melilla. Sur le grand mur qui leur fait face, des mains de Fatima sont censées éloigner le mauvais sort. Quelques cafés invitent à rester, en prenant notamment place en hauteur avec vue plongeante sur la place.

Ensanche

Partez à la découverte de l'Ensanche en longeant la large avenue Mohammed V de la **place al-Jala** à la **place Moulay el-Mehdi**. Éclatants de blancheur, les beaux immeubles de style colonial espagnol qui la bordent arborent quelques éléments Art déco, rappelant ceux de Casablanca ou de Larache. Ils ont été restaurés récemment grâce à l'aide financière du gouvernement régional d'Andalousie.

Tétouan

Les incontournables

1 Musée d'Archéologie C2
2 École d'artisanat F2

À voir

3 Musée d'Ethnographie F2
4 Grande Mosquée E1
5 Iglesia de Bacturia A2
6 Parc des Amoureux D4
7 Place al-Jala C2
8 Place Hassan II D2
9 Place Moulay el-Mehdi B2
10 Palais royal D2
11 Mosquée Saïdia F1

Où se loger

12 Blanco Riad C2
13 El Reducto C2
14 Hôtel Panorama Vista B3
15 Hôtel Paris A2
16 Hôtel Regina B2
17 Pension Iberia B2

Où se restaurer

18 Birjiss B2
Blanco Riad .... (voir 12)
19 Dallas B2
El Reducto .... (voir 13)
20 Oahda A1
21 Restaurant Albahr B2
22 Restaurant Restinga B2
23 Snack Taouss A2

Achats

24 Dar Lebbadi E2
25 Ensemble artisanal D4
26 Tannerie D1

Renseignements

27 BMCE B2
28 Cyber Friends B2
29 Délégation provinciale de tourisme B2
30 Pharmacie El-Feddan D2
31 Remote Studios C2
Royal Air Maroc .... (voir 33)
32 Voyages Hispamaroc B2
33 Voyages Travelmar C2

Transports

34 CTM C4
Grands taxis pour M'diq et Martil ... (voir 34)

Musée d'Archéologie — MUSÉE

(av. al-Jazaer ; 10 Dh ; 10h-18h lun-sam). À quelques pâtés de maisons de la place al-Jala, ce grand musée expose, à l'intérieur et dans les jardins, une belle collection d'objets mis au jour dans les ruines romaines de Lixus. Légendes en français, espagnol et arabe.

Iglesia de Bacturia — ÉGLISE

(pl. Moulay el-Mehdi ; 19h messe quotidienne, 11h messe dominicale). La messe est toujours célébrée quotidiennement dans cette église catholique de 1926 dont les cloches sonnent l'heure. Une exception au Maroc.

Musée d'Art moderne — MUSÉE

(0666 04 60 81 ; www.gotetouan.com/Museums.html ; av. Al Maki Al Naciri ; 9h-19h lun-sam) GRATUIT Tétouan abritant l'une des deux seules écoles des Beaux-Arts du Maroc (l'autre est à Casablanca), l'ouverture de ce nouveau musée ici n'a rien de surprenant. La collection d'art contemporain marocain a pris place dans une ancienne gare ferroviaire à l'allure de château espagnol, qui justifie à elle seule la visite. Lumière et protection des œuvres ont été les priorités de la rénovation du bâtiment. Programmation d'expositions temporaires.

Où se loger

En raison du développement rapide de la côte voisine, on peut s'interroger sur la pertinence de loger en ville. Le port de Tétouan, Martil, n'est qu'à 15 minutes en taxi ; M'Diq, le choix le plus chic, deux fois plus loin. Le contraste ne pourrait être plus grand entre l'ancienne médina et ces complexes modernes aux impressionnantes corniches – tout dépend de ce que l'on recherche. Le front de mer est calme sauf de juillet à août.

Si vous choisissez la ville, séjourner une ou deux nuits dans l'enceinte de la médina offre l'occasion de découvrir l'architecture de Tétouan et son ameublement typique, généralement marqueté de nacre.

Pension Iberia — HÔTEL €

(0539 96 36 79 ; 5 pl. Moulay el-Mehdi ; s/d/tr sans sdb 60/100/150 Dh). Sise au 3e étage, au-dessus d'une banque, la meilleure adresse pour les voyageurs à petits budgets loue des chambres avec balcons donnant sur la place Moulay el-Mehdi. La vue sur la ville blanche, les collines et la fontaine de la place ajoute une touche de romantisme. La chambre n°11 est un bon choix. Douche chaude facturée 10 Dh. Proche d'un parking public (p. 253).

Hôtel Regina — HÔTEL €

(0539 96 21 13 ; 8 rue Sidi Mandri ; s/d/tr hiver 100/130/180 Dh, été 130/160/210 Dh). Cet hôtel petits budgets (l'un des plus vastes de la ville) a un air fatigué, mais ses murs blanchis à la chaux et ses tissus colorés provenant du Rif le réveillent un peu. Les sdb datent un tantinet mais tout est propre, ce qui en fait une adresse d'un bon rapport qualité/prix. Au rez-de-chaussée, le café vous sert le petit-déjeuner.

Hôtel Paris HÔTEL €

(☎0539 96 67 50 ; 31 rue Chakib Arsalane ; s/d 250/295 Dh). Les chambres sont sobres et propres, les sdb petites et les espaces communs ne vous retiennent pas outre mesure ! Petit-déjeuner 40 Dh.

♥ **El Reducto** RIAD €€

(☎0539 96 81 20 ; www.elreducto.com ; 38 Zanqat Zawiya ; s/d avec petit-déj à partir de 400/550 Dh ; ❄📶). Cette superbe maison vaut une visite juste pour ses carreaux de mosaïque traditionnelle à l'éclat cuivré. Impeccables, ses chambres pourvues de larges sdb (l'une a un Jacuzzi pour 2 pers), d'antiquités et de jetés de lit en soie prennent une allure de palais des mille et une nuits. Le restaurant de qualité sert des plats d'inspiration espagnole et de l'alcool. Le toit-terrasse en haut de l'escalier en colimaçon offre une vue splendide.

Hôtel Panorama Vista HÔTEL €€

(☎0539 96 49 70 ; www.panoramavista.com ; av. Moulay Abbas ; s/d avec petit-déj 279/378 Dh ; ❄📶). Le meilleur hôtel à l'extérieur de la médina. Si les chambres de type chaîne ne brillent guère par la couleur locale, elles sont propres et donnent sur le Rif. Le café populaire, au 1er étage, sert un copieux petit-déjeuner marocain.

Blanco Riad RIAD €€€

(☎0539 70 42 02 ; www.blancoriad.com ; 25 rue Zawiya Kadiria ; d avec petit-déj à partir de 660 Dh, ste 1760 Dh ; ❄📶). Cette magnifique maison de la médina à l'architecture caractéristique a été soigneusement restaurée et meublée en mêlant moderne et ancien. Elle propose des chambres vastes et confortables, agrémentées d'un jardin zen. Le restaurant, ouvert aux non-résidents, sert une bonne cuisine dans l'un des salons du riad.

Où se restaurer

Faute d'avoir acquis une réputation culinaire par le passé, Tétouan bénéficie désormais du renouveau apporté par l'encouragement du tourisme. Les tables des pensions de la médina sont à recommander en priorité. À défaut, vous dévorerez grillades et sandwichs.

Snack Taouss RESTAURATION RAPIDE €

(☎0533 23 11 58 ; 3 rue 10 Mai ; plats à partir de 25 Dh ; ⏲11h-23h). Connu pour ses burgers et ses frites, ce petit snack-bar d'influence syrienne prépare aussi de bons falafels et de délicieux kebabs, ainsi que des pizzas, des salades, de la *harira* (soupe de tomates et pois chiches) et des tajines, entre autres plats bon marché. Petit salon à l'étage (pratique si vous attendez votre pizza) ou vente à emporter.

Birjiss RESTAURATION RAPIDE €

(☎0539 71 11 11 ; 8 av. Mohammed Ben Aboud ; panini à partir de 20 Dh ; ⏲12h-23h). Réalisés à la demande, de bons sandwichs, burgers, pizzas et chawarmas. Faites votre choix parmi la large gamme d'ingrédients standard comme plus exotiques.

Restaurant Albahr RESTAURATION RAPIDE €

(☎0533 68 96 75 ; 21 rue Almoukawama ; plats à partir de 30 Dh ; ⏲déj et dîner). Fritures, burgers et bons *fish and chips* sont au menu de ce snack au décor flambant neuf, tout de chrome et de noir. Autre option : les salades ou encore le couscous du vendredi (50 Dh).

Restaurant Restinga MAROCAIN €

(21 av. Mohammed V ; plats à partir de 45 Dh, bière à partir de 20 Dh ; ⏲9h-21h). L'énorme ficus qui ombrage la cour extérieure confère un grand charme à cet établissement autorisé à servir de l'alcool. Le havre idéal pour fuir la foule du boulevard et déguster des fruits de mer accompagnés d'une bière.

Dallas PÂTISSERIE €

(☎0533 96 60 69 ; 11 rue Youssef ben Tachfine ; gâteaux à partir de 4 Dh ; ⏲6h-22h). L'univers de ce Dallas n'a rien d'impitoyable ; c'est ici que les habitants viennent faire le plein de pâtisseries. À un pâté de maisons de l'avenue Mohammed V.

Oahda CAFÉ €

(☎0533 96 67 94 ; 16 rue al-Ouahda ; pâtisseries à partir de 4 Dh ; ⏲7h-21h, fermé ven après-midi). Les gâteaux bien sucrés sont la spécialité de ce café assez couru, où les femmes sont bienvenues. L'étage est un peu exigu.

♥ **Blanco Riad** MAROCAIN €€

(☎0539 70 42 02 ; 25 rue Zawiya Kadiria ; menu 3 plats 160 Dh ; ⏲dîner). Un cran au-dessus des menus ordinairement proposés dans les riads, celui du Blanco Riad affiche de succulents poissons. Jardin plaisant en été et salle à manger aux sièges marocains et occidentaux. Réservation nécessaire.

El Reducto MAROCAIN €€
(☎0539 96 81 20 ; 38 Zanqat Zawiya ; plats à partir de 80 Dh ; ⏱dîner). Régalez-vous de spécialités traditionnelles marocaines dans le cadre somptueux de ce riad. Mention spéciale pour les desserts.

Faire ses courses

Vous trouverez quantité de légumes et de fruits frais dans la médina, le long de la rue qui court vers l'est jusqu'à la Bab el-Okla. Les étals du **marché central** (⏱fermé ven, carte p. 248), à l'angle du parc des Amoureux, offrent un bon choix de produits, notamment la pêche côtière.

Où prendre un verre

Comme le plus souvent au Maroc, les bars de Tétouan s'adressent essentiellement à la clientèle masculine. Si vous souhaitez découvrir ces lieux sombres et enfumés, plusieurs jalonnent la rue du 10 Mai, au nord-ouest de la place Moulay el-Mehdi. Pour simplement boire un verre, rendez-vous au Restaurant Restinga (p. 251).

Achats

Les artisans de Tétouan sont connus pour le travail du bois et la maroquinerie. Pour la seconde, rendez-vous directement à la petite **tannerie** (Bab M'Kabar), au nord de la médina.

Dar Lebbadi ART, ARTISANAT, TAPIS
(☎0533 97 38 56 ; rue Jenoui ; ⏱10h-19h). Ce haut lieu du shopping dans la médina sert de comptoir aux artisans berbères et aux tisserands de Rabat. Il occupe l'ancienne résidence du gouverneur, un palais deux fois centenaire, restauré avec soin, qui mérite à lui seul la visite. Vous risquez toutefois d'y rester des heures, d'autant que le personnel se montre accueillant.

Ensemble artisanal ART, ARTISANAT
(av. Hassan II ; ⏱ 8h-20h lun-sam). Bourdonnante d'activité, cette coopérative d'État regroupe tisserands, maroquiniers, bijoutiers et menuisiers au travail. Prix fixes.

Renseignements

ACCÈS INTERNET

Cyber Friends (19 av. Mohammed V ; 5 Dh/h ; ⏱9h-23h)

Remote Studios (13 av. Mohammed V ; 9 Dh/h ; ⏱9h-24h)

ARGENT

Plusieurs banques avec DAB bordent l'avenue Mohammed V.

BMCE (pl. Moulay el-Mehdi ; ⏱8h45-16h lun-jeu, 8h45-11h ven, 8h45-12h sam)

AGENCES DE VOYAGES

Voyages Travelmar (☎0539 71 42 37 ; 5 av. Mohammed V ; ⏱9h-12h et 14h30-18h30 lun-sam)

Voyages Hispamaroc (fax 0539 71 33 38 ; 23 av. Mohammed V ; ⏱8h30-12h30 et 15h-19h lun-ven, 9h-12h30 sam)

OFFICE DU TOURISME

Délégation provinciale de tourisme (☎0539 96 19 15 ; fax 0539 96 19 14 ; 30 av. Mohammed V ; ⏱10h-16h lun-ven). Un personnel serviable propose de nombreuses brochures et cartes. Les fresques de 1951 représentant le nord du Maroc valent le coup d'œil.

POSTE

Bureau de poste (pl. Moulay el-Mehdi ; ⏱8h-16h)

SERVICES MÉDICAUX

Clinique du Croissant Rouge (☎0539 96 20 20 ; pl. al-Hammama, quartier Scolaire)

Hôpital principal (☎0539 97 24 30 ; av. Abdelkhalek Torres). À environ 2 km de la ville.

Pharmacie El-Feddan (☎0539 96 80 51 ; pl. Hassan II ; ⏱9h-13h et 15h30-20h)

Depuis/vers Tétouan

AVION

L'aéroport de Tétouan ouvre à l'occasion pour des vols charters en provenance de Paris (pour le Club Med, par exemple) et Bruxelles, mais n'accueille aucun vol régulier. Néanmoins, on persiste à parler de la création d'un véritable aéroport, vraisemblablment dans l'idée d'attirer des résidents saisonniers étrangers pour doper le marché immobilier.

BUS

Il existe au départ de la **gare routière** (angle av. 9 Avril et av. Meknès) moderne de Tétouan des liaisons pour n'importe quelle ville du Nord. Une **consigne** est disponible (6/10 Dh le sac moyen/grand). Des bus locaux desservent les destinations suivantes :

Fnideq 12 Dh, 1 heure 15

Martil 6 Dh, 25 minutes

M'Diq 10 Dh, 1 heure

La **CTM** (☎0539 96 16 88) possède sa propre gare à 5 minutes en taxi de la gare routière principale. Elle dessert plus confortablement les longs trajets.

Fès 100 Dh, 6 heures

Marrakech 240 Dh, 11 heures 30

Rabat 115 Dh, 4 heures

TAXI

Des grands taxis desservent Oued Laou (20 Dh, 30 min), Al-Hoceima (150 Dh, 3 heures), Chefchaouen (30 Dh, 1 heure) et Tanger (30 Dh, 1 heure 15) au départ de la gare routière principale.

En revanche ceux pour Fnideq (et donc Ceuta ; 20 Dh, 30 min) et Martil (7 Dh, 15 min) partent de la gare routière CTM.

Comment circuler

Les petits taxis jaune canari n'ont pas de compteur ; sachez donc qu'une course en ville tourne autour de 10 Dh. Si vous êtes motorisé, vous pourrez garer votre voiture au **Parking Hammadi** (av. Al Jazaer ; 10 Dh les 4 heures en journée ou toute la nuit), surveillé.

Environs de Tétouan

Si peu d'étrangers viennent à Tétouan, l'été, les Marocains d'ici et d'Europe investissent ses plages dorées proches de la ville. Deux grands golfs et quantité d'appartements de vacances ont poussé le long de nouvelles corniches sur la côte de Fnideq, près de Ceuta, au sud jusqu'à M'Diq, Cabo Negro et Martil.

Cabo Negro et M'diq الرأس الاسود والمضق

Nichée à l'abri de la côte nord de Cabo Negro, la ville de M'diq a de quoi étonner. Jadis petit port de pêche, elle a connu un essor rapide au point de devenir la villégiature la plus huppée de la côte, avec son entrée majestueuse, sa belle plage, ses bons hôtels et l'énorme centre commercial de son port de plaisance regroupant de multiples restaurants et un yacht-club. En dépit de cette ambiance balnéaire sans caractère, M'diq permet de s'échapper à 20 minutes de Tétouan.

Où se loger et se restaurer

L'offre hôtelière de M'Diq répond principalement à l'industrie touristique estivale et fort peu aux visiteurs au budget serré. N'hésitez pas à demander une réduction en dehors des mois d'été. Vu le nombre de nouveaux appartements, il vaut la peine de se renseigner sur les tarifs des locations. Cafés et restaurants bon marché bordent le front de mer.

Golden Beach Hotel HÔTEL €€
(☎0539 97 50 77 ; www.golden-beachhotel.com ; 84 rte de Sebta ; s/d avec petit-déj 478/709 Dh, demi-pension 638/1 029 Dh ;). Ce quatre-étoiles quasiment sur la plage mérite qu'on s'autorise une petite folie. Bien dirigé et entretenu, il compense son manque de charme par de superbes installations, notamment une piscine près de la corniche, une discothèque et un piano-bar dont le comptoir en marbre imite des touches de clavier.

Hôtel Côte d'Or HÔTEL €€
(corniche ; s/d avec petit-déj 358/486 Dh). Parmi les nouveaux hôtels de la corniche, en voici un sans grand relief mais aux chambres sobres et modernes. Demandez-en une avec vue sur la mer. Des appartements de 5 personnes sont aussi à louer pour 1 300 Dh. Superbe situation face à la plage et café-restaurant au rez-de-chaussée.

Café Olas POISSON €
(☎0539 66 44 33 ; corniche ; plats à partir de 65 Dh ; déj et dîner ;). Impossible de rater cet incontournable du front de mer ! On dirait un phare. Au café très animé du rez-de-chaussée succède à l'étage un restaurant de fruits de mer. Le décor est gai, la vue du toit superbe, et le poisson n'a pas beaucoup de chemin à faire jusqu'à votre assiette. Sur le parking de la corniche.

La Table du Marché POISSON €€€
(☎0661 47 85 56 ; port de plaisance ; 20h-3h). Au bout d'une avancée sur la mer, ce restaurant aux toits de chaume d'inspiration asiatique étonne. Avec une annexe à Saint-Tropez et à Marrakech, il est peut-être le

ROUTE CÔTIÈRE DE FNIDEQ À MARTIL

La Rocade méditerranéenne s'étire désormais tout le long de la côte, de Fnideq à Saïdia, à l'extrême est. De Fnideq à Martil, une corniche flambant neuve borde la magnifique plage. À la différence des hôtels, peu nombreux, les résidences de vacances se succèdent en blocs et se multiplient encore. Des complexes dominent la plage Riffiyine et la marina Smir, et le gigantesque Ritz-Carlton en cours de construction va se compléter d'un golf et d'une autre marina.

Pourquoi les Marocains préfèrent-ils les vacances en résidence à l'hôtel ? Il paraît que c'est par amour de la cuisine maison !

nouveau visage de la cuisine marocaine. On s'y régale de saveurs marines, sushis et plats italiens dans un cadre élégant.

Depuis/vers M'Diq

Les grands taxis et les bus reliant Tétouan et Fnideq (à 3 km de la frontière avec Ceuta) traversent le bourg. Les grands taxis pour Tétouan (7 Dh, 15 min) partent d'une station proche de l'Hôtel Narjiss sur l'avenue Lalla Nezha. Ceux pour la frontière (15 Dh) partent en face du Golden Beach Hotel.

Martil مارتل

Sur arrière-plan montagneux, le port de Martil est une station balnéaire moderne au développement rapide. De nombreux complexes d'appartements, cafés, glaciers et fast-foods bordent les rues parallèles à sa longue corniche. Deux parcours de golf et deux centres commerciaux étaient presque achevés à notre passage. Fréquentée les week-ends à l'année et surpeuplée en été, cette station en vogue est désertée hors saison. C'est pourtant un bon point de chute pour les voyageurs de passage, car elle est à 10 minutes (8 km) en taxi de Tétouan.

Où se loger et se restaurer

Hôtel Étoile de la Mer HÔTEL €
(0539 97 90 58 ; av. Hassan II ; s/d avec petit-déj 320/374 Dh ;). Sa décoration originale – un atrium peuplé de plantes et traversé d'escaliers – et sa proximité de la plage font de cet hôtel la meilleure adresse de Martil. Des tissus du Rif et de la peinture verte confèrent un air joyeux à l'ensemble. Les meilleures chambres disposent d'un balcon donnant sur la mer. Restaurant avec licence.

Camping al-Boustane CAMPING €
(fax 0539 68 88 22 ; corniche ; camping 20 Dh/pers, 40/20/35 Dh par tente/voiture/camping-car, électricité 25 Dh ; accueil 7h30-12h et 19h-23h ;). À quelques rues de la plage, un joli jardin héberge ce terrain sûr. Les équipements ont vécu mais le restaurant de poisson pratique des prix raisonnables (plats à partir de 75 Dh) et on peut profiter de la piscine l'été. En revanche, on est un peu les pieds dans l'eau par temps de pluie. Sur la corniche, bifurquez à hauteur de la fontaine.

Le Guayana SNACK €
(corniche ; salades 35 Dh, pizzas 45 Dh). L'un des nombreux restaurants de plage servant des jus de fruits, de bonnes salades et des glaces, ainsi que les usuels burgers, pizzas et paninis.

Depuis/vers Martil

Les bus locaux à destination de Tétouan (5 Dh, 15 min) partent de la gare routière proche du château d'eau, à l'extrémité sud de la plage. De grands taxis desservent Tétouan (7 Dh, 10 min), près de la Grande Mosquée.

Chefchaouen شفشاون

45 000 HABITANTS

Dominée par les sommets du Rif, Chefchaouen compte parmi les plus jolies villes du Maroc et jouit d'une atmosphère unique. Si le tourisme a résolument pris son essor, l'authenticité demeure. Sa médina splendide, avec ses toits de tuiles rouges, ses bâtiments bleu vif et ses ruelles étroites qui convergent vers l'animation de la place Uta el-Hammam et la casbah restaurée, mêle influences marocaines et andalouses. Connue depuis longtemps des voyageurs indépendants, Chefchaouen s'est embourgeoisée et offre désormais des hébergements de qualité, de bons restaurants et quantité de choses à faire. Elle se prête bien à un séjour de détente et à des excursions dans les vertes montagnes environnantes, notamment en famille.

La médina occupe la moitié est et la ville nouvelle (*ciudad nueva*) la partie ouest. Le cœur de la première est la Plaza Uta el-Hammam où se dresse la casbah. Un financement espagnol a permis la restauration récente de l'enceinte de la médina. La ville nouvelle est centrée sur l'avenue Hassan II, qui part de la Plaza Mohammed V, une place verdoyante conçue par l'artiste Juan Miró, passe par la porte ouest Bab el-Ain, longe le mur de la médina et rentre dans la médina elle-même. Elle se termine sur la place el-Majzen. La gare routière se situe à 1,5 km de rude marche à pied au sud-ouest du centre. Les cascades de Ras-el-Maa coulent juste à l'extérieur des murailles, au nord-est.

Histoire

Les résidents appellent souvent Chefchaouen par son nom d'origine : Chaouen, qui signifie "sommets", en référence aux montagnes du Rif qui l'encerclent. Sous l'occupation espagnole, l'orthographe fut transformée en Xauen, avant que le nom Chefchaouen ("regarde les pics") soit adopté en 1975. Aujourd'hui, les deux noms ont cours.

À NE PAS MANQUER

LA MOSQUÉE ESPAGNOLE

En regardant vers l'est, vous repérerez facilement la **mosquée espagnole** juchée sur une colline non loin de la médina. L'agréable promenade qui y mène mérite d'en faire l'effort. Commencez à la cascade **Ras el-Maa**, juste après la porte du nord-est de la médina. C'est là que l'eau sort du flanc de la montagne et que les femmes viennent laver leur linge. Entre la colline verdoyante derrière les murs de la médina et les gargouillis de l'eau qui sourd, on se sent totalement immergé dans la nature.

Passez le pont pour emprunter le sentier de la colline jusqu'à la mosquée espagnole. Bâtie par les Espagnols dans les années 1920, elle n'a jamais servi. En ruine, elle a été restaurée par les Espagnols et un projet prévoit de la transformer en centre culturel. Ce site fréquenté offre un magnifique panorama sur la ville en contrebas. Les voyageuses seules risquent toutefois de s'y sentir mal à l'aise.

Fondée en 1471 par Moulay Ali ben Rachid, comme base des tribus berbères du Rif, pour lancer des attaques contre les Portugais de Ceuta, Chefchaouen prit son essor après 1494 avec l'arrivée des réfugiés musulmans et juifs fuyant Grenade et les persécutions. Ceux-ci bâtirent des maisons blanchies à la chaux, qui donnent au bourg son allure espagnole, avec leurs minuscules balcons, leurs toits de tuiles et leurs patios, au milieu desquels pousse généralement un citronnier. Le bleu pâle recouvrant les habitations, si typique aujourd'hui, fut introduit dans les années 1930 par la population juive. Cette couche devait remplacer le vert des fenêtres et des portes, couleur traditionnelle de l'islam.

La petite ville vécut recluse jusqu'à son occupation par les troupes espagnoles en 1920. Auparavant, les chrétiens étaient interdits d'accès, sous peine de mort. À leur arrivée, les Espagnols furent surpris d'entendre les habitants juifs parler une variante du castillan médiéval. Ils furent un temps chassés de Chefchaouen par Abd el-Krim, durant la rébellion rifaine des années 1920, puis y revinrent jusqu'à l'indépendance, en 1956.

À voir

Médina

La **médina** de Chefchaouen compte parmi les plus jolies du Maroc : petite et peu fréquentée, elle est parcourue de passages tortueux qui vous permettent de l'explorer sans vraiment vous perdre. Le rez-de-chaussée des édifices est peint d'un bleu lumineux, ce qui crée une atmosphère propre et fraîche, à laquelle les tuiles en terre cuite ajoutent une touche andalouse.

Casbah SITE D'INTÉRÊT

(☎0539 98 63 43 ; Plaza Uta el-Hammam ; entrée musée et galerie compris 10 Dh ; 9h-13h et 15h-18h30 mer, jeu et sam-lun, 9h-12h et 15h-18h30 ven). Lourdement restaurée, cette forteresse ceinte de remparts renferme un ravissant jardin, un modeste **musée d'Ethnographie** et une petite **galerie d'art,** en cours de rénovation. Le partie ethnographique montre d'intéressantes vues du vieux Chefchaouen, en particulier de la Plaza Utal el-Hammam et de la casbah. La galerie expose des œuvres d'artistes locaux.

Grande Mosquée MOSQUÉE

(Plaza Uta el-Hammam). La grande place est dominée par les remparts rouges de la casbah et par l'étonnante Grande Mosquée construite au XVe siècle par le fils du fondateur de la cité, Ali ben Rachid. Sa tour octogonale n'est pas courante. Accès interdit aux non-musulmans.

Plaza Uta el-Hammam PLACE

Pavée, la grand-place ombragée de la médina accueille nombre de cafés et de restaurants. C'est le lieu idéal pour marquer une pause, surtout au terme d'une journée d'exploration.

Activités

Promenade au bord de l'oued Ras el-Maa

Sortez de la médina par la porte **Bab el-Ansar**, descendez sur quelques mètres et traversez la rivière. Tournez à droite après le pont et suivez le chemin joliment paysagé qui serpente le long de la rive droite de l'oued Ras el-Maa. Il offre une agréable promenade en descente d'environ une demi-heure, durant laquelle vous profiterez d'une superbe vue sur la médina, avant de

Chefchaouen

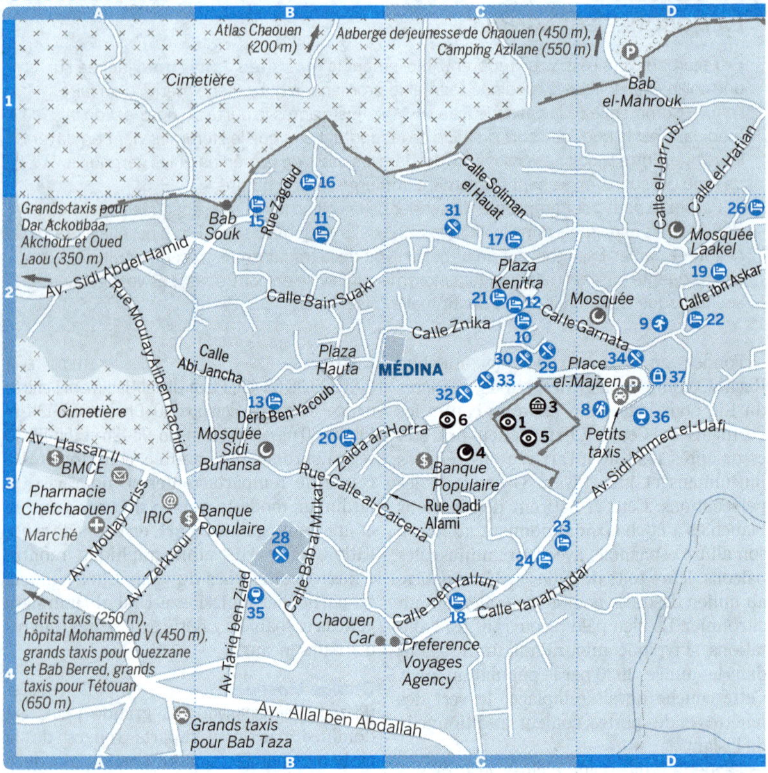

rejoindre l'avenue Allal ben Abdallah, où vous pourrez héler un taxi pour regagner la médina.

Spas et hammams

Lina Ryad & Spa SPA

(av. Hassan I ; gommage 300 Dh, massage d'1 heure 400 Dh ; ⏲9h-21h). Le spa de ce riad abrite un hammam et propose divers massages. Vous pourrez aussi y profiter d'un hydromassage dans la piscine intérieure chauffée et d'un soin du visage.

Douches Barakat HAMMAM

(Onsar ; hammam 10 Dh ; ⏲hommes 8h-12h, femmes 12h-20h). Bon marché, le hammam local est l'endroit où l'on fait peau neuve. Celui-ci est en outre propre.

Randonnée

Les 580 km² du **parc national de Talassemtane**, aux portes de la ville, invitent à de nombreuses randonnées plus ou moins longues. Son nom signifie "source froide" en berbère. Parmi les destinations phares, citons les petits villages de Kalaa et d'Akchour, ainsi que le pont de Dieu, un rocher en forme d'arche. La durée de ces excursions varie selon le trajet que vous décidez de parcourir en voiture.

Entre Tétouan, Chefchaouen et Larache, les sentiers de la **réserve naturelle régionale du Bouhachem** traversent montagnes et forêts, croisant au passage villages locaux et cascades. Il y en a de toutes longueurs et plusieurs gîtes offent de quoi passer la nuit en cours de chemin. Cet immense espace de 80 000 km², d'une exceptionnelle beauté, a été classé site d'intérêt biologique et écologique. Avec le parc national voisin de Talassemtane, il compose en bonne partie la réserve de biosphère intercontinentale de la Méditerranée, à cheval sur l'Andalousie (au sud de l'Espagne) et le Maroc. Sa forêt compte diverses espèces de chênes, des pins

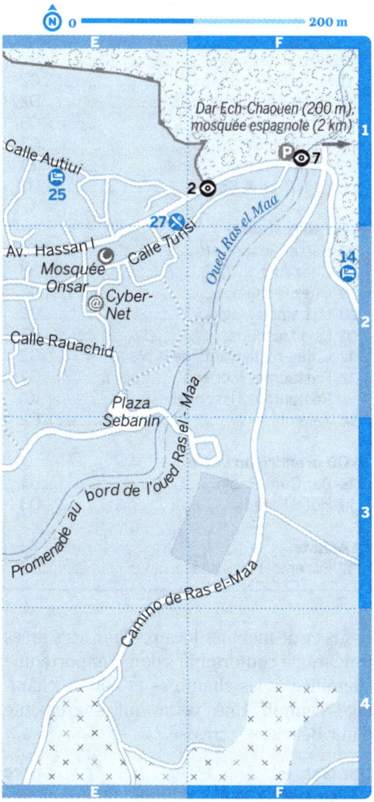

maritimes et des cèdres. Il abrite par ailleurs un grand nombre d'oiseaux (99 espèces), de mammifères (32 espèces, dont le magot) et de reptiles (17 espèces).

Une équipe de 13 guides expérimentés menée par **Abdeslam Mouden** (☎0661 46 39 05 ; rifwalks@gmail.com ; groupe de 10 maximum demi-journée/journée 250/400 Dh, déj en gîte 85 Dh/pers) organise des treks d'une demi-journée à plusieurs jours dans les deux parcs, avec visites optionnelles de productions de miel, de fromage et de légumes biologiques.

Chaouen Rural (☎0539 98 72 67 ; www.chaouenrural.org ; pl. el-Mazjen) propose le même type de prestations dans le parc national de Talassemtane, option plantes médicinales en plus.

Ne manquez pas l'**écomusée** (près du camping Azilane) à l'entrée du parc national de Talassemtane pour sa belle présentation de la faune et de la flore dans le parc. Vous y trouverez aussi des renseignements sur le parc, ainsi que des cartes de randonnée. Et n'oubliez pas de vous inscrire ici si vous souhaitez camper pendant votre trek.

Fêtes et festivals

La très active association culturelle **Rif el-Andalus** (☎0539 98 68 00) organise deux événements en juillet : une grande exposition en plein air et un festival musical international appelé l'**Alegría**.

Où se loger

Les hébergements ne manquent pas à Chefchaouen. Le mieux est de séjourner dans la médina, quoiqu'il existe aussi de bonnes adresses hors des murs. Quelques hôtels sont chauffés, les autres nécessiteront d'empiler les couvertures les froides nuits d'hiver.

Médina

Hostal Guernika PENSION €
(☎0539 98 74 34 ; hostalguernika@hotmail.com ; 49 Onssar ; d/tr 200/300 Dh, d avec chauffage 270 Dh). Proche de la place el-Majzen, cette adresse charmante tenue par un propriétaire plein d'attentions réunit des chambres pour la plupart spacieuses et claires, avec douche et vue sur les montagnes, particulièrement spectaculaire depuis la terrasse. Chauffage en hiver. Réservation recommandée l'été, à Pâques et en décembre.

Dar Baraka PENSION €
(☎0614 68 24 80 ; www.riad-baraka.com ; 12 Derb Ben Yacoub ; s/d sans sdb 140/240 Dh, d avec sdb 280 Dh, qua 120 Dh/pers ; 📶). Cet établissement clair et ensoleillé tenu par des Anglais loue de bien douillettes chambres aux sdb communes impeccables. Mention très bien pour la terrasse, mêlant soleil et ombre, et le confortable salon avec collection de DVD. Dîner sur demande – curry ou rôti du dimanche.

Dar Terrae PENSION €
(☎0539 98 75 98 ; www.darterrae.com ; av. Hassan I ; s/d avec petit déj 300/400 Dh, sans sdb 280/380 Dh ; 📶). Des chambres gaies et toutes différentes, avec sdb et cheminée, nichées dans les recoins d'un escalier. Le propriétaire italien dresse un fantastique buffet de petit-déjeuner, et prépare les autres repas sur demande. Pas toujours aisé à trouver : demandez l'"Hôtel Italiano".

Hôtel Koutoubia PENSION €
(☎0668 11 53 58 ; Calle Andalouse ; s/d/tr à partir de 150/200/300 Dh ; 📶). Point de chute idéal

Chefchaouen

À voir

1 Galerie d'art C3
2 Bab el-Ansar F1
3 Musée d'Ethnographie C3
4 Grande Mosquée C3
5 Casbah C3
6 Plaza Uta el-Hammam C3
7 Ras el-Maa F1

Activités

8 Chaouen Rural D3
9 Douches Barakat D2
Lina Ryad & Spa .... (voir 26)

Où se loger

10 Casa Hassan C2
11 Casa Perleta B2
12 Dar Baiboo C2
13 Dar Baraka B3
14 Dar Ech-Chaouen F2
15 Dar Gabriel B2
16 Dar Meziana B1
17 Dar Terrae C2
18 Dar Zman C4
19 Hostal Guernika D2
20 Hostal Yasmina B3
21 Hôtel Barcelona C2
22 Hôtel Koutoubia D2
23 Hôtel Marrakech C3
24 Hôtel Salam C3
25 John's House E1
26 Lina Ryad & Spa D2

Où se restaurer

27 Bab el-Ansar Café E1
28 Chez Aziz B3
29 Chez Hicham C2
30 La Lampe Magique C2
31 Lala Mesouda C2
32 Cafés-restaurants de la place C3
33 Restaurant Morisco C2
Restaurant Tissemlal .... (voir 10)
34 Talembote D2

Où prendre un verre

35 Bar Oum-Rabiá B4
36 Hôtel Parador D3

Achats

37 Ensemble artisanal D2

pour les voyageurs à petit budget, le Koutoubia bénéficie d'une situation centrale, de chambres impeccables et d'une décoration traditionnelle, sans compter l'accueil particulièrement attentionné. L'hiver, on prend le petit-déjeuner (20 Dh) sur la terrasse fermée.

Hostal Yasmina PENSION €

(☎0539 88 31 18 ; yasmina45@hotmail.com ; 12 Zaida al-Horra ; ch 75 Dh/pers). Un joyau dans cette catégorie de prix qui affiche vite complet, eu égard au petit nombre de chambres, nettes et claires (en dépit de l'absence de fenêtre pour certaines). Terrasse sur le toit des plus accueillantes et à deux pas de la Plaza Uta el-Hammam.

Hôtel Barcelona PENSION €

(☎0539 98 85 06 ; 12 rue Targhi ; d sans/avec sdb 150/300 Dh ; wifi). Tout en bleu Chefchaouen, cet hébergement modeste aux équipements basiques convient d'autant mieux aux petits budgets qu'il est bien entretenu. Merveilleuse terrasse sur le toit.

♥ **Casa Perleta** PENSION €€

(☎0539 98 89 79 ; www.casaperleta.com ; Bab Souk ; d avec petit-déj à partir de 495 Dh ; wifi). Un personnel amical vous propose de charmantes chambres pour 2 ou 3 et une suite pour 4 aux tons doux agrémentés de beaux tissus et de meubles locaux. Pour les soirées fraîches, le confortable salon comporte une cheminée et les chambres et sdb, le chauffage central. Une perle qui s'agrémente d'une délicieuse terrasse.

Dar Gabriel PENSION €€

(☎Espagne 00 34 952 11 74 86 ; www.dargabriel.com ; Bab Souk ; d avec petit-déj 550 Dh ; wifi). L'alliance de la brique naturelle et des tapis et tissus locaux confère à cet établissement une atmosphère chaleureuse. Chaque chambre a son décor, néanmoins sans chichis, le salon permet de se réchauffer au coin du feu l'hiver et il n'y a pas moins de 3 toits-terrasses. Repas et sorties en montagne proposés.

Dar Meziana HÔTEL DE CHARME €€

(☎0539 98 78 06 ; www.darmezianahotel.com ; rue Zagdud ; s/d/tr avec petit-déj et dîner à partir de 475/650/950 Dh ; clim, wifi). Moult plantes, une belle luminosité, des meubles de qualité et d'extraordinaires plafonds confèrent à cette adresse en lisière de la médina une atmosphère unique. Absence d'enseigne. Pour jouir de la vue sur la montagne, comptez 300 Dh de plus. Tout simplement parfait.

John's House PENSION €€

(www.johndirkwilkinson@gmail.com ; 17 Calle Autiui ; 550/2 750 Dh/3 nuit/sem ; clim, @). La plus douillette des maisons de la médina a 2 chambres, une sdb chauffée et une terrasse fabuleuse avec une fontaine où l'on peut tremper les orteils. Elle appartient au gardien du consulat britannique de Chefchaouen, d'où le patronyme et le drapeau anglais. Un piano trône près de la cheminée.

Lina Ryad & Spa PENSION €€€
(fax 0539 88 25 92, 0645 06 99 03 ; www.linariad.com ; av. Hassan I ; s/d avec petit-déj 1 200/1 400 Dh ;). Ce riad haut de gamme, à l'intérieur luxueux et soigné, accueille ses hôtes dans de grandes chambres confortables avec TV et films gratuits. Personnel aux petits soins, toits-terrasses avec vue fabuleuse, spa avec petite piscine chauffée et restaurant servant une cuisine marocaine et internationale (menu du soir 200 Dh).

Dar Baiboo PENSION €€€
(0539 98 61 53 ; www.casahassan.com ; rue Targhi ; s/d avec petit-déj 850/1 000 Dh ;). Une maison claire et aérée aux grandes chambres confortables donnant sur la cour centrale.

Casa Hassan PENSION €€€
(0539 98 61 53 ; www.casahassan.com ; 22 rue Targhi ; s/d demi-pension à partir de 850/1 000 Dh ;). Occupant le 2e étage, cet hébergement qui a un peu vécu n'en dispose pas moins de vastes chambres aux détails charmants et d'un hammam. La terrasse fait office d'élégant salon. Au rez-de-chaussée, son confortable Restaurant Tissemlal (p. 261) arbore une chaleureuse cheminée.

Hors de la médina

La plupart des autres établissements sont regroupés sur l'avenue Hassan II, au sud de la médina, le long des vieux remparts.

Hôtel Marrakech HÔTEL €
(0539 98 77 74 ; Hotel.Marrakech1@hotmail.com ; 41 av. Hassan II ; s/d avec petit-déj 180/350 Dh, d/tr avec douche 350/425 Dh ;). En retrait de la colline et de la pleine action, cet établissement aux chambres pastel lumineuses et aérées ne ressemble à aucun autre. Les douches ont des jets puissants, le salon a une cheminée centrale et un plafond en stuc, la terrasse une belle vue sur la vallée. Chambres avec toilettes communes ; les plus chères avec douche.

Hôtel Salam HÔTEL €
(0539 98 62 39 ; 39 av. Hassan II ; s/d/tr 60/120/180 Dh). Autre adresse hors les murs, le Salam loue des chambres sur cour avec sdb communes correctes, et lavabos dans les chambres, un plus.

Auberge de jeunesse de Chaouen AUBERGE DE JEUNESSE €
(0666 90 84 42 ; Hay Ouatman ; avec petit-déj 40 Dh/pers, en groupe 30 Dh/pers). Claire, propre et proche du camping, l'auberge facture 20 Dh la douche chaude et dispose d'un lave-linge. Carte de membre nécessaire en pleine saison.

L'ASCENSION DU DJEBEL EL-KELAÂ

Dominant Chefchaouen du haut de ses 1 616 m, le djebel el-Kelaâ semble démesurément haut. Une journée suffit néanmoins à son ascension à condition d'être en bonne condition physique.

L'itinéraire débute derrière le camping Azilane et emprunte le sentier de 4x4 qui mène au hameau d'**Aïn Tissimlane**. Les bandes peintes en jaune et blanc sur les rochers vous indiquent que vous êtes sur la bonne route. Difficile, la première heure de marche mène au-dessus des arbres, d'où vous aurez une première vue sur Chefchaouen. Vous vous engagez alors sur une piste montagneuse qui permet d'atteindre Aïn Tissimlane 2 heures après le départ. Ensuite, le sentier serpente entre de gros blocs rocheux pendant presque 1 heure, jusqu'à un col. Suivez le chemin vers l'ouest jusqu'à la crête de la montagne, d'où une dernière ascension vous permettra de gagner le sommet. Un sentier est vaguement dessiné, mais il faudra vous aider de vos mains à certains endroits. Le pic apparaît bientôt, et vos efforts sont récompensés par la vue sublime sur cette partie du Rif.

Vous pouvez redescendre directement au village par le même chemin, ou obliquer au nord en arrivant à la crête, d'où un sentier conduit à des hameaux de l'autre côté de la montagne. L'un d'eux, **El-Kelaâ**, possède des silos à grain du XVIe siècle et une mosquée au minaret penché. De là, de nombreux chemins ramènent à Chefchaouen en quelques heures.

HORS DES SENTIERS BATTUS

TAGHZOUTE

Le Caiat (0666 28 87 15, 0671 85 49 97 ; www.caiat.com ; RP 4105, Taghzoute ; repas environ 100 Dh, d 330-550 Dh) est un merveilleux refuge de montagne situé à Taghzoute, à quelque 20 km de Chefchaouen, sur la route d'Oued Laou. Son propriétaire portugais, fervent écolo, travaille avec des Marocains du coin organisant des randonnées de 2 heures à 2 jours entre divers villages du parc national de Talassemtane où cascades, singes, piscines rocheuses et de rares pins noirs habitent le paysage. Différents types d'hébergement proposés. On y mange dans un cadre offrant une vue à couper le souffle.

Camping Azilane CAMPING €
(0539 98 69 79 ; www.campingchefchaouen.com ; Hay Ouatman ; camping 30 Dh/adulte, plus 20/20/35 Dh/ par tente/voiture/camping-car, électricité 15 Dh ;). Le cadre ombragé et la belle vue expliquent la popularité de ce site, à 20 minutes à pied de la médina, bien que la propreté y laisse à désirer. Deux piscines étaient en construction à notre passage. On y trouve un petit restaurant, et une boutique pour les denrées de base, mais les autres équipements sont plutôt rudimentaires (douches chaudes 10 Dh). Feux de camp et alcool interdits.

Auberge Dardara AUBERGE €€
(0661 15 05 03, 0539 70 70 07 ; www.dardara.ma ; rte nationale 2 ; d/tr/qua avec petit-déj 600/750/1 000 Dh ;). En pleine campagne marocaine, une auberge à la française réunissant de grandes suites rustiques avec TV et cheminée, et un excellent restaurant. Les 10 hectares laissent place à une ferme, des jardins, une piscine, un magasin d'artisanat, un hammam et un centre de fitness. De plus, on peut y pêcher et faire des balades à pied, à dos de mule ou à vélo, sans oublier les chasses au trésor. Les résidents peuvent participer aux ateliers, artisanat, jardinage et autre. À 10 minutes en taxi (5 Dh) de Bab Taza.

Dar Zman PENSION €€
(0539 98 93 46 ; www.darzman.net ; Bab el Hammar, av. Hassan II ; d avec petit-déj à partir de 550 Dh ;). Imaginée par de jeunes hôteliers ambitieux, cette pension joliment restaurée compte 8 chambres aux couleurs vives. Agréable salle de petit-déjeuner sur le toit.

Dar Ech-Chaouen PENSION €€€
(0539 98 78 24 ; www.darechchaouen.ma ; 18 av. Ras el-Maa ; d avec petit-déj à partir de 590 Dh, ste 790 Dh ;). Proche de Ras el-Maa, hors des murs de la médina, cet hébergement parfait réunit de spacieuses chambres tout confort desservies par des escaliers sans surprise. La terrasse verdoyante est ombragée et la piscine bénéficie d'une belle vue. Restaurant sur place.

Où se restaurer

Rien de tel que les cafés de la Plaza Uta el-Hammam pour observer l'animation tout en sirotant un jus de fruits ou un thé à la menthe. Les habitants jouent aux cartes et fument du kif dans les arrière-salles, où la présence des femmes n'est guère souhaitée.

L'autocollant "Réseau des restaurants engagés de Chefchaouen" sur la vitrine de certains restaurants indique qu'ils soutiennent les agriculteurs en utilisant des produits biologiques locaux.

Cafés-restaurants de la place MAROCAIN €
(Plaza Uta el-Hamman ; petit-déj à partir de 25 Dh, plats à partir de 40 Dh ; 8h-23h, plus tôt l'hiver). Difficile de faire son choix parmi la douzaine de cafés-restaurants de la place principale. Ils servent quasiment tous les mêmes menus : petit-déjeuner continental, soupes et salades, tajines et fruits de mer, mais la cuisine est assez bonne et l'ambiance joyeuse.

Restaurant Morisco MAROCAIN €
(0539 88 23 23 ; Plaza Uta el-Hammam ; petit-déj environ 30 Dh, plats à partir de 34 Dh ; petit-déj, déj et dîner). La meilleure table de la place, où se dégustent diverses spécialités locales. Le *ftour beldi* (petit-déjeuner traditionnel), avec œufs à l'huile d'olive, fromage de chèvre et jus d'orange, vous met en forme pour la journée. Au dîner, goûtez le *tahliya* (chèvre aux amandes, raisins secs et miel) ou le tajine aux anchois, tomates et citron. Le vendredi, couscous agrémenté de lait fermenté (50 Dh).

Talembote MAROCAIN €
(b'sara 5 Dh ; petit-déj et déj). Ce minuscule restaurant sans enseigne mérite les efforts pour le trouver : son délicieux *b'sara* servi avec du pain frais constitue un déjeuner

copieux et bon marché. En haut des marches en face de l'Hôtel Parador.

La Lampe Magique MAROCAIN €
(rue Targhi ; plats à partir de 45 Dh, menu 85 Dh ; déj et dîner). Ce restaurant délicieux donnant sur la Plaza Uta el-Hammam vous régale de savoureuses spécialités marocaines dans un décor grandiose. Réparti sur trois étages bleu vif, il accueille les convives dans un salon décontracté, une salle à manger plus formelle ou sur le toit-terrasse. La carte, forte de classiques comme le tajine d'agneau aux pruneaux et quelques délicieuses salades, est bien meilleure que la moyenne, et l'ambiance décontractée.

Lala Mesouda MAROCAIN €
(av. Hassan I ; plats à partir de 60 Dh ; déj et dîner). On mange ici des plats que l'on ne trouve pas ailleurs en ville. Nous recommandons le steak au roquefort et le poulet aux champignons. On y sert aussi du poisson. L'intérieur est confortable et intime, bien qu'assez sombre, et l'accueil chaleureux.

Bab el-Ansar Café CAFÉ €
(Bab el-Ansar). Juste hors les murs de la médina, ce café aux trois terrasses dévalant la colline donne sur la cascade de Ras el Maa. La vue est particulièrement charmante en fin d'après-midi, quand le soleil caresse la montagne.

Chez Aziz PÂTISSERIE €
(av. Hassan II ; gâteaux à partir de 4 Dh). Venez ici faire votre choix parmi une somptueuse sélection de pâtisseries. Pizzas et paninis sont également servis, tout comme fruits pressés et café de qualité pour un petit-déjeuner sur le pouce.

♥ **Auberge Dardara Restaurant** MAROCAIN €€
(0661 15 05 03, 0539 70 70 07 ; rte nationale 2 ; menu 120 Dh ; déj et dîner). Le meilleur restaurant des environs vaut bien les 10 minutes de route qui y mènent depuis la ville (5 Dh de taxi au départ de Bab Taza). Le propriétaire tangérois n'utilise que les ingrédients du jardin, cuit son pain et fabrique son fromage de chèvre. Goûtez les délicieuses salades, le gibier aux figues sèches ou le succulent lapin aux coings, à arroser d'une bouteille de vin.

Restaurant Tissemlal MAROCAIN €€
(Casa Hassan ; 22 rue Targhi ; menu 90-120 Dh ; déj et dîner). Plus connu comme le Casa Hassan, du nom de la pension (p. 259) qui l'abrite, ce restaurant sert des plats traditionnels. Il est particulièrement accueillant en hiver lorsqu'un feu brûle dans sa cheminée.

Chez Hicham MAROCAIN €€
(rue Targhi ; plats env 80 Dh ; déj et dîner). Le cadre est douillet, avec de confortables sièges et vue sur la casbah depuis la terrasse. Menu classique.

Faire son marché

Le marché donnant sur l'avenue Hassan II est l'endroit idéal pour acheter du poisson, de la viande, des fruits et des légumes frais. L'animation bat son plein le lundi et le jeudi, quand des vendeurs viennent de l'extérieur de Chefchaouen.

Plusieurs spécialités locales valent le déplacement, notamment le miel des montagnes parfumé, et le fromage de brebis très doux, que vous pourrez goûter au petit-déjeuner. Ajoutez-y du *dial makla* frais (un type de pain) et vous aurez votre pique-nique.

Où prendre un verre et faire la fête

Il est difficile de trouver des boissons alcoolisées à Chefchaouen.

Bar Oum-Rabiá BAR
(av. Hassan II ; 10h-22h). Très masculin.

Hôtel Parador BAR
(0539 98 61 36 ; pl. el-Majzen ; 14h-23h). Le bar sans âme satisfera les envies de bière (25 Dh), mais on ne peut avoir de vin qu'en mangeant au restaurant, très peu engageant.

Atlas Chaouen BAR, CLUB
(9h-23h). Ce bar jazzy est le plus élégant de Chefchaouen, mais il est un peu excentré. La discothèque de l'hôtel (23h-3h) est la seule du quartier. Les clients de l'hôtel la fréquentent en semaine, rejoints par les habitants le week-end. Bières facturées 30 Dh.

Achats

Chefchaouen a toujours été un centre artisanal, et l'endroit idéal où acheter, entre autres, des tapis et des couvertures tissées de couleur vive. Dans les boutiques, vous verrez fréquemment des tisserands au travail. Autrefois, la soie fournissait un matériau de choix : les mûriers de la Plaza Uta el-Hammam sont un héritage de cette époque. Aujourd'hui, les tisserands travaillent principalement la laine, l'une des principales productions de la région.

De nombreuses boutiques pour touristes sont installées sur les lieux stratégiques que sont les places Uta el-Hammam et el-Majzen.

Visitez l'**Ensemble artisanal** (pl. el-Majzen ; 10h-14h et 16h-18h), en face de l'Hôtel Parador. C'est l'un des meilleurs que nous ayons vus au Maroc. Les tableaux informatifs ne sont qu'en espagnol et en arabe. On y voit des tisseurs à leur métier, des cordonniers, des artistes, des tricoteuses et des tréfileurs.

Renseignements

ACCÈS INTERNET

Cyber-Net (Zanqat Sbâa ; 5 Dh/h ; 10h-24h)

IRIC (Institut Raouachid pour l'information et le commerce ; av. Hassan II ; 5 Dh/h ; 8h-24h). À côté de la Librairie Al-Nahj.

AGENCE DE VOYAGES

Preference Voyages Agency (0539 98 79 13 ; www.preferencevoyages.com ; 39 av. Hassan II ; 9h-12h30 et 15h-18h30 lun-ven, 9h-12h30 sam). Informations touristiques pointues et organisation de randonnées en montagne avec des guides certifiés.

ARGENT

Banque Populaire Médina (Plaza Uta el-Hammam ; 8h45-18h lun-jeu, 8h45-12h sam) ; ville nouvelle (av. Hassan II, près de Bab el-Ain ; 8h45-18h lun-jeu, 8h45-12h sam). DAB dans les deux agences.

BMCE (av. Hassan II ; 8h45-18h lun-jeu, 8h45-12h sam)

POSTE

Bureau de poste (av. Hassan II ; 8h-16h lun-ven, 8h-11h sam)

SERVICES MÉDICAUX

Hôpital Mohammed V (0539 98 62 28 ; av. al-Massira al-Khadra)

Pharmacie Chefchaouen (0539 98 61 58 ; av. Moulay Driss ; 8h-18h lun-sam)

HORS DES SENTIERS BATTUS

AU CŒUR DU RIF

En partant de Chefchaouen vers le sud-est, la N2 pénètre au cœur du Rif, et continue sur 150 km le long de la chaîne de montagnes. Les routes sont cahoteuses, mais le panorama est splendide. Au sud-est se dresse le **djebel Tidiquin** (2 448 m), plus haut sommet de la chaîne rifaine. **Issaguen** apparaît brusquement au milieu des bois. Ville frontière peu reluisante, c'est un des centres commerciaux du kif et de la contrebande, l'autre étant **Ketama**, à 20 km.

Issaguen et Ketama ont une réputation de villes hors la loi, où se réfugient des individus recherchés ailleurs dans le pays. Les gens se demanderont ce que vous venez faire ici et considéreront naturellement que vous êtes là pour acheter du haschisch. En cas de problème, vous ne pourrez compter sur aucun secours. Nous déconseillons fermement aux voyageurs d'y passer la nuit.

Depuis/vers Chefchaouen

BUS

Les bus ont déjà fait le plein de passagers dans d'autres localités avant leur arrivée à Chefchaouen. Aussi mieux vaut-il acheter son billet pour la suite du voyage dès l'arrivée sur place, histoire de s'assurer un siège. La gare routière se trouve à environ 1 km au sud-ouest de la ville, tout à fait au bout de l'avenue Mohammed V (10 Dh en petit taxi depuis la place el-Majzen). Les bus de la CTM partent également de là.

La **CTM** (0539 98 76 69) dessert les destinations suivantes :

DESTINATION	PRIX	DURÉE
Casablanca	125 Dh	6 heures
Fès	70 Dh	4 heures 30
Nador	140 Dh	11 heures 30
Ouezzane	20 Dh	1 heure 30
Rabat	90 Dh	4 heures 30
Tanger	40 Dh	3 heures
Tétouan	25 Dh	1 heure 30

D'autres compagnies moins chères couvrent les mêmes destinations et assurent un départ quotidien pour Oued Laou (32 Dh, 1 heure 30).

TAXI

Comptez 650 Dh pour un grand taxi de l'aéroport de Tanger à Chefchaouen, et 550 Dh depuis Tanger Med. À moins de partager la course à plusieurs, il est beaucoup moins coûteux de rallier d'abord Tanger puis Chefchaouen via Tétouan. Même en achetant deux places, vous économiserez quelque 500 Dh en allongeant la durée du trajet d'à peine une heure.

Les grands taxis à destination du Nord stationnent juste en dessous de la place Mohammed V, la plupart desservant Tétouan (32 Dh, 1 heure), où vous pouvez prendre une correspondance pour Tanger ou Ceuta ; les taxis directs sont rares. Au départ de l'avenue Allal ben Abdallah, vous trouverez des grands taxis pour Dar Ackoubaa (8 Dh, 20 min), l'embranchement pour Oued Laou.

Les grands taxis en direction du Sud attendent en bas du marché central. Prenez-en un pour Ouezzane (30 Dh, 1 heure), d'où vous pourrez continuer sur Fès et Meknès. Les transports sont rares en direction de la côte est. Mieux vaut prendre un grand taxi jusqu'au carrefour de Dardara (8 Dh, 15 min) ou Bab Taza (15 Dh, 30 min) et se débrouiller après.

Comment circuler

Des petits taxis bleus locaux sans compteur se regroupent place el-Majzen et près du marché (la flotte comprend 37 véhicules). Une course coûte généralement moins de 10 Dh. Sûr et commode, le **parking de l'Hôtel Parador** (pl. el-Majzen ; 10 Dh/nuit) n'est pas réservé aux seuls clients de l'hôtel.

Chaouen Car (0539 98 62 04 ; av. Hassan II). Une agence de location de voitures qui organise aussi des expéditions en 4X4 et en quad.

Oued Laou واد لاو

Souvenez-vous de cette artère principale poussiéreuse aux constructions hâtives car, dans quelques années, Oued Laou sera comme Martil. À ce jour, ses chambres économiques en front de mer et les restaurants et bars bon marché de la nouvelle corniche bordant sa longue plage déserte en font un paradis des voyageurs sac au dos, surtout l'été. Néanmoins, hormis contempler les pêcheurs qui traînent leurs bateaux le matin, vous n'y trouverez pas grand-chose à y faire.

Le revêtement de la route de Chefchaouen à Oued Laou ayant été refait, le trajet ne prend désormais qu'un peu plus d'une heure.

Où se loger et se restaurer

Hôtel Oued Laou PENSION €

(0650 18 43 38, 0655 21 37 89 ; bd Massira ; s/d/tr 200/250/300 Dh). Le meilleur des nouveaux hôtels pour voyageurs à petit budget. Une rue toute neuve le sépare de son café-restaurant sur la plage. Demandez une chambre avec vue sur la mer.

Aramar POISSON €

(corniche ; plats à partir de 60 Dh ; 12h-23h, plus tôt hors saison). Meilleur établissement de la corniche, l'Aramar sert une délicieuse friture de poissons à 80 Dh, que vous pourrez déguster tout en observant les pêcheurs sur la plage.

Renseignements

Cyber Costa (5 Dh/h ; 9h-24h). Devant le restaurant La Plage, mais probablement fermé hors saison.

Depuis/vers Oued Laou

En venant en voiture de Chefchaouen par la grande route pour Tétouan, il faut bifurquer à 11 km au nord, au niveau de Dar Ackoubaa. Vous passerez à côté d'un barrage hydroélectrique et traverserez de douces collines ainsi que l'étonnante gorge du Laou. Depuis Tétouan, la rocade N16 longe la côte, spectaculaire, sur 140 km jusqu'à El-Jebha.

Trois bus relient chaque jour Tétouan et Oued Laou (25 Dh, 2 heures). Un autre arrive de Chefchaouen (20 Dh, 1 heure 30) pour rallier ensuite par la côte El-Jebha (35 Dh, 5 heures). En sens inverse, le bus quitte El-Jebha tôt le matin. À Oued Laou, les bus vous déposent près du souk, à 45 minutes de marche de la ville (7 Dh en grand taxi).

Les grands taxis qui stationnent à côté de la mosquée d'Oued Laou vont à Tétouan (30 Dh, 1 heure) via Dar Ackoubaa (15 Dh, 20 min), d'où un taxi de passage vous conduira à Chefchaouen.

De Targa à El-Jebha من تركا إلى الجبهة

Cette étendue de côte est très spectaculaire et encore assez isolée. Les collines couvertes de pins sont émaillées de vallées dont les champs se déroulent jusqu'à la mer aux plages de galets gris. Cependant, la nouvelle route côtière de Tétouan à El-Jebha annonce des projets de développement massifs, tels que golfs, hôtels de luxe et immeubles d'habitation.

À 17 km au sud-est d'Oued Laou, le modeste village de **Targa** s'illustra autrefois comme repaire de pirates. Surplombant un escarpement de roche noire, un fort édifié sous le protectorat espagnol domine le village. La mosquée du XIIIe siècle, consacrée à un saint local, témoigne de traditions plus anciennes.

Environ 18 km plus au sud-est, dans la grande vallée de l'oued Bouchia, se trouvent les deux villages de **Steha** et de **Bou-Ahmed**. En retrait de la côte, ce dernier constitue le point d'arrivée d'une longue randonnée au départ de Chefchaouen. Un souk intéressant

Al-Hoceima

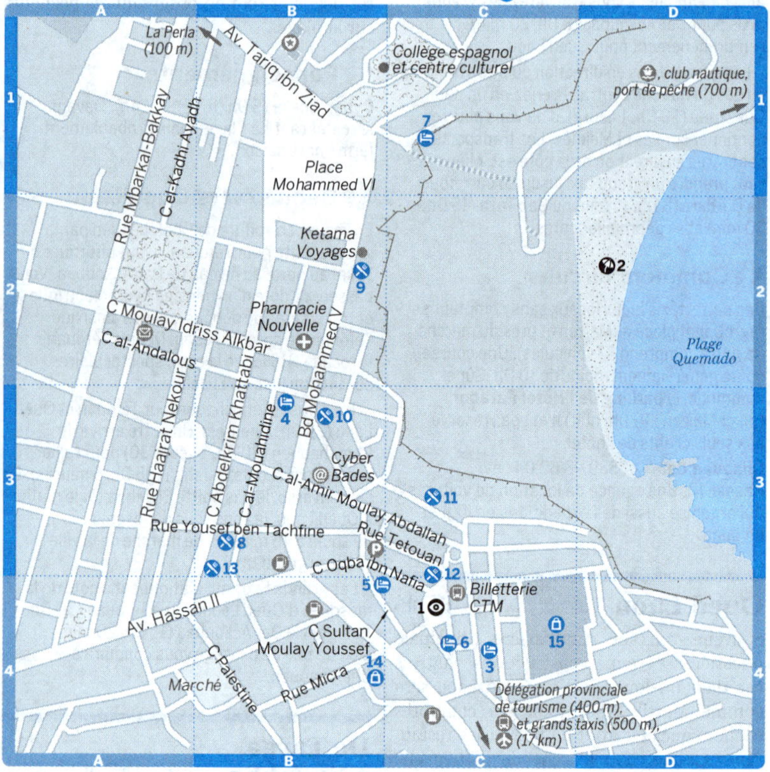

s'y tient chaque mardi, et on y trouve, l'été venu, des emplacements de camping rudimentaires.

De là, la route longe le rivage et traverse de superbes paysages en montagnes russes jusqu'à la ville bleu et blanc d'**El-Jebha**, à 52 km au sud-est. La côte accidentée est ponctuée de quantité de baies de toute beauté que vous pouvez explorer à condition d'être motorisé. Chaque mardi, le souk local attire les fermiers rifains des villages alentour. À El-Jebha, prenez au sud dans le Rif vers Issaguen, ou continuez sur la rocade jusqu'à Al-Hoceima.

Al-Hoceima الحس مّة

283 100 HABITANTS

Al-Hoceima est parfaite pour passer quelques jours, voire davantage. Calme, sûre et reposante, cette station balnéaire moderne, à la population avenante, pourrait prétendre au titre de capitale berbère du Nord. On y parle davantage le tarifit (rifain) que l'espagnol.

Fondée par les Espagnols et baptisée Villa Sanjuro, la ville servit de garnison durant la guerre du Rif au début du XXe siècle. C'est d'ailleurs dans ses environs qu'opérait Abd el-Krim. Si elle a pris le nom d'Al-Hoceima après l'indépendance du Maroc, la ville a conservé une forte influence espagnole dans la langue, l'architecture et le commerce.

Ces dernières années, nombre d'émigrés sont revenus et ont investi sur place, en particulier dans l'industrie du tourisme en plein essor. De nouvelles fontaines ornent la **place Mohammed VI** et une vaste corniche borde la côte. La jolie **place du Rif**, avec ses bâtiments mauresques, doit devenir une zone piétonne. Mieux encore, le magnifique **parc national d'Al-Hoceima** accueille désormais des initiatives de tourisme rural à ne pas manquer.

Al-Hoceima se tient au sommet de hautes falaises qui surplombent deux baies : la plage Quemado et un port marchand. Parallèle au front de mer, le boulevard Mohammed V va du Collège espagnol à la place du Rif. La plupart des banques, des hôtels et des restaurants jalonnent cette artère, tandis que les établissements bon marché se concentrent autour de la place du Rif. Le relief plat et le plan des rues en damier facilitent l'orientation à pied. Plus au sud s'étendent trois autres plages, de même que le Peñón de Alhucemas, l'un des derniers vestiges du protectorat espagnol.

À voir

Plage Quemado PLAGE

Cette plage est nichée dans une jolie baie, bordée de falaises. Elle est assez propre, mais la présence du port au nord et les complexes balnéaires qui y ont poussé gâchent un peu le plaisir.

Cala Bonita, plage Isly et plage Asfiha PLAGES

En été, mieux vaut s'orienter sur l'une des trois plages de sable mieux préservées s'étendant à 5 km au sud de la ville. Hors saison, elles ont tendance à servir de dépotoir. Sur celle d'Asfiha, vous trouverez quelques vieux restaurants de plage, bientôt supplantés par la construction en cours du complexe de Souani. Le plus pratique pour s'y rendre consiste à prendre un grand taxi. Si vous louez tout le taxi, comptez environ 50 Dh jusqu'à Cala Bonita et 75 Dh jusqu'à Asfiha. À l'extrémité sud du bd Mohammed V, près de la station-service Mobil, stationnent les bus locaux pour Ajdir et Imzouren qui passent non loin de ces plages (5-7 Dh).

El Peñón de Alhucemas FORTERESSE

L'une des *plazas de soberanía* (voir p. 273), cette étonnante forteresse blanche se profile à quelques centaines de mètres au large de la Playa Asfiha, à côté de deux îlots inhabités, la Isla de Mar et la Isla de Tierra, où flotte le drapeau espagnol. Ce bout de territoire appartient à l'Espagne depuis 1559, date à laquelle la dynastie Saadi le céda en échange d'une aide militaire. En 1673, les Espagnols établirent ici une garnison et n'en partirent jamais. Actuellement, la forteresse abrite 60 soldats et ne se visite pas. La souveraineté espagnole est contestée par le Maroc depuis son indépendance, en 1956.

Port PORT

Voué essentiellement à l'industrie de la pêche, il offre le beau spectacle du déchargement des bateaux et permet d'acheter la pêche du jour à faire cuisiner au Club Nautique (p. 267).

Où se loger

Les hôtels très bon marché abondent dans les rues entre la place du Rif et le souk. Certains sont assez douteux, regardez bien avant de choisir.

Hôtel Villa Florido HÔTEL €

(0539 84 08 47 ; http://florido.alhoceima.com ; pl. du Rif ; s/d/tr 258/316/424 Dh ;). Superbement rénové, ce bâtiment en rotonde Art déco datant de 1920 contraste avec les autres édifices de la place du Rif. De grandes chambres impeccables avec sdb, TV sat et, pour la plupart, un balcon. Un beau café est aménagé en bas (petit-déj 40 Dh). Le quartier peut être bruyant le soir.

Hôtel al-Hana HÔTEL €

(0666 90 32 00 ; 17 Calle Imzouren ; s/d/tr sans sdb 100/160/240 Dh). Sans façons, bien tenu et très peu onéreux, cet hébergement niché dans l'une des petites rues à l'est de la place du Rif se repère au café du rez-de-chaussée peuplé d'hommes jouant aux dés. Tous les équipements sont communs, y compris les

QUELQUES MOTS DE TARIFIT (RIFAIN)

Bonjour/Au revoir	*msalkhir/baslama*
Oui/Non	*wah/alla*
S'il vous plaît	*aafak*
Merci	*shoukran*
Où est... ?	*mani thadja (fém.) ou mani yadja (masc.)*
hôtel	*annoutir*
camping	*arihla*
Avez-vous des chambres libres ?	*maghak cha akhamane akhwane?*
une simple	*akham injnab-nadam*
une double	*akham ntnaine nyawdane*
Combien ça coûte ?	*mchhar tag tha?*
À quelle heure part le prochain... ?	*marmi ghayoya wanni dyouggane?*
bateau	*agharabo*
bus	*toubis*
Je voudrais...	*hsagh*
un billet aller simple	*thawrikth ichtane waha*
un billet aller-retour	*thawrikth waakab*
une bière	*berra*
un sandwich	*bocadio*

toilettes à la turque, propres (douche chaude gratuite).

Hôtel Rif HÔTEL €
(☎0539 98 22 68 ; 13 Calle Sultan Moulay Youssef ; s/d sans sdb 100/150 Dh). Si votre budget a atteint ses limites, vous élirez domicile dans ce long couloir bordé de chambres simples. Les sdb avec toilettes à la turque sont communes, mais vous disposez d'un lavabo. Verrouillez votre porte : le personnel dort pendant la journée.

La Perla HÔTEL €€
(☎0539 98 45 13 ; www.hotelperlamorocco.com ; av. Tariq ibn Zaid ; s/d avec petit-déj 700/850 Dh ;). Cet hôtel d'affaires loue sur plusieurs étages des chambres confortables mais ternes, avec TV sat et grande sdb. Les sols carrelés, les cloisons fines et sa situation à un carrefour fréquenté en font un établissement bruyant. Café au rez-de-chaussée et restaurant en haut.

Hôtel al-Khouzama HÔTEL €€
(fax 0539 98 56 69 ; Calle al-Andalous ; s/d 288/376 Dh ;). Un deux-étoiles un peu en retrait du boulevard Mohammed V, prisé de longue date par les voyageurs d'affaires. Le confort n'est pas mauvais, les chambres spacieuses (un peu sombres pour celles ne donnant pas sur rue) et toutes avec sdb et TV sat. Le personnel de la réception est accueillant et serviable.

Suites Hôtel Mohammed V HÔTEL €€€
(☎0539 98 22 33 ; www.hotelsuitesmohammedv.com ; pl. Mohammed VI ; ste s/d 800/950 Dh ;). L'adresse la plus chère d'Al-Hoceima, ultramoderne et assez aseptisée, occupe une position de choix au-dessus de la plage Quemado que dominent les balcons des chambres. Espace et confort sont au rendez-vous, mais l'entretien et le service laissent à désirer. Restaurant, bar et salle de gym font partie de l'offre.

Où se restaurer

La place du Rif accueille plusieurs tables bon marché proposant pour environ 25 Dh par tête de copieux tajines, des brochettes et quelques plats de poisson aux voyageurs de la gare routière. Al-Hoceima compte aussi plusieurs snacks.

Club Nautique POISSON €
(☎0539 98 14 61 ; porte 2, port d'Al-Hoceima ; plats à partir de 60 Dh ; déj et dîner). Le principal restaurant du port vaut une petite halte. Après 18h, vous pouvez apporter une pêche du jour achetée au port pour qu'ils vous la grillent. Le 2e étage donne sur tout le port, l'idéal pour se détendre et savourer une bière.

Espace Miramar RESTAURATION RAPIDE €
(☎0531 98 42 42 ; rue Moulay Ismail ; plats à partir de 35 Dh ; déj et dîner). Difficile de se tromper dans cet énorme complexe pourvu d'une pizzeria, de deux cafés, d'un grill et d'un restaurant, sans oublier l'aire de jeux pour enfants, le tout perché sur les falaises donnant sur la mer. Des musiciens s'y produisent parfois.

La Dolce Pizza RESTAURATION RAPIDE €
(☎0531 98 47 52 ; pl. du Rif ; pizza environ 37 Dh ; déj et dîner). Surnommé "DP", un bistrot italien de quatre tables au milieu du chaos de la place du Rif. Malgré un service d'une

lenteur consternante, il dégage un charme certain et offre un cadre agréable pour manger une pizza, un hamburger ou une salade.

Café La Belle Vue CAFÉ €
(131 bd Mohammed V ; petit-déj 20 Dh). Son nom vous laisse deviner que sa terrasse ouvre sur la baie. C'est un des nombreux cafés du même genre installés sur cette partie du boulevard Mohammed V.

Boulangerie-Pâtisserie Azir PÂTISSERIE €
(☎0531 17 71 42 ; 14 rue Yousef ben Tachfine ; gâteaux à partir de 4 Dh ; ⏲5h-20h30). Adresse fétiche d'Al-Hoceima pour tous les amateurs de douceurs, mais aussi de bons pains.

Faire ses courses

Parmi nombre de petits magasins d'alimentation, on citera l'**épicerie Hassouni** (bd Mohammed V), mais il y a aussi le **supermarché el-Bouayadi** (Calle Abdelkrim Khattabi).

La boutique de spiritueux, **Bougamar** (près de l'angle de la rue Micra), vend ses bouteilles d'alcool derrière un comptoir, comme dans une pharmacie !

Où prendre un verre

Club Nautique BAR
(porte 2, port d'Al-Hoceima). Une bonne ambiance règne dans ce bar où afflue une clientèle nombreuse. Bières 20 Dh.

Suites Hôtel Mohammed V BAR
(pl. Mohammed VI). Le lieu date un peu mais la terrasse offre une belle vue sur la plage Quemado.

Achats

Un marché se tient les lundis et mardis dans le **souk**.

Renseignements

ACCÈS INTERNET

Cyber Bades (Calle al-Amir Moulay Abdallah ; 5 Dh/h ; ⏲8h-21h30)

AGENCES DE VOYAGES

Toutes vendent des billets de ferry au départ d'Al-Hoceima en saison, et de Nador toute l'année.

Ketama Voyages (☎0539 98 51 20 ; www.ktmahu@menara.ma ; 146 bd Mohammed V ; ⏲9h-13h, 15h-18h lun-ven, 9h-13h sam)

ARGENT

Parmi les banques qui bordent le boulevard Mohammed V, on trouve la BMCE, la BMCI et la Banque Populaire.

OFFICE DU TOURISME

Délégation provinciale de tourisme (☎0539 98 11 85 ; Zanqat Al Hamra, Cala Bonita ; ⏲9h-13h et 15h-18h lun-ven). Personnel réactif et nombreuses informations sur la ville et le parc national.

POSTE

Bureau de poste (Calle Moulay Idriss Alkbar ; ⏲8h-16h lun-ven)

SERVICES MÉDICAUX

Pharmacie Nouvelle (Calle Moulay Idriss Alkbar ; ⏲8h30-12h30 et 15h-19h30 lun-jeu, 8h30-12h ven, 8h-12h30 sam)

Depuis/vers Al Hoceima

AVION

Royal Air Maroc effectue deux liaisons hebdomadaires au départ d'Amsterdam et en été de Bruxelles avec le petit aéroport local, situé à 12 km de la ville (taxi 175 Dh). La compagnie propose également des vols occasionnels depuis Paris et différentes villes d'Espagne, ainsi que de Casablanca. À défaut, prenez l'avion à destination de Nador, 150 km à l'est.

BATEAU

La compagnie Naviera Armas dessert Al-Hoceima au départ du port de Motril (Grenade). Une traversée (3 heures) trois fois par semaine.

BUS

Toutes les compagnies de bus ont des agences autour de la place du Rif et dans la jolie gare routière. La CTM propose les services d'été suivants :

Chefchaouen (85 Dh, 5 heures 30, 3/j)
Nador direct (65 Dh, 3 heures, 2/j)
Oujda via Nador (70 Dh, 3 heures 30, 1/j)

Toute l'année, la **CTM** dessert les destinations suivantes :

Casablanca (210 Dh, 10 heures, 1/j) via Taza (65 Dh, 3 heures)
Fès (110 Dh, 5 heures)
Meknès (130 Dh, 6 heures)
Rabat (175 Dh, 8 heures)
Tétouan (110 Dh, 7 heures, 3/j) via **Chefchaouen** (85 Dh, 5 heures 30)

Plusieurs petites compagnies desservent également ces destinations. Au moins trois bus relient chaque jour Tétouan et Tanger (80 à 90 Dh, 7 heures 30). Ils ne s'arrêtent à Chefchaouen (95 Dh) que s'il y a suffisamment de demandes. Sinon, ils vous déposeront sur la route principale de Dardara, d'où un grand taxi vous conduira à Chefchaouen (12 Dh, 15 minutes). En direction de l'est, deux bus se rendent chaque jour à Nador (40 Dh, 2 heures 30) et à Oujda (60 Dh, 5 heures).

TAXI

Des grands taxis stationnent à la gare routière. Parmi les destinations les plus fréquentes figurent Taza (70 Dh, 2 heures 30) et Nador (60 Dh, 2 heures 30). D'autres couvrent le trajet direct de Nador à Melilla.

Parc national d'Al-Hoceima المنتزه الوطن للحس مّة

Trésor caché de la région, ce parc national méconnu couvre 485 km² (dont 190 km² en mer). Parsemé de villages berbères et sillonné de pistes de terre propices à la randonnée et au cyclotourisme, il abrite plusieurs espèces menacées que son isolement ont permis de protéger, notamment des forêts de thuyas et une importante colonie d'aigles pêcheurs. Un 4x4 ouvre davantage de possibilités, mais une berline suffit pour parcourir les axes principaux. Le parc chevauche deux régions : le Rif central bordé par la N16 au sud et à l'ouest, et la côte.

Lors de notre passage, le parc ne disposait pas de bureau, mais l'office du tourisme d'Al-Hoceima fournit brochures informatives et cartes. Francophone, le guide de montagne **Abdellah Massoudi** (☎ 0673 22 91 22 ; 200 Dh/pers/jour, 500 Dh minimum) organise différents treks, plus ou moins longs, dans le parc, avec nuit en gîte. Et on vous engage à visiter les artisans travaillant sur ce territoire.

Sinon, vous pouvez gagner El Peñón de Velez de la Gomera le long de la côte depuis Cala Iris en 1 heure 30 de marche. Si vous n'êtes pas motorisé, vous devrez vous y rendre en grand taxi. L'été, vous trouverez peut-être des personnes pour partager la course. Autrement, comptez 150 Dh l'aller simple.

Région du Rif central

La majorité des 15 000 habitants du parc appartiennent à la tribu Bokkoya et vivent dans des communautés rurales et des villages autour de points d'eau. Les femmes utilisent leurs connaissances approfondies des herbes locales comme la lavande et le thym.

Plusieurs arbres rares poussent par ici, tels le caroubier sauvage et le thuya, menacé car c'est une essence prisée en ébénisterie. Notons aussi l'olivier sauvage, le houx, le grenadier, la bruyère et des orchidées. Parmi les animaux figurent des chacals, des sangliers, des lapins et des lièvres.

Région côtière

Cette partie, qui s'étend jusqu'en mer, possède une riche biodiversité. On y recense 86 espèces de poissons et trois types de dauphins. De nombreuses espèces représentées ici sont rares en Méditerranée, comme le corail rouge, ainsi que différentes sortes de mollusques et d'algues. Chez les oiseaux, citons la considérable population de balbuzards (*Pandion haliaetus*).

Si le parc compte plusieurs plages retirées, le fabuleux Peñón de Velez de la Gomera, une des *plazas de soberanía* (p. 273), en est le site phare.

Cala Iris et Torres de Alcala كالاإ رًس ونهر الكالا

Aujourd'hui englobé dans le parc national d'Al-Hoceima, Cala Iris abrite un petit port de pêche et une belle plage de sable déserte hors saison – du moins pour l'instant, la construction d'un complexe écotouristique devant débuter en 2017. S'il n'y a nul hébergement, un restaurant sans nom d'aspect rudimentaire sert des spécialités berbères derrière la Coopérative des marins pêcheurs. De jolies plages flanquent le port : **Yellich** se déploie à l'est, face à une île que l'on peut gagner à pied, **Oued Sahfa** à l'ouest et **Mestaza** à une heure de marche de l'autre côté de la colline.

On trouve quelques magasins très sommaires à Torres de Alcala, à 5 km à l'est. Trois tours espagnoles à demi en ruine montent la garde au-dessus de ce village en retrait d'une plage de galets encadrée de deux promontoires rocheux.

RANDONNÉE DANS LE RIF : LE PARC NATIONAL DE TALASSEMTANE

De Chefchaouen à Bab Taza شفشاون إلى باب تازة

Cette randonnée dans le **parc national de Talassemtane** (www.talassemtane.com), au départ de Chefchaouen, vous fera découvrir quelques-uns des paysages les plus spectaculaires du Rif, dont le pont de Dieu, grande arche naturelle creusée par l'oued Farda. Les magots du Maroc (ou macaques berbères), qui vivent dans le parc, attirent également les visiteurs.

Le parcours décrit ici s'étale sur 5 jours, mais rien n'empêche d'en réduire la longueur ou la durée. Si vous manquez de temps, vous trouverez aisément un moyen de transport à Akchour pour retourner à Chefchaouen au bout du deuxième jour. Vous pouvez aussi demander à un grand taxi de Chefchaouen de venir vous chercher à un moment précis. Sinon, il suffit simplement de revenir à pied par un autre itinéraire.

Le parc national de Talassemtane est l'un des deux de la chaine du Rif (l'autre est Bouhachem). C'est une région peu connue, dont les montagnes sont pourtant parfaites pour la randonnée, avec leurs gorges et leurs vallées couvertes de forêts de cèdres, de chênes-lièges et de sapins. Soumise à un climat méditerranéen, mais bien arrosée, cette zone de montagnes est la plus verdoyante du pays. Elle se couvre au printemps d'un véritable tapis de fleurs des champs qui crée l'émerveillement de tous ceux qui ont la chance de s'y promener.

Même si la culture du cannabis occupe les trois quarts des terres cultivables à l'est

Chaîne du Rif

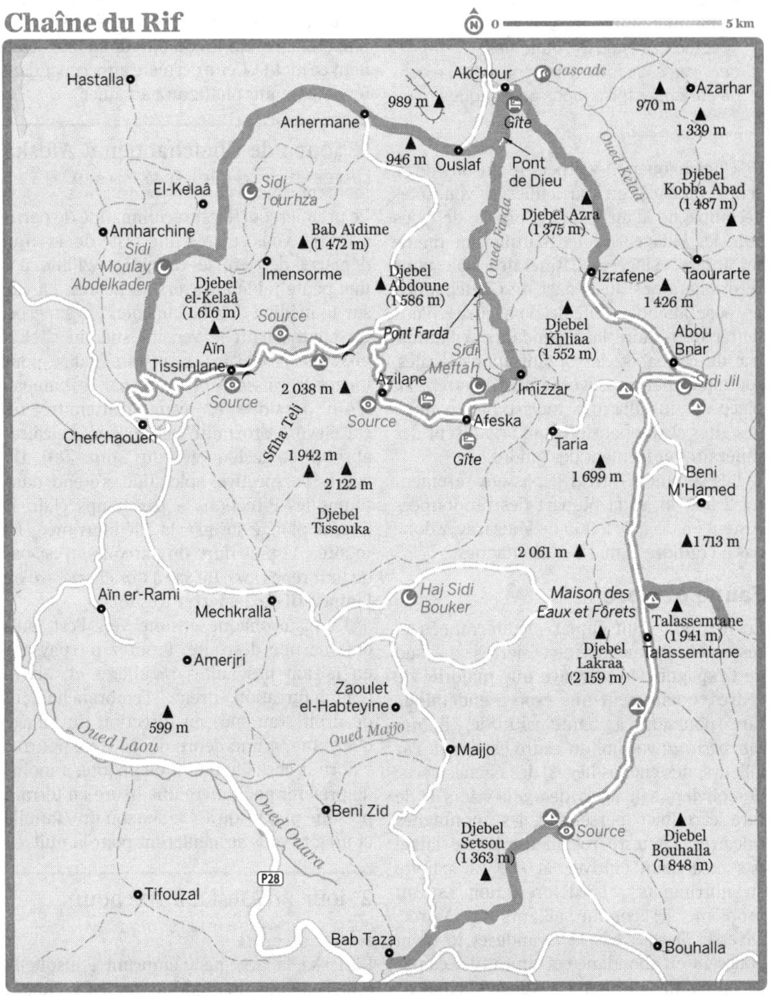

PRÉSENTATION DE LA RANDONNÉE

Durée : 4-5 jours

Distance : 56 km

Niveau : moyen

Départ : Chefchaouen

Arrivée : Bab Taza

Point culminant : col de Sfiha Telj (environ 1 700 m)

Hébergement : camping et gîtes

Transports publics : oui

Résumé : cette randonnée relativement aisée englobe des paysages spectaculaires du Rif, ponctués de villages, de forêts, de gorges et de curieuses formations géologiques.

de Chefchaouen, il y a peu de raisons de se sentir menacé, en particulier si vous êtes accompagné d'un guide. Surpris de vous voir, les villageois vous marqueront même un intérêt sincère. L'itinéraire que nous recommandons au départ de Chefchaouen ne pose aucun problème de sécurité. Pour tenter de réduire la dépendance à l'industrie du cannabis, des organisations locales, soutenues par le gouvernement, mettent en place des installations touristiques comme des gîtes et des pensions qui organisent des itinéraires et forment des guides.

Les sommets du Rif dépassent rarement les 2 500 m, et la plupart des randonnées restent en deçà de 2 000 m. Vous n'avez donc pas à craindre le mal des montagnes.

Faune et flore

Le Rif jouit d'un climat méditerranéen et ressemble beaucoup aux sierras du sud de l'Espagne. On y trouve une majorité de cèdres, notamment une espèce endémique rare poussant à haute altitude, l'*Abies maroccana*, voisine du cèdre espagnol. Par ailleurs, des chênes-lièges, des chênes verts, des oliviers sauvages, des genévriers et le rare caroubier parsèment les montagnes calcaires. La terre rocailleuse ne se laisse pas facilement cultiver, et elle est pauvre en nutriments ; la déforestation est un problème ici comme ailleurs au Maroc. Diverses herbes tels la lavande et le thym poussent en abondance et sont utilisées par les habitants pour leurs vertus médicinales.

On vous dira peut-être sur place que des loups vivent dans les montagnes, mais en réalité, il s'agit de renards. Bien présents, les sangliers sont difficiles à apercevoir car ils préfèrent s'isoler. Les mammifères les plus célèbres du Rif sont incontestablement les magots du Maroc (*mgou*, en dialecte local), qui vivent également dans le Moyen Atlas.

Parmi les oiseaux, vous observerez des rapaces comme l'élanion d'Australie, l'aigle royal et la buse féroce qui tournoient dans les courants ascendants. Des corbeaux se perchent parfois sur les falaises calcaires.

Les scorpions présentent moins de danger dans le Rif que plus au sud. Méfiez-vous de la piqûre du scorpion rouge, très douloureuse, et de la morsure de la vipère fer à cheval (appelée ainsi car les écailles de sa tête dessinent ce motif). Cette dernière aura cependant tendance à fuir plutôt qu'à attaquer.

1er jour : de Chefchaouen à Afeska

DURÉE 5 HEURES 30-6 HEURES 30 / 14,5 KM / 1 200 M DE MONTÉE / 600 M DE DESCENTE

Le premier jour, il est recommandé de partir à l'aube. Vous suivrez une piste de 4x4 qui démarre derrière le camping Azilane par une pente raide à travers les arbres. La vue sur la médina de Chefchaouen est superbe. En contournant le versant sud du **djebel el-Kelaâ** (1 616 m), la piste s'égalise pour longer le ruisseau et passe par le hameau d'**Aïn Tissimlane**, avant d'atteindre un col élevé à proximité des rochers calcaires abrupts et déchiquetés du **Sfiha Telj**. Du col, la perspective, splendide, s'étend dans toutes les directions – par temps clair, le regard plonge jusqu'à la Méditerranée. La montée, la plus dure du parcours, n'est pas de tout repos avec un sac à dos chargé – d'où l'impératif de démarrer très tôt.

La piste oblique ensuite vers l'est, puis entame une descente. Profitez du paysage en faisant des haltes régulières et, arrivé à la bifurcation, prenez l'embranchement de droite (au sud) en direction du village d'**Azilane,** à une heure de là. Vous pourrez y dormir chez l'habitant ou en gîte, à moins de préférer poursuivre une heure en terrain presque plat jusqu'à **Afeska**, où une famille et un gîte vous accueilleront pour la nuit.

2e jour : d'Afeska à Akchour

DURÉE 3 HEURES 30-4 HEURES 30 / 10 KM / 860 M DE DESCENTE

D'Afeska, la large piste empruntée jusque-là cède la place à un modeste sentier. En allant vers le nord, vous traversez une forêt de pins et de chênes jusqu'à **Sidi Meftah**, doté d'un marabout (mausolée de saint) et d'une source. L'itinéraire zigzague ensuite en plongeant vers **Imizzar**, au bord de l'**oued Farda**. Arrivé près de la rivière, obliquez à gauche en vous éloignant vers le nord-ouest du village, puis franchissez le cours d'eau sous d'impressionnantes falaises. La direction reste la même jusqu'au croisement d'un chemin muletier menant au vieux **pont Farda**.

Traversez l'oued Farda par ce pont pour gagner la rive ouest et continuer vers le nord au cœur d'un paysage grandiose. Au bout d'une heure, le chemin oblique sur la gauche en direction d'**Ouslaf**, que domine un énorme promontoire rocheux. La même voie tourne ensuite à droite et rejoint le cours d'eau à la périphérie d'**Akchour** (398 m), qui se déploie le long de l'**oued Kelaâ**.

À l'approche du village, vous tomberez d'abord sur un petit café, qui propose des boissons rafraîchies dans la rivière, et sur un petit barrage délimitant un profond bassin invitant à la baignade. Attention, l'eau est froide.

Akchour possède un gîte très confortable, où sont servis d'excellents repas.

D'Akchour, il est d'ordinaire possible de dénicher un moyen de transport pour rentrer à Chefchaouen, le plus souvent une des camionnettes ou un des 4x4 qui rivalisent sur la piste. Sinon, **Talembote**, 2 km plus au nord, bénéficie de liaisons régulières avec Chefchaouen (15 Dh) le mardi, jour de marché. La plupart des véhicules de passage accepteront de vous prendre en stop moyennant finance. Vous devrez probablement changer de véhicule à l'embranchement de Dar Ackoubaa, à environ 10 km au nord de Chefchaouen.

ITINÉRAIRE COMPLÉMENTAIRE : LE PONT DE DIEU

En partant tôt d'Afeska, vous pouvez atteindre Akchour à l'heure du déjeuner, ce qui vous laisse le temps d'entreprendre une courte randonnée (1 heure 30, 3 km aller-retour) jusqu'au **pont de Dieu**, une curieuse formation géologique à ne pas manquer.

Le sentier qui remonte l'oued Farda vers le sud depuis Akchour est difficile par endroits, mais vos efforts seront récompensés. Vous devrez traverser la rivière deux fois, ce qui ne pose pas de problème vu la faible profondeur (au printemps, vérifiez toutefois à Afeska que l'oued n'a pas été rendu

PRÉPARER SA RANDONNÉE

Climat La randonnée est envisageable toute l'année, mais il peut faire très froid entre novembre et mars, voire neiger. Il pleut fréquemment de fin septembre à juin. Et il fait très chaud l'été, au point que certaines sources s'assèchent.

Guides Engagez des guides par le biais d'Abdeslam Mouden (p. 257) à Chefchaouen. Les guides facturent 400 Dh la journée.

Hébergement De nombreux villages disposent de gîtes simples à partir de 200 Dh par personne, dîner et petit-déjeuner compris. Il est possible de réserver un gîte lorsque vous effectuez la randonnée, mais vous courez le risque que le gardien soit absent et le gîte fermé. Le camping n'est pas encouragé car il ne profite pas aux habitants. Pourtant, dans les rares cas où il n'y a pas de gîte, c'est la seule solution. Un camping officiel est aménagé dans le village de Talassemtane. L'autorisation de camper (gratuite) doit néanmoins être requise auparavant auprès de l'écomusée de Chefchaouen. Dans certains villages, on peut séjourner dans des familles locales, prendre un thé avec les habitants et visiter des coopératives de tisserands et des fromageries.

Cartes Les cartes topographiques officielles au 1/50 000 *Chaouen* et *Bab Taza* couvrent l'itinéraire de Chefchaouen à Bab Taza. L'écomusée à l'entrée du parc fournit des cartes des divers itinéraires.

Équipement En l'absence de gîte, une tente est nécessaire. Il est essentiel d'avoir un bon sac de couchage et une veste imperméable légère, les averses étant courantes. Vous pouvez faire provision de nourriture et de combustible à Chefchaouen. La location d'une mule pour porter vos bagages revient au minimum à 250 Dh/jour, muletier compris. D'août à octobre, la récolte du kif rend ce service muletier plus difficile à trouver et plus onéreux.

infranchissable par la fonte des neiges). Le pont de Dieu se dresse à 45 minutes d'Akchour. Cette immense arche de 25 m de haut a été creusée au cours des millénaires par le cours d'eau, jadis souterrain.

3e jour : d'Akchour aux pâturages d'Abou Bnar

DURÉE 4 HEURES 30-6 HEURES / 12 KM / 977 M DE MONTÉE

Partez de bon matin, avec une gourde bien remplie (jusqu'à Izrafene, vous ne croiserez pas de source). Dirigez-vous vers le nord, puis empruntez le pont sur l'oued Kelaâ et suivez à droite (au sud-est) le chemin qui mène à Izrafene. Le tronçon qui grimpe le **djebel Azra** (1 375 m) est particulièrement pittoresque. Le regard passe des gorges abruptes déjà parcourues aux paysages d'altitude qu'il s'agit d'atteindre. Si vous êtes en forme, ajoutez une demi-heure de montée pour rejoindre le sommet, où vous attend un autre panorama grandiose.

Le chemin continue ensuite vers le sud au milieu de collines ondoyantes. **Izrafene** marque la moitié du parcours de la journée. Juste avant le village, un sentier part vers l'est au niveau d'un col ; les plus aventureux peuvent laisser de côté la randonnée de Bab Taza et pousser jusqu'à Taourarte (hébergement chez l'habitant et gîte) et **Bou-Ahmed**, sur la côte, à 2 jours de marche.

Après Izrafene, le sentier se transforme en piste de 4x4, la première depuis Afeska. Vous longerez une étroite vallée, montant progressivement vers l'est sur une crête découvrant un joli panorama. Au premier embranchement, prenez à gauche. Faites 25 m, puis obliquez sur un sentier à droite en direction du sud-est. Après avoir franchi un col ombragé de chênes verts, vous atteindrez **Abou Bnar**, où rien n'est susceptible de vous retenir. Poursuivez le long de la rivière (pas sur la piste de 4x4) à travers une zone de pâturages jusqu'au marabout de **Sidi Jil**. L'endroit est agréable pour camper, mais une prairie plus idyllique encore, près d'une source (dite d'El-Ma Souka), vous accueillera pour la nuit à 30 minutes de là.

VARIANTE : RETOUR À CHEFCHAOUEN

Il est possible de retourner à Chefchaouen depuis Akchour en un seul jour par un itinéraire alternatif. Ce parcours traverse les villages d'**Ouslaf,** d'**Arhermane** et d'**El-Kelaâ**, où vous découvrirez la splendide **mosquée Srifiyenne**, à l'étonnante tour penchée. Ce circuit prend environ 6 heures sans montée ou descente difficiles.

4e jour : des pâturages d'Abou Bnar au village de Talassemtane

DURÉE 2 HEURES-2 HEURES 30 / 6 KM / 352 M DE MONTÉE

En quittant l'aire de bivouac au sud-ouest d'Abou Bnar, rebroussez chemin et reprenez la piste. Allez à gauche, afin de traverser la rivière, et pénétrez dans une forêt de pins. Arrivé au croisement en T, prenez à droite (l'embranchement de gauche descend vers Beni M'Hamed) le sentier qui recommence à monter.

Poursuivez votre route, en ignorant les diverses intersections et chemins latéraux. En franchissant plusieurs petits cols, vous profiterez à nouveau de la vue avec, à l'ouest, le majestueux **djebel Lakraa** (2 159 m).

En fin de matinée, vous atteindrez la lisière du village de **Talassemtane**. Un petit panneau sur la piste de 4x4 indique à gauche la maison du gardien des Eaux et Forêts. Un camping officiel est aménagé ici.

AUTRES EXCURSIONS

Il vous restera assez de temps pour explorer les environs et contempler la faune, notamment les magots.

Suivez la piste pour 4x4 vers le nord, au-dessus de la maison du garde, jusqu'à une clairière, puis un embranchement où la voie de droite, vers l'est, vous conduira au pays des singes magots, qu'on appelle ici les *mgou*. Ces singes sans queue se réfugient vite dans les arbres si l'on s'approche trop. Le sentier qui s'incurve vers le sud découvre largement la vallée. Il suit la longue crête du **djebel Taloussisse** (2 005 m), avant de s'infléchir brièvement vers l'est. À ce niveau, un sentier part sur la droite en direction du sud, longe l'éperon du **Talassemtane** (1 941 m) avant d'arriver sur un terrain de football (!) aménagé en terrain plat. De là, il est possible de traverser une zone pierreuse pour revenir au bivouac.

Autre suggestion pour les mordus de trekking : l'ascension du **djebel Lakraa** (2 159 m). La meilleure voie passe par le versant nord. Empruntez la crête, puis redescendez en suivant le lit d'un torrent, au sud-est du sommet. En raison de l'absence de sentier, la progression s'avère difficile par endroits. Ce parcours vous prendra environ 3 heures 30 aller-retour.

5e jour : du village de Talassemtane à Bab Taza

DURÉE 2 HEURES 30-3 HEURES 30 / DISTANCE 13,5 KM / 825 M DE DESCENTE

Cette dernière étape consiste en une descente rapide, le long d'une piste de 4x4, jusqu'à Bab Taza, haut lieu de la culture du kif. Le sentier serpente à travers une vaste prairie et la forêt de chênes-lièges du **djebel Setsou** (1 363 m), avant d'atteindre **Bab Taza**.

La bourgade compte un certain nombre de cafés et deux hôtels peu engageants le long de la route principale. Son activité majeure semble être le commerce de gros sacs d'engrais destinés aux champs de kif. Les grands taxis qui desservent régulièrement Chefchaouen (12 Dh, 30 minutes) stationnent à la sortie ouest de la localité.

EST DE LA CÔTE MÉDITERRANÉENNE

الشاطىء الشرق للبحر الأبيضّ المتوسط

Melilla

مل لّ ةّ

80 800 HABITANTS

Qui pourrait s'attendre à découvrir, en Afrique du Nord, le deuxième ensemble architectural moderniste après Barcelone ? Pourtant, aux côtés d'une forteresse médiévale parfaitement conservée, de plusieurs musées intéressants et d'une cinquantaine de bars à tapas, Melilla compte par centaines les bâtiments de ce style incarné par Gaudí. Le rêve pour les amateurs d'architecture et d'histoire, ne serait-ce que le temps d'un week-end.

Melilla et Ceuta sont les deux enclaves espagnoles de la côte marocaine qu'on appelle *plazas mayores*. Ces îlots culturels

POUSSIÈRES D'EMPIRE

Certains sites parmi les plus intéressants du nord du Maroc sont en réalité espagnols. Lorsque l'Espagne reconnut l'indépendance du pays en 1956, elle conserva en effet quelques territoires historiques antérieurs à la mise en place du protectorat. Appelés par euphémisme *plazas de soberanía* (territoires de souveraineté), ces derniers comptent 145 000 habitants et se divisent en deux groupes.

Les **plazas mayores** (territoires d'importance majeure), Ceuta et Melilla, regroupent presque toute la population. Dotées d'une autonomie politique, elles possèdent un statut à mi-chemin entre celui d'une ville et d'une région espagnole.

Les **plazas menores** (territoires de moindre importance) n'abritent qu'une poignée de légionnaires espagnols. Il s'agit des trois îles de la baie d'Al-Hoceima : deux inhabitées, l'Isla de Mar et l'Isla de Tierra, et l'impressionnante forteresse blanche de Peñón de Alhucemas, tenue par une soixantaine de soldats. El Peñón de Velez de la Gomera, au bout d'une longue gorge dans le parc national d'Al-Hoceima, est un autre bastion rocheux relié à la terre ferme par une étroite langue de sable (un curieux poste de garde marque la frontière). Sur les îles Zaffarines (Islas Chafarinas) situées à 3 km de Ras el-Mar, seule l'Isla Isabel II accueille une garnison de 190 hommes, à la différence des deux autres, l'Isla del Congreso et l'Isla del Rey. Jusque dans les années 1990, elles accueillaient une autre colonie, celle des phoques moines de Méditerranée. L'Espagne possède aussi la minuscule Isla Perejil, près de Ceuta, qui fut la cause d'une petite escarmouche en 2002, quand des soldats marocains tentèrent de s'en emparer. Citons enfin l'Isla de Alborán, à 75 km au nord de Melilla, où quelques marins sont cantonnés.

Si les deux forteresses méritent vraiment une visite, toutes les *plazas menores* sont des sites militaires interdits d'accès, défendus contre les revendications territoriales du Maroc, même si leur importance stratégique est moindre.

L'histoire récente a surtout été marquée par les problèmes avec l'Espagne au sujet de l'immigration et de la souveraineté. En 2006, des jeunes ont incendié plusieurs mosquées de Ceuta suite à l'arrestation en Espagne de musulmans locaux soupçonnés d'être impliqués dans les attentats de Madrid. En 2007, la ville a reçu la visite du roi d'Espagne pour la première fois depuis 80 ans, déclenchant ainsi les protestations du gouvernement marocain. Fin 2010, de jeunes Marocains confrontés à la pénurie d'emplois sont descendus dans la rue à Ceuta et Melilla pour réclamer la souveraineté des villes. Aujourd'hui, les tensions persistent.

Melilla

partagent bien des points communs : une économie basée sur le commerce transfrontalier, une société multiculturelle et une présence militaire significative. La population se compose pour moitié de chrétiens et pour moitié de musulmans, ces derniers étant en majorité berbères. Après la tentative, en 2005, de milliers d'immigrants subsahariens de pénétrer à Melilla et la mort de six d'entre eux, il a été décidé d'édifier une barrière (pour 33 millions d'euros) d'un bout à l'autre de l'enclave. Lorsqu'en 2007 a eu lieu la première visite des souverains espagnols depuis 80 ans, elle a été grandement saluée localement, mais mal perçue par les Marocains.

Or Melilla se prête bien au tourisme, notamment grâce à ses excellentes infrastructures. Et si les ferries font débarquer un flot de visiteurs en été, il n'y a pas grand monde hors saison.

Habitée depuis plus de deux millénaires, la région n'a été urbanisée qu'après la conquête espagnole en 1496, avec la construction de la vieille ville en quatre étapes. Jusqu'à la fin du XIXe siècle, presque toute l'agglomération était enclose dans une forteresse imprenable. Plusieurs traités signés avec le Maroc entre 1859 et 1894 – le dernier suite au siège entrepris sans succès par les rebelles berbères du Rif – ont fixé ses limites actuelles. D'autres affrontements avec les Berbères suivirent jusqu'à ce que le protectorat espagnol consolide son emprise en 1927. C'est de Melilla que Franco lança la guerre civile espagnole en 1936. Depuis, la politique locale reste résolument ancrée à droite.

Melilla forme un demi-cercle de 12 km² découpé dans le littoral marocain. La vieille ville, Melilla la Vieja, est une forteresse complexe sur plusieurs niveaux qui s'avance dans la mer. Elle renferme de nombreux musées, ainsi que de petits quartiers résidentiels. Le port et les principales plages s'étendent au sud, le terminal des ferries juste à l'est.

La ville nouvelle au plan en damier un peu irrégulier possède une jolie zone commerçante riche en bâtiments modernistes. Bien que compacte, elle souffre d'un manque de signalisation. Le centre correspond au long Parque Hernández triangulaire qui rejoint le cercle de la Plaza de España, composant ainsi un énorme point d'exclamation. La plupart des hôtels, des banques et des restaurants se trouvent au nord.

À voir et à faire

Melilla la Vieja

Melilla la Vieja FORTERESSE

(Calle General Macías). Perchée au-dessus de la Méditerranée, la vieille ville de Melilla est un bel exemple des forteresses que les Portugais et (ici) les Espagnols ont pu construire le long du littoral marocain aux XVIe et XVIIe siècles. Celle-ci a fait en partie l'objet d'une parfaite restauration ces dernières années. Par la **Puerta de la Marina** (Calle General Macías), l'entrée principale devant laquelle se dresse une statue de Franco, on accède tout en haut en passant devant plusieurs petits musées. Il y a un ascenseur, mais il ne marche pas toujours. La signalétique multilingue, notamment en français, est excellente.

Museo Etnográfico de las Culturas Amazigh y Sefardí MUSÉE

(Almacenes de las Peñuelas ; ☎0952 97 62 16 ; Plaza Pedro de Estopiñán ; ⏲été 10h-14h et 17h-21h mar-sam, 10h-14h dim, hiver 10h-14h et 16h-20h mar-sam, 10h-14h dim). GRATUIT Ce musée retrace l'histoire des cultures amazighe (berbère) et sépharade (juive) à Melilla.

Aljibes de las Peñuelas MONUMENT HISTORIQUE

(⏲10h-14h et 17h-21h30 mar-sam, 10h-14h dim avr-sept). GRATUIT La petite porte dans la cour mène à une étrange citerne souterraine encore en service.

Iglesia de la Purísima Concepción ÉGLISE

(paroisse de l'Immaculée-Conception ; ☎0952 68 15 16 ; ⏲10h-15h et 16h-21h mar-sam, 10h-12h30 dim). La resplendissante nef de cette église du XVIIe siècle vaut un petit coup d'œil.

Cuevas del Conventico ÉDIFICE HISTORIQUE

(grottes du couvent ; ☎0952 68 09 29 ; 1,20 € ; ⏲10h30-13h30 et 16h30-20h mar-dim, 10h30-14h dim). Ce vaste réseau de grottes et de galeries, bien remis en état, servit de refuge pendant des siècles. Il débouche sur une petite plage

MELILLA ET LE MODERNISME

À l'instar des mouvements artistiques dont il s'inspira (l'Arts & Crafts anglo-saxon, par exemple), le modernisme marqua une réaction aux valeurs matérialistes de l'ère industrielle qui imprégnaient alors la culture. Version catalane de l'Art nouveau, l'architecture moderniste née à Barcelone se caractérise par une esthétique à fois dynamique et raffinée qui utilise des courbes sur des structures droites, des motifs naturels (en particulier végétaux), des éléments décoratifs vivants et riches de détails, et des formes asymétriques. Son chef de file fut Antoni Gaudí, auteur de la Sagrada Familiá à Barcelone.

Élève de Gaudí, Enrique Nieto collabora notamment à la Casa Milà, à Barcelone. Pour échapper à l'ombre de son maître, il partit en 1909 à Melilla, alors en plein essor, et y vécut jusqu'à sa mort, après en être devenu l'architecte en 1931. Parmi ses œuvres figurent la Grande Synagogue, la Grande Mosquée et plusieurs bâtiments pour l'Église catholique représentant la diversité culturelle de Melilla. Malgré cela, cet architecte de talent reste assez méconnu.

au pied des falaises. La Calle de la Concepción remonte jusqu'à la baroque Iglesia de la Purísima Concepción, juste en dessous de laquelle se trouve l'entrée des Cuevas del Conventico. Un court film et une visite guidée (en espagnol) vous feront découvrir leur histoire. D'abord creusés par les Phéniciens, les tunnels ont été agrandis par les occupants suivants et sont aujourd'hui répartis sur trois niveaux. Ils sont très bien entretenus et éclairés, ce qui ôte malheureusement un peu de leur mystère.

Museo Militar MUSÉE

(☎0952 68 55 87 ; ⏲10h-14h mar-dim). GRATUIT Occupant le sommet de la forteresse, ce musée illustre la présence militaire espagnole à Melilla sur fond de musique martiale. Ne manquez pas la salle des photos anciennes où les biplans côtoient les légionnaires et les cavaliers berbères comme dans un roman d'aventures, pas plus que le panneau cocasse enjoignant de "ne pas toucher aux boulets de canons".

Ville nouvelle

La construction de la ville nouvelle, à l'ouest de la forteresse, a débuté à la fin du XIXe siècle. Dessinée par Enrique Nieto, un disciple de Gaudí, Melilla se place, pour certains, immédiatement derrière Barcelone dans le mouvement architectural moderniste. Son édifice le plus remarquable est la Plaza de España, avec la belle façade du Palacio de la Asamblea qui fait face au Parque Hernández.

Unique carrefour commercial entre Tétouan et la frontière algérienne, Melilla prit de l'ampleur au tournant du XXe siècle. Elle adopta alors le style moderniste (à ne pas confondre avec le modernisme en tant que mouvement culturel) alors en vogue, et le perpétua même après sa disparition ailleurs. Il en résulte un musée vivant de l'architecture qui compte des centaines de bâtiments modernistes et Art déco. Contrairement à ceux de Ceuta, moins nombreux, beaucoup de ces trésors attendent encore d'être restaurés.

La meilleure façon d'apprécier le patrimoine de Melilla consiste à se promener dans la zone au nord du Parque Hernández surnommée le "triangle d'or".

Plaza de España SITE D'INTÉRÊT

Plusieurs beaux édifices bordent la Plaza de España, notamment le **Casino Militar** de Nieto, doté d'une façade représentant un blason républicain, et le **Banco de España**.

La Plaza ornée d'une fontaine centrale invite à s'asseoir. Au milieu se dresse un monument militaire Art déco qui commémore les campagnes militaires au Maroc. Au loin se détache le bâtiment contemporain le plus frappant de la ville, le nouveau palais de justice (fermé aux visiteurs), dont le toit semble surmonté d'une soucoupe volante.

♥ Palacio de la Asamblea ÉDIFICE REMARQUABLE

Cet édifice Art déco signé Nieto adopte la forme d'une couronne ducale. C'est l'hôtel de ville, que le personnel d'accueil fait volontiers visiter à la demande. À l'étage supérieur, deux salles valent le coup d'œil : le **Salon Dorado**, où est exposée une vaste toile montrant l'arrivée des Espagnols à Melilla en 1497, et la **Sala de Plenos**, où siège l'assemblée locale.

Parque Hernández PARC

De la Plaza, une agréable promenade mène au long Parque Hernández bordé de palmiers. Tout au bout, prenez à gauche dans la Calle Sotomayor. La **Plaza De Toros**, unique arène en activité d'Afrique, est juste devant vous.

Musée Gaselec MUSÉE

(☎0952 69 55 75 ; Plaza Rafael Fernández de Castro y Pedrera ; ⏲18h-21h lun-ven, 11h30-13h30 et 18h-21h sam et dim). GRATUIT À l'autre bout du parc, ce curieux musée est le fruit de la passion pour l'Égypte ancienne qu'avait l'ancien président de la compagnie locale de gaz et d'électricité. Il n'expose que des reproductions, notamment du masque et du sarcophage de Toutankhamon.

Plages

Jonché de bouteilles et de sacs en plastique, le littoral de Melilla offre un spectacle lamentable. En dépit des efforts entrepris pour nettoyer les plages, difficile d'échapper au problème, surtout hors saison, et l'on peut craindre pour le devenir de la Méditerranée.

Une grande plage divisée en quatre parties s'étend au sud du port. L'immonde Río de Oro se déverse à cet endroit. Tenez-vous-en donc au bain de soleil.

Mieux vaut se rendre à la **Playa de la Ensanada de los Galápagos** plus isolée, ouverte de mai à septembre et accessible par un tunnel sous le fort.

Où se loger

Pas si nombreux à Melilla, les hôtels ont tendance à vite afficher complet, même hors saison.

Hostal Residencia Cazaza HÔTEL €
(☎0956 68 46 48 ; 6 Calle Primo de Rivera ; s/d 25/38 €). Hauts plafonds et petits balcons font le charme de ce vieil édifice bien situé, dans le triangle d'or. Les chambres respirent la propreté et le personnel est accueillant.

Hostal La Rosa Blanca HÔTEL €
(☎0952 68 27 38 ; 7 Calle Gran Capitán ; s/d avec sdb 25/35 €). Une adresse très basique qui nécessite de visiter les chambres, toutes nettes mais de qualité variable, avant de faire son choix. Lavabos individuels et sdb communes.

Residencia de Estudiantes y Deportistas AUBERGE DE JEUNESSE €
(résidence d'étudiants et d'athlètes ; ☎0952 67 00 08 ; Calle Alfonso X ; 25 €/pers petit-déj inclus, demi-pension 30 €, pension complète 35 € ; Wi-Fi). Le meilleur choix pour voyageurs à petit budget si vous ne tenez pas à loger dans le centre. Dotées d'un balcon au-delà du 2e étage, ses 87 chambres sont impeccables, et il y a une cafétéria, une bibliothèque et un salon TV. Prenez le bus n°3, qui s'arrête près de Plaza España sur Calle Marina toutes les 10 minutes, moins fréquemment le week-end. Comptez 10 à 15 minutes de trajet.

Hôtel Anfora HÔTEL €€
(☎0956 68 33 40 ; fax 0956 68 33 44 ; 8 Calle Pablo Vallescá ; s/d avec petit-déj 46/73 € ; clim, Wi-Fi). Fort bien situé, ce trois-étoiles d'allure vaguement industrielle vous loge en chambres standards de bonne taille avec TV, réfrigérateur et balcon. Il possède une salle de sport et un restaurant sur le toit où vous pourrez déguster un petit-déjeuner simple tout en admirant Melilla la Vieja et la mer.

Hôtel Nacional HÔTEL €€
(☎0956 68 45 40 ; fax 0956 68 45 41 ; 10 Calle Primo de Rivera ; s/d 35/55 € ; clim, Wi-Fi). Des chambres compactes, avec minibar, meubles désuets et sdb modernes. Celles donnant sur l'intérieur sont un peu sombres, prenez-en une sur la rue. Le personnel est sympathique, et il y a un ascenseur.

Hôtel Rusadir HÔTEL €€€
(☎0956 68 12 40 ; 5 Calle Pablo Vallescá ; s/d avec petit-déj 71/88 € ; clim, Wi-Fi). Un quatre-étoiles rénové de manière très intelligente, pourvu d'une réception impressionnante et de chambres à la décoration soignée avec TV, minibar et balcon. Le restaurant propose un vaste choix au buffet, au petit-déjeuner.

Parador de Melilla HÔTEL €€€
(☎0956 68 49 40 ; www.parador.es ; av. Cándido Lobera ; ch 150 € ; clim, Wi-Fi, piscine). Il faut un véhicule pour accéder à cette adresse très chic. Grandes et fastueuses, ses chambres aux boiseries omniprésentes se parent d'un beau mobilier et d'un balcon donnant sur les flots. Toute cette élégance se retrouve dans la salle à manger circulaire tournée vers la ville. Le Parque Lobera voisin est parfait pour les enfants.

Où se restaurer

Nombre de tables de Melilla sont celles d'hôtels comme le Rusadir ou le Parador. Il n'en reste pas moins un certain nombre d'adresses autour de l'avenue de Juan Carlos I Rey.

Autour du Parque Hernández, les rues sont pleines de petites épiceries. Un véritable supermarché, **Supersol** (Calle General Polavieja ; ⏲10h-22h lun-sam), se trouve sur la route de la frontière.

Cafetería Militar ESPAGNOL €
(Calle de Almovodar ; plats 8 € ; ⏲13h-15h30). Ce vaste établissement de style cantine, à côté du Palacio de la Asamblea, a quelques tables en terrasse. Bondé à l'heure du déjeuner.

Café La Dolce Vita TAPAS €
(Plaza de las Culturas ; raciones à partir de 6 € ; ⏲10h-23h). Installé à un coin de la place, ce vaste café-bar à tapas ne désemplit guère. L'endroit idéal pour savourer un café, une glace, siroter un verre et grignoter des tapas.

Casa Marta TAPAS €
(Calle Justo Sancho Miñano ; tapas à partir de 2,50 € ; ⏲13h-15h30 et 20h-1h). L'animation bat son plein, à l'intérieur comme sous la tente installée dans la rue. Les clients de tous âges apprécient les pintes de Casa Marta accompagnées de tapas gracieusement offertes. Au bout de trois bières, vous aurez ainsi dîné ! Ne manquez pas le *filetillo,* de minces filets de bœuf en sauce.

Café Rossy CAFÉ €
(5 Calle General Prim ; sandwichs à partir de 2,50 € ; ⏲déj et dîner). Encore un havre fiable pour manger un morceau sur le pouce ou traîner une petite heure avec un livre, devant un café. Des *bocadillos* (sandwichs) impeccables pour le déjeuner.

Real Club Marítimo CAFÉ €
(port de plaisance ; café et croissant 4 € ; 10h-24h). Un yacht-club privé qui accueille les voyageurs en quête d'un café-croissant face aux flots.

La Pérgola POISSON €€
(0952 68 56 28 ; Calle General Marcías ; plats à partir de 10 € ; déj et dîner). La terrasse en front de mer fait de cette adresse raffinée un lieu des plus plaisants pour se restaurer ou prendre un verre en début de soirée. Ce spécialistes du poisson grillé au barbecue propose un menu imbattable à 10 €.

Où prendre un verre

Café Latoga CAFÉ
(Plaza de las Culturas ; 10h-1h). Les habitants aiment s'installer à ce bar à l'abri d'une belle église pour boire un verre face à la place.

Puerto Deportivo Noray BAR
(11h-2h). Ce secteur regroupe une douzaine de bars côte à côte sur le front de mer. Entrez en traversant le parking qui jouxte le palais de justice.

Renseignements

Pour téléphoner à Melilla hors d'Espagne, composez le 0034 suivi du numéro sans le 0. Melilla a une heure d'avance sur le Maroc, deux pendant le ramadan. La plupart des boutiques et des entreprises ferment le dimanche.

ACCÈS INTERNET

Il existe de nombreux cybercafés dans le centre-ville.

Locutoria Dosmil (14-25 Calle Ejercito Español ; 2 €/h ; 9h-14h et 16h-21h)

AGENCE DE VOYAGES

Viajes Melilla (0952 67 93 52 ; 1 av. Duquesa de la Victoria ; 9h30-13h et 15h30-19h lun-sam)

ARGENT

Melilla utilise l'euro comme partout en Espagne continentale. Si vous souhaitez retirer de l'argent, vous trouverez plusieurs banques (avec DAB) sur (ou à proximité de) l'Avenida de Juan Carlos I Rey. L'achat et la vente de dirhams sont proposés à un taux légèrement inférieur à celui pratiqué au Maroc, mais vous pouvez tout aussi bien recourir à l'un des changeurs marocains du côté de la gare maritime ou de la frontière.

Côté marocain, vous pouvez changer de l'argent au Crédit du Maroc. La Banque Populaire, 200 m plus loin, dispose d'un DAB (marchez tout droit jusqu'au carrefour ; l'agence se trouve la gauche, sur la route du port).

POSTE

Bureau principal (Calle Pablo Vallescá ; 8h30-20h30 lun-ven, 9h30-13h sam)

OFFICES DU TOURISME

Fundación Melilla Ciudad Monumental (0952 97 62 01 ; www.melillamonumental.org ; 13 Calle Miguel Acosta ; 10h-14h et 16h30-20h30 lun-sam, 10h-14h dim). Informations détaillées sur l'architecture locale.

Oficina del Turismo (bureau principal) (0952 97 61 89 ; www.melillaturismo.com ; Plaza de las Culturas ; 10h-14h et 16h30-20h30 lun-sam, 10h-14h dim). Beaucoup de cartes et de brochures, et un personnel serviable. Circuits spéciaux couvrant les sites religieux. Le site Web comprend un itinéraire historique et architectural complet.

Oficina del Turismo (kiosque) (0952 97 61 51 ; www.melillaturismo.com ; Plaza de España ; 10h-14h et 16h-20h lun-ven). Face au Palacio de la Asamblea.

SERVICES MÉDICAUX

Hospital Comarcal (0956 67 00 00 ; av. de la Juventud). Au sud de Río de Oro.

Urgencias Sanitarias (0956 67 44 00 ; 40 Alvaro de Bazan ; 17h-9h lun-sam, 24h/24 dim et jours fériés). Pharmacie de nuit.

Depuis/vers Melilla

AVION

Air Nostrum (Iberia) (www.airnostrum.com ; aéroport de Melilla) assure 12 liaisons quotidiennes avec Málaga, deux avec Almería, une avec Grenade. L'aéroport se situe à 10 minutes de taxi (6 €) et n'a pas de DAB.

PASSAGE DE LA FRONTIÈRE

Pour traverser la frontière, il vous faudra prendre soit un taxi (7 €), soit le bus local n°2 (marqué "Aforos") qui circule toutes les demi-heures entre la Plaza de España et le poste-frontière de Beni-Enzar (1 €), de 7h30 à 23h. De l'arrêt du bus, il reste 150 m à parcourir pour atteindre la douane espagnole et 200 m de plus pour la douane marocaine.

Avant d'entrer au Maroc, remplissez le formulaire blanc et faites tamponner votre passeport au guichet. Il est plus facile d'acheter le formulaire à un rabatteur pour 1 €. Si vous entrez au Maroc avec votre véhicule, conservez votre carte de douane verte, que vous présenterez lorsque vous quitterez le pays. À l'entrée, attendez-vous à de longues files d'attente en voiture ; la procédure est rapide et sans difficulté pour les piétons.

Du côté marocain, le bus n°19 (généralement sans indication de destination) rallie toutes les heures Nador (28 Dh, 25 min). Les grands taxis (6 Dh, 15 min), fréquents à destination de Nador, stationnent sur un parking à droite de ce carrefour.

En arrivant à Melilla depuis le Maroc, remplissez le formulaire blanc et faites tamponner votre passeport. Si vous n'êtes pas contrôlé ici, vous le serez certainement pour entrer en Espagne continentale. Le bus n°43 vous mène à la Plaza de España (1 €).

FERRY

Melisur (☎0956 68 66 13 ; 8 Calle de General Marina ; ⏲9h-13h et 17h-19h lun-ven, 9h-12h sam) vend des billets de ferry Acciona (Trasmediterránea) pour Málaga. Les billets sont également disponibles à la **estación marítima** (port des ferries ; ☎0956 68 16 33).

Les ferries pour Málaga partent le lundi à midi (arrivée à 19h35) et à minuit (arrivée à 8h le lendemain). Du mardi au samedi, le départ est fixé à 23h30.

En sens inverse, on quitte Málaga le dimanche à 19h ou 23h, sinon le départ est fixé à 13h du mardi au samedi. Tarif minimum de la traversée : 45 €.

Comment circuler

Il est aisé de se déplacer à pied dans le centre de Melilla. Des bus relient la Plaza de España à la frontière. Les **taxis locaux** (☎0956 68 36 21) sont pratiques.

Nador الناظور

150 000 HABITANTS

La Rocade (ou route côtière) qui relie Al-Hoceima à Nador (130 km) ne manque pas de charme, entre falaises rouges, gorges verdoyantes et, à mi-parcours, un paysage de montagnes sculptées par l'érosion.

Les quelques cafés de bric et de broc perchés sur la falaise dans un périmètre de 60 km autour de Nador sont parfaits pour déguster un thé à la menthe en contemplant la mer. Ne regardez toutefois pas de trop près les plages désertes, jonchées de détritus.

Hélas ! Nador en elle-même a peu à offrir. C'est une ville en perpétuel changement : un nouveau complexe avec un golf, des marinas et des appartements autour de la lagune Marchica verront bientôt le jour. Interminable succession de blocs de béton, elle ne recèle aucun site d'intérêt. Son grand aéroport, son port de ferries et sa gare ferroviaire (avec une liaison pour Fès) en font surtout un carrefour. Mieux vaut donc ne pas s'attarder à Nador.

Où se loger

Les hôtels de toutes catégories sont légion à Nador, mais beaucoup préfèrent louer à l'heure. Les établissements les moins chers se situent près de la gare routière et des grands taxis.

Hôtel Geranio HÔTEL €
(☎0536 60 28 28 ; 16 rue n°20 ; s/d 160/188 Dh). À deux pas de l'agitation incessante à la gare routière, les chambres sur rue peuvent être bruyantes. Ses prix modestes n'en font pas moins une excellente adresse pour petits budgets. Les sdb sont minuscules mais la propreté est là. Cafétéria au rez-de-chaussée.

Hôtel Annakhil HÔTEL €€
(☎0536 33 58 67 ; 185 bd de Tanger ; s/d avec petit-déj 486/652 Dh ; ❄📶). Le décor de l'Annakhil est spécial : couloirs orange, plantes en plastique et chambres bleu vif, mais c'est la meilleure adresse de catégorie moyenne. La literie est de qualité, les lits confortables, TV et réfrigérateur à disposition. Le café d'à côté sert le petit-déjeuner. Au bar, ça déménage le soir et il faut bien de la témérité à une femme seule pour s'y aventurer.

Hôtel Méditerranée HÔTEL €€
(☎0536 60 64 95 ; hotel.mediterranee@gmail.com ; 2-4 av. Youssef ibn Tachfine ; s/d avec petit-déj 490/650 Dh ; ❄📶). La construction en cours du nouvel Hôtel Rif gâte désormais la vue qu'on avait de cet hôtel. Il n'en est pas moins à quelques rues de la corniche et de la lagune. Les chambres d'angle sont très lumineuses et toutes ont la TV. Le terne restaurant (plats à partir de 60 Dh) du rez-de-chaussée sert des petits-déjeuners, des omelettes et du poisson.

Hôtel Ryad HÔTEL €€€
(☎0536 60 77 17 ; hotel-ryad@menara.ma ; av. Mohammed V ; s/d 710/920 Dh ; ❄📶). Autrefois somptueux, aujourd'hui un peu décati et onéreux, le Ryad est un grand hôtel au bar bruyant. Les chambres sont standards et celles des étages supérieurs donnent sur la lagune.

Où se restaurer et prendre un verre

Les restaurants bon marché ne manquent pas autour de la gare routière CTM. Ils servent des brochettes, des sandwichs et des tajines sur le pouce. Bordée de cafés à l'ombre des orangers, l'avenue Mohammed V est le lieu incontournable pour un petit café tranquille.

Café Antalya CAFÉ €

(bd Prince Héritier Sidi Mohammed ; pizzas à partir de 50 Dh). Tout de verre et de chrome, débordant sur le trottoir, ce café stylé exhibe une nouvelle facette de Nador. La pizzeria à l'étage a la faveur des jeunes à la page.

Restaurant Marhaba POISSON €€

(☎0536 60 33 11 ; Calle ibn Rochd ; plats à partir de 70 Dh ; ⏲déj et dîner). Le restaurant le plus chic de la ville a pour spécialité le poisson, qu'il cuisine parfaitement. La salle à manger est très vaste, mais la terrasse à l'arrière, ornée de filets de pêche et de homards en plastique, est plus confortable encore. Pas d'alcool.

Café Club CAFÉ

(av. Mohammed Zerktouni ; ⏲8h30-22h). Au bout de Mohammed V, s'avançant sur la lagune, ce café insulaire est un havre au charme marin bienvenu dans cette forêt de béton. Il ne sert plus à manger et les nouvelles constructions autour de la lagune pourraient bientôt sonner sa fin.

ℹ Renseignements

Crédit Maroc (64 av. Mohammed V ; ⏲9h-16h lun-jeu, 9h-11h ven, 9h-12h sam). L'une des nombreuses banques sur Mohammed V changeant les devises et disposant d'un DAB.

Cyber Milano (bd el Massira ; 5 Dh/h ; ⏲8h-20h)

Ketama Voyages (☎0536 60 61 91 ; ketamavoyage@hotmail.fr ; 55 av. Mohammed V ; ⏲9h30-12h et 14h30-18h30 lun-ven, 9h30-12h sam)

Pharmacie al-Farabi (☎0536 60 60 11 ; av. Mohammed V ; ⏲8h-18h lun-sam)

Royal Air Maroc (av. Mohammed V ; ⏲8h30-12h15 et 14h30-19h lun-ven, 9h-12h et 15h-18h sam)

ℹ Depuis/vers Nador

AVION

L'aéroport se trouve à 23 km au sud de Nador. Vueling Airlines, Royal Air Maroc et Ryanair affrètent de nombreux vols pour l'Europe. Germanwings et Air Arabia desservent l'Allemagne.

BATEAU

Acciona offre un service de ferry rapide entre Almería et Nador. Il part d'Almería tous les jours à 11h pour atteindre Nador à 16h, sauf le mardi où il part à 9h et arrive à 14h. En sens inverse, le ferry quitte Nador à 22h et arrive le lendemain à 6h à Almería, sauf le mardi où il part à 16h et arrive à 22h. Naviera armas propose l'itinéraire Motril (Grenade)-Nador (5h40). La compagnie Grandi Navi Veloci propose des traversées Sète-Nador (une fois par semaine à 14h au départ de Sète, 23h59 au départ de Nador).

Le port de Beni Enzar est à 7 km de la ville, mais la distance semble bien supérieure à cause de la circulation. Un grand taxi sera le moyen le plus rapide pour s'y rendre (10 Dh, 15 min).

BUS

Il y a au départ de l'**agence de la CTM** (☎0536 60 01 36 ; rue du Genéral Meziane) des bus pour les habituelles destinations : Casablanca, Rabat, Meknès, Fès, Tanger, Larache, Sidi Kacem, Al-Hoceima, Chefchaouen et bien d'autres encore. Dans la soirée, plusieurs bus de compagnies meilleur marché rallient Casablanca depuis le même endroit. La CTM dispose d'une petite agence à la principale gare routière en plus de son agence principale.

De la gare routière principale, située au sud-est du centre, les départs sont fréquents :

Al-Hoceima (40 Dh, 3 heures)

Beni Enzar (frontière de Melilla, 5 Dh, 25 min)

Fès (60 Dh, 5 heures 30)

Oujda (30 Dh, 2 heures 30) via Berkane (20 Dh, 1 heure 30)

Ras el-Maa (20 Dh, 1 heure)

Tétouan (120 Dh, 9 heures), parfois via Dardara (pour Chefchaouen ; 100 Dh, 6 heures)

TAXI

Les nombreux grands taxis stationnant près de la gare routière principale desservent un grand nombre de destinations, parmi lesquelles :

DESTINATION	PRIX	DURÉE
Al-Hoceima	65 Dh	3 heures
Beni Enzar (frontière de Melilla)	6 Dh	15 minutes
Berkane	35 Dh	1 heure
Fès	120 Dh	5 heures
Oujda	55 Dh	3 heures
Taza	70 Dh	3 heures 30

TRAIN

Au départ de la gare ferroviaire de Nador-Ville, les trains desservent Beni Enzar/la frontière de Melilla (20 Dh, 12 minutes) et Fès (129 Dh, 6 heures, 3/jour).

Un de ces trains passe par Taourirt, où l'on peut changer pour Casablanca.

Est de Nador

À l'est de Nador, à l'extrémité de la lagune, la côte est une succession de marais salants et de dunes de sable qui attirent une grande

HORS DES SENTIERS BATTUS

MASSIF DES BENI-SNASSEN جبال بن سناسن

À l'extrême est de la côte méditerranéenne marocaine se nichent dans les terres les superbes monts des Beni-Snassen. Ce massif au relief accidenté a le statut de "site d'intérêt biologique et écologique", mais il a dans la réalité toutes les caractéristiques d'un parc national. On ne s'attend guère au Maroc à découvrir un cadre aussi verdoyant, émaillés de gorges ; il reçoit d'ailleurs assez peu de visiteurs.

Sise à environ 80 km au sud-est de Nador, sur la route d'Oujda, la ville moderne de **Berkane** la poussiéreuse constitue une bonne base pour explorer ces montagnes. Si son nom signifie "noir" en berbère, Berkane est pourtant réputée pour ses oranges et c'est du reste la couleur dominante en ville. Les taxis, les bâtiments et la magnifique statue d'agrume à l'entrée de la ville donnent le ton. Le boulevard Mohammed V réunit une poste, plusieurs DAB et quelques hôtels, le meilleur étant l'**Hôtel Rosalina** (☎0536 61 89 92 ; 82 bd Mohammed V ; s/d/ste avec petit-déj 280/360/1 000 Dh).

Question transports, l'agence de la CTM jouxte le Café Laetizia du côté ouest de la place principale. Un bus quotidien part tôt le matin pour Fès (125 Dh, 5 heures), Meknès (140 Dh, 7 heures 30), Rabat (180 Dh, 8 heures 30) et Casablanca (195 Dh, 10 heures). Les long-courriers pour l'Espagne partent aussi d'ici. Si vous possédez un véhicule, n'achetez pas le carburant vendu en bord de route : c'est de la contrebande d'Algérie et il est souvent frelaté.

De Berkane, empruntez la route nationale en direction de **Taforalt** (Tafoughalt), qui traverse un beau paysage montagneux. Taforalt est une ville de bric et de broc, qui était à l'origine une ville de garnison militaire française. On y arrive par l'extrémité nord, qui compte une série d'agréables cafés et restaurants, dont le **Club Taforalt** (⏲avr-oct) proposant une cuisine simple et une piscine (50 Dh) dans un joli jardin. À proximité, l'**Auberge Taforalt** (☎0662 04 51 19 ; www.taforaltclub.com ; ch avec petit-déj 350 Dh, tente 250 Dh) vous accueillera pour la nuit.

Peu après être entré dans Taforalt en venant de Berkane, tournez à gauche au niveau de la poste, puis une seconde fois à gauche en direction de l'Infokiosk qui est fléché. Vous pourrez y voir une petite exposition informative sur l'écosystème du parc et profiter de sa plate-forme d'observation offrant une perspective splendide sur un plateau au loin. Avec un peu de chance, vous apercevrez peut-être des mouflons à manchettes de la réserve voisine. Ces animaux aux cornes impressionnantes arrivent généralement vers 16h, quand il fait plus frais.

Environ 2 km plus loin sur la nationale, un embranchement indiqué à droite conduit vers deux grottes. Les **grottes des Pigeons** (1 km), fouillées par l'université d'Oxford, ont révélé des restes humains du pléistocène, ainsi que des bijoux parmi les plus anciens jamais découverts (80 000 ans).

Encore 5 km et vous atteindrez les **grottes du Chameau**, un réseau de cavernes sur plusieurs niveaux dont les trois entrées sont fermées depuis des années en raison d'inondations. 3 km plus loin, la jolie **gorge de Zegzel** et son beau parcours en lacets vous, procureront l'occasion de goûter les kumquats, déjà cultivés dans le secteur à l'époque romaine.

La source du **Charaâ** mérite le détour. Suivez les indications jusqu'au minuscule hameau de Zegzel, à 2 km en remontant une petite route. Au bout, un lieu de pique-nique populaire jouxte l'endroit où le cours d'eau jaillit des rochers. Non loin, une impressionnante route de crête se dirige vers l'est jusqu'à Oujda. Elle nécessite un 4x4, une bonne carte et un départ aux aurores.

Si vous n'avez pas de véhicule, la meilleure manière d'accéder au parc consiste à prendre un taxi partagé depuis Berkane (15 Dh). Vous pouvez sinon prendre votre propre taxi ; comptez au moins 250 Dh pour deux heures. Une solution plus économique consiste à s'y rendre à pied. Montez dans un bus ou un grand taxi à destination de Taforalt, et demandez à ce qu'on vous dépose à l'embranchement qui y conduit. Chaque matin, deux bus relient Berkane à Taforalt (12 Dh, 30 min) et reviennent l'après-midi. Les grands taxis, plus fréquents les jours de marché (mercredi et dimanche), coûtent 15 Dh.

variété d'oiseaux, dont des flamants. Deux villes guère attrayantes, **Kariat Arekmane** et **Ras el-Maa**, sont desservies par la Rocade (N16) qui file à l'est vers Saïdia, de laquelle la vue sur les îles Zaffarines, dernier petit bout d'Espagne sur la côte nord, est superbe.

La nouvelle corniche reste le seul développement d'Akremane. La plage, avec ses bateaux de pêche, est jonchée de détritus et les marécages en retrait de la corniche sont menacés de disparition.

Ras el-Maa, aussi appelée Cap de l'Eau, s'en sort mieux. Sa corniche compte quelques petits restaurants et une belle plage.

Les marécages autour de l'embouchure de la Moulouya, à l'ouest de Ras el-Maa, sont un site protégé (convention Ramsar), idéal pour observer les oiseaux. Les oiseaux migrateurs d'Europe comprennent le rouge-queue de Moussier (*Phoenicurus moussieri*), la sarcelle marbrée (*Marmaronetta angustirostris*) et le goéland d'Audouin (*Larus audouinii*). Certains rares poissons endémiques vivent dans ces marécages.

De la rive est de l'estuaire de la Moulouya, la très vantée **Station Balnéaire** s'étire sur 5 km jusqu'à Saïdia, le long d'une plage absolument magnifique. Des centaines d'immeubles d'appartements, certains inachevés, s'y succèdent. En majorité vides en dehors de la pleine saison (juillet et août), ces constructions surtout destinées aux vacanciers marocains (et aux Marocains expatriés qui reviennent pour les vacances) confèrent à l'ensemble un air de ville fantôme.

Sur ces 5 km de côte, la meilleure plage est à **Mediterrania Saïdia,** ou Saïdia Med, station dotée de plusieurs golfs, d'un grand centre commercial et d'une marina de 740 mouillages. On peut y louer jet-skis (800 Dh/heure), kayaks (40 Dh) et bateaux à moteur (1 000 Dh) et séjourner dans un hôtel comme l'**Iberostar Hotel** (☎0536 63 00 10 ; www.iberostar.com ; Saïdia Med ; s/d pension complète 1 580/2 680 Dh ; P❄📶🏊) possédant un spa, des équipements sportifs et plusieurs bars et restaurants.

Le complexe touristique suivant, **Perla Saïdia,** ne comptait à notre passage que des appartements.

Saïdia السعديّ

3 500 HABITANTS

Saïdia reste la même petite ville balnéaire endormie, offrant quelques complexes d'appartements de vacances pour les hauts fonctionnaires, à l'écart des grands développements touristiques de sa station balnéaire plus à l'ouest.

Elle possède une superbe plage au sable doré, propre, où l'on peut louer transats, parasols, jet-skis et pédalos et, chose plus rare, apercevoir des filles en bikini. La nouvelle corniche est bordée de fast-foods et de discothèques, chacun y allant de sa musique. La plupart sont fermés hors saison. À un pâté de maisons de la plage, vous trouverez sur le boulevard Hassan II quelques hôtels, des banques, des cafés et des connexions Internet.

Où se loger et se restaurer

Hôtel Atlal HÔTEL €€
(☎0536 62 50 21 ; atlalben@menara.ma ; 44 bd Hassan II ; d avec petit-déj 510 Dh ; ❄📶). Cet établissement aux chambres spacieuses et au personnel sympathique abrite un bar et un bon restaurant. Le bruit provenant de la discothèque au sous-sol peut néanmoins être dérangeant.

Restaurant Boughaz RESTAURATION RAPIDE €
(corniche ; pizzas à partir de 30 Dh ; ⏲10h-22h). L'un des nombreux restaurants de la corniche, servant burgers, pizzas et plats de poisson. Si l'intérieur est un peu sombre, la terrasse offre une superbe vue sur la mer.

Depuis/vers Saïdia

La frontière avec l'Algérie reste fermée malgré l'insistance du Maroc auprès de son voisin. Il n'y a cependant pas de conflit déclaré entre les deux pays à ce sujet.

AVION

L'aéroport Oujda Angad est à 45 km de Saïdia. Royal Air Maroc assure deux vols quotidiens pour Casablanca (davantage en haute saison) et des vols directs pour la France. Ryanair dessert Paris, Bruxelles, Marseille et Düsseldorf. Transavia et Jetairfly relient Paris.

BUS

Une nouvelle gare routière était en construction au moment des recherches. Un bus de la CTM part de Nador tôt le matin (35 Dh, 2 heures).

D'autres compagnies relient Oujda à Saïdia (17 Dh, 1 heure).

TAXI

La course de l'aéroport d'Oujda à Saïdia coûte 150 Dh pour une heure de trajet. Une place dans un taxi collectif depuis la gare routière d'Oujda vaut environ 25 Dh.

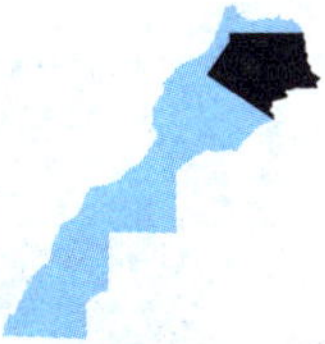

Cités impériales, Moyen Atlas et est du Maroc

الامبراطوري المدن و الأطلس المتوسط و الشرق

Dans ce chapitre ➡

Le top des hébergements

- Dar Finn (p. 305)
- Funky Fes (p. 304)
- Ryad Bahia (p. 332)
- Dar Kamal Chaoui (p. 326)
- Ksar Timnay Inter-Cultures (p. 347)

Le top des restaurants

- Ruined Garden (p. 311)
- L'Amandier, Palais Faraj (p. 312)
- Restaurant Marhaba (p. 335)
- Dar Hatim (p. 311)
- Hôtel Les Cèdres (p. 345)

Pourquoi y aller

Avec ses cités impériales au patrimoine inestimable, ses vestiges antiques, ses montagnes boisées et ses oasis en plein désert, cette région offre une extraordinaire diversité de paysages.

Au nord s'étendent des plaines fertiles, dont le pays a tiré subsistance durant des siècles. Et si les vestiges de Volubilis témoignent de la présence des Romains, les dynasties musulmanes ont donné naissance à Fès, la plus somptueuse des cités impériales.

Les rues étroites de sa médina mettent en éveil tous les sens des voyageurs. Meknès, autre ancienne capitale impériale, possède également son lot de merveilles.

Plus au sud, le Moyen Atlas, où viendront vous saluer les singes magots, est une région propice à la randonnée.

De l'autre côté des montagnes, les casbahs typiques du Sud annoncent le désert. Lorsqu'on arrive à l'oasis de Figuig, près de la frontière algérienne, les oliviers ont depuis longtemps cédé la place aux palmiers dattiers.

Quand partir

Fès

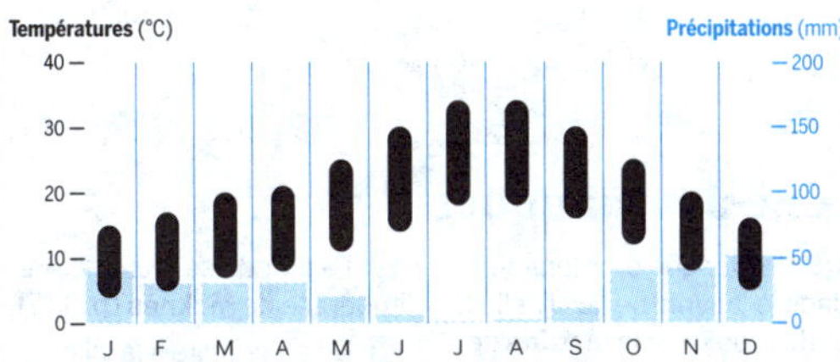

Avril Le climat est idéal, et les étals des marchés débordent d'oranges parfumées.

Juin Participez à Fès au Festival des musiques sacrées du monde.

Septembre La chaleur écrasante de l'été s'est atténuée, le temps se prête alors idéalement à la découverte.

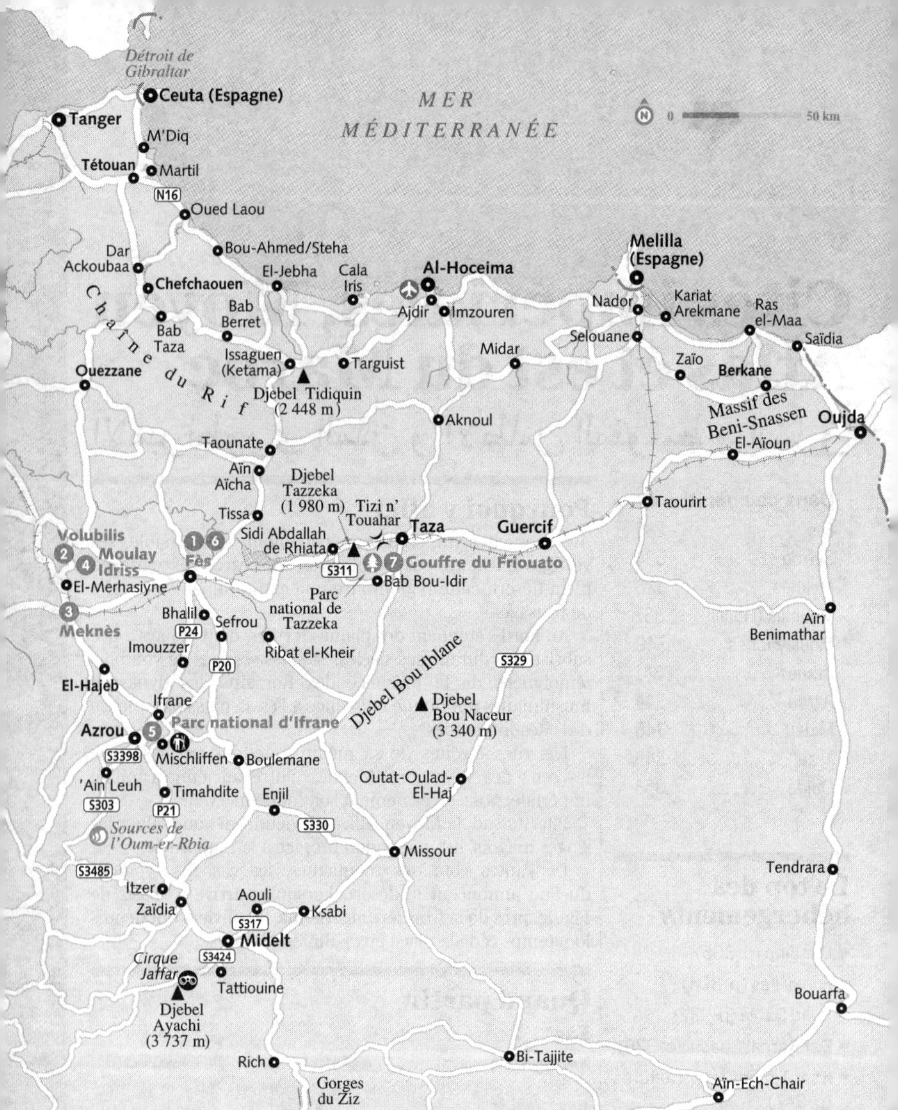

À ne pas manquer

1 Une longue promenade dans le labyrinthe des ruelles et des souks de la **médina** de Fès (p. 306)

2 Un bond dans le passé à la découverte des mosaïques des ruines romaines de **Volubilis** (p. 338)

3 La grandiose architecture impériale de **Meknès** (p. 326)

4 Un pèlerinage à la ville sainte de **Moulay Idriss** (p. 340)

5 Une randonnée dans le **parc national d'Ifrane** (p. 343) dans le Moyen Atlas

6 Écouter un concert au **Festival des musiques sacrées du monde de Fès** (p. 313)

7 Une descente dans les étranges grottes du **gouffre du Friouato** (p. 353)

Comment s'y rendre

Une ligne ferroviaire relie les principales villes de la région et la côte, avec des liaisons directes depuis Tanger, Rabat, Casablanca, Oujda et Nador. Des vols directs partent d'Europe, principalement de France, pour Fès et Oujda. Des vols intérieurs de la Royal Air Maroc desservent ces deux villes via Casablanca.

Comment circuler

De Marrakech et de Casablanca, une ligne ferroviaire court vers l'est via Meknès, Fès et Taza jusqu'à Oujda. Vous devrez malgré tout prendre des bus ou des grands taxis pour explorer la région montagneuse du Moyen Atlas.

CITÉS IMPÉRIALES

Fès فاس

1 044 000 HABITANTS

Depuis une dizaine d'années, Fès est devenue un incontournable du tourisme marocain. Le rachat des riads de la médina par des étrangers, la rénovation d'anciens hôtels, la construction d'établissements et l'aménagement de nouveaux parcs et fontaines dans la ville nouvelle témoignent de cet essor. À en croire les magazines de voyage occidentaux, Fès serait même la nouvelle Marrakech.

Une telle affirmation fait sourire les Fassis, qui savent que cette ancienne cité n'a rien à prouver. Berceau de grandes dynasties, capitale du royaume aux XIIe et XIVe siècles, elle a traversé 1 200 ans d'histoire, connu des fortunes diverses et sera toujours là, même si la mode touristique venait à passer.

L'influence de la ville est telle que tout souverain du royaume a toujours veillé à son allégeance, ou au moins à sa soumission. Le mouvement pour l'indépendance est né ici et les grèves ou les manifestations y sont souvent plus suivies qu'ailleurs.

Pour le visiteur, la médina de Fès el-Bali (le vieux Fès) constitue, non sans raison, le principal atout de la ville. Festival des sens, ce dédale de ruelles et de bazars couverts est rempli à craquer d'échoppes et de petites tables aux alléchants fumets, d'ateliers d'artisans, de mosquées et de passants. Tradition et modernité s'entremêlent : un homme à dos d'âne ou de mulet – toujours les principaux moyens de transport – peut ainsi bavarder sur son téléphone portable, tandis que la ligne d'horizon est aujourd'hui ponctuée d'autant d'antennes satellites que de minarets.

Malheureusement, la médina a énormément souffert des années de négligence. Les autorités en ont pris acte : les remparts ont ainsi été restaurés et des programmes de rénovation des bâtiments ont été lancés. Les échafaudages ont envahi les rues. Malgré le charme indéniable de la médina, de nombreux habitants ont été ravis de vendre leur maison à des étrangers pour échapper à des conditions de vie parfois d'un autre temps et emménager dans un appartement moderne de la ville nouvelle.

Le mieux consiste à plonger directement dans la médina, quitte à se sentir submergé au début. Une fois adapté à son rythme, on en découvre les attraits de mille façons inattendues. Ce qui semble une impasse conduit à des places ornées de ravissantes fontaines, ou emplies du martèlement rythmé des dinandiers. Se perdre à Fès est le début du plaisir.

Histoire

En 789, Idriss Ier, qui fonda la première dynastie impériale du Maroc, estima Oualili (Volubilis) trop petite et dessina les plans d'une nouvelle grande capitale. Il mourut avant la réalisation de son projet et l'on attribue la création de Fès à son fils, Idriss II, qui exécuta les volontés de son père. La mémoire d'Idriss II est perpétuée dans sa zaouïa (tombeau, ou sanctuaire religieux), au cœur de Fès el-Bali.

La cité fut d'abord une modeste bourgade berbère, puis 8 000 familles fuyant l'Espagne musulmane et le Portugal vinrent s'installer sur la rive est de l'oued Fès. Elles furent rejointes plus tard par des familles arabes de Kairouan (Qairaouan), dans l'actuelle Tunisie, qui investirent la rive ouest et créèrent le quartier Karaouine. Les traditions de ces deux populations formèrent un socle solide pour la future richesse religieuse, culturelle et architecturale. Les héritiers d'Idriss II divisèrent le royaume, mais Fès continua de prospérer pacifiquement jusqu'au Xe siècle.

Durant les siècles suivants, la ville se développa ou déclina au fil des dynasties. La guerre civile et la famine, provoquées par des invasions berbères, cessèrent avec l'essor des Almoravides. Lorsqu'ils perdirent le pouvoir vers 1154, ceux-ci s'enfuirent de Fès après en avoir détruit les remparts. La nouvelle dynastie des Almohades ne les fit reconstruire qu'une fois certaine de la loyauté des Fassis ; de larges pans datent encore de cette époque.

Fès demeura un carrefour stratégique, exerçant une importante influence culturelle plutôt que politique. La mosquée et l'université Karaouine en faisaient le centre éducatif et culturel d'un empire qui s'étendait de l'Espagne au Sénégal. Cependant, la ville ne retrouva son importance politique qu'à l'avènement de la dynastie des Mérinides, vers 1250.

Au XIXe siècle, alors que le pouvoir central s'effondrait et que l'ingérence européenne se renforçait, la distinction entre Fès et Marrakech s'estompa, toutes deux tenant le rôle de capitale dans un pays divisé. Fès conserva son statut de capitale spirituelle et c'est ici que fut signé le traité instaurant les protectorats français et espagnol sur le Maroc, le 30 mars 1912. Moins de trois semaines plus tard, des émeutes contre les nouveaux maîtres rappelèrent l'esprit rebelle de la ville.

Bien que les Français aient déplacé la capitale politique à Rabat, Fès est restée une circonscription majeure jusqu'à nos jours.

C'est l'une des cités les plus traditionnelles du Maroc : elle inspire le respect, teinté malgré tout d'une pointe de jalousie, dans le reste du pays. De fait, la majeure partie de l'élite intellectuelle et économique du Maroc vient de cette ville et il est largement admis (surtout par les Fassis) que toute personne native de la médina de Fès est plus pieuse, plus cultivée, plus raffinée et plus douée pour les arts. Ainsi, que l'épouse du souverain, la princesse Lalla Salma, soit originaire de Fès et que la famille royale y séjourne souvent sont de grands motifs de fierté pour la ville.

À voir

Médina (Fès el-Bali)

Passer de la ville nouvelle à Fès el-Bali (l'ancienne) équivaut à un bond en arrière dans le temps. En près d'un millénaire, le caractère essentiel de la médina n'a pas changé car les collines environnantes ont limité son expansion – le dernier agrandissement d'importance date du XIIIe siècle, avec la construction de Fès el-Jdid (la nouvelle). Aujourd'hui, quelque 156 000 Fassis vivent dans ce labyrinthe de ruelles tortueuses, d'impasses et de souks, dans lequel les touristes se perdent invariablement.

Bab Bou Djeloud, à l'ouest, est la principale entrée dans la vieille ville, d'où deux rues principales descendent vers le centre de la médina. Après l'entrée, Talaa Kebira ("grande pente"), sur la gauche, et Talaa Seghira ("petite pente"), sur la droite, convergent près de la place Nejjarine, puis continuent jusqu'à la mosquée Karaouine et la zaouïa de Moulay Idriss II, le cœur de la cité. De là, il faut monter pour rejoindre les portes nord, Bab Guissa et Bab Djamaï, ou aller vers le sud en direction de Bab R'cif. Suite à d'importants travaux de rénovation, le secteur de R'cif compte maintenant une

LES FONTAINES DE FÈS

Les Fassis ont toujours aimé les fontaines publiques (*seqqâya*) et l'on en trouve quasiment à chaque coin de rue dans la médina. Les dynasties almoravide (1061-1147) et almohade (1147-1248) furent de très grands ingénieurs hydroliques, détournant des rivières, créant des lacs et construisant de grands réseaux de canaux dans tout le pays. La Fès impériale fut richement dotée en fontaines.

La médina compterait plus de 60 fontaines publiques, habituellement situées près des mosquées, comme les hammams. Beaucoup furent financées par des princes et des marchands aisés. Si certaines ne sont que de simples bassins fixés sur un mur, la plupart sont de splendides constructions en faïence colorée, souvent surmontées d'une voûte en bois ouvragé. La **fontaine Nejjarine**, l'une des plus belles, date du XVIIIe siècle ; ses zelliges et ses stucs forment des motifs aussi délicats qu'une dentelle.

Certaines fontaines servent encore de point d'eau et de lavoir pour le quartier environnant ; d'autres sont taries au fur et à mesure que l'eau courante arrive dans les maisons. L'agence de réservation **Fez Riads** (☎ 0672 51 33 57 ; www.fez-riads.com) reverse un pourcentage de ses bénéfices au profit de la restauration et l'entretien des fontaines les plus mal en point.

Cette passion pour les fontaines ne se limite pas à la médina, comme en témoignent les rutilantes fontaines ultramodernes récemment installées dans la ville nouvelle.

magnifique porte neuve et une place restaurée. Les bords du fleuve sont également en pleine réhabilitation. À terme, R'cif pourrait bien rivaliser avec la médina.

Les principaux sites ne constituent qu'un échantillon des trésors de la médina. Prenez le temps d'y flâner au hasard, suivez votre nez ou vos oreilles pour en découvrir les charmes inattendus : des femmes avec des bottes d'herbes fraîchement cueillies, des enfants portant un plateau de miches de pain pour les faire cuire à la boulangerie voisine, un café offrant des verres de café berbère épicé. Au prochain coin de rue vous attend une fontaine aux superbes zelliges, un atelier qui fabrique des seaux de hammam en bois, une tête de dromadaire signalant un boucher spécialisé, ou une bande d'enfants jouant au football. Partout, vous entendrez l'appel à la prière ou un muletier criant *Balek !* (Attention !) pour frayer un chemin à son animal lourdement chargé.

S'orienter n'est pas facile, mais se perdre fait partie de l'aventure. Un bon moyen consiste à dépister les rues "principales" qui aboutissent à une porte ou à un point de repère ; suivez le mouvement général des passants. Demandez votre chemin à des commerçants ou laissez-vous guider par des enfants, ravis de sauver des étrangers perdus moyennant un ou deux dirhams.

♥ Mosquée et université Karaouine MOSQUÉE

(carte p. 290). À la fois mosquée parmi les plus grandes d'Afrique et université la plus ancienne au monde, ce complexe est le centre spirituel de la ville et du pays. Édifiée en 859 par Fatima el-Fihria, originaire de Kairouan (Tunisie), et agrandie par les Almoravides au XIIe siècle, la mosquée peut accueillir 20 000 fidèles. Elle est tellement vaste qu'il est difficile de la voir ; au fil des siècles, les rues et les maisons du quartier ont empiété sur le bâtiment et en dissimulent la forme. Récemment restaurée, la mosquée est interdite aux non-musulmans. Vous devrez vous contenter d'un aperçu de sa cour depuis la porte principale située dans Derb Boutouil. D'un des points de vue qui dominent la médina, vous repérerez son immense toit vert pyramidal et son minaret.

♥ Médersa el-Attarine UNIVERSITÉ ISLAMIQUE

(carte p. 290 ; 10 Dh ; 9h-18h). Fondée en 1325 par Abou Saïd, la médersa Attarine fut conçue comme annexe de la mosquée Karaouine voisine. La cour centrale s'orne des motifs traditionnels de l'artisanat mérinide, avec de superbes zelliges, des stucs et des sculptures en cèdre. Des colonnes en onyx flanquent le mihrab (niche tournée vers La Mecque). Légèrement plus petite que la médersa Bou Inania, celle-ci a été restaurée avec goût et délicatesse.

♥ Médersa Bou Inania UNIVERSITÉ ISLAMIQUE

(carte p. 290 ; 10 Dh ; 9h-18h, fermée pendant les prières). De Bab Bou Djeloud, une courte marche dans Talaa Kebira conduit à cette médersa, la plus belle école coranique de Fès. Édifiée par le sultan mérinide Bou Inan entre 1350 et 1357, elle a été entièrement restaurée il y a quelques années et le résultat est remarquable : zelliges élaborés et stucs sculptés, magnifiques moucharabiehs en cèdre et portes en cuivre massives.

Alors que les médersas ne comportent habituellement qu'une simple salle de prière, celle-ci comprend une mosquée, complétée d'un splendide minaret carrelé de vert. Le mihrab se distingue par son beau plafond et ses colonnes en onyx. On pense que la présence de la mosquée est due à l'absence d'une autre mosquée aux alentours lors de la construction de la médersa.

♥ Musée Nejjarine des arts et métiers du bois MUSÉE

(carte p. 290 ; 0535 74 05 80 ; pl. an-Nejjarine ; 20 Dh ; 10h-19h ; photos interdites). Ouvert en 1998, ce musée occupe un fondouk (caravansérail) restauré de façon remarquable. Autour d'une cour intérieure, les salles renferment des objets traditionnels – outils d'artisans, chapelets de prière, ferronneries berbères, coffres, instruments de musique, meubles, etc. Les collections sont très joliment présentées et le bâtiment lui-même ajoute au plaisir de la visite. Sur le toit, un café offre une belle vue sur la médina.

Musée Batha MUSÉE

(carte p. 290 ; 0535 63 41 16 ; rue du Musée, Batha ; 10 Dh ; 8h30-12h et 14h30-18h mer-lun). Installé dans un superbe palais d'été du XIXe siècle depuis 1916, ce musée possède une excellente collection d'art et d'artisanat marocains. Parmi les objets anciens figurent de belles sculptures sur bois, des zelliges et des stucs ciselés provenant de médersas en ruine ou délabrées. De jolies broderies fassies, des tapis berbères colorés et des instruments anciens sont également exposés.

Fès

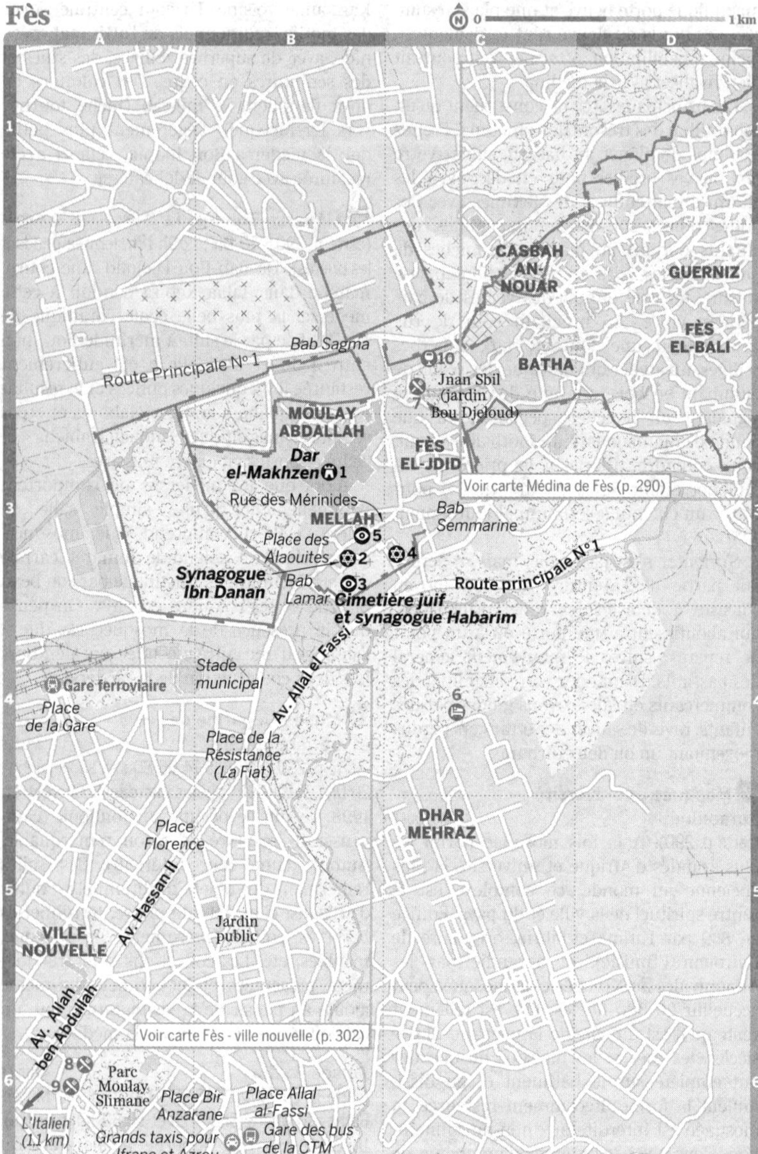

Le clou du musée reste sa superbe collection de céramiques datant du XIVe siècle à nos jours, dont de fabuleux exemples de la célèbre poterie bleue de Fès. Leur vernis bleu cobalt est obtenu par un procédé particulier, découvert au Xe siècle.

Le jardin, de style andalou, offre un calme bienvenu après l'agitation de la médina, et les chênes verts forment un cadre séduisant pour les concerts en plein air du Festival des musiques sacrées du monde et celui de la culture soufie.

Fès

Les incontournables

À voir

Où se loger

Où se restaurer

Où prendre un verre et faire la fête

Tanneries Chouara — QUARTIER

(carte p. 290 ; Derb Chouara, Blida). Ces tanneries font partie des sites les plus emblématiques (et odoriférants) de la ville. De la place Seffarine, dirigez-vous vers l'est ou le nord-est et prenez l'embranchement de gauche après 50 m environ ; les puissantes odeurs de peau et de teinture vous guideront au cœur du quartier des tanneurs (les rabatteurs proposant de vous guider vous confirmeront que vous êtes dans la bonne direction).

S'il est rare de pouvoir circuler entre les cuves de tannage, les boutiques de cuir qui jalonnent les rues alentour ont toutes une terrasse qui offre la vue sur les cuves. Venez plutôt le matin, quand les cuves sont remplies de teintures colorées. Les vendeurs vous expliqueront volontiers le processus en échange d'un petit pourboire, ou mieux encore d'un achat. Malgré l'orientation commerciale, vous ne trouverez pas un meilleur choix d'articles en cuir au Maroc et les prix restent raisonnables (à condition de marchander).

Ces dernières années, il a été question de transférer la tannerie hors de la médina et de transformer le site en espace vert. Toutefois, les conséquences économiques et culturelles des projets pour cette partie de la médina demeurant incertaines, il n'est pas sûr qu'ils seront mis en œuvre un jour.

Fès el-Jdid (nouvelle Fès)

Seule une cité aussi ancienne que Fès peut appeler "ville nouvelle" un quartier vieux de 700 ans. Le sultan mérinide Abou Youssef Yacoub (1258-1286) le construisit pour y vivre avec ses mercenaires syriens, à l'écart de ses sujets. Quasiment la moitié de sa superficie fait encore partie du palais royal. L'autre intérêt du quartier est le patrimoine architectural légué par les premiers habitants juifs.

Dar el-Makhzen — PALAIS

(palais royal ; carte p. 288 ; pl. des Alaouites). L'entrée du Dar el-Makhzen offre un exemple impressionnant de restauration moderne, mais ce domaine de 80 ha est fermé au public. Vous ne verrez que les imposantes portes en cuivre, entourées de beaux zelliges et de panneaux en cèdre sculpté.

Mellah — QUARTIER JUIF

(carte p. 288). Au XIVe siècle, Fès el-Jdid devint un refuge pour les juifs, créant ainsi un mellah (quartier juif). Selon les documents, ce déplacement fut organisé pour offrir aux juifs une plus grande protection. Ils apprécièrent cette décision du sultan et le récompensèrent en lui restant loyaux durant les conflits. Quelque 200 juifs vivent actuellement à Fès, mais ils ont tous déménagé dans la ville nouvelle. Seules demeurent leurs anciennes maisons, dont les balcons ouvrant sur la rue les différencient des demeures musulmanes.

Cimetière juif et synagogue Habarim — CIMETIÈRE

(carte p. 288 ; dons bienvenus ; 7h-19h). Le coin sud-ouest du mellah est occupé par un lieu de dernier repos, dont les tombeaux d'un blanc éclatant jalonnent la colline ; ceux des rabbins sont entourés d'un enclos. L'un des plus anciens, adossé au mur nord, est celui du rabbin Vidal Hasserfaty, mort en 1600. Plus bas sur la pente, la grande tombe aux ornementations vertes est celle de Solica, une jeune fille de 14 ans qui eut la gorge tranchée en 1834 pour avoir refusé de se convertir à l'islam et pour avoir repoussé les avances du gouverneur de Tanger. Le cimetière accueille encore aujourd'hui des sépultures.

Au bout du cimetière, la synagogue Habarim abrite un musée. Parmi les objets hétéroclites laissés par les juifs au moment de leur départ figurent d'émouvantes photos et cartes postales. Le gardien vous ouvrira le musée s'il est fermé.

Synagogue Ibn Danan — SYNAGOGUE

(carte p. 288 ; dons bienvenus). Près du cimetière, cette synagogue fut restaurée en

Médina de Fès

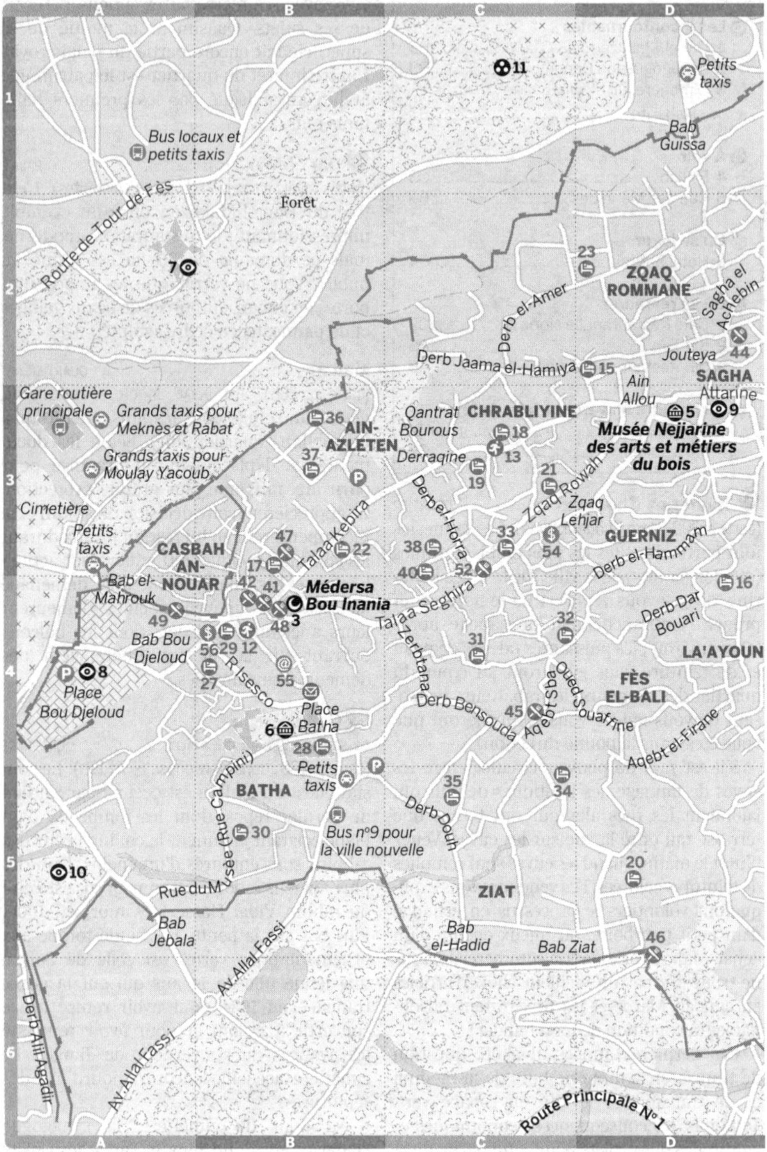

1999 avec le concours de l'Unesco. Il n'y a pas d'heures d'ouverture fixes, mais le gardien est habituellement présent pour vous ouvrir et vous montrer les principaux éléments, dont un *mikva* (bain rituel) au sous-sol.

Jnan Sbil (jardin Bou Djeloud) JARDIN

(carte ci-dessus ; av. Moulay Hassan). Ce jardin constitue un espace vert bienvenu depuis plus d'un siècle. Pause appréciable à mi-chemin entre le mellah et Bab Bou

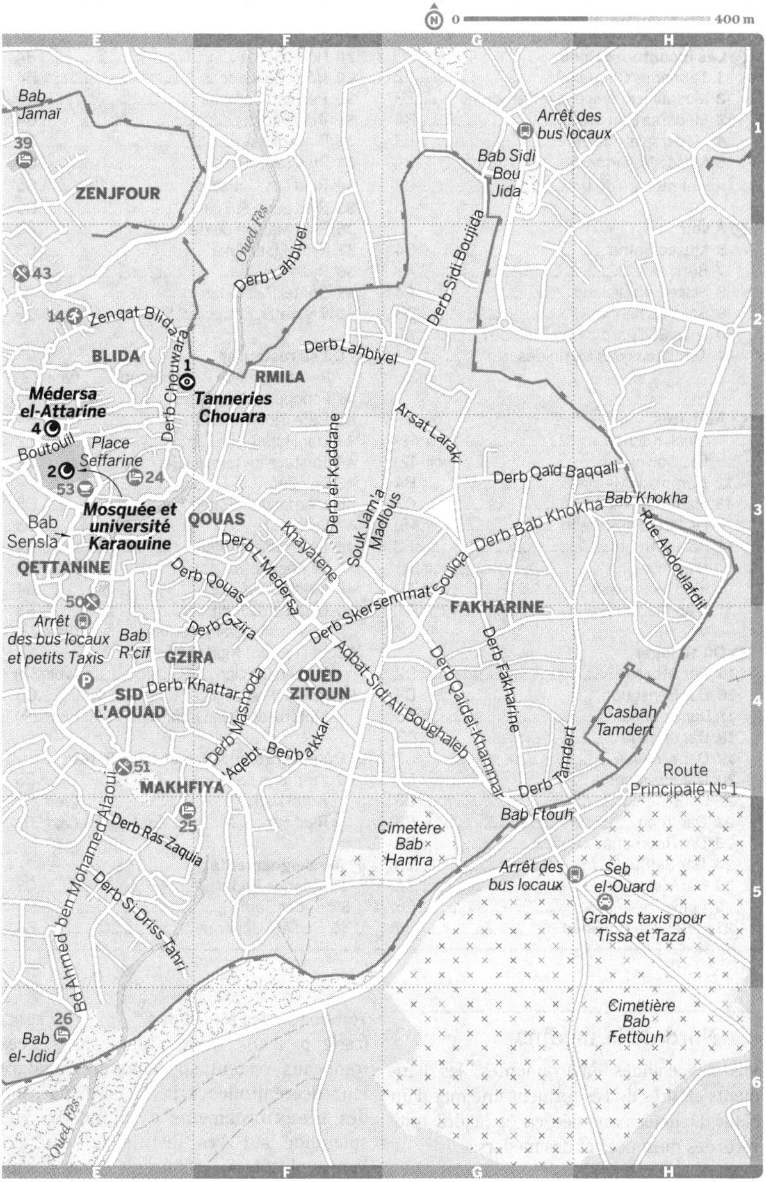

Djeloud, il était en cours de rénovation lors de notre passage.

Rue des Mérinides BÂTIMENTS

(carte p. 288). Cette rue est bordée de maisons qui se distinguent par leurs balcons en bois et en fer forgé et par leurs stucs.

Place Bou Djeloud PLACE

(carte p. 290 ; P). En lisière de la médina, cette place accueille une fête foraine pendant les vacances, et des concerts. Quelques conteurs s'y rassemblent également.

Médina de Fès

Les incontournables

1 Tanneries Chouara E2
2 Mosquée et université Karaouine E3
3 Médersa Bou Inania B4
4 Médersa el-Attarine E3
5 Musée Nejjarine des arts et métiers du bois D3

À voir

6 Musée Batha B4
7 Borj Nord A2
8 Place Bou Djeloud A4
9 Souk au henné D3
10 Jnan Sbil (jardin Bou Djeloud) A5
11 Tombeaux des Mérinides C1

Activités

Clock Kitchen .... (voir 42)
Fez Download .... (voir 42)
12 Hammam Mernissi B4
13 Hammam Rihab C3
Le Jardin des Biehn .... (voir 45)
14 Palais Amani E2
Riad Fès .... (voir 31)
Riad Laaroussa .... (voir 33)
Riad Maison Bleue .... (voir 36)

Où se loger

15 Dar Attajalli D2
16 Dar Bensouda D4
17 Dar Bouânania B3
18 Dar el Hana C3
19 Dar el Menia C3
20 Dar Fes Medina D5
21 Dar Finn C3
22 Dar Iman B3
23 Dar Roumana D2
24 Dar Seffarine E3
25 Dar Victoria E5
26 Funky Fes E6
27 Hôtel Bab Boujloud B4
28 Hôtel Batha B4
29 Hôtel Cascade B4
30 Pension Campini B5
31 Riad Fès C4
32 Riad Idrissy C4
33 Riad Laaroussa C3
34 Riad Les Oudayas C5
35 Riad Lune et Soleil C5
36 Riad Maison Bleue B3
37 Ryad Mabrouka B3
38 Ryad Salama C3
39 Sofitel Palais Jamaï E1
40 Ziyarates Fes C3

Où se restaurer

Restaurants de Bou Djeloud .... (voir 29)
41 Échoppes de b'sara B4
42 Cafe Clock B4
43 Dar Hatim E2
44 Restaurant familial Berrada D2
45 Fez Café C4
46 L'Amandier, Palais Faraj D5
47 Le 44 .... B3
48 Le Chameau Bleu B4
Le Kasbah .... (voir 29)
49 Médina Café A4
50 Marché de R'cif E3
Restaurant Dar Roumana .... (voir 23)
51 Restaurant Riad al Andalib E4
Ruined Garden .... (voir 32)
52 Stand d'escargots C3
Marché de Talaa Kebira .... (voir 29)

Où prendre un verre et faire la fête

53 Crèmerie La Place E3
Hôtel Batha .... (voir 28)
Riad Fès .... (voir 31)

Renseignements

54 Banque Populaire C3
55 Cyber Batha B4
56 Société Générale B4

Nord de la médina

Vus des collines environnantes, les bâtiments en grès de Fès forment une mer d'un blanc tacheté, ponctuée çà et là des toits verts des mosquées et des médersas.

Borj Nord — POINT DE VUE

(carte p. 290). Gravir la colline pour atteindre ce lieu permet de découvrir un beau panorama de la cité. Comme le Borj Sud, perché sur les hauteurs sud, le Borj Nord fut construit par le sultan Ahmed el-Mansour à la fin du XVIe siècle afin de surveiller une population prompte à la révolte.

Tombeaux des Mérinides — RUINES

(carte p. 290). Situés plus haut, ces tombeaux restent spectaculaires malgré leur décrépitude et la quasi-disparition des beaux ornements d'origine. La vue splendide sur Fès justifie la grimpée. Venez plutôt au crépuscule, quand s'allument les lumières et que les appels des muezzins résonnent dans la vallée. Mieux vaut toutefois ne pas y aller seul : nombre de voyageurs nous ont dit avoir été agressés en soirée. De Bab Bou Djeloud, la course en taxi revient à 12 Dh ; au retour, une marche de 10 minutes vous ramènera à la médina.

STEVEN GREAVES/GETTY IMAGES ©

Vie dans la médina

Si le Maroc se modernise prestement, l'attachement aux traditions y reste central, comme en témoignent les médinas. Artisanat superbe, architecture ancienne, savoureuse cuisine de rue : rien de meilleur que de se perdre dans les ruelles tortueuses des médinas marocaines pour entendre battre le cœur du pays.

Dans ce chapitre

Ci-dessus Marchand de pâtisseries

1

MASSIMO PIZZOTTI/GETTY IMAGES ©

1. Plafonds du palais de la Bahia (p. 54), Marrakech 2. Médina de Tanger (p. 225) 3. Médina de Chefchaouen (p. 255) 4. Mausolée de Moulay Ismaïl, Meknès (p. 331)

3

2

MATTHEW SCHOLEY/GETTY IMAGES ©

4

Les ruelles

Une grande partie de la magie des médinas marocaines tient au plaisir de se perdre dans un dédale de ruelles semblant échapper à toute logique. Flâneries au hasard et heureuses découvertes font tout le charme de ces lieux magiques. Les médinas sont omniprésentes à travers le pays, mais chacune a sa personnalité. Voici quelques-unes des plus pittoresques:

Médina de Marrakech

Immense scène à ciel ouvert, la place Jemaa el-Fna est le cœur vibrant de la médina de Marrakech, ceinte de 19 km de remparts. Au gré de ses ruelles, vous découvrirez des merveilles, tel le palais de la Bahia.

Médina de Tanger

L'Europe, pourtant si proche, semble à des années-lumière de la casbah et du souk de Tanger. Les façades pimpantes du Petit Socco ont été repeintes, dans le cadre d'un programme d'embellissement de la ville.

Médina de Chefchaouen

Dans les hauteurs du Rif, cette médina flanquée de vertes collines se distingue par les toits de tuiles en terre cuite et le bleu de ses édifices évoquant l'Andalousie. Impossible cependant de se perdre tout à fait dans ce mini-labyrinthe.

Médina de Meknès

C'est un descendant du prophète Mahomet qui fit édifier la médina de la voisine – sous-estimée – de Fès. Allez admirer les maisons avec balcons typiques du mellah (quartier juif) puis rejoignez la place el-Hedim, équivalent local de la place Jemaa el-Fna de Marrakech.

Fès el-Bali

Plus grande médina intacte du Maroc, le vieux Fès incarne plus de 1 200 ans d'histoire. Il arrive, même aux plus aguerris, de se perdre dans ce dédale de souks et de tanneries. À la clé, la délicieuse surprise de tomber sur un musée d'artisanat ou une médersa du XIVe siècle, si vous êtes chanceux.

Tanger
Asilah
Chefchaouen
OCÉAN
ATLANTIQUE
RABAT
Meknès
Fès
Azrou
Essaouira
Marrakech
Taroudant
Tiznit
ALGÉRIE

GAVIN HELLIER/GETTY IMAGES ©

CULTURA TRAVEL/PHILIP LEE HARVEY/GETTY IMAGES ©

Haut : Souk, médina de Marrakech (p. 58)
Bas : Atelier de céramiques, médina de Fès (p. 306)

3 SEMAINES Route marchande

Que ce soit pour chiner des objets d'art ou pour acheter des épices et des babouches, les médinas marocaines sont, depuis des siècles, des lieux incontournables. Voyagez léger car vous reviendrez à coup sûr les bras chargés de mille souvenirs.

Débutez votre chasse au trésor à **Tanger**, dont la médina abrite un bazar dédié aux bijoux en argent, et d'étonnants magasins d'antiquités. Mettez ensuite le cap sur la médina de **Chefchaouen** et ses édifices bleu pâle. Le tissage de la laine est la spécialité de la ville, notamment les tissus et tapis rifains.

Sur la côte atlantique, les œuvres d'art contemporain sont à l'honneur dans la médina d'**Asilah**, ornée de fresques murales. La ville vibre chaque année en juillet à l'occasion de son festival artistique.

Après Asilah, découvrez la décontraction de la médina de **Rabat**, où se dénichent soieries, poteries et meubles en bois sculpté. L'ambiance est tout aussi paisible dans la médina de **Meknès**, réputée pour ses bijoux damasquinés d'argent.

Fès el-Bali fait figure de capitale artisanale du Maroc. Les tanneries vendent des articles en cuir, les riads et autres fondouks, des tapis, et les céramiques de qualité sont partout. **Fès** est idéale pour assister à la fabrication d'objets selon les méthodes traditionnelles. À proximité, **Azrou** accueille une fois par semaine un bazar réputé pour ses tapis berbères.

Les motifs berbères côtoient les styles occidentaux dans la médina de **Marrakech**. On trouve sur place des objets artisanaux provenant de tout le pays, le traditionnel se mêlant au meilleur du design contemporain.

Autre incontournable, **Essaouira** est avant tout réputée pour ses beaux objets en bois de thuya, ses articles en raphia et les peintures colorées des artistes locaux. Les célèbres poteries de Safi s'y trouvent aussi aisément.

Dans le sud, les bijoux en argent sont la spécialité de la tribu chleuhe de la vallée du Sous ; découvrez-les dans le souk arabe de la médina de **Taroudant**, entourée de remparts. Enfin, **Tiznit** compte un souk spécialisé dans les bijoux, dont les divers styles reflètent avant tout la culture des Touaregs du désert.

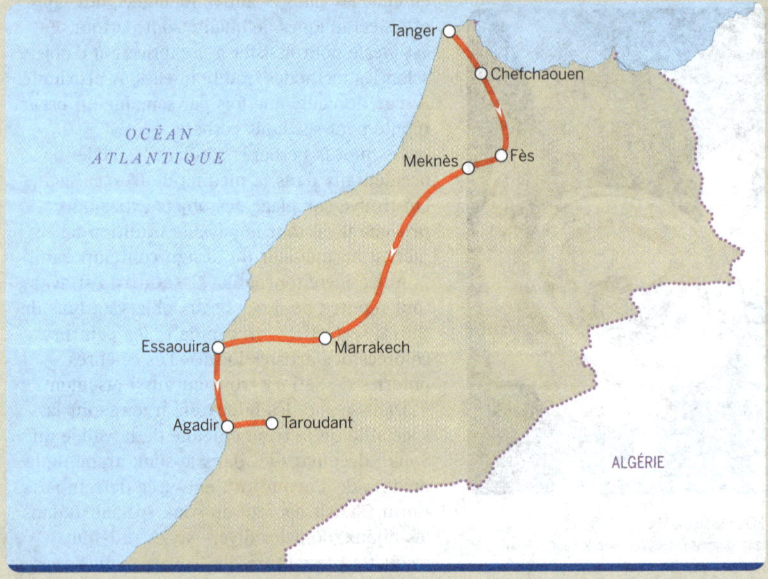
Tanger
Chefchaouen
OCÉAN
ATLANTIQUE
Fès
Meknès
Essaouira
Marrakech
Agadir
Taroudant
ALGÉRIE

LONELY PLANET/GETTY IMAGES ©

RAFAEL ELIAS/GETTY IMAGES ©

Haut : Étals de la place Djemaa el-Fna (p. 73), Marrakech
Bas : Étal d'oranges

2 SEMAINES

Cuisine de rue

Des copieux tajines des montagnes à leurs délicats homologues du bord de mer, la cuisine marocaine reflète la diversité des paysages tout autant que la riche histoire du pays. En route pour un circuit gastronomique qui fera voyager vos papilles !

Le périple commence dans la médina de **Tanger**. Régalez-vous de brochettes et de poisson frit – typiques de la cuisine de rue –, mais ne négligez pas les variations locales des tapas et de la paella espagnoles, illustrations des liens culturels entre les deux pays.

À **Chefchaouen**, dans le Rif, goûtez aux fromages frais à base de lait de chèvres et de vaches des montagnes. Offrez-vous également un déjeuner dans l'un des cafés de la Plaza Uta el-Hammam et savourez les délicieuses pâtisseries que les vendeurs ambulants de la place proposent sur de grands plateaux.

Fès est réputée pour sa cuisine marocaine haut de gamme, mais on y trouve aussi des spécialités plus simples, à manger sur le pouce. Commencez la journée avec une spécialité fassie, la *b'sara* (soupe de haricots blancs à l'ail), servie dans des bols en terre avec un filet d'huile d'olive. De petites échoppes en proposent partout dans la médina.

La place el-Hedim de **Meknès** est idéale pour siroter un thé à la menthe ou déguster des sardines et des sandwichs. En bordure de la médina, le marché couvert abonde en produits frais.

À **Marrakech**, la place Jemaa el-Fna est incontournable pour ses étals de grillades et de jus d'orange frais, à déguster au milieu de l'animation. Goûtez à la *tanjia*, spécialité marrakchie à base d'agneau aux épices, longuement mijotée dans un récipient en terre.

Le poisson frais est à l'honneur à **Essaouira**. Entre la médina et le port, faites un vrai festin en plein air grâce aux grills sur lesquels cuisent sardines et coquillages. Achetés à la poignée, ils sont servis avec du pain et de la salade.

Pour goûter aux classiques marocains, cap sur le souk al-Had d'**Agadir**, où les tajines bouillants côtoient les étals de fruits et légumes.

Enfin, confectionnez-vous un pique-nique avec les produits de la vallée du Sous dans les souks de **Taroudant**.

Peaux d'animaux en train de sécher dans la médina de Fès (p. 306)

Les gens

La diversité culturelle est l'une des grandes caractéristiques du Maroc. Ce pays arabe d'Afrique a l'Europe pour proche voisine, et l'islam pour toile de fond de son identité nationale. Diversité linguistique également car le Maroc accueille des populations arabes, de Berbères, d'expatriés européens et de migrants d'Afrique subsaharienne.

Scènes de rue

Favorisant le brassage des populations et des cultures, les médinas sont le lieu idéal pour rencontrer les habitants. Là, au milieu des touristes, les Marocains vaquent à leurs occupations quotidiennes : vendre des fruits et légumes à la criée, rembourrer des matelas, se hâter vers la médersa, veiller sur la rôtissoire, jongler entre une conversation téléphonique et un étal croulant sous les dattes, choisir des épices pour la *tanjia* à cuire dans le four du hammam. Le lien avec la nourriture est omniprésent : se balader dans des médinas comme celle de Fès, habitée par quelque 150 000 Fassis et d'innombrables ânes, creuse l'appétit.

Si les gargouillis de votre estomac couvrent les appels du muezzin, faites une halte dans un café, peu importe lequel. Vous vous adonnerez, à l'instar des habitants, à l'activité la plus commune : boire un thé à la menthe tout en observant le spectacle de la médina.

Activités

Pour un moment de détente haut de gamme, plusieurs pensions proposent des séances de hammam.

Le **Riad Laaroussa** (carte p. 290 ; ☎0674 18 76 39 ; www.riad-laaroussa.com ; 3 Derb Bechara ; hammam et massage 660 Dh ; ⌚12h-20h), le **Riad Maison Bleue** (carte p. 290 ; ☎0535 74 18 39 ; www.maisonbleue.com/riad-maison-bleue ; Derb el Miter, Ain-Azleten ; hammam 500 Dh ; ⌚12h-20h), le **Riad Fès** (carte p. 290 ; ☎0535 94 76 10 ; www.riadfes.com ; Derb Zerbtana ; ⌚13h-21h), le **Palais Amani** (carte p. 290 ; ☎0535 63 32 09 ; www.palaisamani.com ; Derb el Miter, Oued Zhoune ; hammam 495 Dh ; ⌚10h-19h) et **Le Jardin des Biehn** (carte p. 290 ; ☎0664 64 76 79 ; www.jardindesbiehn.com ; Aqebt Sbaa, Douh ; hammam 660 Dh ; ⌚9h-20h) possèdent chacun d'excellents spas, avec des soins à partir de 500 Dh environ.

Hammam Mernissi HAMMAM

(carte p. 290 ; Derb Serrajine ; ⌚femmes 9h-20h, formule touristes féminines 9h-13h, hommes 6h-9h et 20h-24h). Cet ancien hammam récemment restauré est le seul de la médina à s'adresser spécifiquement à une clientèle de touristes féminines, avec une formule à 150 Dh comprenant savon *beldi* (savon à l'huile d'olive) et gommage au *kis* (gant de crin). Le massage coûte 50 Dh en supplément.

Hammam Rihab HAMMAM

(carte p. 290 ; 3 Chrabliyenne, Talaa Kebira ; ⌚femmes 8h-21h, hommes 21h-8h). Autre hammam ancien récemment restauré, ce grand établissement est propre, et son personnel a l'habitude des touristes. Outre l'entrée à 12 Dh, tablez sur environ 100 Dh pour un gommage et un massage.

Nausikaa SPA

(☎0535 61 00 06 ; www.nausikaaspa.com ; av. Bahnini, rte Ain Smen ; hammam 100 Dh ; ⌚7h-21h). Dans la ville nouvelle, Nausikaa est l'un des établissements les plus complets de Fès, alliant les traditions du hammam aux soins d'un spa moderne. Il propose un grand choix d'excellents massages et soins, ainsi qu'une salle de sport et une piscine.

Cours

Clock Kitchen CUISINE

(carte p. 290 ; ☎0655 32 40 82 ; www.cafeclock.com, Derb el Magana, Talaa Kebira ; cours 3 heures 600 Dh). Proposés par le Cafe Clock, ces ateliers se révèlent idéaux pour apprendre à cuisiner tajines et couscous. Après avoir choisi votre menu et acheté les ingrédients au souk, vous passerez la matinée à affiner votre savoir-faire culinaire et la terminerez en dégustant les plats que vous aurez préparés. Au programme également, confections de pâtisseries, pains et *tanjia,* et préparation de la semoule de couscous à la main.

LA TANNERIE : UNE TRADITION MULTISÉCULAIRE

Les tanneries illustrent peut-être mieux que tout autre artisanat la persistance de traditions remontant à l'époque médiévale. Le cuir marocain, et en particulier le cuir fassi, est depuis des siècles considéré comme l'un des plus beaux au monde. La fine peau de chèvre tannée, utilisée en reliure, porte ainsi le nom de maroquin.

Au Maroc, les techniques de tannage n'ont guère changé au fil des siècles. Les ânes continuent de transporter les peaux à travers les étroites ruelles jusqu'aux cuves de teinture, toujours construites selon les méthodes traditionnelles (avec l'ajout de carreaux de céramiques modernes). Les tanneurs sont organisés selon les principes des guildes d'antan et le métier se transmet de père en fils. Malheureusement, l'hygiène et la sécurité n'ont pas évolué, et les tanneurs, plongés jusqu'aux genoux dans des produits chimiques, ont souvent des problèmes de santé.

Pour combattre les odeurs pestilentielles (particulièrement fortes par temps de pluie), on offre souvent aux touristes de passage une branche de menthe à presser contre leur nez. Les principaux produits utilisés pour tanner les peaux sont la fiente de pigeon et l'urine de vache (pour le potassium) mélangées à de la cendre ; d'autres ingrédients plus délicats, tels l'indigo, le safran ou le pavot, sont ajoutés ultérieurement pour la teinture.

Les tanneries fassies modernes – étonnamment, Fès en compte plus de soixante-dix – ont tendance à utiliser des produits chimiques synthétiques, rejetant des polluants dans l'oued Sebou, même si la station de récupération du chrome de la ville supprime une grande part, si ce n'est tout, des pires polluants.

Les riads
CUISINE

De nombreux riads proposent des ateliers et cours de cuisine traditionnelle animés par les chefs de leurs restaurants. Parmi eux, citons le riad Fès (voir p. 309) qui propose en groupes restreints (2 à 4 personnes) des cours d'une demi-journée débutant par une visite des souks et l'achat de produits frais. Le plus : le cours se clôture par un repas convivial sur la terrasse panoramique. Dégustations de vins marocains également proposées.

Fez Download
LANGUE

(carte p. 290 ; ☎0535 63 78 55 ; www.cafeclock.com ; Derb el-Margana, Talaa Kebira ; 150 Dh/pers rafraîchissements compris). Passez 2 ou 3 heures en compagnie de l'affable Khalid pour apprendre des rudiments d'arabe marocain, les bases des bonnes manières et pour vous initier aux coutumes marocaines. Au Cafe Clock ; 2 pers minimum.

Arabic Language Institute
LANGUE

(carte ci-dessous ; ☎0535 62 48 50 ; www.alif-fes.com ; 2 rue Ahmed Hiba ; cours 3/6 semaines 6 000/10 400 Dh). Cet institut propose des cours de plus longue durée pour les étrangers et peut aider les étudiants à se loger en appartement ou chez l'habitant. Les cours ont lieu à l'American Language Center, qui compte une excellente librairie anglophone vendant des ouvrages sur le Maroc.

Subul Assalam
LANGUE

(☎0535 63 18 62 ; www.sacal-fez.com ; cours 3 semaines 5 000 Dh, leçons à l'heure 250 Dh). Cette école de langue propose ses services en insistant sur l'importance de la compréhension interculturelle. Subul Assalam ("chemins vers la paix") peut organiser des séjours chez l'habitant pour les personnes inscrites à de longs stages, donnés en darija (arabe marocain), en arabe standard moderne et en arabe classique, ainsi qu'en tamazight (langue berbère).

Fès - ville nouvelle

Arabophon LANGUE
(☎0535 60 34 75 ; www.arabicstudy.com ; cours demi-journée/3 jours 500 Dh/1 500 Dh, cours intensifs 4 sem 4 360 Dh). Cours intensifs d'arabe marocain et d'arabe standard moderne. Les sessions les plus courtes, à l'instar de l'option "Explorateur sérieux" (3 jours), sont destinées aux voyageurs. Des cours de tamazight (langue berbère) sont également proposés. Cours dispensés en français, anglais et espagnol.

Circuits organisés

La municipalité de Fès a instauré six itinéraires thématiques bien signalés dans la vieille ville.

Bleu clair La rive andalouse
Bleu foncé Monuments et souks
Vert Palais et jardins andalous
Orange Murailles et fortifications
Violet Fès el-Jdid
Rose Artisanat

Les indications, à hauteur des yeux, sont faciles à suivre et montrent la direction du prochain point de repère. D'excellents panneaux explicatifs en anglais sont placés à intervalles réguliers. *Fès : guide des circuits touristiques thématiques* est conçu pour accompagner les promeneurs qui suivent ces itinéraires dans la médina, tandis que l'excellent *Fès de Bab en Bab : promenades dans la médina* de Hammad Berrada décrit plus en détail 11 promenades et permet au lecteur de découvrir des cours et des coins secrets de la médina.

Cela vaut vraiment la peine d'engager un guide. Il vous montrera des détails architecturaux et des endroits méconnus, répondra à vos questions sur la culture locale, vous servira d'interprète et vous protégera des faux guides. Un circuit d'une journée avec un guide officiel coûte un minimum de 350 Dh ; demandez toujours à voir son permis.

La qualité des guides varie considérablement et il est important de préciser ce que vous attendez. Si le shopping ne vous intéresse pas, dites-le fermement dès le début, sachant que vous devrez peut-être prévoir un supplément de 50 à 100 Dh. Si possible, trouvez un guide par l'intermédiaire de votre hôtel ou de votre pension.

Fes Rando RANDONNÉE
(☎0674 79 79 83 ; www.fesrando.com ; à partir de 300 Dh/pers). Randonnées d'une journée sur le mont Zalagh qui domine Fès, et plus loin dans le Moyen Atlas. Des treks avec nuit en gîte sont également proposés.

Fêtes et festivals

Plusieurs festivals méritent que l'on planifie un voyage à Fès pour y assister. Si le Festival de Fès des musiques sacrées du monde reste le plus connu au niveau international, deux autres, plus récents, valent aussi le détour (voir p. 326).

Festival de la culture soufie MUSIQUE
(http://www.festivalculturesoufie.com ; ⏲avr). Ce festival soufi s'accompagne chaque année d'une série d'événements, dont des conférences, des débats, et de somptueux concerts dans le jardin du musée Batha avec des musiciens soufis du monde entier.

Festival de la culture berbère MUSIQUE
(⏲juil). Ce festival, organisé avec l'Institut royal de la culture amazigh, vise à promouvoir et à protéger la culture amazigh (berbère) ; concerts, conférences et ateliers font partie du programme.

Moussem de Moulay Idriss FÊTE RELIGIEUSE
(⏲variables). La plus grande fête religieuse de Fès est aussi l'une des plus importantes du pays. Elle a actuellement lieu en août, mais

Fès-ville nouvelle

Activités
1 Arabic Language Institute D3

Où se loger
2 Across Hotel C2
3 Hôtel Barceló Fès Medina C2
4 Hôtel Central C4
5 Hôtel Mounia C4
6 Hôtel Olympic C3
7 Hôtel Splendid B3
8 Auberge de jeunesse C3

Où se restaurer
9 Borj Fes D1
10 Marché central C3
11 Chicken Mac B2
12 Crèmerie Skali C3
13 Restaurant Marrakech C4

Où sortir
14 Institut français C2

Renseignements
15 Carlson Wagonlit C3
16 Cyber Club C4
17 Délégation régionale du tourisme C3
18 Consigne A1
19 Pharmacie de nuit C1
20 Téléboutique Cyber Club C4

la date change en fonction du calendrier musulman. Le *moussem* (fête en l'honneur d'un saint) du fondateur de la cité, Moulay Idriss, attire des foules immenses. Des artisans locaux réalisent des objets en hommage au saint et une gigantesque procession traverse la médina au son de la musique traditionnelle ; les participants dansent et aspergent musiciens et spectateurs d'eau de fleur d'oranger.

Où se loger

Fès offre une gamme complète d'hébergement, des pensions sans prétention aux riads de charme. La principale question reste le choix du quartier : la pittoresque et bruyante médina, ou la ville nouvelle, à courte distance en petit taxi et plus fréquentée par les voyageurs à petit budget ? Le prix des chambres à Fès est dans le haut de la fourchette (voir p. 477). Mieux vaut réserver en haute saison, notamment durant le Festival des musiques sacrées du monde, en juin, quand les prix ont tendance à grimper. Nous indiquons les prix en dirhams, mais de nombreux riads les affichent (et les facturent) en euros. Mieux vaut se tenir au courant des taux de change.

Médina

La plupart des établissements les moins chers se situent à deux pas de Bab Bou Djeloud, au cœur de l'action. Sauf mention contraire, les adresses de catégorie petits budgets ne disposent que de sdb communes. N'espérez pas d'eau chaude aux tarifs les plus bas. Dans la médina, de nombreux hôtels de catégorie moyenne, notamment les riads et les *dars* (maison citadine traditionnelle), pratiquent des prix proches de la catégorie supérieure. Quelques-uns offrent des chambres plus simples à des prix raisonnables.

> HORS DES SENTIERS BATTUS
>
> **LE FESTIVAL DU CHEVAL DE TISSA**
>
> Située sur les riches terres agraires le long du Sebou, la prospère ville de Tissa se pare de mille couleurs magnifiques au printemps. Toutefois, la période la plus intéressante pour la visiter reste celle du **Festival du cheval de Tissa**, organisé la deuxième semaine de septembre. Les fermiers viennent de toute la région pour vendre leurs animaux et faire la fête avec de folles fantasias (charges de cavalerie). On ne trouve guère d'infrastructures d'accueil à proprement parler et les dates ne sont fixées qu'une semaine ou deux à l'avance. Seule certitude : le champ de foire est situé au nord de la ville, avant le pont.
>
> Pour venir, prenez un grand taxi (20 Dh) à Sehb el Ouard près de Bab Ftouh, à Fès.

♥ Ziyarates Fes — CHEZ L'HABITANT €
(carte p. 290 ; ☎0535 63 46 67 ; www.ziyaratesfes.com ; 35 Sidi Kjih, Talaa Seghira ; s/d à partir de 200/300 Dh). Ce réseau d'hébergement chez l'habitant permet de découvrir au plus près la vie de la médina. Environ 25 familles fassies louent des chambres de leur maison à des voyageurs étrangers, tout en recevant un soutien des autorités touristiques locales qui garantissent la qualité des logements inscrits. Cet hébergement qui s'additionne d'un échange culturel, vous permettra d'échanger quelques mots en arabe, d'apprendre à cuisiner ou d'aider les enfants à faire leurs devoirs. Les tarifs varient mais toutes les maisons sont répertoriées (avec photos) sur le site Internet de l'organisation.

♥ Funky Fes — AUBERGE DE JEUNESSE €
(carte p. 290 ; ☎0535 63 31 96 ; www.funkyfes.com ; Arset Lamdisi ; dort 130-170 Dh ; wifi). Première véritable auberge de jeunesse de Fès, cette nouvelle adresse coquette et sympathique propose de bons lits pas chers pour globe-trotteurs près de Bab el-Jdid. C'est un établissement jeune et convivial, où les places en dortoirs sont plus nombreuses qu'il n'y paraît. À disposition également : circuits locaux, activités, cuisine, etc.

Hôtel Cascade — HÔTEL €
(carte p. 290 ; ☎0535 63 84 42 ; 26 rue Serrajine, Bab Bou Djeloud ; dort/ch 80/180 Dh). L'un des plus anciens hôtels pour voyageurs du pays bénéficie d'un emplacement idéal, près de Bab Bou Djeloud. Attendez-vous à un confort sommaire et à croiser de nombreux voyageurs soucieux de leur budget. Le petit-déjeuner coûte 20 Dh.

Hôtel Bab Boujloud — HÔTEL €
(carte p. 290 ; ☎0535 63 31 18 ; 49 pl. Isesco, Bab Bou Djeloud ; s/d 200/350 Dh ; climatisation). Idéalement situé à la sortie de Bab Bou Djeloud, cet hôtel est à deux pas de l'animation de la médina. Chambres toutes simples, comme en témoignent les tarifs, mais assez confortables et d'un excellent rapport qualité/prix.

Pension Campini HÔTEL €
(carte p. 290 ; ☎0535 63 73 42 ; pensioncampini@gmail.com ; rue Campini, Batha ; s/d 200/300 Dh ; 📶). À courte distance à pied du musée Batha, cet endroit plus tranquille se situe légèrement en dehors de la médina. Il compte des chambres, spacieuses, avec sdb. La petite terrasse profite de la vue sur le Jnan Sbil (jardins Bou Djeloud).

Dar Bouânania PENSION €
(carte p. 290 ; ☎0535 63 72 82 ; dar-bouanania.com ; 21 Derb Bensalem, Talaa Kebira ; s/d/tr 300/400/500 Dh, sans sdb 200/300/400 Dh ; 📶). Apprécié des voyageurs sac au dos, ce riad à prix doux est installé dans une maison traditionnelle dotée d'une cour et décorée de zelliges et de boiseries peintes. Réparties sur plusieurs niveaux, les chambres, de bonne taille, donnent toutes sur l'intérieur et sont parfois assez sombres. Sdb communes propres, toit-terrasse et petit-déjeuner à 30 Dh.

♥ **Dar Finn** PENSION €€
(carte p. 290 ; ☎0535 74 00 04 ; www.darfinn.com ; 27 Zqaq Rowah ; ch 850-1 200 Dh ; P📶). Les maisons fassies ont souvent ceci de surprenant qu'elles se révèlent après qu'on a franchi une sombre entrée dans la médina. Cette pension réitère la surprise lorsqu'on passe de la maison principale à l'annexe dotée d'un jardin avec mur d'enceinte, d'une piscine à plongeoir et de diverses terrasses propices au farniente (bar en libre service, avec paiement basé sur l'honnêteté du consommateur). De conception astucieuse, l'établissement compte des chambres décorées dans un style marocain subtil et chaleureux. Commencez la journée par un généreux petit-déjeuner à base de confitures maison et autres délices.

Dar Victoria PENSION €€
(carte p. 290 ; ☎0535 63 00 03 ; www.darvictoria.com ; 31 rue Makhfia, R'cif ; ch petit-déj compris 950-1 700 Dh ; 📶). Dans une rue calme de R'cif, le Dar Victoria est une charmante maison ancienne restaurée. Elle abrite sept chambres portant le nom de pierres précieuses et décorées dans un style marocain chic aux couleurs douces. Les sdb sont impeccables. La maison arbore de nombreux décors en plâtre sculpté, riche de symbolisme soufi. C'est un véritable refuge, où l'on vous accueille avec un cocktail maison, réalisé selon une vieille recette familiale.

Hôtel Batha HÔTEL €€
(carte p. 290 ; ☎0535 74 10 77 ; www.hotelbatha.net ; pl. Batha ; s/d petit-déj compris 495/629 Dh ; ❄). Un emplacement privilégié, des chambres correctes et une piscine expliquent le succès de cette adresse. Raisonnablement moderne, l'hôtel abrite des chambres correctes et des endroits paisibles et frais, où l'on peut se reposer du tohu-bohu de la médina. Apprécié des groupes en voyage organisé, il compte un bar, accessible même sans être client de l'hôtel. Bon rapport qualité/prix.

Dar el Menia PENSION €€
(carte p. 290 ; ☎0535 63 31 64 ; www.medinafes.com ; 7 Derb el Menia, Talaa Kebira ; ch petit-déj compris 500-730 Dh, maison entière à partir de 1 500 Dh ;📶). Cette petite maison compacte de 4 chambres est située en retrait de l'artère principale. Restaurée avec goût, elle tire avantage d'un cadre sobre, qui lui confère une ambiance calme. La cuisine mise à disposition des clients est un excellent plus, notamment pour les voyageurs qui louent toute la maison.

Dar Iman PENSION €€
(carte p. 290 ; ☎0535 63 65 28 ; www.dar-iman-fez.com ; 6 Derb Benazahoum, Talaa Kebira ; ch petit-déj compris 730 Dh ; ❄📶). Cette maison ancienne construite il y a 4 siècles environ, joliment restaurée, est située en retrait de l'artère principale. Tenue par un couple australo-marocain, elle offre un excellent rapport qualité/prix. Décoré avec goût (zelliges, hautes portes en bois, etc.), l'ensemble dégage néanmoins une décontraction certaine : ici, moins on en fait, mieux c'est. Seul bémol de cet établissement par ailleurs sympathique et accueillant : une vue limitée depuis la terrasse.

Dar Bensouda PENSION €€
(carte p. 290 ; ☎0535 63 89 39 ; www.riaddarbensouda.com ; 14 Zqaq Labghal, Qettanine ; ch petit-déj compris à partir de 740 Dh ; 📶). Palais reconverti, le Dar Bensouda est l'un des édifices restaurés les plus impressionnants de la médina qu'il nous ait été donné de voir à Fès. La grande cour flanquée de colonnes est ornée de fins détails, tout comme dans les chambres impeccables. L'annexe sur le côté comporte une piscine petite mais ravissante. La taille de l'édifice ne rend pas l'ambiance pesante pour autant, et le service est excellent. Ne manquez pas de jeter un œil à l'album photo qui retrace l'histoire de ce lieu.

Dar Fes Medina PENSION €€

(carte p. 290 ; ☎0535 63 83 92 ; www.darfesmedina.com ; Derb Mokri, Ziat ; s/d/tr petit-déj compris 550/660/880 Dh ; ❄ 📶). Construit récemment, ce *dar* vous réserve une étonnante surprise : une fois les portes passées, on a l'impression d'être dans une vieille maison restaurée de la médina et si les chambres sont légèrement plus spacieuses, l'ensemble dégage un aspect agréablement traditionnel. Son emplacement, près de Bab Ziat, offre un autre avantage rare dans la médina : les taxis peuvent vous déposer devant l'établissement.

Dar el Hana PENSION €€

(carte p. 290 ; ☎0535 63 58 54 ; www.moroccangetaway.com ; 22 rue Ferrance Couicha, Chrabliyine ; ch petit-déj compris 560-780 Dh ; 📶). Difficile de trouver une pension plus agréable et intime que cette adresse. Ses trois chambres (d'une capacité de huit personnes) sont charmantes et joliment aménagées. Nous avons adoré les fenêtres "secrètes" qui permettent d'observer la rue sans être vu, ainsi que la douche extérieure sur la terrasse. Ambiance familiale. On peut même louer la maison entière et s'imaginer habitant de la médina.

Riad Lune et Soleil PENSION €€

(carte p. 290 ; ☎0535 63 45 23 ; www.riadluneetsoleil.com ; 3 Derb Skalia, Batha ; ch petit-déj compris 800-1 200 Dh ; ❄ 📶). L'hospitalité est le maître mot de ce riad. Passé la cour plantée de citronniers, on pénètre dans des chambres, chacune ornée d'objets chargés d'histoire, des cartes postales anciennes et des broderies aux sculptures et aux ferronneries. Pour autant, l'endroit n'a rien d'un musée et certaines chambres disposent même d'un Jacuzzi. Au rez-de-chaussée, vous savourerez l'une des meilleures cuisines de la médina.

Dar Seffarine PENSION €€

(carte p. 290 ; ☎0671 11 35 28 ; www.darseffarine.com ; 14 Derb Sbaalouyat, R'cif ; ch petit-déj compris à partir de 780 Dh ; ❄ 📶). Si vous descendez au Dar Seffarine, demandez à voir l'album photo de sa restauration ; c'est le seul moyen de réaliser que ce fabuleux bâtiment fut, par le passé, une ruine. La cour centrale est somptueuse avec ses colonnes et ses stucs peints jusqu'à des hauteurs vertigineuses, tandis que les chambres, sobres, sont ornées de simples boiseries et de tentures. Seule la suite, avec son plafond voûté peint, fait exception. Une agréable terrasse et une petite cour intime, près de la cuisine,

Promenade à pied : **au cœur de la médina**

DÉPART BAB BOU DJELOUD ;
ARRIVÉE PLACE DE R'CIF ;
DISTANCE 3 KM ;
DURÉE : 2-3 HEURES

Cet itinéraire conduit de Bab Bou Djeloud à la mosquée Karaouine, puis au sud à R'cif. Selon les haltes et les détours, la promenade peut durer de quelques heures à une journée entière.

Contrairement au reste des remparts et aux autres portes de la cité, 1 **Bab Bou Djeloud**, l'entrée principale, est un ajout récent de 1913. Les terrasses des cafés se prêtent idéalement à l'observation de l'activité trépidante et des passants.

Pour la promenade, descendez le long de Talaa Kebira. Ce tronçon est un marché d'alimentation ; repérez les têtes de dromadaires signalant les bouchers spécialisés. Au bout du marché, la 2 **médersa Bou Inania** (p. 287) illustre à la perfection le style architectural mérinide.

En face de l'entrée de la médersa, une célèbre 3 **clepsydre** du XIVe siècle fut conçue par un horloger, magicien à ses heures. Des poutres sculptées supportent des bols en cuivre dans lesquels l'eau s'écoule pour marquer les heures, mais le secret du mécanisme a disparu avec son créateur.

En poursuivant la descente, remarquez les anciens fondouks de part et d'autre de Talaa Kebira. Les salles, installées sur plusieurs niveaux autour d'une large cour, étaient assez vastes pour abriter les animaux et les biens vendus. L'un des plus intéressants est le 4 **fondouk Kaat Smen**, spécialisé dans les miels de toutes sortes et le *smen*, beurre rance utilisé en cuisine.

À 400 m environ de la médersa Bou Inania, un virage en lacet offre la vue sur le joli minaret au carrelage vert de la 5 **mosquée Chrabliyine** (du nom des fabricants de babouches des alentours), droit devant vous.

Continuez à descendre, puis repérez sur la droite le *derb* Fkahrine et un panneau indiquant l'entrée du 6 **souk au henné**. Des boutiques de cosmétiques vendent

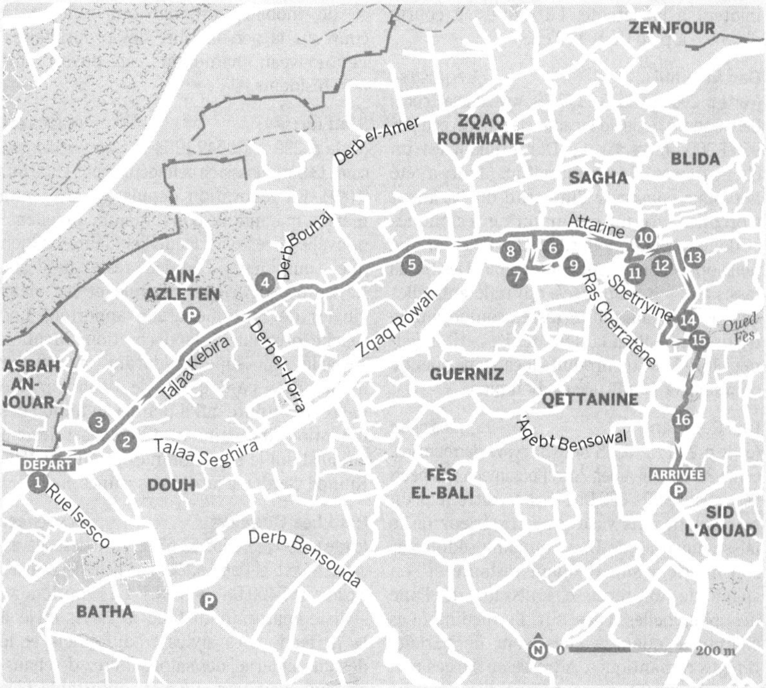

des huiles et du henné sur une petite place arborée. Les stands de poteries et de babioles diverses se succèdent.

Sortez du souk au henné en revenant sur vos pas et tournez à gauche (direction sud). Après 50 m, tournez à droite pour rejoindre la 7 **place Nejjarine**. Les ruelles immédiatement au nord du musée font partie du 8 **souk Nejjarine** (souk des artisans du bois), où vous verrez fignoler des trônes étincelants utilisés pendant les mariages.

De la place Nejjarine, continuez vers le sud et tournez à gauche dans une ruelle, en passant sous la barre qui empêche le passage des mules et des ânes. Bordée d'échoppes de bougies et d'encens, la ruelle conduit à l'entrée de la 9 **zaouïa de Moulay Idriss II**, récemment restaurée. L'entrée est interdite aux non-musulmans, mais l'on peut jeter un coup d'œil à l'intérieur. Le sanctuaire est le cœur de la cité pour les Fassis.

Revenez ensuite sur vos pas jusqu'à Talaa Kebira. Suivez la rue vers l'est – en passant par une petite butte et des stands de mercerie –, jusqu'à un croisement en T à 100 m, où se dresse la 10 **médersa el-Attarine** (p. 287).

En sortant de la médersa, tournez à gauche (sud). Après la 11 **Pâtisserie Kortouba** – idéale pour une pause –, les boutiques laissent place aux murs de la grandiose 12 **mosquée et université Karaouine** (p. 287). C'est l'une des plus anciennes universités du monde. Les non-musulmans ne peuvent que jeter un coup d'œil à l'intérieur.

En longeant les murs de l'université dans le sens des aiguilles d'une montre, repérez le 13 **fondouk des Tétouanais**. Cet édifice du XIVe siècle récemment restauré a servi pendant des siècles d'hôtel et d'entrepôt aux marchands en voyage. Continuez jusqu'à ce que le martèlement des dinandiers vous conduise à la jolie petite 14 **place Seffarine** (place des dinandiers). Les murs de l'université et l'entrée de la bibliothèque étant derrière vous, la médersa Seffarine se dresse sur le flanc est de la place. Construite en 1280, c'est la plus ancienne de la ville.

Dépassez la médersa et longez la ruelle, puis tournez à gauche à hauteur des stands de miroitiers. En face de vous se tient le 15 **souk des teinturiers**. Traversez-le pour pénétrer dans le 16 **marché de R'cif** (p. 311). Flânez là un moment, ou bien prenez n'importe quelle ruelle sur la gauche pour rejoindre la place de R'cif, où vous pourrez prendre un petit taxi.

invitent à la détente. Le *dar* est à courte distance à pied de Bab R'cif.

Dar Attajalli PENSION €€

(carte p. 290 ; ☎0535 63 77 28 ; www.attajalli.com ; Derb Qettana, Zqaq Rommane ; ch petit-déj compris 950-1 300 Dh ; ❄📶). Le Dar Attajalli est un chef-d'œuvre de restauration. Tout a été fait pour conserver l'intégrité du bâtiment d'origine, avec un minimum de techniques et de matériaux modernes, afin de créer une pension extrêmement confortable. Des tissus fassis aux teintes douces, qui reflètent celles des plantes du toit-terrasse, composent le décor qui invite à la détente. Le petit-déjeuner bio, à base de produits locaux, permet de commencer la journée du bon pied.

Dar Roumana PENSION €€

(carte p. 290 ; ☎0535 74 16 37 ; www.darroumana.com ; 30 Derb el-Amer, Zqaq Roummane ; ch petit-déj compris 950-1 620 Dh ; ❄📶). Autre maison se révélant plus vaste que l'extérieur ne le laisse imaginer, le Dar Roumana séduit par son intérieur superbement restauré et son splendide toit-terrasse jouissant de l'une des plus belles vues sur la médina. Les chambres, quant à elles, sont de parfaits refuges romantiques. Adresse au succès non démenti, l'établissement vient d'être rénové par les nouveaux gérants franco-australiens, et compte maintenant l'un des meilleurs restaurants de la médina (pensez à réserver).

Ryad Salama PENSION €€

(carte p. 290 ; ☎0535 63 57 30 ; www.ryadsalama.com ; ch petit-déj compris à partir de 900 Dh ; 📶🏊). Bien situé entre Talaa Kebira et Talaa Seghira, cet authentique riad compte une ravissante cour-jardin dotée d'une petite piscine. Toutes les chambres donnent sur un peu de végétation, et celles de l'étage ont de superbes balcons. La décoration des chambres est haut de gamme, avec sdb luxueuses, mais le grand atout du lieu reste l'oasis de verdure autour de laquelle il s'organise.

Riad Laaroussa PENSION €€€

(carte p. 290 ; ☎0674 18 76 39 ; www.riad-laaroussa.com ; 3 Derb Bechara, Talaa Seghira ; ch petit-déj compris 1 400-2 800 Dh ; ❄📶). Bien qu'un jardin soit un attribut caractéristique d'un riad, celui que l'on découvre après l'entrée sombre surprend par ses vastes dimensions, ses orangers et sa fontaine au doux murmure. Aussitôt plongé dans une ambiance apaisante, on découvre ensuite de belles chambres ornées d'art contemporain et de mobilier original qui reflètent à coup sûr la personnalité des propriétaires. Le nouveau hammam est ouvert aux non-résidents.

Riad Idrissy PENSION €€€

(carte p. 290 ; ☎0649 19 14 10 ; www.riadidrissy.com ; 13 Derb Idrissi ; ch petit-déj compris 1 600 Dh ; ❄📶). En rénovation depuis 5-6 ans, cette maison magnifique constitue une excellente nouvelle adresse à l'accueil chaleureux. Bien que somptueux, l'édifice reste modeste. L'artisanat d'Afrique centrale et les vieux vinyles de musique arabe apportent une touche originale à la décoration. Mention spéciale au superbe jardin agrémenté d'immenses papyrus et de bananiers. Ce havre de verdure qui a poussé au milieu des fondations du bâtiment d'à côté, est devenu aujourd'hui le bien nommé restaurant, The Ruined Garden ("jardin des ruines").

Riad Les Oudayas PENSION €€€

(carte p. 290 ; ☎0535 63 63 03 ; www.lesoudayas.com ; 4 Derb el-Hamiya, Ziat ; ch petit-déj compris à partir de 1 400 Dh ; ❄📶🏊). Le propriétaire, styliste marocain installé à Paris, mêle à la perfection les styles traditionnels et le design moderne, des salons du rez-de-chaussée aux chambres chics et confortables. De la rue, on peut rejoindre la cour-jardin dotée d'une piscine à plongeoir, et le hammam. Outre le grand toit-terrasse, deux des cinq chambres disposent d'une terrasse privative.

Ryad Mabrouka PENSION €€€

(carte p. 290 ; ☎0535 63 63 45 ; www.ryad-mabrouka.com ; 25 Derb el-Mitter, Ain-Azleten ; petit-déj compris ch 1 150-1 450 Dh, ste 1 600-2 000 Dh ; ❄📶🏊). Prisé de longue date, le Mabrouka – l'un des premiers riads de Fès – est une maison arabo-andalouse méticuleusement restaurée. La cour, ornée d'une fontaine, de stucs, de mosaïques et de magnifiques portes en cèdre, ouvre sur un agréable jardin planté d'arbres et de fleurs. Les sept chambres s'agrémentent de sols carrelés et de tissus berbères. Dégustez un simple petit-déjeuner ou un véritable festin marocain sous la véranda qui surplombe la médina.

Sofitel Palais Jamaï PENSION €€€

(carte p. 290 ; ☎0535 63 43 31 ; www.sofitel-legend.com/fes/fr ; Bab Guissa ; s/d petit-déj compris à partir de 1 950/2 600 Dh). Ancien palais d'un vizir du sultan à la fin du XIXe siècle, ce superbe hôtel est installé dans un jardin arabo-andalou qui surplombe la médina. Ses chambres ont été récemment rénovées pour retrouver un style marocain, mais certaines parties conservent un décor international sans charme. Les chambres avec vue sur la médina sont très belles. Les non-résidents peuvent boire un verre sur la terrasse et profiter du coucher du soleil.

Riad Fès PENSION €€€

(carte p. 290 ; ☎0535 94 76 10 ; www.riadfes.com ; Derb ibn Slimane, Zerbtana ; ch/ste petit-déj compris à partir de 1 700/3 000 Dh ; ❄📶🏊). Ce vaste riad allie le moderne et l'ancien avec un talent indéniable. Le meilleur de la décoration traditionnelle orne la partie la plus ancienne, tandis que les chambres plus récentes ne dépareraient pas dans un hôtel de charme parisien tout en restant authentiquement marocaines. À cela s'ajoutent un bar branché dans le patio, un restaurant, un hammam et de nombreuses terrasses.

Riad Maison Bleue PENSION €€€

(carte p. 290 ; ☎0535 74 18 73 ; www.maisonbleue.com ; 33 Derb el-Mitter, Ain-Azleten ; ch petit-déj compris à partir de 1 700-2 400 Dh ; P❄📶🏊). Ne vous perdez pas dans ce riad, qui se compose de quatre maisons reliées entre elles et s'étend même de l'autre côté de la rue. Du patio de style arabo-andalou planté d'orangers, trouvez votre chemin vers l'une des 13 chambres, et faites éventuellement halte au spa, au bar, dans la salle à manger ou au luxueux restaurant Blue Lounge. La terrasse avec vue sur le Borj Nord invite à la détente.

Ville nouvelle

Les prix sont ici nettement plus bas et vous pourrez bénéficier de prestations de catégorie moyenne à des prix équivalant aux hôtels petits budgets de la médina. La scène hôtelière de la ville nouvelle connaît actuellement un petit essor : de nouveaux hôtels ouvrent, et d'autres, plus anciens, sont en rénovation.

Hôtel Splendid HÔTEL €

(carte p. 302 ; ☎0535 62 21 48 ; splendid@iam.net.ma ; 9 rue Abdelkarim el-Khattabi ; s/d/tr petit-déj compris 394/512/646 Dh ; ❄🏊). Bien que dans la catégorie petits budgets, cet hôtel a tout d'un trois-étoiles. Moderne et bien tenu, il compte des lits et sdb confortables, une piscine, un bar et une salle à manger. Excellent rapport qualité/prix.

Hôtel Central HÔTEL €

(carte p. 302 ; ☎0535 62 23 33 ; 50 rue Brahim Roudani ; 200 Dh/pers). Bon marché, cet hôtel pimpant et spacieux était en rénovation lors de notre dernier passage. Il bénéficie d'un emplacement pratique, à deux pas de l'animation du boulevard Mohammed V. La plupart des chambres ont une sdb, et même celles qui n'ont pas de douche proposent tout de même un lavabo. Il est prisé et d'un bon rapport qualité/prix ; il est préférable de réserver.

Hôtel Olympic HÔTEL €

(carte p. 302 ; ☎0535 93 26 82 ; fax 0535 93 26 65 ; angle bd Mohammed V et rue 3 ; s/d 290/340 Dh ; ❄). Pratique et proche du marché central, cet hôtel a été rénové récemment. Ses chambres quelconques sont néanmoins confortables, et équipées d'une sdb, de la TV et du téléphone. En raison de son emplacement central, il affiche souvent complet car l'adresse est populaire pour les groupes. Pensez à réserver. Le petit-déjeuner coûte 35 Dh.

Auberge de jeunesse AUBERGE DE JEUNESSE €

(carte p. 302 ; ☎0535 62 40 85 ; 18 rue Abdeslam Serghini ; dort petit-déj compris 75 Dh, d 170 Dh ; ⏲ouverture des portes 8h-10h, 12h-15h et 18h-22h). Située dans le centre de la ville nouvelle, cette

QUOI DE NEUF DANS LA VILLE NOUVELLE ?

Comparée aux innombrables sollicitations de la médina, la ville nouvelle peut sembler ennuyeuse, car très moderne et sans grande animation. Cependant, beaucoup de Fassis la jugent bien plus intéressante et progressiste que la vieille Fès el-Bali. Ces dernières années, elle a bénéficié d'énormes financements, visibles notamment dans la longue avenue Hassan II, jalonnée de pelouses soignées, de palmiers, de massifs de fleurs et de fontaines. Lieu de promenade recherché en soirée, on y croise des familles avec enfants, des adolescents branchés et des couples d'amoureux. Arrêtez-vous pour déguster une glace ou asseyez-vous sur un banc pour regarder les passants : cette autre facette de la ville est tout aussi authentique que les ruelles bondées de la médina.

adresse est l'une des meilleures auberges de jeunesse du Maroc. Les chambres et les sanitaires sont d'une propreté irréprochable. Eau chaude le matin et le soir.

Across Hotel HÔTEL €€
(carte p. 302 ; ☎/fax 0535 94 06 01, 0535 94 06 12 ; www.acrosshotels.com ; 76 bd Chefchaouni ; s/d petit-déj compris 650/780 Dh ; P ❄ 📶 🏊). Cet hôtel récent, bien situé, remplit tous les critères du quatre-étoiles : chambres de standing, salle de sport, hammam, bar, restaurant et piscine sur le toit offrant une splendide vue à 360° sur la ville.

Hôtel Mounia HÔTEL €€
(carte p. 302 ; ☎0535 62 48 38 ; www.hotelmouniafes.ma ; 60 bd Zerktouni ; s/d petit-déj compris à partir de 551/702 Dh ; ❄). Une réception ornée de zelliges vous accueille dans cet hôtel moderne et élégant, prisé des groupes. Les chambres sont lumineuses et soignées et équipées de la TV satellite. Le restaurant est correct, et de nombreux narguilés sont à disposition dans le bar enfumé. Les chambres le long des couloirs proches du bar peuvent pâtir du bruit. Personnel serviable et réductions souvent offertes.

Hôtel Sahrai HÔTEL €€€
(carte p. 288 ; ☎0535 94 03 32 ; www.hotelsahrai.com ; Dhar el-Mehraz ; ch à partir de 1 650 Dh ; P 📶 🏊). Ce nouvel hôtel appartenant aux propriétaires du Riad Fès vient d'ouvrir en avril 2014. Haut perché sur les collines sud surplombant la médina, il promet d'être une excellente adresse : design contemporain haut de gamme, spa Givenchy, restaurants, terrasse avec piscine à débordement et bar à cocktails.

Hôtel Barceló Fès Medina HÔTEL €€€
(carte p. 302 ; ☎0535 94 88 00 ; www.barcelo.com ; 53 av. Hassan II ; s/d 1760 Dh ; ❄ 📶 🏊). Ce quatre-étoiles se déploie élégamment à l'angle d'une rue, en face de la fontaine La Fiat, et offre une vue imprenable sur la médina. En dépit de son nom, il se trouve bel et bien dans la ville nouvelle. Les chambres, spacieuses et bien conçues, arborent une décoration chic. Sur place : spa, snack-bar, et restaurant Le Bistrot.

Où se restaurer

La cuisine fassie est renommée dans tout le pays et vous pourrez la découvrir dans les innombrables restaurants de la médina. Prisés des groupes et de leurs guides, les "restaurants-palais" proposent des dîners-spectacles dans un cadre somptueux, avec un menu souvent quelconque et des prix très élevés. Pour un repas plus intime, choisissez plutôt un riad ; beaucoup sont ouverts aux non-résidents et préparent une excellente cuisine. Les alentours de Bab Bou Djeloud offrent un bon choix de restaurants à prix raisonnables. La ville nouvelle compte également de nombreux restaurants, y compris internationaux.

Médina

Cafe Clock CAFÉ €
(carte p. 290 ; ☎0535 63 78 55 ; www.cafeclock.com ; Derb el-Mergana, Talaa Kebira ; plats 55-80 Dh ; ⌚9h-22h ; 📶 ✍). Bonne adresse pour changer un peu des spécialités marocaines, avec ses falafels, ses sandwichs grillés, ses plats végétariens, son gargantuesque burger à la viande de dromadaire, sans oublier ses délicieux desserts. Avec son programme "Clock Culture" qui offre des cours de calligraphie et de conversation, et organise des projections de films et des concerts chaque dimanche (20 Dh), le lieu attire une clientèle mélangée d'habitants, d'expatriés et de touristes.

Restaurant familial Berrada MAROCAIN €
(carte p. 290 ; ☎0662 34 88 19 ; 57 Sagha el Achebine ; plats environ 40 Dh ; ⌚sam-jeu). Petit restaurant familial et traditionnel tenu dans la bonne humeur. La carte change fréquemment et les clients sont invités dans les cuisines pour goûter aux plats du jour avant de passer leur commande.

Café Restaurant La Noria MAROCAIN €
(carte p. 288 ; près de l'av. Moulay Hassan ; menus à partir de 80 Dh ; ⌚7h-23h30). En lisière des jardins Jnan Sbil et entouré de remparts en ruine, cet établissement remporte haut la main le titre de plus joli café de Fès. Ses arbres fruitiers et sa fontaine offrent un répit opportun à qui vient du tohu-bohu de la médina, même si la noria (roue à eau) ne fonctionne plus. Excellents jus de fruits, bons petits-déjeuners et repas corrects.

Le 44 CAFÉ €
(carte p. 290 ; 44 Derb Bensalem, Talaa Kebira ; ⌚9h-22h ; 📶). Adresse sympathique et reposante, dissimulée au fond d'une rue tortueuse. Cela vaut la peine de la dénicher pour s'y détendre quelques heures tout en consultant sa messagerie et en consommant café, jus de fruits ou encas.

Ruined Garden
MAROCAIN €€

(carte p. 290 ; ☎ 0649 19 14 10 ; www.ruinedgarden.com ; 13 Derb Idrissi ; plats 120 Dh ; déj et dîner jeu-mar ;). Carte novatrice pour cette adresse qui propose une cuisine de rue à déguster dans le ravissant jardin, ou au coin du feu en hiver. Le chef jardinier Robert Johnstone cultive herbes aromatiques et légumes, et fume lui-même son saumon. Sur réservation, on vous concoctera un festin de cuisine sépharade ou un méchoui traditionnel (viande d'agneau rôtie). Possibilité de se faire accompagner pour rejoindre son hébergement à la fin de la soirée.

Médina Café
MAROCAIN €€

(carte p. 290 ; ☎ 0535 63 34 30 ; 6 Derb Mernissi, Bab Bou Djeloud ; plats 70-100 Dh ; 8h-22h). A la sortie de Bab Bou Djeloud, ce petit restaurant est une oasis de sérénité aux murs en tadelakt. Adresse correcte en journée pour un en-cas ou un jus de fruits, il sert le soir un choix de tajines et de couscous plus intéressants que la plupart des établissements.

Dar Hatim
MAROCAIN €€

(carte p. 290 ; ☎ 0666 52 53 23 ; 19 Derb Ezaouia Funduk Lihoudi, Blida ; menus 3 plats à partir de 170 Dh ; déj et dîner). Maison familiale transformée en restaurant, cet établissement est apprécié pour sa cuisine et son service accueillant. Curieusement, il n'y a pas de tajines au menu, mais l'on peut en commander à l'avance. Pensez à apporter une bouteille de vin. Fouad, le propriétaire, viendra vous chercher : pas de difficulté donc pour dénicher l'endroit.

Le Chameau Bleu
MAROCAIN €€

(carte p. 290 ; ☎ 0535 63 89 91 ; 1 Derb Tariana ; plats 55-130 Dh ; déj et dîner). Bien signalée et située près de Talaa Kebira, cette maison de la médina compte plusieurs étages où sont dressées les tables, jusque sur le toit-terrasse. Nous avons particulièrement apprécié les plats de viandes grillées et la truite de l'Atlas. Les assiettes de pâtes sont fameuses.

Restaurant Dar Roumana
MÉDITERRANÉEN €€€

(carte p. 290 ; ☎ 0535 74 16 37 ; 30 Derb el-Amer ; 2/3 plats 275/350 Dh ; 19h30-21h30 mar-dim ;). Le chef français Vincent Bonnin propose une carte méditerranéenne mâtinée d'influences marocaines, et tire le

MANGER DANS LA RUE

Quiconque souhaite manger sur le pouce trouvera, dans la médina, d'innombrables échoppes alimentaires proposant brochettes, soupes ou sandwichs, et des marchands ambulants vendant des en-cas. Le haut de Talaa Kebira compte plusieurs options, mais vous pouvez aussi tenter votre chance au détour d'une rue.

Restaurants de Bou Djeloud (carte p. 290 ; Derb Serrajine, Bab Bou Djeloud ; plats 30-70 Dh ; 8h-22h). Au départ de Bab Bou Djeloud et en remontant vers Talaa Seghira, on passe devant une série de restaurants touristiques avec rabatteurs. Assez semblables, ils servent quantité de tajines, couscous et viandes grillées. Ils se révèlent également agréables pour se reposer et observer le mouvement de la foule en sirotant un thé à la menthe. Si vous voulez profiter d'une belle vue, essayez **Le Kasbah** (carte p. 290 ; rue Serrajine ; plats 40 Dh, menu 70 Dh ; 8h-24h) doté d'un toit-terrasse, mais sachez que le prix des boissons double si l'on ne mange pas sur place.

Échoppes de b'sara (carte p. 290 ; Talaa Kebira ; soupe 4 Dh ; petit-déj et déj). Ne manquez pas de goûter la *b'sara* (soupe de fèves à l'ail), une spécialité fassie. Dans toute la médina, de minuscules échoppes en préparent, et nos favorites se tiennent dans le haut de Talaa Kebira ainsi qu'à Achebine. Idéale pour prendre des forces avant d'explorer la ville, cette soupe est servie à la louche dans des bols rustiques en terre cuite, avec un morceau de pain, un filet d'huile d'olive et un peu de piment.

Stand d'escargots (carte p. 290 ; angle Talaa Seghira et Derb el-Horra ; escargots 5 Dh ; 17h-22h). Ce stand permanent sert de savoureux escargots. Sortez les mollusques de leur coquille avec une aiguille, puis avalez d'un trait le bouillon de cuisson. Un délice !

Marché de R'cif (carte p. 290 ; dans Bab R'cif ; 8h-20h sam-jeu ;). Le marché incontournable pour trouver des produits frais (fruits, légumes et viandes) dans la médina.

Marché de Talaa Kebira (carte p. 290 ; 8h-20h sam-jeu). Nichée dans Bab Bou Djeloud, encore une bonne adresse, idéalement située.

meilleur parti d'ingrédients locaux : salades originales, excellents plats de poisson et de viande. Les végétariens trouveront également leur bonheur. On mange dans la cour ou sur la splendide terrasse, quand il fait beau. L'établissement sert de l'alcool. Au moment de réserver, vous pouvez demander à vous faire accompagner au restaurant ou raccompagner.

Fez Café FRANÇAIS, MAROCAIN €€€
(carte p. 290 ; ☎0664 64 76 79 ; 13 Akbat Sbaa, Douh ; plats environ 150 Dh ; ⏲11h-23h ;). Charmant restaurant aménagé dans un splendide jardin ayant jadis appartenu à un pacha. De style bistro, décontracté, il compte une véranda d'été et une salle intérieure. Le chef Hicham propose de délicieux plats qui varient selon la saison, mariant les influences marocaine et française. Le poisson est particulièrement savoureux, et les végétariens ne sont pas oubliés. L'établissement sert de l'alcool.

Dar Finn PIQUE-NIQUES €€€
(☎0535 74 00 04, 0655 01 89 75 ; info@darfinn.com ; dîner 800 Dh/pers ; ⏲mi-mai/fin sept). Voici l'occasion rêvée d'observer Fès d'un point haut en dînant. Au programme : détente sur les tapis étendus au pied des oliviers du mont Zalagh pour savourer trois plats. Le nombre maximum de convives est fixé à 8 (600 Dh/pers, transport compris), et le nombre minimum à deux. Réservation indispensable.

L'Amandier, Palais Faraj MAROCAIN €€€
(carte p. 290 ; ☎0535 63 53 56 ; www.palaisfaraj.com ; Bab Ziat ; plats à partir de 150 Dh ; ⏲dîner à partir de 19h30). C'est une excellente cuisine marocaine qui est servie dans ce restaurant élégant ou sur la terrasse de ce nouvel hôtel, profitant d'une vue spectaculaire sur la médina. Tous les classiques cuisinés avec finesse figurent au menu, de la pastilla au pigeon, délicieuse, à l'agneau aux amandes accompagné de confiture d'oignons, et témoignent d'une grande subtilité dans le dosage des épices. Une adresse des plus raffinées.

Restaurant Riad al Andalib MAROCAIN €€€
(carte p. 290 ; ☎0535 76 45 65 ; www.riadandalib.ma ; av. Ahmed Ben Mohamed Alaoui, R'cif ; plats environ 150 Dh ; ⏲déj et dîner). Ce grand établissement de R'cif fait le plein à l'heure du déjeuner. Si la carte comporte les plats marocains traditionnels, ceux-ci se distinguent par leur présentation artistique et la subtilité de l'assaisonnement. Service attentif. L'établissement sert de l'alcool.

Ville nouvelle

Plusieurs restaurants bon marché regroupés sur le boulevard Mohammed V et alentour, notamment près du marché central, proposent des repas copieux et servis rapidement. Les environs de la place de Florence sont également un bon endroit pour acheter un sandwich.

Chicken Mac MAROCAIN €
(carte p. 302 ; av. Lalla Meriem ; plats environ 40 Dh ; ⏲9h-23h). Plusieurs snacks semblent s'entremêler le long de cette avenue et leurs terrasses ne désemplissent pas. Chicken Mac, la dernière en venant de l'avenue Hassan II, sert promptement de copieuses assiettes de poulet rôti, de poisson frit, des bols de *harira* (soupe de lentilles) et d'autres plats roboratifs et bon marché.

Restaurant Marrakech MAROCAIN €
(carte p. 302 ; ☎0535 93 08 76 ; 11 rue Omar el-Mokhtar ; plats à partir de 70 Dh ; ⏲déj et dîner). Charmant restaurant aux massives portes en bois, cette adresse compte de nombreux atouts : murs en tadelakt rouge, mobilier sombre, et, à l'arrière, un salon confortable pour se détendre, une carte alléchante avec des plats tels que le tajine de poulet aux pommes et aux olives, ou l'agneau aux aubergines et aux poivrons (ainsi qu'un menu de trois plats).

Crèmerie Skali CAFÉ €
(carte p. 302 ; ☎5356 65 09 92 ; bd Mohammed V ; petit-déj environ 20 Dh ; ⏲6h-22h). Bien située sur un angle de rue, et prisée des familles et des employés pour le petit-déjeuner, cette crèmerie sert des pâtisseries, des jus de fruits, et d'excellents œufs brouillés.

L'Italien ITALIEN €€
(☎0535 94 33 84 ; contact@restaurantitalien.ma ; Résidence Longchamp, av. Omar Ibn Khattab, Champs de courses ; pizzas et pâtes à partir de 85 Dh, plats 120 Dh ; ⏲déj et dîner mer-lun ;). Comme son nom l'indique, cet établissement propose une carte de plats italiens allant du vaste choix de pizzas au feu de bois à la viande rouge et au poisson. Déco industrielle et service attentif, font, également, de cette adresse un choix judicieux. Possibilité de commander du vin.

Kaï Taï ASIATIQUE €€
(carte p. 288 ; ☎0535 65 17 00 ; 12 rue Ahmed Chaouki ; sushis 50-105 Dh, plats 80 Dh ; ⏲déj et dîner). Ce n'est certes pas la meilleure cuisine

asiatique qu'on ait jamais goûtée, mais les sushis, les plats vietnamiens et thaïlandais, ainsi que le cadre minimaliste de rigueur apportent un agréable changement aux palais lassés des tajines.

MB Restaurant Lounge MÉDITERRANÉEN €€€
(carte p. 288 ; ☎0535 62 27 27 ; 12 rue Ahmed Chaouki ; plats 130-230 Dh ; ⊙déj et dîner). Mobilier moderne et murs en pierres brutes, le tout dans une ambiance lumineuse très étudiée font de cet établissement l'une des adresses les plus élégante de la ville. Côté cuisine, les influences françaises prédominent. Rejoignez le bar à l'étage en fin de soirée, ou passez à l'heure du déjeuner pour la formule à 200 Dh.

Marché central FAIRE SES COURSES
(carte p. 302 ; bd Mohammed V ; ⊙8h30-12h). Pour les fruits et légumes frais, les épices, les fruits secs, les olives ou les dattes sucrées à souhait, rien ne vaut le marché central. Il dispose aussi de quelques bons étals de fromages, et des magasins de spiritueux sont installés aux alentours.

Borj Fes FAIRE SES COURSES
(carte p. 302 ; av. Allal el Fassi ; ⊙9h-21h). Tout premier centre commercial de Fès (doté du tout premier escalator de la ville), il abrite un grand supermarché offrant un choix de denrées alimentaires plus vaste que ce que l'on trouve dans la médina, ainsi qu'un rayon alcools.

Où prendre un verre

Les nombreux cafés de la ville nouvelle ne désemplissent pas. Si beaucoup sont installés le long du boulevard Mohammed V et de l'avenue Hassan II, on trouve un peu partout des tables en terrasse. Dans la médina, les restaurants proches de Bab Bou Djeloud se doublent souvent d'un café.

Riad Fès BAR
(carte p. 290 ; 5 Derb ibn Slimane ; ⊙10h-24h). L'Alcazar, ravissant bar sur cour du Riad Fès, est l'endroit le plus séduisant de la ville : les colonnes en stuc captent la lumière reflétée par le bassin central et une musique douce compose le fond sonore tandis que vous vous installez au comptoir ou sur les coussins. Outre un bon choix de bières et d'alcools, le bar sert du vin au verre. Comme il est en extérieur, il est un peu froid l'hiver, mais agréablement frais en été. Le riad dispose aussi maintenant d'un nouveau bar à vins aménagé à côté de la piscine.

Mezzanine BAR
(carte p. 288 ; 17 Kasbah Chams ; ⊙12h-1h). Très apprécié pour son côté branché et sa fermeture tardive, ce bar évoque, toutes proportions gardées, l'ambiance d'Ibiza. Il est prisé de la jeunesse branchée fassie. La terrasse qui surplombe le jardin Jnan Sbil est idéale pour siroter une bière ou un cocktail en grignotant des tapas.

Hôtel Batha BAR
(carte p. 290 ; pl. Batha ; ⊙11h-23h). Cet hôtel de la médina compte plusieurs bars agréables, dont le Churchill Bar, convivial en hiver grâce à sa cheminée. À l'arrière de l'hôtel (entrée par le côté), le Consul Bar est plus détendu pour un verre tardif et sa discothèque ouvre jusqu'à minuit (fermé le lundi).

MB BAR
(carte p. 288 ; 12 rue Ahmed Chaouki ; ⊙11h-2h). Fauteuils en cuir sombre, mur en pierres mal taillées et bar bien fourni font de ce bar

FESTIVAL DES MUSIQUES SACRÉES DU MONDE

Chaque année, le **Festival des musiques sacrées du monde** (☎0535 74 06 91 ; www.fesfestival.com ; ⊙juin) réunit à Fès des artistes venus des quatre coins de la planète. Au fil des ans, il est devenu l'un des principaux festivals de musiques du monde. Né de l'idée que la musique est mère de l'harmonie entre les cultures, il attire des stars internationales telles que Ravi Shankar, Youssou N'Dour et Salif Keïta.

Les concerts se déroulent dans divers lieux, dont le musée Batha, plusieurs riads et la place Bab Bou Djeloud. Outre les artistes célèbres, des concerts plus intimistes et tout aussi passionnants sont organisés par divers *turuk* (ordres soufis ; *tarika* au singulier) marocains. Expositions artistiques, projections de films et débats font partie des autres manifestations. Les Nations unies ont déclaré ce festival événement majeur pour la promotion du dialogue entre les civilisations. Les billets se vendent rapidement et les hôtels (qui attirent souvent de grands amateurs du festival) sont réservés longtemps à l'avance ; prenez vos dispositions le plus tôt possible.

le parfait lieu de rendez-vous pour un verre accompagné de tapas dans un cadre chic.

Crèmerie La Place CAFÉ
(carte p. 290 ; pl. as-Seffarine ; ⌚7h30-20h). Dans l'un des coins les plus animés de la médina, La Place sert jus de fruits, thé, café et pâtisseries à savourer en regardant les passants, au son du martèlement des dinandiers.

☆ Où sortir

Les amateurs de musique savent que la meilleure période pour visiter Fès est celle des festivals. Le Cafe Clock organise des concerts tous les dimanches au crépuscule.

Institut français (carte p. 302 ; ☎0535 62 39 21 ; www.institutfrancaisfes.com ; 33 rue Loukili). Propose des films, des concerts, des expositions et des pièces de théâtre.

Achats

Capitale de l'artisanat marocain, Fès offre un vaste choix, une excellente qualité et des prix intéressants. Prenez le temps de comparer. Comme toujours, les petites boutiques à l'écart des principaux circuits touristiques (Talaa Kebira et Talaa Seghira dans la médina) offrent souvent de meilleures affaires. Pour les articles en cuir, rendez-vous dans le quartier des tanneries.

Dans la médina, de nombreux riads et fondouks joliment restaurés ont été transformés en magasins de tapis. S'ils offrent l'occasion de siroter un thé à la menthe dans un cadre superbe en regardant de fabuleux tapis, vous aurez du mal à sortir sans rien acheter. Vous pourrez tout aussi bien acquérir des articles exceptionnels que payer cher un produit industriel.

Renseignements

DÉSAGRÉMENTS ET DANGERS

Bien que Fès soit aussi sûre qu'une ville occidentale de même taille, il n'est pas prudent de se promener seul la nuit dans la médina, en particulier pour les femmes. Les vols à main armée font partie des risques. Les hôtels et de nombreux restaurants fournissent volontiers une escorte sur demande aux heures tardives.

Fès a longtemps été réputée pour ses faux guides et ses marchands de tapis malhonnêtes. Les faux guides se rassemblent essentiellement autour de Bab Bou Djeloud, principale entrée occidentale de la médina, mais le contrôle des autorités a grandement réduit leur nombre.

Nombre de guides officiels poussent les visiteurs à transformer leur circuit en séance de shopping et la pression pour acheter peut être forte. Les marchands de tapis fassis sont de redoutables vendeurs et mieux vaut ne pas entrer dans leur boutique si vous ne voulez pas faire d'achat : dès qu'ils commencent à dérouler leurs tapis, ils sont capables de convaincre le plus réticent des touristes. Souvenez-vous aussi que les prix seront augmentés de la commission que les boutiques reversent au guide qui vous accompagne.

Attention également aux rabatteurs qui montent à bord du train pour Fès, souvent à Meknès. D'un abord très sympathique, ils se prétendent étudiants ou professeurs de retour à Fès ; ils ont souvent un "frère" qui possède un hôtel, une boutique de tapis ou un autre commerce !

ACCÈS INTERNET

Le Wi-Fi est une option courante dans la plupart des hébergements de catégories moyenne et supérieure. Certains cafés et restaurants en sont aussi équipés.

Cyber Batha (carte p. 290 ; Derb Douh ; 10 Dh/h ; ⌚9h-22h). Claviers azerty et qwerty.

Cyber Club (carte p. 302 ; bd Mohammed V ; 6 Dh/h ; ⌚9h-22h)

Téléboutique Cyber Club (carte p. 302 ; bd Mohammed V ; 7 Dh/h ; ⌚9h-23h). Au-dessus de la téléboutique, à l'angle.

SERVICES MÉDICAUX

Clinique al-Kawtar (☎0535 61 19 00 ; av. Mohamed el-Fassi, route d'Immouzzer). Grande clinique moderne dans la ville nouvelle, à proximité de la route principale menant à l'aéroport.

Pharmacie de nuit (carte p. 302 ; ☎0535 62 34 93 ; bd Moulay Youssef ; ⌚21h-6h). Au nord de la ville nouvelle ; un médecin est disponible sur place.

POTERIE FASSIE

La céramique est reine à Fès, qu'il s'agisse des poteries bleues typiques de la ville ou des superbes mosaïques des fontaines et des riads. **Art Naji** (☎0535 66 91 66 ; www.artnaji.com ; Ain Nokbi ; ⌚8h-18h) vend de très belles pièces et l'on peut assister à la fabrication, du tour à la décoration minutieuse au pinceau et à l'assemblage des zelliges. Les ateliers de poterie se situent à 500 m à l'est de Bab el-Ftouh, un court trajet en petit taxi. Repérez les volutes de fumée noire qui s'échappent des fours où l'on cuit l'argile. Vous pouvez même commander une mosaïque et vous la faire expédier par bateau.

Paysages naturels

Les paysages marocains sont d'une telle diversité qu'il faudrait une vie entière pour les explorer tous – et encore... Comme le commun des mortels n'a qu'un temps beaucoup plus court devant lui, il faut choisir. Mais que vous partiez en randonnée ou montiez un dromadaire, préparez-vous à découvrir de somptueux paysages sauvages.

Ci-dessus Caravane de dromadaires dans le Sahara

1

2

ANIA BLAZEJEWSKA/GETTY IMAGES ©

1. Chefchaouen (p. 254), Rif **2.** Tizi n'Tichka (p. 110), Haut Atlas
3. Route en provenance d'Imilchil (p. 140), Moyen Atlas

Chaînes de montagnes

Visibles de la côte méditerranéenne comme du Sahara, les montagnes marocaines sont tout aussi emblématiques du pays que ses médinas. Les paysages se prêtent à de grandes randonnées, parmi les plus belles au monde, allant de la simple balade d'une journée à l'expédition de plusieurs jours.

Rif

Proche de la côte méditerranéenne, le Rif est la chaîne montagneuse la plus verdoyante du pays. Au printemps, ses montagnes se couvrent de fleurs.

Haut Atlas

La chaîne du Haut Atlas s'étire des sommets enneigés aux gorges du Dadès et de Todra. L'ascension du fameux djebel Toubkal ravira toute personne en bonne condition physique, mais découvrir le Haut Atlas en voiture est tout aussi mémorable : les routes sillonnent des villages berbères et des casbahs en ruine jusqu'aux cols de Tizi n'Test et de Tizi n'Tichka.

Moyen Atlas

À marcher parmi les massifs de fleurs d'Ifrane, on se croirait dans les Alpes.

Anti-Atlas

Plus au sud, l'Anti-Atlas est ponctué de villages d'oasis et de vallées. Là s'élèvent le massif quartzeux du djebel L'Kest, et l'aride massif du djebel Sarhro, bastion des Aït Atta, peuple de Berbères semi-nomades.

Les meilleures randonnées en montagne

Montagnes du Rif De Chefchaouen jusqu'au parc national de Talassemtane.

Massif du M'Goun Formations rocheuses préhistoriques, crêtes et gorges.

Djebel Toubkal L'ascension, en 2 jours, du plus haut sommet de l'Afrique du Nord.

Djebel Sarhro Palmiers et amandiers au pied d'aiguilles volcaniques tortueuses.

Anti-Atlas Des sentiers inexplorés au milieu des falaises d'ocre et des champs de safran.

Déserts et oasis

La façade est du Maroc est bordée par le Sahara : ses dunes et ses oasis sont inoubliables pour le voyageur. Partez sur les traces des caravanes de dromadaires qui traversaient jadis le désert, transportant sel et or en provenance de Tombouctou.

Erg Chebbi et erg Chigaga

Les dunes de l'erg Chebbi (160 m ; p. 150) et de l'erg Chigaga (300 m ; p. 127) sont les joyaux du désert marocain. À partir de ces deux sites, on peut pénétrer dans le désert à dos de dromadaire, en compagnie d'un guide, et passer la nuit dans un campement de nomades.

Vallées du désert

En venant de Marrakech, Ouarzazate, porte du Grand Sud, au pied de l'Atlas, est le point de départ de la route des oasis et des palmeraies. Plus loin, vers l'extrémité de la verdoyante vallée du Drâa, l'oasis de Zagora se dresse aux portes du désert et des premières dunes du Sahara. Là, un panneau signalait autrefois aux caravanes faisant halte dans cet avant-poste isolé que Tombouctou était à 52 jours de voyage.

Grand Sud

Amplement ignorée des voyageurs, la hamada (plateau rocheux surélevé) du Grand Sud traverse le Sahara occidental. Ce paysage austère et rocailleux est connu des touristes se rendant en Mauritanie par voie terrestre.

Les plus belles oasis

Figuig Sept villages traditionnels du désert, au milieu de 200 000 palmiers dattiers.

N'Kob D'imposants ksour en pisé surplombent une palmeraie.

Skoura L'"Oasis des 1 000 palmiers", classée réserve de biosphère par l'Unesco.

Afella-Ighir Des falaises rocheuses rouge ocre dominent les palmiers.

Vallée des Ammeln Le djebel L'Kest surplombe les palmeraies des villages.

Tata Les palmiers souhaitent la bienvenue dans cet avant-poste du Sahara.

Vallée du Paradis Palmeraies, lauriers-roses et ruches ponctuent la gorge.

1

1. Dunes de l'erg Chebbi (p. 150) **2.** Palmeraie au sortir de N'Kob (p. 153) **3.** Montagnes du désert aux portes de Ouarzazate (p. 113)

3

2

DAVE STAMBOULIS TRAVEL PHOTOGRAPHY/GETTY IMAGES ©

ARTUR DEBAT/GETTY IMAGES ©

Djebel Moussa
Côte méditerranéenne
Cromlech de M'Soura
Lixus
OCÉAN ATLANTIQUE
Gorges du Dadès et de Todra
Djebel Toubkal
Rochers bleus
Erg Chigaga
Plage de Legzira
Oasis d'Afella-Ighir
ALGÉRIE

CHARTON FRANCK/HEMIS.FR/GETTY IMAGES ©

CALLE MONTES/GETTY IMAGES ©

Haut : Ruines de Lixus (p. 196)
Bas : gorges de Todra (p. 141)

3 SEMAINES Grands sites naturels

Laissez derrière vous les villes et partez à la découverte de curiosités antiques et autres merveilles naturelles. Ce circuit englobe la plus grande chaîne montagneuse du pays, une belle frange du Sahara et les rouleaux de l'Atlantique.

Pour pleinement apprécier les paysages marocains, mieux vaut arriver d'Europe par bateau. En effet, ceux qui voyagent par voie maritime ont la chance de découvrir la **côte méditerranéenne**, avec, en arrière-plan, les montagnes du Rif, offrant un premier aperçu magique de l'Afrique. L'imposant **djebel Moussa**, aux portes de Tanger, est, avec le rocher de Gibraltar, l'une des antiques colonnes d'Hercule se dressant de part et d'autre du détroit.

La trace des hommes de la préhistoire et de l'Antiquité est encore visible sur la côte. À demi abandonnés dans une campagne vallonnée, les monolithes qui forment le cromlech de M'Soura, près d'Asilah, sont mystérieusement disposés en cercle. À proximité, au sommet d'une colline, se trouvent les ruines romaines de **Lixus**.

Aventurez-vous ensuite dans le Haut Atlas, la plus grande chaîne montagneuse du pays. Le **djebel Toubkal** est certes le plus haut pic d'Afrique du Nord, mais il ne doit pas éclipser les nombreux paysages splendides que l'on peut voir sans escalader au plus haut, notamment les **gorges du Dadès** et les **gorges de Todra**.

Puis prenez la direction du sud, là où les montagnes cèdent le pas aux dunes du Sahara. L'**erg Chigaga** est incontournable dans cette partie du désert : ses 40 km de dunes dont certaines s'élèvent jusqu'à 300 m se prêtent aussi bien à des méharées qu'à des nuits à la belle étoile.

Mais le Sahara ne se résume pas à ses dunes. À **Afella-Ighir**, pourtant en plein désert, on profite d'une superbe oasis nichée au cœur de gorges de roche rouge. À proximité, un artiste a créé une œuvre devenue un incontournable de l'Anti-Atlas : des **rochers peints en bleu**.

Achevez votre périple sur la côte atlantique, avec les arches en pierre de la **plage de Legzira**. Ces étranges sculptures naturelles forment une porte symbolique aux vastes étendues désertiques du Grand Sud. À vous de voir si vous avez envie de les franchir...

Bateaux de pêche, Essaouira (p. 210)

Splendeur du littoral

Des criques et des falaises de la côte méditerranéenne à l'ombre des montagnes du Rif, à l'immensité du littoral atlantique qui va de Tanger à Tarfaya, les côtes marocaines sont splendides. À vous les plages sauvages et les petits ports de pêche où déguster du poisson grillé ou un tajine aux fruits de mer.

Asilah

De Tanger, cité portuaire moderne et animée, il suffit de moins d'une heure pour profiter des charmes balnéaires d'Asilah. Les murs blanchis à la chaux de sa petite médina, en bord de mer, sont rafraîchis toute l'année par la brise venue de l'Atlantique. Et une fois par an, lors du festival d'Asilah, de nouvelles fresques murales colorées lui redonnent un coup de jeune.

Essaouira

Les remparts de la médina d'Essaouira subissent depuis des siècles les assauts des vagues et du vent d'ouest. Dans l'enceinte de la médina, les ruelles mènent à des galeries d'art et à des ateliers d'artistes. Pendant ce temps, au port, les pêcheurs vendent leurs prises de la journée-sardines argentées, grandes raies plates, homards, oursins et poulpes, qui feront les délices des gourmands au dîner.

Animaux des zones humides

Loin du fracas des rouleaux qui s'écrasent sur le rivage, la côte marocaine offre aussi des lieux plus tranquilles. En particulier les parcs nationaux du littoral, propices à l'observation des oiseaux. Impossible de manquer celui de Merja Zerga, près de Larache ou celui de Sous-Massa, dans le Grand Sud. Vous y verrez des oiseaux migrateurs, mais aussi des flamants, et à Sous-Massa, l'ibis chauve, une espèce rare.

ARGENT

Dans la ville nouvelle, de nombreuses banques (avec DAB) jalonnent le boulevard Mohammed V et toutes disposent d'un service de change. Dans la médina, vous trouverez un DAB à la poste, ainsi que dans les banques du boulevard Ahmed ben Mohamed Alaoui à R'cif, mais aussi aux adresses suivantes, pratiques :

Banque Populaire (carte p. 290 ; Talaa Seghira ; 8h45-18h lun-jeu, 8h45-12h sam)

Société Générale (carte p. 290 ; Bab Bou Djeloud ; 8h45-18h lun-jeu, 8h45-11h ven, 8h45-12h sam)

POSTE

Poste principale (carte p. 302 ; angle av. Hassan II et bd Mohammed V ; 8h-16h lun-ven, 8h30-12h sam). Le service de poste restante est juste à côté sur la gauche, au bureau Amana.

Poste (carte p. 290 ; pl. Batha ; 8h-16h lun-ven). Dans la médina ; dispose aussi d'un DAB.

OFFICE DU TOURISME

Aucun service d'information touristique n'est installé dans la médina.

Délégation régionale du tourisme (carte p. 302 ; 0535 62 34 60 ; pl. Mohammed V ; 8h30-16h30 lun-ven). Lors de notre passage, cet office du tourisme n'avait ni informations, ni cartes, ni brochures.

AGENCE DE VOYAGES

Carlson Wagonlit (carte p. 302 ; 0535 62 29 58 ; fax 0535 62 44 36). Derrière le marché central ; utile pour les billets d'avion et de ferry.

SITE INTERNET

Fes city (http://www.fes-city.com/index.php). Le site internet, très clair, de la ville de Fès regorge d'infos pratique en tout genre (de la météo aux transports en passant par un agenda culturel).

Depuis/vers Fès

AVION

L'**aéroport de Fès** (0535 67 47 12) est situé à Saïss, à 15 km au sud de Fès. **RAM** (carte p. 302 ; 0535 62 55 16 ; 54 av. Hassan II) propose des vols quotidiens pour Casablanca. Pour les liaisons internationales (principalement la France) reportez-vous p. 487 et suivantes. Lors de nos recherches, des travaux d'agrandissement étaient en cours.

BUS

La principale gare des **bus CTM** (carte p. 288 ; 0535 73 29 92 ; www.ctm.ma) est proche de la place Atlas, au sud de la ville nouvelle. En haute saison, achetez vos billets à l'avance, notamment pour Tanger, Marrakech et Chefchaouen. Hors saison, la fréquence des dessertes est moindre.

La CTM propose 9 bus par jour pour Casablanca (95 Dh, 4 heures 30) via Rabat (75 Dh, 3 heures) entre 1h15 et 19h15, et 8 bus pour Meknès (25 Dh, 1 heure) entre minuit et 23h. Il y 3 bus de nuit pour Marrakech (165 Dh, 9 heures 30) ; le bus de 20h arrive à 5h45.

En direction du nord et de l'est, des bus de nuit desservent Tanger (115 Dh, 6 heures, 3/nuit), Chefchaouen (70 Dh, 4 heures, 2/jour), Tétouan (100 Dh, 5 heures, 4/jour), Al-Hoceima (120 Dh, 5 heures, 1/nuit), Nador (115 Dh, 5 heures, 4/jour) et Oujda (120 Dh, 5 heures, 4/jour).

Les services internationaux Eurolines pour l'Espagne et la France partent aussi de la gare CTM.

Des bus d'autres compagnies partent de la **gare routière principale** (carte p. 290 ; 0535 63 60 32) devant Bab el-Mahrouk, à la limite de la médina, ou des rues situées dans les environs immédiats de la gare routière. Les tarifs sont légèrement inférieurs à ceux de la CTM et l'on peut réserver sur les itinéraires les plus empruntés. La gare comprend une **consigne** (carte p. 290 ; 6h-24h).

Chaque jour, au moins 6 bus se rendent à Casablanca, Chefchaouen, Er-Rachidia, Marrakech, Meknès, Oujda, Rabat, Tanger et Tétouan. Des bus moins fréquents rallient Rissani (100 Dh, 8 heures), Tinerhir (147 Dh, 16 heures) et Ouarzazate (192 Dh, 13 heures).

Localement, des bus fréquents partent pour Azrou (20 Dh, 1 heures 30), Ifrane (16 Dh, 1 heure 30), Moulay Yacoub (10 Dh, 30 min), Sefrou (10 Dh, 40 min), Taza (30 Dh, 3 heures, toutes les heures) et Ouezzane (30 Dh, 3 heures, 2/jour).

VOITURE

On trouve plusieurs parkings surveillés dans la médina : place Bou Djeloud, près de Bab Bou Djeloud, à Batha, au nord de Talaa Kebira, à Ain Azleten et dans le sud à R'cif. Dans la ville nouvelle, un parking gardé fait face au marché central. **Chriftrans** (0615 45 01 28 ; chriftrans@gmail.com) est une agence de location de voitures et de transports fiable, offrant divers services, des transferts depuis l'aéroport aux excursions partant de Fès ou aux locations plus longues.

TAXI

La ville compte plusieurs stations de grands taxis. Les taxis pour Moulay Yacoub (10 Dh, 20 min), Meknès (22 Dh, 1 heure) et Rabat (60 Dh) stationnent devant la gare routière principale (devant Bab el-Mahrouk). Les taxis pour Tissa (20 Dh, 45 min) et Taza (50 Dh, 2 heures 30) partent de Sehb el-Ouard, sur la colline en face de Bab Ftouh, la porte sud-est de la médina. La station des taxis pour Sefrou (12 Dh, 30 min) se situe à Slaiki, au sud-est de la place de la Résistance, dans la ville nouvelle. Les taxis à destination d'Azrou (33 Dh, 1 heure) et d'Ifrane (28 Dh, 45 min) stationnent sur un parking à l'ouest de la gare routière CTM, dans le sud de la ville nouvelle.

Les grands taxis stationnés devant la gare ferroviaire ne desservant pas de destinations spécifiques, ils ne peuvent pas être partagés.

TRAIN

La **gare ferroviaire** (☎ 0535 93 03 33) est située dans la ville nouvelle, à 10 min de marche au nord-ouest de la place de Florence. La **consigne** (carte p. 302 ; 10 Dh/bagage ; ⏲ 6h-20h) n'accepte que les bagages fermés à clé ou par un cadenas.

Des trains partent toutes les heures entre 4h50 et 18h50 pour Casablanca (165 Dh, 4 heures), via Rabat (120 Dh, 3 heures) et Meknès (30 Dh, 30 min). À cela s'ajoutent quatre trains de nuit. Dix trains se rendent à Marrakech (295 Dh, 8 heures) et quatre trains directs desservent Tanger (155 Dh, 5 heures), plus 2 via Sidi Kacem et un via Mechra Bel Ksiri. Des trains directs partent 4 fois par jour pour Oujda (160 Dh, 5 heures 30) via Taza (56 Dh, 2 heures).

VOITURE

On trouve plusieurs parkings surveillés dans la médina : place Bou Djeloud, près de Bab Bou Djeloud, à Batha, au nord de Talaa Kebira, à Ain Azleten et dans le sud à R'cif. Dans la ville nouvelle, un parking gardé fait face au marché central. **Chriftrans** (☎ 0615 45 01 28 ; chriftrans@gmail.com ; chriftrans@gmail.com) est une agence de location de voitures et de transports fiable, offrant divers services, des transferts depuis l'aéroport aux excursions partant de Fès ou aux locations plus longues.

ℹ Comment circuler

DEPUIS/VERS L'AÉROPORT

Un service régulier (bus n°16) circule entre l'aéroport et la gare ferroviaire (20 Dh, 25 min), avec des départs toutes les demi-heures environ. Les grands taxis demandent 120 Dh, quelle que soit la station de départ.

BUS

Fès possède un service fiable de bus urbains, bondés aux heures de pointe et fréquentés par les pickpockets. Le tarif standard s'élève à 2,50 Dh. Quelques lignes utiles :

N°9 : De la place Atlas via le boulevard Chefchaouni (ville nouvelle) jusqu'à proximité du musée Batha (Fès el-Bali). Retour par la place de la Résistance, l'avenue Hassan II et l'avenue des FAR.

N°10 : De la gare ferroviaire via Bab Guissa (nord de Fès el-Bali) jusqu'à Bab Sidi Bou Jida (nord-est de Fès el-Bali).

N°19 : De la gare ferroviaire via l'avenue Hassan II (ville nouvelle) et de Bab el-Jdid (sud de Fès el-Bali) jusqu'à la place R'cif (centre de Fès el-Bali).

N°47 : De la gare ferroviaire à Bab Bou Djeloud (Fès el-Bali).

TAXI

Les chauffeurs des petits taxis rouges utilisent généralement leur compteur. Cependant des rabatteurs sévissent à la gare ferroviaire. Insistez pour que l'on branche le compteur, ou bien éloignez-vous de la gare pour héler un taxi. Comptez environ 10 Dh de la gare ferroviaire ou de la gare CTM à Bab Bou Djeloud. Prévoyez un supplément de 50% après 20h. Vous trouverez des stations de taxis devant les portes de la médina. Seuls les grands taxis desservent l'aéroport.

Sefrou صفرو

Sefrou, à 30 km au sud-est de Fès, est une jolie bourgade berbère à la lisière du Moyen Atlas. Son intéressante petite médina a été classée au patrimoine mondial de l'Unesco en 2013. En conséquence, les murs ont été restaurés, et certains fondouks sont en pleine reconstruction. Sefrou abritait jadis l'une des plus importantes communautés juives du pays (8 000 personnes selon certaines sources) et Moulay Idriss II vécut ici durant la construction de Fès. Elle constitue une agréable excursion d'une journée, idéale pour échapper à l'agitation urbaine de Fès.

À voir et à faire

Médina — MÉDINA

Comparée à la médina de Fès, celle de Sefrou vous semblera facile à explorer. L'oued Aggaï en traverse le centre, donnant un sentiment d'espace peu commun dans les médinas. Le meilleur point d'entrée est **Bab el-Makam**, au nord. Suivez les piétons qui descendent vers le sud-est en passant devant deux mosquées. Traversez la rivière et remontez la principale rue commerçante jusqu'à une fourche : en continuant tout droit, vous arriverez à Bab Merba, dans le mur sud de la médina, à côté d'une autre mosquée ; l'embranchement de droite conduit au mellah (quartier juif),

Mellah — QUARTIER JUIF

Le mellah s'étend vers le nord-ouest le long de l'oued. Bien que la population juive soit partie, le quartier conserve quelques maisons caractéristiques aux galeries en

Sefrou

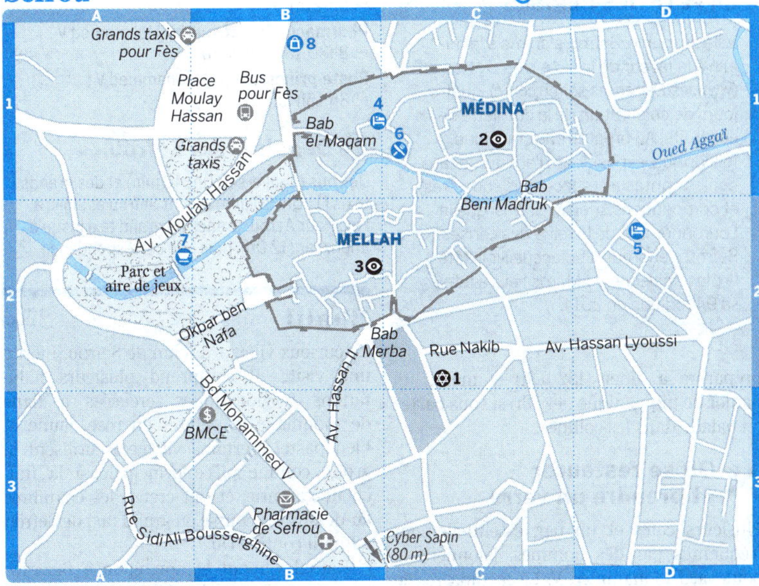

bois et des ruelles si étroites que l'on peut à peine s'y croiser. Autrefois, le mellah était si sombre et si peuplé que ses rues étaient éclairées même en plein jour. Aujourd'hui, une atmosphère louche s'en dégage et certains bâtiments tombent en ruine.

École juive — ÉCOLE JUIVE

Immédiatement au sud de Bab Merba, cette ancienne école juive dotée d'une salle de prière est à présent fermée. Si vous frappez à la porte, les gardiens vous laisseront probablement entrer en échange d'une petite contribution.

Cascades — CHUTE D'EAU

Une marche de 1,5 km à l'ouest de la ville mène à une chute modeste. Suivez les panneaux depuis l'avenue Moulay Hassan, contournez Al-Qala' (un village semi-fortifié) et longez la vallée verdoyante de l'oued.

Où se loger

Dar Attamani — PENSION €€

(☎0535 96 91 74 ; www.darattamani.com ; 414 Bastna, Médina ; s/d/tr à partir de 260/440/550 Dh ; Wi-Fi). Véritable trésor pour une petite ville comme Sefrou, cette charmante ancienne maison juive au cœur de la médina est décorée avec grand soin et chaque chambre

Sefrou

À voir

1 École juive C2
2 Médina C1
3 Mellah B2

Où se loger

4 Dar Attamani B1
5 La Maison des Lallas D2

Où se restaurer

6 Restaurant Farah C1

Où prendre un verre

7 Café Zahra el-Jebal A2

Achats

8 Ensemble artisanal B1

diffère. Si certaines partagent les sdb, d'autres disposent d'une sdb privative. Les voyageurs à petit budget peuvent louer un lit sur le toit-terrasse (110 Dh). Demi-pension disponible.

La Maison des Lallas — PENSION €€

(☎0535 66 11 16 ; www.lamaisondeslallas.com ; 304 Derb El Miter ; ch à partir de 352 Dh ; Wi-Fi). Cette jolie maison sise dans une rue calme compte 5 chambres avec sdb, et une ravissante cour à la décoration traditionnelle. Jamila vous

LA FÊTE DES CERISES

Ville assoupie, Sefrou s'anime à la mi-juin à la faveur de la **fête des Cerises** (www.festivalcerises-sefrou.com/), quatre jours de célébration de la cueillette de ces fruits. Au programme : musique folklorique, expositions d'artistes locaux, défilés, fantasias (spectacles équestres) et compétitions sportives, ainsi que le couronnement de la reine des cerises. Sefrou s'enorgueillit d'accueillir la fête la plus ancienne du Maroc : elle a fêté sa 94e édition en 2014.

préparera à dîner (132 Dh) et même un panier de pique-nique (44 Dh) si vous partez en balade dans les collines.

Où se restaurer et prendre un verre

Plusieurs cafés et un bar, essentiellement fréquentés par des hommes, jalonnent le boulevard Mohammed V. La médina recèle quelques échoppes bon marché, qui servent soupes, kebabs et tajines.

Restaurant Farah MAROCAIN €
(pl. Haddadine ; repas environ 30 Dh ; 11h-21h). C'est le meilleur restaurant de ce quartier. Bien que dépourvu d'enseigne, on le repère facilement en face des rémouleurs, du forgeron et de son enclume (*haddadine* signifie "quincailliers"). Vous vous régalerez de délicieux poulet rôti à tremper dans de la harissa, de pois chiches épicés, de *loubia* (haricots), de pain et de salade.

Café Zahra el-Jebal CAFÉ
(parc municipal ; 9h-22h). Les femmes se sentiront à l'aise dans ce charmant café aménagé sur la berge ombragée du fleuve, dans un parc. Il est réputé pour ses bons milk-shakes.

Achats

Vous ferez peut-être une affaire au marché du jeudi.

Ensemble artisanal ARTISANAT
(rte de Fès). L'habituel choix de tapis, poteries, vêtements et articles en cuir à prix fixes.

Renseignements

BMCE (bd Mohammed V ; 8h45-18h lun-jeu, 8h45-11h ven, 8h45-12h sam). Possède un DAB.

Cyber Sapin (bd Mohammed V ; 4 Dh/heure ; 9h-21h)

Pharmacie de Sefrou (bd Mohammed V ; 8h30-18h lun-sam).

Poste principale (bd Mohammed V ; 8h-16h lun-ven)

Depuis/vers Sefrou

Des bus réguliers (8 Dh, 40 min) et des grands taxis (11 Dh, 30 min) relient Sefrou et Slaiki à Fès. Pour Azrou, prenez un grand taxi jusqu'à Imouzzer (12 Dh), puis une correspondance.

Bhalil بهاليل

Ce curieux village, à 5 km de Sefrou, mérite une visite. Il comprend plusieurs habitations troglodytiques, creusées à flanc de montagne et peintes en rose, jaune et bleu pastel. Certains villageois utilisent la grotte comme pièce principale, à la fraîcheur garantie, et ont creusé les chambres au-dessus. La course en grand taxi de Sefrou à Bhalil coûte 4 Dh.

Kamal Chaoui et son épouse Béatrice proposent un hébergement très confortable au **Dar Kamal Chaoui** (0678 83 83 10, 0535 69 27 37 ; www.kamalchaoui.com ; 6 Kaf Rhouni ; s/d à partir de 605 Dh ;) Décorée dans le style berbère local, la maison compte un toit-terrasse avec vue panoramique propice à la détente. Kamal est une mine de renseignements sur les environs, et organise au besoin des excursions en montagne, dont la visite de grottes troglodytiques où l'on prend le thé avec les habitants (275 Dh). Enfin, Naima concocte de délicieux dîners (175 Dh).

Meknès مكناس

1 000 000 HABITANTS

La plus modeste des quatre cités impériales, Meknès n'est ni une capitale comme Rabat, ni un rendez-vous touristique branché, comme Marrakech, et ne possède pas de médina renommée, comme Fès. De fait, éclipsée par cette dernière en raison de sa proximité, elle reçoit bien moins de visiteurs qu'elle ne le devrait. Plus petite et plus calme que sa grande voisine, Meknès est aussi beaucoup plus détendue, tout en offrant l'attrait d'une médina aux étroites rues tortueuses et de majestueux édifices rappelant son ancien statut de siège du sultanat marocain. Cette discrétion, qui décevrait peut-être le sultan Moulay Ismaïl, architecte

Meknès

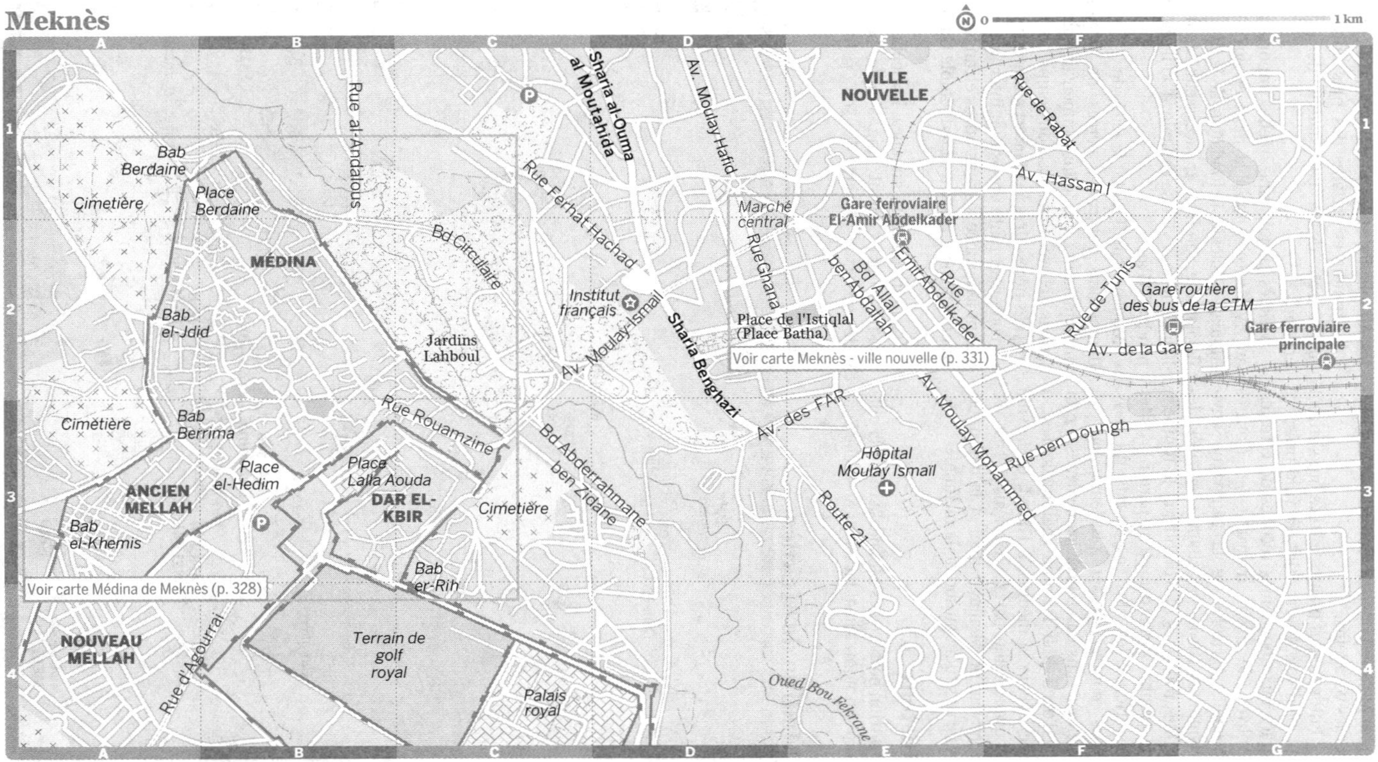
0
1 km
VILLE NOUVELLE
MÉDINA
ANCIEN MELLAH
NOUVEAU MELLAH
DAR EL-KBIR
Bab Berdaine
Place Berdaine
Cimetière
Bab el-Jdid
Bab Berrima
Place el-Hedim
Bab el-Khemis
Place Lalla Aouda
Bab er-Rih
Jardins Lahboul
Terrain de golf royal
Palais royal
Rue al-Andalous
Bd Circulaire
Rue Rouamzine
Rue d'Agourrai
Sharia al-Ouma al Moutahida
Rue Ferhat Hachad
Institut français
Av. Moulay-Ismail
Sharia Benghazi
Av. Moulay Hafid
Bd Abderrahmane ben Zidane
Marché central
Rue Ghana
Place de l'Istiqlal (Place Batha)
Bd Allal ben Abdallah
Gare ferroviaire El-Amir Abdelkader
Rue Emir Abdelkader
Voir carte Meknès - ville nouvelle (p. 331)
Voir carte Médina de Meknès (p. 328)
Av. des FAR
Hôpital Moulay Ismaïl
Route 21
Av. Moulay Mohammed
Rue ben Doungh
Oued Bou Fekrane
Rue de Rabat
Av. Hassan I
Rue de Tunis
Gare routière des bus de la CTM
Av. de la Gare
Gare ferroviaire principale

de la Meknès impériale, contribue à enchanter les voyageurs.

Entourée des plaines fertiles qui s'étirent au pied du Moyen Atlas, la ville prospère grâce aux abondantes récoltes de céréales, d'olives, de raisin, d'agrumes et d'autres produits agricoles de la campagne environnante. Parmi les champs cultivés, les ruines romaines de Volubilis et le tombeau de Moulay Idriss comptent parmi les sites historiques les plus importants du pays. Vous pourrez passer plusieurs jours à Meknès sans en épuiser les charmes. Le lit de l'oued Bou Fekrane (habituellement à sec) sépare la médina, à l'ouest, de la ville nouvelle bâtie par les Français à l'est. Le tombeau de Moulay Ismaïl et la cité impériale se situent au sud de la médina.

Histoire

La tribu berbère des Meknassa (dont la ville tire son nom) s'installa ici au Xe siècle. Sous les Almohades et les Mérinides, la médina fut agrandie et certains des plus anciens monuments de la cité datent de cette époque.

Meknès acquit une réelle importance au XVIIe siècle, après la mort en 1672 de Moulay er-Rachid, le fondateur de la dynastie alaouite. Son frère et successeur, Moulay Ismaïl, fit de la ville sa capitale, d'où il régna pendant 55 ans.

Moulay Ismaïl dota la cité de 25 km d'imposants remparts, percés de portes monumentales, et d'un immense palais jamais achevé. Il disposa du temps et des moyens nécessaires à cet effort architectural en contenant toute opposition interne et en tenant à distance les puissances étrangères, essentiellement grâce à sa redoutable Garde noire.

Sa mort en 1727 annonça le déclin de Meknès, qui redevint une simple bourgade après le départ de son petit-fils

Médina de Meknès

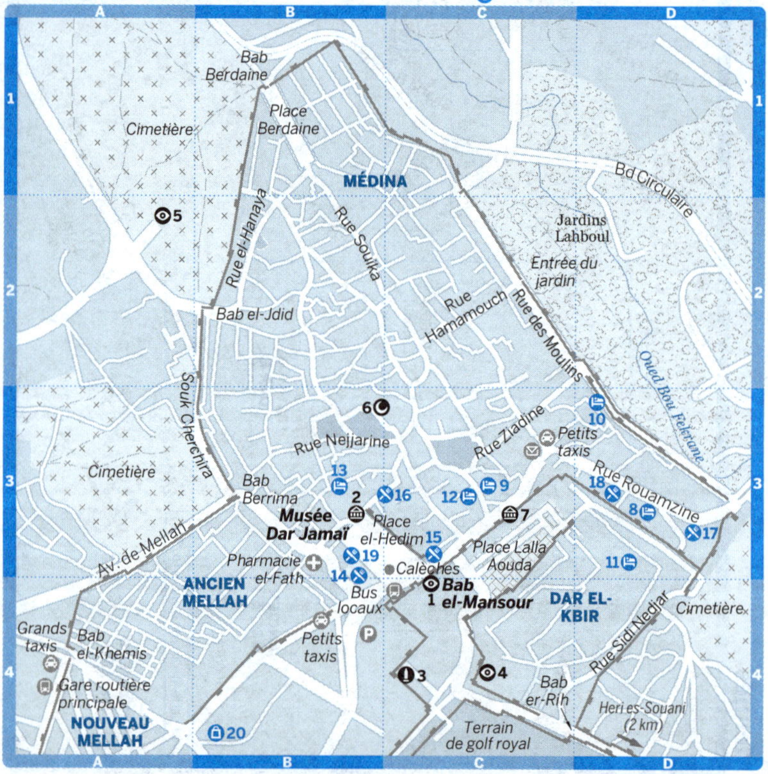

Mohammed III (1757-1790) pour Marrakech. Le séisme de 1755, qui dévasta Lisbonne, frappa également Meknès. Des matériaux furent prélevés sur ses monuments pour être utilisés ailleurs. Ce n'est que durant les dernières décennies, avec l'essor du tourisme, qu'une restauration sérieuse de son patrimoine architectural a été entreprise.

Le début du protectorat, en 1912, dynamisa la ville, qui devint le quartier général de l'armée française. Des colons français s'installèrent sur les terres fertiles des alentours. Après l'indépendance (1956), elles furent récupérées par le gouvernement marocain et louées à des agriculteurs locaux.

À voir

Médina

Cœur de la médina, la place el-Hedim fait face à Bab el-Mansour. Édifiée par Moulay Ismaïl et utilisée à l'origine pour les annonces royales et les exécutions publiques, cette place est idéale pour s'asseoir et profiter de l'animation de la petite ville. Sur un côté, la place est bordée de cafés et restaurants. Un important marché alimentaire couvert est installé derrière.

Au sud, la porte monumentale de Bab el-Mansour mène à la cité impériale de Moulay Ismaïl. Les ruelles de l'ancien mellah sont situées à l'ouest de la médina ; remarquez les anciennes maisons avec balcons, typiques du quartier juif. L'accès le plus simple vers les souks est l'arche à gauche du musée Dar Jamaï, au nord de la place el-Hedim. Dirigez-vous vers le nord et vous vous retrouverez bientôt parmi les stands de souvenirs et les boutiques de tapis.

Meknès Medina

Les incontournables

1	Bab el-Mansour	C4
2	Musée Dar Jamaï	B3

À voir

3	Koubbat as-Sufara	C4
4	Mausolée de Moulay Ismaïl	C4
5	Mausolée de Sidi ben Aïssa	A2
6	Médersa Bou Inania	B3
7	Musée de Meknès	C3

Où se loger

8	Hôtel Maroc	D3
9	Riad d'Or	C3
10	Riad Lahboul	D3
11	Riad Meknès	D3
12	Riad Safir	C3
13	Ryad Bahia	B3

Où se restaurer

14	Marché couvert	B3
	Dar Sultana	(voir 13)
15	Pavillon des Idrissides	C3
16	Restaurant Mille et Une Nuits	C3
17	Restaurant Oumnia	D3
	Restaurant Riad Meknès	(voir 11)
18	Restaurants de la rue Rouamzine	D3
	Ryad Bahia	(voir 13)
19	Stands de sandwichs	B3

Achats

20	Centre artisanal	B4
	Pavillon des Idrissides	(voir 15)
	Stands de poteries	(voir 14)

Marchés MARCHÉS

La ville compte de nombreux *kisaria* (marchés couverts). Certains sont consacrés aux textiles, qui sont vendus aux enchères le dimanche matin. Le **marché Okchen** est spécialisé dans les belles broderies. Dans la rue Nejjarine, vous passerez devant les échoppes de babouches colorées et la **kisaria ad-Dahab**, le souk des bijoux. Derrière les remparts, vous trouverez un souk pittoresque, vendant des épices, des herbes et des fruits secs, ainsi qu'un **marché aux puces** animé.

Musée Dar Jamaï MUSÉE

(carte p. 328 ; ☎0555 53 08 63 ; 10 Dh ; 9h-12h et 15h-18h30 mer-lun). Dominant la place el-Hedim, Dar Jamaï est un palais construit en 1882 par la puissante famille Jamaï, dont deux représentants furent vizirs du sultan Moulay el-Hassan Ier. À la mort du sultan en 1894, la famille tomba en disgrâce et perdit tous ses biens, y compris ce palais qui passa aux mains de la puissante famille al-Glaoui. Les Français le transformèrent en hôpital militaire en 1912.

Depuis 1920, le palais abrite l'administration des Beaux-Arts et l'un des plus beaux musées du pays. Les collections comprennent des céramiques, des bijoux, des tapis traditionnels, ainsi que de superbes tissus et broderies. Remarquez les selles en brocart et de ravissantes broderies meknassies (dont d'extraordinaires kaftans brodés d'or et d'argent). À l'étage, la koubba (sanctuaire coiffé d'une coupole) abrite un salon classique, avec tapis et coussins luxueux. Le musée présente également une belle collection de tapis anciens, de différents styles régionaux.

Bien conçues, les expositions comportent des explications en français et en arabe. Un paisible jardin andalou et une cour ombragée d'orangers invitent à la détente après la visite.

Musée de Meknès MUSÉE
(carte p. 328 ; Route Dar Smen ; entrée 10 Dh ; ⌚9h-12h et 15h-18h30 mer-lun). Aménagé dans l'ancien tribunal, un édifice élégant, ce nouveau musée expose des ferronneries, des outils agricoles, des vêtements, des bijoux, des tapis et des céramiques. Repérez notamment la remarquable armure en cuivre incrustée de perles de corail, de morceaux de turquoise et de pièces de monnaie. L'armure est au complet, et comporte casque, plastron et gantelets.

Médersa Bou Inania MÉDERSA
(carte p. 328 ; rue Nejjarine ; entrée 10 Dh ; ⌚9h-12h et 15h-18h). Face à la grande mosquée, cette école se distingue par le raffinement de sa décoration intérieure, typique des monuments mérinides. Achevée en 1358 par Bou Inan (dont une somptueuse médersa de Fès porte le nom), cette médersa comprend tous les éléments des styles décoratifs classiques : zelliges à la base, stucs ouvragés au-dessus et plafond en olivier sculpté.

Les élèves de huit à dix ans vivaient à deux dans les cellules du rez-de-chaussée, tandis que les étudiants plus âgés et les enseignants occupaient le premier étage. Vous pouvez grimper sur le toit pour admirer le toit constitué de tuiles vertes et le minaret de la grande mosquée voisine ; le reste de la médersa est fermé aux non-musulmans.

Mausolée de Sidi ben Aïssa MAUSOLÉE
(carte p. 328). Sidi ben Aïssa, religieux du XVe siècle, fonda une étrange confrérie pratiquant l'automutilation et prônant l'insensibilité aux morsures de serpent ! Ses adeptes viennent du monde entier en avril et en juillet. Ce mausolée est fermé aux non-musulmans.

Cité impériale

♥ **Bab el-Mansour** PORTE
(carte p. 328). Dominant la place el-Hedim, Bab el-Mansour est la plus imposante des portes impériales marocaines. Bien conservée, elle est ornée de somptueux zelliges (un

MOULAY ISMAÏL

Peu de personnalités ont autant marqué l'histoire d'un pays que le sultan Moulay Ismaïl (1672-1727). Originaire des plaines de la région de Tafilalet, il appartenait à une famille de chérifs (descendants de Mahomet), un apanage dont continue de se prévaloir la monarchie actuelle.

La rudesse autant que l'ascendance noble étaient indispensables pour devenir sultan. Succédant sur le trône à son frère Moulay er-Rashid, Moulay Ismaïl entreprit de mettre un terme aux revendications de ses 83 frères et demi-frères en faisant assassiner, le jour de son intronisation, tous ceux qui refusaient de reconnaître son pouvoir. Il poursuivit cette politique sanguinaire par des expéditions militaires dans le Sud, les montagnes du Rif et l'arrière-pays algérien, soumettant la majeure partie du pays. Il parvint même à contrôler les pirates de Salé, taxant fortement leur butin pour remplir les coffres de l'empire.

La paix assurée, Moulay Ismaïl se retira dans sa capitale, Meknès, et commença à construire son grandiose palais impérial, n'hésitant pas à piller les autres régions pour récupérer les plus beaux matériaux. Il fit également édifier des citadelles, des casbahs et de nombreuses villes nouvelles. Cet épanouissement culturel fut le dernier âge d'or du Maroc.

Se considérant comme un égal du Roi-Soleil, Moulay Ismaïl demanda la main de la fille de Louis XIV. Le refus du roi de France ne l'empêcha pas d'avoir des centaines d'enfants, mais il n'eut pas la sagesse d'organiser sa succession. À sa mort, le sultanat fut en proie à des luttes intestines, dont les Alaouites sortirent très affaiblis.

Toutefois, l'héritage de Moulay Ismaïl constitua les fondations du royaume chérifien. Il chassa les Britanniques de Tanger, soumit les tribus berbères et reprit aux Espagnols la majeure partie de leurs possessions marocaines. Il créa les fondements de l'actuelle monarchie et, sous sa férule, naquit l'entité cohérente qui allait devenir le Maroc moderne.

Meknès - ville nouvelle

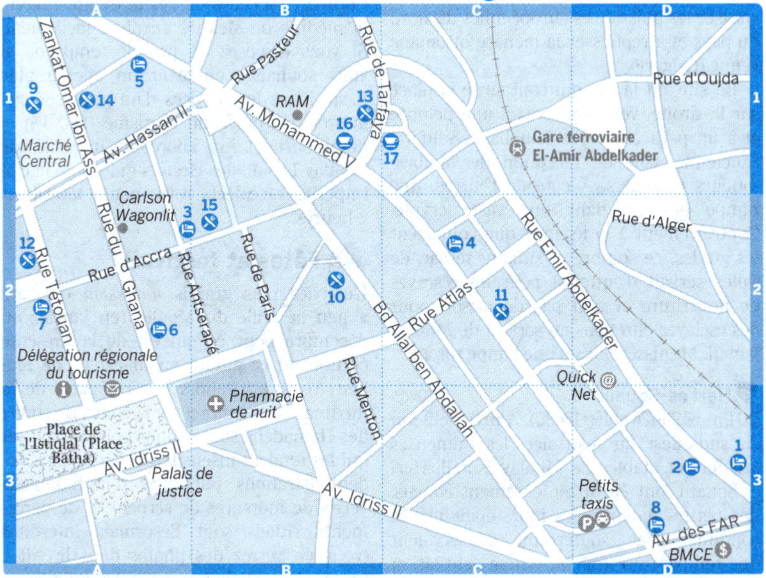

peu délavés) et surmontée d'inscriptions. Elle fut achevée en 1732 par le fils de Moulay Ismaïl, Moulay Abdallah. On ne passe pas par la *bab* elle-même (parfois ouverte pour des expositions), mais par une porte latérale, sur la gauche.

Mausolée de Moulay Ismaïl MAUSOLÉE

(carte p. 328 ; dons bienvenus ; ⏲8h30-12h et 14h-18h sam-jeu). La sépulture du sultan qui fit de Meknès sa capitale au XVIIe siècle est située à la diagonale de la koubba as-Soufara. L'importance de Moulay Ismaïl dans l'histoire marocaine explique que le sanctuaire soit ouvert aux non-musulmans. On entre par une série de cours paisibles et austères, censées favoriser le calme et l'humilité des visiteurs, un but difficile à atteindre lorsque les bus touristiques sont nombreux. La somptueuse salle funéraire offre un contraste saisissant et illustre le meilleur de l'artisanat marocain. Les photos sont autorisées, mais les non-musulmans ne peuvent pas approcher le tombeau.

Koubba as-Soufara MONUMENT

(carte p. 328 ; 10 Dh ; ⏲9h-12h et 15h-18h). Au sud de Bab el-Mansour s'étend le *mechouar* (place d'armes), aujourd'hui appelé place Lalla Aouda, où Moulay Ismaïl passait en revue sa fameuse Garde noire. Ayant fait venir 16 000 esclaves d'Afrique noire, Moulay Ismaïl en fit une troupe d'élite. On procurait des femmes à ces soldats et leurs enfants étaient élevés pour servir à leur tour dans cette garde. À la mort du sultan, la Garde noire avait décuplé ses effectifs. Elle s'était

Meknès - ville nouvelle

Où se loger

1 Hôtel Akouas D3
2 Hôtel Bab Mansour D3
3 Hôtel de Nice A2
4 Hôtel Majestic C2
5 Hôtel Malta A1
6 Hôtel Palace A2
7 Hôtel Rif A2
8 Hôtel Volubilis D3

Où se restaurer

9 Marché central A1
10 Le Pub B2
11 Restaurant Marhaba C2
12 Palais du Poulet A2
13 Promenade Palace B1
14 Restaurant Gambrinus A1
15 Restaurant Pizza Roma B2

Où prendre un verre et faire la fête

16 Café Opera B1
17 Café Tulipe C1

illustrée dans de nombreux combats, réussissant à réprimer les rébellions internes, à chasser les puissances européennes du nord du pays et à repousser la menace ottomane venue d'Algérie.

En suivant la rue qui contourne la place sur la droite, vous arriverez à une pelouse et à un petit édifice, la koubba as-Soufara, l'ancienne salle de réception des ambassadeurs étrangers. À côté de l'entrée, une rampe descend dans une vaste crypte. Contrairement à la légende que colportent les guides, ce sombre et sinistre réseau de salles servait d'entrepôt pour les réserves de nourriture et non pas de prison pour des esclaves chrétiens au service de Moulay Ismaïl. Munissez-vous d'une lampe torche.

♥ Heri es-Souani RUINES

(10 Dh ; ⏲ 9h-12h et 15h-18h30). À près de 2 km au sud-ouest du mausolée, les immenses greniers et étables de Moulay Ismaïl, Heri es-Souani, ont été ingénieusement conçus. Les petites fenêtres, les murs épais et des conduits d'eau souterrains conservaient une température fraîche et une ventilation permanente. Le bâtiment pouvait accueillir 12 000 chevaux et leur nourriture, et Moulay Ismaïl le considérait comme l'une de ses plus belles réussites architecturales.

Le toit s'est effondré depuis longtemps, mais les premières voûtes ont été restaurées. Bien qu'impressionnantes, elles sont trop éclairées et mieux vaut explorer les coins plus sombres pour retrouver l'ambiance d'origine. Au-delà, des rangées de voûtes souvent en ruine se succèdent sur une immense superficie.

En été, une longue marche en plein soleil conduit du mausolée de Moulay Ismaïl à Heri es-Souani et mieux vaut prendre un taxi ou une calèche. Si vous préférez marcher, suivez la route au sud du mausolée entre les hauts murs, passez devant l'entrée principale du palais royal (fermé au public) et un terrain de camping, et continuez tout droit jusqu'à l'entrée du site.

Bassin d'Agdal LAC

Au nord du Heri es-Souani s'étend un gigantesque lac bordé de pierre, le bassin de l'Agdal. Alimenté par un complexe système de canaux de quelque 25 km de long, il servait à la fois de réservoir pour les jardins du sultan et de pièce d'eau d'agrément. Autour, de nombreux bancs permettent de se reposer et une immense statue d'un marchand d'eau évoque une sculpture de Giacometti.

Circuits organisés

Comparée à celles de Fès et de Marrakech, la médina de Meknès s'explore facilement. Si vous disposez de peu de temps ou si vous souhaitez en avoir un aperçu plus local, louez les services d'un guide officiel auprès de l'office du tourisme (250 Dh la demi-journée). Aux abords du mausolée de Moulay Ismaïl, des circuits guidés de la cité impériale en calèche reviennent à 150 Dh les 2 heures.

Fêtes et festivals

L'un des plus grands *moussem* du pays a lieu la veille du Moulid (en janvier ou décembre pour ce qui est de la présente édition de ce guide) au mausolée de Sidi ben Aïssa, en dehors des remparts de la médina. Les membres de la confrérie soufie des Hamadcha sont connus pour les transes qui les rendent insensibles à la douleur ; les démonstrations publiques d'ingestion de verre, de morsures de serpent et de percements rituels sont désormais interdites (vous en verrez des photos dans la ville). Cette fête religieuse demeure animée et populaire et s'accompagne de fantasia*s* (charges de cavaliers tirant au mousquet), de foires, de chants et de danses.

Où se loger

La plupart des hébergements se situent dans la ville nouvelle, à l'exception d'une poignée d'établissements très bon marché et de quelques nouveaux riads.

Médina

La plupart des hôtels bon marché de la vieille ville sont installés dans les rues Dar Smen et Rouamzine. En haute saison et lors des grandes fêtes, ils sont vites complets ; mieux vaut arriver tôt le matin ou réserver.

Hôtel Maroc HÔTEL €

(carte p. 328 ; ☎ 0535 53 00 75 ; 7 rue Rouamzine ; 100 Dh/pers, toit-terrasse 50 Dh). Apprécié de longue date des voyageurs au budget serré, cet établissement a amélioré son standing au fil des années. Accueillantes et paisibles, les chambres (avec lavabo) sont simples, et les sdb communes, propres. Une terrasse et une cour plantée d'orangers ajoutent à son agrément.

♥ Ryad Bahia PENSION €€

(carte p. 328 ; ☎ 0535 55 45 41 ; www.ryad-bahia.com ; Derb Sekkaya, Tiberbarine ; s/d petit-déj compris à partir de 400/650 Dh ; ❄ 📶). Ce charmant riad est situé à deux pas de la place el-Hedim. L'entrée principale débouche sur une cour et un excellent restaurant. Les chambres sont jolies et restaurées avec soin, et les propriétaires, grands voyageurs eux-mêmes, adorent parler voyage ou guider leurs clients dans la médina (d'autant plus que Bouchra est guide professionnelle).

Riad d'Or PENSION €€
(carte p. 328 ; ☎ 0641 07 86 25 ; www.riaddor.com ; 17 Derb el-Anboub ; ch 495-935 Dh ; ❄ 📶 🏊). Récemment rénové, ce riad occupe 2 maisons, et compte 11 chambres installées au détour de cours et d'escaliers cachés. Nombre d'entre elles peuvent loger 4 personnes au moins. L'adresse compte également un bon restaurant et, surprise, une piscine nichée sur l'un des toits-terrasses du riad.

Riad Safir PENSION €€
(carte p. 328 ; ☎ 0535 53 47 85 ; www.riadsafir.com ; 1 Derb Lalla Alamia ; s/d/tr petit-déj compris 550/660/770 Dh ; ❄ 📶). Plaisante et intime, cette pension se divise en deux parties. Le riad d'origine est un lieu accueillant où l'on préfère, aux zelliges et stucs, les tissus et tapis dans de subtils tons crème et orangé, ainsi que les boiseries. La nouvelle partie, qui occupe la maison voisine, arbore un chic ultramoderne, aux couleurs sobres et à la décoration élégante. Un contraste inattendu, mais très plaisant.

Riad Lahboul PENSION €€
(carte p. 328 ; ☎ 0535 55 98 78 ; www.riadlahboul.com ; 6 Derb Ain Sefli, Rouamzine ; ch à partir de 600 Dh ; ❄ 📶). Une pension idéale pour les familles, tenue par un couple anglo-marocain. L'entrée se fait par un salon au style marocain. À l'étage, les 6 chambres sont douillettes (l'une fait office de grand appartement). La cuisine y est excellente et son emplacement, à la limite de la médina et en face des paisibles jardins Lahboul, est très agréable.

Riad Meknès PENSION €€
(carte p. 328 ; ☎ 0535 53 05 42 ; www.riadmeknes.com ; 79 Ksar Chaacha, Dar el-Kabir ; s/d/tr petit-déj compris 440/660/770 Dh ; ❄ 📶 🏊). Ce grand riad lumineux, près des ruines du ksar Chaacha, occupe un coin tranquille où abondent les bureaux d'avocats et les écrivains publics. Les chambres, décorées avec goût, combinent styles traditionnel et moderne. Le riad est réputé pour sa cuisine (le restaurant est ouvert aux non-résidents), et l'on dîne dans des salons. Détente garantie au bord de la luxueuse piscine à plongeoir ou dans le jardin de cactus.

Les Jardins de Ryad Bahia PENSION €€€
(☎ 0535 55 45 41 ; www.lesjardinsderyadbahia.com ; ch 800-1 000 Dh ; ❄ 📶 🏊). Les propriétaires du Ryad Bahia ont ouvert cette grande maison lumineuse à la campagne, à 5 km à l'ouest de Meknès. L'adresse compte un beau jardin doté d'une grande piscine, un hammam, un sauna et un Jacuzzi et l'on peut prendre des cours de cuisine (400 Dh/pers). La maison abrite 9 chambres avec balcon et des espaces propices à la détente. Idéal pour échapper à l'atmosphère confinée de la médina. Possibilité de s'y rendre pour la journée (transport assuré).

Ville nouvelle

La ville nouvelle compte quelques adresses bon marché convenables, ainsi que des établissements plus chers.

Hôtel Majestic HÔTEL €
(carte p. 331 ; ☎ 0535 52 20 35 ; www.hotelmajesticmeknes.ma ; 19 av. Mohammed V ; s/d petit-déj compris 287/374 Dh). Ouvert depuis 1937, le Majestic est l'un des édifices Art déco de Meknès. Ses chambres sont confortables mais un peu désuètes. En revanche, ses boiseries sombres et ses lampes Art déco lui confèrent beaucoup de cachet. Ajoutons à cela une cour paisible, un toit-terrasse et un accueil chaleureux : difficile de trouver mieux dans la catégorie petits budgets.

Hôtel Palace HÔTEL €
(carte p. 331 ; ☎ 0535 40 04 68 ; fax 0535 40 14 31 ; 11 rue Ghana ; s/d 180/230 Dh ; P). Derrière sa façade austère se cache un hôtel d'un très bon rapport qualité/prix, aux chambres claires et spacieuses avec sdb, dont beaucoup dotées d'un balcon. Les canapés en mezzanine invitent à la détente. L'hôtel affichant souvent complet, mieux vaut téléphoner avant de s'y rendre.

Hôtel Volubilis HÔTEL €
(carte p. 331 ; ☎ 0535 52 50 82 ; av. des FAR ; s/d/tr 242/289/376 Dh). Cet hôtel possède des chambres convenables avec sdb. Évitez si possible celles qui sont en façade : elles donnent sur l'artère principale et le bruit vous gênera toute la nuit.

Hôtel de Nice HÔTEL €€
(carte p. 331 ; ☎ 0535 52 03 18 ; www.hoteldenicemeknes.com ; angle rue Accra et rue Antsirabé ;

s/d petit-déj compris à partir de 425/530 Dh ; ❄). Moderne et efficace, cet hôtel continue de se distinguer par sa qualité, son service et des prix raisonnables compte tenu des prestations. Les chambres, de bonnes dimensions, sont joliment décorées. Bar et restaurant sur place.

Hôtel Rif HÔTEL €€
(carte p. 331 ; ☎ 0535 52 25 91 ; http://www.hotel-rif.com; rue Accra ; s/d petit-déj compris 666/832 Dh ; ❄📶🏊). Le Rif est un hôtel fiable dans la catégorie moyenne. Un ton légèrement moderniste préside au cadre intérieur et la façade en béton chocolat possède un vrai charme. Le bar surplombe la piscine dans la cour, ce qui n'incite pas les femmes à se baigner.

Hôtel Akouas HÔTEL €€
(carte p. 331 ; ☎ 0535 51 59 67 ; 27 rue Emir Abdelkader ; s/d/tr 341/422/543 Dh ; ❄🏊). Tenu par une famille, cet accueillant trois-étoiles est un peu plus "couleur locale" que ses concurrents. Il pratique des prix justifiés pour ses chambres de taille moyenne, modernes et fonctionnelles et comprend un restaurant correct et une discothèque.

Hôtel Bab Mansour HÔTEL €€
(carte p. 331 ; ☎ 0535 52 52 39 ; hotel_bab_mansour@menara.ma ; 38 rue Emir Abdelkader ; s/d 396/521 Dh ; ❄📶). Malgré son peu de caractère, le Bab Mansour est confortable et offre toutes les prestations attendues d'un hôtel touristique. La célèbre porte (*bab*) est reproduite sur les carrelages des sdb, qui n'ont pas la grâce des fameux zelliges marocains.

Hôtel Malta HÔTEL €€€
(carte p. 331 ; ☎ 0535 51 50 20 ; www.hotel-malta.ma ; 3 rue Charif Idrissi ; s/d 726/1 000 Dh ; ❄📶). Le Malta offre un service d'une qualité un peu supérieure à la plupart des hôtels de catégorie moyenne de Meknès. Si les chambres, spacieuses, ne présentent pas un décor très original, elles sont confortables et équipées de la TV satellite. Également : restaurant et luxueux piano-bar.

Où se restaurer

Médina

Restaurant Oumnia MAROCAIN €
(carte p. 328 ; ☎ 0535 53 39 38 ; 8 Ain Fouki Rouamzine ; menu 95 Dh ; ⏲ 12h-15h et 19h-22h). L'adresse tient davantage de la maison familiale que d'un restaurant à proprement parler. Aussi l'accent est mis sur le service chaleureux et la cuisine marocaine roborative. L'Oumnia sert uniquement un délicieux menu de 3 plats avec une savoureuse *harira*, des salades et un tajine à choisir parmi ceux du jour.

Pavillon des Idrissides CAFÉ €
(carte p. 328 ; 147 Dar Smen Lahdim ; plats à partir de 55 Dh ; ⏲ 8h30-22h). Option idéale, que ce soit pour un café ou un repas décontracté, ce café-restaurant éclipse les autres adresses grâce à sa superbe vue sur Bab el-Mansour. La carte, correcte et sans surprise, propose grillades, tajines et couscous, mais le cadre est incontournable.

Restaurant Mille et Une Nuits MAROCAIN €
(carte p. 328 ; ☎ 0535 55 90 02 ; près de la pl. el-Hedim ; plats 55-95 Dh ; ⏲ 12h-15h et 19h30-22h). Facile à repérer près de la place el-Hedim, cette ancienne maison a des airs de "restaurant-palais" et propose tous les grands classiques de la cuisine marocaine à des prix raisonnables.

Stands de sandwichs RESTAURATION RAPIDE €
(carte p. 328 ; pl. el-Hedim ; sandwichs environ 30 Dh ; ⏲ 7h-22h). Choisissez parmi les stands qui bordent la place el-Hedim, puis asseyez-vous à l'une des tables ombragées. Outre les sandwichs, habituellement délicieux, on peut aussi acheter des plats plus copieux (tajines, couscous...) ou des sardines à des stands plus proches des murs de la médina.

Restaurants de la rue Rouamzine RESTAURATION RAPIDE €
(carte p. 328 ; rue Rouamzine ; repas 30-60 Dh ; ⏲ 11h-22h). Proche des hôtels bon marché en lisière de la médina, cette rue est bordée de nombreux établissements qui servent sandwichs, kebabs, tajines, poulet grillé, jus de fruits et glaces.

Ryad Bahia MAROCAIN €€
(carte p. 328 ; ☎ 0535 55 45 41 ; www.ryad-bahia.com ; Derb Sekkaya, Tiberbarine ; plats 80-130 Dh ; ⏲ 12h-15h et 19h-22h). Ouvert aux non-résidents, le restaurant de ce riad (pensez à réserver) constitue une adresse agréable en soirée avec ses tables disposées dans la cour. La carte, typiquement marocaine, propose des plats savoureux, agréablement servis et présentés.

Restaurant Riad Meknès MAROCAIN €€
(carte p. 328 ; ☎ 0535 53 05 42 ; 79 Ksar Chaacha ; plats à partir de 60 Dh, menus 110-160 Dh ; ⏲ 12h-15h et 19h-22h). Les riads de la médina de Meknès possèdent tous de ravissants

restaurants mais celui-ci constitue une excellente adresse pour les non-résidents. Installé dans une cour verdoyante, il invite à la détente en dégustant salades, tajines ou couscous, simples mais excellents. Le service attentif constitue un atout supplémentaire.

Dar Sultana MAROCAIN €€
(carte p. 328 ; ☎0535 53 57 20 ; Derb Sekkaya, Tiberbarine ; plats à partir de 75 Dh, menu 3 plats 110 Dh ; ⏲12h-15h et 19h-22h). Également connu sous le nom Sweet Sultana, ce charmant petit restaurant occupe une ancienne maison de la médina. Le dais tendu au-dessus de la cour lui confère une ambiance intime et romantique, rehaussée par les motifs au henné peints sur les murs et les tissus aux couleurs vives. L'assortiment de salades marocaines est un vrai délice.

Marché couvert FAIRE SES COURSES
(carte p. 328 ; pl. el-Hedim ; ⏲7h30-21h). Endroit incontournable à Meknès pour s'approvisionner en produits frais, le marché couvert mérite aussi une visite pour contempler les étals couverts de superbes pyramides de pâtisseries, de dattes, de fruits secs, d'olives et de citrons confits. Les plus sensibles éviteront la machine à plumer les volailles, au fond de la halle.

Ville nouvelle

Promenade Palace MAROCAIN €
(carte p. 331 ; ☎0535 52 61 72 ; angle rue de Tarfaya et Sahat Lahri ; petit-déj 25 Dh, pizza 35 Dh ; ⏲8h-23h ; 📶). Ce café-restaurant récent et rutilant est aménagé sur 2 niveaux et dispose d'une terrasse. C'est l'adresse idéale pour savourer un petit-déjeuner marocain à base de *khlii* (conserve de viande confite dans de la graisse) et d'œufs. Plus tard en journée, on sert des pizzas, des pâtes, ainsi que des crêpes salées et sucrées.

Palais du Poulet RESTAURATION RAPIDE €
(Palais Hassani ; carte p. 331 ; rue Tétouan ; plats à partir de 30 Dh ; ⏲12h-22h). En descendant vers l'avenue Hassan II depuis l'Hôtel Rif, plusieurs rôtisseries bon marché, dont celle-ci, servent rapidement poulet, frites, pain et salade. Passez commande à table et payez à la caisse, à l'intérieur.

Restaurant Marhaba MAROCAIN €
(carte p. 331 ; 23 av. Mohammed V ; tajines 25 Dh, ven couscous 35 Dh ; ⏲12h-22h). De style cantine, ce restaurant chaleureux et bon marché ne désemplit pas. Choisissez un tajine ou contentez-vous d'un copieux bol de *harira*, une assiette de *makoda* (beignets de pommes de terre) avec du pain et des œufs durs, le tout pour moins de 15 Dh. Nous vous mettons au défi de trouver mieux pour moins cher !

Restaurant Gambrinus MAROCAIN €
(carte p. 331 ; ☎0535 52 02 58 ; Zankat Omar ibn Ass ; plats environ 60 Dh, menu 77 Dh ; ⏲12h-15h et 19h-22h). Dans un décor pittoresque, une bonne adresse réputée pour sa cuisine marocaine bien que l'établissement ait été fondé par un immigrant tchèque en 1914. Les habitants l'apprécient depuis longtemps pour son excellent choix de tajines.

Restaurant Pizza Roma MAROCAIN €
(carte p. 331 ; rue Accra ; plats à partir de 20 Dh ; ⏲12h-22h). Comme son nom ne le suggère pas, ce restaurant sans prétention, apprécié de la clientèle féminine, propose de copieuses assiettes de poulet rôti avec riz et frites.

Le Pub FUSION €€
(carte p. 331 ; ☎0535 52 42 47 ; 20 bd Allal ben Abdallah ; plats 90-150 Dh ; ⏲11h-24h). Si vous ne craignez pas de replonger dans les années 1980 (intérieur sombre avec lumières colorées et musique disco), Le Pub offre une alternative bienvenue. La carte comporte deux parties, l'une proposant des plats occidentaux, l'autre des plats asiatiques avec une touche marocaine. Nous avons préféré les seconds, bien que les viandes rouges soient également bonnes. Fidèle à son nom d'enseigne, l'établissement sert de l'alcool.

Marché central FAIRE SES COURSES
(carte p. 331 ; av. Hassan II ; ⏲7h-12h). Bonne adresse pour faire ses courses dans la ville nouvelle, avec un choix d'étals de produits frais, des boutiques de spiritueux et des denrées alimentaires importés.

Où prendre un verre

Un adage populaire affirme que Meknès compte plus de bars que n'importe quelle autre ville marocaine. Ainsi, si vous souhaitez boire une bière togolaise Flag, vous aurez l'embarras du choix, du moins dans la ville nouvelle. De nombreux bars sont regroupés autour du boulevard Allal ben Abdallah, mais ils sont généralement peu engageants, enfumés et déconseillés aux femmes.

Les bars des hôtels sont souvent plus fréquentables, de même que les restaurants répertoriés ci-dessus et servant de l'alcool.

Le Pub notamment est l'un des endroits les plus plaisants pour prendre un verre : installez-vous dans un fauteuil confortable ou au bar, ou bien descendez au sous-sol pour fumer une chicha en écoutant de la musique live le week-end.

Pour vous détendre dans un café, rendez-vous dans la ville nouvelle, notamment le long de l'avenue Mohammed V et alentour, ou dans la zone piétonne autour du cinéma Caméra. Les femmes peuvent fréquenter les établissements suivants :

Café Tulipe CAFÉ
(carte p. 331 ; rue de Tarfaya ; 7h-22h ;). Près de l'artère principale, il compte une grande terrasse ombragée et une salle moderne. C'est l'un des cafés les plus plaisants pour s'attarder une heure ou deux.

Café Opéra CAFÉ
(carte p. 331 ; 7 av. Mohammed V ; 7h-22h). Spacieux et désuet, ce grand café est une institution où les hommes viennent siroter un thé à la menthe. La terrasse est idéale pour un petit-déjeuner, à profiter de l'animation extérieure.

Où sortir

Institut français (carte p. 327 ; 0535 51 58 51 ; if-maroc.org/meknes ; rue Ferhat Hachad ; 8h30-12h et 14h30-18h30 lun-sam). Centre de la vie culturelle à Meknès, l'institut propose films, pièces de théâtre, concerts et expositions.

Achats

Moins vastes que ceux de Fès ou de Marrakech, les souks de Meknès sont bien plus détendus et l'on peut y flâner paisiblement à la recherche de souvenirs. Le damasquinage à l'argent est une spécialité de la ville. Vous y trouverez donc beaucoup d'objets en métal incrusté de filets d'argent.

Centre artisanal ART ET ARTISANAT
(carte p. 328 ; av. Zine el-Abidine Riad ; 9h-13h et 15h-19h lun-sam). L'endroit est idéal pour se faire une idée des objets proposés et des tarifs. On y vend en effet de l'artisanat de qualité à prix fixes.

Stands de poteries ART ET ARTISANAT
(carte p. 328 ; 9h-22h). Sur le côté ouest de la place el-Hedim.

Pavillon des Idrissides ART ET ARTISANAT
(carte p. 328 ; 10h-22h). Le rez-de-chaussée, à visiter, est consacré à des expositions d'artisanat.

Renseignements

ACCÈS INTERNET

Quick Net (carte p. 331 ; 28 rue Emir Abdelkader ; 6 Dh/h ; 9h-22h)

SERVICES MÉDICAUX

Hôpital Moulay Ismaïl (carte p. 327 ; 0535 52 28 05 ; près de l'av. des FAR)

Pharmacie de nuit (carte p. 331 ; rue de Paris ; 18h-9h)

Pharmacie el-Fath (carte p. 328 ; pl. el-Hedim ; 8h30-18h lun-jeu et sam, 8h30-12h ven)

ARGENT

De nombreuses banques, dotées de DAB, sont installées dans la ville nouvelle (en particulier le long des avenues Hassan II et Mohammed V) et dans la médina (rue Sekkakine).

BMCE (carte p. 331 ; 98 av. des FAR ; 9h-16h). Un bureau de change aux horaires étendus dans le sud-est de la ville nouvelle.

POSTE

Poste (carte p. 328 ; rue Dar Smen). Dans la médina.

Poste principale (carte p. 331 ; pl. de l'Istiqlal ; 8h-16h). Le bureau des colis se trouve dans le même bâtiment, à l'angle de la rue de Tétouan.

OFFICE DU TOURISME

Délégation régionale du tourisme (carte p. 331 ; 0535 52 44 26 ; pl. de l'Istiqlal ; 8h30-16h30 lun-ven, 8h-11h30 sam). Des informations touristiques limitées et quelques brochures.

AGENCES DE VOYAGES

Carlson Wagonlit (carte p. 331 ; 0535 52 19 95 ; 1 rue du Ghana). Pour les billets de bus, d'avion et de ferry.

RAM (carte p. 331 ; 0535 52 09 63 ; 7 av. Mohammed V). Vend des billets de toutes les grandes compagnies aériennes.

Depuis/vers Meknès

BUS

La **gare routière CTM** (carte p. 327 ; 0535 52 25 85 ; av. des FAR) se situe à 500 m à l'est du croisement de l'avenue Mohammed V. La gare routière principale se tient devant Bab el-Khemis, à l'ouest de la médina ; elle abrite une consigne et les habituels stands d'en-cas.

Parmi les destinations desservies par la CTM figurent Casablanca (90 Dh, 4 heures, 6/jour) via Rabat (55 Dh, 2 heures), Fès et Marrakech (155 Dh, 8 heures, 2/jour), Tanger (90 Dh, 5 heures, 5/jour), Oujda (130 Dh, 7 heures 30, tlj) via Taza (70 Dh, 3 heures), Er-Rachidia (120

Dh, 5 heures 30, 3/jour) et Nador (130 Dh, 5 heures, 2/jour).

Des bus d'autres compagnies un peu moins chères partent de la gare routière principale. Achetez les billets aux guichets suivants :

N°2 Midelt, Er-Rachidia, Ouarzazate et Rissani (tlj)

N°4 Rabat et Casablanca (toutes les heures de 5h30 à 16h)

N°6 Tanger (7/jour), Tétouan via Chefchaouen (4/jour), Ouezzane (2/jour)

N°7 Fès (toutes les heures de 5h à 18h), Taza (1/jour), Oujda (4/jour) et Nador (4/jour)

N°8 Moulay Idriss (toutes les heures de 8h à 18h)

TAXI

La principale station de grands taxis occupe un terrain vague près de la gare routière, à Bab el-Khemis. Des taxis partent régulièrement pour Fès (20 Dh, 1 heure), Ifrane (28 Dh, 1 heure), Azrou (28 Dh, 1 heure) et Rabat (50 Dh, 1 heure 30). Les grands taxis à destination de Moulay Idriss (15 Dh, 20 min) stationnent en face de l'Institut français ; c'est aussi le bon endroit pour organiser une excursion à Volubilis.

TRAIN

Meknès possède deux gares ferroviaires, la plus pratique étant El-Amir Abdelkader, à deux pâtés de maisons à l'est de l'avenue Mohammed V. Chaque jour, 15 trains desservent Fès (20 Dh, 45 min). Quatre continuent jusqu'à Taza (56 Dh, 3 heures 30) et 3 jusqu'à Oujda (130 Dh, 6 heures 30). Douze trains relient Casablanca (90 Dh, 3 heures 30) via Rabat (65 Dh, 2 heures 15), et 8 trains directs se rendent à Marrakech (174 Dh, 7 heures). Trois trains directs rallient Tanger (85 Dh, 4 heures), mais vous pouvez aussi prendre un train en direction de l'ouest et changer à Sidi Kacem ou à Mechra Bel Ksiri.

Comment circuler

BUS

Des bus urbains, bondés, font la navette entre la médina et la ville nouvelle. Les lignes les plus utiles sont la n°2 (de Bab el-Mansour au boulevard Allal ben Abdallah et retour à la médina par l'avenue Mohammed V) et la n°7 (de Bab el-Mansour à la gare routière de la CTM). Les billets valent 3 Dh.

TAXI

Des grands taxis urbains (des Mercedes gris métallisé au toit noir) relient la ville nouvelle et la médina (2,50 Dh la place ou 15 Dh pour le véhicule). Les petits taxis bleu pâle utilisent leur compteur ; de la gare ferroviaire El-Amir Abdelkader à Bab el-Mansour, comptez environ 10 Dh.

Les calèches constituent un moyen plus touristique d'explorer la médina ; elles attendent place el-Hedim et devant le mausolée de Moulay Ismaïl. Comptez environ 70 Dh l'heure.

Volubilis (Oualili) وليلي

Les ruines romaines de Volubilis se situent au centre d'une plaine fertile, à 33 km au nord de Meknès. Site archéologique le mieux préservé du pays, la cité a été inscrite au patrimoine mondial de l'Unesco en 1997. Ses splendides mosaïques en sont les éléments les plus remarquables. Le nouveau **centre d'accueil des visiteurs et musée** était sur le point d'ouvrir lors de notre passage.

De Meknès, Volubilis peut facilement se combiner avec Moulay Idriss au cours d'une superbe excursion d'une journée. Les guides sur place proposent de bonnes visites d'une heure pour 150 Dh environ. De nombreux guides officiels de Fès et de Meknès connaissent également le site.

En été, la chaleur peut être écrasante : emportez un chapeau et beaucoup d'eau. Le printemps est la saison idéale, quand les fleurs sauvages s'épanouissent au milieu des ruines et que verdoient les champs alentour. Venez tôt le matin ou au coucher du soleil pour profiter du site avec pour seule compagnie l'âne du gardien broutant parmi les ruines. Au crépuscule, les derniers rayons du soleil illuminent les anciennes colonnes, conférant aux lieux une ambiance féerique.

Histoire

Des fouilles ont révélé que le site fut d'abord occupé par des marchands carthaginois au IIIe siècle av. J.-C. L'un des avant-postes les plus lointains de l'Empire romain, Volubilis fut annexée vers l'an 40. Selon certains historiens, Rome imposait un contrôle strict sur ce qui devait ou ne devait pas être produit dans ses possessions nord-africaines, selon les besoins de l'Empire. Il en résulta un déboisement massif et la culture du blé à grande échelle autour de Volubilis. On estime que la cité comptait plus de 20 000 habitants à son apogée. Ses monuments les plus imposants, tels l'arc de triomphe, le capitole, les thermes et la basilique, datent des IIe et IIIe siècles.

Alors que les tribus berbères voisines commençaient à se rebeller, les Romains abandonnèrent Volubilis vers 280. Cependant, la population de la cité, composée de Berbères, de Grecs, de juifs et de Syriens,

Volubilis

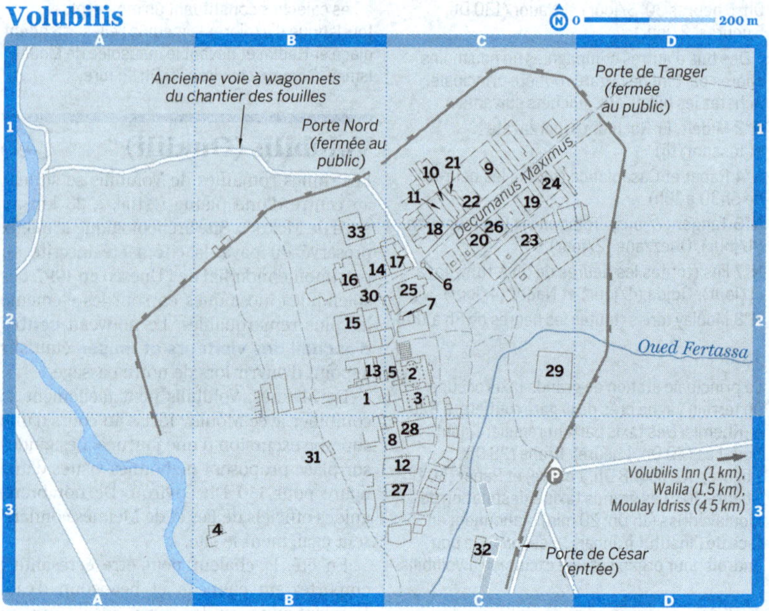

continua à parler le latin jusqu'à l'arrivée de l'islam. Au VIIIe siècle, Moulay Idriss y fonda un sanctuaire avant de transférer sa capitale à Fès. Volubilis fut habitée jusqu'au XVIIIe siècle, quand son marbre fut pillé pour construire les palais de Moulay Ismaïl à Meknès et que ses édifices s'effondrèrent à la suite du séisme de Lisbonne en 1755.

À voir

Vestiges romains RUINES

(10 Dh ; 8h-coucher du soleil). Seule environ la moitié des 40 ha du site a été fouillée. Sur place, un important musée exposant les plus beaux objets découverts à Volubilis devait ouvrir incessamment lors de notre passage. À terme, il accueillera les superbes objets mis au jour (notamment quelques beaux bronzes), actuellement exposés au musée d'Archéologie de Rabat.

Hormis les bâtiments protégés par des cordes, on peut se promener librement sur le site. À part quelques panneaux, il ne comporte aucune explication et mieux vaut louer les services d'un guide, surtout si vous êtes pressé. Sinon, prévoyez au moins deux heures pour voir l'essentiel et une journée entière pour une découverte approfondie.

Les monuments les plus connus se situent dans la partie nord, mais l'entrée se trouve au sud. Une fois passé l'oued Fertassa, le chemin suit la corniche et passe par le quartier résidentiel.

➡ Volubilis d'autrefois

Bien que cette partie soit la moins intéressante, les **pressoirs à olives** indiquent la principale ressource de l'antique cité, de même que les innombrables oliveraies alentour. Les riches propriétaires avaient leurs propres pressoirs à olives.

➡ Bâtiments

Près de la maison d'Orphée subsistent les vestiges des **thermes de Gallien**. Bien qu'en ruine, ils montrent encore le système élaboré de chauffage par le sol des bains romains. En face de la salle d'étuve se trouvent les latrines communes, où les citoyens se soulageaient en bavardant.

La basilique, le capitole et le forum, vaste de 1 300 m², sont, comme toujours, bâtis sur une hauteur. Le **capitole**, dédié à la triade Jupiter, Pluton et Minerve, date de 218. La **basilique** et le **forum** se tiennent juste au nord. Les colonnes restaurées de la basilique sont habituellement surmontées de nids de cigognes, une image emblématique de Volubilis. Autour du forum, une série de socles gravés d'inscriptions latines supportaient des statues de personnages illustres.

Volubilis

À voir

1	Boulangerie	B2
2	Basilique	C2
3	Capitole	C2
4	Thermes extérieurs	B3
5	Forum	C2
6	Fontaines	C2
7	Fontaines et lavoir	C2
8	Thermes de Gallien	C3
9	Palais de Gordien	C1
10	Maison de Dionysos et des Quatre Saisons	C1
11	Maison de Flavius Germanus	C1
12	Maison d'Orphée	C3
13	Maison à l'Acrobate	B2
14	Maison des Colonnes	B2
15	Maison au Chien	B2
16	Maison à l'Éphèbe	B2
17	Maison au Cavalier	C2
18	Maison des Travaux d'Hercule	C2
19	Maison du Bacchus de marbre	C1
20	Maison des Néréides	C2
21	Maison du Bain des Nymphes	C1
22	Maison aux Animaux sauvages	C1
23	Maison de Vénus	C2
24	Maison de la Monnaie d'Or	C2
25	Thermes Nord	C2
26	Pressoir à olives	C2
27	Pressoirs à olives	C3
28	Pressoir à olives restauré	C3
29	Temple de Saturne	C2
30	Arc de triomphe	B2
31	Temples jumeaux	B3
32	Centre des visiteurs et musée	C3
33	Citerne	B2

Remarquez aussi la plaque d'égout en pierre sculptée, bel exemple du génie civil romain.

L'**arc de triomphe** en marbre fut érigé en 217 en l'honneur de l'empereur Caracalla et de sa mère, Julia Domna. Surmonté à l'origine d'un char de bronze, il fut reconstruit dans les années 1930, puis les erreurs commises durent être rectifiées dans les années 1960. La butte à l'est offre une vue splendide sur le site.

➡ Maisons à mosaïques

La **maison d'Orphée**, la plus belle et la plus grande, abrite une mosaïque qui représente Orphée charmant des animaux en jouant du luth. Une autre mosaïque dans la salle à manger représente un dauphin. Les installations d'un bain sont visibles et en particulier un caldarium alimenté en eau chaude par un système d'hypocauste, un tepidarium (pour les bains tièdes), un frigidarium (pour les bains froids), ainsi qu'un solarium.

Plus au nord, sur la gauche avant l'arc de triomphe, deux **mosaïques** sont remarquables. L'une d'elles, dans la **maison à l'Acrobate** (*desultor*) représente un athlète portant un trophée gagné pour une course acrobatique, au cours de laquelle le cavalier devait sauter de son cheval et remonter sur son dos.

De l'arc de triomphe, la voie cérémonielle, le **Decumanus Maximus**, grimpe la pente vers le nord-est. Les maisons qui la bordent abritent les plus belles mosaïques. La première après l'arc de triomphe, appelée **maison à l'Éphèbe**, recèle une mosaïque représentant Bacchus dans un char traîné par des panthères.

Vient ensuite la **maison des Colonnes**, ainsi nommée pour les colonnes de sa cour intérieure, de styles différents et certaines en spirale. À côté, la **maison au Cavalier** contient une mosaïque incomplète représentant Bacchus et d'Ariane. Celle-ci, dénudée, souffre de l'intérêt de ses admirateurs.

Les trois maisons suivantes ont été baptisées d'après leurs superbes mosaïques : la **maison des Travaux d'Hercule**, la **maison de Dionysos et des Quatre Saisons** et la **maison du Bain des Nymphes**. La première décrit, telle une frise circulaire, les douze exploits d'Hercule, dont certains auraient eu lieu au Maroc, faisant alors du demi-dieu une figure populaire.

Les plus belles mosaïques sont les dernières. Traversez le Decumanus Maximus, puis dirigez-vous vers un cyprès solitaire qui indique la **maison de Vénus**, demeure du roi Juba II. Elle renferme deux mosaïques particulièrement belles : l'**Enlèvement d'Hylas par les Nymphes**, une composition érotique représentant l'amant d'Hercule enlevé par deux nymphes superbes, et le **Bain de Diane**, où la déesse, fâchée d'être épiée par le chasseur Actéon, le change en cerf ; la scène montre les bois qui poussent sur la tête d'Actéon avant qu'il ne soit déchiqueté par les chiens de sa propre meute. Une troisième mosaïque provenant de cette maison, **Vénus dans les vagues**, est exposée au musée de la Kasbah, à Tanger.

Où se loger et se restaurer

Walila FERME D'HÔTES €

(☎0662 52 81 05 ; www.walila.com ; Oualili ; 6 pers 750 Dh ; P). Cette demeure historique possède 3 chambres et se loue en entier. D'autres chambres et un restaurant sont en cours de construction. L'ensemble se trouve sur le domaine d'une ferme possédant des vergers, un potager et des animaux. Si vous le souhaitez, vous pouvez donner un coup de main aux propriétaires, faire des balades à dos de mule dans les collines et savourer les produits de la ferme au dîner.

Volubilis Inn HÔTEL **€€€**
(☎ 0535 54 44 05 ; hotelvolubilisinn@gmail.com ; rte de Meknès ; d petit-déj compris à partir de 1 050 Dh ; P ❄ ≋). Dominant le site romain, cet immense quatre-étoiles loue des chambres avec vue sur Volubilis et la campagne environnante. Il compte plusieurs terrasses, deux restaurants (plats à partir de 85 Dh) et un bar bruyant. Les parties communes ont plus de cachet que les chambres, un peu aseptisées, et l'ambiance peut laisser à désirer. Hors saison, demandez des réductions.

Depuis/vers Volubilis

De Meknès, le plus simple et le plus rapide consiste à louer un grand taxi pour effectuer l'aller-retour. Une excursion d'une demi-journée revient à 350 Dh, avec 2 heures d'attente sur place et une halte à Moulay Idriss (qui mérite 1 ou 2 jours).

Sinon, prenez un grand taxi près de l'Institut français de Meknès jusqu'à Moulay Idriss (10 Dh), puis louez un grand taxi pour rejoindre Volubilis (40 Dh le véhicule). S'il ne fait pas trop chaud, une marche plaisante de 45 minutes conduit de Moulay Idriss à Volubilis.

Aucun bus ne dessert Volubilis.

Moulay Idriss مولاي ادريس

Jolie bourgade aux maisons chaulées, Moulay Idriss est perchée sur deux collines verdoyantes, à moins de 5 km de Volubilis. C'est l'un des principaux lieux de pèlerinage du pays ; elle doit son nom à Moulay Idriss, arrière-petit-fils du prophète Mahomet, le fondateur de la première dynastie chérifienne et le saint le plus vénéré du pays.

Moulay Idriss quitta La Mecque à la fin du VIIIe siècle, fuyant les persécutions du nouveau califat abbasside, basé à Bagdad. Idriss s'installa à Volubilis, où il convertit les habitants à l'islam et devint leur chef, fondant ainsi la dynastie idrisside.

Son statut sacré explique que la bourgade soit restée fermée aux non-musulmans jusqu'au milieu du XXe siècle. D'ailleurs, sa réputation de piété continue de décourager certains voyageurs. L'interdiction aux non-musulmans de passer la nuit en ville a été levée depuis longtemps et des maisons d'hôtes familiales ont commencé à accueillir des visiteurs. Ceux qui séjournent sur place tombent invariablement sous le charme, séduits par l'ambiance détendue de cette jolie petite ville, sans boutiques de tapis ni circulation dans le centre : l'opportunité de découvrir un Maroc plus authentique.

À voir

Mausolée de Moulay Idriss MAUSOLÉE
Bien que la ville, étagée sur deux collines jumelles, soit un véritable labyrinthe de venelles et d'impasses, on repère facilement les quelques sites intéressants. Le premier est le **mausolée de Moulay Idriss**, objet de vénération et but du plus grand *moussem* du pays, fin août. Important pèlerinage pour beaucoup, y compris la famille royale, il s'accompagne de fantasia*s*, de marchés et de musique. On affirme localement que cinq pèlerinages à Moulay Idriss durant le *moussem* équivalent à un hadj (pèlerinage) à La Mecque.

De l'artère principale (où arrivent les bus et les grands taxis), montez et prenez à droite à la bifurcation. Vous arriverez bientôt à la grande place Mohammed VI, bordée de cafés, parfaite pour une pause et pour profiter de l'animation. Au bout de la place, une volée de marches conduit à la porte à trois arches du mausolée. Alentour, des boutiques vendent des articles religieux aux pèlerins. Peu après la porte, une barrière marque la limite pour les non-musulmans. Moulay Ismaïl créa ce lieu de pèlerinage en construisant le mausolée et en y transférant le corps de Moulay Idriss, se ralliant ainsi le soutien des croyants.

De là, grimpez sur la gauche dans le dédale de ruelles pour profiter des points de vue donnant sur le mausolée, la ville et la campagne environnante. Des guides vous proposeront leurs services pour 30 Dh.

Si vous préférez rester seul, revenez à la bifurcation et prenez la rue qui grimpe, indiquée "vers la municipalité". Près du sommet de la colline, juste avant l'enseigne Agfa, prenez la rue pavée sur la droite. Vous découvrirez l'unique **minaret cylindrique** du pays, construit en 1939. Les faïences vertes épellent en lettres stylisées : *la illah illa Allah* (Il n'y a d'autre Dieu qu'Allah). En haut de la colline, demandez le chemin de la **grande** ou de la **petite terrasse**, qui offrent une vue panoramique sur le mausolée et une bonne partie de la ville.

Où se loger et se restaurer

Les chambres sont prises d'assaut pendant le *moussem*. Réservez bien à l'avance. Les stands de restauration de la place principale sont parfaits pour un repas rapide à prix doux. Le poulet grillé avec salade semble être une spécialité locale.

Dar Zerhoune PENSION €
(☎0535 54 43 71 ; www.buttonsinn.com ; 42 Derb Zouak, Tazga ; s/d/tr avec petit-déj 200/300/500 Dh ; wi-fi). À droite au-dessus du mausolée, cette pension accueillante est un vrai petit bijou. Elle abrite des chambres diverses et deux terrasses (dont une avec vue sur Volubilis), où l'on peut prendre tranquillement petit-déjeuner et délicieux repas. Circuits, location de vélo et cours de cuisine sont également proposés.

Dar Al Andaloussiya Diyafa PENSION €
(☎0535 54 47 49 ; www.maisondhote-volubilis.com ; Derb Zouak, Tazga ; s/d petit-déj compris 200/300 Dh ; clim). "Diyafa" signifie "hospitalité", le maître mot dans cette sympathique maison. Éléments de décoration et tissus traditionnels abondent, tout comme les photos de famille : repérez notamment celle montrant le roi Mohammed VI inaugurant la pension. Les chambres, spacieuses, sont d'un bon rapport qualité/prix. Dîner à partir de 75 Dh.

Hotel Diyar Timnay HÔTEL €
(☎0535 54 44 00 ; www.diyar-timnay.com; 7 Aïn Rjal ; s/d/tr avec petit-déj 160/240/300 Dh ; clim). Près de la station des grands taxis, le seul hôtel de la ville se révèle spacieux, avec de nombreuses chambres plaisantes et sans prétention. La plupart sont dotées de sdb dont certaines sont séparées. Au déjeuner, des groupes de touristes en route ou de retour de Volubilis investissent le restaurant (plats 50-60 Dh), qui jouit d'une vue superbe sur le site archéologique.

La Colombe Blanche PENSION €
(☎0535 54 45 96 ; www.maisondhote-zerhoune.ma ; 21 Derb Zouak Tazga ; s/d avec petit-déj 205/325 Dh ; clim wi-fi). Cette pension est située dans une maison traditionnelle dont les propriétaires logent au rez-de-chaussée et louent les chambres à l'étage. Le restaurant prépare des repas sur commande (menu 85 Dh). Par beau temps, installez-vous sur la terrasse et profitez de la vue sur Volubilis. Depuis le mausolée, tournez à droite et montez en suivant les indications.

♥ **Dar Ines** PENSION €€
(☎0535 54 49 07 ; www.dar-ines.com ; 57 Hay, Tazga, Derb Amjout ; d petit-déj compris à partir de 440 Dh ; wi-fi) 🌿. Cette superbe maison en bordure de la médina, magnifiquement restaurée, jouit d'une vue splendide. Deux escaliers mènent aux 7 chambres qui sont équipées de douches chauffées à l'énergie solaire. L'adresse propose également un hammam et un restaurant. Les propriétaires donnent des cours d'artisanat et peuvent organiser des randonnées dans les montagnes voisines.

Depuis/vers Moulay Idriss

Depuis l'Institut français à Meknès, des grands taxis (15 Dh, 20 min) desservent fréquemment Moulay Idriss, et des bus (8 Dh) démarrent toutes les heures de la gare routière de Meknès entre 8h et 18h. À Moulay Idriss, des taxis partent d'une station en bas de la ville, sur la grand-route.

Si vous disposez d'un véhicule, vous pourrez continuer vers Fès via Nzala-des-Béni-Ammar, ou vers Meknès via le village d'El-Merhasiyne. Ces deux itinéraires traversent des paysages splendides et rejoignent les routes principales. À moins de circuler en 4x4, les routes ne sont praticables qu'en été à cause du mauvais état de la chaussée.

MOYEN ATLAS

Ifrane إفران

Alors que les touristes étrangers explorent les médinas pour découvrir le Maroc "authentique", les touristes marocains préfèrent des endroits comme Ifrane. Propre, ordonnée et moderne, la ville ressemble plus à un coin de Suisse transplanté dans le Moyen Atlas qu'à une bourgade d'Afrique du Nord.

Les Français construisirent Ifrane dans les années 1930, cherchant à recréer une station de style alpin. Les maisons pimpantes aux toits rouges, les massifs de fleurs et les parcs parsemés de lacs sont impeccablement entretenus. De nombreuses entreprises et administrations y possèdent des immeubles résidentiels pour leurs salariés en vacances et des pique-niqueurs viennent y passer la journée en été. En hiver, les Marocains aisés s'y pressent pour skier tandis que les moins fortunés se contentent de batailles de boules de neige. En dehors des périodes de vacances, Ifrane conserve une importante population grâce aux riches étudiants de la prestigieuse université Al-Akhawayn.

La route de Meknès devient le boulevard Mohammed V en traversant Ifrane d'ouest en est. La gare ferroviaire borde ce boulevard, à l'ouest du centre, de même que l'office du tourisme, au carrefour de l'avenue des Tilleuls. La plupart des cafés et des hôtels se regroupent dans le centre-ville le long de la rue de la Cascade et de l'avenue de la Poste.

À voir

Université Al-Akhawayn UNIVERSITÉ

À l'extrémité nord de la ville s'étend le campus de l'université Al-Akhawayn, fondée en 1995 par le roi Hassan II et le roi Fahd d'Arabie saoudite. Son but est la promotion de la tolérance religieuse. Actuellement, seuls les enfants de l'élite la fréquentent, comme en témoignent les parkings remplis de voitures de luxe. Les cours, en anglais, suivent le système américain dont est issue une partie des enseignants et quelques étudiants en échange scolaire. On peut se promener dans le parc agréable et l'après-midi en semaine des étudiants vous montreront volontiers les lieux.

Lion de pierre MONUMENT

Autre curiosité d'Ifrane, un lion de pierre se dresse sur un carré d'herbe près de l'Hôtel Chamonix. Il fut sculpté par un soldat allemand pendant la Seconde Guerre mondiale, quand Ifrane servit brièvement de camp de prisonniers de guerre, et commémore le dernier lion de l'Atlas, abattu près d'ici dans les années 1920.

Où se loger

En raison de l'affluence, homogène toute l'année, et de la réputation de la ville, les prix des hébergements se situent au-dessus de la moyenne.

Camping CAMPING €

(0535 56 60 25 ; bd Mohammed V ; camping 10 Dh/pers, plus 10/30/50 Dh par voiture/tente/camping-car ; fermé en hiver). Camping verdoyant situé à l'ouest de la gare routière.

Hôtel Chamonix HÔTEL €€

(0535 56 60 28 ; www.lechamonix.com ; av. de la Mare Verte ; s/d/tr petit-déj compris 468/535/690 Dh ;). Ce trois-étoiles bien tenu et central propose des chambres classiques, claires et propres, avec sdb et chauffage central. Le bar-restaurant correct se transforme en discothèque le week-end. L'hôtel loue également du matériel pour les skieurs.

Hôtel les Tilleuls HÔTEL €€

(0535 56 66 58 ; hoteltilleuls@gmail.com ; angle av. des Tilleuls et rue de la Cascade ; s/d 300/450 Dh). Véritable institution à Ifrane, l'hôtel le moins cher de la ville se trouve à l'angle de la place principale. Les chambres, avec sdb et TV, sont spacieuses, mais l'ensemble est très défraîchi.

Hôtel Perce-Neige HÔTEL €€€

(0535 56 64 04 ; fax 0535 56 71 16 ; www.ifrane-hotel.com ; rue des Asphodèles ; s/d/tr 650/810/960 Dh ;). Ce bel hôtel situé à 200 m au sud-est du centre, entouré d'un jardin, propose des chambres, un peu petites mais très confortables, équipées de la TV sat et d'une sdb. Certaines disposent d'un balcon. Celles qui sont en façade sont parfois un peu bruyantes. Le restaurant, qui sert de l'alcool, est une bonne adresse (menus 150 Dh). Une boutique à la réception vend des tableaux d'artistes locaux.

Michlifen Ifrane HÔTEL DE LUXE €€€

(0535 86 40 00 ; www.michlifenifrane.com ; ch à partir de 4 000 Dh ; P). Situé au nord d'Ifrane, ce gigantesque hôtel pour skieurs et touristes est l'un des établissements les plus luxueux du Maroc. Les chambres ont des allures de chalet de luxe. Les murs habillés de cèdre de l'Atlas et la décoration soignée donnent une ambiance très élégante à cette adresse. L'hôtel compte 2 piscines : une sur la terrasse pour l'été, une autre à l'intérieur pour l'hiver, ainsi qu'un spa, une salle de sport et des courts de tennis.

Où se restaurer et prendre un verre

Plusieurs cafés et restaurants bon marché sont établis autour de la gare routière, près du marché.

Café Restaurant la Rose MAROCAIN €

(0555 56 62 15 ; 7 rue de la Cascade ; plats environ 80 Dh, pizzas 60 Dh ; 12h-15h et 19h-22h). Ce petit restaurant est prisé pour ses truites du Moyen Atlas et sa cuisine marocaine traditionnelle.

La Paix CAFÉ €

(av. de la Mare Verte ; 9h-22h). Ce café se situe juste en amont de l'Hôtel Chamonix. Il se distingue par sa grande devanture vitrée,

PARC NATIONAL D'IFRANE

Ce parc de 500 km² englobe Ifrane et Azrou, ainsi que de nombreux villages berbères. Il est connu pour sa végétation constituée de cèdres de l'Atlas où se réfugient des communautés de singes magots, une espèce menacée de macaque, ainsi que quelque 30 autres familles de mammifères. La faune aviaire, exceptionnelle, compte notamment des milans royaux, des marmaronettes marbrées et des faucons crécerelles. Des tadornes casarca et diverses espèces de foulques viennent également se réfugier dans deux zones humides protégées par une convention internationale (Ramsar), ainsi que les lacs **Dayet Ifrah** et **Dayet Aoua**.

Le **bureau du parc national d'Ifrane** (Direction provinciale des eaux et forêts et de la lutte contre la désertification ; ☎0535 56 12 96 ; bd Hassan II, Azrou ; ⏱9h-16h30 lun-ven) est situé à Azrou. Si un employé est de permanence au moment de votre passage, vous pourrez y récupérer une carte et des renseignements.

Route des Lacs

Charmant détour au nord d'Ifrane, la route des Lacs fait le tour du Dayet Aoua. Signalé sur la route de Fès à 17 km au nord d'Ifrane, l'itinéraire serpente le long des rives du lac sur 60 km, entre la P24 et la P20. Si vous n'êtes pas motorisé, louez un grand taxi à Ifrane pour un circuit de 2 heures (300 Dh environ). Toutefois, si vous en avez la possibilité, partez marcher le long du lac, la région est idéale pour la randonnée à pied ou à VTT.

Le Dayet Aoua est entouré de prairies humides riches en avifaune et d'un massif forestier constitué de chênes verts qui permet parfois d'apercevoir des rapaces, notamment des aigles, des milans noir et rouge et des busards. Le lac lui-même attire canards et échassiers, foulques à crête, pics, sittelles et grimpereaux.

Destination prisée des familles le week-end, le lac retrouve sa tranquillité en semaine. Au-delà, la route tourne vers l'est puis vers le sud, longeant le Dayet Ifrah et le Dayet Hachlaf, plus petit. En bon état, elle peut être bloquée par la neige en hiver.

Pour s'attarder sur ce site et profiter du Dayet Aoua, rendez-vous au rustique **Gîte Dayet Aoua** (☎0535 61 05 75 ; www.gite-dayetaoua.com ; ch 300 Dh ; 🏊) qui propose des chambres confortables avec sdb, toutes décorées dans le style berbère. Offrez-vous quelques jours de détente et partez faire du vélo, une balade à cheval ou une randonnée avec un guide. Le gîte est équipé d'une piscine et sert de la cuisine berbère (déj 120 Dh).

Randonnées dans la région d'Azrou

Une route qui traverse une épaisse forêt de cèdres et de chênes verts permet de rejoindre un sentier conduisant à **'Ain Leuh**, joli village à 25 km au sud-ouest d'Azrou, dans le parc national d'Ifrane. Venez de préférence le mardi, jour du grand souk hebdomadaire qui offre davantage de transports publics. Un joli sentier bordé de maisons à toit plat mène à une cascade perchée dans les collines.

À 20 km au sud de 'Ain Leuh, une marche encore plus pittoresque conduit aux **sources de l'Oum-er-Rbia**. Quittez la route au lac Ouiouane et suivez le chemin qui descend vers un hameau et une petite vallée, où un pont franchit la Rbia. De là, une marche de 15 min permet d'accéder aux gorges, où des dizaines de sources jaillissent des rochers et forment une série de cascades. Deux cafés se trouvent sur place.

Ces randonnées peuvent faire partie d'un trek plus long (jusqu'à 6 jours) à partir de 'Ain Leuh. Pour plus de renseignements, contactez les frères **Boujmaa et Saleh Boudaoud** (☎0663 76 08 25) de l'Association des guides de montagnes du Moyen Atlas. Une randonnée d'une journée accompagnée coûte 600 Dh/pers, pique-nique compris. Les prix baissent en fonction du nombre de participants. Pour une randonnée de 2 à 7 jours, comptez autour de 1 000 Dh/pers (prix incluant les services du guide, une mule pour le transport des sacs et le matériel). Les gîtes et chambres chez l'habitant (300 à 700 Dh/pers) dans le parc offrent maintes opportunités de goûter à la cuisine locale et de vivre à la mode berbère.

parfaite pour observer les passants en prenant un café, et des croissants au petit-déjeuner.

Complexe touristique Aguelman CAFÉ, MAROCAIN €
(av. Hassan II ; entrée 5 Dh ; repas 80-100 Dh ; 9h-24h). Sur le boulevard principal (face à la statue du lion) et surplombant le lac artificiel, ce complexe offre plusieurs options : un restaurant marocain classique, un bar et une cafétéria qui sert pizzas, pâtes, omelettes et sandwichs. Par beau temps, installez-vous sur la terrasse qui domine le plan d'eau.

Renseignements

BMCE (av. de la Mare Verte ; 8h30-16h). Établissement équipé d'un DAB.
Délégation provinciale du tourisme (0535 56 68 21 ; av. Prince Moulay Abdallah ; 8h30-16h30 lun-ven)
Pharmacie Mischliffen (rue de la Cascade ; 8h30-18h)
Poste (av. de la Poste ; 8h-16h). Dispose d'un DAB.

Depuis/vers Ifrane

La gare routière est située à côté du marché, à l'ouest du centre-ville. Une seconde gare est en construction au sud de la ville. Elle n'était pas encore en activité lors de notre passage, mais c'est là que se rassemblent les grands taxis. Ils se rendent à Fès ou à Meknès (28 Dh) et à Azrou (8 Dh).

Matin et soir, des bus de la CTM partent pour Marrakech (155 Dh, 8 heures) via Beni Mellal. Il y a un départ quotidien à 9h pour Casablanca (120 Dh, 5 heures) via Meknès (25 Dh, 1 heure) et Rabat (90 Dh, 3 heures 30).

D'autres compagnies ont plus de fréquence, mais Ifrane n'étant pas une étape régulière, les passagers doivent se renseigner sur un arrêt possible avant d'embarquer.

Azrou أزرو

Ville berbère, Azrou est un important centre marchand au carrefour des routes de Fès, Meknès, Midelt et Khenifra. Nichée au cœur du Moyen Atlas, elle est entourée d'un paysage splendide, avec une vue dégagée sur des forêts de pins et de cèdres, et sur des prairies d'altitude couvertes de fleurs au printemps. La vie s'y déroule au ralenti, permettant d'oublier l'agitation des grandes villes.

Azrou (le grand rocher) doit son nom à l'affleurement marquant la limite ouest de la ville. La grande mosquée Ennour, aux magnifiques finitions en cèdre de l'Atlas, constitue un autre point de repère pratique.

Azrou accueille le mardi l'un des plus grands souks de la région, particulièrement renommé pour ses tapis berbères. Un musée du Moyen Atlas, en construction depuis plusieurs années, voit sa date d'ouverture constamment repoussée. Mieux vaut se promener dans la campagne environnante, profiter du grand air, de la vue magnifique et tenter d'apercevoir quelques singes magots.

Où se loger

Azrou compte de nombreux hébergements pour une ville de sa taille, et d'autres s'ajoutent à la périphérie, le long de la route de Fès (remarquez le "château" en construction voué à attirer les touristes arabes du Golfe).

Hôtel Les Cèdres HÔTEL €
(0535 56 23 26 ; pl. Mohammed V ; s/d/tr 75/105/160 Dh, avec sdb 115/160/220 Dh ;). Construit en 1925, cet hôtel conserve de nombreux éléments d'origine et quelques équipements Art déco. D'un bon rapport qualité/prix, les chambres disposent toutes d'un lavabo et certaines d'une sdb. La véranda est parfaite pour se détendre en sirotant un thé à la menthe. Il y a également sur place un bon restaurant.

Auberge du Dernier Lion de l'Atlas PENSION €
(0535 56 18 68 ; www.dernierlionatlas.ma ; 16 rte de Meknès ; s/d/tr 225/300/400 Dh ;). Un peu excentrée, cette excellente option est réputée pour ses chambres agréables et son atmosphère chaleureuse. De plus, le propriétaire s'avère une source d'informations inépuisable sur la région. Il est possible de prendre le petit-déjeuner (25 Dh) et le dîner (70 Dh). L'établissement n'a pas d'enseigne : repérez la grande villa verte sur la droite en quittant la ville.

Hôtel Le Panorama HÔTEL €
(0535 56 20 10 ; Hay Ajelabe ; s/d/tr 274/330/435 Dh). Construit dans le style d'un grand chalet alpin, l'hôtel le plus confortable d'Azrou est situé dans un endroit paisible et boisé, à courte distance au nord-est de la ville. Entouré d'un agréable jardin, il compte des chambres avec balcon et un bon restaurant.

Hôtel Salam HÔTEL €
(0535 56 25 62 ; hotel.salam@gmail.com ; pl. Moulay Hachem ben Salah ; s/d 150/200 Dh). Un petit hôtel très plaisant qui comporte des

Azrou

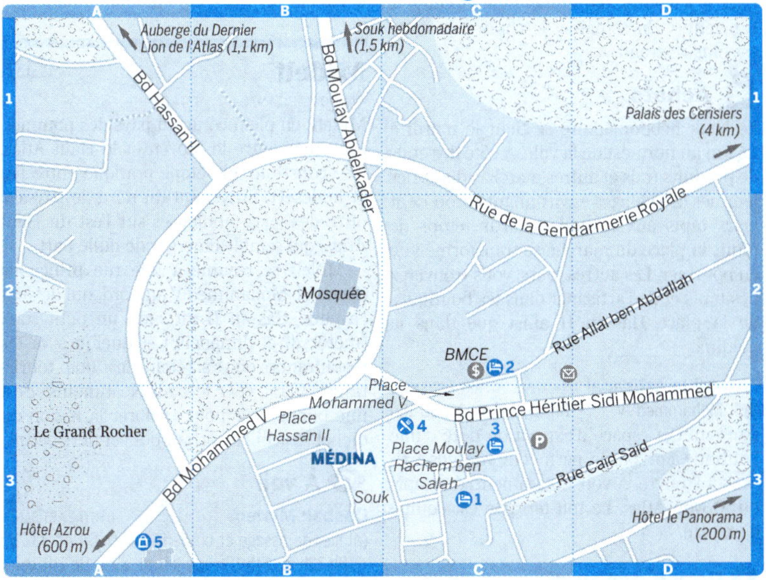

chambres charmantes, au joli décor berbère, et des sdb communes soigneusement entretenues, avec douches chaudes 24h/24 (10 Dh). Le personnel sympathique vous fera bon accueil.

Hôtel Beau-Séjour HÔTEL €
(☎0535 56 06 92 ; beau-sejour-hotel@yahoo.fr ; 45 pl. Moulay Hachem ben Salah ; s/d/tr 70/100/180 Dh, douches froides/chaudes 5/10 Dh). Autre adresse bon marché, cet hôtel correct offre des chambres sans prétention et une belle vue sur Azrou depuis le toit-terrasse.

Palais des Cerisiers HÔTEL €€€
(☎0535 563 830 ; www.lepalaisdescerisiers.com ; rue Cèdre Gouraud, entre Azrou et Ifrane ; d petit-déj et dîner compris à partir de 1 250 Dh, ste/app familial 1 800 Dh ; P ❄ ≋). Adresse haut de gamme, cet hôtel élégant est entouré de cerisiers qui fleurissent au printemps. Chambres spacieuses et confortables avec chauffage, et suites équipées d'une cheminée. Également : court de tennis, piscine, salle de sport, spa et restaurant.

Où se restaurer

Hôtel Les Cèdres MAROCAIN €
(☎0535 56 23 26 ; place Mohammed V ; plats environ 50 Dh ; 12h-15h et 7h30-22h). Dans un style années 1920, avec une belle cheminée,

Azrou

Où se loger

1	Hôtel Beau-Séjour	C3
2	Hôtel Les Cèdres	C2
3	Hôtel Salame	C3

Où se restaurer

4	Café Boulangerie Bilal	C3
	Hôtel Les Cèdres	(voir 2)

Achats

5	Ensemble artisanal	A3

le restaurant de cet hôtel est notre adresse favorite à Azrou. La truite est toujours délicieuse et l'on peut goûter des plats inhabituels, comme le tajine de lapin.

Café Boulangerie Bilal CAFÉ €
(pl. Mohammed V ; sandwichs 25 Dh ; 8h-22h). Un café toujours bondé, avec une salle à l'étage, qui sert de bons sandwichs et tajines, des jus de fruits et des glaces en été.

Hôtel Le Panorama MAROCAIN, EUROPÉEN €
(☎0535 56 20 10 ; Hay Ajelabe ; menu 130 Dh ; 7h30-22h). Ce restaurant de l'hôtel Panorama est plus agréable en soirée, quand on peut accompagner son repas d'un verre de vin ou d'une bière. La carte comprend des

tajines corrects et quelques plats occidentaux à savourer dans une salle décorée à l'ancienne. En semaine, le choix à la carte est plus restreint.

Achats

Le souk hebdomadaire se tient le mardi à 1,5 km au nord-est de la ville. À côté des étals de produits frais et autres marchandises, des femmes des villages environnants proposent leurs tapis aux revendeurs. Par temps de pluie, la place du marché se transforme vite en bourbier. Les autres jours, vous trouverez des tapis et de l'artisanat dans les boutiques de la place Hassan II ainsi que dans la médina.

Ensemble Artisanal ART, ARTISANAT
(bd Mohammed V ; 8h30-12h et 14h30-18h sam-lun). Cet espace d'exposition doté d'une boutique à prix fixes, permet de voir des artisans à l'œuvre. À voir notamment, des tapis du Moyen Atlas. Le toit-terrasse est équipé d'un café.

Renseignements

BMCE (pl. Mohammed V ; 8h45-18h lun-ven, 8h45-11h ven, 8h45-12h sam). Sur la place principale, bureau de change et DAB.

Poste (bd Prince Héritier Sidi Mohammed ; 8h-16h lun-ven)

Depuis/vers Azrou

Azrou se situe au carrefour des routes de Meknès à Er-Rachidia (nord-ouest/sud-est) et de Fès à Marrakech (nord-est/sud-ouest).

BUS

De la gare routière, boulevard Moulay Abdelkader, la CTM assure des départs quotidiens pour Beni Mellal (75 Dh, 4 heures 30), Casablanca (130 Dh, 6 heures), Fès (40 Dh, 1 heure 30), Marrakech (145 Dh, 8 heures) et Meknès (30 Dh, 2 heures).

D'autres compagnies un peu moins chères desservent fréquemment Fès (20 Dh), Meknès (18 Dh), Ifrane (8 Dh), Midelt (32 Dh) et Er-Rachidia (75 Dh).

TAXI

La station des grands taxis se situe au bout d'un chemin escarpé, en contrebas de la gare routière. Des taxis rallient régulièrement Fès (30 Dh, 1 heure), Meknès (30 Dh, 1 heure), Khenifra (30 Dh, 1 heure), Ifrane (8 Dh, 10 min) et moins fréquemment Midelt (55 Dh, 2 heures). Les taxis pour 'Ain Leuh (15 Dh, 20 min) attendent à côté de la station-service Shell, au bord de la grand-route vers le sud-ouest.

Midelt ميدلت

47 000 HABITANTS

Midelt, en plein cœur du pays des pommes, est située entre le Moyen et le Haut Atlas. Elle constitue une étape pratique entre Fès et le désert. En venant du nord, le paysage offre des vues fabuleuses sur l'est du Haut Atlas, qui semble émerger de nulle part.

Midelt se résume à une rue principale (l'avenue Mohammed V au nord, qui devient l'avenue Hassan II au sud), un petit souk (mercredi et dimanche) et quelques vastes restaurants, où s'arrêtent les bus touristiques filant vers le sud. Néanmoins, c'est une bonne base pour explorer la région du djebel Ayachi en sortant des sentiers battus.

À voir

Casbah Myriem CENTRE ARTISANAL
(atelier de tissage et broderie ; 0664 44 73 75 ; 8h-12h et 14h-18h lun-jeu et sam, 9h-11h ven). Pour quiconque souhaite ramener un tapis de son voyage, cet atelier, situé à 1,5 km de la ville, mérite une visite. Ce centre aide les femmes berbères à développer la broderie et le tissage. Il fournit les métiers à tisser, les matières premières et les locaux. Les jeunes filles des environs (âgées d'une quinzaine d'années) viennent apprendre le métier en profitant de l'expérience de leurs aînées. Des cours d'alphabétisation sont également dispensés. Suivez les panneaux depuis la route principale, l'atelier se trouve derrière le dispensaire.

Vous pouvez aussi visiter le **monastère Notre Dame de l'Atlas** (ndatlas@gmail.com ; offices 7h15 tlj et 10h dim) où vivent des moines franciscains et apprécier la quiétude du lieu et de sa chapelle. Sonnez à la porte, à droite de l'atelier.

Casbah des Noyers CASBAH
Le village de Berrem, à 6 km à l'ouest de Midelt, est également appelé casbah des Noyers en raison des arbres qui ombragent les alentours. S'il n'a rien d'extraordinaire, ce village, avec sa mosquée colorée et ses anciens murs en terre, constitue un agréable but de promenade depuis Midelt. Suivez le chemin principal qui traverse la casbah jusqu'au ravissant belvédère des **gorges de Berrem**. Pour s'y rendre, on peut louer un grand taxi à Midelt (50 Dh environ).

Où se loger

Auberge Jaafar HÔTEL €
(☎0535 36 02 02 ; aubergejaafar.free.fr ; Berrem ; d petit-déj compris à partir de 300 Dh, app jusqu'à 6 pers, 500 Dh ; P 🏊). Ce paisible complexe de style casbah se situe à 6 km à l'ouest de Midelt, parcours traversant des vergers, juste après le village de Berrem. Les chambres, de toutes formes et dimensions, sont réparties autour de terrasses et de cours fleuries. Commandez le repas dans la journée si vous souhaitez dîner sur place.

Hôtel Atlas HÔTEL €
(☎0535 58 29 38 ; 3 rue Mohammed el-Amraoui ; s/d/tr 60/120/150 Dh). Correct et bon marché, ce petit hôtel sympathique offre des chambres sans prétention et propres, des sdb communes bien tenues avec W-C à la turque (douches chaudes 10 Dh) et des repas maison sur commande.

♥ **Ksar Timnay Inter-Cultures** COMPLEXE HÔTELIER €€
(☎0535 58 34 34 ; www.ksar-timnay.com ; entre Zaida et Midelt ; s/d en demi-pension 340/540 Dh, Riad Mimouna en demi-pension 450/650 Dh ; P ❄ 📶 🏊). Dans un grand parc avec un lac, ce complexe hôtelier propose un vaste choix d'hébergements, des chambres d'hôtel aux appartements familiaux, certains dans le Riad Mimouna, plus chic, et des places en camping-caravaning. Les chambres sont grandes et confortables et sont équipées de la clim, du chauffage central et de la TV. C'est un excellent point de départ pour partir observer les oiseaux aux alentours (notamment le farouche sirli de Dupont, au chant si particulier). Passionnés par leur région, les propriétaires proposent également des excursions (300 Dh/pers par jour), ainsi que des randonnées jusqu'au djebel Masker (3 265 m d'altitude) et au djebel Ayachi (3 737 m d'altitude).

Riad Villa Midelt PENSION €€
(☎0535 36 08 51 ; www.hotel-riad-villa-midelt.com ; 1 pl. Verte ; s/d petit-déj compris 450/600 Dh ; P ❄ 📶). Cette grande villa entourée d'un jardin est située au sud de la ville et abrite des chambres spacieuses, certaines avec balcon. Les petits-déjeuners sont gargantuesques et le personnel sympathique vous préparera à dîner (350 Dh).

Hôtel Kasbah Asmaa HÔTEL €€
(☎0535 58 04 05 ; s/d en demi-pension 450/600 Dh ; ❄ 🏊). À 3 km au sud de Midelt, ce grand hôtel aux allures de casbah annonce le Sud. Ses chambres correctes étaient en travaux de rénovation lors de notre passage. L'agréable piscine, au fond de la propriété et loin des chambres, est à l'abri des regards. Le restaurant, qui sert de l'alcool, mérite le détour, même pour les non-résidents.

Midelt

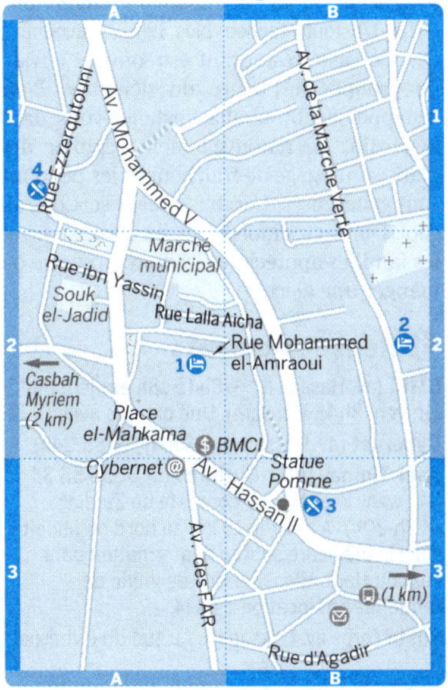

Midelt

Où se loger
1 Hôtel Atlas A2
2 Riad Villa Midelt B2

Où se restaurer
3 Complexe touristique Le Pin B3
4 Fast Food Tati-Sou A1

Où se restaurer

Comme toujours, on trouve des petits restaurants bon marché autour de la gare routière, où se tient également un marché.

Fast Food Tati-Sou RESTAURATION RAPIDE €
(rue Ezzerktouni ; repas 30 Dh ; ⏲12h-15h, 19h-21h). Ne vous fiez pas à son nom : cet établissement sert le meilleur poulet de Midelt (30 Dh pour un quart de poulet avec salade).

Complexe touristique Le Pin MAROCAIN €€
(☎0535 58 35 50 ; av. Hassan II ; plats 80 Dh ; ⏲12h-17h toute l'année, plus 19h-22h avr-août ; 📶). Ce vaste restaurant est souvent envahi de groupes à l'heure du déjeuner. Pour échapper au brouhaha, installez-vous dans le jardin. Le renouvellement régulier des plats est un gage de fraîcheur et les portions sont généreuses. L'établissement sert de l'alcool. Durant les mois d'été, il ouvre le soir, et les familles apprécient d'y boire un verre ou manger une glace.

Renseignements

BMCI (av. Hassan II ; ⏲8h45-18h lun-jeu, 8h45-11h ven, 8h45-12h sam). Une banque avec DAB.

Cybernet (av. Hassan II ; 6 Dh/h ; ⏲8h-24h).

Ksar Timnay Inter-Cultures (☎0535 58 34 34 ; www.ksar-timnay.com ; rte de Zaidia ; ⏲8h-20h). À environ 15 km au nord de Midelt, voici la meilleure source d'information dans l'est du Haut Atlas. Service de guide de randonnée et location de 4x4.

Poste (près av. Hassan II). Au sud du Cybernet.

Depuis/vers Midelt

Midelt compte deux gares routières : l'une en ville, près de l'avenue Mohammed V, et une toute nouvelle à 2 km à l'est de la ville. Les bus CTM circulent essentiellement la nuit. Des bus partent le soir pour Casablanca (155 Dh, 7 heures) via Rabat (125 Dh, 5 heures), et vers Rissani (85 Dh, 4 heures) via Er-Rachidia (50 Dh, 2 heures) et Erfoud (75 Dh, 3 heures 30). Des bus de nuit desservent également Azrou (55 Dh, 2 heures), Meknès (70 Dh, 3 heures) et Fès (75 Dh, 4 heures).

D'autres bus effectuent les mêmes trajets à des horaires plus pratiques. Ainsi, 6 bus se rendent-ils à Fès (55 Dh, 5 heures) dans la journée.

Des grands taxis relient Azrou (45 Dh, 1 heure 30) et Er-Rachidia (60 Dh, 2 heures).

Environs de Midelt

L'emplacement de Midelt, à la pointe du Haut Atlas oriental, en fait une excellente base pour explorer la région. En dehors des grands axes, les routes deviennent des pistes accidentées, pour la plupart uniquement praticables de mai à octobre et seulement en 4x4. Paradis pour le VTT, la région se prête aussi à la randonnée pédestre. Le Ksar Timnay Inter-Cultures à Midelt loue des 4x4 (avec chauffeur) pour 1 000 Dh environ – une formule intéressante à plusieurs.

Cirque de Jaffar

Le circuit du cirque de Jaffar serpente à travers les contreforts du djebel Ayachi, à 25 km au sud-ouest de Midelt. Les voitures classiques auront du mal à circuler sur cette piste accidentée, sauf au plus fort de l'été. Le paysage est splendide : les crêtes vertigineuses de l'Atlas, tapissées par endroits de forêts de cèdres et parsemées de hameaux berbères.

De Midelt, prenez la route de Zaïdia sur 10 km et tournez au panneau indiquant le village d'Aït Oum Gam, puis suivez les panneaux jusqu'à Matkan Tounfit. La route fait ensuite une boucle, passe par Tattiouine et rejoint la route S3424 qui ramène à Midelt. Comptez une journée pour ce circuit de 80 km. Le Ksar Timnay organise cette excursion pour 350 Dh par personne, repas compris.

Si vous préférez marcher et si vous disposez d'une tente, vous pouvez aller de Timnay au cirque de Jaffar ; prévoyez 2 jours aller-retour pour avoir un bon aperçu de la région. De Timnay, marchez jusqu'au village de Sidi Amar, entouré de pommiers et particulièrement pittoresque le mercredi, jour du souk. Campez plus loin à Jaffar, dans la vallée au centre de ce cirque spectaculaire. Le lendemain, revenez sur Timnay en passant par les gorges. Un guide n'est pas indispensable ; le Ksar Timnay peut cependant vous en recommander un.

Gorges d'Aouli

Une intéressante excursion par la route conduit aux gorges d'Aouli, à 25 km au nord-est de Midelt par la S317. Creusées par la Moulaya, des falaises étaient encore exploitées récemment pour en extraire du plomb, du cuivre et de l'argent. Les installations abandonnées, souvent au milieu des falaises, sont clairement visibles ; les entrées des mines ont été condamnées pour des raisons de sécurité. L'endroit dégage une ambiance un peu angoissante de ville fantôme, surtout à la tombée du jour.

Plus loin sur la route, le petit village d'**Aouli** se détache devant les gorges spectaculaires. Ce parcours est superbe à VTT ; il dure environ 2 heures au départ de Midelt, si vous avez le courage de faire l'ascension, qui peut s'avérer épuisante au retour. La route se transforme en mauvaise piste par endroits. De Midelt, l'aller-retour en grand taxi ne devrait pas coûter plus de 250 Dh.

EST DU MAROC

Taza تازة

Au premier coup d'œil, Taza semble une ville provinciale assoupie, sans l'effervescence habituelle des villes marocaines de taille similaire. De plus, son plan étendu lui donne des allures de cité désertée. Elle constitue néanmoins une étape intéressante : grimpez en haut des fortifications, récemment restaurées, de la ville haute pour découvrir une vue fabuleuse sur le Rif au nord et le Moyen Atlas au sud. Taza est aussi une base pratique pour explorer l'est du Moyen Atlas, notamment le gouffre du Friouato – l'une des plus incroyables cavités à ciel ouvert au monde – et le parc national de Tazzeka.

Taza se divise en deux parties distinctes : la ville nouvelle (également appelée Taza Basse), au centre de laquelle s'étire la place de l'Indépendance, et la médina fortifiée (Taza Haute), qui s'étend sur une colline à 2 km au sud. Des bus locaux et des petits taxis bleu ciel (6 Dh) font régulièrement la navette entre les deux quartiers.

Histoire

La citadelle de Taza, construite au bord d'un escarpement qui surplombe le seul col accessible entre les montagnes du Rif et le Moyen Atlas, a joué un rôle stratégique tout au long de l'histoire du Maroc, servant de ville de garnison pour contrôler les confins orientaux du pays.

Le col de Tizi n'Touahar était le point de passage traditionnel des envahisseurs se dirigeant vers l'ouest à partir de la Tunisie et de l'Algérie. Ce fut par là que les Romains et les Arabes pénétrèrent au Maroc. La ville elle-même fut la base d'où les Almohades, les Mérinides et les Alaouites déferlèrent pour conquérir les plaines marocaines et établir leurs dynasties respectives.

Tous les sultans du Maroc ont participé à la fortification de Taza. Cependant, leur contrôle de la région a toujours été menacé par les tribus locales, rebelles et farouchement indépendantes, et enclines à profiter de la moindre faiblesse du pouvoir central pour s'emparer de la cité. Ainsi, au début du XXe siècle, "El-Rogui" (prétendant au trône du sultan) Bou Hamra régna-t-il sur la majeure partie du Nord-Est marocain.

Les Français occupèrent Taza en 1914 et en firent leur base principale pour

Taza

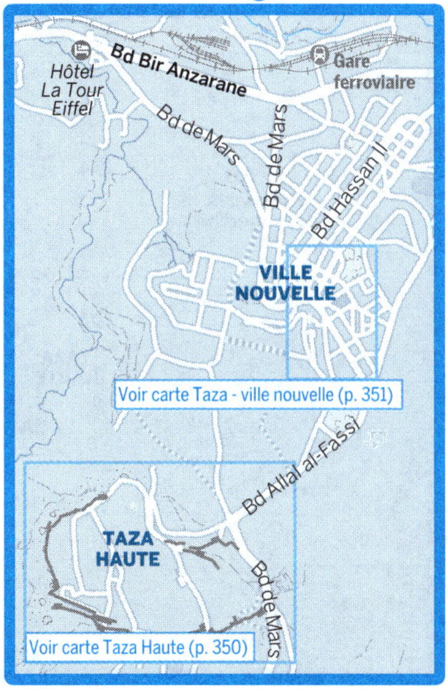

combattre la rébellion des tribus du Rif et du Moyen Atlas.

À voir et à faire

Remparts de la médina ENCEINTE
(carte p. 350). D'une circonférence d'environ 3 km, les remparts de la médina ont été récemment restaurés. Ils datent de la brève période durant laquelle Taza fut la capitale des Almohades, au XIIe siècle. Le **bastion** (carte p. 350), qui fait saillie à l'est de la médina, fut ajouté quatre siècles plus tard par les Saadiens. La section la plus intéressante des remparts se situe autour de **Bab er-Rih** ("porte du vent" ; carte p. 350), qui offre une vue splendide sur la campagne environnante. En découvrant les collines boisées du djebel Tazzeka dans le Moyen Atlas, au sud-ouest, et le Rif, au nord, on comprend la situation stratégique de Taza.

Grande Mosquée MOSQUÉE
(carte p. 350). Non loin de Bab er-Rih, la Grande Mosquée fut fondée par les Almohades en 1135, puis agrandie par les Mérinides au XIIIe siècle. Elle est fermée aux non-musulmans et il est difficile de se faire une impression de l'extérieur. De là, l'artère principale part vers le sud-est jusqu'à

Taza Haute

Taza Haute

Les incontournables

1 Remparts de la médina A1

À voir

2 Mosquée des Andalous C3
Bab er-Rih .... (voir 1)
3 Bastion D3
4 Grande Mosquée B1
5 Souks B2

Activités

6 Hammam C2

Où se loger

7 Hôtel de l'Étoile C3

l'extrémité de la médina. Remarquez au passage les porches richement décorés et les hautes fenêtres aux anciens moucharabiehs en cèdre.

Souks MARCHÉS

(carte ci-dessus). La zone des **souks** et des **kisaria** (marchés couverts) commence près de la mosquée du Marché. Les commerçants vendent nattes et tapis tissés par la tribu montagnarde des Beni Ouarain. La visite permet d'observer l'activité d'un marché berbère.

Mosquée des Andalous MOSQUÉE

(carte ci-dessus). À l'extrémité de la rue principale, près du *mechouar*, se dresse cette mosquée, fondée au XIIe siècle.

Hammam HAMMAM

(carte ci-dessus ; pl. Aharrach ; 10 Dh ; hommes 5h-12h et 19h-24h, femmes 12h-19h). Un bonne adresse où les massages vous feront oublier les trajets sur les routes chaotiques.

Où se loger

Taza ne compte que quelques hôtels, généralement disposés à accorder des réductions allant jusqu'à 25% pour un séjour de plus d'une nuit.

Hôtel de l'Étoile HÔTEL €

(carte ci-dessus ; 0535 27 01 79 ; 39 av. Moulay el-Hassan ; s/d 40/60 Dh). Tenu par des Espagnols, cet établissement bon marché, proche de la place Aharrach, se manque facilement (l'enseigne est cachée sous l'arcade en façade). Par contre, vous remarquerez immanquablement la peinture rose à l'intérieur. Plutôt accueillant, il offre des chambres sommaires, toutes avec lavabo, et des toilettes communes. Il y a maintenant des douches récentes avec eau chaude en continu (10 Dh).

Grand Hôtel du Dauphiné HÔTEL €
(carte p. 351 ; ☎0535 67 35 67 ; pl. de l'Indépendance ; s/d 185/290 Dh). Bien situé sur la place principale, cet hôtel pour petits budgets s'avère d'un bon rapport qualité/prix. Les chambres, sans grand charme, sont vastes pour la plupart. Celles qui sont en façade bénéficient d'un petit balcon. Un bar-restaurant occupe le rez-de-chaussée, ouvert le soir seulement.

Hôtel La Tour Eiffel HÔTEL €€
(☎0535 67 15 62 ; hotellatoureiffeltaza.com; bd Bir Anzarane ; s/d petit-déj compris 347/424 Dh ; ❄ 📶). Sur la route qui quitte la ville, cet hôtel n'a pas grand-chose à voir avec la Dame de fer, si ce n'est un emplacement offrant un beau panorama. En effet, les chambres spacieuses et confortables ont, pour la plupart, une vue magnifique sur les montagnes. Le restaurant, réputé pour ses plats à base de poisson, sert également d'excellents jus de fruits. Dispose d'un ascenseur.

Où se restaurer et prendre un verre

Si la médina ne compte pas de restaurant à proprement dit, de nombreux stands vendent des kebabs et autres en-cas, tandis que l'on peut trouver dans les souks quantité de produits frais. Dans la ville nouvelle, le marché proche de la place de l'Indépendance vend également des produits frais et nombre de stands de restauration s'animent dans la soirée. De nombreuses épiceries jalonnent l'avenue Mohammed V. Sur le boulevard Bir Anzarane (route Fès-Oujda), une rangée de fast-foods se trouve près de l'arrêt des bus.

Mou Mou RESTAURATION RAPIDE €
(carte p. 351 ; av. Moulay Youssef ; tajines 25 Dh, pizzas à partir de 30 Dh ; ⏲12h-15h et 19h-22h). Dans la ville assoupie, cet endroit surprend par son animation ; il ne désemplit pas et sa joyeuse clientèle déborde sur le trottoir. Sur la carte figurent, entre autres, de délicieux *chawarma*, paninis, pizzas et jus de fruits.

Les Deux Rives MAROCAIN, MÉDITERRANÉEN €
(carte p. 351 ; ☎0535 67 12 27 ; 20 av. Mohammed VI ; plats environ 30 Dh ; ⏲12h-15h et 19h-22h). Pimpant et confortable, ce petit restaurant propose une carte variée de plats marocains et méditerranéens : tajines, couscous et bonnes pastillas côtoient pizzas et viandes grillées.

Café Amsterdam PETIT-DÉJEUNER €
(carte p. 351 ; av. Moulay Youssef ; pâtisseries à partir de 8 Dh ; ⏲8h-12h). Idéal pour le petit-déjeuner, ce café joliment décoré possède sa propre pâtisserie. Il ne lui manque qu'une terrasse.

Taza - ville nouvelle

Taza - ville nouvelle

Où se loger
1 Grand Hôtel du Dauphiné ... A2

Où se restaurer
2 Café Amsterdam ... A2
Grand Hôtel du Dauphiné ... (voir 1)
3 La Casa ... A1
4 Les Deux Rives ... A1
5 Mou Mou ... A2

Où prendre un verre
6 Café la Joconda ... A1

Renseignements
7 Banque Attijariwafa ... B2
8 BMCI ... A2
9 Cyber Attoraya ... B3
Cyber Friwato ... (voir 6)

Transports
10 Bus et petits taxis pour la médina ... A2
11 Bus pour la médina ... A2
12 Bureau de la CTM ... A2
13 Taxis ... A2

La Casa MAROCAIN €
(carte p. 351 ; av. Mohammed V ; plats 24 Dh ; ⏲8h-22h). Un établissement moderne à la décoration de chrome et de carrelages noirs. À l'avant, il s'agit d'un café, tandis que le restaurant se trouve dans la salle du fond. Sélection de paninis, burgers et wraps.

Grand Hôtel du Dauphiné MAROCAIN €€
(carte p. 351 ; ☎0535 67 35 67 ; pl. de l'Indépendance ; repas 80 Dh ; ⏲19h-22h). Au rez-de-chaussée de l'hôtel, ce restaurant offre le choix habituel de spécialités marocaines et quelques plats occidentaux. La cuisine est excellente (en particulier les poissons) et le service est attentif, mais la grande salle manque un peu de cachet.

Café La Joconda CAFÉ €
(carte p. 351 ; av. Mohammed VI ; ⏲8h-22h). Agréable café moderne doté d'une grande terrasse. Clientèle féminine bienvenue.

Renseignements

Banque Attijariwafa (carte p. 351 ; av. Moulay Youseff ; ⏲8h45-16h lun-jeu, 8h45-11h ven, 8h45-12h sam). Dispose d'un DAB.

BMCI (carte p. 351 ; place de l'Indépendance ; ⏲8h45-16h lun-jeu, 8h45-11h ven, 8h45-12h sam). Dispose d'un DAB.

Cyber Attoraya (carte p. 351 ; rue Allal ben Abdullah ; 5 Dh/h ; ⏲24h/24)

Cyber Friwato (carte p. 351 ; angle av. Mohammed VI ; 4 Dh/heure ; ⏲9h-23h)

Poste (carte p. 350 ; av. Moulay el-Hassan ; ⏲8h-16h). En face de la grand-place.

Poste principale (carte p. 351 ; près de la rue de Maré ; ⏲8h-16h)

Pharmacie Aharrach (carte p. 350 ; pl. Aharrach ; ⏲8h-18h)

Depuis/vers Taza

BUS

Quelques bus partent de Taza et beaucoup y font halte entre Oujda et des villes comme Fès, Tanger et Casablanca, ou la côte.

Le **bureau de la CTM** (carte p. 351 ; ☎0535 67 30 37 ; pl. de l'Indépendance) se situe dans la ville nouvelle. Un bus part le matin pour Casablanca (175 Dh, 7 heures) via Fès (50 Dh, 2 heures), Meknès (75 Dh, 3 heures 30) et Rabat (145 Dh, 4 heures 30). Trois bus desservent Tanger (175 Dh, 8 heures 30). Des bus partent également le matin pour Oujda (75 Dh, 3 heures) et Nador (55 Dh, 2 heures 30).

Des bus d'autres compagnies ralliant les mêmes destinations s'arrêtent le long de la nouvelle autoroute Fès-Oujda, près du parking des grands taxis. L'organisation est un peu chaotique et mieux vaut se renseigner la veille ; montez dans un grand taxi si l'attente paraît trop longue.

TAXI

La plupart des grands taxis stationnent près de la gare ferroviaire, sur la route Fès-Oujda. Ils partent régulièrement pour Fès (35 Dh sur l'ancienne route ; 40 Dh sur l'autoroute, 2 heures 30) et moins fréquemment pour Oujda (100 Dh, 3 heures) et Al-Hoceima (75 Dh, 3 heures). L'aller-retour en grand taxi au gouffre du Friouato coûte 300 Dh.

TRAIN

De Taza, le train est le meilleur moyen de transport. Trois trains rallient Fès (56 Dh, 2 heures). Quatre poursuivent jusqu'à Meknès (82 Dh, 3 heures), et trois jusqu'à Rabat (165 Dh, 5 heures 30) et Casablanca (204 Dh, 6 heures 30). Il y a un train direct pour Tanger (212 Dh, 7 heures), et trois avec changement à Sidi Kacem ou Fès. En sens inverse, 3 trains se rendent à Oujda (111 Dh, 3 heures 30).

Circuit du djebel Tazzeka

Belle excursion d'une journée au sud-ouest de Taza, le circuit du djebel Tazzeka passe par les cascades de Ras el-Oued, à la lisière du parc national de Tazzeka, les grottes du gouffre du Friouato et les gorges du Zireg. L'Hôtel La Tour Eiffel (p. 351) dispose d'une excellente carte dessinée à la main. Si le paysage est superbe, la route, très étroite et sinueuse par endroits, comporte de nombreux virages sans visibilité d'où peuvent déboucher des grands taxis roulant à toute vitesse.

Si vous n'êtes pas motorisé, comptez 600 Dh la journée pour la location d'un grand taxi à Taza. Près de la gare ferroviaire, quelques grands taxis desservent parfois directement le gouffre du Friouato.

PREMIÈRE ÉTAPE

Site de pique-nique prisé, les **cascades de Ras el-Oued** se situent à 10 km de Taza. Particulièrement belles au début du printemps, alimentées par les pluies et la fonte des neiges, elles se réduisent à un filet d'eau à la fin de la saison sèche. Juste au-dessus des cascades, le village de **Ras el-Mar** abrite un petit café, en contrebas de la route, avec une vue superbe sur les montagnes. L'entrée du **parc national de Tazzeka** (www.tazekka.com) se trouve à proximité et vous pouvez facilement passer une journée à marcher parmi les bosquets de chênes-lièges.

Après les cascades, prenez à droite à la bifurcation pour atteindre le plateau et franchir un petit col. Sur la gauche, vous verrez l'étrange dépression asséchée de la **Daïa Chiker**. Au début du printemps, un lac peu profond se forme souvent en raison d'un phénomène géologique lié aux failles de la structure rocheuse.

GOUFFRE DU FRIOUATO

Plus loin, à 25 km de Taza, le **gouffre du Friouato** (☎0668 57 61 94, 0666 01 47 90 ; entrée 5 Dh, guide 200 Dh, vêtements de protection et lampe frontale 50 Dh ; ⏲8h-18h), découvert en 1935, est bien indiqué au bout d'une route escarpée. Avec plus de 20 m de large et 230 m de profondeur, ce serait la caverne la plus profonde d'Afrique du Nord et le réseau de grottes le plus étendu.

Un escalier raide de 520 marches, encadré de rampes, conduit au fond du gouffre (la remontée est longue et il est question d'installer un ascenseur). Vous pouvez ensuite vous faufiler dans un trou et descendre encore 200 marches pour explorer des grottes sombres à la beauté surnaturelle. Les plus spectaculaires, la **salle de Lixus** et la **salle des Draperies**, renferment d'extraordinaires formations géologiques. La seconde, la plus remarquable, semble drapée de tentures calcifiées. Comptez au moins 3 heures pour la visite. Des spéléologues ont exploré le gouffre jusqu'à une profondeur de 300 m et pensent qu'il existe d'autres grottes 500 m plus bas.

Le droit d'entrée permet d'accéder à l'orifice du gouffre, d'une profondeur de 160 m. Au-delà, vous devrez louer les services d'un guide pour descendre plus bas. Préparez-vous à un peu d'escalade et à quelques passages étroits, déconseillés aux claustrophobes. Il faut louer des vêtements de protection, des sur-chaussures antidérapantes et un casque avec lampe frontale.

RETOUR À TAZA

Après le gouffre du Friouato, la route grimpe à nouveau dans des forêts de conifères après **Bab Bou-Idir**. Abandonné la majeure partie de l'année, ce village s'anime en été, quand les vacanciers s'installent sur son camping et dans ses chalets. Un nouveau bureau d'information du parc national a ouvert. C'est une bonne base pour effectuer des randonnées pour tout public. Il existe plusieurs sentiers balisés allant de la balade facile de 1,4 km à un itinéraire plus difficile de 17,3 km. La forêt est peuplée de sangliers et de cerfs et le mouflon à manchettes est sur le point d'être réintroduit. À 8 km après Bab Bou-Idir, une piste accidentée part sur la droite et grimpe vers le **djebel Tazzeka** (1 980 m), à 9 km. Une piste très pentue conduit au sommet, où se dresse un relais de télévision ; la vue sur le Rif et le Moyen Atlas est magnifique.

La route principale continue sur 38 km avant de rejoindre la route Fès-Taza à Sidi Abdallah des Rhiata. En chemin, des virages en lacets traversent une région fortement boisée, puis la route descend à travers les belles gorges de l'**oued Zireg**. À Sidi Abdallah des Rhiata, vous pouvez prendre la nationale vers l'est jusqu'à Taza en faisant halte à **Tizi n'Touahar** pour la vue.

Oujda وجدة

450 000 HABITANTS

Oujda, la plus grande ville de l'est du Maroc, a été fondée il y a dix siècles, ce que semblent démentir ses façades modernes. Cette localité à l'atmosphère détendue est le terminus de la ligne ferroviaire et elle est bien reliée par la route au reste du pays. Sa prospérité reposait autrefois sur les échanges commerciaux avec l'Algérie proche. Depuis la fermeture de la frontière en 1995, l'économie d'Oujda a dû se réorienter sur le tourisme littoral. Elle abrite une importante université et un aéroport.

Bien qu'elle compte peu de sites à visiter, Oujda est une étape plaisante pour se reposer en venant des montagnes du Rif ou avant de poursuivre vers le sud jusqu'à Figuig et le Sahara.

Histoire

Sur l'axe principal reliant le Maroc au reste de l'Afrique du Nord, Oujda a longtemps eu une importance cruciale, à l'instar de Taza. Ainsi à l'époque romaine, une route traversait la cité qui occupait une position clé pour le contrôle de l'Est.

Fondée au Xe siècle par la tribu Maghraoua, Oujda demeura indépendante jusqu'à ce que les Almohades s'en emparent au XIe siècle. Plus tard, sous les Mérinides, les seigneurs de Tlemcen (Algérie) l'envahirent à plusieurs reprises. Au XVIIe siècle, elle était sous le contrôle de l'administration ottomane installée à Alger.

Moulay Ismaïl la reconquit en 1687 et la ville resta aux mains des Marocains jusqu'en

Oujda

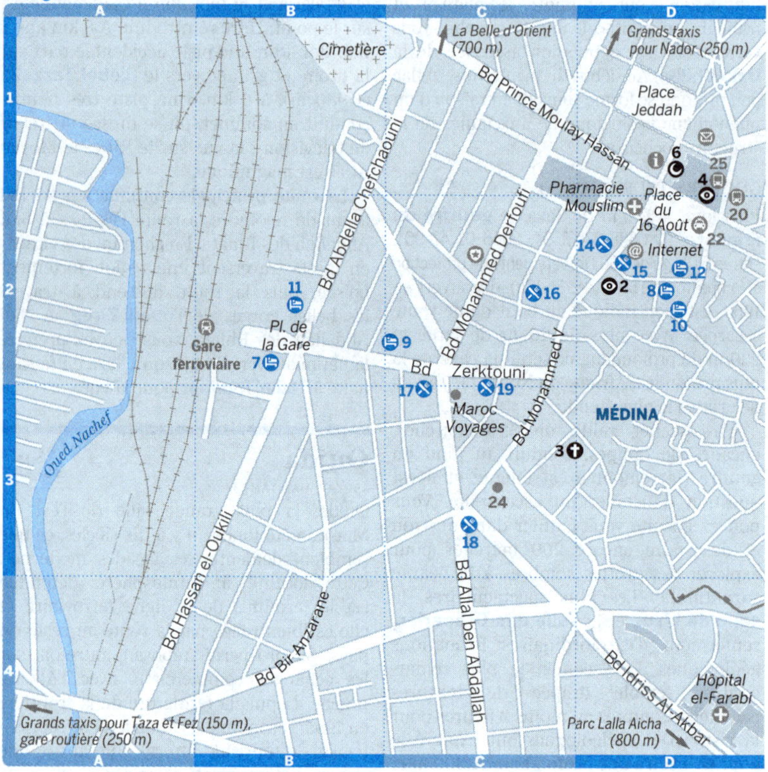

1907, au moment ou des forces françaises venues d'Algérie franchirent la frontière et l'occupèrent. Le protectorat ne devait commencer que cinq ans plus tard, mais le sultan ne parvint pas, malgré tout, à s'y opposer.

Les Français ne tardèrent pas à agrandir Oujda et à en faire une capitale régionale, qu'elle est toujours aujourd'hui.

À voir

Médina MÉDINA

La médina d'Oujda n'est pas très étendue et ses remparts et plusieurs places alentour ont été reconstruits. Entrez par la porte est, appelée **Bab el-Ouahab** (porte des Têtes). Cette partie de la médina animée et plaisante est constituée de cafés et d'échoppes, dont certaines vendent les olives d'Oujda, réputées pour leur saveur. De la **place el-Attarine**, dirigez-vous vers le nord en passant devant la **Grande Mosquée**, construite au XIVe siècle par les Mérinides, pour déboucher près de la place du 16 Août, le centre de la ville nouvelle.

Centre d'Oujda ÉDIFICES D'INTÉRÊT

Les ruelles du centre moderne conservent quelques édifices de style Art déco. En longeant le boulevard Mohammed V vers le sud, remarquez la **tour de l'horloge** des années 1930, la belle **mosquée** en grès, et l'impressionnante **banque al-Maghrib** de style néo-mauresque français, avant d'arriver à l'**église Saint-Louis** (pl. du 9 Juillet ; messe 18h30 sam, 9h dim), dont les flèches sont invariablement coiffées de nids de cigognes.

Parc Lalla Aicha PARC

(av. Yacoub Al-Mansour ; 7h-19h). Ce beau parc mérite une visite. Il comporte une piscine (été uniquement, entrée 20 Dh), un café, un court de tennis, et l'on peut y faire des promenades à cheval.

Oujda

À voir

1 Bab el-Ouahab E2
2 Banque al-Maghrib D2
3 Église Saint-Louis C3
4 Tour de l'horloge D1
5 Grande Mosquée E3
6 Mosquée D1

Où se loger

7 Atlas Terminus B2
8 Hôtel Afrah D2
9 Hôtel Al Manar C2
10 Hôtel Angad D2
11 Hôtel Ibis Moussafir B2
12 Hôtel Tlemcen D2

Où se restaurer

13 Argana F3
14 Café Pâtisserie Colombe D2
15 L'Excellence D2
16 Restaurant Le Comme Chez Soi C2
17 Restaurant National C3
18 Rihab C3
19 Trocadero C3

Transports

20 Bureau de la CTM D2
21 Bus locaux F3
22 Petits taxis D2
23 Petits taxis E2
24 RAM C3
25 Billetterie de Trans Ghazala D1

Fêtes et festivals

Oujda est réputée pour sa musique, mélange de rythmes algérien, andalou et marocain.

Festival international de gharnati
(juil). Le gharnati est une musique algérienne d'origine andalouse (le mot dérive du nom de la ville de Grenade). Il est particulièrement à l'honneur dans la ville voisine de Tlemcen (Algérie).

Festival international du raï d'Oujda
(août). Le raï, né en Algérie dans les années 1930, était à l'origine une forme de musique folklorique contestataire.

Moussem de Sidi Yahia Ben Younes
(août et sept). Cette fête a lieu à 6 km au sud d'Oujda. Patron d'Oujda, Sidi Yahia est un saint vénéré des Marocains, mais également des juifs et des chrétiens puisqu'il s'agirait, selon la tradition populaire locale, de saint Jean-Baptiste. Des milliers de pèlerins se pressent à cette célébration. Les arbres qui entourent le sanctuaire (fermé aux non-musulmans) sont couverts de bouts d'étoffe, une tradition qui remonte aux rites de fertilité préislamiques. Pour rejoindre Sidi Yahia, prenez le bus n°1 (6 Dh) devant Bab el-Ouahab à Oujda. En petit taxi, comptez environ 30 Dh.

Où se loger

Hôtel Angad HÔTEL €
(0536 69 14 51 ; hotelangad@hotmail.fr ; rue Tafna ; s/d 160/200 Dh, avec clim 200/240 Dh ;). Ce deux-étoiles est la meilleure adresse dans la catégorie petits budgets. Il propose des chambres rudimentaires avec grande sdb et TV. Évitez celles donnant sur la rue, assez bruyantes. Le café du rez-de-chaussée sert le petit-déjeuner ainsi que des pizzas.

Hôtel Tlemcen HÔTEL €
(0536 70 03 84 ; 26 rue Ramdane el-Gadi ; s/d/tr 90/180/270 Dh). Accueillant et d'un excellent rapport qualité/prix, cet hôtel possède une magnifique réception et des petites chambres pimpantes, avec sdb et TV.

ÉNERGIE SOLAIRE AU SAHARA

S'il est une chose dont le désert ne manque pas (outre le sable), c'est bien de soleil. De fait, en novembre 2009, le Maroc a annoncé un projet d'investissement dans des parcs solaires pour un montant de plusieurs milliards d'euros qui permettra au pays de produire 20% de son énergie à l'horizon 2020. Plusieurs parcs sont prévus dans l'est du Maroc, à la frontière avec l'Algérie, de la Méditerranée à Figuig. L'amélioration des infrastructures sur la route nationale au sud d'Oujda (comme l'indiquent les dizaines de panneaux d'affichage au bord de la route) témoigne des sommes investies dans la région. Le premier parc solaire sera inauguré en août 2015 dans la région de Ouarzazate. Les programmes sont financés par des investisseurs privés tels la Banque mondiale, la Banque européenne d'investissement, ainsi que l'Espagne, la France, l'Allemagne et l'Arabie saoudite.

L'installation de la climatisation dans les chambres est prévue et les tarifs devraient augmenter en conséquence.

Hôtel Afrah HÔTEL €
(☎0536 68 65 33 ; 15 rue Tafna ; s/d 70/120 Dh ; wifi). Les céramiques et les stucs donnent une touche traditionnelle à la réception. Et si certaines chambres sont un peu exiguës, l'hôtel se révèle un bon choix pour les voyageurs à petit budget.

Hôtel Al Manar HÔTEL €€
(☎0536 68 88 55 ; hotelalmanar@menara.ma ; 50 bd Zerktouni ; s/d 360/420 Dh ; clim, wifi). Central et fonctionnel, ce grand hôtel privilégie le côté pratique et propose des chambres d'un excellent rapport qualité/prix. Évitez celles donnant sur la cour intérieure, sombres et équipées de petites fenêtres.

Hôtel Ibis Moussafir HÔTEL €€
(☎0536 68 82 02 ; www.ibishotel.com ; pl. de la Gare ; s/d 612/684 Dh ; clim, wifi, piscine). En face de la gare ferroviaire, cet hôtel possède des chambres confortables et disposant de tous les équipements nécessaires. Il ressemble à n'importe quel hôtel du même genre dans le monde.

Atlas Terminus HÔTEL DE LUXE €€€
(☎0536 71 10 10 ; www.hotel-atlas-terminus-oujda.com ; pl. de la Gare ; s/d petit-déj compris 1 310/1 500 Dh ; clim, wifi, piscine). Magnifique établissement 5-étoiles, l'Atlas Terminus dispose de belles chambres et d'une qualité de service irréprochable. L'adresse abrite 3 restaurants, un bar-discothèque, une piscine et un spa.

Où se restaurer

Nous avons demandé à un habitant ce qu'il préférait dans sa ville. "Ses nombreux cafés", a-t-il répondu. De fait, s'attarder en terrasse devant un café ou un thé à la menthe semble être l'occupation favorite (des hommes, bien évidemment). On trouve toute une série de nouveaux cafés modernes, dont beaucoup servent une cuisine de qualité.

Dans la médina, les stands de Bab el-Ouahab proposent des spécialités plus traditionnelles, comme des kefta (boulettes de viande épicées), des bols de *harira* et des escargots bouillis.

♥ **Restaurant National** MAROCAIN €
(☎0536 70 32 57 ; 107 bd Allal ben Abdallah ; repas à partir de 25 Dh ; ⊙12h-15h et 19-22h). Cette adresse est une véritable institution à Oujda : à midi, les clients font la queue pour obtenir une table (sa grande salle à l'étage est toujours bondée). Les salades sont délicieuses et les serveurs courent avec des assiettes de viandes grillées, de poissons frits et de tajines. Tous les vendredis, couscous au menu.

Trocadero CAFÉ, ITALIEN €
(bd Zerktouni ; plats à partir de 40 Dh ; ⊙8h-22h ; wifi). Décorée de chrome, de verre et aux tons noirs, cette nouvelle adresse dispose de salles sur deux niveaux et d'une terrasse extérieure. La cuisine est excellente, en particulier le poulet à la *florentina* ou le risotto.

L'Excellence CAFÉ, ITALIEN €
(☎0536 71 28 18 ; 30 bd Mohammed V ; pizza environ 40 Dh ; ⊙8h-22h). Autre grand café moderne installé sur deux niveaux, avec une excellente pâtisserie en bas et une pizzeria à l'étage.

Café Pâtisserie Colombe CAFÉ €
(bd Mohammed V ; croissants 2 Dh ; ⊙8h-22h). Un café prisé et animé, idéal au petit-déjeuner pour profiter de l'animation de la rue.

Argana CAFÉ €
(pl. Sidi Abdel Ouahab ; tajines 25 Dh ; ⊙9h-21h). Joignez-vous aux nombreuses familles qui

prennent l'ascenseur pour rejoindre ce grand café décoré de plantes, en surplomb de la place. Concerts bruyants le soir.

La Belle d'Orient POISSON €€
(☎0536 70 59 61 ; 65 bd Ahfir ; plats à partir de 75 Dh ; ⏲déj). Une excellente adresse si vous avez envie de poisson frais. Au menu : sardines grillées sur le barbecue extérieur, tajine de poisson (100 Dh) ou assiette de friture (75 Dh) ; pizzas pour ceux qui ne raffolent pas du poisson.

Rihab CAFÉ, ITALIEN €€
(☎0536 70 51 51 ; angle bd Idriss Al-Akbar et Allal ben Abdallah ; plats à partir de 95 Dh ; ⏲8h-23h ; 🛜). Le rez-de-chaussée et le premier étage abritent un élégant café moderne, un glacier

HORS DES SENTIERS BATTUS

FIGUIG فجيج

Lorsque la frontière entre le Maroc et l'Algérie était ouverte, Figuig était une destination prisée des voyageurs. Aujourd'hui, peu de touristes font le détour, bien qu'il s'agisse de l'une des plus belles villes oasis du Maroc. Réunion de sept villages traditionnels, elle est entourée de quelque 200 000 palmiers dattiers, alimentés par des puits artésiens. Ancienne étape des pèlerins sur la route de La Mecque, elle retrouve un peu d'animation à l'automne, pour la cueillette des dattes.

Figuig est séparée entre une ville haute et une ville basse. La route principale, le boulevard Hassan II, traverse la ville haute (ville nouvelle), où se trouvent les distributeurs automatiques, la poste et un agréable jardin municipal.

Après l'Hôtel Figuig, la rue descend vers la "ville basse", sorte de cuvette plantée de palmiers et ponctuée de ksour (forteresses en pisé) qui forment la partie la plus ancienne de Figuig. Point de repère, cette corniche s'ouvre sur la palmeraie et sur l'Algérie. Vous profiterez des vues les plus belles depuis Azrou, d'où le chemin part vers le Ksar Zenaga, ou depuis la terrasse de l'hôtel Figuig.

Sept ksour constituent la ville de Figuig. Chacun contrôle une partie de la palmeraie et l'accès aux réserves d'eau. **Zenaga**, le ksar le plus grand et le plus beau, s'étend au sud de la corniche qui scinde l'oasis. De nombreux sentiers parcourent les canaux d'irrigation à travers les palmiers et les potagers, puis pénètrent dans un dédale de passages couverts, où de splendides portes anciennes en bois ornent certaines maisons.

Certains ksour très délabrés permettent de se rendre compte du type de construction utilisé : des troncs de palmiers recouverts de pisé et des plafonds constitués de palmes. Sombres et fraîches, les rues sont étrangement calmes et vous croiserez de temps à autre des femmes entièrement vêtues de blanc, ne laissant apparaître qu'un regard. On se perd facilement dans ce labyrinthe, où des enfants vous guideront volontiers pour quelques dirhams.

Près du haut de la ville, à l'ouest de la rue principale, le **ksar el-Oudahir** abrite un charmant minaret octogonal du XIe siècle appelé *sawmann al-hajaria* (tour de pierre), dont l'architecture ne ressemble à aucune autre au Maroc et rappelle plutôt les minarets de Mauritanie et du Sahel.

L'un des meilleurs moyens d'expérimenter la vie traditionnelle de Figuig est de loger à l'**Auberge Oasis** (☎0536 89 92 20 ; www.auberge-oasis.com ; rue Jamaa, Ksar Zenaga ; s/d 100/170 Dh, en pension complète 300/600 Dh ; @), maison familiale en pisé située dans un ksar. Les chambres avec sdb arborent une décoration traditionnelle, et vous pouvez vous détendre dans une tente berbère sur le toit. Les repas sont excellents.

À Figuig, les bus s'arrêtent à la "gare routière", qui se résume à un carrefour et trois billetteries. Elle est située au nord de la ville. Les bus poursuivent ensuite vers la ville basse et s'arrêtent place Tachraft, à Zenaga.

Tentez de vous renseigner sur les transports la veille de votre départ. Deux bus desservent Oujda (93 Dh, 7 heures), dont celui de la CTM (100 Dh). Tous s'arrêtent à Bouarfa, où vous pouvez prendre une correspondance pour Er-Rachidia.

La frontière avec l'Algérie est fermée. Si elle devait rouvrir, il faudrait parcourir 3 km pour rejoindre le poste des douanes marocaines, puis 4 km pour atteindre la première ville algérienne de Béni Ounif.

et une excellente boulangerie. Au 8e étage, se trouve également un bon restaurant offrant un grand choix de poissons et de plats italiens.

Restaurant

Le Comme Chez Soi FRANÇAIS €€
(☎0536 68 60 79 ; 8 rue Sijilmassa ; plats environ 110 Dh). Ce restaurant propose une carte aux influences françaises, avec d'excellents plats de viande et de poisson ainsi que des assiettes de pâtes. L'établissement sert de l'alcool.

Renseignements

De nombreux bureaux de change et banques avec DAB jalonnent le boulevard Mohammed V.

Délégation provinciale du tourisme (pl. du 16 Août ; ⏲9h-16h lun-jeu,9h-12h ven). Comme d'habitude, il ne s'agit là que de bureaux administratifs, cependant, cette adresse dispose d'une carte de la ville si besoin.

Hôpital el-Farabi (carte p. 354 ; ☎0536 68 27 05 ; av. Idriss el-Akbar)

Internet (bd Mohammed V ; 5 Dh/h ; ⏲9h-22h). Au-dessus de la téléboutique.

Poste principale (bd Mohammed V ; ⏲8h-16h)

Maroc Voyages (☎0536 68 39 93 ; 110 bd Allal ben Abdallah ; ⏲9h-18h lun-jeu, 9h-12h ven-sam)

Pharmacie Mouslime (bd Mohammed V ; ⏲8h-18h)

Poste de police (bd Mohammed Derfoufi)

Depuis/vers Oujda

AVION

L'**aéroport Angad** (☎0536 68 32 61) se situe à 15 km au nord d'Oujda, près de la route de Saïdia. Le trajet en grand taxi revient à 150 Dh. N'importe quel bus desservant Nador, Berkane, Saïdia ou d'autres localités vous déposera sur la route pour quelques dirhams.

RAM (carte p. 354 ; ☎0536 68 39 09 ; 45 bd Mohammed V) propose 2 ou 3 vols quotidiens pour Casablanca, ainsi que des vols directs pour la France (Lyon et Marseille en particulier). Ryanair assure des vols pour Paris, Bruxelles, Marseille et Düsseldorf. EasyJet, Transavia, Jetairfly et Air Arabia proposent des vols pour Paris.

PASSER LA FRONTIÈRE

Il est peu probable que la frontière entre le Maroc et l'Algérie, fermée depuis 1994, rouvre de sitôt.

BUS

La principale gare routière se trouve à l'ombre de l'immense mosquée Mohammed VI. Le **bureau de la CTM** (☎0536 68 20 47 ; rue Sidi Brahim) a un second guichet près de la place du 16 Août qui vend des billets pour Casablanca (120 Dh, 9 heures, trajet de nuit), Taza (65 Dh, 3 heures 30), Fès (120 Dh, 5 heures), Meknès (120 Dh, 6 heures), Rabat (180 Dh, 7 heures 30), ainsi que pour Tanger (210 Dh, 11 heures) également via Taza, Fès et Meknès. Il y a également un bus un jour sur deux pour Figuig (100 Dh, 6 heures).

Trans Ghazala propose plusieurs bus quotidiens à destination de Casablanca via Taza, Fès, Meknès et Rabat. Vous pouvez aussi acheter les billets à la **billetterie de la Trans Ghazala** (☎0536 68 53 87 ; rue Sidi Brahim).

Quantité d'autres compagnies possèdent des billetteries à la gare routière et desservent fréquemment Taza, Fès, Meknès, ainsi que Berkane (16 Dh, 20 min) et Nador (35 Dh, 3 heures). Deux bus quotidiens desservent Bouarfa (66 Dh, 5 heures) et Figuig (93 Dh, 7 heures). Plusieurs bus relient quotidiennement Saïdia (17 Dh, 1 heure) et Al-Hoceima (79 Dh, 6 heures). Enfin, 2 bus se rendent chaque jour à Tanger (195 Dh, 10 heures) via Tétouan (137 Dh, 9 heures).

TAXI

Des grands taxis partent régulièrement de la gare routière principale pour Taza (80 Dh, 3 heures), où vous trouverez des correspondances. Au nord de la ville, près du croisement de la rue ibn Abdelmalek et du boulevard Mohammed Derfoufi, des grands taxis se dirigent vers le nord et desservent Nador (60 Dh, 3 heures), Saïdia (25 Dh, 1 heure) et Berkane (25 Dh, 1 heure).

TRAIN

La gare ferroviaire est située à l'extrémité ouest du boulevard Zerktouni. Trois trains partent chaque jour pour Casablanca (305 Dh, 10 heures), et trois pour Tanger (2 via Sidi Kacem, 320 Dh, 10 heures). Tous s'arrêtent à Taza (111 Dh, 3 heures 30), Fès (160 Dh, 6 heures) et Meknès (190 Dh, 6 heures 30).

Sud du Maroc et Sahara occidental

جنوب المغرب والصحراء الغربية

Dans ce chapitre ➡

Le top des hébergements

- Palais Oumensour (p. 374)
- Les 3 Chameaux (p. 393)
- Ksar Massa (p. 369)
- La Maison Anglaise (p. 374)
- Casbah de Tizourgane (p. 378)

Hors des sentiers battus

- Trek dans l'Anti-Atlas (p. 385)
- Oasis d'Afella-Ighir (p. 382)
- Vallée des Ammeln (p. 383)
- Id-Âïssa (p. 399)
- Oasis et *agadirs*, Tata (p. 384)

Pourquoi y aller

La vallée du Sous, où les chèvres broutent les feuilles des arganiers au pied de l'Anti-Atlas, dessine une ligne à travers le Maroc. Au sud de cette vallée fertile, les villages de montagne et les portes du Sahara vivent toujours à un rythme paisible, épargnés par l'effervescence du tourisme de masse et de la vie moderne.

La région dégage un parfum d'ailleurs et d'inconnu qui séduit immanquablement le voyageur. Le long du front de mer accidenté, sirotez un thé à la menthe en contemplant la côte atlantique sauvage. Lors de périples à pied, à VTT ou en voiture dans les contreforts plissés de l'Anti-Atlas, arrêtez-vous entre deux villages et laissez le silence vous envelopper.

La population, des Berbères chleuhs du Sous aux Sahraouis du Sahara occidental, s'intègre à merveille aux paysages. Leurs robes légères voltigent sous le ciel du désert, et leurs troupeaux sombres émaillent les versants rocheux.

Explorez le Sud ; il vous surprendra !

Quand partir

Agadir

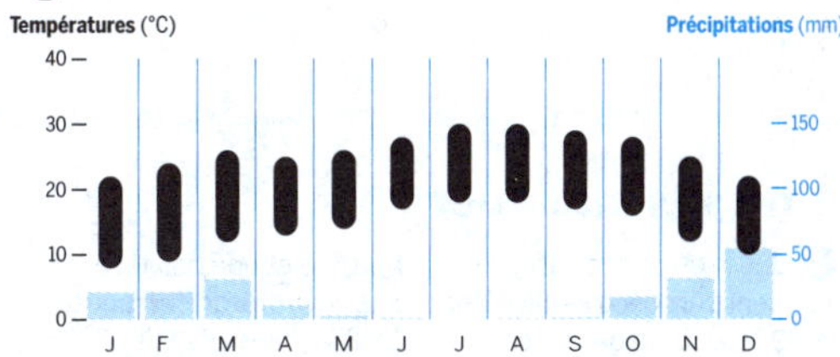

Février Une randonnée dans l'Anti-Atlas sous le soleil hivernal au sud de la côte atlantique.

Mars Les amandiers en fleur et la cueillette à Tafraoute.

Novembre La fête du Safran à Taliouine et la récolte des olives à Immouzzer des Ida Outanane.

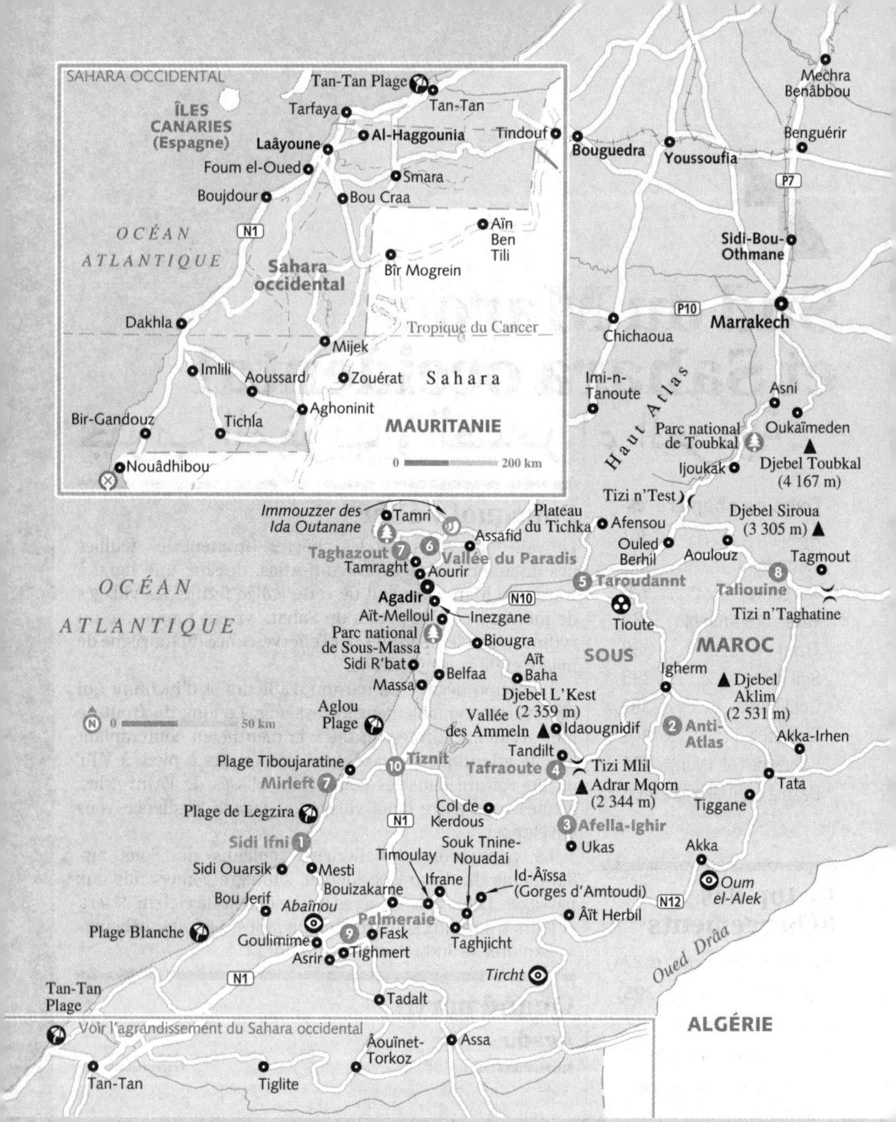

À ne pas manquer

1. Une promenade parmi les bâtiments Art déco de **Sidi Ifni** (p. 393), au bord de la mer
2. Une excursion à pied, à vélo ou en voiture dans l'**Anti-Atlas** (p. 378)
3. La découverte de l'oasis d'**Afella-Ighir** (p. 382)
4. La visite d'une maison berbère et une balade à vélo aux environs de **Tafraoute** (p. 378)
5. Les souks et places de la très animée **Taroudant** (p. 371)
6. La **vallée du Paradis** (p. 370), une partie accessible du Haut Atlas occidental
7. Les plages et le surf à **Mirleft** (p. 392) et à **Taghazout** (p. 370)
8. Le safran et l'huile d'argan à **Taliouine** (p. 376)
9. Un **séjour dans une palmeraie** (p. 397) en lisière du Sahara, près de Goulimime
10. Les souvenirs en argent de la **médina de Tiznit** (p. 388)

Climat

Le Sud du Maroc se divise en trois zones géographiques distinctes, ayant chacune son propre microclimat. La verdoyante vallée du Sous, semi-tropicale, est chaude et humide, avec des températures variant de 22°C à 38°C ; à ce moment-là, la vapeur d'eau s'élève telle une brume des immenses plantations d'agrumes qui la tapissent. Des vents violents balaient la vallée du Sous au printemps. Dans l'Anti-Atlas aux paysages désolés, les hivers sont rudes et les étés chauds et secs. Tout au sud, la côte bénéficie d'un climat ensoleillé toute l'année.

Langue

L'arabe demeure la *lingua franca* des grandes villes du Sud. Les Chleuhs du Sous parlent le tachlahit, un dialecte berbère que vous entendrez surtout dans l'Anti-Atlas. Le français reste largement répandu et l'espagnol est pratiqué dans certains anciens territoires espagnols.

VALLÉE DU SOUS

Agadir اكادير

679 000 HABITANTS

Agadir ne ressemble à aucune autre ville du pays. Cité portuaire et balnéaire animée qui s'étire au pied de sa casbah, elle a été entièrement reconstruite après un séisme dévastateur en 1960. Destination prisée des amateurs de plage, cette ville en béton sans charme, avec un centre en damier entouré de vastes faubourgs résidentiels, vaut pour sa longue promenade animée en bord de mer. Au sud de l'étincelante marina blanche, la plage de sable offre une eau propre et du soleil 300 jours par an.

Agadir attire essentiellement des touristes en séjour organisé et séduira moins les voyageurs indépendants, intéressés par la culture marocaine. Les familles passeront néanmoins quelques jours agréables de détente sur la plage et à explorer les quelques curiosités alentour.

La ville, très étendue, s'étire le long de la côte et dans les terres. De l'extrémité nord de la plage, près de la marina et du port, trois artères parallèles – le boulevard du 20 Août, le plus proche de l'océan, l'avenue Mohammed V et le boulevard Hassan II – traversent le principal quartier touristique.

Histoire

La ville, qui tire son nom de l'*agadir* (grenier fortifié) de la tribu Irir, a connu une longue histoire en dents de scie. Elle fut fondée au XVe siècle par des marchands portugais afin de développer les échanges avec les caravanes sahariennes. À partir du milieu du XVIe siècle, alors que s'agrandissait l'Empire saadien, le port prospéra grâce à l'exportation du sucre, du coton et du salpêtre locaux, ainsi que des produits du commerce saharien que contrôlaient alors les Marocains. Cette prospérité prit fin dans les années 1760, quand le sultan alaouite Sidi Mohammed ben Abdallah déplaça le commerce à Essaouira.

Les colons français relancèrent quelque peu l'économie d'Agadir au XXe siècle, mais le tremblement de terre du 29 février 1960, qui fit 18 000 victimes (environ la moitié de la population), détruisit complètement la ville. Les autorités, incapables de faire face aux conséquences sanitaires du désastre, aspergèrent les ruines de chaux vive et de DDT en y laissant les morts. Le tumulus ainsi créé est appelé Ancienne Talborjt.

Depuis sa reconstruction, Agadir est devenue un important port de pêche, qui contribue largement à faire du Maroc le premier exportateur mondial de sardines en boîtes. Elle est aussi la première station balnéaire du pays et la luxueuse marina indique une volonté de privilégier le haut de gamme.

À voir

Mémoire d'Agadir MUSÉE
(angle av. du Président Kennedy et av. des FAR ; adulte/enfant 20/10 Dh ; 9h-12h30 et 15h-18h lun-sam). Dans le coin sud-ouest du jardin d'Olhão, ce musée est consacré au séisme de 1960. Il présente d'intéressantes photos d'Agadir depuis les années 1920, dont certaines du tremblement de terre. L'entrée se trouve en dehors du jardin.

Jardin d'Olhão PARC
(av. du Président Kennedy ; 14h30-18h30 mar-dim). GRATUIT Ce jardin plaisant a été créé en 1992 à l'occasion du jumelage d'Agadir avec la ville portugaise d'Olhão.

Musée du Patrimoine amazigh MUSÉE
(0528 82 16 32 ; passage Aït Sous ; adulte/enfant 20/10 Dh ; 9h30-12h30 et 14h-17h30 lun-sam). Ce musée possède une excellente collection d'objets berbères, notamment de bijoux. C'est un endroit idéal pour découvrir les

Agadir

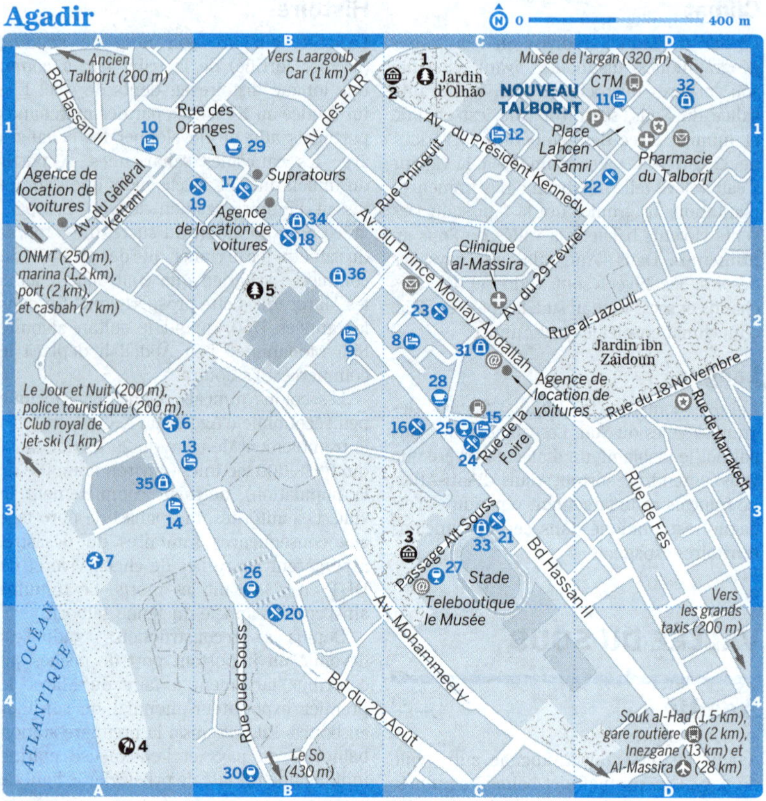

traditions et la culture des Berbères de la région.

Vallée des Oiseaux PARC

(11h-18h). GRATUIT Cette oasis de verdure du centre-ville, avec une aire de jeux ombragée pour les enfants, une volière et un zoo, occupe le lit asséché d'une rivière entre le boulevard Hassan II et le boulevard du 20 Août.

Casbah CASBAH

(près av. al-Moun). Sur une colline à 7 km au nord-ouest du centre et visible de la majeure partie de la ville, la casbah fait partie des rares rescapés du tremblement de terre de 1960. De là, la vue sur le port, la marina et Agadir est fabuleuse.

Construite en 1541 et restaurée dans les années 1740, la casbah abrita quelque 300 habitants. Seule subsiste l'enceinte extérieure, et l'on peut discerner des traces de maisons. L'inscription en hollandais et en arabe au-dessus de la porte d'entrée ("Croyez en Dieu et respectez le roi") date des débuts du commerce avec les Pays-Bas.

La grimpée jusqu'à la casbah est longue et fatigante ; prenez un taxi (environ 25 Dh) et redescendez à pied.

Ancien Talborjt SITE HISTORIQUE

(près av. al-Moun). Le secteur verdoyant au pied de la casbah couvre les vestiges de l'ancienne Agadir et constitue une fosse commune pour les victimes du séisme de 1960.

Marina MARINA

(0661 21 57 46 ; près av. Mohammed V). Ajout récent, ce fastueux port de plaisance se situe entre la plage et le port de commerce. Outre des mouillages pour des palaces flottants, l'ensemble de fausses casbahs blanches offre des appartements, des boutiques (principalement de marques internationales), des cafés, des restaurants et des circuits en bateau pour les groupes.

Agadir

À voir

1	Jardin d'Olhão	C1
2	Mémoire d'Agadir	C1
3	Musée du Patrimoine amazigh	C3
4	Palm Beach	A4
5	Vallée des Oiseaux	B2

Activités

6	Petit train d'Agadir	A3
7	Sunset Beach	A3

Où se loger

8	Hôtel Atlantic	C2
9	Hôtel Kamal	B2
10	Hôtel Petite Suède	A1
11	Hôtel Sindibad	D1
12	Hôtel Tamri	C1
13	Kenzi Europa	A3
14	Royal Atlas	A3
15	Studiotel Afoud	C3

Où se restaurer

16	Côté Court	C3
17	Daffy	B1
	Dolce & Caffe	(voir 9)
18	La Siciliana	B2
19	La Tour de Paris	B1
20	Le P'tit Dôme	B4
	Marché Central	(voir 34)
21	Mezzo Mezzo	C3
22	Stands de snacks	D1
23	SOS Poulet et Pizza	C2
24	Tafarnout	C3
	Uniprix	(voir 36)

Où prendre un verre et faire la fête

	Actors	(voir 14)
25	Cafe III	C3
26	English Pub	B3
27	La Truite Irish Bar	C3
28	La Vérandah	C2
29	Orange Café	B1
30	Papa Gayo	B4
	Uniprix Cafe	(voir 36)

Achats

31	Librairie Al Mouggar	C2
32	Ensemble artisanal	D1
33	Librairie-Papeterie	C3
34	Marché central	B1
35	Souk Tafoukt	A3
36	Uniprix	B2

Activités

Plages

Le joyau d'Agadir est sa plage en forme de croissant, habituellement protégée quand les vents de l'Atlantique balaient le reste de la côte. Propre, bien entretenue et éclairée la nuit, elle est surveillée par des maîtres nageurs et des policiers en haute saison (mi-juin à mi-septembre). Attention au fort courant sous-marin.

Vous ne risquez guère d'être importuné, mais les femmes seules et les familles se sentiront plus à l'aise sur les plages privées proches de la marina, ou devant les grands hôtels sur **Sunset Beach** et **Palm Beach**. Douches, toilettes et aires de jeux pour enfants font partie des équipements, avec location de chaises longues et de parasols (20 Dh).

Les boutiques de la promenade, au sud de la marina, vendent des bodyboards (130 Dh environ). La plupart des grands hôtels et des clubs de surf louent des planches à voile, des jet-skis, des bodyboards et des planches de surf.

Au coucher de soleil et jusque tard, les habitants d'Agadir aiment flâner sur la **promenade** qui s'étire vers le sud à partir de la marina.

Club royal de jet-ski SPORTS NAUTIQUES

(☎0665 95 24 35 ; www.facebook.com/jetski.clubagadir). Propose jet-ski et Flyboard sur la plage, près de la marina.

Hammams

Plusieurs grands hôtels, dont le Royal Atlas, abritent des spas avec hammam, massages et divers soins.

Musée de l'Argan HAMMAM

(☎0528 84 87 82 ; www.lemuseedelargan.com ; av. Moulay Youssef ; hammam et gommage 150 Dh ; ⏲10h-21h). Ce hamman unisexe destiné aux touristes dispense des massages et des soins à l'huile d'argan.

Circuits

Petit train d'Agadir CIRCUIT

(bd du 20 Août ; adulte/enfant 18/12 Dh ; ⏲toutes les 40 min à partir de 9h15). Ce petit train offre une promenade de 35 minutes dans le centre-ville.

Fêtes et festivals

Festivals de musique MUSIQUE

(www.festival-timitar-agadir.blogspot.com). Chaque année, en juin, le festival Timitar attire à Agadir des musiciens marocains et du monde entier, ainsi que des DJ. En octobre/novembre, le concert pour la Tolérance se déroule sur la plage.

Où se loger

La ville offre principalement des établissements de catégories moyenne et supérieure, mais vous trouverez un bon choix d'hébergements bon marché et dans le bas de la catégorie moyenne en vous éloignant de la plage. Pâques, l'été et Noël correspondent à la haute saison, quand les vacanciers européens affluent en forfait séjour. Mieux vaut réserver bien à l'avance pour ces périodes.

Les hôtels de catégories moyenne et supérieure proposent souvent des réductions en basse saison. Les prix varient moins dans la catégorie petits budgets, mais des promotions sont offertes sur Internet. La plupart des hôtels de luxe qui longent le front de mer visent la clientèle des voyages organisés, mais consentent parfois des réductions aux voyageurs indépendants.

Au sud du centre, de luxueux hôtels et villages de vacances, face à la plage, bordent la rue Oued Sous et le chemin des Dunes, dont le Riu Tikida et le Sofitel. De luxueux riads et casbahs se situent à la périphérie d'Agadir, dans les collines de l'arrière-pays ou au sud sur la route d'Inezgane.

Centre et front de mer

Hôtel Petite Suède HÔTEL €
(0528 84 07 79 ; www.petitesuede.com ; angle bd Hassan II et av. du Général Kettani ; s/d avec petit-déj 205/330 Dh ;). Nos lecteurs recommandent cet hôtel simple et très bien situé, à 5 minutes de marche de la plage. Bon service, vue sur la mer et petit-déjeuner servi sur le toit-terrasse. Avec son agréable intérieur orné de tapis, c'est l'un des hôtels d'Agadir les plus marocains.

Hôtel Atlantic HÔTEL €€
(0528 84 36 61 ; www.atlantichotelagadir.com ; près bd Hassan II ; s/d/tr avec petit-déj 510/620/880 Dh ;). Ce trois-étoiles est l'une des meilleures affaires d'Agadir avec des chambres confortables, une réception aérée, un service professionnel, un spa et une jolie petite piscine. Des circuits sont proposés.

Hôtel Kamal HÔTEL €€
(0528 84 28 17 ; www.hotel-kamal.com ; bd Hassan II ; s/d/tr/qua 404/465/569/673 Dh ;). Prisé et bien tenu, cet hôtel du centre-ville, dans un bâtiment blanc qui surplombe la place de l'Espérance, séduit aussi bien les groupes organisés que les voyageurs marocains. Les chambres sont défraîchies mais le personnel est sympathique, la piscine assez grande pour faire des longueurs et il y a un bar. Le petit-déjeuner (36 Dh) est cher et décevant ; descendez plutôt au Dolce & Caffe. Réductions offertes sur Internet.

Studiotel Afoud APPARTEMENTS €€
(0528 84 39 99 ; www.studiotel-afoud.com ; rue de la Foire ; s/d 630/740 Dh ;). Si vous voulez cuisiner, voici des studios simples et agréables, équipés de cuisines avec plaque chauffante et réfrigérateur, et de balcons donnant sur les bâtiments décrépits alentour. Au rez-de-chaussée, restaurant, mini-épicerie et bibliothèque garnie de livres de poche.

Royal Atlas HÔTEL DE LUXE €€€
(0528 29 40 40 ; www.hotelsatlas.com ; bd du 20 Août ; s/d avec petit-déj 1428/1 657 Dh ;). Cet immense hôtel en bord de plage allie toutes les prestations d'un cinq-étoiles au charme marocain. Tapis et antiquités ornent les corridors qui mènent au bar et à la piscine entourés de palmiers, ainsi que les 350 chambres et suites. On y trouve une discothèque, une salle de sport, un spa Daniel Jouvance, une plage privée, et des restaurants italien et marocain.

Kenzi Europa HÔTEL €€€
(0528 82 12 12 ; www.kenzi-hotels.com ; bd du 20 Août ; s/d 1 700/1 800 Dh ;). Dans Agadir, où le bon goût n'est pas toujours au rendez-vous, voici un établissement sobre et parmi les plus raffinés. Dans les chambres calmes et minimalistes, des abat-jour incurvés jouent avec les surfaces lisses. Parmi les équipements, un spa, un restaurant et un bar. Dans le hall d'entrée, un orchestre joue en sourdine. Seuls les pieuvres et les dauphins en plastique dans la piscine des enfants détonnent avec l'ambiance feutrée des lieux. Promotions.

Nouveau Talborjt

Meilleur quartier pour les hôtels bon marché, Nouveau Talborjt se situe loin de l'océan et compte trois établissements sur la place Lahcen Tamri. Les bus circulant toute la nuit, leur réception est généralement ouverte 24h/24. Le quartier est un peu délabré.

Hôtel Sindibad HÔTEL €
(0528 82 34 77 ; sinhot@menara.ma ; pl. Lahcen Tamri ; s/d 300/350 Dh ;). Ce bâtiment

bleu et blanc, situé au-dessus d'une pâtisserie donnant sur la place, possède des petites chambres avec sdb. Son principal atout est sa petite piscine sur le toit.

Hôtel Tamri HÔTEL €
(☎0528 82 18 80 ; av. du Président Kennedy ; s/d 90/120 Dh). Cet hôtel moderne, accueillant et propre, s'agrémente de balcons turquoise donnant sur les palmiers de la cour carrelée et d'une réception ornée de photos du vieil Agadir. Les chambres sont équipées de lavabo, et les sdb communes de toilettes à la turque.

Où se restaurer

Ceux qui cuisinent pourront faire leurs courses au **marché central** (près bd Hassan II) où les produits frais sont au rez-de-chaussée, ou à **Uniprix** (bd Hassan II), un supermarché aux rayons bien garnis en fromages, biscuits, vins, bières, alcools, etc.

LES MEILLEURES TABLES

Passage Aït Sous. En face du musée, dans ce passage piétonnier, des cafés servent un peu de tout, des spécialités marocaines à la pizza.

Souk al-Had. À midi, des effluves de tajines s'échappent des nombreux cafés bon marché.

Nouveau Talborjt. Le matin, des stands d'en-cas s'ouvrent sur l'avenue du 29 Février, prisés pour les crêpes marocaines et le thé à la menthe. Pour le déjeuner ou le dîner, des cafés et des restaurants pas chers avec terrasse bordent la place Lahcen Tamri.

Port. À l'entrée du port, près de l'avenue Mohammed V, vous pourrez vous régaler de poisson frais à partir de 70 Dh. Les prix varient selon les prises ; renseignez-vous avant de commander (les fruits de mer, dont le crabe, sont à 300 Dh le kilo). En hiver, les stands ferment tôt en soirée.

Centre et Nouveau Talborjt

Daffy MAROCAIN €
(rue des Oranges ; plats 50 Dh ; déj et dîner). Ce populaire restaurant pour touristes propose des spécialités marocaines, dont le couscous (vendredi) et les tajines, ainsi que du poisson et des salades. Ne sert pas d'alcool.

La Tour de Paris MAROCAIN, INTERNATIONAL €
(bd Hassan II ; plats 60 Dh ; déj et dîner). Dotée d'une agréable terrasse, La Tour de Paris propose couscous, pastilla, tajines, poissons, viandes et pâtes. La TV branchée sur le foot et la musique au synthétiseur gâchent un peu le charme de la salle Art nouveau.

La Siciliana PIZZERIA €
(bd Hassan II ; plats 70 Dh ; déj et dîner). Parmi la rangée de restaurants italiens, celui-ci, qui ne sert pas d'alcool, est le plus pittoresque. En semaine, de midi à 17h, on apprécie sa pizza et ses pâtes pas chères (30-60 Dh).

Dolce & Caffe CAFÉ, GLACE €
(bd Hassan II ; en-cas 30 Dh ; 8h-22h). L'un des cafés les plus agréables d'Agadir. Il sert de succulents gâteaux, tartes, glaces et crêpes, ainsi que des repas légers et des petits-déjeuners sur fond de R&B.

Tafarnout PÂTISSERIE €
(bd Hassan II ; en-cas 30 Dh ; 10h-22h). La plus élégante pâtisserie d'Agadir, avec salle et terrasse, propose un bel assortiment de gâteaux, tartes, croissants, crêpes et biscuits.

SOS Poulet et Pizza RESTAURATION RAPIDE €
(☎0528 84 30 47 ; av. du Prince Moulay Abdallah ; demi-poulet 48 Dh, pizzas 35-65 Dh ; déj et dîner). Ces deux snack-bars voisins sont prisés pour leurs poulets rôtis et pizzas.

♥ **Côté Court** POISSON, MÉDITERRANÉEN €€
(☎0528 82 65 33 ; près bd Hassan II ; plats 90-170 Dh ; 12h-23h30). Ce restaurant du Royal Tennis Club jouit d'un joli cadre extérieur, à la fois jardin chichiteux et camp nomade, avec ses arbres illuminés et son four à pizza. Le service est attentionné et la carte décline des plats inhabituels comme le risotto de calamars et ses chips de chorizo. Menu enfant (45 Dh).

Mezzo Mezzo ITALIEN €€
(☎0677 19 73 79 ; bd Hassan II ; plats 90 Dh ; déj et dîner ;). Contrastant avec les nombreuses pizzerias en ville qui servent de la nourriture indigeste, celle-ci propose des pizzas variées, des plats du jour et du vin au verre, mais aussi des plats de pâtes et de poisson. Sophistication à l'européenne dans le cadre et le service.

Le P'tit Dôme MAROCAIN, INTERNATIONAL €€
(☎0528 84 08 05 ; bd du 20 Août ; plats 100 Dh ; déj et dîner). Situé dans un alignement de restaurants pour touristes, Le P'tit Dôme

offre un bon service et possède un décor en noir et blanc qui lui donne une touche plus chic que ses voisins. Pizzas classiques, viandes, poissons et spécialités marocaines ; le menu (3 plats) est à 120 Dh, le menu enfant à 60 Dh. La cuisine n'est guère excitante mais la terrasse est agréable.

Marina

À l'extrémité nord de la promenade du front de mer, la marina haut de gamme regroupe des restaurants et des cafés de catégories moyenne et supérieure, qui proposent une cuisine internationale et un cadre raffiné.

Les Blancs POISSON, ESPAGNOL €€

(☎ 0528 82 83 68 ; plats 130 Dh ; déj et dîner). Superbement situé, ce restaurant occupe une série de beaux bâtiments blancs au bord de la plage, à l'entrée de la marina. Au menu, des poissons, des viandes et la spécialité de la maison, la paella, servie pour 2 personnes. En saison, réservez pour obtenir une table en terrasse. Pour une petite faim au coucher de soleil, rien de tel que la pizza (90 Dh) servie à la terrasse du bar.

33 Yacht Adress POISSON, MAROCAIN €€€

(☎ 0529 90 09 00 ; plats 160 Dh ; déj et dîner). Ce restaurant haut de gamme avec superbe vue sur la plage est parfait pour un verre au coucher de soleil. Sur le menu, conçu par trois chefs français, les produits de la mer (sole, langouste, bouillabaisse) et les viandes (pastilla de poulet, épaule d'agneau) se côtoient harmonieusement.

La Madrague MÉDITERRANÉEN, POISSON €€€

(☎ 0528 84 24 24 ; plats 110-280 Dh ; déj et dîner). Ce restaurant stylé spécialisé dans les pâtes, le risotto, le crabe et les crevettes, se trouve dans un coin paisible de la marina, avec une vue sur la casbah au-delà des bateaux. En semaine, le déjeuner (3 plats) est à 180 Dh.

VAUT LE DÉTOUR

SOUK AL-HAD

Quittez le front de mer pour faire du shopping avec les habitants au **souk al-Had** (bd Abderrahim Bouabid ; mar-sam), où l'ambiance typiquement marocaine fait oublier le béton d'Agadir. Les éventaires proposent de tout, des djellabas aux poissons, et vous découvrirez de beaux objets artisanaux, dont de la maroquinerie et des lanternes. Parmi les étals de fruits et légumes de la vallée du Sous, des apothicaires berbères vendent de l'encens, du rouge à lèvres et toutes sortes de potions.

Où prendre un verre et faire la fête

Agadir offre un grand choix de cafés et de pâtisseries, où l'on peut prendre un café et une douceur le matin ou se rafraîchir en quittant la plage. Beaucoup ouvrent en milieu de matinée et se remplissent en fin d'après-midi, quand les habitants sortent de leur torpeur et y retrouvent leurs amis.

Le boulevard du 20 Août, derrière Sunset Beach, est un bon endroit pour les bars et les discothèques, surtout près du sommet de la rue Oued Sous. La marina et la promenade sont également bordées de cafés et de bars. Les bières sont de 5 à 10 Dh plus chères le soir, mais de nombreux bars continuent d'appliquer le tarif de la journée durant l'happy hour en début de soirée. La plupart proposent aussi un karaoké ou des chanteurs de charme.

Les restaurants d'Agadir servent généralement de l'alcool.

De bonnes boîtes de nuit, au décor éblouissant, et pour la plupart de style occidental, bordent le boulevard du 20 Août et la rue Oued Sous, attachées aux grands hôtels. Les meilleures sont **Papa Gayo** (chemin des Dunes), **Le So** (Sofitel Royal Bay, chemin des Dunes) et **Actors** (Royal Atlas, bd du 20 Août).

La Truite Irish Bar PUB, CAFÉ

(passage Aït Sous ; 12h-tard ; wi-fi). Cet établissement mêle un peu tous les genres, en affichant plus de photos du roi Mohammed VI que de trèfles irlandais. Il offre cependant des tables en terrasse, de la bière à la pression, des petits-déjeuners anglais et des matchs de football à la TV.

Jour et Nuit CAFÉ

(rue de la Plage ; 24h/24). En bord de mer, un café prisé au coucher du soleil. La plus récente des deux annexes voisines possède une terrasse panoramique.

Orange café CAFÉ

(rue des Oranges ; 10h-20h ; wi-fi). Un agréable petit café sur cour, où la stéréo diffuse de la musique électronique arabe tandis que la fontaine gargouille. Café et repas légers (15-25 Dh).

Uniprix Café BAR, CAFÉ
(bd Hassan II ; ⏲11h-21h). Les tables en terrasse sont idéales pour observer les passants.

La Vérandah CAFÉ
(Immeuble Oumlil, bd Hassan II ; ⏲9h-20h). Ce lieu de rendez-vous propose un café fort et divers en-cas, à déguster dans la véranda.

English Pub PUB
(bd du 20 Août ; plats 75 Dh ; ⏲12h-tard). Un bar aux couleurs de l'Union Jack qui sert de la Stella Artois et des petits-déjeuners toute la journée. Karaoké également.

Café III CHICHA
(près rue de la Foire ; ⏲18h-tard). Filles et garçons branchés fument la chicha sous l'écran plat de la télé.

Achats

La plupart des souvenirs vendus à Agadir viennent d'autres régions et sont souvent de piètre qualité ; toutefois, des commerçants marrakchis ont commencé à fabriquer sur place. Les boutiques du centre manquent de caractère, mais les vendeurs ne sont pas insistants, ce qui rend les achats plaisants.

Vous trouverez de la lecture à la **Librairie-Papeterie** (passage Aït Sous) et à la **librairie Al Mouggar** (angle av. du Prince Moulay Abdallah et av. du 29 Février).

Ensemble artisanal ART ET ARTISANAT
(av. du 29 Février ; ⏲10h-12h30 et 14h30-17h lun-sam). Une des meilleures adresses pour de l'artisanat de qualité.

Marché central ART ET ARTISANAT
(près bd Hassan II ; ⏲8h-16h lun-sam). Vous trouverez toutes sortes de souvenirs, des échiquiers à la maroquinerie, dans cette halle en béton et aux alentours.

Uniprix SUPERMARCHÉ
(bd Hassan II ; ⏲9h-18h lun-sam). Vend des maillots de bain, des produits indispensables aux vacanciers et un peu d'artisanat.

Souk Tafoukt SOUVENIRS
(bd du 20 Août ; ⏲9h30-12h30 et 14h-18h). Un bazar très touristique où l'on trouve de tout, des bijoux berbères aux maillots de football.

Renseignements

ACCÈS INTERNET

Les cybercafés abondent dans tout le centre et le quartier du Nouveau Talborjt.

Adrar Net (av. du Prince Moulay Abdallah ; 5 Dh/h ; ⏲9h-22h)

Teleboutique le Musée (Passage Aït Sous ; 5 Dh/heure ; ⏲10h30-23h)

AGENCES DE VOYAGES

De nombreuses agences de voyages se regroupent autour du croisement du boulevard Hassan II et de l'avenue des FAR. Elles représentent différentes grandes compagnies aériennes et proposent des circuits et des excursions à la journée.

ARGENT

Les banques sont installées dans tout le centre-ville, la plupart équipées de DAB et assurant le change. L'aéroport dispose aussi de guichets de change et de DAB. Les grands hôtels changent les espèces et les chèques de voyage.

OFFICES DU TOURISME

Kiosque d'information (☎0528 83 91 02 ; aéroport Al-Massira ; ⏲24h/24)

ONMT (Délégation régionale du tourisme ; ☎0528 84 63 77 ; immeuble Ignouan, av. Mohammed V ; ⏲8h30-16h30 lun-ven). Dans le bâtiment bleu à côté de DHL ; d'une utilité discutable.

POSTE

Poste principale (av. Sidi Mohammed ; ⏲8h30-16h30 lun-ven)

Poste (av. du 29 Février ; ⏲8h30-16h30 lun-ven)

SERVICES MÉDICAUX

La plupart des grands hôtels pourront vous recommander un médecin. Chaque semaine, dans les vitrines des pharmacies sont affichées les pharmacies de garde, ouvertes 24h/24.

Clinique al-Massira (av. du 29 Février ; ⏲24h/24). Clinique.

Pharmacie du Talborjt (près pl. Lahcen Tamri ; ⏲9h-12h30 et 14h30-17h lun-sam)

URGENCES

Police (☎19 ; rue du 18 Novembre). Un poste de police est également installé à Nouveau Talborjt, sur la place Lahcen Tamri, et un **poste de police touristique** (rue de la Plage) sur la promenade.

Depuis/vers Agadir

AVION

L'**aéroport Al-Massira** (☎0528 83 91 02 ; www.onda.ma ; N10), principalement desservi par Royal Air Maroc (RAM) et par des vols charters européens et des compagnies low cost, se situe à 28 km au sud-est d'Agadir sur la route de Taroudant. Il comprend une poste, un service d'emballage des bagages, des cafés, des boutiques de souvenirs et des bornes Wi-Fi.

BUS

Si de nombreux bus rallient Agadir, il y a des chances que vous terminiez à Inezgane, le carrefour régional des transports à 13 km au sud ; renseignez-vous avant d'acheter votre billet. Nombre de grands taxis (5 Dh) et de bus locaux (8 Dh) font la navette entre Inezgane et Agadir.

Toutes les grandes compagnies de bus et quantité de petites compagnies desservent l'immense **gare routière** (bd Abderrahim Bouabid), après le souk al-Had. Mieux vaut réserver tôt si vous souhaitez prendre un bus particulier.

La **CTM** (☎0528 82 53 41), qui possède aussi un guichet dans le Nouveau Talborjt, près de la place Lahcen Tamri, offre chaque jour des départs réguliers pour les destinations suivantes :

DESTINATION	TARIF	DURÉE
Casablanca	210 Dh	8 heures
Dakhla	370 Dh	20 heures
Essaouira	70 Dh	3 heures 30
Laâyoune	230 Dh	11 heures 30
Marrakech	105 Dh	3 heures 30
Rabat	230 Dh	9 heures
Tanger	325 Dh	13 heures 30
Taroudant	35 Dh	2 heures
Tiznit	40 Dh	1 heure 45

Supratours (☎0528 84 12 07), qui a également un bureau dans le centre-ville, rue des Oranges, propose des services similaires.

TAXI

La principale station de grands taxis se tient à l'extrémité sud de la rue de Fès. Parmi les destinations figurent Essaouira (80 Dh), Inezgane (5 Dh) et Taroudant (32 Dh).

VOITURE ET MOTO

Les longues distances à parcourir pour explorer la région, notamment au sud, justifient la location d'une voiture. Il revient moins cher de louer à l'avance un véhicule en ligne ; www.economycarrentals.com propose des offres intéressantes à Agadir et à l'aéroport Al-Massira. Dans les agences locales, les tarifs commencent à environ 300 Dh/jour pour une petite voiture et sont généralement négociables.

Les agences locales sont regroupées dans l'arcade faisant face à l'avenue du Prince Moulay Abdallah, tout au bout de l'avenue du 29 Février ; au croisement de l'avenue des FAR et du boulevard Hassan II ; et à l'angle de l'avenue Mohammed V et de l'avenue du Général Kettani. Avis, Budget, Europcar et Hertz ont des bureaux à cette dernière adresse et à l'aéroport, où Thrifty et Sixt sont également représentées. Des hôtels, comme l'Hôtel Petite Suède (p. 364), proposent la location de voitures.

Des scooters et des motos sont aussi disponibles, mais vérifiez soigneusement l'état des machines.

TAXIS DE L'AÉROPORT

À l'aéroport Al-Massira, on trouve des taxis desservant de nombreuses destinations ; les tarifs sont indiqués à un guichet d'information à l'aéroport.

Agadir ou Inezgane 200 Dh

Essaouira ou Goulimime 1 000 Dh

Mirleft 700 Dh

Tafraoute 900 Dh

Taghazout 300 Dh

Taroudant ou Tiznit 450 Dh

Comment circuler

DEPUIS/VERS L'AÉROPORT

Le plus simple est de demander à votre hôtel de venir vous chercher ou de louer un grand taxi.

Le bus n°37 passe devant l'aéroport (à 500 m en sortant, tout droit) toutes les 40 minutes environ, entre 6h45 et 22h15 et dessert Inezgane (8 Dh), d'où vous pouvez continuer vers Agadir et toutes les destinations du sud du Maroc.

Vous pouvez aussi prendre un grand taxi collectif devant les portes de l'aéroport pour Aït-Melloul (prix de base 30 Dh ; négociez), d'où vous pouvez poursuivre jusqu'à Inezgane ou Agadir.

BUS

Un trajet dans Agadir coûte 4 Dh ; vous pouvez acheter les billets dans le bus. Les bus suivent l'avenue Mohammed V entre le port et Inezgane.

TAXI

Des petits taxis orange circulent en ville et disposent de compteur ; demandez au chauffeur de l'actionner. Comptez dans les 10 Dh pour traverser la ville.

Parc national de Sous-Massa منتزه سو ماسه الوطني

L'un des plus importants parcs nationaux et réserves d'oiseaux du pays, le parc national **Sous-Massa** (☎0528 33 38 80 ; www.tinyurl.com/ohwlnjs ; Biougra) s'étend le long de la côte à partir d'Inezgane et couvre une superficie protégée de plus de 330 km², entre la principale nationale nord-sud et la plage.

Spectaculaire et sauvage, il se compose de falaises, de dunes, de terres agricoles, de steppes côtières et de forêts.

Le parc fut créé en 1991 en raison de son importance en tant que site d'alimentation pour les oiseaux. L'estuaire du Sous, à l'extrémité nord, et particulièrement la lagune côtière de Massa, près de l'extrémité sud, sont des sites d'observation prisés des ornithologues. Les meilleures périodes pour l'observation de l'avifaune sont mars-avril et octobre-novembre. On trouve entre autres des balbuzards, des marmaronettes marbrées, des cormorans, des flamants roses, des colonies de gangas catas et des fauvettes. Toutefois, les ibis chauves restent la principale attraction. Ces oiseaux, vénérés dans l'Égypte ancienne et naguère communs en Europe centrale, en Afrique du Nord et au Moyen-Orient, font désormais partie des espèces menacées ; la seule population d'importance dans le monde se trouve sur cette partie de la côte. La principale menace vient aujourd'hui du développement du tourisme. Actuellement, les quatre sites de reproduction sont interdits au public mais l'on peut voir des ibis autour de l'oued Massa ou à l'embouchure de la Tamri.

Le parc est aussi un paradis pour les randonneurs. Des chacals, des renards roux, des chats sauvages, des genettes et des sangliers eurasiens peuplent également le parc. Au nord du parc, un vaste secteur grillagé abrite des espèces qui ont disparu dans le Sud, telles les gazelles dorcas, les gazelles damas, les addax, les autruches à cou rouge et les oryx d'Arabie. Un nouveau centre des visiteurs, en construction à l'entrée principale près du village de Massa, contiendra le **siège du parc national de Sous-Massa** (☎0528 33 38 80). Il est indiqué sur la N1 à 58 km au sud d'Agadir.

Vous pourrez louer les services d'un guide dans le village de Massa, à 60 km au sud d'Agadir (signalé sur la N1). De là, une piste suit la rivière jusqu'à l'embouchure de l'estuaire (5 km) et une route goudronnée conduit à **Sidi R'bat** (8 km). Ce petit village revendique deux légendes : ce serait l'endroit où la baleine régurgita Jonas, le personnage biblique, et où Uqba bin Nafi, le conquérant arabe du VIIe siècle, aurait conduit son cheval dans la mer, prenant Dieu à témoin qu'il ne restait plus de terre à conquérir.

Le ♥ **Ksar Massa** (☎0661 28 03 19 ; www.ksarmassa.com ; Sidi R'bat ; s/d/tr avec petit-déj 1 411/1 962/2 693 Dh, tente s/d 700/1 100 Dh, déj/dîner 170/300 Dh ; ❄📶🏊), qui jouit d'un emplacement spectaculaire sur la plage de Sidi R'bat, est une destination en lui-même. Cette casbah moderne ocre et bleu, perchée au-dessus des sables clairs et de l'océan brumeux, est un refuge merveilleux. Des couleurs vives égayent les chambres et les suites luxueuses et spacieuses. Les repas, qui permettent de goûter une multitude de plats, sont somptueux. La direction organise des circuits guidés dans le parc et dans la région. Pour le trouver, suivez les panneaux à partir de Massa. À 3 km au sud de Belfaa.

Après le Ksar Massa, **La Dune** (☎0666 80 78 24 ; www.ladune.de ; Sidi R'bat ; s/d/tr avec petit-déj 400/500/650 Dh, tente/pers avec petit-déj à partir de 100 Dh, dîner 70 Dh ; ❄) propose des tentes berbères toutes simples (2 et 4 pers), un restaurant bien frais sous une tente et des chambres au décor africain, parfois criard, avec balcon.

ℹ Depuis/vers le parc national de Sous-Massa

D'Agadir et d'Inezgane, les bus locaux et les grands taxis à destination de Tiznit vous déposeront à Belfaa ou Massa (environ 20 Dh). De ces deux localités, un grand taxi pour Sidi R'bat coûte environ 200 Dh. Les hébergements à Sidi R'bat proposent aussi le transfert depuis/vers l'aéroport d'Agadir (environ 400 Dh). De Massa, comptez une heure de marche jusqu'à l'embouchure de l'oued Massa. Des 4x4 desservent aussi le parc, mais l'oued Massa et l'oued Sous sont habituellement accessibles avec une voiture classique (ou un grand taxi).

Nord d'Agadir

Si des villas, des parcs de loisirs, des golfs et des projets immobiliers envahissent la côte aux alentours d'Agadir, dirigez-vous vers le nord pour trouver des plages moins peuplées, des spots de surf et des criques sablonneuses tous les quelques kilomètres.

ℹ Depuis/vers le nord d'Agadir

Des grands taxis circulent entre Agadir et Taghazout (10 Dh) via Aourir et Tamraght.

Tamraght et Aourir طمر ات و اوريد

Tamraght et Aourir sont collectivement surnommés le “village des bananes” en raison des bananeraies qui longent l'oued Tamraght, entre les deux villages. À respectivement 12 et 14 km au nord d'Agadir, ils partagent Banana Beach, une plage idéale pour les surfeurs débutants, à son extrémité sud. Aourir compte, entre autres services, une station-service, une poste et des banques.

Au Rocher du Diable, de l'autre côté du cap, au nord de Banana Beach, **Imourane Surf Island** (☎0614 12 20 00 ; www.imouranesurfisland.com ; location combinaison/planche 50/100 Dh par jour, 2 heures 30 de cours/200 Dh) propose des planches de surf et des cours. Comme à Taghazout, différentes agences vendent des forfaits surf/hébergement.

À l'extrémité sud de Banana Beach, la **Villa Mandala** (☎0528 31 47 73 ; www.surfmaroc.co.uk ; Aourir ; ch avec petit-déj 400-500 Dh/pers ; 📶❄) est gérée par Surf Maroc et s'adresse principalement aux surfeurs. La déco mélange les styles contemporain et traditionnel, avec un intérieur blanc parsemé de tapis. Piscine.

L'**Hôtel Littoral** (☎0528 31 47 26 ; www.hotellittoral.com ; rte d'Essaouira, Aourir ; s/d/tr/qua/app avec petit-déj 240/328/477/686/987 Dh ; 📶❄) est kitsch mais confortable, avec ses chambres aux sdb bien équipées, et un bar-restaurant.

À l'extrémité nord de la plage, **Banana Beach** (Tamraght ; plats 70 Dh ; ⏰petit-déj et déj) est l'endroit idéal pour s'allonger quelques heures sur les transats installés sur le sable et savourer du poisson, une omelette, un sandwich ou une bière fraîche. **Chez Brahim** (Rocher du Diable ; plats 70 Dh ; ⏰déj et dîner), plus chic, sert de copieuses assiettes de poisson ou de viande (à partir de 150 Dh) sur sa terrasse face à la mer.

Taghazout تاغزوت

À 6 km de Tamraght, ce paisible village de pêcheurs, jadis réputé pour ses calamars et prisé des hippies, est devenu la première destination de surf du pays, aussi bien pour les pros que les débutants. On trouve des breaks tout au long du village : Hash Point, Panorama, Anchor Point, La Source, Killer Point ou Mysteries. La meilleure période pour le surf dure d'octobre à avril.

Si vous venez pour la détente, accrochez votre hamac ailleurs. Aride et en bord de route, cette station balnéaire n'est pas très attrayante. La culture du surf y prédomine. Si la plage principale est agréable pour se baigner, les touristes locaux sont si nombreux pendant et après les vacances estivales marocaines que les infrastructures sont débordées.

Taghazout est doté de cybercafés et d'une pharmacie ; on trouve les autres services à Aourir.

Tenu par des surfeurs britanniques, **Surf Maroc** (☎0528 20 02 72, 0675 46 06 37 ; www.surfmaroc.com ; 📶) séduit les débutants et les pros en proposant l'hébergement, des sorties guidées, des cours de surf, du yoga et la location de matériel et de voitures. Vous logerez au bord des vagues dans la superbe **Taghazout Villa** (☎0528 20 03 68 ; www.surfmaroc.co.uk/taghazoutvilla ; ch avec petit-déj 350 Dh/pers ; 📶) ou à **L'Auberge** (☎0528 20 02 72 ; www.surfmaroc.co.uk/auberge ; ch avec petit-déj 250 Dh/pers ; 📶). Au moment de la rédaction de ce guide, Surf Maroc projetait d'ouvrir fin 2014 un hôtel de charme avec piscine, hammam et restaurant (servant de l'alcool).

Dans le sillage de Surf Maroc, de nombreux habitants se sont lancés dans le forfait hébergement/surf. **Taghazout Surf Hostel** (☎0676 06 94 95 ; www.taghazoutsurfhostel.com ; ch avec petit-déj à partir de 330 Dh ; 📶), tenu par le charmant Yassine, compte des chambres basiques (grand lit, lits jumeaux, 4 et 6 lits) partageant une sdb. Le village offre aussi des appartements et des chambres à louer, qui seront peut-être votre seule option en été si vous n'avez pas réservé. **Taghazout Bay Apartments** (☎0671 63 89 83 ; www.taghazoutsurfcars.com ; 150 Dh/pers) loue des appartements équipés impeccables et des voitures.

Plusieurs cafés et snack-bars (servant tous de l'alcool) bordent la route principale. Au bout des chemins qui conduisent à la plage, le café de **L'Auberge** (plats 60 Dh ; ⏰petit-déj, déj et dîner) est un endroit sympathique qui sert des plats marocains et internationaux. Nous vous recommandons le ragoût de poulet marocain et les jus de fruits.

Immouzzer des Ida Outanane ايموزار ادو اوتنان

Chaudement recommandé, ce détour conduit à 60 km au nord-est d'Agadir (2 heures de route), dans les contreforts du Haut Atlas. En chemin, vous passerez par la **vallée du Paradis**, une gorge bordée de lauriers-roses et de palmiers, endroit prisé pour les pique-niques et la baignade. Des producteurs locaux ont créé une **route du miel**, jalonnée de stands qui vendent du miel et de l'huile d'argan. Sur la route, des panneaux indiquent un chemin de randonnée.

Les cascades d'Immouzzer comptent parmi les plus belles d'Afrique du Nord. Les eaux riches en calcium sont à leur plus fort débit entre février et août, mais de récentes sécheresses les réduisent souvent à des filets d'eau. La multiplicité de stands de souvenirs et de faux guides vous fera peut-être préférer la vallée du Paradis.

En période faste, l'eau dévale du plateau en plusieurs chutes et s'écoule le long d'une falaise appelée le Voile de la Mariée. Le sentier qui mène au pied des cascades aboutit à un bassin d'un bleu chatoyant, niché sous des surplombs rocheux et des feuillages. Si vous pouvez traverser la rivière à cet endroit, vous pourrez grimper sur un plateau et voir le bassin supérieur et les grottes jadis habitées par des hippies. La route escarpée du village d'Immouzzer (4 km) jusqu'au sentier compte parmi les nombreux itinéraires de randonnée du secteur.

En février-mars, les amandiers en fleur tapissent de blanc la région. La récolte et la fête du miel ont lieu en juillet et août. À la fin du mois de novembre, les villageois grimpent dans les oliviers et secouent les branches pour récolter les olives, dont l'huile est extraite au village. Souk hebdomadaire le jeudi.

Où se loger et se restaurer

Des cafés sont installés au départ du sentier qui mène aux cascades, et plus haut. Les hôtels de la vallée du Paradis s'éparpillent à 30 km d'Aourir.

Auberge Le Panoramic HÔTEL €

(☎0528 21 67 09 ; www.auberge-le-panoramic.com ; vallée du Paradis ; s/d/tr en demi-pension 280/500/750 Dh ;). La nouvelle aile de cette charmante étape sur la route du miel représente le meilleur hébergement de la vallée du Paradis. Les balcons des chambres (avec sdb) offrent une vue vertigineuse sur la vallée. Le restaurant sert tajines, omelettes, brochettes... et un petit-déjeuner accompagné de trois miels produits dans les ruches installées sur les pentes.

Hôtel Tifrit HÔTEL €

(☎0528 21 67 08 ; www.hotel-tifrit.net ; vallée du Paradis ; s/d en demi-pension 300/450 Dh ;). Au bord de la rivière, dans la palmeraie, près de la cascade éponyme, un hôtel de 6 chambres (avec sdb) aux grandes fenêtres donnant sur les palmiers.

Auberge Bab Immouzer HÔTEL €

(☎0670 13 10 06 ; www.aubergebabimouzer.com ; vallée du Paradis ; ch 250-300 Dh ;). Bien tenu mais tristounet côté ambiance, cet hôtel possède 6 chambres avec sdb et une série de terrasses qui surplombent la palmeraie voisine et la vallée. Les chambres près de la piscine ont des balcons offrant une belle vue.

Hôtel des Cascades HÔTEL €€

(☎0528 82 60 23 ; www.cascades-hotel.net ; s/d 460/572 Dh ;). Superbement situé au-dessus de la vallée à la lisière d'Immouzzer, cet hôtel compte 27 chambres, agrémentées d'un petit balcon, un restaurant qui sert de l'alcool (plats 75 Dh) et des courts de tennis dans le jardin verdoyant. Des paniers de fleurs et des œuvres d'art décorent la terrasse et les couloirs. Un chemin de 4 km descend du jardin aux cascades. L'hôtel loue aussi une maison avec cuisine à 20 km, sur la route d'Essaouira.

Depuis/vers Immouzer

Des bus et des grands taxis circulent entre Aourir et Immouzzer (25 Dh) jusque vers 16h. D'Agadir, il est difficile par les transports publics de visiter les cascades en une journée : mieux vaut s'inscrire à un circuit organisé ou louer un grand taxi. Le jeudi, jour de marché à Immouzzer, est un bon jour pour trouver une voiture, mais pas pour conduire sur l'étroite route alors très fréquentée. Entre octobre et mai, il arrive que la route soit emportée par la rivière.

Taroudant تارودانت

70 000 HABITANTS

Taroudant (ou Taroudannt), à 80 km d'Agadir, est parfois surnommée "Petite Marrakech", ce qui ne rend pas justice à ce centre marchand de la vallée du Sous. Cachée par de splendides remparts en terre rouge, avec les cimes enneigées du Haut Atlas dans le lointain, la ville compte des souks et des places à l'atmosphère typiquement nord-africaine, où les paysans berbères de la fertile vallée du Sous viennent vendre leurs produits.

À défaut de sites incontournables, Taroudant possède une médina où il fait bon flâner et s'attarder. Les deux souks, plus paisibles que ceux de Marrakech, offrent cependant l'ambiance animée qui manque à Agadir. Proche à la fois du Haut Atlas occidental peu exploré, de l'Anti-Atlas et de

Taroudant

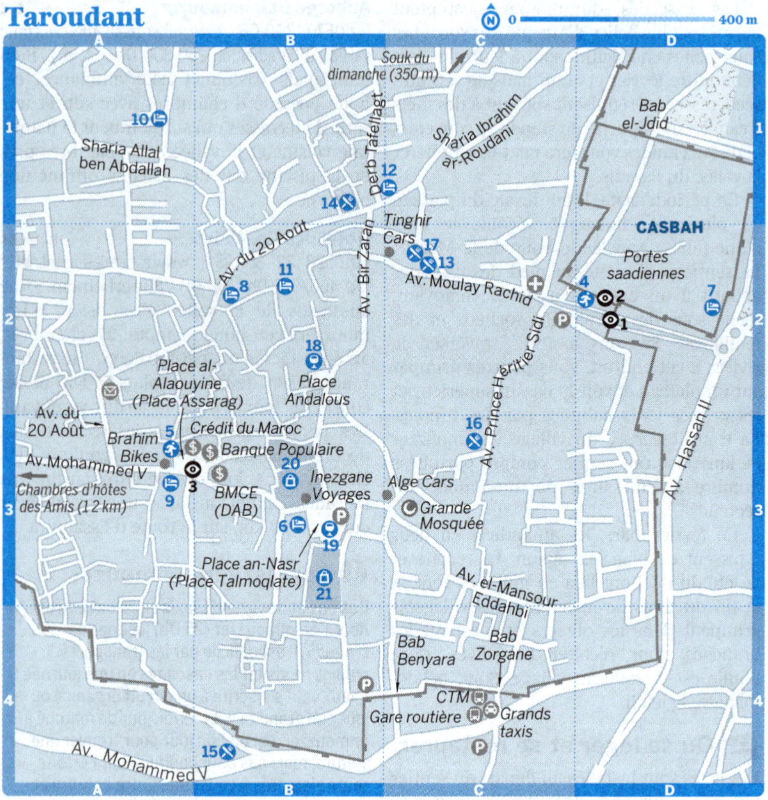

la côte, la ville constitue une excellente base pour des treks et autres activités. À 65 km seulement dans les terres depuis l'aéroport Al-Massira, il est beaucoup plus agréable d'y faire étape qu'à Agadir.

Histoire

Taroudant fut l'une des premières cités des Almoravides, qui s'y installèrent en 1056, au début de leur conquête du Maroc. Au XVIe siècle, la dynastie saadienne émergente en fit sa capitale durant une vingtaine d'années. Lorsqu'ils la transférèrent à Marrakech, les Saadiens avaient déjà fait de la vallée du Sous la première région productrice de canne à sucre, de coton, de riz et d'indigo, de précieuses marchandises pour le commerce caravanier transsaharien qu'ils contrôlaient. Les Saadiens construisirent la partie ancienne de la cité et la casbah, en grande partie détruite en 1687 lors du massacre des habitants par Moulay Ismaïl, en représailles à leur opposition. Seuls survécurent les remparts ; la plupart des édifices encore debout datent du XVIIIe siècle.

Taroudant demeura un foyer d'intrigues et de sédition contre le pouvoir central jusqu'au XXe siècle. Elle accueillit el-Hiba, un chef du Sud opposé à la signature du traité de Fès qui instaura le protectorat français en 1912.

À voir

Remparts SITE HISTORIQUE

Longs de 7,5 km, les remparts qui entourent Taroudant comptent parmi les murs en pisé les mieux conservés du pays. Au fil des heures, leur teinte varie du brun doré au rouge foncé. Ils se parcourent aisément à pied (2 heures), de préférence en fin d'après-midi. Autres options : prendre une calèche tirée par un cheval ou un vélo pour les admirer au clair de lune.

Taroudant

À voir

1 Bab el-Kasbah D2
2 Bab Sedra D2
3 Place al-Alaouyine A3

Activités

4 Calèches D2
5 Calèches A3
La Maison anglaise .... (voir 10)

Où se loger

6 Hôtel el-Warda B3
7 Hôtel Palais Salam D2
8 Hôtel Saadiens B2
9 Hôtel Taroudannt A3
10 La Maison anglaise A1
11 Palais Oumensour B2
12 Ryad Tafilag C1

Où se restaurer

13 Chez Nada C2
14 Marché aux fruits et légumes B1
15 Jnane Soussia B4
16 L'Agence C3
17 Mehdi Snack C2

Où prendre un verre

18 Café Andalous B2
19 Stands de jus d'orange pressée B3

Achats

20 Souk arabe B3
21 Souk berbère B3

Portes SITES HISTORIQUES
Une série d'imposantes tours défensives, construites aux XVIe et XVIIe siècles, constituent les portes de la cité. Dotée de trois arches, la porte principale, **Bab el-Kasbah** (ou Bab Essalsla) se dresse au bout d'une avenue bordée d'orangers. Un escalier conduit au sommet de la tour, où vous pouvez marcher le long des remparts. Près de Bab el-Kasbah, **Bab Sedra** (cyclistes et piétons uniquement) mène à la casbah.

Casbah CASBAH
Forteresse bâtie par Moulay Ismaïl, la casbah est aujourd'hui un quartier pauvre mais sûr, où des ruelles sinueuses et des passages bas aboutissent à des petites places et à des culs-de-sac. Le palais du gouverneur, du côté est de la casbah, fait aujourd'hui partie de l'Hôtel Palais Salam.

Place al-Alaouyine PLACE
(place Assarag). Pendant les vacances estivales marocaines, la grand-place ressemble en miniature à la Jemaa el-Fna de Marrakech, avec des conteurs, des charmeurs de serpents, des illusionnistes et d'autres artistes qui tiennent la foule en haleine.

Activités

La Maison Anglaise CIRCUIT CULTUREL
(0661 23 66 27, 0528 55 16 28 ; www.sites.google.com/site/cecumaisonanglaise/activities ; 422 Derb Afferdou). Cette organisation propose les services d'excellents guides et des activités, dont le trek, des visites et des séjours dans les villages berbères, des randonnées axées sur la nature, des cours de cuisine et des visites de coopératives (qu'elle soutient) fabriquant du savon ou récoltant le miel. Les excursions à la journée dans la vallée, à Afensou dans le Haut Atlas, vous mènent à travers les oliveraies jusqu'à une piscine naturelle.

Calèche CIRCUIT EN CALÈCHE
Vous pouvez faire le tour des remparts en calèche. Celles-ci stationnent juste derrière Bab el-Kasbah, sur la place al-Alaouyine, et à d'autres endroits stratégiques. Un trajet dans le centre-ville, comme en petit taxi, ne devrait coûter que 20 Dh ; refusez si le conducteur demande plus. Pour un circuit d'une heure, comprenant la médina, les remparts et une petite tannerie, ne payez pas plus de 100 Dh.

Trek TREK
Taroudant constitue une excellente base pour des treks dans le Haut Atlas occidental, dont le **plateau du Tichka**, une belle région de pâturages et de gorges cachées (2 jours minimum). **Afensou** et **Tizi n'Test** se prêtent bien à des marches d'une journée. En ville, des agences proposent des treks ; insistez pour partir avec un guide qualifié. Les prix démarrent à environ 350 Dh par personne et par jour, transport et pique-nique compris. Outre les guides travaillant avec les hôtels, vous pourrez contacter **Abdellatif Abassi** (0670 59 13 88 ; abdelroudana@gmail.com), qui n'est pas un guide agréé mais est recommandé par nos lecteurs. Il organise des circuits à dos de mulet et des séjours dans les villages.

Où se loger

Les hôtels bon marché des deux places centrales et des alentours offrent un hébergement sommaire et des toits-terrasses pour profiter du soleil et contempler l'animation. Les hôtels de catégorie moyenne que nous indiquons ci-après proposent le transfert depuis l'aéroport Al-Massira (300-400 Dh) à Agadir, et organisent des activités.

Hôtel Saadiens HÔTEL €

(☎0528 85 25 89 ; hotelsaad@menara.ma ; av. du 20 Août ; s/d 220/280 Dh ; 📶❄). Partout en ville, des panneaux indiquent cet hôtel aux chambres un peu vieilles mais spacieuses avec sdb correcte, couvre-lits à rayures et dessins berbères sur les portes. Malgré les couloirs lugubres qui résonnent, ce refuge à l'écart de la médina est central, avec un *lounge* au premier et la vue sur la montagne depuis le toit-terrasse. L'avenue du 20 Août est une grande artère : demandez une chambre à l'arrière. Demi-pension possible.

Hôtel Taroudannt HÔTEL €

(☎0528 85 24 16 ; place al-Alaouyine ; s/d/tr à partir de 160/200/300 Dh ; ❄). Une adresse centrale, où des couloirs carrelés passent par le restaurant et la cour verdoyante avant d'arriver aux chambres, dotées de sdb simples. Ses inconvénients : le bruit de la place al-Alaouyine et la clientèle louche du bar populaire installé dans la cour. Les femmes risquent de se sentir mal à l'aise.

Chambres d'hôtes des Amis MAISON D'HÔTES €

(☎0667 60 16 86 ; www.chambresdesamis.com ; Sidi Belkas ; s/d avec petit-déj 80/160 Dh ; 📶). D'un bon rapport qualité/prix, cette pension possède des chambres défraîchies mais spacieuses, des sdb sommaires avec eau chaude capricieuse, des salons et un toit-terrasse pour le petit-déjeuner. À 800 m à l'ouest de Bab Taghount (côté ouest des remparts) et à la lisière de la campagne, mais néanmoins bruyante à cause de la route et de la proche mosquée. Le propriétaire, Said Dayfollah, loue des vélos, organise des treks et autres activités, assure le transfert depuis l'aéroport Al-Massira (300 Dh) et prépare des repas sur demande (70 Dh).

Hôtel el-Warda HÔTEL €

(☎0528 85 27 63 ; pl. an-Nasr ; s/d/tr 80/100/130 Dh). Un hôtel à très petits prix, qui se distingue par une terrasse ornée de zelliges surplombant la place an-Nasr. Les chambres sommaires, au 2e étage, partagent les toilettes et les douches. L'entrée par une ruelle et la clientèle masculine du café peuvent déplaire aux voyageuses seules.

♥ **Palais Oumensour** HÔTEL DE CHARME, RIAD €€

(☎0528 55 02 15 ; www.palaisoumensour.com ; Al Mansour Borj Oumensour Tadjount ; ch/ste avec petit-déj 770/990 Dh ; ❄📶❄). De bon goût, tranquille et d'un bon rapport qualité/prix, le Palais Oumensour se cache dans une ruelle de la médina, près du jardin de l'église catholique. Au-dessus de la cour centrale et de son bassin en jade, les 4 doubles et les 6 suites sont exquises, associant matériaux traditionnels et confort moderne, ornées de reproductions de Georges Braque et de tadelakt. Parmi les superbes espaces communs : un hammam, une salle de massages, un toit-terrasse avec vue sur le Haut Atlas, deux Jacuzzi et un bar.

♥ **La Maison Anglaise** PENSION €€

(☎0661 23 66 27, 0528 55 16 28 ; www.sites.google.com/site/cecumaisonanglaise ; 422 Derb Afferdou ; s/d avec petit-déj 350/550 Dh ; ❄@📶). Dans une rue paisible au nord du centre trépidant de Taroudant, cette maison de la médina, à l'écolabel Clef Verte, constitue une base confortable et accueillante, tenue par une équipe d'habitants charmants. Elle compte 9 chambres avec sdb, une cuisine, un toit-terrasse avec vue sur le Haut Atlas et Anti-Atlas, des panneaux explicatifs sur la région dans les couloirs carrelés et une petite bibliothèque. Le petit-déjeuner et les repas sont un festin, mais ce qui rend ce lieu, géré par des Britanniques, particulièrement agréable est le personnel, qui vous aide à comprendre la culture locale lors des circuits (p. 373) ou par leurs conseils.

Ryad Tafilag HÔTEL DE CHARME €€

(☎0528 85 06 07 ; www.riad-tafilag.com ; Derb Tafellagt ; s/d/tr avec petit-déj à partir de 550/605/770 Dh ; ❄@📶❄). Constitué de quelques maisons de la médina réunies, voici un hôtel inventif et original. Escaliers en spirale, terrasses, salons, niches secrètes, et hammam forment un véritable dédale. Les 8 chambres et suites (3 avec terrasse privée), qui font fi des diktats du design pour se concentrer sur le confort, sont naturellement chics et zen. Vélos mis gracieusement à la disposition des hôtes.

Hôtel Palais Salam CASBAH €€

(☎0528 85 25 01 ; www.palaissalam-taroudant.com ; casbah ; s/d/ste avec petit-déj à partir de 582/674/1424 Dh ; 📶❄). Cette ancienne demeure de pacha, dont l'entrée se trouve dans le mur est de la casbah, est bien un palais, avec ses jardins, ses piscines, ses cours et ses fontaines (l'une abritant des tortues) sur plusieurs niveaux. Les chambres du rez-de-chaussée au décor traditionnel ont le cachet authentique de l'ancien, mais les chambres plus récentes, avec des murs roses et des volets bleus, sont plus spacieuses. Comparées aux standards modernes, les chambres et les sdb sont décevantes, tout comme le service, mais le cadre est merveilleux. Bar et restaurants marocain et international.

Où se restaurer

Les cafés des hôtels et les restaurants touristiques de la place al-Alaouyine sont de bons endroits pour le petit-déjeuner, ou pour un tajine ou une grillade plus tard dans la journée. Sur la place an-Nasr et au nord dans l'avenue Bir Zaran, des gargotes bon marché servent les habituels tajines, *harira* (soupe de lentilles) et salades.

Organiser un pique-nique est facile à Taroudant. Outre les étals des souks, il y a le **marché aux fruits et légumes** (av. du 20 Août) à l'extrémité nord de l'avenue Bir Zaran. La Maison Anglaise (p. 374) vous prépare aussi un pique-nique (50 Dh) même si vous n'êtes pas hôte.

L'Agence MAROCAIN, FRANÇAIS €
(0528 55 02 70 ; av. Prince Héritier Sidi Mohammed ; plats 50 Dh, menu du jour 110 Dh ; déj et dîner). Derrière la Grande Mosquée, ce charmant restaurant propose des plats franco-marocains, comme la pastilla de poulet et le tajine de chèvre, ainsi que de délicieux assortiments de hors-d'œuvre. Installez-vous dans l'une des alcôves ornées d'œuvres d'art, éclairées par des lanternes suspendues aux poutres.

Chez Nada MAROCAIN €
(0528 85 17 26 ; av. Moulay Rachid ; plats 55-95 Dh, menu du jour 80 Dh ; déj et dîner). Ce restaurant établi depuis 60 ans est réputé pour ses tajines, dont un au pigeon (ou au poulet) avec pruneaux et amandes grillées. Au-dessus du café du rez-de-chaussée, essentiellement fréquenté par des hommes, et de l'élégante salle à manger blanche du 1er étage, le toit-terrasse offre une vue sur le jardin public. La pastilla et le couscous royal (75-95 Dh) doivent être commandés 2 heures à l'avance.

Mehdi Snack RESTAURATION RAPIDE €
(près av. Moulay Rachid ; menu et pizzas 20-70 Dh ; 10h-23h). Derrière Chez Nada et tenu par la même famille, ce snack-bar propose burgers, pizzas, brochettes et salades.

Jnane Soussia MAROCAIN €€
(0528 85 49 80 ; av. Mohammed V ; plats 80 Dh ; déj et dîner). Nous recommandons ce restaurant agréablement situé dans un jardin qui jouxte les remparts et dont les tables sont installées sous une tente autour d'une grande piscine. Spécialités de la maison, le méchoui et la pastilla de pigeon se commandent à l'avance, mais le tajine de poulet au citron et olives est parfait pour un déjeuner léger et tous les plats sont bons.

Où prendre un verre et sortir

Des **stands de jus d'orange pressée** s'alignent autour de la place an-Nasr. L'Hôtel Palais Salam et l'Hôtel Taroudannt abritent des bars.

Café Andalous BAR À JUS DE FRUITS
(pl. Andalous ; smoothie 10 Dh). Sous l'enseigne d'un dentiste, ce café chaleureux, sur une petite place à côté de l'avenue Bir Zaran, est idéal pour un smoothie.

LE PAYS DE L'ARGAN

En suivant la N10 à l'est de Taroudant, vous verrez en bord de route des bosquets d'arganiers, arbres aux fruits prisés des chèvres locales et des chefs du monde entier.

À 45 km au nord-est de Taroudant, l'**Hôtel Palais Riad Hida** (0528 53 10 44 ; www.riadhida.com ; s/d demi-pension 638/1 067 Dh ;) occupe une demeure restaurée du XIXe siècle à la lisière du village berbère d'Ouled Berhil. Si les bungalows sont quelconques, le cadre vous enchantera dès que vous aurez franchi le seuil carrelé et découvert la cour centrale, avec ses hauts palmiers et ses longs bassins.

À 10 km, un panneau indique la route de Tizi-n'Test, l'un des cols les plus spectaculaires et périlleux du pays, qui traverse le Haut Atlas pour rejoindre Marrakech au nord-est.

Aux abords des montagnes, cette route secondaire passe par une luxuriante **réserve d'arganiers**, gérée par l'État. Faites halte pour un pique-nique au pied des arbres, parmi les enfants, et approchez-vous des troupeaux de chèvres pour les photographier en train de se régaler sur leur cime de noix d'argan mûries au soleil.

Achats

Principale ville chleuhe du Sous, Taroudant est un bon endroit pour acheter des bijoux d'argent de bonne qualité. Les Chleuhs sont renommés pour cet artisanat, influencé par des tribus sahariennes et par des bijoutiers juifs, qui formaient une part significative de la population jusqu'à la fin des années 1960.

Souk arabe ART ET ARTISANAT

Le souk principal ou grand souk réunit des boutiques d'antiquités et de souvenirs, cachées dans les rues paisibles. Le quartier au sud-ouest de la mosquée est parfait pour acheter des cadeaux, avec une petite place bordée de bijouteries, juste en retrait de l'avenue Bir Zaran.

Souk berbère ART, ARTISANAT, TAPIS

Également appelé marché municipal, ce souk, du côté sud de la place an-Nasr, vend des tapis, des bijoux, de l'huile d'argan, des instruments de musique, des lampes, de la maroquinerie et des poteries, au-delà des stands de baskets et de téléphones portables de l'allée centrale.

Souk du dimanche ALIMENTATION

Ce grand marché, qui se tient devant Bab el-Khemis au nord de la casbah, attire des habitants de toute la région.

Renseignements

Taroudant ne possède ni quartier "européen" ni ville nouvelle. La plupart des services se regroupent sur (et à proximité) des deux places centrales, la place al-Alaouyine (anciennement place Assarag) et la place an-Nasr (ex-place Talmoqlate).

Les banques de la place al-Alaouyine disposent de DAB, changent des espèces et délivrent des avances sur les cartes Visa. Des cybercafés s'égrènent le long des avenues Bir Zaran et Mohammed V.

Hôpital (av. Moulay Rachid)

Inezgane Voyages (☎0528 55 06 46 ; pl. an-Nasr ; ⏲9h-12h30 et 14h30-17h lun-sam). Représente des compagnies aériennes, dont Royal Air Maroc.

Poste (av. du 20 Août ; ⏲8h30-16h30 lun-ven).

Depuis/vers Taroudant

BUS

Les bus partent de la gare, à l'extérieur de Bab Zorgane. La **CTM** (☎0528 85 38 58 ; Bab Zorgane) offre les bus les plus fiables, avec au moins un service quotidien pour les villes suivantes :

DESTINATION	TARIF	DURÉE
Agadir	35 Dh	3 heures
Casablanca	195 Dh	8 heures
Marrakech	100 Dh	4 heures
Ouarzazate	105 Dh	5 heures

D'autres compagnies desservent Agadir et Inezgane (25 Dh, 1 heure 30, ttes les heures), Taliouine (70 Dh, 1 heure 30, tlj) et Tata (Dh80, 5 heures, tlj).

TAXI

Des grands taxis stationnent juste à l'extérieur de Bab Zorgane. Ils desservent entre autres :

Agadir (30 Dh).

Inezgane (26 Dh). D'Inezgane, des bus fréquents rallient Agadir.

Marrakech (130 Dh). Vous devrez louer le taxi entier (700-1 000 Dh) pour voyager via le Tizi n'Test.

VOITURE

Le mieux est de louer une voiture auprès de l'une des grandes compagnies représentées à l'aéroport Al-Massira, à Agadir.

Parmi les agences locales de Taroudant, citons **Alge Cars** (☎0615 09 04 13 ; alge-cars@yahoo.fr ; av. Prince Héritier Sidi Mohammed, face à la mosquée ; 300 Dh/jour) et **Tinghir Cars** (☎0661 19 02 89 ; av. Moulay Rachid).

Comment circuler

Taroudant s'explore aisément à vélo ; vous pourrez en louer à **Brahim Bikes** (☎0662 74 10 91 ; pl. al-Alaouyine ; 10/60 Dh par heure/jour). Les petits taxis facturent 7 Dh la course (10 Dh après 20h).

Taliouine تالوين

6 000 HABITANTS

Entouré de collines et dominé par l'imposante casbah du Glaoui, le village en longueur de Taliouine se situe à mi-chemin entre Taroudant et Ouarzazate.

Taliouine est le centre africain de l'or rouge – le safran, l'épice la plus chère au monde. Une multitude de magasins et de petites boutiques le vendent entre 35 et 40 Dh le gramme. La fleur pourpre du *Crocus sativus*, dont provient le safran, ne pousse qu'au-dessus de 1 200 m et fleurit entre mi-octobre et mi-novembre. À cette époque, une fête est organisée pour célébrer la récolte, et vous verrez des villageois cueillir les fleurs autour des hameaux à 12 km à l'est de Taliouine.

Méfiez-vous du "faux safran" : l'épice authentique doit tacher vos doigts de jaune (et non de rouge), avoir un goût amer (plutôt que sucré) et coûter cher.

Le village s'anime le lundi, quand le marché s'installe près de l'Auberge Le Safran.

À voir et à faire

Les hôtels, ainsi que **Zafrani** (0613 88 05 26 ; www.zafrani.ch ; Taliouine) organisent diverses activités. Cette compagnie helvéto-marocaine est spécialisée dans le trek, mais offre également divers circuits culturels et des activités tous publics comme l'observation des étoiles, le ski ou la méditation.

Coopérative Souktana du safran MUSÉE
(0528 53 44 52 ; info@souktanadusafran.org ; 8h30-18h30). Fondée en 1979, la plus grande et la plus ancienne des coopératives de safran de Taliouine compte 160 membres (dont 4 femmes) et mérite la visite pour son musée, son calligraphe et ses employés bien informés. Ils vous expliqueront la production du safran et vous le feront goûter. Ils vendent l'épice et des produits à base de safran, dont des chocolats, des cosmétiques et de l'encre pour calligraphie.

Dar Azaafaran MUSÉE
(0528 53 44 13 ; www.darazaafaran.com ; 8h-19h). Ce centre d'information moderne dédié à l'or rouge comprend un petit musée, et un comptoir où les coopératives locales vendent leur safran. Le cours du jour est affiché.

Calligraphie Tifinaghe CENTRE ARTISTIQUE
(0601 35 31 51 ; www.molidaz.blogspot.com). Le poète et calligraphe berbère Moulid Nidouissadan peint des proverbes berbères et des compositions colorées.

Casbah CASBAH
Face aux collines brunes, la casbah tombe en ruine mais constitue une agréable promenade au coucher du soleil.

Trek TREK
Taliouine est un centre prisé pour les treks dans le proche **djebel Siroua**, qui offre des itinéraires parmi les plus beaux de l'Anti-Atlas. Le village est l'un des meilleurs de la région pour trouver un guide. Outre les hôtels et Zafrani, vous pouvez essayer **Maroc Inedit** (0666 36 25 42 ; www.maroc-inedit.com) et **Siroua Discovery** (0617 03 07 03 ; www.siroua-discovery.com).

Où se loger et se restaurer

Pour le dîner, optez pour la demi-pension à votre hôtel, ou mangez à l'Auberge Le Safran ou au Souktana. À l'extrémité ouest de l'artère principale, près de la gare routière, des grils fument et vous pourrez déguster un tajine (50 Dh) parfumé au safran à l'Auberge Siroua. L'artère principale compte aussi des hôtels bon marché.

Auberge Le Safran HÔTEL €
(0668 39 42 23 ; http://auberge-safran-taliouine-sud-maroc.com/ ; d/tr/ste à partir de 170/210/300 Dh ;). Le Safran dispose de chambres avec sdb, simples et colorées, dont 2 doubles petits budgets sur le toit-terrasse et une suite spacieuse pour 4 personnes. Le salon donne sur les champs et la casbah. Une tente berbère est plantée dans le patio. Les propriétaires récoltent leur propre safran, qu'ils vendent dans leur boutique-musée et utilisent dans leurs délicieux repas. Le bruit de la route irrite mais le service est professionnel. Le propriétaire, Mahfoud propose diverses activités : treks, visites de hammam, cours de cuisine et circuit des producteurs de safran et d'argan.

Auberge Souktana HÔTEL €
(0528 53 40 75 ; souktana@menara.ma ; ch s/d/tr/qua 180/220/300/360 Dh, bungalow s/d 100/160 Dh, tente 1/2 pers 50/80 Dh ;). Dans cette auberge axée sur le trek, les hôtes peuvent consulter les cartes dans l'agréable salon et demander conseil au propriétaire, Ahmed, qui fournit aussi des guides. Chambres aux couleurs vives joliment décorées dans le style traditionnel. Demi-pension possible (220 Dh/pers). À l'est du village, de l'autre côté de la N10 depuis la casbah, avec une belle vue sur le fort en ruine.

Chez Souad MAISON D'HÔTES €
(0671 05 68 46 ; moradchoukri@yahoo.fr ; ch à partir de 60 Dh/pers). Surplombant un terrain de foot poussiéreux derrière Dar Azaafaran, cette vaste maison familiale possède un toit-terrasse avec vue sur la casbah et la ville. Huit chambres accueillent jusqu'à 4 personnes chacune, dont trois avec sdb privée. Demi-pension possible (160 Dh/pers). Le frère de Souad, Morad Choukri, est guide de trek.

Escale Rando MAISON D'HÔTES €€
(0662 54 78 28 ; www.escalerando.fr ; s/d sans sdb 242/330 Dh, avec sdb 330/440 Dh ;). Adossée à la casbah, une petite maison

romantique autour d'une cour agrémentée de jardins, d'illuminations, de fontaines et de tortues. Quatre chambres aux hauts plafonds, une cuisine bien équipée et, pour les nuits torrides, une terrasse où les hôtes peuvent s'endormir contre les remparts de la casbah. Demi-pension en sus (55 Dh/pers) et activités sur demande.

Auberge Toubkal CAMPING, APPARTEMENTS €€
(☎0528 53 43 43 ; www.maghrebtourism.com/aubergetoubkal ; camping 60 Dh, bungalow demi-pension 220 Dh/pers, app 800-1 200 Dh ;). Ce camping bien tenu, sur la route principale à 500 m à l'est de l'embranchement vers la casbah, possède des bungalows avec sdb et 4 appartements neufs.

Renseignements

Sur la route principale, près de Dar Azaafaran, on trouve des banques et un cybercafé.

Depuis/vers Taliouine

La N10 à l'est de Taliouine traverse un vaste et superbe paysage avant de rejoindre la N9 (la grand-route Marrakech-Ouarzazate) près de l'embranchement vers Aït Benhaddou.

BUS

Taliouine possède une petite gare routière. Les bus qui passent par le village peuvent être complets, il vaut mieux donc louer un grand taxi de cette même gare routière.

TAXI

Ouarzazate Les taxis directs sont rares ; on doit habituellement changer à Tazenakht (30 Dh).

Taroudant Il existe des taxis directs mais il est plus rapide de changer à Ouled Berhil (28 Dh).

ANTI-ATLAS الأطلس الصغير

L'Anti-Atlas reste l'une des régions montagneuses du Maroc les moins visitées, ce qui surprend car elle est splendide et proche d'Agadir. Les montagnes sont le fief des tribus chleuhes, qui vivent en une confédération souple de villages éparpillés dans les hauteurs désolées, certains hors de portée de tout pouvoir central. Parmi des paysages lunaires de rochers granitiques et de coulées de lave rouge, les Chleuhs se consacrent depuis toujours à leurs fermes, implantées dans les luxuriantes oasis des vallées et aujourd'hui les plus belles palmeraies du pays.

Tafraoute تافراوت

5 000 HABITANTS

Nichée dans la somptueuse vallée des Ammeln, la bourgade de Tafraoute est entourée de montagnes de granit rouge. Malgré un aspect banal, la localité est prospère grâce à l'argent envoyé par des parents qui travaillent dans les grandes villes ou à l'étranger. Agréable et détendue, elle constitue une bonne base pour explorer la région.

Activités

Le vélo et la marche sont les meilleurs moyens de découvrir la belle campagne alentour et plusieurs compagnies et guides proposent des randonnées à pied et à VTT. Des tour-opérateurs possèdent des kiosques à l'ouest de l'Hôtel Salama. **Tafraoute Aventure** (☎0528 80 13 68 ; www.tafraout-aventure.com ; location vélo 50 Dh/jour) propose des cartes utiles de la région (dont on trouve des copies ailleurs), des informations et des guides pour la plupart des activités. On trouve aussi d'autres excellents spécialistes.

VAUT LE DÉTOUR

CASBAH DE TIZOURGANE

Surplombant la route principale à environ 65 km de Tafraoute et 100 km d'Agadir, cette superbe **casbah** (☎0661 94 13 50 ; www.tizourgane-kasbah.com ; rte d'Agadir, Idaougnidif ; demi-pension 330 Dh/pers ;) du XIIIe siècle, restaurée, constitue un cadre magique pour une dernière nuit avant de reprendre l'avion. La casbah, qui était essentiellement une citadelle, enserre entre ses énormes et vertigineux murs d'enceinte 25 maisons, une mosquée, un grenier et une prison. Les chambres d'hôtes, avec ventilateur, sont simplement décorées de tapis et de couvre-lits rayés, et partagent une sdb, mais quel cadre ! Outre un hammam, un restaurant avec terrasse a vue sur les collines plissées, les villages épars et le djebel L'Kest. Ceux qui ne font que passer peuvent visiter la casbah pour 10 Dh. Les bus circulant entre Aït Baha et Agadir peuvent vous y déposer.

Tafraoute

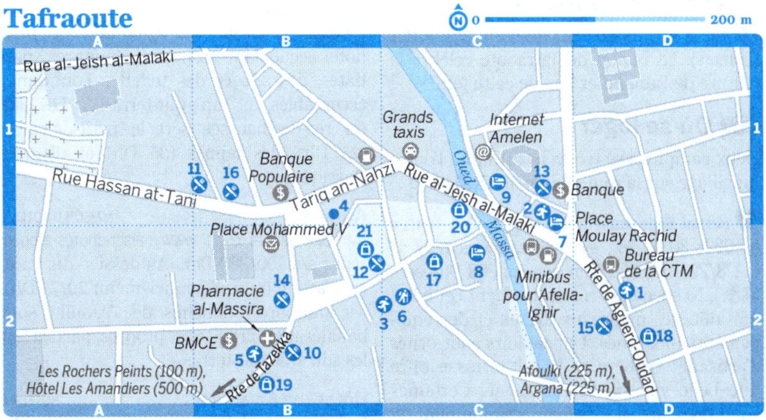

Tafraoute

Activités

Au Coin des nomades ....(voir 17)
1 Maison de vacances D2
2 Nouveau hammam C1
3 Vieux hammam C2
4 Tafraoute Aventure B1
5 Tafraoute VTT B2
6 Tawada C2

Où se loger

7 Auberge Les Amis C1
8 Hôtel Salama C2
9 Hôtel Tanger C1

Où se restaurer

10 Café-Restaurant Atlas B2
11 Cafe-Restaurant Panorama B1
12 Marché aux fruits et légumes B2
13 Marché aux fruits et légumes C1
14 L'Étoile d'Agadir B2
15 Restaurant La Kasbah D2
16 Restaurant L'Étoile du Sud B1

Achats

17 Au Coin des nomades C2
18 Maison du troc D2
19 Maison touareg B2
20 Guichet de la Maison touareg C1
21 Souk B2

Cyclotourisme

Les gorges d'Aït Mansour constellées de palmiers, qui conduisent vers les étendues désolées de l'Anti-Atlas méridional, et les Rochers bleus (p. 383) sont des destinations fabuleuses. Plusieurs maisons louent des vélos de qualité variable ; comptez environ 50/80 Dh par jour le vélo de tourisme/VTT avec casque, pompe et kit anticrevaison.

Maison de vacances LOCATION DE VÉLOS
(☎0528 80 01 97 ; maison_vacances@yahoo.fr; 80 Dh/jour). Bons VTT.

Tafraoute VTT LOCATION DE VÉLOS
(☎0670 40 93 84 ; www.tafraout-vtt.cla.fr ; 50-80 Dh/jour). Propose des porte-vélos pour voitures, utiles pour une balade alliant voiture et vélo jusqu'à Aït Mansour.

Trek et escalade

Tafraoute et l'Anti-Atlas offrent de nombreuses possibilités d'escalade et de randonnée, pour la plupart exténuantes.

Au Coin des Nomades ESCALADE, RANDONNÉE
(☎0661 62 79 21 ; starsmoons@outlouk.fr). Houssine Laroussi, un alpiniste respecté, est une mine d'informations sur le trek, l'escalade, les guides, les livres et les cartes topographiques. Il peut aussi organiser des séjours chez les villageois.

Tawada RANDONNÉE, ESCALADE
(☎0661 82 26 77 ; www.guide-tafraout.com). Le guide agréé Brahim Bahou (anglophone) offre ses conseils et des treks guidés d'une journée ou plus, avec mulets si nécessaire.

Hammams

Tafraoute est un bon endroit pour découvrir un hammam authentique, car nombre de maisons ne disposent pas d'eau courante. Le village en compte trois ; le **nouveau hammam** (10 Dh ; hommes 19h-22h, femmes jusqu'à 19h), derrière l'Auberge Les Amis, dispense des massages, toutefois le **vieux hammam** (10 Dh ; hommes 7h-22h), juste derrière le marché, réservé aux hommes, est plus authentique.

Fêtes et festivals

Fête des Amandiers en fleur FÊTE
(mars). La région de Tafraoute célèbre la culture de l'amandier lors de cette fête.

Où se loger

Deux campings se trouvent à 1 km à l'ouest du village sur la route de Tiznit (R104).

Hôtel Salama HÔTEL €
(0528 80 00 26 ; www.hotelsalama.com ; s/d/tr 178/256/314 Dh , demi-pension 208 Dh/pers ;). Nos lecteurs recommandent cet hôtel qui allie des matériaux locaux et des équipements modernes. Les couloirs sont ornés d'artisanat berbère et le toit-terrasse offre une belle vue sur la montagne. Certaines chambres ont un balcon surplombant la place du marché, sur laquelle donne le café-restaurant (petit-déjeuner/menu 23/65 Dh). Employés serviables.

Les Rochers Peints HÔTEL €
(0528 80 00 32 ; www.hotelrocherspeints-tafraout.com ; s/d/tr 200/300/350 Dh). En lisière du village, l'ancien Riad Tafraout offre la profusion d'un décor berbère. Ses vitraux colorés, ses sculptures, son mobilier, ses tapis, ses tissus se mêlent à d'anciennes affiches françaises. Un balcon-terrasse fait le tour du bâtiment, offrant une belle vue sur la montagne ; café aéré à la réception. Malheureusement, les 10 chambres (avec sdb), sont petites et étouffantes.

Argana MAISON D'HÔTES, AUBERGE €
(0528 80 14 96 ; www.argana-tafraout.com ; s/d avec petit-déj à partir de 120/200 Dh ;). Recommandé par nos lecteurs, l'Argana possède des chambres confortables pour baroudeurs, de différentes dimensions, avec sdb commune. Service de blanchissage, bon petit-déjeuner, salon et terrasses complètent les lieux, sans oublier les conseils de Mustapha, le sympathique propriétaire, passionné de trek.

Auberge Les Amis HÔTEL €
(0528 80 19 21 ; auberge.lesamis@yahoo.fr ; ch sans sdb avec petit-déj 170 Dh, s/d avec sdb et petit-déj 130/200 Dh ;). Dominant la place Moulay Rachid, un hôtel de 9 chambres sans prétention sur 3 étages, avec une tente berbère (60 Dh/pers) sur le toit-terrasse. Les sdb laissent à désirer mais les têtes de lit en tapisserie créent une agréable ambiance berbère.

Hôtel Tanger HÔTEL €
(0528 80 01 90 ; s/d 40/80 Dh). Ce petit hôtel accueillant propose 9 chambres spartiates, des sdb et des toilettes communes acceptables, et un toit-terrasse. Le café du rez-de-chaussée sert le petit-déjeuner (25 Dh), des tajines (35 Dh) et d'autres classiques.

Afoulki MAISON D'HÔTES €
(0528 80 14 92 ; www.maisondhotes-afoulki.com ; s/d 100/200 Dh). Au-dessus du café-restaurant, (petit-déjeuner/menu 20/75 Dh), les chambres blanches de l'Afoulki sont banales mais grandes et propres, partageant les sdb et le toit-terrasse.

Hôtel Les Amandiers HÔTEL €€
(0528 80 00 88 ; www.hotel-lesamandiers.com ; s/d 318/436 Dh ;). Perché sur une colline et semblable à une casbah, cet hôtel possède 60 chambres assez plaisantes, dotées de petits balcons qui donnent sur les formations rocheuses alentour. La piscine et le restaurant (menu 140 Dh) bénéficient du même panorama ; le bar est caché dans un coin sans vue, mais vous pouvez consommer à l'extérieur. Le mobilier est défraîchi et l'hôtel mérite une rénovation mais vous y serez sans doute tranquille et seul.

Où se restaurer et prendre un verre

Nombre de petites épiceries vendent des produits de base pour un pique-nique, qu'on peut compléter avec les fruits, légumes et olives des marchés. Pour un verre en soirée, la terrasse panoramique de l'Hôtel Les Amandiers est idéale.

Café-Restaurant Atlas CAFÉ €
(repas 40 Dh ; déj et dîner). La terrasse couverte de l'Atlas est prisée par la population locale. Omelettes au fromage, brochettes, tajines et sandwichs figurent sur la longue carte.

Cafe-Restaurant Panorama CAFÉ €
(plats 60 Dh ; déj et dîner ;). On peut déguster sur cette terrasse appréciée des habitants tajines, omelettes, grands verres de jus de fruits et profiter de la vue sur la montagne.

L'Étoile d'Agadir CAFÉ €
(petit-déj 30 Dh ; 8h-18h). Café recommandé par nos lecteurs et le favori de Tafraoute pour le petit-déjeuner au soleil matinal.

♥ Restaurant

La Kasbah RÉGIONAL, MAROCAIN €€
(☎0672 30 39 09 ; plats 70 Dh, menu 90 Dh ; ⏲petit-déj, déj et dîner). Décoré de tapis, de lanternes et de bijoux, ce restaurant sert de l'alcool. La carte comprend des tajines, de la *harira* et la spécialité maison : la *kalia* (mouton haché avec tomates, poivrons, œuf, oignon et 44 épices) servie en tajine. L'huile d'argan et les épices abondent dans tous les plats.

Restaurant L'Étoile du Sud MAROCAIN €€
(☎0528 80 00 38 ; menu 90 Dh ; ⏲déj et dîner). Sous une tente bédouine un peu kitsch, il offre un bon menu et un service professionnel. Prisé des groupes, notamment au déjeuner, L'Étoile du Sud reste l'un des restaurants les plus plaisants pour le dîner.

Achats

Aux alentours du marché, plusieurs boutiques vendent des babouches en cuir traditionnelles (jaunes pour les hommes, rouges pour les femmes). Repérez les vendeurs d'huile d'olive et d'argan. De nombreuses boutiques autour de la place de la poste vendent des bijoux berbères, des articles à base d'huile d'argan et des souvenirs. Faire ses courses ici est beaucoup plus agréables que dans les grandes villes.

♥ Maison du Troc TAPIS, ARTISANAT
(⏲10h-20h lun-sam et sur rendez-vous). Un bon choix d'articles berbères et touaregs. Vous trouverez poterie, bijoux, couvertures en soie de cactus et kilims en laine de chameau, certains fabriqués par les femmes des villages des environs.

Au Coin des Nomades ARTISANAT, SOUVENIRS
Artisanat berbère et souvenirs locaux à prix raisonnable. Horaires incertains.

Maison Touareg TAPIS, ARTISANAT
(⏲9h-12h30 et 14h30-18h lun-sam et sur rendez-vous). Des tapis berbères et touaregs, ainsi que des bijoux et des souvenirs de l'Atlas, du Rif et du Sahara. Guichet en face de l'Hôtel Salama.

Souk TAPIS
(⏲mar et mer). Un marché hebdomadaire animé se tient près de l'Hôtel Salama. Parfois, des petits vendeurs y proposent des tapis berbères.

ℹ Renseignements

Les banques avec DAB et service de change sont nombreuses dans le centre. Pour des renseignements touristiques, visitez le site : www.tafraout.info.

Internet Amelen (près rue al-Jeish al-Malaki ; 5 Dh/h ; ⏲8h30-22h)

Pharmacie al-Massira (☎0528 80 01 60 ; pl. al-Massira ; ⏲8h-20h30)

Poste (pl. Mohammed V ; ⏲8h30-16h30 lun-ven). Dispose d'un bureau de change et de téléphones payants.

ℹ Depuis/vers Tafraoute

BUS

Les bus partent devant les bureaux des diverses compagnies, principalement dans la rue al-Jeish al-Malaki.

CTM (☎0528 80 17 89; Rte Aguerd-Oudad) propose des bus dans la matinée pour :

DESTINATION	TARIF	DURÉE
Agadir	70 Dh	6 heures
Casablanca	245 Dh	12 heures
Inezgane	70 Dh	6 heures
Marrakech	145 Dh	8 heures 30
Tiznit	40 Dh	3 heures

Pour les destinations vers le Sud, changez à Tiznit.

TAXI

Des pick-up et des Land Rover desservent divers villages de la région, principalement les jours de marché. Ils stationnent sur la place de la poste et dans la rue al-Jeish al-Malaki, près de la station-service Afriquia au bout de Tariq an-Nahzi. De ce dernier endroit, des grands taxis partent pour Tiznit (40 Dh) dans la matinée.

Environs de Tafraoute

Un VTT constitue un excellent moyen d'explorer la plupart des sites aux alentours de Tafraoute.

Tazekka

La plus proche des gravures rupestres préhistoriques et la plus facile d'accès, la **gazelle gravée** se situe à 2km de Tafraoute, à la lisière du village de Tazekka. Cette sculpture simple orne le sommet d'un rocher effondré. Pour la trouver, suivez la route de Tazekka et renseignez-vous au village. Le rocher n'est pas loin du camping Tazka, sur la route 104 en direction de Tiznit, où vous pouvez aussi demander votre chemin.

HORS DES SENTIERS BATTUS

AFELLA-IGHIR

La charmante **oasis** d'Afella-Ighir s'étend au sud-est de Tafraoute. Quittez Tafraoute par la route d'Aguerd Oudad, tournez à gauche à quelques kilomètres au sud du village et parcourez environ 25 km en passant par un col et Tlata Tasrirte pour rejoindre l'entrée des spectaculaires **gorges d'Aït Mansour**. Vous pourrez voir les Rochers bleus de la route qui monte au col, une route souvent dans le brouillard et enneigée en hiver.

Par temps sec, il est possible de traverser les gorges en voiture classique, mais la marche ou le VTT permettent d'apprécier pleinement cette belle région, où des falaises rouges surplombent les palmiers. Dans le village d'Aït Mansour, à l'entrée des gorges et de l'oasis, l'**Auberge Aït Mansour** (☎0676 73 51 98 ; www.auberge-ait-mansour-hanane.blogspot.fr ; ch/demi-pension 80/170 Dh/pers) propose des matelas sur le sol et des toilettes à la turque. Le propriétaire, Abdou, peut vous guider jusqu'au vieux village non loin pour admirer l'oasis. Un peu plus loin, le gîte **Chez Messaoud** (☎0670 79 35 67, 0528 21 83 38 ; demi-pension 150 Dh/pers) est tout aussi sommaire, mais dispose de chasse d'eau dans les toilettes. Il sert du thé et vend de l'eau et des denrées de base. Le petit-déjeuner (40 Dh) et des repas (60 Dh) sont préparés sur demande préalable.

Restez sur la droite et suivez-la route à travers un chapelet de villages perchés au-dessus de l'oasis jusqu'au carrefour en T dans Gdourt, à 8 km. Tournez à droite vers Tiznit ou pour revenir en boucle vers Tafraoute. Si vous prenez à gauche, le prochain village est Souq el-Had Issi, une bourgade un peu triste où logent les travailleurs de la proche mine d'or. De là, la route mène au sud à Aït Herbil. Après 12 km, à **Ukas**, on trouve, mais seulement avec l'aide d'un guide, d'autres impressionnantes gravures rupestres.

Un embranchement à 1 km après Souk el-Had Issi mène au village de **Tiouadou**, à 5 km au nord-est. Là, l'**Auberge Sahnoun** (☎0667 09 53 76, 0528 21 83 65 ; maisonsahnoun@gmail.com ; ch demi-pension 150 Dh/pers), tenue par une famille, se tient à la lisière de la palmeraie. Les 3 chambres sommaires et confortables, avec matelas au sol, partagent une bonne sdb dotée d'eau chaude et le toit-terrasse. L'ancien propriétaire de l'auberge, Mohamed Sahnoun, était très impliqué dans les programmes de développement du village.

En 4x4, vous pouvez continuer de Tiouadou à travers les **gorges de Timguilcht** jusqu'à Tlata Tasrirte (environ 20 km). Au moment de la rédaction de ce guide, on ne pouvait effectuer ce circuit en voiture ordinaire, car la route se désintègre après Tanrarte. L'asphaltage étant en cours, cela devrait bientôt être possible.

Chaque jour, des minibus à destination de Tafraoute (25 Dh) desservent les villages. Ils partent de Tiouadou vers 5 h et reviennent vers 23h.

Tafraoute Aventure (p. 378) propose un circuit en 4x4 d'une journée qui comprend une marche à Aït Mansour et dans les gorges de Timguilcht, le site d'Ukas, et un déjeuner à Tiouadou (1 200 Dh le véhicule, avec chauffeur et essence).

♥ **Maison Berbère Traditionnelle** (☎0673 82 90 54 ; Maisonberbere30@yahoo.fr ; adulte 15 Dh ; ⏲8h-18h). Cette maison se trouve dans un vieux village quasi-inhabité perché sur une colline, où de gros rochers ont été incorporés dans les murs en pisé des maisons pluricentenaires. La gazelle gravée se visite en même temps que cette demeure de 4 étages, où habitait jadis la famille de Mahfoud, l'actuel propriétaire, bien informé. Il est possible de passer la nuit (petit-déjeuner/demi-pension 150/230 Dh/pers) et Mahfoud, guide de trek, propose des soirées musicales berbères et des cérémonies du thé.

Tirnmatmat

Pour trouver les **gravures rupestres** de Tirnmatmat, suivez la route 104 en direction de Tiznit, puis après 14 km, empruntez la route de Tahala vers Aït Omar au nord. Juste avant le village, une piste non signalée conduit à Tirnmatmat, où les gravures longent la rivière (les enfants du village vous y conduiront, ou engagez un guide à Tafraoute). Le village est situé dans un

Environs de Tafraoute

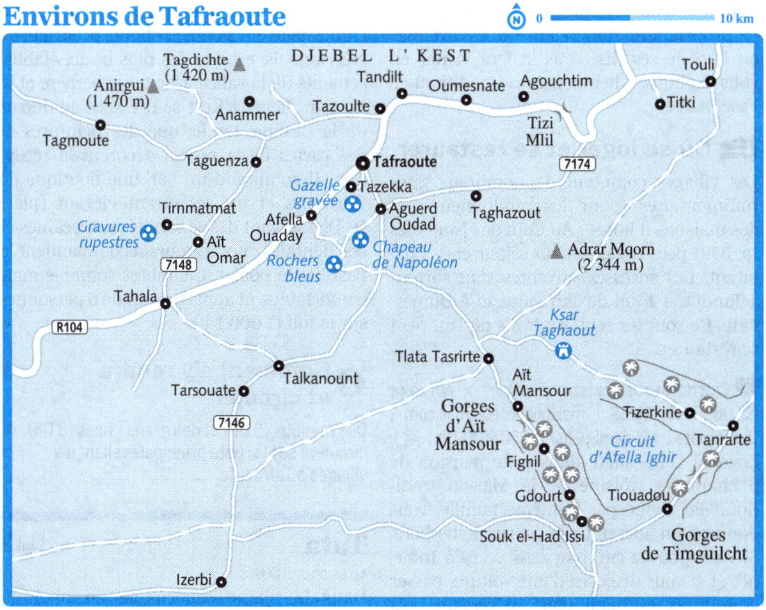

endroit charmant, avec de belles **promenades** dans toutes les directions.

Le chapeau de Napoléon et les Rochers bleus

Le village d'Aguerd-Oudad, à 3 km au sud de Tafraoute, constitue une agréable excursion à pied ou à vélo. Du rond-point proche de la station-service Afriquia à Tafraoute, prenez la route de Tiznit via Izerbi. En chemin, vous verrez la formation rocheuse caractéristique appelée le **chapeau de Napoléon**.

À 7 km au sud de Tafraoute, 500 m après la route vers l'oasis d'Afella-Ighir, une "piste touristique" grimpe sur la droite vers les **Rochers bleus**, œuvre de l'artiste belge Jean Verame.

Verame a peint à la bombe ces rochers arrondis en bleu, rouge, violet et noir en 1984. Si la peinture a pâli, l'ensemble reste étrange et impressionnant. Les villageois repeindraient ce site étonnant tous les ans.

Si la piste est praticable en voiture classique, l'itinéraire est idéal pour un VTT. Vous apercevrez les rochers au bout de 2 km, et continuerez à vélo ou en voiture de grimper tout droit pour les trouver à 5 km. La piste, après 9 km, arrive au village d'Afella Ouaday, qui est à 5 km de Tafraoute sur la route de Tiznit (R104).

Vallée des Ammeln et djebel L'Kest جبل لكست و اميلن وادي

Tafraoute se situe dans une cuvette entourée de falaises et de roches brunes. Au nord-ouest se dresse une crête escarpée dont l'autre versant descend vers la vallée des Ammeln et le **djebel L'Kest** (2 359 m), au nord. De Tafraoute, vous pourrez voir une formation rocheuse de ce massif qui ressemble à une tête de lion. Les villageois vous expliqueront en plaisantant qu'il surveille les femmes pendant que leurs maris travaillent.

De Tafraoute, la route d'Agadir (R104) mène à la vallée, ponctuée de pittoresques villages berbères. À 4 km de Tafraoute, elle bifurque ; la branche droite remonte la vallée vers l'est en direction d'Agadir.

♥ **Maison traditionnelle** MUSÉE
(☎0666 91 81 45 ; Oumesnate ; 10 Dh ; ⏲8h-crépuscule). À Oumesnate, à 6 km de Tafraoute, suivez les panneaux à travers le village, puis le sentier jusqu'à cette maison-musée sur le versant de la montagne. Cette demeure de trois niveaux en granit, palmiers et arganiers, vieille de 400 ans, était habitée par 20 membres d'une

famille – trois générations – jusqu'en 1982. Le propriétaire, Abdesslam, qui est aveugle, ou l'un de ses fils, vous la fera visiter en vous expliquant le mode de vie traditionnel. Fascinant !

Où se loger et se restaurer

Les villages comptent de nombreux gîtes rudimentaires (pour les randonneurs) et des maisons d'hôtes ; Au Coin des Nomades (p. 379) peut organiser un séjour chez l'habitant. Les adresses suivantes sont surtout à Tandilt, à 4 km de Tafraoute, et à Oumesnate. Ce sont les seuls endroits où l'on peut se restaurer.

Oumesnate Maison d'hôte PENSION €

(☎0666 91 77 68 ; maisondhote@gmail.com ; Oumesnate ; s/d demi-pension 250/400 Dh ; ❄). Loger à Oumesnate dans cette pension de 6 chambres, voisine de la Maison traditionnelle, tenue par la même famille, vous donnera un aperçu de la vie rurale berbère. Si vous pouvez survivre sans accès à Internet et si vous disposez d'une voiture, passer la nuit ici est bien plus intéressant qu'à Tafraoute. Les chambres comportent une sdb et les repas (70 Dh) sont préparés sur demande. Rachid, le fils d'Abdesslam, organise des treks, des circuits en 4x4 et à vélo.

Yamina PENSION €

(☎0670 52 38 83, 0528 21 66 21 ; www.yamina-tafraout.com ; Tandilt ; petit-déj/demi-pension 150/209 Dh ; ❄📶). En haut du village, une Berbère et son mari français ont créé une pension confortable dans une maison traditionnelle. Les chambres reliées par des terrasses, des cours et des allées en terre sous plafond bas, sont simples et joliment peintes de couleurs gaies entre leurs poutres apparentes.

L'Arganier d'Ammelne HÔTEL, CAMPING €

(☎0528 80 00 69 ; www.arganierammelne.com ; rte d'Agadir, Tandilt ; s/d/f demi-pension 250/360/750 Dh ; ❄📶). Cet hôtel possède de jolies chambres roses et jaunes en pisé qui donnent sur un jardin fleuri. Le restaurant en terrasse (plats/menu 40/75 Dh) sert des plats délicieux, dont des spécialités locales et un succulent tajine de bœuf aux abricots, amandes et pruneaux, que nous recommandons.

Chez Amaliya HÔTEL €€

(☎0528 80 00 65 ; www.chezamaliya.com ; Tazoulte ; s/d/tr avec petit-déj à partir de 330/500/750 Dh ; ❄📶🏊). Quelques centaines de mètres après la bifurcation pour Tandilt, Oumesnate et Agadir, cet hôtel, propriété de Néerlandais, est l'un des plus beaux établissements de la vallée. Une tente berbère et le lion du djebel L'Kest se dressent au-dessus de la piscine, tandis que des peintures et des cartes de la région décorent la réception. Il comprend un bar, une boutique de souvenirs et un restaurant élégant (plats 70 Dh) servant des spécialités marocaines et occidentales : nos lecteurs recommandent la pastilla de poulet. Chambres sombres mais confortables, et appartement de 6 personnes sur le toit (1 000 Dh).

Comment s'y rendre et circuler

Des minibus (5 Dh) et des grands taxis (8 Dh) circulent sur la route principale reliant les villages à Tafraoute.

Tata طاطا

40 000 HABITANTS

Dans la plaine saharienne au pied du djebel Bani, Tata était à l'origine une oasis sur la route marchande de l'Afrique de l'Ouest. Son nom tachelhit, qu'on peut traduire par “faites une pause”, rappelle le temps des caravanes dans le désert, tout comme les hommes enturbannés de leur chèche qui sirotent du thé à l'ombre. Proche de la frontière algérienne, la petite cité a aujourd'hui une ambiance de ville de garnison et abrite quatre corps de policiers et de militaires ; vous serez peut-être interrogé à l'entrée de la ville. Avec de bonnes infrastructures et une ambiance plus paisible que dans d'autres localités du Sahara, Tata devrait devenir une destination prisée des voyageurs.

La **palmeraie** mérite le détour. Vous pouvez en faire le tour en voiture (7 km) ou prendre un bus local (5 Dh). Au-dessus du village au bout de la palmeraie, un marabout (tombeau d'un saint) blanc coiffe une colline ; vous pouvez le voir de Tata.

Tata constitue une bonne base pour des excursions hors des sentiers battus, comme le camping dans le désert, l'oasis, la casbah et l'*agadir* d'Akka, et les gravures rupestres de Tiggane, d'Oum el-Alek et de Tircht, parmi les plus belles du Maroc. Le très sympathique guide berbère Isam, installé dans la **maison du Patrimoine** (☎0613 24 13 12 ; issam3599@hotmail.com ; av. Mohammed V), une boutique de souvenirs, facture environ

350 Dh par jour pour 1 ou 2 personnes (900 Dh avec 4x4 compris).

Sur l'avenue Mohammed V, on trouve une poste, un cybercafé, des banques dotées de DAB et de services de change, et la **Délégation régionale du tourisme** (☎0528 80 20 76 ; crt-guelmim.com/province-tata-en.html), rarement ouverte.

Où se loger et se restaurer

Des hôtels et des cafés sommaires sont réunis sur l'avenue Mohammed V près de la maison du Patrimoine. La pension ou demi-pension est la meilleure option si vous optez pour l'un des hôtels suivants.

Hôtel La Renaissance HÔTEL €
(☎0528 80 22 25 ; larenaissance1982@gmail.com ; av. des FAR ; s/d 150/210 Dh ;). Central, cet hôtel a vue sur la palmeraie. Ses chambres sont petites mais confortables et son salon et espace petit-déjeuner agréables. On ne lui reprochera que ses minuscules sdb et des personnages parfois un peu louches au bar.

Hôtel Les Relais des Sables HÔTEL €
(☎0528 80 23 01 ; av. des FAR ; s/d/tr à partir de 210/250/363 Dh ;). Prisé des groupes et des voyageurs au long cours, il offre une piscine, un bar, un restaurant et des jardins qui impressionnent plus que le service et les petites chambres avec sdb dans des bungalows étouffants.

Oasis Dar Ouanou MAISON D'HÔTES, CAMPING €
(Akka Izankad ; tente et douche à partir de Dh70 Dh, s/d/f avec petit-déj 300/350/600 Dh ;). Au bord de la N12, à 3 km au sud-ouest de Tata, ce bâtiment décrépit mais propre offre des chambres fraîches, une cour agrémentée de fontaines et de palmiers, et la vue sur l'oasis et la montagne depuis le toit-terrasse.

Camping municipal CAMPING €
(av. Mohammed V ; tente et douche à partir de 30 Dh). Au bord de l'oued asséché, il comprend un bloc sanitaire décent avec chasse d'eau dans les toilettes.

Maison d'hôte Hayat CAMPING, PENSION €€
(☎0668 37 52 27 ; assamedeta_tata@yahoo.fr ; Indfiane ; tente et douche à partir de 80 Dh, ch 200 Dh/pers). Cette maison d'hôtes était sur le point d'ouvrir lors de notre passage à Tata. Dans un cadre idyllique au bord de l'oued, à la sortie de Tata, des lanternes éclairent ses allées et elle offre une vue sur le vieux fort. Sur le domaine d'une ferme écologique gérée par l'association locale sur l'environnement, la culture et le tourisme, elle propose des emplacements de camping, des tentes nomades (200 Dh/pers), des chambres simples dans une maison traditionnelle et un restaurant en extérieur.

Dar Infiane MAISON D'HÔTES €€€
(☎0661 61 01 70, 0528 80 21 04 ; www.darinfiane.com ; Indfiane ; ch avec petit-déj 884-1 860 Dh, repas 200 Dh ;). La vieille casbah de Tata, perchée au-dessus de la palmeraie, a été transformée en maison d'hôtes au label Clef Verte. Autour d'une cour centrale semée de tapis s'organisent 10 chambres, dont les propriétaires français ont tenu à garder les caractéristiques originales, comme les poutres basses. Le *dar* (maison) a ses fans et ses détracteurs, les uns enchantés par la magie des soirées sur le toit-terrasse dans le silence du Sahara, les autres critiquant le service.

Depuis/vers Tata

BUS

La gare routière de Tata se situe dans le centre, près de la place de la Marche Verte, avant d'être bientôt réinstallée près de l'hôtel Les Relais des Sables. Ni CTM ni Supratours ne desservent Tata ; **Satas** (☎0672 31 18 43 ; pl. de la Marche Verte ; 8h30-12h30 et 14h-18h lun-sam) a des bus quotidiens pour :

Agadir 80 Dh, 8 heures
Goulimime 60 Dh, 5 heures
Marrakech 140 Dh, 10 heures
Taroudant 80 Dh, 5 heures
Tiznit 70 Dh, 6 heures 30
Zagora 120 Dh, 8 heures

TAXI

Les grands taxis au départ de la place de la Marche Verte desservent :

Agadir 140 Dh
Akka-Irhen Pour Taliouine ; 25 Dh
Bouizakarne Pour Tiznit ; 100 Dh
Goulimime 110 Dh
Igherm Pour Tafraoute ; 40 Dh
Ouarzazate 130 Dh
Taroudant 80 Dh

TREKKING DANS L'ANTI-ATLAS

Dernière chaîne de montagnes avant le Sahara, le massif aride rose et ocre de l'Anti-Atlas reste peu fréquenté par les randonneurs malgré de superbes itinéraires.

Taliouine constitue une bonne base pour le trek et Tafraoute est le centre de la région. Le massif quartzeux du **djebel L'Kest** (2 359 m), la "montagne d'améthyste", se situe à environ 10 km au nord de Tafraoute, et les sommets jumeaux de l'**Adrar Mqorn** (2 344 m) sont à 10 km au sud-est. Au pied de ces montagnes escarpées s'étendent de verdoyantes vallées irriguées et une série d'oasis.

À l'extrémité est de l'Anti-Atlas, près de Taliouine et pratiquement au sud du djebel Toubkal, le djebel Siroua (3 305 m) domine le paysage. Ce volcan spectaculaire est un excellent but pour divers treks de plusieurs jours.

Pour obtenir plus de conseils et trouver des guides, des mulets, du matériel, contactez les prestataires indiqués dans les rubriques Tafraoute (p. 378), Taliouine (p. 376) et Taroudant (p. 371).

Environs de Tafraoute

Le Maroc offre une telle quantité d'itinéraires de trek qu'il n'est pas surprenant qu'une région aussi bien dotée que Tafraoute ne soit pas encore totalement exploitée. Les marcheurs aventureux trouveront ici, comme ailleurs dans le Sud marocain, nombre de parcours exigeants et gratifiants. En raison de l'exode rural et du déclin de l'utilisation des mulets dans l'agriculture, de nombreux sentiers sont en partie abandonnés et la nature est donc ici particulièrement sauvage. Les randonneurs apercevront peut-être des gazelles de Cuvier, des sangliers et des moutons de Barbarie. La végétation endémique est aussi très riche.

Le secteur est plus difficile que le M'Goun et le plateau du Tichka, et les trekkeurs devront composer avec l'absence d'infrastructures et un climat pénible. Près du Sahara, les étés (juin jusqu'à mi-septembre) sont torrides et la neige tombe parfois en hiver sur les cols et les cimes ; mieux vaut attendre la fin de la saison. Fin février est la période idéale quand la température peut atteindre 20°C dans la journée ; elle peut aussi descendre en dessous de 0°C la nuit.

Hormis de rares échoppes, vous trouverez difficilement des provisions et vous devrez emporter suffisamment de nourriture et d'eau. Comme dans d'autres régions isolées, vous pourrez souvent loger chez l'habitant, mais préparez-vous à camper et à transporter eau et provisions.

Le mieux consiste à engager un guide et louer des mules. Vous pourrez trouver des guides de trekking (et des "faux guides") à Tafraoute. Comme toujours, demandez à voir la carte d'identité d'un guide avant d'entamer la discussion. En règle générale, les guides professionnels ne racolent pas les clients dans la rue. Bien que les mules soient rares aux alentours de Tafraoute, votre guide pourra sans doute vous en procurer.

Le djebel L'Kest et les abords de Tafraoute sont couverts par les cartes au 1/50 000 *Had Tahala* et *Tanalt*, et toute la région par les cartes au 1/100 000 *Annzi*, *Tafrawt*, *Foum al-Hisn* et *Taghjijt*. Vous devriez pouvoir trouver ces cartes Au Coin des Nomades (p. 379), dans les librairies spécialisées (p. 35), ou dans une bonne librairie des grandes villes.

Cette partie de l'Atlas reste peu développée pour le tourisme et les transports posent problème. Des camionnettes et minibus offrent un service fiable mais irrégulier vers certains villages et des grands taxis circulent les jours de souk ; les autres jours, vous devrez peut-être en louer un pour rejoindre le début du parcours.

Djebel L'Kest

Attraction phare de la région, cette crête massive de quartzite s'étire vers le nord-ouest de Tafraoute. Malgré la rudesse du terrain, les Berbères qui vivent dans des villages des environs parviennent à cultiver le blé, l'orge et font pousser des oliviers, des figuiers et des amandiers. Le village de Tagdichte est le point de départ de la journée d'ascension du djebel L'Kest (2 359 m). Il est accessible en minibus ou en taxi, et on peut y dormir chez l'habitant.

Vallée des Ammeln

Quelque 26 villages ponctuent la vallée des Ammeln, qui court le long du versant sud du djebel L'Kest, et constituent un superbe itinéraire. Si le circuit complet demande des semaines, une belle randonnée de 5 jours part d'Oumesnate, passe par plusieurs villages et grimpe à Tagdichte pour l'ascension du djebel L'Kest. Cette dernière peut aussi s'effectuer au cours d'un trek moins exigeant à travers la vallée en direction de l'est, par exemple de Tirnmatmat à Oumesnate, tous deux près de la route. Vous pouvez aussi choisir comme base pour vos treks la Maison d'Hôte à Oumesnate (p. 384).

LES BIJOUX BERBÈRES

Les bijoux berbères ne servent pas uniquement de parure : ils indiquent l'appartenance à un clan ou une tribu, symbolisent la richesse et reflètent les traditions culturelles. On leur attribue également le pouvoir de protéger du mauvais œil.

Une jeune fille reçoit des bijoux de sa mère jusqu'à son mariage. À cette occasion, son futur époux charge sa propre mère ou sa sœur de lui acheter des bijoux, constituant ainsi la dot qui sera enrichie tout au long de la vie de l'épouse. L'or étant réputé maléfique, ces bijoux sont toujours en argent.

Les colliers sont importants. Dans les oasis des vallées du Sud, les colliers traditionnels comprennent parfois des talismans en argent, du corail rouge, de l'amazonite, de l'ambre, du cristal de Bohême et des perles d'ébène d'Afrique de l'Ouest. Les femmes possèdent également des bracelets, des fibules (broches élaborées, souvent triangulaires, utilisées pour fermer un vêtement), des anneaux de chevilles, des boucles d'oreilles et des coiffes. Certains bijoux sont portés tous les jours, et les pièces les plus fines sont conservées pour les grandes occasions : fêtes, pèlerinages ou funérailles.

Les propriétés protectrices, médicinales et magiques attribuées aux bijoux revêtent une grande importance. Ainsi, les colliers renferment des talismans achetés à des magiciens ou à des religieux, censés protéger du mauvais œil, des maladies, des accidents et de la stérilité. L'argent est supposé guérir les rhumatismes. Le corail, symbole de fertilité, aurait des vertus curatives. L'ambre, emblème de richesse, préserve de la magie noire, serait aphrodisiaque et soignerait les rhumes. L'amazonite et la cornaline servent à prédire l'avenir. Enfin, les coquillages importés d'Afrique de l'Est symbolisent la fertilité.

Les talismans sont gravés de motifs stylisés représentant des animaux, le soleil, la lune et les étoiles, tous dotés de pouvoirs surnaturels. La main de Fatima, la fille du prophète Mahomet, est l'amulette la plus répandue pour se prémunir du mauvais œil. Toute représentation de la main (emblème de la créativité et de la supériorité du genre humain) ou du chiffre cinq est censée crever symboliquement le mauvais œil en prononçant la formule *khamsa fi ainek* (cinq dans ton œil).

Adrar Mqorn et environs

Le sud-est de Tafraoute offre également de beaux itinéraires, dont l'ascension de l'Adrar Mqorn (2 344 m), ardue mais splendide. Au sud de ses sommets jumeaux s'étendent les gorges constellées de palmiers d'**Aït Mansour** et de **Timguilcht**, qui forment l'oasis d'Afella-Ighir (p. 382).

Djebel Aklim

Le djebel Aklim (2 531 m) se dresse dans une région encore plus reculée que le djebel L'Kest et des villages berbères jalonnent les vallées qui l'entourent, gardées par d'anciennes casbahs. Du sommet, la vue s'étend jusqu'au Haut Atlas et au djebel Siroua. Le djebel Aklim constitue un excellent but pour une randonnée de 4 ou 5 jours à partir d'Igherm, plus ou moins à la même distance de Tafraoute (au sud-ouest), de Taroudant, de Taliouine et de Tata.

Djebel Siroua

Au sud du Haut Atlas, à la lisière est de l'Anti-Atlas, le pic volcanique isolé du djebel Siroua (3 305 m) offre d'exceptionnelles possibilités de trek. Les villages perdus, les gorges magnifiques et l'ascension difficile près du sommet séduiront les amateurs de solitude, de paysages austères et de treks sportifs.

Si l'ascension du djebel constitue l'objectif principal, la beauté des vallées verdoyantes, l'hospitalité berbère, les jeux de lumière sur la roche et la proximité du Sahara vous laisseront des souvenirs inoubliables. Vous pourrez ainsi apprécier pleinement le circuit sans grimper jusqu'au sommet du djebel, grâce aux paysages variés, dont les superbes cultures en terrasses bien entretenues, et les activités traditionnelles dans les villages.

Comme ailleurs, on peut aussi se procurer des mules, souvent du jour au lendemain, dans les villages de montagne.

Les cartes *Taliwine* (1/100 000) et *Sirwa* (1/50 000) couvrent l'itinéraire. Vous devriez les trouver Au Coin des Nomades (p. 379), dans les librairies spécialisées (p. 35), ou dans une bonne librairie des grandes villes.

Vous pourrez vous ravitailler dans les petits magasins de Taliouine et de Tazenart, ou sur le marché, une fois par semaine, à Taliouine, Aoulouz, Askaoun, Tazenakht et Igli.

Itinéraires

De Taliouine, un trek exigeant d'une semaine emprunte une piste qui remonte la **vallée de Zagmouzine** vers l'est jusqu'à **Tagmout**. L'itinéraire se dirige ensuite vers le nord-est et **Atougha**, d'où il vaut mieux prendre 2 jours pour atteindre le sommet du djebel Siroua, avec une nuit à **Tegragra**. Si vous marchez à un rythme régulier, vous effectuerez l'ascension le matin du quatrième jour.

Après la descente dans les gorges, vous passerez par l'extraordinaire village accroché à la falaise de **Tisgui**, où on peut dormir, et rejoindrez **Tagouyamt** le cinquième jour. Tagouyamt offre un approvisionnement limité et, si vous ne trouvez pas de chambre, vous pourrez camper dans la fabuleuse **gorge du Tislit**. Après Tislit, suivez la vallée jusqu'à Ihoukarn, puis dirigez-vous au sud jusqu'à la route Taliouine-Ouarzazate à Tizi n'Taghatine (prévoyez à Taliouine qu'on vienne vous chercher ici), ou continuez la marche vers l'ouest pour revenir à Taliouine.

Un itinéraire alternatif moins fréquenté part du village de Tamlakout, qui dispose d'un gîte classé, et passe par Aït Tigga, l'Assif Mdist et la base du djebel Siroua. Après l'ascension du djebel, il continue jusqu'à Aziouane, puis s'achève par la traversée des *azibs* Amassines. Si certains tronçons de ce trek sont épuisants, aucun ne nécessite plus de 6 heures de marche par jour.

Taliouine et Anezale (pour Tamlakout), tous deux sur la grand-route Agadir-Taroudant-Ouarzazate, sont desservis régulièrement par des bus et des grands taxis.

CÔTE ATLANTIQUE SUD

Tiznit تزنيت

53 600 HABITANTS

Au sud de la vallée du Sous, à l'extrémité ouest de l'Anti-Atlas, Tiznit est une ancienne médina fortifiée, entourée d'une ville moderne. La cité était à l'origine un ensemble de casbahs, encerclé par une muraille en pisé de quelque 5 km de long au XIXe siècle. Devenue rapidement un centre marchand, elle demeure une capitale provinciale, réputée pour les bijoux berbères. Paisible et authentique, avec sa médina aux ruelles poussiéreuses et ses habitants traditionalistes mais chaleureux, Tiznit constitue une étape pratique sur la route entre l'Anti-Atlas et la côte atlantique.

Histoire

En 1881, le sultan Moulay el-Hassan (règne 1873-1894) fonda Tiznit pour affirmer son autorité sur les tribus berbères rebelles du Sud et la fit entourer de remparts. Des orfèvres juifs s'installèrent dans la cité et lui donnèrent sa réputation pour le travail de l'argent.

Tiznit demeura cependant un foyer de sédition et fut le centre de la résistance au traité de 1912, qui transforma le Maroc en protectorat français et espagnol. El-Hiba, le "Sultan bleu" du Sahara occidental, prit la tête de ce mouvement.

Après la capitulation du sultan Moulay Hafid face aux Français lors du traité de Fès, El-Hiba se proclama sultan à Tiznit en 1912. À la tête d'une armée constituée de Touaregs et d'hommes de tribus de l'Anti-Atlas ralliés à sa cause, le "Sultan bleu" marcha vers le nord et fut accueilli en libérateur à Marrakech. Cependant, la majeure partie de son armée fut massacrée par les Français alors qu'elle se dirigeait vers Fès. El-Hiba battit en retraite jusqu'à Taroudant puis Tiznit, avant de s'installer dans l'Anti-Atlas, où il poursuivit sa campagne de résistance contre les Français jusqu'à sa mort, en 1919.

À voir et à faire

Dans cette ville tranquille, vous pourrez flâner dans la médina, notamment dans le souk des bijoutiers et la rue Imzilne, bordée de plusieurs boutiques de sandales. Si les Berbères sont d'excellents commerçants, n'hésitez pas à marchander fermement. Tiznit devient effervescente le jeudi, jour du marché.

Remparts SITE HISTORIQUE

Il est possible de grimper sur des tronçons des remparts, longs de 5 km et ponctués d'une trentaine de tours et de 9 portes.

Sur le côté nord de la médina, **Bab Targua** domine la palmeraie, où une source sert de lavoir aux femmes.

Grande Mosquée MOSQUÉE

Le minaret de la Grande Mosquée (fermée aux non-musulmans) est hérissé de perches en bois en saillie. Une légende locale affirme que les âmes des défunts s'y rassemblent. En fait, elles ont sans doute été laissées par les maçons pour faciliter les travaux. Un système similaire est utilisé sur les minarets au Mali et au Niger.

Source bleue SITE HISTORIQUE

La source d'origine n'est plus qu'une mare stagnante d'eau verdâtre plutôt que bleue. Selon la légende, une femme aux mœurs légères, Lalla Zninia, s'arrêta pour se reposer à cet endroit alors désert. Elle se repentit durant 3 jours, et Dieu, touché par sa ferveur, lui accorda son pardon en faisant jaillir une source à ses pieds. Son nom fut donné au village qui précéda la cité fortifiée du sultan Moulay el-Hassan.

Où se loger

Les hôtels sont regroupés autour du grand rond-point au sud-est de Bab Oulad Jarrar. La médina en compte aussi quelques-uns.

Bab el Maader PENSION €

(0673 90 73 14 ; www.bab-el-maader.com ; 132 rue El Haj Ali ; ch 330 Dh ; sept-juin). Cette maison traditionnelle de la médina est la meilleure adresse de Tiznit. Agrémentée d'une cour, elle compte 5 chambres joliment décorées d'objets et de tissus marocains. L'équipe franco-marocaine aux commandes peut vous renseigner sur la région et organiser des circuits.

Riad Le Lieu PENSION €

(0528 60 00 19 ; www.riadlelieu-tiznit.com ; 273 Impasse Issaoui ; ch/ste/app 220/290/320 Dh ;). Cet ancien tribunal abrite 5 doubles, des suites et un appartement (4 pers), ainsi que le restaurant éponyme. Une des suites dispose d'une douche, les autres suites et les chambres partagent une sdb. Malgré l'étroitesse des chambres, Le Lieu est un agréable refuge dans la médina, offrant un accueil chaleureux et des petits-déjeuners copieux (30 Dh).

Hôtel des Touristes HÔTEL €

(0528 86 20 18 ; http://hoteltouristetiznit.voila.net ; pl. al-Méchouar; s/d/tr/qua à partir de 50/90/120/140 Dh ;). L'accueillant hôtel d'Abdoul et Mohammed, au premier étage, est une option centrale pas chère, impeccable et fiable. Un salon calme et chaleureux, avec échange de livres, conduit aux chambres ; celles donnant sur la place disposent d'un petit balcon, mais toutes manquent de ventilateur. La chambre voisine des toilettes (à chasse d'eau) est particulièrement étouffante et bruyante.

Hôtel Tiznit HÔTEL €

(0528 86 24 11 ; tiznit-hotel@menara.ma ; av. Bir Anzarane ; s/d 247/310 Dh ;). Situé dans un coin verdoyant, disposant d'une grande piscine, le Tiznit n'est cependant pas extraordinaire et même un peu délabré, bien que confortable et accueillant. Chambres roses assez spacieuses avec TV et petite sdb.

Hôtel de Paris HÔTEL €

(0528 86 28 65 ; www.hoteldeparis.ma ; av. Hassan II ; s/d/tr 140/180/250 Dh ;). Cet établissement vous conviendra si vous arrivez en ville aussi fatigué que peut l'être le décor des chambres (avec sdb) et n'aspirez qu'au sommeil entre deux bus. Café-restaurant au rez-de-chaussée.

Camping municipal CAMPING €

(0528 60 13 54 ; Bab Oulad Jarrar ; camping 36 Dh/pers). Près des remparts.

Riad Janoub MAISON D'HÔTES €€

(0679 00 55 10 ; www.riadjanoub.com ; 193 rue de la Grande Mosquée ; ch avec petit-déj à partir de 748 Dh ;). Un couple de Français, Gilbert et Claudine, veille à votre bien-être dans ce riad moderne, où salons marocains et européens, salle de massage, hammam et toit-terrasse donnent tous sur la piscine et le jardin. Les 6 chambres confortables, dont une accessible aux handicapés, offrent un décor traditionnel dans des tons doux, avec tapis.

Où se restaurer et prendre un verre

Marché d'alimentation MARCHÉ

(av. du 20 Août ; 9h-16h lun-sam). Idéal pour préparer un pique-nique.

Supermarché Idou Tiznit SUPERMARCHÉ

(Bab Oulad Jarrar ; 9h-12h30 et 14h30-18h lun-sam). Derrière l'hôtel du même nom ; vend des produits locaux et importés.

La Ville Nouvelle CAFÉ, MAROCAIN €

(17 av. du 20 Août ; plats 35-55 Dh ; petit-déj et déj). Dans ce café populaire, sur plusieurs étages, des serveurs efficaces apportent salades, brochettes, tajines et kefta (boulettes de viande épicées).

Tiznit

Tiznit Essaada

RESTAURATION RAPIDE, POISSON €

(av. Lalla Abla ; plats 35-55 Dh ; petit-déj, déj et dîner). Sur cette portion de l'avenue, des snack-bars servent des brochettes et des poulets rôtis à la broche. Cherchez le Tiznit Essaada, qui sert aussi des *chawarma,* des paninis, des pizzas et des plats de poisson sur sa terrasse couverte.

Stands d'en-cas

RESTAURATION RAPIDE €

Le long de l'avenue Sidi Abderhman, l'artère principale qui traverse la médina.

♥ Riad Le Lieu

MAROCAIN €€

(0528 60 00 19 ; www.riadlelieu-tiznit.com ; 273 Impasse Issaoui ; plats 32-95 Dh ; petit-déj, déj et dîner ; wi-fi). Les délicieux plats du jour de la charmante Aïcha attirent aussi bien les habitants que les touristes. Cela peut être une salade de tomates et fromage de chèvre, de la pastilla ou un tajine de dromadaire, de bœuf ou de sardines, à déguster dans le cadre intime d'une cour verdoyante sous des lanternes. Seulement 4 tables ; réservez en haute saison.

Café Panoramique

CAFÉ

(av. Sidi Abderhman ; 8h30-18h). Le toit-terrasse du Panoramique offre la vue sur les remparts et la campagne environnante.

Achats

♥ Souk des bijoutiers

BIJOUX

Fort d'une longue tradition, le souk des bijoutiers présente des bijoux parmi les plus beaux du Sud marocain. L'endroit est agréable pour une promenade, avec les boutiques aux portes bleues et les vitrines remplies d'objets en argent. Certains bijoux sont réalisés sur place et d'autres achetés à des tribus sahariennes. Prenez le temps de comparer et de négocier les prix.

Trésor du Sud

BIJOUX

(www.tresordusud.com ; Bab el-Khemis, av. Sidi Abderhman ; 9h-17h lun-sam et sur rendez-vous).

Tiznit

À voir

1 Grande Mosquée C2
2 Source bleue C2

Où se loger

3 Bab el Maader D2
4 Camping municipal C4
5 Hôtel de Paris C4
6 Hôtel des Touristes B3
7 Hôtel Tiznit C4
8 Riad Janoub D2
9 Riad Le Lieu B2

Où se restaurer

10 Tiznit Essaada C4
11 Marché d'alimentation B3
12 Supermarché Idou Tiznit C4
13 La Ville nouvelle A3
Riad Le Lieu .... (voir 9)
14 Stands d'en-cas B2

Où prendre un verre

15 Café Panoramique B1

Achats

16 Ensemble artisanal A4
17 Souk des bijoutiers B3
18 Trésor du Sud B1

Renseignements

19 Banques B2
20 Banque Populaire B3
21 BMCE A4
22 BMCI A3
23 Tiznit Voyages B3

Les bijoutiers ont leurs boutiques sur l'avenue Sidi Abderhman, l'artère principale de la médina. Celle-ci, située tout en haut, n'est pas la moins chère, mais elle vend des articles de qualité, en argent massif poinçonné.

Ensemble artisanal BIJOUX
(av. du 20 Août ; 9h-12h30 et 14h30-17h lun-sam). Des artisans présentent leurs œuvres dans une ambiance détendue.

Renseignements

Des cybercafés entourent la place al-Méchouar. Les banques avec DAB et service de change se concentrent dans la ville nouvelle, mais il y en a aussi dans la médina.

Poste principale (av. du 20 Août ; 8h30-16h30 lun-ven). Dans la ville nouvelle.

Poste (av. Sidi Abderhman ; 8h30-16h30 lun-ven). Dans la médina.

Tiznit Voyages (0528 86 21 17 ; www.tiznitvoyages.com ; av. Hassan II ; 9h-12h30 et 14h-17h lun-sam). Cet agent de la RAM organise aussi des excursions et fournit des cartes de la région.

Depuis/vers Tiznit

BUS

Les bus partent de la nouvelle gare routière, près de la route de Tafraoute, après le site du marché du jeudi. La CTM possède un autre bureau plus près du centre sur la même route, et un sur la place al-Méchouar. Les bureaux des compagnies de bus bon marché sont regroupés sur l'avenue Lalla Abla, juste au nord-est du rond-point, près de Bab Oulad Jarrar. CTM dessert les destinations suivantes :

DESTINATION	TARIF	DURÉE
Agadir	40 Dh	2 heures
Dakhla	350 Dh	20 heures
Goulimime	40 Dh	2 heures 30
Laâyoune	190 Dh	9 heures
Tafraoute	40 Dh	2 heures 30
Tan-Tan	80 Dh	4 heures 30

TAXI

Sauf mention contraire, les taxis partent de la principale station de grands taxis, en face de la poste principale dans la partie ouest de la ville.

Agadir (32 Dh)

Aglou Plage (5 Dh). D'une station de l'avenue Hassan II.

Goulimime (37 Dh). D'une station juste au sud du rond-point près de Bab Oulad Jarrar, en face du garage Total sur la route de Goulimime.

Inezgane (27 Dh)

Mirleft (15 Dh)

Sidi Ifni (27 Dh)

Tafraoute (40 Dh)

Comment circuler

Les petits taxis rouges demandent 7 Dh pour un trajet (10 Dh après 19h30).

Aglou Plage اكلو بلاج

Cette longue plage, à 14 km au nord-ouest de Tiznit, offre de belles déferlantes mais un puissant courant sous-marin la rend dangereuse pour la baignade, surtout quand soufflent les vents de l'Atlantique.

Si les constructions se multiplient, la localité conserve un peu de charme, avec une agréable promenade surélevée, bordée de cafés.

Si vous êtes motorisé, la route de Tiznit à Mirleft via Aglou Plage longe une côte splendide.

À l'extrémité sud d'Aglou Plage, la pension franco-marocaine signalée sur la grande route, **Le Chant du Chameau** (☎0667 90 49 91 ; www.chantduchameau.com ; petit-déjeuner/demi-pension 275/385 Dh/pers), propose 5 chambres dans une maison ocre rouge, un restaurant sous une tente, et un jardin en terrasse où les figuiers de Barbarie poussent entre les rochers. Les propriétaires organisent des excursions dans la région et un stage de tadelakt (enduit à base de chaux) d'une semaine.

De Tiznit, des grands taxis desservent Aglou Plage (5 Dh), mais pas Mirleft.

Mirleft ميرلفت

6 500 HABITANTS

L'une des plus belles routes de la région file au sud d'Aglou Plage et offre une vue magnifique sur l'océan, des collines escarpées et quelques criques désertes. Vient ensuite Mirleft, où l'on se rend de plus en plus pratiquer le surf, et ses cafés attrayants sous les arcades de l'artère principale. Historiquement prisé des artistes, des musiciens et des voyageurs de retour du Sahara, ce petit endroit cosmopolite se développe à mesure que les amateurs de sports nautiques découvrent la région. Dotée d'excellents hébergements, Mirleft bénéficie d'un climat doux, d'un air pur et d'un cadre enchanteur. Le développement touristique naissant reste l'œuvre d'individus plutôt que de grandes compagnies.

À voir et à faire

Arpentez la rue principale qui ressemble à un décor de western. Sous les arcades rose et bleu, vous trouverez de l'art, de l'artisanat, des produits à base d'argan, des souvenirs, des tapis, des planches de surf, des raquettes pour le beach-tennis et deux petits marchés de légumes.

Si la bourgade négligée n'a guère d'attrait au premier abord, vous serez rapidement séduit par son animation sympathique. Après le café du matin, rejoignez l'une des plages : Imin Tourga, la plus vaste du village (appelée la grande plage), les plages des Poissons, du Camping ou du Coquillage, la plage Aftas, la plage Sauvage ou celle du Marabout ; cette dernière est la plus spectaculaire, avec la tombe d'un marabout et des rochers déchiquetés.

Les activités ne manquent pas. En plus de 6 écoles de surf, la plupart au bord de la route d'Imin Tourga, la plage est idéale pour la pêche et les hôtels et les guides organisent toutes sortes de sorties, allant des treks aux excursions dans le désert. Parmi les tour-opérateurs ci-après, beaucoup proposent des forfaits comprenant l'hébergement, la restauration, les transferts et la location de voitures.

♥ **Surf en Marruecos** SURF
(☎0615 99 04 70 ; www.surfenmarruecos.com). Cette école, dont le propriétaire est espagnol, a lancé le surf à Mirleft et contribué à son développement. Chaque année, en août, elle organise une compétition internationale de longboard.

Spot-M SURF
(☎0610 41 90 46 ; www.spot-m.com). Un spécialiste britannique du surf.

Paraglide Morocco PARAPENTE
(☎0676 31 86 55 ; www.paraglidemorocco.com). Tenue par des Anglais, cette société est spécialisée dans le parapente saisonnier et propose aussi des vols en tandem (550 Dh).

Le Nid d'Aigle PARAPENTE
(☎0671 66 85 05 ; www.nidaigle.com). Parapente.

Où se loger

Dans Mirleft, de nombreux appartements en location à court terme se louent à partir de 200 Dh la nuit ; renseignez-vous à l'entrée de la ville.

Hôtel Abertih HÔTEL €
(☎0528 71 93 04 ; www.abertih.com ; s/d avec petit-déj et sdb 200/300 Dh, sans sdb 150/200 Dh ; wifi). Semblant tout droit sorti d'un tableau cubiste, l'Abertih bleu et jaune est aussi coloré à l'intérieur. Des cours conduisent aux 11 chambres installées au-dessus d'un restaurant servant de l'alcool. L'hôtel, français, propose des formules demi-pension avec location de voiture, prisées des groupes de parapentistes.

Hôtel Atlas HÔTEL €
(☎0528 71 93 09 ; atlasmirleft@gmail.com ; s/d/lits jum avec petit-déj sans douche 120/240/240 Dh, s/d avec petit-déj et douche 200/300 Dh, repas à partir de 16 Dh ; wifi). Cet hôtel français possède

un magnifique toit-terrasse qui en fait le plus bel endroit pour faire la fête à Mirleft et une étape prisée sur le circuit du surf vers le sud. Les chambres aux volets bleus, desservies par une galerie ouverte, sont délicieusement rustiques. Balcon au 1er étage et restaurant au rez-de-chaussée.

Hôtel du Sud HÔTEL €
(0528 71 94 07 ; www.hotel-mirleft.fr ; s/d/qua 130/170/250 Dh ;). En haut d'un escalier rose, au-dessus du restaurant franco-berbère La Bonne Franquette, des chambres simples mais joliment décorées de couvre-lits colorés et d'anciennes cartes postales. Les sdb communes rudimentaires comportent des cabines de douche. Les jours de grosse chaleur, le patio turquoise et le toit-terrasse sont de frais refuges.

Sally's Bed & Breakfast PENSION €€
(0528 71 94 02 ; www.sallymirleft.com ; Les Amicales ; ch avec petit-déj 550-1 200 Dh ;). Aménagée par Sally, une Anglaise passionnée de chevaux, cette somptueuse villa est perchée sur une falaise au-dessus d'Imin Tourga, une grande plage propre, et offre une vue fantastique sur la côte. Retraite stylée et confortable, elle compte 6 chambres avec sdb et un salon décoré d'objets anciens.

Les 3 chameaux MAISON D'HÔTES €€€
(0528 71 91 87 ; www.3chameaux.com ; s/d/ste demi-pension 1 186/1 472/1 672 Dh ;). Perchée sur une colline, cette charmante pension installée dans un fort militaire rénové des années 1930 possède une vue fabuleuse sur la ville et la mer. Les suites, avec balcon et sdb dotée d'une fenêtre donnant sur la vallée à l'arrière, justifient la dépense supplémentaire. Les chambres, sans TV ou climatisation, sont moins attrayantes. Parmi les équipements, une piscine (chauffée en hiver), un hammam, un restaurant servant de l'alcool et une boutique. Le seul bruit est celui du ressac, en contrebas. La meilleure adresse de Mirleft.

Dar Najmat HÔTEL DE CHARME €€€
(0528 71 90 56 ; www.darnajmat.com ; s/d demi-pension 1 078/1 485 Dh, app 1705 Dh ;). Avec sa piscine à débordement donnant sur la plage du Marabout, le Dar Najmat jouit d'une des plus belles vues de la côte. À 2 km au sud de Mirleft, il compte 7 chambres et 2 appartements de 2 chambres au décor soigneusement pensé : les matériaux locaux complètent l'allure contemporaine et l'harmonie ambiante.

Où se restaurer

Outre les excellents restaurants des hôtels précités, les cafés de l'artère principale servent du poisson pêché sur place.

Restaurant Tigmi MAROCAIN €
(0670 70 60 43 ; repas 60 Dh ; déj et dîner). Recommandé par des lecteurs, ce restaurant accueillant, tenu par une famille, se situe près de l'Hôtel Abertih et possède une petite terrasse. L'entrecôte de dromadaire et le tajine de poulpe font partie des plats proposés.

Restaurant Ayour BERBÈRE €
(0528 71 91 71 ; repas 65 Dh ; déj et dîner). Voisin de l'Hôtel du Sud, le confortable Ayour est l'un des meilleurs restaurants indépendants de Mirleft. Un peu cher, mais son menu est varié avec tajines, spaghettis et poissons.

Depuis/vers Mirleft

Des grands taxis rallient Sidi Ifni (13 Dh) et Tiznit (15 Dh). Le bus quotidien de Trans Kam (p. 397), entre Ifni et Marrakech, s'arrête ici.

Sidi Ifni سيدي إفني

40 000 HABITANTS

Rendue au Maroc en 1969 seulement, Sidi Ifni conserve une touche hispanique. Dans les rues pentues, les édifices Art déco qui se délitent témoignent des ambitions coloniales. Au cœur de l'ancien Sahara espagnol, Sidi Ifni fut jadis une base du commerce d'esclaves et plus tard un grand centre d'exportation de poisson vers l'Espagne. Lorsque le soleil se couche sur l'esplanade et les *calles* (rues) délabrées, et que le brouillard de l'Atlantique efface les contours, Ifni ressemble à un avant-poste surnaturel.

Les habitants ont peint la ville en bleu et blanc, les couleurs de leurs turbans et djellabas. Ils soutiennent les équipes de foot espagnoles, font la sieste et saluent plus fréquemment les voyageurs d'un *hola* que d'un bonjour. Dans les cafés, vous entendrez peut-être Bob Dylan et engagerez une conversation philosophique avec des clients expatriés et locaux bien plus détendus qu'ailleurs.

Histoire

L'Espagne acquit l'enclave de Sidi Ifni après avoir vaincu les forces marocaines lors de la guerre de 1859. Après avoir baptisé sa nouvelle possession Santa Cruz del Mar Pequenã, elle sembla ne savoir qu'en faire et n'en prit pleinement possession qu'en 1934. Les constructions de Sidi Ifni datent en majeure partie des années 1930 et offrent un mélange éclectique de styles Art déco et marocain traditionnel.

Lors de l'indépendance du Maroc en 1956, l'Espagne refusa de restituer la ville sous le prétexte que 60% de la population était espagnole. Ce litige territorial provoqua la guerre d'Ifni et le siège de la ville. Il s'acheva en 1969, quand les Nations unies parvinrent à obtenir de l'Espagne qu'elle rende l'enclave au Maroc. Santa Cruz fut renommée Sidi Ifni, du nom d'un saint inhumé dans la ville au début des années 1900. Ifni célèbre toujours son "Indépendance" (30 juin) avec des festivités sur l'aérodrome abandonné.

L'ambiance est très détendue à Ifni, mais de temps à autre des affrontements opposent la police et les habitants, provoqués par un chômage élevé et la marginalisation d'une ville à l'esprit indépendant.

À voir et à faire

Sidi Ifni espagnole BÂTIMENTS HISTORIQUES

Le charme de Sidi Ifni tient à son atmosphère unique, qui a incité de nombreux étrangers à s'y installer. Le petit quartier espagnol est l'endroit le plus séduisant ; il s'organise autour de la place Hassan II (souvent appelée Plaza de España), le centre colonial. La vaste place, agrémentée d'un petit parc au milieu, est entourée de bâtiments administratifs : le **tribunal** (jadis une église), le **palais royal**, l'**ancien consulat espagnol** et l'**hôtel de ville**, pour la plupart de style Art déco.

Parmi les vestiges de l'époque coloniale figurent aussi l'**Hôtel Bellevue**, également sur la place Hassan II, un **phare** proche, et la **maison de style paquebot**, l'ancienne amirauté espagnole, perchée sur la falaise. D'autres édifices Art déco bordent les rues à l'est de la place Hassan II, dont le night-club abandonné **Twist Club** (près av. Hassan II) et le cinéma **Cine Avenida** (av. Hassan II). La poste conserve une **boîte aux lettres** (av. Mohammed V) avec les indications "Correos – Avion/ Ordinario" (courrier – par avion/ordinaire).

Plage PLAGE

La plage, vaste et rarement bondée, n'est pas toujours propre. Le port se situe à son extrémité sud ; l'économie d'Ifni repose sur la pêche à petite échelle et l'essentiel des prises est vendu à Agadir. La construction proche de la côte est le vestige de l'ancien convoyeur qui transportait les marchandises entre les cargos et le port espagnol.

Surf SPORTS NAUTIQUES

Ifni compte d'excellents spots de surf. Ahmed, qui enseigne à l'école **Dik Surf School** (☎0671 62 12 26 ; www.diksurfschool.wordpress.com ; location planche/combinaison 120 Dh/jour, cours 2 heures avec équipement 125 Dh), est une mine d'informations sur les breaks locaux. Autre bonne adresse pour se renseigner, la boutique **Sahara Surf Shop** (☎0528 87 53 50 ; suerteloca36@yahoo.com ; Plaza de la Marina ; location planche/combinaison 150 Dh/jour, cours 2 heures avec équipement 180 Dh) qui propose la location de planches et de motos, des cours et des forfaits avec hébergement et petit-déjeuner à l'Hôtel Suerte Loca auquel elle est affiliée. **Ifni Surf** (☎0662 53 37 17 ; www.ifnisurf.com ; av. Moulay Youssef ; location planche/combinaison 150 Dh/jour, cours 2 heures avec équipement 200 Dh, location kayak/combinaison 60 Dh/heure) fournit planches, kayaks et enseignement sur la plage de Legzira, et propose l'hébergement à Ifini ou à Legzira.

Où se loger

Comme la ville, nombre des hôtels ont connu des jours meilleurs.

Hôtel Bellevue HÔTEL €

(☎0528 87 52 72 ; pl. Hassan II ; s/d avec sdb 170/200 Dh, s/d/tr sans sdb 105/130/150 Dh). Le charme Art-déco du Bellevue, jadis meilleur hôtel d'Ifni, sur la place principale, se limite à l'extérieur. Seuls quelques abat-jour stylisés et des vitraux ornent l'intérieur. Il reste néanmoins un choix correct pour les petits budgets, offrant une splendide vue sur la côte depuis son bar-restaurant et les balcons des chambres. Préférez une chambre avec sdb à l'étage ; celles du rez-de-chaussée sont plus sombres et la douche à partager sur le toit-terrasse est rudimentaire.

Hôtel Suerte Loca HÔTEL €

(☎0528 87 53 50 ; suerteloca36@yahoo.com ; av. Moulay Youssef ; s/d sans douche 80/125 Dh, avec douche 150/200 Dh). Bien située à côté de la maison de style paquebot, cette auberge bleu et blanc séduit les surfeurs et les baroudeurs. Le toit-terrasse donne sur la plage, et le restaurant est très prisé pour son baby-foot et son billard, moins pour ses prix. Une rénovation serait la bienvenue, mais les chambres, simples, sont pourvues d'un balcon.

Sidi Ifni

Sidi Ifni

À voir

1 Plage B1
2 Cine Avenida B3
3 Ancien consulat espagnol B2
4 Tribunal (ancienne église) B2
5 Boîte aux lettres C4
6 Phare A3
7 Palais royal A3
8 Maison de style paquebot C1
9 Hôtel de ville B3
10 Twist Club B3

Activités

11 Ifni Surf C1
12 Sahara Surf Shop C1

Où se loger

13 Camping Sidi Ifni C1
14 Hôtel Bellevue A2
15 Hôtel Ère Nouvelle C4
16 Hôtel Suerte Loca C1
17 Xanadu C2

Où se restaurer

18 Café-Restaurant Azta C2
19 Café-Restaurant Mar Pequeña B2
20 Chez Sofia C1
21 Eddib B3
22 Marché aux fruits et légumes D3
23 Gran Canaria C4
24 Marché municipal C4

Où prendre un verre

Hôtel Bellevue ..... (voir 14)

Renseignements

25 Banque Attijariwafa C3
26 Banque Populaire C4
27 BMCE C3
28 Hassan Cyber D3

Hôtel Ère Nouvelle HÔTEL €
(☎0528 87 52 98 ; 5 av. Sidi Mohammed ben Abdallah ; s/d 35/70 Dh). Au-dessus d'un restaurant, cet hôtel central et bon marché offre des chambres spartiates, avec des lits étroits, et des sdb communes comprenant des douches/toilettes à la turque. L'adresse est cependant accueillante et sûre, et le petit-déjeuner, avec pain, miel et beurre, délicieux.

Camping Sidi Ifni CAMPING €
(☎0528 87 67 34 ; près av. Al Hourria ; tente/caravane/ch 35/75/85 Dh). À côté de la piscine en plein air, à l'extrémité nord de la plage.

♥ **Xanadu** MAISON D'HÔTES €€
(☎0528 87 67 18 ; www.maisonxanadu.com ; 5 rue el Jadida ; s/d avec petit-déj 360/550 Dh ; @). Cette maison restaurée se cache dans une ruelle, près de l'avenue Mohammed V. Couleurs douces et élégance caractérisent les 5 chambres, qui offrent une interprétation contemporaine de l'esthétique d'Ifni. Le petit-déjeuner servi sur le toit est un régal et le salon garni de livres est idéal pour passer la soirée. Patrick, le charmant propriétaire français, propose des randonnées guidées et des excursions en 4x4.

Où se restaurer

Un marché couvert aux fruits et légumes se tient près de Zankat Marrakech. Le dimanche, un souk s'installe à 1 km de la ville, sur la route du port.

♥ **Café-Restaurant Mar Pequeña** POISSON, MAROCAIN €
(☎0655 58 04 32 ; 20 bd Al Mouahidine ; menu 50-100 Dh ; déj et dîner). Fréquenté par une clientèle plus mixte que les cafés voisins, ce restaurant d'un bon rapport qualité/prix se tient au sommet de l'escalier du front de mer. Tenu par l'aimable famille Tanani, il offre un cadre intime, parfait pour regarder passer les gens. Sa carte décline tajines, couscous, pastilla, grillades, légumes variés et beau choix de poissons. Nous recommandons le généreux tajine de poisson. Lors de notre visite, les Tanani installaient non loin un café qui servira poissons et grillades, **Chez Sofia** (calle de Teniente Carlier ; déj et dîner).

Marché municipal POISSON, PROVISIONS €
(angle av. Mohammed V et av. Hassan II). Outre le marché aux poissons et le marché aux fruits et légumes qui se tiennent ici, et les cafés alentour, vous trouverez des barbecues installés dans la cour où les cuisiniers attisent le feu tout en appelant les passants. Dans cette atmosphère conviviale, régalez-vous de produits de la mer grillés – sardines (15 Dh), autres poissons (40 Dh) et crevettes – servis avec une salade et du pain.

Eddib PIZZERIA €
(av. Hassan II ; pizza 30-50 Dh ; déj et dîner). Une petite carte de pizzas, garnies par exemple de thon, de viande hachée, d'olives et d'œufs. La terrasse couverte offre la vue sur les bâtiments Art déco. Vente à emporter également.

Gran Canaria INTERNATIONAL, POISSON €
(av. Mohammed V ; plats 40-70 Dh ; déj et dîner). Tables sur le trottoir et toit-terrasse donnant sur l'artère principale pour des tajines et des pastillas de poisson, des pizzas et de la paella.

Café-Restaurant Azta POISSON, MAROCAIN €€
(☎0528 78 07 67 ; av. Al Houria ; menu 100 Dh ; petit-déj, déj et dîner ;). Les nouveaux propriétaires, Aziz et Tarik, ont rebaptisé et relancé en 2013 ce restaurant-jardin. Au menu, du poisson frais grillé, des crêpes à l'agneau ou au poulet, des tajines d'agneau aux pruneaux et abricots, ainsi que des plats occidentaux. Le samedi, soirée musicale avec buffet. Également cours de cuisine marocaine (minimum 6 pers).

Où prendre un verre et sortir

Les cafés sont alignés sur l'avenue Hassan II, offrant la vue sur la place Hassan II et le terrain d'aviation.

Hôtel Bellevue BAR
(pl. Hassan II). Avec sa terrasse donnant sur la plage, le bar de l'Hôtel Bellevue est un endroit plaisant pour un verre.

Renseignements

Parmi les bons sites Internet, citons www.ifniville.com et www.visit-sidiifni.blogspot.com. Dans l'avenue Mohammed V, on trouve des pharmacies, et des banques avec service de change et DAB.

Hassan Cyber (av. Hassan I ; 4 Dh/h ; 10h-14h et 17h-24h sam-jeu, 17h-24h ven). Accès Internet.

Depuis/vers Sidi Ifni

BUS

CTM (☎0661 80 18 98 ; majid.ifni@hotmail.com ; av. Hassan II). Départs quotidiens pour (entre autres) Casablanca (260 Dh, 12 heures), Marrakech (160 Dh, 7 heures 30), Agadir (70 Dh, 4 heures), et Laâyoune (165 Dh, 8 heures).

Trans Kam (☎0601 07 33 10 ; av. Mohammed V). Bus quotidien depuis/vers Marrakech à 5h/13h (8 heures, 110 Dh).

TAXI

La station des grands taxis est située dans la partie est de la ville. Ils desservent Goulimime (20 Dh), Legzira Plage (13 Dh), Mirleft (13 Dh), Tiznit (27 Dh) et Agadir (60 Dh).

Environs de Sidi Ifni

Les hôtels vous indiqueront de nombreuses randonnées aux alentours de Sidi Ifni.

Plage de Legzira

À 10 km au nord d'Ifni, El Gzira, habituellement appelée plage de Legzira, est une superbe baie protégée, couverte de sable et agrémentée de deux **arches en pierre** plongeant dans la mer. Accessible de la route 104, elle se rejoint plus facilement en marchant le long des plages et des falaises. Les infrastructures touristiques se développent peu à peu le long de la route d'accès depuis la route 104, mais la plage reste préservée, toujours sauvage.

Au bout de la route d'accès, une poignée d'hôtels et d'auberges regardent la plage. Le **Beach Club** (☎0670 52 28 00 ; www.legzirabeachclub.com ; s/d à, partir de 175/275 Dh) possède les meilleures chambres, certaines avec balcons communs face à la mer.

Le **Sable d'Or** (☎0661 30 24 95 ; eddibmohamed2@yahoo.se ; ch 150-300 Dh) propose des petites chambres confortables, donnant sur des terrasses qui font face à l'océan. Ses espaces communs étaient en rénovation lors de notre visite.

Les hôtels offrent la demi-pension (environ 250 Dh/pers) et vous pouvez déjeuner d'un poisson grillé (60 Dh) dans les trois cafés de plage voisins.

Les grands taxis s'arrêtent à la route d'accès sur la route 104 entre Sidi Ifni (10 Dh) et Mirleft (15 Dh).

Sidi Ouarsik

Ce village de pêcheurs, à 18 km au sud de Sidi Ifni, possède une belle plage. La surplombant sur une colline dénudée, l'**Auberge Figue de Barbarie** (☎0672 69 08 13 ; www.aubergefiguedebarbarie.com ; s/d 150/200 Dh), du nom des fruits qui poussent alentour, occupe une ferme superbement restaurée, avec des lézards verts peints sur les murs. Les 4 chambres traditionnelles, simples et attrayantes, s'agrémentent d'un petit salon et partagent des sdb communes. Des vents violents provoquent parfois des coupures d'électricité, ce qui n'empêche pas de profiter de la campagne. Pour la demi-pension/pension complète, comptez un supplément de 100/150 Dh par personne. Les propriétaires, qui peuvent organiser des activités (pêche, balades à moto, excursions à la journée), proposent aussi une maison restaurée en pisé à Ifni (1500/3 000 Dh semaine/mois).

Mesti

Ce village berbère se situe à 25 km au sud-est de Sidi Ifni sur la route de Goulimime. À l'embranchement vers Mesti, d'où part aussi la petite route pour Tiznit, la boutique de la coopérative **Miel Afoulki** (☎0661 47 24 33) propose des dégustations et vend d'excellents miels aux saveurs locales, dont l'orange et l'euphorbe. Dans le village, la **coopérative Tafyoucht** (☎0528 21 84 16), gérée par des femmes, produit de l'huile d'argan et des cosmétiques à base d'argan (35-250 Dh), que l'on peut tester dans la boutique.

Goulimime كلميم

96 000 HABITANTS

Jadis la "porte du Sahara", Goulimime (appelée aussi Goulimine ou Guelmim) se développa en tant que ville frontière où les fermiers du Sous commerçaient avec les nomades du Sud. Si vous venez du Nord, Goulimime vous semblera toujours une ville frontière avec sa population majoritairement sahraouie.

La principale raison de s'arrêter ici est le souk du samedi matin, qui comprend un marché de dromadaires. Il se tient à quelques kilomètres de la ville, sur la route de Tan-Tan. Un *moussem* (fête) et une foire aux dromadaires d'une semaine ont lieu fin juillet.

Où se loger

Les hôtels, principalement sommaires et peu plaisants pour les femmes, n'incitent guère à passer la nuit à Goulimime. Si vous disposez d'un moyen de transport, vous trouverez des hébergements plus agréables en dehors de la ville.

Hôtel Ijdiguen HÔTEL €
(☎0528 77 14 53 ; bd Ibnou Battouta ; s/d 75/150 Dh). En face de la station des grands taxis, cet hôtel sympathique et bien tenu comporte des couloirs carrelés, des chambres correctes et des douches communes.

Hôtel Hamza HÔTEL €€
(☎0528 87 39 75 ; hotelhamza.webs.com ; près rte d'Agadir ; s/d/tr/ste 360/460/520/900 Dh ; ❄@📶). Derrière l'office du tourisme, ce paisible et accueillant caravansérail possède de vastes couloirs qui mènent à des chambres fraîches et spacieuses avec sdb de qualité variable.

Hôtel Adil Moussafir HÔTEL €€
(☎0528772930 ; www.hoteladilmoussafir.com ; près rte d'Agadir ; s/d/tr/ste 480/550/700/1 000 Dh ; 📶). Meilleure adresse de la ville, l'Adil Moussafir propose un restaurant (plats 70 Dh) et des chambres spacieuses et confortables avec des sdb fatiguées.

Où se restaurer

Les alentours de la gare routière et le nord de la poste sont de bons endroits pour trouver cafés et restaurants.

La Plage Blanche MAROCAIN €
(Ziz garage, rte d'Agadir ; repas 60 Dh ; ⏲petit-déj, déj et dîner). Proche de la place Bir Anzarane, ce snack-bar à l'occidentale sert un peu de tout : pizzas, burgers, spaghettis, tajines, crevettes *pil-pil*. Le vendredi, joignez-vous aux habitants pour déguster le couscous, tandis que la prière se déroule à l'extérieur de la mosquée, juste en face.

Renseignements

La poste, des banques et des cybercafés sont installés à proximité de la place Bir Anzarane, le centre de la ville.

Office du tourisme (☎0528 87 29 11 ; www.portailsudmaroc.com ; 3 Résidence Sahara, rte d'Agadir ; ⏲8h30-16h30 lun-ven). Suivez les panneaux pour l'Hôtel Hamza et tournez immédiatement à gauche.

Depuis/vers Goulimime

AVION

RAM (www.royalairmaroc.com) assure 3 à 5 vols par semaine selon les périodes entre les aéroports de Goulimime et de Casablanca (600 Dh). **Canary Fly** (www.canaryfly.es) vole une fois par semaine depuis/vers Gran Canaria (130 €) aux îles Canaries (Espagne). Basée à Laâyoune, l'agence de voyages El Sahariano (voir p. 404) vend les billets des deux compagnies.

BUS

La gare routière se trouve à 10 minutes de marche au nord de la place Bir Anzarane.

La **CTM** (bd Ibnou Battouta) et Supratours proposent au moins un départ quotidien vers les localités suivantes :

DESTINATION	TARIF	DURÉE
Agadir	85 Dh	5 heures
Casablanca	280 Dh	12 heures
Dakhla	315 Dh	16 heures
Laâyoune	155 Dh	7 heures 30
Marrakech	180 Dh	7 heures 30
Rabat	305 Dh	13 heures 30
Tan-Tan	40 Dh	2 heures
Tiznit	40 Dh	2 heures 45

Satas (☎0528 87 22 13 ; gare routière) offre des bus quotidiens moins chers.

DESTINATION	TARIF
Agadir	50 Dh
Inezgane	40 Dh
Laâyoune	130 Dh
Tan-Tan	30 Dh
Tiznit	30 Dh

TAXI

Derrière la gare routière, des grands taxis rallient Inezgane (70 Dh), Laâyoune (200 Dh), Sidi Ifni (25 Dh), Tan-Tan (50 Dh) et Tiznit (35 Dh).

Tan-Tan et Tan-Tan Plage طانطان

50 000 HABITANTS

Au sud de Goulimime, de l'autre côté de l'oued Drâa asséché, vous entrez dans la fournaise du Sahara. La nationale qui file sur 130 km jusqu'à Tan-Tan traverse la hamada, un désert de pierre inhospitalier.

Si la sécurité ne vous arrêtait pas en chemin, vous pourriez filer le long de la N1 (qui devient l'avenue Hassan II dans Tan-Tan) sans réaliser que vous êtes au milieu de la ville, qui s'étend au sud de la nationale. Les nomades sédentarisés forment ici la majorité de la population et beaucoup portent des robes bleues. La proximité du Sahara occidental disputé explique la forte présence militaire et policière.

HORS DES SENTIERS BATTUS

ENVIRONS DE GOULIMIME

De Goulimime, l'**oasis de Tighmert** est une destination qui permet une belle balade en voiture avec l'Anti-Atlas comme toile de fond. Ce circuit qui fait découvrir la palmeraie s'effectue en une heure ou deux par la route d'Asrir, et vous fait revenir en ville par la route Goulimime-Assa.

Cette oasis compte quelques pensions sommaires, situées pour la plupart à 20 km au sud-est de Goulimime, près de la route d'Asrir. La **maison d'hôtes Nomades** (☎0667 90 96 42 ; www.darnomade.com ; près rte d'Asrir ; d/tr à partir de 200/250 Dh, petit-déj/dîner/pique-nique 30/80/50 Dh), tenue par une famille, se trouve au cœur de l'oasis (la route comporte quelques virages très serrés). Ses murs en pisé sont décorés de tapis et d'outils agricoles et les chambres, simples, disposent d'une sdb ou en partagent une. On peut aussi loger dans une tente berbère (60 Dh/pers). Au dîner, vous aurez sans doute un tajine de dromadaire. Les propriétaires organisent des promenades à dos de dromadaire et d'autres activités, mais l'on peut très bien rester à paresser sur le toit-terrasse en admirant la vue.

Pour un grand taxi pour Tighmert depuis Goulimime (10 Dh), prenez d'abord un petit taxi (journée/nuit 5/9 Dh) jusqu'à la station des grands taxis près du marché central, à 800 m au sud de la place Bir Anzarane, au départ de la route pour Assa et Asrir.

Accessible par la N12 entre Goulimime et Tata (ou par de petites routes depuis l'Anti-Atlas), le village oasis d'**Id-Âïssa**, appelé aussi Amtoudi (du nom de la gorge qu'il occupe), offre des sentiers de randonnée vers deux *agadirs* (greniers fortifiés), une cascade et des peintures dans une grotte. L'un des *agadirs* est particulièrement impressionnant, accroché au-dessus du village à un éperon rocheux. Au pied des falaises vertigineuses qui forment la gorge, la pension **On dirait le Sud** (☎0528 21 85 69 ; ondiraitlesud@yahoo.fr ; s/d/tr avec sdb à partir de 255/260/315 Dh, sans sdb 155/160/215 Dh, dort 55 Dh/pers, petit-déj 35 Dh, dîner 80-100 Dh), tenue par des Français, possède 4 chambres simples blanchies à la chaux et ornées de tapis. Tournée vers le trekking, elle offre des informations et des cartes dans le salon, et organise des treks guidés de 2 à 16 jours dans l'Anti-Atlas. Durant la deuxième moitié de septembre, une fête et une fantasia se déroulent dans le village proche d'**Aït Herbil**, célèbre pour ses gravures rupestres.

Id-Âïssa est à 30 km de la N12, signalé aux environs du village de Taghjicht. Si vous prenez un grand taxi depuis Goulimime, vous devrez sans doute changer à Bouizakarne et à Souk Tnine-Nouadai. Un taxi partagé/privé depuis Bouizakarne revient à environ 35/210 Dh. De Tata, prenez un taxi vers Goulimime ou Bouizakarne et descendez à Taghjicht, d'où un taxi privé coûte 120 Dh.

De l'autre côté de Goulimime, le complexe touristique français **Fort Bou-Jerif** (☎0528 87 30 39 ; www.fortboujerif.com ; camping à partir de 70 Dh, demi-pension s 490-600 Dh, d 800-1 000 Dh, demi-pension khaïma 320 Dh/pers ; 🍽) offre un avant-goût du désert à 40 km au nord-ouest de Goulimime, via les routes de Sidi Ifni et de la Plage Blanche (il est bien indiqué), puis une mauvaise piste – praticable en voiture classique mais lentement – pour les 9 derniers kilomètres. Édifié près des ruines d'un fort français de la Légion étrangère, il propose divers types d'hébergement, des chambres d'hôtel et de motel aux *khaïma* (tentes de nomades) et au camping. Le tajine de dromadaire est la spécialité du bar-restaurant (menu 180 Dh). Pierre, le propriétaire, organise diverses activités, dont des excursions en 4x4 à la Plage Blanche, une plage préservée et peu fréquentée à 40 km au sud-ouest de Bou-Jerif.

Repérez le panneau Stop au milieu du rond-point à l'ouest de la ville et marquez l'arrêt ; les policiers du poste suivant n'hésitent pas à délivrer une contravention ou à empocher un "petit cadeau" pour oublier l'infraction.

Fondée dans les années 1940 durant le protectorat espagnol, Tan-Tan devint célèbre en 1975 comme point de départ de la Marche verte (p. 428). Dans cette ville délabrée, les habitants sont rudes mais toutefois amicaux. Le dimanche, le marché se tient à 1,5 km au sud de la ville. Un **moussem** (www.moussemdetantan.org/en) – fête religieuse –protégé par l'Unesco, se tient en septembre et s'accompagne de courses de dromadaires et de musique.

Tan-Tan Plage (ou Al-Ouatia), à 25 km à l'ouest de Tan-Tan, est une station balnéaire abandonnée au bord d'une longue plage battue par les vents. La ville ne s'éveille que durant les vacances estivales marocaines, mais mieux vaut cependant loger ici qu'à Tan-Tan.

Où se loger et se restaurer

Tan-Tan

Des restaurants bon marché bordent les avenues Hassan II et Mohammed V et les environs de la gare routière, mais beaucoup ferment à l'heure du déjeuner ou sont très lents à vous préparer à manger. Pour un repas ou un café au lait, rendez-vous à l'Hôtel Sable d'Or. Des hôtels petits budgets donnent sur la gare routière.

Hôtel Sable d'Or HÔTEL €

(☎0528 87 80 69 ; sabledor@gmail.com ; av. Hassan II ; s/d 150/200 Dh ; wifi). Près des banques, dans l'artère principale, cet hôtel tenu par une famille chaleureuse dispose de chambres confortables, avec sdb et TV à écran plat. Demandez-en une à l'arrière, en retrait de la route. Café-restaurant avec billard.

Hôtel Bir Anzarane HÔTEL €

(☎0528 87 78 34 ; hotelbiranzarane@hotmail.fr ; av. Hassan II ; s/d/tr 80/100/180 Dh ; wifi). Défraîchi mais sympathique, il se situe à côté du palais royal, sur la rive ouest de l'oued, et des soldats fréquentent son agréable café. Au-dessus, des chambres exiguës mais bien tenues partagent des sdb avec toilettes pourvues de chasse d'eau.

Tan-Tan Plage

Sur la route du port, des hôtels et des campings font face à la mer.

Hôtel La Belle Vue HÔTEL €

(☎0528 87 91 33 ; s/d à partir de 100/200 Dh ; wifi). Bien nommé, cet hôtel en bord de mer, tenu par une famille, possède des chambres simples avec sdb, desservies par des couloirs blancs décorés de peintures gaies. Le café-restaurant (petit-déj, repas 25-90 Dh) est l'un des meilleurs de Tan-Tan Plage ; il sert, entre autres, des tajines, des omelettes, des sardines et des calamars.

Hôtel Hagounia HÔTEL €

(☎0528 87 90 20 ; www.hotel-hagounia.com ; s/d avec petit-déj à partir de 200/300 Dh, ste 500/600 Dh ; wifi). Ses chambres sont sombres mais confortables, agrémentées d'un petit balcon avec vue sur la plage ou le port. Restaurant face à la mer.

Renseignements

TAN-TAN

Les boutiques de téléphonie et les banques (avec DAB et service de change) se concentrent autour du carrefour de l'avenue Hassan II et de l'avenue Mohammed V.

Club Internet (près av. Hassan II ; 3 Dh/h ; 9h-24h). Près de la station-service Samir Oil.

Poste (pl. de la Marche Verte)

TAN-TAN PLAGE

Une poste et deux banques avec DAB et service de change.

Depuis/vers Tan-Tan et Tan-Tan Plage

AVION

RAM (www.royalairmaroc.com) relie l'aéroport de Tan-Tan à Casablanca 3 à 5 fois par semaine (600 Dh) selon les périodes.

BUS

La **CTM** (☎0528 76 58 86 ; av. Hassan II) à Tan-Tan offre des départs quotidiens, notamment pour les villes suivantes :

DESTINATION	TARIF	DURÉE
Agadir	125 Dh	6 heures
Dakhla	290 Dh	14 heures
Goulimime	40 Dh	1 heure 30
Laâyoune	120 Dh	5 heures
Tiznit	80 Dh	3 heures 30

Supratours (Tan-Tan Plage ☎0528 87 96 65, 0528 87 77 95 ; av. Hassan II) offre des services similaires à des prix un peu plus élevés. Les bus font halte à Tan-Tan et également au bureau de la compagnie, à Tan-Tan Plage, en face de l'Hôtel Dubai.

D'autres compagnies moins chères rallient les mêmes destinations à partir de la **gare routière** (pl. de la Marche Verte), près de l'avenue Mohammed V, à 1 km environ au sud de l'avenue Hassan II.

TAXI

De la gare routière de Tan-Tan, des grands taxis partent pour Agadir (100 Dh), Goulimime

(50 Dh), Inezgane (100 Dh), Laâyoune (150 Dh), Tan-Tan Plage (11 Dh), Tarfaya (150 Dh) et Tiznit (70 Dh).

Les grands taxis à destination de Tan-Tan Plage stationnent en haut du boulevard el-Amir Moulay Abdallah, à quelques centaines de mètres au sud de l'avenue Hassan II.

Tarfaya طرفايه

6 000 HABITANTS

Petit port de pêche, Tarfaya était le centre du protectorat espagnol de Cap Juby, aujourd'hui appelé bande de Tarfaya. Un négociant écossais, Donald Mackenzie, fonda le village d'origine à la fin du XIXe siècle, en construisant un comptoir marchand sur un îlot rocheux qu'il appela Port Victoria. Quand les Espagnols annexèrent la région, ils s'approprièrent le bâtiment et le nommèrent Casa Mar (ci-contre). La région obtint son indépendance en 1958.

En 2009, le gouvernement marocain a promu la municipalité de Tarfaya au statut de centre régional et va donc bénéficier de développements massifs. Un parc éolien est en construction à 25 km et un nouveau port est prévu, dans l'espoir de rétablir les liaisons maritimes avec les îles Canaries et d'augmenter la fréquentation touristique. De nouvelles promenades sur le front de mer et des restaurants font aussi partie du projet. Pour l'instant du moins, Tarfaya conserve tout son charme ; cet avant-poste accueillant, où le sable s'accumule entre des bâtiments coloniaux délabrés, séduit par son isolement.

La ville restera à jamais associée à l'aviateur et écrivain Antoine de Saint-Exupéry. En 1926, il commença à piloter des avions de l'Aéropostale entre la France et le Sénégal, et Cap Juby était l'une des escales. En 1927, il fut nommé chef d'escale à Cap Juby ; il y passa presque deux ans et y écrivit son premier roman, *Courrier Sud*, dans lequel un pilote de l'Aéropostale meurt au sud de Boujdour, dans le désert de Rio de Oro. Tarfaya lui inspira également son récit le plus célèbre, *Le Petit Prince*, raconté par un pilote perdu dans le désert.

À voir et à faire

Tarfaya possède de bons sites de pêche, de surf et de kitesurf. Le personnel de votre hébergement ou Les Amis de Tarfaya, association touristique locale, vous expliqueront comment organiser une sortie.

Sites historiques — SITES HISTORIQUES

De nombreux édifices délabrés rappellent l'époque de Saint-Exupéry et des aviateurs de l'Aéropostale. Abandonnée mais toujours debout, la **Casa Mar** se rejoint facilement à marée basse. À l'extrémité nord de la plage se dresse un **monument** à la mémoire de Saint-Exupéry ; il représente un petit biplan vert Bréguet 14, le type d'avion qu'il pilotait. Tout près, le **fort espagnol** abrite aujourd'hui les casernes des militaires et, derrière le musée, se trouve le **cinéma** des années 1930. Dans le même secteur, les aviateurs échangeaient des anecdotes entre deux vols au **Bar des Pilotes**. À 2 km au sud de la ville, vous découvrirez l'épave de l'**Assalama**, un bateau de la compagnie Armas ; son naufrage en 2008 mit fin au service entre Tarfaya et Fuenteventura.

Musée Saint-Exupéry — MUSÉE

(0661 07 94 88 ; 10 Dh ; 8h30-16h30 lun-ven, sur rdv sam-dim). Ce musée retrace l'histoire d'Antoine de Saint-Exupéry, du fondateur de l'Aéropostale Pierre-Georges Latécoère, et du service lui-même, qui finit par être intégré à Air France.

Fêtes et festivals

Rallye Toulouse Saint-Louis — FESTIVAL

(www.rallyetoulousesaintlouis.com ; fin sept ou début oct). Ce rallye aérien France-Sénégal (aller-retour) célèbre l'Aéropostale. Sur leur route, les pilotes des avions légers font halte à Tarfaya.

Où se loger et se restaurer

Tarfaya abonde en appartements équipés, dont la **Residence Armas** (0673 54 66 47 ; ste 350 Dh ; wi-fi) avec ses 4 suites logeant jusqu'à 3 personnes chacune. Les Amis de Tarfaya vous aideront à en trouver un.

Sur l'artère principale, de nombreux cafés servent des plats pas chers comme le poisson grillé.

Résidence hôtelière Addoyouf — PENSION €€

(Hôtel Cap Juby ; 0665 43 58 92 ; alisalemtarfaya@gmail.com ; s/d 188/376 Dh). Bâtiment bleu et jaune à l'entrée nord de la ville, cette résidence dispose de 5 chambres avec sdb, cuisine et terrasse à partager. Des repas sont proposés et un kiosque voisin vend des provisions de base.

Casa Mar HÔTEL €
(☎0528 89 53 26 ; casamarhotel@gmail.com ; s/d sans sdb à partir de 100/120 Dh, avec sdb 180/250 Dh ; 📶). Juste avant l'entrée du port, ce café-restaurant (petit-déj/plats 25/70 Dh) sert un bon choix de plats de poissons, de l'assortiment de poissons grillés au tajine de calamar. Rendez-vous favori des habitants, le café est l'endroit idéal pour consulter vos e-mails et observer la scène locale. La partie ancienne de l'hôtel ne comporte que des chambres en piteux état, mais une nouvelle aile était en construction lors de notre visite, qui disposera de chambres avec sdb, spacieuses et donnant sur le port.

Hôtel Aoudate HÔTEL €€
(☎0528 89 58 68 ; avec petit-déj à partir de 250 Dh/pers ; 📶). Cet hôtel, dont le chantier s'achevait lors de notre passage, promet d'être le plus confortable de Tarfaya. Ses 35 chambres (avec/sans sdb, certaines avec balcon) seront pimpantes avec TV sat et la vue sur la mer depuis celles des étages supérieurs. Au rez-de-chaussée, un restaurant espagnol ouvrira, en plus du café.

ℹ Renseignements

Tarfaya regroupe un centre médical, des pharmacies, un cybercafé, une laverie et des banques avec DAB et service de change.

Les Amis de Tarfaya (☎0661 07 94 88 ; sadat@yours.com). Cette association locale, installée dans le musée Saint-Exupéry, vous fournira des informations touristiques.

ℹ Depuis/vers Tarfaya

Plusieurs compagnies de bus, dont la CTM, font halte à Tarfaya. **Supratours** (☎0528 89 52 84 ; rte du Port), qui possède le seul bureau fiable et dispose des bus les plus confortables, constitue le meilleur choix au vu des pénibles horaires dans le Sahara. Supratours offre des départs quotidiens pour les destinations suivantes :

DESTINATION	TARIF	DURÉE
Agadir (via Inezgane)	180 Dh	8 heures
Dakhla	220 Dh	10 heures
Goulimime	130 Dh	6 heures
Laâyoune	40 Dh	2 heures
Marrakech	250 Dh	13 heures
Tan-Tan	80 Dh	3 heures
Tiznit	150 Dh	7 heures

Des grands taxis rallient Laâyoune (40 Dh) et Tan-Tan (80 Dh). Tarfaya dispose de stations-service, de stations de lavage de voitures et de mécaniciens.

SAHARA OCCIDENTAL الصحراء الغربية

Si les Marocains considèrent que le Sahara occidental fait partie de leur pays, la question fait encore débat pour l'ONU. Les cartes locales indiquent cette région comme la continuation de la hamada autour de Tarfaya, mais rares sont ceux qui acceptent cette appropriation dans les autres pays.

Ce territoire comprend les anciennes colonies du Sahara espagnol et une partie de la bande de Tarfaya. En traversant ces vastes étendues de désert, on peut s'étonner de ce litige. Les villes se résument à des centres administratifs et les terres qui s'étirent de part et d'autre de la N1 sont plates, arides et inhospitalières. Malgré son peu d'attrait, la région recèle du phosphate, du pétrole et des ressources halieutiques, causes du conflit.

C'est l'une des régions les moins peuplées au monde et, malgré le cessez-le-feu de 1991, instauré suite à la guerre entre le Maroc et les séparatistes du Front Polisario, les militaires marocains semblent parfois plus nombreux que les civils. Si vous souhaitez découvrir le Sahara, ses oasis et ses dunes, mieux vaut vous rendre à Merzouga, Figuig ou Tata, des localités plus jolies et plus sûres, moins contraignantes à rejoindre à partir du centre du pays. Si vous devez traverser le Sahara occidental pour gagner la Mauritanie, souvenez-vous que le secteur est contesté et consultez nos conseils de sécurité.

En raison de la situation instable dans la région lors de la rédaction de ce guide, les informations sur Laâyoune et Dakla ont été mises à jour via le téléphone et Internet.

Histoire

Désolé et balayé par les vents, le Sahara occidental a une longue et violente histoire. Des missionnaires musulmans commencèrent à islamiser les tribus berbères Zenata et Sanhaja au VIIe siècle. Une seconde vague de colons arabes, les Maqil du Yémen, émigrèrent dans le désert au XIIIe siècle et la région devint majoritairement arabe.

Au XIXe siècle, les Espagnols s'emparèrent du Sahara occidental qu'ils renommèrent Rio de Oro. En réalité cependant, Sheikh Ma El-Ainin et son fils El-Hiba contrôlèrent le désert et les tribus nomades jusque dans le courant du XXe siècle. À partir des années 1930, un semblant de paix coloniale s'instaura jusqu'à l'indépendance du Maroc en 1956, époque où un regain de ferveur nationaliste aboutit à la création du Front Polisario et à la guérilla contre les Espagnols.

Lorsque l'Espagne se retira en 1975, le Maroc et la Mauritanie revendiquèrent cette région désertique. La Mauritanie renonça rapidement, laissant Rabat lutter contre le Front Polisario. En novembre 1975, le roi Hassan II organisa la Marche verte : 350 000 Marocains se dirigèrent à pied vers le sud afin d'appuyer les revendications du pays sur le Sahara occidental.

Durant les années suivantes, 100 000 soldats furent déployés pour mater la résistance et Rabat prit le dessus. Les Nations unies obtinrent un cessez-le-feu en 1991, mais le référendum promis, afin que les Sahraouis choisissent entre l'indépendance et l'intégration au Maroc, reste à organiser.

Depuis, le Maroc a renforcé sa mainmise sur le territoire, a financé des projets d'infrastructures, notamment la prospection pétrolière off-shore, et a incité des Marocains du Nord à s'installer ici en leur offrant des exonérations fiscales. Jusqu'à fin 2010, la région semblait paisible et le conflit était largement oublié par le reste du monde. Toutefois, le 8 novembre 2010, les forces de sécurité marocaines prirent d'assaut Gadaym Izik, un camp de 15 000 protestataires près de Laâyoune. Les combats qui s'ensuivirent firent des victimes des deux côtés, se transformèrent en émeutes et

VOYAGER SANS ENNUI AU SAHARA OCCIDENTAL

Étant donné la situation tendue dans le Sahara occidental, voyager dans la région est déconseillé. Si vous devez traverser le territoire pour rejoindre la Mauritanie, il est recommandé d'éviter en particulier Laâyoune, où se sont déroulés de violents affrontements en novembre 2010 et où la situation reste instable. S'il est bien évidemment dangereux de se retrouver au milieu d'une émeute ou d'un affrontement entre Marocains et Sahraouis, affronter les autorités marocaines aux nombreux barrages routiers est encore plus risqué.

En organisant un black-out médiatique, les Marocains sont déterminés à tenir les journalistes éloignés de la région. Après le raid d'Agdaym Izik, des reporters n'ont pas pu monter dans des avions à destination de Laâyoune et des journalistes espagnols qui avaient réussi à rejoindre la ville ont été arrêtés et expulsés. L'Espagne s'est montrée particulièrement critique envers le Maroc et les voyageurs espagnols risquent de se voir interrogés plus longuement par les policiers marocains.

Quelle que soit votre nationalité, ne prenez pas ces contrôles à la légère ; vous courez toujours le risque d'être pris pour un journaliste ou pour un sympathisant du Polisario. Même aux abords du Sahara occidental, lors de trajets entre des villes comme Tarfaya, Tan-Tan, Goulimime et Tata, les étrangers sont invariablement questionnés sur leur profession, leur prochaine destination et la raison de leur voyage. Ces questions laissent parfois rapidement place à une conversation sur les équipes de foot. Au Sahara occidental, les informations de votre passeport et de votre visa seront notées, de même que les caractéristiques de votre véhicule si vous êtes motorisé. Si vous voyagez en bus, vous pourrez souvent rester à bord pendant que les policiers notent votre identité, mais vous devrez parfois sortir pour un entretien avec un officier.

Les journalistes et les employés d'organismes caritatifs déplaisent particulièrement à la police. Ils peuvent être suivis, détenus, renvoyés dans une région moins sensible du Maroc, voire expulsés. Les autorités sont généralement plus méfiantes à l'égard des voyageurs qui visitent Laâyoune, plutôt que Dakhla ou Tarfaya.

À Laâyoune et Dakhla, vous remarquerez la forte présence militaire et policière. Abstenez-vous de prendre des photos près des installations militaires ou dans les camps de réfugiés sahraouis aux abords des deux villes ; tenter de visiter les camps peut également vous attirer des ennuis.

gagnèrent la ville ; plus de 700 Sahraouis furent blessés et les médias étrangers relayèrent des scènes d'incendies et de destruction. Depuis, Laâyoune et Dakhla ont à plusieurs reprises été le théâtre de soulèvements violents, et le plus long conflit territorial d'Afrique perdure.

Pour les dernières informations sur le Sahara occidental ou la République démocratique arabe sahraouie (comme le gouvernement séparatiste appelle le territoire occupé), consultez les sites de l'**ARSO** (www.arso.org), du **Monde diplomatique** (http://www.monde-diplomatique.fr/index/pays/saharaoccidental), de **Slate Afrique** (http://www.slateafrique.com/pays/369/Sahara%20occidental), de **Global Voices** (www.globalvoicesonline.org) et de l'**ONU** (www.un.org).

Climat

Au-delà des contreforts de l'Anti-Atlas s'étend un arrière-pays aride, où les températures peuvent dépasser 45°C dans la journée et chuter à 0°C la nuit ; les précipitations annuelles, inférieures à 125 mm, provoque une sécheresse suffocante de 5% à 30%, suffisante pour momifier des cadavres. Le vent du désert, appelé chergui, *irifi* ou sirocco, ajoute à la pénibilité du climat. En mars et avril, des tempêtes de sable rendent les déplacements en voiture dangereux.

Emportez toujours de l'eau en quantité. En hiver, prévoyez un bon sac de couchage et des vêtements chauds, car les nuits peuvent être glaciales.

Langue

Au Sahara occidental, quasiment tous les habitants parlent arabe et français. En tant qu'ancien protectorat espagnol, la seconde langue la plus courante reste l'espagnol, surtout parmi la génération plus âgée. La pratique de l'anglais est due à la présence de l'ONU.

Depuis/vers le Sahara occidental

Il n'existe pas de frontière officielle entre le Maroc et le Sahara occidental, et le Maroc considère la région comme partie intégrante du pays.

Des vols relient Laâyoune et Dakhla à Agadir, Casablanca et Gran Canaria. Outre les compagnies aériennes, l'agence de voyages **El Sahariano** (☎ 0528 98 12 12 ; www.elsahariano.com ; bd de Mekka), basée à Laâyoune, vend des billets pour ces vols.

Supratours et CTM proposent des bus pour Laâyoune et Dakhla. En raison des conditions extrêmes dans le Sahara occidental, il vaut mieux entreprendre le voyage avec une de ces compagnies, fiables.

L'exemption de taxes constitue l'un des avantages de la région et le pétrole est un peu moins cher que dans le reste du pays. La première station-service d'Atlas Sahara se situe juste au sud de Tarfaya. Pour louer une voiture, **Laargoub Car** (☎ 0528 93 04 47 ; www.laargoubcar.com ; av. Ahmed Bahnini), basée à Dakla, mais également représentée à Laâyoune, Agadir, Essaouira et Marrakech, propose la location aller simple.

Laâyoune (Al-'uyun) العيون

200 000 HABITANTS

Si Laâyoune fut fondée par les Espagnols pour administrer les mines de phosphate voisines de Bou Craa, le Maroc a eu plus d'ambition et a dépensé plus d'un milliard de dollars pour en faire la ville principale du Sahara occidental. Ni sahraouie ni espagnole, sa population est aujourd'hui principalement constituée de Marocains venus du Nord, séduits par la promesse de salaires élevés et les marchandises détaxées.

Centre administratif et ville de garnison avec des Land Cruisers de l'ONU sillonnant ses avenues mornes, Laâyoune ne mérite pas la visite. De fait, en raison de la situation explosive dans la plus grande ville du Sahara occidental, nous vous déconseillons d'y faire étape car rien ne justifie le risque de harcèlement policier ou de se retrouver au milieu d'une émeute. Que vous vous dirigiez vers le nord ou vers le sud, les distances sont telles que vous devrez peut-être vous arrêter ici, mais essayez d'organiser votre voyage pour faire plutôt halte à Tarfaya ou à Dakhla.

Où se loger

L'ONU, très présente à Laâyoune, occupe les meilleurs hôtels, dont les prix sont bien évidemment élevés pour le pays. Mieux vaut réserver.

Hôtel Jodesa HÔTEL €
(☎ 0528992064 ; 223 bd de Mekka ; s/d 120/170 Dh, avec douche 165/180 Dh ;). Derrière sa façade bicolore décrépite, cet hôtel central offre des chambres sommaires et plutôt spacieuses. Bon choix pour les petits budgets.

Laâyoune

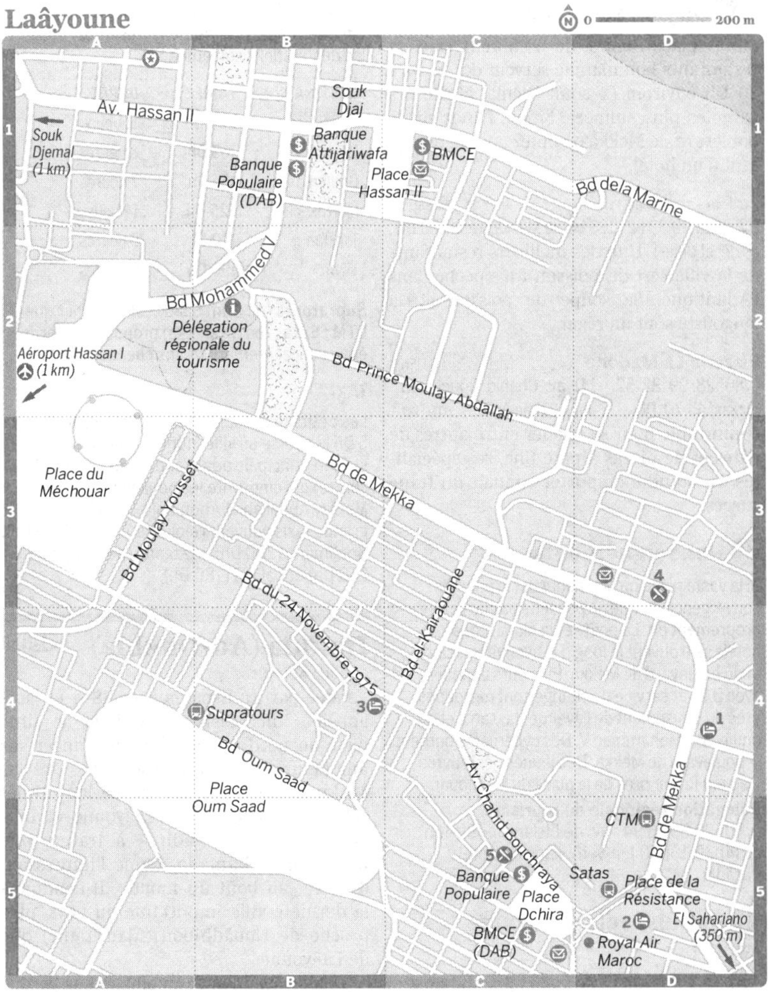

Hôtel Nagjir HÔTEL €€

(☎0528 89 41 68 ; www.hotel-nagjir.com ; pl. de la Résistance ; s/d/tr avec petit-déj à partir de 545/670/845 Dh ; ❄📶). La réception grandiose de ce 4 étoiles mène à un restaurant et à de petites chambres confortables, carrelées. Un établissement annexe, également très années 1970, le Nagjir Plage, se trouve au bord de la plage sablonneuse à Foum el-Oued, à 22 km de la ville.

Sahara Line Hotel HÔTEL €€

(☎0528 99 54 54 ; bd el-Kairaouane ; s/d/tr 450/560/670 Dh ; ❄📶). L'une des adresses favorites de l'ONU, cet hôtel 3 étoiles offre d'élégantes chambres climatisées, avec sdb, moquette, réfrigérateur et TV. Un restaurant est installé au dernier étage.

Laâyoune

Où se loger

1 Hôtel Jodesa D4
2 Hôtel Nagjir D5
3 Sahara Line Hotel B4

Où se restaurer

4 Le Poissonnier D3
5 Pizzeria la Madone C5

Où se restaurer

Sur la place Dchira, de nombreux cafés et restaurants bon marché servent des repas à 30 Dh environ. Le souk Djemal abrite des gargotes plus animées. Sinon, flânez sur le boulevard de Mekka ou optez pour le restaurant d'un hôtel.

Le Poissonnier POISSON €
(☎0528 99 32 62 ; 183 bd de Mekka ; repas 50 Dh ; ⊙déj et dîner). L'un des meilleurs restaurants de la ville sert du poisson frais pêché dans l'Atlantique. Sa soupe de poisson et sa langouste sont un régal.

Pizzeria La Madone ITALIEN €
(☎0528 99 32 52 ; 141 av. Chahid Bouchraya ; pizzas 45-70 Dh ; ⊙déj et dîner). Un endroit confortable pour se régaler entre autres de pâtes et de pizzas à pâte fine, ses spécialités. Le stand à emporter connaît un franc succès.

Renseignements

Si la vaste place du Méchouar est le point de convergence, la ville ne possède pas de centre proprement dit. La poste et la plupart des hôtels se trouvent le long de l'avenue Hassan II et du boulevard de Mekka. Plusieurs banques avec DAB et service de change sont regroupés près du croisement de l'avenue Hassan II et du boulevard Mohammed V. Des cybercafés bordent le boulevard de Mekka. Des jeunes désœuvrés traînent le soir près de la place du Méchouar.

Délégation régionale du tourisme
(☎0528 89 16 94 ; av. de l'Islam ; ⊙9h-12h et 14h30-16h30 lun-ven). Face à l'Hôtel Parador.

Depuis/vers Laâyoune

AVION

Aéroport Hassan Ier (☎0528 89 37 91 ; www.onda.ma). À 1,5 km au sud-ouest de Laâyoune.

Binter Canarias (www.bintercanarias.com). Vols hebdomadaires depuis/vers Gran Canaria (90 €).

Royal Air Maroc (RAM ; ☎0528 89 40 77 ; www.royalairmaroc.com ; Immeuble Nagjir, pl. de la Résistance). Vols quotidiens depuis/vers Casablanca (800 Dh) ; 3 vols hebdomadaires depuis/vers Agadir (600 Dh).

BATEAU

Armas (www.navieraarmas.com). Ses ferries assurent parfois une liaison depuis/vers les îles Canaries.

BUS

Les bus partent principalement des bureaux des compagnies, vers l'extrémité sud du boulevard de Mekka. La **CTM** (bd de Mekka) offre des départs quotidiens (réservez) pour les destinations suivantes :

DESTINATION	TARIF	DURÉE
Agadir	230 Dh	11 heures
Dakhla	165 Dh	8 heures
Goulimime	155 Dh	7 heures
Marrakech	325 Dh	14 heures
Tan-Tan	120 Dh	5 heures
Tiznit	190 Dh	9 heures

Supratours (pl. Oum Saad) est plus cher que CTM ; **Satas** (bd de Mekka) propose des tarifs égaux ou légèrement moins chers que CTM.

TAXI

Les petits taxis rouge et blanc facturent environ 5 Dh la course en ville, dont le trajet jusqu'à la station principale des grands taxis (à 2 km du centre) qui emprunte les boulevards Prince Moulay Abdallah et Abou Bakr Seddik. Les grands taxis peuvent rejoindre Tan-Tan (150 Dh), Goulimime (200 Dh), Inezgane (pour Agadir ; 250 Dh) et Dakhla (180 Dh).

Dakhla (Ad-Dakhla) الداخلة

60 000 HABITANTS

Fondée par les Espagnols en 1844 et jadis appelée Villa Cisneros, Dakhla se situe juste au nord du tropique du Cancer sur une péninsule sablonneuse, qui s'étire sur 40 km à partir du littoral. Le long trajet solitaire – 500 km de Laâyoune et plus de 1 000 km d'Agadir – à travers une interminable hamada donne l'impression d'arriver au bout du monde. Il conduit à la dernière ville importante du pays, plus proche de Nouâdhibou (Mauritanie) que de Laâyoune.

Dakhla semble néanmoins moins perdue que nombre de villes du Sud, et certainement plus prospère, avec de bons hôtels et restaurants. Si les rues aux arcades chaulées manquent un peu de vie, elles paraissent néanmoins plaisantes en comparaison des bourgades délabrées plus au nord. Bien que des tensions persistent sous une décontraction apparente – les droits de pêche constituent une pomme de discorde entre les Sahraouis et les colons marocains –, les habitants sont relativement modernes et progressistes. La péninsule continue de se développer grâce aux investissements de l'État et de promoteurs immobiliers, et à la main-d'œuvre venue du Nord. De nouveaux immeubles d'habitation repoussent les limites de la ville et le port gigantesque abrite la plus grande flotte de pêche du pays.

Se déplacer dans Dakhla reste assez facile. Les hôtels, les cafés, les compagnies de bus et la plupart des services se regroupent dans le centre, à une courte distance les uns des autres.

Où se loger

Hôtel Erraha HÔTEL €
(0528 89 88 11 ; av. Banchekroune ; s/d/tr 275/330/550 Dh ;). Ses chambres spacieuses disposent d'eau chaude et d'un balcon donnant sur la nouvelle mosquée Edderhem et sa place verdoyante. Le personnel chaleureux et un café ajoutent à l'attrait de l'établissement. L'emplacement, à 1 km au sud-ouest du centre, est un peu à l'écart, mais parfait pour les grands taxis ou les bureaux de SAT et de Supratours.

Hôtel Aigue HÔTEL €
(0528 89 73 95 ; av. Sidi Ahmed Laaroussi ; s/d 85/125 Dh). Dans un haut bâtiment étroit, l'Aigue côtoie d'autres établissements petits budgets qui donnent sur les allées commerçantes piétonnes, juste au sud-ouest du bureau de Supratours. Ses chambres, sommaires et exiguës, partagent douches et toilettes à la turque, mais le lieu est propre, sûr et central.

Hôtel Sahara HÔTEL €
(0528 89 77 73 ; av. Sidi Ahmed Laaroussi ; ch 85-210 Dh). Les chambres comportent un petit balcon. Les moins chères partagent des douches et des toilettes à la turque ; celles avec sdb et toilettes à l'occidentale, d'un meilleur rapport qualité/prix, bénéficient d'une TV.

Hôtel Tafoudart HÔTEL €
(0668 72 27 39 ; av. Beuchekroune ; s sans/avec douche et TV 65/125 Dh, d 85/175 Dh). Cet hôtel plaisant se situe à 10 minutes de marche à l'est de la station de grands taxis. Recommandé si vous recherchez un hébergement simple, sûr et confortable.

Bab al-Bahar BOUTIQUE-HÔTEL €€€
(0528 93 14 40 ; www.bab-al-bahar.com ; av. Mohammed V ; s/d avec petit-déj à partir de 900/1 400 Dh ;). Cet hôtel en bord de mer invite à la détente, du petit jardin zen de la réception aux 35 chambres charmantes avec leur coin fenêtre. Parmi les activités proposées figurent le kitesurf et des excursions en 4x4 dans les dunes. Près des vagues, l'élégant restaurant italien (menu 150 Dh) propose des pâtes, des pizzas et des repas plus légers et, le samedi soir, un buffet de fruits de mer (180 Dh).

Sahara Regency COMPLEXE HÔTELIER €€€
(0528 93 15 55 ; www.hahararegency.com ; av. al-Walae ; ch/ste avec petit-déj à partir de 945/1 365 Dh ;). Derrière des arcades, ce quatre-étoiles offre des chambres qui s'apparentent à de mini-appartements, avec des meubles et des équipements défraîchis. L'ensemble reste néanmoins satisfaisant, avec une piscine sur le toit, un salon de thé et un restaurant au rez-de-chaussée. Circuits et activités, dont le kitesurf.

Où se restaurer et prendre un verre

Les restaurants du Bab al-Bahar et du Sahara Regency servent de l'alcool.

Café-Restaurant Samarkand POISSON, MAROCAIN €
(0528 89 83 16 ; av. Mohammed V ; plats 50-60 Dh ; déj et dîner). Ce restaurant avec terrasse sur le front de mer offre la vue sur les blanches falaises d'Afrique depuis ses pergolas. La carte comprend un grand choix de poissons et d'autres plats ; le couscous et la pastilla au poisson doivent se commander à l'avance.

Café-Restaurant Bahia POISSON, ESPAGNOL €€
(0528 93 00 62 ; 16 av. Mohammed V ; repas 90 Dh ; déj et dîner). Ce bon restaurant de poisson sert des prises du jour, dont des calamars et des poulpes.

Hassan Fruits BAR À JUS DE FRUITS
(av. al-Walae). De l'autre côté de la passerelle qui conduit au monument de la péninsule de Dakhla, ce bar est prisé pour ses pâtisseries et ses cocktails de fruits mixés (15 Dh).

Achats

Une rue commerçante piétonne court vers le nord à partir de l'avenue Sidi Ahmed Laaroussi entre les hôtels Sahara et Aigue. Des échoppes vendent toutes sortes de produits, de l'huile d'argan aux *mlahfa* (voile saharien) chatoyants.

Ensemble artisanal BIJOUX, SOUVENIRS
(av. el-Moukouama). Une bonne adresse pour des souvenirs, en particulier les bijoux sahraouis.

Renseignements

On trouve cybercafés et banques avec DAB au centre-ville, près de l'Hôtel Erraha.

Poste (av. el-Moukouama)

Comment s'y rendre et circuler

AVION

Aéroport Dakhla (☎0528 93 06 30 ; www.onda.ma). À 200 m à l'ouest du Sahara Regency.

Canary Fly (www.canaryfly.es). Vols hebdomadaires depuis/vers l'Espagne pour Gran Canaria (100 €).

Royal Air Maroc (RAM ; ☎0528 89 70 49 ; www.royalairmaroc.com). Vols quotidiens depuis/vers Casablanca (1 000 Dh) ; 2 fois/semaine depuis/vers Agadir (800 Dh).

BUS

La **CTM** (☎0528 89 81 66 ; bd 4 Mars) et **Supratours** (av. Mohammed V) possèdent des bureaux dans le centre.

Des compagnies de bus, dont Supratours et SAT, disposent de bureaux dans l'avenue Banchekroune et à proximité, entre la station des grands taxis et la mosquée Edderhem.

Réservez bien à l'avance pour les services quotidiens vers les destinations suivantes (le tableau ci-dessous concerne les bus CTM) :

DESTINATION	TARIF	DURÉE
Agadir	370 Dh	20 heures
Laâyoune	165 Dh	8 heures 30
Marrakech	460 Dh	23 heures
Tan-Tan	290 Dh	13 heures 30

VOITURE

De nombreux garagistes, installés pour la plupart dans la partie récente de la ville au sud-ouest, pourront vérifier votre véhicule avant un périple dans le Sud.

TAXI

Des petits taxis blanc et turquoise sillonnent la ville (jour/nuit 5/6 Dh). La station de grands taxis se situe dans al-Messira, au sud-ouest du centre ; ils desservent, entre autres, Inezgane (pour Agadir ; 400 Dh) et Laâyoune (180 Dh).

Comprendre le Maroc

Le Maroc aujourd'hui

Le Maroc entre d'un pas de plus en plus assuré dans le XXIe siècle. Malgré la récession économique mondiale et des politiques régionales qui ont entraîné une diminution de la fréquentation touristique ces dernières années, l'économie se relance peu à peu grâce aux liens étroits tissés avec l'UE et les États-Unis. Même si le problème épineux du Sahara n'est pas près d'être résolu, le roi a habilement manœuvré sur la scène politique pour éviter à son pays de tomber dans les turbulences du Printemps arabe.

Meilleurs films

Casanegra de Nour-Eddine Lakhmari (2008). Deux amis vivent de petits boulots et de petites arnaques dans le Casablanca des pauvres (Casanegra). Un énorme succès au Maroc.

La Grande Villa Dans ce film de Latif Lahlou (2010), une famille franco-marocaine décide de quitter Paris pour s'installer à Casablanca.

Mille Mois de Faouzi Bensaïdi (2002), Prix le Premier Regard à Cannes. Une chronique sensible sur l'enfance, qui a pour cadre un village de l'Atlas.

Marock Une histoire d'amour entre une jeune musulmane et un garçon juif, de Laïla Marrakchi. Prix Un Certain Regard à Cannes en 2005.

Meilleurs livres

La Nuit sacrée (Seuil, 1987). Ce roman de Tahar Ben Jelloun qui a reçu le prix Goncourt raconte l'histoire d'une Marrakchie élevée comme un garçon.

Rêves de femmes : Une enfance au harem (Albin Michel, 1994). Fatima Mernissi croise ses souvenirs des années 1940 avec ceux d'autres femmes.

L'Étrange Affaire du pantalon de Dassoukine (Julliard, 2012) de Fouad Laroui. Prix Goncourt de la nouvelle 2013.

Les Étoiles de Sidi Moumen (Flammarion, 2010). Un roman de Mahi Binebine sur les mirages et le traumatisme de l'immigration.

Les grands chantiers

Les chantiers de rénovation se multiplient au Maroc depuis quelques années, qu'il s'agisse de grands travaux d'infrastructures de transports en commun, de développement d'habitat urbain ou de projets plus modestes comme celui des coopératives artisanales de femmes dans les zones de montagne. À cela s'ajoute également la rénovation des bâtiments ; il n'est pas rare de voir, accroupi dans la niche d'un palais, un *maâlem* (maître artisan) s'employer à restaurer à l'aide d'un minuscule burin une mosaïque de zelliges. L'ensemble de ces programmes volontaristes de développement a permis au Maroc, en outre, de réduire la part de sa population qui vit encore sous le seuil de pauvreté. En 10 ans, ce chiffre est passé de 17% à 9%.

Pourtant, si le Maroc affiche des taux de croissance annuels qui font rêver l'Europe (3 à 4% par an en moyenne), le développement est fragile et les fractures sociales seront longues à résorber. Le taux de chômage avoisine les 45% chez les jeunes. Ce développement économique se passe aussi dans une ambiance qui n'évite pas des soubresauts. Il suffit de songer à l'attentat à la bombe perpétré en 2011 sur la place Jemaa el-Fna à Marrakech, ou aux atteintes à la liberté de la presse pour des articles irrévérencieux vis-à-vis du pouvoir politique ou de la monarchie.

Pourtant, comme en témoignent ses minarets pluriséculaires et les tours des forteresses qui émaillent son paysage, le Maroc a déjà surmonté maintes époques troublées à travers l'histoire. Et, forts des moyens à leur disposition, les Marocains s'appuient sur le socle de leurs tradition pour façonner une société moderne.

Le tourisme en plein essor

En valeur, l'économie du tourisme a quasiment doublé depuis 2002, pour atteindre presque 10 millions d'entrées en 2012. L'arrivée des compagnies aériennes à bas coût dans les aéroports marocains a, bien entendu, dynamisé le nombre de visiteurs. L'État a également décidé de mettre en place un "Plan Azur" qui prévoit la construction de six stations balnéaires à l'horizon 2016. Le tourisme représente aujourd'hui 7% du PIB marocain contre 15% pour l'agriculture, qui reste le premier employeur du pays en apportant 40% de l'emploi. D'autres secteurs connaissent également des croissances importantes, à l'instar du secteur aéronautique, de la construction automobile ou de l'exploitation des matières premières, sans oublier l'industrie textile.

Tout cela n'a pas pour autant bouleversé le rythme de vie du Maroc qui a été un melting-pot de cultures depuis des centaines d'années. Si, dans les souks, les marchands de tapis, continuent de héler les clients en arabe, berbère, français, espagnol et bien d'autres langues, dans les médinas, des maisons de famille ont été transformées en maisons d'hôtes. On y sert le thé à la menthe aux nouveaux arrivants, une marque d'hospitalité consacrée par l'usage.

Les choix des voyageurs contribueront à façonner l'avenir du pays. Alors que la construction de nouveaux terrains de golf à destination des touristes pourrait contribuer à épuiser les ressources en eau du Maroc, le tourisme culturel, une réussite au Maroc, a permis de préserver nombre de sites de la ruine et de préserver certaines traditions. Visiter la campagne marocaine après les grandes cités impériales contribue aussi à sortir certaines régions de la misère. Selon les Nations unies, dans les zones rurales, les touristes génèrent des emplois vitaux pour ces territoires. Même un court séjour peut avoir un énorme impact, puisque la dépense moyenne d'un voyageur en week-end de luxe à Marrakech équivaut à trois ou quatre mois de salaire (900 Dh) pour une majorité de Marocains. En outre, pour les jeunes qui représentent la majorité de la population marocaine, ces contacts avec les touristes leur permettent de sortir de l'isolement.

Internet et la société marocaine

Comme partout ailleurs, Internet a envahi la société marocaine. Ne soyez pas surpris si votre voisin dans un bus de campagne utilise le dernier téléphone portable. Toutes les catégories sociales sont concernées. Ainsi, l'utilisation des réseaux sociaux, qui s'accélère dans tout le pays oblige parfois le pouvoir politique à renforcer ses contrôles. Les restrictions sont régulières sur des services tels que YouTube ou Skype. Pire, les arrestations de blogueurs sont fréquentes. Selon le classement de l'association Reporters sans frontières, le Maroc occupe en 2013 la 136e place sur 178 pays. Au reste, comme le révèle en 2010 le Syndicat national de la presse marocaine, la source d'information préférée des Marocains est aujourd'hui Internet.

SUPERFICIE : **446 550 KM²**

POPULATION : **32,6 MILLIONS D'HABITANTS**

PIB PAR HABITANT : **3 900 €**

TAUX DE CHÔMAGE : **9%**

ESPÉRANCE DE VIE : **76,3 ANS**

ALPHABÉTISATION DES ADULTES : **67%**

Sur 100 personnes au Maroc

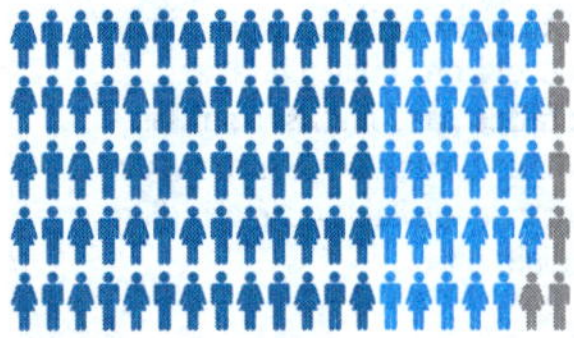

66 auraient entre 15 et 64 ans
28 auraient entre 0 et 14 ans
6 auraient plus de 65 ans

Groupes ethniques

(% de la population)

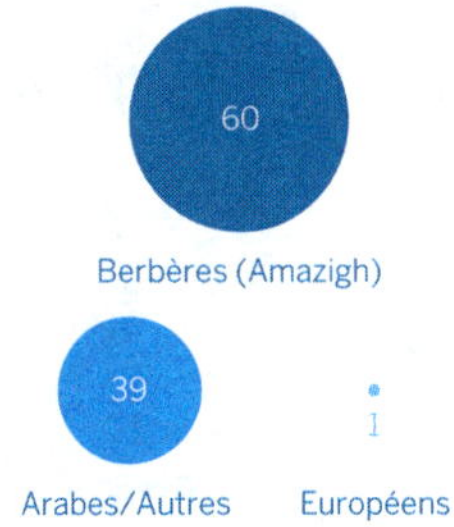

Population au km²

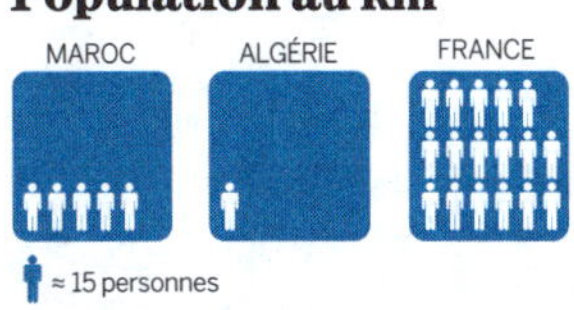

Pas d'impair !

Attention à l'eau C'est une ressource rare et précieuse dans ce pays en bordure du Sahara.

Couvrez vos genoux et vos épaules La recommandation vaut pour les hommes et pour les femmes ; c'est une marque de respect envers vos hôtes marocains.

Apprenez quelques mots de salutations Quelques mots en darija et en berbère raviront vos hôtes.

Ne donnez ni argent, ni bonbons ni stylos aux enfants Cela favorise la mendicité et n'est pas encouragé par leurs familles.

Ne mangez pas en public pendant le ramadan Ne buvez pas non plus d'alcool à proximité d'une mosquée.

Ne faites pas l'impasse sur les civilités Saluez toujours avant de demander de l'aide ou le prix d'un produit.

Réformes et défis

L'arrivée au pouvoir de Mohammed VI a été l'occasion pour le nouveau monarque de lever les mesures les plus répressives mises en place par son père Hassan II pendant les "années de plomb". Cependant, les défenseurs des droits de l'homme pointent encore aujourd'hui le doigt sur les limitations de liberté dans le pays, en particulier les atteintes à la presse et aux médias libres, et la confiscation par la classe dirigeante d'une partie des bénéfices de la croissance économique.

Grâce à des manœuvres politiques, Mohammed VI a écarté son pays de l'agitation du Printemps arabe. L'annonce d'une nouvelle Constitution a largement contribué à faire retomber le mouvement du 20 février 2011, lancé par les étudiants, pour protester contre la corruption institutionnelle et les abus du Makhzen – l'élite autour du roi qui domine la vie politique et économique du pays. Approuvée par un référendum, la nouvelle Constitution a déclaré le berbère langue officielle au côté de l'arabe et a donné plus de pouvoir aux organes de l'exécutif.

Même si le Maroc a évité les retombées de la crise monétaire de 2008, il n'en reste pas moins qu'une part des jeunes Marocains pensent avant tout que leur avenir se trouve en dehors du Maroc. Pour faire face au XXIe siècle, le Maroc devra donc relever le défi de sa jeunesse.

Histoire

Pendant la majeure partie de son histoire géologique, le Maroc ne se trouvait pas sous le sable, mais sous l'eau, ce que viennent rappeler les fossiles qui affleurent son sol. Ce pays est en quelque sorte une Atlantide inversée, dont les chaînes de montagnes de l'Atlas, les steppes sahariennes et les plaines fertiles ont graduellement fait surface depuis le fond de l'océan, à la suite de quelques millénaires de sécheresse. Les premières traces de présence humaine remontent entre 125 000 et 75 000 ans av. J.-C. Mais les outils de pierre retrouvés sur place (des instruments sophistiqués pour l'époque) ne suffirent pas aux hommes primitifs pour maintenir leur présence pendant l'ère glaciaire. Lorsque le climat commença à s'améliorer autour de 5000 av. J.-C., la voie était libre pour de nouveaux peuplements.

Vivre libre ou mourir

À la fin de l'époque glaciaire, les terres fertiles attirèrent les nomades du Proche-Orient. Ces populations, affiliées aux Égyptiens anciens, sont les ancêtres des Berbères du Maroc (communément appelés Imazighen, pluriel d'Amazigh qui signifie "homme libre"). Autour de 2500 av. J.-C., ils furent rejoints par des pêcheurs méditerranéens et des nomades, éleveurs de chevaux, du Sahara. Puis les Phéniciens, peuple de marins, débarquèrent vers 800 av. J.-C et les Africains de l'Est trois siècles plus tard.

Lorsque les Romains envahirent la région au IVe siècle, ils eurent quelques difficultés à appréhender ce territoire aux populations hétérogènes. Ils nommèrent alors le Maroc et l'ouest de l'Algérie "Maurétanie" (pays des Maures) et les autochtones "Berbères", qui dérivaient du mot "barbare". Ce terme, récemment revendiqué et repris par le Mouvement berbère, avait à l'époque une connotation péjorative.

Par la suite, les Romains essuyèrent de nombreux échecs dans leur tentative de soumettre ces populations. Les Berbères rejoignirent tout d'abord Hannibal et les Carthaginois dans leur lutte contre Rome. Les guerres puniques (264-202 av. J.-C.) firent des centaines de milliers de victimes. L'empereur Caligula mit fin en l'an 40 à l'autonomie de la Maurétanie en faisant assassiner son dernier roi, Ptolémée.

Le symbole figurant sur le drapeau berbère est la lettre Z ou "yaz" de l'alphabet tifinagh, et représente l'homme libre (amazigh), nom que se donnent les Berbères.

HRONOLOGIE

Origines

La tradition berbère veut que le premier homme et la première femme aient donné naissance à 100 enfants, leur confiant la tâche de peupler le reste de la planète.

248 000-73 000 av. J.-C.

Bien avant l'avènement en Europe de l'âge de pierre, des peuples vivant près de Casablanca commencent à façonner des outils en silex.

5000-2500 av. J.-C.

À la fin de l'ère glaciaire, le Maghreb devient le creuset où se déroule le brassage de populations indigènes et de peuples venus du Sahara et de la Méditerranée, donnant naissance aux Berbères.

Sites pré-islamiques

Gazelle sculptée, Tafraoute

Mosaïque romaine du bain de Diane à Volubilis

Ruines phéniciennes et romaines de Lixus

Pétroglyphes préhistoriques, Oukaïmeden

Cité romaine de Sala Colonia, Chellah

Un joug romain contesté

Sous l'empereur romain Caligula, les territoires de l'Afrique du Nord furent réorganisés selon l'ordre oligarchique romain. Les tribus berbères, relativement égalitaires, virent apparaître des classes d'esclaves, de paysans, de soldats et d'aristocrates. Si cette stratégie fonctionna quelques siècles plus tard lorsque les Byzantins l'appliquèrent aux Vandales, il en alla tout autrement avec les Berbères du Rif et de l'Atlas. Ces derniers parvinrent à contenir les Romains en menant une guerre d'usure. Ultime défi au pouvoir impérial, la pratique du christianisme se répandit. Saint Augustin, l'un des quatre Pères de l'Église latine, était d'origine berbère.

Rome réussit à imposer son autorité sur la région en désignant Juba II, très apprécié de la population, roi de Maurétanie. Le jeune roi épousa la fille de Marc Antoine et de Cléopâtre, encouragea la recherche scientifique, les arts du spectacle ainsi que la production d'huile d'olive dans la région de Volubilis (proche de Meknès), la viticulture sur les plaines côtières et la pêche le long des côtes.

Après la mort de Juba II, la présence romaine en Maurétanie déclina. Les rébellions berbères limitèrent l'emprise de l'Empire romain, de même que les attaques menées par les Vandales, les Byzantins et les Wisigoths ;

LA POURPRE ET L'OR

Le port d'Essaouira faisait autrefois l'objet de toutes les convoitises. La ville détenait en effet une matière très recherchée : la pourpre. Strictement réservée aux empereurs romains, elle ne pouvait être fabriquée artificiellement, ce qui expliquait sa valeur, de 10 à 20 fois son poids en or selon Aristote. Ce colorant naturel était extrait du murex, un mollusque à la coquille hérissée d'épines que l'on trouvait dans l'archipel des Purpuraires (du latin *purpura*, nom de la couleur pourpre), situé à quelques centaines de mètres d'Essaouira.

Les Phéniciens furent les premiers à exploiter ce gastéropode. Au Ier siècle av. J.-C., Juba II fit construire, sur la côte, des ateliers destinés à produire le pourpre. La technique pour récupérer le colorant, tenue secrète, consistait à extraire la substance colorante de la veine du mollusque. La couleur pourpre était très demandée pendant l'Antiquité. Cléopâtre en était si éprise qu'elle teignit en pourpre les voiles du navire sur lequel elle navigua pour rejoindre Marc Antoine.

La légende raconte aussi que Ptolémée, fils de Juba, fut assassiné par Caligula pour avoir osé porter une toge pourpre. Cette couleur éclatante ne sera jamais reproduite de façon industrielle et le secret des méthodes d'extraction fut, toujours selon la légende, perdu lors du siège de Constantinople en 1453. Pourtant, on trouve encore de la pourpre à Essaouira, moyennant un prix élevé. Les secrets de fabrication ne sont donc pas tout à fait oubliés aujourd'hui.

1600 av. J.-C.

Dans le Haut Atlas, des pétroglyphes de l'âge du bronze représentent des hommes à cheval et d'autres en train de pêcher ou de chasser.

950 av. J.-C.

Les Berbères créent leur propre calendrier, qui débute le 13 janvier. Très ancré dans le milieu agraire, il restera en vigueur même après la conquête musulmane.

800-500 av. J.-C.

Des Phéniciens et des populations d'Afrique de l'Est rejoignent les Berbères, renforçant encore davantage le multiculturalisme au Maghreb.

IVe-Ier siècle av. J.-C.

Arrivée des Romains qui cherchent à annexer la Maurétanie, tentative qui durera 250 ans et ne leur vaudra que des succès limités – et sera à l'origine des guerres puniques.

lesquels ne parvinrent pas davantage à maîtriser la Maurétanie. Quant à la tentative de Justinien de reconstituer le grand Empire romain, elle se solda par une multitude de traités confus avec différents royaumes berbères, tous tirant parti, à leur convenance, de leurs relations avec l'Empire byzantin. Cette stratégie permit aux Berbères d'empêcher la colonisation du Maroc pendant plus d'un millénaire.

Une foi conquérante

Au VIIe siècle, la majorité des Berbères du Maroc étaient animistes, excepté les Berbères juifs ainsi qu'une poignée de convertis au christianisme. L'histoire aurait pu continuer ainsi pendant longtemps si Mohammed ben Abou Talib, vivant à La Mecque, ne s'était pas trouvé en désaccord avec les élites de cette ville de la péninsule Arabique. Celui-ci deviendra plus tard le prophète Mahomet après avoir affirmé avoir reçu la révélation selon laquelle Dieu est unique et, de fait, les croyants doivent tous se soumettre à Sa volonté. La classe dirigeante polythéiste de La Mecque n'apprécia guère ce nouveau dogme et le Prophète fut chassé de la ville le 16 juillet 622.

Cette hégire (ou fuite) aida Mahomet à répandre sa parole. À sa mort en 632, les califes arabes (des chefs religieux inspirés par ses enseignements) diffusaient le message de l'islam vers l'Asie centrale et l'Afrique du Nord. Mais des oppositions dans cette région limitèrent leur diffusion et ce ne fut qu'en 682 que le chef omeyyade Oqba ben Nafi atteignit la côte atlantique de l'actuel Maroc. D'après la légende, Oqba déclara qu'il irait porter l'islam jusque dans l'océan si Dieu le lui ordonnait. La mystérieuse reine berbère Al-Kahina, issue d'une tribu des Aurès pratiquant le judaïsme, et ses guerriers le forcèrent à se réfugier en Tunisie. L'islamisation était néanmoins en marche.

Si les forces armées ne parvinrent pas immédiatement à islamiser les Berbères, leur pouvoir de conviction porta malgré tout. L'accent mis par la nouvelle religion sur l'égalité sociale, le devoir, le courage et la loyauté au clan était conforme aux mœurs des tribus locales, selon lesquelles toute personne descendant des équivalents berbères d'Adam et Ève fait partie du clan. Nombre d'entre eux se convertirent aussi à l'islam dans le but de développer le commerce issu des routes caravanières omeyyades. Bien qu'Oqba ait été assassiné par des Berbères avant d'avoir établi une base solide au Maroc, ses successeurs purent, dès le VIIIe siècle, poursuivre l'islamisation du pays, essentiellement par le biais de la diplomatie. L'arabe remplaça peu à peu le latin comme langue officielle.

Persistance de l'islam et transition omeyyade

Les relations entre les Berbères et les Arabes omeyyades ont toujours été compliquées. Si les Arabes respectaient les juifs et les chrétiens en

Grands sites islamiques ouverts aux non-musulmans

- *Mosquée de Tinmel, Haut Atlas*
- *Médersa Bou Inania, Fès*
- *Zaouïa Nassiriya, Tamegroute*
- *Mosquée Hassan II, Casablanca*
- *Médersa Ali ben Youssef, Marrakech*

La reine Al-Kahina avait un don de divination qui pouvait lui donner un avantage face aux Omeyyades : toutefois cela ne suffit pas à changer le cours de son destin, quand ses pouvoirs lui apprirent qu'elle périrait tuée par ses ennemis...

49 av. J.-C.

Le roi nord-africain Juba Ier soutient le général romain rebelle Pompée contre Jules César. Rome s'indigne.

25 av. J.-C. - 23

Rome met un pied en Maurétanie grâce au roi Juba II. Le souverain fait de Volubilis une métropole de 20 000 habitants, berbères pour la plupart, parmi lesquels figure une importante communauté juive.

➡ Ruines à Volubilis (p. 337)

tant que croyants monothéistes, ils n'éprouvaient aucun remords à contraindre les Berbères polythéistes à payer des impôts spécifiques ou à être enrôlé dans l'infanterie.

Les Berbères convertis à l'islam étaient également obligés de payer un tribut à leurs seigneurs arabes. Les kharidjites, "ceux qui se séparent", une branche dissidente de l'islam, critiquèrent alors les abus de pouvoir des Omeyyades, considérant qu'ils pervertissaient la foi, et appelèrent à un nouvel ordre moral. Au milieu du VIIIe siècle, des insurrections se propagèrent dans toute l'Afrique du Nord. Pourtant peu armés, les Berbères défirent la garde d'élite omeyyade. Peu de temps après, cette dynastie arabe était chassée d'Espagne et du Maroc et les nouveaux chefs locaux reprirent à leur compte le commerce extrêmement lucratif de l'argent avec le Sahara oriental, de l'or avec le Ghana et des esclaves avec l'Afrique de l'Ouest. Mais, si l'Afrique du Nord se coupa de l'influence du califat, elle n'en resta pas moins musulmane.

La résilience des Idrissides

L'historien Ibn Khaldoun a observé, au XIVe siècle, que les royaumes berbères tendaient à se développer puis à disparaître selon un schéma identique : la première génération, venue du monde rural, arrive au pouvoir ; la deuxième génération adopte la culture de l'élite urbaine et s'enrichit ; enfin, la troisième génération, grisée par le pouvoir et la richesse, perd toute capacité à se défendre. La dynastie en place cède alors la place à un nouveau chef. C'est là un schéma essentiel pour comprendre l'évolution politique du Maroc, tant du point de vue ethnique que territorial.

La première grande dynastie marocaine appartenait à la famille des Idrissides. Idriss Ier, descendant de Fatima, fille du prophète Mahomet, fuit l'Arabie pour se réfugier au Maroc en 786 après s'être opposé à l'ambitieux calife Haroun al-Rachid qui défit son armée de partisans et massacra toute sa famille. Installé au Maroc, Idriss Ier, érudit et pieux, se fit proclamer imam par les Berbères et unifia le Maroc du Nord au nom de l'islam. En 792, quelques jours seulement après s'être établi à Fès, sa nouvelle capitale, il fut empoisonné par les sbires d'Haroun al-Rachid. Paradoxalement, sa mort renforça son prestige, d'autant que son corps fut retrouvé miraculeusement intact cinq siècles plus tard. Son tombeau, situé à Moulay Idriss, est l'un des sites de pèlerinage les plus fréquentés du Maroc.

Son fils, Idriss II, qui avait échappé aux assassins de son père, étendit le pouvoir de la dynastie sur la totalité du territoire du nord du Maroc ainsi qu'en Europe. À sa mort, ses treize fils se partagèrent le pouvoir. Ce fut certainement la première tentative de monarchie collégiale au Maroc. Ils étendirent le contrôle de la dynastie à l'Espagne

200-429
Les Vandales et les Wisigoths se chassent successivement d'Espagne jusqu'aux rivages du Maroc. Puis les guerriers du Rif les poussent à aller s'installer en Algérie.

533
L'empereur Justinien chasse les derniers Vandales du Maroc, mais son ambition de reconstituer le grand Empire romain ne tarde pas à se réduire à une simple présence à Essaouira, Tanger et Salé.

662-682
Conduits par le chef omeyyade Oqba ben Nafi, les Arabes envahissent le Maghreb et introduisent l'islam. Les Berbères parviennent à chasser les Omeyyades mais conservent le Coran.

711
Le nord du Maroc et la majeure partie de l'Espagne passent sous contrôle omeyyade. Les Berbères sont stratégiquement répartis dans toute l'Andalousie.

FIERTÉ BERBÈRE CONTRE PRÉJUGÉS

Malgré une riche tradition poétique, musicale et artistique qui remonte à 5 000 ans av. J.-C., les Berbères (communément appelés Imazighen, pluriel d'Amazigh qui signifie "homme libre") ont souvent été sous-estimés car leur langue, divisée en différents dialectes, n'était pas unifiée. Pendant 250 ans, les Romains tentèrent de s'accaparer le territoire des Imazighen et d'imposer leurs règles, mais leur conquête resta limitée.

Au XIXe siècle, le protectorat instaura le français comme langue officielle du Maroc pour limiter les pouvoirs locaux. Le symbolisme subtil de l'art berbère ainsi que la médecine traditionnelle furent relégués au rang de superstitions. De plus, les classes instruites furent encouragées à refouler et renier leurs racines berbères. Les langues et les traditions des Imazighen ont toutefois survécu et le mouvement culturel berbère a récemment demandé l'emploi du terme "berbère" comme référent générique.

Après l'indépendance (1955-1956), l'arabe devint la langue officielle, mais le français continue d'être amplement pratiqué au sein de l'élite marocaine, et le darija est le dialecte d'arabe marocain couramment employé. Jusque dans les années 1980, l'écriture en berbère était censurée au Maroc. Grâce au soutien du roi Mohammed VI, lui-même d'origine berbère, l'ancien alphabet tifinagh, apparu à peu près à la même époque que les hiéroglyphes égyptiens, a été réhabilité en 2003, et une version modernisée de cet alphabet est désormais enseignée dans certaines écoles comme écriture berbère de référence.

Plus de 60% des Marocains se revendiquent dorénavant Amazighs ou Berbères, et 8,5 à 10 millions d'entre eux parlent l'une ou l'autre langue berbère. La fierté d'appartenir à la communauté berbère est maintenant acceptée au Maroc. Ainsi la création officielle de la Chaîne Amazigh, qui propose des programmes télévisés et radiophoniques dans trois langues amazighes encourage cette reconnaissance. L'administration qui refusait jusqu'à récemment les prénoms amazighs au motif qu'ils n'étaient pas "typiquement marocains" a finalement accepté les requêtes des parents de culture berbère, suite au scandale provoqué par cette révélation.

et firent ériger les mosquées de Fès : la mosquée Karaouine (p. 287) et la mosquée des Andalous.

Les Almoravides : de farouches guerriers

Alors que le nord du Maroc se développait sous la dynastie des Idrissides en une véritable puissance économique, le sud du pays vit l'émergence d'un mouvement dissident de l'islam dans la région de Salé, qui revendiquait sa propre version berbère du Coran. Cet islam apocryphe nommé barghouata fut pratiqué pendant des siècles par les Berbères de la région. Par ailleurs, les militaires chargés de contrôler les avant-postes commerciaux dans les montagnes de l'Atlas et le Sahara faisaient payer

788-829
L'islam s'enracine au Maroc sous Idriss Ier et Idriss II, qui font de Fès le symbole de l'art, de l'architecture et de la culture islamique, ainsi que la capitale de leur empire.

VIIIe siècle
Les califats arabes contrôlent un territoire qui s'étend sur une grande partie de l'Europe de l'Ouest, jusqu'à Poitiers.

1062
Conseillé par son épouse, l'avisée Zeinab, le dirigeant berbère Youssef ibn Tachfin fonde Marrakech, d'où les Almoravides partiront à la conquête de l'Afrique du Nord et de l'Europe.

1069
Après s'être emparé de Fès, les Almoravides commencent de grands travaux : installation de l'eau courante et construction de moulins, hammams et jardins.

ce qu'ils appelaient des "aumônes" - un pseudo-terme religieux pour désigner une taxe qui ne trompa personne et provoqua la colère chez les fidèles.

Ce mécontentement entraîna le soulèvement des Sanhajas, une tribu berbère très pieuse du Sahara, qui fonda la dynastie des Almoravides. Alors que les princes idrissides se disputaient le contrôle de l'Espagne et du nord du Maroc, les Sanhajas s'engouffrèrent dans le sud du pays à partir du Sénégal et de la Mauritanie actuels. Subsistant essentiellement grâce à la viande et au lait de ses troupeaux de chameaux, cette tribu portait des vêtements de laine sous le soleil brûlant du désert, ne consommait pas de vin et interdisait la polygamie et la musique. Les Sanhajas se couvraient le visage d'un voile sombre, encore porté aujourd'hui par les Touaregs, les légendaires "hommes bleus" du désert. Lorsque ces hommes arrivèrent, sous le commandement de Yahya ibn Oumar et de son frère Abou Bakr, aux avant-postes chiites et barghouatas, ils détruisirent les maisons closes et les instruments de musique, et se débarrassèrent de leurs adversaires.

Langues berbères du Maroc

Tachlahit	*centre du Maroc*
Tamazight	*Moyen Atlas*
Tarifit (rifain)	*Rif*
Touareg (tamashek)	*Sahara*

De Marrakech à Barcelone

En 1061, après la mort de Yahya, Abou retourna dans le Sahara pour apaiser des disputes internes à la tribu, laissant le contrôle des opérations militaires à son cousin Youssef Ibn Tachfin depuis un camp qui allait devenir Marrakech la magnifique. Pour épargner à son épouse la rude vie dans le désert, Abou Bakr divorça de la brillante Zeinab et organisa le remariage de celle-ci avec son cousin. Considérée aujourd'hui comme un geste dicté par l'honneur, cette manœuvre était en fait stratégique : rien ne pouvait désormais résister aux Almoravides, placés sous la houlette du guerrier Tachfin et de son épouse, conseillère avisée.

Le site www.bladi.net propose de nombreuses informations sur l'histoire et la culture marocaines.

Les Almoravides mirent du temps à s'habituer à leur nouvelle capitale, cernée de montagnes et de rivaux berbères, et à la végétation clairsemée. Ils construisirent des remparts de 8 m de haut et 19 km de long autour de la ville, et réalisèrent une *khettara*, un ingénieux système d'irrigation souterrain qui alimente encore aujourd'hui la palmeraie ponctuée de riches villas, située à l'extérieur de Marrakech. À Fès, les communautés juive et andalouse prospérèrent sous le règne d'ibn Tachin qui se révéla fin diplomate et brillant stratège militaire. En Espagne, ses alliés musulmans réclamèrent son intervention, se plaignant que les princes chrétiens et musulmans s'y livrent à l'extorsion et à la débauche. À 80 ans, ibn Tachfin mena ainsi ses dernières campagnes militaires qui renforçèrent le contrôle almoravide de l'Andalousie jusqu'aux frontières de Barcelone.

1082

Le joug almoravide s'étend au sud jusqu'au Ghana et à Tombouctou, à l'est jusqu'à Alger, et au nord de Lisbonne à l'Èbre en Espagne, près de Barcelone.

1121-1130

Mohammed Ibn Tumart, chef spirituel almohade, condamne le penchant almoravide pour la musique et le vin, et approuve l'organisation politique basée sur une Constitution écrite.

SARA-JANE CLELAND/GETTY IMAGES ©

➡ Nomade berbère fabriquant un four en terre

Les bâtisseurs Almohades

Succéder à Youssef Ibn Tachfin ne fut pas une tâche aisée. Son fils Ali, issu d'une union avec une chrétienne, se dévoua tout comme son père à la prière et au développement de ses territoires. Mais, alors même que le jeune Ali réalisait des miracles d'architecture et d'innovation, en particulier l'irrigation des terres de Marrakech, les Almohades s'organisaient en une communauté extrêmement puissante au-delà de la ville.

D'après les historiens almohades de l'époque, Ali commit deux erreurs : il laissa les femmes participer au pouvoir (il nomma son épouse parmi ses conseillers) et autorisa les chrétiens à consommer de l'alcool. Cette dernière eut de lourdes conséquences. Pendant ses périodes de retraite pour prier et jeûner, ses conseillers et les militaires étaient en charge du gouvernement. Cependant, les troupes almoravides chrétiennes étaient plus occupées à fréquenter les marchands de vin de Marrakech qu'à défendre la ville.

Avec *Histoire du Maroc* (Perrin, 2009), Michel Abitbol écrit une synthèse de l'histoire du Maroc, de l'Antiquité à nos jours. Il met en lumière la richesse humaine du pays en soulignant les apports respectifs des communautés berbère, arabe, juive et européenne à la civilisation marocaine.

Les horions d'Ibn Tumart

Issu de l'Atlas, Mohammed Ibn Tumart était le chef sprirituel de la dynastie almohade ; c'est d'ailleurs sa foi en l'Unité de Dieu comme principe religieux fondateur qui donna son nom à la dynastie (de *Mouhidoun* qui signigie "les unitaires"). Il avait la réputation, notamment à Meknès et à Salé, d'être un personnage violent et intransigeant, n'hésitant pas à détruire lui-même les tonneaux de vin, les instruments musicaux et à battre les hommes et les femmes qui avaient l'audace de marcher ensemble dans la rue. Ibn Tumart fut finalement banni de Marrakech en 1120 pour avoir fait chuter de cheval la propre sœur d'Ali.

Après sa mort, les Almohades réussirent néanmoins, en 1145, à s'emparer de Fès après un siège de 9 mois. La ville fut détruite et ce qui restait de la cour royale exterminé (Ali était décédé en 1144 aussi paisiblement qu'il avait vécu). Leur premier projet consista à rebâtir la mosquée Koutoubia de Marrakech, que les architectes almoravides n'avaient pas correctement orientée vers La Mecque. Ils lui ajoutèrent également un minaret en pierre pour parfaire ce modèle de géométrie, ainsi que des ornements d'architecture arabo-andalouse (voir p. 50).

Bâtie en 1156 dans le Haut Atlas, en l'honneur d'Ibn Tumart, la mosquée de Tinmel demeure un exemple d'architecture de cette époque.

Au VIIIe siècle, le règne des califes arabes s'étendait sur une grande partie de la péninsule Ibérique.

Édifices dynastiques

Après la vacance du pouvoir, une lutte sanglante opposa les fils d'Ibn Tumart et ceux de ses généraux. Elle ne s'acheva qu'en 1185 lorsque Abou Youssef Yacoub, le jeune fils du gouverneur musulman de Séville et de Valence conduisit ses ennemis dans le désert, au sud du Maroc. Il gagna

1147

Après deux ans de siège, les Almoravides sont finalement défaits par les Almohades, qui détruisent complètement Marrakech. Yacoub al-Mansour fait reconstruire la ville.

1199

Un vaste territoire qui s'étend de Tripoli à l'Espagne est consolidé sous la gouvernance almohade.

1276

Un vent de changement souffle avec l'arrivée des Berbères zenatas. Ils chassent les Almohades et établissent la dynastie des Mérinides grâce à des manœuvres militaires et des alliances stratégiques.

1324-1352

Ibn Battuta, aventurier né à Tanger, prend la suite de Marco Polo, voyageant du Mali à Sumatra et jusqu'en Mongolie. Il rédige *Rihla*, le récit de ses voyages.

tant de batailles contre les princes d'Espagne qu'il fut surnommé el-Mansour, ou "le Victorieux". Il fit ériger l'Alcazar et la Giralda à Séville, sur le modèle du minaret de la Koutoubia, et réorganisa Marrakech en une capitale almohade et en un centre d'enseignement, rivalisant ainsi avec Fès. Il fonda la ville de Rabat, qui lui doit son nom signifiant "Camp de la foi" (*Ribat el Fath*), y érigeant des remparts, la casbah des Oudaïas et la monumentale porte Bab er Rouah.

Ainsi très versé en urbanisme, il fit bâtir à Fès 93 hammams, 47 fabriques de savon et 787 mosquées dotées de bassins dédiés aux ablutions. Yacoub el-Mansour sut également s'entourer d'intellectuels et d'esprits brillants, notamment Ibn Rachid, lecteur d'Aristote, ainsi que le maître soufiste Sidi Bel-Abbès. Son règne est encore regardé aujourd'hui comme l'un des plus importants et prestigieux de l'histoire marocaine ; mais, malgré son ouverture d'esprit apparente, plusieurs synagogues furent détruites sous son règne.

Grandes dynasties marocaines

Idrissides VIIIe-Xe siècle

Almoravides XIe-XIIe siècle

Almohades XIIe-XIIIe siècle

Mérinides XIIIe-XVe siècle

Saadiens XVIe-XVIIe siècle

Alaouites du XVIIe siècle à nos jours

La chute des Almohades

Au XIIe siècle en Europe, la persécution des hérétiques, véritable chasse aux sorcières, se déployait sous l'autorité du pape Innocent IV. En Espagne, l'archevêque Bernard de Tolède s'emparait de la mosquée de la ville, faisait alliance avec les rois castillans d'Espagne pour partir en croisade contre les chefs arabes.

Ces derniers n'étaient guère en mesure de pouvoir riposter. Le nouveau calife, fils de Yacoub, âgé de 16 ans était incapable d'assumer les responsabilités religieuses qui lui incombaient. Préférant s'adonner à la tauromachie, il fut blessé à mort.

Al-Mamoun, second fils de Yacoub el-Mansour, s'allia avec ses persécuteurs et s'en prit à son propre peuple, essayant désespérément de conserver l'empire constitué par son père. Le jeune calife, avant de mourir prématurément, ruinera l'honneur des Almohades en annonçant depuis le minbar (la chaire) de la Koutoubia qu'Ibn Tumart n'était pas un véritable *mahdi*, ou envoyé de Dieu, et que ce titre revenait à Jésus Christ.

Noces et funérailles : les Mérinides

La défaite des Almohades fut complète lorsque les Berbères zenatas (Zénètes, ou Iznaten, groupe de populations berbères) envahirent Marrakech, leur capitale, en 1269, après les avoir chassés de Meknès, de Salé, de Fès et des rivages de l'Atlantique. Les Zenatas parvinrent parallèlement à rallier à leur cause plusieurs érudits religieux en leur promettant un nouvel ordre moral sous la dynastie des Mérinides, du nom de la tribu saharienne des Béni Mérine. Ils entreprirent par ailleurs de construire une médersa (école coranique) dans chacune des grandes

1348

Les rivages méditerranéens de l'Afrique du Nord sont frappés par la peste et les royaumes mérinides s'effondrent. Le pouvoir est laissé aux mains d'opportunistes.

1377

À l'université Karaouine de Fès, Ibn Khaldoun, historien et philosophe, écrit une histoire moderne du Moyen-Orient, la *Muqaddimah*.

1415

Le prince portugais Henri le Navigateur se lance à la conquête des ports du Maroc.

1480-1492

Ferdinand et Isabelle, les Rois Catholiques, prennent le contrôle de l'Espagne, et intensifient les persécutions contre les musulmans et les juifs. C'est la Reconquête.

villes qu'ils conquirent et ce grâce aux taxes imposées aux chrétiens et aux juifs. En échange, ils permirent à ces communautés de pratiquer des activités commerciales essentielles et embauchèrent des mercenaires chrétiens et des conseillers politiques juifs afin de les aider à gérer l'État.

Cependant, Fès se révolta et Salé tomba aux mains des chrétiens castillans. Les Mérinides s'allièrent aux princes castillans contre les dirigeants arabes de Grenade afin de consolider leurs intérêts espagnols. Cette fois, cette stratégie fut un échec. Dès le XIVe siècle, l'Espagne musulmane redevenait chrétienne et le détroit de Gibraltar était confisqué aux Mérinides. Durant l'Inquisition qui suivit, plus d'un million de musulmans et de juifs furent chassés de la péninsule Ibérique.

Ne pouvant user de leur puissance militaire ou de leur droit religieux pour renforcer leurs titres impériaux, les Mérinides usèrent d'alliances matrimoniales. Au XIVe siècle, les dirigeants mérinides parvinrent à neutraliser leurs ennemis en épousant les princesses de Grenade et de Tunis, ce qui leur permit de récupérer les villes d'Alger, de Tripoli et le port stratégique de Ceuta.

Peste noire et sanglantes successions

Ces alliances ne résistèrent pas longtemps à l'épidémie de peste bubonique qui se répandit en 1348 à travers toute l'Afrique du Nord méditerranéenne. Abou Inan, fils du chef mérinide Abou Hassan, profita de la confusion pour s'autoproclamer nouveau dirigeant, alors que son père était encore en vie. Les tentatives de son père Abou Hassan pour récupérer le pouvoir se soldèrent par la mort de celui-ci. Abou Inan inhuma son père dans la nécropole royale mérinide située à côté de Rabat en 1351 et l'y rejoignit sept ans plus tard, après avoir été assassiné par son propre vizir.

"Celui qui tue par l'épée périra par l'épée"

Ce proverbe évoque admirablement les luttes intestines qui se sont succédé dans le clan des Mérinides pendant 40 ans. Ainsi l'assassin d'Abou Inan massacra la dynastie dirigeante jusqu'à ce qu'Abou Salim Ibrahim rentre d'Espagne et tente d'arrêter le vizir meurtrier. Ce dernier, pour tenter d'amadouer le dirigeant, lui offrit sa sœur en mariage. Au final, il décapita Abou Salim juste après les noces et le remplaça par un nouveau chef mérinide qu'il assassina également. Le vizir fut finalement lui-même assassiné en 1361 par un autre Mérinide. Ces interminables querelles de succession, à Meknès et à Fès, permirent aux Portugais de s'emparer de la côte marocaine.

Au XIIe siècle, une grande partie du Portugal, dont Lisbonne, était sous la domination des arabes. Mus par un désir de revanche sur cette époque de joug, les Portugais n'eurent pas de mal à contrôler les zones

1497-1505
Les ports marocains, de Melilla à Agadir, sont occupés par les Anglais, les Portugais, les Espagnols et les pirates.

1498
Pour fuir l'Inquisition ou éviter la conversion, de nombreux juifs et musulmans d'Europe s'exilent au Maroc.

1525
Telle une tornade de vent chaud du désert, les Berbères de Beni Saad s'emparent des possessions européennes et ottomanes au Maroc et fondent à Marrakech la dynastie des Saadiens.

1578
Durant la bataille des Trois Rois, des Saadiens combattent aux côtés des Portugais. Les hostilités font plus de 8 000 morts et marquent l'anéantissement de la classe dirigeante portugaise.

marocaines grâce à leurs avantages techniques et leur flotte navale bien armée. Contrairement à d'autres envahisseurs qui cherchaient à prendre le contrôle des routes commerciales du Sahara par voie terrestre, ils s'emparèrent des principaux ports des côtes méditerranéenne et atlantique. Ils damèrent ainsi le pion aux Berbères restés à l'intérieur des terres en s'introduisant directement en Afrique de l'Ouest pour y chercher de l'or et des esclaves, nécessaires à la consolidation de leur empire grandissant.

Caravanes sucrières

À mesure que les échanges commerciaux qui transitaient par le Sahara se réduisaient, la situation des populations devenait intenable. Autrefois région opulente, l'intérieur du pays et Marrakech furent dévastés par les famines. La tribu berbère des Beni Saad, dans la vallée du Drâa, lança l'assaut sur les Portugais. Après plusieurs victoires successives contre leurs rivaux européens, berbères et ottomans, les Saadiens contrôlèrent entièrement le commerce (or, esclaves, ivoire, sucre et même plumes d'autruche).

Le développement et l'exportation de production comme la canne à sucre, qu'ils vendaient à prix d'or aux cours européennes, permirent aux Saadiens d'acheter des armes en Europe et de développer une industrie prospère. Les armes ainsi acquises permirent aux Saadiens de lutter efficacement contre les envahisseurs portugais, comme à Agadir en 1541.

À la tête des Saadiens pendant cette époque glorieuse, le sultan Ahmed el-Mansour ed-Dahbi, surnom qui signifie "le Victorieux et riche en or". Le sultan avait fait orner son palais el-Badi, à Marrakech, d'or et de joyaux du sol au plafond. Après sa mort, ses successeurs désossèrent le palais jusqu'aux fondations d'argile, encore visibles aujourd'hui. Le patrimoine des Saadiens n'a pas tout à fait disparu : on peut admirer leurs tombes de marbre dorées à la feuille à Marrakech.

Mellahs (quartiers juifs) historiques

- *Tamnougalt*
- *Demnate*
- *Fès*
- *Zagora/Amezrou*
- *Essaouira*
- *Marrakech*

La naissance des mellahs

Fuyant l'Inquisition et son cortège de violence, de nombreux juifs d'Europe trouvèrent une paix relative en s'installant dans les territoires contrôlés par les Saadiens. Ces derniers les autorisaient à faire commerce de sel et de sucre. Contrairement aux souverains européens, les Mérinides et les Saadiens offrirent à cette communauté une certaine sécurité en créant les premiers quartiers juifs à Fès et à Marrakech, nommés mellahs, nom dérivé du mot arabe signifiant "sel". Cette protection se révélait rentable pour les autorités qui prélevaient des taxes sur les commerces des juifs et des chrétiens. Certains Juifs marocains accédèrent même au poste de conseillers du roi, et dans les tombes saadiennes de Marrakech, ils sont parfois enterrés plus près des souverains que les membres de la famille.

1591	1610-1614	1659-1666	1662
À la tête de 4 000 mercenaires européens, Ahmed al-Mansour ed-Dahbi traverse le Sahara et défait une armée de 40 000 hommes. Il prend le contrôle de Tombouctou.	Ancien avocat, Henry Mainwaring fonde la République des pirates de Masmouda, près de Rabat, et pille la morue canadienne, le poisson salé français et le vin portugais. Il est par la suite élu au Parlement britannique.	Les Alaouites mettent un terme à des années de guerre civile et parviennent à instaurer une paix fragile avec les pirates barbaresques (la Barbarie désigne alors l'Afrique du Nord), qui contrôlent les ports.	Le Portugal cède la ville de Tanger – détenue depuis le mariage de Catherine de Bragance avec le roi Charles II d'Angleterre – aux Anglais. Après un long siège, les Marocains reprennent la ville deux ans plus tard.

Autorisés dans la journée à vendre aux côtés des commerçants chrétiens et musulmans le sel, le sucre et l'or, autant de matières précieuses qui avaient traversé le Sahara, les marchands juifs étaient la nuit confinés dans leurs quartiers, sous la surveillance des autorités. Lorsque les mellahs de Fès et de Marrakech ne purent accueillir davantage d'habitants, d'autres quartiers furent fondés à Essaouira, Safi, Rabat et Meknès. L'artisanat qui se développa dans ces villes existe encore aujourd'hui. Les mellahs ont aussi marqué de leur influence la cuisine marocaine, avec en particulier l'ajout d'épices et d'ingrédients marinés.

Moulay Ismaïl eut pour correspondants Jacques II d'Écosse et Louis XIV et tenta, dans ses courriers, de convertir le Roi Soleil à l'islam..

Piraterie et politique : l'émergence des Alaouites

Fragilisée par des luttes de succession, la dynastie saadienne s'effondra au XVIIe siècle et les guerres civiles se succédèrent jusqu'à l'arrivée des Alaouites, dynastie descendant du prophète Mahomet et dont l'actuel roi Mohammed VI est issu. Le terrifiant Moulay Ismaïl, dont le règne – l'un des plus longs et brutaux du Maroc – dura de 1672 à 1727, est probablement le plus connu des Alaouites, mais aussi le plus cruel.

N'hésitant pas à employer la torture et prenant plaisir à faire couler le sang, ce despote, dont les revenus provenaient essentiellement de la piraterie, était également un homme lettré, père de centaines d'enfants, et très apprécié par ses pairs européens. Il installa son pouvoir à Meknès qu'il fortifia de 25 km de murs d'enceinte et où il constuisit des mosquée et des palais réalisés par des artisans chrétiens. La rumeur raconte que lorsque les ouvriers eurent terminé leur travail, certains furent emmurés vivants.

Pour réviser vos connaissances sur l'actualité marocaine, la société, la culture berbère et la politique nord-africaine, consultez les sites www.magharebia.com et www.jeuneafrique.com.

Les Barbaresques

Durant plus de trois siècles, les pirates barbaresques (de Barbarie, nom donné au Moyen Âge à l'Afrique du Nord), firent régner la terreur en Méditerranée et au-delà. Nombre d'entre eux étaient des Morisques, d'anciens musulmans espagnols convertis de force au catholicisme, et plutôt mal disposés envers le pouvoir madrilène. C'est ainsi qu'ils s'allièrent aux Hollandais contre les Espagnols. Au XVIIe siècle, les Barbaresques naviguèrent jusqu'à l'Irlande, le pays de Galles, l'Islande et Terre-Neuve. Plus communément, ils sillonnaient les côtes du Portugal, d'Espagne et du Maroc à la recherche de navires à piller.

Comme d'autres souverains, le sultan Moulay Ismaïl profitait de la piraterie pour renflouer ses caisses. Prélevant au début un simple pourcentage, il finit par s'octroyer plus de la moitié des butins, avant de prendre le contrôle des opérations et de garder la totalité des marchandises et des prisonniers. Ces derniers étaient échangés contre

1672
Moulay Ismaïl monte sur le trône et devient l'un des plus grands sultans marocains. Son règne dure 55 ans. La dynastie des Alaouites qu'il représentait est toujours aujourd'hui à la tête du royaume.

XVIIIe siècle
Les Alaouites rebâtissent Sijilmassa, ancien comptoir marchand du désert, qui est presque aussitôt rasé par les guerriers berbères Aït Atta. Il n'en subsiste que deux arcs de triomphe.

1757-1790
Sidi Mohammed III avance en direction de la côte pour reconstruire Essaouira et reprendre le contrôle des ports de l'Atlantique. À l'intérieur des terres, les cités de Fès et de Meknès amorcent leur déclin.

HUW JONES/GETTY IMAGES ©

Tombeaux saadiens (p. 55), Marrakech

une rançon, parfois relâchés après une période d'esclavage ou encore rejoignaient les rangs des pirates.

Temps de troubles et de prédation

Formée d'esclaves africains, les *abîd*, la "garde noire", pilier du pouvoir de Moulay Ismaïl, forte de 50 000 à 70 000 combattants, se révolta après la mort du despote en 1727. Aucun de ses descendants ne lui succédera. La piraterie et la politique devinrent les deux mots d'ordre de l'empire aux XVIIIe et XIXe siècles. Les pirates contrôlaient les principales zones portuaires marocaines avec l'aval des dirigeants. Tous les bateaux et leurs marchandises qui passaient par le détroit de Gibraltar et le long de la côte atlantique était susceptibles d'être piratés.

À la fin du XVIIIe siècle, Sidi Mohammed ben Abdallah mit fin à la piraterie et se refusa à tout accord non légal avec les puissances étrangères. Sur le plan financier, les résultats furent désastreux. Il fit néanmoins construire la ville d'Essaouira, ancienne Mogador, selon les plans de l'architecte français Théodore Cornut. Il fut aussi le premier souverain à reconnaître l'indépendance des États-Unis. Parallèlement, la peste et la sécheresse sévirent sur le Maroc, dont l'avenir semblait alors sérieusement compromis.

Le Maghreb à l'épreuve de la colonisation de Daniel Rivet (Hachette, 2002) retrace l'histoire de la colonisation et permet de mesurer son impact sur les sociétés marocaine, algérienne et tunisienne.

La mainmise européenne

Le sultan Moulay Abderramane, dans les années 1820, choisit de se rapprocher des Européens en concluant des accords commerciaux avec le Portugal, l'Angleterre et la France, tout en soutenant à nouveau la guerre de course (contre des navires européens !). En parallèle, la France qui se lançait à la conquête de l'Algérie (et devait combattre les armées de l'émir Abd el-Kader) cherchait à obtenir la neutralité du Maroc et à s'allier avec les Berbères de toute l'Afrique du Nord contre les Ottomans. C'est dans ce contexte que le peintre Eugène Delacroix séjourna au Maroc en 1832. En 1844-1845, le Maroc acceptait plusieurs accords avec la France qui lui interdisait de soutenir l'Algérie. L'Espagne, quant à elle, après des siècles de guerre contre les Marocains, parvint en 1860 à s'accaparer des territoires dans le nord du pays, profanant tombes, mosquées et autres sites sacrés à Melilla et à Tétouan. L'Espagne signa avec la France une clause secrète délimitant deux zones d'influence : le partage du pays commençait.

Affaiblis par les menaces européennes, les Alaouites oublièrent l'une des règles de la diplomatie marocaine, à savoir ne jamais négliger les alliances avec les Berbères. À la fin du XIXe siècle, le sultan Moulay Hassan tenta de s'allier le soutien des tribus du Haut Atlas mais il était trop tard. La contestation dans les cités marocaines et dans les bastions berbères de l'Atlas était devenu récurrente. Moulay Hassan mandata de

1767-1836
Le Maroc accorde au Danemark le monopole du négoce à Agadir et à Safi ; à la France et aux États-Unis, une licence pour faire du commerce au Maroc.

1777
Un siècle après la destruction de Tanger, le Maroc prend sa revanche sur l'Angleterre en étant le premier à reconnaître l'indépendance des États-Unis d'Amérique.

1830
La France s'empare de la côte algérienne et fait pression sur le sultan marocain pour qu'il cède le pouvoir, en contrepartie d'une protection sur le littoral contre les assauts des Ottomans.

1860
L'Espagne parvient finalement, après 700 ans, à s'établir dans le nord du Maroc.

puissants chefs berbères pour reprendre le contrôle de la région. Certains d'entre eux, pariant sur la fin de son règne, passèrent des accords directs avec les Européens.

Le temps des zones franches

À la mort du sultan en 1873, son jeune successeur fit voter d'historiques lois anti-discrimination pour impressionner les dirigeants européens et tenta de moderniser son pays, mais tout cela en vain. D'autant que les rivalités entre pays européens eurent des répercussions sur le royaume, qui devint une proie facile. À partir de 1880, Européens et Nord-Américains établissèrent leur comptoir à Tanger, qui fut déclarée "zone internationale".

La Grande-Bretagne s'appropria des territoires côtiers stratégiques en Égypte, ainsi que le canal de Suez. La France étendit ses possessions de

LES JUIFS MAROCAINS : 2 000 ANS D'HISTOIRE

Paysans, ferronniers, teinturiers, souffleurs de verre et relieurs composaient la communauté berbère juive, solidement implantée au Maroc dès le Ier siècle apr. J.-C. Les Mérinides créèrent le premier mellah (quartier juif) à Fès, où artisans et commerçants juifs exclus de certains métiers et corporations dans l'Europe médiévale purent travailler. Taxés par la dynastie au pouvoir lorsque les affaires étaient prospères, blâmés lorsqu'elles ne l'étaient pas, les Juifs marocains firent mieux que subsister sous les Mérinides et les Saadiens, alors qu'en Europe la communauté juive faisait face à l'Inquisition et aux persécutions.

Du XVIIe au XIXe siècle, sous la dynastie alaouite, la politique envers les Juifs marocains fut à double tranchant : d'un côté, au XIXe siècle, il était relativement facile pour un juif de devenir commerçant, homme d'affaires, et même ambassadeur ; de l'autre, les taxes, la surveillance et les actes sporadiques de violence étaient monnaie courante. Mais dans les mauvaises périodes comme dans les bonnes, les Juifs marocains restèrent au Maroc.

En 1948, quelque 300 000 Juifs marocains vivaient au Maroc. À la création des États marocain et israélien, nombre d'entre eux quittèrent le pays et l'on estime qu'aujourd'hui, entre 3 000 et 8 000 vivent encore au Maroc, principalement à Casablanca. En 2003, l'alliance juive ainsi que des commerces juifs furent la cible d'attentats qui coûtèrent la vie à 33 personnes et en blessèrent des dizaines. Casablanca abrite le musée du Judaïsme marocain, récemment agrandi.

Sous la gouvernance du roi actuel, les écoles juives sont désormais financées par l'État, et quelques juifs expatriés, qui ont accepté l'invitation de retour au Maroc de la part de Mohammed VI, contribuent à la renaissance du mellah d'Essaouira. Cependant, ceux qui perpétuent véritablement l'héritage juif sont le million de Juifs marocains de la diaspora, ainsi que les voyageurs intéressés par leur culture. Ils permettent aux traditions et aux fêtes juives marocaines de se perpétuer et au patrimoine d'être conservé.

1880

La France, la Grande-Bretagne, l'Espagne et les États-Unis, réunis à Madrid, reconnaissent la souveraineté du Maroc mais gardent leurs avantages commerciaux sur le territoire.

1906

Les accords d'Algésiras partagent l'Afrique du Nord entre puissances européennes – sauf l'Allemagne, absente de la table des négociations.

1912

Le traité de Fès fait du Maroc un protectorat français dont la capitale est Rabat. Le chef berbère Thami el-Glaoui est nommé quelques années plus tard gouverneur (pacha) de Marrakech.

1921-1926

Conduits par Abd al-Krim, les dirigeants berbères se soulèvent contre les Espagnols. La bataille du Rif met fin à l'occupation espagnole.

l'Algérie à l'Afrique de l'Ouest, l'Italie s'attribua la Libye, et l'Espagne, grande perdante, récupéra la région du Rif, connue pour ses rébellions, et une partie du désert. En 1906, la conférence d'Algésiras plaça le Maroc sous le contrôle international et accorda à la France des droits spéciaux. L'Allemagne, qui contesta cette nouvelle répartition, annonça son soutien au Maroc dans sa lutte pour l'indépendance. L'affrontement entre les nations européennes s'annonçait déjà.

Lyautey : le ciel et les sables sont grands d'Arnaud Teyssier (Perrin, 2004) retrace la vie passionnante de celui que l'on considère comme le constructeur du Maroc moderne.

Le protectorat français

Les droits spéciaux accordés durant la conférence d'Algésiras à la France lui permettaient de contrôler les banques, les douanes et la police, lui octroyant de fait de grands pouvoirs. En 1912, le sultan capitula et signa le traité de Fès qui faisait du Maroc un protectorat français. Déchu de ses prérogatives politiques, le sultan n'avait plus qu'un rôle de représentation. Plus de 100 000 colons, fonctionnaires et entrepreneurs français s'installèrent au Maroc. Sous la conduite du résident général Louis Hubert Lyautey, les infrastructures furent modernisées pour accueillir et faire fructifier les intérêts français.

Des villes nouvelles furent créées, un réseau de routes et de lignes ferroviaires fut construit à travers le pays, ainsi que des centrales électriques. Un système d'irrigation fut mis en place pour l'agriculture. Les colons s'installèrent dans des enclaves modernes, avec leurs écoles et leurs églises. Loin de vouloir établir des ghettos réservés aux Occidentaux, à l'écart de la population locale, ces constructions étaient éloignées des médinas dans le but de ne pas dénaturer le patrimoine et le mode de vie des Marocains. Concevant le protectorat comme une aide et non une invasion, Lyautey voulait favoriser et conserver les particularités culturelles, les coutumes, l'art et la religion du pays ; c'est pourquoi il fit notamment fermer les mosquées aux non-musulmans, mesure encore en vigueur aujourd'hui.

Histoire du Maroc depuis l'indépendance (La Découverte, 2010), de Pierre Vermeren, est une bonne synthèse d'un demi-siècle d'histoire marocaine (1956-2006), avec une introduction sur le Maroc de 1912 à 1956.

Le maréchal Lyautey, fort de son expérience des comptoirs coloniaux au Vietnam, à Madagascar et en Algérie, renforca le protectorat en misant sur l'entreprise et l'économie. Sur le plan politique, les Berbères n'étaient pas considérés comme des alliés, Lyautey préférant s'unir aux Espagnols si nécessaire.

Sursauts nationalistes

À la mort du sultan Youssef, mis au pouvoir par la France, son fils de 18 ans, Mohammed V, lui succéda. Lyautey et l'administration française n'imaginaient pas les desseins nationalistes du jeune souverain et encore moins les désirs d'indépendance du peuple marocain. Des grèves éclatèrent dans les mines, et les syndicats s'organisèrent, menaçant le commerce colonial français. Parallèlement, les Berbères commencèrent

1942
Pendant le régime de Vichy, Casablanca accueille les troupes américaines engagées dans la campagne nord-africaine. Cet épisode déterminera l'appui des États-Unis à l'indépendance du Maroc, 14 ans plus tard.

1943-1945
Tandis que les Alliés luttent en Italie, le général américain Patton fait appel aux goumiers, l'élite des guerriers des montagnes. Attaquant la nuit, ils facilitent la progression alliée en Toscane.

1944-1953
Les nationalistes marocains revendiquent leur indépendance. Favorable à celle-ci, Mohammed V est exilé à Madagascar par les autorités françaises.

1955-1956
Le protectorat français prend fin et le Maroc devient indépendant. Mohammed V rentre d'exil et monte sur le trône. L'Espagne cède la plupart de ses possessions mais conserve Ceuta et Melilla.

également à contester le pouvoir des colonisateurs. En 1921, le Rif, sous le commandement d'Ibn Abd el-Krim el-Khattabi, se souleva contre l'Espagne et la France. Il fallut 5 ans et le déploiement de 300 000 soldats (espagnols et français confondus) pour capturer le chef rebelle et l'exiler.

La France nomma le chef militaire berbère Thami el-Glaoui pacha de Marrakech et se fit par la même occasion beaucoup d'ennemis. Le titre de pacha impliquait de nombreux pouvoirs, y compris les exécutions sommaires et les extorsions de fonds, les enlèvements de femmes et d'enfants. Le sujet de l'indépendance du pays était puni de peine de mort, et le pacha conspira contre Mohammed V en 1953. El-Glaoui mourut peu de temps après le retour d'exil de Mohammed V en 1955.

Pendant la Seconde Guerre mondiale, le Maroc pourtant dans le camp de la France occupée, et allié de ce fait de l'Allemagne, accueillit en 1942 à Casablanca des forces américaines qui participèrent à la campagne nord-africaine des Alliés. En 1944, le parti marocain Istiqlal, qui réclamait l'indépendance du pays, trouva du soutien auprès des Américains et des Britanniques. Sous la pression croissante des Marocains et des Alliés, la France finit par autoriser en 1955 le retour d'exil de Mohammed V et le Maroc parvint à négocier son indépendance avec la France en 1956 et ses revendications territoriales avec l'Espagne en 1958.

Le scrutin législatif de 2007 – le deuxième de l'histoire du Maroc – a vu l'élection de 34 femmes, soit 10,4% de l'ensemble des sièges. Un pourcentage à peine supérieur à celui des États-Unis, qui ont organisé 110 élections parlementaires depuis leur indépendance.

L'indépendance : des débuts difficiles

À la mort de Mohammed V, décédé d'une crise cardiaque en 1961, son fils le roi Hassan II lui succéda. Son pouvoir était chancelant, l'économie était au point mort et des élections divisaient même les nationalistes. Le nouveau souverain consolida son pouvoir en interdisant toute opposition. Le Parlement fut suspendu pendant 10 ans. Le nouveau monarque se lança dans une politique d'investissements : construction de barrages, développement des villes et renforcement de l'administration. L'endettement du Maroc explosa au début des années 1970. Sur le plan politique, tentatives d'assassinat et de coups d'État soulignent les tensions persistantes dans le pays. En 1973, Hassan II lança la Marche verte, qui visait à redonner au Maroc un territoire contrôlé par l'Espagne, le Sahara occidental, région riche en phosphate. Cette stratégie de reconquête d'un territoire revendiqué par le Maroc à l'indépendance permit également au monarque d'affirmer son pouvoir sur la société marocaine.

Dans *Le Nouveau Maroc : Mohammed VI, la transition* (La Découverte, 2009), Pierre Vermeren fait un bilan de la première décennie du règne du sultan marocain.

Les années de plomb

Dans les années 1980, les inégalités s'accrurent entre riches et pauvres. De nouveaux impôts furent levés pour financer le coût de l'occupation du Sahara occidental ; si l'opposition politique était muselée, la société marocaine contestait de plus en plus le régime. Journalistes, syndicalistes, activistes pour les droits de la femme, religieux, ouvriers participèrent

1961

Hassan II succède à son père Mohammed V et fait du Maroc, dès 1962, une monarchie constitutionnelle. Mais les "années de plomb" débutent sur le plan politique, marquées par la répression de l'opposition.

1975

Les Nations unies s'accordent sur l'indépendance du Sahara occidental. Hassan II lance la Marche verte, afin de faire valoir ses prétentions sur la région et ses réserves de phosphate.

1981

Les militaires répriment une révolte qui a débuté à Casablanca et arrêtent opposants et syndicalistes dans tout le pays. La contestation prend de l'ampleur. Finalement les prisonniers politiques seront graciés.

1984

Le Maroc quitte l'Organisation de l'unité africaine pour protester contre l'entrée des représentants du peuple sahraoui. Le Maroc demeure le seul État africain non membre de cette organisation.

à la contestation du pouvoir. De leur côté, les communautés berbères revendiquaient la reconnaissance de leur culture et de leur langue.

En 1981, sur demande du FMI, le gouvernement décida l'augmentation du prix des denrées alimentaires de base. Cela impliquait pour les Marocains vivant avec le salaire minimum de dépenser le tiers de leur salaire dans des produits de première nécessité. Les syndicats ouvriers organisèrent des manifestations qui furent violement réprimées par la police et l'armée. Des chars furent déployés dans les rues de Casablanca. Les victimes se comptèrent par centaines, les blessés par milliers, et environ 5 000 personnes furent arrêtées sur l'ensemble du territoire.

LA MARCHE VERTE

Le concept de "Grand Maroc" né dans les années 1950, devient, dans les années 1970, l'argumentation officielle justifiant l'annexion marocaine du Sahara espagnol, territoire riche en mines de phosphate. En réponse, le Front populaire de libération de la Saguía El-hamra et du Rio de Oro (Polisario), déclare l'indépendance de la région. Hassan II décide de saisir la Cour internationale de justice de La Haye (CIJ), persuadé d'un verdict en faveur du Maroc. Mais, contre toute attente, la CIJ accède à la demande du Front Polisario et dépêche une enquête dans le Sahara espagnol.

La CIJ conclut finalement au non fondement de l'annexion marocaine et à l'autorisation d'autodétermination du Sahara occidental. Hassan II, faisant fi du jugement, déclare à son peuple que le Maroc a eu gain de cause et organise en 1975, en guise de célébration une "marche pacifique", de Marrakech jusqu'au Sahara occidental : 350 000 Marocains y participeront, dont certains ne reviendront jamais. À cette "Marche verte" vinrent se joindre des militaires, voués à consolider la présence marocaine, fortement combattue par les hommes armés du Polisario.

La Marche verte n'est plus aujourd'hui le symbole de fierté nationale qu'elle était autrefois. Les fresques en son honneur, qui décoraient auparavant les murs des cafés dans le sud du pays ont été recouvertes de paysages de dunes et de marques de l'identité berbère, des images qui semblent davantage dans l'air du temps. Parallèlement, les bénéfices tirés de l'exploitation du phosphate ont considérablement baissé en raison de la chute des cours, des sabotages des mines et des coûts exorbitants des opérations militaires marocaines.

En 1991, une trêve a été instaurée entre le Maroc et le Polisario, mais le raid opéré par le Maroc en 2010 sur le camp de Gadaym Izik, où 15 000 déplacés sahraouis vivaient, fit selon certains médias européens, une douzaine de morts et des centaines de blessés. L'organisation Human Rights Watch a confirmé qu'une centaine d'activistes ont été arrêtés. De son côté, le Polisario continue à réclamer un référendum. Rabat maintient qu'elle accordera un statut autonome au Sahara occidental, tout en refusant le référendum. La question du Sahara occidental, bien loin d'être réglée, reste donc dans une impasse.

1994

Les relations avec l'Algérie se détériorent au sujet du Sahara occidental. La frontière entre les deux pays est fermée.

1999

L'accession au pouvoir de Mohammed VI fait renaître l'espoir d'une véritable monarchie constitutionnelle.

2002-2007

Le nouveau régime organise des élections législatives et municipales régulières et réforme le code de la famille, pour un meilleur respect des droits des femmes.

2004

Le Maroc signe des accords de libre-échange avec l'Union européenne et les États-Unis, et acquiert le statut d'allié majeur hors OTAN.

Cependant la répression sanglante contre les manifestants de Casablanca ne mit pas fin à la contestation du pouvoir. Celle-ci porta ses fruits en 1991, lorsque Hassan II décida la création de la commission Vérité et Réconciliation, qui visait à enquêter sur les violations des droits de l'homme commises pendant son propre règne, une décision sans précédent. En 1999, lors de son premier discours officiel après le décès de son père, Mohammed VI promit de réparer les dommages causés lors de ces années noires (dites "années de plomb"). Ainsi la commission Vérité et Réconciliation contribua à renforcer la défense des droits de l'homme en octroyant des réparations aux 9 280 victimes.

Selon l'indice de développement humain de 2010, 28,5% des foyers marocains sont pauvres, et 11,4% sont menacés par la pauvreté. Les autorités marocaines contestent la validité de ces statistiques et estiment que le taux de pauvreté serait plus près de 9%.

Nouveau régime, nouveaux espoirs

Ainsi que les Marocains vous le diront sûrement, des progrès restent à faire. Le Parlement élu en 2002 a réservé 30 sièges à des femmes et instauré des réformes prometteuses, notamment l'organisation des premières élections municipales, le vote de lois antidiscrimination dans le travail, l'introduction des langues berbères dans les écoles publiques, ainsi que la révision du Moudawana (code de la famille), instaurant la protection des droits de la femme en matière de divorce et de garde des enfants. Mais la méthode forte en vigueur pendant les années de plomb a de nouveau sévi à la suite des attentats perpétrés à Casablanca en 2003, puis en 2010. Des arrestations ont été conduites au sein des contestataires du pouvoir. Certains ont été envoyés en détention dans un camp du Sahara occidental – et ont fait l'objet de mauvais traitements et de détention arbitraire. D'une manière générale, la société civile avance plus rapidement que le pouvoir politique et l'État. C'est particulièrement le cas lorsque des associations de villages tentent de lutter contre la pauvreté et l'illettrisme.

2004-2005

La commission Vérité et Réconciliation diffuse le témoignage de victimes de violations des droits de l'homme durant les "années de plomb". L'audience est la plus forte de l'histoire de la TV marocaine.

2006

Le Maroc propose un statut autonome pour le Sahara occidental. Des négociations ont lieu pour la première fois entre les autorités et le Front Polisario, mais elles se soldent par un échec.

2011

Les révolutions pour la démocratie en Tunisie et en Égypte inspirent au Maroc le mouvement du 20 février. En réponse, le roi annonce une réforme constitutionnelle limitée, qui sera soumise à référendum.

2014

Abdelilah Benkirane, chef du parti islamiste modéré Justice et Développement (PJD) est toujours Premier ministre et occupe ce poste depuis 3 ans.

Le Maroc au jour le jour

La meilleure façon de comprendre le Maroc est de partir à la rencontre de ses habitants. Voici donc les portraits de Driss, Fatima, Rachid et Amina, autant de personnes que vous pourriez rencontrer pendant votre voyage. Chacun représente une pièce du puzzle marocain. Sur place, vous observerez le décor dans lequel ils vivent et saisirez la culture marocaine dans sa diversité.

Driss

Driss, 30 ans, se lève à l'aube et quitte l'appartement familial, situé dans une banlieue de Marrakech, pour rejoindre en scooter le riad où il travaille six jours par semaine. Il parle couramment l'arabe marocain et le français, et s'exprime également en anglais et en arabe classique (grâce aux journaux télévisés d'Al-Jazira). En revanche, il ne parle guère plus sa langue berbère maternelle, le tachlahit. Driss profite de sa matinée de congé hebdomadaire pour prendre des cours d'informatique. Le père de Driss, qui possède une petite *hanout* (épicerie) et sait à peine lire et écrire, a tenu à ce que son fils aille à l'école, tout comme ses quatre frères et soeurs.

Les filles représentent près des deux tiers des 500 000 enfants de moins de 15 ans qui travaillent au lieu d'aller à l'école.

Driss n'est pas pressé de se marier, alors que ses parents commencent à s'impatienter. Il ne veut pas épouser une fille du village. Il préfère avoir une petite amie en ville et ne pas précipiter les choses.

Fatima

Après une longue matinée passée à fendre des noix d'argan dans une coopérative de femmes qui participe au commerce équitable près d'Agadir, Fatima s'apprête à prendre une pause déjeuner. Elle parle tachlahit à la maison, peut s'exprimer en arabe marocain, et sait dire "bonjour" et "bienvenue" en français et en anglais aux étrangers qui viennent parfois visiter la coopérative, mais elle ne sait ni lire ni écrire.

Au XIXe siècle, la voyageuse, aventurière et écrivain suisse Isabelle Eberhardt (1877-1904) se déguisa en homme, entra dans une secte soufie, fuma du kif, servit comme agent triple, épousa un rebelle algérien, fut bannie d'Afrique du Nord par les Français et rédigea ses mémoires... avant de mourir à l'âge de 27 ans.

Ce n'est pas le cas de ses cinq petits-enfants, ce dont elle est très fière. Fatima mène une existence frugale, économisant autant que possible afin de participer à leurs frais scolaires. Ses quatre enfants sont mariés, et elle a toujours une histoire ou des friandises en réserve pour les jours où ses petits-enfants viennent la voir. Lorsque elle-même rend visite à sa fille, en ville, elle est surprise de la décontraction avec laquelle les jeunes s'adressent à leurs aînés. Nullement offensée, elle pense que les jeunes doivent pouvoir s'exprimer librement. Ce qui la choque, en revanche, ce sont les prix des denrées.

Au moment de se relever, Fatima sent que son arthrose la rappelle à l'ordre. Elle s'inquiète pour sa famille qui dépend en grande partie d'elle depuis que son mari est décédé il y a quelques années. Elle remercie Dieu d'être en mesure de travailler, et elle est bien décidée à faire le pèlerinage à La Mecque dans deux ans, *inch'allah* (si Dieu le veut).

Rachid

Tandis qu'il poursuit un lézard, Rachid manque de se cogner à un randonneur sur le chemin montagneux qu'il emprunte pour rentrer de l'école. L'an dernier, la sécheresse a durement frappé son village du Moyen Atlas. Sa famille a vendu son âne et a dû faire des choix cruels. Rachid, 11 ans, est meilleur élève et moins bon berger que ses sœurs, aussi est-ce lui qui continue à fréquenter l'école – pour le moment en tout cas. Il aime bien rapporter des surprises lorsqu'il rentre à la maison : par exemple, un randonneur étranger invité pour le thé. La famille a offert à son hôte du pain et du beurre, et même si personne ne comprenait un mot de ce qu'il racontait, tout le monde a trouvé qu'il se débrouillait bien au *koura* (football). Aujourd'hui, la carte postale qu'il a fait parvenir via l'association du village trône sur une étagère de la pièce commune et Rachid ne doute pas que s'il réussit à intégrer le collège de la région, il lui répondra un jour dans un anglais sans fautes.

Amina

Il est 18h30. Bien qu'Amina rentre à peine de son cours de littérature française à l'université, elle est déjà prête à repartir. Non qu'elle ait quelque chose de spécial de prévu .

À présent, elle devrait avoir reçu sur sa messagerie les réponses de ses cousins en France. Elle a aussi un oncle qui finance ses études. Amina étudie d'arrache-pied, et souhaiterait travailler pour le gouvernement marocain comme son père, peut-être même au ministère des Affaires étrangères, bien qu'elle ne soit encore jamais sortie du Maroc et ait rarement l'occasion de quitter la banlieue de Rabat. Mais elle se tient au courant de l'actualité internationale en français, en arabe et en anglais, grâce à Internet et à la télévision satellite.

Ce soir, elle organisera ses sorties du week-end, peut-être un restaurant avec un groupe d'amis. Si Amina ne boit pas d'alcool, elle ne porte pas de jugement sur ceux qui en consomment.

En 2007, plus de 10% des parlementaires élus lors des deuxièmes élections législatives du pays étaient des femmes. Avant Paris en 2014, Marrakech a élu en 2009, l'avocate Fatima Zahra Mansouri à la tête de la municipalité.

Us et coutumes

Valeurs familiales

Quelles que soient leur histoire et leurs envies, Fatima, Driss, Amina et Rachid partagent un attachement profond à la famille. Ils mènent des

LES EXPATRIÉS

Le Maroc compte 100 000 résidents étrangers, un chiffre en augmentation depuis plusieurs années. Parmi cette communauté d'expatriés, les Français sont les plus nombreux. Beaucoup de ressortissants sont des couples bi nationaux venus monter des entreprises mais aussi des retraités de l'Hexagone qui veulent profiter d'une fiscalité avantageuse et d'un climat ensoleillé. Ils participent de l'émergence d'une classe moyenne supérieure. Si celle-ci représente une importante source de revenus pour le pays, elle génère aussi parfois des tensions en provoquant une augmentation du prix de l'immobilier, à l'instar des riads dans les médinas des cités marocaines.

Parfois les Marocains sont ainsi exclus des centres urbains, et, hors saison, les médinas semblent étrangement désertes et sans vie. Les familles qui décident de vendre ces demeures séculaires au cœur des médinas n'ont souvent pas les moyens de les entretenir ou de les restaurer et elles profitent de l'occasion pour déménager dans les logements modernes des villes nouvelles.

Les voyageurs ont la possibilité de rendre les échanges plus équitables en s'aventurant au-delà des murs des riads pour découvrir l'authentique culture marocaine, pour rencontrer les Marocains sur leur propre terrain et pour s'assurer également qu'ils sont les premiers bénéficiaires du tourisme.

RECOMMANDATIONS VESTIMENTAIRES

Quels sont les codes vestimentaires à respecter au Maroc ?

Il n'est pas nécessaire pour les femmes de se couvrir la tête. Certaines femmes marocaines portent le *hijab* (foulard) pour des raisons religieuses et culturelles, d'autres non, selon la tradition locale et la personnalité de chacune. Le voile qui couvre entièrement le visage est rare dans les villes, et plus encore dans les campagnes où les femmes travaillent aux champs.

Ceci dit, la tenue vestimentaire est importante puisqu'elle est perçue comme une marque de respect. Cela signifie, pour les femmes comme pour les hommes, ne pas porter de shorts, de hauts sans manches ou de tenues moulantes. Dans le cas contraire, certains passants se sentiront embarrassés pour vous et votre famille, au point d'éviter de croiser votre regard. Aussi, pour tirer le meilleur parti des rencontres que vous ferez, surtout avec les Marocains les plus âgés, veillez à arborer une tenue sobre.

carrières et des parcours différents, mais leurs aspirations sont toujours liées à la famille, qui reste une valeur intangible au Maroc.

Même le scooter de Driss ou la télévision satellite d'Amina ne sont pas considérés comme des biens personnels mais comme des équipements profitant à toute la famille. Certes, la situation évolue, à mesure que les jeunes qui font des études rejoignent la classe moyenne et quittent le foyer familial. Les liens familiaux demeurent d'une importance capitale. Ainsi, les revenus des Marocains travaillant à l'étranger représentent 20% du PIB. Ceux-ci profitent la plupart du temps à des familles entières.

La jeunesse du Maroc est une évidence. La moitié de la population a moins de 25 ans, près d'un tiers a moins de 15 ans, et moins de 5% a plus de 65 ans.

On vous posera très certainement des questions sur votre famille au cours de la conversation : Es-tu marié ? As-tu des enfants ? Comment va ta famille ? Où vivent tes parents ? La curiosité des Marocains sur le sujet est inépuisable. Cela peut vous paraître un peu inquisiteur, ou vous sembler un moyen détourné pour découvrir qui vous êtes et ce que vous cherchez. Mais pour un Marocain, engager une conversation sur le travail ou les loisirs est étrange et inhabituel. Votre métier ou vos passe-temps en disent moins sur vous que ce que vous faites pour votre famille.

Éducation

Après la famille, l'éducation est au Maroc le plus important indicateur de statut social. Driss et Amina, tous deux citadins, savent lire et écrire, comme 56% de la population marocaine urbaine. Cependant faire des études n'est pas toujours un barrage contre le chômage : 40% des titulaires d'un diplôme universitaire étaient sans emploi en 2008.

Le cas de Rachid, qui sait lire et écrire, fait plutôt figure d'exception dans un Maroc rural où, dans certaines zones, moins de 50% des écoliers terminent le cycle primaire. Le taux est encore plus bas pour les filles ; 72% des femmes sont analphabètes dans les zones rurales. L'évolution de la société et l'adoption d'une loi fixant à 14 ans l'âge de la scolarité obligatoire, conjuguées à un certain nombre d'initiatives locales, ont permis toutefois une amélioration de la situation. Il reste que pour des familles pauvres comme celle de Rachid, la priorité n'est pas toujours de les envoyer à l'école mais de leur permettre de travailler pour ramener à la maison un salaire, aussi modeste soit-il. La Banque mondiale considère que 9% environ de la population marocaine vit en desssous du seuil de pauvreté (contre 16% en 1999).

Les femmes au Maroc

Il y a dix ou vingt ans, vous n'auriez pas pu rencontrer Fatima ou Amina. Dans les campagnes, seuls les hommes fréquentaient les lieux publics.

Les femmes étaient cantonnées à des tâches moins “nobles” : élevage du bétail, travaux de la ferme, soins apportés aux enfants, corvées d'eau.

Mais là aussi les choses évoluent. Depuis 2004, le code marocain de la famille, le Moudawana, garantit, entre autres, aux femmes le droit au divorce, la garde des enfants, une pension alimentaire et à la propriété privée. De même, les mentalités ont évolué et le travail des filles de moins de 14 ans est une fatalité moins acceptée. Les femmes représentent désormais près d'un tiers de la main-d'œuvre marocaine. Elles constituent leurs propres syndicats, coopératives agricoles et collectifs d'artisanat.

Désormais, l'horizon des Marocaines s'élargit au-delà de la seule sphère familiale. Les voyageuses pourront rencontrer des citadines désireuses d'échanger, de comparer leur vie et leurs idées. Bien entendu, les relations hommes-femmes sont freinées par les conventions sociales. Malgré les coutumes, qui ne permettent guère les rencontres sinon au sein de grands groupes de personnes, vous remarquerez certainement des couples qui se retrouvent dans les parcs, les jardins ou même aux terrasses des cafés.

Normes sociales

Si dans la rue, boire de l'alcool ou mimer un baiser vers une personne du sexe opposé sont très mal vus, ces comportements sont relativement tolérés à la terrasse d'un restaurant, dans un riad ou un café Internet. Ainsi la position d'Amina face à l'alcool et aux flirts sur Internet ne va pas totalement à l'encontre des usages. Sur le papier, la loi marocaine limite la vente d'alcool dans le périmètre des mosquées, interdit les relations sexuelles hors mariage et l'homosexualité, mais ces lois sont rarement appliquées. Toutes proportions gardées, on peut considérer que la liberté en matière de comportements est assez grande.

HUMOUR

Dans *Le Harem et l'Occident* (Albin Michel, 2001), l'universitaire et auteur à succès Fatima Mernissi explique les différences marquantes et les étonnantes similitudes dans la vision de la "femme idéale" en Europe et au Moyen-Orient.

Religion

Le Maroc est à 99% musulman et le roi est le chef religieux des fidèles. Cette homogénéité religieuse s'est renforcée dans les années 1950 et 1960 en raison du départ des minorités non-musulmanes.

Les cinq piliers de l'islam

Les minarets, les mosaïques irisées, l'entrelacement des calligraphies, l'appel psalmodié du muezzin : nombre des attraits du Maroc doivent leur existence à la foi des Marocains dans l'islam. Fondé sur les enseignements de l'Ancien et du Nouveau Testament, l'Islam repose sur cinq piliers : *shahada*, l'affirmation de sa foi en Dieu et en Mahomet son prophète ; *salat*, ou prière, renouvelée si possible cinq fois par jour ; *zakat* ou aumône légale, l'obligation morale de donner à ceux qui en ont

AMITIÉS MAROCAINES

De nombreux voyageurs sont surpris de la rapidité avec laquelle les amitiés se créent au Maroc. Prenez le temps d'observer la manière dont les Marocains se comportent entre eux. Vous vous rendrez compte que les amitiés se nouent facilement. Une personne rencontrée, même brièvement, se souviendra de vous et vous saluera chaleureusement le lendemain si vous croisez à nouveau sa route. Il est alors poli d'échanger quelques mots. Les salutations entre amis peuvent durer jusqu'à 10 minutes, chacun demandant des nouvelles de l'autre sur sa santé, sa famille, etc.

Peu avare de son temps, le Marocain peut parfois pousser la courtoisie jusqu'à vous emmener à votre lieu de destination ou à vous inviter à prendre le thé ou à dîner en famille. En gage de reconnaissance, passez lui dire bonjour le lendemain, et n'oubliez pas de complimenter le chef !

besoin ; *saoum*, le jeûne du mois de ramadan ; et hadj, le pèlerinage à La Mecque, point culminant de la vie d'un musulman pratiquant.

Chiites et sunnites

C'est le maréchal Lyautey qui a interdit l'accès des mosquées aux non-musulmans, par respect envers l'islam et par souci d'éviter les conflits. Les Marocains ont conservé l'interdiction après le départ des Français.

Si tous les musulmans s'accordent sur les préceptes légués par le prophète Mahomet, des différences sont apparues après sa mort. Les Omeyyades dénièrent à son gendre Ali sa légitimité en tant que calife, donc guide des fidèles. Certains musulmans continuèrent à ne reconnaître que les successeurs d'Ali comme légitimes : ce sont les chiites. Cependant, l'islam sunnite reste le courant dominant aujourd'hui.

Le Maroc est majoritairement sunnite, et suit l'école de pensée sunnite malikite. Historiquement, cette école est la moins stricte, les chefs des caïdats malikis appliquant la charia (loi islamique) dans le respect des coutumes locales, plutôt qu'à la lettre.

Marabouts et zaouïas

Il existe au Maroc une tradition importante : l'adoration des marabouts. Les marabouts sont des musulmans très pieux, dont les actes de dévotion et les professions de foi sont si profonds que leur simple présence apporte la baraka (bénédiction envoyée par Allah), même après leur mort. Les Marocains visitent les tombes des marabouts et leurs zaouïas.

Ce culte des marabouts trouve plus d'écho dans les anciennes croyances berbères et le soufisme que dans l'islam orthodoxe, qui condamne généralement ce qui peut ressembler à un culte des idoles. Mais visiter les zaouïas est une pratique secondaire pour les musulmans pratiquants comparée au vœu de réaliser un jour le hadj.

Un avenir contrasté

Mobilité économique

Driss, Fatima et Amina ont des conditions enviables. Seulement 10% de la population ont les moyens de faire des courses au supermarché – sans parler de se rendre au restaurant, comme le fait Amina. Depuis quelques années, les inégalité augmentent au Maroc malgré l'émergence d'une classe moyenne, dont Driss et Fatima sont les représentants.

Emplois

Le film de Farida ben Lyzaid, *Une porte sur le ciel*, retrace l'histoire d'une immigrée de retour au Maroc et ses hésitations entre modernité et tradition.

Driss, Fatima et Amina tirent leurs revenus de la mondialisation, du tourisme, de l'agriculture ou de l'envoi de revenus de parents vivant à l'étranger, ce qui est assez représentatif de la situation du Maroc. La sécurité sociale est prise en charge par la famille et non par l'État, aussi, à l'instar de Fatima, la plupart des Marocains n'auront pas de retraite. La concurrence est rude tant sur les bancs de l'université que sur le marché de l'emploi.

Comme beaucoup de Marocains qui sont nés à la campagne et y ont grandi, le petit Rachid, 11 ans, ne pourra sans doute pas y rester s'il veut trouver un revenu stable. Sachant que dans les régions rurales, 55% des foyers ont toutes les peines du monde à joindre les deux bouts, les adolescents sont souvent contraints de partir pour la ville s'ils veulent travailler ou recevoir une éducation.

Votre séjour au Maroc peut avoir un impact positif sur l'avenir des habitants tels Driss, Fatima et Amina, mais surtout Rachid, puisque les revenus générés par le tourisme aident les jeunes à rester dans les régions rurales, leur évitant ainsi de mener une existence encore plus difficile en ville. Alors que les Marocains travaillent dur à accueillir toujours plus de visiteurs, le tourisme fait cependant planer une menace sur les ressources naturelles. En optant pour les établissements et circuits respectueux de l'environnement, vous pouvez participer à inverser la tendance, et faire que le tourisme profite intégralement au pays qui vous accueille.

Cuisine marocaine

La cuisine marocaine, qui suscite mythes et légendes, constitue l'un des plaisirs du voyage et ne se résume pas au couscous et aux tajines. N'hésitez pas à commander des salades qui font aussi partie de la gastronomie. Vous résisterez difficilement aux desserts, telles les pâtisseries feuilletées aux fruits secs avec un soupçon d'eau de fleur d'oranger. *B'saha* : à votre santé.

Alimentation

Les plats sont habituellement confectionnés sur place avec des produits frais, provenant des alentours. Les paysans possèdent généralement de petites parcelles, qu'ils cultivent à l'ancienne sans pesticides ni OGM (organisme génétiquement modifié).

Produits du marché

Sur les marchés, la fraîcheur et le goût savoureux des produits se devinent au premier regard. Les fruits et les légumes sont le plus souvent cueillis à maturité, et vendus directement dans les souks par les fermiers. Veillez toutefois à les éplucher, à les cuire ou à bien les laver avant de les consommer pour éviter tout problème digestif.

Viandes

Les carnivores et les partisans du développement durable pourront se réconcilier autour d'un repas. La vision des moutons et des chèvres qui gambadent dans les vallées et les montagnes rassure sur leurs conditions de vie… jusqu'à l'heure du dîner. Ainsi, la viande servie dans votre assiette provient généralement d'animaux élevés en plein

Les chiffres de l'agriculture

47% de la population vit à la campagne

40% du territoire est consacré à la production alimentaire, le plus souvent à petite échelle

19% des terres sont arables

PENDANT LE RAMADAN

Durant le ramadan, la plupart des Marocains jeûnent du lever au coucher du soleil. Le dîner se prend plus tard que d'habitude, vers 23h, et beaucoup se lèvent tôt pour un copieux petit-déjeuner avant l'aube. Une autre pratique répandue consiste à veiller la majeure partie de la nuit, à dormir le plus tard possible, puis à prolonger la sieste de l'après-midi jusqu'en début de soirée. Adaptez-vous à l'horaire local pour profiter du rythme nonchalant, des festivités et des festins nocturnes.

Bien qu'on n'attende pas des visiteurs qu'ils respectent le jeûne, manger en public est mal vu. De nombreux restaurants ferment durant la journée jusqu'à l'*iftar*, le dîner qui marque la rupture du jeûne ; dans les régions touristiques, des restaurants prépareront peut-être des repas sur demande préalable. Avec un peu d'organisation, vous pourrez calmer votre faim au fil de la journée : achetez des en-cas au marché et dégustez-les dans un endroit isolé, demandez à votre pension de vous servir un petit-déjeuner ou un déjeuner dans une salle privée, et renseignez-vous sur les bonnes adresses pour l'*iftar*.

L'*Iftar* comprend tous les plats traditionnels du ramadan : *harira*, dattes, lait, *chebbakia* (gâteaux frits dans l'huile et enrobés de miel) et *harcha* (pain de semoule et de beurre frit). Certains établissements offrent même gracieusement une *harira*.

PRIX DES REPAS

Dans cet ouvrage, les restaurants sont cités par ordre de préférence. Les fourchettes de prix se basent sur un plat principal au dîner, sans boisson ni pourboire :

€ Jusqu'à 70 Dh

€€ De 70 à 150 Dh ; un menu, vin compris, coûte généralement de 250 à 400 Dh

€€€ Plus de 150 Dh ; un menu avec vin revient à plus de 400 Dh

Les restaurants de catégories moyenne et supérieure se concentrent souvent dans les quartiers modernes des grandes villes, à l'exception de Fès et Marrakech.

Le service peut être systématiquement ajouté dans les meilleurs restaurants. La TVA (environ 10%) est parfois rajoutée, mais est généralement comprise dans les prix indiqués sur les cartes.

Selon les saisons

Automne – figues, grenades, raisins.

Printemps – abricots, cerises, fraises, pêches.

Été – pastèques, artichauts sauvages, tomates.

Hiver – oranges, mandarines, oignons, betteraves, carottes, pommes de terre et autres tubercules.

Toute l'année – amandes, noix, bananes, courges, citrouilles, fèves, haricots verts, lentilles, aubergines, poivrons, citrons (frais et confits).

air, nourris d'herbes et de plantes sauvages et sans la moindre trace d'antibiotiques. La saveur plus prononcée qu'en Europe de l'agneau et du mouton est due à l'élevage des troupeaux dans les contreforts du Haut Atlas.

Variations saisonnières

Si le Maroc offre un vaste choix de fruits, de légumes, de viandes et de poissons, le manque relatif d'infrastructures et le coût des transports rendent leur disponibilité saisonnière ou régionale, et l'importation compliquée. En automne, vous vous régalerez de figues plutôt que de kiwis. Vous souhaiterez peut-être planifier votre voyage en fonction de vos préférences.

Vous devrez aussi tenir compte de la géographie : les huîtres d'Oualidia auront perdu leur fraîcheur avant d'arriver à Ouarzazate, de l'autre côté des montagnes ; de même, vous trouverez difficilement des cerises de Sefrou à Tiznit. Si vous rêvez de festins de fruits de mer, privilégiez le littoral. Les végétariens qui visitent les régions désertiques en automne devront raffoler des dattes.

Faire bombance

Dernier conseil important : prenez votre temps. Les repas marocains peuvent être longs et abondants. Mangez lentement et buvez beaucoup d'eau au cours du repas, surtout s'il s'accompagne de vin dans un climat sec. Gardez un peu de place pour la pastilla sucrée, avec amandes grillées, crème et cannelle. Vos hôtes insisteront peut-être pour vous servir un autre dessert : suivez votre instinct et abandonnez quand vous n'avez plus faim avec un "*al hamdou lillah!*" (merci à Dieu !), venu du fond du cœur.

Al-ftour (petit-déjeuner)

Même si vous vous contentez habituellement d'un café le matin, ce serait un crime de sauter le petit-déjeuner au Maroc. Que vous le dégustiez en flânant dans les souks ou confortablement attablé, ce sera un régal. Les hôtels et les pensions le servent rarement avant 9h ; les lève-tôt devront se rabattre sur un café ou les souks.

Dans la rue

Les cafés et les kiosques en bord de rue proposent un petit-déjeuner continental à la mode locale, avec crêpes et beignets marocains, viennoiseries, café et thé à la menthe. Dans le souk, laissez-vous guider par les odeurs pour découvrir des olives piquantes et du *jiben* (fromage frais de chèvre ou de vache) à savourer avec du *khoubz* frais, un pain plat cuit dans un four à bois jusqu'à ce qu'il soit croustillant à l'extérieur, moelleux et léger à l'intérieur. N'importe quel *hanout* (petite épicerie de quartier) vend du *khoubz* enveloppé dans du papier.

Dans les souks, d'innombrables vendeurs vantent, à juste titre, la qualité de leurs fruits, empilés sur des carrioles. *L'asir limûn* (jus d'orange) frais pressé est un délice. Buvez le vôtre dans un gobelet jetable ou dans votre propre bouteille car les verres sont simplement rincés et utilisés des dizaines de fois.

Petit-déjeuner salé du Sud, parfait par un matin frisquet, la *bessara* est une soupe de fèves servie fumante avec du cumin, de l'huile d'olive et une pincée de paprika, encore meilleure avec du *khoubz* juste sorti du four. Pour changer des viennoiseries, goûtez un *rghaif*, une sorte de croissant aplati assez dense, servi avec du miel tiède, de la confiture d'abricot ou parfois du *tahalout* (sirop de dattes au goût de noisette). Les plus aventureux commenceront la journée par un roboratif ragoût de tête de mouton ou de pieds de veau, servi dans un bol émaillé.

Les blogueuses Samira et Sabah dévoilent des secrets culinaires, dont des recettes de Fès, leur ville natale, sur http://moroccankitchen.blogspot.com (en français et en anglais).

Petit-déjeuner de pacha

Si vous êtes invité dans un foyer marocain, vous aurez droit à un petit-déjeuner somptueux, une tradition respectée par les pensions. Il comprendra certains des mets et boissons suivants :

Ahwa (café) – outre le café, on peut aussi vous proposer du café au lait, du thé *b'na na* (à la menthe) ou *oua hleb* (au lait), *oua* (avec) ou *bla* (sans) *soukour* (sucre).
Asir limûn (jus d'orange).
Baïd (œufs) – en omelette, avec une pincée de *kamoun* (cumin frais moulu) ou de *zatâr* (cumin avec des graines de sésame grillées).
Baghir – crêpes à la texture un peu spongieuse, accompagnées de miel ou de confiture.
Viennoiseries – croissants, pains au chocolat, etc.
Khoubz – Sorte de pita marocaine cuite dans un four à bois ; il est généralement servi avec du beurre et de la confiture ou de l'huile d'olive et du *zatâr*.
Rghaif – pâtisserie marocaine au beurre.
Sfenj – beignets marocains (parfois avec un œuf frit dans le trou).

LA CUISINE DE RUE SANS RISQUE SANITAIRE

Choisissez les stands très fréquentés. Les Marocains, pointilleux sur la fraîcheur, connaissent les bonnes adresses. Les *snak* utilisent les produits frais plus rapidement que nombre de restaurants chics, et vous pouvez voir la viande et l'huile de friture avant de vous installer.

Regardez l'huile de cuisson. Si elle fume beaucoup, dégage une odeur âcre ou trouble, cherchez un autre établissement.

Regardez toujours les ingrédients. Examinez les aliments exposés, particulièrement les viandes, les poissons et les fruits de mer, et vérifiez leur fraîcheur.

Lavez-vous les mains juste avant de manger. La majorité des "intoxications alimentaires" ne sont que des maladies provoquées par des bactéries présentes sur les mains.

Utilisez votre pain pour manger. Imitez les Marocains, plutôt que d'utiliser des couverts hâtivement rincés à l'eau froide.

Buvez de l'eau purifiée ou en bouteille. Une règle d'or pour éviter les troubles gastriques. Évitez aussi les verres à peine rincés des stands de rue.

Attendez l'avant-dernier jour. Si vous avez l'estomac fragile, patientez avant d'essayer les stands de rue. Si le repas est excellent, ce qui sera sans doute le cas, vous reviendrez le lendemain.

El-Ghda (déjeuner)

Le déjeuner est traditionnellement le principal repas de la journée, suivi d'une sieste durant les heures chaudes. La pause dure trois ou quatre heures, de 12h à 15h ou 16h, quand la plupart des magasins et services sont fermés, sauf quelques boutiques touristiques.

Ceux qui préfèrent les repas rapides seront peut-être désorientés, mais mieux vaut suivre la coutume locale, surtout en été, et profiter du déjeuner pour se reposer. Dégustez un tajine avec du pain croustillant, ou un menu de trois plats dans un restaurant, puis savourez un thé à la menthe avant la sieste.

> Utilisez la sauce piquante avec modération : arroser son tajine de harissa (sauce aux poivrons et au poivre) est habituel en Tunisie, la principale rivale du Maroc pour la gastronomie.

"Snak"

Après un plantureux petit-déjeuner dans votre pension, vous vous contenterez sans doute d'un déjeuner léger. À l'instar de nombreux habitants qui travaillent dur et n'ont pas le temps de faire une sieste, essayez l'un des nombreux *snak* et autres gargotes. Les Marocains privilégient les endroits qui utilisent des ingrédients frais, aussi choisissez les plus fréquentés.

Les *snak* proposent les plats suivants :

Brochettes – roulés dans le sel et les épices, les kebabs sont grillés à la broche et servis avec du cumin, de la harissa (sauce pimentée) et du *khoubz*. Parmi les plus prisés figurent les kebabs d'agneau, de poulet ou de kefta (boulettes d'agneau et/ou de bœuf haché et épicé), ainsi que les kebabs "mixtes" très parfumés (agneau ou bœuf, avec cœur, rognons et foie).

Chawarma – agneau ou poulet épicé, rôti à la broche et servi avec de la *tahina* (sauce au sésame) ou du yaourt, éventuellement des oignons, de la salade, de la harissa et une pincée de *soumac* (une épice violacée au goût vinaigré, que l'on recommande chaudement).

Merguez – saucisses d'agneau pimentées, à ne pas confondre avec les *teïhan* (saucisses de rate) ; les merguez sont habituellement rouges et les *teïhan* rose pâle.

Pizza – proposée dans les *snak* haut de gamme fréquentés par la classe moyenne. Repérez ceux équipés d'un four à bois et goûtez les savoureuses versions locales avec olives, oignons, tomates, anchois et thym.

Tajine – l'emblématique ragoût marocain cuit dans un plat en terre à couvercle conique, qui rend la viande moelleuse et fondante. Les tajines de base, servis dans les *snak* en bord de route, comportent généralement peu d'ingrédients, mitonnés dans un four de camping ou un *kanoun* (brasero en terre). Vous pouvez souvent

> Dans les pensions, la cuisine est généralement préparée par des *dadas*, garantes des traditions culinaires, qui élaborent des festins avec les ingrédients les plus frais, sans recette ni balance. Si la cuisine d'une *dada* vous a impressionné, remerciez-la personnellement, une démarche courtoise qui vous portera la *baraka* (chance).

L'ART DU COUSCOUS

Appelé *seksou* par les Berbères, le couscous passe aux yeux de certains critiques gastronomiques pour l'un des meilleurs plats au monde. Rien à voir avec la semoule précuite à arroser d'eau bouillante pour la faire gonfler en 3 minutes... Le couscous marocain est une fine semoule de grains roulés à la main et cuite à la vapeur au-dessus d'un bouillon aromatisé, jusqu'à devenir succulente et légère. On la sert avec des légumes et/ou de la viande ou du poisson dans une réduction de bouillon et d'épices délicatement parfumée.

Préparer et digérer un bon couscous demande du temps. Les Marocains le savourent habituellement le vendredi, quand beaucoup ont congé pour la journée ou l'après-midi après la prière. Servi en plat principal, le couscous présente de nombreuses variantes : aux sept légumes à Casablanca, à l'agneau et aux légumes à Fès, aux tomates, poisson et herbes fraîches à Essaouira, au potiron à Marrakech ou simplement avec des oignons dans le Haut Atlas. Les végétariens devront s'assurer de l'absence de viande dans le bouillon. Le couscous peut parfois se commander à la carte, mais il fait habituellement partie d'un déjeuner complet ou d'une *diffa*.

choisir votre tajine ; indiquez celui qui mijote depuis une heure ou deux, avec des oignons caramélisés et une sauce réduite – ce sera peut-être le meilleur que vous mangerez au Maroc ! Dégustez-le sans couverts, à l'aide du *khoubz* servi avec le tajine : un délice.

Un déjeuner plantureux

Certains restaurants haut de gamme, qui servent en soirée une *diffa* (banquet) aux groupes de touristes, proposent un menu plus simple au déjeuner, quand les serveurs sont plus détendus et les prix, bien plus raisonnables. Les musiciens et les danses orientales, qui accompagnent invariablement le dîner, feront peut-être défaut, mais pas obligatoirement. Un repas de trois plats peut sembler trop copieux au déjeuner, mais se compose habituellement d'un délicieux assortiment de petits plats de légumes, suivi d'un couscous léger et/ou d'un petit tajine de viande rouge ou de poulet, sans oublier l'incontournable thé à la menthe avec des biscuits ou un fruit.

Mezze (hors-d'œuvre). Ils peuvent constituer un repas à eux seuls. Ils se composent de pain frais et de 3 à 5 petites assiettes de légumes cuits, comme une salade de betteraves au citron et à la ciboulette, des pommes de terre aux herbes, des pois chiches au cumin, des tomates grillées aux oignons caramélisés, de la purée de citrouille à la cannelle et au miel et du caviar d'aubergine.

Plat principal. C'est habituellement un tajine et/ou un couscous – une expérience quasi religieuse à ne pas manquer, surtout le vendredi. Parmi les tajines les plus courants, citons le *doujaj mkalli bil hamd markd oua zitoun* (poulet aux citrons confits et aux olives, fondant et très parfumé), les *kefta bil maticha oua baïd* (boulettes de viande en sauce tomate légèrement pimentée avec un œuf frit) et le *lehem bil berkouk oua louz* (agneau aux pruneaux et aux amandes en sauce à l'oignon safranée). Après quelque temps dans le pays, vous risquez de vous lasser des tajines classiques avant d'en découvrir une variante régionale qui en révèle toute la subtilité. Si la préparation diffère, aucun restaurant qui se respecte ne vous servira un tajine filandreux, insipide ou trop cuit. Le tajine est en tout cas une institution marocaine qui donne lieu à de vrais débats sur l'épaisseur appropriée des morceaux de citron et la brillance des olives.

Desserts. Le déjeuner se termine habituellement par un thé à la menthe, servi avec des biscuits aux amandes. Même si vous n'avez plus faim, vous ne résisterez pas à une *kaab el-ghazal* (corne de gazelle), un petit biscuit en forme de croissant fourré de pâte d'amandes et parfumé à l'eau de fleur d'oranger. La salade d'oranges à la cannelle (tranches d'orange avec cannelle et eau de fleur d'oranger) constitue une alternative plus légère.

Asha (dîner)

Le dîner, qui se tient rarement avant 20h ou 21h, commence après le travail et une éventuelle promenade au crépuscule. Si la plupart des Marocains dînent chez eux, de jeunes cadres, des étudiants et des célibataires fréquentent les *snak* ou les pizzerias de quartier. En hiver, des vendeurs trônent derrière des chaudrons fumants de *harira* (une soupe roborative à base de tomates, d'oignons, de safran et de coriandre fraîche, souvent agrémentée de lentilles, de pois chiches et/ou d'agneau). Dans les maisons, le dîner se compose souvent d'une *harira* et des restes du déjeuner, sauf durant le ramadan et les autres fêtes.

Diffa

Si votre budget et votre estomac le permettent, vous pourrez dîner dans l'un des restaurants huppés qui visent la clientèle touristique et servent une *diffa* (banquet) à prix fixe dans un cadre somptueux. Ce dîner-spectacle comprend habituellement musique live, danses orientales, vin ou bière.

En-cas marocains

- *Fruits frais ou séchés*
- *Amandes, pois chiches, graines de citrouille et de tournesol grillés*
- *Œufs durs au cumin frais*
- *Épis de maïs grillés*
- *Sandwichs de brochettes ou de merguez avec cumin et harissa*
- *Escargots dans un bouillon épicé*
- *Glaces*
- *Pâtisseries marocaines ou françaises*

Les Carnets de cuisine marocaine de Bouchra, de Bouchra Derraqui, Valérie Lhomme et Akiko Ida (Solar, 2006), décrit des recettes simples, savoureuses et authentiques, avec les conseils et tours de main indispensables pour les réussir.

Sauces marocaines

Mhammar – paprika, cumin et beurre

Mqalli – safran, huile et gingembre

Msharmal – safran, gingembre et une pincée de poivre

Qadra – smen (beurre clarifié), bouillon de légumes, pois chiches et/ou amandes.

Les meilleures recettes marocaines sont recensées sur le site www.cuisinedumaroc.com, du couscous royal aux *briouats* en passant par les délicieux desserts.

Sachez toutefois que ces restaurants valent souvent plus pour leur ambiance, et leur décor, digne des *Mille et Une Nuits*, que pour leur cuisine, qui peut varier des spécialités régionales merveilleusement préparées à la plus médiocre des tambouilles. En règle générale, si la salle est immense et comprend une scène installée pour un spectacle au laser, n'espérez pas un service personnalisé et une cuisine authentique. En outre, la décoration est parfois complètement kitsch, dans un style orientaliste clinquant très cliché.

Que vous savouriez une *diffa* dans une maison marocaine (une chance !) ou un restaurant, le repas comprendra certains des plats suivants :

Mezze – jusqu'à cinq hors-d'œuvre différents, voire sept ou neuf dans les plus luxueux restaurants de Marrakech et de Fès.

Briouat– chausson de feuilles de brick triangulaire ou tubulaire, s'apparentant aux samosas, farci d'herbes et de fromage de chèvre, de viande hachée ou d'œuf, puis frit ou cuit au four.

Pastilla – réputée à juste titre, cette tourte sucrée-salée est composée de *ouarka* (couches de pâte très fines) couvertes de morceaux de pigeon ou de poulet cuits avec des oignons caramélisés, du citron, des œufs et des amandes grillées sucrées, puis saupoudrée de cannelle et de sucre.

Couscous – préparé selon la coutume locale, avec une semoule d'orge, de blé ou de maïs.

Tajine – un ragoût de viande ou de poisson, accompagné de légumes de saison ou de fruits secs ; vous aurez souvent le choix entre deux ou trois variétés.

Méchoui – plat de fête, l'agneau ou le veau entier qui cuit lentement à la broche peut constituer la base d'une spécialité régionale.

Dessert – une salade d'oranges à la cannelle, une pastilla sucrée (avec crème fraîche et fruits secs grillés), un *briouat bil luz* (farci à la pâte d'amandes), de la *seffa* (couscous sucré à la cannelle et aux fruits secs, servi avec de la crème) ou une *kaab el-ghazal*.

LE MENU D'UN VÉGÉTARIEN

Petit-déjeuner. Régalez-vous de pâtisseries, de crêpes, de fruits frais et de jus de fruits. Pour un petit-déjeuner salé, achetez du fromage de chèvre, des olives et du *khoubz* (pain traditionnel) juste sorti du four dans le souk. La *bessara* est une délicieuse soupe de haricots généralement sans viande, mais évitez les marmites bouillonnant en bord de rue, qui peuvent contenir des escargots ou des têtes de moutons.

Déjeuner. Goûtez les mezze de salades accompagnés de pain frais, qui peuvent comprendre des concombres dans de l'eau de fleur d'oranger ou des betteraves avec des herbes et du citron kaffir. Vous pourrez parfois commander un tajine berbère de légumes ou un couscous aux sept légumes façon Casablanca. Les ingrédients sont achetés chaque jour en petites quantités et le chef ne pense pas toujours aux végétariens ; si possible, appelez le restaurant avant de vous déplacer. Les pizzas, largement disponibles et peu chères, sont meilleures avec des herbes et des olives locales.

En-cas. Les étals des marchés débordent de figues, de dattes, d'abricots et de fruits secs salés ou sucrés. Les fèves grillées et les pois chiches sont servis chauds avec du sel et du cumin dans des cornets de papier. À l'heure du thé, des restaurants chics proposent des *briouat*, des chaussons en forme de cigare ou de triangle, farcis de fromage de chèvre ou d'œuf et de fines herbes, ainsi que des petits canapés et des pâtisseries. Vous pouvez aussi commander une glace, ou un thé à la menthe avec des biscuits.

Dîner. Pour changer des salades et du couscous, essayez des pâtes végétariennes (celles aux aubergines sont particulièrement savoureuses) ou une omelette, habituellement servie avec des frites. Si vous séjournez dans une pension, vous pouvez souvent commander le matin un tajine de légumes pour le dîner.

LE MÉCHOUI

Festin des grandes occasions, le méchoui est un agneau entier rôti lentement. L'animal, enduit de beurre, d'ail, de cumin et de paprika, est déposé dans une fosse couverte et cuit jusqu'à ce qu'il devienne fondant. Selon les régions, il peut s'agir d'un veau ou d'un agneau farci d'amandes (ou d'autres graines), de pruneaux (ou d'autres fruits secs) ou de couscous. Le méchoui s'accompagne parfois de kebabs ou de *kwa* (brochettes de foie grillé avec cumin et paprika). Outre les mariages, le meilleur endroit pour savourer un méchoui se situe près de la place Jemaa el-Fna à Marrakech, dans l'allée des méchouis ; il est servi au déjeuner avec des olives et du pain. Ne prévoyez pas d'activités ou de visites avant d'avoir fait une bonne sieste digestive !

Boissons

L'eau du robinet est souvent potable, mais pas toujours ; mieux vaut s'en tenir à l'eau purifiée ou minérale. L'Oulmes (gazeuse) et la Sidi Ali sont les meilleures eaux minérales, les autres ont un arrière-goût crayeux. Si vous souhaitez étancher votre soif auprès des vendeurs de jus d'orange ou des marchands d'eau, faites verser le liquide dans un gobelet jetable ou dans votre propre bouteille.

Si on vous offre un thé à la menthe, n'imaginez pas l'avaler d'un trait et partir. Symbole de l'hospitalité marocaine, l'invitation exige que l'on prenne le temps de s'asseoir et de bavarder au moins une demi-heure. S'il vous revient l'honneur de verser le thé, reversez la première tasse dans la théière pour rafraîchir la boisson et dissoudre le sucre. Puis versez le thé à la ronde en partant de la droite le plus haut possible au-dessus des verres – en évitant les éclaboussures. Vos hôtes seront impressionnés !

Le thé à la menthe (le "whisky berbère") est une tradition à la fin des repas, mais vous pourrez aussi boire un café filtre, souvent corsé.

Le Vrai Goût du Maroc – une traversée du pays en 50 recettes, de Moha Fedal (Hermé, 2006), vous aidera à préparer les classiques de la gastronomie marocaine, de la *harira* (une soupe agrémentée de lentilles et de pois chiches) aux *kaab al-ghazal* (cornes de gazelle).

Bières, vins et alcools marocains

Il est possible de boire de l'alcool dans le pays sans froisser les sensibilités locales, à condition de rester discret. Dans de nombreuses médinas et à proximité des mosquées, l'alcool est mal vu, et les licences peuvent coûter jusqu'à 20 000 Dh. Cependant, de nombreux restaurants et pensions contournent l'obstacle en servant des boissons alcoolisées dans un salon ou sur une terrasse. Si vous avez envie d'une bière et ne la trouvez pas sur la carte, demandez à voix basse au serveur s'il peut vous en procurer.

N'espérez pas bénéficier de conseils avisés ; œnologue ou sommelier sont des professions peu connues en terre musulmane. Les vins peuvent être exposés à la chaleur durant le transport ou le stockage, aussi goûtez le vôtre avant que le serveur ne quitte votre table et n'hésitez pas à refuser la bouteille si le vin a mauvais goût ; les vins rouges sont les plus sensibles aux variations climatiques.

ARGAN

Riche en vitamines, l'huile d'argan est utilisée pour la fabrication de cosmétiques, ainsi que par les gourmets : son goût de noisette grillée en fait un assaisonnement original pour les salades.

Bières

Casa Une bonne Pilsner locale
Flag Presque aussi bonne, avec un léger goût d'herbe
Flag Special Abordable et la plus consommée dans le pays (25 millions d'unités par an)

Vins

Blanc Les vins blancs marocains constituent un bon choix, tels le Larroque, gouleyant et parfait avec les repas, le Terre Blanche, un mélange de chardonnay,

SPÉCIALITÉS LOCALES

Si vous traversez le Maroc du nord au sud, ne manquez pas de goûter ces délicieuses spécialités locales :

Casablanca : *seksou bedaoui* (couscous aux sept légumes)

Chefchaouen : *doujaj bil berkouk* (poulet aux pruneaux)

Demnate : *seksou demnati* (couscous à la semoule de maïs ou d'orge)

Essaouira : *hout mqalli* (tajine de poisson aux citrons confits, safran et gingembre), *djej kadra toumiya* (poulet aux amandes, oignons et pois chiches dans une épaisse sauce au safran)

Fès : *kennaria* (ragoût de chardons ou d'artichauts sauvages, avec ou sans viande), *hout bu'etob* (alose farcie de dattes fourrées aux amandes et cuite au four)

Haut Atlas : *méchoui* (agneau ou veau farci, rôti lentement)

Marrakech : *bessara* (fèves avec cumin, paprika et huile d'olive), *tanjia* (ragoût d'agneau cuit dans un récipient en terre pendant 8 à 12 heures dans un hammam)

Meknès : *kamama* (ragoût d'agneau avec gingembre, *smen*, safran, cannelle et oignons doux)

Côte sud : *amlou* (pâte de noix d'argan au miel et à l'huile d'argan)

Tanger : versions locales de la paella et des tapas

Avant le repas, votre hôte fera peut-être le tour des convives avec une cruche et une cuvette. Tendez vos mains et il versera de l'eau de rose dessus.

de viognier et de sauvignon, le Cuvée du Président Sémillant, sec avec un goût d'agrumes, et le Siroua S, un agréable chardonnay du littoral.

Gris et rosé Ce sont de rafraîchissantes alternatives, notamment le Médaillon rosé de syrah, peu fruité, l'Eclipse, mélange de grenache et de cinsault à goût de pêche, le vin gris du Domaine Rimal, frais et parfumé, le Rosé d'une Nuit d'Eté, mélange de grenache et de syrah et, dans l'excellence, le friand Volubilia.

Rouge Parmi les rouges fiables, citons l'excellent Terre Rouge de style bourgogne des vignes côtières de Rabat, le Volubilia de l'ancienne région vinicole romaine et le Coteaux Atlas, un mélange merlot-syrah-cabernet sauvignon plus épicé. Le Guerrouane rouge, puissant, est parmi les moins chers dans la gamme des rouges. La communauté juive a également laissé en héritage un bon choix de vins casher.

Spiritueux

Cocktails créatifs Mojitos, caipirinhas et negronis sont devenus les boissons favorites des discothèques et sont respectivement préparés avec de la menthe locale, du citron kaffir et de l'eau de fleur d'oranger. Ces touches marocaines améliorent les alcools bas de gamme... au moins jusqu'au lendemain matin !

Eau-de-vie locale La *mahia*, un alcool de figue à environ 80°, ressemble à la boukha tunisienne. Elle figure rarement sur les cartes car elle est généralement distillée dans des maisons pour une consommation privée. Si vous séjournez dans une pension, vos hôtes sauront peut-être où s'en procurer. Dégustez-la avec modération pour éviter un réveil pénible.

Musique

Au Maroc, les rythmes sont partout : les femmes entrechoquant les verres à thé sur leurs plateaux en cuivre, les marchands ambulants vantant leurs produits d'une voix chantante sur fond d'un *adhan* (appel à la prière), lancé par le muezzin cinq fois par jour, les "*balek !*" des conducteurs de charrettes à âne vous exhortant à dégager le passage... Passons en revue la variété des genres musicaux qui viendront à un moment ou à un autre surprendre vos oreilles.

Musique classique arabo-andalouse

Sans revenir sur la question épineuse de son origine exacte (nous ne voudrions pas raviver des siècles de désaccord entre l'Espagne et le Maroc), cette musique combine des accords de style flamenco, les accents émouvants de la musique populaire espagnole, les sons subtils des instruments à cordes, les rythmes complexes des percussions et les demi-tons ensorcelants de la musique classique arabe. Ajoutez-y une touche de poésie et un bon chanteur, et vous sentirez rapidement l'émotion vous submerger.

Vous entendrez deux principales sortes de musique arabo-andalouse au Maroc : al-Âla (en particulier à Fès, Tétouan et Salé) et gharnati (surtout à Oujda), la jonction des deux styles se faisant à Rabat. Ouvrez l'œil pour ne pas manquer les concerts, les soirées musicales dans les restaurants haut de gamme et les festivals de musique classique à Casablanca et à Fès, notamment les représentations d'Amina Alaoui, chanteuse de gharnati, de Fatiha El Hadri Badraï et ses orchestres

Malgré les apparences, ce n'est pas une version musicale de la mêlée au rugby : l'*ahidou* est une danse complexe où il s'agit de tourner en cercle autour de musiciens. Elle célèbre souvent la moisson.

FESTIVALS DE MUSIQUE AU MAROC

Les dates et les lieux varient parfois ; renseignez-vous sur www.maghrebarts.ma/musique.html.

Mars Rencontres musicales de Marrakech (classique), Tremplin (musique urbaine ; Casablanca)

Avril Festival de Fès de la culture soufie (www.festivalculturesoufie.com), Jazzablanca (www.jazzablanca.com ; Casablanca)

Mai Jazz aux Oudayas (Rabat), L'Boulevard (Casablanca ; www.boulevard.ma), Festival de musique du monde Mawazine (Rabat ; www.festivalmawazine.ma)

Juin Festival de Fès des musiques sacrées du monde (Fès ; www.fesfestival.com), Festival gnaoua et des musiques du monde (Essaouira ; www.festival-gnaoua.net), Jazz au Chellah (Rabat)

Juillet Festival des arts populaires de Marrakech (www.marrakechfestival.com), Voix des femmes (Tétouan), Festival Timitar (musique berbère ; Agadir), Festival du désert (Er-Rachidia ; www.festivaldudesert.ma)

Septembre TANJAzz (Tanger ; www.tanjazz.org)

Octobre Festival des Andalousie atlantiques (Essaouira ; https://www.facebook.com/FestivalDesAndalousiesAtlantiques), Jazz in Riad Festival (Fès)

de femmes de Tétouan, ainsi que la vedette du Festival des musiques sacrées de Fès, Mohamed Amin el-Akrami et son orchestre.

Musique gnaoua

Impossible de résister aux rythmes hypnotiques de la musique gnaoua, née à Marrakech et Essaouira. Celle-ci était à l'origine pratiquée par les esclaves, au moment de recouvrer leur liberté. Au cours de leur rituel saluant la volonté divine, les musiciens font virevolter leurs fez, se livrent à des acrobaties et finissent dans un état proche de la transe. Assister à une *lila* (littéralement "nuit") gnaoua, ou *derdeba* (rite de possession), au cœur de la nuit, dans une zaouïa ou un autre lieu particulier, est une expérience qui vous fera approcher le côté sacré de cette cérémonie. Qui sait ? Vous vous laisserez peut-être entraîner...

Titres, biographies de musiciens et CD sont disponibles sur www.azawan.com, pour tout savoir sur la musique berbère.

Mêlez-vous aux foules qui fréquentent la place Jemaa el-Fna, à Marrakech, le Festival gnaoua et des musiques du monde d'Essaouira, et quelques autres grands festivals musicaux. Vous pouvez aussi explorer le label Real World de Peter Gabriel. Citons quelques *maâlem* (maîtres) gnaouas : Abdeslam Alikkane et son Tyour Gnaoua, éternel favori des festivals, Hassan Hakmoun renommé pour sa musique métissée, l'étoile montante Saïd Boulhimas et son "Band of Gnawa" de quatre musiciens, Nass Marrakech, avec ses accents indiens, et Omar Hayat, inspiré par le reggae. Le gnaoua étant historiquement une confrérie masculine, il existe peu de musiciennes gnaouas. Cela dit, les Haddarates (dont la tradition est très ancienne à Essaouira) sont des groupes de femmes soufies qui jouent une musique gnaoua réservée aux femmes. Il existe également des groupes familiaux, notamment celui de Brahim El Belkani et la famille Backbou.

Musique berbère

À côté de la musique gnaoua, l'ancienne tradition berbère consistant à transmettre les chants et les poésies d'une génération à l'autre a contribué à la richesse du patrimoine musical marocain. Vous pourrez le constater lors des *moussem* (festivals en l'honneur d'un saint local) de villages, au Festival des arts populaires de Marrakech et à la fête du Mariage à Imilchil, ainsi que dans toutes les célébrations familiales.

Le groupe de musique berbère le plus renommé, les Master Musicians of Joujouka, inspira notamment les Rolling Stones, Led Zeppelin et William S. Burroughs, qui produisirent avec leur collaboration des morceaux de pur métissage expérimental. Depuis peu, les grands noms de la musique berbère sont des femmes : le groupe B'net Marrakech, exclusivement féminin, et l'intrépide Najat Aatabou, qui milite en berbère contre le rôle secondaire traditionnellement dévolu aux femmes. Vous en apprendrez davantage à ce sujet en assistant au festival Voix des femmes, organisé à Tétouan.

RADIO

Les derniers tubes marocains sont disponibles en ligne sur le site de Radio Casablanca : www.maroc.net/newrc ou sur un site, très riche, dédié à la musique arabe : www.hibamusic.com.

Musique pop

Comme le reste du monde arabe, les Marocains sont férus de musique égyptienne, mais la pop marocaine gagne du terrain. Une génération de DJ, qui choisissent leur nom en guise de défi, comme Ramadan Special et DJ Al Intifada, s'adonnent au remix. Parmi les artistes les plus originaux apparus ces dernières années, citons Hoba Hoba Spirit, dont le très controversé pop-punk *Blad Skizo* (Pays schizophrène) aborde ouvertement les contradictions du Maroc moderne ; la chanteuse et compositrice Hindi Zahra, qui accompagne ses textes d'un son très blues à la guitare acoustique ; Darga, groupe de musique surf mêlant ska, rap en darija, et cors ; et deux groupes au nom impertinent, Ganga Fusion et Kif Samba, qui mêlent l'un et l'autre funk, musique populaire marocaine, reggae et jazz. Dans un style totalement différent, enfin, les groupes de

HARD ROCK AU MAROC

En 2003, la police marocaine a appréhendé 11 musiciens d'un groupe de métal. Malgré le tollé suscité par l'arrestation, les rockeurs ont été inculpés d'incitation à la débauche et actes attentatoires à la religion, et condamnés à un an d'emprisonnement. Cela n'a pas empêché les fans de métal de s'organiser et de se donner rendez-vous à Sidi Kacem, gros bourg agricole de la région de Meknès. Lors de la deuxième édition du festival SidiRock, en février 2008, on a pu entendre des groupes locaux dont les noms, s'ils sont de nature à réchauffer le cœur de tous les "metalheads", risquent bien de ne pas être du goût de certains conservateurs : Despotism, de Casablanca, Krematorium de Kenitra, et Damned Kreation (aujourd'hui Putrid Cadavers), de Sidi Kacem. Rompant avec les formations des années 1980 – faux cuir et cheveux longs –, ces musiciens ont adopté les dreadlocks, écrivent leurs textes en anglais et jouent en jeans noirs et T-shirt troué.

La scène métal dépasse aujourd'hui le cadre de Sidi Kacem, avec L'Boulevard, festival de musique urbaine gratuit, organisé en mai au stade de Casablanca, et en mars lors du Tremplin, présentant des artistes émergents dans les anciens abattoirs de la ville. Les dernières éditions de ces festivals se sont concentrées sur le hip-hop et l'electronica, mais la tension est à son comble quand les groupes métal montent sur scène, rendant parfois les policiers qui surveillent la foule assez nerveux.

Plus grande manifestation de musique urbaine en Afrique, L'Boulevard attire en moyenne chaque année 100 000 spectateurs sur quatre jours, avec des pics à 160 000. Après deux années d'absence dues à un manque de moyens, le festival a fait son grand retour en 2013.

heavy métal se multiplient : découvrez-les lors du festival L'Boulevard, qui se tient tous les ans à Casablanca.

Mais si vous interrogez dans la rue ces jeunes qui portent short cargo et T-shirt frappé des initiales MJM ("Maroc jusqu'à la mort"), vous allez suivre un cours intensif de *hibhub* (hip-hop en darija). Le groupe de Meknès H-Kayne propose un gangsta-rap assez classique, tandis que MC Muslim, de Tanger, joue du rap tendance death metal. Les Fès City Clan sont connus pour leur petit rappeur prodige, bourré de talent, leur façon extravagante de rouler les "r" et leurs instruments à cordes arabes. Déchaînant littéralement les foules, le DJ Key d'Agadir offre des remix survoltés de standards du hip-hop, alors que le groupe Fnaïre de Marrakech, mélange des sons traditionnels marocains et des phrasés staccato. Rivalisant avec *Blad Skizo* dans le cœur des jeunes, *Ma Tkich Bladi* (Touche pas à mon pays), de Fnaïre, est un hymne entraînant contre le néocolonialisme dont la vidéo a fait le tour du Net.

Les musiciens du monde entier sont de plus en plus séduits par le Maroc. Le Festival des musiques sacrées de Fès attire des têtes d'affiche toujours plus variées, allant de Björk à Patti Smith, tandis qu'à Rabat, Beyoncé ou Elton John ont été les grands représentants de la pop au Festival Mawazine-Rythmes du Monde. Ce festival a illustré la position délicate qu'occupe la musique au Maroc – si le gouvernement a défendu Elton John contre la faction islamiste qui critiquait son homosexualité, les musiciens marocains doivent suivre une ligne plus étroite, en particulier lorsqu'ils composent sur des problèmes sociaux. En 2012, à la suite du Printemps arabe, le rappeur El Haked a été emprisonné pendant un an pour "atteinte à l'honneur" des fonctionnaires dans le clip de sa chanson "Klab ed-Dawla" (Chiens de l'État) qui montrait des policiers corrompus affublés d'une tête d'âne. El Haked avait déjà été incarcéré pour critique de la monarchie.

Sons du Maroc

This Is Maroc (2010). Le road movie marocain des Hat Trick Brothers.

I Love HipHop in Morocco (2007). H-Kayne, DJ Key, Bigg et d'autres groupes hip-hop sont à l'honneur sur la bande-son de ce documentaire qui montre les difficultés des groupes à se produire sur scène.

Littérature et cinéma

Une riche tradition orale a permis de conserver vivantes légendes et histoires. Les conteurs et les chanteurs de la place Jemaa el-Fna, à Marrakech, illustrent à merveille la manière dont la tradition littéraire a su demeurer essentielle et résister aux assauts de la censure. Plus récemment, des romanciers comme Tahar Ben Jelloun sont venus enrichir de leur prose féconde l'héritage national. Encore plus jeune que la littérature, le cinéma marocain a déployé tous ses efforts pour que le pays passe du statut de lieu de tournage attirant les films à grand spectacle à celui de producteur à part entière.

Littérature

L'influence de la Beat generation

C'est dans les années 1950 et 1960 que l'actualité littéraire marocaine a pris une dimension internationale. À cette époque, Paul et Jane Bowles, écrivains de la Beat generation, s'établirent à Tanger et firent découvrir des auteurs marocains. *Un thé au Sahara* (Poche) est le roman le plus célèbre de Paul Bowles sur le Maroc, mais il faut aussi lire son remarquable récit de voyage *Leurs mains sont bleues* (Points, 1995). Dans la lumière offerte par la Beat generation, des écrivains marocains firent leur entrée sur la scène littéraire. C'est ainsi que Larbi Layachi publia *Une vie pleine de trous* (sous le pseudonyme de Driss ben Hamed Charhadi) et Mohammed Mrabet *L'Amour pour quelques cheveux*. Dans la veine de la littérature *beat*, ces œuvres d'une grande poésie ne manquent pas d'allusions au sexe et à la drogue, mais elles sont aussi délurées, drôles et touchantes.

Deux classiques de la littérature marocaine contemporaine, tous deux parus au début des années 1950 : *Le Pain nu*, de Mohamed Choukri (traduit par Tahar Ben Jelloun), où l'auteur raconte ses jeunes années marquées par la misère et les expériences violentes, et *Le Passé simple*, de Driss Chraïbi, dans lequel un jeune Marocain tourne le dos à sa famille et à son pays pour partir étudier en France.

Un souffle nouveau

Sous l'impulsion des auteurs "tangérois", un poète marocain, Abdellatif Laâbi, fonda en 1966 *Anfas/Souffles*, un magazine sur la poésie, non dans la zone internationale de Tanger, mais en plein cœur de la capitale royale de Rabat. Ce qui commença comme une revue devint rapidement un mouvement relayé par des écrivains, peintres et réalisateurs à la suite de la dénonciation de la censure par Laâbi : "À la poubelle poème/À la poubelle rythme/À la poubelle silence". *Anfas/Souffles* publia 21 autres numéros, jusqu'à ce que les censeurs interdisent la revue en 1972 et condamnent Laâbi à huit ans de prison pour "crime d'opinion".

La création littéraire, que Laâbi qualifiait de "respiration", ne s'est pas tarie pour autant. En 1975, Mohammed Khaïr-Eddine, cofondateur d'*Anfas/Souffles* et "guérillero de la linguistique", selon ses propres mots, publiait une anthologie d'écrits révolutionnaires sous le titre *Ce Maroc !* Berbère originaire du Sous, Khaïr-Eddine demandait aussi la reconnaissance de l'identité et de la culture berbères dans *Légende et vie d'Agoun'chich*, dont se réclame aujourd'hui le Mouvement culturel berbère (MCB).

Les textes de la revue Anfas/Souffles sont disponibles en ligne sur http://clicnet.swarthmore.edu/souffles/sommaire.html

Conteurs des temps modernes

Des auteurs marocains plus novateurs encore ont émergé au cours des vingt dernières années, aussi bien dans leur pays qu'à l'étranger.

Parmi les œuvres les plus célèbres d'auteurs marocains figurent *Rêves de femmes : une enfance au harem* (disponible en Poche LGF, 1998) et *Le Harem politique : le Prophète et les femmes* (Albin Michel, 1987), de Fatima Mernissi, féministe déclarée et professeur à l'université de Rabat. Dans *L'Année de l'éléphant*, de Leila Abouzeid, écrivain originaire de Rabat, la tentative d'une femme de retrouver une vie après son divorce devient une métaphore sur la quête d'indépendance du Maroc au lendemain de l'époque coloniale. Ce roman, le premier écrit en arabe par une Marocaine, a été traduit en français (L'Harmattan, 2005).

Ces dernières années, des auteurs marocains ont attiré l'attention par leurs positions contestataires, en dépit de la censure des médias. Dans la veine d'*Anfas/Souffles*, l'écrivain expatrié Tahar Ben Jelloun, né en 1944 à Fès, mêle son expérience de psychothérapeute et des ressorts poétiques dans son roman *L'Enfant de sable* (Le Seuil). Loué par la critique, il relate l'histoire d'une fillette élevée comme un garçon par son père à Marrakech. Le prix Goncourt a salué en 1987 un autre de ses romans, *La Nuit sacrée* (Le Seuil). Dans *Le Savant (titre original : Al Allama)*, Bensalem Himmich, lauréat en 2009 du prix Naguib Mahfouz pour l'ensemble de son œuvre, raconte la vie d'un érudit arabe et exilé politique du XIVe siècle, Ibn Khaldoun, qui tenta d'arrêter les guerres et de vaincre son propre isolement. Plusieurs romans récents ont exploré le thème de l'émigration, avec ses promesses et ses traumatismes, notamment le poignant *Cannibales* de Mahi Binebine (Fayard, 1999), *Partir*, de Tahar Ben Jelloun (Gallimard, Folio, 2006), et *De l'espoir et autres quêtes dangereuses* de Laila Lalami (Anne Carrière, 2007), qui a remporté un grand succès. Seul écrivain marocain à aborder librement le thème tabou de l'homosexualité au Maroc, et de manière générale celui de la sexualité, Abdellah Taïa vient d'adapter au cinéma son roman *L'armée du salut* (Le Seuil, 2006, sorti dans les salles en 2014) qui traite de l'éveil sexuel d'un jeune garçon découvrant son homosexualité par la fascination qu'il voue à son frère aîné, et de sa quête d'émancipation.

La Prisonnière (Le Livre de Poche, 2000), de Malika Oufkir, est une œuvre autobiographique. L'auteure est en effet emprisonnée après le coup d'État manqué contre le roi Hassan II, en août 1972, auquel son père, le général Mohamed Oufkir, a participé. Après la mort de son père, commence pour elle et sa famille un interminable calvaire. Sans surprise, *La Prisonnière* a été interdit de publication au Maroc.

LE RÉVEIL DU CINÉMA MAROCAIN

Malgré le dynamisme de la création cinématographique au Maroc, les cinéphiles se font du souci pour l'avenir des salles obscures du pays, qui ne peuvent rivaliser en termes de prix avec les DVD piratés. Seulement 5% des habitants sont allés au cinéma en 2007, année où l'on a saisi plus de 400 000 DVD piratés dans les souks de Rabat et de Casablanca. Il y a trente ans, on recensait 250 cinémas au Maroc, en 2010 il n'en restait plus qu'une trentaine...

Les cinéphiles marocains sont rassemblés dans **Save Cinemas in Marocco** (www.savecinemas inmarocco.com), organisation visant à préserver et à promouvoir les grands cinémas historiques, joyaux architecturaux et monuments de la tradition narrative du Maroc. À Tanger, le Rif, un cinéma des années 1930, a rouvert en 2006, en tant que cinémathèque à but non lucratif, où sont projetés des films étrangers indépendants et des documentaires. À Meknès, le Cinéma Camera – sans doute le plus beau cinéma Art déco du Maroc – continue de prospérer en montrant des films grand public égyptiens et des productions d'Hollywood et de Bollywood. Sur les murs de l'escalier grimpant à l'auditorium, on peut admirer sa fabuleuse fresque "L'Âge d'or d'Hollywood".

Portés par le succès du Festival international du film de Marrakech, des festivals de cinéma sponsorisés par l'État sont créés dans tout le Maroc ; pour en savoir plus, consultez le site www.maghrebarts.ma/cinema.htlm.

Cinéma

Le Maroc en toile de fond

Encore récemment, le Maroc était seulement considéré comme un vaste plateau de cinéma, servant les besoins de réalisations à grand spectacle comme *Alexandre* (Oliver Stone, 2005), *La Momie* (Stephen Sommers, 1999), *Troie* (Wolfgang Petersen, 2004) ou *Sex and the City II* (Michael Patrick King, 2010). Le pays a également été à l'honneur dans *L'homme qui en savait trop* (Alfred Hitchcock, 1956), *Othello* (Orson Welles, 1952) et *Lawrence d'Arabie* (David Lean, 1962).

Aucune scène de *Casablanca*, sorti en 1942, n'a été tournée dans la ville. Tous les décors ont été reconstitués à Hollywood ; le Café Américain de Rick (Humphrey Bogart) s'inspirait pourtant de l'hôtel El-Minzah à Tanger.

Le Maroc est devenu la Somalie pour les besoins du film de Ridley Scott *La Chute du faucon noir* (2001), le Tibet pour le *Kundun* (1997) de Scorsese, et Tanger servit à figurer le Kenya dans *Inception* (2010) de Nolan. Les paysages ont même volé la vedette à John Malkovich dans *Un thé au Sahara* (1990, d'après le roman de Paul Bowles), de Bernardo Bertolucci, et les acteurs novices Mohamed Akhzam et Boubker Ait El Caid ont tiré leur épingle du jeu aux côtés de Cate Blanchett et Brad Pitt dans *Babel* (2006), nommé aux Oscars. Biopic relatant la vie de Gertrude Belle, une aventurière, espionne et archéologue britannique incarnée par Nicole Kidman, *Reine du désert* a été récemment tourné dans le désert marocain (début 2014). Deux productions américaines, *Un hologramme pour le roi*, avec Tom Hanks, et *Rock the Casbah* (à ne pas confondre avec le film du même nom de Laïla Marrakchi), avec Bruce Willis et Tom Cruise, sont en plein tournage au moment de la rédaction de ce guide.

La percée des réalisateurs marocains

Après des décennies d'importation de productions de Bollywood et d'Hollywood, ainsi que de fictions égyptiennes, les spectateurs du pays ont de plus en plus la possibilité de voir des films tournés au Maroc par des Marocains et sur le Maroc. L'industrie cinématographique nationale est en plein essor : 18 longs métrages et 80 courts métrages ont ainsi été produits en 2010, et 21 longs métrage en 2011, année la plus prolifique, contre 4 et 6, respectivement, en 2004. Les chiffres se maintiennent ces dernières années, en grande partie grâce aux généreuses subventions du Fonds d'aide à la production cinématographique qui a investi en 2012 56 millions de dirhams dans 17 films. Autre initiative du gouvernement marocain, l'Aflam, créée en 2008, est une chaîne de télévision nationale gratuite, diffusant des productions marocaines et des films doublés ou sous-titrés en français, darija et tamazight.

Forts de siècles de tradition de récits oraux et de l'expertise cinématographique tirée de Ouallywood – les studios de Ouarzazate, capitale du cinéma du Sud marocain, qui ont fourni le décor de nombreux films précités –, les cinéastes marocains d'aujourd'hui se mettent à raconter des épopées modernes, souvent teintées de cinéma-vérité. *Casanegra* (2009), de Noureddine Lakhmari, a représenté le Maroc aux Oscars en 2010. Ce film montre l'évolution de deux amis d'enfance dans le Casablanca d'aujourd'hui, confrontés aux aspects les plus sombres de la vie dans la ville blanche. Citons aussi *La Grande Villa*, de Latif Lahlou (2010), retraçant les adaptations culturelles et personnelles d'un couple déménageant de Paris à Casablanca.

Les productions euro-marocaines se font désormais remarquer dans les festivals internationaux, notamment l'épopée familiale de Faouzi Bensaïdi *Mille Mois*, lauréat du prix Premier Regard à Cannes en 2003, et *Marock* de Laïla Marrakchi, qui évoque l'histoire d'amour entre une musulmane et un juif, prix Un Certain Regard à Cannes en 2005. La réalisatrice nous offre en 2014 un deuxième film, *Rock the casbah*, qui met en scène une famille marocaine réunie pour les funérailles du patriarche. L'arrivée de la benjamine, expatriée aux États-Unis contre la volonté de son père, va provoquer chamboulements et révélations. Après *Heaven's Doors* en 2006, où ils dépeignent à la perfection des destins en crise qui se croisent, les réalisateurs hispano-marocains Swel et Imad Noury (la trentaine à peine) ont intégré le circuit des festivals (dont le Festival international du film de Marrakech, FIFM), avec *The Man Who Sold the World* (2008), fable existentialiste à la Dostoïevski qui se déroule à Casablanca.

Les critiques et le soutien du gouvernement ont permis l'émergence de nouvelles voix et de nouveaux formats. De jeunes metteurs en scène apparaissent grâce à une nouvelle école de cinéma à Marrakech et aux présentations de courts métrages, notamment dans les festivals de Rabat et de Tanger, en octobre. Prix de la critique au Festival national du film de Tanger en janvier 2011, le documentaire de Hakim Belabbès, *Fragments* (*Ashlaa*), réunit 10 ans d'images du célèbre réalisateur, né en 1961, en un poignant portrait de famille. Chez les femmes, la réalisatrice Farida Benlyazid a connu un beau succès avec *La Chienne de vie de Juanita Narboni* (2006), chronique d'une expatriée espagnole à Tanger, des années 1930 aux années 1960. Quant à Mahassine El Hachadi, lauréate du prix du court métrage du Festival du film international de Marrakech en décembre 2010, pour son film *Apnée*, alors qu'elle était encore étudiante, elle est considérée comme une étoile montante. Avec *Les Yeux secs* (2003), Narjiss Nejjar pousse encore plus loin les murs, non seulement par son choix de l'amazigh plutôt que de l'arabe mais parce qu'elle ose aborder des sujets difficiles comme la traite des femmes et la prostitution. La critique de la société marocaine et la nudité montrées parfois dans leurs films attirent sur les réalisateurs la critique des islamistes, mais ils persistent au nom de la liberté artistique. En 2012, Nabil Ayouch manque de peu le prix Un Certain Regard à Cannes et le prix d'interprétation féminine. Son film n'en est pas moins une fable puissante sur les liens fraternels, l'endoctrinement religieux extrémiste et sur un Maroc en perte de repères après les années de plomb. Autre réalisateur émergent, Hicham Lasri nous offre en 2014 *C'est eux les chiens*, un premier film remarqué dans de nombreux festivals de cinéma indépendants (notamment ceux de Rabat, Buenos Aires et Montpellier). Décrit comme "un road movie punk au cœur du Printemps arabe" et dans un style caméra embarquée, ce film suit les tribulations de Majhoul, un ancien prisonnier libéré au bout de 30 ans et lâché en plein Printemps arabe. Savoureux.

En 2005, plus d'un tiers des films projetés au Maroc étaient des productions de Bollywood et, en 2008, 50 000 personnes se sont déplacées pour voir l'actrice Rani Mukerji, venue assister à la projection de *Chalte Chalte*, dans lequel elle jouait aux côtés de Shah Rukh Khan.

Arts et artisanat

Au Maroc, la hiérarchie habituelle entre arts et artisanat est inversée : la tradition artisanale est aussi ancienne que respectée, et les arts visuels constituent un développement plus récent. On prêtait aux décorations des vertus spirituelles et esthétiques ; au contraire, les objets non fonctionnels et les images figuratives étaient peu considérés, ou même suspectés d'être source de vanité et d'idolâtrie. Alors que l'art visuel contemporain reste peu développé, l'artisanat décliné sous toutes ses formes est le souvenir par excellence que l'on désire rapporter de son voyage.

Arts visuels

L'art contemporain marocain donne un poignant sentiment d'urgence, exprimant des aspirations et des frustrations longtemps tues, tout en se dérobant à la censure des médias. Aujourd'hui, les œuvres ne s'inspirent guère plus de la vieille tradition orientaliste française du XIXe siècle et des artistes marocains contemporains, comme Hassan Hajjaj, la détourne avec malice. Ainsi, les photographies en couleurs de Hajjaj sont volontairement provocatrices : on y voit par exemple une femme arborant l'insigne de la paix, drapée d'un voile Nike, genre rappeur, marqué du slogan "Just Do It" sur la bouche.

L'art visuel marocain plonge ses racines dans les années 1950 et 1960, époque où les artistes populaires d'Essaouira et de Tanger s'approprièrent la peinture et la sculpture en y incorporant des symboles berbères et des matériaux locaux. La peinture de paysage connut un véritable engouement, et la peinture abstraite constitua un moyen d'expression poétique à Rabat et Casablanca.

À Marrakech, la scène artistique associe formes brutes et matériaux traditionnels, ancrant l'art abstrait du Maroc dans une forme d'art indigène. Cette scène a décollé avec la première **Biennale de Marrakech** (www.marrakechbiennale.com) en 2005, le premier programme d'études de l'École supérieure des arts visuels (ESAV) en 2007 et la première édition de la Foire internationale de l'art de Casablanca en 2009.

Preuve de cet essor, le Maroc des arts contemporains est mis à l'honneur à l'Institut du monde arabe avec une grande manisfestation pluridisciplinaire organisée à l'automne 2014.

Les artistes en vue

Mahi Binebine – Silhouettes éthérées en cire d'abeille, qui se heurtent et se séparent sans se voir.

Hassan Echair – Des objets en équilibre précaire : poteaux blancs, charbon, brindilles enroulées dans du fil.

Larbi Cherkaoui – D'immenses calligraphies gestuelles sur peau de chèvre.

Pour en savoir plus sur l'origine de ces magnifiques motifs et apprendre à en dessiner, lisez *L'art calligraphique de l'Islam* de Mohammed Sijelmassi et Abdelkébir Khatibi (Gallimard, 2001).

Calligraphie

Pratiquée et perfectionnée dans les médersas depuis mille ans, la calligraphie est toujours un art visuel de premier plan au Maroc. On ne l'associe pas qu'au Coran, puisqu'elle figure sur nombre de supports profanes. Si vous regardez attentivement, vous verrez qu'un même texte change du tout au tout selon les variations calligraphiques. Un calligraphe tracera un mot sur une page entière, tandis qu'un autre en fera une fleur ou pliera et tordra les lettres en motifs, à la manière d'un origami.

Le style le plus courant adopté pour le Coran est appelé *naskh*. Cette écriture cursive penchée a été introduite par les Omeyyades. La forme ou le motif composé de lettres cursives ingénieusement entrelacées est caractéristique du style *thuluth*, et cette saisissante calligraphie est héritée du style coufique venu d'Irak. Les trois types principaux de calligraphie coufique existent au Maroc : les lettres, qui semblent avoir été attachées par des marins, relèvent du style coufique noué ; celles qui éclosent comme des fleurs indiquent le coufique feuillé, et les plus angulaires, le coufique carré.

Ces dernières années, des artistes ont réinventé la calligraphie comme forme artistique purement expressive, associant l'élégant tracé des écritures anciennes à l'urgence des graffitis urbains. Les symboles énigmatiques au henné de Farid Belkahiaet et le graphisme lyrique, aux lettres immenses, de Larbi Cherkaoui montrent que, même libérée de son orthodoxie, la calligraphie conserve sa poésie.

Artisanat

Une incursion dans un souk marocain est une échappée dans un monde de tradition où règnent les *maâlem* (maîtres artisans). La plupart des créations sont élaborées avec les seuls outils que sont l'imagination, le sens de la couleur et de la forme, et une habileté quasi chirurgicale.

Il faut aussi de l'expérience. À Fès, un *maâlem* en céramique reçoit une formation de près de dix ans, et il peut falloir entre 3 et 4 mois à un artisan pour apprendre à tailler proprement un carreau de zellige – il existe 360 formes standards. C'est à la sûreté de son geste, et non à sa rapidité, que se juge le talent d'un *maâlem*. Techniques, savoir-faire et outils sont transmis d'une génération à l'autre, et une concurrence amicale entre voisins pousse à l'innovation.

Les *maâlem* sont souvent installés dans des échoppes bordant les souks. Quant aux artisans des zones rurales, ils font également des merveilles – et un village est parfois connu pour son style de broderie ou ses motifs de tapis caractéristiques. La plupart des *maâlem* des souks sont des hommes, mais vous verrez sans doute des femmes penchées sur les nœuds d'un tapis dans les villages de l'Anti-Atlas et du Moyen Atlas, tissant des étoffes sur la côte sud ou peignant des céramiques à Fès, Salé et Safi.

Pour en savoir plus sur les tapis, consultez *Tapis et tissages du Maroc. Une écriture du silence*, de Francis Ramirez et Charles Rolot (ACR Édition). Les nombreuses illustrations vous aideront à comprendre les origines de ce tapis que vous rapportez chez vous.

Tapis

Si vous parvenez à rentrer chez vous sans rapporter de tapis, bravo : vous comptez parmi les rares touristes à avoir résisté aux vendeurs les plus astucieux de la planète.

COMMENT BIEN ACHETER UN TAPIS

- Gardez à l'esprit l'espace dont vous disposez sur vos sols et vos murs, la limite de bagages qui vous est imposée, les frais de port et les taxes que vous êtes prêt à débourser, et la somme que vous êtes disposé à dépenser.
- Attention, il est rare de trouver des tapis vraiment anciens au Maroc. On vieillit des tapis neufs en les piétinant ou en les exposant, entre autres, au soleil.
- Inspectez les nœuds. Le prix augmente avec le nombre de nœuds au mètre carré. Vous pourrez vous faire une idée en regardant derrière le tapis s'il y a des trous entre les nœuds. Certains tapis sont lavés à l'eau chaude pour resserrer les brins. Ces tapis sont généralement repérables à leurs bords irréguliers et rétrécis.
- Misez sur les végétaux. Les prix sont généralement plus élevés lorsque la laine des tapis est teinte avec des colorants végétaux (qui perdent leur éclat plus rapidement) plutôt que synthétiques ; on les repère généralement à leurs couleurs plus sourdes. Le vendeur pourra peut-être vous dire quelles plantes ont été utilisées.
- Profitez de l'échange. Soyez prêt à plaisanter avant de marchander, gardez votre sens de l'humour, revenez le lendemain et savourez ce thé à la menthe si sucré. Vous repartirez avec de bons souvenirs et un tapis qui vous plaira.

Traditionnellement, les femmes de la campagne réalisaient des tapis qui constituaient une partie de leur dot : leur personnalité s'exprimait par le choix de couleurs et de motifs qui symbolisaient leurs vœux de santé et de prospérité. Aujourd'hui, la fabrication des tapis constitue surtout un revenu complémentaire pour les ménages ; ils sont alors vendus à des intermédiaires qui les revendent en prenant une importante commission. D'où un prix final dans les souks beaucoup plus élevé. Mieux vaut acheter directement auprès d'une coopérative villageoise : la productrice touchera ainsi un plus gros bénéfice, vous ferez une meilleure affaire et vous rencontrerez peut-être même l'artisan qui a tissé "votre" tapis.

Tapis du commerce équitable

Coopérative de tapis Jemaite Tifawin, Anzal

Coopérative féminine de tissage des Aït Bououli, Aït Bououli

Casbah Myriem, Midelt

Coopérative de tissage, Ouarzazate

Ensemble artisanal, dans toutes les villes à travers le pays

Textiles

Les Marocains ont une passion pour les textiles tissés, cousus ou brodés. Les femmes ont donné naissance à une tradition qui attire au Maroc des couturiers et de grandes marques internationales. Un tiers des Marocaines sont aujourd'hui employées dans l'industrie vestimentaire.

Broderie

Les broderies varient des simples motifs berbères aux *terz el fassi*, dont les détails minuscules, inspirés de la nature, sont brodés en bleu sur le linge que les femmes de Fès préparent pour leur dot. Les brodeuses de Rabat ornent leurs ouvrages de fleurs monochromes ou bicolores en fils de soie d'une telle présence qu'elle en estompe pratiquement le support de coton. Les femmes de Salé, elles, se sont fait une spécialité de superbes toiles blanches dont les bords sont finement brodés d'une ou de deux couleurs.

Passementerie

Lors de vos pérégrinations, peut-être verrez-vous un homme fixer un fil à un clou enfoncé dans un mur à 1,50 m du sol, puis le dérouler sur une quinzaine de mètres et le tendre, un petit moteur à la main : l'artisan tresse le fil qui servira à broder caftans et djellabas, et à fabriquer les minuscules boutons ornant ces vêtements. La plus petite échoppe de passementerie renferme des galons dorés en quantité suffisante pour décorer une armée de généraux, et davantage de pompons qu'une revue de danseuses ne pourra jamais en agiter durant toute une carrière. Et

PETIT TOUR D'HORIZON DES TAPIS MAROCAINS

Tapis de Rabat Des tapis à poils épais, aux tons profonds, présentant un motif central auquel répondent des bords délicatement ornés. Les motifs, qui rappellent ceux d'un jardin à la française, sont parfois agrémentés d'animaux ou de formes abstraites modernes. Les tapis de Rabat sont très recherchés, et peuvent coûter 2 000 Dh par m^2.

Tapis de Chichaoua Des tapis assez simples, sur fond rouge éclatant, parfois ornés de zigzags, d'astérisques et de symboles berbères (700-1 000 Dh le m^2 environ).

Hanbels ou kilims Ces tapis plats et sans poils compensent le manque de moelleux par une vraie personnalité. Certains *hanbels* intègrent des lettres berbères, des symboles porte-bonheur comme l'œil, la Croix du Sud ou la fibule berbère dans le tissage. Demandez au vendeur de vous les expliquer : que ce soit vrai ou faux, vous aurez droit à une belle histoire (environ 700-900 Dh le m^2).

Zanafi ou glaoua Ils mélangent kilim et tapis à poils longs. Leur charme réside dans ce contraste. Compter généralement entre 1 000 Dh et 1 750 Dh par m^2.

Shedwi Ce sont des tapis plats arborant des formes simples de laine noir et blanc. Le tout est si naturel que vous sentirez encore la lanoline entre vos doigts si vous les frottez dessus. Au prix de 400 Dh pour un article de petite taille, c'est une excellente affaire.

vous y trouverez une multitude de petits souvenirs à rapporter : colliers, ronds de serviette, porte-clefs, embrasses de rideaux... La passementerie a rang d'art au Maroc.

Feutre

Teinte, bouillie puis battue, la laine trouve maints usages : chapeaux en feutre, pantoufles, manteaux, enveloppes de coussins ou revêtements de sol. Ni tissé ni cousu, le feutre est généralement mouillé et attendri au savon noir, puis moulé sur une forme avant d'être mis à sécher. Les fabricants de feutre sont souvent rassemblés dans le souk à laine des grandes villes.

Tissage

Au-delà des innombrables djellabas synthétiques et autres sarouels importés, votre œil sera peut-être attiré dans les souks par les tissus artisanaux, d'une texture originale ou d'un éclat exceptionnel : des pièces de coton bio du Rif, de la soie végétale tissée avec du coton et de la rayonne du sud du pays, du lin de la côte atlantique et des douces couvertures de laine du Haut Atlas. Certaines pièces de moins bonne qualité sont produites de façon industrielle, mais les connaisseurs recherchent justement la texture un peu plus pelucheuse, le tissage plus serré et l'élégant drapé des tissus artisanaux marocains.

Dans les souks et les coopératives de village et les magasins d'État appelés Ensemble artisanal, vous verrez parfois des femmes travailler à deux sur le même métier. Les hommes travaillent sur des métiers plus grands pour fabriquer le tissu destiné aux djellabas, poussant la navette avec les bras et manipulant les pédales aux pieds, ce qui nécessite à la fois endurance et dextérité. Vous trouverez du linge et des vêtements tout faits, mais aussi du tissu au mètre que vous pourrez confier à un tailleur (dans toutes les grandes villes) pour qu'il vous confectionne un vêtement ou une pièce de linge. Prévoyez assez de temps pour la réalisation, et au moins deux essayages.

Talents émergents

Khadija Kabbaj – Tables en vannerie, Barbies momifiées et autres objets détournés.

Hicham Benohoud – Autoportraits aux visages oblitérés par des lambeaux de papier, petites images et bouchons.

Hassan Hajjaj – Photos de mode de femmes en voiles Louis Vuitton et djellabas, arborant le drapeau marocain.

Maroquinerie

La demande de selles de dromadaires ayant considérablement baissé, les maroquiniers se sont reconvertis dans la reliure et les sacs à la mode. Une chose n'a toutefois pas changé : ils travaillent toujours à la main, avec leurs outils, comme ils le font depuis des siècles. Dans leurs minuscules boutiques bordant les *derbs* (ruelles) des souks de maroquiniers, le cuir, fraîchement tanné et teint, devient un pouf carré, un pompon jaune attaché à une paire de gants en chevreau fuchsia, ou, teint en argent, des pantoufles d'intérieur. Non loin de là, un autre artisan décore sans doute une peau de chèvre au henné. Elle sera ensuite utilisée pour créer bougeoirs, abat-jour ou d'autres objets en cuir "tatoué". Si vous demeurez quelques jours sur place, vous pouvez aussi passer commande à un artisan d'un sac, d'une veste ou d'un pantalon.

Si vous avez soif d'authenticité, vous préférerez les babouches jaunes traditionnelles pour hommes ou les "Adidas berbères", des chaussons aux semelles fabriquées à partir de pneus recyclés. Les babouches pour femmes sont proposées dans une plus grande gamme de couleurs et de modèles, et vous verrez peut-être des cuves de teintures colorées utilisées pour la tannerie à Fès. Les tanneries dégagent une odeur très forte – beaucoup d'habitants de la médina voudraient bien les voir en dehors de la ville.

L'Art de la céramique dans l'architecture musulmane, de Gérard Degeorge et Yves Porter (Flammarion, 2001), célèbre la splendeur des mosaïques, d'Istanbul à Fès.

Céramiques

La céramique marocaine est superbe et abordable – un plat à tajine décoratif coûte entre 150 et 400 Dh, selon la taille et le décor. Les couleurs diffèrent selon les régions : la céramique de Meknès est plutôt vert et noir, Safi décline des motifs berbères noir et blanc, tandis que le célèbre vert de Tamegroute est fait d'un émail aux nuances subtiles, mélange d'argile grise, de silice, d'oxyde de cuivre et de manganèse. Salé produit plutôt du jaune et du turquoise, des motifs géométriques et des assiettes ornés de petits points. Marrakech est spécialisée en céramiques monochromes rouges, gris foncé ou orange. Beaucoup de régions rurales sont spécialisées dans la vaisselle en terre cuite, aux formes sobres et aux symboles berbères de la chance peints au henné.

Les plats à tajine marocains en terre cuite vont au four, sur le feu de la cuisinière et coûtent moins de 80 Dh. Enveloppez-les bien pour le voyage.

Zelliges

Chaque carreau de zellige est taillé dans une forme géométrique précise à l'aide d'un petit marteau et d'un burin ; un glissement du marteau ou un faux angle sur le burin suffit pour gâcher une étoile aux proportions parfaites. Tous les carreaux doivent présenter une couleur et une forme identiques pour être disposés par centaines ou par milliers et ainsi créer un motif à l'échelle d'un mur, d'un sol ou d'une fontaine. À défaut de rapporter une fontaine, offrez-vous un miroir, un cadre ou un petit dessus de table.

Dans l'art du zellige, les artisans de Fès sont considérés comme les plus doués du Maroc : en témoignent les fontaines de la ville, datant du Moyen Âge.

Laiton, cuivre et argent

Au Maroc, l'heure du thé donne parfois l'occasion d'observer un vrai spectacle où les accessoires jouent un rôle prépondérant : les théières luisantes et les plateaux en cuivre sont martelés à la main pour refléter la lumière, et ornés de calligraphies censées apporter la baraka aux convives. Lampes en cuivre et lanternes en laiton recyclé mettent immédiatement de l'ambiance – et vous pouvez impressionner vos hôtes en utilisant un couteau damasquiné provenant de la capitale marocaine de la dague, Kelaâ M'Gouna, pour découper le gâteau.

La plupart des services à thé en "argent" sont en réalité en argentan – vous débourserez entre 50 et 250 Dh pour une théière, plus pour un plateau (selon la taille et le style).

Bijouterie

AMBRE

Très souvent, "l'ambre" proposé dans les souks se révèle être du plastique. On reconnaît l'original à sa petite odeur d'encens quand on craque une allumette à côté, et à un toucher un peu cireux.

Tout ce qui brille n'est pas d'or au Maroc, d'autant que les Berbères considèrent ce métal comme peu bénéfique et lui ont toujours préféré l'argent. On voit parfois des bijoutiers munis de verres grossissants travailler de l'or, mais la plupart des bijoux en or vendus dans les souks sont importés d'Inde et de Bali. L'argenterie doit être poinçonnée du chiffre 925, et son prix est souvent fonction de son poids. Le corail, l'agate, la cornaline et l'ambre composent des colliers très recherché offerts en dot dans le Sahara.

Cependant, les *maâlem* savent se passer de matériaux précieux : entre des mains habiles, d'anciens fossiles se transforment en superbes pendentifs près de Rissani, dans l'Anti-Atlas, et la magie des amulettes berbères est contenue dans cet ensemble de cuir, de bois et d'argentan. Les belles fibules traditionnelles berbères en argent sont une spécialité de Tiznit et vous trouverez de jolies bagues en nickel et émail coloré à Marrakech.

Travail du bois

Le quartier du souk le plus agréable pour les narines délicates est celui des artisans du bois : des effluves aromatiques s'élèvent des copeaux qui tapissent le sol des ateliers de maîtres sculpteurs, ces mêmes *maâlem* qui réalisent d'admirables portes sculptées et plantées de

SOUVENIRS ÉCOLOS

Les plus écolos : l'artisanat à base de pneus

Les pneus usés ne sont pas biodégradables et ils dégagent des fumées toxiques lorsqu'on les brûle. Mais quand ils sont intelligemment réutilisés par les artisans marocains, bandes de roulement et chambres à air de pneus deviennent de fabuleux accessoires de maison (cadres de miroir, plateaux à thé, etc.). À l'extrémité sud de la rue Riad Zitoun el-Kedim, à Marrakech, les *mâalem* (maîtres-artisans) en art du pneu vous proposent leur plus beau choix d'objets.

Relativement écolo : l'huile d'argan

L'huile d'argan, très prisée en cosmétique, est le seul produit à nécessiter l'aide d'une chèvre pour être produite. Dans les environs d'Essaouira et dans l'Anti-Atlas, les chèvres montent dans les arganiers pour manger les fruits, dont elles digèrent la partie extérieure, molle et pelucheuse, puis évacuent le noyau. Pour fabriquer l'huile, les femmes récupèrent les noyaux dans les excréments de la chèvre avant de les laver et de les casser. Lorsqu'elles sont pressées, les noix donnent une minuscule quantité d'huile orangée riche en vitamine E. C'est un travail manuel fatigant, et acheter votre huile dans une coopérative est le meilleur moyen d'assurer un salaire correct à ces Marocaines.

Peut-être écolo : les tapis et couvertures berbères

Les couvertures berbères sont souvent fabriquées avec une laine si naturelle qu'elle sent encore la lanoline. La plupart des tisserands se servent d'un mélange de teintures naturelles et artificielles afin d'obtenir brillance et résistance des couleurs. Certaines coopératives cardent et teignent leur laine avec des teintures naturelles, mais pour les couleurs vives, il est préférable qu'elles achètent leur laine à des industriels réputés au lieu de manipuler des teintures chimiques et de déverser les eaux polluées dans les égouts. Certaines associations respectent de bonnes pratiques environnementales tout en assurant un salaire correct à leurs tisserandes, notamment la Casbah Myriem (p. 346), la coopérative féminine de tissage des Aït Bououli (p. 93), la coopérative de tapis Jemaite Tifawin (p. 129) et l'association des gorges du Dadès (p. 138).

Peu écolo : les souvenirs en thuya

Un thuya, qui ressemble à un genévrier et ne pousse qu'au Maroc, possède une loupe si appréciée pour son grain et sa couleur caramel que l'arbre est proche de l'extinction. N'achetez de bols sculptés et de coffrets à bijoux en bois de thuya qu'auprès de coopératives engagées dans l'utilisation responsable de ce bois et la reforestation, comme la Coopérative artisanale des marqueteurs (p. 218) et la coopérative artisanale des femmes de Marrakech (p. 79).

clous en cuivre. Ce sont également les auteurs des chevrons et des dômes *mukarnas* (ajourés) en cèdre, sculptés de motifs sophistiqués, que l'on retrouve dans les palais marocains. Tétouan, Meknès et Fès possèdent une excellente réputation pour les sculptures ornementales, mais la plupart des médinas du pays recèlent de superbes pièces d'ébénisterie.

Offrez par exemple à vos amis gourmets des cuillères à *harira* (soupe marocaine roborative) dotées d'un long manche et sculptées dans du bois d'oranger. Le cèdre se retrouve partout, des boîtes à bijoux et encadrements aux lourds coffres sculptés qui protégeront vos vêtements des mites. L'essence la plus appréciée est le bois de thuya, qui se distingue par son allure noueuse, son grain délicat et sa riche couleur caramel. Il provient de la racine d'un arbre indigène de la région d'Essaouira. Préférez les collectifs d'artisans qui garantissent un choix responsable et militent pour la reforestation.

Vous aurez un aperçu du savoir-faire des *maâlem* dans les magasins d'État "Ensemble artisanal". Vous les verrez à l'œuvre et pourrez acheter leurs articles à prix fixe (parfois élevé).

Architecture

Au Maroc, les amateurs d'architecture ne sauront où donner de la tête. L'éventail des styles architecturaux est très large et maintient la curiosité en éveil. Voici une liste des principaux ouvrages, présentés dans l'ordre alphabétique.

Casbahs

Vous tomberez sur une casbah partout où il y a eu, à un moment de l'histoire, des intérêts commerciaux – sel, sucre, or, esclaves – à protéger. Ces quartiers fortifiés abritaient la famille régnante, la garde royale et le nécessaire pour tenir un siège. Non loin de là, le mellah se trouvait sous l'œil attentif des dirigeants et à une portée de fusil des gardes. Marrakech renferme l'une des plus grandes casbahs encore sur pied. Jouxtant le mellah, ce quartier édifié au XIe siècle compte toujours un palais royal et de grands jardins. Dans le nord du pays, à Chefchaouen, la casbah domine de ses remparts rouges la médina toute bleue, tandis qu'à Rabat, blottie derrière son élégante porte sculptée, la Bab Oudaïa, la casbah des Oudaïas présente à l'océan ses murs blanchis à la chaux.

En les classant au patrimoine mondial, l'Unesco a sauvé la casbah de Taourirt à Ouarzazate, et celle d'Aït Benhaddou avec ses briques crues de couleur rouge, toutes deux restaurées et fréquemment utilisées comme décors de film. Pour découvrir des casbahs encore habitées, allez à Anmiter et à la casbah Amridil de l'oasis de Skoura.

Le meilleur de l'Art déco

- *Villa des Arts, Casablanca*
- *Jardin Majorelle, Marrakech*
- *Cinémathèque, Tanger*
- *Plaza de España, Melilla*
- *Hôtel El-Minzah, Tanger*

Fondouks

À l'époque médiévale, les fondouks se trouvaient sur la route des caravanes, avant d'être remplacés au fur et à mesure que les négociants se sédentarisaient, par des maisons particulières et des entrepôts. Il reste heureusement 140 fondouks à Marrakech, parmi lesquels le remarquable ensemble proche de la place Bab Ftouh et celui de la rue Mouassine. À Fès, un magnifique fondouk datant de 1711, restauré, accueille désormais le musée Nejjarine des arts et métiers du bois. L'État marocain a récemment entamé la restauration de 98 fondouks : essayez d'aller les admirer avant la fin des travaux de réhabilitation.

Dans *L'Architecture de l'Islam*, Henri Stierlin, historien de l'architecture, décrit et analyse les bâtiments musulmans dans toute leur ubiquité, soulignant les constantes et variations d'un art millénaire animé par le souffle grandiose de la foi.

Hammams

Ces bâtiments font partie du paysage urbain marocain depuis le temps des Almohades, et chaque village aspire à avoir le sien – souvent la seule source d'eau chaude. Construits traditionnellement en pisé, ils sont enduits de tadelakt et surmontés d'une coupole percée d'orifices en forme d'étoile, afin de laisser la vapeur s'échapper. La salle principale, sous la coupole, est la plus fraîche. Les pièces qui l'entourent offrent des degrés de chaleur plus ou moins élevés, pour le goût de chacun.

Les formes audacieusement dépouillées des hammams traditionnels vous paraîtront sans doute étonnamment modernes, mais ce sont en fait les artistes du XXe siècle qui ont incorporé ces formes dans leurs œuvres : élément récurrent des tableaux de Matisse et de Klee, le hammam a aussi inspiré, par ses volumes intérieurs et son éclairage tamisé, le style de

Le Corbusier. Le tadelakt est aujourd'hui un revêtement très prisé pour les piscines et les murs des maisons de style, tandis que les coupoles percées font partie d'une tendance "Maroc moderne" très en vogue. Ne manquez pas l'occasion de découvrir ces éléments d'architecture dans leur contexte et offrez-vous une séance au hammam de votre quartier – il se trouve souvent à côté de la mosquée car, traditionnellement, les bains utilisaient la même source que la fontaine à ablutions.

Ksour

Perchées sur un promontoire escarpé, accrochées à une paroi rocheuse ou dressées au-dessus d'une oasis, ces forteresses construites en pisé occupent toujours des positions spectaculaires. D'épais murs en terre crue renforcée de paille composent les tours qui s'effilent avec élégance vers leur sommet, entaillé de créneaux. Comme un mirage, le ksar (ksour au pluriel) s'entend à troubler notre sens de l'échelle et des distances en mélangeant grandeur et intimité. Lorsque les yeux fixent l'horizon du haut des tours de garde, Tombouctou semble proche ; difficile de croire que la ville se trouve à 52 jours de dromadaire. Et cette proximité est en fait bien réelle : l'élégante architecture en terre crue du Mali et du Sénégal est une proche parente des ksour marocains.

La vallée du Drâa et la vallée du Dadès illustrent à merveille cette architecture dans le cadre de splendides oasis. Ne manquez pas le ksar juif de Tamnougalt ni celui d'Aït Arbi, un édifice blanc, ocre et rose accroché aux bords de la gorge du Dadès. Entre ces deux vallées, vous pouvez passer la nuit dans un ancien ksar dans les oasis de Skoura et de N'Kob, ou faire une pause-déjeuner au ksar el-Khorbat et visiter le ksar Asir, un centre marchand vieux de mille ans, à Tinejdad.

Les cités qui constituaient des haltes caravanières abritent de nombreux ksour fortifiés, où les marchands venaient mettre en lieu sûr des fortunes en or, sucre et épices après 52 jours de traversée du Sahara.

Hammams historiques

Hammam el-Bacha, Marrakech

Hammam Lalla Mira, Essaouira

Douches Barakat, Chefchaouen

Hammam Bab Doukkala, Marrakech

Chantier de fouilles, Aghmat

LES RÈGLES AU HAMMAM

Se rendre dans un hammam est autrement plus agréable que d'affronter la douche froide d'un hôtel bon marché. Ce sont des lieux animés et conviviaux, où le personnel prodigue nettoyage de peau et massages, qui représentent également pour les femmes d'excellents refuges aux sollicitations de la rue.

Chaque ville possède au moins un hammam, souvent un édifice moderne, spacieux et carrelé de blanc. Il exite des bâtiments pour les hommes et pour les femmes, mais il arrive qu'un même hammam ouvre à des horaires ou des jours différents selon les sexes.

Il est parfois difficile de les trouver : certains ne possèdent pas d'enseigne et d'autres se contentent de faire figurer sur le mur extérieur le dessin d'un homme ou d'une femme. La plupart des hammams sont très accueillants, mais certains (souvent près des mosquées) montrent parfois quelques réticences à accepter les visiteurs étrangers.

Apportez vos serviettes (dans un sac étanche), un petit tapis en plastique ou quelque chose pour vous asseoir, et des tongs. Certains hammams vendent des articles de toilette, notamment du *ghassoul* (mélange d'argile, d'herbes, de roses séchées et de lavande), des *kis* (gant de crin), du savon noir à base d'huile d'olive (très piquant si l'on s'en met dans les yeux) et du henné (pour les femmes).

On vous remettra un seau et une écope : utilisez le baquet commun pour remplir votre seau d'eau chaude ou froide. La plupart des établissements sont aussi équipés de douches.

L'entrée au hammam coûte en général 10 Dh (plus dans les endroits touristiques). Gommage et massage sont en sus.

Quelques hôtels de catégories moyenne ou supérieure possèdent un hamman plus cher. Il faut cependant prévenir à l'avance, le temps que l'endroit chauffe, et compter un minimum de quatre ou cinq personnes.

MONUMENTS MENACÉS : LES CASBAHS DES GLAOUI

Les casbahs de la tribu des Glaoui, jadis magnifiques, subissent les assauts des éléments. Allez découvrir pendant qu'il est encore temps celles de Taliouine, de Tamdaght, d'Agdz et, surtout, de Télouet. Œuvres des plus grands talents du Maroc (personne ne prenait le risque de déplaire aux despotes), ces réalisations rappellent aussi la trahison du pacha Glaoui, qui collabora avec les colons français contre les Marocains. Les habitants pensent toutefois qu'il faut préserver les casbahs des Glaoui, afin que les Marocains n'oublient pas que mêmes les plus belles fortifications ne pouvaient contraindre les esprits marocains épris d'indépendance.

À Rissani, un circuit d'une demi-heure vous permet de voir une demi-douzaine de splendides ksour, dont certains attendent d'être restaurés. Sur les routes des caravanes vers le nord, en direction de Fès par le Haut Atlas, de spectaculaires ksour se dressent entre les sommets enneigés, notamment le douar en pisé de Zaouiat Ahansal, qui abritait jadis une population de 300 âmes.

KSOUR

En 2009, 230 millions de dirhams ont été prévus pour restaurer ksour et casbahs, en priorité à Er-Rachidia, Erfoud et Rissani.

Médersas

Davantage que de simples écoles d'instruction religieuse, les médersas du Maroc sont, depuis la dynastie des Mérinides, des centres dynamiques d'apprentissage du droit, de la philosophie et de l'astronomie. La médersa el-Attarine, construite au XIVe siècle à Fès, est littéralement recouverte de zelliges et n'a rien à envier à sa rivale, la médersa Ali ben Youssef de Marrakech, au décor de stuc richement ciselé. La visite de ces lieux, convertis en musées, permet de se faire une idée de l'austère existence que menaient les étudiants : après de longues heures d'études, ils regagnaient la cellule qu'ils partageaient avec plusieurs de leurs condisciples, où ils pouvaient s'allonger sur une natte posée à même le sol. La médersa, dotée d'une seule salle de bains, pouvait accueillir 900 personnes. Les médersas en activité ne sont généralement pas ouvertes aux non-musulmans. Seuls les visiteurs musulmans peuvent passer la nuit dans certaines médersas (une contribution, modeste, est d'usage).

Mosquées

Présentes partout, les mosquées sont construites sur des terrains nobles, dans le centre des localités. Ces bâtiments, dont l'un des murs est orienté vers La Mecque, offrent, même aux non-musulmans, des moments d'une sublime sérénité au cœur du chaos et de la frénésie des grandes villes. Au-delà de leur vocation acoustique de diffusion de l'appel à la prière, les minarets rappellent en permanence la présence de Dieu et de l'islam, une façon de mettre en perspective les tracas de la vie quotidienne.

Les mosquées marocaines sont fermées aux non-musulmans, à deux exceptions près : l'immense mosquée Hassan II de Casablanca et la mosquée de Tin Mal, près du Tizi n'Test. La première fut achevée en 1993 par l'architecte français Michel Pinseau : elle peut accueillir 25 000 fidèles sous un toit rétractable, et son minaret de 210 m est équipé d'un laser ! Elle a coûté 585 millions d'euros, sans compter les compensations versées aux habitants expropriés (des affaires encore en suspens). Beaucoup plus simple, la mosquée de Tin Mal, érigée en 1156 en l'honneur du chef spirituel des Almohades, Mohammed ibn Tumart, est une pure merveille, avec ses plafonds en cèdre et ses arches élancées.

Les visiteurs musulmans affirment que rien dans l'architecture marocaine ne surpasse les édifices érigés à la gloire de Dieu, en particulier à Fès. Avec leurs fontaines et leurs murs recouverts de mosaïques en céramique vert et blanc, et leurs mihrabs (niches indiquant la direction de La Mecque) richement travaillés dans le stuc et le marbre, celles-ci semblent en effet destinées à l'élévation spirituelle. Quand ses portes sont ouvertes, entre les prières, on peut jeter un coup d'œil (photos interdites) à la mosquée et médersa Karaouine, fondée au VIIIe siècle par une héritière fassie. Quant au plus ancien minbar (chaire) du pays, une pièce en marqueterie du XIIe siècle incrustée d'argent et d'ivoire, réalisée par d'habiles artisans de Cordoue pour la Koutoubia, il est conservé au palais el-Badi de Marrakech, et donc visible par tous.

La seule mosquée en activité ouverte aux non-musulmans est la mosquée Hassan II à Casablanca. Il s'agit de la cinquième plus grande mosquée du monde.

Remparts

La silhouette spectaculaire des remparts défensifs se retrouve dans bien des ports et lieux de négoce du pays. Ne voulant prendre aucun risque avec leur capitale commerciale, les Almoravides ont enveloppé Marrakech de 16 km de fortifications de 2 m d'épaisseur en pisé rose. Sur la côte, des villes comme Essaouira et Asilah ont connu, des siècles durant, les assauts des pirates et les rivalités féroces entre Portugais et Marocains. Rien d'étonnant donc à ce qu'elles aient érigé de solides fortifications de pierre sur lesquelles elles ont placé des canons, et des remparts crénelés qui rappellent les châteaux forts.

Riads

Dans les principales cités marocaines, on trouve près du palais royal de belles demeures dotées d'un jardin intérieur où les parents de la famille royale, les conseillers et les riches négociants coulaient des heures paisibles à bavarder assis dans les *bhous*, ces salons ouvrant sur les galeries des patios décorés de céramique. Vous pouvez, vous aussi, goûter à ce cadre plaisant dans l'un des riads de Fès et de Marrakech.

De nombreux riads sont devenus synonymes de maisons d'hôtes. Il ne faut cependant pas confondre le riad et le *dar*, maison citadine traditionnelle plus simple construite autour d'un puits de lumière central – structure mieux adaptée aux zones désertiques très chaudes et aux zones côtières plus fraîches. Marrakech compte plus d'un millier de riads, dont plusieurs datent du XVe siècle.

Outre les anciens remparts fortifiés, des barrières de 3 à 6 m de haut isolent les cités côtières méditerranéennes de Ceuta et Melilla. Dans ces deux villes sous souveraineté espagnole, l'architecture présente des éléments andalous qui se sont épanouis sous la dynastie des Almohades.

Difficile d'imaginer, lorsque l'on se trouve à l'extérieur de leurs austères et épais murs de terre, les splendeurs qui se cachent derrière les portes ornées de cuivre et de gros clous des riads : plafonds de bois de cèdre peints, balcons en fer travaillé, arcades ruisselantes de stuc. La terre, ce matériau ancien, a un bel avenir devant elle : elle isole du bruit de la rue, garde la fraicheur en été et la chaleur en hiver et, à l'inverse du béton, chasse l'humidité au lieu de la retenir. Partout dans le monde, architectes et entrepreneurs soucieux de l'environnement recommencent à l'utiliser.

Souks

Les rues des souks marocains – marchés au cœur de la médina – sont souvent couvertes de feuilles de palmier, qui protègent notamment du soleil. Elles sont traversées d'innombrables allées bordées d'étals de nourriture, de magasins et de minuscules ateliers d'artisans creusés à même d'épais murs de terre. Cet ensemble de voies, souvent dépourvues de noms, contrairement aux artères composant le souk proprement dit, constitue la *kissaria* (marché couvert). Quand vous serez perdu, continuez tout droit jusqu'à la prochaine rue d'un souk. Non sans vous être arrêté pour acheter un tapis.

Villas Art déco

Les villes nouvelles construites à l'extérieur des murs de la médina à l'époque de la colonisation ont introduit un ordre inédit, avec leur plan cohérent et leur architecture moderne. On peut imaginer le choc que

PERDU DANS LA MÉDINA ?

Dans les labyrinthiques médinas marocaines, les ruelles sinueuses obéissent à une certaine logique. Il y a des siècles, les rues des souks étaient organisées par corporation, ce qui permettait aux chalands des temps passés de s'y retrouver. Les souks de Fès, notamment, en ont conservé la trace : les échoppes vendant des garnitures en fil d'argent jouxtent le souk des caftans, juste après les étals de coton blanc servant aux djellabas. La laine se trouve dans un autre souk, près des étals de peignes à carder en corne sculptés à la main. Les activités les plus salissantes et les plus malodorantes étaient repoussées à la périphérie – une bonne manière de se repérer : lorsque vous arrivez aux tanneries et aux marchands de bétail, vous vous trouvez à l'extrémité de la médina. À Marrakech, les selliers sont à l'extrémité nord-est du souk, près des tanneries.

représentèrent ici les façades néoclassiques, les toits à la Mansart et les tours apportées par les Français et les Espagnols.

Le style Art déco, toutefois, est apparu comme un trait d'union entre les formes géométriques de l'art islamique et les lignes dépouillées du modernisme européen. En 1924, le peintre Jacques Majorelle a introduit des touches de couleur toutes marocaines dans sa propriété, faisant jaillir le bleu, le vert et le jaune sur les surfaces nues de sa villa Art déco et de son jardin, connu depuis sous le nom de jardin Majorelle. En 1980, Yves Saint Laurent et Pierre Bergé rachetèrent le jardin et la villa, les sauvant ainsi d'un projet de complexe immobilier signifiant leur disparition, et entreprirent d'importants travaux de restauration.

Installé à Casablanca, l'écrivain Tahir Shah, d'origine afghane, a restauré une demeure historique qui lui inspira *La Maison du calife*, (Éditions de Fallois, 2008).

Dans les années 1930, en pleine heure de gloire, Casablanca eut l'astucieuse idée de greffer des motifs géométriques marocains sur les murs blanchis à la chaux d'édifices construits par les Européens, gratifiant ces villas, cinémas et autres hôtels d'un style Art déco mauresque, notamment au cinéma Rialto de Marius Boyer en 1930 et à l'Hôtel Transatlantique en 1922. Tanger rivalisa avec Casablanca dans ce style, avec l'édification de sa Cinémathèque en 1940 et de l'hôtel El-Minzah dans les années 1930 – qui servit de modèle pour le célèbre Rick's, Café Américain du film *Casablanca* (1942). On retrouve aujourd'hui des éléments de ce style un peu partout dans le pays.

Un très beau livre souligne les spécificités architecturales et décoratives des villes anciennes du Maroc : *Médinas du Maroc* (Arthaud, 2001), de Steven Ware, Cécile Tréal et Jean-Michel Ruiz.

Le top des souks

- *Marché Okchen, Meknès*
- *Souk Sebbaghine (teinturiers), Marrakech*
- *Souk Nejjarine (métiers du bois), Fès*
- *Souk el-Ghezel (laine), Salé*
- *Marché central, Casablanca*

Zaouïas

Ne vous laissez pas abuser par l'apparence modeste ou l'éloignement de certaines localités marocaines. Des villages accrochés au bord d'un promontoire sont de hauts lieux du pays parce qu'ils abritent une zaouïa (sanctuaire). Si le simple voisinage d'un marabout est censé procurer la baraka (chance), certaines zaouïas ont des réputations spécifiques : la zaouïa Nassiriya de Tamegroute guérirait les malades et ceux en proie à l'anxiété, celle de Sidi Moussa, dans la vallée des Aït Bouguemez, renforcerait la fertilité des femmes.

Pour attirer la chance, vous pouvez visiter ces deux zaouïas, ainsi que celle de Moulay Ali ach-Charif à Rissani, ouverte aux non-musulmans. La plupart des zaouïas – notamment la célèbre zaouïa de Moulay Idriss II à Fès, et les sept que compte Marrakech – ne sont généralement ouvertes qu'aux musulmans. Dans les zones rurales, le sanctuaire d'un marabout (la *zaouïa* est d'ailleurs parfois appelée marabout) peut prendre la forme d'une simple construction de terre crue surmontée d'un dôme blanc. Le village de Tafza, dans la vallée de l'Ourika, possède un rare exemple de zaouïa en pierre rouge.

Merveilles naturelles

La variété des paysages naturels au Maroc est étonnante. Cependant, le paysage façonné par les hommes n'en est pas moins fascinant. La moitié des Marocains vivent toujours à la campagne et, partout, ils sont occupés à travailler cette terre extraordinaire. On les voit moissonner l'orge entre les murets des minuscules terrasses taillées à flanc de falaise, soigner les oliviers et les arganiers, ou mener leurs troupeaux de moutons vers les pâturages de montagne.

Littoral

Quand les Omeyyades arrivèrent au Maroc, ils chevauchèrent jusqu'à l'Atlantique et surnommèrent le pays *Al-Maghreb* (le Couchant), sachant que l'océan marquait la limite occidentale de leurs conquêtes. La côte a façonné des pans de l'histoire du pays, des pirates barbaresques aux débarquements des Alliés durant la Seconde Guerre mondiale, mais aujourd'hui, elle incarne davantage la détente. Suite au Plan Azur du roi Mohammed VI, des zones entières du littoral marocain se transforment en centres touristiques flambant neufs, avec villas de vacances, stations balnéaires et parcours de golf. Heureusement pour les amoureux de la nature, il subsiste encore des étendues sauvages, où l'on peut observer de rares échassiers et avoir une superbe vue sur les falaises.

La pêche et le commerce occupent une place importante dans l'économie côtière depuis que les Phéniciens et les Romains établirent leur port à Lixus. Mais l'Atlantique montre aussi des facettes sauvages, avec des plages rocheuses autour d'Asilah, et des marécages, telle la lagune du parc national de Merja Zerga, qui attire des flamants et des espèces rares d'oiseaux sauvages africains. Au sud de Casablanca, on découvre les ports d'Oualidia et d'Essaouira, anciens repaires de pirates dont les criques sont encore peuplées de rares espèces animales et végétales et où sont servis les meilleurs fruits de mer du pays. Au sud des promenades d'Agadir, les plages des cités balnéaires laissent la place aux vastes étendues de sable qui s'étirent du Sahara occidental à la Mauritanie. Il y a peu, le sud de la côte atlantique a repris une activité

Soyez prudent en vous baignant dans l'Atlantique. Ses rouleaux cachent parfois de dangereux courants et une fois loin du rivage, il n'y a guère que les Canaries entre vous et l'Amérique !

TEMPÊTE DANS LE DÉSERT

Choisissez un dromadaire plutôt qu'un véhicule tout-terrain pour explorer le désert de manière naturelle. Les 4x4 craquellent la surface du désert, qui est ensuite soulevée par les rafales de vent. Selon une estimation, la poussière annuelle a augmenté de 1 000% en Afrique du Nord dans les cinquante dernières années. Les tempêtes de poussière sont une des causes de la sécheresse, car elles empêchent la lumière du soleil d'atteindre la surface de la terre et préviennent la formation des nuages. Les sables soulevés et les tempêtes du désert ont des conséquences à l'échelle internationale : des sables du Sahara ont déjà atteint le Groenland ! Si vous voyagez à dos de dromadaire, la faune du désert ne sera pas effrayée par les vibrations, et vous aurez plus de chances d'apercevoir ces adorables – mais craintifs – petits animaux que sont le fennec, la gerboise et le hérisson du désert.

moins prestigieuse : l'embarquement des émigrants subsahariens clandestins vers les îles Canaries.

La côte méditerranéenne accidentée, elle, est restée sous-développée jusqu'à récemment, en dépit de sa beauté, de ses criques abritées et de ses falaises plongeant dans la mer. Tanger et les villes portuaires de Ceuta jouissent de panoramas superbes et de splendides villas. Le Rif, principale barrière à l'est, est un territoire accidenté où vivent les Rifains, un peuple berbère très indépendant qui parle sa langue propre (le tarifit) et a su résister au contrôle colonial. Politiquement marginalisés, les habitants du Rif en ont profité pour cultiver le kif (cannabis) dans la région située à l'est de Tétouan. Toutefois, le manque d'accès aux services de première nécessité s'est ajouté à la pauvreté locale et le gouvernement a dû énormément investir pour améliorer l'accès à l'éducation et aux soins en créant de nouvelles infrastructures. Les routes, qui ont l'avantage de ne pas être trop raides, rendent l'exploration du littoral rifain beaucoup plus facile qu'autrefois.

Montagnes

Trois chaînes de montagnes ondulent à travers le pays – le Rif, au nord, le Moyen Atlas (au sud de Fès) et le Haut Atlas (au sud et au nord-est de Marrakech) – auxquelles s'ajoute la chaîne secondaire de l'Anti-Atlas, au sud, qui finit par se perdre dans le désert.

Au nord, la basse chaîne du Rif forme un arc verdoyant et fertile, qui dessine une barrière côtière naturelle. Même les Vandales et les Wisigoths n'égalaient pas les Rifains au caractère indépendant, qui, pendant un millénaire, ont utilisé avec succès leur situation marginale pour résister aux incursions tant européennes qu'africaines.

Cœur du pays, le Moyen Atlas est un patchwork de champs cultivés, de Volubilis à Fès, qui monte doucement pour créer des sommets montagneux couverts de forêts odorantes de genévriers, de thuyas et de cèdres. Cette région sublime, propice à la randonnée, abrite des singes magots, les seuls primates du Maroc. S'étendant du nord-est au sud-ouest à partir du Rif, la chaîne culmine à 3 340 m.

Les paysages les plus spectaculaires sont toutefois situés à l'est d'Agadir, où les basses collines s'élèvent pour former le Haut Atlas. Au sud de Marrakech, le Haut Atlas atteint des altitudes vertigineuses au djebel Toubkal, le sommet le plus haut d'Afrique du Nord (4 167 m). À basse altitude, les montagnes sont aménagées en terrasses, recouvertes de plantations de noyers, de cerisiers, d'amandiers et de pommiers, qui fleurissent abondamment au printemps. Au sud-est, le Haut Atlas perd de l'altitude et prend le nom d'Anti-Atlas, qui protège la vallée du Sous des vents chauds provenant du Sahara.

KIF

Lors d'une randonnée dans le Rif, vous aurez du mal à ne pas tomber sur du kif. Le Maroc est un des plus gros producteurs au monde de cannabis, en grande partie destiné aux marchés de l'Europe occidentale.

Désert

Le désert est sans doute le paysage le plus emblématique du Maroc, avec ses dunes et ses ksour (forteresses) en pisé qui surgissent majestueusement d'oasis cachées. Mais la majeure partie du désert ne se compose ni de dunes ni d'oasis, et se révèle quasiment inhabitable. Les vastes étendues arides de la hamada (désert rocheux) sont sillonnées de gorges rocheuses, desséchées depuis des millions d'années par le soleil brûlant. À l'est et au sud, le désert dessine des frontières – toujours contestées – avec l'Algérie et la Mauritanie. Au sud de l'Anti-Atlas, les flancs désolés se fondent dans le désert pierreux du Sahara occidental.

Aujourd'hui encore, la vue d'une oasis dans ce paysage désolé fait naître un sentiment d'allégresse – mais quand les caravanes arrivaient enfin, après une épuisante traversée du Sahara de 52 jours, l'apparition de la verdure de Zagora, à l'horizon, derrière les dernières dunes de l'erg Chigaga et de Tinfou, était pour le moins salvatrice. De Zagora, les caravanes chargées d'or en chemin pour le Moyen Atlas avançaient prudemment dans la vallée du Drâa, d'un ksar à l'autre, pour, enfin, décharger les dromadaires et charger les mules dans l'oasis de Skoura.

Certaines caravanes traversaient les anciennes portes du désert à Sijilmassa (près de Rissani), bien que la route ne fût pas aisée : elles pouvaient passer par les dunes dorées de l'erg Chebbi, à Merzouga, ou par le magnifique djebel Sarhro, habité par les Aït Atta, peuple de guerriers semi-nomades. Aujourd'hui, l'atmosphère dans les oasis est nettement plus détendue, le rythme de vie est plus lent en journée tandis que les soirées permettent aux visiteurs de rencontrer la population locale et de discuter avec elle autour d'un bon feu.

Pour ne pas se faire mordre, les charmeurs de serpents cousent la bouche des serpents, ce qui leur provoque une infection buccale mortelle et les empêche de s'alimenter. Afin de ne pas encourager cette pratique, ne donnez pas d'argent et ne posez pas à côté des charmeurs de serpents dont les animaux ont la bouche cousue.

Faune et flore

Après avoir été habité et cultivé, et avoir servi de pâture pendant plusieurs millénaires, le Maroc possède encore une vie sauvage importante, qui témoigne des pratiques traditionnelles durables et de la gestion attentive des ressources, transmises de génération en génération. De nos jours, le Maroc compte 40 écosystèmes différents fournissant un habitat à de nombreuses espèces endémiques, dont des espèces végétales et animales rares ailleurs. L'industrialisation pèse énormément sur les environnements naturels fragiles et, bien que des mesures soient prises pour créer des réserves naturelles pour les espèces en danger du Maroc, les visiteurs peuvent participer à la sauvegarde des habitats naturels en ne quittant pas les pistes balisées et en remportant leurs déchets.

Espèces du littoral

Loin des centres urbains et des cités balnéaires existent de longues étendues côtières peu peuplées, où prospèrent de nombreux oiseaux et mammifères marins, comme les dauphins et les marsouins. Les goélands à iris blanc, les grands cormorans marocains et les sternes caugek font partie des espèces les plus communes. Nombre d'oiseaux de mer et d'eau douce prospèrent dans les réserves, tel le parc national de Sous-Massa, où vous pourrez observer des ibis chauves, en voie d'extinction, au milieu de canards et d'échassiers qui migrent d'Europe pour passer l'hiver ici. Sur

LE LION DE BARBARIE POURRAIT-IL RÉAPPARAÎTRE ?

Lorsque l'équipe nationale de football – les Lions de l'Atlas – est sur le terrain, elle rend hommage à un des animaux les plus emblématiques du Maroc, disparu depuis longtemps.

Le lion de Barbarie ou lion de l'Atlas (*Panthera leo leo*) était le plus grand prédateur d'Afrique du Nord. De toutes les sous-espèces de lions, il était le représentant le plus imposant et le plus lourd ; on reconnaissait les mâles à leur épaisse crinière noire. Les Romains capturaient les lions de Barbarie pour les combats avec les gladiateurs au Colisée ; plus tard, les sultans marocains les offraient comme cadeaux diplomatiques. Peu à peu, ces félins disparurent de la région à cause de la chasse et de la perte de leur habitat. Ils persistèrent toutefois dans certaines forêts denses de l'Atlas marocain et dans les montagnes du Rif, jusque bien après le début du XXe siècle. Le dernier lion sauvage aurait été tué en 1942, mais des études récentes suggèrent que certains survécurent jusque vers les années 1960, sans aucun doute aidés en cela par leurs habitudes solitaires.

Les populations de lions restantes, d'hérédité mixte, vivent dans des zoos à travers le monde, dont le zoo privé de l'actuel roi du Maroc. Ces dernières années, un programme d'élevage en captivité, associé aux dernières études sur le génome, essaie de recréer des félins génétiquement purs qui pourraient donner une population viable. L'objectif final du Programme International du lion de Barbarie est de créer une réserve protégée dans les montagnes de l'Atlas assez vaste pour permettre un programme de réintroduction limité. Cependant, les habitants sont-ils prêts à partager leurs terres avec ce grand prédateur ?

la côte méditerranéenne, vous pourrez apercevoir, avec de la chance, des phoques moines de Méditerranée, l'un des mammifères les plus menacés au monde. Sa population s'élèverait à 450-600 individus seulement, dont quelques-uns ont trouvé refuge dans les criques protégées du Maroc.

Habitats du désert

L'Exploration du Sahara, de Jean-Marc Durou, préfacé par Théodore Monod (Actes Sud, 2004), retrace l'histoire de ce territoire immense, passionnément convoité.

Aussi inhospitalier qu'il puisse paraître, le Sahara héberge un grand nombre d'espèces animales, dont plusieurs espèces de gerbilles et de gerboises aux grandes oreilles caractéristiques, ainsi que le hérisson du désert, plus petit hérisson au monde, pesant entre 300 g et 500 g. Le fennec a des pattes à coussinets couverts de fourrure et de grandes oreilles qui lui permettent de dissiper la chaleur du Sahara ; ses petits ressemblent à des chihuahuas, en plus duveteux. Vous pourrez peut-être entrevoir ce renard du désert discret et nocturne si vous faites une méharée et passez la nuit dans le désert.

Nombre d'animaux du désert sont sveltes et rapides. Les gazelles dorcas sont communes et vous apercevrez peut-être une rare gazelle de Cuvier au pelage roux. Les lézards, tels les scinques et les lézards fouette-queue, abondent, de même que les vipères à cornes (pas particulièrement venimeuses). Le chacal doré est le plus répandu des grands prédateurs. Dans les parties reculées du Sahara occidental vivraient encore quelques guépards adaptés au désert.

Faune des montagnes

Les versants boisés des montagnes constituent les habitats les plus riches en vie sauvage. Le sociable singe magot est présent dans des parties du Moyen Atlas et du Rif, notamment aux alentours d'Azrou. La gazelle des montagnes, le lynx et le mouflon à manchettes (ou mouflon de Barbarie) sont plus difficiles à apercevoir. En voie d'extinction, ce dernier bénéficie d'une protection officielle, grâce à la création d'une réserve dand le Haut Atlas, près du Tizi n'Test ; une bonne nouvelle pour son principal prédateur, le léopard de Barbarie, autre espèce en voie d'extinction – et dernière population de léopard d'Afrique du Nord.

Espèce menacée, l'outarde houbara doit faire son grand retour au Maroc : 5 000 oiseaux élevés en captivité vont être relâchés dans une zone protégée de 40 000 km² du désert oriental. Ce sera là la plus importante réintroduction d'une espèce en danger d'extinction. Les outardes sont particulièrement difficiles à élever en captivité, en raison de leur nervosité et de leurs rites de reproduction complexes.

Outre le splendide aigle royal, les montagnes du Haut Atlas abritent de nombreux oiseaux, dont le bec-croisé des sapins, l'alouette haussecol, l'aigle botté, le vautour percnoptère, ainsi que le milan noir et le milan royal. Parmi les papillons, nombreux au printemps, vous verrez sans doute le cardinal écarlate et le cléopâtre jaune vif.

Parcs nationaux

Face à l'urbanisation qui empiète sur les habitats naturels, le gouvernement marocain a instauré des zones protégées dans certaines régions pour enrayer la perte inquiétante de plantes et d'espèces animales rares. Créé en 1942, le parc national du Toubkal, dans les montagnes du Haut Atlas, a inauguré cette démarche. Après l'ouverture du vaste parc national de Sous-Massa, tracé en 1991 aux alentours d'Agadir, le Maroc a ouvert quatre nouveaux parcs nationaux en 2004 : Talassemtane (589 km²) dans le Rif ; Al-Hoceima (485 km²) en bord de Méditerranée, qui protège d'exceptionnels habitats côtiers et maritimes, dont l'un des derniers refuges du balbuzard ; le parc national d'Ifrane (518 km²) dans le Moyen Atlas, qui abrite des singes magots et des cèdres, et le parc national du Haut Atlas oriental (553 km²).

Le Maroc compte 14 parcs nationaux, ainsi que 35 réserves naturelles, forestières et autres zones protégées, supervisés par la direction des Eaux et Forêts du Maroc. Les parcs constituent un terrain privilégié pour les recherches sur la biodiversité (inventaire botanique, recensement des oiseaux, étude des primates, analyse des sédiments, etc.), qui permettent de comprendre les causes des pertes d'habitat,

LES PRINCIPAUX PARCS NATIONAUX

PARC NATIONAL	EMPLACEMENT	CARACTÉRISTIQUES	ACTIVITÉS	MEILLEURE ÉPOQUE
Parc national du Toubkal (p. 101)	Près de Marrakech	Point culminant d'Afrique du Nord	Randonnée, alpinisme	mai-juin
Parc national de Sous-Massa (p. 368)	Sud d'Agadir	Estuaires côtiers et forêts ; 275 espèces d'oiseaux, dont l'ibis du Cap. Mammifères et espèces menacées	Randonnée et observation de la faune	mars-octobre
Lac de Sidi Bourhaba (p. 192)	Mehdiya	Lacs et marais ; 200 espèces d'oiseaux migrateurs, dont la sarcelle marbrée, le hibou du Cap et le flamant rose	Baignade, observation, des oiseaux et randonnée	octobre-mars
Parc national de Merja Zerga (p. 193)	Moulay Bousselham	Lagunes ; 190 espèces d'oiseaux aquatiques, dont le hibou du Cap, le goéland d'Audouin, le flamant rose et la foulque à crête	Observation de la faune	décembre-janvier
Parc national de Talassemtane (p. 256)	Chefchaouen	Forêts de cèdres et sapins ; singes magots, renards, chacals et chauves-souris dans les forêts de cèdre	Randonnée et observation de la faune	mai-septembre
Réserve animalière de Bouarfa	Bouarfa	Désert de roches rouges	Randonnée et alpinisme	avril-octobre
Parc national de Tazzeka (p. 352)	Près de Taza	Forêts de chênes et cascades	Randonnée	juin-septembre
Parc national d'Al-Hoceima (p. 268)	Al-Hoceima	Forêts de thuyas, escarpements calcaires, pygargues vocifères	Randonnée et observation des oiseaux	mai-octobre

au Maroc comme à l'étranger. Des spécialistes espagnols et américains sont venus faire des recherches dans les parcs marocains.

Si les parcs sont une bénédiction pour la faune sauvage et les écosystèmes locaux, il n'en va pas de même pour la population. Malgré l'augmentation des revenus touristiques, les communautés ont vu leur accès à l'eau, aux pâturages et aux récoltes limité voire complètement coupé. En ouvrant des parcs, les ministères du Tourisme et de l'Agriculture visent à restaurer les terres arables, et finalement à venir en aide aux habitants de la région en soutenant l'écotourisme – solution de remplacement lucrative à la culture du kif. Il est prévu, dans un avenir proche, d'instaurer des droits d'entrée dans les parcs, afin de soutenir les missions scientifiques, communautaires et de conservation. En attendant, les plus beaux sites marocains sont toujours gratuits et les visiteurs peuvent aider les communautés en faisant un don aux ONG locales.

Des moyens de sauvegarde créatifs

Le Maroc a la chance de pouvoir se replonger dans son passé récent pour imaginer un avenir axé sur la durabilité. Toujours utilisées, les *khettaras*, anciens systèmes d'irrigation, sont des conduites souterraines qui amènent l'eau de source jusqu'aux champs et aux jardins en évitant son évaporation. Si le concept des "labels" est tout nouveau et peu répandu, la majorité des pratiques agricoles marocaines de petite échelle n'en sont pas moins biologiques. Elles le sont même par défaut : les fertilisants chimiques sont trop onéreux et le crottin d'âne ne manque pas sur le territoire. Pour produire la vapeur, les hammams locaux utilisent l'électricité et l'eau de manière plus raisonnée que les douches ou les bains individuels. Fabriqué localement, et sans détergent, le savon noir (à base d'huile de palme et d'olive) est assez doux pour être utilisé en guise de mousse à raser et suffisamment efficace pour laver le linge sans polluer ; les eaux grises qui restent peuvent servir dans les jardins ou dans les fontaines des cours. Les murs de un mètre d'épaisseur, caractéristiques de l'architecture traditionnelle en pisé du Maroc, fournissent une isolation naturelle contre la chaleur en été et contre le froid en hiver, ce qui réduit le besoin de climatisation et de chauffage central, tout en offrant l'avantage supplémentaire d'atténuer le bruit de la rue.

Le Sahara Conservation Fund (www.saharaconservation.org, en anglais), dédié à la protection de la faune du Sahara, propose un aperçu des animaux que vous pourrez observer dans le désert.

Le Maroc a aussi été l'un des premiers pays à adopter les nouvelles technologies permettant des économies d'énergie. Il exploite d'ailleurs déjà l'énergie éolienne dans le Rif. D'autre part, le programme solaire dévoilé fin 2010 fera de Ouarzazate – où se trouvera l'une des cinq centrales solaires du pays – l'un des générateurs d'énergie solaire les plus importants au monde, appelé à produire, à terme, 500 mégawatts.

Pour faire face aux problèmes qui l'attendent, le Maroc devra rassembler toute l'ingéniosité possible, avec le soutien de ses visiteurs. En raison de la demande des citadins et des ensembles touristiques, 37% des villages autour de Marrakech manquent désormais d'une bonne source d'eau potable. L'édification de barrages pour créer des réservoirs retient fréquemment le limon indispensable à la survie des fermes et des marais côtiers. Également menacées, les forêts perdent environ 250 km² chaque année, menaçant des essences comme le pin du Maroc, le thuya et le cèdre de l'Atlas. La pollution constitue un autre problème de taille : les villes produisent chaque année 2,4 millions de tonnes de déchets solides.

Le gouvernement envisage de faire passer diverses mesures environnementales allant de la protection des marais à la promotion de sacs plastique biodégradables, mais des évolutions ont déjà cours dans les villes et villages du pays. Où que vous alliez, vous remarquerez de petits changements qui, pris collectivement, permettent d'importantes économies énergétiques... et, bien sûr, les voyageurs sont invités à participer à cet effort. Les chauffe-eau solaires fournissent de l'eau chaude instantanée dans l'après-midi et en soirée – prendre votre douche à ce moment-là évite donc de faire couler l'eau en attendant que le chauffe-eau au gaz la réchauffe. Des programmes de reforestation tentent également de limiter l'érosion ; les randonneurs, quant à eux, veilleront à bien rester sur les sentiers de montagne balisés et à participer aux initiatives de reforestation des ONG locales. Les jardins bio fournissent des produits frais pour les repas, tout en réduisant la dépendance aux produits alimentaires transportés sur de longues distances. Par ailleurs, commander des spécialités locales de saison contribue à soutenir les cultures locales. Premier écolabel instauré au Maroc, La Clef Verte récompense les hôtels et les maisons d'hôtes qui respectent un certain nombre de critères, comme l'utilisation de toilettes peu consommatrices d'eau et de produits d'entretien écologiques, mais elle a été critiquée par certains pour avoir délivré ses certificats à des hôtels dont les équipements, comme les piscines, ont un impact important sur l'environnement.

En combinant toutes ces pratiques d'économie des ressources traditionnelles, nationales et locales, le Maroc est sur le point non seulement de passer à un tourisme durable, mais aussi de montrer la voie à l'Europe.

Maroc pratique

Carnet pratique

Ambassades et consulats

Ambassades et consulats du Maroc

Quelques représentations marocaines à l'étranger :

France ambassade (☎01 45 20 69 35 ; www.amb-maroc.fr ; 5 rue Le Tasse, 75016 Paris) ; consulat général (☎01 56 56 72 00 ; 12 rue de la Saïda, 75015 Paris ; ⏲9h-13h lun-ven). Il existe d'autres consulats dans de nombreuses villes françaises.

Belgique ambassade (☎02-736 11 00 ; www.consulat.ma ; 29 boulevard Saint-Michel, 1040 Bruxelles) ; consulat général (☎02-349 51 80 ; 55 rue des Vétérinaires, 1070 Anderlecht, Bruxelles ; ⏲9h-15h lun-ven). Il existe aussi des consulats à Anvers et à Liège.

Suisse ambassade (☎31-351 0362/63 ; www.amb-maroc.ch ; Helvetiastrasse 42, 3005 Berne ; service consulaire ⏲9h-15h lun-ven). Il existe également des consulats à Lausanne et à Zurich.

Canada ambassade (☎613-236-73 91/92, www.ambamaroc.ca ; 38 Range Rd, Ottawa, Ontario KIN 8J4 ; ⏲9h-16h lun-ven) ; consulat général (☎514-288-87 50 2192 bd René-Lévesque Ouest, Montréal, Québec H3H 1R6 ; ⏲9h-15h lun-ven).

Ambassades et consulats étrangers au Maroc

La plupart des ambassades et des représentations diplomatiques se trouvent à Rabat et ouvrent du lundi au vendredi de 9h à 12h. Le **ministère marocain des Affaires étrangères et de la Coopération** (www.diplomatie.ma) possède la liste de toutes les ambassades et consulats au Maroc. Rabat abrite notamment les ambassades suivantes :

Algérie (carte p. 176 ; ☎0537 76 54 74 ; http://consulatalgerie-casablanca.com ; 46 av. Tariq ibn Ziyad). Consulats à Casablanca et à Oujda.

Belgique (☎0537 26 80 60 ; www.diplomatie.be/rabatfr ; 4-6 av. Mohammed El Fassi, Tour Hassan ; ⏲8h30-11h30, jusqu'à 11h ven). Consulats à Casablanca et à Tanger.

Canada (☎0537 68 74 00 ; www.canadainternational.gc.ca/morocco-maroc ; 13 bis rue Jaâfa-as-Sadik, Agdal ; ⏲8h-16h30 lun-jeu, jusqu'à 13h30 ven)

Espagne (carte p. 176 ; ☎0537 63 39 00 ; www.exteriores.gob.es/embajadas/rabat ; av. Ain Khalouiya, av. Mohamed VI, km 5,3 Souissi). Consulats à Agadir, Casablanca, Marrakech, Nador, Oujda, Tanger et Tétouan.

France (carte p. 176 ; ☎0537 68 97 00 ; www.ambafrance-ma.org ; 3 rue Sahnoun, Agdal ; ⏲8h30-13h et 14h35-18h lun-jeu, 8h30-13h, jusqu'à 17h30 ven). Consulats à Agadir, Casablanca, Tanger, Marrakech et Fès.

Mauritanie (☎0537 65 66 78 ; www.mauritania.mr/fr ; 6 rue Thami Lamdaouar, Soussi)

Suisse (☎0537 26 80 30/31 ; www.eda.admin.ch/rabat ; square de Berkane ; ⏲8h-11h lun-ven)

CONSEILS AUX VOYAGEURS

La plupart des gouvernements mettent en ligne les dernières informations sur votre destination. Consultez notamment les sites suivants :

Ministère des Affaires étrangères français (www.france.diplomatie.fr)

Ministère des Affaires étrangères de Belgique (http://diplomatie.belgium.be/fr/)

Département fédéral des Affaires étrangères suisse (www.eda.admin.ch/eda/fr)

Ministère des Affaires étrangères du Canada (www.voyage.gc.ca)

LE MAROC PRATIQUE

Poids et mesures

➡ Le Maroc utilise le système métrique.

Journaux et sites Internet

➡ Parmi les journaux francophones, **L'Opinion** (www.lopinion.ma), proche du parti d'opposition l'Istiqlal, aborde quelques sujets sensibles de la société marocaine. **Libération** (www.libe.ma), le quotidien de l'Union socialiste des forces populaires, lui ressemble tout en étant moins dynamique. *Al-Bayane* (www.albayane.press.ma), un autre quotidien d'opposition en français, est satisfaisant pour l'actualité internationale. *Maghrebarts* (www.maghrebarts.ma, en français) s'intéresse aux arts et aux médias.

➡ Pour la liste des journaux marocains en ligne, consultez le site www.onlinenewspapers.com/morocco.htm (en anglais).

➡ Une sélection de journaux étrangers est disponible dans les grandes villes. *Le Monde* est le plus courant.

Radio

➡ La plupart des stations de radio marocaines émettent en arabe et en français sur les bandes AM ou FM.

➡ Vous pouvez écouter la station d'information et musicale Médi 1, qui émet dans toute l'Afrique du Nord et en Europe depuis Tanger, par la radio (105.3 MHz à Marrakech et 95.3 ou 101 à Tanger) et sur www.medi1.com.

➡ La radio d'État **SNRT** (www.snrt.ma) a des stations régionales et nationales, notamment la Chaîne Inter en ville, que l'on peut écouter sur la radio (98.8 MHz à Marrakech et 90 MHz à Casablanca) et sur www.chaineinter.ma.

Télévision et DVD

➡ Les antennes paraboliques sont omniprésentes. Elles captent les chaînes étrangères, dont TV5, le satellite européen des pays francophones.

➡ La principale chaîne télévisée, 2M, est en partie gouvernementale et émet en arabe et en français par satellite, sur le réseau hertzien et sur www.2m.ma.

➡ Les journaux télévisés et les émissions d'information de Médi 1 sont diffusés sur le satellite et sur www.medi1tv.com.

➡ Concernant les DVD, le Maroc est en région 5, comme une grande partie de l'Afrique et de l'Asie (alors que l'Amérique du Nord est en région 1 et l'Europe en région 2).

Tunisie (☎0537 73 05 76 ; at-rabat@maghreb.net.ma ; 6 av. de Abdelkrim Benjelloun, ex-av. de Fès)

Argent

➡ La monnaie nationale est le dirham (Dh), qui se subdivise en 100 centimes.

➡ Il existe des billets de 20, 50, 100 et 200 Dh.

➡ On trouve des pièces de 1, 2, 5 et 10 dirhams et 10, 20 et 50 centimes.

➡ Cassez vos gros billets dès que possible. Les Marocains gardent jalousement leur petite monnaie (les chauffeurs de taxi semblent ne *jamais* en avoir) et vous devriez faire de même. Le billet de 20 Dh est le plus utile.

➡ L'exportation de dirhams est interdite et vous n'en trouverez pas en dehors du pays.

➡ Le dirham est assez stable et les taux de change ne connaissent pas de fluctuations importantes.

➡ L'euro, le dollar US et la livre britannique sont les devises les plus faciles à changer.

Cartes de crédit

➡ Dans les grandes villes et dans les lieux touristiques, les principales cartes de crédit internationales sont acceptées presque partout.

➡ Les commerces marocains prélèvent souvent une commission de 5%.

- Les cartes les plus courantes sont les MasterCard et les Visa.
- La plupart des agences des grandes banques acceptent le retrait d'espèces sur présentation de cartes Visa et MasterCard. Munissez-vous de votre passeport.

Change

- Il n'y a aucune restriction sur les entrées de devises étrangères dans le pays.
- Il est illégal d'importer ou de sortir des dirhams du pays.
- De nombreuses devises sont acceptées (euros, dollars US ou livres britanniques), mais rarement les dollars canadiens. On pourra vous demander votre passeport pour changer des devises.
- Les services bancaires marocains sont relativement rapides et efficaces.
- Les taux varient peu d'un établissement à l'autre.
- Il devient difficile de changer les chèques de voyage. Dans les banques qui les acceptent, il vous faudra vous munir de votre passeport (et parfois même du reçu des chèques).
- Conservez tous vos reçus de change : ils prouvent que vous avez changé légalement votre argent et vous seront demandés pour convertir le reste de vos dirhams dans les banques marocaines et les bureaux de change.

CEUTA ET MELILLA

- La devise des enclaves espagnoles de Ceuta et de Melilla est l'euro.
- Les banques marocaines installées à la frontière ne changent que du liquide.
- Les banques des enclaves de Melilla et de Ceuta changent les dirhams à des taux plus intéressants qu'au Maroc.

Chèques de voyage

- Il est préférable de ne pas utiliser de chèques de voyage au Maroc : même dans les grandes villes, les banques les acceptent rarement.
- Si vous voulez tout de même en emporter pour pouvoir vous dépanner en cas de vol ou de perte, les chèques de voyage American Express (Amex), Visa et Thomas Cook sont les plus pratiques et leur remplacement est la plupart du temps aisé.
- Il est essentiel de conserver le reçu des numéros de chèques de voyage et de noter ceux qui ont été utilisés.
- Veillez à conserver le reçu séparément de vos chèques de voyage.
- La plupart des banques prennent une commission d'environ 10 à 20 Dh par chèque.

POURBOIRES AU MAROC

SERVICE	POURBOIRE
Restaurant	10%
Café	1-2 Dh
Guides des musées	3-5 Dh
Service de toilettes publiques	2-3 Dh
Bagagistes d'hôtel	3-5 Dh
Pompistes	3-5 Dh
Gardiens de parking	3-5 Dh ; 10 Dh pour une nuit de parking

Distributeurs automatiques de billets (DAB)

- Les distributeurs automatiques sont le meilleur moyen de vous procurer de l'argent.
- Très répandus, même dans les petites villes, les DAB acceptent tous ou presque les cartes Visa, MasterCard, Cirrus, Electron, Maestro et InterBank. La plupart des banques prennent une commission pour chaque retrait effectué à l'étranger. Renseignez-vous auprès de votre banque.
- La BMCE (Banque Marocaine du Commerce Extérieur), le Crédit du Maroc, la Banque Populaire, la BMCI (Banque Marocaine pour le commerce et l'industrie) la Société Générale et la banque Attijariwafa proposent des services et prestations fiables.
- Les distributeurs sont régulièrement à court de billets durant le week-end.
- Le montant que vous pouvez retirer dépend souvent des conditions propres à votre carte, mais nombre de distributeurs ne permettent pas de retirer plus de 200 Dh à la fois.

Espèces

Ayez toujours sur vous de l'argent liquide. Certains riads acceptent les euros, mais le taux est souvent moins intéressant que dans les banques.

- Conservez quelques billets en petites coupures dans votre portefeuille ou votre poche (mais pas dans la poche arrière) pour les achats courants.
- Gardez le reste dans une ceinture à billets ou tout autre endroit sûr.
- Veillez également à disposer de suffisamment de liquidités si vous voyagez dans des régions isolées

où les possibilités de retrait d'argent sont limitées.

- Il peut être utile de garder quelques petites coupures en euros en réserve.
- Enfin, mieux vaut prévoir de la menue monnaie en quantité pour payer les taxis, les guides, les pourboires ou pour donner aux mendiants.

Marché noir

Les possibilités légales pour acheter des dirhams au Maroc laissent peu de place au marché noir. On vous proposera néanmoins de changer de l'argent dans la rue, surtout à Casablanca, à Tanger et à la frontière près des enclaves de Ceuta et de Melilla. À moins d'être désespérément à court de liquide à une heure où les banques sont fermées, mieux vaut éviter ce genre de transaction car les escroqueries sont courantes.

Pourboire

- Le pourboire fait partie intégrante de la vie marocaine. Pratiquement tous les services justifient un pourboire. On vous demandera un bakchich. Souvent interprété comme signifiant un pot-de-vin, ce mot désigne en général la rétribution d'un service.
- Ne vous laissez pas forcer la main, mais quelques dirhams en échange d'un service rendu facilitent parfois grandement la vie.
- Gardez à l'esprit que le revenu des ouvriers non qualifiés au Maroc est inférieur à 100 Dh par jour.

Assurances

Il est vivement recommandé aux visiteurs de souscrire à une police d'assurance couvrant les vols, les pertes et, surtout, les frais médicaux. Pour toute information sur les assurances santé, voir p. 499.

Activités Certaines assurances excluent les "activités dangereuses", au nombre desquelles peuvent figurer la plongée, la moto, le ski et même le trekking. Vérifiez que vous êtes bien couvert avant d'en pratiquer une.

Conduite Si vous conduisez, n'oubliez pas de prendre avec vous l'assurance nécessaire, tant pour la voiture que pour vous.

Prolongations Si vous deviez prolonger la durée de votre assurance en cours de route, faites-le avant qu'elle n'expire afin de ne pas avoir à payer un supplément.

Vols aériens Payer son billet avec une carte de crédit permet souvent de bénéficier d'une assurance supplémentaire, mais notez bien les exclusions. Cela vous permettra de demander un remboursement en cas de non-livraison du billet.

Assurance en ligne Des assurances pour les pays du monde entier sont disponibles auprès de www.lonelyplanet.com/travel_services. Vous pouvez acheter, prolonger et faire des réclamations en ligne à tout moment – même si votre voyage a déjà débuté.

Achat Il est important de souscrire le plus tôt possible. En souscrivant une semaine à peine avant votre départ, vous pourriez par exemple découvrir que vous n'êtes pas couvert pour les retards consécutifs à une grève entamée avant la date de souscription.

Bénévolat

En France, quelques organismes offrent des opportunités de travail bénévole sur des projets de développement ou d'environnement, parfois sur des périodes courtes, d'une à quatre semaines. Certaines associations s'adressent plus spécifiquement aux jeunes. Les chantiers proposés vont de la réfection d'une école aux travaux liés à l'environnement. Il s'agit d'une bonne formule pour s'immerger dans le pays, connaître l'envers du décor touristique, et bénéficier d'une ambiance internationale (les volontaires viennent de divers pays en général). En revanche, les conditions de vie sur un chantier sont spartiates. Prenez garde au décalage fréquent entre le programme et la réalité. La fouille archéologique peut rapidement se transformer, une fois sur place, en coup de peinture donné à la maison des jeunes locale. Le matériel est parfois rudimentaire, et la réalité du terrain souvent plus dure qu'on ne l'imaginait.

Association Rempart (☎01 42 71 96 55, www.rempart.com ; 1 rue des Guillemites, 75004 Paris). Propose quelques places sur des chantiers centrés sur la restauration de maisons traditionnelles ou l'aménagement de sentiers.

Comité de coordination pour le service volontaire international (CCIVS ; ☎01 45 68 49 36 ; secretariat@ccivs.org, www.unesco.org/ccivs ; Maison de l'Unesco, 1 rue Miollis, 75015 Paris)

Délégation catholique pour la coopération (DCC ; ☎01 45 65 96 65 ; http://ladcc.org) ; 106 rue du Bac, 75007 Paris). Quelques missions au Maroc.

Jeunesse et reconstruction (association créée après la Seconde Guerre mondiale pour la paix en Europe ; ☎01 47 70 15 88 ; www.volontariat.org ; 8-10 rue de Trévise, 75009 Paris). Programmes d'échanges culturels, cours de langues étrangères et activités socio-éducatives auprès d'enfants.

Solidarités jeunesses (SCI, branche française ; ☎01 55 26 88 77 ; www.solidaritesjeunesses.org ; 10 rue du 8-Mai-1945 75010 Paris). Mouvement international qui soutient les projets visant à organiser collectivement une société responsable. Plusieurs projets éducatifs, culturels et environnementaux au Maroc.

Organismes de bénévolat au Maroc

Les organismes marocains et internationaux suivants proposent de travailler dans le cadre de projets de bénévolat ou de camps au Maroc :

Baraka Community Partnerships (www.barakacommunity.com). Cet organisme cherche des bénévoles pour le Tijhza Village Project, dans le Haut Atlas pour travailler sur plusieurs programmes : reforestation, remise en état des maisons les plus pauvres, aide dans les deux écoles, création d'une garderie et d'un groupe de mères, fabrication de toilettes sèches et apiculture.

Chantiers sociaux marocains (CSM ; www.csmmorocco.org). Basée à Rabat, cette ONG est engagée dans des programmes de santé, d'éducation et de développement dans tout le Maroc. Bénévoles de tous pays âgés de 18 à 35 ans.

Jeunesse des chantiers marocains (http://perso.menara.ma/youthcamps). Organisme à but non lucratif tourné vers les échanges culturels des jeunes. Programmes localisés à Marrakech, dont du bénévolat dans une école maternelle ou un orphelinat, avec hébergement chez l'habitant.

Morocco Exchange (www.moroccoexchange.org) propose des échanges et voyages courts pour les étudiants, et promeut l'éducation interculturelle à travers des visites de villes et de villages ruraux. De précédents programmes se sont intéressés au système médical marocain, à l'usage du français et aux droits des femmes.

Volunteer Abroad (www.volunteerabroad.com/Morocco.cfm) est une bonne source d'information pour défricher le terrain du bénévolat puisque l'organisme fournit des liens avec les ONG travaillant spécifiquement avec le Maroc.

Cartes et plans

Il est difficile de trouver sur place de bonnes cartes du pays. Mieux vaut donc en acquérir avant de partir.

Parmi les cartes du Maroc, la Michelin n°742 (anciennement n°959) est sans doute la meilleure.

- La carte au 1/4 000 000 couvre la totalité du pays, y compris le territoire contesté du Sahara occidental.
- Elle comporte un agrandissement au 1/1 000 000 du Maroc.
- Elle comporte des gros plans au 1/600 000 de Marrakech, du Haut Atlas, du Moyen Atlas et de Fès.
- Indique les marchés hebdomadaires, les casbahs et les marabouts (mausolées sacrés).
- Indique les plus belles routes.
- Disponible dans les grandes villes marocaines.

La carte *Morocco* de GeoCenter World Map, préférée par de nombreux voyageurs, propose des détails similaires mais souvent plus clairs.

- Carte du pays au 1/800 000, une échelle très pratique (et du Sahara occidental au 1/2 500 000).
- Parfois disponible au Maroc.

Par ailleurs, certaines cartes régionales, plus vastes, montrent le Maroc et une partie de l'Afrique du Nord-Ouest. Ainsi, la carte Michelin n°741 (anciennement n^{os}953 et 153) au 1/4 000 000, couvrant tout l'ouest de l'Afrique et la quasi-totalité du Sahara, est un classique du genre.

Des cartes d'état-major soviétiques du Maroc, dont les échelles vont du 1/100 000 au 1/1 000 000, sont disponibles sur Internet et dans les grandes boutiques de cartographie du monde entier. Il faut souvent les commander – comptez jusqu'à 6 semaines pour les recevoir.

Cours de langue

Des cours d'arabe – soit d'arabe standard moderne, soit d'arabe marocain (darija) – sont dispensés dans la plupart des grandes villes, en particulier à Fès, Rabat et Casablanca, où l'on peut suivre des stages plus ou moins longs.

Arabophon (☎0535 60 34 75 ; www.arabophon.com/fr ; cours demi-journée/3 jours 500/1 500 Dh ; cours intensif 4 sem 4 360 Dh). Cours intensifs d'arabe moderne standard et marocain. Cours de brève durée pour les voyageurs : l'Explorateur curieux (demi-journée) et l'Explorateur sérieux (3 jours). Enseignement du tamazight. Leçons dispensées en français, anglais et espagnol.

Jeunesse des chantiers marocains (http://perso.menara.ma/youthcamps). Cours de langue et programmes d'immersion culturelle à Marrakech.

Désagréments et dangers

Pour les voyageurs, le Maroc est l'un des pays les plus sûrs d'Afrique. Si la majorité des Marocains sont sympathiques et honnêtes, quelques pièges guettent tout de même les voyageurs.

Drogues

- L'ère où le Maroc était le paradis des hippies est révolue.
- Certes, le cannabis (kif) pousse toujours dans les montagnes du Rif, mais la police se montre intransigeante et le Maroc n'est pas exactement l'endroit rêvé pour séjourner en prison.
- Gardez toujours à l'esprit qu'il est illégal de vendre ou de consommer du haschisch au Maroc.

➡ Si vous vous faites attraper, vous vous exposez à une amende et, dans le pire des cas, à une peine de prison.

➡ Le haschisch est communément appelé "chocolate" (de l'espagnol) ou, comme en France, shit.

➡ Si nombre de Marocains fument occasionnellement, le danger est beaucoup plus grand pour les touristes.

ESCROQUERIES FRÉQUENTES

La plupart des affaires de chantage et de vol sont liées à la drogue. Le renforcement récent de la législation et la politique du gouvernement ont sans doute forcé les dealers à abandonner leurs techniques les plus agressives mais le danger n'a en aucun cas disparu.

Une technique fréquente consiste à vous faire fumer, puis à vous forcer à acheter une grande quantité de cannabis et enfin à vous dénoncer (ou du moins à menacer de le faire) aux autorités. Les dealers savent pertinemment que vous n'irez pas appeler la police si vous avez acheté ou consommé du haschisch.

QUARTIERS CHAUDS

➡ Certains quartiers de Tanger ne sont accessibles qu'aux initiés.

➡ Mieux vaut donc s'abstenir de les visiter si tel n'est pas votre cas. Les dealers savent extorquer un maximum d'argent aux voyageurs fraîchement débarqués et peu rassurés.

➡ Ces pratiques ont également cours à Tétouan, Asilah, Casablanca et Marrakech.

➡ Issaguen (Ketama) et les montagnes du Rif sont au cœur de la production nationale du kif.

➡ À moins d'être accompagné d'un guide fiable, ce sont des régions à problèmes qu'il vaut mieux éviter.

MAJOUN

➡ On vous proposera peut-être du *majoun*, sorte de pâte collante évoquant la mélasse, fabriquée à partir de graines de kif broyées.

➡ Une cuillerée de cette substance suffit à vous mettre la tête à l'envers. Pour s'en convaincre, il suffit de lire la description qu'en fait Paul Bowles dans *Leurs mains sont bleues* et *Après toi le déluge*.

➡ Toutes les personnes ayant une légère tendance à la paranoïa lorsqu'elles fument du haschisch doivent savoir qu'il s'agit d'une réaction courante chez ceux qui consomment du *majoun* pour la première fois.

ESPAGNE

Si la police espagnole est assez indulgente avec les consommateurs en possession de petites quantités de cannabis, les douanes, elles, pourront accuser de trafic de drogue les voyageurs qui entrent dans le pays en provenance du Maroc avec de la drogue.

➡ Si vous passez en voiture, il est très probable que votre véhicule sera fouillé.

➡ Ne franchissez jamais la frontière avec un colis ou un véhicule pour le compte d'un tiers.

Perdre son chemin

➡ Les rues peuvent porter différents noms dans les villes marocaines.

➡ Depuis plusieurs années, les anciens noms français, espagnols et berbères sont petit à petit remplacés par des noms arabes.

➡ Selon votre interlocuteur, votre carte, ou l'endroit de la rue où vous vous trouvez, vous pourrez donc entendre jusqu'à trois noms différents pour une même artère !

➡ Le nom arabe généralement utilisé pour les rues est *sharia*, ou *derb* dans les médinas (*zankat* pour les plus petites rues).

➡ Les mots "avenue", "boulevard" et "rue" sont encore largement utilisés, mais dans le Nord et l'extrémité Sud, vous rencontrerez souvent les termes espagnols *calle* et *avenida*.

TOURISTES AU BORD DE LA CRISE DE NERFS

Les "faux guides" abondent dans les lieux touristiques, se pressant pour vous "aider" et recevoir une commission des boutiques de souvenirs. Voici des conseils pour éviter d'être harcelé continuellement et limiter les situations embarrassantes :

➡ Déclinez poliment les offres – l'humour (si possible en arabe) s'avère très efficace. Évitez de serrer les mains et d'entamer de longues conversations.

➡ Donnez l'impression que vous savez où vous allez ou expliquez que vous avez engagé un guide le premier jour et que vous connaissez maintenant suffisamment la ville pour l'explorer seul.

➡ Portez des lunettes de soleil et, si vous vous sentez proche de la crise de nerfs, allez reprendre votre calme dans un café ou un restaurant ou fuyez en taxi !

➡ Dans les situations extrêmes, prononcer le mot "police" et manifester son intention ferme d'y faire appel est généralement très efficace.

- L'arabe semble se généraliser dans divers endroits. Nous en avons tenu compte dans ce guide, où certaines rues prennent le nom de *sharia* ou *zankat*, si l'usage local le justifie.

MÉDINAS

- Les noms des rues ne vous aideront guère dans le labyrinthe des médinas.
- Le mieux, si vous commencez à avoir l'impression d'être perdu, est de rester dans les rues principales, relativement fréquentées dans les deux sens. Vous atteindrez ainsi rapidement un point de repère ou une sortie. Des enfants pourront vous proposer de vous indiquer le chemin pour quelques dirhams ; demandez plutôt dans un magasin.

Plomberie

- La patience est de rigueur dès que l'on aborde la plomberie marocaine.
- Dans les hôtels bon marché hors catégorie, il n'y a souvent que de l'eau froide et des toilettes à la turque.
- Ailleurs, la revigorante douche chaude promise se résume parfois à un filet d'eau tiède, disponible, qui plus est, à certaines heures.
- À la campagne, il arrive que l'eau soit chauffée au feu de bois, combustible onéreux, sans compter que la déforestation est un problème majeur au Maroc.
- Dans les petites villes et les zones rurales, le hammam est donc souvent la meilleure solution.

Racoleurs, rabatteurs et faux guides

Les rabatteurs et faux guides restent un phénomène auquel il semble difficile d'échapper au Maroc.

- Formées il y a quelques années, les brigades touristiques sont spécialement chargées des faux guides et des rabatteurs. Toute personne opérant comme guide non officiel encourt une peine de prison ou une forte amende.
- Souvent en situation très précaire, les rabatteurs ont désespérément besoin d'argent, c'est pourquoi ils peuvent se montrer très insistants et parfois fort désagréables.
- Vous les trouverez toujours aux abords des médinas des grandes villes et des gares routières ou ferroviaires.
- Fuir de façon systématique les rabatteurs et les faux guides serait exagéré.
- En arrivant dans un lieu pour la première fois, les services d'un guide, officiel ou non, sont parfois bien utiles.
- Même si le taux de chômage en hausse fait grossir les rangs des guides officieux, tous ne sont pas nécessairement des imposteurs. Beaucoup d'entre eux sont très compétents et manient plusieurs langues.
- Parfois, ils recherchent principalement les commissions touchées dans certains hôtels ou sur des articles que vous achetez dans les souks.

NÉGOCIER AVEC LES GUIDES

- Avant de commencer la visite, mettez-vous bien d'accord sur un prix.
- Ayez une idée de ce que vous souhaitez voir et sur le nombre de boutiques que vous souhaitez visiter. Précisez clairement avant la visite si vous ne désirez pas faire d'achats.
- Une journée avec un guide officieux coûte généralement de 50 à 100 Dh.
- Le tarif doit toujours s'entendre par guide et non par personne.
- Quelques dirhams suffisent pour se faire conduire à un point précis (la sortie de la médina, par exemple).
- Quelle que soit la somme que vous leur donnerez, les rabatteurs demanderont certainement davantage. Indiquez-leur tout simplement que c'est déjà bien assez.
- Gardez votre sens de l'humour, et, après quelques jours dans un même lieu, les rabatteurs se feront moins insistants. Pour louer les services d'un guide officiel, adressez-vous aux offices du tourisme ou à certains hôtels. Le tarif pour un guide local/national est d'environ 250-300 Dh par jour, pourboire en sus.
- L'appel à un guide est pleinement justifié dans le dédale des ruelles des médinas de Fès et de Marrakech.
- Les guides peuvent vous aider à trouver les sites intéressants et faire le tri parmi les boutiques. Ils vous éviteront de vous perdre et d'être importuné par les rabatteurs.

CONDUITE ET TRANSPORT

- Si vous conduisez, sachez que des rabatteurs motorisés guettent les touristes à l'entrée de Fès et de Marrakech. Ils proposeront de vous trouver un hôtel ou de vous rendre tout autre service avec autant d'insistance que leurs collègues à pied.
- Les voyageurs doivent s'attendre à être assaillis par des rabatteurs dans le quartier du port de Tanger.
- En arrivant en train dans des villes comme Fès et Marrakech, il se peut que vous tombiez sur des "étudiants" ou autres, qui vous annonceront que votre hôtel est fermé ou complet, mais auront l'extrême gentillesse de vous indiquer, comme par hasard, une autre excellente adresse.

Tabac

- Fumer est un passe-temps national et les restaurants ou hôtels non-fumeurs sont rares.

- Cette habitude est plus fréquente dans les endroits populaires que dans les hôtels et restaurants de catégorie supérieure, qui disposent de zones non-fumeurs.
- Les restaurants et les cafés très fréquentés disposant souvent de terrasses, la gêne s'en trouve réduite.
- L'hôtellerie de luxe et certains riads pratiquent généralement une politique antitabac.

FEMMES

- Comme dans la plupart des pays musulmans, il est mal vu de fumer pour une femme. Il s'agit plus d'un tabou social que d'un interdit religieux.
- Il est assez rare de voir une femme fumer en dehors des grandes villes.
- Si la plupart des chefs religieux condamnent le tabac autant que l'alcool, l'interdit (*haram*) est beaucoup plus sérieux durant les heures diurnes du ramadan.
- Cela ne concerne pas trop les voyageurs, mais il reste préférable pour les femmes étrangères de s'abstenir de fumer chez des particuliers et de se montrer discrètes en tout autre lieu.

Vols

Dans l'ensemble, le pays ne connaît pas vraiment de problèmes de vols. Vous pourrez encore en minimiser les risques en étant particulièrement vigilant dans les grandes villes et en suivant les consignes suivantes. Comme dit le proverbe arabe, "Crois en Dieu, mais attache ton chameau".

- Prenez le moins d'objets de valeur possible lors de vos sorties.
- Gardez tout ce que vous prenez avec vous bien caché.
- Faites particulièrement attention lorsque vous retirez de l'argent à un distributeur automatique.
- Les sacs bananes et les sacoches attirent toujours l'attention des voleurs.
- Pour stocker argent, passeports et autres papiers importants, les pochettes qui s'accrochent autour du cou et les ceintures à billets portées sous les vêtements attirent moins l'attention. Gardez toutefois un peu d'argent à portée de main pour les dépenses journalières afin de ne pas dévoiler votre cachette.
- Si vous le préférez, vous pouvez également laisser vos affaires dans votre chambre (de préférence enfermées dans votre valise). Neuf fois sur dix, il n'y a aucun danger.
- Les chambres des hôtels de catégorie supérieure sont souvent équipées de coffres.
- Les autres hôtels possèdent parfois un coffre à la réception, où vous pouvez laisser vos objets de valeur, comme votre appareil photo.
- Pour ne pas tenter le diable, ne laissez jamais rien dans votre voiture, même hors de vue.
- Dans les grandes agglomérations, notamment à Casablanca, certaines personnes désespérées peuvent parfois agresser les étrangers.
- Mieux vaut éviter d'arpenter les médinas la nuit.
- Les médinas de Marrakech, Casablanca et Tanger sont particulièrement réputées pour le vol à la tire.
- Dans ces médinas, une tactique courante consiste à attirer votre attention tandis qu'un complice vous fait les poches.

Douane

Importer ou sortir des dirhams est interdit, mais les contrôles étant rares, ne vous inquiétez pas s'il vous reste de la menue monnaie.

Certains articles sont interdits, notamment "les articles immoraux présentant un danger pour la paix", tels que certains "livres, revues, cassettes audio et vidéo".

Les visiteurs sont autorisés à importer :

- jusqu'à 200 cigarettes ou 25 cigares ou 250 g de tabac
- 1 l d'alcool
- 150 ml de parfum
- cadeaux et souvenirs d'une valeur allant jusqu'à 2 000 Dh.

Électricité

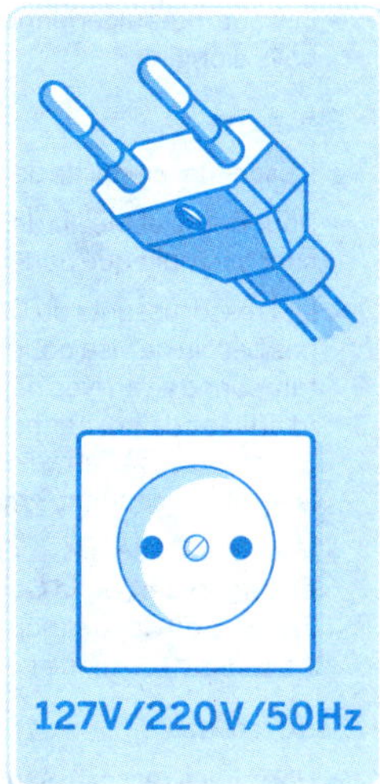

Formalités et visas

- Les ressortissants des pays de l'Union européenne, ainsi que les Suisses et les Canadiens sont dispensés de visa pour entrer au Maroc et peuvent résider dans le pays durant 90 jours.
- Pour entrer au Maroc, les voyageurs doivent présenter un passeport valide 6 mois au-delà de la date d'entrée dans le pays. La carte

nationale d'identité française n'est pas reconnue.

➡ Pour prolonger la durée du séjour, il faut effectuer les démarches auprès des autorités locales pour l'obtention d'une carte de résident (il faut, pour cela, prendre contact avec le Bureau des étrangers du commissariat de la province de résidence).

➡ Les étrangers accédant au Maroc en compagnie de leurs animaux domestiques doivent se munir de leurs certificats de bonne santé datant de moins de 6 jours et de certificats antirabiques de moins de 6 mois.

➡ Pour plus d'informations, notamment la liste des missions diplomatiques du Maroc en France et ailleurs

VISAS POUR LES PAYS VOISINS

Les ambassades des pays cités ci-dessous sont situées à Rabat.

Algérie

➡ La frontière entre l'Algérie et le Maroc est fermée depuis 1994 en raison de conflits diplomatiques. Des tentatives de rapprochement périodiques soulèvent l'espoir qu'elle rouvre un jour. Dans le cas peu probable où cela se produirait durant la durée de vie de ce guide, le principal passage serait entre Oujda et Tlemcen en Algérie.

➡ Un visa est nécessaire pour toutes les nationalités, à l'exception des ressortissants des pays de la Ligue arabe.

➡ Les autorités algériennes préfèrent que les demandes de visa soient faites dans le pays d'origine.

Espagne

➡ L'Espagne fait partie de l'Europe et de l'espace Schengen.

➡ Pour Ceuta et Melilla, les deux enclaves espagnoles au Maroc, les mêmes conditions sont à remplir que pour l'Espagne.

➡ Les ressortissants du Canada et de plusieurs pays hors de l'Union européenne n'ont pas besoin de visa pour traverser une frontière Schengen. Votre passeport sera tamponné à l'arrivée dans la zone, et vous pourrez rester sur place jusqu'à 90 jours (d'affilée ou non) par périodes de 180 jours. Ainsi, lorsque vous quittez l'espace Schengen après un séjour de 3 mois, vous n'êtes pas autorisé à entrer de nouveau sur le territoire pendant 3 mois.

➡ Pour plus de détails, reportez-vous au site du **ministère espagnol des Affaires étrangères et de la Coopération** (www.exteriores.gob.es) ou aux guides de voyage *Espagne du Centre* (nouvelle édition à paraître début 2015), *Catalogne* (2013) et *Andalousie* (2013) de Lonely Planet.

Mauritanie

➡ Hormis les ressortissants des pays de la Ligue arabe, chaque voyageur doit posséder un visa pour entrer en Mauritanie.

➡ Lors de la rédaction de ce guide, les visas mauritaniens n'étaient plus délivrés à la frontière.

➡ L'ambassade de Mauritanie à Rabat délivre des visas de 30 jours et de 90 jours (380/720 Dh). Des visas à entrées multiples sont disponibles selon le bon vouloir de l'agent consulaire.

➡ Faites votre demande du lundi au jeudi, tôt le matin, et récupérez votre visa le lendemain Soyez-y bien avant que l'ambassade n'ouvre ses portes, à 9h, et préparez-vous à faire la queue. Il y a parfois quelqu'un qui dresse la liste des personnes dans la queue. Assurez-vous d'y figurer pour garder votre place.

➡ Vous devrez fournir deux photos d'identité et la photocopie de votre passeport. Des rabatteurs pourront vous proposer des formulaires et de l'aide pour les remplir (et vous suggérer le magasin de photocopies du coin), moyennant un peu d'argent.

➡ Pour plus de renseignements, consultez le site www.sahara-overland.com.

à l'étranger, reportez-vous à la p. 468.

Visas

- Les ressortissants d'Israël et d'autres pays, notamment nombre de pays subsahariens, doivent faire une demande pour un visa de 3 mois (entrée simple/double environ 30/50 $US). Les demandes sont en principe traitées dans les 48 heures. Les formalités d'obtention de visa variant, mieux vaut se renseigner auprès de la mission marocaine de votre pays ou d'une agence de voyages réputée avant de partir.
- Les voyageurs qui ont besoin de séjourner plus de 3 mois au Maroc optent le plus souvent pour un saut en Espagne ou dans l'une des enclaves espagnoles, et reviennent au Maroc après quelques jours.
- Hormis son coût, cette solution ne pose quasiment aucun problème. Toutefois, on est à la merci des officiers de l'immigration sur le chemin du retour. Des voyageurs ont déjà rencontré quelques difficultés.
- Une autre solution, plus compliquée et assez longue, est d'obtenir une prorogation de visa, délivrée par la Direction générale de la sécurité nationale (une lettre de votre ambassade demandant une prorogation de visa sera probablement nécessaire).
- En Espagne, vous trouverez une ambassade du Maroc à Madrid et des consulats généraux dans différentes villes, notamment à Algésiras. En Mauritanie, l'ambassade se trouve à Nouakchott et un consulat général à Nouâdhibou. Des missions diplomatiques existent en Algérie, dont une ambassade à Alger.

Certificat de santé international

Si vous arrivez au Maroc en provenance de certaines régions d'Afrique ou d'Amérique du Sud où la fièvre jaune est endémique, il faudra prouver que vous êtes vacciné, grâce à un certificat de vaccination contre la fièvre jaune ou un certificat international de vaccination.

En pratique, cette obligation n'a cours que si l'on arrive par voie terrestre de Mauritanie, où la fièvre jaune est endémique (bien qu'apparemment, cette obligation ne soit pas très respectée à la frontière terrestre), ou que l'on descende d'un avion (de Royal Air Maroc, par exemple) en provenance d'un autre pays d'Afrique.

Cependant, nous ne saurions trop recommander aux voyageurs de conserver un certificat s'ils ont été dans un pays infecté durant le mois précédant leur séjour au Maroc afin d'éviter tout problème avec l'immigration.

Les voyageurs ne possédant pas un certificat à jour sont susceptibles d'être gardés en isolement au point d'arrivée pendant 10 jours, voire d'être rapatriés.

Vous aurez peut-être à prouver que vous avez été vacciné contre le choléra si vous arrivez d'une zone touchée par la maladie.

Handicapés

Les équipements destinés aux handicapés sont rares, mais cela ne doit pas pour autant vous faire renoncer à visiter le pays, surtout si vous avez le goût de l'aventure. Quelques points à prendre en compte :

- Avec ses rues étroites et tortueuses et ses chaussées inégales, la médina n'est pas très accueillante pour les fauteuils roulants.
- Peu d'hôtels (notamment les moins chers) sont équipés d'ascenseur. Aussi est-il essentiel de réserver suffisamment à l'avance une chambre au rez-de-chaussée.
- Seuls quelques hôtels haut de gamme disposent de chambres spécialement conçues pour les handicapés.
- Le transport en voiture est le plus indiqué, même si vous devrez en principe pouvoir vous faire aider dans les bus et les trains (moyennant un petit pourboire).
- Certains tour-opérateurs peuvent organiser pour vous un voyage sur mesure qui réponde à vos besoins.
- Il n'existe au Maroc aucune infrastructure (indications en braille, passages piétons sonores, etc.) pour aider les malvoyants et les malentendants.

Organisations

Voici une liste des différentes organisations auprès desquelles vous pourrez trouver aide, conseils et information sur le voyage pour personnes à mobilité réduite.

En France, l'**APF** (Association des paralysés de France ; ☎01 40 78 69 00 ; www.apf.asso.fr ; 17 bd Auguste-Blanqui, 75013 Paris) fournit des informations utiles sur les voyages accessibles. Deux sites Internet dédiés aux personnes handicapées comportent une rubrique consacrée au voyage et diffusent aussi des informations : **Yanous** (www.yanous.com) et **Handicap** (www.handicap.fr).

Hébergement

Le Maroc dispose d'un grand choix d'hébergements.

Les tarifs indiqués dans ce guide correspondent aux week-ends de saison haute (novembre-avril) et, sauf mention contraire, n'incluent pas le petit-déjeuner. Les hébergements sont classés par ordre de préférence, et les fourchettes de prix se basent sur le tarif d'une chambre double.

Petits budgets (€). Jusqu'à 400 Dh

Catégorie moyenne (€€). De 400 à 800 Dh

Catégorie supérieure (€€€). Plus de 800 Dh

Certaines villes, dont Casablanca, Essaouira, Fès, Marrakech, Rabat et Tanger, sont plus onéreuses et les fourchettes de prix sont :

Petits budgets (€). Jusqu'à 600 Dh

Catégorie moyenne (€€). De 600 à 1 200 Dh

Catégorie supérieure (€€€). Plus de 1 200 Dh

Les tarifs que vous trouverez dans ce guide sont les tarifs officiels (taxes comprises). Ils sont uniquement indiqués à titre de repère.

Réductions Quantité d'hôtels pratiquent régulièrement des "offres promotionnelles", en particulier dans les grands complexes comme Agadir ou en basse saison (mai-octobre). N'hésitez pas à demander lors de la réservation.

Saisons Il peut être difficile de trouver un hôtel durant la semaine de Pâques et le mois d'août, périodes prisées des touristes espagnols et français. Noël et le Nouvel An sont également des périodes très animées, notamment à Marrakech.

Voyageurs solo Hors des villes, les tarifs de nombreux hôtels sont indiqués par personne, et non à la chambre ; louer une chambre pour une seule personne pose rarement problème. En revanche, les riads ne disposant que d'un petit nombre de chambres simples, les réductions pour les personnes seules sont la plupart du temps limitées.

Appartements

- Si vous voyagez en petit groupe ou en famille, les locations tout équipées sont intéressantes, surtout en basse saison, période à laquelle les tarifs baissent sensiblement.
- Agadir, les environs de Taghazout, Essaouira, Asilah et les principaux centres touristiques des côtes méditerranéenne et atlantique disposent d'appartements et de maisons équipés, parfois dans des complexes touristiques.
- **Airbnb** (www.airbnb.com) propose de bonnes locations dans de nombreuses villes marocaines.

Auberges de jeunesse

Affiliée au réseau Hostelling International, la **Fédération royale marocaine des auberges de jeunesse** (☎0522 47 09 52; http://tinyurl.com/373omvl) gère de bonnes auberges de jeunesse à Casablanca, Fès, Marrakech, Meknès, Ouarzazate et Rabat.

- Ces auberges sont très économiques pour les personnes voyageant en solo (de 30 à 60 Dh/nuit), mais elles sont souvent mal situées.
- Certaines disposent de cuisines et de chambres familiales, et offrent le petit-déjeuner.
- Si vous cherchez une auberge de jeunesse, méfiez-vous des maisons privées reconverties sans avoir les licences nécessaires.

Camping

- Il est possible de camper pratiquement partout au Maroc, à condition d'avoir l'autorisation du propriétaire du site.
- Il existe bon nombre de campings officiels.
- La plupart de ces campings ont l'eau courante et l'électricité. Certains disposent même d'un petit restaurant, d'une épicerie et d'une piscine.
- La plupart des grandes villes possèdent des campings, mais ils sont souvent assez excentrés.
- Ces sites méritent parfois le détour, mais la plupart du temps, ce sont des zones sans ombre et rocailleuses, qui offrent des infrastructures rudimentaires.
- Dans le sud du Maroc en particulier, les campings sont pris d'assaut par d'énormes camping-cars.

COÛTS

- Comptez en général de 10 à 20 Dh par personne, plus 10 à 20 Dh pour planter votre tente et 10 à 15 Dh pour garer un véhicule.
- Pour un camping-car ou une caravane, le prix peut monter de 20 à 30 Dh, parfois même à 45 Dh.
- Il faut encore ajouter 10 ou 15 Dh pour l'électricité
- L'eau chaude pour la douche coûte de 5 à 10 Dh.
- De nombreux campings louent des chambres rudimentaires ou des appartements indépendants.

Gîtes d'étape, chambres chez l'habitant et refuges

- Les gîtes d'étape – des maisons particulières appartenant souvent à des guides de montagne – assurent l'hébergement (en général un simple matelas sur le sol) le long des principaux itinéraires de trekking de l'Atlas et du Rif.
- Les gîtes ont des sdb rudimentaires et parfois des douches avec eau chaude.
- Plus spacieux que les gîtes, les refuges de montagne proposent un hébergement dans des chalets de style suisse.
- Dans les refuges, l'hébergement se fait généralement en dortoirs, les douches sont communes et l'atmosphère de la salle à manger est conviviale.
- Le **Club alpin français** (CAF ; ☎0522 99 01 41 ; http://cafmaroc2011.ffcam.fr ; 50 Sidi Abderrahman, quartier Beauséjour, Casablanca)

s'occupe des refuges du Haut Atlas.

- Si vous faites une randonnée dans le Haut Atlas ou si vous voyagez dans des régions reculées, sachez qu'il est également possible de loger chez l'habitant.
- La plupart des gîtes d'étape n'ont ni eau chaude ni électricité, mais l'hospitalité y est souvent incomparable.
- Les tarifs pratiqués dans un gîte d'étape ou un refuge de montagne sont à peu près les mêmes.

Hôtels

- Il est d'usage d'inscrire le numéro de son passeport (et le numéro du tampon d'entrée dans le pays) sur le registre de l'hôtel, dès son arrivée.
- Dans les régions isolées, certains hôtels assurent la demi-pension (petit-déjeuner et dîner) ou la pension complète (déjeuner inclus), ce qui peut se révéler avantageux.

PETITS BUDGETS

- Bon marché, les hôtels à une étoile ou non classés se nichent souvent dans les médinas des grandes villes.
- Si certains étincellent de propreté, d'autres semblent ne pas avoir vu de serpillière depuis des années.
- Les sanitaires en commun et les toilettes à la turque sont la règle dans les établissements bon marché.
- La plupart des hôtels bon marché ne fournissent pas le savon. Pensez à en emporter un (ou un gel douche).
- À l'occasion, il est possible d'avoir une douche d'eau chaude chauffée au gaz moyennant 5 à 10 Dh.
- Même si l'hôtel est totalement dépourvu d'eau chaude, le personnel pourra toujours vous indiquer le hammam le plus proche.
- Dans le Sud, nombre d'hôtels bon marché louent des matelas sur leur toit-terrasse (25 à 30 Dh environ) ; d'autres possèdent également un salon marocain traditionnel, garni de banquettes et de coussins, où vous pouvez dormir pour le même prix.

CATÉGORIE MOYENNE

- Les hôtels marocains de catégorie moyenne sont généralement de bon standing.
- Les établissements vont des hôtels modernes de type chaîne occidentale sans grand caractère aux riads et maisons d'hôtes de style marocain, confortables et pleins de charme.
- Dans cette catégorie, les chambres sont généralement équipées de douches.
- Dans les régions moins chères, comme le Sud, certains hôtels de cette catégorie louent des chambres à des tarifs d'hôtels petits budgets.

CATÉGORIE SUPÉRIEURE

- Les hôtels de cette catégorie sont identiques à ceux de catégorie moyenne, mais la décoration intérieure et le confort sont supérieurs.
- Dans des sites comme Agadir, de nombreux hôtels font partie de complexes d'hébergement indépendants, disposant d'infrastructures de toutes sortes : parcours de golf, discothèques et restaurants.

Riads, dars et casbahs

Loger dans une maison traditionnelle restaurée constitue l'un des attraits d'un séjour au Maroc. Il n'en existe pas deux semblables, et il semble que l'appellation "hôtel de charme" aurait pu être inventée pour ces demeures de catégories moyenne et supérieure. Le service est attentionné et nombre d'établissements sont reconnus autant pour la qualité de leur cuisine que pour leur hospitalité.

Emplacements Marrakech est particulièrement réputée pour ses riads (on en dénombre plusieurs centaines), suivie de près par Fès, Meknès, Essaouira et Rabat. La popularité des riads est si forte que l'on peut désormais en trouver dans les sites les plus inattendus du pays.

Riads et dars Alors que le mot "riad" s'emploie de façon générique, quelques nuances différencient riads et *dars*. Un riad est une maison construite autour d'un jardin planté d'arbres, alors que les *dars* sont des maisons traditionnelles dotées de cours intérieures.

Casbahs Des casbahs (anciennes citadelles) reconverties en hôtels existent dans les principaux centres touristiques du sud et du centre du pays. Petites et sombres en raison de l'architecture des bâtiments, les chambres ont beaucoup de charme et restent fraîches l'été.

Réservation La plupart des riads fonctionnent sur réservation. On a tout intérêt à bien planifier son séjour car ces établissements ne comptent en principe que quelques chambres et affichent rapidement complet. Avec une réservation, il arrive souvent qu'un employé du riad vienne vous chercher à l'extérieur de la médina pour vous conduire à bon port : on peut en effet aisément se perdre au début dans les ruelles labyrinthiques de la vieille ville.

Tarifs Les tarifs des chambres sont comparables à ceux d'établissements quatre ou cinq étoiles. Nombre de riads affichent leurs tarifs en ligne en euros plutôt qu'en dirhams, en choisissant un taux de change qui leur est favorable – vérifiez le prix à deux fois au moment de la réservation.

Heure locale

Le Maroc observe l'heure de Greenwich (GMT/UTC).

Quand il est midi à Paris, il est 11h à Marrakech.

Heure d'été En été, les Marocains avancent leur montre d'une heure. En 2014, le Maroc a vécu à l'heure d'été du 30 mars au 26 octobre ; avec cependant une interruption durant le ramadan (28 juin-29 juillet), période durant laquelle les Marocains repassent à l'heure d'hiver. Consultez www.timeanddate.com pour plus de détails.

Espagne et France N'oubliez pas qu'en Espagne (y compris à Ceuta et Melilla) et en France, les horloges avancent aussi pour l'heure d'été (fin mars à fin octobre) et que durant l'été des prochaines années, les horloges de ces pays risquent d'être en avance de 2 heures sur les horloges marocaines.

Us et coutumes Les Marocains sont beaucoup moins pressés que la plupart des Occidentaux. Plutôt que de vous en agacer, essayez d'adopter le rythme du pays.

Heures d'ouverture

Bien que le Maroc soit un pays musulman, la semaine de travail va du lundi au vendredi. Toutefois, le vendredi étant le jour de la prière, la plupart des entreprises marquent une pause-déjeuner plus longue ce jour-là. Durant le ramadan, le rythme du pays change. Les horaires de travail sont alors, en général, de 10h à 15h ou 16h.

Les horaires sont rarement les mêmes dans les médinas et dans les villes nouvelles : dans ces dernières, la plupart des magasins ferment le dimanche, alors que ceux des médinas restent généralement ouverts de 9h à 19h, hormis le vendredi.

Les souks des médinas et les marchés des villes nouvelles des grandes agglomérations ont souvent une activité réduite le jeudi après-midi et sont généralement fermés le vendredi. Les horaires des cafés et des snacks sont très variables selon la saison ou l'humeur du propriétaire.

Dans les villages, les souks commencent tôt pour fermer généralement avant les chaleurs de l'après-midi.

Dans les villes, des pharmacies de garde sont ouvertes toute la nuit. La liste de celles-ci est en principe affichée dans la vitrine des autres pharmacies.

Dans les villes les plus touristiques, les bureaux de change restent souvent ouverts jusqu'à 20h, même le week-end.

Téléboutiques (bureaux de téléphones privés) et cybercafés accueillent les clients tard le soir, notamment dans les villes.

Dans les chapitres régionaux, les horaires ne sont pas indiqués, sauf s'ils diffèrent sensiblement de ceux donnés ci-dessous. Seuls les horaires des sites et monuments sont cités systématiquement.

Banques 8h30-18h30 lun-ven

Postes 8h30-16h30 lun-ven

Administrations 8h30-18h30 lun-ven

Restaurants 12h-15h et 19h-22h

Bars 16h-tard

Boutiques 9h-12h30 et 14h30-20h lun-sam (pause souvent plus longue le midi pour la prière)

Offices du tourisme 8h30-12h et 14h30-18h30 lun-jeu, 8h30-11h30 et 15h-18h30 ven

Homosexualité

- Les pratiques homosexuelles (baisers inclus) sont interdites au Maroc. En théorie, vous risquez jusqu'à 3 ans d'emprisonnement ou de vous voir infliger une amende.
- Cela dit, et même si elle n'est pas ouvertement admise ou affichée, l'homosexualité masculine est relativement courante ; toutefois, seules quelques personnes s'identifient elles-mêmes comme gays.
- Les démonstrations platoniques d'affection ne sont pas rares, surtout chez les hommes.
- Il est conseillé aux homosexuels de rester discrets car des cas d'agression à l'encontre de voyageurs gays ont été rapportés.
- Certaines villes, telles que Marrakech et Tanger, sont plus accueillantes que d'autres envers les gays.
- Il n'existe aucune destination dédiée aux homosexuels, même si l'on peut trouver des bars "gays" ici et là. Dans les grandes villes, la vie nocturne tend à satisfaire tous les goûts.
- Il convient aussi de rappeler que la pauvreté pousse de nombreux jeunes hommes à se prostituer contre de l'argent ou des cadeaux. Aussi détestable soit-elle, cette forme d'exploitation humaine n'en est pas moins une composante réelle de la scène gay marocaine.

Femmes

- Les lesbiennes ne devraient pas rencontrer de difficultés particulières, d'autant que les Marocains sont convaincus que l'homosexualité féminine n'existe pas dans leur pays.

Sites Internet

Quelques sites Internet utiles :

Kif Kif (www.kifkifgroup.org). Association marocaine défendant les droits des lesbiennes, gays, bisexuels et transsexuels.

Communauté de Femmes Lesbiennes, Bi et Trans du Maroc (www.mennawfena.net, en français)

Global Gayz (www.globalgayz.com)

Internet (accès)

- Au Maroc, les cybercafés sont très répandus, efficaces et bon marché (3-10 Dh l'heure), et proposent généralement de bonnes vitesses de connexion.

➡ Les claviers français et arabes sont les plus courants.

➡ Il n'est pas rare que les hommes viennent dans les cybercafés pour surfer sur des sites pornographiques.

➡ Dans ce guide, l'icône (@) est utilisée dans les rubriques *Où se loger* lorsque les établissements mettent un ordinateur à disposition des clients.

➡ L'icône (Wi-Fi) indique que l'établissement est connecté au Wi-Fi.

➡ La connexion Wi-Fi est très répandue dans les hôtels de catégories moyenne et supérieure, et dans quantité de bonnes adresses petits budgets. Le Wi-Fi devient de plus en plus présent dans les destinations très fréquentées des étrangers.

➡ Si vous voyagez avec un ordinateur portable, vérifiez l'alimentation électrique et apportez si besoin un adaptateur universel. Vérifiez-le régulièrement, la sécurité Internet n'étant pas très au point. Des modems USB sont disponibles dans les magasins de téléphonie. Comptez environ 200 Dh pour 1 mois d'accès Internet.

Jours fériés

Durant les principaux jours fériés, les banques, les bureaux de poste et la plupart des boutiques ferment. Les transports sont rarement affectés.

Jour de l'an 1er janvier.

Manifeste de l'Indépendance 11 janvier – commémoration de la publication à Fès du manifeste nationaliste marocain pour l'indépendance.

Fête du Travail 1er mai.

Fête du Trône 30 juillet – commémoration du couronnement de Mohammed VI.

Allégeance au Wadi Eddhahab 14 août – célébration du "retour à la mère patrie" de la région du Wadi Eddhahab, dans l'extrême sud du pays, jadis réclamée par la Mauritanie.

Révolution du roi et du peuple 20 août – commémoration de l'exil de Mohammed V par les Français en 1953.

Fête de la Jeunesse 21 août – anniversaire du roi.

Anniversaire de la Marche verte 6 novembre – commémoration de la marche de novembre 1975 pour revendiquer le Sahara occidental.

Fête de l'Indépendance 18 novembre – célébration de l'indépendance du pays et du retour d'exil de Mohammed V.

LES PRINCIPALES FÊTES MUSULMANES

Le rythme des fêtes religieuses est lié au calendrier lunaire, plus court que le calendrier grégorien de 11 jours.

Les fêtes musulmanes mentionnées ci-après sont célébrées dans tout le pays, provoquant des interruptions ou des changements d'horaires des services de bus et augmentant les difficultés de circulation en général. À l'exception du premier jour du ramadan, les bureaux et les commerces sont fermés ces jours-là.

Moulid (ou Mouloud) an-Nabi commémore la naissance du prophète Mahomet. Les enfants reçoivent souvent des cadeaux.

Aïd el-Fitr (fête de la fin du jeûne), appelée aussi Aïd es-Saghir ("petite fête"), célèbre la fin du ramadan. Les festivités de quatre jours débutent par un repas composé de *harira* (soupe de lentilles), de dattes et de gâteau au miel. Tout le pays vit au ralenti durant cette période.

Aïd el-Adha (fête du Sacrifice), également appelée Aïd el-Kebir ("grande fête"), commémore le sacrifice d'Abraham. Les trois jours de réjouissances sont marqués par le sacrifice rituel d'un mouton qui a lieu partout dans le monde musulman. Le sacrifice du mouton étant souvent un événement public, préparez-vous à voir du sang couler dans les caniveaux et des têtes de moutons flamber sur des feux dans la rue.

La date précise des fêtes musulmanes restant variable – elles sont officiellement annoncées quelques jours avant le début du mois en question, les dates suivantes sont approximatives.

FÊTE	2014	2015	2016	2017
Moulid an-Nabi	13 jan	3 jan	12 déc	1er déc
Début du ramadan	28 juin	18 juin	6 juin	27 mai
Aïd el-Fitr	27 juil	17 juil	5 juil	25 juin
Aïd el-Adha	4 oct	23 sept	11 sept	1 sept
Nouvel An (année de l'hégire)	25 oct	14 oct	2 oct	21 sept

VOYAGER PENDANT LE RAMADAN

Ramadan Mubarak! (Joyeux ramadan !) Le ramadan est un mois lunaire dédié au *sawm* (jeûne) – du lever au coucher du soleil, les croyants doivent s'abstenir de manger, de boire, de fumer et d'avoir des relations sexuelles pour se concentrer sur le renouveau spirituel – et au *zakat* (charité).

Durant cette période, les commerces ont des heures d'ouverture limitées et un personnel moins important, aussi est-il préférable de réserver son hébergement, ses transports et ses circuits bien à l'avance. Appelez les administrations pour vous assurer qu'elles seront ouvertes. De nombreux restaurants sont fermés en journée ; prévoyez des en-cas pour le déjeuner ou réservez une table dans des restaurants touristiques. Les boutiques sont souvent fermées l'après-midi ; mieux vaut négocier les prix en matinée, avant que la soif ne se fasse trop sentir. Durant la durée de vie de ce guide, le ramadan tombera en été ; préparez-vous donc à de longues et chaudes journées.

Au coucher du soleil, les rues sont emplies de lumières, de musique et d'arômes envoûtants, et tout le monde s'offre des douceurs. Après l'*iftar* (rupture du jeûne), repas qui se compose de dattes, soupe ou en-cas salés, les Marocains mangent des desserts jusqu'au festin de la nuit. S'ensuivent d'autres visites et échanges de plats sucrés, puis ils dorment et se lèvent tôt pour le *sahur* (repas qui précède le lever du soleil).

Les personnes en voyage sont exemptées du jeûne. Toutefois, par respect, évitez de manger, de boire ou de fumer en public et accordez un peu d'intimité à la population locale pendant les prières. Les chauffeurs de taxi n'apprécient pas d'être hélés quelques minutes avant l'appel à la prière du soir annonçant l'*iftar.*

Lorsqu'un nouvel ami vous offre des mets sucrés ou vous invite à un festin, honorez-le en acceptant. Essuyer un refus est très gênant. Vous n'êtes, bien entendu, pas obligé de retourner la politesse ni de consommer des sucreries. Si vous voulez participer au *zakat*, vous pouvez, par exemple, faire un don à une œuvre de charité locale.

Librairies spécialisées

À Paris, il est aisé de se documenter sur le Maroc.

Institut du monde arabe (IMA ; ☎01 40 51 38 38 ; www.imarabe.org ; 1 rue des Fossés-Saint-Bernard, 75005 Paris). L'IMA met à la disposition de ses visiteurs une librairie-boutique, une médiathèque jeunesse, mais aussi sa prestigieuse bibliothèque, qui présente la culture et la civilisation arabes. Également, cours de langue arabe.

Librairie Avicenne (☎01 43 54 63 07 ; www.lib-avicenne.com ; 25 rue Jussieu, 75005 Paris, pour le fonds en français et 30 rue des Fossés-Saint-Bernard, 75005 Paris pour le fonds en arabe). Un choix vaste et exigeant d'ouvrages de référence sur le monde arabe et musulman. La section Maroc comprend près de 500 titres.

Offices du tourisme

Il n'existe d'offices du tourisme que dans les grandes villes, et si le personnel y distribue des brochures, il est souvent peu informé et mieux vaut généralement s'abstenir de l'interroger. Souvent, les réceptionnistes des hôtels et les habitants se révèlent plus utiles. Les meilleurs offices du tourisme se trouvent dans certaines villes, plus petites, qui tentent de mettre en avant leur potentiel touristique.

Office national marocain du tourisme (ONMT ; www.visitmorocco.com, www.ruraltourism.ma). L'organisme gère la plupart des offices du tourisme du pays.

Photographie

- Le Maroc est un terrain de rêve pour les photographes. Cela dit, ne braquez jamais votre appareil sur tout ce qui présente un aspect vaguement militaire ou qui pourrait être considéré comme "stratégique".
- Ceci inclut notamment les aéroports, ponts, édifices publics, et représentants de la police et des forces armées.
- Cachez votre appareil lorsque vous passez les postes de contrôle du Sahara occidental et dans ses environs.
- Demander leur avis aux personnes que l'on souhaite photographier relève de la plus élémentaire des politesses.
- Les habitants se laissent assez facilement photographier en ville.
- Ce n'est pas forcément le cas à la campagne.
- Les femmes et les personnes âgées refusent très souvent d'être prises en photo.

- Respectez leur droit à l'intimité et abstenez-vous.
- On trouve facilement des cartes mémoire et des piles pour appareils photo numériques dans les magasins photo des grandes villes (notamment à Marrakech et Casablanca).
- Pour un court séjour, mieux vaut emporter son matériel.
- Il est pratique de stocker ses photos sur clé USB, mais sachez que vous pourrez au besoin les faire graver sur CD dans la plupart des cybercafés.
- Pour les fidèles utilisateurs d'appareils argentiques, les pellicules Kodak et Fuji (35 mm et APS) et les cassettes vidéo sont commercialisées dans les grandes villes.
- Elles sont sensiblement plus chères qu'en Europe.
- Les diapositives sont plus rares.
- Si vous achetez des pellicules photo au Maroc, vérifiez la date limite d'utilisation.
- Les labos photo professionnels offriront la meilleure qualité de tirage.
- Pour des conseils, procurez-vous le guide *La Photo de voyage* (2011) de Lonely Planet.

Poste

- Les bureaux de la **Poste Maroc** (www.poste.ma) se repèrent à leur enseigne jaune "PTT" ou "La Poste".
- Les bureaux de tabac et les kiosques à cigarettes ou à journaux disséminés dans les centres-ville peuvent s'avérer utiles. On peut parfois y acheter des timbres en faisant moins longtemps la queue.
- Le système postal fonctionne relativement bien mais il est un peu lent.
- Une lettre pour l'Europe arrivera à destination au bout d'une semaine environ ; pour l'Amérique du Nord, il lui faudra le double.
- Le courrier expédié d'une grande ville arrive plus rapidement.
- Une carte postale pour l'étranger doit être affranchie à environ 9 Dh, les lettres à 11 Dh.

Envoyer des colis

- L'envoi de paquets se fait généralement dans un bureau à part, à l'enseigne "colis postaux".
- L'envoi d'un paquet de 1 kg par avion en France coûte 111 Dh, au Canada 250 Dh.
- Les colis ne doivent pas mesurer plus de 2 m de hauteur, largeur ou épaisseur. Le poids limite varie en fonction de la destination, mais c'est en général 30 kg.
- Si vous désirez envoyer vos souvenirs chez vous, il vous faut acheter un colis et un bordereau d'envoi à un bureau de poste marocain et apporter le tout au magasin où vous avez effectué vos achats.
- Au magasin, on saura emballer vos objets de manière adéquate avec journaux et cartons.
- Si vous avez acheté des tapis, le vendeur se doit de les enrouler et de les emballer dans du plastique. Sinon, demandez-lui de le faire.
- Indiquez la nature du contenu et l'adresse de destination au marqueur indélébile.
- Indiquez clairement le pays de destination.
- Vous pouvez aussi indiquer la valeur du contenu mais des frais à la livraison pourront vous être demandés.
- Ne fermez pas le colis avec du ruban adhésif car les douanes doivent pouvoir en vérifier le contenu !
- Votre colis sera pesé et les frais d'envoi par avion vous seront facturés, à moins que vous ne choisissiez l'envoi par voie terrestre.
- L'envoi par voie terrestre est nettement moins cher mais peut prendre jusqu'à trois mois.
- Les objets de valeur, tels que des meubles, peuvent être dédouanés.
- Les gérants des magasins peuvent s'occuper des autorisations et de l'envoi à votre place. Veillez simplement à bien garder des copies de tous les papiers au cas où les colis n'arriveraient pas.

Envois express

- Il existe habituellement un service d'envoi express du courrier (poste rapide) dans le bureau des colis postaux.
- Au Maroc, ce service est assuré par **Chronopost International Maroc** (www.chronopost.ma).
- L'envoi d'un paquet de 500 g revient à 320 Dh pour l'Europe et à 330 Dh pour l'Amérique du Nord.
- Des sociétés privées, plus chères, disposent de bureaux dans les grandes villes.
- Les transporteurs internationaux **DHL** (☎022 972020 ; www.dhl-ma.com) et **TNT** (☎022 27 27 24 ; www.tnt.com) ont des bureaux dans tout le Maroc.

Recevoir du courrier

- Vous devriez pouvoir vous faire adresser du courrier à l'adresse "Poste restante, poste principale" dans toutes les villes d'une certaine importance.
- Certains bureaux de poste ne conservent les paquets qu'une quinzaine de jours avant de les retourner à l'expéditeur.
- Vous devrez présenter votre passeport et payer 3,50 Dh pour récupérer votre courrier.

➡ Il est également possible de recevoir son courrier par Amex (si l'on est client Amex).

➡ **Amex** (www.americanexpress.com) est représenté au Maroc par les agences de voyages Schwartz, que vous trouverez à Casablanca, Tanger et Marrakech.

➡ On vous demandera sans doute de présenter un passeport et vous aurez peut-être à payer une taxe si vous n'êtes pas un client Amex.

Problèmes juridiques

Drogues La possession, l'offre, la vente, l'achat, la distribution et le transport de cannabis (appelé localement kif) sont interdits par la loi (p. 472). Les peines encourues pour possession de drogue (même en petite quantité) sont lourdes : fortes amendes, confiscation de votre véhicule et jusqu'à 10 ans de prison, sans remise de peine pour bonne conduite. Les acquittements dans les affaires de drogue sont rares.

Conseil et assistance En cas de problème, appelez en priorité votre ambassade ou consulat ; des cas mettant en cause la police ont été rapportés.

Police Si vous êtes arrêté par des policiers marocains, vous ne bénéficierez guère de soutien juridique. Selon certains organismes veillant au respect des droits de l'homme (Human Rights Watch et l'Organisation mondiale contre la torture), des violences physiques pendant la garde à vue peuvent se produire.

Téléphone

➡ Pour un appel national, composez l'indicatif régional à 4 chiffres, même si vous appelez depuis la même ville ou la même région.

➡ Vous pouvez téléphoner depuis une téléboutique ou une cabine publique.

➡ Dans les téléboutiques, on vous fera généralement la monnaie sur de petites coupures.

➡ La plupart des cabines publiques fonctionnent avec des cartes téléphoniques.

➡ Les télécartes s'achètent dans les bureaux de tabac et les téléboutiques.

➡ Les cabines publiques sont très faciles d'utilisation (il suffit de suivre les instructions).

➡ Téléphoner depuis un hôtel coûte généralement deux fois plus cher.

➡ Les numéros de téléphones fixes au Maroc commencent par 05.

Appels internationaux

➡ Les cartes pour téléphoner à l'international sont en vente dans les boutiques de télécommunications comme les agences Méditel.

➡ Si vous trouvez une bonne connexion Internet, un appel Skype vous reviendra sans doute moins cher. Dans les cybercafés, les ordinateurs sont généralement dotés de casques.

➡ Les tarifs d'appel avec la carte Dawlia de Méditel commencent à 1,75 Dh la minute.

➡ Pour utiliser la carte Dawlia, composez le numéro à 10 chiffres de la carte commençant par le 133, puis composez le code à 4 chiffres et suivez les instructions vocales.

➡ Les appels internationaux les moins chers sont ceux vers la France, l'Espagne et l'Italie. Les tarifs sont moins élevés entre 20h et 8h, le week-end et les jours fériés.

Téléphones portables

➡ Il existe trois réseaux GSM au Maroc :

➡ Méditel (www.meditel.ma)

➡ Maroc Telecom (www.iam.ma)

➡ Inwi (www.inwi.ma)

➡ La couverture nationale est excellente, sauf dans l'Atlas et au Sahara.

➡ Si votre téléphone portable est débloqué, acheter une carte SIM prépayée (environ 20 Dh) vous reviendra sans doute moins cher que d'utiliser votre propre téléphone.

➡ Les appels nationaux coûtent à partir de 1,20 Dh la minute et les appels internationaux à partir de 2,50 Dh la minute.

➡ Les appels sont moins chers entre 8h et 20h.

➡ Pour acheter une carte SIM, vous devrez présenter un passeport ou tout autre papier d'identité.

➡ Téléboutiques, kiosques à journaux et épiceries vendent des cartes pour recharger votre crédit.

➡ Guettez les offres spéciales pour davantage de crédit.

➡ Les numéros de portables marocains commencent par 06.

Toilettes

➡ Les toilettes avec chasse d'eau constituent un luxe dans ce pays qui souffre souvent de pénurie d'eau.

NUMÉROS UTILES

Indicatif du Maroc ☎212

Indicatif pour l'international ☎00

Renseignements ☎160

Indicatif de l'Espagne (y compris Melilla et Ceuta) ☎34

En dehors des hôtels et des restaurants de catégories moyenne et supérieure, on trouve essentiellement des toilettes à la turque.

➡ Les toilettes à la turque sont équipées d'un robinet, d'un tuyau ou d'un seau d'eau pour rincer les toilettes. Ils servent également à vous laver (avec votre main gauche).

➡ On n'y trouve pas souvent de papier hygiénique, aussi vaut-il mieux toujours en avoir sur soi.

➡ Après usage, ne jetez pas le papier dans les toilettes mais dans la poubelle prévue à cet effet.

➡ Les femmes indisposées devront prévoir des sachets plastique pour jeter leurs tampons ou leurs serviettes hygiéniques.

➡ En dehors des grandes villes, les W-C publics sont rares.

➡ Dans les toilettes publiques, vous donnerez un petit pourboire à la personne de service.

Travailler au Maroc

➡ En raison de l'important taux de chômage et du grand nombre de jeunes sans emploi, le Maroc n'est pas l'endroit idéal pour dénicher un emploi.

➡ La connaissance de l'arabe est un avantage certain.

➡ Si vous parvenez à vous faire embaucher, votre employeur devra vous aider à obtenir un permis de travail et vous trouver un logement, ce qui peut s'apparenter à un véritable parcours du combattant.

➡ Le travail bénévole et l'enseignement du français (mal payé) sont sans doute les deux domaines qui offrent le plus de possibilités.

Voyager en solo

Femmes seules

➡ Avant le mariage, les Marocains n'ont guère l'occasion de faire des rencontres féminines, ce qui explique en grande partie pourquoi les femmes occidentales voyageant au Maroc attirent leur attention.

➡ La femme occidentale n'étant pas contrainte par la société ni par les lois de l'islam, elle semble d'une indépendance provocante, synonyme de disponibilité.

➡ L'essor du tourisme au Maroc est à l'origine du nombre croissant de femmes en voyage, qui arrivent sur place sans avoir bien conscience que les mœurs et les coutumes musulmanes sont très différentes de celles du monde occidental.

➡ La population marocaine se compose de 70% environ de jeunes de moins de 30 ans.

➡ Si vous ne connaissiez pas le Maroc avant votre voyage, les commentaires et les regards déplacés de certains hommes vous énerveront sans doute les premiers jours, mais vous vous y ferez rapidement.

➡ Pour ne pas vous sentir harcelée, restez sur vos gardes sans devenir paranoïaque. Il est extrêmement rare que les importuns aillent au-delà des mots.

➡ Les Marocains sont prêts à aider tout voyageur et le fait d'être une femme représente un avantage certain, notamment en cas de problème. Désintéressés, ils peuvent donc se montrer très attentionnés et vous offriront protection et soutien si vous vous sentez en situation délicate.

➡ Un autre avantage est que, contrairement aux hommes, vous aurez la possibilité de rencontrer des Marocaines.

Lieux de détente

➡ Si les attentions deviennent trop pesantes, rendez-vous dans l'un des établissements, de plus en plus nombreux au Maroc, qui reçoivent volontiers des femmes seules.

➡ L'étage d'un salon de thé, nombre de cafés et de restaurants ou la terrasse d'un hôtel, par exemple, constituent de bons points de chute.

➡ Les hammams sont aussi un bon endroit pour éviter la présence masculine.

➡ Les piscines – publiques ou d'hôtel – attirent généralement des groupes d'hommes venus nager ou simplement siroter un verre au bar.

➡ Méfiez-vous de certains hôtels bon marché (à l'étage d'un bar, par exemple) qui font aussi office d'hôtels de passe.

➡ Si vous souhaitez boire une boisson alcoolisée, optez pour un grand hôtel plutôt qu'un bar typique, la clientèle se composant principalement d'hommes. Les Marocaines qui fréquentent les bars, même les plus chics, sont souvent des prostituées.

Précautions

➡ Les femmes sont très rarement agressées physiquement. Un peu plus courante, la violence verbale s'exerce de la part des hommes comme des femmes.

➡ Dans les sites ayant connu une forte affluence touristique ces dernières années, certains problèmes apparaissent.

➡ On nous a, par exemple, rapporté des agressions lors des festivals de musique d'Essaouira.

➡ Sans tomber dans l'excès, quelques précautions s'imposent donc aux femmes. L'économie ne justifie jamais le risque.

- Ne vous promenez pas seule après la tombée de la nuit : les femmes "respectables" doivent être à la maison. Prenez un taxi si besoin est.
- Évitez de vous retrouver seule dans les lieux isolés tels que les plages, les forêts et les dunes de sable.
- Les lunettes de soleil vous aideront à éviter de croiser les regards, mais ne passez pas votre séjour à vous cacher derrière elles.
- L'agressivité n'est jamais la bonne réponse et pourrait se retourner contre vous. Un "non merci" ou un "*la shukran*" ("non merci", en arabe) lancé avec un sourire est plus efficace que les insultes.
- Le "respect" est un mot-clé et une valeur à laquelle les Marocains sont très attachés. Un "*Hachouma !*" ("Honte à vous !") peut également mettre mal à l'aise un éventuel assaillant.
- Porter une alliance peut vous éviter une attention non désirée, de même qu'avoir une photo de son "mari" et de ses "enfants". Le fait que vous soyez sans eux attire la suspicion, mais vous pouvez parer à cette éventualité en expliquant que vous allez les retrouver à votre prochaine étape.
- De nombreux Marocains attacheront peu d'importance au fait que vous soyez mariée ou non, et expliqueront qu'ils cherchent juste à être amicaux, allant même jusqu'à vous inviter chez leur mère.

Relations amoureuses

- Une relation amoureuse avec une Occidentale est souvent considérée comme la voie de sortie la plus sûre pour beaucoup de jeunes de ce pays très touché par le chômage.
- Cette idée est en partie alimentée par des touristes occidentales qui viennent au Maroc pour avoir des aventures avec des Marocains.
- Les jeunes gens sans emploi n'ont donc pas grand-chose à perdre en tentant de séduire des visiteuses qui pourraient leur offrir la possibilité de vivre ailleurs ou de vivre une histoire qu'il leur est interdit de vivre avec une Marocaine.
- Certains Marocains n'hésitent pas à courtiser plusieurs femmes en même temps.
- Précisons tout de même que parmi les relations mixtes, il existe aussi de très belles histoires d'amour.

Transports

- Dans les transports publics, essayez de vous asseoir près d'une autre femme, particulièrement dans les grands taxis, où l'on est serré, et dans les trains, où les compartiments constituent un lieu isolé.
- Beaucoup de femmes prenant les grands taxis n'ont jamais eu de problème, quelle que soit leur place dans la voiture, mais par précaution, vous pouvez payer pour deux places et voyager seule en vous installant à l'avant. C'est une solution plus confortable.
- Ne faites pas d'auto-stop.

Vêtements

- Veillez à vous vêtir discrètement. En dépit de ce que l'on peut voir parfois, il n'est pas approprié de porter des shorts sexy et des décolletés dans la médina de Marrakech. Mieux vaut avoir les épaules et les genoux couverts.
- Porter un bikini attirera l'attention sur vous. Évitez de bronzer seins nus sur la plage.
- À l'inverse, porter un foulard, voire une djellaba, vous vaudra le respect, particulièrement à la campagne, de même qu'une multitude de questions sur vos raisons de la porter : êtes-vous musulmane ? marocaine ? mariée à un Marocain ?

Voyager avec un ami

- Une femme qui voyage en compagnie d'un homme ne devrait pas connaître de problème.
- Toutefois, mieux vaut prétendre être mariés même si vous n'êtes que de simples amis (une situation qui peut sembler inconcevable à beaucoup de Marocains).
- Si vous êtes marocaine (ou maghrébine) et que votre mari ne l'est pas, il est préférable d'avoir une copie de votre certificat de mariage avec vous. Les relations sexuelles prénuptiales sont interdites pour les musulmans et le Maroc connaît une prostitution croissante.
- Pour la même raison, si votre partenaire est maghrébin, vous aurez peut-être des difficultés à la réception de certains hôtels. Dans les grandes villes, la situation est rarement sujette à problème.

Transports

DEPUIS/VERS LE MAROC

VOYAGES ET CHANGEMENTS CLIMATIQUES

Tous les moyens de transport fonctionnant à l'énergie fossile génèrent du CO_2 – la principale cause du changement climatique induit par l'homme. L'industrie du voyage est aujourd'hui dépendante des avions. Si ceux-ci ne consomment pas nécessairement plus de carburant par kilomètre et par personne que la plupart des voitures, ils parcourent en revanche des distances bien plus grandes et relâchent quantité de particules et de gaz à effet de serre dans les couches supérieures de l'atmosphère. De nombreux sites Internet utilisent des "compteurs de carbone" permettant aux voyageurs de compenser le niveau des gaz à effet de serre dont ils sont responsables par une contribution financière à des projets respectueux de l'environnement. Lonely Planet "compense" les émissions de tout son personnel et de ses auteurs.

Entrer au Maroc

L'ouverture de l'espace aérien du Maroc a permis aux compagnies aériennes européennes low cost de le desservir. Également relié à l'Europe par plusieurs lignes de ferries, le pays sert souvent de porte d'entrée en Afrique pour ceux qui voyagent par la route.

Les formalités d'immigration sont rapides et simples. Où que vous entriez, votre passeport doit être valide au moins six mois à partir de votre date d'arrivée.

Vous pouvez réserver des vols, des excursions et des billets de train sur lonelyplanet.fr.

Voie aérienne

Aéroports

Des vols directs partent de diverses villes d'Europe et d'Amérique du Nord.

Royal Air Maroc (RAM ; ☎0890 00 08 00 ; www.royalairmaroc.com) est la compagnie nationale marocaine. Pour des informations sur les aéroports marocains, consultez le site Internet de l'**Office national des aéroports** (www.onda.ma). L'aéroport international Mohammed V de Casablanca est la principale porte d'entrée du pays, suivie par l'aéroport de Marrakech-Ménara. Les autres aéroports importants sont Fès-Saïss (Fès), Ibn Batouta (Tanger) et ceux de Ouarzazate, Agadir et Nador.

Depuis/vers la France

De nombreux vols relient la France au Maroc. À titre indicatif, les tarifs d'un aller-retour low cost entre Paris et Marrakech débutent à environ 100 €, selon les compagnies et le mois de départ, le prix moyen se situant autour de 250 €. Le vol dure en général près de 3 heures.

Voici quelques adresses de compagnies aériennes et d'agences de voyages – pour des circuits organisés (certains des voyagistes proposent aussi des vols secs), voir p. 491.

Royal Air Maroc (RAM ; ☎0820 821 821 ou 3260 Royal Air Maroc ; www.royalairmaroc.com). Vols de Paris (Orly et CDG), Bordeaux, Lyon, Marseille, Nantes, Nice et Toulouse vers Marrakech, Casablanca, Rabat et de nombreuses autres villes marocaines.

Air France (☎36 54, 0,34 €/min ; www.airfrance.fr ; 49 av. de l'Opéra, 75002 Paris). Air France effectue chaque jour des vols pour Casablanca et Rabat depuis Paris (CDG).

EasyJet (www.easyjet.com). Vols de Paris (CDG) et Lyon vers Casablanca, Marrakech et Agadir, et entre l'aéroport de Bâle-Mulhouse-Fribourg et Marrakech.

Ryanair (☎0892 562 150, 0,34 €/min ; www.ryanair.com/fr). Vols depuis Paris (Beauvais) et Marseille vers Fès, Marrakech, Nador, Oujda et Tanger, et vols depuis Marseille vers Agadir, Essaouira, Fès, Marrakech, Nador, Oujda, Rabat et Tanger (aussi Tours et Poitiers vers Marrakech et Nantes vers Fès).

Thomas Cook (☎0826 826 777 ; www.thomascook.fr). Vols de Paris (Orly) et plusieurs villes françaises vers les principales destinations marocaines.

Depuis/vers la Belgique

Les vols aller-retour les plus avantageux entre Bruxelles et Marrakech varient de 100 à 250 €, selon la saison.

Voici quelques adresses utiles :

Royal Air Maroc (RAM ; ☎02 219 30 30 ; www.royalairmaroc.com). Vols de Bruxelles vers Marrakech, Casablanca, Rabat et plusieurs autres villes marocaines.

Connections (☎070 23 33 13 ; www.connections.be). Le spécialiste belge du voyage pour les jeunes et les étudiants a des agences dans une vingtaine de villes du pays.

Ryanair (☎0902 33 660, 1 €/min ; www.ryanair.com/fr-be). Vols depuis Bruxelles à destination d'Agadir, Fès, Marrakech, Nador, Oujda, Rabat et Tanger.

Depuis/vers la Suisse

Depuis la Suisse, les vols les moins chers à destination de Marrakech coûtent entre 200 et 300 FS, selon la saison.

Vous pouvez contacter :

Royal Air Maroc (RAM ; ☎022 731 77 54/0848 737 400 ; www.royalairmaroc.com). Vols entre Genève et Zurich à destination de Marrakech et plusieurs autres villes marocaines.

Swiss (☎0848 700 700 ; www.swiss.com). Vols reliant Genève et Zurich à Agadir, Casablanca, Marrakech et Oujda.

EasyJet (www.easyjet.com) Vols entre Genève et Marrakech.

STA Travel (☎058-450 49 49 ; www.statravel.ch). Agence de voyages pour les étudiants basée à Genève et Lausanne.

Depuis/vers le Canada

Seul RAM propose des vols directs entre Montréal et Casablanca (environ 7 heures). Une solution économique consiste à acheter un aller-retour pour Paris, Londres ou une autre ville d'Europe, et continuer avec une compagnie low cost. Les tarifs les moins chers à destination de Marrakech ou Casablanca commencent à environ 1 000 $C (1 ou 2 escales). Pour plus de renseignements, adressez-vous aux agences et compagnies suivantes :

Royal Air Maroc (RAM ; ☎0 514 285 1435 ; www.royalairmaroc.com). Vols de Montréal à Marrakech, Casablanca et plusieurs autres villes marocaines.

Air Canada (☎1 888 247-2262 ; www.aircanada.ca). Vols avec escale depuis Toronto, Ottawa, Vancouver ou Montréal à destination de Casablanca.

Airlineticketsdirect.com (☎1 877 679 8500 ; www.airlineticketsdirect.com)

Expedia (☎1 888 397 3342 ; www.expedia.ca)

Travelocity (☎1 855 222 6739 ; www.travelocity.ca)

Voyages Campus (☎1 800 667 2887 ; www.voyagescampus.com/fr). L'agence de voyages canadienne pour les étudiants a des bureaux dans tout le pays.

Voie terrestre

Passage des frontières

Algérie Cette frontière reste fermée, et devrait a priori pas rouvrir tant que le problème du Sahara occidental ne sera pas résolu.

Espagne Depuis le Maroc, vous pouvez rejoindre l'Espagne continentale via les enclaves espagnoles de Ceuta et Melilla, dans le nord du Maroc.

Mauritanie L'unique poste-frontière se situe dans le Sahara occidental entre Dakhla (Maroc) et Nouadhibou (Mauritanie).

Depuis/vers l'Espagne et la France

BUS

Les bus entrent généralement au Maroc par les ferries d'Espagne, assurant des liaisons depuis toute l'Europe. Ils se remplissent vite de Marocains expatriés en période de vacances en Espagne ou en France.

CTM (☎à Casablanca 0522 54 10 10 ; www.ctm.ma). La Compagnie de transport et de tourisme au Maroc, compagnie nationale, relie Casablanca et d'autres villes marocaines à la France et à l'Espagne, en partenariat avec Alsa et Eurolines.

Eurolines (www.eurolines.com). Ce consortium de compagnies européennes dessert le Maroc, avec des agences dans toutes les grandes villes d'Europe (en partenariat avec CTM).

Supratours (www.oncf.ma). Compagnie gérée par l'ONCF (Office national des chemins de fer). Départs hebdomadaires depuis les grandes villes du nord du pays vers l'Espagne et la France (deux fois par semaine à destination des principales villes françaises).

VOITURE ET MOTO

En partant de Paris en voiture, 2 000 km environ vous séparent du Maroc, en transitant par Barcelone et Murcie, et en empruntant les ferries au sud de l'Espagne. Il est conseillé de prévoir 2 jours de route, dont une nuit en Espagne. Depuis Paris, prenez l'A6 (autoroute du Soleil) et l'A9 (la Catalane), en passant par Perpignan, avant de poursuivre vers Barcelone. Ensuite, vous avez le choix entre plusieurs itinéraires. Si vous voyagez l'été, privilégiez la route côtière : Barcelone, Tarragone, Valence, Alicante, Murcie, Grenade, Málaga et Algésiras. Une fois à Algésiras, achètez vos billets pour les ferries à destination de Tanger ou Ceuta.

➡ En général, les agences de location européennes n'autorisent pas la conduite de leurs véhicules au Maroc.

➡ Si vous souhaitez rejoindre les enclaves espagnoles de Ceuta et Melilla avec une voiture de location marocaine, vous aurez besoin d'une lettre de l'agence vous autorisant à sortir le véhicule du territoire marocain.

➡ Si vous entrez au Maroc via Ceuta ou Melilla, profitez du carburant détaxé.

Depuis/vers la Mauritanie

La route transsaharienne via la Mauritanie constitue l'itinéraire le plus direct entre l'Afrique subsaharienne et du Nord.

De Dakhla, suivre la route N1 qui longe la côte vers le sud sur 328 km jusqu'à la frontière, traverse Nouadhibou et descend à Nouakchott, la capitale mauritanienne.

Bien que cet itinéraire soit généralement considéré comme sûr, renseignez-vous avant le départ. Emportez beaucoup d'eau et de provisions, et partez tôt le matin.

La route est entièrement goudronnée – une exception dans le Sahara –, à part un tronçon de 5 km dans le no man's land entre les deux postes-frontières. Du côté marocain, les formalités frontalières s'effectuent à Guergarat. La frontière est minée, ne vous éloignez pas de la route. De la frontière, vous devrez parcourir 41 km le long de la péninsule pour rejoindre Nouadhibou.

Vous pourrez vous procurer des devises mauritaniennes (ouguiya, UM) à la frontière, et au marché noir dans le no man's land.

Les fouilles de véhicules et les demandes de "petits cadeaux" ne sont pas rares, surtout si les autorités mauritaniennes découvrent de l'alcool dans le véhicule (illégal en Mauritanie).

Préparez une fiche de renseignement pour les postes de contrôle mauritaniens mentionnant les informations de votre passeport et visa, votre profession, votre destination, ainsi que la marque, couleur et immatriculation de votre véhicule. Faites-en un bon nombre de photocopies.

Le **Sahara Travel Forum** (www.horizonsunlimited.com) d'Horizons Unlimited et le site **Sahara Overland** (http://saharaoverland.wordpress.com) sont des ressources utiles.

MINIBUS ET JEEP

Des transports circulent entre Dakhla et la frontière mauritanienne, et au-delà. Des minibus et des 4x4 partent du poste de contrôle militaire à la sortie de Dakhla. De la gare principale, des grands taxis desservent parfois la frontière (220 Dh). Vous devrez ensuite faire du stop pour rejoindre le poste-frontière mauritanien car il est interdit de franchir la frontière à pied.

Essayez de trouver un véhicule qui vous emmène jusqu'à Nouadhibou pour ne pas payer une somme exorbitante afin de continuer après la frontière.

À Dakhla, les hôtels Erraha, Sahara et Sahara Regency sont de bonnes adresses pour se renseigner et organiser le transport.

De Nouadhibou, les taxis-brousse facturent environ 2 000/11 500 UM jusqu'à la frontière/Dakhla. Départ aux aurores.

VOITURE ET MOTO

➡ Au sud de Dakhla, des stations-service peuvent être à court de carburant, en particulier la dernière, à 50 km de la frontière.

➡ Vous devrez obtenir un tampon de la police et acheter un formulaire d'importation temporaire de véhicule de 30 jours (10 €).

Voie maritime

De nombreux ferries relient le nord du Maroc au sud de l'Europe, la ligne d'Algésiras (Espagne) à Tanger étant la plus fréquentée.

➡ Dans le sud de l'Espagne et le nord du Maroc, vous pouvez vous rendre à l'embarcadère et acheter un billet pour le prochain ferry. Réservation nécessaire en haute saison (de mi-juin à mi-septembre et pour Noël, le Nouvel An et Pâques). Les billets s'achètent aussi en ligne.

➡ À Tanger et Algésiras, évitez les rabatteurs qui tentent de vous entraîner dans l'agence qui leur verse une commission.

➡ Des réductions sont souvent proposées aux étudiants et aux jeunes en possession d'une carte ISIC ou similaire, et aux détenteurs de forfaits InterRail et Eurail.

➡ Les enfants âgés de 2 à 12 ans voyagent souvent à moitié prix et ceux de moins de 2 ans gratuitement. Les plus de 60 ans bénéficient souvent de réductions.

➡ La plupart des ferries embarquent les véhicules moyennant un supplément. En principe, le transport des vélos est gratuit.

➡ Des cabines sont à disposition pour les longues traversées.

➡ Les ferries à destination de Tanger accostent désormais au nouveau terminal de Tanger Med, à l'exception de ceux en provenance de Tarifa (Espagne).

Depuis/vers l'Espagne

➡ De nombreux ferries relient l'Espagne au Maroc.

➡ Les billets coûtent à partir de 30 €.

➡ Très prisés, les hydrofoils et les catamarans (également appelés ferries rapides) sont plus chers.

➡ Le contrôle des passeports en Espagne est simple, mais les citoyens non-européens et les détenteurs d'un visa Schengen doivent obtenir un tampon de sortie avant d'embarquer.

➡ Vous devrez remplir un formulaire d'embarquement à bord et faire tamponner votre passeport avant de débarquer.

➡ Le passage à la douane espagnole peut être lent en venant du Maroc.

ALGÉSIRAS-TANGER

➡ Liaison maritime la plus empruntée et la plus fréquente entre l'Europe et le Maroc.

➡ Des ferries partent au moins toutes les heures et demie, et toutes les heures en été. La traversée dure en principe 1 heure.

➡ Ils circulent de 7h (6h en été) à 22h, et parfois 24h/24 en août.

ALGÉSIRAS-CEUTA

➡ Chaque jour, plusieurs ferries rapides (30 min-1 heure) partent dans les deux directions entre 7h et 22h.

ALMERÍA-MELILLA

➡ Des ferries partent tous les jours d'Almería, le lundi matin et le dimanche après-midi de Melilla. Cette traversée dure jusqu'à 8 heures.

ALMERÍA-NADOR

➡ Dans chaque direction, les 5 traversées hebdomadaires durent 5/8 heures pour Nador/Almería.

BARCELONE-TANGER

➡ Deux compagnies proposent cette traversée jusqu'à Tanger. L'une d'elles, en provenance de Gênes (Italie), fait escale à Barcelone.

➡ Les 3 traversées hebdomadaires durent environ 29 heures.

MÁLAGA-MELILLA

➡ Le service quotidien (sauf le dimanche) est habituellement un ferry qui circule l'après-midi/nuit depuis/vers Melilla.

➡ Prévoyez jusqu'à 8 heures de traversée.

TARIFA-TANGER

➡ Des catamarans partent quasiment toutes les heures et franchissent le détroit en 35 minutes. C'est l'itinéraire le plus rapide et pratique.

➡ Le tarif comprend le transfert gratuit en bus à Algésiras sur présentation du billet de bateau.

➡ Le transfert dure 50 minutes, rendant le trajet via Tarifa plus rapide que le ferry direct pour rejoindre Algésiras.

Depuis/vers la France

➡ Le trajet de Sète (à quelques kilomètres de Montpellier) à Tanger dure 36 heures, et 28 heures jusqu'à Nador.

➡ Il y a en moyenne 5 départs hebdomadaires pour Tanger, et un pour Nador.

➡ Il est recommandé de réserver bien à l'avance, surtout l'été.

Depuis/vers Gibraltar

➡ Un ferry rapide circule chaque jour depuis/vers Tanger.

➡ La traversée dure environ 1 heure et les prix sont les mêmes que depuis/vers Algésiras.

➡ Mieux vaut partir d'Algésiras, un port plus actif avec un plus grand choix.

Trajets des ferries

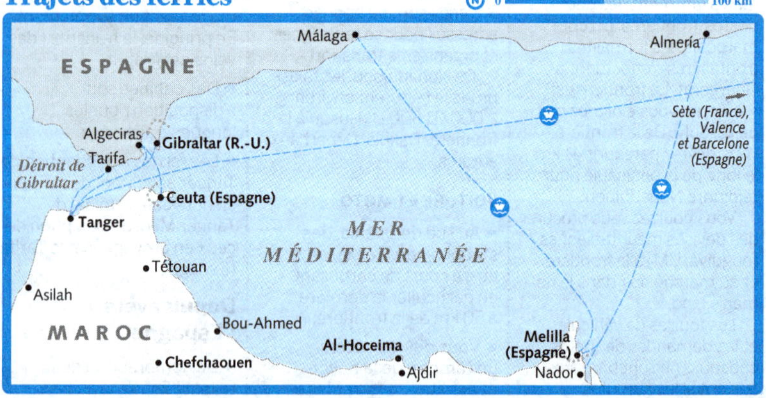

COMPAGNIES DE FERRY ET ITINÉRAIRES

Direct Ferries (www.directferries.com) vend les billets de la plupart des compagnies ci-après. Il possède des sites Internet dans la plupart des langues européennes.

Acciona Trasmediterranea (www.trasmediterranea.es) Almería-Melilla, Almería-Nador, Algésiras-Ceuta, Algésiras-Tanger, Málaga-Melilla.

Baleària (www.balearia.com) Algésiras-Tanger, Algésiras-Ceuta, Minorque-Ceuta, Minorque-Tanger.

Comarit (www.comarit.net) Algésiras-Tanger, Alméria-Nador, Sète-Tanger, Sète-Nador, Tarifa-Tanger.

FRS (www.frs.es) Algésiras-Ceuta, Algésiras-Tanger, Gibraltar-Tanger, Tarifa-Tanger.

Grandi Navi Veloci (GNV ; www.gnv.it) Barcelone-Tanger, Gênes-Tanger, Sète-Tanger, Sète-Nador.

Grimaldi Lines (www.grimaldi-lines.com) Livourne-Tanger, Barcelone-Tanger.

Naviera armas (http://www.navieraarmas.com/fr) Motril-Al-Hoceima, Motril-Melilla, Motril-Nador

Voyages organisés

De nombreux tour-opérateurs organisent des voyages au Maroc. Ils proposent les classiques visites des cités impériales (Rabat, Marrakech, Fès et Meknès), des séjours balnéaires ou thalasso, des circuits axés sur la randonnée ou le golf et des safaris dans le désert. Des organismes locaux réputés se font de plus en plus nombreux (voir *Circuits organisés locaux* p. 498). Lisez également les rubriques *Circuits organisés* sous les villes des chapitres régionaux. L'Office national marocain du tourisme (ONMT, www.visitmorocco.com, en français) peut aussi être une bonne source d'information sur les agences locales.

Nullement exhaustive, la liste de prestataires suivante est fournie à titre indicatif.

Spécialistes du Maroc et généralistes

Comptoir des voyages (☎01 53 10 70 92 ; www.comptoir.fr ; 2-18 rue Saint-Victor, 75005 Paris, agence pour le Comptoir du Maroc). Nombreux circuits et séjours à thème, week-ends ou hébergement dans des riads de charme, pour des escapades de 3 à 15 jours. **Evaneos** (☎01 84 17 73 35 ; www.evaneos.com). Voyages sur mesure au Maroc, avec le soutien d'un agent local. Week-end à Marrakech, trekking au pays des Berbères, autotour des villes impériales, etc.

Voyageurs du Monde (☎01 42 86 16 00 ; www.vdm.com ; 55 rue Sainte-Anne, 75002 Paris). Plusieurs séjours à Marrakech, Fès, Agadir, Essaouira ou Tanger, et des camps nomades dans les déserts.

Voyages culturels

Arts et vie (☎01 40 43 20 21 ; www.artsetvie.com ; 251 rue de Vaugirard, 75015 Paris). Des voyages pour les amateurs d'art et d'histoire à la découverte du Maroc, notamment de ses villes impériales et de son héritage antique.

Donatello (☎01 53 68 82 82 ; www.clio.fr ; 34 rue du Hameau, 75015 Paris). Un circuit culturel de 8 jours de Marrakech à Ouarzazate, à la découverte du sud marocain jusqu'aux confins du désert.

Continents insolites (☎ 04 72 53 24 90 ; www.continents-insolites.com ; 36 quai Arloing, 69009 Lyon). Des circuits, en petits groupes, avec des guides spécialisés, vers les villes impériales, le Haut Atlas ou le désert. Autres agences à Bruxelles, Paris et Monaco.

Randonnée, méharées et autres séjours sportifs

Allibert (☎04 76 45 50 50 ; www.allibert-trekking.com ; ☎01 44 59 35 35 ; 37 bd Beaumarchais, 75003 Paris ; autres agences à Chamonix, Chapareillan, Nice et Toulouse ; ☎02 318 32 02 en Belgique ; ☎022 519 03 23 en Suisse). Un grand nombre d'offres sur le Maroc. Randonnée à pied, à dos de dromadaire, et découvertes, accompagnées par des guides professionnels, dans le désert, vers les djebels Sarhro et Toubkal ou le massif du M'Goun. Circuits adaptés aux familles comme aux montagnards avertis.

Atalante (☎01 55 42 81 00 ; www.atalante.fr ; 41 bd des Capucines, 75002 Paris) ; **Lyon** (☎04 72 53 24 80 ; 36 quai Arloing, 69009 Lyon) ; **Bruxelles** (☎02 627 07 97 ;44 rue César Franck, B-1050 Bruxelles). Divers itinéraires à pied et des randonnées chamelières dans l'Atlas, le Sud marocain et le Sahara, notamment, de 8 à 15 jours. Certains parcours sont adaptés aux enfants.

Cavaliers du monde (☎01 48 69 24 49 ; www.cavaliers-du-monde.com ; 63 rue Victor Hugo, 94700 Maisons-Alfort), propose un grand choix de randonnées équestres traversant les plus beaux sites du Maroc.

Explorator (☎01 53 45 85 85 ; www.explo.com ; 28 rue Danielle-Casanova, 75001 Paris). Diverses randonnées et circuits accessibles aux familles, dont "Djebel et oasis du Sud" et "Randonnées pastorales", qui empruntent des sentiers muletiers.

Grand Angle (☎04 76 95 23 00 ; www.grandangle.fr ; 38112 Méaudre). Plusieurs voyages à pied, accompagnés (vallée des Roses, Toubkal, M'Goun, traversée de l'Atlas et dunes). Formule rando-liberté pour voyager à deux.

Huwans clubaventure (☎01 44 32 09 30 ; http://www.huwans-clubaventure.fr) ; Paris (18 rue Séguier, 75006 Paris) ; Lyon (38 quai Arloing, 69002 Lyon) ; Genève (51 rue Prevost Martin, CP 124-1211 Genève 4) ; Bruxelles (27 place St Job, 1180 Bruxelles). Des randonnées pour tous niveaux (et balades en famille) dans les villages berbères, la chaîne de l'Atlas ou le long de la côte atlantique.

Nomade Expérience (☎026 913 98 00 ; www.nomade.ch ; 26 Grand'Rue, 1630 Bulle, Suisse). Escapade de Ouarzazate à Marrakech, marches et méharées en montagne ou dans le Sahara, en petits groupes ou en famille, et, côté culturel, la découverte du monde des Gnaouas à Essaouira.

Tamera (☎04 78 37 88 88 ; www.tamera.fr ; 26 rue du Bœuf, 69005 Lyon). Pour trekkeurs plus ou moins entraînés, avec notamment une grande traversée du Haut Atlas en 22 jours, le Toubkal en 8 jours et une excursion à dos de dromadaire dans la vallée du Drâa.

COMMENT CIRCULER

Se déplacer au Maroc ne pose pas de problème grâce à un bon réseau de transports entre les villes ; même en dehors des sentiers battus, vous trouverez souvent un moyen de locomotion. RAM offre des vols intérieurs, l'excellent réseau ferroviaire relie les grandes villes, et de grandes compagnies de bus comme CTM offrent un service efficace et confortable. Des transports locaux, moins chers et plus amusants, fonctionnent bien.

Relativement chère, la location d'une voiture vous offre davantage de liberté, mais conduire dans les grandes villes n'a rien de plaisant. De bonnes routes goudronnées sillonnent le pays, et des travaux routiers visent à désenclaver des régions comme le Rif. Dans les secteurs reculés de montagne ou du désert, les routes se limitent souvent à des pistes.

Avion

- Compagnie nationale, **Royal Air Maroc** (RAM ; ☎0890 00 08 00 ; www.royalairmaroc.com) est le principal transporteur pour les vols intérieurs.
- RAM dessert Tanger, Nador, Oujda, Fès, Casablanca, Er-Rachidia, Marrakech, Essaouira, Agadir, Laâyoune et Dakhla.
- La plupart des vols impliquent une correspondance à l'aéroport international Mohammed V de Casablanca, la plate-forme de RAM.
- Plusieurs vols quotidiens desservent souvent les itinéraires prisés comme Casablanca-Marrakech.
- Bien plus cher que le bus, l'avion se justifie si vous disposez de peu de temps. Ainsi, le vol de Casablanca à Dakhla (2 heures 15) coûte de 800 à 3 000 Dh, alors qu'un billet en 1re classe dans le bus de nuit Supratours (17 heures) revient à 580 Dh.
- Vous pouvez acheter vos billets en ligne, dans les agences de RAM et les agences de voyages.

Bus

Moyen de transport le plus économique et le plus efficace, les bus sont habituellement sûrs, bien que les chauffeurs ne soient pas toujours prudents.

Arrêts La plupart des trajets de plus de 3 heures prévoient un arrêt pour se restaurer. Les bus doivent souvent attendre une dizaine de minutes aux contrôles routiers, plus longtemps que les grands taxis dont les chauffeurs connaissent souvent les policiers.

Bagages Les gares routières des grandes villes disposent de consignes, parfois ouvertes 24h/24. Cadenassez vos sacs. On vous demandera souvent 5 Dh pour charger votre bagage, surtout s'il faut l'installer sur le toit du bus.

Gares routières Certaines gares routières donnent le tournis avec leurs rabatteurs gesticulant et hurlant les destinations des bus sur le départ. La plupart des villes possèdent une seule gare routière, mais Supratours et CTM ont parfois des terminus séparés, et souvent des bureaux à l'extérieur de la gare. Parfois, des gares secondaires desservent des destinations locales.

Rabatteurs Les rabatteurs vous accompagnent volontiers au guichet qui leur verse une commission. Vérifiez bien que le service recommandé est le plus confortable, direct et pratique.

Réservations Autant que possible, surtout pour des services peu fréquents ou qui partent d'une autre ville, réservez pour les bus CTM et Supratours. Sur des lignes très fréquentées comme Marrakech-Essaouira et Casablanca-Marrakech, il faut parfois réserver 2 jours à l'avance en haute saison.

Tarifs Les voyages en bus sont bon marché, compte tenu des distances. Les tarifs de CTM de Casablanca à Agadir, Marrakech, Fès et Tanger s'élèvent respectivement à 220, 130, 70 et 100 Dh. Des compagnies, dont Supratours, proposent des billets de 1re et 2e classe, souvent avec une différence de confort minime.

Trajets de jour Nombre de bus n'ont que de minces rideaux, aussi, pour éviter de cuire au soleil, choisissez votre place avec soin. Si vous allez du nord au sud, asseyez-vous à droite le matin, à gauche l'après-midi ; d'est en ouest, installez-vous du côté droit, et du côté gauche en sens inverse. Vous aurez souvent une place attribuée lors de l'achat du billet, mais vous pouvez demander à choisir.

Trajets de nuit Circulant sur de nombreuses lignes interurbaines, les bus de nuit peuvent être plus rapides et plus frais, mais ne garantissent pas un sommeil paisible.

Réseau ferré et lignes de bus Supratours

Compagnies de bus

CTM (www.ctm.ma) possède le réseau le plus complet et dessert la plupart des destinations touristiques. Fondée en 1919, c'est la plus ancienne compagnie de bus du pays.

- Les enfants paient plein tarif à partir de 4 ans, ce qui rend la CTM de 15 à 30% plus chère que les autres compagnies et équivaut à un billet de 2e classe en train ordinaire.
- Les billets peuvent habituellement s'acheter à l'avance ; consultez les horaires sur le site Internet.
- La plupart des bus CTM sont modernes et confortables. Quelques bus de 1re classe disposent de la vidéo (un agrément discutable), de la climatisation et du chauffage (l'un ou l'autre parfois poussé à l'extrême).
- Un supplément de 5 Dh s'applique pour chaque bagage.
- Après avoir acheté le billet, on vous remet un talon pour les bagages, que vous devrez présenter à l'arrivée.

SUPRATOURS

L'ONCF, la compagnie ferroviaire, gère **Supratours** (www.oncf.ma) pour compléter son réseau. Ainsi, les passagers du train qui continuent au sud de Marrakech prennent à la gare des bus pour des destinations comme Agadir et Ouarzazate.

- Aux billetteries ferroviaires, vous pouvez acheter un billet couvrant un trajet complet, bus compris.
- Dans les trains, les voyageurs munis de billets de bus en correspondance ont la priorité.
- Supratours offre des tarifs et un confort similaires à ceux de CTM. Les horaires sont consultables sur le site Internet.

AUTRES COMPAGNIES

Dans le Sud, Satas et SAT sont des compagnies fiables, comme Trans Ghazala dans le Nord.

En bas de l'échelle des prix et sur des trajets plus courts, de nombreuses compagnies possèdent un ou deux bus fatigués. Ces bus partent quand il y a suffisamment de passagers et s'arrêtent fréquemment pour en prendre d'autres.

Train

L'excellent réseau ferroviaire marocain, l'un des meilleurs d'Afrique, relie la plupart des grandes villes. Rapides et confortables, les trains respectent les horaires. Avec des tarifs raisonnables, ils sont préférables aux bus. L'**Office national des chemins de fer** (ONCF ; www.oncf.ma) gère le réseau ferré.

- Il existe deux lignes principales : de Tanger à Marrakech via Rabat et Casablanca ; d'Oujda ou Nador, au nord-est, à Marrakech, en passant par Fès et Meknès avant de rejoindre la ligne Tanger-Sidi Kacem.
- Une ligne de TGV reliant Tanger, Rabat et Casablanca est en cours de construction et devrait ouvrir en décembre 2015.
- Également gérés par l'ONCF, les bus Supratours relient de nombreuses destinations au réseau ferroviaire.
- Le train est particulièrement pratique à Casablanca et à Rabat, avec des services toutes les 30 minutes entre les deux villes.
- Les trains de nuit Tanger-Marrakech et Oujda-Casablanca ont des wagons-lits.

Billets

- Il vaut mieux acheter les billets dans les gares, car un supplément s'applique à bord du train. Les billetteries automatiques sont de plus en plus répandues.
- Si possible, achetez votre billet la veille du départ, surtout si vous voyagez en 1re classe.
- Il n'y a pas de réservation en 2e classe
- Les billets de 1re classe peuvent être achetés jusqu'à un mois avant le départ, ce qui est conseillé en période de vacances ou pour les couchettes.
- Des contrôleurs vérifient les billets à bord.

Classes

Il existe deux types de trains. Le confort, plutôt que la vitesse, constitue la principale différence entre les deux.

- Rapide (Train climatisé rapide, TCR) – standard sur les lignes interurbaines.
- Ordinaire (Train navette rapide, TNR) – moins confortable, sans climatisation sauf dans le TNR à étage Rabat-Casablanca. Essentiellement des services de nuit et locaux.

Informations supplémentaires :

- Les prix cités dans ce guide concernent les trains rapides (les trains ordinaires coûtent environ 30% moins cher).
- Il existe des compartiments de 1re classe avec 6 places et de 2e classe avec 8 places.
- Le billet de 1re classe comprend un siège réservé ; en 2e classe, vous vous installez à une place libre.
- La 2e classe convient parfaitement pour de courts trajets.
- Des navettes circulent régulièrement entre Kenitra, Rabat, Casablanca et l'aéroport international Mohammed V ; elles complètent les trains rapides sur cette ligne.

Forfaits et cartes de réduction

Pass ferroviaire Valable 7/15/30 jours, il revient à 600/1 170/2 100 Dh en 2e classe, et à 900/1 600/3 150 Dh en 1re classe. Des réductions sont accordées aux moins de 26 ans et aux enfants jusqu'à 11 ans.

L'ÉTIQUETTE DU VOYAGEUR

Dans les transports publics, il est considéré comme égoïste et incorrect de manger sans rien proposer à ses voisins. Prévoyez toujours un extra, comme des fruits frais ou secs.

Vient ensuite le rituel. Si vous offrez de la nourriture à des passagers, la politesse exige qu'ils la refusent. Renouvelez l'offre avec plus d'insistance. Ils la déclineront de nouveau. La troisième fois, ils seront libres d'accepter.

Si l'on vous propose une nourriture que vous n'aimez pas, il est plus poli d'en accepter un petit morceau, puis de toucher votre estomac avec contentement pour indiquer que vous n'avez plus faim. Participer à ce rituel vous vaudra le respect et une amicale attention.

Carte Chahab (6 mois 249 Dh). Si vous avez moins de 26 ans, elle offre des réductions de 25% à 50%.

Carte Hikma (6 mois 99 Dh). Pour les plus de 60 ans, des réductions de 25% à 50%.

Carte Ousraty (1 an, 50 Dh par pers). Pour les familles, 10% à 25% de réduction sur les billets de groupe.

Gares et horaires

- Les gares disposent généralement de consignes, qui n'acceptent que les bagages cadenassés.
- Les horaires sont indiqués en français dans les gares, et le site Internet de l'ONCF fournit horaires et tarifs.
- Les gares ne sont pas bien indiquées et les annonces (en français et en arabe) sont fréquemment inaudibles ; soyez attentif.
- La plupart des gares se situent dans la ville nouvelle. Dans des villes comme Tanger, Marrakech, Fès et Rabat, les gares principales sont modernes, avec le Wi-Fi gratuit et des restaurants corrects.

Prix

Exemples de tarifs de 2e classe :

- Casablanca-Marrakech (90 Dh, 3 heures)
- Rabat-Fès (80 Dh, 3 heures)
- Tanger-Marrakech (205 Dh, 8 heures 30)

Informations supplémentaires :

- Les trajets en wagons-lits reviennent à 350 Dh dans des compartiments à 4 couchettes et à 450/600 Dh en compartiment simple/double.
- Les enfants de moins de 4 ans voyagent gratuitement.
- Entre 4 et 12 ans, ils bénéficient en principe d'une réduction de 50%, moins dans certains cas, dont les wagons-lits.
- Le week-end, les passagers voyageant sur les grandes lignes obtiennent une réduction de 25% sur les allers-retours, ou sur les allers simples de plus de 180 km.

Vélo

Le VTT peut être un excellent moyen de découvrir le pays. Les milliers de kilomètres de pistes isolées constituent autant d'occasions de sortir des sentiers battus.

Dangers Généralement bien entretenues, les routes goudronnées sont souvent étroites et, dans les régions moins fréquentées, bordées de bas-côtés escarpés. Attendez-vous à quelques frayeurs au passage d'un conducteur kamikaze ! Des cyclistes ont été caillassés par des bandes d'enfants dans des secteurs isolés.

Location Vous pourrez louer des vélos dans des localités comme Essaouira et Taroudant. Ne vous attendez pas à trouver des VTT dernier cri.

Transport Les compagnies de bus acceptent généralement de transporter les vélos comme un bagage, moyennant un supplément. Il en va de même dans les trains, où les bicyclettes sont entreposées dans un wagon de marchandises.

Voiture et moto

Le Maroc est un pays idéal à explorer en voiture ou à moto, et disposer d'un véhicule permet de quitter les sentiers battus et de se promener à son rythme.

Conduire dans la journée ne pose généralement pas de problème, malgré la conduite parfois hasardeuse de certains conducteurs marocains.

Les routes qui relient les grands centres sont généralement bonnes et le réseau autoroutier se développe. Une nouvelle autoroute le long de la côte méditerranéenne devrait bientôt compléter les trois qui existent :

- de Tanger à El-Jadida le long de la côte atlantique,
- de Rabat à Fès via Meknès,
- de Casablanca à Agadir via Marrakech.

Carburant et pièces détachées

- Le pays est bien desservi en stations-service, cependant elles se raréfient au sud de Goulimime. Si vous circulez en dehors des grands axes, faites le plein à chaque occasion. Surveillez votre jauge dans le Sud désertique et, là aussi, faites le plein dès que possible, car les postes d'essence sont parfois à court de carburant.
- Les mécaniciens marocains sont généralement compétents et les villes de taille moyenne comptent au moins un garage, avec une série de pièces détachées pour les Renault et d'autres voitures françaises. Si vous souhaitez changer vous-même une pièce, demandez à un ami marocain de vous aider à l'acheter pour ne payer trop cher.
- Le super et le sans plomb, moins courants, valent environ 12,50 Dh le litre, et le diesel (gasoil), 8,50 Dh. Dans le Sahara occidental, l'essence détaxée est environ 30% moins cher. Le prix du carburant dans les enclaves espagnoles de Ceuta et Melilla est similaire à celui du Maroc.

Code de la route

- Comme en Europe continentale, les Marocains conduisent à droite.
- En ville, si vous êtes engagé dans un rond-point, laissez la priorité aux véhicules venant de la droite.
- L'amende pour avoir brûlé un stop s'élève à 700 Dh.
- La vitesse est limitée à 40 km/h en zone urbaine et à 100 km/h hors des

villes (120 km/h sur les autoroutes). Les contrôles radars sont fréquents.

➡ La loi exige le port de la ceinture de sécurité.

➡ Un péage s'applique pour les autoroutes : comptez environ 60 Dh de Rabat à Tanger, et 20 Dh de Rabat à Casablanca. Vous prenez un ticket à l'entrée et payez à la sortie.

➡ En cas d'accident, notamment s'il y a des blessés, les conducteurs doivent rester sur place et les véhicules ne peuvent être déplacés avant l'arrivée de la police, ce qui peut prendre des heures.

➡ Gardez dans votre véhicule un formulaire de constat à l'amiable dans l'éventualité d'un accident ; vous pouvez en acheter dans les bureaux de tabac des villes.

Contrôles routiers

➡ La police installe souvent des postes de contrôle sur les routes principales à l'entrée et à la sortie des villes.

➡ Les étrangers sont rarement arrêtés ; mieux vaut toutefois ralentir et sourire.

➡ Les contrôles sont fréquents dans les zones sensibles, comme le Sahara occidental, les alentours de Kétama dans le Rif (région productrice de haschisch) et la route de Figuig, près de la frontière algérienne.

➡ Les policiers se montrent plus vigilants dans ces secteurs. Au plus, ils vous demanderont de présenter passeport, permis de conduire et papiers du véhicule, ainsi que la raison de votre visite et votre destination.

Dangers

Le Maroc est le 6e pays au monde avec le plus d'accidents de la route. Attention aux véhicules qui dévient soudainement ou vous coupent la route.

Attention également aux cyclistes et aux piétons imprudents. Aux abords des villes, piétons, vélos, carrioles à cheval ou âne encombrent les routes.

Désert Dans la hamada, les routes asphaltées cèdent souvent brutalement la place à des étendues de sable, de gravier et de nids-de-poule. Quand souffle le chergui, un vent sec du désert chargé de poussière, attendez qu'il se calme car il peut endommager votre voiture.

Médinas Dans les villes, garez-vous à l'extérieur de la médina ou demandez si vous pouvez facilement rejoindre votre hébergement en voiture ; les rues étroites des médinas n'ont pas été conçues pour la circulation automobile.

Montagnes En hiver, traverser les montagnes implique souvent de conduire sur la neige et le verglas. Les cols du Haut et du Moyen Atlas sont alors souvent fermés à cause de la neige. Renseignez-vous sur place avant de démarrer ou consultez les panneaux routiers sur les itinéraires.

Nuit La conduite de nuit est particulièrement dangereuse ; les véhicules qui circulent à moins de 20 km/h peuvent légalement se dispenser d'éclairage (et c'est souvent le cas).

Location

➡ La plupart des compagnies de location de voitures marocaines exigent que le conducteur ait au moins 21 ans (parfois 23 ans).

➡ Louer une voiture coûte environ 300 Dh par jour pour une semaine avec kilométrage illimité. Le prix peut être plus bas pour une location plus longue. Réserver permet de dénicher les meilleures affaires. La plupart des agences demandent une caution (remboursable) de 3 000 à 5 000 Dh ou une empreinte de carte de crédit.

➡ Vous pouvez réserver en ligne avant le départ auprès de compagnies internationales comme **Hertz** (www.hertz.com), **Budget** (www.budget.ma), **Europcar** (www.europcar.com), **National** (www.nationalcar.com) et **Avis** (www.avis.ma). Vous trouverez aussi quantité d'agences sur place.

➡ Faites-vous préciser les prestations incluses dans le prix et vos obligations. Vérifiez soigneusement le véhicule avant de signer et assurez-vous de la présence d'une roue de secours, d'une boîte à outils et de tous les documents nécessaires, dont l'attestation d'assurance. La nuit, conservez les papiers du véhicule et votre permis de conduire dans votre chambre plutôt que dans la voiture, car vous devrez les présenter si elle est volée ou endommagée (vous serez responsable en cas de dommage). Conservez les factures de vidange d'huile et de toute réparation afin d'obtenir le remboursement.

➡ Selon la loi, une assurance doit être comprise dans tout contrat de location. Assurez-vous que le prix inclut cette dernière et la taxe de 20%. Vous devrez également souscrire une assurance tierce collision (35-60 Dh par jour), souvent assortie d'une franchise allant jusqu'à 5 000 Dh. Pour éviter cette franchise, une assurance tous risques vous coûtera environ 60 Dh de plus par jour.

➡ À moins de louer un 4x4, votre contrat de location ne vous permettra sans doute pas de circuler sur des pistes.

Moto

➡ Si le tourisme à moto est courant, de nombreuses motos, en particulier les grosses cylindrées, sont peu connues dans le pays et les réparations peuvent poser problème.

➡ Vous devrez emporter une bonne trousse à outils et toutes les pièces détachées nécessaires.

➡ Certaines polices d'assurance ne couvrent pas la conduite de moto au Maroc.

➡ Quelques compagnies louent des motos (300 Dh/jour pour une Yamaha DT 125 cm³ et des scooters (à partir de 150 Dh/jour).

➡ Les portails **Motoservices** (www.motoservices.com) et **Le Repaire des motards** (www.lerepairedesmotards.com) fournissent quantité de conseils. Des agences de voyages comme **Twintour** (www.voyage-moto.com) organisent des voyages à moto au Maroc.

Parking

➡ Les zones de stationnement sont souvent surveillées par des gardiens. Mieux vaut leur donner quelques dirhams pour éviter toute mauvaise surprise.

➡ Les parcmètres (2-3 Dh l'heure pour 2 heures au maximum) se multiplient dans le centre des grandes villes. Le stationnement est gratuit le dimanche.

➡ Il est interdit de se garer le long des lignes rouge et blancs, et de s'arrêter sur les lignes verts et blanc.

➡ Les amendes pour stationnement interdit peuvent atteindre 1 500 Dh.

Permis de conduire

➡ Si un permis de conduire international est recommandé, de nombreux permis étrangers, notamment ceux de l'UE, suffisent à condition qu'ils comportent la photo du titulaire.

➡ Vous devez avoir sur vous votre permis et votre passeport quand vous conduisez.

Venir avec son véhicule

➡ Votre véhicule doit être doté d'une plaque minéralogique du pays d'immatriculation et vous devez avoir la preuve qu'il vous appartient. La loi marocaine exige une carte verte d'assurance internationale. Un triangle de signalisation à utiliser en cas de panne est aussi obligatoire.

➡ Tâchez de souscrire une assurance et d'obtenir la carte verte avant le départ. Sinon, vous devrez acheter une assurance temporaire ou "assurance frontière" (environ 650 Dh pour 10 jours) au port des ferries ou dans un bureau d'assurance proche.

➡ Demandez des formulaires de constat à l'amiable, que les deux parties remplissent en cas d'accident. Ils peuvent aussi s'acheter dans les bureaux de tabac des villes.

➡ Au port, ou à bord du ferry pour les longues traversées, vous devrez remplir une déclaration d'admission temporaire de moyens de transport, valable 6 mois.

➡ Vous devrez la présenter en quittant le pays avec votre véhicule.

➡ Vous pouvez télécharger cette déclaration sur le site Internet des **douanes marocaines** (www.douane.gov.ma), où elle est répertoriée D16TER.

➡ Un carnet de passage en douane n'est pas nécessaire pour l'importation temporaire d'un véhicule au Maroc.

Transports urbains/locaux

Bus

➡ Les grandes villes disposent d'un réseau de bus publics.

➡ Les billets coûtent habituellement 4 Dh.

➡ Ils peuvent être incroyablement bondés et les itinéraires sont souvent difficiles à repérer.

➡ Les petits taxis constituent souvent une alternative plus simple et plus rapide.

Grand taxi

Les vieilles Mercedes qui sillonnent les routes et stationnent près des gares routières sont des taxis collectifs (grands taxis ou *taxiat kebira* en arabe).

Mal desservis par les bus, les vallées du Ziz et du Drâa, le Tizi n'Test et les montagnes du Rif se visitent aisément en taxi.

➡ Les grands taxis reliant les villes aux localités voisines fonctionnent souvent selon un système de relais pouvant nécessiter plusieurs changements sur les longs trajets. Certains parcourent parfois de plus longs itinéraires, mais ces services sont rares et partent aux aurores.

➡ Les grands taxis partent quand ils sont pleins, avec 6 passagers bien serrés (2 à l'avant, 4 à l'arrière). Vous pouvez payer deux places pour accélérer le départ et disposer de plus d'espace – une bonne solution pour les femmes seules, qui obtiendront le siège avant.

➡ Les prix, fixes, sont un peu plus élevés que ceux des bus, mais restent très raisonnables. En vous renseignant sur les prix, précisez que vous souhaitez une place dans un taxi *collectif* ; vous pouvez aussi dire en arabe *ma'a an-nas* (avec d'autres personnes). Si vos bagages sont très lourds ou volumineux, un supplément pourra vous être facturé.

➡ Louer le taxi "complet" peut se justifier si vous voyagez en petit groupe, ou si vous voulez emprunter un itinéraire peu fréquenté sans attendre des heures l'arrivée d'autres passagers. Avant de partir, négociez un prix correct : multipliez par six le prix d'une place. Si vous devez traverser une belle région, entendez-vous au préalable sur des arrêts en chemin.

➡ Les chauffeurs de grand taxi sont souvent des fous du

volant. Doubler sans visibilité est considéré comme un exploit et les limitations de vitesse ne se respectent qu'à l'approche d'un contrôle routier. Évitez les trajets de nuit. Les ceintures de sécurité restent une rareté, et le déplorer peut équivaloir à douter de la compétence du conducteur.

Petit taxi

➡ Les villes possèdent des petits taxis, dont la couleur change selon la localité.

➡ Les petits taxis ont le droit de transporter jusqu'à trois passagers mais ils ne peuvent pas quitter le périmètre urbain.

➡ Ils disposent habituellement d'un compteur ; demandez au chauffeur de l'utiliser.

➡ Si le taxi n'a pas de compteur, négociez le prix de la course avant de démarrer.

➡ Si le chauffeur refuse d'utiliser le compteur ou de fixer un prix, demandez-lui de s'arrêter et descendez. La plupart des chauffeurs de petits taxis sont parfaitement honnêtes, excepté ceux de Marrakech et de Casablanca qui surfacturent les touristes.

➡ Ces taxis prennent souvent plusieurs passagers en chemin, mais le prix de la course ne doit pas varier, que vous soyez seul ou non.

➡ À partir de 20h (souvent 21h en été), les prix augmentent de 50% (environ 1 Dh en cas de prix fixes).

Pick-up et 4x4

➡ Dans les régions reculées, notamment dans l'Atlas, les villageois circulent à bord de camionnettes, de vieilles fourgonnettes ou à l'arrière des camions.

➡ Pour rejoindre des bourgs et villages isolés, vous aurez plus de chances tôt le matin les jours de marché (une ou deux fois par semaine). L'attente de départs peut parfois être considérable.

➡ Des taxis 4x4 empruntent les pistes isolées, impraticables pour les taxis ordinaires.

Circuits organisés locaux

Atlas Sahara Trek (carte p. 52 ; ☎0524 31 39 01 ; www.atlas-sahara-trek.com ; Marrakech). Méharées en hiver jusqu'à l'erg Chigaga et randonnées en été dans la vallée du M'Goun.

Authentic Morocco (www.authentic-morocco.com ; Marrakech). Cette agence soutient les communautés locales pratique un tourisme respectueux de l'environnement et offre divers circuits, des méharées aux visites de ruines romaines.

Aventure Berbère (www.aventure-berbere.com ; Marrakech). Voyages à la carte (autotours, riads et casbahs) et nombreux séjours sportifs (4x4, trekking désert et montagne, VTT, etc.). Équipe franco-marocaine.

Cyber-Berbère (www.cyber-berbere.com ; Marrakech). Agence spécialisée dans les circuits d'aventure et de randonnée pédestre au Maroc, avec une approche responsable et solidaire (lauréat du trophée Maroc Tourisme Responsable 2014). Équipe franco-marocaine.

Sport Travel (www.sporttravel-maroc.com ; Marrakech). Randonnée en famille, trekking nature, VTT, eaux vives, surf, promenades équestres, etc., dans un esprit de tourisme responsable. Filiale de l'UCPA en France.

Yallah (www.yallahmoroccotravel.com ; Marrakech). Ouverte il y a 10 ans, cette agence propose des circuits sur mesure et deux itinéraires englobant les cités impériales et le sud du Maroc, qui s'achèvent tous deux dans le luxe à Marrakech.

Tramway

Casablanca et Rabat ont un tout nouveau réseau de tramway, idéal pour visiter ces villes. Pour plus de détails, voir p. 174 et p.189.

Santé

Avec un peu de chance, vous souffrirez au pire de maux d'estomac. Les maladies infectieuses, généralement liées aux conditions de vie difficiles de populations démunies, s'évitent facilement en prenant quelques précautions. Les accidents de voiture sont les cas les plus probables où les voyageurs auront besoin d'aide médicale. Les soins et équipements médicaux sont excellents dans les grandes villes du Maroc, mais souvent très sommaires dans les régions les plus reculées.

AVANT LE DÉPART

Quelques conseils

Assurez-vous que vous êtes en bonne santé avant de partir. Si vous suivez un traitement de façon régulière, n'oubliez pas votre ordonnance (avec le nom du principe actif du médicament, afin de pouvoir trouver un équivalent local, le cas échéant) et gardez les médicaments dans leur contenant d'origine, clairement étiqueté. En outre, l'ordonnance vous permettra de prouver que vos médicaments vous sont légalement prescrits.

Consultez votre dentiste avant d'entreprendre un long voyage, et prenez avec vous des lentilles ou une paire de lunettes supplémentaires (avec l'ordonnance).

Planifiez vos vaccinations à l'avance (au moins six semaines avant le départ), car certaines demandent des rappels ou sont incompatibles entre elles. Les vaccins ont des durées d'efficacité très variables ; certains sont contre-indiqués pour les femmes enceintes. Avant de partir, assurez-vous que tous vos vaccins sont à jour. Demandez à votre médecin de remplir un carnet de vaccination international indiquant tous les vaccins que vous avez reçus.

Attention aux dates limites d'utilisation et aux conditions de stockage des produits, parfois mauvaises.

Assurance

➡ Il est conseillé de souscrire une police d'assurance lorsque vous voyagez au Maroc. La qualité du système médical est inégale et les hôpitaux privés, peu nombreux, sont chers.

➡ Prenez une assurance qui vous couvrira en cas d'annulation de votre voyage, de vol, de maladie ou encore d'accident. Lisez avec la plus grande attention les clauses en petits caractères : c'est là que se cachent les restrictions.

➡ Certaines polices vous demandent de contacter un centre d'appel dans votre pays d'origine afin d'évaluer le problème ; conservez toujours ce numéro de téléphone sur vous.

➡ Votre assurance utilise sans doute un service médical privé marocain. Procurez-vous son numéro de téléphone pour pouvoir l'appeler directement en cas d'urgence.

➡ Vérifiez que le rapatriement médical d'urgence, en ambulance ou en avion, est couvert. De même, le fait d'acquérir un véhicule dans un autre pays ne signifie pas nécessairement que vous serez protégé par votre propre assurance.

➡ Vous pouvez contracter une assurance qui réglera directement les hôpitaux et les médecins, vous évitant ainsi d'avancer des sommes qui ne vous seront remboursées qu'à votre retour. Dans ce cas, conservez avec vous tous les documents nécessaires.

➡ Attention ! Avant de souscrire une police d'assurance, vérifiez bien que vous ne bénéficiez pas déjà d'une assistance liée à votre carte de crédit, à votre mutuelle de santé ou à votre assurance automobile.

Trousse médicale de voyage

Veillez à emporter avec vous une petite trousse à

pharmacie contenant des produits indispensables :

- aspirine ou paracétamol
- antiseptique (pour les coupures et égratignures superficielles)
- antibiotiques (si vous voyagez hors des sentiers battus)
- antidiarrhéique (surtout si vous voyagez avec des enfants)
- antihistaminique (en cas de rhumes, allergies, piqûres d'insectes, mal des transports)
- anti-inflammatoire
- bande Velpeau et pansements
- produit répulsif contre les moustiques
- spray antimoustique pour les vêtements, tentes et moustiquaires
- pastilles de purification de l'eau (Micropur, disponible en pharmacie)
- sels de réhydratation orale (par exemple, Dioralyte)
- petit couteau de poche
- paire de ciseaux à bouts ronds, pince à épiler et thermomètre à alcool
- crème à la cortisone (en cas de réactions allergiques)
- crème solaire
- seringue, aiguilles stériles (si vous voyagez hors des sentiers battus)
- préservatifs

Santé sur Internet

Il existe de très bons sites Internet consacrés à la santé en voyage.

Ministère des Affaires étrangères (www.diplomatie.gouv.fr)

Ministère de la Santé (www.sante.gouv.fr)

Lonely Planet (www.lonelyplanet.fr, rubrique Ressources)

Santé Canada (www.hc-sc.gc.ca)

AU MAROC

Disponibilité et coût des soins médicaux

Il n'est pas toujours évident d'obtenir les soins de base en dehors des grandes villes et agglomérations. En cas de problème, votre hôtel sera certainement en mesure de vous aider à trouver un médecin. Par ailleurs, les sites Internet des ambassades indiquent parfois une liste de médecins et de cliniques. En cas d'urgence,contactez votre ambassade ou votre consulat.

Pharmacies Elles sont généralement bien approvisionnées et les pharmaciens sont de bon conseil pour les maux courants et parlent français). Ils vendent librement de nombreux médicaments, uniquement disponibles sur ordonnance en Europe ou au Canada, et orientent les clients qui ont besoin d'une aide médicale plus spécifique. Vérifiez toujours ce que vous achetez. Certains lecteurs se sont vu remettre des médicaments inappropriés, voire dangereux pour leur santé.

Médecins et cliniques Si vous faites appel à un médecin à domicile, ou si vous vous rendez dans une clinique, surtout en dehors des grandes villes, attendez-vous à devoir acheter vous-même le matériel médical nécessaire, y compris les tenues stériles et produits à injecter par intraveineuse.

Soins dentaires Les soins dentaires sont plutôt aléatoires, et nous ne saurions recommander les arracheurs de dents de la place Jemaa el-Fna à Marrakech ! N'oubliez pas que les assurances voyage ne couvrent généralement que les urgences dentaires.

Maladies infectieuses et parasitaires

Fièvre jaune

Le vaccin contre la fièvre jaune n'est pas obligatoire au Maroc. Cependant, les voyageurs en provenance d'une zone à risque devront donner une preuve de vaccination contre la fièvre jaune avant d'entrer dans le pays.

Contamination Il y a un faible risque d'attraper la fièvre jaune (transmise par des moustiques) dans la province rurale de Chefchaouen, entre mai et octobre.

Symptômes et effets indésirables Douleurs musculaires, fièvre, maux de tête, nausées ou vomissements. Ces symptômes régressent au bout de quelques jours. Un quart des personnes contaminées entrent dans une seconde phase, caractérisée par une anémie, une inflammation du foie, une jaunisse, une défaillance rénale et des hémorragies pouvant entraîner la mort.

VACCINS RECOMMANDÉS

Bien qu'aucun vaccin ne soit exigé pour voyager au Maroc, nous vous suggérons de vous protéger contre les maladies suivantes :

- diphtérie
- tétanos
- rougeole
- oreillons
- rubéole
- poliomyélite

Pour le Maroc plus spécifiquement :

- hépatites A et B
- typhoïde
- rage

Le ministère des Affaires étrangères effectue une veille sanitaire et met régulièrement en ligne (www.diplomatie.gouv.fr/voyageurs) des recommandations au sujet des vaccinations.

Prévention Le risque est si faible que le vaccin n'est pas recommandé par l'Organisation mondiale de la santé (OMS). Ce vaccin à virus vivants est proscrit pour les femmes enceintes et les personnes immunodéprimées. Les mesures de protection contre les piqûres de moustiques jouent un rôle essentiel dans la prévention de la fièvre jaune.

Hépatite A

Contamination C'est la plus répandue des hépatites et la contamination est alimentaire (en particulier par les coquillages) ou est causée par l'eau.

Symptômes et effets indésirables Des urines très foncées, de la fièvre et des douleurs abdominales. La peau et le blanc des yeux prennent une teinte jaune (ictère). L'hépatite peut parfois se résumer à un simple épisode de fatigue sur quelques jours ou quelques semaines.

Prévention En faisant attention à la nourriture et à la boisson, vous préviendrez le virus. Malgré tout, s'il existe un fort risque d'exposition, il vaut mieux se faire vacciner.

Hépatite B

Contamination Elle se transmet par voie sexuelle ou sanguine (piqûre, transfusion).

Symptômes et effets indésirables Les symptômes de l'hépatite B sont les mêmes que ceux de l'hépatite A, mais dans un faible pourcentage de cas, elle peut évoluer vers des formes chroniques dont, dans des cas extrêmes, le cancer du foie.

Prévention Elle est très répandue, puisqu'il existe environ 300 millions de porteurs chroniques dans le monde. Tous les voyageurs devraient s'immuniser contre cette affection endémique. La vaccination est considérée comme très efficace.

Leishmanioses

Contamination Les leishmanioses sont transmises par des insectes (phlébotomes) qui se sont contaminés en piquant un homme ou un animal malade. Au Maroc, les leishmanioses touchent les zones rurales de l'Atlas, les mouches des sables étant particulièrement présentes entre juin et octobre.

Symptômes et effets indésirables La leishmaniose viscérale, qui sévit à l'état endémique sur le pourtour méditerranéen, se caractérise par des accès de fièvre irréguliers, une altération importante de l'état général, une augmentation du volume de la rate et du foie et une anémie. La forme sèche de la maladie (leishmaniose cutanée), que l'on trouve aussi dans tout le bassin méditerranéen, se caractérise par des rougeurs sur la peau qui s'ulcèrent et se recouvrent d'une croûte. Dans la forme humide (leishmaniose cutanéo-muqueuse), l'ulcère est généralement plus important et la surinfection plus fréquente. La maladie peut être mortelle si on ne la traite pas.

Prévention et traitement La meilleure précaution consiste à éviter de se faire piquer en se couvrant et en appliquant une lotion antimoustique. Il n'y a pas de vaccin mais il existe un traitement efficace.

Rage

Contamination Cette maladie est transmise par un animal contaminé : chien ou chat, par exemple. La rage est très répandue au Maroc.

Symptômes et effets indésirables Les premiers symptômes chez l'homme sont une douleur ou des picotements à l'endroit de la morsure, une perte d'appétit et des maux de tête. Dans les cas sévères, la maladie peut évoluer vers la paralysie, des spasmes des muscles de la gorge et des convulsions. Ces dernières formes de la maladie peuvent être fatales.

Prévention Un vaccin antirabique est disponible. Il faut y songer si vous comptez voyager dans des zones reculées du pays. Morsures, griffures ou même simples coups de langue d'un mammifère doivent être nettoyés immédiatement. Cependant, la vaccination ne dispense pas de la nécessité d'un traitement antirabique immédiatement après un contact avec un animal enragé ou dont le comportement peut paraître suspect.

Tuberculose

Contamination La tuberculose se propage par la toux ou par des produits laitiers non pasteurisés faits avec du lait de vaches tuberculeuses.

Symptômes et effets indésirables Les symptômes (notamment toux persistante, perte d'appétit et de poids, fièvre légère) peuvent apparaître des mois ou même des années après l'exposition. Un examen aux rayons X est le meilleur moyen de détecter la maladie.

Prévention Bien que très répandue dans de nombreux pays, cette maladie ne présente pas de grand danger pour le voyageur. Les enfants de moins de 12 ans sont plus exposés que les adultes. Il est donc conseillé de les faire vacciner s'ils voyagent dans des régions où la maladie est endémique. Ce vaccin à virus vivants est proscrit pour les femmes enceintes et les personnes immunodéprimées.

Typhoïde

Contamination Aliment ou eau contaminés par des excréments humains infectés. La fièvre typhoïde est une infection du tube digestif.

Symptômes et effets indésirables Premiers symptômes : maux de tête et de gorge ainsi que fièvre. Ils peuvent être accompagnés de vomissements, de diarrhée ou de constipation. La deuxième semaine, quelques petites taches roses peuvent apparaître sur le corps. Un suivi médical est indispensable, dû au risque de pneumonie (infection aiguë des poumons) et de péritonite (éclatement de l'appendice). De plus, la typhoïde est très contagieuse.

Prévention Mieux vaut être vacciné, même si la vaccination n'est pas entièrement efficace, car l'infection est particulièrement dangereuse.

VIH/sida

Le Maroc a un taux d'infection au VIH de 0,15%. On le trouve surtout dans les villes comme Agadir et Marrakech. Il atteint 5% chez les hommes homosexuels, les prostitués et les usagers de drogues par voie intraveineuse.

Transmission Par le rapport sexuel (hétérosexuel ou homosexuel – anal, vaginal ou oral), d'où l'impérieuse nécessité d'utiliser des préservatifs à titre préventif ; par le sang, les produits sanguins et les aiguilles contaminées. Il est impossible de détecter la présence du VIH chez un individu apparemment en parfaite santé sans procéder à un examen sanguin.

Turista du voyageur

Causes Le changement de nourriture, d'eau ou de climat suffit ; si la diarrhée est causée par des aliments ou de l'eau contaminés, le problème est plus grave. En dépit de toutes vos précautions, vous aurez peut-être la turista, mais quelques visites aux toilettes sans aucun autre symptôme n'ont rien d'alarmant.

Prévention Il est possible de boire l'eau courante dans les grandes villes mais partout ailleurs, ne buvez que de l'eau traitée. Ne mangez que les fruits et légumes frais, cuits ou épluchés par vous-même, et évitez les produits laitiers, susceptibles de contenir du lait non pasteurisé. Les buffets présentent un risque car la nourriture n'y est pas maintenue suffisamment chaude, préférez les repas cuisinés devant vous, dans des restaurants à fort débit. La cuisine fait partie des grands atouts du Maroc et la peur de tomber malade ne doit pas gâcher ce plaisir.

Hygiène L'hygiène personnelle est très importante. Vous devrez à de nombreuses reprises manger avec les doigts. Lavez-vous toujours les mains avant de passer à table et en sortant des toilettes. Le gel antibactérien sans rinçage est d'un grand secours lorsque vous n'avez pas la possibilité de vous laver les mains.

Traitement Il est recommandé d'emmener avec soi un antidiarrhéique. Demandez conseil à votre pharmacien et à votre médecin (certains médicaments ne peuvent être délivrés sans ordonnance). La déshydratation est le danger principal lié à toute diarrhée, particulièrement chez les enfants. Ainsi, le premier traitement consiste à boire beaucoup : quand vous irez mieux, continuez à manger légèrement (évitez la nourriture grasse et les produits laitiers). Les antibiotiques peuvent être utiles dans le traitement de diarrhées très fortes, en particulier si elles sont accompagnées de nausées, de vomissements, de crampes d'estomac ou d'une fièvre légère. Trois jours de traitement sont généralement suffisants. Toutefois, lorsque la diarrhée persiste au-delà de 72 heures ou s'il y a présence de sang dans les selles, il est préférable de consulter un médecin.

Affections liées à l'environnement

Coup de chaleur

Causes Forte transpiration, déshydratation, pertes de fluides et de sels minéraux qui se régénèrent mal. Particulièrement courant lorsqu'on bouge beaucoup par grosse chaleur.

Symptômes et effets indésirables Maux de tête, vertiges et fatigue.

Prévention Boire de l'eau en quantité suffisante (les urines doivent être claires). Au moment où l'on ressent la sensation de soif, on est déjà déshydraté. Le soleil du Maroc peut être très fort, portez un chapeau.

Traitement Réhydratez-vous en buvant de l'eau, des jus de fruits, ou les deux, et en faisant baisser la température (bain d'eau fraîche, ventilateur). Compensez la perte en sels minéraux par l'ingestion de fluides salés, soupe ou potage, et en salant un peu plus vos plats.

Eau

Dans les grandes villes du Maroc, l'eau courante, traitée au chlore, est potable. Au restaurant, préférez les eaux minérales et les boissons gazeuses, tout en vous assurant que les bouteilles sont décapsulées devant vous. Évitez les jus de fruits, souvent allongés à l'eau.

Vous pourrez vous procurer des bouteilles d'eau à peu près partout, bien que leur consommation ait un impact écologique plutôt important à en croire les montagnes de bouteilles en plastique usagées (et non recyclées).

Ailleurs, ne consommez que de l'eau traitée, soit en la filtrant ou en utilisant des comprimés pour la purifier. Pour stériliser l'eau, une solution est de la faire bouillir durant quinze minutes. N'oubliez pas qu'à haute altitude elle bout à une température plus basse et que les germes ont plus de chance de survivre.

Si vous vous aventurez hors des sentiers battus, l'eau des puits et des pompes est plutôt saine, mais ne buvez en aucun cas l'eau des cours d'eau ou des lacs, car elle peut contenir des bactéries et des virus responsables de troubles digestifs importants.

Insolation

Causes Une exposition prolongée au soleil peut provoquer une insolation. Cet état grave survient quand le mécanisme de régulation thermique du corps ne fonctionne plus : la température s'élève alors dangereusement. Évitez l'alcool et les activités fatigantes lorsque vous arrivez dans un pays à climat chaud.

Symptômes et effets indésirables Malaise général, transpiration faible ou inexistante, forte fièvre et céphalée lancinante, difficultés à coordonner ses mouvements, signes de confusion mentale ou d'agressivité.

Traitement Il faut absolument hospitaliser le malade. En attendant les secours, installez-le à l'ombre, ôtez-lui ses vêtements, couvrez-le d'un drap ou d'une serviette mouillés et éventez-le continuellement.

Mal des montagnes

Causes Le mal des montagnes se manifeste à haute altitude et affecte la plupart des individus de façon plus ou moins forte. Il survient à des altitudes variables, mais en général il frappe plutôt à partir de 2 500 m (si on grimpe rapidement). Il est recommandé de dormir à une altitude inférieure à l'altitude maximale atteinte.

Symptômes et effets indésirables Manque de souffle, toux sèche irritante, fort mal de tête, manque de coordination, confusion mentale, perte d'appétit, nausée et parfois vomissements. Les symptômes disparaissent généralement au bout d'un jour ou deux.

Prévention Ne faites pas trop d'efforts au début, reposez-vous souvent. Lors d'une randonnée, prévoyez le temps nécessaire à votre acclimatation et assurez-vous que votre guide sait reconnaître le mal aigu des montagnes, et y remédier. Il est fréquent, lors de l'ascension très prisée du djebel Toubkal, un sommet de 4 167 m, que les randonneurs soient atteints de symptômes, même légers. Les randonneurs du massif du M'Goun, s'élevant à 4 000 m d'altitude, sont également exposés. En revanche, les treks dans les montagnes du Rif ou le djebel Sarhro, se déroulant à une altitude beaucoup moins élevée, sont moins risqués.

Traitement Buvez plus que d'habitude, mangez légèrement, évitez l'alcool et tout sédatif, mais si les symptômes persistent ou empirent, le seul traitement consiste à redescendre, ne serait-ce que de 500 m.

En cas de symptômes légers, restez à la même altitude jusqu'à leur disparition ou redescendez.

Morsures de serpent

Causes Il est assez peu probable que vous vous fassiez mordre par un serpent au Maroc. Toutefois, les régions désertiques du Sud hébergent quelques espèces venimeuses, telle la vipère à cornes. Les serpents prélassent sur les rochers et sur le sable, et se cachent généralement pendant les heures les plus chaudes de la journée.

Prévention Portez toujours bottes, chaussettes et pantalon long pour marcher dans la végétation à risque. Ne hasardez pas la main dans les trous et les anfractuosités.

Traitement Les morsures de serpent ne provoquent pas instantanément la mort, et il existe généralement des antivenins. Il faut calmer la victime, lui interdire de bouger, bander étroitement le membre comme pour une foulure et l'immobiliser avec une attelle. Trouvez ensuite un médecin. N'essayez en aucun cas d'attraper le serpent s'il y a le moindre risque qu'il morde à nouveau. On sait désormais qu'il ne faut absolument pas sucer le venin ou poser un garrot.

Piqûres et morsures

Causes Moustiques, phlébotomes (mouches des sables, sur les plages méditerranéennes), scorpions (communs dans le sud du Maroc), abeilles et guêpes, punaises de lit et gale (dans les hébergements les plus modestes).

Symptômes et effets Plus gênants que vraiment dangereux pour la santé. La piqûre des phlébotomes est très irritante et peut entraîner une maladie rare de la peau appelée leishmaniose ; voir p. XXX). La piqûre des scorpions est douloureuse mais rarement dangereuse. Les punaises de lit provoquent des démangeaisons et des boutons. Quant aux microscopiques acariens de la gale, ils vivent sous la peau, particulièrement entre les doigts, et provoquent d'intenses démangeaisons et rougeurs.

Prévention et traitement Répulsifs anti-insectes à base de DEET. Vaporiser un matelas avec une lotion anti-insectes appropriée vous aidera à vous débarrasser des punaises de lit. La gale se traite aisément avec des lotions vendues en pharmacie ; les gens avec qui vous serez en contact devront aussi se faire traiter afin d'éviter la transmission de la maladie entre porteurs asymptomatiques.

Santé au féminin

On trouve dans tout le pays des préservatifs, ainsi que des tampons et serviettes hygiéniques.

Contraception Si vous prenez un contraceptif oral, n'oubliez pas que certains antibiotiques, ainsi que certains médicaments contre la diarrhée et les vomissements, peuvent annihiler l'effet de la pilule. Prévoyez des préservatifs au cas où et pensez à les conserver dans un endroit sec et frais.

Grossesse Notez par écrit ce qui concerne votre état de santé actuel ainsi que votre groupe sanguin, ce qui pourra être utile au cas où vous auriez besoin de soins. La qualité des équipements de soins anténatals variant considérablement en Afrique du Nord, réfléchissez à deux fois avant de vous rendre dans des régions très isolées. Pensez aussi que vous aurez affaire à des différences culturelles, à la barrière de la langue parfois, sans parler de la piètre qualité des soins.

Langue

La langue officielle du Maroc, l'arabe, est parlée dans tout le pays. Le berbère est surtout parlé dans les montagnes du Rif et de l'Atlas. Les moyens de communication modernes ont permis l'arabisation, et le bilinguisme domine désormais chez les Berbères. Le français, héritage du protectorat, demeure largement répandu en ville (beaucoup moins chez les Berbères ruraux).

L'ARABE MAROCAIN

L'arabe marocain (darija) est dérivé de l'arabe classique (encore appelé arabe littéraire), mais il en diffère tellement qu'il constitue presque une autre langue. C'est celle que vous entendrez parler au Maroc, notamment dans le parler de la vie quotidienne.

Ce que l'on appelle couramment l'arabe moderne, unifié ou standard, est issu de l'arabe classique. L'arabe moderne unifié est la *lingua franca* écrite et parlée dans tout le monde arabe. C'est aussi celle des médias et de la majeure partie de la littérature arabe moderne. Ancien protectorat français, le Maroc utilise le système numérique occidental, contrairement à d'autres pays arabes.

Dans ce guide nous avons transcrit les expressions arabes en alphabet romain en utilisant un système de prononciation simplifiée. Les voyelles :

a	comme le "a" de chat
aa/â	comme le "â" de pâte
ai	comme dans ail
ay	comme dans paye
e	comme le "e" de dé
i	comme le "i" de rite
î	comme le "i" de ivre
o	comme le "o" de pot
u	comme le "ou" de chou
û	comme le "ou" de jour
aw	comme le "aou" de raout

L'accent placé au-dessus d'une voyelle (â, î, û), tout comme le aa, symbolise un son long.

Vous noterez que les doubles consonnes sont toujours prononcées. Ainsi, le mot hammam se prononce "ham-mam".

Le coup de glotte (non représenté dans l'alphabet) est signalé dans la translittération de ce guide par un guillemet fermé (').

Les autres consonnes à retenir sont :

dh	analogue au "th" anglais de *this*
gh	son guttural comme le "r" de riz
h	correspond à un "h" fortement expiré (souffle sonore)
kh	correspond à la *jota* espagnole ou au "ch" allemand de Bach
sh/ch	correspond au ch de char
q	correspond au g de guitare, souvent prononcé comme un coup de glotte

POUR ALLER PLUS LOIN

Indispensable pour mieux communiquer sur place : le *Guide de conversation français/arabe marocain* de Lonely Planet (7,99 €). Pour réserver une chambre, lire un menu ou simplement faire connaissance, ce manuel permet d'acquérir des rudiments d'arabe marocain. Inclus : un minidictionnaire bilingue.

Conversation

Si l'on s'adresse à un homme, la politesse veut que l'on dise asîdî (ou sî suivi du nom), équivalent approximatif de monsieur. Pour parler à une femme, on utilise lalla suivi de son prénom. Pour interpeller quelqu'un dans la rue ou le serveur dans un café, on emploie généralement le mot shrîf.

Nous indiquons, le cas échéant, les abréviations de masculin/féminin/pluriel (m/f/pl).

Salut.	la bes (informel) bekhîr (réponse)
Bonjour.	es salaam alaykum (forme polie) wa alaykum salaam (réponse)
Au revoir.	bessalama/m'a ssalama
S'il vous plaît.	'afak/'afik/'afakum (pour m/f/pl)
Merci.	shoukran
De rien.	la shoukran 'la wejb
Pardon.	smeh lîya
Oui/Non.	îyeh/la
Comment allez-vous ?	kîf halek ?
Bien, merci.	bekhîr, lhamdû llaah
Quel est votre nom ?	asmîtek ?
Je m'appelle...	esmî ...
Parlez-vous français ?	wash kat'ref faranciya ?
Je ne comprends pas.	mafhemtsh

Au restaurant

Une table pour..., s'il vous plaît.
tabla dyal ... 'afak

Puis-je voir le menu s'il vous plaît ?
nazar na'raf lmaakla lli 'andkum ?

Que recommandez-vous ?
shnû tansaani nakul ?

Je vais essayer ce qu'elle/il mange.
gha nzharrab shnû kaatakul hiyya/huwwa

Je suis végétarien.
makanakûlsh llehem

Je voudrais boire quelque chose.
bghît shi haazha nashrubha

Pourriez-vous m'apporter s'il vous plaît...
llaa ykhallîk zhîb li ...

une bière	birra
un verre/une bouteille de rouge/blanc/ rosé	kaas/qar'a dyal hmar/byad/ rûzi shshrab
une serviette	mandîl
du pain	shwiyya dyaal lkhûbz
du poivre	shwiyya dyaal lebzaar
du sel	shwiyya dyaal lmelha
de l'eau	shwiyya dyaal lmaa

Je n'ai pas commandé ça.	tlabtsh had shshi
Sans..., s'il vous plaît.	bla ... 'afak
C'est excellent !	had shshi ldîd bezzef !
Santé !	bsaha !
L'addition s'il vous plaît.	lahsaab, 'afak

Formes interrogatives

Comment ?	kîfash ?
Quoi ?	ash ?
Quand ?	îmta ?
Où ?	fîn ?
Lequel ?	ashmen ?
Qui ?	shkûn ?
Pourquoi ?	'lash ?

Viande et poisson

anchois	shton
bœuf	baqrî
chameau	lehem jemil
poulet	farûj/dujaj
morue	lamûri
poisson	hut
rognons	kelawwi
agneau	lehem ghenmî
foie	kebda
homard	laangos
viande	lehem
sardines	serdîn
crevette	qaimrûn
sole	sol
thon	ton
merlan	merla

Fruits et légumes

pomme	teffah
abricot	meshmash
artichaut	qûq
aubergine	lbdanzhaal
banane	banan/moz
concombre	khiyaar
dattes	tmer
figues	kermûs
fruit	fakiya
ail	tûma
raisin	'eineb
haricots verts	lûbîya
lentilles	'aads
laitue	khess
champignon	fegg'a
olives	zîtoun
oignon	besla
orange	limûn
pois	zelbana bisila
grenade	reman
pommes de terre	batatas
tomate	mataisha tamatim
légumes	khûdar
pastèque	dellah
haricots blancs	fasûliya

Divers

pain	khûbz
beurre	zebda
fromage	fromaj/jiben
chips	ships
œuf	bayd
huile	zit
poivre	filfil/lebzaar
sel	melha
soupe	shorba
sucre	sukur
yaourt	zabadî/laban/danûn

Commerces et services

Où est... ?	fîn kayn ... ?
la banque	shî baanka
le barbier	shî hellaq
la pharmacie	farmasyan
l'ambassade de...	ssifaara dyal...
le marché	souk
le commissariat	lkûmîsarîya
la poste	lbûstaa
le restaurant	ristura/mat'am
la boutique de souvenirs	baazaar
l'agence de voyages	wekaalet el aasfaar

Je voudrais changer...	bghît nserref ...
de l'argent	shî flûs
des chèques de voyage	shek sîyahî
J'aimerais acheter...	bghît nshrî ...
Je ne fais que regarder.	ghîr kanshûf
Je peux voir ?	wakhkha nshûfha ?
Ça ne me plaît pas.	ma'jebatnîsh
C'est combien ?	bshhal ?
C'est très cher.	ghalî bezzaf
Je peux payer par carte ?	wash nkder nkhelles bel kart kredî ?

grand	kabîr
petit	saghîr
ouvert	mehlûl
fermé	masdûd

Directions

Où est... ?
fîn kayn ... ?

Quelle est l'adresse ?
ashnû hûwa l'unwan ?

Merci d'écrire l'adresse.
kteb l'unwan 'afek

Merci de me montrer sur la carte.
werri liya men l kharita 'afak

À quelle distance ?
bshhal b'ayd ?

Allez tout droit.
sîr nîshan

Tournez...	dor ...
à l'angle	felqent
au feu tricolore	fedo elhmer
à gauche	'al lîser
à droite	al lîmen

derrière	men luy
ici	hna
à côté	hedda
en face	'eks
là-bas	hunak

nord	shamel
sud	janûb
est	sherq
ouest	gherb

Nombres cardinaux

1	wahed
2	jûj
3	tlata
4	reb'a
5	khamsa
6	setta
7	seb'a
8	tmenya
9	tes'ûd
10	'ashra
20	'ashrîn
30	tlatîn
40	reb'în
50	khamsîn
60	settîn
70	seb'în
80	tmanîn
90	tes'în
100	mya
200	myatayn
1000	alf
2000	alfayn

Hébergement

Où trouver... ?	fîn kayn ... ?
un camping	shî moukheyyem
un hôtel	shî ûtayl
une auberge de jeunesse	daar shshabab

Avez-vous une chambre ?
wash kayn shî bît khawîya ?

Puis-je voir la chambre ?
wash yemkenlî nshûf lbît ?

Combien coûte la chambre pour une journée ?
bash hal kayn gbayt l wahed nhar ?

Je voudrais une chambre...
bghît shî bît ...

pour une personne	dyal wahed
pour deux	dyal jûj
avec salle de bains	belhammam

climatisation	klîmatîzasîyun
lit	namûsîya
couverture	bttaanîya
eau chaude	lma skhûn
clé	sarût
chambre	bît
drap	îzar
douche	dûsh
toilettes	bît lma

Heure et dates

Quelle heure est-il ?	shal fessa'a ?

hier	lbareh
aujourd'hui	lyûm
demain	ghedda
matin	fessbah
après-midi	fel'shîya
soir	'shîya
jour	nhar
semaine	l'usbu'
mois	shshhar
année	l'am

tôt/tard	bekrî/m'ettel
vite/lentement	dghîya/beshwîya

lundi	nhar letnîn
mardi	nhar ttlat
mercredi	nhar larb'
jeudi	nhar lekhmîs
vendredi	nhar jjem'a
samedi	nhar ssebt
dimanche	nhar lhedd

Janvier	yanaayir
Février	fibraayir
Mars	maaris
Avril	abrîl
Mai	maayu
Juin	yunyu
Juillet	yulyu
Août	aghustus/ghusht
Septembre	sibtimbir/shebtenber
Octobre	uktûbir
Novembre	nufimbir/nu'enbir
Décembre	disimbir/dijenbir

Transports

Transports publics

Quand part/ arrive... ?	wufuqash kaykhrej/ kaywsul ... ?
le bateau	lbabûr
le bus local/ intercité	ttubîs/ lkar
le train	tran
l'avion	ttayyyaara

Je voudrais un billet....
'afak bghît wahed lwarka l ddar lbayda ...

aller-retour	bash nemshî û njî
1re/2e classe	ddaraja llûla/ttanîya

Où est... ?	fîn kayn ... ?
l'aéroport	mataar
la gare routière	mhetta dyal ttobîsat
l'arrêt de bus	blasa dyal ttobîsat
la billetterie	maktab lwerqa
la gare ferroviaire	lagaar

Combien coûte le trajet ?
shhal taman lwarka ?

Prévenez-moi quand nous arrivons à...
'afak îla wselna l ... gûlhalîya

Je ne veux payer qu'une place.
bghît nkhelles blaasaawaheda

Arrêtez-vous s'il vous plaît.
wqef henna 'afak

Attendez-moi s'il vous plaît.
tsennanî 'afak

Transports privés

Où puis-je louer... ?	fîn yimkin li nkri ... ?
un vélo	bshklit
un dromadaire	jmel

une voiture	tumubîl
un âne	hmar
un cheval	'awd

Puis-je me garer ici ?
wash nqder nwakef hna ?

Combien de temps puis-je me garer ici ?
sh-hal men waket neqder nstatiun hna ?

Comment aller à... ?
kîfesh ghaadî nuwsul l ... ?

Où est la station-service la plus proche ?
fin kayna shi bumba dyal lisans griba ?

Je voudrais... litres.
bghît ... itru 'afak

Vérifiez l'huile/l'eau s'il vous plaît.
'afak shuf zzit/lma

Il nous faut un mécanicien.
khesna wahed lmikanisyan

La voiture est en panne à...
tumubîl khasra f ...

J'ai crevé.
'ndi pyasa fruida

Urgences

Au secours !	'teqnî !
Aidez-moi s'il vous plaît !	'awennî 'afak !
Partez !	sîr fhalek !
Je suis perdu.	tweddert
Voleur !	sheffar !
On m'a volé.	tsreqt
Appelez la police !	'ayyet 'la lbùlîs !
Appelez un médecin !	'ayyet 'la shî tbîb !
Il y a eu un accident !	uq'at ksîda !
Où sont les toilettes ?	fîn kayn lbît lma ?
Je suis malade.	ana mrîd
J'ai mal ici.	kaydernî henna
Je suis allergique à (la pénicilline).	'andî lhsasîya m'a (lbînselîn)

LES LANGUES BERBÈRES

On compte chez les Berbères trois principaux dialectes, qui servent également de points de repère pour départager approximativement les grands groupes ethniques.

Au Nord, dans la région du Rif, le principal dialecte est le rifain, parlé jusqu'à Figuig, à la frontière algérienne. Dans le Moyen et le Haut Atlas, ainsi que dans les vallées aux portes du Sahara, le dialecte prédominant est désigné par plusieurs noms, parmi lesquels braber ou tamazight (amazigh).

Les peuples plus sédentaires du Haut Atlas, de l'Anti-Atlas, de la vallée du Sous et des oasis du Sud-Ouest parlent généralement tachelhit ou chleuh. Les expressions suivantes sont en tachelhit, le dialecte dont vous êtes le plus susceptible d'avoir besoin.

Conversation

Bonjour.	la bes darik/darim (m/f)
Bonjour (réponse).	la bes
Au revoir.	akayaûn arbî
À plus tard.	akranwes daghr
S'il vous plaît.	barakalaufik
Merci.	barakalaufik
Oui.	yah
Non.	oho
Excusez-moi.	samhiy
Comment allez-vous ?	menìk antgît ?
Bien, merci.	la bes, lhamdulah
Bien.	îfulkî/îshwa
Pas bien.	(khaib) îghshne

Phrases clés

nourriture	tîremt
mule	aserdon
un endroit où coucher	kra lblast mahengane
l'eau	arman
y a-t-il... ?	îs îla... ?
avez-vous... ?	îs darûn... ?
combien ça coûte ?	minshk aysker ?
donnez-moi...	fky...
je veux...	rîgh...
un peu/beaucoup	îmîk/bzef
pas bon	ûr îfulkî
trop cher	îghla
je veux aller...	addaughs ...
où est... ?	mani ghîla ...?
est-ce près/loin ?	îs îqareb/yagûg ?
tout droit	nîshan
à gauche	fozelmad
à droite	fofasî
montagne	adrar
rivière	asîf
le col	tizî
village	dûrwar
hier	îdgam
aujourd'hui	(zig sbah) rass
demain	(ghasad) aska

GLOSSAIRE

Ce glossaire contient une liste de termes arabes (A), berbères (B), français et espagnols (E) utilisés dans ce guide. Pour le vocabulaire spécifique à la randonnée, consultez le glossaire en p. 38.

abou (B) – "frère"
adhan (A) – appel à la prière
agadir (B) – grenier collectif fortifié
aïd (A) – (ou *eid*) fête religieuse
'ain (A) – source
aït (B) – "fils ou famille (de)". Précède souvent le nom des villes et des tribus.
Alaouites – dynastie héréditaire qui règne sur le Maroc depuis la fin du XVIIe siècle
Allah (A) – Dieu
Almohades – d'origine berbère, cette dynastie musulmane rigoriste (1147-1269) s'opposa à la corruption des Almoravides
Almoravides – dynastie musulmane (1054-1147) qui gouverna l'Espagne et le Maghreb

bab (A) – porte
banu (A) – voir *beni*
baraka (A) – bénédiction, protection divine, faveur, chance
Barbarie – terme européen désignant la côte de l'Afrique du Nord, du XVIe siècle au XIXe siècle
ben (A) – (ou *ibn*) "fils de"
beni (A) – (ou *banu*) "fils de" au pluriel. Précède souvent le nom de la tribu
Berbères – premiers habitants de l'Afrique du Nord
borj (A) – fort (littéralement "tour")
brigade touristique – police touristique

caïd – voir *quaid*
calife – souverain musulman, successeur de Mahomet
calle (E) – rue
camarade – immigrant d'Afrique de l'Ouest
capitole – temple principal d'une ville romaine, généralement situé dans le forum
caravansérail – vaste gîte doté d'une cour intérieure où les marchands logeaient et effectuaient leurs transactions (voir *fondouk*)
casbah (A) – (ou kasbah) fort, citadelle. Désigne aussi le centre administratif
chergui (A) – vent sec du désert venant de l'est
chérif (A) – descendant du Prophète
chicha – narguilé, pipe à eau
chiisme – (ou *chi'isme*) une des deux principales branches de l'islam, née du schisme des partisans d'Ali. Ceux-ci n'admettaient que la légitimité des califes descendants d'Ali, gendre du Prophète (voir *sunnisme*)
Compagnie de transport et de tourisme au Maroc (CTM) – compagnie nationale de bus
Coran – livre sacré de l'islam
corniche – route côtière
corsaires – groupe de pirates basé à Salé au XVIIIe siècle

dada – cuisinière
dar (A) – maison citadine traditionnelle avec une cour intérieure
darija (A) – arabe dialectal marocain, dérivé de l'arabe classique
Délégation régionale du tourisme – office du tourisme
derb (A) – ruelle ou allée
djebel (A) – colline ou montagne
djedid (A) – nouveau (parfois prononcé *jdid*)
djellaba (A) – vêtement ample couramment porté. Celle des hommes est généralement en coton ou en laine. Les *djellabas* féminines sont en tissu synthétique fluide.
djemaa (A) – mosquée du vendredi (également *djami'*, *djemaa* et *djamaa*)
douar (A) – terme généralement employé pour désigner un village du Haut Atlas

Ensemble artisanal – boutique d'artisanat gérée par l'État
erg (A) – dunes de sable

fantasia (E) – exercice militaire consistant en une charge de cavalerie, il est désormais destiné aux touristes
Fatimides – dynastie musulmane qui régna au Xe siècle
foum (A) – embouchure de rivière ou vallée (du mot arabe désignant la bouche)
foundouk (A) – caravansérail (souvent employé pour désigner un hôtel)

garum – condiment à base de poisson utilisé en Grèce antique et à Rome, et qui était produit près de l'actuelle Essaouira
Gnaouas (A) – descendants d'anciens esclaves constitués en confréries pratiquant musique, divination, danse de possession et transe.
grand taxi – taxi collectif longue distance
griouash (A) – gâteau au miel traditionnellement préparé pour célébrer la fin du ramadan

hadj (A) – pèlerinage à La Mecque. D'où les termes *hadj* et *hadja* pour désigner celui ou celle qui a effectué le pèlerinage
halqa (A) – théâtre de rue
hamada (A) – désert de pierre
hammam (A) – bains de style turc avec sauna et massage.
hanbel (A) – voir kilim
haram (A) – littéralement "interdit". Il peut désigner un lieu sacré ou interdit, comme la salle de prière d'une mosquée. De même racine, le mot "harem" désigne l'espace où vit la famille et, surtout, les appartements des femmes
hégire – fuite du prophète Mahomet de La Mecque à Médine en 622, elle marque le début du calendrier musulman
hunja (A) – thé rouge-brun à la cannelle

ibn (A) – "fils de" au singulier (voir *ben*)
Idrissides – dynastie marocaine qui instaura un État stable dans le nord du Maroc au IXe siècle

iftar (A) – (ou *ftur*) rupture du jeûne au coucher du soleil pendant le ramadan
imam (A) – chef religieux musulman
Interzone – mot inventé par l'écrivain William Burroughs pour désigner la période au cours de laquelle neuf pays contrôlaient Tanger (1923-1956)

kasbah (A) – voir *casbah*
kif (A) – haschisch
kilim (A) – (ou *hanbel*) tapis ou couverture tissée
kissaria (A) – marché couvert, constituant parfois le centre marchand de la médina
koubba (A) – (littéralement "coupole") sanctuaire ou mausolée (voir *marabout*), coiffé d'une coupole
ksar (A) – forteresse (*ksour*, au pluriel)

mâalem – maître en artisanat ou en art
Maghreb (A) – l'Ouest (littéralement "là où le soleil se couche") ; désigne l'ensemble géographique Maroc, Algérie, Tunisie et Libye
majoun (A) – pâte collante à base de graines de kif écrasées
marabout – homme pieux, saint. Désigne aussi son tombeau, lieu de pèlerinage
mechouar (A) – place de réunion royale, place d'armes
médersa (A) – (ou *madrasa*) école coranique où sont enseignés la théologie, le droit, la littérature et la grammaire arabes
médina (A) – ville. Terme aujourd'hui utilisé pour décrire la partie ancienne (arabe) d'une ville
mellah (A) – quartier juif de la médina
Mérénides (A) – dynastie marocaine (1269-1465) qui fit édifier de nombreuses médersas
mihrab (A) – niche de prière dans le mur de la mosquée indiquant la direction de La Mecque (*qibla*)
minbar (A) – chaire de mosquée du bas de laquelle l'imam prononce son sermon (le Prophète délivrait le sien du haut du minbar)
moulay (A) – dirigeant
Mouloud – période de fête islamique célébrant la naissance de Mahomet
moussem (A) – pèlerinage sur la tombe d'un marabout ; fête en l'honneur d'un marabout
muezzin (A) – fonctionnaire religieux chargé de lancer l'appel à la prière depuis le minaret
muqarna (A) – ornement décoratif en plâtre

ONMT – Office national marocain du tourisme ou Délégation régionale du tourisme
ordinaire – train moins confortable et un peu plus lent que le rapide
oued (A) – (parfois *wad* ou *wadi*) lit de rivière, souvent à sec
oulad (A) – "fils de" (au pluriel), précède souvent le nom d'une tribu ou d'une ville

pacha – haut fonctionnaire de l'Empire ottoman
pastilla – riche plat sucré-salé, à base de pigeon ou de poulet enveloppé dans une feuille de brick ; dessert feuilleté garni de cannelle et d'amandes servi dans les banquets
petit taxi – taxi local
pisé – matériau de construction formé d'argile ou de boue séchée au soleil
Prophète (Mahomet) – fondateur de l'islam, il vécut de 570 à 632

qasba (A) – voir *casbah*
qibla (A) – direction de La Mecque indiquée par le mihrab

ramadan (A) – 9e mois de l'année musulmane et période de jeûne
rapide – train plus confortable et un peu plus rapide que l'"ordinaire"
reg – désert de pierre
riad (A) – maison citadine traditionnelle dotée d'un jardin intérieur
ribat (A) – monastère fortifié

Saadiens – dynastie marocaine qui régna au XVIe siècle
seffa (A) – couscous sucré
sharia (A) – rue
sherif (A) – descendant du prophète Mahomet
sidi (A) – (ou *si*) terme honorifique correspondant à "monsieur"
souk (A) – marché
soufisme – courant mystique de l'islam préconisant une quête intérieure pour parvenir à la communion avec Allah
sunnisme – principale branche de l'islam issue des partisans du califat des Omeyyades (voir *chiisme*)

tabac – vendeur de tabac et de journaux
tadelakt (A) – enduit étanche à la chaux, teinté et poli à l'aide d'une pierre pour lui donner un aspect lustré et lisse. Réservé à l'origine aux hammams, on l'utilise désormais volontiers pour la décoration d'intérieur
tapas (E) – en-cas variés et savoureux que servent traditionnellement les bars espagnols
tarik (A) – route, avenue
tizi (B) – col montagneux
Touaregs – Berbères nomades du Sahara. Ils doivent leur nom d'"hommes bleus" à leur tunique teinte à l'indigo

ville nouvelle – construite à l'extérieur des murs de la médina à l'époque de la colonisation/du protectorat
vizir – autre terme qui désignait le gouverneur d'une province de l'Empire ottoman ou le conseiller du sultan du Maroc

wali (A) – homme pieux ou saint de l'islam
wilaya (A) – préfecture

zaouïa (A) – congrégation religieuse rassemblée autour d'un marabout ; lieu de la congrégation, sanctuaire religieux
zelliges (A) – céramique

En coulisses

VOS RÉACTIONS ?

Vos commentaires nous sont très précieux et nous permettent d'améliorer constamment nos guides. Notre équipe lit toutes vos lettres avec la plus grande attention. Nous ne pouvons pas répondre individuellement à tous ceux qui nous écrivent, mais vos commentaires sont transmis aux auteurs concernés. Tous les lecteurs qui prennent la peine de nous communiquer des informations sont remerciés dans l'édition suivante, et ceux qui nous fournissent les renseignements les plus utiles se voient offrir un guide.

Pour nous faire part de vos réactions, prendre connaissance de notre catalogue et vous abonner à notre newsletter, consultez notre site Internet : **www.lonelyplanet.fr**

Nous reprenons parfois des extraits de notre courrier pour les publier dans nos produits, guides ou sites Web. Si vous ne souhaitez pas que vos commentaires soient repris ou que votre nom apparaisse, merci de nous le préciser. Notre politique en matière de confidentialité est disponible sur notre site Internet.

À NOS LECTEURS

Merci à tous les voyageurs qui ont utilisé la dernière édition de ce guide et qui nous ont écrit pour nous faire part de leurs conseils, de leurs suggestions et de leurs anecdotes :

A Abdou Aabi, Caroline Ansquer, Christophe Arvois **B** Marie-Jeanne Basone, Vanessa Bellanger, Virginie Bertrand, Claude Bigot, Louise Bisson, Clément Bossy, Gaël Bray, Élodie Bruneteau **C** François Charleux **D** Frédéric Delacroix, Gaëlle Dubos **E** Abdeli El Faddoul **F** Monique Favière **G** Suzanne Gardent, Clotilde Gennet, Audrey Giavazzi, Corinne Guy **H** Laurent et Célia Huillet **K** Gaëtane Kersale, Sonia Knepper **L** Florence Lachenal, Sophie Lacroix, Alain Lavigne, Fabienne Le Guyader, Jean-Michel Le Moigno, Roger-Marc Lecocq, Lemas Bruno **M** Cécile Martin, Danièle Maury, Bernard Maynadier, Stéphanie Moumein, Guy Mounicoux **N** Élise Nahuet, Rihani Naoufal, Pierre Nicolas, Virginie Noblet **P** Sylvie Parodi, J-F Pitio **R** Ghislaine Rebsamen-Expert, Alexandre Renaudier, Christine Rochat, Véronique Roussel, Évelyne Roussillon, M. Ruchon **S** Sabine Schirmer, Dominique Soler **T** Zourgane Taibi, Fanny Talbot, Mestan Tekin, Rodrigue Thienot, Guillaume Trébuchon, Francis Tritsch **V** Clara Valenti, M. Vivier

UN MOT DES AUTEURS

Paul Clammer

Comme toujours, *choukran* à mes amis de Marrakech et de Fès, qui m'ont tenu une agréable compagnie durant mes recherches – vous vous reconnaîtrez. À Casablanca, merci à Tahir Shah, pour sa délicate hospitalité. À Asilah, un merci particulier à Carin Cowell. Je remercie aussi mes coauteurs Paula, James et Helen pour leur travail. Enfin, un grand merci à Robyn, qui m'a supporté durant la rédaction.

James Bainbridge

J'adresse un chant de gratitude digne d'un muezzin à tous ceux qui m'ont aidé durant mon voyage à travers les médinas et les montagnes du Sud, notamment Christophe à Aglou, Sally à Mirleft, Jawad et Driss à Tarfaya, Isam à Tata, Said et Latifa à Taroudant, Rachid à Oumesnate, Houssine et Brahim à Tafraoute, Mahfoud à Tazekka, Yassine et Ben à Taghazout, Aneflous à Immouzer, Mohammed et Hassan au jardin d'Olhão, Sissi à Taliouine et Valerie à Dakhla. Merci également au dromadaire qui a tracté ma voiture à Banana Beach, à mon frère Andy de m'avoir accompagné et à ma famille en Afrique du Sud pour toutes leurs tasses de thé durant la rédaction.

Paula Hardy

Des portes m'ont été ouvertes à Marrakech et ailleurs grâce aux recommandations de Mohammed Nour, Peter et Hassan à Dar Zaman, Peter Mana'ch, Emily Burrows, Bachir El'Ammari, Mike Richardson, Melissa Topacio, Cloe Erickson, Youssef Oulcadi, Nora Fitzgerald, Hamza Weinman, Norya Nemiche, Elsa Bauza, Eveline Donnez et le personnel du Dar Housnia. Merci également à mes coauteurs Paul, Helen et James et Alison Bing, ainsi qu'à Glenn van der Knijff de Lonely Planet. Enfin, un grand merci à Rob pour avoir porté un regard neuf sur le Maroc et de l'avoir partagé.

Helen Ranger

Merci à Paul pour ses conseils et pour s'être chargé des pensions de la médina de Fès. Au Maroc, je remercie Jess Stephens pour son sens artistique à Sefrou, Ricky Martin pour son succès à Oujda, John Wilkinson et Abdeslam Mouden pour leur connaissance de Chefchaouen et Si Mohamed Baghdadi pour sa maîtrise de l'arabe et du tarifit. Robert Johnstone et Mike Richardson m'ont aussi été d'une brillante compagnie lors de l'évaluation de restaurants chics et Lofti M'hamid m'a conduite partout sans encombre.

REMERCIEMENTS

Données des cartes du climat adaptées de Peel MC, Finlayson BL & McMahon TA (2007) "Updated World Map of the Köppen-Geiger Climate Classification", Hydrology and Earth System Sciences, 11, 1633¬44.

Photographie de couverture : vendeur de poteries, Keren Su/Getty.

À PROPOS DE CET OUVRAGE

Cette 8e édition française du guide *Maroc* est une traduction de la 11e édition du guide *Morocco* (en anglais), commandée par le bureau de Melbourne de Lonely Planet. Pour cette présente édition, Paul Clammer (auteur-coordinateur) s'est entouré des auteurs James Bainbridge, Paula Hardy et Helen Ranger.

Traduction Nathalie Berthet, Marion Coustau, Dominique Lavigne et Bérengère Viennot

Direction éditoriale
Didier Férat

Adaptation française
Océane Monange

Responsable prépresse
Jean-Noël Doan

Maquette
Sébastienne Ocampo

Cartographie
Cartes originales de Anita Banh, Mark Griffiths, Valentina Kremenchutskaya, Corey Hutchinson et Alison Lyall adaptées en français par Eduardo Yanes Blanch.

Couverture
Adaptée par Annabelle Henry pour la version française.

Remerciements à Angélique Adagio, Christophe Corbel, Agnès Mauxion-Poujol et Dolorès Mora pour leur précieuse contribution au texte. Merci également à Claire Chevanche et Julie-Pomme Séramour pour leur travail de préparation du texte et de référencement. Un grand merci à Dominique Spaety pour son soutien attentif et à toute l'équipe du bureau de Paris, en particulier à Émeline Gontier qui a largement contribué à l'édition de ce guide. Enfin, merci à Clare Mercer, Joe Reville et Luan Angel du bureau LP Londres et Andy Nielsen, Darren O'Connell, Chris Love, Sasha Baskett, Angela Tinson, Jacqui Saunders, Ruth Cosgrave et Glenn van der Knijff du bureau LP Australie.

Index

Cartes en **gras**
Photos en **bleu**

N

O

P

Q

R

Cartes en **gras**
Photos en **bleu**

INDEX DES ENCADRÉS

Art et artisanat

Circuits et escapades

Culture et société

Gastronomie

Histoire et patrimoine

Nature et activités de plein air

Vie pratique

Légende des cartes

À voir

- Château
- Monument
- Musée/galerie/édifice historique
- Ruines
- Église
- Mosquée
- Synagogue
- Temple bouddhiste
- Temple confucéen
- Temple hindou
- Temple jaïn
- Temple shintoïste
- Temple sikh
- Temple taoïste
- Sentō (bain public)
- Cave/vignoble
- Plage
- Réserve ornithologique
- Zoo
- Autre site

Activités, cours et circuits organisés

- Bodysurfing
- Plongée/snorkeling
- Canoë/kayak
- Cours/circuits organisés
- Ski
- Snorkeling
- Surf
- Piscine/baignade
- Randonnée
- Planche à voile
- Autres activités

Où se loger

- Hébergement
- Camping

Où se restaurer

- Restauration

Où prendre un verre

- Bar
- Café

Où sortir

- Salle de spectacle

Achats

- Magasin

Renseignements

- Banque
- Ambassade/consulat
- Hôpital/centre médical
- Accès Internet
- Police
- Bureau de poste
- Centre téléphonique
- Toilettes
- Office du tourisme
- Autre adresse pratique

Géographie

- Plage
- Refuge/gîte
- Phare
- Point de vue
- Montagne/volcan
- Oasis
- Parc
- Col
- Aire de pique-nique
- Cascade

Agglomérations

- Capitale (pays)
- Capitale (région/État/province)
- Grande ville
- Petite ville/village

Transports

- Aéroport
- Poste frontière
- Bus
- Téléphérique/funiculaire
- Piste cyclable
- Ferry
- Métro
- Monorail
- Parking
- Station-service
- Station de métro
- Taxi
- Gare/chemin de fer
- Tramway
- U-Bahn
- Autre moyen de transport

Les symboles recensés ci-dessus ne sont pas tous utilisés dans ce guide

Routes

- Autoroute à péage
- Voie rapide
- Nationale
- Route secondaire
- Petite route
- Chemin
- Route non goudronnée
- Route en construction
- Place/rue piétonne
- Escalier
- Tunnel
- Passerelle
- Promenade à pied
- Promenade à pied (variante)
- Sentier

Limites et frontières

- Pays
- État/province
- Frontière contestée
- Région/banlieue
- Parc maritime
- Falaise
- Rempart

Hydrographie

- Fleuve/rivière
- Rivière intermittente
- Canal
- Étendue d'eau
- Lac asséché/salé/intermittent
- Récif

Topographie

- Aéroport/aérodrome
- Plage/désert
- Cimetière (chrétien)
- Cimetière (autre)
- Glacier
- Marais/mangrove
- Parc/forêt
- Site (édifice)
- Terrain de sport

LES GUIDES LONELY PLANET

Une vieille voiture déglinguée, quelques dollars en poche et le goût de l'aventure, c'est tout ce dont Tony et Maureen Wheeler eurent besoin pour réaliser, en 1972, le voyage d'une vie : rallier l'Australie par voie terrestre via l'Europe et l'Asie. De retour après un périple harassant de plusieurs mois, et forts de cette expérience formatrice, ils rédigèrent sur un coin de table leur premier guide, *Across Asia on the Cheap*, qui se vendit à 1 500 exemplaires en l'espace d'une semaine. Ainsi naquit Lonely Planet, dont les guides sont aujourd'hui traduits en 12 langues.

LES AUTEURS

Paul Clammer

Auteur-coordinateur, Côte atlantique, Fès ("Où se loger"). Paul a contribué à plus de 25 guides Lonely Planet. En 1993, il a pris un bus à Cambridge et a traversé l'Europe jusqu'à Casablanca. Depuis, il est revenu régulièrement au Maroc et y a même travaillé comme guide. Même après vingt ans, il est toujours capable de se perdre dans la médina de Fès s'il essaie vraiment. Retrouvez-le sur paulclammer.com ou sur Twitter : @paulclammer.

James Bainbridge

Sud du Maroc et Sahara occidental. Le Maroc est la destination préférée de James. Depuis sa première visite, il y a dix ans, lors d'un voyage itinérant de Londres à Tombouctou, il y est retourné plusieurs fois. Cette édition est sa deuxième contribution au chapitre "Sud du Maroc et Sahara occidental". S'il adore le Sud, c'est surtout pour l'hospitalité de ses habitants et ses paysages sauvages. Spécialisé dans l'Afrique, James vit au Cap, en Afrique du Sud. Il est présent en ligne sur jamesbainbridge.net, www.twitter.com/jamesbains et www.instagram.com/james_bains.

Pour en savoir plus sur James, consultez lonelyplanet.com/members/james_bains

Paula Hardy

Marrakech et centre du Maroc. Paula a participé à plus de 30 guides Lonely Planet depuis 1999 et a parcouru le Maroc de long en large, de Tanger à Agadir. Après s'être perdue pour la première fois dans les détours d'une médina en 2003, elle a coproduit un film à Tétouan, vécu en Libye pendant 4 ans et écrit une histoire culturelle du désert libyen. C'est armée d'un meilleur sens de l'orientation qu'elle est retournée pour cette édition en terre connue où, une fois encore, un accueil chaleureux l'attendait. Quand Paula ne travaille pas pour Lonely Planet, elle écrit et édite pour divers sites Internet et publications de voyage. Retrouvez-la sur Twitter : @paula6hardy.

Helen Ranger

Côte méditerranéenne et Rif, Cités impériales, Moyen Atlas et est du Maroc. Fascinée par la diversité du Maroc, Helen a emménagé à Fès en 2004 et n'a cessé d'écrire sur le pays depuis, contribuant à la précédente édition du guide *Maroc*. Elle aime les murs ocre des cités impériales, les montagnes sauvages du Rif, les boulevards et les cafés de Tanger, ainsi que la remarquable architecture (et les bars à tapas) de Ceuta et Melilla. Helen habite une maison traditionnelle vieille de 400 ans où elle restera jusqu'à ce qu'elle ne se perde plus dans la médina.

Pour en savoir plus sur Helen, consultez lonelyplanet.com/members/helenranger

Maroc
9e édition
Traduit et adapté de l'ouvrage *Morocco, 11th edition, August 2014*

Dépôt légal Septembre 2014
ISBN 978-2-81614-232-7
Imprimé par Grafica Veneta, Trebaseleghe, Italie

En Voyage Éditions | un département place des éditeurs